Skagerrak
KGR. SCHWEDEN
Ostsee
Aalborg
Kattegat
KGR. DÄNEMARK
Helsingör
Kopenhagen
Husum
Hamburg
Stettin
Weichsel
Warschau
Berlin
Elbe
Oder
Köln
DEUTSCHLAND
Rhein
Prag
Donau
Wien
München
ÖSTERREICH-UNGARN
Zürich
SCHWEIZ
Bad Ragaz
Interlaken
N
W
O
S
Mailand
Verona
Venedig
Po
Adria
Korsika
Rom

C H V

Regina Dieterle

Theodor Fontane

Biografie

Carl Hanser Verlag

Die Autorin dankt dem Schweizerischen Nationalfonds zur Förderung der wissenschaftlichen Forschung (SNF) für die großzügige Unterstützung des Biografie-Projekts.

1. Auflage 2018

ISBN 978-3-446-26035-1

Umschlag: Peter-Andreas Hassiepen, München
Motiv: Theodor Fontane/Foto, 1879 (Loescher und Petsch, Berlin), digital koloriert, © akg-images
Satz: Greiner & Reichel, Köln
Druck und Bindung: CPI books GmbH, Leck
Printed in Germany

MIX
Papier aus verantwortungsvollen Quellen
FSC® C083411
FSC
www.fsc.org

Inhaltsverzeichnis

Die doppelte Perspektive

Der Schriftsteller Theodor Fontane wurde am 30. Dezember 1819 in Neuruppin geboren. So könnt' ich als Biografin beginnen. Doch will ich es anders probieren, will aus einer doppelten Perspektive erzählen, einer Perspektive, die nicht nur das Leben, sondern gleich auch das Werk in den Mittelpunkt rückt. Was hat Theodor Fontane berühmt gemacht? In erster Linie seine Romane. Zuerst also den Roman auf den Tisch, und nicht irgendeinen, sondern den ersten. Was ist sein Stoff? Der Zufall will es – aber vielleicht ist es kein Zufall –, dass Zeit, Ort, Handlung sofort in die Jugendjahre der Eltern führen.

Fontane ist kein junger Mann mehr, als er sein erstes Romanprojekt in Angriff nimmt, er ist schon vierzig gewesen. Mehr als anderthalb Jahrzehnte beschäftigt ihn die Sache. Recht lange dauert alles. Die Eltern sterben in der Zwischenzeit, die Kinder werden erwachsen. Aber dann ist er da, der Roman, und trägt den Titel *Vor dem Sturm. Aus dem Winter 1812 auf 13*. Geschildert wird darin jene kurze historische Zeitspanne, die das Leben der jungen Leute von damals radikal veränderte. Auch das Leben von Louis Henri Fontane, knapp 17, und Emilie Labry, knapp 15: »Es war Weihnachten 1812, heiliger Abend. Einzelne Schneeflocken fielen und legten sich auf die weiße Decke, die schon seit Tagen in den Straßen der Hauptstadt lag. Die Laternen, die an lang ausgespannten Ketten hingen, gaben nur spärliches Licht; in den Häusern aber wurde es von Minute zu Minute heller und der ›heilige Christ‹, der hier und dort schon einzuziehen begann, warf seinen Glanz auch in das draußen liegende Dunkel.«

Das ist der Auftakt des Romans. Wir sind in Berlin. Es ist schon der siebte Kriegswinter, seit Napoleon Preußen besiegt hat, und die Menschen sehnen sich nach Befreiung. Der Erzähler lässt nach den ersten Anfangssätzen einen Schlitten in die Klosterstraße einbiegen. Der Kutscher hält an, steigt ab und verschwindet im dunklen Flur eines zweistöckigen Hauses. Bald erscheint ein junger Mann in der Tür. Es ist der Student Lewin von Vitzewitz. Mit ihm tritt nun der Leser, die Leserin die nächtliche Reise ins Oderbruch an, nach Hohen-Vietz. Der Ort ist auf der Landkarte nicht verzeichnet, wir vermuten aber, Fontane habe sich das Oderbruchdorf Reitwein vorgestellt. Den fiktiven Ortsnamen Hohen-Vietz entlehnt er dem Roman seines Journalistenkollegen George Hesekiel. Er hat ihn gelesen und rezensiert, das ist schon Jahre her. Von Hesekiels *Stille vor dem Sturm* entlehnt er sich auch den Titel, verknappt und präzisiert ihn. Das ist ein gut eingeübtes journalistisches Verfahren. Alles wird zum »Material«, alles lässt sich bearbeiten. Doch es muss auch etwas drinstecken, was einen im Innersten packt. Erst dann wird der Furor geweckt, der zur Gestaltung treibt. Und Gestaltung heißt bei Fontane »Psychographie und Kritik, Dunkelschöpfung im Lichte zurechtgerückt«, heißt exzerpieren, montieren, redigieren, heißt überschreiben und etwas Eigenes in die Welt setzen.

Gerade auch *Vor dem Sturm*, erschienen 1878, ist ureigenster Fontane-Stoff. Geschildert werden die letzten Tage vor der preußischen Erhebung gegen die napoleonische Besatzungsmacht. Schauplatz des Romans ist neben Berlin die Region östlich der Residenzstadt, das Land diesseits und jenseits der Oder, das Oderland also. Im März 1813, als die sogenannten Befreiungskriege begannen, war Louis Henri Fontane, der Vater, Apothekerlehrling im dritten Jahr und stand am Rezeptiertisch in der Berliner Elefanten-Apotheke am Dönhoffplatz. Zuvor hatte er zwei Jahre lang das renommierte Berliner Gymnasium zum Grauen Kloster besucht und dort, in der Klosterstraße, erfolgreich mit dem Examen abgeschlossen. Jetzt im März 1813 meldete er sich als Freiwilliger, denn die akademische Jugend wurde zu den Waffen gerufen. Nichts war prägender für ihn und seine Generation, als was er im Krieg erlebte. Und nichts prägender als Napoleons Aufstieg und Fall. Oder Preußens Niedergang, Erhebung und Sieg. Sie waren noch halbe Kinder, als sie diese bewegten Zeiten erlebten. Und wie viele ihrer Generation heirateten sie früh, kaum war der Frieden wieder da: Louis Henri Fontane und Emilie Labry. Am 24. März 1819, am Geburtstag des Bräutigams, gaben sie sich in der französisch-reformierten Kirche zu Berlin ihr Jawort.

Als Theodor, ihr erstes Kind, geboren wurde, war die napoleonische Zeit in den Köpfen und Herzen und in den Erzählungen noch ganz gegenwärtig: die Dreikaiserschlacht bei Austerlitz (1805), die preußische Niederlage von Jena und Auerstedt (1806), die unmittelbare Flucht des Königspaares und des Hofstaates nach Ostpreußen und kurz darauf Napoleons triumphaler Einzug in Berlin durch das Brandenburger Tor (1806), der Russlandfeldzug (1812), die Völkerschlacht bei Leipzig (1813), der Sieg über Napoleon bei Waterloo, Belle-Alliance (1815) – alles aus dieser jüngsten Vergangenheit, auch der erlittene Verlust, der Hunger, der Tod, trieb die Menschen noch immer um. Und man wusste zugleich: Napoleon hatte das Ancien Régime weggefegt, demokratische Formen eingeführt, die bürgerliche Freiheit gebracht und letztlich die Reform des preußischen Staates ermöglicht.

Napoleon war eine lebende Legende, als Theodor Fontane am 30. Dezember 1819 im märkischen Neuruppin zur Welt kam. Nach der vollkommenen Niederlage der Franzosen bei Waterloo lebte der abgesetzte Kaiser in der Verbannung auf der Insel St. Helena. Als er dort am 5. Mai 1821 starb, lernte der kleine Theodor gerade laufen und sprechen. Sein Vater, das sollte er schon bald merken, blieb vollkommen auf die Napoleonzeit fixiert. Kein Stoff hielt ihn so in Bann wie die Geschichte des Empereurs und seiner Marschälle. Hier redete er sich ins Element und freute sich, wenn der Sohn seine Anekdoten immer und immer wieder hören wollte. Der Plauderton versagte einzig, wenn es um die Erfahrung der Kriegsschrecken ging. Da fiel ihm das Sprechen schwer, das rührte an ein Tabu.

Wie vom Krieg erzählt wurde und welche Erfahrungen beschwiegen wurden, blieb nicht ohne Wirkung auf die Nachkriegsgeneration. Zu dieser Nachkriegsgeneration gehörte Theodor Fontane. Geradezu auffällig ist es, wie sehr ihn Schlachtfelder und kriegerische Heldentaten faszinierten. Geschichtliches Interesse und preußisches Selbstbewusstsein reichen nicht aus, um dieses lebenslange Faszinosum zu erklären. Es muss auch etwas mit dem Tabu zu tun haben, mit dem Kriegstrauma des Vaters. Wobei Krieg durchwegs die Signatur seiner Zeit war. Als Theodor Fontane seinen ersten Roman zu den Befreiungskriegen noch immer in Arbeit hatte, stand sein eigener Sohn an der Front (1870/71). Der Autor selber hatte zu diesem Zeitpunkt nicht nur unzählige historische Schlachtfelder erwandert, sondern war Kriegskorrespondent geworden, war nicht von ungefähr in französische Kriegsgefangenschaft geraten, und wenig hätte gefehlt, er wäre wegen vermuteter Spionage standrechtlich erschossen worden. Dies und mehr ließ sich wahrscheinlich nur schreibend bewältigen, zuerst in der autobiografischen Erzählung *Kriegsgefangen* (1871), dann umfassender im Roman *Vor dem Sturm*. Vom Weg dahin und von dort weiter bis zu den Meisterwerken *Effi Briest* (1895) und *Der Stechlin* (1899), davon will diese neu recherchierte Biografie erzählen.

Berlin, Winter 1812 auf 13

Schlüsseljahre der Großeltern- und Elterngeneration (1780–1819)

Haus Lindenstraße 90

Der Anfang der biografischen Erzählung setzt also dort ein, wo Fontane aus guten Gründen selbst einsetzte. Schauplatz ist Berlin im Winter 1812 auf 1813. Die Person, die zuerst interessiert, ist Fontanes Vater. Er war damals knapp 17 Jahre alt. Seine Familie bewohnte das Haus Lindenstraße 90. Es war ein geräumiges Haus, hatte vier Etagen, einen großen Garten und zwei Brunnen.

Die Berliner Lindenstraße war um 1700 angelegt worden und gehörte zum Köpenicker Viertel, das seit 1802 zu Ehren von Königin Luise Luisenstadt hieß. Das Viertel grenzte unmittelbar an die südliche Friedrichstadt. In der Lindenstraße 90 – das Haus hatte Zinngießer Pierre Barthélemy Fontane um 1756 erworben – lebte die Familie Fontane bereits in der zweiten und nun dritten Generation. Sie war eine angesehene hugenottische Familie des Handwerkertums und in Berufen tätig, die traditionellerweise immer auch eine künstlerische Seite hatten. Ursprünglich Strumpfwirker, also der Mode verpflichtet, waren sie Zinngießer geworden, veredelten Kupfergefäße, stellten Becher und Kelche her, bis mit der Königlich Preußischen Porzellanmanufaktur unter Friedrich II. ein edleres Handwerk das Zinngefertigte verdrängte und die Luxusklasse jetzt nach dem weißen Gold, dem Porzellan begehrte. Und dieses Porzellan wiederum veredelten mit ihren kunstvollen Malkünsten die Porzellanmaler. Der Sohn des Zinngießers Pierre Barthélemy Fontane wurde Porzellanmaler und trug als solcher den Namen seines Vaters weiter, denn er hieß wie dieser Pierre Barthélemy Fontane. In den Hofakten aber wurde er auch als Peter Fontane geführt. Dieser Peter oder nach Taufnamen Pierre Barthélemy Fontane war der Vater von Louis Henri.

Louis Henri Fontane wurde in gute Verhältnisse hineingeboren. Sein Vater, der Porzellanmaler, hatte entweder noch in den letzten Regierungsjahren Friedrichs II. oder dann unter dessen Nachfolger Friedrich Wilhelm II.

eine Anstellung bei Hofe gefunden und gehörte seither zum königlich-preußischen Hofstaat. Am 14. Oktober 1790 hatte Pierre Barthélemy im Alter von 33 Jahren die junge Witwe Louise Sophie Deubel geheiratet und zugleich ihre fünf unmündigen Kinder aufgenommen. Das Haus war jetzt mit viel Leben erfüllt. Louise Sophie, eine gebürtige Berlinerin, war die Tochter des Viktualienhändlers Friedrich Wilhelm Deubel. Ein bisschen Jenny Treibel könnte in ihr gesteckt haben, die im »Materialwarenladen« ihres Vaters gelernt hatte, was klug wirtschaften heißt. Die Deubels gehörten der deutsch-evangelischen Gemeinde an, während die Fontanes, die um 1700 als Hugenottenflüchtlinge nach Berlin gekommen waren, französisch-reformiert geblieben waren. Die Heirat erfolgte in der Taufkirche der Braut. Das war die nahe gelegene Evangelische Jerusalemkirche. Ihre gemeinsamen Kinder aber sollten nach der hugenottischen Tradition der Fontanes getauft und erzogen werden. Es war eine starke Bindung, die Bindung an die französisch-reformierte Gemeinde von Berlin, und sie prägte das Selbstbewusstsein der Familie. Ja, die Fontanes waren Berliner geworden und waren zugleich stolz auf ihre Zugehörigkeit zur sogenannten Französischen Kolonie.

Zwei Töchter des Paares starben kurz nach der Geburt. Am 30. März 1794 kam Charles Henri Guillaume zur Welt, zwei Jahre später Louis Henri. Geboren am 24. März 1796, blieb er lange das Nesthäckchen der zahlreichen Kinderschar. Damals lebte auch Großmutter Marie Louise Fontane noch, die Witwe des Zinngießers Fontane. Sie war die Patronne und in ihrer Witwenzeit offenbar auch die Besitzerin des Hauses Lindenstraße 90.

Die Hofkarriere ihres Sohnes Pierre Barthélemy setzte sich unter Friedrich Wilhelm II. kontinuierlich fort. Die Porzellanmalerei hatte er jetzt aufgegeben, sich dafür einen gewissen Ruf als Miniaturmaler erworben. Zwischen 1787 und 1795 nahm Pierre Barthélemy Fontane fünfmal an der damals jährlich stattfindenden Berliner Kunstausstellung teil. Als Künstler konnte er dennoch nicht bestehen. Über seine Porträts und Kopien großer Meister fällte der geniale Johann Gottfried Schadow ein herbes Urteil. Pierre Barthélemy Fontane, so soll er gesagt haben, »gehörte zu denen, die nie dazu kamen, malen zu können«. Doch habe er gut »Französisch sprechen« können. Die maliziöse Bemerkung zur Gewandtheit im Französischen könnte ein Hinweis darauf sein, dass man den Porträtkünstler Fontane zu den Protegés des frankophilen Kabinettsrats Lombard rechnete.

Schadow, der Märker, brillierte ganz anders: 1793 war seine Quadriga auf das neu errichtete Brandenburger Tor platziert worden, 1797 zeigte er der Öffentlichkeit seine Prinzessinnengruppe, die berühmte Skulptur der Kronprinzessin Luise und ihrer jüngeren Schwester Friederike. Doch auch Pierre Barthélemy Fontane tat sich hervor. Er war »erster Kammerdiener« der Kronprinzessin geworden, zuständig für ihre »kleinen Rechnungen« und für die »Beantwortung aller unbedeutenden Briefe«.

Pierre Barthélemy hatte eben andere Talente. Dass er das Französische sowohl mündlich wie schriftlich beherrschte, war ein großer Vorteil, den er seiner Herkunft verdankte. Aufgewachsen in einer Zeit, als die Berliner Hugenotten in deutsche Familien einzuheiraten begannen, hatte man bei ihm zu Hause doch noch Französisch gesprochen, so wie die Gebildeteren unter ihnen es zu tun pflegten. Französisch war einerseits die Sprache ihrer kirchlichen Gemeinde, anderseits die Sprache des preußischen Hofes. Als Friedrich Wilhelm II. für seine jüngeren Kinder einen Zeichenlehrer engagieren wollte, war seine Wahl wie selbstverständlich auf Pierre Barthélemy Fontane gefallen. Die Zeichenstunden fanden in Schloss Monbijou statt. Und so begab sich Kunsterzieher Fontane in den 1790er-Jahren regelmäßig von der Lindenstraße nach Schloss Monbijou, wo im Beisein der Königin der Zeichenunterricht stattzufinden pflegte.

Sie, die Königin Friederike Luise von Hessen-Darmstadt und Mutter der Kinder, war die zweite Gemahlin von Friedrich Wilhelm II. Das an der Spree gelegene Schloss Monbijou war ihr Hauptwohnsitz. Hier konnte Pierre Barthélemy auch einem Jüngling begegnen, dessen Familie nach der Französischen Revolution aus Frankreich geflohen war und seit 1796 in Berlin lebte. Es war niemand anders als Adelbert von Chamisso, der, während er das nahe Französische Gymnasium besuchte, zugleich Page in Schloss Monbijou war.

Als im November 1797 der König starb und sein Sohn Friedrich Wilhelm III. den Thron bestieg, wurde Pierre Barthélemy Fontane mit zusätzlichen Aufgaben betraut. Der erste Kammerdiener von Kronprinzessin Luise wurde nun der Kabinettssekretär ihrer Majestät der jungen Königin. Er war zu diesem Zeitpunkt vierzig Jahre alt, hatte einen vorbildlichen Ruf als Zeichenlehrer und Pädagoge, galt als zuverlässig und empfahl sich auch deswegen, weil er »kein übles Aussehen« und »viel Anständiges in seinem Betragen« hatte.

Zur selben Zeit war sein privates Glück jäh zerbrochen. Die Tragödie war so schmerzlich wie typisch für die damaligen Verhältnisse. Seine Frau Sophie, die Mutter von Charles und Louis Henri, war nach der Geburt eines dritten gemeinsamen Söhnchens am 25. April 1797 im Kindbett gestorben. Auch das Neugeborene überlebte nicht. Der Mann muss untröstlich gewesen sein. Sein Jüngster, der kleine Louis Henri, war nur gerade ein Jahr alt, als er die Mutter verlor. Was ihm von ihr blieb, war eine ferne Erinnerung sowie eine Farbskizze von der Hand des Vaters. Das Bild hat vielleicht über dem väterlichen Schreibtisch oder im Wohnzimmer gehangen. Es zeigt eine große, schlanke Frau, die in langen, fließenden Stoffen geht, gekleidet im vornehmen Stil der Empiremode. Das dunkle, volle Haar trägt sie hochgesteckt, nicht straffgezogen, sondern weich und natürlich. Auch die Kinder vermissten die Mutter wohl sehr.

An Mutterstelle trat aber womöglich die Großmutter Marie Louise Fontane, damals 66 Jahre alt. Als das Trauerjahr um war, begann Pierre Barthélemy Fontane um die junge Anna Maria Reimann zu werben. »Dienstag, den 27. November 1798 habe ich um Demoiselle Reiman angehalten, und Selbige den Sonntag zum ersten Mal gesehen«, heißt es in einer tagebuchartigen Aufzeichnung. Am 7. März 1799 ging er seine zweite Ehe ein. Anna Maria, 24 Jahre alt, war die Tochter eines Berliner Textilkaufmanns. Ihre Familie gehörte der evangelisch-reformierten Kirchgemeinde St. Bethlehem an, die für die Glaubensflüchtlinge aus Böhmen gegründet worden war, so wie seinerzeit die Kirchgemeinde für die Hugenotten aus Frankreich. Das Paar heiratete traditionsgemäß in der Kirche der Braut, der Kirche St. Bethlehem in der südlichen Friedrichstadt.

Der kleine Louis Henri und seine Geschwister erhielten mit der erneuten Eheschließung des Vaters eine noch junge Stiefmutter. Im privaten Leben der Familie schienen nun wieder glücklichere Tage anzubrechen. Am 2. Dezember 1799 gebar Anna Maria ein Töchterchen. Das kleine Mädchen starb jedoch kurz vor seinem ersten Geburtstag (18. November 1800). Ein Jahr später, am 8. Dezember 1801, kam das zweite Kind zur Welt. Es war ein Junge, Ferdinand Auguste, der wie seine beiden älteren Halbbrüder französisch-reformiert getauft wurde (Theodor Fontanes »Onkel August«). Großmutter Marie Louise Fontane erlebte Geburt und Taufe noch. Am 20. Januar 1802 starb sie, nachdem sie über vierzig Jahre lang im Haus Lindenstraße 90 gelebt und gewirkt und ihren Sohn Pierre Barthélemy in glücklichen wie in schweren Tagen begleitet hatte. Als sie starb, war Louis Henri knapp sechs Jahre alt.

Die junge Stiefmutter Anna Maria aber war ein Segen für alle. Sie sorgte nicht nur für ihren kleinen Auguste, sondern auch für die Söhne Charles und Louis Henri sowie für die weiteren Familienangehörigen. Zunehmend beanspruchte auch ihr Mann ihre Hilfe, denn ein tückisches Augenleiden drohte ihn arbeitsunfähig zu machen. Er selbst sprach von »äußerst geschwächten Seh-Nerven« und sah als Heilmittel eigentlich nur noch ein Leben auf dem Lande. In der Zeit, als seine Augenkrankheit sich verschlimmerte, begann er eine neue Art von Geschäftstätigkeit zu entwickeln. Er verkaufte sein Haus Lindenstraße 90, behielt aber eine Sicherheitshypothek darauf (7600 Taler Silber-Courant) und ließ sich diese mit vier Prozent verzinsen. Auf diese Weise schuf er sich Eigenkapital und besserte das Familieneinkommen auf, gleichzeitig behielt er das Wohnrecht. Später kaufte er das Haus wieder mit Gewinn zurück und spekulierte so mit noch anderen Häusern in Berlin. Weil er, wie die Berliner Grundbucheinträge belegen, solche Immobiliengeschäfte erst tätigte, als er mit den Reimanns verwandt war, liegt die Vermutung nahe, die neue Verwandtschaft habe ihm mit gutem Rat beseitegestanden, gehörte sie doch als Kaufmannsfamilie zum gutbetuchten Berliner Bürgertum. Doch könnten auch langjährige Erfahrungen als Verantwortlicher für das Haus Lindenstraße 90 sowie die Tätigkeit als Kabinettssekretär, der mit den Finanzen der Königin betraut war, eine Rolle beim glücklichen Spekulieren gespielt haben.

Gutsbesitzer werden im Oderbruch

Im Spätsommer 1803, mit 46 Jahren, sah sich Pierre Barthélemy Fontane schließlich außerstande, weiterhin als Zeichenlehrer und Kabinettssekretär zu wirken. Er hatte zu diesem Zeitpunkt bereits eine feste Vorstellung, wie er die Existenz der Seinen künftig sichern wollte. Er verfügte jetzt über etwas eigenes Kapital und wollte dieses für eine Erbpacht auf dem Lande verwenden. In einem Schreiben vom 15. August 1803 bat er Königin Luise, »ihm die Gnade zu gewähren«, seine Familie durch eine Erbpacht zu ernähren. Bei König Friedrich Wilhelm III. reichte er das entsprechende Gesuch mit der Bitte ein, »mir von den im Amte Wollup im Oderbruch abgebauten Ländern 2 bis 300 Morgen in Erbpacht zu geben«. In seinem Gesuch heißt es weiter: »Mit Vergnügen will ich wie jeder andere, den festgesetzten Erb-Zins bezahlen, wenn Ew. Königliche Majestät nur so gnädig seyn wolten, da meine Kräfte nicht reichen, die nötigen Wohn- und Wirtschaftsgebäude, so wie das Inventarium huldvoll zu accordiren [zur Verfügung zu stellen].«

Die Reaktion des Königs war so erstaunlich wie fatal. Das Dienstverhältnis wurde aus Rücksicht auf den Gesundheitszustand des Bittstellers aufgelöst, die Erbpacht im Oderbruch zugleich abgelehnt. Eine königliche Erbpacht im Amte Wollup aber hätte den Vorteil gehabt, dass die Fontanes sich im Oderbruch hätten niederlassen und Gutswirtschaft betreiben können, und zwar gegen regelmäßige Zinsabgaben und mit dem Recht, den Gutsbetrieb weitervererben zu dürfen. Damals existierte die Erbpacht in Preußen noch, erst 1811 wurde sie mit der Landreform als sogenannt ablöslich erklärt. Mit dem Entgegenkommen des Königs hätte Theodor Fontane also am Ende Gutsbesitzer im Oderbruch werden können.

Ironie des Schicksals ist, dass der König das, was er dem Zeichenlehrer und Kabinettssekretär Fontane am 9. September 1803 abschlug, einem anderen wiederum am 19. März 1804 antrug: »1. drei- bis vierhundert Morgen Acker des Amts Wollup in Erbpacht; 2. die Erlaubnis, diese Erbpacht zu veräußern und ein Rittergut dafür zu kaufen«. Der andere war niemand anders als der Niedersachse Albrecht Daniel Thaer, der dann im Oderbruch die moderne Agrarwirtschaft begründete. Zum Angebot des Königs schrieb Theodor Fontane später lapidar: »Thaer nahm an.« Die Domäne Wollup verkaufte derselbe bald wieder, wie wir aus Fontanes Erzählung in den *Wanderungen* wissen, und begründete sein Musterinstitut, das heißt, die erste landwirtschaftliche Akademie Deutschlands, im nahen Möglin. Dort trug er durch seine Reformen auch zur Bauernbefreiung bei.

Wollup selber wurde dann berühmt unter Johann Gottlieb Koppe, der Lehrer in Möglin gewesen war. Koppe war es schließlich, der die Wolluper Domäne zu einem vorbildlichen Landwirtschaftsbetrieb umfunktionierte (ab 1827). Der Betrieb war bereits auf seiner Höhe, als Theodor Fontanes Familie sich später doch noch in der Nähe niederließ, nämlich im Oderbruchdorf Letschin (ab 1840).

Was für ein Romananfang! Da fährt Lewin von Vitzewitz unterm Sternenhimmel hinaus ins Oderbruch, fährt nach Hause nach Schloss Hohen-Vietz. Wenn das nicht Fontane'sche Familienphantasie ist, die sich hier fortschreibt! Wenn das nicht romantische Sehnsucht des Autors ist, angelegt in der Kindheit als eine Urphantasie vom Leben auf dem Lande, vom

Leben im eigenen Schloss. Und dazu mit feiner Ironie das Kapitel 6, in dem der Erzähler den Studenten Lewin in ein Kolleg von Albrecht Daniel Thaer schickt. Thema der Vorlesung: »Der Fruchtwechsel und die landwirtschaftliche Bedeutung des Kartoffelbaues«.

Pierre Barthélemy Fontane war also aus dem Hofdienst entlassen. Doch hatte der König eine nur vorübergehende »Dispensation von allen Geschäften« ausgesprochen, ihm gute Erholung auf dem Lande gewünscht und angeordnet, dass der Kabinettssekretär Fontane bis zu seiner »Wieder-Genesung« sein Gehalt weiterhin empfangen solle. Daraufhin waren die Geschäfte dem Nachfolger übergeben worden, doch wartete man dann vergebens auf die Fortzahlung des Gehalts und eine formelle Erlaubnis, die Stadt verlassen zu dürfen. Verzweifelt schrieb Pierre Barthélemy Fontane an den König: »Ich kann hier bei der täglich zunehmenden Teurung aller Bedürfnisse des Lebens mit meiner zahlreichen Familie nicht fertig werden, und flehe daher um die gnädige Erlaubnis: [...] in eine Provinz der Königlichen Lande, wo ich, in Ansetzung der Haus=Miethen[,] des Holzes und anderer Nothwendigkeiten des Lebens besser fertig zu werden hoffe, gehen zu dürfen« (20. Juli 1804).

Er hatte Frau und Kinder immer durch seinen eigenen Erwerb ernährt. Jetzt in der Not aber sah er sich gezwungen, sein Vermögen anzugreifen. Eigentlich hatte er die 3000 Taler für seine junge Frau angelegt und als Erbe für die Kinder gedacht. Jetzt teilte er die Sorgen der vielen, die ums tägliche Überleben kämpften. Denn für die große Mehrheit waren die Zeiten schwer. Die schlechte Lage schuldete sich den erstarrten Formen in Politik und Wirtschaft und der Situation Preußens im europäischen Kräftemessen. Mit dem revolutionären Frankreich unter Napoleon hatte Preußen 1795 den Basler Sonderfrieden geschlossen und war seither neutral und einflusslos in den Kriegen, die Frankreich führte und gewann.

Als Pierre Barthélemy Fontane endlich die offizielle Erlaubnis erhielt, aufs Land zu reisen, war in Frankreich eben die Verfassung des neuen Kaiserreiches verkündet worden und stand Napoleon Bonapartes Selbstkrönung bevor. Am 2. Dezember 1804 setzte er sich in der Kirche Notre-Dame in Paris die Krone auf und ernannte sich zum Kaiser der Franzosen. Das enttäuschte damals viele seiner Anhänger, weil sie darin den Schritt zum hegemonialen Machtstreben vollzogen sahen. Beethoven zum Beispiel, der Napoleon seine 3. Sinfonie hatte widmen wollen, soll den Namen »Bonaparte« auf dem

Titelblatt des Notenkonvoluts wütend ausradiert haben. »Heroische Sinfonie, komponiert um das Andenken eines großen Mannes zu feiern«, hieß nun der neue Titel seiner *Eroica.*

Zu diesem Zeitpunkt lebten die Fontanes in Schlesien. Sie lebten von einer Pension in der Höhe von 300 Talern jährlich und Versprechungen auf andere Gelder, die nie eintrafen. Wahrscheinlich wurden die Verhältnisse nur dadurch gemildert, dass man Unterstützung von schlesischen Verwandten aus der Familie Reimann erhielt. Für den jungen Louis Henri hatte die Berliner Kindheit jedenfalls ein abruptes Ende gefunden.

Abschied von Königin Luise

Was für ein Wechsel der Verhältnisse! Eben noch ging Louis Henri an der Hand des Vaters durch die Berliner Straßen, ließ sich vielleicht das Brandenburger Tor mit Schadows Quadriga zeigen oder die Wachablösung am Schlossplatz. Vielleicht folgte er ihm auch nach Schloss Monbijou, wo der Vater Zeichenunterricht erteilte, oder fuhr mit ihm in der Kutsche nach Schloss Charlottenburg, nach Potsdam oder Paretz, wo die königliche Familie je nach Jahreszeit abwechselnd residierte. Denn wegen seiner Augenkrankheit war der Vater zunehmend auf Hilfe angewiesen.

Wir stellen uns vor: wie Louis Henri den Vater bei dessen letzten Gängen im Hofdienst begleitete und als Sohn des Kabinettssekretärs der Königin vorgestellt wurde. Der siebenjährige Knabe hätte dann einer jungen Frau gegenübergestanden, die so alt war wie seine Stiefmutter Anna Maria und die Kinder hatte, die im selben Spielalter waren wie er: Kronprinz Friedrich Wilhelm (der spätere König Friedrich Wilhelm IV.), Prinz Wilhelm (der spätere König und Deutsche Kaiser Wilhelm I.) und Prinzessin Charlotte (die spätere russische Zarin).

Es gibt keinen Beleg für eine solche Begegnung. Aber aus den *Erinnerungen* des Pädagogen Heinrich Hauer wissen wir, dass der Hofdienst des Pierre Barthélemy Fontane ein recht persönlicher Dienst gewesen war und die junge Königin besonders in pädagogischen Fragen auf ihren Kabinettssekretär vertraute.

In Schlesien: Fiebern für Napoleon

Die Schlesienjahre der Fontanes fielen in die Zeit von etwa August 1804 bis gegen Ende 1807. Anfangs ging es ihnen hier wirklich besser. Die noch junge preußische Provinz, die sich Friedrich II. im Ersten Schlesischen Krieg gegen Österreich abgetrotzt hatte, wurde seit 1770 verwaltet durch Minister Carl Heinrich von Hoym. Von Hoym war es, der Pierre Barthélemy Fontane in Schmiedeberg das Amt des Kämmerers vermittelte. Später wollte er ihn als Polizeidirektor in Liegnitz vorschlagen.

Alle Hoffnungen, in Schlesien Erholung und wirtschaftliche Sicherheit zu finden, zerschlugen sich aber bald. Denn Napoleons Truppen waren auf dem Vormarsch. Noch hielt Preußen an seiner Neutralität fest, als es am 2. Dezember 1805 zur großen Dreikaiserschlacht bei Austerlitz kam. In nur vier Stunden und mit dem Glück der »Sonne von Austerlitz« hatte die Grande Armée die Koalitionspartner Österreich und Russland vernichtend geschlagen. Die Kunde vom vollständigen Sieg der Franzosen verbreitete sich rasch und weckte bei der preußischen Jugend durchaus Begeisterung. Denn was war das für ein Mann, der solche Schlachten schlug! Und gleich darauf in einem Bulletin an seine Soldaten schrieb: »Soldats, je suis content de vous.« Soldaten, ich bin zufrieden mit euch.

Auf die Bulletins von Napoleon wartete jetzt die ganze Welt. Sie erschienen jeweils übersetzt in allen Zeitungen. Und was ließ er nach der Schlacht von Austerlitz verlauten? »Soldaten, von jetzt an wird es genügen zu sagen: ›Ich war bei der Schlacht von Austerlitz‹, um den Bewunderungsruf zu wecken: ›Voilà un brave‹.« Louis Henri, der Junge, der am eigenen Leibe erlebte, wie der preußische König seinen Vater darben ließ (die Gehaltszahlungen blieben weiterhin aus), fieberte jetzt mit für Napoleon, für seine Generäle, für die Grande Nation. So vermuten wir.

In Schlesien aber zeigten die kriegerischen Ereignisse ihre harte Wirklichkeit. Hier zogen russische, später französische, bayrische und württembergische Truppen durchs Land, wobei die Franzosen weniger gefürchtet wurden als die übrigen Truppen, weil diese die Bevölkerung mehr schonten als jene.

Welche Not und welche Schrecken die Familie Fontane in ihren Schlesienjahren durchlebte, können wir nur erahnen. Zwar wissen wir, dass Pierre Barthélemy Fontane ein Tagebuch führte. Die meisten Notizen sind jedoch in den Zeitläuften verloren gegangen. Ein Diarium mit Lederrücken, verblassten Goldarabesken, handmarmoriertem Deckel und Rotschnitt, ausgestattet mit Büttenpapier, gelangte noch um 1935 ins Theodor-Fontane-Archiv, die meisten Seiten waren zu diesem Zeitpunkt jedoch bereits herausgerissen. Heute zählt das Büchlein zu den seit 1945 vermissten Beständen.

»Schach von Wuthenow« – damals, 1806

Ob die Tagebücher seines Großvaters ihm noch zur Verfügung standen, als Theodor Fontane seine zweite wichtige Erzählung über die Napoleonzeit schrieb? Wenn ja, so hat er sie sicher genutzt.

Den Roman *Schach von Wuthenow. Erzählung aus der Zeit des Regiments Gendarmes* nahm er in Arbeit, noch bevor im Buchhandel *Vor dem Sturm* erschien. Er war ein Meister darin, mehrere Projekte gleichzeitig zu verfolgen. Und während er also für den druckfertigen Roman die Werbetrommel rührte, allerorten Rezensionen veranlasste und sich schon bald über einen Achtungserfolg freuen konnte, las er sich gleichzeitig in seinen neuen Stoff ein. Der Kern war eine tragische Liebesgeschichte, die in der napoleonischen Zeit in Berlin gespielt hatte. Theodor Fontane versuchte deshalb, als er den Roman in Angriff nahm, mit der Frau noch in Kontakt zu treten. Ob sie ihn empfangen hat, ist unsicher. Sie war damals schon weit über achtzig.

Was ihm wichtig war: Die Liebesgeschichte sollte ein Zeitbild geben. Dazu gehörte, dass er den Schauplatz, das Milieu, die handelnden Personen, das politische Geschehen genau recherchierte und dann bewusst gestaltete. Wann hatte »der ganz traurige Vorfall« stattgefunden, vor oder nach der Schlacht von Jena und Auerstedt? Das wollte er zwingend wissen. Auch las er sich gezielt ein, vertiefte sich in die *Lebenserinnerungen eines alten Mannes* von Wilhelm von Kügelgen, erschienen 1870 im Verlag Wilhelm Hertz, und bat den Chefredakteur seiner Zeitung, das Archiv benutzen zu dürfen. »Eine Novelle, an der ich arbeite«, so schrieb er ihm, »spielt im Frühjahr und Sommer 1806; es wäre mir, wegen des Lokaltons, von großem Wert, wenn ich die Vossin aus jener Zeit her durchblättern könnte. Weggegeben wird sie nicht, so frag ich ganz ergebenst an, ob ich mich morgen (Sonntag) Vormittag wohl auf der Redaktion einfinden und in einem Zimmer derselben, gleichviel in welchem, nachschlagen darf.«

Er exzerpierte alles, was ihm nützlich erschien und was verwendbar war. Dabei fielen ihm auch die Schriften von Heinrich Dietrich von Bülow in die Hände, einem Militärschriftsteller und verhinderten Schauspieldirektor, der so frech und kritisch über die militärische Unfähigkeit Preußens geschrieben hatte, dass Friedrich Wilhelm III. ihn hatte verhaften lassen. Bülow war dann am 6. August 1806 zu vier Jahren Festungshaft verurteilt worden. Zu jenem Zeitpunkt war Preußen bei Jena und Auerstedt bereits vernichtend geschlagen worden, eine Niederlage, die Bülow längst vorausgesagt hatte.

Diesen Heinrich Dietrich von Bülow verwandelte Theodor Fontane nun in eine literarische Figur, die in *Schach von Wuthenow* Sätze sagen darf wie: »Ich bekenne, daß ich die Tage Preußens gezählt glaube.« Und nicht nur Preußen, auch das Luthertum sieht die Figur Bülow in der Auflösung begriffen: »Und warum? Weil beide gleich dürftig angelegt, gleich eng geraten sind. Es sind Kleinexistenzen, beide bestimmt, in etwas Größerem auf- oder unterzugehen. Und zwar bald. Hannibal ante portas.«

Preußens Schicksal heiße »Einverleibung in das Universelle«, so die Figur Bülow in *Schach von Wuthenow*, die hier ganz so spricht wie der wirkliche Schriftsteller Heinrich Dietrich von Bülow in seinem Buche.

Der kritischen Position Bülows steht im Roman die Position des Offiziers Schach von Wuthenow gegenüber. Schach, die Titelfigur, ist für ein starkes, selbstständiges Preußen, stellt sich in die friderizianische Tradition und weiß sich einig mit der Haltung von Königin Luise und mit der Haltung des Volkes. Vielleicht aber, so deutet der Erzähler an, überschätzt Schach die gegenwärtige Schlagkraft der preußischen Armee und leidet folglich an jenem Dünkel, den Bülow als preußische Beschränktheit bezeichnet. Beschränkt sei insbesondere, wer glaube: »Die Welt ruht nicht sicherer auf den Schultern des Atlas als der preußische Staat auf den Schultern der preußischen Armee.«

Die Handlung des Romans fällt in die Zeit von Anfang April bis Mitte September 1806, schildert also die sechs Monate vor der Niederlage Preußens gegen Napoleon. Da Theodor Fontane intensives Quellenstudium betrieb, es ihm um die Rekonstruktion der historischen Wirklichkeit ging, ist die Erzählung keine historische Phantasie, sondern vermittelt ein plastisches Zeitbild. Aber natürlich ist es – wie beim Roman *Vor dem Sturm* – ein komponiertes, ein mit den Mitteln der Kunst hergestelltes Bild.

Mit zum verarbeiteten Material gehörte wohl auch Pierre Barthélemy Fontanes Zeit als Kabinettssekretär von Königin Luise. Das ganze Kapitel 16, in dem Frau von Carayon, eine Hauptfigur des Romans, sich in Potsdam um eine Audienz beim König bemüht und dann auch in Paretz vorspricht, liest sich, als ginge Fontanes Großvater durch die Szene. Denselben Eindruck erweckt auch Kapitel 17, wenn Schach von Wuthenow nach Schloss Charlottenburg reitet, um Ordre des Königs und der Königin zu empfangen.

Bemerkenswert aber ist, dass Theodor Fontane die Liebesgeschichte zeitlich früher anlegt, als sie eigentlich gespielt hat. Der Grund ist sein geradezu fiebriges Interesse für die Zeit *vor* Napoleons Sieg über Preußen (1806). Dabei trieb ihn möglicherweise die Fontane'sche Familienfama an. Denn in den Jahren vor der französischen Besatzung hatte die Familie ihre glänzendste Zeit, hatte der Kabinettssekretär nicht nur anderen die Türe zu seiner Majestät der Königin geöffnet, sondern auch selber am Hofe offene Türen gefunden. *Schach von Wuthenow* also kann wie *Vor dem Sturm* gelesen werden als eine Recherche in eigener Sache. Es ist, als versicherte sich der Autor seiner eigenen Biografie.

Napoleon in Berlin

Pierre Barthélemy Fontane hatte zum Hofstaat der Königin gehört, als Preußen sich zur Neutralität verpflichtet hatte und Frieden mitten in Kriegszeiten erlebte. Allerdings hatten Außenminister Christian von Haugwitz und sein Vertrauter Johann Wilhelm Lombard gleichzeitig eine profranzösische Politik betrieben. Napoleons Expansionspolitik führte 1804 schließlich zu Richtungskämpfen in der preußischen Außenpolitik. Der König zögerte, Frankreich den Krieg zu erklären, die Königin gehörte zur Partei der Kriegsbefürworter.

In der Zeit, als sich die Konflikte zuspitzten und politische Entscheidungen gefällt werden mussten, lebte Louis Henri Fontane mit Eltern und Geschwistern im schlesischen Schmiedeberg. Hier also erfuhr man von der Kriegserklärung, die am 9. Oktober 1806 erfolgt war. Und fast gleichzeitig von Prinz Louis Ferdinands Tod im Gefecht bei Saalfeld am 10. Oktober (»Prinz Louis war gefallen / Und Preußen fiel – ihm nach«). Dann jagte eine düstere Nachricht die andere. Am 14. Oktober kam es zur katastrophalen

Niederlage bei Jena und Auerstedt. Am 17. Oktober 1806 folgte das dürre Communiqué des Grafen v. d. Schulenburg: »Der König hat eine Bataille verloren. Jetzt ist Ruhe die erste Bürgerpflicht. Ich fordere die Einwohner Berlins dazu auf. Der König und seine Brüder leben.« Zu wissen, dass der König lebte, war für die Fontanes in Schmiedeberg geradezu existenziell wichtig. Denn Pierre Barthélemy Fontane rechnete mit seinem Wiedereintritt in die königlichen Dienste, sobald er vollständig genesen war. Die Nachricht von der Flucht des Königspaares und des gesamten Hofstaates nach Ostpreußen muss ihn daher zutiefst erschüttert haben.

Und Louis Henri? Wenn er begonnen hatte, für Napoleon zu schwärmen, bewegte ihn ganz anderes in seinem jungen Herzen. Der große Napoleon, der Sieger von Austerlitz, von Jena und Auerstedt, er zog nun mit seiner Grande Armée Richtung Berlin. Und er, der Zehnjährige, würde ihn *nicht* sehen! Weder ihn noch seine Marschälle. Und damit auch Marschall Michel Ney nicht, seinen Liebling, »le brave des braves«!

Dem spektakulären Einzug in Berlin aber ging voraus, dass Napoleon das Schlachtfeld von Rossbach besuchte. Hier hatte fünfzig Jahre zuvor Friedrich II. den mit den Sachsen verbündeten Franzosen eine bittere Niederlage bereitet. Napoleon ließ jetzt die preußische Siegessäule, einen mannshohen Obelisken, abmontieren, einpacken und nach Frankreich verschicken, um später sagen zu können, »un nouveau monument de nos triomphes«. Ein neues Denkmal unserer Triumphe. Gleichzeitig erteilte er Künstlern den Auftrag, seine Heldentat zu malen. Historienmaler Pierre Vafflard vergößerte daraufhin die demontierte Säule um ein Mehrfaches. Auf seinem Marsch nach Berlin machte Napoleon auch Station in Potsdam. Er besuchte die Garnisonkirche und hier die Fürstengruft, wo der Sarkophag Friedrichs II. stand. Dann ließ er sich im Potsdamer Stadtschloss die ehemaligen Zimmer des großen Königs zeigen. Und weil er nicht nur sein Bewunderer, sondern auch sein Besieger war, erteilte er den Befehl, neben allen Kunstschätzen auch die Totenmaske Friedrichs II. sowie seinen Degen mit in die Kisten zu packen.

Für die große Öffentlichkeit aber inszenierte sich Napoleon erst in Berlin. Der Auftritt vom 27. Oktober 1806 wurde als riesiges Spektakel vorbereitet und später glorifizierend im Historienbild von Charles Meynier festgehalten: Napoleon, der französische Kriegsgott auf seinem glänzenden Schimmel, wie er an der Spitze seiner Truppen durch das lichtdurchflutete

Napoleons Einzug in Berlin am 27. Oktober 1806

Brandenburger Tor einzieht, von der Bevölkerung empfangen mit einer Mischung von Respekt, Verehrung und Furcht. Und über dem Tor: Schadows Quadriga.

Hätten die Fontanes zu diesem Zeitpunkt ihr Haus Lindenstraße 90 bewohnt, sie hätten die Aufregung in der Stadt aus nächster Nähe miterlebt. Tatsächlich glichen die Szenen in den Straßen bald einem Volksfest, denn Sieger und Besiegte begannen gleich ein buntes Feilschen um mitgebrachte Beute. Man trank, man aß und begrub zusammen den altpreußischen Staat.

Napoleon aber bezog für vier Wochen das Berliner Stadtschloss und ließ als ersten Akt seiner Regierung die Quadriga vom Brandenburger Tor abmontieren. Die Empörung, die die Bevölkerung deswegen erfasste, war bewusst provoziert. Gleichzeitig wurde der Stadt Berlin per Dekret die Selbstverwaltung verordnet. So wurden Reformen ins Rollen gebracht, die auf eine moderne Verwaltung und Verfassung zielten. Vorerst aber brachen harte Zeiten an. Verordnet wurde unter anderem die »Beschlagnahmung staatlichen Eigentums und des persönlichen Besitzes der Hohenzollern und anderer Adelsfamilien«. Dazu kam der systematische Abtransport vieler Kunstschätze. Vor allem aber drückten die Berliner die Einquartierungen.

Durchziehende französische Truppen wurden vorwiegend in privaten Häusern untergebracht, was für Hausbesitzer eine große Bürde war. Am 21. November 1806 verordnete Napoleon die Kontinentalsperre gegen Großbritannien und zog mit einem Teil seiner Truppen Richtung Warschau weiter.

Der Zusammenbruch des preußischen Staates aber hatte zur Folge, dass jetzt neben Nahrungsmitteln und sicheren Wohnungen auch überall die Gelder fehlten. Und so blieb die Entlöhnung in Schmiedeberg weiterhin aus. Wann genau die Fontanes den Ort wieder verließen und nach Liegnitz zogen, ist nicht bekannt. Im Januar 1807 lebte die Familie jedenfalls in Liegnitz. Hier traf sie ein neuer Schicksalsschlag. »[A]m 24. Januar 1807 [...] morgens gegen 8 Uhr verstarb meine liebe Frau Anne-Marie Reimann«, lesen wir in einem Tagebuchblatt von Pierre Barthélemy Fontane. Die Todesursache kennen wir nicht, wissen nur, dass Anna Maria Fontane geb. Reimann in Liegnitz auf dem Friedhof der evangelischen Liebfrauenkirche bestattet wurde.

Schloss Schönhausen oder Wenn Kastellane erzählen

Pierre Barthélemy Fontane kehrte im Laufe des Jahres 1807 nach Berlin zurück und bezog mit seinen Kindern vorläufig eine Wohnung in der Wilhelmstraße 135. Das Leben in Berlin war unterdessen ein völlig anderes geworden. Am 7. Juli 1807 hatte Napoleon mit Russland den Frieden von Tilsit ausgehandelt und als Siegermacht dem preußischen Staat seine Bedingungen diktiert, abgemildert einzig durch die Fürsprache Russlands und nicht etwa durch die Bitten der Königin Luise. Sie hatte bei dem später berühmt gewordenen Treffen vom 6. Juli 1807 in Tilsit vergeblich um Erbarmen gefleht.

Politisch, militärisch, wirtschaftlich war das besiegte Preußen am Ende. Die Hälfte seiner Gebiete hatte es verloren, die verbliebenen waren besetzt, die Staatskassen leergeraubt, und die Summe der noch zu bezahlenden Kontributionen war schwindelerregend hoch. Das Königspaar und der Hofstaat hatten das Desaster zwar überlebt, aber ihnen war das Exil verordnet, und ein Staatsminister war nur mit dem Segen Napoleons ins Amt einzusetzen. Einzig hier drang Königin Luise durch. Freiherr vom Stein, ihr Favorit, konnte schon am 10. Juli 1807 berufen werden. Während Napoleon in ihm wohl den Garanten dafür sah, dass die hohen Kriegskontributionen gezahlt würden, war diesem das Hauptanliegen, Napoleon entgegenzuarbeiten und gleichzeitig Preußen in einen Verfassungsstaat umzuwandeln. Als Grundbedingung der Erneuerung sah er die Erziehung zur bürgerlichen Selbstständigkeit und zur Mitverantwortung.

Berlin war von den napoleonischen Truppen besetzt, aber Freiherr vom Stein im Amt, als Louis Henri und seine Geschwister ihre schulische Ausbildung in der Hauptstadt fortsetzten. Innerhalb von nur 14 Monaten – dann fiel der neue Staatsminister in Ungnade – wurden erste wichtige Reformen durchgesetzt. Sie führten zu größerer bürgerlicher Freiheit in Handel, Wirtschaft, Bildung und Politik.

Bis die Reformen jedoch griffen, war die Lage für die Berliner Bevölkerung trostlos. Handel und Gewerbe waren zusammengebrochen, der Geld- und Kreditmarkt funktionierte nicht mehr, Pensionen wurden nicht ausgezahlt, es herrschte Arbeitslosigkeit, Hunger, Bettelei, und die Selbstmordrate stieg.

Dass Pierre Barthélemy Fontane in dieser schwierigen allgemeinen Lage dennoch einen Weg fand, sich hochzurappeln, verdankte er seiner eigenen Tatkraft, aber auch guten Beziehungen und glücklichen Konstellationen. Man gab dem ehemaligen Kabinettssekretär das Amt des Kastellans von Schloss Schönhausen. Zwar konnte man ihm die Auszahlung eines Gehalts nicht garantieren, dafür wurde ihm erlaubt, im Schönhauser Kastellanhaus Wohnung zu nehmen und im Kleinen zu verwirklichen, was ihm früher im Großen versagt worden war. Als Verwalter durfte er zwei Kühe halten und Selbstversorgung betreiben. Er verstand es als Rettung in letzter Not. Er habe ja keine Einkünfte mehr gehabt, schrieb er dem König, aber dennoch außerordentlich hohe Ausgaben, verursacht durch »meine Hin- und Rückreise nach Schlesien, die Krankheiten meiner Kinder, de[n] Tod und die Beerdigung meines redlichen Weibes und mein eigenes 4 monathliches Krankenlager«. Er wisse aber, wem er den Dank für die glückliche Wende schulde, nämlich »Ew. Königliche[n] Majestät«, deren »Gnade mich zu retten beschloß«.

Die glückliche Wende hatte aber noch einen anderen Namen. Kurz vor Antritt des neuen Amtes ließ sich Pierre Barthélemy Fontane am 5. März 1808 mit Charlotte Friedericke Werner evangelisch trauen. Sie war die Tochter des 2. Stadt- und Polizeidirektors in Breslau, 29 Jahre alt, und folgte ihm nach Schönhausen.

Schloss Schönhausen, 1787

Das Schloss war einst die Sommerresidenz von Königin Elisabeth Christine gewesen, der Gattin Friedrichs II. Weil dieser sie vom Hofleben ausgeschlossen hatte, war sie nach Schönhausen ausgewichen, wo sie ihr Anwesen zu einem kunstvollen Rokokoschloss hatte ausbauen lassen, um dann schöne, kluge Hofdamen zu engagieren. Alle Mitglieder der königlichen Familie außer dem König selbst verkehrten in jenen Jahren gerne und häufig bei ihr. So auch der damalige Kronprinz Friedrich Wilhelm, der seine Tante besonders verehrte und sich in Schönhausen in ihre schönste Hofdame, Julie von Voß, verliebte. Die Liebesgeschichte spielte vor den Augen des Schönhauser Hofes und hat später Theodor Fontane zu einem seiner bewegendsten *Wanderungen*-Kapitel inspiriert.

Seine glanzvollste Zeit hatte Schloss Schönhausen mit dem Regierungsantritt Friedrich Wilhelms II. erlebt. Denn der frühere Kronprinz hatte wegen Julie weiterhin hier verkehrt, seine Tante, die Königin-Witwe, hatte festliche Bälle gegeben und ihre Gäste mit prächtigen Illuminationen des Schlossparks entzück. Hier also, in Schönhausen, bauten die Fontanes ab Frühjahr 1808 ihre neue Existenz auf. Sie blieben drei Jahre, Jahre, in denen sich alles veränderte und die Zeit des Ancien Régimes endgültig eine versunkene Welt wurde.

Für Pierre Barthélemy Fontane aber blieb sie gewiss lebendig. Es war ja die Zeit, als er Zeichenlehrer der königlichen Kinder gewesen war, der Kinder von König Friedrich Wilhelm II. Vielleicht dass er die jungen Leute damals begleitete, wenn sie ihre verwitwte Großtante in Schönhausen besuchten? Zumindest wird er gewusst haben, wer den Kronprinzen und späteren König nach Schönhausen lockte. Angeregt durch den Ort, so können wir uns denken, wird Pierre Barthélemy Fontane, verantwortlicher Verwalter von Schloss Schönhausen, ins Erzählen geraten sein. Ganz wie jeder Kastellan. Denn, so berichtet Theodor Fontane in den *Wanderungen* immer wieder, es waren ja die Kastellane, die wussten, wer in diesem oder jenem Schloss gelebt, geliebt, gelitten hatte. So Julie von Voß in Schloss Schönhausen, die König Friedrich Wilhelm II. zur Gräfin Ingenheim erhob, als er mit ihr die Ehe zur linken Hand einging (1787).

Wenn Pierre Barthélemy ins Erzählen geriet, erzählte er wohl auch, wie die schöne Gräfin kurz nach der Geburt ihres Söhnchens im Alter von erst 22 Jahren gestorben war. Und weil er so eindringlich erzählte, wussten Frau und Kinder die Geschichte bald selber weiterzuerzählen. Wir folgern also, dass die tragische Geschichte der schönen Julie in Schönhausen eine der Familiengeschichten wurde, die sich die Fontanes erzählten. Für Theodor Fontane, der von Kind auf in diesen Erzählstrom geriet, wurde sie schließlich zu einer Urzelle der *Wanderungen.* Es steckt nämlich viel Eigenes in seinem gut recherchierten Kapitel *Julie von Voß*. Nicht zuletzt das Bekenntnis, dass es in Familien eine besondere Form des Beschweigens gebe. Nachdem er festgestellt hatte, dass Julies Familie der jung Verstorbenen keinen Grabstein hatte setzen lassen, meinte er durchaus mit Verständnis: Das sei ganz »[w]ie in Familien, wo das Lieblingskind starb« und wo dann »Eltern und Geschwister übereinkommen, den Namen desselben nie mehr auszusprechen«.

Seit Napoleons durchziehende Truppen in Schönhausen gelagert hatten, stand das Schloss leer, war vollkommen verwüstet und in einem trostlosen Zustand. Auch das Kastellanhaus, in das die Familie Fontane einzog, war ganz marode. Es musste also dringend etwas geschehen. Aber wo Hilfe finden? Nach dem Bericht von Pierre Barthélemy Fontane brachen immer häufiger Zimmerdecken herunter und stürzten Ziegel vom Dach. Sowohl Sohn Louis Henri als auch die junge Ehefrau und ein Freund hätten bei solchen Zwischenfällen leichtere Verletzungen davongetragen, beklagte sich der besorgte Familienvater. »[...] keine Thüre schließt und paßt, und im feuchten und stürmischen Herbste, werden wir uns für Zug und Näße, welche bei Regenzeit, einem Strome gleich zur Küchenthür herein drängt nicht retten können«, schrieb er empört an den Hofmarschall. Es fehle auch eine funktionierende Heizung, was eine Zumutung sei für Frau und Kinder. Man habe ihm bedeutet, er müsse eben selber für die Kosten der Reparaturen aufkommen, solange der König in Ostpreußen sei. Er sehe jedoch nicht ein, wie er das tun sollte »beim gänzlichen Mangel alles Einkommens«, und erklärte: »Mich in eine Schuldenlast von einigen hundert Thalern zu stürzen, um mir eine Dienstwohnung zu verschaffen, dies verträgt sich nicht, mit den bekannten Gesinnungen der Gerechtigkeit und Billigkeit welche S. M. unserem gnädigsten König eigen sind.«

Es sind dies Zeilen, die mehr nach Bürgerstolz als nach Hofdienst klingen. Hier schrieb ein verantwortungsvoller Paterfamilias, der seiner vorgesetzten Behörde furchtlos entgegentrat und die Sache beim Namen nannte: »[D]enn, wer garantirt [...] die Wiedererhaltung dieser Summe, und wer würde sie dann meiner Familie wieder ersetzen, im Falle ich mit Tode abginge?« Ein ganzes Jahr kämpfte er um angemessene Zahlungen. Dann begann sich das Leben in Schönhausen endlich angenehmer zu gestalten, Reparatur- und Instandsetzungsarbeiten für das Kastellanhaus gingen zügig voran, und das Schloss gewann seinen alten Glanz zurück.

Ab 1810 wurde Schönhausen wieder Sommersitz, jetzt für die Lieblingsschwester des Königs, Prinzessin Wilhelmine, Königin der Niederlande. Was für ein Wiedersehen! Denn Wilhelmine von Preußen war einst Zögling von Pierre Barthélemy Fontane gewesen, hatte also den Unterricht im »Zeichnen und Pastell-Mahlen« bei ihm besucht. Zu seinem Bedauern hatte die begabte junge Frau damals viel zu früh geheiratet. Jetzt kam sie auf Wunsch ihres Bruders in den Sommermonaten zurück in die Heimat und fand in Schönhausen einen reizvollen Rahmen für festliche Einladungen und Empfänge.

Schloss Schönhausen oder Niederschönhausen, wie es auch genannt wurde, lag gut sieben Kilometer außerhalb der Residenzstadt. Für eine Königin mit Apanage war die Fahrt hinaus auf den Landsitz ein Leichtes. Für zwei Jungen, die dieselbe Wegstrecke täglich hin und zurück und in der Regel zu Fuß bewältigen mussten, war es eine Strapaze. Louis Henri Fontane und sein älterer Bruder Charles haben die Strecke zwei Jahre lang regelmäßig zurückgelegt, denn es war ihr Schulweg.

Beide besuchten jetzt das Gymnasium zum Grauen Kloster in der Klosterstraße. Zu Ostern 1810, das lässt sich den überlieferten Schulakten entnehmen, legten die Fontane-Brüder hier ihr Examen ab. Sie müssen gute Schüler gewesen sein, denn laut einer Rangliste aus dem Examensjahr, die 74 Schüler zählte, nahm Charles den zehnten, Louis Henri den vierten Platz ein.

Theodor Fontane, als er im Alter seine Erinnerungen niederschrieb, hat es etwas anders erzählt. Vielleicht weil der Vater ihm gegenüber mit guten schulischen Leistungen nicht hatte renommieren mögen und lieber die Sache anekdotisch gab? Der Sohn jedenfalls wusste die folgende Geschichte: »Es waren harte Schuljahre [für meinen Vater], denn der weite, wenigstens anderthalb Stunden lange Weg nach Berlin erforderte, daß jeden Morgen um spätestens sechs Uhr aufgestanden werden mußte. ›Winters froren wir bitterlich, und es wurde erst besser, als wir, mein älterer Bruder und ich, blaue, mit postorangefarbenem Kattun gefütterte Mäntel als Weihnachtsgeschenk erhielten. Aber es erwuchs uns daraus keine reine Freude. Jedesmal wenn sich der Wind in den mit einem gleichfarbigen Kattun gefütterten großen Kragen setzte, stand uns der postorangefarbene Kragen wie ein Heiligenschein zu Häupten, und der Spott der Straßenjungen war immer hinter uns her.‹«

Wie nebenbei erfahren wir hier, dass Pierre Barthélemy Fontane seine Söhne mit großer Selbstverständlichkeit auf das deutsche, nicht etwa auf das französische Gymnasium schickte, womit ein weiterer Schritt zur Integration getan war. Das entsprach auch ganz dem Zeitgeist. Im Zuge der Reformen, die Staatskanzler Karl August von Hardenberg fortsetzte, nachdem sein Vorgänger hatte zurücktreten müssen, wurden nämlich die Sonderregelungen und Privilegien für die Nachkommen der Réfugiés aufgehoben.

Französisch-hugenottische Familien wie die Fontanes waren in Preußen ab 1809 den übrigen Bürgern gesetzlich gleichgestellt. Die Französische Kolonie hatte damit nur noch die Aufsicht über ihre kirchlichen Einrichtungen. Dazu gehörte das Theologische Seminar, in das Louis Henris älterer Bruder Charles übertreten sollte. Der Jüngere aber begann gleich nach dem Osterexamen 1810 eine Lehre als Apotheker.

Louis Henri Fontanes Berliner Apothekerlehrzeit

Zu diesem Zeitpunkt war der Hof wieder zurück aus Memel, und das preußische Königspaar mit seinen Kindern wohnte wieder in Potsdam. Es war ein Festzug gewesen an Weihnachten 1809, wie ihn Preußen noch nie gesehen hatte.

Die letzte Wegstrecke hatte von Werneuchen über Weißensee geführt. Aus zeitgenössischen Erzählungen wissen wir: Kutschen, Wagen, Reiter bildeten den Zug, ganze Regimenter begleiteten ihn, die Bevölkerung säumte die Straßen, die Stadtverordneten gingen dem Zug entgegen, um feierlich und herzlich die Königsfamilie, insbesondere die Königin, zu begrüßen. Der gesamte Magistrat und die kirchlichen Oberbehörden empfingen das Königspaar am Bernauer Tor. Auf Estraden und Gerüsten saßen die Menschen und jubelten. Kanonenschüsse, Glockengeläute, Fahnen. Mittendrin aber oder ein Stück abseits mag auch der Gymnasiast Louis Henri Fontane gestanden haben. Zugleich Freund Napoleons und seiner Generäle.

Ob mit der Rückkehr der Königin ihr ehemaliger Kabinettssekretär wieder nach Potsdam gerufen werden sollte, wissen wir nicht. Die Frage stellte sich auch gar nicht, denn es überstürzten sich die Ereignisse. Im Sommer 1810 erkrankte Königin Luise an einer Lungenentzündung, die auch das Herz in Mitleidenschaft zog. Zur großen Bestürzung aller starb sie am 19. Juli 1810 ganz unerwartet bei einem Besuch ihres Vaters im mecklenburgischen Hohenzieritz. »Die Ärzte sagen, der Polyp im Herzen sei eine Folge zu großen und anhaltenden Kummers«, heißt es im Tagebuch ihrer Oberhofmeisterin Gräfin von Voß (der Tante von Julie von Voß). Auch wenn es keine Quellen gibt, lässt sich gut vorstellen, wie sehr der frühe Tod der Königin die Familie Fontane und insbesondere Pierre Barthélemy erschütterte, war sie doch seine spezielle Gönnerin gewesen.

Der Trauerzug traf am 26. Juli in Berlin ein. Drei Tage wurde die tote Königin im Stadtschloss aufgebahrt. Das ganze Land, so heißt es, war wie erstarrt. Am 30. Juli schließlich fand im Berliner Dom ihre Beisetzung statt. Unter größter Anteilnahme der Bevölkerung. Lehrling Louis Henri Fontane muss alles miterlebt haben, denn die Königlich Privilegierte Elefanten-Apotheke am Dönhoffplatz lag mitten im königlichen Berlin.

Im selben Sommer kehrten die Fontanes zurück in die Stadt und wohnten wieder in der Lindenstraße 90. Die Kastellanstelle hatte der Vater aufgegeben, vermutlich weil er das Familieneinkommen durch Immobilienankäufe und -verkäufe sichern konnte. Louis Henri Fontane konnte also während seiner Apothekerlehrzeit bei den Eltern und Geschwistern leben.

Eine Verlegenheitslösung war seine Berufswahl nicht. Denn wer waren die Fontanes? Sie waren als Strumpfwirker aus Frankreich gekommen, hatten in Berlin über zwei Generationen das Handwerk der Zinngießer ausgeübt, dann war das Porzellan wichtiger geworden, so dass Pierre Barthélemy Fontane schließlich Porzellanmaler geworden war. Er war dann der erste Fontane gewesen, der sich beruflich aus seinem handwerklichen Herkunftsmilieu gelöst und in den königlichen Hofdienst gewechselt hatte. Durch alle vier Generationen aber waren die Fontanes der Familientradition verbunden geblieben, gehörten zur französisch-reformierten Gemeinde und bewohnten über Jahrzehnte das eigene Haus Lindenstraße 90. Zugleich integrierten sie sich in Preußen, nicht zuletzt durch Eheschließung. Es war diese Mischung, die das Besondere ausmachte: Die Fontanes waren stolz auf ihre französisch-hugenottische Herkunft, zugleich hatten sie sich ohne Scheu die deutsche Sprache, Kultur und Lebensweise angeeignet. Handwerklich-künstlerisches Geschick, Sprachgewandtheit und Integrationsfähigkeit zeichneten sie aus. Auch waren sie lebenstüchtig, obgleich diese Tüchtigkeit zuzeiten einherging mit gesundheitlicher Gefährdung. Im Preußen des 18. Jahrhunderts waren sie eine Aufsteigerfamilie geworden, zählten sich zuletzt zum Hofstaat des preußischen Königshauses. Mit der Wende, dem Niedergang Preußens in der Franzosenzeit, vielleicht auch mit dem Tod der Königin Luise, begannen sie sich dann neu zu orientieren und entwickelten ihren größeren Bürger- und Besitzerstolz. Ausdruck dafür ist, dass Louis Henri Fontane eine solide Apothekerlehre absolvierte, mit dem Ziel, dereinst eine eigene Apotheke zu besitzen und zu leiten.

Die preußischen Reformen standen ganz im Zeichen von Napoleons Code civil (1804). Napoleon selber aber bereitete seit 1811 den Krieg gegen Russland vor, das zunehmend von seinem Verbündeten abfiel und sich nicht mehr an der Kontinentalsperre gegen England beteiligte. Im März 1812 marschierten französische Truppen durch Deutschland Richtung Osten. Am 22. Juni erklärte Napoleon Russland den Krieg.

Und dann begann jenes Unternehmen, das in die größte damalige Katastrophe mündete. Mehr als 600 000 Soldaten setzte Napoleon für den Russlandfeldzug ein. Nach der Schlacht von Borodino am 7. September 1812, die Frankreich mit hohen Verlusten gewann, rückte die Grande Armée weiter gegen Moskau vor. Moskau aber war eine Geisterstadt, als man dort anlangte, die Bevölkerung aufs Land geflohen, ein Verhandlungspartner nicht da, so dass es nur den Rückzug gab über elend weite Schnee- und Eisflächen, erschwert durch Hunger und Kälte. Vorbereitet gewesen war man auf einen kurzen Sommerfeldzug, jetzt sollte ein langer Winterkrieg geführt werden. Die Soldaten aber hatten keine Stiefel, es gab keine Decken, die Pferde waren nicht beschlagen, Kanonen- und Munitionswagen blieben auf der Strecke, die Nahrungsversorgung brach zusammen, ein großes Sterben von Mensch und Tier begann. Es folgte die vernichtende Schlacht an der Beresina am 27. November 1812.

In welcher Katastrophe der Russlandfeldzug geendet hatte, begann die europäische Öffentlichkeit erst mit dem 29. Bulletin der Grande Armée zu ahnen. Napoleon diktierte es am 3. Dezember 1812 noch in Weißrussland, kurz bevor er seine Truppen verließ und sich nach Paris absetzte. Am Tag vor seiner Ankunft, am 17. Dezember 1812, erschien es im Pariser *Moniteur* und verbreitete sich in Windeseile. Napoleon, der Unbesiegbare, war am Ende. Die Sätze, die er angesichts von über 500 000 toten Soldaten und Tausenden von Verletzten und Gefangenen in Zeitungen verbreitete, konnten zynischer nicht sein: »Jusqu' au 6 novembre, le temps a été parfait«, bis zum 6. November sei das Wetter perfekt gewesen, so lautete der erste Satz, womit dem Wintereinbruch die Schuld an der Katastrophe zugeschoben wurde. Ähnlich zynisch klang auch der Schluss: »La santé de Sa Majesté n'a jamais été meilleure.« Der Kaiser bei besserer Gesundheit denn je.

Stellen wir uns vor: Louis Henri Fontane, 16, Lehrling im dritten Ausbildungsjahr, von Kind auf Bewunderer Napoleons – er muss das 29. Bulletin mit ähnlicher Erschütterung gelesen haben wie die gesamte europäische Öffentlichkeit. Die Stimmung in Preußen kippte. Aus unterdrücktem Unmut wurde brennender Hass. Nicht nur auf dem Lande, auch in Berlin schlug jetzt den französischen Besatzern Wut und Verachtung entgegen.

In *Vor dem Sturm* sind sich Vater und Sohn von Vitzewitz einig, dass für Preußen endlich der Moment gekommen sei, sich gegen die Unterdrücker zu erheben. Aber da König Friedrich Wilhelm III. schweigt, sich nicht entscheidet, ist der eine für die Volkserhebung der Freiwilligen, der andere für den vaterländischen Krieg – wenn der König ruft.

Das Gespräch zwischen den beiden setzt Theodor Fontane auf den Weihnachtsmorgen 1812. Lewin von Vitzewitz betritt das Cabinet seines Vaters:

> »Nun, was gibt es, Lewin, was bringst du?«
>
> »Vielleicht eine Neuigkeit. Morgen werden unsere Blätter das Bulletin bringen, das die Vernichtung des Heeres zugesteht. Ladalinskis hatten den französischen Text; Kathinka las uns die Hauptstellen vor. Es hat mich erschüttert.«
>
> »Auch mich, aber noch mehr hat es mich erhoben.«
>
> »So kennst du schon den Inhalt? und ich komme wieder zu spät.«
>
> »Tante Amelie empfing den Zeitungsausschnitt schon gestern […] Und glaube mir, das Bulletin sagt nicht die Hälfte. Wir haben Briefe aus Minsk und Bialystock; sie sind total vernichtet.«
>
> »Welch ein Gericht!«
>
> »Ja, Lewin, du sprichst das Wort. […]«

Deutsch und vaterländisch denken beide, Vater und Sohn von Vitzewitz, in Theodor Fontanes erstem Roman. Doch was empfand wohl einer wie Louis Henri Fontane, damals an Weihnachten 1812? Die Situation spitzte sich zu, als mit der »Konvention von Tauroggen« am 30. Dezember 1812 der preußische General Yorck eigenmächtig das Bündnis mit Napoleon aufkündigte, sich weigerte, gegen Russland Krieg zu führen, und die preußischen Truppen als neutral erklärte. Es war Hochverrat, und die meisten Menschen in Preußen begrüßten ihn als erstes konkretes Zeichen des Widerstands gegen Napoleons Vorherrschaft. Manche mochten jedoch auch anders fühlen. In *Vor dem Sturm* ist es Kathinka Ladalinski, eine Preußin »mit abgewandtem

Sinn«. Ihre politischen Sympathien liegen bei Polen, bei Frankreich und beim weltstädtischen Paris. Dorthin wird sie denn auch mit dem polnischen Grafen Bninski durchbrennen und Lewin von Vitzewitz, dem sie sich zuvor halb versprochen hatte, verstört zurücklassen.

Emilie Labry und das Leben in der Brüderstraße 29

Es ist Zeit, endlich von Emilie Labry zu sprechen, jenem jungen Mädchen, das im Winter 1812 auf 1813 bereits 14 Jahr alt war und vielleicht zu diesem Zeitpunkt schon einmal durch die Ladentür der Elefanten-Apotheke eingetreten war. Aufgewachsen war sie in der Brüderstraße 29, hatte einen älteren Bruder und vier jüngere Geschwister. Ihrer Herkunft nach entstammte sie einer recht wohlhabenden französisch-hugenottischen Seidenkaufmannsfamilie.

Ursprünglich kamen die Labrys aus dem südfranzösischen Le Vigan und waren Strumpffabrikanten. Nach dem Edikt von Nantes hatten auch sie Frankreich als hugenottische Glaubensflüchtlinge verlassen und dann in Magdeburg eine neue Heimat gefunden. Um 1780 war die Familie schließlich nach Berlin gezogen, wo Jean François Labry, der älteste Sohn, eine kaufmännische Lehre absolviert hatte und dann in ein Seidenwarengeschäft eingetreten war. Im Alter von 27 Jahren hatte er Charlotte Frédérique Mumme geheiratet und mit ihr eine Familie gegründet. Emilie war ihre erste Tochter, geboren am 21. September 1798.

Emilies Mutter, Charlotte Labry geb. Mumme, entstammte einer preußischen Beamtenfamilie, auch hatte sie Verwandte auf dem Lande mit märkischem Gutsbesitz. Sie war Berlinerin und französisch-reformiert getauft, nicht weil die Mummes zur Französischen Kolonie gehört hätten, sondern weil ihnen wie vielen Berliner Beamtenfamilien das Französische als etwas Vornehmeres galt. Vornehm erschien der Familie Mumme offenbar auch Jean François Labry. Die Hoffnungen, die man in ihn setzte, waren nicht unbegründet. Er war tüchtig und hatte einen glänzenden Kompagnon, mit dem er einen gemeinsamen Handel für Rohseide eröffnet hatte. Jean Paul Humbert, der Kompagnon, entstammte einer Goldschmied- und Juweliersfamilie. In seiner Verwandtschaft gab es aber auch viele, die im Seidenwarengeschäft tätig waren. Während die Labrys gute Erfinder waren – ein Vorfahre hatte einen mechanischen Strumpfwirkerstuhl erfunden –, waren die Humberts gute Betreiber von Manufakturen. Und weil die jungen Leute, beide aus der Französischen Kolonie, als solide Geschäftsmänner galten, hatte ihnen General Heinrich Leopold Graf von der Goltz eine Hypothek in der Höhe von 14 000 Talern gewährt. Für insgesamt 20 000 Taler hatten die beiden dann das Drei-Etagen-Haus in der Brüderstraße 29 kaufen können und hier ihren Geschäftssitz für die Seidenhandelsfirma Humbert & Labry begründet. Das Haus war zugleich der Wohnsitz ihrer Familien, was typisch war für die Familienunternehmen ihrer Generation.

In der Brüderstraße 29 stand also das Geburtshaus von Emilie Labry. Hier erlebte sie ihre Kinder- und Jugendjahre und lernte die Welt des Seidengroßhandels kennen. Die Firma ihres Vaters betrieb Handelsgeschäfte mit Ostindien und Südeuropa und importierte Rohseide, die an den eigenen Webstühlen zu luxuriöser Seidenware für die höheren Stände verarbeitet wurde. Zugleich prägten die politischen Umwälzungen, die kriegerischen Ereignisse und die wirtschaftlichen Krisen das Leben der jungen Emilie. Im Unterschied zu Louis Henri erlebte sie alles hautnah mit, was Berlin in diesen Jahren widerfuhr. Sie war acht Jahre alt, als man an den Wänden den Anschlag lesen konnte: »Der König hat eine Bataille verloren. Jetzt ist Ruhe die erste Bürgerpflicht.« Und also erlebte sie auch Napoleons triumphalen Einzug, stand vielleicht mit Eltern und Geschwistern an der Prachtstraße Unter den Linden, als er durchs Brandenburger Tor einritt. Anzunehmen ist jedenfalls, dass die recht vornehme Familie Labry Einquartierung in Kauf nehmen musste und zeitweise französische Offiziere im Hause waren. In jedem Fall erlebte die junge Emilie Berlin unter französischer Besatzung und sah, wenn sie durch die Stadt ging, dass auf dem Brandenburger Tor die Quadriga fehlte.

Die Familienkatastrophe trat ein, als Emilie unerwartet ihren Vater verlor. Jean François Labry verstarb am 9. Juli 1810 im Alter von nur 42 Jahren. Er hinterließ eine Frau und sechs Kinder. Das jüngste, ein Mädchen, war kaum elf Monate alt. Ein Jahr nach seinem Tod wurde die Firma Humbert & Labry aufgelöst. Der Erbteil betrug für die Hinterbliebenen 21 637 Taler Silber-Courant. Nach Rückzahlung aller Schulden blieben von der stattlichen Summe immerhin 3570 Taler übrig. Die eine Hälfte erhielt die Witwe, die andere Hälfte ging an die Kinder.

Was folgte, wissen wir aus den Erinnerungen des alten Fontane: »Die Witwe bezog ein in der Nähe des Petriplatzes gelegenes Haus, darin sie mehrere Jahre lang die erste Etage bewohnte.« Sie blieb also ganz in der Nähe wohnen, lag doch die Brüderstraße 29 unmittelbar beim Petriplatz. Die Witwe und die Kinder litten offenbar kaum materielle Not, sondern erlebten im Gegenteil viel Fürsorge. Sei es durch die Familien Mumme und Humbert oder durch die Französische Kolonie, die sich seit je der Witwen und Waisen annahm.

Aufruf des Königs

Die preußische Armee – auf Befehl Napoleons auf 42 000 Mann reduziert – kannte noch keine allgemeine Wehrpflicht. Im Zuge der Reformpolitik hatten die Militärreformer, Scharnhorst an der Spitze, diese aber vorbereitet. Noch existierte sie nicht, doch waren alle Maßnahmen getroffen, nun rasch ein Heer von Freiwilligen einzuberufen. Junge Männer im Wehrdienstalter sollten in sogenannte Freiwillige Jäger-Detachements eintreten und die regulären Infanteriebataillone und Kavallerieregimenter unterstützen. Die Grundidee war, die Truppen zu vermehren ohne großen Kostenaufwand. Denn die Freiwilligen sollten sich, beflügelt vom patriotischen Geist, Uniform und Pferd selber beschaffen.

Der erste Aufruf des Königs erging am 3. Februar 1813 von Breslau aus und richtete sich dezidiert an die Söhne der gebildeten und wohlhabenden Stände. Der Staat brauche sie in dieser gefahrvollen Lage und wolle ihnen als jungen Männern zugleich »Gelegenheit zur Auszeichnung« geben. Freiwillig melden sollten sich alle zwischen 17 und 24 Jahren. Da man aber der Freiwilligkeit misstraute, erging die Ordre: »Kein junger Mann, welcher jetzt 17 Jahre erreicht und noch nicht das 24. zurückgelegt hat und in keinem aktiven Königlichen Dienst steht, kann, wenn der Krieg fortgesetzt werden sollte, zu irgend einer Stelle, einer Würde, einer Auszeichnung (eines Ordens) usw. kommen, wenn er nicht ein Jahr bei den aktiven Truppen oder in diesen Jägerdetachements gedient hat.« Dem Aufruf des Königs an die männliche Jugend, sich freiwillig zu melden, folgte am 17. März 1813 der Aufruf »An Mein Volk!«.

Louis Henri Fontane wurde am 24. März 1813 17 Jahre alt. Er meldete sich schon im Februar als freiwilliger Jäger und zählte damit gemäß Verordnung zu jener Gruppe Kriegsdienstleistender, die gebildet, wohlhabend und nicht kantonpflichtig, das heißt nicht wehrpflichtig war.

»Über die nun folgende Kriegszeit habe ich ihn oft sprechen hören, meist durch mich veranlaßt, der ich nicht genug davon hören konnte«, schreibt der alte Fontane in seinen Erinnerungen und gibt ein Gespräch wieder, wie Vater und Sohn es in dieser Art wohl oft führten:

> »Du warst also wohl sehr patriotisch, lieber Papa.« –
>
> »Nein, höchstens Durchschnitt. Offen gestanden, ich machte nur so mit. Wenn man siebzehn Jahr alt ist, erscheint einem ein freies Soldatenleben hübscher als ein Lehrlingsleben. Und wie's im Liede heißt, ›eine jede Kugel trifft ja nicht‹. Aber wenn ich auch anders hätte denken wollen, ich hatte keine rechte Wahl. In dem Tuchgeschäfte von Köppen und Schier [in der Königsstraße] trat damals eine adlige Dame ein und wurde von einem hübschen jungen Manne mit blondem Schnurrbärtchen bedient. ›Ich wundere mich, Sie hier hinter dem Ladentisch zu sehn.‹ – ›Ich nicht, meine gnädigste Frau; ich stehe hier lieber als anderswo.‹ – ›Das seh ich‹, antwortete die Dame, und dem hübschen Blondin eine Ohrfeige gebend, verließ sie das Lokal. Das war so die Stimmung damals, und weil ich dergleichen nicht gern erleben wollte, wurd' ich als freiwilliger Jäger eingekleidet und empfing eine Büchse.«

Ob der Krieg gegen Napoleon im Sieg enden würde, war im März 1813 keineswegs gewiss. In *Vor dem Sturm* rekonstruiert Theodor Fontane die Situation, indem er Lewin von Vitzewitz in Berlin die Truppeneinzüge beobachten lässt. Während die geschlagene kaiserliche Armee auf ihrem Rückzug aus Russland in Berlin Zuflucht sucht, halten die neu rekrutierten französischen Truppen feierlichen Einzug: »[…] durch die nordöstlichen Tore der Stadt zog das Elend, durch die westlichen der Glanz des Krieges herein. In den Straßen aber begegneten beide einander und sahen sich verwundert, oft beinahe feindselig an. ›So waren wir‹, sagten die finstern Blicke der einen, aber das entsprechende: ›So werden wir sein‹ erlosch in dem Leichtsinn und der Eitelkeit der anderen. / Unter den Berlinern, die nach ihrer Gewohnheit nicht leicht einen Truppeneinzug der einen oder anderen Art versäumten, nahm sich jeder aus diesem Gegensatz der Erscheinung das heraus, was ihm paßte.«

Im Roman glauben die einen, Napoleons Militärmacht sei nicht zu erschüttern, die andern sehen seinen Stern im Sinken. Denn: »Er mag neue Armeen aus der Erde stampfen […] aber nicht solche, wie zwischen Smolensk und Moskau begraben liegen.« Über Lewin von Vitzewitz heißt es: »Lewin, unpolitisch und seiner ganzen Natur nach abhängig vom Moment, kam zu keiner bestimmten Überzeugung und sah das Kaiserreich sinken und sich wieder heben, je nach den heitern oder tristen Szenen, deren zufälliger Augenzeuge er sein durfte.«

Man kann solche Stellen als insgeheimes Porträt des jungen Berliners Louis Henri Fontane lesen, der Napoleon-Bewunderer und zugleich freiwilliger Jäger der ersten Stunde war. Dass der Krieg für ihn Realität wurde, war nicht in seinem Plan. Er hatte Angst. Und zu Recht.

Der Seitenschuss

Vor dem Sturm und Fontanes Erinnerungen an den Vater lassen sich ineinander verschränkt lesen. Roman und Autobiografie sind dabei nicht als voneinander vollkommen getrennte Textsorten zu verstehen. Der Roman zeigt einerseits autobiografische Einschlüsse, die Erinnerungen wiederum gewinnen durchaus romanhafte Züge. Beide, der Roman und die Autobiografie, gehören somit zum literarischen Erzählkosmos des Autors. So auch die Geschichte vom Seitenschuss, deren Wahrheitsgehalt darin liegt, dass sie Louis Henri Fontane zum menschlichsten aller Kriegshelden und echten Glücksritter macht.

Theodor Fontane erzählt sie so: »Anfang April [1813] verließ er mit etwa fünfzig andern Freiwilligen Berlin und zog auf Sachsen zu, wo sich die kriegerischen Ereignisse bereits vorbereiteten. […] Vier Wochen später, am 2. Mai, war die blutige Schlacht bei Groß-Görschen. Die freiwilligen Jäger wurden einem Garde-Bataillon eingereiht und machten in diesem die Schlacht mit. Mein Vater erhielt eine Kugel in den Tornister, die, nach Durchbohrung eines kleinen Wäschevorrats, in den Pergamentblättern einer dicken Brieftasche stecken blieb. Diese Brieftasche, mit der Kugel darin, hab ich mir oft zeigen lassen. ›Du mußt wissen, mein lieber Sohn, es war kein Schuß von hinten; wir stürmten einen Hohlweg, auf dessen Rändern, rechts und links, französische Voltigeurs standen. Also Seitenschuß.‹«

Ein Seitenschuss von einem Voltigeur! Das war Heldentum pur. Denn die Voltigeure waren eine Sondertruppe, Schützen, die in aufgelöster Ordnung den Gegner angriffen. Und Louis Henri soll es von der Seite getroffen haben, also beim Vorstoß und nicht auf der Flucht. Er selbst nur bewaffnet mit einer einfachen Büchse, dafür mit dickem Portemonnaie, das ihm das Leben rettete. Das ist die raffinierte Erzählkunst des alten Fontane. Denn hier ist alles komponiert, es spricht ein Meister der Sprache, jemand, der detailliertes Faktenmaterial zur Verfügung hat, Dialoge schreiben kann, von großer Humanität ist, einen feinen Humor besitzt und sich selbst inszenieren und zugleich zurücknehmen kann. Und es schreibt jemand, der im Alter von 72 Jahren noch immer um das Vater-Sohn-Thema kreist und der eine Sprache dafür findet, die berührt. Dass gerade das dicke Portemonnaie dem Vater das Leben gerettet haben soll, wo ihm doch zeitlebens das Geld durch die Finger rann – dies macht die Geschichte vom »Seitenschuss« zu einer wirklichen Schlüsselerzählung.

Interessant ist auch dies: Louis Henri Fontane schreibt sich eine Geschichte zu – oder sie wird ihm von seinem Sohn Theodor Fontane zugeschrieben –, die eigentlich zu Friedrich II. gehört. Überliefert haben sie verschiedene Zeitzeugen.

Es geht um die Schlacht bei Kunersdorf, in der Friedrich II. erlebte, wie seine Offiziere und Soldaten in rauer Zahl niedergeschlachtet wurden und er selbst als einer der Letzten ohne Besinnung auf dem Schlachtfeld kämpfte. Da traf ihn eine Flintenkugel, die »zwischen seinem Kleide und der Hüfte in die Tasche fuhr, und nur durch ein goldenes Etui, welches er bei sich führte, in ihrer Wirkung aufgehalten wurde«. Theodor Fontane selbst hat die Geschichte seinerzeit populär gemacht, denn er hat sie in seine *Wanderungen* aufgenommen und dabei bekräftigt: »Etui und Kugel existieren noch und werden, unter andern Erinnerungsstücken der Art, auf dem Stadtschloss zu Potsdam gezeigt. Das Etui (Gold und Emaille) hat die Form einer Schachtel und steckt in einem mit Sammet gefütterten Gehäuse. Die Kugel ist ganz platt gedrückt.«

Allerdings verweist er die Geschichte gleichzeitig in die Welt der Legenden. Richtig sei wohl jene andere Version, die erzählt, dass der mutige Rittmeister von Prittwitz den unvorsichtigen König in letzter Sekunde und »halb mit Gewalt aus dem Feuer herauszog«.

Theodor Fontane unterscheidet die beiden Erzählweisen klug: dort die

Heldenerzählung mit mirakulösem Glück und Erinnerungsstück, hier die grausame kriegerische Wirklichkeit, ohne goldenes Etui und ohne platt gedrückte Kugel.

Aber das Bedürfnis nach Mirakel und Heldenerzählung war groß. Auch für Vater und Sohn Fontane. Die beiden durschauten wohl ihr Spiel und spielten es mit diesem Wissen. Vielleicht befreite es den Vater sogar. Denn immer wenn der Sohn sich »[d]iese Brieftasche, mit der Kugel darin« zeigen ließ, konnte er seine Geschichte – die vom »Seitenschuss« – erzählen. Das Beschwiegene klang dann mit.

Die Schlacht bei Großgörschen

Denn die Schlacht bei Großgörschen, wie sie ein 17-jähriger Freiwilliger wirklich erlebt hatte, war kein Erzählstoff.

Louis Henri Fontane hatte wie alle Freiwilligen seines Alters und seiner Herkunft, die ganz zu Beginn in die Schlachten geschickt wurden, weder eine solide militärische Ausbildung durchlaufen, noch besaß er eine gute soldatische Ausrüstung. Schon das weite Marschieren waren die meisten nicht gewohnt, so dass viele der Truppe nicht folgen konnten und zurückblieben. Bis Trebbin war es ein Tagesmarsch, ein Fußmarsch von gut acht Stunden, von hier in die Umgegend von Leipzig weitere drei Tagesmärsche. Es blieben also kaum drei Wochen, die Freiwilligen auf die erste große Schlacht gegen die napoleonischen Truppen vorzubereiten.

Erste feindliche Kämpfe gab es bereits im April, als sowohl die französischen Truppen wie die Verbündeten, Preußen und Russland, in den Raum um Leipzig vorstießen. Und schon war Halle von den Franzosen besetzt worden. Preußische Truppen, die Richtung Leipzig marschierten, hatten daher den Auftrag, Halle zu befreien. Am 2. Mai 1813 morgens zwischen 6 und 10 Uhr kam es hier zum Straßenkampf. In einer militärhistorischen Studie können wir nachlesen: »Es war um die neunte Stunde, als Major von Mühlenheim und Hauptmann von Kesteloot mit frischen Truppen aus der Reserve heranrückten, und die Franzosen gezwungen wurden, jeden unnützen Widerstand aufzugeben [...].« Die Preußen waren in der Übermacht und eroberten an diesem Morgen Halle zurück. Am selben Tag, um die Mittagszeit, griffen die Verbündeten die Grande Armée bei Großgörschen an. Kö-

Die Schlacht bei Großgörschen (Lützen) am 2. Mai 1813

nig Wilhelm III. und Zar Alexander I. standen auf Beobachtungsposten auf einem nahe gelegenen Hügel, der nur wenige Meter aus der flachen Landschaft ragte. Napoleon selbst aber war Befehlshaber mitten in der Schlacht, und Marschall Michel Ney focht direkt an seiner Seite.

Die Grande Armée mit einer Truppenstärke von 145 000 Mann war jedoch nicht mehr dieselbe wie vor dem Russlandfeldzug. Auch blutjunge Franzosen waren rekrutiert worden, solche, die erst 1814 hätten eingezogen werden dürfen. 17-Jährige gegen 17-Jährige standen im Feld. Auch Deutsche gegen Deutsche. Denn noch immer galten die Rheinbundstaaten als Verbündete Napoleons. Großgörschen war ein Bruderkrieg.

Die blutige Schlacht, die sich über vier Dörfer in der Ebene erstreckte, dauerte bis in den Abend. Dann waren über 30 000 Männer tot oder schwer verwundet. Auf preußischer Seite waren viele freiwillige Jäger unter den Toten. Und von einem Hauptmann von Kesteloot erfahren wir, dass er in einer der ersten Schlachten des Jahres 1813 sein Leben verlor.

Wo aber stand Louis Henri Fontane am 2. Mai 1813 wirklich? Sollte er in Halle im Straßenkampf eingesetzt worden sein, war es unmöglich, dass er am selben Tag in Großgörschen kämpfte. Denn das Schlachtfeld lag einen Tagesmarsch von Halle entfernt. Wenn er aber tatsächlich diesen Marsch mitgemacht hatte, dann muss er an diesem 2. Mai durch alle Schrecken gegangen sein. Denn am Abend der Schlacht lagen überall Tote und Verwundete. Großgörschen selbst war niedergebrannt.

Es war nur ein halber Sieg. Doch geschlagen gaben sich die preußischen Truppen nicht. Die bisher ungeübten freiwilligen Jäger wurden während der Kampfpausen weiter ausgebildet. Sie lernten plänkeln, das heißt schießen, ohne treffen zu müssen. Ihre Aufgabe war es, den Feind zu irritieren.

Louis Henri Fontane brachte seine Flinte, die er als freiwilliger Jäger in Gebrauch gehabt hatte, als Erinnerungsstück mit nach Hause. Einen Ehrenplatz erhielt die »Büchse« aber nicht, vielmehr verrostete und verstaubte sie »später in den Flurwinkeln unsrer verschiedenen Wohnungen«, wie der alte Fontane sich erinnert. Über die eigenen Kriegstaten und Kriegserlebnisse mochte sein Vater, der so gern von Napoleon und Marschall Ney erzählte, nie recht sprechen, so dass der Sohn sich alles selber zusammenreimen musste: »Der Schlacht bei Groß-Görschen folgte die bei Bautzen [20./21. Mai 1813] und dieser wiederum eine Reihe kleinerer Scharmützel und Gefechte. ›Die waren dir nun wohl vollkommen gleichgültig?‹ fragte ich. – ›Kann ich durchaus nicht sagen.‹ – ›Ich dachte, daß die Macht der Gewohnheit …‹ – ›Diese Macht der Gewohnheit ist im Kriege, wenigstens nach meiner persönlichen Erfahrung, von keinerlei Trost und Bedeutung. Eher das Gegenteil. Man sagt sich, wer drei- oder viermal heil durchgekommen ist, hat Anspruch, das fünfte Mal dran glauben zu müssen. Eine Karte, die viermal gewonnen, hat immer Chance, das fünfte Mal zu verlieren.‹« So gingen offenbar die Gespräche zwischen Vater und Sohn, die keinen Moment den Krieg verherrlichten.

Das Tabu

Nach der Schlacht bei Bautzen konnte man die Toten und Verwundeten kaum zählen. Beide Seiten hatten wahrscheinlich etwa gleich hohe Verluste zu beklagen. Die Verwundeten aber lagen so zahlreich in der Stadt Bautzen, dass ein Fieber ausbrach. Jetzt kostete der Krieg auch viele zivile Opfer. Und überall Verwüstung und Zerstörung. Da die Friedensbemühungen scheiterten, setzten die feindlichen Parteien nach kurzer Waffenruhe den Kampf am 10. August wieder fort. Gegen Napoleon standen jetzt auch Österreich und Schweden.

Und Louis Henri, wie erging es ihm in diesem entsetzlichen Krieg? »Nach dem Waffenstillstande, bei Wiederausbruch der Feindseligkeiten, hatte sich meines Vaters Stellung erheblich geändert«, erzählt der alte Fontane: »[E]r war inzwischen, ich weiß nicht, ob auf seinen Betrieb oder auf Antrag seines Vaters, aus dem Heere zurückgezogen und einer Feldlazarett-Apotheke zugewiesen worden. In dieser machte er nun den Rest des Krieges mit, sprach aber nie davon.«

Der Zustand der Feldlazarette, wo die jüngeren und die älteren Männer unter schrecklichsten Schmerzen dahinstarben, wo der Typhus ausbrach, die Medikamente fehlten und die Mittel eines Apothekers kaum zu lindern vermochten: darüber ließ sich nicht sprechen. Auch nicht über die Völkerschlacht bei Leipzig (16. bis 19. Oktober 1813), wo nach historischen Quellen etwa 130 000 Männer auf grässlichste Weise starben oder schwer verwundet wurden.

Am 31. März 1814 zogen die siegreichen Verbündeten in die Kapitale Paris ein. Am 14. April sah sich Napoleon zur Abdankung gezwungen und in die Verbannung geschickt, nach der Mittelmeerinsel Elba. Sein Vater sei all diese Zeit über noch im Krieg gewesen, so der alte Fontane, und erst im Sommer 1814 nach Berlin zurückgekehrt. Möglicherweise war er aber auch früher zurück: »Am 11.XII.13 hat der gütige Gott Louis gesund und wohl aus der Campagne zurückgeführt, Seyn Name sey dafür gelobet! Amen!« So lesen wir in einem Tagebuchblatt von Pierre Barthélemy Fontane, der seinen Sohn nach Weihnachten oder Silvester wohl nicht wieder in diesen mörderischen Krieg ziehen ließ.

Aber nicht nur Louis Henri, auch Emilie Labry hatte im ersten Jahr der Befreiungskriege die Kriegsschrecken kennengelernt. Sie war nämlich, als am 23. August 1813 in Großbeeren, im Süden Berlins, die Preußen gegen die Franzosen ihre Residenzstadt verteidigten, am andern Tag unter jenen Helfenden gewesen, die zu den Verwundeten eilten. Es sei ihm dies »aus frühesten Kindheitserzählungen her [...] in Erinnerung geblieben«, was seine Mutter damals erlebt habe, so der alte Fontane: »Die war damals, noch halb ein Kind, mit auf das Schlachtfeld hinaus gefahren, um den Verwundeten Hilfe zu leisten, und der erste, dessen sie gewahr geworden, war ein blutjunger Franzose gewesen, der – kaum noch einen Atemzug in der Brust – sich, als er sich plötzlich in seiner Sprache angeredet hörte, wie verklärt aufgerichtet hatte. Dann mit der einen Hand den Becher Wein, mit der andern die Hand meiner Mutter haltend, war er, eh er trinken konnte, gestorben.«

Ja, es trafen in diesem Krieg auch blutjunge Franzosen auf blutjunge Nachfahren von hugenottischen Réfugiés. Und mitten im Krieg war man sich plötzlich verstörend nah.

Nach dem Krieg

Ende 1813, als Louis Henri Fontane in die Lindenstraße 90 zurückkehrte, war das befreite Berlin noch immer im Freudentaumel. Glücks- und Triumphgefühle wurden öffentlich gefeiert. Die jungen Freiwilligen aber nahmen nach und nach ihre Arbeit wieder auf oder setzten ihre Ausbildung fort. Louis Henri strebte unverändert das Apothekerexamen an. Über die vier Jahre Gehilfenzeit, die er nach preußischem Reglement abzuleisten hatte, wissen wir nur wenig. Nach der Rückkehr aus dem Krieg habe sein Vater zu »konditionieren« begonnen, erfahren wir vom alten Fontane: »Zuerst in Danzig, das er, mit der damaligen Fahrpost, wie er gern erzählte, in sechs Tagen und sechs Nächten erreichte.«

Danzig war während der Napoleonzeit bis Ende 1813 französisches Protektorat gewesen und hatte wie alle Handelsstädte an der Ostsee unter der Kontinentalsperre schwer gelitten. Zudem war es von durchziehenden Truppen in Mitleidenschaft gezogen worden und hatte zuletzt Belagerungskämpfe erlebt. Lange Jahre unter polnischer Krone, aber 1793 an Preußen gefallen, musste Danzig nach sieben Jahren französischer Besatzung erst wieder als Handelsplatz tüchtig gemacht werden. Louis Henri Fontane fand Danzig also im Aufbruch und muss sich dabei frei und ungebunden gefühlt haben: »Die dort zugebrachte Zeit blieb ihm, durchs Leben, eine besonders liebe Erinnerung. Seinem Danziger Engagement folgten ähnliche Stellungen in Berlin selbst, bis 1818 die Zeit für ihn da war, sich zum Staatsexamen zu melden.« So der alte Fontane über seinen Vater als jungen Gehilfen.

In der Zwischenzeit war Europa auf dem Wiener Kongress neu geordnet worden. Die Quadriga war zurück auf dem Brandenburger Tor und hieß bei den Berlinern jetzt »Retourkutsche«. Sonst aber hatte man hier wenig zu lachen. Preußens restaurative Politik unterdrückte alle freiheitlicheren Regungen. Das zeigte sich auch darin, wie man der Befreiungskriege gedachte.

Für die Toten von Großgörschen, Großbeeren, Leipzig, Dennewitz oder Waterloo hingen in allen Kirchen Tafeln mit Inschriften, die die Namen der Gefallenen nannten. Ihnen galt der Dank von König und Vaterland. Und nicht viel anders war es mit dem gusseisernen Nationaldenkmal von Karl Friedrich Schinkel, ein königliches Auftragswerk, das auf den Tempelhofer Berg zu stehen kommen sollte (Ausführung ab 1817). Zwar ehrte eine Inschrift neben den »Gefallenen« auch die »Lebenden«, aber in den zwölf überlebensgroßen Skulpturen fanden sich doch allein Angehörige des Königshauses und der preußischen Generalität verkörpert. Es war, als hätte man die akademische Jugend vergessen, die jungen Leute, die man 1813 aufgerufen hatte, freiwillig in den Krieg zu ziehen. Um diesem Vergessen etwas entgegenzusetzen, rief nun die Turnbewegung von Friedrich Ludwig Jahn eigene Gedenktage und Gedenkfeiern ins Leben, mit choreografierten Körperübungen in der Berliner Hasenheide, die begleitet wurden von Gesang und Fackellicht. Ähnlich taten es auch die studentischen Burschenschaften, wenn sie ihre freiheitlichen Ideen auf dem Wartburgfest feierten. Viele junge Männer sympathisierten mit beiden Bewegungen, und manche beteiligten sich sowohl hier wie dort. Ob auch Louis Henri Fontane sich angesprochen fühlte, wissen wir nicht. Möglich, dass er sich lieber aus der politischen Gemengelage heraushielt und sich zielstrebig auf sein Apothekerexamen vorbereitete.

Sein älterer Bruder Charles hatte unterdessen zu studieren begonnen. Die theologische Ausbildung hatte er kurz nach dem Krieg abgebrochen und wäre gerne in den Staatsdienst eingetreten. Doch trotz guter Beziehungen seines Vaters zu Staatskanzler von Hardenberg hatten sich ihm die Türen nicht geöffnet – vielleicht, weil er keinen Dienst als Freiwilliger geleistet hatte? Der Vater schickte seinen Ältesten jedenfalls im Wintersemester 1817/18 auf die Berliner Bauakademie. Die Lehranstalt befand sich zu diesem Zeitpunkt im Thielschen Haus, Ecke Zimmer-, Charlottenstraße, und Karl Friedrich Schinkel war bereits Geheimer Oberbaurat (seit 1815) mit Aussicht auf eine Professorenstelle an der Akademie.

Wo aber steckte Auguste oder August, der kleine Halbbruder? Er war inzwischen »ein überaus reizender Junge« geworden, »hübsch, heiter, gutmütig, talentvoll«, Liebling und Verzug seines Vaters. August schwebte ein freies Künstlerleben vor. Er wurde jedoch in eine Lehre gesteckt und sollte zuerst etwas Ordentliches lernen. Um 1817 stand er als Lehrling im vornehmen Putzgeschäft Quittel, das sich unter den Bogenlauben der Stechbahn befand, und bediente die vornehme Welt: Adel, Hof und reiche Fremde. Auch manche hübsche Schauspielerin kaufte hier ein. Bald aber ließ er alles stehen und liegen. Denn er wollte Maler werden wie sein Vater. Und so begann er ein Leben als Porträtist, wechselte unvermittelt ins Schauspielfach, wurde auch Sänger und verliebte sich heftig in eine junge Schauspielerin. Der kleine Liebling begann der Familie große Sorgen zu bereiten.

Recht sorgenfrei aber konnte man sein, was die materiellen Verhältnisse anbelangte. Nach dem Krieg, als Berlin wirtschaftlich wieder aufzublühen begann, investierte Pierre Barthélemy Fontane weiterhin mit glücklicher Hand in Immobiliengeschäfte. Am 1. April 1816 verkaufte er sein Elternhaus Lindenstraße 90, das er schon einmal verkauft, dann aber wieder zurückgekauft hatte, und erwarb dafür das stattliche Apothekerhaus in der Mohrenstraße 4, Ecke Zietenplatz. Zwei Jahre lang lebten die Fontanes hier, bis das Haus um fast die doppelte Summe wieder die Hand wechselte. Es erfolgte dann 1819 der Kauf des Hauses Friedrichstraße 230 für 13 500 Taler, das die Familie so lange bewohnen wollte, bis beim Verkauf wiederum mit einem Gewinn von etlichen Tausend Talern gerechnet werden konnte. Und so ging es noch eine ganze Weile fort.

Es war in der Mohrenstraße 4, an der repräsentativsten Adresse der Familie, als sich nach Erzählung des alten Fontane Folgendes zutrug: »Eines Tages hieß es, Louise Rogée habe sich verlobt, und zwar mit einem jungen Architekten, dem ältesten Sohne des Kabinettssekretärs Pierre Barthélemy Fontane. Die Nachricht bestätigte sich.« Louise Rogée, die großartige junge Schauspielerin, so heißt es weiter, sei eine »Pensionsfreundin« von Emilie Labry gewesen und habe diese in die Familie ihres Verlobten eingeführt. So sei es denn geschehen, dass seine Mutter »den *zweiten* Sohn Pierre Barthélemys« kennengelernt habe – »meinen Vater«. Und weiter: »Man fand rasch Gefallen an einander und da die Verhältnisse glücklich lagen, kam es sehr bald zur Verlobung, und das Haus meines Großvaters sah auf kurze Zeit zwei Brautpaare unter einem Dache.«

Darüber, wie Louise Rogée ins Haus kam, gibt es noch eine andere Überlieferung. Sie sei, so wird erzählt, ab 1815 die »Pflegetochter« der Fontanes gewesen. Belegt ist es nirgends, aber bestätigt wird, dass Louise Rogée vor ihrer Ehe mit Karl von Holtei »wie ein Kind« in einem Hause gelebt, wo sie »mit einem Sohne desselben in Verhältnissen gestanden, die es den Eltern und den Kindern ungewiss gemacht hatten, ob er ihr Bruder sein oder ihr Liebhaber werden wolle«. Dass Louise Rogée statt Charles Fontane dann doch lieber den Schauspieler und Dichter Karl von Holtei heiratete, kommentierte der alte Fontane mit den Worten: »Mit ihrem ersten Verlobten, der sich neben der eminenten Holteischen Liebenswürdigkeit nicht zu behaupten wußte, würde sie wahrscheinlich glücklichere oder doch minder unglückliche Tage verlebt haben, aber das war damals nicht vorauszusehen und würde, wenn doch, mutmaßlich unbeachtet geblieben sein.«

Auch wenn Louise Rogée, die begabte Bühnenkünstlerin, deren früher Ruhm bis zu Goethe in Weimar drang, auch nicht in die Familie Fontane einheiratete, sie hatte doch die Ehe der Eltern gestiftet, wenn wir der Erzählung des alten Fontane folgen. Ein bisschen war das, wie wenn eine Glücksfee an seiner Wiege gestanden hätte. Eine, die sich auf Spiel und Kunst verstand.

Ein glückliches junges Paar

Emilie Labry war eine Waise, als sie sich verlobte, denn früh war auch die Mutter gestorben. Sie hatte dann geerbt, auch von ihrem Taufpaten, und verfügte über ein Kapital von 3000 Friedrichsd'or (etwa 20 000 Taler Silber-Courant). Einen Teil dieses Vermögens steckte sie in ihre Ausbildung im Pensionat Lionnet. Es befand sich in der Mohrenstraße 47, in derselben Straße, wo ab 1816 auch die Fontanes wohnten. Lisette Lionnet, Vorsteherin und Erzieherin, führte das Pensionat allein, seit ihr Mann verstorben war. Ihr Pensionat war eine erstklassige Adresse. Nicht zuletzt weil hier den jungen Damen das Zeichnen auf hohem Niveau gelehrt wurde. Zeichnen war wichtig und gehörte zur weiblichen Universalbildung. Zwar wechselte das Institut verschiedentlich seine Adresse, es befand sich aber immer in der Nähe von Gendarmenmarkt, Schauspielhaus und Königlicher Oper. Es ist also gut möglich, dass um 1818 auch Louise Rogée, damals 17, im Pensionat Lionnet lebte oder dort Unterricht besuchte. Denn sie hatte ein Engagement an den Königlichen Schauspielen. In Emilie Labry, die »ein Liebling des Kreises« und »jederzeit gütig und hülfebereit« war, wird diese dann nicht nur eine Freundin, sondern auch eine Bewunderin gefunden haben. »Der Verlobung meines Vaters«, so erzählt der alte Fontane weiter, »folgte das Staatsexamen, damals nicht viel mehr als eine Form, und an das glücklich bestandene Examen schloß sich, beinah unmittelbar, der Ankauf der Neu-Ruppiner Apotheke. Am 24. März [1819], dem Geburtstage meines Vaters, war Hochzeit und drei Tage später traf das junge Paar in seiner neuen Heimat ein.«

Spielen und Lernen

Kinder- und erste Jugendjahre (1819–1832)

Das Glück des Apothekers

»An einem der letzten Märztage des Jahres 1819 hielt eine Halbchaise vor der Löwen-Apotheke in Neu-Ruppin und ein junges Paar, von dessen gemeinschaftlichem Vermögen die Apotheke kurz vorher gekauft worden war, entstieg dem Wagen und wurde von dem Hauspersonal empfangen. Der Herr – man heiratete damals (unmittelbar nach dem Kriege) sehr früh – war erst dreiundzwanzig, die Dame einundzwanzig Jahr alt. Es waren meine Eltern.« So beginnt der alte Fontane seine subtile Erzählung *Meine Kinderjahre.* Wir folgen in allem und präzisieren nur: Die junge Apothekersfrau war damals erst zwanzig Jahre alt, der junge Apotheker auf dem Papier alleiniger Eigentümer der Königlich Privilegierten Löwen-Apotheke, und das Paar reiste in Begleitung von Pierre Barthélemy Fontane sowie einer weiteren Person. Jedenfalls waren es »4 Personen«, angemeldet auf den Namen »Fontane«, die am »1. April 1819« für den Fahrpreis von 10 Talern mit Kutscher »Protz« aus »Berlin« in Neuruppin ankamen.

Der Vater des jungen Mannes war gewiss mitgefahren, weil er das Geschäft für seinen Sohn ordentlich abgewickelt sehen wollte, ging es doch um eine hohe Summe. Gleich am Tag nach der Ankunft wurde alles abgemacht, so dass der Verkäufer der Löwen-Apotheke, Apotheker Augustin, unter gerichtlicher Aufsicht (vielleicht der vierten Person, die mit angereist war) schriftlich bestätigte: »7750 rt Courant habe ich von des Herrn Geh. Kabinetsekretair Fontane Wohlgeboren unter heutigem Datum baar und richtig, als Kaufpretium der, dem Hern. Apotheker Fontane verkauften, Apotheke erhalten, worüber ich hierdurch quittiere […] Neu-Ruppin / d. 2 April 1819 / Heinrich S. Augustin.«

Neben der Ankaufssumme hatte Louis Henri Fontane auch die auf dem Grundstück lastenden Hypotheken übernommen. Sie betrugen 8200 Taler Silber-Courant. Auch dieses Geld hatte er vom Vater erhalten, sich aber verpflichtet, es mit fünf Prozent zu verzinsen. Das ergab eine vierteljährliche

Summe von 100 Talern. Es war für Vater und Sohn ein gutes Geschäft, barg es doch kaum Risiko. Denn selbst wenn Louis Henri fallieren sollte, war mit einem Gewinn zu rechnen, hatte doch die altehrwürdige Löwen-Apotheke, deren Privileg ins Jahr 1689 zurückreichte, noch bei jedem Handwechsel einen Mehrertrag von einigen Tausend Silber-Courant ergeben. Für das junge Paar aber war der Kauf ein glücklicher Anfang. Es besaß nun alles, was ein gehobenes bürgerliches Leben versprach: Haus und Grundstück sowie ein eigenes Geschäft. Dazu hatte die Löwen-Apotheke eine äußerst vorteilhafte Lage. Sie befand sich an der Hauptverkehrsstraße zwischen Kirche und Gymnasium und ganz in der Nähe des Rathauses. Adresse: Friedrich-Wilhelm-Straße 84.

Das Haus selbst war ein klassizistischer Neubau (erbaut 1788), zweigeschossig (später aufgestockt), symmetrisch, mit betonter Mittelachse, fünf Fenstern in der Front und einem Walmdach mit Gaube. Eine große Toreinfahrt gab den Blick frei in den Garten. Von dieser Toreinfahrt abgehend führte eine Treppe ins Obergeschoss. Hier in der Beletage sollten Louis Henri und Emilie nun wohnen, während im Erdgeschoss die Räumlichkeiten der Apotheke lagen und im Souterrain Platz für die weiteren Notwendigkeiten war. Alles hatte Komfort. Die Räume in der Beletage waren hoch, das Wohnzimmer mit reicher Stuckarbeit versehen, Stuben, Kammern und Küche schlossen sich bequem an, und für neuste hygienische Einrichtungen war ebenfalls gesorgt. Zur Gartenseite hin, die an die Nachbargärten grenzte, standen kleinere Wirtschaftsgebäude, eine Vorratskammer und ein Backofen.

Vom schönen Besitz, den sein Vater so jung erworben hatte, ist in Theodor Fontanes Erinnerungen kaum die Rede und also auch kaum von seinem Geburtshaus. Die Erzählung springt nach den ersten Sätzen zurück in die Familien- und Herkunftsgeschichte der Eltern, übergeht die eigenen ersten Lebensjahre, erwähnt einzig die Umstände der Geburt und schließlich den Verkauf der Löwen-Apotheke nach sieben Jahren. Eine besondere Aufmerksamkeit widmet der alte Fontane einzig den Wartemonaten von Juli 1826 bis Juni 1827, als die Familie schon nicht mehr im Apothekerhaus, sondern in einer gemieteten Wohnung lebte und sich vorbereitete, Neuruppin zu verlassen. Was also war geschehen in den kurzen Jahren des ersten Eheglücks?

Die beiden Jungverheirateten, gewöhnt an das kulturelle Leben in der preußischen Hauptstadt, kamen im Frühling 1819 in eine mittelgroße märkische Provinz- und Garnisonstadt von etwa 5500 Einwohnern. Sich im neuen Geschäft einzurichten war wenig aufwendig, denn der junge Herr hatte »Vasen, Repositorien, Utensilien und Gerätschaften, auch Medizinalwaaren« gleich von seinem Vorgänger miterworben. Auch das nötige Personal war bereits da. Man brauchte sich also nur zu installieren. Glücklicher Sommer, in dem Herr und Frau Fontane sich in Neuruppin niederließen und den Verkehr mit Berlin doch weiterpflegten. Etwa alle drei Tage fuhr damals eine Fahrpost von »Protz«, »Rühl«, »Lemm« oder »Müller« in die Residenz und wieder zurück. Diese Gelegenheit wurde rege genutzt, wie eine Neuruppiner Omnibusliste aus den Jahren 1819 und 1820 ausweist. Den reservierten Fahrten nach zu urteilen zahlte Apotheker Fontane sowohl für eigene Reisen wie auch für Gäste, die das junge Paar in Neuruppin besuchten. So trafen auch einmal »8 Personen« und »1 Kind« aus Berlin ein, für die »Protz« dem Apotheker »Fontane« eine Rechnung von »17« Talern stellte (15. August 1819). Auch zur Geburt des ersten Kindes reiste Besuch aus der Hauptstadt an.

Henri Théodore Fontane kam am 30. Dezember 1819 »zwischen vier und fünf Uhr Abends« zur Welt. Das evangelisch-reformierte Kirchenbuch der Neuruppiner Pfarrkirche trug den Namen deutsch ein: »Heinrich Theodor« heißt es hier. Der Junge sei »ehelich« geboren und der Sohn von »Louis Henry Fontane, Königl: privilegirter Apotheker«, und »Emilie geborene Labry«. Aus Erzählungen wusste der alte Fontane: »Es war für meine Mutter auf Leben und Sterben, weshalb sie, wenn man ihr vorwarf, sie bevorzuge mich, einfach antwortete ›er ist mir auch am schwersten geworden‹.« Die Taufe erfolgte am Donnerstag, den 27. Januar 1820, und wurde vom reformierten Superintendenten Johann Leberecht Bientz vollzogen. Taufpaten waren »Kabinetssekretair Fontane«, »Frau Geheimräthin Werner geb. Friesener«, »Demoiselle Elisabeth Labry« sowie »Demoiselle Charlotte Degener«. Alle vier Paten stammten aus Berlin. Nicht unmöglich, dass Großvater Fontane oder Großtante Labry zur Taufe erschienen. Die Anreise lässt sich zwar nirgends belegen, dafür die Abreise. Jedenfalls fuhren drei Tage nach der Taufe, am 30. Januar 1820, vier Personen mit »Rühl« von Neuruppin zurück nach Berlin, davon zwei auf die Rechnung von Apotheker »Fontane«.

In seinen ersten beiden Lebensjahren hatte der kleine Theodor die Eltern ganz für sich und war der Liebling aller. Wahrscheinlich hatte er eine Amme, gewiss aber war ein Dienstmädchen da, wohl auch eine Wirtschafterin und ein Kutscher. In der Apotheke wirkte neben dem Vater ein Gehilfe und möglicherweise ein Lehrling. Nie waren die Verhältnisse im Elternhaus komfortabler als in der Ruppiner Zeit. Die junge Mutter war eine schicke Berlinerin, schlank und hochgewachsen, freundlich und bestimmt. Die gute Erziehung ihres Sohnes lag ihr sehr am Herzen. Schließlich war man nicht irgendwer, sondern hatte Beziehungen, kannte die Welt des Hofes, der Politik, des Geldes, des Theaters, des Militärs. Monsieur und Madame Fontane hatten vielleicht hochfliegende Pläne, die weit über Neuruppin hinausreichten. Jedenfalls hatte Louis Henri Fontane, Besitzer der Löwen-Apotheke zu Neuruppin, keine Lust, in der lokalen Politik eine Rolle zu spielen. Das Amt eines Bezirksvorstehers, das ihm im Juli 1821 angetragen wurde, schlug der junge Herr aus mit der Begründung, er werde »jederzeit im Hause« gebraucht. Gewiss eine etwas fadenscheinige Begründung, auf die verständlicherweise die Bürgervertreter verärgert reagierten. Einer von ihnen gab die spitze Bemerkung zu Protokoll, »dass Herr Fontane durch sein fast tägliches Ausgehen schon hinlänglich bewiesen habe, dass derselbe im Hause entbehrt werden könne«.

Aber er wollte sich eben nicht einbinden lassen, wollte nicht kleinstädtisch werden, sondern sich das kleine Stück Freiheit bewahren, das ihm das bürgerliche Geschäfts- und Familienleben übrigließ. Louis Henri Fontane war froh, wenn es neben beruflichen und familiären Verpflichtungen auch noch ein Clubleben gab. Männer unter sich. Ab und zu am Spieltisch sitzen, das war eine angenehme Abwechslung. Und zwischendurch mit Frau und Kind durch die Stadt promenieren, auch das konnte reizend sein. Man konnte dann Klein Theo allerlei Geschichten erzählen, und er bekam leuchtende Augen. Geschichten von Napoleon.

Napoleon! Damals, als er Preußen besiegt hatte, war in Neuruppin das renommierte Prinz-Ferdinand-Regiment aufgelöst worden. Dann hatten französische Besatzungstruppen hier gelegen. Nach den Befreiungskriegen waren sie schließlich abgezogen. Nun war das preußische Infanterieregiment Nr. 24 in Neuruppin stationiert. Fürs Clubleben war das ein Vorteil. Doch selber in Uniform stecken? Louis Henri Fontane hatte die seine weggehängt und die Büchse in eine vergessene Ecke gestellt. Lieber nicht mehr an die Todesschrecken denken. Und Klein Theo gegenüber kein Wort davon. Er sollte andere Geschichten hören und möglichst frei aufwachsen dürfen, wenn es nach dem Vater ging.

Am 1. Oktober 1821 kam Rudolph zur Welt. Am 18. April 1824 wurde Jenny geboren. Theodor Fontane, nun vier Jahre alt, hatte bereits seinen ersten Liebesschmerz erlebt. Gefragt, »wann er zuerst geliebt«, gab er nämlich einmal zur Antwort: »in meinem 4. Jahr«. Er war ein sensibles Kind, und das Glück war zerbrechlich. Nach und nach wird der Junge gespürt haben, dass die Eltern Sorgen hatten. Die Mutter zürnte und weinte, der Vater zog schuldbewusst die Schultern ein. Sie hatte ja Recht: Apotheke, Haus und Grundstück – alles setzte Louis Henri aufs Spiel.

Dabei hätte alles anders sein können. In seiner allerersten Neuruppiner Zeit hatte Apotheker Fontane sowohl an die königliche Regierung in Potsdam als auch an jenes Ministerium geschrieben, das für medizinische Angelegenheiten zuständig war, und um die Erlaubnis gebeten, auch die zweite Apotheke in Neuruppin, die Königlich Privilegierte Adler-Apotheke, zu erwerben. Potsdam aber hatte »den Herrn Apotheker Fontane in Ruppin« wissen lassen, dass man in Neuruppin keine Änderung wünsche und »der Staat sich überall die Ertheilung anderweitiger Apothekenconsessionen vorbehalten [wolle] insofern das Bedürfniß der Einwohner eines Ortes sie erheischen sollte«. Für den hoffnungsfrohen Bittsteller, der möglicherweise mit den Mitteln seiner Frau die zweite Neuruppiner Apotheke hätte erwerben können, muss das ein Schlag ins Gesicht gewesen sein. Wenn man Gewinn machen wollte, so könnte er sich gesagt haben, dann bot der Spieltisch bessere Chancen.

Eine in der Kuppel der Neuruppiner Pfarrkirche niedergelegte Schrift von 1804 nennt unter den vielen Übeln, die das freiere Preußen hervorgebracht habe: »Unglauben«, »Leichtsinn«, »Hang zum Luxus« und »Spiel- und Gewinnsucht in allen Gesellschaftsschichten«. Das Spielen hatte sich in Neuruppin wirklich etabliert. 1809 war die »Kasinogesellschaft« gegründet worden, eine gesellige Vereinigung der bürgerlichen Oberschicht, die als geschlossene Gesellschaft einen Gastwirtbetrieb führte und zu Tanz und Spiel einlud. Die Gesellschaft hatte auch den umgebauten Apollo-Tempel gepachtet, das einstige architektonische Juwel des Kronprinzen Friedrich. Die Offiziere hatten diesen Freundschaftstempel längst als »Teehaus« zu nutzen begonnen und pflegten sich jeweils hierher zurückzuziehen, wenn sie vom nahe gelegenen Billardhaus kamen. Der einst offene Rundtempel war nun zugemauert: ein geschlossener Raum mit Fenstern, Türen und Kamin. Was früher Grotte war, war jetzt Eiskeller und Küche. Alles Hinweise, dass es hier recht lustig zu- und herging.

Das Neuruppiner Clubleben war offenbar in vollem Gange, als Louis Henri Fontane begann, sich mit an den Spieltisch zu setzen. »Und im Klub ist es wirklich reizend, da hören die Redensarten auf, und die Wirklichkeiten fangen an. Ich habe gestern Pitt seine Graditzer Rappstute abgenommen«, lässt Fontane den Offizier und Landadligen Botho von Rienäcker im Roman *Irrungen, Wirrungen* sagen. Man spielt Piquet, Whist oder Domino. »Und während die Stiche gemacht wurden, hörte man in dem Billardzimmer nebenan das Klappen der Bälle und das Fallen der kleinen Boulekegel.« Es geht in dieser Erzählszene um viel Geld, und Pitt verliert erneut ohne Wimpernzucken »150 Points«, fährt fort zu scherzen, während er sich eine Zigarre reichen lässt, »eine Cuba« vom »gelagertsten Lager«.

Wenn Louis Henri Fontane nun mit Vorliebe im Hinterzimmer des Hotels Zur Krone saß und das Spiel seinen Anfang nahm, dann saß er unter guten Bekannten und Freunden, Honoratioren der Stadt, Offizieren, Landadligen. Auch bürgerliche Rittergutsbesitzer saßen am Spieltisch, etwa der Gutsherr aus dem nahen Kränzlin. Es war ein illustrer Kreis, in dem sich Louis Henri Fontane bewegte. Als junger Besitzer der Löwen-Apotheke galt er gewiss als liquid. Er war außerdem weich und bestimmbar, auch anerkennungsbedürftig, was wegen der vielen Wechselfälle in seinem jungen Leben sehr verständlich ist. Später hat er gegenüber seinem Sohn Theodor selbstkritisch gemeint, seine Jugend sei schuld gewesen, dass es kam, wie es kam: »Sieh, ich hatte noch nicht ausgelernt, da ging ich schon in den Krieg, und ich war noch nicht lange wieder da, da verlobte ich mich schon. Und an meinem dreiundzwanzigsten Geburtstag habe ich mich verheiratet.« Mit 24 sei er dann schon Vater gewesen, und das sei ein Vorteil gewesen, aber auch ein Nachteil. Nämlich »das mit der Unerfahrenheit bleibt doch ein schlimmes Ding, und das Allerschlimmste war, daß ich nichts zu tun hatte. Da konnt ichs denn kaum abwarten, bis abends der verdammte Tisch aufgeklappt wurde. […] Es hat mir auch nie Vergnügen gemacht, auch nicht ein bißchen. Und ich spielte noch dazu herzlich schlecht. Aber wenn ich mich dann den ganzen Tag über gelangweilt hatte, wollt ich am Abend wenigstens einen Wechsel verspüren, und dabei bin ich mein Geld losgeworden.«

Innerhalb von knapp sieben Jahren verspielte Louis Henri Fontane beim »Whist en trois« wohl gegen 10 000 Taler Silber-Courant. »Der Hauptgewinner«, so wusste Fontane von seinem Vater, »war ein benachbarter Rittergutsbesitzer«. Da Spielschulden Ehrenschulden waren, bezahlte man und blieb befreundet. Tatsächlich profitierte Theodor Fontane später von dieser Freundschaft: Der Sohn des Rittergutsbesitzers, Hermann Scherz, glich einen Teil des Verlusts großzügig wieder aus. 1826 aber war ein bitteres Jahr. Denn Louis Henri Fontane zog sich aus der Bredouille, indem er am 8. Juli 1826 die Königlich Privilegierte Löwen-Apotheke für 23 000 Taler an Apotheker August Wittke jun. verkaufte, so Zinszahlungen und Spielschulden loswurde, nun aber eine billigere Apotheke erwerben musste. Das bedeutete, dass seine Frau und die drei Kinder mit einer Mietwohnung vorliebzunehmen hatten, während er selbst die Stadt verließ, um sich in aller Ruhe nach einer neuen Apotheke umzusehen. Emilie Fontane geb. Labry war, als diese Entscheidung fiel, im dritten Monat schwanger.

Neuruppin – Planstadt des Königs

Bis in sein »siebentes Jahr« hatte er frei spielen dürfen, dann war Theodor zu Lehrer Gerber auf die »Klippschule« gekommen. Gerber war Kandidat der Theologie und unterrichtete eine Klasse von etwa »26 Knaben«. Er lehrte sie Lesen, Schreiben und Rechnen und schlug seine Zöglinge nicht, »war überhaupt sehr gut«, wie der alte Fontane urteilte. »Ich zeigte mich auch gelehrig und machte Fortschritte; meine Mutter hielt es aber doch für ihre Pflicht, hier und da, namentlich im Lesen, nachzuhelfen, und so stand ich jeden Nachmittag an ihrem kleinen Nähtisch und las ihr aus dem ›Brandenburgischen Kinderfreund‹, einem guten Buche mit nur leider furchtbaren Bildern, allerlei kleine Geschichten vor.« Da las er denn mit der klaren Stimme eines siebenjährigen Jungen Geschichten wie *Die ungezogenen Kinder*, *Die Versuchung*, *Die üble Gewohnheit*, alles Musterstücke, die dem Kind den bürgerlich-christlichen Wertekanon beibrachten und vor den Gefahren warnten, die überall lauerten. *Der Glücksspieler* zum Beispiel zeigte, wie rasch einer zum Spieler wurde und dann unrettbar ins Elend geriet.

Doch was tat ein Schuljunge in Neuruppin, wenn er alle Pflichten erledigt hatte? Wie andernorts auch, so spielten die Kinder im Haus, im Garten und auf der Straße. In Neuruppin galt es die neue und die alte Stadt zu erkunden. Die neue war die klassizistische Planstadt, die nach dem Brand von 1787 erbaut worden war, die alte war das mittelalterliche Neuruppin, jener kleine Teil, der nach dem Brand noch übrig geblieben waren. Er zog sich

Neuruppin, Friedrich-Wilhelm-Straße, um 1840/50

gegen die Seeseite hin und dem Wall entlang, umfasste die Umgebung der Klosterkirche bis zum Neuen Markt sowie die Häuser zwischen Rosen- und Schäferstraße.

Den raschen Wiederaufbau nach modernsten baukünstlerischen Prinzipien verdankte Neuruppin dem Umstand, dass Friedrich Wilhelm II., damals eben auf den preußischen Thron gekommen, günstige Bedingungen für das Bauwesen schuf. Den Auftrag, die niedergebrannte Stadt neu zu erbauen, erhielten Bauinspektor Brasch, Kammerpräsident Otto von Voß (Bruder der schönen Julie) sowie der Neuruppiner Bürgermeister Noeldechen. Sie wollten die neue Stadt dauerhaft vor Bränden schützen. Die Idee war, dass Licht und frische Luft alles durchdringen sollten, weshalb von Anfang an weite Straßen und Plätze geplant wurden. Auch strenge hygienische Maßnahmen gedachte man durchzusetzen. Als schließlich nach 18 Jahren Bauzeit die Stadt in neuem Glanz erstrahlte, war Neuruppin um ein Drittel größer als zuvor, verfügte über drei große Plätze, hatte begradigte Straßen mit Rinnsteinen und Baublocks, die räumlich weit konzipiert waren. Nicht mittelalterliche Riegelbauten, sondern Häuser aus Stein prägten jetzt das Stadtbild.

Jeder Hauseigentümer, dessen Haus und Grundstück durch die Feuersbrunst vernichtet worden war, hatte sich in die neue Stadtstruktur einpassen müssen. Zwar erhielten um des sozialen Friedens willen alle Besitzer mehr Land und einen größeren Bauplatz, als ihnen eigentlich zugestanden hätte, doch verloren die meisten zugleich ihren ursprünglichen Boden oder Teile davon. Eine ganze Bürgerschaft hatte zu lernen, dass man zwar mehr und Besseres erhalten hatte, aber Altes und Gewachsenes unweigerlich verloren war. Dass das Experiment gelang, war nicht nur eine enorme planerische und baukünstlerische Leistung, sondern auch ein insgesamt geglücktes Unternehmen des Gemeinwesens, wirtschaftlich unterstützt vom monarchischen Staat.

Bevorzugter Spielplatz der Neuruppiner Kinder waren jedoch nicht die übersichtlichen Straßen und Plätze, wo jeder sehen konnte, was man gerade im Schilde führte, sondern viel eher der verwinkelte mittelalterliche Teil, vor allem derjenige, der an den See grenzte. So jedenfalls könnte man schließen, wenn man Theodor Fontanes früheste Prosaerzählung liest, die er mit 19 Jahren unter dem Titel *Geschwisterliebe* veröffentlichte. Als Schauplatz wählte er »eine der ältesten Städte der Mark Brandenburg«, die niedergebrannt und wieder neu aufgebaut worden war. Ohne ihren Namen zu nennen, schildert er dann die typischen Plätze seiner Heimatstadt Neuruppin, »wo die größeren Straßen so sauber und prächtig erschienen«, die Liebe aber doch eigentlich dem mittelalterlichen Quartier mit der Klosterkirche galt, denn von dort konnte man über die Stadtmauer hinweg »den großen, stillen See in seiner ganzen Pracht erblicken«.

Die Einwohnerzahl Neuruppins wuchs in den 1820er-Jahren kontinuierlich bis auf mehr als 7000 Einwohner, dazu kamen über 1000 Militärs vom Infanterieregiment Nr. 24. Das Regiment mit seinen Offizieren war für die Stadt atmosphärisch, aber auch wirtschaftlich wichtig. Doch wofür Neuruppin eigentlich berühmt wurde, und was auch die vielen Schulkinder faszinierte, das waren die Kühnschen Bilderbogen. Gustav Kühn, der seit 1822 den *Ruppinischen Anzeiger* druckte, erhöhte seine Jahresproduktion in rasantem Tempo. 1823 hatte er mit etwa 8000 Stück begonnen, 1832 sollten bereits über eine Million Bilderbogen hergestellt werden und den Ruf der Stadt weit über die Landesgrenzen hinaustragen.

Fontane hat von all den Besonderheiten seiner Vaterstadt gerne erzählt. Merkwürdig bleibt nur, dass er die Schönheit des klassizistischen Neuruppins nie hat hervorstreichen wollen. Er rühmte lieber die reizvolle Lage am

See, die Gärten und den Wall. Sein Vater hatte aber mit der Löwen-Apotheke ein modernes klassizistisches Haus im neuen Teil der Stadt erworben, an einer der breit angelegten Straßen, da, wo Neuruppin im »Residenzstil« wiedererstanden war. Gerade diesen »Residenzstil« der Stadt kritisierte er jedoch: »Lange, breite Straßen durchschneiden sie, nur unterbrochen durch stattliche Plätze, auf deren Areal unsere Vorvordern selbst wieder kleine Städte gebaut haben würden. Für eine reiche Residenz voll hoher Häuser und Paläste, voll Leben und Verkehr, mag solche raumverschwendende Anlage die empfehlenswerteste sein, für eine kleine Provinzialstadt aber ist sie bedenklich. Sie gleicht einem auf Auswuchs gemachten großen Staatsrock, in den sich der Betreffende, weil er von Natur klein ist, nie hineinwachsen kann. Dadurch entsteht eine Öde und Leere, die zuletzt den Eindruck der Langenweile macht.« Immerhin räumte er ein, dass dieser Eindruck nur dann entstehe, wenn das Gymnasium Ferien habe und das Regiment im Manöver sei. Nur dann nämlich sei alles »still und leer« und wie in Schlaf versetzt.

Wenn auch nicht der neuen klassizistischen Planstadt, so doch den Persönlichkeiten, die in Neuruppin wirkten, hat Fontane schließlich ein Denkmal gesetzt. Und zwar in den *Wanderungen*, wo er die Geschichte seiner Heimatstadt in Einzelporträts gibt. So erfahren wir vom Charakter Neuruppins vorwiegend in Erzählungen über Kronprinz Friedrich II., Gastwirt Michel Protzen (Hotel Zur Krone), Verleger Gustav Kühn und Maler Wilhelm Gentz. Am ergreifendsten aber ist das Bild, das Fontane von Karl Friedrich Schinkel zeichnet, der wie er in Neuruppin geboren und aufgewachsen ist.

Vorbild Karl Friedrich Schinkel, geboren in Neuruppin

Karl Friedrich Schinkel war 1781 im alten, noch unzerstörten Neuruppin zur Welt gekommen. Als Kind hatte er die furchtbare Feuersbrunst von 1787 miterlebt und kurz darauf seinen Vater verloren. Dieser war der Archidiakon, der zweite Pfarrer, der evangelisch-lutherischen Gemeinde Neuruppins gewesen, zugleich der Superintendent des Kreises. Die Witwe und ihre Kinder konnten in den folgenden Jahren auf die Unterstützung der Verwandten zählen, entstammte Dorothea Schinkel doch der angesehenen Neuruppiner Gelehrten- und Kaufmannsfamilie Rose. Nachdem sie ihre

Söhne aufs Neuruppiner Friedrich-Wilhelms-Gymnasium geschickte hatte, zog sie mit ihren Kindern 1794 schließlich nach Berlin, damit diese dort ihre Ausbildung noch weiter fortsetzen konnten. Karl Friedrich Schinkel hatte daraufhin die Laufbahn zum Architekten und Gestalter eingeschlagen.

In der Zeit, als Theodor Fontane Kind in Neuruppin war, in den Jahren 1820 bis 1827, war Karl Friedrich Schinkel bereits der Architekt des Königs. Sein Wirken war weitherum sichtbar und selbst den Kindern ein Begriff. Unter anderem hatte er der Quadriga von Schadow, als sie wieder auf dem Brandenburger Tor triumphierte, neue Symbolkraft verliehen, indem er der Friedensgöttin statt eines Lorbeerkranzes einen Adler und ein Eisernes Kreuz in die Hand gab und sie so zur Siegesgöttin erhob. Er hatte auch den Entwurf geliefert für das Nationaldenkmal der Befreiungskriege, das am 30. März 1821 auf jenem Hügel errichtet wurde, der bei gleicher Gelegenheit den Namen Kreuzberg erhielt. Und er war der Architekt des neuen Schauspielhauses auf dem Berliner Gendarmenmarkt, das am 26. Mai 1821 feierlich eröffnet wurde. In Neuruppin, das eben erst neu erstanden war, gab es für ihn keine größeren Bauaufgaben, aber die Stadt bat ihn darum, ein Denkmal für König Friedrich Wilhelm II. zu entwerfen. Er willigte auch sogleich ein, fühlte er sich seiner Vaterstadt doch zeitlebens verbunden. Als später das Denkmal feierlich enthüllt wurde, schrieb Schinkel aus Dresden, »wie gern er mit seinen geringen Kräften beigetragen habe, ein so würdiges Unternehmen seiner Vaterstadt fördern zu helfen«.

Magistrat und Bevölkerung schätzten den Meister und sein Werk, und von nun an wusste jedes Neuruppiner Schulkind: Den Wiederaufbau der Stadt dankte man König Friedrich Wilhelm II., sein Denkmal aber Karl Friedrich Schinkel. Der hatte seinen Entwurf auch ausgeführt oder ausführen lassen, denn die Skulptur auf dem Sockel war von Friedrich Tieck.

Aber schon lange vor der Errichtung des Denkmals war Schinkel in Neuruppin ein großer Name. Wollte sich ein Junge ein künstlerisches Vorbild nehmen, so war es gewiss jemand wie dieser Schinkel, der Architekt, Stadtplaner, Zeichner, Maler und Bühnenbildner in einem war.

Mit knapp vierzig Jahren begann Theodor Fontane über Karl Friedrich Schinkel zu schreiben und wurde damit zu einem seiner ersten Biografen. Es waren zugleich Fontanes erste Recherchen im Rahmen der *Wanderungen*. Sie führten ihn von Berlin aus zuallererst in die Heimatstadt. Er forschte nach den Kinderjahren Schinkels, über die dieser nie etwas niedergeschrieben hatte. »Ich habe an seinem Geburtsorte nachgeforscht. Es lebten noch Personen, die ihn als Kind gekannt hatten«, so Fontane in seinem Schinkel-Porträt. Was er auf diese Weise zusammentrug, fasste er in die Worte: »Sein Charakter nahm früh ein bestimmtes Gepräge an; er zeigte sich bescheiden, zurückhaltend, gemütvoll, aber schnell aufbrausend und zum Zorn geneigt. Eine echte Künstlernatur.« Es ist dies ein verstecktes Selbstporträt, so wie andere Sätze, die Fontane über Schinkel schrieb. Ob er sich dessen bewusst war? Schinkel, so meinte Fontane, habe wie alle hervorragenden Künstler die Gabe besessen, »das allerflüchtigst Wahrgenommene auf viele Jahre hin, um nicht zu sagen *für immer*, in ihrer Vorstellung zu bewahren. Das Geschaute fällt wie ein Lichtbild in ihre Seele und fixiert sich daselbst.« Es ist gerade das, was wir bei Fontane zu bewundern geneigt sind, so dass wir uns versucht sehen, auch folgende Äußerung auf ihren Autor anzuwenden: »Unter allen bedeutenden Männern, die Ruppin, Stadt wie Grafschaft, hervorgebracht, ist Karl Friedrich Schinkel der bedeutendste.«

Kutschfahrt unterm Sternenhimmel

Louis Henri Fontane besaß einen Kaleschwagen, wie ihn sowohl Bernd von Vitzewitz in *Vor dem Sturm* als auch Dubslav von Stechlin in *Der Stechlin* benutzen. Die Kalesche war ein vierrädriges Gefährt, das seit Mitte des 18. Jahrhunderts bis zur Einführung des Automobils als Reisewagen, als Kutsche diente. Sie war gefedert und ein- oder zweispännig und bot bis zu vier Personen Platz. Der Lenker saß auf dem Vordersitz des leichten, offenen Gefährts, das über ein Faltverdeck verfügte, so dass die Reisenden je nach Wetter geschützt oder unter offenem Himmel fahren konnten. Reisewagen waren Statussymbole. Die Kalesche der Fontanes war ein hübscher Einspänner, das gab etwas her in der Kreisstadt, aber es war gewiss kein Rolls-Royce. In dieser Kalesche unternahm Louis Henri Fontane »während des Interimsjahres öfters Reisen nach Berlin«, erinnert sich Fontane im Alter und auch daran, wie er als Kind einmal mitfahren durfte.

Man wohnte damals bereits in der Mietwohnung Friedrich-Wilhelm-Straße 307, »in der Nähe des Rheinsberger Tores«. Alle in der Familie schienen sich mit dem Wechsel abgefunden zu haben, denn die Wohnung war groß und komfortabel: »Nur ich konnte mich nicht zufrieden fühlen und habe das Mietshaus bis diesen Tag in schlechter Erinnerung«, so der alte Fontane. Denn es war keine Apotheke mehr, sondern ein »Schlächterhaus«. Durch den Hof floss das Blut der geschlachteten Rinder und Schweine, die dort über Nacht an einer Vorrichtung hingen. Dem sechsjährigen Kind jagte das panischen Schrecken ein.

Aber es gab auch ganz andere Aufregungen, und das war, mit dem Vater auf Reise zu gehen. Ende September oder Anfang Oktober 1826, »das Abendrot schimmerte schon zwischen den Bäumen des Stadtwalls, stand ich unten in unsrem Torweg und sah meinem Vater zu, der sich eben die Fahrhandschuhe mit einem gewissen Aplomb anzog, um dann mit einem Ruck auf den Vordersitz seines kleinen Kaleschwagens hinaufzusteigen. Auch meine Mutter war da. ›Der Junge könnte eigentlich mitfahren‹, sagte mein Vater. Ich horchte hoch auf, beglückt in meiner kleinen Seele, die schon damals nach allem, was einen etwas aparten und das nächtlich Schauerliche streifenden Charakter hatte, begierig verlangte. Meine Mutter stimmte meines Vaters Vorschlage sofort zu, was ich mir nur so deuten kann, daß sie von ihrem Lieblingskinde mit den schönen blonden Locken einen guten Eindruck auf den Großvater, zu dem die Reise ging, erwartete. ›Gut‹, sagte sie, ›nimm den Jungen mit. Ich will ihm aber erst einen warmen Rock überziehen.‹ – ›Nicht nötig; ich stecke ihn in den Fußsack.‹ Und wirklich, ich wurde hinaufgereicht und wie ich da ging und stand in den Fußsack gesteckt, der vorn auf dem Wagen lag, alles offen, nicht einmal eine Ledertrommel darüber ausgespannt. Kam ein Stein oder gab's einen Stoß, so konnte ich mit Bequemlichkeit herausfliegen. Aber diese Vorstellung störte meine Freude keinen Augenblick. In raschem Trabe ging es über Alt-Ruppin auf Cremmen zu, und lange bevor wir dieses, das ungefähr halber Weg war, erreicht hatten, zogen die Sterne herauf und wurden immer heller und blitzender. Entzückt sah ich in die Pracht und kein Schlaf kam in meine Augen. Ich bin nie wieder so gefahren; mir war, als reisten wir in den Himmel.«

Es ist die früheste Reise, von der Fontane erzählt. Es bleibt sein Urland, das Land zwischen Neuruppin und Berlin. »Eine tiefe Sehnsucht« lockte ihn später immer wieder dahin zurück, wo er geborgen in der Kalesche des Vaters, in der lustvollen Angst herauszufliegen, in raschem Tempo beim Hufschlag des Pferdes die Bilder an sich hatte vorüberziehen lassen: die Äcker, Wiesen, Seen, Dörfer im Abendlicht, bis alles in der blauen Dunkelheit versank und nur der Sternenhimmel über ihnen leuchtete.

Und mitten in der Nacht oder anderntags in der Früh war man nach solcher Reise im Kaleschwagen in Berlin und fuhr vor in der Kleinen Hamburger Straße 13. Hier wohnten seit dem 1. Oktober 1825 die Großeltern Pierre Barthélemy und Charlotte Friedericke Fontane. Sie hatten das Haus für 21 000 Taler Silber-Courant erworben in der Vorstellung, dass auch Charles Fontane, jetzt Wegebaumeister, mit ihnen einziehen würde. Charles, der längst Abschied genommen hatte von Louise Rogée, war unterdessen verheiratet mit Wilhelmine Henriette Taegenecker. Das Paar lebte im selben Haus, in einer eigenen Wohnung.

»Gegen acht Uhr früh«, so erzählt der alte Fontane, »hielt unser Gefährt vor dem Hause meines Großvaters«. Vater und Sohn seien dann »treppauf« gestiegen und eingetreten. »Was uns empfing, war zunächst ein anheimelndes Idyll. Pierre Barthélemy und seine dritte Frau – übrigens eine vorzügliche Dame, die ich später noch sehr verehren lernte – saßen gerade beim Frühstück.« Sie hätten selbstverständlich an dem Frühstück teilgenommen, aber die Stimmung sei doch recht bedrückt gewesen. Offenbar weil der Großvater unzufrieden war mit dem geschäftlichen Gebaren seines Sohnes Louis Henri. »[V]on Zärtlichkeit gegen mich«, so der alte Fontane, »war den ganzen Tag über keine Rede, so daß ich herzlich froh war, als es am Abend wieder nach Hause ging.« Erst viel später sei ihm klargeworden, »daß die Nüchternheit, der ich begegnete, nicht mir armen Kinde, sondern, wie schon angedeutet, meinem Vater galt«. Auch die »blonden Locken« hätten deshalb den Großvater nicht milder stimmen können.

Der Gewinn von über 8000 Talern Silber-Courant, den Louis Henri mit dem Verkauf der Löwen-Apotheke eben gerade erzielt hatte, war in der Tat wegen der Spielschulden bereits wieder zerronnen. Das rechnete der geschäftstüchtige Pierre Barthélemy Fontane seinem Sohn jetzt wohl vor. Was für ein Unglück und keine Besserung in Sicht! Ganz andere Hoffnungen hatte er in seinen Louis Henri gesetzt. Und so war er enttäuscht und besorgt. Denn was sollte aus Emilie und den drei Kindern werden, wenn der Sohn den Lebemann spielte? Er selber war krank und hatte nicht mehr die Kraft zu helfen. Es war eine tragische Begegnung, die der kleine Theodor im Herbst 1826 miterlebte. Wenige Tage später starb sein Großvater: »Nach langen Leiden starb heut an gänzlicher Entkräftung unser innigst geliebter Gatte, Vater und Großvater, der Geheime Sekretair der Höchstseeligen Königin Louise von Preußen Majestät, P[ierre] B[arthélemy] Fontane, in einem Alter von 69 Jahren, welches entfernten Freunden und Bekannten in tiefster Betrübnis hierdurch anzeigt Friedericke Fontane geb. Werner, im Namen sämmtlicher Kinder, Schwiegerkinder und Enkel. Berlin, den 5ten Oktober 1826.« Die Anzeige erschien am 6. Oktober 1826 in der *Königlich privilegirten Berlinischen (Vossischen) Zeitung*. Bald darauf traten die Söhne das väterliche Erbe an.

»Meine Kinderjahre« – aus der Erinnerung erzählt

»Im allgemeinen gilt das zwischen dem Sturze Napoleons und dem Tode Friedrich Wilhelms III. liegende Vierteljahrhundert als eine ereignisarme Stagnationsepoche, was aufs ganze hin angesehen, auch mehr oder weniger zutreffen mag, gerade das halbe Jahrzehnt aber (1827 bis 32) das ich in Swinemünde verbrachte, brachte, die Stagnation unterbrechend, des Interessanten eine ganze Fülle: die Befreiung Griechenlands, den russisch-türkischen Krieg, die Eroberung von Algier, die Juli-Revolution, die Losreißung Belgiens von Holland und die große polnische Insurrektion. Ich werde denn auch weiterhin in einiger Ausführlichkeit zu berichten haben, wie diese fernen Ereignisse die Bewohnerschaft unseres Hauses berührten, vor allem aber mein eigenes junges Herz, das für solche Dinge von früh auf erglühte.« So erinnert sich der alte Fontane 1892 an sich selbst als Heranwachsenden.

Seine Autobiografie zu schreiben war ein Plan, den er, seit er siebzig Jahre alt geworden war, mit sich herumtrug. Andere interessierten sich dafür, und Zeitungen und Verlage wollten es drucken. Er wandte sich dann aber erst anderen Stoffen zu. Gleichzeitig studierte er jedoch, was an Lebensbeschreibungen gerade auf dem Markt erschien: die Biografien von Gottfried Keller (1892) und Karl Stauffer-Bern (1892), die Erinnerungen von Friedrich Spielhagen (1891), Anton Heinrich Springer (1892) und Ludwig Pietsch (1892). Im Oktober 1892, nach einer überraschend tiefen und monatelang anhaltenden psychischen und physischen Krise, geriet Fontane dann unverhofft ins Schreiben. Die Autobiografie, die er vorlegen wollte, war auf ein bruchstückhaftes Ganzes angelegt, als Anfang aber wählte er »meine Kinderjahre«. Er habe sich an diesem Buch »wieder gesund geschrieben«, notierte er im Tagebuch mit der Bemerkung: »Ob es den Leuten gefallen wird, muß ich abwarten, mir selbst habe ich damit einen großen Dienst getan.« Das Buch richtete sich an ein Lesepublikum, das ist gewiss, aber es führte den Dichter auch zu sich selbst.

Die Swinemünder Zeit hatte sich Fontane schon früher in Skizzen und Niederschriften ins Gedächtnis zurückgerufen. Und bereits Anfang der 1880er-Jahre hatte er begonnen, die Szenerie des pommerschen Ostseestrandes seinen Romanen einzuschreiben. Zuerst in *Graf Petöfy* (1884), dann in *Mathilde Möhring* (Entwurf 1891) und *Effi Briest* (1895). Aus der Zeit von Herbst 1884 ist eine Skizze mit dem Titel »Swinemünde. Knaben-Erinnerungen« überliefert, die in nuce bereits enthält, was der Schriftsteller acht Jahre später im Detail schilderte.

Im Herbst 1892, als der alte Fontane dann wirklich von seiner Kindheit in Swinemünde zu erzählen begann, war der kleine Hafen- und Badeort, den er als Kind gekannt hatte, eines der größten Kaiserbäder an der Ostsee geworden und hatte eine besondere Attraktion: Von Swinemünde aus stießen die großen Yachten, die Wunderwerke der modernen Technik, in See. Zur gleichen Zeit, als Fontane die letzten Kapitel seiner *Kinderjahre* durchkorrigierte, wurde im Stettiner Hafen die luxuriöse *Hohenzollern*, die neue Staatsyacht Kaiser Wilhelms II., seetüchtig gemacht und lief am 8. April 1893 in Swinemünde aus. Fontanes Erinnerungen an dieses Ostseestädtchen aber beschworen eine ganz andere Zeit herauf, eine Zeit, die über sechzig Jahre zurücklag und die er selbst, als er den Ort bei einem mehrtägigen Besuch im Sommer 1863 wiedergesehen hatte, schon nicht mehr vorgefunden hatte. Die Menschen, die er gekannt hatte, waren fort oder gestorben, und auch die Gesichter der Häuser hatten sich verändert.

Schreibprozess

Fontanes erklärte Absicht bei der Niederschrift seiner Erinnerungen war, »ein Knabenleben in seinem ganzen Tun und Denken« zu schildern, »und zwar auf dem Hintergrunde einer ganz bestimmten Zeit«. Er stellte sich damit eine ähnliche Aufgabe wie als Romancier, ja, wie als Autor von *Vor dem Sturm*. Nur dass er hier das eigene Ich im historischen Kontext gab. Tatsächlich gleicht das überlieferte Manuskript vollkommen einem Fontane'schen Romanmanuskript. Denn er strich, ergänzte, überklebte, schrieb neu, wie es für seine literarische Arbeitsweise typisch ist. Die zahlreichen Streichungen und Änderungen zeigen auch, dass der Stoff gebändigt und gekürzt wurde und das Manuskript in manchen Details abweicht vom schließlich publizierten Text.

Auch das Vorgehen gleicht demjenigen des Romanciers. Fontane stützte sich nämlich nicht nur auf seine eigenen Erinnerungen, sondern er recherchierte gezielt, las Bücher, schrieb Briefe an ehemalige Swinemünder, die ihm Auskunft geben konnten, und fand Zugang zu unveröffentlichten »Tagebuchaufzeichnungen« von anderen Familien. Auch den eigenen Familiennachlass bezog er mit ein und entdeckte verschiedene Verse, die bei den Herrendiners im Hause Fontane vorgetragen worden waren: »Ich habe noch vor kurzem wieder einiges derart unter den Papieren meines Vaters gefunden und bin erstaunt gewesen, wie gut das alles war. Humor, Witz, Wortspiele fehlten nie.«

Was seine Autobiografie aber besonders interessant macht, ist der Umstand, dass er gelegentlich auch über den Schreibprozess und den Vorgang des Sicherinnerns und des Erzählens nachdenkt. »All das ist mir beim Plaudern wieder lebendig geworden«, heißt es etwa, wenn er an sich selbst beobachtete, dass mit dem Niederschreiben der Erinnerungen unerwartet alte Bilder, vergessene Geschichten und Wortspiele wiederauftauchten. Er hatte zwar ein loses Konzept entworfen, dann aber sich treiben lassen – ganz nach der später von den Surrealisten entwickelten Methode der *écriture automatique*, die für das freie Assoziieren plädierte und den Schreibenden ermutigte, Gefühle, Bilder, Ausdrücke als spontanen, authentischen Einfall zu notieren, ohne den Schreibfluss zu unterbrechen. Das Bild, das der alte Fontane für diesen Zustand findet, ist stupend und trifft es genau: »[…] lasse ich mich auf dem Strom des Unbewußten, wie ein Rückenschwimmer, treiben, nur dann und wann eine Bewegung machend und gänzlich kritiklos darüber verbleibend, wie diese Bewegung ausfällt.« Die kritische Bearbeitung folgte erst danach. Ihm selbst als Romancier war die eigene Arbeitsweise damals längst bewusst. »Meine ganze Produktion ist Psychographie und Kritik, Dunkelschöpfung im Lichte zurechtgerückt«, sagte er 1884, als er am Roman *Irrungen, Wirrungen* (1888) schrieb. Aber erst in *Meine Kinderjahre* gab er auch den Blick frei in seine Werkstatt. Denn hier zeigt sich noch im publizierten Text, dass Fontane beim Schreiben in einen *flow* geraten war. Zwar wurde der autobiografische Text vor der Publikation ebenfalls der Kritik unterzogen, aber doch insgesamt in einem geringeren Maß als die Romane. Die Erzählung lebt daher noch immer stark von der freien Assoziation, was sich etwa darin zeigt, dass eine chronologische Erzählweise zwar intendiert ist, aber doch immer wieder durchbrochen wird, um Bildern und Eindrücken Raum zu geben, die dem Schreibenden während des Schreibens in die Feder flossen.

Dabei gibt der alte Fontane Dinge preis, von denen er bis dahin nie öffentlich erzählt hatte. Dass seine Mutter eine Freundin von Louise Rogée gewesen war und sein Onkel Charles Henri Fontane sich mit der jungen Schauspielerin verlobt hatte, diesen besonderen Umstand hatte er selbst während seiner Zeit als Theaterkritiker nie verlauten lassen. Die Öffentlichkeit wusste auch bis ins Jahr 1892 nicht, dass sein Vater ein Spieler gewesen war und sein Vermögen verspielt hatte und die Mutter, die sich von ihm getrennt hatte, eine Scheidung sogar bevorzugt hätte. Wie sehr ihn die Ehekonflikte der Eltern noch immer bewegen würden, wusste Fontane wohl selber nicht, als er mit dem Niederschreiben seiner Erinnerungen begann. Erst die Methode des sich Treibenlassens weckte die ausgestandenen Ängste wieder und die Gefühle des Knaben. Es ist in diesem Sinne kein abgeklärtes Buch geworden, das aus der Sicht des Erwachsenen zu einem gerechten Urteil über Vater und Mutter kommen will. Sondern ein Buch, das sich unverhofft immer mehr dem Vater zuwendet und von der Mutter geradezu bitter Abstand nimmt. Denn offenbar entdeckte Fontane beim Schreiben, dass, obwohl der Vater ihn in wichtigen Lebensphasen enttäuscht hatte, er sein eigentlicher Förderer gewesen war. In *Meine Kinderjahre* versöhnt er sich mit ihm und leistet zugleich Trauerarbeit. Denn trotz aller Vorzüge des Vaters, der Mann hatte es seiner Familie wirklich nicht leichtgemacht. Weil er so war, wie er war – immer spielend, immer einen Spruch auf der Lippe, immer sich entziehend, unterschied er das Wesentliche nicht recht vom Unwesentlichen. Er half nicht, wenn es nötig gewesen wäre, knauserte am falschen Ort, zog sich zurück, wenn er kritisiert wurde. Und dabei drehte sich eigentlich immer alles um ihn, um seinen Gewinn und seinen Verlust, die Familie konnte schauen, wo sie blieb.

War er, der Sohn, vielleicht auch so? Beim Drübernachdenken entdeckte der alte Fontane viel Gemeinsames, und vor allem wurde ihm bewusst, dass sein Schreiben eng mit dem Vater zusammenhing. So erinnerte er sich etwa, dass sein Vater immer ganz aufgeregt war, wenn schöne Frauen um ihn herum waren. »Er war, wie oft schöne Männer, das absolute Gegenteil von einem Don Juan […].« Aber er liebte es – vorausgesetzt, die jungen Frauen waren hübsch –, »übermütige, gelegentlich die verwegensten Themata streifende Wortkämpfe« zu führen. Und diese Art des Plauderns, so stellte Fontane jetzt fest, sei auch ganz seine eigene: »Ich habe diese Neigung, in scherzhaftem Tone mit Damen in diffizile Debatten einzutreten, von ihm geerbt, ja, die Neigung sogar in meine Schreibweise mit herübergenommen und wenn ich entsprechende Szenen in meinen Romanen und kleinen Erzählungen lese, so ist es mir mitunter, als hörte ich meinen Vater sprechen. Bloß, daß ich sehr hinter ihm zurück bleibe.« Dazu war der Vater unerschöpflich im Erzählen: »[…] diese Geschichten […], auch bei meinen Schreibereien waren sie mir immer wie ein Schatzkästlein zur Hand.«

Wenn der alte Fontane, einmal in den Schreibfluss geraten, mehr über sich selber sagt, als er es vorhersehen konnte, dann gibt es in *Meine Kinderjahre* auch Stellen, wo er sich bewusst zurückhält. Über die Hinrichtung in den Dünen zu schreiben hatte er zum Beispiel schon 1884 im Plan, auch über die Gefühle, die sie auslöste: »Der Eindruck davon auf mich. Entsetzen. Grauen (Anmerkung. Mein Papa auch entsetzt.).« In *Meine Kinderjahre* erhält das alles viel Raum, aber über den Doppelmord, den die Verurteilten verübt hatten, heißt es knapp: »Ich kenne auch die Einzelheiten, aber ich erzähle sie nicht.«

Ein Blick ins Manuskript zeigt, dass es andere Passagen gibt, die er für die Publikation auch wieder gestrichen hat. Eine längere Streichung betrifft die Schilderung, wie Theodor Fontane als Junge von zehn Jahren in der Zeitung den Bericht über die Revolutionskämpfe in Antwerpen las. Es ging damals um das, was er an anderer Stelle die »Losreißung Belgiens von Holland« nennt. Als Junge, so erinnerte sich der alte Fontane, habe ihn in helle Aufregung versetzt, dass unter General Chassé, der sich mit seinen Soldaten freiwillig ergeben hatte, auch »300 Juden« waren. »Ich glaubte, ich läse nicht recht. Als es mir aber feststand, warf ich das Blatt fort und stürzte über die Straße weg auf das uns schräg gegenüberliegende Eckhaus zu, darin mein besondrer Freund und Gönner Jude Isenthal (so hieß er in der ganzen Stadt) wohnte. ›Lieber Isenthal, denken Sie sich, 300 Juden …‹ – ›Was denn‹, rief er, denn er mochte an irgend was mittelalterlich Furchtbares denken. ›… 300 Juden haben mit kapituliert.‹ … – ›Wo denn?‹ – ›In Antwerpen.‹ – ›Brave Leute‹, sagte Isenthal, und ich konnte nicht recht klug daraus werden, ob er sich freute, daß sie so lange ausgehalten oder daß sie kapituliert hätten. Ich fragte ihn denn auch, ob es das eine oder das andere sei, und Isenthal lächelte wieder und sagte: ›Beides.‹«

Meine Kinderjahre ist ein gearbeiteter Text. Da und dort übernahm Fontane auch Teile aus anderen Texten, redigierte sie, passte sie in seinen eigenen Text ein, worin er als Redakteur und Schriftsteller schon lange Übung hatte. Bei solchem Einpassen fielen Teile, die ihn störten, sei es aus inhaltlichen oder kompositorischen Gründen, dann jeweils weg. Eine weitere Passage über Juden zum Beispiel, die ihm in privaten Aufzeichnungen vorlag und Klischeecharakter hatte – es war von »unredliche[r] Konkurrenz der […] Judenschaft« im kaufmännischen Bereich die Rede –, übernahm er nicht. Nach welchen Kriterien er beim Überarbeiten verfuhr? Zum einen wohl nach denjenigen, die seiner Auffassung nach für die »Geschichtsschreibung« galten: »Ein reiches Material tritt an einen heran und es gilt, unter dem Gegebenen eine Wahl zu treffen, ein ›Für oder Wider‹, ein ›Ja oder Nein‹ auszusprechen. […] Ordnen und aufbauen können, ist wichtiger als ein reicheres Wissens- und Erkenntnismaß […].« Zum anderen aber ließ er stehen, was im Akt des Schreibens Form angenommen hatte. Er hatte sich freigeschrieben und brauchte nichts zurückzunehmen.

Aufbruch nach Pommern

Fast ein Jahr war es, dass die Fontanes in der Mietwohnung beim Rheinsberger Tor lebten. Während Louis Henri Fontane mit Pferd und Wagen durch die Lande zog, um auszukundschaften, wo sich eine neue Existenz nach seinem Geschmack begründen ließe, eine nach Danziger Art vielleicht, wartete seine Frau Emilie mit gewiss zunehmender Ungeduld auf eine Entscheidung. Nicht nur für sie, auch für die vier Kinder war es wichtig, wieder ein wirkliches Zuhause zu haben.

Am 20. Dezember 1826 war Max zur Welt gekommen. Für ihn war eine Amme da, aber die Hauptlast für die Familie trug in diesen Wartemonaten doch die Mutter. Dass es nun bald anders werden würde, hatte sich in der Stadt wohl schon herumgesprochen, als am 23. Mai 1827 im *Ruppinischen Anzeiger* folgende Verkaufsanzeige erschien: »Auction. / Am 7ten des künftigen Monats, welches der erste Donnerstag nach Pfingsten ist, werde ich, von früh 9 Uhr an, den größten Theil meines Mobiliars gegen gleich baare Zahlung in Courant meistbietend verkaufen lassen; dasselbe besteht aus: Spinden, Sophas, Tischen (wobei zwei Spieltische aus Birnbaumholz), Stühlen, einem Kronleuchter aus Glas, Küchengeschirr und mehreren anderen Gegenständen. Ich ersuche die resp. Kaufliebhaber, sich gedachten Tages recht zahlreich in meiner Wohnung, Friedrich Wilhelmstraße Nr 307, einfinden zu wollen. / L. Fontane, Apotheker.«

Louis Henri Fontane konnte großzügig verkaufen, weil er sehr gute Möbel von seinem Vater geerbt hatte, die er nun nach Swinemünde transportieren ließ. Es war jedenfalls kein Notverkauf, denn vom Erlös der Apotheke war genug da, und seine Frau dachte vielleicht wie die Fontane'sche Mathilde Möhring, dass man am neuen Ort das Fehlende noch dazukaufen werde: »›Es wird wohl teurer sein und nicht viel taugen‹, hatte Thilde gesagt, ›aber es bringt sich wieder ein. Wir müssen uns lieb Kind machen. Woldenstein ist jetzt die Karte, drauf wir setzen müssen.‹«

Nachdem am 7. Juni 1827 die Versteigerung des Mobiliars in der Friedrich-Wilhelm-Straße 307 stattgefunden hatte, verabschiedete sich Louis Henri Fontane in aller Form vom Ort seines Wirkens: »Den geehrten Bewohnern Neuruppins und der Umgebung empfehlen sich, bei ihrer Abreise nach Swinemünde, ebenso ergebenst wie herzlich / Neuruppin, am 9. Juni 1827 / der Apotheker Fontane und Frau.« So die Anzeige im *Ruppinischen Anzeiger*. Blieb nur noch, den Rest zu verpacken und mit einem Pferdetransport ins 200 Kilometer entfernte Swinemünde vorauszuschicken.

Am 24. Juni 1827, am Johannistag, so erinnert sich der alte Fontane, brach die Familie auf. Die Fahrt war »auf drei Tage berechnet« und für den jetzt siebenjährigen Jungen das zweite große Reiseerlebnis. Auch diesmal war es eine Reise ohne die Mutter. Sie hatte sich nach Berlin begeben, zur »Nervenkur«. Dr. Anton Ludwig Ernst Horn, seit 1821 Professor für Pathologie und Therapie an der Berliner Universität, war einer der Besten auf seinem Gebiet. Nach der Kur riet er Emilie Fontane geb. Labry offenbar, sich fortan »unangenehmen Eindrücken nach Möglichkeit zu entziehn«. Das konnte ihr natürlich nur so lange glücken, bis sie in Swinemünde eintraf. Ihre »Nervenzustände« gehörten von da an mit zu ihrem Leben und dem Leben der Familie.

Der Vater aber war gutgelaunt, als die Reise begann. Er saß auf dem Kutschbock und hielt die Zügel in der Hand. Im Wagen saßen die vier Kinder und die Amme des Jüngsten. Am ersten Tag kam man siebzig Kilometer nordwärts bis nach Neustrelitz. Hier stieg anderntags der neu engagierte Gehilfe Wolff mit auf den Bock. Am zweiten Tag bewältigte man eine ähnlich lange Wegstrecke und gelangte jetzt bis Anklam in Pommern. Am dritten Tag wurde mit Sack und Pack übergesetzt auf die Insel Usedom. Es ging nun immer ostwärts Richtung Kamminke auf Swinemünde zu. Über die Szenerie, die sich ihm im letzten Waldstück bot, die Sonne war bereits im Untergehen, schreibt der alte Fontane: »Es steht vor mir, als hätt' ich es gestern gesehen.« Das Pferdegefährt hatte eben eine »mitten im Walde gelegene Bohlenbrücke« passiert. Das rote Abendlicht brach durch die Wipfel, und auf der dunklen Spiegelfläche des Teiches schimmerten weiß die »Nymphäen«. Für den Jungen war es, so erinnert sich der Erzähler, ein staunendes Sehen, verbunden mit dem starken Gefühl von etwas berückend Schönem wie Unheimlichem zugleich. Bald darauf erreichte das Gefährt mit den sieben Personen die ersten Häuser, und was der Junge zuerst erblickte, war ein Sarg vor einer Tischlerei. »Ich erschrak in meinem Kinderherzen und wies scheu darauf hin, aber mein Vater wollte von Angst und schlechter Vorbedeutung nichts wissen und sagte, ›sei nicht so dumm. Das ist das Beste was uns passieren kann.‹« Louis Henri Fontane scheint Ängste dieser Art sehr wohl verstanden zu haben, waren sie ihm doch selber nicht fremd. Er beschwor sie denn auch auf seine Weise: mit halb gespenstischen Geschichten, Vergleichen oder dem verfremdenden Blick. Der alte Fontane erinnert sich an folgende Rede, die er dem verängstigten Jungen hielt: »Das ist wie wenn einem eine Karre mit einem toten Pferd drauf begegnet und das hier ist noch besser. Das tote Pferd bedeutet immer bloß Geld, aber Sarg bedeutet Glück überhaupt. Und bei allem Respekt vor Geld, Glück ist noch besser. Glück ist alles. Wir werden also hier Glück haben. Nicht wahr, Herr Wolff? Glück sag ich. Und Sie auch.«

Swinemünde – Hafenstadt und Badekurort

Swinemünde (poln. Świnoujście) war ein junger Ort auf der Ostseite der Insel Usedom, errichtet, um der Hafen- und Handelsstadt Wolgast an der Westseite der Insel den Rang abzulaufen. Seit Ende des Dreißigjährigen Krieges gehörte Wolgast an der Peene zu Schweden und war erst nach dem Wiener Kongress preußisch geworden.

Swinemünde an der Ostsee war aber nicht nur Hafen- und Handelsort, sondern machte sich seit Anfang der 1820er-Jahre auch als Badekurort einen Namen. Von den Molen bis zum Bollwerk, wo am Ufer des Swinestroms das Zentrum der Stadt lag, fand das Arbeits- und Alltagsleben statt. Der Ostseestrand hingegen, von der Westmole bis fast nach Ahlbeck hin, war der große Anziehungspunkt für Badegäste. Zwischen Stadt und Strand waren schon früh die sogenannten Plantagen angelegt worden, eine Parkanlage wie geschaffen für den Müßiggang und die Erholung, denn hier ließen sich »die anmuthigsten Spaziergänge« unternehmen.

Im Sommer 1827, als Louis Henri Fontane seine Swinemünder Apotheke übernahm, kamen jährlich schon 1200 Badegäste. Das war viel für einen Ort, der jetzt knapp 4000 Einwohner zählte. Der Königliche Kreisphysikus und Badearzt Dr. Richard Kind fand es deshalb angezeigt, eine Broschüre zu veröffentlichen, die allen Gästen auf verständliche Weise erklärte, was die großen Vorteile einer Kur an der Ostsee und insbesondere in Swinemünde waren. Sie erschien 1828 unter dem Titel *Das Seebad zu Swinemünde.* Zu diesem Zeitpunkt war Dr. Kind, ein Sachse und offenbar auffallend kleingewachsen, bereits der Hausarzt der Fontanes. »[M]eine Mutter hielt große Stücke auf ihn. ›Die andern‹ sagte sie ›sind Witzbolde, Dr. Kind ist aber ein feiner Mann und wenn ich da wählen soll, wird mir die Wahl nicht schwer.‹«

Dr. Kind plädierte in seiner Schrift fürs kalte und warme Baden, bei Nervenkranken würde es heilend, bei Gesunden stärkend und erholend wirken. Vor allem aber pries er das Baden in der Ostsee: »Dieses Gefühl der Belebung und Stärkung aller Kräfte, des gewissermaßen Neugeschaffenseyns ist keiner Schilderung fähig. Je tobender die See, je reißender und rascher auf einander folgend die hohen, spritzenden Wellen beim Bade waren, desto gestärkter fühlt sich, wer sich muthig dem aufgeregten Elemente hingab.« Baden in der Ostsee, das wurde für Theodor Fontane im Alter von acht bis zwölf Jahren zum Alltag. Es war allerdings nicht ungefährlich, besonders für jemanden, der von sich sagte: »Schwimmen konnte ich nicht recht.« Die Ostsee vor Swinemünde hatte nämlich eine besondere Beschaffenheit. »Wer die Ostseebäder kennt, kennt auch die sogenannten ›Reffs‹«, schreibt Fontane. »Es werden darunter die hundert oder zweihundert Schritt in See hinein, parallel mit dem Ufer laufenden und oft nur von wenig Wasser überspülten Sandstreifen verstanden, auf denen die Badenden, wenn sie die zwischenliegenden tiefen Stellen passiert haben, wieder ausruhen können. Und damit

Das Obere Bollwerk in Swinemünde, um 1835

sie genau wissen, wo diese Stellen sind, sind rote Fähnchen auf diesen Sandriffen angebracht. Hier lag nun für mich die tägliche Verführung. War es still und alles normal, so reichten meine Schwimmkünste gerade aus, glücklich über die tiefen Stellen wegzukommen und das zunächst gelegene Reff zu erreichen, lag es aber minder günstig oder ließ ich mich wohl gar aus Zufall zu früh nieder, so daß ich keinen festen Grund unter den Füßen hatte, so war auch der Schreck und mitunter die Todesangst da. Glücklich bin ich jederzeit herausgekommen. Aber nicht durch mich. Kraft und Hilfe kamen von wo anders her.«

Für den Heranwachsenden hatte sowohl der Hafen wie der Strand seine Faszination. Am Bollwerk war immer etwas los. Im Frühling konnte man dem »englische[n] Dampfbagger« zuschauen, wie er die Fahrrinne für die Schiffe wieder aushub, »Erd- und Schlickmassen« zu einer künstlichen Insel auftürmte. Dann kamen im Sommerhalbjahr die Transport- und Passagierschiffe an, und winters, wenn die Swine zugefroren war, lag hier »die Mehrzahl der Schiffe [...] oft in drei, vier Reihen hintereinander«. Hinter den Dünen am Strand aber konnte man nicht nur täglich baden und während der Badesaison den Fremden begegnen, sondern auch nach Bernstein suchen, eine besondere Leidenschaft des Jungen aus Neuruppin.

Im Vergleich zur Neuruppiner Löwen-Apotheke war die Adler-Apotheke in Swinemünde ein schlichter Bau und ohne städtischen Komfort (1955 abgerissen). Der Vater hatte das Haus offenbar nicht inspiziert, als er im Winter 1826/27 die Apotheke gekauft hatte. Ob es damals schon ein Ziegeldach hatte, wie später auf einer Fotografie von 1870? Unter einem »Riesendach« verbargen sich jedenfalls nach der Schilderung des alten Fontane ebenerdig drei große Wohnräume, dazu die Küche und die Apotheke mit ihrem Laboratorium. Dann gab es eine Giebelstube und fünf verschachtelte Böden, die über Leitern zu ersteigen waren. Die Böden boten ein rechtes Durcheinander. Vom ersten erfährt man, dass er zum Wäscheaufhängen und Verstauen verschiedener Gerätschaften diente. Auch Kräuterkisten standen da herum. Vom zweiten, dass er besondere Sammlungsstücke des Vorgängers barg, etwa »ein schweres Rad«, das, noch »ehe die Franzosen ins Land kamen«, dazu gedient hatte, das Urteil an einem Mörder durch Rädern zu vollstrecken. So ein Rad im Hause bringe Glück, hatte der Vorbesitzer verkündet.

Das gesamte Gebäude, inzwischen wohl etwa siebzig Jahre alt, war bei der Ankunft der Neuruppiner vernachlässigt und heruntergekommen, alles war dürftig, »klein und eng«, jedenfalls für die vier Kinder, die sich gemeinsam eine Stube teilen sollten, worin sie spielten, und außerdem in einfachen Kammern ihre eigene Bettstelle hatten. Die Stube aber ging zur Gartenseite hin, und die war ein echtes Kinderparadies. Denn im verwilderten Teil des Gartens standen Himbeer- und Johannisbüsche, man konnte auch Burgen bauen, am Reck turnen und auf der morschen Schaukel schaukeln.

Ebenfalls zur Gartenseite hin lag das Wohnzimmer des Vaters, wo Sohn Theodor sich nach eigenem Bekunden lieber aufhielt als im Wohnzimmer der Mutter. Beim Vater standen die Möbel aus großväterlicher Erbschaft, ein Sekretär, ein kissenreiches Schlafsofa, eine Wanduhr. Auch hingen hier unzählige Bilder, »meist in Pastell«, die die jugendliche Phantasie anregten: »Engelsköpfe, Musen und Horen im Tanz oder auch junge Mädchen, mit Tauben und Kaninchen spielend. Dazwischen hingen englische Stiche: die Quelle der Egeria, die Kaskaden von Tivoli und ähnliches.« Vor allem aber gab es hier, ebenfalls aus dem Besitz von Großvater Pierre Barthélemy Fontane, den berühmten Kupferstich zu bewundern: »Frédéric le Grand retournant à Sanssouci après les manoeuvres de Potsdam, accompagné de ses généraux«. Es war ein Stich nach dem ebenso berühmten Gemälde des englischen Malers Cunningham. Die lebhafte Erinnerung an dieses Bild, so der alte Fontane, habe damals seine Zuneigung zum »alten Zieten« geweckt, den er später zu einem seiner Balladen-Helden erhob. Auch ein schmaler Spiegel im Wohnzimmer des Vaters war wichtig. Wenn Einladungen gegeben wurden, dann stand sein Vater »oft eine halbe Stunde und länger« vor diesem Spiegel und machte sorgfältig Toilette. Denn Louis Henri Fontane hielt auf gutes Aussehen und gediegene Kleidung und steckte auch gerne eine »Amethystnadel« ans weiße Halstuch.

Die bewegendsten Momente zwischen Vater und Sohn sind in der Erinnerung des alten Fontane mit diesem Wohnzimmer verbunden. Der Vater lag dann auf seinem Sofa. Sein Ältester kam entweder, um ihn aus seinem langen Mittagsschlaf zu wecken und sich etwas erzählen und vorplaudern zu lassen, oder er kam, um nachzusehen, wie es dem Vater ging. Denn wenn es Streit mit der Mutter gegeben hatte, immer wegen Spielschulden, konnte er hier liegen, weinen, sich erbittern und sich selbst anklagen. Der Sohn stand dann verlegen neben ihm und zupfte an der Tischdecke oder streichelte ihm die Hand.

Zum Reich des Vaters gehörte besonders auch die Hofseite, die alles bot für eine kleine »Ackerwirtschaft«. Es gab Stallungen für die Pferde, Kühe, Schweine, Plätze für Torf und Heu, eine hohe und lange Wand mit »Buchenklafterholz« und eine »riesengroße Wagenremise«, außerdem einen Keller als Vorratskammer für Obst und Obstsäfte. Mehr als seine Apotheke und das dazugehörige Laboratorium lockte Louis Henri Fontane offenbar diese Seite des Hauses, denn hier konnte er ganz seinen landwirtschaftlichen Neigungen leben. Sein Stolz waren die »am Spalier gezogenen Obstarten«. Über die »Reine-Clauden- und Aprikosenbäumchen« wachte er geradezu »eifersüchtig«. Louis Henri Fontane träumte offenbar wie einst sein eigener Vater von einer gutsherrlichen Landwirtschaft.

Das Wohnzimmer der Mutter war das größte und repräsentativste Zimmer im Haus. Hier standen Biedermeier-Möbel im Schinkel-Stil, und hier empfing Emilie Fontane geb. Labry jeweils nach 4 Uhr nachmittags Besuch zu Kaffee und Kuchen. Die Fenster ihres »Salons« schauten zum Kirchplatz hin. Vor eines dieser Fenster war ein Trittbrett geschoben, so dass sie hier in ihrem »Maroquinlehnstuhl« tagsüber sitzen und, »eine Stickerei oder Häkelarbeit in der Hand«, ihren Kindern beim Spielen im Freien zuschauen konnte. Wenn sie Ruhe suchte, zog sie sich in die kleine »Giebelstube« zurück, die in dem großen Haus ein eigenes Refugium bildete.

Ein wichtiger Raum war auch die Küche. Hier wurde nach Anweisung der Mutter gekocht und gebacken und dafür gesorgt, dass es immer gastfreundlich war bei Fontanes. Eher gab es zu viel als zu wenig, aber manchmal auch immer dasselbe, so dass der alte Fontane, in der Rückerinnerung an die mütterliche Küche, zur Überzeugung fand, von dieser Zeit her seine Magenempfindlichkeit zu haben.

Der Küche gegenüberliegend, auf der anderen Seite des Flurs, befand sich »das Laboratorium mit seinen Retorten und Destillierapparaten (zwischen denen ein getrockneter Buttfisch von der gewölbten Decke hing)«. Es war keine zeitgemäße Einrichtung mehr und in der Erinnerung des alten Fontane »ein vollkommen alchemistischer Raum«. Den Jungen faszinierte damals das Groteske und Phantastische dieses Laboratoriums, aber der Geruch, der dem Gewölbe entstieg, muss furchtbar und abstoßend gewesen sein. Die »Sumpfluft« habe bei ihm zu Beginn der Swinemünder Zeit ein kaltes Fieber ausgelöst, so der alte Fontane, und ein ganzes Jahr lang habe er sich mit Schüttelfrost gequält. Nur weil der Vater das teure »Chinin« ihm nicht habe verschreiben wollen, ein Medikament, das die Krankheit rasch beseitigt hätte, »legte ich hier die Grundlage zu meinem immer zum Malariafieber hinneigenden Gesundheitszustande«. So schrieb er und suchte die Gründe für alles, was ihm später widerfahren war, in den Tagen seiner Kindheit.

Die nähere Umgebung des Apothekerhauses

Das Apothekerhaus, Kleiner Markt 9, befand sich nur wenige Schritte vom Bollwerk entfernt, und zwar gleich gegenüber der evangelischen Kirche. In der Erinnerung des alten Fontane war diese ein »scheunenartiger Bau mit hohen Fenstern«. Tatsächlich galt das hallenartige sakrale Gebäude als recht schmucklos, vor allem fehlte ihm damals noch der Turm. Auf der anderen Seite, schräg gegenüber der Apotheke, wohnte Kaufmann Fürchtegott Isenthal. Isenthal und Kaufmann Benjamin Ehrlich hatten sich 1816 als erste Juden in Swinemünde angesiedelt. 1821 hatte Isenthal dann das Hintergebäude seines Wohnhauses aufgestockt, um die neuen Räume der jüdischen Gemeinde, die bald 130 Bürger zählte, zur Verfügung zu stellen. Die traditionell französisch-reformierte Familie Fontane wohnte in Swinemünde also in einem Straßenbezirk, wo sowohl die evangelische wie auch die jüdische Gemeinde ihren Gottesdienst abhielten. Bei Kaufmann Isenthal ging der junge Theodor Fontane bald ein und aus, und in der Kirche gegenüber half er gelegentlich Küster Hahr »beim Glockenläuten« oder studierte in der Kirchenhalle die Bildnisse.

Schöner als das Apothekerhaus und der Platz davor waren die Häuser am Strom und das Bollwerk, »eine Uferstraße, wie sie nicht poetischer gedacht werden konnte«. Und zwar von der Querstraße an, die am Apothekerhaus vorbeilief und in die Uferstraße einmündete, flussabwärts. Das Bollwerk war ein Lieblingsplatz des Jungen. Hier schaute er den Schiffern beim Kalfatern zu, hier beobachtete er den englischen Dampfbagger, hier bewunderte er die kleinen und großen Handelsschiffe und wartete ungeduldig auf die Zeitung aus Stettin. Weiter flussabwärts, zwischen Bollwerk und Plantage, stand das »Gesellschaftshaus«, sowohl Treffpunkt für die Badegäste als auch für die Honoratioren der Stadt. Hier gab es Konzerte und Theater und im Pavillon nebenan eine Spielbank. Und so wiederholte sich nun, was in Neuruppin bereits Sitte gewesen war: Man saß am Spieltisch, nannte sich »Bruder«, strich ein oder verlor. Louis Henri Fontane rechnete dann gelegentlich nach, und wenn er zu Hause in sein leeres Geheimfach starrte, dann sprach er, oft in Gegenwart seines Ältesten: »Sieh, mein Sohn, ich kann in diese dunkle Leere nicht ohne Bewegung blicken. Erst vor ein paar Tagen hab ich mir zusammengerechnet, wie viel da wohl schon gelegen hat, und es summte sich hoch auf und hatte was Tröstliches für mich.«

Wenn es vom Apothekerhaus bis zum Bollwerk und zum Strom nur wenige Schritte waren, dann dauerte es kaum eine Viertelstunde zu Fuß bis zur Ostsee. Ihr Rauschen und Donnern war etwas vom Ersten, was dem Jungen bei seiner Ankunft auffiel. Dass Sturm und Flut nicht ungefährlich waren, erfuhr er rasch, denn, so wurde ihm bedeutet, »so 'n Lütting wie du, de kann denn versupen«.

Die Hinrichtung

Der größte Platz der Stadt war der Rathausplatz. Hier stand nicht nur das Rathaus, sondern auch der Olthoffsche Gasthof, wo sich die bürgerliche Gesellschaft und einige Adlige der näheren Umgegend bei Diners und Bällen amüsierten. Die Diners, so wusste man, glichen bei vorgerückter Stunde, wenn die Herren allesamt angeheitert waren, zumeist ziemlich derben Komödien. Die Bälle aber waren Zauberfeste und dazu angetan, bei den jungen Leuten erste Sehnsüchte zu wecken. So jedenfalls erging es Theodor Fontane, der seine Eltern jeweils zum Silvesterball begleiten, aber noch nicht mittanzen durfte.

Der Rathausplatz war der schönste, zugleich der unheimlichste Platz im Swinemünde der späten 1820er-Jahre. Denn hier hatte sich kurz vor der Ankunft der Fontanes ein schrecklicher Doppelmord ereignet. Die Mörder waren Mohr und seine Frau. Überall in Pommern wurde später die Moritat vom Mörderpaar Mohr gesungen, die Schauerballade vom Mord an zwei unschuldigen Frauen und der Hinrichtung der Täter in den Dünen von Swinemünde.

Die Geschichte, wie Mohr zum Mörder wurde, erfuhr der achtjährige Theodor von Ehm, dem Kutscher der Familie Fontane. Er hatte ihm die Geschichte abgebettelt, so dass Ehm sie auf Plattdeutsch erzählte, während er Häcksel schnitt und der Junge neben ihm auf einem Schemel saß. Sie »klang schlimm« und jagte dem gebannt Zuhörenden kalte Schauer über den Rücken. Der alte Fontane erinnert sich: »Mohr war ein Mann von Mitte 40, ein guter Lichterschiffer, der zwischen Stettin und Swinemünde fuhr und immer allerhand Kaufmannswaren mitbrachte, womit er dann Handel trieb. Er spielte sich auf den alten Soldaten aus, hielt auf Ordnung und Anstand und war groß und stark und wohlgelitten. Und auch gegen seine Frau lag nichts vor. Aber mit einem Male war er doch unter Bilanz oder vielleicht war es auch bloß, daß er seine Habgier nicht bezwingen konnte, kurz und gut, als er in Erfahrung gebracht hatte, die Witwe Lassahn, die mit einer jungen blonden Person am Rathausplatze wohnte, habe 100 Tlr. in ihrem alten Uhrschrank versteckt, war es beschlossene Sache; die alte Frau mußte sterben und die junge Person mit.«

Die beiden Frauen wohnten am Rathausplatz 3 in unmittelbarer Nähe des Rathauses, wo der Nachtwächter seine Dienstwohnung hatte, und nahe am

Bollwerk, wo die Schiffe lagen und die Seeleute Wache hielten. Dass der Doppelmord hier quasi in aller Öffentlichkeit verübt wurde, entsetzte Behörde und Bevölkerung ganz besonders.

Am Morgen des 29. April 1827 fand man Witwe Wergin, wie sie wirklich hieß, und ihre junge Nichte blutig ermordet. 1000 Reichstaler (nicht 100) hatten die Mörder erbeutet. Jetzt saßen die Mohrs – sie war geständig, er nicht – im Rathausgefängnis. Und wenn die Straßenjungen über den Platz gingen, riefen sie: »Kuck, da sitzt Mohr.« Er habe, schreibt der alte Fontane, »sonderbarerweise« deswegen »nicht unter einem besonderen Angstgefühl« gelitten. Erst als »der Scharfrichter und seine Knechte« nach Swinemünde gekommen seien, wäre ihm unheimlich geworden. In der Rückerinnerung datierte er die Hinrichtung auf »Frühjahr [18]28«. Tatsächlich fand sie am 19. Dezember 1828 statt.

Zu jener Zeit hätten er und sein Bruder (vermutlich Rudolph) täglich einen Spaziergang zum Strand hin gemacht. Dabei seien sie, wenn sie die Dünen passierten, immer am »Kirchhof« vorübergekommen. An jenem »Sonnabend« aber hätten sie beobachtet, wie in einer Dünenmulde ein Gerüst aufgestellt wurde. Die beiden Jungen begriffen sofort, dass hier eine Hinrichtungsstätte aufgebaut wurde, und gingen »rasch weiter auf den Strand zu«, um den Blick aufs Meer zu gewinnen und um wieder frei atmen zu können. Aber »das unheimliche Bild« hatte sich ihnen schon eingeprägt. Den Nachhauseweg suchten sie dann über einen Umweg, so dass sie die Hinrichtungsstätte meiden konnten. Zu Hause erfuhren sie spätabends, dass ihr Vater vom Magistrat beauftragt worden war, die bewaffnete Bürgerschaft anzuführen. Er sollte »mit seinen Leuten« der Hinrichtung zuvorderst beiwohnen.

Die Nacht verging schlaflos, am Morgen beobachtete Theodor Fontane seinen Vater, wie er sich offiziersmäßig herausputzte, um als »1813er« dem traurigen Anlass Würde zu verleihen. Louis Henri Fontane erschien in einem Hut mit Feder und »trug einen kolossalen Schleppsäbel« mit blanker Messingschneide, was auf den Sohn halb wie Maskerade wirkte. Die verstaubte Büchse aus den Befreiungskriegen blieb auch diesmal im Flurwinkel stehen. Die Kinder schlichen sich dann bis in die Nähe des Rathausplatzes, wo sich der Zug formierte: die Schützengilde voraus, dann die Mohrs in einem einfachen Pferdegespann, ringsum bewacht von den besten Schützen, dahinter der Vater an der Spitze der bewaffneten Bürgerschaft. Dem

Zug folgte viel Volk. Manche Schaulustige waren schon draußen bei der Richtstätte. Nur die Damen und die Kinder gingen nicht mit. Die Mutter, so erinnert sich der alte Fontane, »fand alles, was vorging, nur in der Ordnung«, habe im Haus den Damen, die sich hier versammelt hatten, »ein Glas Portwein« reichen lassen und dann das Thema gewechselt. Der Vater hingegen, als er zurück war, »in sichtlicher Erregung«, zugleich im Bewusstsein, dass er eben gerade als Kommandeur eine wichtige Rolle gespielt hatte, erzählte alles, was vorgefallen war, und kam offenbar nicht umhin, auch Mitleid zu äußern. Dem Jungen prägten sich von dieser Rede französische Brocken ein wie »Massacre, Sangfroid, pitoyable«. Die Frau sei rasch zu Tode gekommen, bei Mohr aber habe es gedauert. Theodor Fontane ging das alles lange nicht aus dem Kopf. Vor allem auch, weil das Ehepaar Kinder hinterlassen hatte, darunter einen Sohn etwa im selben Alter wie er. Diesem Jungen ging er später lieber aus dem Weg, »aber er war mir darum nicht gram, denn er hatte bei den Begegnungen doch wohl herausgefühlt, daß sich in mein Entsetzen viel Teilnahme über sein Geschick einmischte«. Louis Henri Fontane wurde dann in der Folge zum Stadtverordneten vorgeschlagen. Er war jetzt 33 Jahre alt und nahm das Amt an, ohne dass es ihn viel Aufwand kostete.

Der grausige Kriminalfall aber behielt am Ort seine stummen Zeugen. Dazu gehörte das Grab in den Dünen. Die Hingerichteten hatte man nämlich gleich an Ort und Stelle »eingescharrt«. Als der Schimmel des Vaters dort einmal scheute, glaubte dieser, das Pferd habe gewittert, wo Mohr lag. Für Schauer- und Spukgeschichten aber, so der alte Fontane, habe seine Mutter nichts übriggehabt und darüber nur gelacht. Nicht das Pferd habe sich geängstigt, sondern Louis Henri selbst, und diese Angst habe das Pferd gespürt, von einer besonderen Witterung keine Spur.

Die Mutter, wie sie in Swinemünde war

Während die Mutter in der ersten Neuruppiner Zeit eine junge Frau gewesen war, die sich glücklich verheiratet fühlte, so war sie in Swinemünde bereits hellsichtig desillusioniert. Denn der Mann an ihrer Seite bot ihr in nichts einen Halt. Er enttäuschte sie als Ehemann, als Erzieher der Kinder, als Kaufmann, als Gastgeber, als Kavalier. Das führte zu viel Streit. Dabei soll die Mutter unter dem Motto gestritten haben: »[D]ie beste Deckung ist der Hieb.« Die »Streitaxt«, so erinnert sich der alte Fontane, war eigentlich nur in den Sommermonaten begraben. Sommers kam die jüngere Schwester der Mutter, kamen die Schwägerinnen und Freundinnen, und da wurde viel gelacht, geplaudert, und alles war heiter. Aber auch sonst wusste sich die Mutter zu helfen. Sie befreundete sich mit den Frauen der Stadt, lud zum Kaffee, setzte ihren Ehrgeiz in hausfrauliche Leistungen und war berühmt für ihre feinen Kuchen. Sie verwöhnte gerne und gab Geld gerne für andere aus. Und zwar nicht zu knapp. »Sie war unglaublich generös«, erinnert sich der alte Fontane, »und es gab Zeiten, wo wir, schon erwachsen, uns die Frage vorlegten, welche Passion eigentlich bedrohlicher für uns sei, die Spielpassion des Vaters oder die Schenk- und Gebepassion der Mutter. [...] Später, wenn wir mit ihr über diese Dinge sprachen, sagte sie: ›Gewiß, ich hätte manches auch unterlassen können, es ging weit über unsern Etat; aber ich sagte mir: was da ist, wird doch ausgegeben, und da ist es besser, es läuft meinen Weg als den andern.‹«

Das Leben der Emilie Fontane geb. Labry war allerdings facettenreicher, als es der Sohn erzählen kann. Denn es gab eine Frauenwelt, die ihm in den Swinemünder Jahren noch verschlossen blieb. Nur dann und wann konnte er Einblicke gewinnen, etwa wenn er die Mutter zu Einkäufen begleitete. Besonders gern ging er mit, wenn sie im Schöneberg'schen Geschäftshaus am Swinemünder Marktplatz einkaufte. Nicht nur Kompass und Barometer, Frieshemden und wollene Mützen lagen hier aus, sondern auch »feine Dinge«. Besonders das »englische Geschirr«, hochwertiges Wedgwood-Porzellan, faszinierte den Jungen. Es beeindruckten ihn auch die vornehmen Geschäftsinhaber, Vater und Sohn, die immer freundlich waren und blendend weiße Hemden und Manschetten trugen. Das war eben jene gehobene Kaufmannswelt, aus der ursprünglich seine Mutter stammte.

Für die Mutter, so der alte Fontane, blieb diese feine Welt sehr wichtig. »[G]utes Aussehen und gute Manieren« bestimmten ihrer Meinung nach Erfolg und Karriere. Und deshalb achtete sie bei ihren Kindern darauf, dass sie sich »vorteilhaft zu präsentieren« verstanden. Auf diese Weise würden sie ihr Glück machen, nämlich »Besitz und Vermögen« erlangen. Dass die Mutter nur Ehrfurcht zeigte vor Besitz, »am liebsten Landbesitz«, und nicht vor Geistesgröße und Kultur, davon schreibt der alte Fontane geradezu mit Bitterkeit. Schreibend wurde ihm offenbar überdeutlich, dass sie »eine

Macht des Wissens oder gar der Gelehrsamkeit nicht anerkennen konnte«. Wenn der alte Fontane so urteilt, dann war sein Gefühl wohl auch, die Mutter habe ihm bestimmte Möglichkeiten verbaut, einfach weil sie diese für ihn gar nicht in Betracht zog. Sollte sie wirklich nicht gemerkt haben, dass sein kindlicher Wunsch, »Professor der Geschichte« zu werden, mehr war als eine Spielerei? Warum hatte sie sich, als die Entscheidung anstand, nicht mit aller Vehemenz dafür eingesetzt, dass er die Schule bis zum Abitur besuchte? Weil sie, so gibt der alte Fontane zu verstehen, nach Geld, Besitz und Äußerlichkeiten schielte und die intellektuelle und künstlerische Begabung ihres Ältesten nur als Neben- und nicht als Hauptsache verstand. Das Gefühl, als »phantastisches Kind« ihr zunehmend wesensfremd geworden zu sein, scheint ihn im Laufe des Niederschreibens von *Meine Kinderjahre* immer stärker erfasst zu haben. Immer bitterer urteilt er daher über die Mutter der Swinemünder Zeit. Die Erinnerung weckte offenbar wirklich schmerzhafte Bilder und Gefühle.

Ausführlich erzählt der alte Fontane denn auch, wie die Mutter den Vater zum Strafen vorzuschicken pflegte. Diese delegierten Strafen, so schreibt er im Spätherbst 1892, »schmerzen mich bis diesen Tag«. Nicht nur mit ihrer Art zu strafen, auch mit ihrer Art zu scherzen konnte die Mutter ihn verletzen. Denn oft fühlte sich der heranwachsende Sohn empfindlich getroffen. Warf ihm dann die Mutter auch noch zu große Empfindlichkeit vor, fühlte sich der Junge erst recht gekränkt. Ein falscher Scherz führte einmal dazu, dass das Weihnachtsfest vollkommen ruiniert war. »Ich war einfach außer mir und lief in den Garten hinaus, um da wieder zu mir selbst zu kommen, was freilich nicht glücken wollte.«

Wovon der alte Fontane nicht spricht, was aber deutlich wird, ist der Umstand, dass er gegen Ende der Swinemünder Zeit in die Pubertät kam und sein enges Verhältnis zur Mutter sich in dieser Phase in ein distanzierteres wandelte. Die Mutter begann ihn jetzt ab und zu mit dem Vater zu vergleichen. Der alte Fontane erinnert sich dabei nur an Sätze wie Hiebe. »Du bist deines Vaters Sohn« hieß eigentlich nichts anderes als: Einen größeren Egoisten gibt es nicht.

Im Laufe der Swinemünder Zeit muss dem Jungen zum Bewusstsein gekommen sein, dass die Frauenwelt ihre eigenen Geheimnisse hatte. Das weckte unterschiedliche Gefühle, süße und herbe, und vielleicht auch eifersüchtige und überhebliche. Der alte Fontane jedenfalls, wenn er sich an seine Jungenzeit erinnert, erinnert sich auch daran, wie die Wirtschafterin Frau Schrödter ihn in dieser schwierigen Phase gut zu nehmen verstand: »Was mich anging, so wußte sie, daß ich gut geartet aber empfindlich, eitel und von einer gewissen Großmannssucht beherrscht war. Das alles wollte sie niederhalten und so hörte ich denn zahllose Male: ›Ja, du denkst Wunder, wer du bist, aber du bist ein kindischer Junge, gerade so wie die anderen und mitunter noch ein bißchen schlimmer. Willst immer den jungen Herrn spielen, aber junge Herren lecken keinen Honig vom Teller und streiten es wenigstens nicht ab, wenn sie's getan haben und lügen überhaupt nicht. Neulich hast du was von Ehre geschnackt, nun, ich sage dir, Ehre sieht anders aus.‹« Frau Schrödter durfte so sprechen. Nur von der Mutter erwartete der Heranwachsende, dass sie ihm, der anders war als andere, mehr Achtung, Liebe und Verständnis entgegenbringe. Stattdessen ließ sie kaum eine Gelegenheit aus, ihn oder den Vater zu kränken. So jedenfalls empfand er damals.

Der Vater, wie er in Swinemünde war

Louis Henri Fontane war ein großer, schöner, stattlicher Herr, als er sich mit seiner Familie in Swinemünde niederließ. In den Augen seines Sohnes glich er damals »mit seinem schönen Blaubart« mehr einem französischen Kürassieroffizier als einem preußischen Apotheker und hätte durchaus den »Don Juan« spielen können. Doch beschränkte sich die väterliche Verführungskunst offenbar aufs Erzählen. Louis Henris Sprechen hatte etwas Musikalisches, er liebte den Klang, den Rhythmus und »wiegte sich darauf«. Mit Vorliebe benutzte er französische Einsprengsel, war er doch stolz auf seine hugenottisch-französische Herkunft. Gelegentlich streute er auch englische Brocken in seine Rede, das gehörte zu seinem Sprachwitz und zu seinem Humor, mit dem er bezaubern konnte und gelegentlich seine Schwächen überspielte. Seine Hauptschwäche war, dass man ihn leicht bestimmen konnte. Allzu gerne saß er mit einflussreichen Männern am Spieltisch, warb um ihre Anerkennung und ließ sich dabei das Geld aus der Tasche ziehen. Er wäre vielleicht unter anderen Bedingungen ein guter Landwirt geworden, denn seine »Neigungen [lagen] samt und sonders nach der landwirtschaftlichen Seite hin«. Und wirklich verstand er etwas von Tieren – von Pferden, Hunden, Kühen, Schweinen – sowie vom Obstbau.

Louis Henri Fontane war außerdem ein leidenschaftlicher Leser. Er las die damals populären historischen Romane von Walter Scott, aber auch die aktuellen Zeitungsjournale. Er hatte viel Phantasie und kannte vielerlei Ängste. Nicht nur blieb ihm die Hinrichtungsstätte am Strand ein beklemmender Ort, er fürchtete sich winters auch, übers Eis zu gehen, denn es konnte ja brechen. War er bei Laune, so zeigte sich sein schauspielerisches Talent, er spielte dann hinreißende kleine Szenen aus dem Stegreif. Seine Steckenpferde trieb er mit »Passion«. Dazu gehörte das vollständige Hersagenkönnen der »Rang- und Ordensverhältnisse des preußischen Staats«, der »Einwohnerzahl aller Städte und Flecken unter Zugrundelegung der neusten Zählung« sowie der »Namen und Herzogstitel der französischen Marschälle«. Außerdem wusste er eine »Unsumme napoleonischer Anekdoten«. Ja, Napoleon! Wenn von Napoleon die Rede war, dann wechselte Louis Henri Fontane vom Deutschen ins Französische und ließ sein »französisches Gefühl« sprechen, das er jederzeit gegen jeden verteidigte, der ihm sein Französisch korrigieren wollte. Sein ältester Sohn hörte ihm hingerissen und mit größtem Vergnügen zu. »Ich war in diesen Dingen schließlich selber so zu Hause, dass ich hätte soufflieren können«, schreibt der alte Fontane.

Die Kinder liebten ihren Vater, der als Erzieher wenig von Kontrolle hielt und von Strenge gar nichts. Drill, harte Schule, stures Lernen gingen Louis Henri Fontane ganz gegen den Strich. Galt es aber alle Schiller-Balladen auswendig zu lernen, so sprach er gut zu und half mit beim Üben. So jedenfalls erzählt es der alte Fontane. Sein Vater hatte ein weiches Herz, und das wussten auch die Armen, die ihn wie einen »Abgott« liebten. Denn ihnen schenkte er alles.

Die Swinemünder Zeit waren des Vaters Jahre zwischen dreißig und vierzig, Jahre, in denen die hochfliegenden Pläne, sollte er sie je gehabt haben, langsam begraben wurden. Blieben die kleinen Fluchten. Blieb die Poesie der Spazierfahrt. Mit Pferd und Wagen unterwegs zu sein war pures Glück: »am Strand hin, bis Heringsdorf oder nach der andern Seite hin bis an die Molen«. Solche »Nachmittagspartien« *en famille* oder mit Gästen, die zu Besuch waren, erinnert auch der alte Fontane noch mit großem Vergnügen. Da saß dann der Junge mitten unter den Damen und Herren oder auch seinen Geschwistern und freute sich über die Strandfahrten im Sonnenschein oder die schattigen Fahrten durch den Buchenwald nach Korswandt und nach Kamminke hin, wo es eine Kegelbahn gab, »auf der dann auch die Damen mitspielten«.

Es häuften sich aber die Tage, in denen der Vater weit in den Tag hinein schlief. Das Apothekergeschäft lag dann ganz in der Verantwortung seines Gehilfen.

Der große Bruder und seine jüngeren Geschwister

Immer wieder erinnert sich der alte Fontane, wie sie als Geschwister damals in Swinemünde miteinander spielten. Aber er nennt die Namen nicht, schreibt nur »wir Kinder« und höchstens einmal »mein Bruder«. Sie waren vier: Theodor, Rudolph, Jenny und Max. Welches der Geschwister bei den einzelnen Unternehmungen mit dabei war, lässt sich nur erahnen. Rudolph war vermutlich der wichtigste Spielkamerad, aber auch Max, der Jüngste, war jeweils mit von der Partie. Von Jenny hingegen und ihrer Mädchenwelt schweigt die Erzählung. Und nirgends kommt zur Sprache, wie die Eltern sich den jüngeren Geschwistern gegenüber verhielten. Ob Mutter und Tochter eine eigene Koalition bildeten, der Vater alle drei Söhne gleich behandelte? Zwischen den Zeilen mag man spüren, dass beide Eltern ihrem Erstgeborenen eine besondere Aufmerksamkeit schenkten und von ihm als dem Ältesten mehr erwarteten als von Rudolph, Jenny und Max. Er selbst scheint sich seiner drei Geschwister nicht ungern angenommen zu haben, ja fühlte sich gelegentlich verantwortlich für sie, wenn der Vater ausfiel. Auch ließ er sie teilhaben, wenn ihm besonderes Glück widerfuhr. Manchmal blieb es allerdings bei der guten Absicht. Das legt der alte Fontane offen, wenn er von einer abenteuerlichen Winterpartie erzählt, die er als Junge von zwölf Jahren alleine mitmachen durfte und von der er dann zu Hause berichtete: »Es gab Eierpunsch und Waffeln, und ich wollte auch welche für die Geschwister mitbringen; aber mit einem Male gab es keine mehr.« Die drei Jüngeren mochten wohl große Augen machen, vielleicht gab es auch Tränen, aber ihr großer Bruder scheint solche Versäumnisse bei anderer Gelegenheit wieder wettgemacht zu haben. Er liebte sie wirklich alle drei. Aber welches Verhältnis er zu jedem Einzelnen hatte? Von den drei Geschwistern, mit denen er in Swinemünde groß wurde, hat nur Jenny später Konturen gewonnen, und zwar so klare, dass es für die Forschung unbestritten ist: Die Titelfigur von *Frau Jenny Treibel* trägt Züge der Schwester Jenny, an ihrem Beispiel hat Fontane die Bourgeoisie studiert. Doch auch die Brüder, so wird die Biografin zeigen, haben Einfluss auf sein Leben und Schreiben genommen.

Fontane versicherte öfters, es liege ihm nicht sehr viel an Verwandtschaft. Aber an den Geschwistern und besonders auch an den beiden Brüdern lag ihm sehr viel. In *Meine Kinderjahre* ist er ihnen so nah wie damals, als er als Junge mit ihnen spielte. Dass er aber nur von »wir Kinder« und »mein Bruder« spricht, hat vielleicht mit einer gewissen persönlichen Scheu zu tun. Denn es könnte in der Familie Fontane ähnlich gewesen sein »[w]ie in Familien, wo das Lieblingskind starb« und wo dann »Eltern und Geschwister übereinkommen, den Namen desselben nie mehr auszusprechen«.

Die Krauses – nahezu eine Idealfamilie

Wichtig für den Jungen waren auch die Krauses. Sie waren eine ganz besondere Familie und gaben in Swinemünde den Ton an. Der »alte Krause«, der »König von Swinemünde«, war ein bedeutender Reeder. Er gehörte der Generation von Pierre Barthélemy Fontane an und war, was auch dieser gewesen, eine Persönlichkeit mit großer Ausstrahlung. »Die Männer von heute wirken wie blaß daneben, weil ihnen *das* fehlt, was sich in der Gegenwart nicht gleich glücklich entwickeln kann: ein ungeheures Selbstgefühl.« So Fontane 1892.

Bei Krauses war alles interessant. Als Junge kam Theodor Fontane aus dem Staunen kaum heraus. Er bewunderte die großen Räume, die »Kupfer- und Stahlstiche«, darunter die Porträts von Nelson, Wellington, Codrington und Präsident Bolivar, war auch beeindruckt vom mächtigen Glas-Kronleuchter und den aus England stammenden Empire-Möbeln, die er schöner fand als die Schinkel-Möbel seiner Mutter. Überrascht war er, wie viel Platz für die Kinder zum Spielen da war und vor welch überreichem Gabentisch sie an Weihnachten standen. Einmal war da sogar eine holländische Windmühle, »die größer war als ich«. Nur »Martialisches« fehlte, das fiel dem Jungen auf: »nichts von Helm oder Tschako, nichts von Trommel oder Säbel«. Dafür hatte der Herr des Hauses in einer der Giebelstuben ein »physikalisches Kabinett« eingerichtet sowie ein modernes chemisches Labor. Im

Rückblick urteilte der alte Fontane, dass er bei den Krauses jene »weltmännischen Formen« kennenlernte, »wie sie Reisen, Lektüre, gute Lebensverhältnisse zu geben pflegen«.

Es gab auch eine Frau Krause, »eine durch Schönheit und Klugheit ausgezeichnete Dame«. Mit ihr, der Kommerzienrätin, konnten die Herren sogar über »Fichte, Hegel und Schelling« sprechen. Allerdings, so räumt der alte Fontane ein, »alles bloß Rolle, die die Dame, den Wünschen ihrer Umgebung nachgebend, sich mit Hilfe des Konversationslexikons einstudiert hatte«. Was er in *Meine Kinderjahre* nicht erzählt: Die schöne Frau war kaum 27 Jahre alt, als Theodor Fontane im Krause'schen Haus zum Unterricht antrat, und sie faszinierte und irritierte ihn, als er vom Jungen zum Jüngling heranwuchs.

Wilhelm Krause, der älteste Sohn, wurde in den Swinemünder Tagen sein bester Freund. Wilhelm war ein Jahr älter als Theodor. Die Freundschaft begann mit dem gemeinsamen Lernen. Die Krauses hatten nämlich für ihre Kinder, insbesondere für Wilhelm, auf Ende März 1828 einen Hauslehrer engagiert und anderen Honoratiorenfamilien angeboten, ihre Kinder mit in den Unterricht zu schicken. Aber nur Theodor Fontane kam. Was durchaus etwas stutzig machen darf, wenn der alte Fontane es so erzählt. Denn selbst wenn alle andern Familien das Angebot ausgeschlagen haben sollten, so gab es doch immer die Geschwister Rudolph und Jenny. Rudolph wurde um 1828, Jenny um 1830 schulpflichtig. Wo sollten sie denn zum Unterricht gehen? Nicht bei Krauses? In *Meine Kinderjahre* geht der alte Fontane über solche Fragen in poetischer Freiheit hinweg.

Auch Minna Krause, die jüngere Schwester von Wilhelm, bringt der alte Fontane nicht ins Spiel. Sie saß aber vermutlich mit in den Stunden, nahmen doch zwei jüngere Geschwister von Wilhelm am Unterricht teil. Irgendwann in seiner Swinemünder Zeit verliebte sich Theodor in Minna. Unsterblich. Wir wissen davon aus seinen Gedichten und Briefen, nicht aus den *Kinderjahren*. Welche Aufregungen er damals erlebte, gibt aber vielleicht eine Stelle in *Frau Jenny Treibel* preis. Hier erinnert sich der Mädchenschullehrer Marcell Wedderkopp, wie er als Junge gerne Verstecken spielte und sich dann mit Minna oder Corinna »hinter den Sauerkrauttonnen eines Budikers oder in einem Torf- und Holzkeller [...] stundenlang versteckt[e], immer gemeinschaftlich und immer glückselig, daß Richard oder Arthur, trotzdem sie dicht um einen herum waren, einen doch nicht finden konnten«.

In den Jahren, als die Kinder der Krauses und der Fontanes in Swinemünde heranwuchsen, ging es mit der großen Reederei der Kaufmannsfamilie jäh bergab. Wilhelm Krause und sein Bruder waren glücklose Geschäftsleute und ließen sich von der Konkurrenz übertrumpfen. Sie verpassten den großen Wandel in der Schifffahrt und im Welthandel und sahen halb tatenlos zu, wie Stettin dem Leichterhafen Swinemünde den Rang ablief. 1830 steckte die Firma Krause schon so tief in den Schulden, dass nur noch der alte Krause, der »König von Swinemünde«, helfen konnte. Das große Vermögen der renommierten Familie zerrann dann nach und nach. Nur der Lebensstil wurde in alter Weise fortgeführt.

Lernen in Swinemünde

Die Swinemünder Stadtschule, die 1779 als öffentliche Lateinschule gegründet worden war, hatte 1823 ein neues Schulhaus erhalten, einen einfachen Bau, der wenige Häuser von der evangelischen Kirche und der Adler-Apotheke entfernt lag. Geleitet wurde die Schule von Rektor Beda. Hier besuchte Theodor Fontane einige Wochen lang Unterricht, bevor sich die Gelegenheit zum Wechsel bot. In Erinnerung blieben ihm: »zahllose Jungens in Fries- und Leinwandjacken, ungekämmt und barfüßig oder aber in Holzpantoffeln«. Auch »eine große Stube mit einer schwarzen Tafel«, Lärm und stickige Luft blieben ihm im Gedächtnis und weckten im Rückblick ungute Gefühle. Als die Mutter in Swinemünde eintraf, fand sie die Stadtschule für ihren Sohn höchst unpassend und drang auf andere Unterrichtsbedingungen. Die Abmeldung von der Schule stieß offenbar auf volles Verständnis des Rektors, auch wenn die Mutter noch keine bessere Lösung wusste. Genutzt wurde vorläufig die Möglichkeit, den Jungen zu Hause zu unterrichten. Die Freiheiten waren damals und gerade für die unteren Klassen noch groß. In Preußen bestand zwar seit 1717 die Schulpflicht, aber in privilegierten Kreisen wurde Privatunterricht bei mangelnden Alternativen als durchaus üblich betrachtet. Theodor Fontane war knapp neun Jahre alt, als Mutter und Vater den Unterricht übernahmen. Er dauerte ein halbes Jahr.

Bei der Mutter übte er wie vordem in Neuruppin das Lesen, vielleicht auch das Vorlesen, beim Vater lernte er Latein, Französisch, Geografie und Geschichte. In Geschichte, so seine Erinnerung, war hauptsächlich die napoleonische Zeit an der Reihe. Napoleon und seine Marschälle spielten dabei die Hauptrolle. Die Lehrmethode des Vaters blieb dem Sohn zeitlebens unvergesslich. Sie war auf den Dialog gestellt und auf das szenische Spiel. Der Vater nannte es seine »sokratische Methode«. Er ließ zum Beispiel den »Knirps« einen französischen Offizier der napoleonischen Armee spielen, während er selber, groß und stattlich, den »Flügelmann« und einfachen Soldaten gab.

Die Mutter fand diese Methode des Unterrichtens etwas zweifelhaft, der alte Fontane aber urteilt im Rückblick, er habe – auch als Künstler – beim Vater am meisten gelernt. Prägend wurde zudem, dass dieser seinen Unterrichtsstoff den »Zeitungen und Journalen« entnahm. Aus der *Vossischen Zeitung* zum Beispiel. So wurde Theodor Fontane mit zehn Jahren ein leidenschaftlicher Zeitungsleser. Bis dahin hatte er von Guckkastenbildern gelebt, die ihm, ähnlich wie die Ruppiner Bilderbogen, das Weltgeschehen vor Augen führten. Jetzt las er die Zeitungen, die mit dem Dampfer aus Stettin kamen. Das ganze Revolutionsjahr 1830 erlebte er so im Geiste mit, fühlte sich als junger Revolutionär und lief mit den neusten Neuigkeiten zu denjenigen, die mitfieberten, zu Gehilfe Wolff in der Apotheke und zu Kaufmann Isenthal schräg gegenüber.

Welche Lektüre die Mutter für den heranwachsenden Sohn auswählte, wissen wir für die Zeit in Swinemünde nicht. Dass sie mit ihm die Lieblingsromane des Vaters las, ist eher unwahrscheinlich. Der Vater schwärmte für *Quentin Durward*, einen der jüngsten Romane von Walter Scott, der 1824 ins Deutsche übersetzt worden war. Er liebte den Roman, »weil es ein französischer Stoff war«, vermutet der alte Fontane. Ihm selber ging dank dem Vater die Scott'sche Erzählwelt jetzt ebenfalls auf, denn »einige Bröckelchen fielen schon damals für mich ab«. Es war ein erstes großes Leseglück, wie der alte Fontane erzählt, und Scott blieb auch späterhin von »größte[m] Einfluß« auf ihn. Nicht nur die Romane *Waverly*, *Quentin Durward* oder *The Heart of Midlothian* ergriffen sein ganzes Herz, sondern auch die altschottische Balladensammlung *Minstrelsy of the scottish borders,* die Scott veröffentlicht hatte.

Mit Balladen kam Theodor Fontane spätestens im Alter von elf Jahren in Berührung und seiner Erzählung nach bei Hauslehrer Knoop. Der habe seine Zöglinge mit Auswendiglernen beschäftigt, um sich möglichst ungestört der eigenen Sache widmen zu können, vermutet der alte Fontane. Der Unterricht sei uninspiriert gewesen, aber als Schüler habe er auf diese Weise ganze »Bibelkapitel« auswendig gelernt und tatsächlich alle Schiller-Balladen. Bis auf *Das Eleusische Fest*.

Das Wesentliche

Geradezu taktisch aber wird der alte Fontane, wenn er das Wissen, das er mit zwölf Jahren erworben hatte, herunterspielt. Bis er aufs Gymnasium in Neuruppin kam, hatte er, weil der Unterricht auf ihn persönlich zugeschnitten war, nämlich sehr Wesentliches gelernt.

Gute Grundlagen erworben hatte er sich zuerst bei Dr. Lau, der bis Michaelis 1830 im Haus der Krauses blieb. Johann Heinrich Friedrich Lau wirkte auf den Jungen damals wie ein Mann »gegen 30«, der »aber älter« aussah. In Wirklichkeit war er 23 Jahre alt, als Theodor Fontane zu ihm in den Unterricht kam. Seine Lehrmethode war derjenigen von Louis Henri Fontane recht ähnlich. Lau führte mit seinen Schülern Gespräche über alles Mögliche: über Vineta, die Stadt, die der Sage nach in der Ostsee versunken war, wahrscheinlich ganz in der Nähe von Swinemünde – über die Insel Rügen oder die Stadt Stettin – über die Fertigkeiten und Spiele der Kinder, so etwa übers Schwimmen, Schlittschuhlaufen und Drachenbauen. Hauslehrer Lau war jemand, der das Selbstbewusstsein der Kinder stärkte und Freude am Lernen weckte. Theodor Fontane genoss den Unterricht bei ihm, er genoss die schöne Umgebung, den kleinen Kreis von Lernenden und gewiss auch, dass er unter Dr. Lau individuelle Förderung *par excellence* erfuhr. Als der geliebte Lehrer von Kandidat Knoop abgelöst wurde, war der Junge im zweiten Semester der Sexta und hatte ein gutes Vertrauen in sich selbst gewonnen und lernte grundsätzlich mit Freude.

Das »Geschichten-Buch«

Vermutlich in dieser Zeit, als er sich im Unterricht von Kandidat Knoop etwas zu langweilen begann, legte er ein Heft an, das auf nicht weniger als 88 Seiten Notate zur deutsch-europäischen Geschichte enthält. Es ist das früheste handschriftliche Dokument, das von Theodor Fontane überliefert ist. Das Heft trägt zwar kein Datum, die ungefähre Entstehungszeit lässt sich jedoch aus dem Umstand ableiten, dass fünf Swinemünder Spielkameraden am Ende mit ihrer Unterschrift die Authentiziät des Werkes bezeugen. Der junge Autor hält nämlich auf der letzten Seite fest: »Das Geschichten Buch ist aus. Theodor Fontane hat es aus geschrieben gans allein es ist gewiß war ihr könnt es mir glauben alle samt und sonders denn ich lüge nicht das könnt ihr glauben er ist ein ehrlicher Neuruppiner.« Es folgen die Unterschriften von »W. Frick«, »W[ilhelm] Krause«, »J. Jancke«, »M[inna?] Krause« und »R[udolph] Fontane«.

Das Heft hat etwas Rührendes. Es macht deutlich, dass hier ein Junge von etwa elf Jahren leidenschaftlich bei der Sache ist: Er ist vertieft, schreibt gern und mit Ausdauer und hört erst wieder auf, als alle Seiten vollgeschrieben sind. Dabei ist ihm der Stoff längst nicht ausgegangen, vielmehr, so scheint es, setzt ihm das Heft mit seiner beschränkten Seitenzahl die Grenze. Was er festhält, ist geschichtliches Wissen. Es geht um Herrscherpersönlichkeiten, herausragende Waffengänge und Friedensschlüsse sowie um historische Ereignisse mit Anekdotencharakter. Der Junge scheint alles aus dem Gedächtnis oder nach Gehör aufgeschrieben zu haben, jedenfalls ohne schriftliche Vorlage. Der Eindruck ist, dass es sich um eine freiwillige, also keine schulische Arbeit handelt. Das *Geschichten-Buch* illustriert in jedem Fall, dass Theodor Fontane auf der Stufe Sexta überdurchschnittlich an Geschichte interessiert war. Das Heft selbst könnte ihm als eine Art Nachschlagewerk gedient haben für die historische Zeitspanne vom Tod Karls des Großen (814) bis zum Westfälischen Frieden (1648) und weiter bis zum Ende des Spanischen Erbfolgekrieges (1714). Unter dem Titel *Die Swäbischen Kaiser* findet sich auch folgende berühmte Anekdote, erzählt in den Worten des Elfjährigen: »Conrad der 3te. / Er belagerte Weinsberg / 1140 nur die Weiber ließ / er laufen und sie sagten / ihren Schatz sollten sie / mit nehmen und sie nahmen / ihre Männer auf den Puckel / und liefen fort«.

Was gibt das Heft preis über den Jungen, der Fontane einst war? Beim Betrachten der Seiten fällt auf: Die Schrift ist zwar noch schülerhaft, aber doch bereits geübt und recht flüssig. Den Haupttext schreibt der junge Autor wie damals üblich in deutscher Kurrentschrift, Personen- und Ortsnamen sowie fremdsprachige Ausdrücke und Zitate hingegen in lateinischer Kursivschrift. Orthografie und Kommasetzung sind ihm in seinem Eifer gleichgültig. Er achtet auf ganz anderes, Grundsätzlicheres: Wichtig sind ihm die

Gliederung und Gestaltung, denn er teilt das Blatt ein, setzt Überschriften, hebt Wichtiges hervor. Auch schreibt er sorgfältig mit Tinte und vermeidet Kleckse und Verschmierungen. Wenn er sich verschreibt, korrigiert er sich spontan. Stellt er im Nachhinein Fehler fest, so setzt er säuberlich über der Wortzeile das Richtige hin oder notiert Fehlendes am Rand. Die Blätter selbst hat der Junge offenbar vor Schreibbeginn mit Bleistift liniert sowie mit einem Rand für Ergänzungen versehen. Die Seiten hat er schließlich selber von 1 bis 88 nummeriert, und zwar mit Tinte. Dabei mochte er das Trocknen nicht abwarten, denn die Gegenseiten weisen nun vom raschen Blättern Tintenspuren auf. Es ist ein Missgeschick, das mehr für den Eifer des Jungen spricht als für allfällige Unsorgfalt. Das Heft, ein Quartheft, präsentiert sich heute gut erhalten und fast so, als habe die Absicht bestanden, etwas Dauerhaftes zu schaffen: Es besticht der Einband aus braun-rot marmorierter Pappe, das grünlich-graue Qualitätspapier, die solide Fadenheftung und Bindung sowie der gut verstärkte braune Lederrücken. Alles in allem: eine kleine Meisterleistung. Vielleicht von Theodor Fontane selbst, der das Zeug zum Buchbinder hatte.

Wenig später erhielt das *Geschichten-Buch* die adäquate geschichtswissenschaftliche Ergänzung. Die Eltern schenkten ihrem Ältesten und zukünftigen Gymnasiasten »Schellers Lexikon, Stielers Atlas, Beckers Weltgeschichte«. Alle diese Bücher blieben zeitlebens in seinem Besitz und, wie er versichert hat, wurden »sehr von mir gehegt«.

Passionen

Er hatte viele Passionen, und er hatte sie schon früh. Neben dem Zeitunglesen war es »durch Jahre hin« die leidenschaftliche Beschäftigung mit der »Buchbinderei« oder mit »Papparbeit«. Theodor Fontane kleisterte fürs Leben gern. Er lernte dabei auch mit Leimtopf zu hantieren und in einem »Stubenwinkel« mithilfe von marmoriertem Papier und Goldborten etwas Buchartiges oder vielleicht auch eine Spielzeug-Armee herzustellen – die Phantasiespiele erhielten hier ihre erste Gestalt. Der Chemiker, der die Stoffe mischt, der Künstler, der gestaltet, und der Geschichtenschreiber, der alles aufs Papier wirft, das ging hier eins ins andere über und entstand in unmittelbarer Nachbarschaft zum halb alchemistischen Laboratorium der väterlichen Apotheke, die zu allerlei Experimenten einlud. So entstand das *Geschichten-Buch*. Und ähnlich später die Manuskripte. Denn wer sich über die Manuskripte von Theodor Fontane beugt, entdeckt sie noch immer, die kindliche Passion – das Kleistern, Leimen und Kleben. Sie hat hier eine lebendige Spur hinterlassen.

Und dann die Spielpassion. »Mein Vater hing dem Spiel nach; ich auch«, so schreibt der alte Fontane. Nur waren seine Spiele anderer Art. »Ich war der geborene kleine Akrobat. [...] Ich war stärker und gewandter als die Schul- und Straßenjungen, mit denen ich anfänglich (später änderte sich's) in Berührung kam und diese Kraft und Gewandtheit zu zeigen, war ich in so hohem Maße beflissen, daß ich, im Rückblick auf meine Kinderjahre, die ganze Zeit nicht als eine Schul- und Lernezeit voll Gequält- und Gedrilltwerdens, sondern als eine Zeit unausgesetzten Spielens vor Augen habe, so sehr überwogen die Spielstunden alles andere, sowohl dem Zeitmaße wie dem Interesse nach.« Seine »natürliche Veranlagung für das Turnerische« lebte er beim Stelzenlaufen, Klettern und Herumrennen aus. Als Junge legte er Tempo vor, war am liebsten an der Spitze eines Rudels (zu dem auch die Brüder Rudolph und Max gehörten) und stach gerne durch besondere Künste hervor. Nicht nur Geschicklichkeit, auch Kraft spielte dabei eine Rolle. In einer gestrichenen Passage von *Meine Kinderjahre*, die der Stelle folgt, wo er erzählt, dass sein Vater gerne halbe Stunden lang Holz spaltete, heißt es: »Ich habe diese Passion von ihm geerbt, und wo immer sich die Gelegenheit bot, hab ich mein lebelang mit Passion Holz gehauen, Stubben und Wurzelstöcke, in die man erst einen Keil eintreiben mußte, waren meine besondre Passion.«

Im Gegensatz dazu die Passion, sich vollkommen ruhig zu halten: Theodor Fontane hatte eine leidenschaftliche Vorliebe für das Versteckspiel. Stundenlang im »Heuloche« nicht gefunden zu werden war Sieg, und den erfolglos Suchenden später »mit dem Ausdruck höchster Geringschätzung« zu begegnen steigerte das Glücksgefühl. Zu den einsamen Passionen gehörte auch das Bernsteinsuchen, immer dem Ostseestrand entlang, manchmal war vielleicht auch ein Bruder oder ein Freund mit dabei.

Dann waren da noch die halsbrecherischen Passionen, die Angst und Glücksgefühl zugleich auslösten: in der unberechenbaren Ostsee schwimmen, übers brüchige Eis gehen, auf der morschen Schaukel schaukeln, auf den Kastanienbaum klettern: immer mit dem Gefühl, »Dich trägt dein

Glück« oder man habe einen »Engel«. Nur einmal ging es wirklich schief, als nämlich der Ast des Kastanienbaumes brach, der Junge gefährlich in die Tiefe stürzte und sich in der Folge »die Vorderhälfte des einen Backenzahns ablöste«.

Eine Passion waren auch die militärischen Spiele. Kriegsspielzeug war *en vogue*, und so erhielt auch Theodor Fontane, als er zwölf Jahre alt war, von einem Berliner Verwandten eine Spielzeugkanone. Sie war größer als üblich und vermochte sogar Schüsse abzugeben. Das Jungenherz war vollkommen »selig«, und mit dem jüngeren Bruder, wahrscheinlich Rudolph, ließ sich auch eine wirkliche »Beschießung« von Swinemünde planen. Solch kriegerische Kinderspielpläne gingen regelmäßig schief. Das erträumte Heldentum aber blieb.

»mit schönen großen Damen tanzen«

Jenny Fontane und Minna Krause waren kleine Mädchen, die zur Alltagswelt gehörten und die in der Rückerinnerung des alten Fontane nicht ins Bild geraten. Doch fiel der Blick des Jungen, wie Fontane erzählt, immer wieder scheu auf die fremden Damen und ihre Töchter. Swinemünde hatte viel »weibliche Schönheit«. Das interessierte den Jungen. In den »guten Familien« waren alle hübsch, aber hübsch waren auch die Dienstmädchen. Zum Beispiel die Tochter von Küster Hahr. Der alte Fontane erzählt: Sie »war bei uns im Hause und so schön, daß sie sich weit über ihren Stand und ihre Bildung hinaus verheiratete. Was daraus geworden ist, weiß ich nicht.« Besonders schön waren auch die drei Töchter von Major Thomas, jene »drei junge[n] Damen«, die nicht nur Louis Henri Fontane »ganz aus dem Häuschen« brachten, sondern eine ganze Stadt, wenn im Olthoffschen Gasthof Ball war. Alles huldigte ihnen, wie der Junge beobachten konnte.

Er selber scheint vor allem beeindruckt gewesen zu sein von der schönen Frau Beda. Der alte Fontane vermutet, sie sei aus »Südspanien« gewesen und dabei »von imposanter Erscheinung«, »groß, ernst, hoheitlich«. Jedenfalls sei ihr »etwas völlig Fremdartiges eigen« gewesen. Und immer dachte der Junge, sie sehne sich nach ihrer Heimat, und dieses Sehnsüchtige scheint ihn besonders fasziniert zu haben. Auch die Tochter der Frau Beda war schön. Fontane erinnert sich, dass diese Tochter »viele Jahre später in unserem Hause lebte und meine jüngste Schwester [Elise] erzog«. Da sei sie aber schon nicht mehr ganz so schön gewesen wie einst ihre Mutter. Während seiner Swinemünder Zeit war Theodor Fontane näher mit der Familie Beda bekannt, denn ein »jüngerer Sohn der Frau Beda« zählte »jahrelang« zu seinen »Spielgefährten«. Mit den Bedas war es also ein bisschen ähnlich wie mit den Krauses. Nur dass Frau Beda seit 1830 Witwe war.

Es gab auch die schönen Frauen, die man sich als Junge nur phantasierte. Dazu gehörte etwa die Verlobte von Dr. Lau, eine Pfarrerstochter aus der Ost-Prignitz, die, wenn Lehrer Lau aus *Tausendundeinernacht* vorlas, mit der schönen Suleika zum sehnsüchtigen Traumbild verschmolz.

Und dann kam der 30. Dezember 1831, und Theodor Fontane wurde zwölf Jahre alt. »Tags darauf«, so erinnert sich der Erzähler, »war Silvester und Ressourcenball und ich schwelgte während desselben in der Vorstellung, über kurz oder lang auch vielleicht mit schönen großen Damen tanzen zu können«. Eine »Zukunftsvorstellung«, die nun ganz von ihm Besitz ergriff.

Flucht aus dem Klassenzimmer

Schuljahre in Neuruppin und Berlin (1832–1836)

Ins Gymnasium nach Neuruppin

Es war kein Abschied mit Tränen. Denn es ging »in die Welt hinein«, und an seiner Seite saß die Mutter. Auch wenn, wie der alte Fontane findet, es Sache des Vaters gewesen wäre, ihn auf die neue Schule zu bringen, so war es eben doch seine Mutter, die, wenn es um entschiedenes Handeln, einen sicheren gesellschaftlichen Auftritt, verbindliche Worte ging, dem Jungen die nötige Sicherheit gab. Man saß drei Tage lang im Fond der Kutsche, ließ die Bilder vorüberziehen, während der Kutscher auf dem Bock die Pferde führte. Emilie Fontane war »in diesen Tagen, ganz gegen ihre Gewohnheit, ungemein weich und nachsichtig« gegen ihren ältesten Sohn. Man sprach von diesem und jenem, von Ängsten, Wünschen, Hoffnungen. In Anklam wurde zum ersten Mal übernachtet, dann tauchte Neubrandenburg auf, wo »man immer wundervoll zu Abend aß«. Am Freitag, den 5. März 1832, erreichten Mutter und Sohn Neuruppin.

Emilie Fontane hatte Zimmer in der Friedrich-Wilhelm-Straße bestellt, gleich gegenüber der Löwen-Apotheke. Als sie beide dann ans Fenster getreten seien und »nach dem hübschen Hause, mit dem Löwen über der Eingangstür«, hinübergesehen hätten, seien der Mutter Tränen in die Augen getreten. »Da bist du geboren«, habe sie zu ihm gesagt, erinnert der alte Fontane die Szene.

Was war die Triebfeder, dass er gerade hier das Gymanasium besuchen sollte? Der gute Ruf der Schule, Heimweh, Vertrautheit mit den Verhältnissen, finanzielle Überlegungen? Sicher wäre auch das Gymnasium zum Grauen Kloster in Berlin in Frage gekommen, dort, wo einst Louis Henri Fontane Schüler gewesen war. Den Ausschlag für Neuruppin gab zuletzt wohl die aktuelle Situation. Der alte Fontane tönt es an: Nach der russischen Niederwerfung der polnischen Nationalbewegung im Frühjahr 1831 hatte sich von Osten her »ein neuer schlimmerer Feind« genähert: »die Cholera«. In Swinemünde hatte man gleich Vorsichtsmaßnahmen getroffen, der

Staat hatte sogar Militärkordons geschickt. Bewundernd hatten die Jungs am Bollwerk gestanden, als »ein Bataillon vom Kaiser Franz Regiment« von Wollin her übers Wasser kam, lauter schöne große Leute, deren Achselklappen die Kleinen mehr interessierten als die Choleragefahr. Die Cholera abzuwehren war eigentlich unmöglich, kannte man doch den Erreger dieser tödlichen Krankheit noch nicht. Zu beobachten war einfach, dass sie sich von Indien über Russland und Polen näherte und in den Städten zuerst die Armenviertel ergriff. Aber verschont wurde niemand: Jeder konnte jederzeit plötzlich an Brechdurchfall erkranken und innerhalb weniger Stunden sterben. Die Insel Usedom war wie durch ein Wunder von der Cholerapandemie verschont geblieben, doch wütete sie in der preußischen Hauptstadt. Auch Friedrich Hegel, Philosoph und Universitätslehrer, 61 Jahre alt, fiel ihr zum Opfer. Er war am 14. November 1831 in seiner Wohnung am Kupfergraben unter schlimmsten Anfällen plötzlich verstorben. Bis Februar 1832 zählte man schon über 1400 Cholera-Tote in Berlin.

Unter diesen Umständen einen Zwölfjährigen nach Berlin auf das Gymnasium zu schicken wäre also vollkommen unverantwortlich gewesen. Vielmehr zeigte Neuruppin jetzt alle seine Vorzüge. Die neue Stadt war nach hygienischen Prinzipien gebaut, hier gab es Licht, Luft und Sauberkeit. Außerdem war man wachsam. Der Arzt und Kreisphysikus Dr. Oelze hatte 1831 die Broschüre veröffentlicht: *Anweisung für die Landbewohner: Für den Fall des Ausbruchs der Cholera.* Mit der Familie Dr. Oelze waren die Fontanes gut bekannt. Die Frau war Taufpatin von Rudolph, er, Dr. Oelze, Taufpate von Jenny. Beide würden sich, so durfte man annehmen, um Theodor kümmern.

Überhaupt konnten sich jetzt die Neuruppiner Patenschaften bewähren. Paten der Fontane-Kinder waren unter anderen: Superintendent Schröner und Tochter Lisa, Frau Superintendent Bientz, das Verlegerehepaar Gustav Kühn, Oberlehrer Starke vom Gymnasium sowie Madame Gentz, die mit ihrem Mann den Tuchwarenladen führte. Umgekehrt waren die Fontanes Paten der Kinder Gentz und Kühn. Theodor hatte also offene Türen in den ersten Häusern der Stadt.

1831 hatte Neuruppin ein wirtschaftliches Krisenjahr erlebt. Darunter hatten vor allem die vielen Tuchmacher gelitten. Manche waren in Konkurs gegangen. Um der prekären Lage abzuhelfen, bemühte sich der Magistrat, neue Einkommensmöglichkeiten zu schaffen, und fragte die Regierung an, ob es möglich sei, eine Behörde nach Neuruppin zu verlegen oder hier eine höhere Lehranstalt, eine Universität, einzurichten und dem Gymnasium ein Alumnat anzugliedern. Schüler wie Theodor Fontane, die von auswärts kamen, machten deutlich, dass eine schulinterne Wohnmöglichkeit durchaus wünschenwert gewesen wäre. Die zuständige staatliche Stelle winkte jedoch ab, was schlimm war. Denn nun war zu befürchten, dass wegen mangelnder Unterkünfte die Schülerzahl am Gymnasium weiter sinken würde. Seit 1826 war sie bereits von 300 auf 180 zurückgegangen. Wichtige Schulgelder entfielen dadurch, entrichtete doch jeder Gymnasiast ein jährliches Schulgeld von bis zu 9 Talern. Fehlten diese Einnahmen, drückte das auf die Lehrergehälter, die bereits jetzt niedriger ausfielen als in Berlin oder in den Rheinprovinzen. Unattraktive Löhne aber, so die Sorge, erschwerten es, gute Lehrer zu finden. Doch noch hielt man stand und waren Schüler wie Theodor Fontane sehr willkommen.

Für ihn wurde das Leben nun ernster. Die mahnenden Worte des Vaters zum Abschied hatten das schon angekündigt und bei ihm vor Aufregung einen Lachanfall ausgelöst. Jetzt schritt er folgsam neben seiner Mutter »nach dem großen Gymnasialgebäude«, um dem »alten Thormeyer« vorgestellt zu werden. Es war der Vormittag nach ihrer Ankunft, »ein heller Sonnentag«, und wie den *Annalen* des Gymnasiums zu entnehmen ist, Samstag, der 6. März 1832.

Direktor Dr. Friedrich Thormeyer, 67 Jahre alt, stand dem Neuruppiner Gymnasium schon sehr lange vor (seit 1805). Er war eine »Kolossalfigur« und riss durch »seinen Feuereifer, seine Löwenstimme« alle mit. Man empfand ihn als »exzentrisch«, »diktatorisch« und »überschwenglich«. Immerhin aber hatte er das Neuruppiner Gymnasium unbeschadet durch die Wirren der napoleonischen Zeit geleitet, ihm seinen traditionell guten Ruf erhalten und sich gegen neue Schulerlasse gewehrt, die ihm unsinnig erschienen. Noch jahrlang hatte er das Fachsystem mit seiner größeren Altersdurchmischung weitergeführt, als 1817 das Klassensystem eingeführt worden war. Unterdessen hatte er sich der Neuerung jedoch angepasst. Theodor Fontane trat in die Klasse ein, die seinem Alter und nicht seinem Wissen in einzelnen Fächern entsprach.

Wer in Neuruppin das Abitur erlangen wollte, hatte wie überall in Preußen sieben Gymnasialjahre zu durchlaufen: Die Sexta und die Quinta dauerten je ein halbes Jahr, die Quarta und die Tertia je ein Jahr, die Sekunda und die Prima je zwei Jahre. Das Schuljahr begann jeweils zu Ostern. Nach dem

Klassensystem trat ein Zwölfjähriger, der das Gymnasium besuchen wollte, in der Regel in die Quarta ein.

»Nun, mi fili, laß sehn«, so habe ihn Direktor Thormeyer empfangen und die Mutter gebeten, Platz zu nehmen. Dann sei er aufgefordert worden, zehn Zeilen Latein zu lesen und zu übersetzen. Und weil alles »wie Wasser« ging, habe es dann geheißen: »Sehr brav … er ist reif für die Quarta.« Und »am nächsten Montag, wo die Schule wieder anfing«, setzte sich Theodor Fontane in die »Quartabank«.

Auch wenn alles glatt lief, so blieb doch eine unangenehme Erinnerung an diese Eintrittsprüfung zurück. Der alte Thormeyer habe apoplektisch gewirkt, so Fontane rückblickend, als hätte ihn der Schlag rühren können. Und der kleine Band, aus dem er als Jüngling habe lesen müssen, sei »schmuddlig«, der Arbeitstisch des Direktors mit »Tabaksresten« überschüttet gewesen. Ja, bei Krauses, wo ein junger Hauslehrer ihn erwartet hatte, war eben alles feiner und persönlicher gewesen, und jetzt hatte er eine doppelte Identität: Er war der Sohn des Apothekers, »guter Leute Kind«, und zugleich der junge Herr, der eine bevorzugte Stellung einzunehmen gewohnt war. Mit diesem Gefühl trat er nicht nur ins Gymnasium ein, sondern wurde auch Pensionär im Haus des reformierten Superintendenten Bientz.

Hier endet Fontanes Erzählung *Meine Kinderjahre*, und alles, was unter die Neuruppiner Gymnasialzeit fällt, muss aus anderen Quellen geschöpft werden. Zur Verfügung stehen neben alten Kirchenakten und Stadtplänen etwa Fontanes *Wanderungen* (*Die Grafschaft Ruppin*). Sehr nützlich sind außerdem die *Annalen des Friedrich-Wilhelms-Gymnasiums zu Neuruppin*, erstmals erschienen 1865, erneuert und ergänzt 1915. Von eigenem Witz ist, dass wir bei unseren Forschungen auf niemand Geringeren stoßen als Fontane selbst. Und zwar als Rechercheur und Materialsammler. Manches von dem, was wir heute ausgraben, hat er seinerzeit als Quelle genutzt und in seinen Arbeiten, wie wir feststellen, sehr ordentlich bibliografiert.

Die Mutter begleitete ihren Sohn wohl nicht nur zu Direktor Thormeyer, sondern auch zu Superintendent Bientz. Der reformierte Pastor hatte alle vier Fontane-Kinder getauft. Außerdem war »Frau Superintendentin Bientz geborene von Hymmen« die Patin von Max. Die Familie wohnte im Pastorenhaus am Kirchplatz, Ecke Ferdinand-/Friedrichstraße. Es war ein repräsentativer klassizistischer Bau: zwei steinerne Etagen, großes Walmdach mit eingelassenen Gauben, sieben Fenster breit. In der Mitte die Haustür. Einige wenige Treppenstufen führten zu ihr hoch.

Familie Bientz wohnte hier seit über zwanzig Jahren. Sohn Karl hatte Ende August 1831 in Neuruppin das Abitur gemacht und studierte jetzt Jurisprudenz. Vermutlich waren noch weitere Kinder da, und gewiss nahm die Familie regelmäßig ein oder zwei Schülerpensionäre auf. Im Haus der Pastorenfamilie erfolgte jetzt der Abschied von der Mutter. Zum ersten Mal in seinem Leben hatte Theodor Fontane ohne Eltern und Geschwistern zurechtzukommen.

Die Verhältnisse, in die er kam, waren ihm vielleicht nicht ganz fremd. Gut möglich, dass er schon als Junge und »ehrlicher Neuruppiner« gelegentlich hier ein und aus gegangen war. Doch jetzt lernte er die Pastorenwelt von innen her kennen. Dass er sie später so gut, kritisch und ohne Scheu zu schildern vermochte, hat wohl nicht zuletzt mit seiner Pastorenhauszeit in Neuruppin zu tun. Jedenfalls hat er später seiner ersten Pastorenfigur, Pastor Seidentopf im Roman *Vor dem Sturm*, den Namen eines bekannten Neuruppiner Predigers gegeben.

Johann Gottlieb Seidentopf war über Jahrzehnte Diakon und Prediger an der Pfarrkirche gewesen. Ein Aufklärer, ein Menschenfreund und hervorragender Pädagoge, was er während fünf Jahren auch am Neuruppiner Gymnasium unter Beweis gestellt hatte. Dort hatte er noch zur Zeit von Lieberkühn und Stuve nach »Sokratischer Lehrart«, wie es in den *Annalen* heißt, die Schüler zur Eigenständigkeit erzogen. Prediger Seidentopf war am 14. Mai 1831 im Alter von 84 Jahren verstorben. Die Erinnerung an ihn muss im Haus des reformierten Superintendenten jedoch lebendig geblieben sein, war Seidentopf doch ein langjähriger Amtskollege von Bientz gewesen.

Johann Leberecht Bientz, jetzt 62 Jahre alt, stammte ursprünglich aus Thüringen, hatte als Prediger in Cleve und Spandau gewirkt und war dann als reformierter Superintendent nach Neuruppin berufen worden. Seit 1817 war er auch Königlicher Kommissar des Gymnasiums, gehörte mithin zum Aufsichtsgremium und zur Prüfungskommission der Schule. Früher hatte er bei Bedarf in den höheren Klassen Mathematik unterrichtet, nun war die Lücke offenbar durch Lehrkräfte geschlossen. Bientz war Raucher – er besaß »eine ganze Galerie langer Pfeifen« – und das hatte seine Folgen. Er hustete mittlerweile stark und spuckte aus. Deswegen hatte er zu Hause immer ein Hustenglas neben sich stehen – und, schlimm zu sagen, »auch bei Tisch«.

Hier am Kirchplatz also, wo ein halbes Jahrhundert vor ihm Karl Friedrich Schinkel im alten Pfarrhaus aufgewachsen war, lebte nun der Jüngling Theodor Fontane. Von hier aus unternahm er alle seine Wege, besuchte wohl sonntags gelegentlich auch die evangelische Pfarrkirche, in der sowohl reformierte als auch lutherische Theologen predigten. Mit dem lutherischen Superintendenten Johann Gottlieb Schröner, jetzt 72 Jahre alt, waren die Fontanes ebenfalls bekannt. Schröner war von Amts wegen schon Jahrzehnte der »Ephorus« des Gymnasiums, war also Inspektor und hatte »die Aufsicht über den Unterricht«. Kirche und Schule kamen sich in Neuruppin offenbar nicht in die Quere, sei es, dass die Aufsicht milde verfuhr, sei es, dass der energische Thormeyer sich hütete, mit seinem Ephorus in Konflikt zu geraten (ein solcher Konflikt hatte ihn einst die Versetzung gekostet).

Der Schulweg vom Pastorenhaus ins Gymnasium war kurz, kaum fünf Minuten. Außer der Quartaner machte Umwege, etwa dem See entlang oder über den Wall, oder verweilte länger in der Friedrich-Wilhelm-Straße, in seiner alten Nachbarschaft. Doch ist schwer zu sagen, wie Theodor Fontanes Alltag in der Neuruppiner Gymnasialzeit aussah, hat er doch den Plan, seine »Schuljahre« zu schildern, nie verwirklicht. In seinen verstreuten autobiografischen Notizen heißt es meist nur knapp, er habe »das Gymnasium seiner Vaterstadt« besucht. Oft fehlt sogar selbst dieser Hinweis. Gewiss ist nur, dass ihn seine eigene Biografie an die Heimatstadt band und dass er nur von hier aus den Raum gewinnen konnte für sein wirkungsmächtiges Experiment *Wanderungen*.

Als Theodor Fontane Ostern 1832 in die Quarta eintrat, bestanden zum selben Termin neun Schüler das Abitur. Unter ihnen auch Wilhelm Thormeyer, 19, Sohn des Direktors, der vorhatte, Theologie und Philologie zu studieren, die klassische Richtung also, die die meisten Abgänger des humanistischen Gymnasiums zu Neuruppin wählten. Die Stundentafel macht denn auch deutlich, dass Theodor Fontanes Ausbildung jetzt in die philologisch-theologische Richtung wies.

Kernfach war Latein, in dem der Junge von Thormeyer auch geprüft worden war. Hinzu kamen für den Quartaner die Fächer Deutsch, Mathematik, Naturwissenschaften, Erdkunde, Geschichte und Religion. Außerdem Französisch sowie wahlweise Schreiben, Zeichnen oder Singen. Insgesamt waren mindestens dreißig Schulstunden pro Woche Pflichtstunden. Mit schriftlichen Hausaufgaben und Redeauftritten, die sorgfältig vorzubereiten waren: ein volles Pensum.

Ein Blick auf die Lehrerschaft zeigt, dass, als Theodor Fontane hier aufs Gymnasium ging, sechs ordentliche Lehrstellen besetzt waren. Die Lehrer waren zwischen dreißig und sechzig Jahre alt, unterrichteten meist mehrere Fächer und hatten vorzugsweise Theologie und Philologie studiert. Obwohl die Schule jetzt gegen sinkende Schülerzahlen kämpfte und die Konkurrenz der größeren Städte fürchtete, hatte sie Lehrerwechsel nicht zu beklagen. Wer am Neuruppiner Gymnasium eine ordentliche Stelle gefunden hatte, der blieb in der Regel bis zur Pensionierung und zählte im Ruhestand zu den geachteten Persönlichkeiten der Stadt. Theodor Fontane hat von den Beziehungen zum Gymnasium und seinen Lehrern später noch sehr profitieren können. Besonders von Professor Starke, dem Paten seines Bruders Max, der 1834 Nachfolger von Direktor Thormeyer wurde. Das gab dann frischen Wind.

Theodor Fontane aber spürte von diesem frischen Wind noch nichts. Zu seiner Zeit regierte eben der alte Thormeyer, ein »Schulmonarch […] wie er im Buche steht«, ein Albtraum wie Thackerays literarische Figur »Mr. Birch«, hält Fontane in seinem *Wanderungen*-Kapitel *Civius aevi futuri* fest. Zwar konnte Thormeyer einen das Fürchten lehren, wenn man unter seinen Augen »oder richtiger unter seinen Nüstern« ein »Cornelius-Nepos-Kapitel« zu übersetzen hatte, wie es dem Schüler Theodor widerfuhr. Der

Hinweis auf die Titelfigur der Novelle *Doctor Birch and his young friends* macht aber deutlich, dass Thormeyer mehr polterte und sich in Szene warf, als dass er durch strenges Prüfen oder harte Strafen die Schüler quälte. Das durchschauten diese, was dem Mann mit der »Löwenstimme« und dem »Löwenkopf« doch auch wieder seinen Schrecken nahm.

Das Neuruppiner Gymnasium galt in jedem Fall als eine gute Schule und zu Fontanes Zeit dank seiner Lehrerschaft auch als eine, die pädagogisches Geschick bewies. »Wohl *war* das Gymnasium eine Wissensquelle geblieben, aber was wenigstens in den Tagen meiner eigenen Jugend ihren besonderen Ruf begründete«, so Fontane rückblickend, »war doch vorwiegend *der* Umstand, daß diese Ruppiner *Wissens*quelle zugleich eine besondere *Trostes*quelle geworden war. Hier hatte der ›Wilde‹ sein Refugium, *hier* fühlte der an der bekannten Klippe Gescheiterte wieder Hoffnung und sah das Rettungsboot vom Lande stoßen. Mancher schon dem Untergehen Nahe, *hier* ist er durch liebevoll zugeworfene Schwimmgürtel sich selbst und dem Staat erhalten geblieben.«

1873, zur Zeit der Niederschrift von *Civibus aevi futuri*, waren »Anstalten ›von der milderen Observanz‹«, wie Fontane urteilte, einem vollkommenen »Rigorismus« gewichen. Diese Entwicklung widerstand ihm: »Denn ich bekämpfe den Satz und werd' ihn bis zum letzten Lebenshauche bekämpfen, daß der Normalabiturient oder der durch sieben Examina gegangene Patentpreuße die Blüte der Menschheit repräsentiere. [...] Und so seid mir denn gepriesen, ihr Schlupflöcher, wo der *Nicht*-Mustermensch noch Chancen hat sich glücklich durchwinden zu können!«

Theodor Fontane muss vieles geschätzt haben, was ihm auf dem Neuruppiner Gymnasium begegnete. Vor allem hatte er jetzt das Fach Geschichte. »Als ich in meinem zehnten Jahre gefragt wurde, was ich werden wollte, antwortete ich ganz stramm: Professor der Geschichte.« Jetzt konnte er die sehr gute Bibliothek seiner Schule nutzen und sein Expertentum weiterentwickeln. »Als ich ein dreizehnjähriger Tertianer und im übrigen ein mittelmäßiger Schüler war, hatt' ich in der Geschichte solches Renommee, daß die Primaner mit mir spazieren gingen und sich – ich kann's nicht anders ausdrücken – fürs Examen durch mich einpauken ließen.« Primaner, so zeigt ein Blick in die *Annalen*, gab es damals auf dem Neuruppiner Gymnasium etwa zehn.

Ob er wirklich daran dachte, Professor für Geschichte (an einem Gymnasium) zu werden? Es war jedenfalls eine Möglichkeit, die ihn als Jüngling ernsthaft beschäftigte. Viel später, in der Zeit, als er an einem Kapitel über Wilhelm Gentz schrieb und in dessen »Erinnerungen« viel Interessantes zur Neuruppiner Gymnasialzeit fand, saß er gleichzeitig auch an seinem Roman *Frau Jenny Treibel*, worin er zeigt, wie vertraut ihm das Milieu des humanistischen Gymnasiums war. In *Frau Jenny Treibel* erfindet er als Gegenbild zur Titelfigur den Gymnasialprofessor Wilibald Schmidt, Lehrer für alte Sprachen und deutsche Literatur. Stand ihm für die eine Figur die Schwester Jenny Modell, so hat er in der anderen ein verstecktes Selbstporträt gegeben, so dass man geneigt ist, sich Theodor Fontane einen Moment lang als Professor für Geschichte und Literatur zu denken, der in Berlin an einem humanistischen Gymnasium unterrichtet. Es wäre ein möglicher Lebensentwurf gewesen. Jedenfalls aus der Perspektive des Jünglings, der am Gymnasium vertiefter mit seinen Lieblingsfächern in Berührung kam und eine reiche Welt der Bücher entdeckte. Als Pädagoge wäre er dann in die Fußstapfen seines Großvaters Pierre Barthélemy Fontane getreten. Ein Lebensentwurf, der ein Universitätsstudium bedingte, war aber doch ziemlich verwegen. Denn die Fontanes waren keine Akademikerfamilie, auch schloss kaum ein Apothekerssohn in Neuruppin mit dem Abitur ab. Den *Annalen* ist zu entnehmen, dass die Abiturienten Neuruppins meist Söhne von Beamten, Predigern, Gymnasiallehrern, Ärzten, Juristen, Rittergutsbesitzern, Kaufleuten oder Offizieren waren. Apothekerssöhne verzeichnen die *Annalen* nur ganz vereinzelt und in Fontanes Ausbildungsjahren gar keinen.

»... und ein leises Schaukeln begann«

Welche Rückzugsorte hatte Theodor Fontane, als er Schüler und Pensionär in Neuruppin war? Solche Orte brauchte er ja gewiss, um zu lernen und zu träumen. Es könnte im Predigerhaus einen stillen Winkel gegeben haben oder im Garten oder irgendwo draußen, vielleicht am See.

Am Wasser zu leben, ins Wasser zu tauchen, auf dem Wasser zu paddeln oder im Winter übers Eis zu laufen, war ihm von Kindheit auf vertraut und zum Bedürfnis geworden. Es könnte in seiner zweiten Ruppiner Zeit demnach auch Momente gegeben haben, wie der Autor sie seinem Helden Schach von Wuthenow zuschreibt. Ja, vielleicht ist es nur möglich, so schön und so melancholisch von Schach und seinem Schloss Wuthenow zu erzählen, wenn man das alles auch selber gekannt, durchlebt und durchträumt hat.

Dazu sei erwähnt: Es gibt ein Dorf Wuthenow. Es liegt an der Wuthenower Lanke, an einem Arm des Ruppiner Sees. Und gleich gegenüber liegt Neuruppin. Winters gehen die Menschen hier übers Eis, sommers rudert einer leicht vom einen zum anderen Ufer. In Fontanes Roman wird aus jener Wuthenower Landstelle, die Neuruppin am nächsten liegt, ein »Hügel«. Und auf diesen Hügel stellt der Autor das »den Ruppiner See nach rechts und links hin überblickende *Schloß* Wuthenow«, ein Schloss, das nur im Roman existiert. Im Roman werden dieses Schloss und der See zum Rückzugsort des jungen, in Bedrängnis geratenen Schach von Wuthenow. Das Kapitel *In Wuthenow am See* verblüfft nun durch seine autobiografischen Einschlüsse. Denn es ist, als ob der Autor nicht nur von seiner Figur Schach erzählte, sondern auch von sich selbst, von der eigenen Melancholie seiner Jugendjahre und von den Spielen und Tröstungen jener Zeit.

Das Kapitel erzählt, wie der junge Offizier an den Ort seiner Kindheit und seiner Jugendjahre zurückkehrt, um sich auf sich selbst zu besinnen. Er kommt von Berlin her, ist die Strecke geritten und erreicht jetzt das Schloss. Es ist zwar nur »ein alter, weißgetünchter […] Fachwerkbau«, aber prächtig dadurch, dass eine Terrasse »nach dem Muster von Sanssouci« hinunter zum See führt. Bei Nacht, wenn die Sterne leuchten, liegt es gar da »wie das Schloß im Märchen«. Seine Schönheit verdankt es der Gestaltungskraft der verstorbenen Mutter, die jetzt überall zu fehlen scheint, denn im Schloss beginnt sich alles zu verspinnen und die Gartenanlage fängt an zu verwildern. Und doch ist Schach wie übermannt vom Zauber seines Kindheitsgeheges, das zugleich das Bild der Mutter weckt. Als er nachts um halb zwei nicht schlafen kann, weil die Motten fliegen, geht er in den Garten, umschreitet das Rondell, »einmal, zehnmal«, und balanciert, »während er einen Fuß vor den andern« setzt, »zwischen den nur handbreiten Stegen hin«, um seine Geschicklichkeit zu erproben und »die Zeit mit guter Manier« hinter sich zu bringen. Er schreitet auch die Laubengänge hinunter an »allerhand Sandsteinfiguren« vorüber Richtung Dorf, geht dann am »Fuß des Schloßhügels«, einen Halbkreis beschreibend, Richtung See. »Das Wasser, das hier so verhältnismäßig nah an die Schloßterrasse herantrat, war ein bloßer toter Arm des Sees, nicht der See selbst. Auf diesen See hinauszufahren aber war in seinen Knabenjahren immer seine höchste Wonne gewesen.«

Und dann ist es, als würde Fontane von seiner eigenen Passion erzählen: »Ist ein Boot da, so fahr ich«, sagt sich Schach. »Und er schritt auf den Schilfgürtel zu, der die tief einmündende Bucht von drei Seiten her einfaßte. Nirgends schien ein Zugang. Schließlich indes fand er einen überwachsenen Steg, an dessen Ende das große Sommerboot lag, das seine Mama viele Jahre lang benutzt hatte, wenn sie nach Karwe hinüberfuhr, um den Knesebecks einen Besuch zu machen. Auch Ruder und Stangen fanden sich, während der flache Boden des Boots, um einen trockenen Fuß zu haben, mit hochaufgeschüttetem Binsenstroh überdeckt war. Schach sprang hinein, löste die Kette vom Pflock und stieß ab. Irgendwelche Ruderkünste zu zeigen, war ihm vorderhand noch unmöglich, denn das Wasser war so seicht und schmal, daß er bei jedem Schlage das Schilf getroffen haben würde. Bald aber verbreiterte sich's, und er konnte nun die Ruder einlegen. Eine tiefe Stille herrschte; der Tag war noch nicht wach, und Schach hörte nichts als ein leises Wehen und Rauschen und den Ton des Wassers, das sich glucksend an dem Schilfgürtel brach.« So etwa hat auch Theodor Fontane mit dem Wasser gelebt, hat sich, wie sich vorstellen lässt, ein Boot genommen, ist hinausgefahren, hat die Stille und das Wellenschlagen gehört und sich hineingeträumt in eine andere Welt.

Lektüren und Korrespondenzen

Schrieb er Verse? »Lieber Vater, / Du bist kein Kater«, hatte er in Swinemünde gereimt, auch »ein Lustspiel« für seinen Lehrer Dr. Lau verfasst, das leider »ungebührlich lang« geworden war, so dass, als es aufgeführt wurde, kein Mensch recht zuhören wollte, »was mich sehr traurig machte«, wie der alte Fontane sich erinnert. Aus der Neuruppiner Zeit sind keine Schreibversuche überliefert, aber es wird sie gewiss gegeben haben. So wie es auch neue Lektüreerlebnisse gab, von denen wir ebenfalls nichts Näheres wissen.

Als am 22. März 1832 in Weimar der alte Goethe gestorben war, veranstaltete das Gymnasium zu Neuruppin wohl wie alle im Lande eine Gedenkfeier mit Rezitationen, umrahmt von Musik. Im gleichen Jahr, am 21. September 1832, starb im schottischen Abbotsford Sir Walter Scott. Auch diese Nachricht verbreitete sich in Windeseile in alle Welt und wohl bis nach Neuruppin. Bewegte das damals den Jungen? Scott war ihm bereits ein Begriff, und er kam jetzt langsam in jene Scott-Fieberphase, in der er als »Junge von 13 oder 14 Jahren« alle Romane von ihm las. Auch die Scott-Lektüre bot eine Rückzugsmöglichkeit. Vielleicht lag er manchmal lesend im Boot oder saß mit einem Buch am Ufer, las und wartete auf seine Freunde. Einer von ihnen war Hermann Scherz, der jeweils von Kränzlin herüberkam und den er zuweilen auf dessen elterlichem Gut besuchte. Ein Freund war auch Bernhard Kühn, der Sohn des Verlegers Gustav Kühn in der Friedrich-Wilhelm-Straße. »Herr Buchhändler Kühn«, Pate von Rudolph, und »Madame Kühn«, Patin von Jenny, luden ihn bei Gelegenheit vielleicht ins Kühn'sche Haus, das Wohn- und Verlagshaus zugleich war. Dorthin zog es ihn wie magisch. Denn so wie er in Swinemünde mit seinem Vater am Bollwerk gestanden und auf die Zeitungen gewartet hatte, so stand er jetzt wohl vor der Kühn'schen Lithografenpresse, um einen Blick auf die aktuellen Bilderbogen zu werfen und die neuste Zeitungsausgabe zu studieren.

Von all dem, was er sah und erlebte, wird der »ehrliche Neuruppiner« und Gymnasiast in seinen Briefen an die Eltern berichtet haben. Es ist von dieser Korrespondenz jedoch nur ein einziger Brief überliefert. Er zählt mit dem *Geschichten-Buch* zu den frühesten und ersten schriftlichen Zeugnissen seiner Hand.

Der Brief ist nicht datiert, trägt aber den Poststempel »Ruppin, 20. Juni«. Theodor Fontane hat ihn vermutlich am Donnerstag, den 20. Juni 1833, geschrieben. Adressiert ist er »An Madame Fontane in Spandow / abzugeben bei dem Syndikus Gutike«. Die Mutter empfing seine Zeilen gemäß Poststempel am Sonntag, den 23. Juni. Wir schließen aus der Adresse, dass sie in diesen Tagen bei ihrer jüngeren Schwester Antoinette zu Besuch war. Die Gutickes wohnten in Spandau an der Breitestraße 36, ganz in der Nähe der St.-Nikolai-Kirche. Antoinette Guticke geb. Labry, 29, war seit neun Jahren verheiratet mit dem renommierten Justizkommissar und Stadtsyndikus Charles Guticke, der von der Potsdamer Regierung zum ersten Anwalt Spandaus berufen worden war. Der Tertianer Theodor, so geht aus dem Brief hervor, schrieb seiner Mutter noch in derselben Stunde, als er von einem Berlinbesuch wieder zurück in Neuruppin, seinem Schulort, angelangt war. »Liebe Mutter«, schrieb er. »Es that mir leid, mich sobald von dir trennen zu müßen doch einmal mußte es geschehen und ich muß mich daher in mein Schicksal fügen. Ich kam am Dienstag Abend zu Onkel [August?] erhielt aber die häßliche Nachricht daß ich nicht am Mittwoch fahren könnte da Jumptow erst am Freitag und die Post erst am Donnerstag führe. Ich sah mich daher genöthigt mit der Post zu fahren. Ich bin mit derselben glücklich angekommen und befinde mich wohl. Bientzenz laßen alle grüßen so wie auch Kolbe. Grüße mir recht die kleine Jenni und alle Tanten und Onkels. Schicke mir das Hemde was ich vergeßen habe und schreibe bald wieder Deine[m] dich liebenden Sohn / Theodor Fontane.«

Der im Brief erwähnte »Onkel« meint vermutlich Onkel August, »Jumptow« war ein sogenannter Hauderer, einer, der günstige Reisemöglichkeiten nach Neuruppin anbot, »Kolbe« war ein weiterer Schülerpensionär bei Familie Bientz, »Jenni« meint die kleine Schwester. Dass Theodor gleich bei seiner Ankunft der Mutter die glückliche Rückkehr meldete und nach allen Seiten hin Grüße bestellte, zeigt ihn als einen artigen Jungen, der verbindliche Verhaltensformen gelernt hatte. Heimweh schien er sich zu verbieten, nur die besonderen Grüße an die »kleine Jenni«, die unvermittelte Bitte, die Mutter möge das vergessene Hemd nachschicken und bald wieder schreiben, lassen erahnen, dass ihm die Familie fehlte. Zugleich aber schweigt er sich über die Zeit aus, in der er etwas länger als ausgemacht in Berlin bei seinem Onkel verweilte. Der Junge, überraschend selbstständig im Reisen, zeigt sich der Situation vollkommen gewachsen und scheint es genossen zu haben, im großen Berlin ein wenig zu schlendern.

Berliner Verwandtschaft

Welche Erwartungen hatten die Eltern, was wünschten sie sich für ihren ältesten Sohn? Louis Henri Fontane war ganz Berliner und stolz auf seine französisch-hugenottische Herkunft. Auch wenn er sich in Swinemünde und an der Ostsee wie zu Hause fühlte, Berlin blieb seine Heimatstadt. Das galt auch für Emilie Fontane geb. Labry. Auch sie war stolz auf ihre Herkunft aus der Französischen Kolonie und pflegte, mehr als ihr Mann, die Beziehung zur Berliner Verwandtschaft. Beide Eltern scheuten Reisestrapazen nicht, kamen recht regelmäßig und beobachteten, wie der Ort ihrer Kindheit und Jugend sich wandelte. Es wird ihnen dabei bewusst geworden sein, dass das Bildungs- und Ausbildungsangebot sich enorm verbesserte, und die Söhne wurden deswegen schon früh nach Berlin geschickt.

Der Trend hatte bereits Ende des 18. Jahrhunderts eingesetzt und sich zu

Beginn des 19. Jahrhunderts noch weiter verstärkt. Die Familie Schinkel war ein Beispiel dafür. Aber auch Pierre Barthélemy Fontane mit seinen Söhnen. Denn er war 1807 auch deswegen aus Schlesien zurückgekehrt, weil Charles und Louis Henri das Berliner Gymnasium zum Grauen Kloster besuchen sollten. Jünglinge, die ohne Familie zur Ausbildung nach Berlin kamen, wurden auf ein Gymnasium mit Alumnat geschickt, lebten in einer privaten Schülerpension oder bei Verwandten.

Gewiss ist: Wer immer in Berlin eine höhere Ausbildung antrat, war privilegiert. Für Söhne, die von auswärts kamen, traf das noch mehr zu als für die Berliner selbst. Denn die Eltern hatten in diesem Fall nicht nur Schulgeld, sondern auch Pensionsgeld zu bezahlen. Wer konnte, scheute aber die Kosten nicht. Höhere Schulbildung begann in der komplexer werdenden Welt des frühen 19. Jahrhunderts eminent an Bedeutung zu gewinnen. Der Staat selber forderte sie in seinem Interesse ein. Ihm lag daran, die wirtschaftliche und militärische Entwicklung voranzutreiben, die Verwaltung zu stärken, aber auch die Wissenschaften und freien Künste zu befördern. Ein junger Mann, der beruflich vorankommen wollte, brauchte in jedem Fall eine entsprechende Bildung und Ausbildung. Aber welche? Die Welt veränderte sich. In England war am 15. September 1830 zwischen Manchester und Liverpool die erste Eisenbahnstrecke eröffnet worden. Immer dringlicher stellte sich deshalb für verantwortliche Eltern die Frage, welches Wissen ihre Söhne einmal brauchen würden.

Das humanistische Gymnasium zu Neuruppin, wo Theodor Fontane in der Tertia saß, eröffnete den Weg zum klassischen Studium der Philologie, der Theologie, der Rechte und der Medizin. Was aber sollte in dieser neuen Zeit ein normal begabter Junge werden? Den Eltern Louis Henri und Emilie Fontane stand offenbar der Gedanke am nächsten, dass ihr Ältester dereinst wie der Vater approbierter Apotheker werden und eine Apotheke führen sollte. Ein Medizin- oder Pharmaziestudium oder gar das Studium der Geschichte stand nur am Rande zur Debatte.

Vielleicht war der Schulwechsel für den Sohn von Anfang an geplant gewesen, vielleicht ergab er sich aber 1833 auch aus den Umständen. Denn wie stand es eigentlich mit dem Lernen in Neuruppin? Betrieb es der Junge wirklich ernsthaft? Fontane schrieb später, der Vater habe ihn willkürlich vom Gymnasium genommen. Vielleicht sah Louis Henri Fontane aber auch einfach die Vorteile, die eine neue Schule in Berlin bot. Möglich ist sogar, dass er einem Wunsch seines Sohnes nachgab, nur dass sich dieser später nicht mehr daran erinnern wollte. Denn nicht nur die Schulleitung begann gewisse Schwächen zu zeigen, auch die Neuruppiner Pension war prekär geworden. Superintendent Bientz war jetzt sehr krank und das ominöse »Hustenglas« sein ständiger Begleiter. Für einen neugierigen und reiselustigen Jungen, der kaum stillsitzen konnte, war es eigentlich schrecklich, im Pfarrhaus ausharren zu müssen.

Vieles deutet darauf hin, dass es den 13-Jährigen ganz einfach in eine aufregendere Welt zog. Und das hieß: nach Berlin! Da lebte »Onkel August«, der »immer so fidel war und immer so wundervolle Berliner Geschichten erzählte. Mitunter sogar unanständige.« Und auch Freund Wilhelm Krause lebte jetzt hier und schwärmte, wenn man sich in den Ferien wiedersah, von der modernen Gewerbeschule. Die Schule alten Typs wirkte dagegen antiquiert – kein Englisch, keine Chemie!

Später, als Theodor Fontane ohne Abitur und ohne Studium dastand, pflegte er seinen Ausbildungsweg als Fehlentscheid seines Vaters zu beklagen. Mit knapp dreißig Jahren »nöhlte« er: »Und es könnte alles anders sein! Sieh, das verbittert mich jetzt, zu Zeiten, bis ins tiefste Herz. Der Egoismus meines Vaters, der immer Geld hatte für Wein und Spiel, und nie für Erziehung und Zukunft seiner Kinder hat schlimme Frucht getragen. Man ließ mich Apotheker werden, weil man das Geld verprassen wollte, was zur Ausbildung der Kinder hätte verwendet werden müssen [...].« Und in seinen Lebenserinnerungen *Von Zwanzig bis Dreißig* liest man: »[...] kam ich nach Berlin, da mein Vater beschlossen hatte, mir statt einer Gymnasialbildung, in deren Anfängen ich stand, eine Realschulbildung und zwar auf der seit kurzem erst gegründeten Klödenschen Gewerbeschule zu geben.« Da war Fontane gut 75 Jahre alt und noch immer unversöhnt mit seinem Bildungsweg. Näher an der Wahrheit aber ist: Louis Henri Fontane war als Vater weder despotisch noch gleichgültig. Und hätte Theodor Fontane wirklich darauf bestanden, das Gymnasium zu absolvieren, dann hätte seine Mutter es für ihn durchgesetzt. Dass sie in Schulfragen couragiert war, bewies sie mehr als einmal. Zuerst hatte sie gegen die Stadtschule in Swinemünde votiert und die Erziehung durch Hauslehrer bewirkt, und dann hatte sie den zukünftigen Gymnasiasten zum damals gefürchteten Direktor Thormeyer begleitet. Auch eine Tat.

Man kann Fontane also nur bedingt glauben, wenn er beklagt, ihm sei eine anständige Ausbildung versagt geblieben. Er »nöhlt« gern und spielt gern den »Nöhler«. In Wirklichkeit hat er von Jugend auf alle Privilegien der höheren Bildungsschicht genossen. Er war in bester Manier von Hauslehrern auf das Gymnasium vorbereitet worden, die Eltern hatten die Kosten nicht gescheut, ihn auswärts aufs humanistische Gymnasium zu schicken, ihn zur weiteren Erziehung ins Haus des reformierten Superintendenten gegeben und ihm alle Freiheiten des jungen Herrn gestattet, der selbstständig nach Swinemünde oder Berlin reisen durfte. Eher kommt man also zum Schluss, sie hätten ihren Ältesten schon früh über die Verhältnisse hinaus verwöhnt und ihn gewähren lassen. Dass Abitur und Studium für die bürgerliche Laufbahn so wichtig werden sollten, war zum Zeitpunkt der Entscheidung den Eltern wohl ebenso wenig bewusst wie vielen bürgerlichen Nicht-Akademikerfamilien. »Professor der Geschichte« werden – das war als Idee gut. Aber noch jahrelang Latein büffeln?

Weil die Berliner Verwandten zahlreich und die Familienbande stark waren, konnten die Eltern es wagen, den Sohn Theodor zur höheren Ausbildung nach Berlin zu schicken. Aber zu wem?

Der solide Charles Henri Fontane, jetzt 39, war mit seiner jungen Familie 1828 aus der Kleinen Hamburger Straße 13 fortgezogen. Er lebte seit 1831 in Perleberg, wo er als beamteter Wegebaumeister mit seinen Leuten die neue Chaussee zwischen Wusterhausen, Perleberg und Warnow erstellte, ein Teilstück der Verbindung Berlin–Hamburg.

Onkel Charles war also nicht mehr in Berlin, dafür die Witwe des Großvaters. Charlotte Friedericke Fontane geb. Werner, jetzt 55 Jahre alt, war, nachdem die Erben das Haus in der Kleinen Hamburger Straße verkauft hatten, in die Große Präsidentenstraße 8 gezogen, in die unmittelbare Nähe von Schloss Monbijou. Theodor sollte diese »vorzügliche Dame« jetzt von ihrer besten Seite kennenlernen. Denn sie war eine glänzende Köchin. Über 400 »deliziöse« Rezepte hat sie handschriftlich hinterlassen, Anleitungen für die Zubereitung von Suppen, Gemüse, Fisch, Fleischgerichten, Saucen, Pasteten, Puddings, Mehlspeisen, Kuchen, Torten, Gebäck, Gelées, Compots, Gefrorenem und Eingemachtem. Bei ihr wohnen ging nicht, aber nur wenige Gehminuten entfernt war der jüngste ihrer drei Stiefsöhne zu Hause. Und das war August Fontane.

Theodor Fontanes Onkel August, der einst bei Quittel in die Lehre gesteckt worden war, dann eine Malerausbildung begonnen hatte und schließlich mit 25 Jahren auf der Magdeburger Theaterbühne als Schauspieler und Sänger debütiert hatte, führte jetzt ein »Malermagazin für Maler, Zeichner etc«. Geschäft und Wohnung befanden sich in der Burgstraße 18, auf der Ostseite des Stadtschlosses. Onkel August wohnte hier mit Frau und Kind. Kurz nach Beginn seiner Bühnenlaufbahn hatte er die blutjunge Schauspielerin Philippine Sohm geheiratet. Beide waren dann von der Bühne weggegangen und versuchten jetzt ein bürgerliches Leben zu führen. Sie hatten auch ein kleines Mädchen adoptiert. Es hieß mit Vornamen Rosa oder Rosalie, mit Nachnamen Hartwich und war, als Theodor Fontane nach Berlin kam, etwa fünf Jahre alt. Wer seine leiblichen Eltern waren? Nicht selten kam es vor, dass Schauspielerinnen ihr eigenes Kind adoptierten, das sie vor oder außerhalb der Ehe zur Welt gebracht hatten. So munkelte man jedenfalls bei der Adptivmutter von Louise Rogée, die ebenfalls Schauspielerin gewesen war. Mit Rosalie mag es ähnlich, aber natürlich auch ganz anders gewesen sein.

Auf der gegenüberliegenden Seite der Spree, in der Schlossfreiheit 3, wohnten zur selben Zeit die Großtanten Labry. Das waren die beiden unverheirateten Schwestern des früh verstorbenen Seidenkaufmanns Jean François Labry, Theodor Fontanes Großvater mütterlicherseits. Elisabeth Labry, 67, war seine Taufpatin. Sie wohnte mit der jüngeren Charlotte Labry, 61, noch immer an derselben Adresse wie damals, als ihre Familie von Magdeburg nach Berlin gekommen war. Im Berliner Adressbuch von 1833 werden die beiden als »Putzmacherinnen« aufgeführt.

So wie die Verhältnisse lagen, war es wohl das Gescheiteste, der Junge kam zu Onkel August. Zugleich wird die Berliner Verwandtschaft den Jüngling aus Neuruppin immer gern gesehen haben. Neben der Großmutter könnte vor allem die Taufpatin in der Schlossfreiheit gelegentlich zum Essen eingeladen haben. Denn die Fontanes und Labrys hatten Familiensinn, waren gastfreundlich und fühlten sich eng miteinander verbunden durch die Französische Kolonie.

Zu Michaelis 1833 (29. September) wechselte Theodor Fontane vom Friedrich-Wilhelms-Gymnasium in Neuruppin an die städtische Gewerbeschule in Berlin. Seine neue Schule lag gleich neben dem Friedrichwerder'schen Gymnasium, in der Niederwallstraße 12, Nähe Spittelmarkt. Vorerst wohnte er als Schülerpensionär »bei Badke« in der Wallstraße 73, nur wenige Schritte von seiner Schule entfernt. Von hier konnte er bequem zu Fuß durch die

Stadt schlendern oder zu seinen Berliner Verwandten gelangen. Zwar waren die Wege jetzt doppelt und dreifach so weit, aber der Junge, bald 14 und hochaufgeschossen, war leidenschaftlich gerne unterwegs und blickte neugierig in die Welt.

Auf der städtischen Gewerbeschule von Karl Friedrich Klöden

Das Schülerbuch der städtischen Gewerbeschule aus dem Jahr 1833 verzeichnet »Theodor Heinrich Fontane« unter der Nummer 77. Es vermerkt, der neue Schüler sei »13 ½« Jahre alt und in »Neu Ruppin« geboren, sein Vater sei der »Apotheker Fontane«, die Adresse des Schülerpensionats laute »Wallstraße Nr. 73 bei Badke«, und er komme aus dem »Gymnasium zu Ruppin« aus der »III.« Klasse. Man entnimmt dem Aufnahmebuch auch, dass eine Einschreibegebühr von »3 Rthl.« entrichtet wurde und der Junge zum 1. Oktober 1833 als »Lateinschüler« nun seine Studien in der »III.« Klasse fortsetzen würde. Die Rubrik mit dem Datum des Austritts ist leer. Doch wissen wir aus den jährlich publizierten Listen der Schulabgänger, dass Theodor Fontane die Gewerbeschule bis zum Frühjahr 1836 besuchte und dann ein Jahr nach der mittleren Reife mit dem Vermerk »wird Apotheker« abging. Der Direktor der Schule, Karl Friedrich Klöden, mahnte damals, wie er schon seit Jahren mahnte: »Wiederholt muss ich den geehrten Eltern unserer Schüler den Wunsch ans Herz legen, ihre Söhne der Schule nicht zu früh zu entnehmen [...].«

Seit der Gründung der städtischen Gewerbeschule im Jahre 1824 kämpfte Direktor Klöden dafür, dass die Schüler das ganze Curriculum absolvierten, also auch die oberen Klassen besuchten, die schließlich zum Abitur führten. Zwar genoss die Gewerbeschule, die wie die Gymnasien dem Kultusministerium unterstellt war, reges öffentliches Interesse und konnte sich auch mit berühmten Fürsprechern schmücken. Doch hatte sich der neue Schultypus noch nicht in der Weise durchgesetzt, wie er eigentlich konzipiert war. Die Gründe für den frühzeitigen Abbruch sah Klöden vor allem in der Tatsache, dass Eltern eine so lange Ausbildung nicht bezahlen wollten und auf frühzeitige Berufstätigkeit drangen. Viele würden daher die Gewerbeschule nur bis Ende der dritten Klasse und bis zur Konfirmation besuchen, stellte er fest und beklagte, dass es für moderne Schulen wie die Gewerbeschule keine Stipendien, Alumnate oder Stiftungen gebe, die lernwilligen Schülern Unterstützung boten.

Karl Friedrich Klöden war sich sicher, dass erst der Besuch des ganzen Kursus den Wert der Realschulbildung zum Tragen brachte. Das bedeutete, dass nach der dritten Klasse noch drei weitere Schuljahre erfolgreich besucht werden mussten, nämlich die zweite Klasse und die zweistufige erste Klasse. Wer die Gewerbeschule so abschloss, war nicht nur für eine höhere Berufslehre qualifiziert, sondern wurde seit 1832 auch zur Abiturprüfung zugelassen und konnte nach erfolgreichem Bestehen ein Studium ergreifen. Dieses Ziel strebte Klöden für die Mehrheit seiner Schüler an und wiederholte daher unermüdlich, Eltern und Schüler möchten es sich nicht zu leicht machen, denn mit der Reifeprüfung nach der dritten Klasse sei noch nichts erreicht.

Als Theodor Fontane am 1. Oktober 1833 in die dritte Klasse eintrat, hatte er, weil das Schuljahr zu Ostern begann, die erste Hälfte des Kursus verpasst. Dass man ihn dennoch in die dritte Klasse einteilte, war eine seltene Ausnahme. Es muss bedeutet haben, dass man ihn als überdurchschnittlich guten Lerner mit rascher Auffassungsgabe einstufte. Dabei war er mit seinen 13½ Jahren einer der Jüngsten der Klasse.

Die städtische Gewerbeschule zählte damals ähnlich viele Schüler wie das Gymnasium in Neuruppin, nämlich etwa 170. Die meisten gingen nach erfolgreich bestandener dritter Klasse ab. Sie waren dann in der Regel 15 oder 16 Jahre alt und verließen die Schule mit dem »Zeugnis der Reife«, das sie zugleich zum »freiwilligen einjährigen Militairdienst« qualifizierte.

Als Theodor in die dritte Klasse aufgenommen wurde, in der Annahme, er würde zu Ostern 1834 in die zweite Klasse versetzt, stand ihm die Möglichkeit, den ganzen Kursus bis zum Abitur zu absolvieren, theoretisch durchaus offen. Er hätte dann wie Freund Wilhelm Krause die Gewerbeschule zu Ostern 1837 abgeschlossen. Wilhelm saß mit ihm in derselben Klasse (oder in der Parallelklasse), als sie jetzt wieder gemeinsam die Schulbank drückten. Warum es anders kam? Vielleicht war es weniger, weil die Schulwahl ihn nicht glücklich stimmte, sondern waren es mehr die Umstände, die den Schulerfolg verhinderten.

Unerwartete Schulschwierigkeiten

Eine überraschende Entdeckung: Theodor Fontane wurde zu Ostern 1834 nicht versetzt. Davon hat er nirgends erzählt. Wie er es damals wohl empfunden hat? Vielleicht so: Man hatte ihm die Chance gegeben, ein halbes Schuljahr zu überspringen, um mit dem älteren Wilhelm Krause, seinem besten Freund aus Swinemünde, wieder in derselben Klasse zu sitzen. Aber er hatte es vermasselt und jedenfalls die hohen Erwartungen, die in ihn gesetzt worden waren, enttäuscht.

Die Rückversetzung in seine eigentliche Stufe, er kam zu Ostern noch einmal in die dritte Klasse, muss den 14-Jährigen in seinem Innersten getroffen haben. Es beschämte und es kränkte ihn. Und er kam vermutlich nur schwer darüber hinweg. Er rettete sich aber, indem er jetzt begann, alles, was seine Ausbildung betraf, als etwas Halbes, Lückenhaftes, Unfertiges zu begreifen und seine schulischen Leistungen herunterzuspielen. Zwar wurde er in den folgenden Jahren allen Anforderungen, die der Unterricht an ihn stellte, ohne Probleme gerecht, aber er hütete sich offenbar davor, ein Musterschüler zu sein und hoch hinauszuwollen.

Im Frühjahr 1834 zeigte sich also, dass der Wechsel vom Neuruppiner Gymnasium an die Berliner Gewerbeschule für Theodor Fontane eine größere Herausforderung dargestellt hatte als erwartet. Oder anders: Im Frühjahr zeigte sich das Resultat dessen, was man als eine paradoxe Situation bezeichnen könnte. Einerseits sollte Theodor erhöhte schulische Leistungen erbringen, aufholen, was die älteren Schüler seiner Klasse schon gelernt hatten, anderseits wurde nichts dafür getan, ihn dazu zu befähigen, diese Leistungen auch wirklich zu erbringen. Im Gegenteil, man mutete ihm eine katastrophale Lernsituation zu. In der Pension Badke hatte er sich alleingelassen gefühlt, und bei Onkel August, zu dem er schließlich kam, ging es so turbulent zu, dass an Lernen oft kaum zu denken war.

Ganz anders erging es dagegen Wilhelm Krause. Er bestand die dritte Klasse zu Ostern 1834 mit Erfolg und erhielt damit das Zeugnis der Reife sowie die Qualifizierung für das Einjährige. Selbstverständlich setzte er dann den Kursus in der zweiten Klasse fort und ließ also seinen Freund Theodor buchstäblich sitzen. Wilhelm, so gut und freundlich er war, war einfach zu beneiden. Er war auch nicht in irgendeine Pension Badke einquartiert worden, schlief nicht in einer »Laterne« im Treppenhaus wie Theodor Fontane.

Nein, Wilhelm Krause war Schülerpensionär bei Schuldirektor Karl Friedrich Klöden geworden, der mit seiner Familie die Direktorenwohnung im Schulgebäude bewohnte. Er hatte alles in allem einfach viel bessere Bedingungen für den Lernerfolg.

Ja, für Theodor Fontane war das erste Schulsemester in Berlin eine rechte Leidenszeit. Besonders die ersten zwei Monate bei Badke müssen schlimm gewesen sein und prägten sich ihm als furchtbare »Pensionsöde« ein. Da half auch die Berliner Verwandtschaft wenig. Hinzu kam aber, dass in der dritten Klasse, die er besuchte, die Verhältnisse sehr zu wünschen übrigließen. Die Klasse war nämlich überfüllt. Es saßen hier über 50 Schüler, statt der erlaubten 45. Aber selbst 45 wären noch immer viel zu viele gewesen für den sensiblen Jüngling. Was tun? Der »ehrliche Neuruppiner« half sich selbst und begann a tempo hinauszuwandern. Hinaus aus dem Klassenzimmer. Hinaus aus der Stadt. Gehen, ja, *weit* gehen wurde sein Mittel gegen Sorgen und Traurigkeit. Wie er später schrieb, begann er dann auch zu schwänzen.

Eine Schule mit Schwerpunkt Naturwissenschaften und Mathematik

Die Gewerbeschule war eine teure Schule. Für Berliner Schüler betrug das Schuldgeld »in den unteren Klassen [...] vierteljährlich 6 Thaler, in der ersten Klasse aber 9 Thaler« und wurde jeweils im Voraus fällig. Für Schüler von auswärts betrug das Schuldgeld sogar durchwegs »vierteljährlich 15 Thaler«. Ab Januar 1834 lebte Theodor Fontane bei der Familie seines Onkels August Fontane. Ob von da an der Vater statt 15 nur noch 6 Taler vierteljährlich zu bezahlen hatte? Jedenfalls ließ sich Louis Henri Fontane die Ausbildung seines ältesten Sohnes etwas kosten und befürworteten offenbar beide Eltern eine strenge Schule. Denn wöchentlich galt es 32 Pflichtstunden zu absolvieren.

Bis Ende der dritten Klasse, für Theodor Fontane bis Ostern 1835, lag der Schwerpunkt auf den mathematisch-naturwissenschaftlichen Fächern. Erst in der zweiten Klasse kam das Fach Geschichte hinzu, allerdings auf eine Wochenstunde beschränkt. Und auch Englisch lernte Theodor Fontane gemäß Stundentafel erst in der zweiten Klasse, mit 15 Jahren. Nur zwei Wochenstunden waren dafür vorgesehen, während Französisch weiterhin mit vier Wochenstunden geführt wurde. In beiden Fremdsprachen wurde Wert auf Grammatik, Orthografie, korrektes Schreiben und Sprechen sowie auf das Übersetzen gelegt. Das anspruchsvolle Englisch wurde erst in dem zweijährigen Kursus der ersten Klasse gelehrt. Weil diese ersten Klassen aber sehr klein waren, wurden sie manchmal mit der zweiten Klasse zusammengelegt. In der zweiten Klasse kam außerdem eine weitere Wochenstunde Chemie hinzu. In den zweieinhalb Jahren, die Theodor Fontane das Fach besuchte, wurden behandelt: »Die Hauptabschnitte der anorganischen Chemie, durch Experiment erläutert nach Köhlers Leitfaden: Die Chemie in technischer Beziehung«, sodann »das Wichtigste aus dem organischen Theile, durch Versuche veranschaulicht und verdeutlicht«. Das Fach Religion wurde durchwegs auf allen Stufen der Ausbildung gelehrt, den wöchentlichen Unterricht mit zwei Stunden gestaltete jeweils ein evangelischer Prediger.

Ostern 1835, als Wilhelm Krause erfolgreich die zweite Klasse abschloss und in die erste Klasse versetzt wurde, erlangte Theodor Fontane, eine Klassenstufe unter ihm, das Zeugnis der Reife sowie die Qualifizierung zum Einjährigen. Dafür hatte er wie seine Mitschüler am 1. April 1835 die öffentliche Prüfung abzulegen gehabt. Etwa ein Dutzend Schüler seines Jahrgangs verließ nun die Schule.

Ab Ostern 1835 saß Theodor Fontane in der zweiten Klasse. Sie war jetzt kleiner, und das Lernen gestaltete sich intensiver. Der mathematisch-naturwissenschaftliche Unterricht wurde vertieft und der Fächerkanon um Englisch sowie Geschichte erweitert.

Als Theodor Fontane zusammen mit 21 anderen Schülern die Schule Ostern 1836 verließ, traten nur noch wenige Schüler seines Jahrgangs in die erste Klasse über. Es war Mitte der 1830er-Jahre an der Berliner Gewerbeschule nicht anders als am Gymnasium zu Neuruppin: Nur eine kleine Minderheit entschied sich für Abitur und Studium oder bekam die Möglichkeit dazu.

Zu dieser privilegierten Gruppe gehörte Wilhelm Krause. Er ging Ostern 1837 im Alter von 19 Jahren von der ersten Klasse ab, hatte mithin den anspruchsvollen Zweijahreskurs bestanden. Im Schuljahresbericht von Ostern 1837 heißt es zu »Friedrich Wilhelm Krause«: »wird Kaufmann«. Hätte Theodor Fontane das Unmögliche geleistet, nämlich als Ausnahmefall das erste Semester der dritten Klasse erfolgreich zu überspringen, hätte er mit seinem Freund als einer der Jüngsten ebenfalls die erste Klasse abschließen können. Er hätte dann leicht das Abitur machen und sich den Weg zum Universtitätstudium eröffnen können.

Herausragende Lehrer an der städtischen Gewerbeschule

Manche der Lehrer an der Gewerbeschule waren herausragend in ihrem Fach. Sie betrieben eigene Forschung, lehrten an der Universität oder schrieben Lehrbücher für die höhere Schule.

Beispielhaft war Professor Friedrich Wöhler, der Medizin studiert hatte und dann Chemiker geworden war. Er lehrte von 1825 bis 1831 an Klödens Gewerbeschule und führte hier im Laboratorium jene Experimente durch, die 1828 zur sensationellen Entdeckung der Harnstoff-Synthese führten. Als Theodor Fontane an die Schule kam, war Wöhler an das Polytechnikum in Kassel gewechselt, aber das Chemielabor der Gewerbeschule war noch immer eines der besten im Land.

Der Mathematiker Jakob Steiner, ein Schweizer, hatte als junger Lehrer zuerst bei Pestalozzi in Yverdon unterrichtet, war dann zum Studium nach Heidelberg gegangen, hatte dort promoviert und lebte seit 1820 in Berlin. Bevor er zum außerordentlichen Professor an die Berliner Universität berufen wurde, lehrte er von 1827 bis 1834 ebenfalls an der Gewerbeschule. Theodor Fontane hat ein Jahr lang vier Stunden in der Woche den Mathematikunterricht bei Jakob Steiner besucht und diesen wohl nicht so häufig schwänzen können, wie er rückblickend erzählt hat. Steiners eigentliches Forschungsgebiet war aber die Geometrie, die er in der Gewerbeschule erst auf der Stufe der zweiten Klasse lehrte. Als Theodor Fontane in diese Klasse aufrückte, hatte der berühmte Mathematiker den Ruf der Berliner Universität bereits angenommen, so dass der Jüngling ihn in diesem Fach nicht mehr als Lehrer erlebte.

Grundlagenforschung betrieb auch Karl Friedrich Klöden (eigentlich von Klöden), der Gründer und langjährige Direktor der Schule. Sein Spezialgebiet war die Mineralogie. Was er auf diesem Gebiet und insbesondere in Bezug auf die Mark Brandenburg erforschte und publizierte, interessierte noch den alten Goethe, so dass es zu jenem Austausch kam, der neben dem Fachlichen auch das moderne Curriculum der Gewerbeschule zum Gegenstand hatte. Dass das Klöden'sche Curriculum Vorbildcharakter hatte, war dem Dichter und Naturwissenschaftler in Weimar gewiss. Und hätte ihm Theodor Fontane, der Jüngling, von falscher Schulwahl gesprochen, er hätte gewiss den Kopf geschüttelt (und ihm gut zugeredet?).

Auch im Fach Deutsch hatte Theodor Fontane einen Lehrer, der als Wissenschaftler hervortrat. Philipp Wackernagel, der ältere Bruder des Germanisten Wilhelm Wackernagel, war 1828 als junger Lehrer an der Gewerbeschule fest angestellt worden und publizierte als einer der Ersten Lese- und Sprachbücher sowie Gedichtanthologien für den Deutschunterricht an höheren Schulen. 1832 erschien seine *Auswahl deutscher Gedichte*, eine Anthologie, die später im Anhang auch Kirchenlieder aufführte. Das lutherische Kirchenlied wurde Wackernagels Hauptforschungsgebiet, daneben betrieb er Mineralogie und andere Naturwissenschaften. Auf Theodor Fontane aber wirkte er hauptsächlich als Deutschlehrer. Zweieinhalb Jahre lang lernte dieser bei ihm deutsche Grammatik, machte Stilübungen, trug auswendig Gedichte vor, übte den deutschen Aufsatz sowie das freie Vortragen und eignete sich zuletzt, in der zweiten Klasse, die »Formenlehre deutscher Gedichte nach Wakkernagels [sic] Gedichtsammlung« an, um einen ersten Überblick zu gewinnen über »die Literaturgeschichte deutscher Poesie«. Fontane hat seinen »hochverehrten Lehre[r]«, der 1877 in Dresden starb, in einer späten Selbstreflexion gewürdigt. Gefragt, wie denn sein erstes literarisches Werk entstanden sei und welchen inneren Bezug es zur eigenen Biografie habe, antwortete er mit einer Geschichte aus seiner Schulzeit bei Philipp Wackernagel.

Ein Hausaufsatz als Erstlingswerk

Die Antwort erschien 1894 in einer Sammlung von 19 Aufsätzen, herausgegeben von Karl Emil Franzos. Titel: *Die Geschichte des Erstlingswerks.* Fast alle – von Felix Dahn bis Hermann Sudermann, von Marie von Ebner-Eschenbach bis Ossip Schubin – erzählten die Entstehungsgeschichte ihres ersten veröffentlichten Werkes. Fontane aber spricht über einen Hausaufsatz, den er bei Deutschlehrer Philipp Wackernagel zu schreiben hatte und der ihm seinerzeit großen Kummer bereitete. Herausgeber Franzos war etwas irritiert, als er den Beitrag erhielt, und spricht in der Einleitung von einem »Missverständnis«. Fontane habe die Aufgabe nicht ganz richtig verstanden. Gedruckt wurde der Beitrag dennoch, und zwar zusammen mit dem frühesten Bild, das von Theodor Fontane überliefert ist. Es zeigt ihn nicht als 13-Jährigen, aber als jungen Mann mit jünglingshaft-verträumtem Gesichtsausdruck.

»Es ist schwer«, so beginnt der alte Fontane, »die erste Liebe festzustellen; hat man sie, oder glaubt man sie zu haben, so findet sich in der Regel, daß es noch eine allererste gab. Ein verstorbener Freund von mir war denn auch wirklich bei dieser retrospektiven Untersuchung bis an sein viertes Lebensjahr zurückgeraten.« Daraus schließt er: »Mit der ersten literarischen Arbeit verhält es sich ähnlich. Wenn man eben seinen Erstgebornen in einem auf liniiertem Papier geschriebenen Geburtstagskarmen entdeckt zu haben glaubt, ergibt sich plötzlich, daß man schon anderthalb Jahre vorher zu einer Wilhelm Tell-Puppentheater-Vorstellung einen Prolog gedichtet hat, drin, unter mehr oder weniger deutlichen Anspielungen auf Klassenlehrer, Tyrannenmord als einziges Rettungsmittel gepredigt wird. Wirklich, es ist schwer, seinem ersten literarischen Sündenfall ein präzises Datum zu geben.«

Der alte Fontane entscheidet sich dann für einen deutschen Aufsatz »nach selbstgewähltem Thema«, den er einst als »Untertertianer« zu schreiben hatte, eine Aufgabe, die ihn wirklich drückte, weswegen er, um seine »Schulsorgen« zu vergessen, »eine Fußpartie« von Berlin nach Löwenbruch unternahm, wo Verwandte von ihm lebten (die Familie seines Großonkels Frédéric Mumme). Er sei dann einfach die »drei Meilen« Richtung Süden marschiert. »Es war ein scharfer Nachmittags-Marsch« zum Halleschen Tor hinaus und weiter bis nach »Groß-Beeren«. Hier bei der Rast habe er sich plötzlich besonnen, wo er war und was er über die Schlacht von Großbeeren wusste. Denn das Feld, wo die napoleonische Armee 1813 geschlagen worden war, lag gerade vor ihm. Damit sei der Stoff für seinen Aufsatz gefunden gewesen. »Nach acht Tagen«, so erzählt der alte Fontane, »erhielt ich aus den Händen Philipp Wackernagels, meines hochverehrten Lehrers, meinen Aufsatz zurück, und wer beschreibt mein Entzücken, als ich, der ich bis dahin über ein ›vidi W.‹ [ich hab's gesehen, Wackernagel] nie hinausgekommen war, jetzt zum ersten und leider auch einzigen Male las: ›Recht gut. W.‹«

Fontane, der die Frage von Karl Emil Franzos mit einer Geschichte beantwortet hatte, fügte zum Ende noch folgende Reflexion hinzu: »Daß meine ›Wanderungen durch die Mark Brandenburg‹ auf dieses ›Recht gut‹ zurückzuführen seien, will ich nicht gerade behaupten, aber daß der Aufsatz, der den forschen Titel: ›Auf dem Schlachtfelde von Groß-Beeren‹ führte, meine erste Wanderung durch die Mark Brandenburg gewesen ist, das ist richtig.«

Mit der Geschichte seines Erstlings ließe sich folgern: Damit Theodor Fontane ins Schreiben geriet, musste am Anfang ein Auftrag stehen, ein recht schwieriger, doch einer, der bei gutem Mut noch zu bewältigen war. Er konnte dann nicht anders, als diesen Auftrag mit sich herumzutragen, litt oft tage- oder wochenlang, bis ihm auf den Wegen, die er wählte und die in der Regel ein Ziel hatten, die Lösung des Problems ganz ungesucht zufiel. Historischer Stoff zum Beispiel, etwas aus der Napoleonzeit, da wusste er viel und konnte es mit seinem Wissen verknüpfen. Doch das allein tat es noch nicht. Es musste auch zwingend ein starkes emotionales Moment hinzukommen, etwas Ureigenes. In *Mein Erstling* ist es die Passage, wo Fontane von der Mutter als junger Frau berichtet und davon, wie sie ihm in seinen Kindheitstagen jene Geschichte erzählte, die dann zum Nukleus seines Erstlings wurde. Die Inspiration entspringt in diesem Fall den Quellen des mütterlichen Erzählens und führte bei Fontane zum Schreiben »im Fluge«. Ein guter oder recht guter Text entstand allerdings nur unter der Bedingung, diesen fast noch in der Stunde der Entstehung dem geachteten und gestrengen Prüfer zur Bewertung vorlegen zu müssen. Und diese Instanz war ganz zu Anfang, als Schüler, sein Deutschlehrer Philipp Wackernagel. Mit *Mein Erstling* dankte ihm Fontane sowohl für den schwierigen Auftrag wie für dieses anerkennende »Recht gut. W.«. Der Aufsatz selbst ist nicht überliefert, aber die Geschichte dazu ist eine Perle.

Berlin, restaurativ

Berlin war 1833 größer, vielfältiger, widersprüchlicher als in der Jugendzeit von Theodor Fontanes Eltern. Die Bevölkerung hatte sich unterdessen verdoppelt und war auf 250 000 Einwohner angewachsen. Die Stadtmitte, wo die Fontanes und die Labrys von jeher zu Hause gewesen waren, hatte architektonisch ein neues Gesicht erhalten. Zwar hatten die Eltern seinerzeit noch erlebt, wie Unter den Linden Schinkels Königswache (1818) eingeweiht wurde. Jetzt aber stand am Gendarmenmarkt auch das neue Schauspielhaus (1821), über die Spree führte die monumentale Schlossbrücke (1824), am Werderschen Markt erhob sich die neugotische Friedrichswerdersche Kirche (1830), und gegenüber dem Schloss, am Lustgarten, war das Alte Museum verwirklicht (1831). In der Nähe des Werderschen Marktes aber, wo ein großer Bauplatz war, konnte der Jüngling Theodor verfolgen, wie die neue Bauakademie (1832–1836) in die Höhe wuchs. Alle diese Meisterwerke, nicht nur die Königswache, waren von Karl Friedrich Schinkel entworfen und unter seiner Leitung als Architekt des Königs realisiert worden. Bis auf die Bauakademie, die gleichzeitig seine neue Wohnung enthalten sollte. Jetzt war der vielbeschäftigte Mann, der berühmte Neuruppiner, privat an der Adresse Unter den Linden 4a zu erreichen und lebte mit der Familie also mitten in seinem künstlerischen Betätigungsfeld.

Mit Schinkels Berliner Bauwerken wurde der Schüler Theodor Fontane nun rasch vertraut, denn er passierte sie beständig, wenn er zur Schule ging oder durch die Stadt lief. Sie verkörperten die Reformzeit Preußens und waren getragen von ihrem Geist. Dieser Geist fand jedoch kein politisches Äquivalent. Politisch hatte sich die Restauration durchgesetzt. Die Ideen der Reformzeit flüchteten sich, wie vielfach festgestellt wurde, in Kunst und Wissenschaft.

Preußen aber war ein Überwachungsstaat geworden. Seit der Zerschlagung der Revolutionen von 1830 fürchtete man neue revolutionäre Umtriebe. Zuletzt hatten im Rheinland, am Hambacher Fest von Ende Mai 1832, etwa 30 000 Menschen, Männer und Frauen aus allen Schichten, nach nationaler Einheit und Demokratie gerufen. Die staatliche Antwort darauf war indes eine verstärkte Zensur, die Beschränkung der Versammlungsfreiheit und die Unterbindung jeglicher politischer Agitation.

Auch die Schriften des Jungen Deutschland standen unter Verdacht. Das Verbot gegen diese Dichter wurde am 10. Dezember 1835 ausgesprochen und betraf namentlich Heine, Gutzkow, Laube, Wienbarg und Mundt. Geahndet und verfolgt wurden nicht nur die Dichter und Schriftsteller – Heine lebte bereits in Paris –, sondern gleichzeitig ihre Verleger, Drucker und Vertreiber. Die Zensur betraf selbstredend auch die neumodischen Leihbibliotheken.

Zwar war die politische Revolution zerschlagen, die revolutionäre industrielle Entwicklung ließ sich jedoch nicht aufhalten. Schon 1834 wurde die erste deutsche Eisenbahnstrecke eröffnet, sie verband Nürnberg und Fürth. Im Raum Berlin folgte 1838 die Strecke Berlin–Potsdam, 1841 Berlin–Stettin. Berlin selbst wurde mit der Firma Borsig Zentrum der Eisenbahnindustrie. 1841 sollte sie bereits ihre eigenen Lokomotiven vorstellen und in Konkurrenz treten mit der führenden Industrienation Großbritannien. Noch war nicht abzusehen, was das alles bedeutete, aber die Planung eines preußischen Eisenbahnnetzes war in den Köpfen der Pioniere bereits so weit vorangeschritten, dass sich Wirtschaft und Technik bald in einer Weise fortentwickeln konnten, dass ihre Errungenschaften in vollkommenen Widerspruch zur restaurativen Politik geraten würden.

Was aber würde der preußische Staat unternehmen gegen die Schattenseiten des Fortschritts? Was gegen die Verelendung der Handwerker und Gewerbetreibenden, die wegen der Maschinen ihre Arbeit verloren, und was gegen die Nöte der Arbeiterschaft und gegen die Kinderarbeit? Die Politik stagnierte und hatte keine Antworten, oder vielmehr: Der Staat unterdrückte Hungerrevolten und Maschinenstürmerei gerade ebenso wie den Ruf nach Einheit und Freiheit.

Auch mit der Verfassungsfrage, aktuell seit den Befreiungskriegen, ging es nicht voran. König Friedrich Wilhelm III. und seine Regierung hatten kein Interesse, das alte Versprechen einer Volksrepräsentation einzulösen. In den Landtagen saßen weiterhin nur adlige, städtische und bäuerliche Großgrundbesitzer und vertraten ihre konservativen und partikularistischen Interessen. Von der politischen Teilhabe ausgegrenzt war damit auch das aufstrebende Bürgertum, dessen Kapital sich nicht am Großgrundbesitz messen ließ. Paradoxerweise war es aber gerade das fortschrittliche preußische Bildungswesen, das diese Schicht förderte und stärkte. Rechtsanwälte, Notare, Ärzte, Lehrer, Professoren, sie alle hatten weder ein Wahl- noch ein Stimmrecht. Und ebenso erging es den Unternehmern, die die eigentliche Triebkraft der wirtschaftlichen Entwicklung waren.

Als am 1. Januar 1834 der Deutsche Zollverein gegründet wurde, fielen die Zollschranken zwischen 18 deutschen Ländern. Handel und Verkehr konnten nun ungebremst Fahrt aufnehmen. Private Unternehmer investierten enorm und trieben den Ausbau der Eisenbahn voran. Die Eisenbahnkönige wurden die neuen Glücksritter. Der Staat hielt sich dabei zurück, ihm fehlte das Kapital zur Einflussnahme.

An anderer Stelle jedoch setzte er seine Ansprüche unerbittlich durch, und zwar bei der allgemeinen Wehrpflicht. Sie war schon in den Befreiungskriegen eingefordert worden, aber erst in den 1830er-Jahren begann Preußen sie konsequent durchzusetzen. Die Zahl der Rekruten erhöhte sich deshalb jährlich. Die allgemeine Wehrpflicht hatte überhaupt weitreichende Folgen für die jungen Männer. Sie wurden nicht nur zum Dienst am Vaterland verpflichtet, sondern auch zur Königstreue und damit zur restaurativen Politik Preußens.

Diese Atmosphäre war es, in der Theodor Fontane zum jungen Mann heranwuchs. Das freie Wort, die freie Denkungsart hatten es schwer.

Schauspielerleben bei Fontanes

Unter ganz anderen Vorzeichen stand das private Leben des Jünglings. Völliges Laissez-faire scheint hier die Devise gewesen zu sein. Oder war es elterliche Ohnmacht? Jedenfalls haben die Eltern die Pensionsfrage allzu rasch erledigt, wenn sie mangels Alternativen schließlich auf Onkel August setzten. Zwar schien er ja jetzt ein bürgerliches Leben zu führen, aber sie hätten ihn eigentlich besser kennen müssen. Die Eltern und alle Berliner Verwandten. Denn der Mann, jetzt 32, hatte zwar viele Talente, aber nicht die eines guten Erziehers. Ob man auf Tante Philippine hoffte? Sie allerdings war noch sehr jung, erst 22 Jahre alt, und konnte kaum ersetzen, was sonst fehlte. Doch war sie eine gute Person und mochte Kinder. Und so war sie wohl auch bereit, etwas enger zusammenzurücken, als der Jüngling und Neffe Theodor in ihre Familie kam und sie liebevoll »Tante Pinchen« nannte.

Groß war die Wohnung in der Burgstraße 18 offenbar nicht. Jedenfalls war kein eigenes Zimmer für den Neuankömmling frei. Sein »Schlafzimmer« war, glauben wir der Erzählung des alten Fontane, eine ganz merkwürdige Konstruktion, eine Art Gehänge im Treppenhaus. Wer hier ruhte, war den Blicken der Vorübergehenden ausgeliefert, denn auf zwei Seiten bestand die Einrichtung aus Glaswänden. In dieser »Laterne« schlief er, manchmal sogar »in Gesellschaft«, das heißt, er teilte die Schlafstelle, wenn Onkel und Tante Besuch hatten. Es ist, als ob sich der alte Fontane hier in der Kunst der »Übertreibung« übte. Allerdings in jener Form, die »das scherzhafte Kleid für eine ernsthaft gemeinte Sache« war. Denn scherzhaft gesprochen ist fast alles, was er über seine Zeit als Schülerpensionär bei Onkel August erzählt. Er habe da »ein reizendes Leben« geführt, schreibt der alte Fontane wiederholt, ein Leben ohne Aufgaben und Pflichten. Doch gesteht er, zuweilen habe ihn »in beinahe schwermütiger Stimmung« ein Hang »nach Arbeit und Pflichterfüllung« ergriffen, »mein bestes Erbstück von der Mutter her«. Im Hause seines Onkels und seiner jungen Tante sei aber alles »auf Schein, Putz und Bummelei« gestellt gewesen, das Leben eine Landpartie. Wie hätte es auch anders sein können. Die beiden waren Schauspielernaturen und weder geübt in solider Buchführung noch in bürgerlichen Tugenden.

Besser als in ein Malergeschäft hätten sie in eine Wandertruppe des 18. Jahrhunderts gepasst, am besten in eine Volkstheaterfassung von *Figaros Hochzeit*. Denn »tagaus tagein« sang der Onkel »seine Figaro-Arien« und ließ, wenn er nicht gerade eine Kusshand warf, »einen reizenden Pudel – der natürlich Figaro hieß – durch den gekrümmten Arm springen«.

Besitzer des Hauses Burgstraße 18 war Dr. Bietz, wie das Berliner Adressbuch von 1830 verzeichnet und wie der alte Fontane es auch erinnert: »Das Haus, das nur drei Fenster Front hatte, gehörte dem Dr. Bietz, einem lebensklugen, nicht allzu beschäftigten Arzte, der sich mit der ersten Etage begnügte. Der zweite Stock aber [...] war unser.« Es gab zwei Zimmer zur Burgstraße hin, zur Hofseite lag der Alkoven, mit dem die Köchin vorliebzunehmen hatte, »eine zwerghafte Person mit Doppelbuckel«. Gleich hinter dem Alkoven folgte die Küche, von der eine »zehn Stufen zählende Treppe« zu der merkwürdigen »Laterne« führte. Die Toiletteneinrichtung, von der der alte Fontane nicht spricht, befand sich wohl wie damals üblich irgendwo im Hinterhaus oder im Hof. Das Poetische aber, so der alte Fontane, war der Blick auf Schloss und Spree, wenn man abends bequem im Fenster lag. Und ebenso hübsch war es, auf die schöne Tante zu blicken, die in der Fensternische saß und nähte, »den Kopf, wie eine Neapolitanerin, immer in ein mit goldnen Nadeln umstecktes Spitzentuch gehüllt«. Als Begleitmusik dazu Onkels »Figaro-Arien«.

In diesen Verhältnissen lebte der Gewerbeschüler Theodor Fontane, als er Ostern 1834 den Bescheid erhielt, er werde nicht versetzt und müsse die dritte Klasse wiederholen. Und hier bei Onkel August und Tante Pinchen war es auch, dass er sich selbstständig genug zeigte, schulisch wieder mitzuhalten. Zu Ostern 1835, nach Absolvierung der *ganzen* dritten Klasse, wurde er problemlos in die zweite Klasse versetzt. Das bedeutet, dass Theodor Fontane rasch lernte, sich auf das Eigene zu konzentrieren, sich nicht ablenken zu lassen und die Zeit also nicht zu verbummeln. Die einmalige Nichtversetzung scheint den Jungen wachgerüttelt und bei seiner Ehre gepackt zu haben. Es von nun an anders zu machen, das war er – der stolze und »ehrliche Neuruppiner« – sich schuldig. Und auch seinen Eltern, zumindest der Mutter. Der Vater, dem er in dieser Hinsicht nicht gleichen wollte, mochte es vielleicht durchgehen lassen, nicht aber die Mutter. Und die Mutter, die streng war in Fragen der Arbeit und Pflichterfüllung, hatte für diesmal gesiegt.

Wer ist Emilie Rouanet-Kummer?

Es gab auch ein Nachbarsmädchen, das war vier Jahre jünger als Theodor und hieß wie seine Mutter: Emilie. Emilie wohnte in der neuen Wohnung gleich nebenan. Denn im Laufe des Jahres 1835 waren August und Philippine in die Große Hamburger Straße gezogen.

Sie war erst zehn Jahre alt und hatte doch schon das Leben kennengelernt. Emilie Rouanet-Kummer war eigentlich aus gutem Haus. Ihre leibliche Mutter lebte im brandenburgischen Beeskow, das lag auf halbem Weg Richtung Liegnitz. Das Kind war außerehelich zur Welt gekommen und dann der Mutter bald fortgenommen worden, um es wenig später zur Adoption freizugeben. Ein kinderloses Berliner Ehepaar hatte sich dann für das Mädchen aus Beeskow interessiert und eine stattliche Summe dafür erhalten. Mit drei Jahren war Emilie so zu Kummers gekommen. Kommerzienrat Karl Wilhelm Kummer, »Verfertiger geographischer Reliefs«, wohnte damals mit seiner Frau in der Dorotheenstraße 8. Dann zog die kleine Familie in die Chausseestraße 13, 1831 aber in die Burgstraße 24, in die unmittelbare Nachbarschaft von August Fontane. Dort starb die Frau, die länger schon gekränkelt hatte. Ab 1833 verzeichnet das Berliner Adressbuch Rat Kummer in der Linienstraße 113. Wahrscheinlich in dieser Zeit heiratete er erneut. Es war eine reiche Witwe, die kein Verständnis für die kleine Emilie hatte und dem Kind Ausdrücke wie »angenommener Panker« an den Kopf warf. Unzufrieden mit den Verhältnissen bei Kummers, brachte diese zweite Frau Rat ihr Vermögen zur Seite und ließ sich bald wieder scheiden. 1835 wohnten Vater und Tochter in der Rosenthalerstraße 44. Aus dem »Kommerzienrath« war jetzt ein »Commissionsrath« geworden, und seine Berufsbezeichnung lautete »academischer Künstler«. Offenbar noch im selben Jahr zog er mit seiner kleinen Wirtschaft in die Große Hamburger Straße 30.

Die wechselnden Wohnadressen und das städtische Umfeld, in dem sich Rat Kummer bewegte, legt nahe, dass er in die soziale Unrast der 1830er-Jahre geraten und seine Existenz prekärer geworden war. Tatsächlich war die Wohnung in der Großen Hamburger Straße besonders kostengünstig, aber auch furchtbar ungesund. Denn die erste Mieterschaft zog hier ein als »Trockenwohner«. Das Doppelhaus gehörte zu jenen Mietskasernen, die im beginnenden Industriezeitalter rasch mit billigem Kalkmörtel hochgezogen wurden und nach Fertigstellung ein gutes Vierteljahr benötigten, um ganz auszutrocknen. In dieser Phase wurden die Mieten jeweils ausgesetzt oder sehr niedrig gehalten, wovon offenbar auch Rat Kummer zu profitieren hoffte. Es waren die kritischen Jahre des Mannes, die Zeit, in der er in die Gesellschaft von Spielern und Tunichtguten geraten war.

Für das Kind, das er adoptiert hatte, waren es bis zum Wechsel in die Große Hamburger Straße traurige Jahre gewesen. Zwar fand es bei ihm, einem stattlichen Mann von jetzt Mitte vierzig, durchaus Geborgenheit. Aber das Mädchen war eben von klein auf herumgestoßen worden und entbehrte der mütterlichen Liebe. Auch war es nach dem Tod der Frau von seinem (Stief-)Vater vernachlässigt worden. Zu allem Unglück wurde es in unregelmäßigen Abständen auch von panischen Angstanfällen verfolgt, seit es mit sieben Jahren eine große Feuersbrunst erlebt hatte.

Vollkommen blind war Rat Kummer auch gegen die Verfehlungen seines Dienstmädchens gewesen, dem er die Betreuung der kleinen Emilie zeitweise überlassen hatte. Die liederliche Person hatte sich mehr um ihre Liebhaber gekümmert als um das Kind. Wenn sie dann einen von ihnen empfangen wollte oder gar in der Kaserne besuchte, war es vorgekommen, dass sie das Mädchen einfach irgendwo festgebunden oder draußen im kalten Kasernenhof hatte stehen lassen, wo es dann still vor sich hin weinte.

Doch dann hatte das vernachlässigte Mädchen begonnen, ungeahnte Kräfte zu entwickeln. Es wehrte sich. Es schlug. Gegen die stärkeren Erwachsenen seiner Welt konnte es zwar nichts unternehmen, gegen die schwächeren Kinder hingegen durchaus. Emilie war den Kindern ein Schrecken geworden, denn allen, »jüngeren oder älteren, Knaben oder Mädchen[,] war sie an Wildheit überlegen«. Die Mütter verboten ihren Lieblingen den Umgang mit dem höchst ungezogenen Berliner Kind. Und nur wenige merkten, was eigentlich in ihr steckte: Emilie war eine geborene Schauspielerin, ihr kindliches Spiel bezauberte jeden, der sie Theater spielen sah. Sie konnte auch Manieren annehmen, das lernte sie jetzt, weil Rat Kummer sie auf eine »gute Schule« schickte.

Sie besuchte eine private Mädchenschule und war etwa zehn Jahre alt, als

August und Philippine Fontane mit Rosa und Theodor in die Große Hamburger Straße 30 zogen. Rasch wurde die Bekanntschaft von früher erneuert. Da Rat Kummer und August Fontane passionierte Zeitungsleser waren, aber den Geldbeutel schonen wollten, schlossen sie sich zusammen und teilten gemeinschaftlich ein Zeitungsabonnement. Nun wurde es Emilies Aufgabe, jeweils nach der Schule die Zeitung zu Fontanes hinüberzutragen. Dort traf sie die kleine Rosa. Die beiden Mädchen mochten einander auf den ersten Blick. Emilie freute sich, dass Rosa »so hübsches, glattes Haar« hatte und »stets so freundlich« war, und Rosa fand es schön, wenn Emilie zu Besuch kam. Und so wurden die beiden recht ungleichen Mädchen Freundinnen, die ruhige, bescheidene Rosa und die übermütige, quicklebendige Emilie.

Auch August und Philippine Fontane freuten sich über den Wirbelwind von nebenan. Und natürlich Theodor. Vor allem aber der zweite Schülerpensionär, der jetzt mit bei Fontanes wohnte. Und das war Theodors Freund aus Neuruppin, der gutmütige Hermann Scherz. Während Theodor die zweite Klasse der Gewerbeschule besuchte, absolvierte der Freund eine andere höhere Schule, um später als Ökonom einmal den väterlichen Gutsbetrieb in Kränzlin zu übernehmen. Hermann liebte den Schabernack, und nichts war ihm daher willkommener, als statt zu lernen mit den beiden Mädchen Allotria zu treiben. Theodor hingegegen, mit 15 jetzt vornehm zurückhaltend geworden, verscheuchte sie, sobald ihm der Lärm zu viel wurde. Er saß neuerdings pflichtbewusst hinter seinen Büchern und lernte das große Pensum, das vorgegeben war. Aber gefesselt war er, wenn Emilie Theater spielte. Sie tragierte nämlich, was sie im Schauspielhaus gesehen hatte, wohin sie Vater Kummer manchmal mitnahm. Sie spielte leidenschaftlich und selbstvergessen, »improvisirte ganze Stücke und ihr theatralisches Talent erschien so groß und erfolgreich, dass Theodor ihr oft versprach, wenn er sie 10 Jahre später auf der Bühne sehen würde, so wollte[n] er und Freund Herrmann [sic] dafür sorgen, dass sie Blumen und Kränze des Beifalls erhielte«. In seiner Begeisterung, wenn »die kleine Tragödin« ihm Schiller oder Shakespeare oder gar die Sterbeszene in *Romeo und Julia* vorgespielt hatte, hob er sie »entzückt in die Höhe«.

Woher aber kam die begabte Kleine tatsächlich?

Sie wusste es zum Zeitpunkt, als sie den Jüngling Theodor mit ihrem Spiel entzückte, selber noch nicht, sondern sollte es erst nach ihrer Konfirmation erfahren. Die Rouanets, die Familie ihrer leiblichen Mutter, hatten französische Wurzeln. Sie waren viel später und aus ganz anderen Gründen als die Fontanes und Labrys nach Preußen gekommen. Emilies Großvater, Pierre Barthélemy Rouanet (er lebte noch), entstammte einer wohlhabenden katholischen Tuchfabrikantenfamilie in Toulouse. Seine Eltern hätten es seinerzeit gerne gesehen, wenn er entweder in die französische Armee unter Ludwig XV. eingetreten oder katholischer Priester geworden wäre. Der junge Mann neigte jedoch zur protestantischen Theologie und hatte keine Ambitionen auf ein katholisches Priesteramt. Auch eine Offizierslaufbahn kam für ihn nicht in Frage. Er entlief also in die Schweiz und geriet nach Neuchâtel, das in jener Zeit zu Preußen gehörte. Weil er ein hochgewachsener schöner Mann war, fiel er preußischen Werbern in die Hände, wurde umstandslos eingezogen und in den Dienst Friedrichs II. gepresst. Vielleicht war sein Widerstand nicht allzu groß gewesen, denn in Potsdam machte er rasch Karriere. Er kam zur Garde, wirkte bald als Französischlehrer im Pagenhaus und schien überhaupt mit seinem Schicksal nicht sonderlich unzufrieden zu sein. Eine Audienz, die ihm von König Friedrich II. gewährt wurde, begründete später seinen Familienruhm. In der napoleonischen Zeit, als Pierre Barthélemy Rouanet bereits den Dienst in Potsdam quittiert und dank des Königs Gnaden Stadtkämmerer von Beeskow geworden war, machte er sich als politischer Vermittler verdient: Er schützte die Beeskower Bevölkerung vor den Zumutungen der französischen Besatzung. Die Schonung der Beeskower erreichte er kraft seiner Persönlichkeit und seines Amtes, aber auch wegen seines vornehmen Französisch, mit dem er Napoleons Offiziere beeindruckte.

Pierre Barthélemy Rouanet war ein angesehener preußischer Bürger geworden, der seine neue Heimat liebte. Er hatte geheiratet, eine Familie gegründet und sich an einen angenehmen bürgerlichen Wohlstand gewöhnt. Seine Kinder taten es ihm gleich. Tochter Thérèse vermählte sich jung mit einem Pastor und wurde mehrfache Mutter. Doch da starb der Gatte und hinterließ eine noch immer attraktive und lebenshungrige Witwe. Kein Wunder, dass sich ein preußischer Offizier in sie verliebte. Ein amouröses Liebesverhältnis entspann sich, eines, das den Beeskowern verborgen bleiben sollte. Da wurde Thérèse schwanger. Das Kind brachte sie dann heimlich zur Welt, in Dresden. Wahrscheinlich wusste nicht einmal der Vater davon (oder wollte es nicht wissen). Immerhin gab die Mutter seinen Namen für die Taufe preis. Leiblicher Vater des unehelichen Kindes sei, so heißt es im Taufregister der evangelisch-lutherischen Kreuzkirchgemeinde zu Dresden, der Arzt und Chirurg George Bosse, zurzeit Bataillonsarzt des Königlich-Preußischen 28. Landwehr-Corps in »Brühl bey Cölln am Rhein«. Offensichtlich war Bosse schon nicht mehr in Beeskow stationiert, als das Töchterchen zur Welt kam. Über den ganzen Hergang bewahrte Familie Rouanet dann Stillschweigen. Man wollte keinen Stoff liefern für kleinstädtischen Klatsch. Und so wuchs das Kind, evangelisch-lutherisch getauft auf den Namen Emilie Georgine Rouanet, nicht in Beeskow auf und leider auch nicht bei der Mutter, der man dieses außereheliche Kind nicht zugestand. Welche Rolle der alte Rouanet dabei spielte, ist unklar. Der Bruder nahm dann das Kind bei sich auf. Er führte eine ordentliche Ehe, hatte Kinder und konnte leicht ein weiteres durchfüttern. Aber dann kam es zum Streit mit seiner Frau um das fremde Kind. Und so wurde beschlossen, das illegitime Mädchen zur Adoption freizugeben. Ob mit oder gegen das Einverständnis der leiblichen Mutter, wissen wir nicht. Das Inserat in der *Vossischen Zeitung* sprach von einer »nahmhafte[n] Summe«, die man für eine geglückte Adoption zahlen würde. Auf diese Weise kam die kleine Emilie mit drei Jahren nach Berlin, wo sie eigentlich »wie wild« aufwuchs. Erst als sie mit Rat Kummer, den sie für ihren leiblichen Vater hielt, in die Große Hamburger Straße zog, begann sie nach und nach bessere Verhältnisse kennenzulernen.

»Wir sind reformiert«

Auf der städtischen Gewerbeschule gehörte religiöse Unterweisung fest in den Stundenplan. Bis zur Konfirmation waren zwei Religionsstunden wöchentlich Pflicht. Gemäß Curriculum befasste sich der Unterricht zum einen mit der Bibel, besonders mit dem Neuen Testament, zum andern mit der Geschichte des Christentums von den Anfängen bis zur Reformation und weiter bis zur Gegenwart. Es war dies der sogenannte »Katechumen-Unterricht«, den evangelische Prediger erteilten und damit die Jünglinge auf die Konfirmation vorbereiteten.

Theodor Fontane wurde zur selben Zeit mit der Theologie des Calvinismus und der Praxis der französisch-reformierten Kirche tiefer vertraut gemacht. Offenbar war es den Eltern ein Anliegen, dass ihr Ältester Mitglied der französisch-reformierten Gemeinde in Berlin wurde.

Die Kirche, der er zugehörte, stand in der Klosterstraße und hieß deshalb Klosterkirche. Seine Gemeinde war eine alteingesessene hugenottische Paroisse, die sich 1722 ihre eigene Kirche hatte bauen können, einen Temple, der dem französisch-reformierten Ritus entsprach. Damit wurde der Konfirmand Theodor auch über die Architektursprache vertraut gemacht mit seiner religiösen Herkunft. Denn längst nicht alle französisch-reformierten Gemeinden in Berlin und Brandenburg praktizierten in einem eigenen Temple. Manche hatten nie einen solchen Kirchenbau veranlasst und manche sich mit den deutsch-reformierten Gemeinden zusammengeschlossen. Eine größere Bautätigkeit hatte es in den hugenottischen Gemeinden überhaupt nur in den etwa fünfzig Jahren nach dem Edikt von Potsdam (1685) gegeben. Danach genügte die Anzahl der Temples den bestehenden Paroisses, schritt doch die Akkulturation im 18. Jahrhundert rasch voran, so dass sich mancherorts die deutsch-reformierten und die französisch-reformierten Gemeinden schließlich vereinten.

Der Temple in der Klosterstraße war äußerlich ein schmuckloser Bau mit hohem Walmdach und offenbar ohne Turm. Der Innenraum bildete ein gestrecktes Längsachteck und war rings umzogen von einer Empore. Eine Kanzel und ein Lesepult, ein Abendmahlstisch und ein Taufbecken, mehr wurde für den Ritus nicht benötigt. Dazu eine einfache Bestuhlung, ausgerichtet auf den Abendmahlstisch.

Zwar hatte sich die französisch-reformierte Kirche 1817 ebenfalls der unierten Kirche Preußens angeschlossen. Doch die Paroisses bewahrten sich ihre eigene Tradition. Es war eine ausgesprochen demokratische Tradition, da die synodale Gemeinde ein Wahl- und Stimmrecht hatte und die Prediger und Diakone sich durch ein (Ober-)Konsistorium, in das sie ihre eigenen Vertreter beriefen, selbst verwalteten. Der Gottesdienst, der im Laufe der Akkulturation und Integration zunehmend auf Deutsch gehalten wurde, gestaltete sich nach wie vor schlicht. Im Mittelpunkt stand die Predigt mit Bibeltextauslegung, die Lesung durch ein Gemeindemitglied und der Gesang. Der Reformator, auf den sich die französisch-reformierte Kirche berief, war der Genfer Johannes Calvin. So stützte sie sich nicht allein auf die überlieferten reformierten Bekenntnisse wie den Heidelberger Katechismus, sondern auch auf die *Confession de foi* (Confessio Gallicana) und auf *La Discipline Ecclésiastique des Eglises Réformées de France*.

Wie in allen evangelischen Kirchen, ob reformiert oder lutherisch, stand die Bibel mit dem Alten, vor allem aber mit dem Neuen Testament im Zentrum der religiösen Auseinandersetzung. Und wie in der Regel in allen evangelischen Kirchen erfolgte die Aufnahme in die französisch-reformierte Gemeinde durch die zwei Sakramente Kindstaufe und Abendmahl. Am Abendmahl teilnehmen durfte, wer zuvor den Konfirmandenunterricht besucht und sein Bekenntnis zum reformierten christlichen Glauben abgelegt hatte. Das geschah, auch zu Theodor Fontanes Zeit, im Alter von etwa 16 Jahren.

Dass es in Preußen etwas Besonderes war, französisch-reformiert zu sein, das wusste Theodor Fontane von Jugend auf. Seine Mutter, die »keine Spur« von »Religionseifer« hatte und, wie der Sohn später erinnert, »eminent ein Kind der Aufklärung« war, pflegte dennoch zu betonen: »Wir sind reformiert.« Fontane glaubte im Alter, »weil sie das Genfertum für vornehmer hielt« als das Luthertum. Warum? Vielleicht weil der Calvinismus als weltumspannender galt, vor allem aber französisch geprägt war, was die Sprache der eleganten Welt und der gekrönten Häupter war. Zudem waren die Hohenzollern reformiert. Den Hohenzollern aber verdankte man alles, hatte doch der Große Kurfürst den verfolgten Hugenotten mit dem Edikt von Potsdam (1685) seinerzeit nicht nur Glaubensfreiheit zugesichert, sondern auch eine neue Existenz in Brandenburg-Preußen ermöglicht, versehen mit allen Privilegien, die einen Neuanfang in fremden Landen erleichtern.

Wenn der alte Fontane der Mutter mehr den Sinn für das Elegante und Vornehme am Calvinismus zuschreibt, dann dem Vater mehr den Sinn für die Weltläufigkeit des Protestantismus. So zitiert er ihn mit einem Satz, den er als Junge von sieben Jahren einmal von ihm gehört haben will: »[D]as protestantische Wort ist nicht an Örtlichkeit gebunden, oder von einem gemalten Sternenhimmel abhängig.« Der Vater soll es halb spöttisch gesagt haben, beim Anblick der Swinemünder Kirche, die mehr wie eine ärmliche »Remise« wirkte.

Die Fontanes waren keine strengen Kirchgänger. Was eine französisch-reformierte Gemeinde war, lernte Theodor Fontane erst im Konfirmandenunterricht kennen. Er besuchte ihn in seiner Berliner Paroisse bei Prediger Auguste Fournier, einem überzeugten Calvinisten.

Die Konfirmation

Zum Konfirmandenunterricht ging Theodor Fontane zwischen Ostern 1835 und 1836. Es war das erste Mal, so scheint es, dass er im Religionsunterricht von einem französisch-reformierten Prediger unterwiesen wurde und von dem er Antworten in Glaubensfragen hörte, die er bisher vielleicht noch nie gehört hatte. In seiner Kindheit war zwar das Französische und das Reformierte hervorgehoben worden, aber möglicherweise nicht der Calvinismus. Sein *Geschichten-Buch* aus der Swinemünderzeit, das die Reformation mitdokumentiert, erwähnt jedenfalls nur Luther, nicht aber Calvin. Auch die Verfolgung der Hugenotten oder das Edikt von Potsdam (1685) sind im *Geschichten-Buch* nicht enthalten. Wenn nicht bereits in Neuruppin unter dem reformierten Superintendenten Bientz oder im Religionsunterricht in der Schule, dann geschah es jetzt, in seiner Konfirmandenzeit, dass er vertraut gemacht wurde mit den wichtigsten französisch-reformierten Glaubenssätzen und der Prädestinationslehre der Calvinisten. Die kritische Auseinandersetzung mit der Frage, was Schicksal und was Gnade sei und ob man wirklich aus seiner Haut herauskönne, wird für ihn womöglich hier begonnen haben.

Prediger Fournier, den Theodor Fontane sehr mochte, war aber nicht nur ein Kirchenmann. Er war auch Lehrer für das Fach Französisch. Und zwar an der städtischen Gewerbeschule. »Herr Prediger Fournier« unterrichtete in der ersten Klasse, hatte also die älteren Schüler, die Fortgeschrittenen in seinen Stunden. Mit ihnen las er Molière, lehrte sie französische Briefe schreiben und kleinere Texte ins Französische übersetzen. Es verband Theodor Fontane mit dem Prediger also zum einen die Zugehörigkeit zur selben Kirche, zum andern konnte ihm Fournier, ähnlich wie sein Vater, den Sinn für die französische Sprache und Literatur öffnen.

Im November 1836 wurde »Henri Théodore Fontane aus Neu Ruppin« in die französisch-reformierte Gemeinde der Berliner Klosterkirche aufgenommen. Konfirmiert wurde er früher, am 20. Mai 1836. Es heißt gemäß einer unsicheren Quelle, zusammen mit seinem Bruder Rudolph. Wahrscheinlicher klingt, was Emilie Rouanet-Kummer erinnert, nämlich dass ihr Theodor am 20. Mai 1836 »ganz allein« in der französischen Kirche konfirmiert wurde, und zwar weil er »am allgemeinen Einsegnungstag krank geworden war«. Teilgenommen hätten bei seiner Konfirmation auch die Verwandten, unter anderen die Mutter, an der der Sohn »mit großer Liebe« hing. Krank am allgemeinen Konfirmationstag, weil er sich den Magen verdorben hatte, erkältet war oder sonst irgendwie litt? Auch das klingt für den Jüngling Theodor ziemlich wahrscheinlich.

Die Konfirmation war nach Tradition und Sitte etwas Wichtiges im Prozess des Erwachsenwerdens. Zugleich war sie vielleicht mehr ein gesellschaftlicher Akt als ein religiöses Bekenntnis. Man drückte eben die Konfirmandenbank. Der alte Fontane erinnert sich denn auch, dass dies zusammen mit anderen »jungen Leuten aus den alten Koloniefamilien« geschah, »mit Jordans, Devarannes, Chartons, Briets, Sarres«. Sie alle seien »sehr wohlerzogen und einige sehr gescheit gewesen«, aber irgendwie habe ihnen, so der alte Fontane, etwas Puritanisches, Ernsthaftes und Aufgesteiftes angehaftet, wie eben der französisch-reformierten Gemeinde und ihren Predigern überhaupt. Ganz unberlinisch fand er die Kolonisten im Rückblick. Nur Prediger Fournier habe seinerzeit als ein ausgesprochener Berliner gegolten, doch habe das getäuscht. Denn Fournier sei nur in diesem Sinne ganz Berliner gewesen, »daß er Berliner Leben und Gesellschaft wundervoll kannte. Sonst war er in Haltung und Vortrag ein genferischer Professor: von Berlinertum nichts oder doch wenig«. Prediger Fournier aber war es, der für den Jüngling fortan zur Stelle war, wenn er in die Bredouille geriet. Und auch später blieben sie einander verbunden.

Apotheker werden wie der Vater

Zehn Schuljahre hatte Theodor Fontane bis Ostern 1836 absolviert. Da er aber mit 14 Jahren nicht versetzt worden war und deshalb die dritte Klasse der Gewerbeschule wiederholt hatte, waren es vom obligatorischen Stoff her nur neun Schuljahre, die er besucht hatte. Die Reifeprüfung, die zum Einjährigen Militärdienst berechtigte, hatte er nicht etwa erst zu Ostern 1836, sondern bereits zu Ostern 1835, also mit 15 Jahren abgelegt. Und zwar gemäß dem »Programm der Prüfung der Zöglinge der Gewerbeschule« am 1. April 1835, vormittags von 9 Uhr an. Direktor Klöden hatte, wie üblich, auch »die hochverehrten Behörden, so wie alle Beschützer, Gönner und Freunde des Schulwesens« zu dieser jährlichen Prüfung eingeladen, die jeweils öffentlich stattfand.

Nach der Qualifizierung zum »freiwilligen einjährigen Militairdienst« hatte Theodor Fontane dann noch die nächsthöhere, die zweite Klasse besucht. Der Junge hatte es damit weiter gebracht als sein Vater. Louis Henri Fontane war 14 Jahre alt gewesen, als er vom Gymnasium abging, um seine Lehre in der Elefanten-Apotheke anzutreten. Er, Theodor, war 16, hatte also zwei Jahre länger gelernt und erst noch Fächer studiert, von denen der Vater im gymnasialen Schulunterricht nie gehört hatte, nämlich höhere Mathematik, Englisch, Mineralogie, Chemie und Physik.

Unter den Schulabgängern der zweiten Klasse, Jahrgang 1836, war Theodor Fontane der einzige, zu dem es im Rechenschaftsbericht der Gewerbeschule heißt: »wird Apotheker«. Das war eher untypisch, denn in der Regel gab es immer zwei oder drei Absolventen der zweiten Klasse, die Apotheker werden wollten. Später behauptete Fontane, der Vater, und nicht er selber, sei es gewesen, der seine Berufswahl bestimmt habe. Ob er lieber weiter zur Schule gegangen wäre? Von solchen Wünschen hat er nie erzählt, sondern immer nur auf der unglücklichen Berufswahl und auf dem pädagogischen Versagen des Vaters bestanden. Aber sein Bildungsgang und seine Zeugnisse als Apothekerlehrling (Schulzeugnisse fehlen) reden eine andere Sprache, erwecken sie doch den Eindruck, als habe er sich aus sich selbst heraus für den Apothekerberuf interessiert.

Die Berufswahl war auch gar nicht so abwegig. Als approbierter Apotheker würde er mit väterlicher Unterstützung oder durch glückliche Heirat eine Apotheke erwerben, eine Familie gründen und nicht nur Berlin und die Mark Brandenburg durchstreifen, sondern nach Möglichkeit auch größere Reisen unternehmen. Das Unterwegssein war ihm Lebenselixier. Das hatte er von seinem Vater, der immer Zeit und Mittel fand, in der Welt herumzukutschieren. Auch im Sommer 1836, wie ein Zufallsfund deutlich macht. »Hr. Apotheker Fontane nebst Familie aus Swinemünde« habe sich zwischen dem 19. und 22. August in Stralsund aufgehalten, entnimmt man dem dortigen Fremdenblatt. Alles deutet auf eine längere Sommerreise hin. Theodor, der Älteste, könnte mitgefahren sein, aber ebenso gut, ja wahrscheinlicher, stand er zu diesem Zeitpunkt im Lehrlingskittel in seiner Apotheke, wog sorgfältig die frisch nach Zitrone duftenden Ingredienzien für ein »Kurellasches Brustpulver« und musste sich sputen.

Lakritze und Liebeskummer

Berliner Lehrlingsjahre (1836–1840)

Lehrzeit in der Apotheke »Zum weißen Schwan«

Die Apotheke »Zum weißen Schwan« war eine der ältesten und renommiertesten Apotheken Berlins. Ihr königliches Privileg hatte sie im Jahr 1701 erhalten. Seit nunmehr 75 Jahren war sie im Besitz der Familie Rose. Erworben hatte sie Valentin Rose, der den Ruf eines experimental forschenden Apothekers genoss. Er entstammte der Neuruppiner Gelehrten- und Kaufmannsfamilie Rose und hatte früh verstanden, begabte junge Leute in seine Apotheke zu ziehen.

Wilhelm Rose, Fontanes Lehrmeister, führte die Apotheke in der dritten Generation. Seine Brüder waren Gustav Rose, Professor für Mineralogie, und Heinrich Rose, einst Lehrer an der Klödenschen Gewerbeschule, jetzt Professor für Chemie. Beide lehrten an der Berliner Universität und wohnten in unmittelbarer Nähe der väterlichen Apotheke. Wilhelm Rose verstand sich gut mit seinen Brüdern. Sie alle verband das gemeinsame Interesse für die Naturwissenschaften und für die Erkenntnisse, die man für ihre Disziplinen durch Reisen gewann.

Gustav Rose hatte als Mineraloge 1829 Alexander von Humboldt auf seiner großen Russlandexpedition begleitet. Aber ein noch leidenschaftlicherer Forschungsreisender und vor allem Bergwanderer war Wilhelm Rose. Unter Experten war er anerkannt und geschätzt, und nur wer als Laie Roses Leidenschaft nicht teilen mochte, sprach von einer fast zu großen »Begeisterung«.

»Ostern 1836 war ich in die Rosesche Apotheke – Spandauerstraße, nahe der Garnisonkirche – eingetreten.« So setzt der alte Fontane ein, als er dem Publikum den neuen Teil seiner Autobiografie vorlegte. Titel: *Von Zwanzig bis Dreißig*. Gemeint sind die Jahre von 1840 bis 1850, doch schließt sein assoziatives Erzählen fast die ganze Lebenszeit ein. Das erste Kapitel heißt *In der Wilhelm Roseschen Apotheke (Spandauer Straße)*.

Der Blick auf einen alten Berliner Stadtplan zeigt: Roses Apotheke lag im traditionellen Heilig-Geist-Viertel gleich gegenüber der katholischen Heilig-Geist-Kapelle. Zur Orientierung nennt der alte Fontane jedoch die weiter entfernte evangelische Garnisonkirche. In seiner Lehrlingszeit hatte es hier noch schmale Gassen und kleine Häuser gegeben, jetzt, aus der Perspektive des Erzählenden, war vieles davon verschwunden oder verbaut. Mitte der 1890er-Jahre, zur Zeit der Niederschrift seiner Erinnerungen, standen die Garnisonkirche und auch die Apotheke »Zum weißen Schwan« zwar noch immer an alter Stelle, aber die Stadt war eine andere geworden und Alt-Berlin durchschnitten von der breiten repräsentativen Kaiser-Wilhelm-Straße. In Fontanes Lehrlingszeit aber zeigte sich Alt-Berlin noch von seiner spätmittelalterlichen Seite, nur da und dort erneuert durch Um- und Neubauten von Wohn- und Geschäftshäusern oder auch neugestaltet durch die jüdische Synagoge (1714), den französisch-reformierten Temple (1722) und die Garnisonkirche (erneuert 1722).

Hier in Alt-Berlin, wo alles geschichtsträchtig und phantasieanregend war, muss der junge Fontane sich rasch zu Hause gefühlt haben, auch wenn das Zimmer im Hinterhaus und die Lehrlingsverköstigung nicht den Himmel auf Erden versprachen. Die Ecke hatte zudem den Vorteil, dass die Wege in die elegante Welt nur kurz waren. In Alt-Berlin war es, wo er die Rezepte rührte und sich wie ein anderer Faust der »Magie« ergab. Jenseits der Spree lockten die Lesecafés, das Schauspielhaus und die schönen großen Damen.

Dass der alte Fontane von seiner Ausbildung zum Apotheker überhaupt erzählte, grenzte eigentlich an eine Sensation. Es hatte lange gedauert, er war schon über 75 Jahre alt. Im Verlaufe seines langen Schriftstellerlebens hatte er dem Publikum nämlich immer weniger eingestehen wollen, dass er Apotheker gewesen war. Zuletzt hatte er es ganz verschwiegen und zu der Erzählung gefunden, er habe »mehrere Jahre Chemie bei Heinrich Rose [gehört], dessen Vorlesungen und Persönlichkeit ihn interessierte«. Er hatte aber eben nicht studiert, sondern war in die Fußstapfen seines Vater getreten und hatte bei Wilhelm Rose eine Apothekerlehre absolviert.

Die Apotheke »Zum weißen Schwan« war ein Eckhaus und umfasste drei Häuser. Laut Berliner Adressbuch von 1836 waren das die Häuser Spandauer Straße Nr. 77 sowie Heidereutergasse Nr. 1 und 2. Diese Gestalt hatte die Apotheke im Jahr 1802 durch einen »Umbau« durch »Vetter Schinkel« erhalten. Mit der Familie Schinkel waren die Roses nahe verwandt. Der Vater

Apotheke »Zum weißen Schwan« (Rose'sche Apotheke),
Berlin, um 1820

von Wilhelm Rose war der Vormund des jungen Karl Friedrich Schinkel geworden, als dessen Vater verstorben war. Hier in der »Schinkel-Apotheke« erlernte Fontane also die Apothekerkunst.

Seit dem Umbau durch Schinkel waren die Räumlichkeiten noch einmal erneuert worden, auch gab es seit 1828 Gasbeleuchtung und seit 1829 ein erweitertes Laboratorium in einem neu erbauten Hinterhaus. Zudem war 1829 ein Turmbau realisiert worden. Wilhelm Rose liebte den Panoramablick. Hoch oben über den Dächern des Viertels sollten sich seine Gäste nach gebührender Bewunderung der Aussicht ins »Fremdenbuch« eintragen und dann den Reiseerzählungen des Hausherrn lauschen. Der alte Fontane hat sich über diese Reisevorträge ziemlich lustig gemacht, denn Rose habe nicht viel mehr gewusst, als dass in London »das Annähen eines Knopfes einen Schilling koste«, und habe mit seinen Schweizer Bergtouren über Gebühr renommiert: »Hier bestieg er Berge bis zu 6000 Fuß [ca. 2000 m] und kam davon mit einer Siegermiene zurück, als habe sich etwas Ungeheuerliches zugetragen.« Rose sei zu allem andern auch noch »kurzhalsig« und »Asthmatiker« gewesen.

Der alte Fontane verkannte zwar nicht, dass Rose seine alpinen Unternehmungen im Zeichen der naturwissenschaftlichen Forschung unternommen hatte. Doch Entdeckerfähigkeit sprach er ihm vollkommen ab, wenn er urteilte, Wilhelm Rose sei mehr ein »Schlachtenbummler« als ein »Moltke« gewesen. Auch spöttelte er über dessen Vorliebe für Bergkulme und Alpenpanoramen, für »Rigi« und »Schynige Platt[e]«. Am lächerlichsten aber fand er Roses Ambitionen als Vortragender, wenn er im privaten Kreis »jungen und zum Teil recht hübschen Professorenfrauen« von seinen Reisen berichtete: »Er [Wilhelm Rose] war dann, den ganzen Tag über, in einer höchsten Aufregung, schnaufte durch das ganze Haus hin – wie denn Schnaufen überhaupt eine Haupteigenschaft von ihm war – und schleppte dabei Reliefkarten und illustrierte Werke vier Treppen hoch auf einen kleinen, achteckigen Turm hinauf, der, ganz oben, mit einem mit vielen bunten Aussichts-Glasscheiben reich ornamentierten Zimmer abschloß. Stieg man dann, und zwar durch eine aufzuklappende Lukenthür, noch etwas höher hinauf, so hatte man, von einer umgitterten Plattform aus, einen wundervollen Ueberblick über Alt-Berlin. In diesem Turmzimmer, das nach Alchymie und Astrologie, nach Faust und Seni schmeckte, versammelten sich die zur Vorlesung geladenen Damen und ich sage schwerlich zu viel, wenn ich ausspreche, daß der alte Rose in diesem Allerheiligsten die glücklichsten Stunden seines Daseins verbracht habe. Daß die Damen von einem gleichen Glücksgefühl erfüllt gewesen wären, möchte ich bezweifeln.«

Wilhelm Rose war damals ein Mittvierziger und hatte das erreicht, was man Apothekenbesitzern nachsagte, dass sie nämlich ein recht komfortables Leben führten. Rose war aber auch, was der alte Fontane nicht erzählt, seit 1826 in der Armenkommission seines Berliner Bezirks und setzte sich für das Wohlergehen der einfachen Leute ein. Später engagierte er sich in politischen Vereinen, gehörte den Liberalen an und war zuletzt ein »entschiedener Anhänger der Fortschrittspartei« und Gegner der Politik von Bismarck.

Was immer die Gründe sein mögen, dass der alte Fontane mit so spitzer Feder über seinen Lehrherrn schrieb, er hatte ihm damals an anderer Stelle längst ein literarisches Denkmal gesetzt, nämlich in seinem Romanfragment *Allerlei Glück*. Dort gibt es die sympathische Hauptfigur Dr. Heinrich Brose, die in manchem an Wilhelm Rose gemahnt. Eine späte Hommage findet sich zuletzt auch im *Stechlin*. Das Reisevorhaben von Arzt Sponholz und seiner Frau nach Bad Ragaz, Bad Pfäffers und Splügen erinnert ganz an die Reise, die einst Wilhelm Rose mit seiner Frau unternahm (und die Fontane erst nach ihm unternommen hatte). Wer die Stelle nachliest, könnte auf den Gedanken kommen, dass sich der alte Fontane hier ein spitzbübisches Spiel erlaubt mit einer Wilhelm Rose'schen Vorlage. Roses *Ausflug nach Graubünden* nimmt nämlich die Sponholz'sche Reise vorweg. Fontane hätte dann Roses Reiseschilderung in die Kur genommen, das heißt gekürzt, ergänzt, überschrieben und in den eigenen Text eingepasst, so wie er es mit unzähligen Fremdtexten praktizierte.

Der alte Fontane nahm keine persönlichen Rücksichten, nahm auch in Kauf, dass es »ein wenig lieblos« klingen mochte, wie er über Rose urteilte. Doch schrecklich fand er eben in der Rückschau, dass derselbe Wilhelm Rose »von seiner sittlichen Potenz« so sehr überzeugt gewesen war. Immer sich selber rühmen, weil man die beste Apotheke und das schönste Laboratorium besitze, die vorzüglichsten Gehilfen und die anständigsten Lehrlinge habe, das sei einfach unerträglich gewesen. Vor allem weil er selber als Lehrling und Gehilfe habe beobachten können, wie Rose seine Kundschaft austrickste und bei den teuren Ingredienzien für die Heilmittel knauserte. Der alte Fontane konnte sich auch noch immer furchtbar darüber ärgern, dass Rose die Impertinenz hatte, seine Kerbelsuppe in den höchsten Tönen zu rühmen. Wo sie doch nur »eine furchtbare Semmelpampe« gewesen sei. Das alles war bourgoises Verhalten und Rose eben ein »Bourgeois« *avant la lettre*. Mildernd für seinen Lehrherrn führte Fontane nur an, dass eben *»die ganze Zeit«* damals so gewesen sei.

Die Tirade auf Wilhelm Rose und seine Zeit könnte jedoch mehr auf die Gegenwart des alten Fontane gemünzt gewesen sein als auf diese frühen Jahre. Erst im Lichte der Kaiserzeit wird Rose nämlich jener Bourgeois, als den ihn Fontane schließlich charakterisiert. Damals in den 1830er-Jahren war er für den Apothekerlehrling ein recht guter Lehrherr, einer, der manches sehr richtig machte. Denn er führte eine gutgehende Apotheke, hatte zuverlässige Gehilfen und Lehrlinge, konnte daher seine besonderen Interessen pflegen und sommers für Monate auf Reisen sein.

Dass das Leben noch ganz andere Möglichkeiten barg als eine Apothekerzukunft, das allerdings konnte der junge Fontane in seiner Lehrlingszeit ebenfalls leicht merken. Etwa wenn er, wie er erzählt, an seinem Apothekerschalter Karten ausgab für die Konzerte in der nahen Garnisonkirche. Da kam er denn in Berührung mit der »vornehmen Berliner Welt«, die sich die Musik anhören wollte von »Graun, Händel, Mendelssohn«. Bei anderer Gelegenheit trat wohl auch der Oberbaurat Schinkel ein, oder es ließen sich die jungen »Sommersprossenschönheiten« sehen, um ihr »Kurellasches Brustpulver« oder ihre »Lippenpomade« zu kaufen. Das alles muss für den Lehrling ziemlich aufregend gewesen sein.

Am 9. Januar 1840 stellte ihm Wilhelm Rose zum Abschluss der Lehrzeit ein gutes Zeugnis aus:

> Theodor Fontane aus Swinemünde trat im April des Jahres 1836 als Lehrling in mein Geschäft und hat seine Lehrjahre mit dem heutigen Tag vollendet. Stets betrug er sich so, wie es einem gesitteten und verständigen Jüngling geziemt: die ihm obliegenden Geschäfte versah er mit Eifer und Treue und benutzte seine Mußestunden fleißig zum Studium pharmazeutischer und anderer damit verbundener Wissenschaften. Möge er, der noch einige Zeit als Gehülfe in meiner Apotheke verbleiben wird, so fortfahren!
>
> Wilhelm Rose Apotheker

Dies bestätigte am 9. Januar 1840 auch der Königliche Stadtphysikus Dr. Natorp, der seinerseits dem jungen Fontane, »20 Jahr alt in Ruppin geboren«, bescheinigte, er habe »seit Ostern 1836 bey dem hiesigen Stadt-Apotheker Herrn Rose die Apotheker Kunst erlernt«. Rose hatte seinem Lehrling ein Vierteljahr der vierjährigen Lehrzeit erlassen, so dass Fontane früher als üblich zum gesetzlich verordneten Examen antrat. Dr. Natorp, sein Prüfer, stellte ihm unter demselben Datum das Zeugnis aus, »daß der Fontane sehr gute Kenntniße der Chemie Pharmacie Botanik und Latinität besitze, daß sonach seiner Ernennung zum Apotheker Gehülfen, auch mit Erlaß des letzten ViertelJahres der Lehrzeit gesetzlich nichts entgegen stehe«.

Der alte Fontane bewahrte die Zeugnisse, die seine pharmazeutische Ausbildung bestätigten, sorgfältig auf. Er hatte sie vielleicht sogar auf dem Schreibtisch liegen, als er seine Lebenserinnerungen niederschrieb, in denen er gleich zu Beginn erwähnt, der »alte Wilhelm Rose« habe ihm »ein Vierteljahr« erlassen. Um aber seiner literarischen Biografie gerecht zu werden, ließ er dann seine Lehrabschlussprüfung auf den Tag genau zusammenfallen mit seinem literarischen Debüt. Donnerstag, der 19. Dezember, soll es gewesen sein, als er nachmittags um vier aus dem Haus von Dr. Natorp trat und hinein ins Café d'Heureuse. Hier schlug er gleich den *Berliner Figaro* auf: »und siehe da, da stand es: ›Geschwisterliebe, Novelle von Th. Fontane‹.«

Das literarische Debüt

In Wirklichkeit gab Fontane sein literarisches Debüt am 14. Dezember 1839. Seine Prosaerzählung *Geschwisterliebe* erschien innerhalb einer Woche in sechs Folgen, die letzte am 21. Dezember 1839. Hätte der alte Fontane in *Von Zwanzig bis Dreißig* nicht davon erzählt, die Novelle hätte durchaus unentdeckt bleiben können. Denn weder ist ein handschriftliches Manuskript überliefert, noch wird die Erzählung in den Briefen oder Tagebüchern irgendwo erwähnt. Auch hat Fontane später nie einen Wiederabdruck von *Geschwisterliebe* gewünscht. Das Erlebnis, sich in der Zeitung gedruckt zu sehen, unter dem Namen »Fontan« (nicht »Th. Fontane«, wie er schreibt), dies jedoch war wichtig und wert, erinnert und erzählt zu werden.

Dass er im *Berliner Figaro* damals bereits als »Lyriker« und »Balladier« aufgetreten sei, wie er behauptet, gehört mit zur Erfindung seiner literarischen Biografie. Seine ersten Gedichte erschienen erst *nach* seiner Erzählung, in der Zeit vom 27. Februar bis 11. März 1840. Jetzt unter seinem vollen Namen »Theodor Fontane«. Auch wenn er später keines dieser Gedichte in seine Gedichtsammlungen aufgenommen hat, mit zwanzig Jahren präsentierte er sich unvermittelt als junges Talent:

Der kranke Baum

Der Herbst ist wieder kommen
Und hat den Wald entlaubt;
Wieviel er auch genommen,
Mir hat er nichts geraubt.

Ich trug ja keine Blüten,
Kein hoffnungsgrünes Blatt,
Da mich des Winters Wüten
Zu tief verwundet hat.

Wann hab ich ausgelitten?!
– Ein Sturmwind braust daher! –
Erhört er meine Bitten,
So währt's nicht lange mehr.

Es war sein erstes veröffentlichtes Gedicht und stand am 27. Januar 1840 im *Berliner Figaro*. Doch wann war aus dem Schüler und Lehrling ein heimlicher Dichter und Erzähler geworden?

Anregungen, Vorbilder

Gewiss ist, Fontane hat schon früh zu Hause und in der Schule Gedichte gelesen und auswendig gelernt, allen voran die Balladen Schillers. Und schon als Kind scheint er mit Lust Verse gereimt zu haben (»Lieber Vater, du bist kein Kater«), um dann als Jugendlicher unterschiedlichste Formen auszuprobieren. Nach seiner eigenen Darstellung verfasste er sein erstes Gedicht mit 14 Jahren. Da war er Schüler der Klödenschen Gewerbeschule. Hier im Deutschunterricht bei Philipp Wackernagel könnte er mehr über Dichter und ihre Dichtungen gelernt haben, als er uns später berichtete. Die *Auswahl deutscher Gedichte für die höhere Schule*, die Wackernagel herausgab und im Unterricht verwendete, enthält etwa 340 Gedichte, die den Schülern in den höheren Klassen einen Begriff vom Reichtum der deutschen Lyrik geben sollten. Die Anthologie von Wackernagel enthält auch *Salas y Gomez* von Adelbert von Chamisso, ein Gedicht, das erstmals 1830 im *Deutschen Musenalmanach* erschienen war. »*Salas y Gomez*«, so schreibt Fontane im Rückblick, sei es gewesen, was ihn als 14-Jährigen zu Terzinen, gereimten Versen in jambischen Rhythmen, angeregt habe. Er dichtete über die historische Schlacht bei Hochkirch, während Chamisso seinen Stoff einer Weltumseglungsfahrt entnommen hatte. Es müssen Form und Ton seines Vorbildes gewesen sein, die den jungen Fontane zu eigenen Strophen inspirierten. Und vielleicht auch das Urteil seines Deutschlehrers über Chamissos Verskunst. In der Vorrede zu seiner Anthologie hob Wackernagel nämlich »das herrliche Gedicht von Chamisso, Salas y Gomez« speziell hervor und bewertete es, so neu es noch war, als wirklich bedeutend für die deutsche Lyrik und für »unsere Litteratur dieses Jahrhunderts«.

Der hochanerkannte Dichter, Forschungsreisende, Botaniker, der gerne Unter den Linden saß und sinnierte, hatte seine Wohnung während Fontanes Berliner Ausbildungsjahren in der Friedrichstraße 235 am Halleschen Tor. Er war seit 1819 Kustos, seit 1833 Inspektor des Herbariums im Botanischen Garten in Schöneberg. Ob Biologielehrer Ruthe seine Botanik-Exkursionen auch dahin gelenkt hatte? Wir wissen es leider nicht. Aber schön ist es, sich vorzustellen, wie sich der ältere Chamisso, das wallende Haar schon leise ergraut, und der schlacksige Jüngling Fontane über ein Moos, ein Gras, eine Blume beugen, um Herkunft und Verbreitung zu bestimmen. Chamisso war als Naturwissenschaftler – auf Empfehlung von Alexander von Humboldt – seit 1835 auch Mitglied der Preußischen Akademie der Wissenschaften.

Für den jungen Fontane von besonderem Interesse aber war, dass dieser selbe Chamisso seit 1832 zusammen mit Gustav Schwab den *Deutschen Musenalmanach* (Leipzig) herausgab. Die Ausgabe von 1833 war sogar mit dem neusten Porträt Chamissos illustriert, nach Vorlage gestochen von Kupferstecher Barth. Vornehm und frei wirkt seine ganze Erscheinung. Er soll ein starker Raucher gewesen sein und wäre gerne, wie er einmal schrieb, nackt und rauchend in seinem Garten herumspaziert. Nur leider war die Umgebung zu städtisch, um ganz auf Kleidung zu verzichten. Sonst aber ließ sich Chamisso durch nichts einengen, auch durch die Zensurbehörden nicht.

Seine Zeitschrift brachte die interessantesten Dichter der Gegenwart, Goethe miteingerechnet, der ja eben erst gestorben war. So versammelte er neben der Lyrik von Goethe, Eichendorff, Fouqué, Rückert, Heine auch die jüngeren Talente von Gaudy, Freiligrath, Geibel, Prutz. Im *Deutschen Musenalmanach* veröffentlichte Chamisso außerdem seine eigenen Gedichte. Besonders diese müssen es dem jungen Fontane angetan haben, aber auch diejenigen von Gaudy und Freiligrath. Gaudy hatte den humoristisch-ironischen Ton Heines, Freiligrath war jung, mutig und lyrisch.

Die allerersten überlieferten Gedichte Fontanes entstanden 1837. Sie klingen wie ein Echo auf die vielen Verse, die er damals im Alter von 17 Jahren kannte und auswendig wusste. Sein Gedicht *Der Kastanienbaum*, das er nie veröffentlich hat, gehört in diese frühe Phase:

Dort unter dem Kastanienbaum
War's einst so wonnig mir,
Der ersten Liebe schönsten Traum
Verträumt' ich dort mit dir.

Dort unter dem Kastanienbaum
Ist's jetzt so traurig mir,
Dort gab ich meinen Schmerzen Raum,
Seid Vanda schied von hier.

Neun Strophen lang ist das frühe Liebesgedicht, das den Abschied von Vanda betrauert und zuletzt einen neuen Frühling ersehnt. Rhythmus, Reim und Klang, alles hat der junge Dichter mit Ernst bedacht. Form und Inhalt orientieren sich am einfachen Volksliedton der Romantik. Und so spricht sich hier ein lyrisches Ich aus, das liebt und träumt, Schmerz und Sehnsucht empfindet. Es ist ein Jüngling, der um seine erste Liebe trauert, ein Jüngling, der zurückgelassen worden ist. Der romantische Ort, der Platz unter dem Kastanienbaum, ist jetzt ein kalter, einsamer Ort. Zwar dichtet der Jungpoet nach Formen, die ihm und seiner Zeit geläufig sind, doch der Ort der Erfahrung scheint ein persönlicher gewesen zu sein. Drei oder vier dichtbelaubte Kastanienbäume sollen, so der alte Fontane, das Apothekerhaus in Swinemünde umstanden und zu den liebsten Spielorten des Knaben gezählt haben.

Seine ersten Gedichte zeugen durchaus von Talent. Ob der junge Fontane davon träumte, dereinst in Chamissos *Deutschem Musenalmanach* zu erscheinen? Adelbert von Chamisso jedoch, was für ein Unglück!, starb am 21. August 1838. Es war ein herber Verlust für die Literaturwelt und besonders für die Jüngeren und Mutigeren unter den Dichtern. Denn Chamisso hatte sich sehr für sie eingesetzt und ihnen beste Publikationsmöglichkeiten geboten. Der *Deutsche Musenalmanach* verlor jetzt seine Bedeutung und stellte wenig später sein Erscheinen (vorläufig) ein.

Sein Debüt als Lyriker gab Fontane 1840 nun also im *Berliner Figaro*. Es war eine Wochenzeitschrift, die dem Anspruch nach Ähnliches leisten wollte wie der *Deutsche Musenalmanach*, nur war sie weniger aufwendig gestaltet und näher am Puls der Zeit. Das Blatt brachte so namhafte Autoren wie Alexis, Gutzkow, Heine und Uhland, aber auch junge Talente wie Eduard Ferrand (von Chamisso ebenfalls geschätzt). Der *Berliner Figaro*, so der alte Fontane, sei damals sein »Leib- und Magenblatt« gewesen. Hier fand er Vorbilder nicht nur für sein lyrisches, sondern auch für sein novellistisches Schreiben.

Es lässt sich vieles kritisieren an seinem Novellenerstling *Geschwisterliebe*, vor allem eine überbordende sentimentale Sprache. Aber die Tatsache, dass hier ein jetzt Zwanzigjähriger aus eigenem Antrieb schreiben, gestalten und mitreden will, sich Publikationsmöglichkeiten sucht und sie findet, ist doch sehr bemerkenswert. Gedruckt zu werden, das war für den jungen Fontane essenziell.

Im Café Stehely oder Wilhelm Rose ist auch fix

Im Bewusstsein, selber ein Dichter und Erzähler zu sein, las er mit großem Hunger. Die Gelegenheit, diesen Hunger zu stillen, bot sich auch bei Wilhelm Rose. Denn Rose, Mitglied eines literarischen Zirkels, war auf Bücher- und Zeitschriftensendungen abonniert, darunter auf »Gutzkows ›Telegraph‹«. Der alte Fontane erzählt das in einem Ton, als hätte Rose kaum Sinn und Verstand für all dies gehabt, und nur er, sein Lehrling, habe davon profitiert. Wilhelm Rose aber war, wie man gerechterweise festhalten muss, freiheitlich gesonnen und mit ihm wohl auch sein bürgerlich liberaler Lesezirkel »von Professorenfamilien«. Sie alle wussten natürlich, dass der *Telegraph für Deutschland* als staatsgefährdend galt. Karl Gutzkow, gebürtiger Berliner, redigierte die Zeitschrift für seinen Verleger in Hamburg, gedruckt wurde das Blatt in Leipzig. Gutzkow erschien nicht als verantwortlicher Redakteur, aber er publizierte in jeder Nummer eigene Artikel unter vollem Namen. Dass er dem politisch missliebigen Jungen Deutschland zugerechnet wurde, hinderte ihn nicht, für dieses einzustehen. Alles über das »Junge Deutschland«, so der alte Fontane, habe er eigentlich dem »Telegraphen« entnommen, der bei Rose herumlag: »Mundt, Kühne, Laube, Wienbarg – Gutzkows selbst ganz zu geschweigen – waren damals Haushaltworte für mich.« Auch eine »mich ganz hinreißende Geschichte, die den Titel führte:

›Byrons erste Liebe‹«, habe er damals gelesen. Oft bis Mitternacht habe er gesessen und dabei sehr viel Gaslicht »konsumiert«. Wilhelm Rose, wenn er dann spätabends heimkehrte und seinen Lehrling über den verbotenen Schriften sah, habe zwar gegen den hohen Gaskonsum gepoltert, aber nicht gegen die Lektüre. Getönt habe das etwa so: »Nun ja, ja, für gewöhnlich ginge das nicht, für gewöhnlich ist eben darauf zu halten, daß die jungen Leute ›den alten Hagen‹ [...] lesen. Dieser hier liest statt dessen Gutzkow. Zunächst durchaus ungehörig. Aber in der Roseschen Apotheke darf so was am Ende vorkommen: das ist eben das, wodurch wir uns von dem Gros der übrigen unterscheiden. Das Rosesche muß mit einer andern Elle gemessen werden.«

Natürlich wird Theodor Fontane, der ordentliche Lehrling, auch den »alten Hagen« gebührend studiert haben, das klassische *Lehrbuch der Apothekerkunst* des Karl Gottfried Hagen. Aber in seiner Mußezeit, und die hatte er genügend, hieß es lesen, lesen, lesen. Schon als Schüler, also mit 15 oder 16 Jahren, habe er Nachmittage lang in den Berliner Cafés verbracht und die Zeitungen studiert, erzählt er in *Von Zwanzig bis Dreißig* und will uns gleichzeitig weismachen, dass er in Klödens Gewerbeschule tage-, wochen-, monatelang unentdeckt schwänzen und spazieren gehen konnte. So recht glauben mag man es ihm nicht, denkt eher, dass das mit dem Schwänzen eine wunderbare Selbststilisierung sei. Aber dass der junge Fontane schon früh in die Konditoreien und Lesecafés kam, wo er – immer fein gekleidet – seinen Kaffee genoss, sein Baiser verschlang und sich der neusten Lektüre hingab, das glauben wir ihm aufs Wort. Er selbst hat es uns rückblickend so erzählt: »An der Ecke der Schönhauser- und Weinmeisterstraße, will also sagen an einer Stelle, wohin Direktor Klöden und die gesamte Lehrerschaft nie kommen konnten, lag die Konditorei meines Freundes Anthieny, der der Stehely jener von der Kultur noch unberührten Ost-Nordost-Gegenden war. Da trank ich dann, nachdem ich vorher einen Wall klassisch-zeitgenössischer Literatur: den ›Beobachter an der Spree‹, den ›Freimütigen‹, den ›Gesellschafter‹ und vor allem mein Leib- und Magenblatt, den ›Berliner Figaro‹, um mich her aufgetürmt hatte, meinen Kaffee. Selige Stunden.«

Die Konditorei Anthieny vor dem Spandauer Tor war für den jungen Fontane leicht zu erreichen. Nicht viel weiter entfernt, aber im eleganten Berlin, befand sich das Café Stehely. Es lag an der Charlottenstraße, schräg vis-à-vis des Schauspielhauses. Gerade da, wo einige Häuser weiter E. T. A. Hoff-

Deutscher Dom und Königliches Schauspielhaus am Gendarmenmarkt, Berlin, 1845

mann gelebt und geschrieben hatte (zuletzt – mit Blick auf den Gendarmenmarkt – seine Erzählung *Des Vetters Eckfenster*). Hierher ins Café Stehely kam der junge Fontane recht oft. Er liebte nicht zuletzt die gewisse Eleganz, der er hier begegnete. Denn schließlich war er auch der Enkel seines Großvaters Labry, des Berliner Seidenfabrikanten. Und so schreibt der alte Fontane über den jungen: »Allwöchentlich hatte ich, neben sonstigen Freistunden, auch einen freien Nachmittag und mit der Feierlichkeit eines Kirchgängers, ja sogar in der sonntäglichen Aufgeputztheit eines solchen, begab ich mich, wenn dieser freie Nachmittag da war, regelmäßig zu Stehely, um hier allerlei Zeitungen: die Kölnische, die Augsburger, die Leipziger Allgemeine etc. zu lesen.«

Nicht immer konnte er jedoch eine Zeitung ergattern, denn andere waren ebenso erpicht auf die Lektüre. Und so begnügte er sich zuweilen mit einer Tasse Kaffee, einer Süßigkeit und »mit dem Gefühl, mich, eine Stunde lang, an einer geweihten Stätte befunden zu haben«.

Ja, Stehely! Von den hundert Lesecafés, die es damals in Berlin gab, war dieses *der* Treffpunkt der Journalisten und Literaten. Hier lagen nicht nur die wichtigsten Zeitungen auf, hier gab es nicht nur sehr guten Kaffee, hier wurde auch heftig debattiert und der neuste Klatsch erzählt. Und vor allem:

Wer dem Jungen Deutschland nahestand, der fand hier Gleichgesinnte, so dass denn hinter einer aufgeschlagenen Zeitung auch immer der eine oder andere Polizeispitzel saß. Doch das scheint den Betrieb nicht gestört zu haben, im Gegenteil, das Geschäft lief gut.

Gerne wüssten wir mehr darüber, was der junge Fontane hier alles erlebte und wem er begegnete. Feststellen können wir immerhin: Er ist in seinen ersten Berliner Jahren ein wirklicher Städter geworden, ein junger Mann, der gerne allerhand ausprobierte. Er verkehrte nicht nur in den einschlägigen Lesecafés und Konditoreien, er streifte auch durch Berlin, lief – vielleicht mit einem Notizbuch in der Tasche – durch den Grunewald, war einmal am Schlachtensee, ein andermal in Tegel »und lugte nach dem Humboldtschen ›Schlößchen‹ hinüber«, von dem er wusste, »daß es allerhand Schönes und Vornehmes beherberge«. Abends war er »verhältnismäßig viel im Theater«, sah alle die populären Lustspiele, aber auch »Macbeth«, »[King] Lear«, »[Wilhelm] Tell«. Vor und nach dem Theater konnte man sich ins Stehely begeben, dorthin, wo zu jeder Stunde Journalisten, Dichter, Studenten anzutreffen waren. Auch Schauspielerinnen und Schauspieler. Oder Professoren mit ihren »jungen und zum Teil recht hübschen Professorenfrauen«. Gelegenheit, sich zu verlieben? Er konnte wohl recht charmant sein, dieser junge Herr aus der Apotheke »Zum weißen Schwan«. Dort gab er sich zuweilen jedoch recht zugeknöpft. Emilie, die ihn einmal in Begleitung einer seiner Cousinen besuchte, empfing er eher verlegen und einsilbig. Er steckte dann den beiden Mädchen rasch etwas Lakritze (»Gerstenzucker«) zu und schickte sie – »nothdürftig getröstet« – mit »einigen bunten Pillenschachteln« wieder nach Hause. So erinnert es Emilie Fontane. Sie war damals zwölf oder 13 Jahre alt. Theodor aber, der Jungpoet, lebte zu diesem Zeitpunkt mehr in seinen Versen und sehnte sich nach Vanda. Oder nach Minna.

Was lesen?

Es gab die Zeitschriften bei Rose, es gab die Lesecafés. Aber wie kam der junge Fontane sonst zu seinem Lesestoff, wenn er nicht zu einem Lesezirkel oder einer Lesegesellschaft gehörte?

Berlin zählte um die Mitte der 1830er-Jahre achtzig Buchhandlungen, ebenso viele hatte damals auch Leipzig. Andere deutschsprachige Städte wiesen bedeutend weniger vor, Dresden etwa zwanzig, Wien etwa vierzig. Neben den Buchhandlungen, deren Zahl kontinuierlich stieg, existierten in Berlin und in anderen Städten auch zahlreiche private Leihbibliotheken. Hier konnte das Lesepublikum Romane ausleihen oder dramatische Schriften, Gedichte, Anekdoten, Bücher zur Geschichte und Geografie, Reisebeschreibungen, Biografien. Manche Leihbibliothek hatte ein Lesezimmer, wo Journale auslagen. Eine Besonderheit der Leihbibliotheken war, dass sie nicht nur französische und englische Bücher führten, sondern vieles jetzt in Übersetzung anboten. Denn das Lesebedürfnis nach übersetzter Literatur war in den Städten enorm. Mit den Romanen Walter Scotts hatte es begonnen, jetzt lagen auch Autoren wie Cooper und Dickens auf Deutsch vor. Richtige »Übersetzungsfabriken« waren entstanden.

Übersetzte Literatur war der neue Schlager der Leihbibliotheken, die sich als private Institutionen etwas hatten einfallen lassen müssen. Denn gerade auf ihrem angestammten Feld, den deutschen Klassikern, hatten sie Konkurrenz erhalten, seit man diese Bücher billig selber kaufen konnte. Billig zu haben waren sie dank Cotta, der von 1826 bis 1835 sämtliche Klassiker seines Verlages in günstigen Taschenbuch-Ausgaben auf den Markt brachte. Die Leihbibliotheken setzten deshalb vermehrt auf populäre und übersetzte Belletristik. So wurde in der restaurativen Zeit sehr viel europäische Literatur gelesen, vor allem Romane, die aus dem Englischen und Französischen übersetzt worden waren.

Eigentlich galt zu Theodor Fontanes Schul- und Lehrlingszeit ein restriktives Verbot für alle Literatur, die irgendwie anstößig war. Als anstößig galt, was die Sitten, den Staat, die Religion in irgendeiner Weise angriff. Private Leihbibliotheken galten nicht als Orte, wo sich der gut erzogene Schüler aufhalten sollte, weil diese auch sogenannte Schundliteratur führten. Empfohlen wurde dem wohlerzogenen Schüler daher die gut sortierte Schülerbibliothek mit ihren klassischen deutschen Werken.

Ein Versuch, das Leseverhalten besser zu steuern, war nicht zuletzt jene Kabinettsordre von Friedrich Wilhelm III., der am 23. Oktober 1833 eine Einschränkung der Gewerbefreiheit auf dem Gebiet des Buches erlassen hatte. Jeder, der als »Buch- oder Kunsthändler, Bibliothekar, Antiquar, Buchdrucker oder Lithograph« ein Geschäft eröffnen oder einen Betrieb gründen wollte, brauchte jetzt eine Konzession. In Tat und Wahrheit waren aber alle Zensurmaßnahmen und Restriktionen recht erfolglos oder verkehrten sich in ihr Gegenteil. Das beweist auch Theodor Fontanes frühe Lektüre, konnte er doch alles lesen, was ihn interessierte, selbst das, was unter Zensur stand.

Er selber erwähnt vor allem die Arbeiten von Gutzkow und seine Zeitschrift *Telegraph für Deutschland.* Außerdem hatte er mit 16 Jahren James Fenimore Coopers Roman *Der Spion* (1821) gelesen, ein Werk, das seit 1826 in deutscher Übersetzung vorlag. Einer Liste von Büchern, die Fontane im Alter erstellte und die er rückblickend als besonders wichtig für seine Entwicklung erachtete, entnehmen wir, dass er von Cooper auch *Der letzte Mohikaner* (1826) und überhaupt die *Lederstrumpf*-Romane gelesen hatte. Prägend für ihn war also nicht nur die Zeitungs- und Zeitschriftenlektüre, sondern auch das, was alle Jungen lasen. Denn es war wie ein Fieber. Man verschlang die *Waverly*-, man verschlang die *Lederstrumpf*-Romane. In den Leihbibliotheken gehörten sie zu den meistgelesenen Büchern. Und wenn die ganze männliche Jugend den historischen Romanen verfallen war, so der Schüler und Lehrling Fontane ganz besonders. In original deutscher Sprache gab es nichts Vergleichbares. Oder doch: Willibald Alexis, der sich wie Cooper ebenfalls in die Nachfolge von Scott stellte. Sein Roman *Cabanis* erschien 1832. Ob ihn Fontane wirklich erst viel später, im Alter von 52 Jahren, gelesen hat, als er seinen großen Essay über Alexis schrieb? Die Quellenlage bleibt eine klare Antwort schuldig. Gewiss ist aber, dass er als junger Erwachsener viel und breit las. Wohl nicht zuletzt, weil er beständig an Buchhandlungen und Leihbibliotheken vorüberlief, die mit ihren Neuerscheinungen warben.

In der Spandauer Straße 58 zum Beispiel, nahe der Apotheke »Zum weißen Schwan«, hatte die Viewegsche Leihbibliothek ihre Auslage. Und unweit von Stehely warb Krolowsky für seine Bücher. »A. W. Krolowsky, Jägerstraße No. 47«, so stand es auch in der Zeitungsannonce, »bringt seine Leihbibliothek, die fortwährend mit den neusten Werken, inclusive der Taschenbücher, gleich nach deren Erscheinen vermehrt wird, einem hochgeschätzten und werthen Publikum zur fortwährenden Benutzung in geneigte Erinnerung.«

Denken wir uns den jungen Fontane, wie er im Café Stehely wieder einmal eine Stunde lang vergeblich hoffte, »die Kölnische, die Augsburger, die Leipziger Allgemeine« zu ergattern, dann schreitet jetzt der junge Mann in gutem Tuch zur Tür hinaus, spaziert an diesem freien Nachmittag hinüber zu Krolowsky, schaut sich die Auslage an und – ah, da liegt der neuste Gedichtband von Chamisso (1836), dort Heines *Romantische Schule* (1836), dahinter – leicht versteckt und auf Französisch – George Sands Skandalroman *Lélia* (1833), daneben die Novelle *Aus der Gesellschaft* (1838) der jungen Ida Gräfin Hahn-Hahn. Was soll er lesen? Er tritt ein, die Glocke geht – »Berlin ist groß und wimmelt zu allen Zeiten von Literaturfreunden beiderlei Geschlechts«, wird er bald einem Freund nach Leipzig schreiben. Hier in der Leihbibliothek Krolowsky zum Beispiel gehen sie alle ein und aus, »dilettierende Lieutenants, Studenten mit erster Liebe und poetischen Frühgeburten, sentimentale Jungfrauen im Schillerstadium, und emancipationssüchtige mit der George Sand auf der Lippe und der Hahn-Hahn in der Tasche«.

Minna nicht vergessen

Über junge »Studenten mit erster Liebe und poetischen Frühgeburten« konnte er gut spotten. Er war ja selber einer dieser jungen Liebenden. Er dichtete *Der Bach und der Mond* (1837) und *Die Perlenmuschel* (1837) – das waren seine Gedichte »an Minna«. Minna, so hat er später gestanden, war seine erste Liebe der Swinemünder Tage. Ein reizender Backfisch war sie geworden in jenem Sommer 1835, als er sich heftig in sie verliebte. Es muss während der Schulferien gewesen sein, die er bei den Eltern und Geschwistern an der Ostsee verbrachte, in der Zeit, als die Krauses ein Sommerhaus in Heringsdorf bezogen hatten. Dorthin war er von Swinemünde in kaum zwei Stunden hinübergelaufen (oder im Gefährt den Strand entlanggefahren). Es waren unvergessliche Tage, wie er einem Freund Jahre später schrieb: »[…] in dem großen Vorderzimmer hab' ich als 15jähriger Faulpelz oft bewundernd gestanden, wenn [Schauspieler] Eduard Devrient und seine Wirthin, die dazumal bildschöne Commercien-Räthin Krause am Clavier spielten, sangen und deklamirten. Draußen aber, nach dem Walde zu, war es noch schöner; – da lief ich stundenlang dem schönen Backfisch der schönen Frau nach, und hatte Herzschmerzen, wenn ich die Gemüthsruhe der jungen Dreizehnjährigen sah, die saure Kirschen und aus der Speisekammer gestohlne Backpflaumen aß, während ganz andres Verlangen mir die Kehle zuschnürte.«

Minna konnte er damals auch in Berlin antreffen. Sei es, dass sie hier mit ihrer Mutter – wie Frau von Briest mit ihrer Tochter Effi (*Effi Briest*) – luxuriöse Einkäufe tätigte. Sei es, dass Minna – wie Käthe von Sellenthin (*Ir-*

rungen, Wirrungen) – in ein vornehmes Mädchenpensionat gesteckt worden war. Theodor Fontane jedenfalls begegnete ihr im Foyer der Oper. Es war noch in seiner Zeit bei Rose, als er ein stilles Rendezvous mit ihr hatte, denn er erwartete sie nach der Aufführung von Carl Maria von Webers romantischer Oper *Oberon*. Später hat er erzählt: »Anno 37 kam Minna Krause mit ihrer noch schönen, höchstens 36 Jahre alten Mutter (denn sie hatte sich mit 15 Jahren verheirathet) aus dem ›Oberon‹ und ich stand im Vorflur des Opernhauses und wartete auf Beide; Minna trug einen schottischen Mantel, eine Boa von Fé und einen eleganten weißen Atlashut, sah auch noch verklärt aus durch ›O, Huon, mein Gatte‹, – nun, kurz heraus, jeder Zoll eine Prinzessin, eine Fee in Fé, vielleicht auch eine Schlange in Boa, was nur den Reiz steigerte.«

Ihre zauberhafte Erscheinung machte ihn ganz liebeskrank, und im selben Jahr entstanden seine Gedichte »an Minna«. Sie aber schaute nach einem ganz anderen Prinzen aus. Am 24. April 1840 heiratete sie Gustav Klöden. Fontane hatte damals gerade das Apothekerlehrzeugnis erworben und als junger Dichter debütiert. Er stand mit all seinem Wollen und Können noch ganz am Anfang. Gustav Klöden aber hatte einer jungen Frau wie Minna eine sichere bürgerliche Existenz zu bieten, und sie, jetzt 19, sagte ja. Ja zu diesem offenbar recht ernsthaften Gustav Klöden, Sohn von Direktor Klöden, der wie ein anderer Marcel Wederkopp (*Frau Jenny Treibel*) in die Szene tritt. Kurz vor der Heirat war er zum Oberlehrer für Erdkunde und Sprachen befördert worden, an der bekannten Schule seines Vaters.

Ein Blick ins Adressbuch zeigt, dass Minna und Gustav Klöden zuerst in der Breitestraße 30, dann in der Zimmerstraße 99 und ab 1843 in der Schützenstraße 15 wohnten. Die Wohnungen wurden noch öfters gewechselt, aber man blieb immer mitten in Berlin, nahe der Klödenschen Gewerbeschule. Ab 1853 schmückte den Namen Klöden das Adelsprädikat »von«. Es war die Rückkehr zum älteren Titel, waren die von Klödens doch ein altmärkisches Adelsgeschlecht und ursprünglich »Erbherrn auf Badingen«. 1855 erhielt Gustav von Klöden den Professorentitel, sonst »floß sein Leben ohne bemerkenswerthe äußere Ereignisse dahin«, wie sein späterer Biograf urteilte, der auch meinte: »Die Muße, die ihm seine Lehrthätigkeit ließ, widmete er ganz seiner Familie und seinen wissenschaftlichen Neigungen.« Für die Öffentlichkeit blieb Gustav von Klöden immer der Sohn seines Vaters und stand in dessen Schatten. Er hat aber doch Wesentliches geleistet, verschiedene Lehrmittel zur Erdkunde vorgelegt und auf diesem Gebiet auch eine beachtliche Zahl Handbucheinträge verfasst. Minna wählte also, auch mit Adelstitel, ein bürgerliches Leben.

Fontane ist seiner Jugendliebe, als sie dann Frau Professor von Klöden war, gewiss gelegentlich begegnet, sei es Unter den Linden, im Schauspielhaus oder beim Tiergartenspaziergang. Auch war Minna mit der Schwester Jenny befreundet. Wenn der alte Fontane also schreibt, es habe ein außerordentliches Ereignis stattgefunden – »Wiedersehen mit einer alten Liebe (nach 40 Jahren)« –, dann darf man dieses »nach 40 Jahren« kaum wortwörtlich nehmen. Ein Wiedersehen mit Minna war immer ein Ereignis, und es konnte eigentlich in den langen gemeinsamen Berliner Jahren tagtäglich vorkommen. Einmal schreibt Fontane, er habe bei seiner Schwester Jenny das Ehepaar von Klöden angetroffen und einen ganzen Abend mit den beiden verplaudert: »Minna sieht noch aus wie damals [...] aber alles ins Runzlige und Lederfarbene transponirt.« Und ein andermal wieder, als sie schon Witwe geworden war, gesteht er, Minna, ja, das sei seine »Jugendliebe« gewesen, »ein bildschönes Mädchen, Minna Krause von den Swinemünder Krauses, die später den jüngeren Klöden (nun auch tot) heiratete«.

Minna lebte, nachdem Gustav von Klöden 1885 gestorben war, weiterhin in Berlin. Das Adressbuch verzeichnet sie unter »v. Kloeden M, geb. Krause vw. Prof, SW Neuenburgerstr. 8. II.«. Sie soll viele Kinder und Enkel gehabt haben. Die besuchten sie hier, nahe am Halleschen Tor. Und nicht anders zu denken ist, dass sie in ihrer letzten Wohnung auch Werke von Fontane stehen hatte. Im einen oder andern Band lag womöglich eine gepresste Blume oder ein Brief oder ein Gedicht des Autors – wie es die Biografin in anderen Haushalten seiner Verehrerinnen, genauer bei deren Nachfahren, noch vor wenigen Jahren gesehen hat.

Auch ihm, dem jungen Fontane, gingen sie alle nicht aus dem Sinn, die bildschöne Minna, die bildschöne Kommerzienrätin, die schönen großen Damen überhaupt. In Wirklichkeit und in der Phantasie. Sie konnten Vanda heißen oder Cora oder Alice. Eine aber schien ganz anders. Und diese hieß Emilie.

Berliner Ton – Emilie first

Emilie Kummer (Rouanet) wohnte während der Lehrzeit Theodor Fontanes an der alten, ihm vertrauten Adresse in der Großen Hamburgerstraße 30. Hier verkehrte der junge Fontane offenbar auch dann noch, als sein Onkel August und seine Tante Pinchen ihre Wohnung aufgegeben und nach Leipzig gezogen waren. Eben noch war Emilie ein Kind gewesen, das er mit Süßigkeiten abspeisen konnte, wenn es zu ungelegener Zeit in der Apotheke stand. Jetzt war die Kleine bald 15 Jahre alt und wurde erwachsen. In der Schule hatte sie fleißig gelernt, war auch sehr pflichtbewusst geworden, am meisten aber gefiel Theodor, dass Emilie noch immer so gut schauspielerte. Eine Berliner Göre spielte sie wie keine! Und den Text dazu, den schrieb er ihr auf den Leib.

Im Sommer 1839, kurz vor ihrer Konfirmation, erfuhr Emilie von Rat Kummer, dass er nicht ihr leiblicher Vater war. Auch sagte er ihr, dass er sich bald wieder verheiraten werde. Nämlich mit der Herrnhuterin Bertha Kinne, dreißig Jahre alt und ledig. Die Hochzeit sollte in Dresden stattfinden. Danach würden sie in die Große Hamburger Straße 16 ziehen, natürlich mit Emilie.

Die beiden jungen Leute, Emilie und Theodor, müssen dies alles miteinander beredet haben. Wer war sie denn eigentlich, und wer waren ihre Eltern? Fast ist es, als habe Theodor Fontane sie zu trösten versucht und sie wieder zum Lachen bringen wollen, indem er für sie komische Rollen schrieb. Verse im Berliner Jargon. Denn er konnte berlinern wie der größte Straßenjunge. Wenn dann Emilie, ganz »Berliner Kind«, sie aufsagte, dann war es zum Tränenlachen. Für den Polterabend ihres Vaters schrieb er ihr den Sketch *Für Bertha Kinne*, und sie spielte und sprach ihn zur Freude aller:

Emilie als Dienstmädchen, mit Handarbeit

Da hab ick neilich vor etliche Wochen,
Als ick die Fenster jrade poliert,
'ne Freindin von mich, die Aurore, getroffen,
Die jrade nach Tivoli raußer kutschiert.
Die sagte zu mich: wie geht's dir, Lowise?
Da sagte ick wieder: es jeht mich man schlecht,

Ick hab zur Madam 'ne greuliche Prise
Un keener nich macht ihr die Sachen nich recht.
Da sagt sie wieder: ick will dir was sagen,
Da sagt ick wieder: des freit mi, na schen,
Da sagt sie: da mußt du in enigen Dagen
Zum Rate Kummer nach Dresden jehn.
Der hat sich 'ne herrliche Frau da genommen,
Vor die machst du Mädchen 'nen Gruß und 'nen Knix
Und heeßt' se hier recht freindlich willkommen,
Denn, sag ich dir, biste een Kind des Glicks.
Ick hab nu een ziemlich weites Gewissen,
Obschonst ick fromm bin wie een Lamm,
Un bin denn gleich druf ausgerissen
Von meine vorige olle Madam.
Ick komme hierher mich Ihnen präsentieren
Un wünsche, ick wäre nach Ihrem Yout,
Ick hab doch noch immer die Herrrschaft geschienen,
Davor bin ick ooch 'ne Berlinerin.
Ja, det is mein Stolz un is meine Freide,
Mir nennen zu dürfen Berliner Kind,
Un wickelten se mir in Samt un in Seide,
Ick möchte doch nie nich wat andres sind.
Ick dauge zu groben und zierlichen Sachen,
Kann Börsen häkeln un Betten machen,
Un töppere nie nich die Tellerns entzwee.
Hieranner, Madamken, mögen Sie proben
Überreicht die Handarbeit,
Ob ick mir dhue zu ville loben.

Emilie hat diese Verse aus der Feder des jungen Fontane in einer eigenhändigen Abschrift aufgehoben und dazu notiert: »Für mich gedichtet«. Kurze Zeit später konnte sie im *Berliner Figaro* seine erste Novelle, seine ersten Gedichte lesen. Möglich, dass sie auch diese aufhob, denn sie mochte ihn sehr.

Eine Taufe in Mühlberg an der Elbe oder Wo sind die Eltern und Geschwister?

Im Sommer 1836, als man nach Stralsund fuhr, hielt die Familie Fontane noch immer die Apotheke in Swinemünde und verkehrte mit den Honoratioren der Stadt. Von den vier Kindern waren außer Theodor alle noch im schulpflichtigen Alter. Rudolph besuchte wahrscheinlich die höhere Schule auswärts, Jenny und Max lebten bei den Eltern und erhielten Unterricht durch einen Hauslehrer. Doch bleibt dies alles Vermutung, denn der alte Fontane erzählt kaum etwas von seinen Geschwistern, so dass man bei der Lektüre seiner Autobiografie den Eindruck gewinnen könnte, er sei als Einzelkind aufgewachsen.

Auch wenn er sich bedeckt hält, eines ist gewiss: Fontane war die Familie nie gleichgültig, und Eltern sowie Geschwister spielten für seinen Werdegang eine bedeutende Rolle. Nicht zuletzt, weil das Familienleben ihn vor immer neue Herausforderungen stellte.

Im bewegten Jahr 1837, als in England die 18-jährige Victoria den Thron bestieg, in Göttingen sieben liberale Professoren entlassen wurden, im Königreich Sachsen die erste Eisenbahnlinie eröffnet wurde und der junge Fontane derweil in sein zweites Lehrjahr kam, beschloss sein Vater Louis Henri Fontane, die Swinemünder Apotheke zu verkaufen und mit der Familie von Pommern in die Provinz Sachsen zu ziehen. Er hatte nämlich die Altstädter Löwen-Apotheke in Mühlberg an der Elbe erworben. Über der Eingangstür prangte ein goldener Löwe ähnlich wie bei der Löwen-Apotheke in Neuruppin. Überhaupt gemahnte manches an Neuruppin. Aber man war jetzt in jener preußischen Provinz, die unmittelbar an das Königreich Sachsen grenzte. Herrlich war die Lage an der Elbe, die hier breit und tief vorüberfloss und den Mühlbergern nicht nur Handel und Verkehr ermöglichte, sondern auch Zolleinnahmen einbrachte. Denn das »Amt Mühlberg«, weil es an der preußisch-sächsischen Grenze lag, visitierte die schiffbare Handelsware zwischen Dresden und Magdeburg und erhob in der Regel den vollen »preußischen Elbzoll« dafür.

Mühlberg, das noch vor 1815 zum Königreich Sachsen gehört hatte, dann aber auf dem Wiener Kongress dem Königreich Preußen zugeschlagen worden war, zählte im Jahr 1837 etwa 3000 Einwohner. Der Ort war nur wenig kleiner als Swinemünde, aber gewiss nicht so betriebsam wie der aufstrebende Badekurort an der Ostsee. Doch konnte auch Mühlberg von sich sagen, dass es mit der Zeit gehe. Bereits fuhren Dampfschiffboote täglich von hier nach Dresden. Auch lag es nahe an der Eisenbahnverbindung Dresden–Leipzig, auf deren Eröffnung alles gespannt wartete. Die Mühlberger Apotheke lag also nicht am Ende der Welt. Auch hatte der Ort Geschichte. Denn Mühlberg, ursprünglich ein wendisch-slawischer Siedlungsort, war ähnlich wie Neuruppin im Mittelalter gegründet worden, damals um eine Wasserburg herum. Die Burgherren hatten dann 1228 das Zisterzienserinnenkloster Marienstern gestiftet. Und hier, ganz in der Nähe der Klosteranlage, am Altstädter Markt, stand die Apotheke, deren glücklicher Besitzer jetzt Fontanes Vater war.

Louis Henri Fontane verdankte sein Glück dem Unglück eines anderen. Denn der vormalige Besitzer der Löwen-Apotheke, Carl Adolph Reußner, war am 5. Juli 1834 beim Baden in der Elbe ertrunken. Es war für den ganzen Ort eine große Tragödie gewesen. Denn Reußner, Sohn des Kantors im benachbarten Ort Liebenwerda, war erst 35 Jahre alt gewesen und hatte eine Frau und fünf Kinder hinterlassen. Eine Zeitlang hatte die Familie die Apotheke noch halten können, dann war sie zum Verkauf ausgeschrieben worden, und Louis Henri Fontane hatte den Zuschlag erhalten.

Die Altstädter Apotheke war ein zweistöckiges Steinhaus mit Giebeldach, vier Fenster breit und Teil einer längeren Häuserzeile. Von hier aus konnte man über den Markt auf eine stattliche Reihe von Bürgerhäusern blicken, auch sah man hinüber zu den Türmen der Klosterkirche. Die Klosteranlage war in Teilen noch fast vollkommen erhalten, denn das ehemalige Nonnenkloster war zum Rittergut umgewandelt worden, und Kirche, Abtei, Propstei und Hospiz wurden noch immer genutzt.

Der kleine Ort Mühlberg hatte aber noch weitere Attraktionen. Dazu zählte für Louis Henri Fontane gewiss, dass in allernächster Nähe einst die Schlacht bei Mühlberg (1547) stattgefunden hatte, jene Schlacht im Schmalkaldischen Krieg, in der Herzog Alba das protestantische Bündnis mit seinen Truppen vernichtend geschlagen hatte. Fontanes erzählfreudiger Vater wird also nicht verlegen darum gewesen sein, seiner Frau den Wechsel nach Mühlberg schmackhaft zu machen. Ihr mochte dabei weniger das Schlachtenwesen als vielmehr die Ähnlichkeit mit Neuruppin und die Nähe zu Dresden eingeleuchtet haben.

Seinen eigentlichen Grund aber hatte der Wechsel vom pommerschen

Swinemünde nach dem sächsischen Mühlberg wohl darin, dass der Vater »eine ganz ungeschäftliche Natur« war und für ihn an alter Stelle kein Bleiben mehr gewesen war.

Wie aber dachte der junge Fontane damals über den Wechsel? Er war im zweiten Apothekerlehrjahr. Konnte er der neuen Perspektive etwas abgewinnen? Gegenwärtig war Mühlberg von Berlin noch immer weiter als eine Tagesreise entfernt. Er liebte aber das Unterwegssein und würde also hinfahren, gewiss. Sorgen hatte er jedoch wegen Swinemünde. Ob die guten Beziehungen zu den Freunden dort Bestand haben würden?

Im Sommer 1837 war der alte Kommerzienrat Krause in Berlin. Fontane hat in *Meine Kinderjahre* erzählt, dass er diesen damals dringend aufsuchen wollte, »um an den, wenn er bei guter Laune war, ziemlich umgänglichen alten Herrn eine Frage nach seinem mir befreundeten Enkel zu richten«. Der mächtige Mann, der Großvater von »Wilm« und Minna Krause, logierte in diesen Tagen – wie später Bernd von Vitzewitz in *Vor dem Sturm* – im Hotel König von Portugal. Dieses erste Hotel am Platz, von dem man über die Spree direkt auf das Schloss sah, betrat der junge Fontane ohne Scheu. Er wusste, dass der alte Herr »[na]türlich eine Flucht Zimmer im ersten Stock« bewohnte. So ging er, nachdem er die Hotelhalle höflich grüßend durchschritten hatte, die Treppe hoch. Doch als er eben »von der Treppe her [...] in den zwischen den Vorder- und Hinterzimmern hinlaufenden Korridor einbiegen wollte«, sah er, dass der alte Krause, den er am »äußersten Ende« der Zimmerflucht stehen sah, mit dem Stock auf die Dielen schlug. Auch hörte er, dass er den Diener Louis andonnerte und offensichtlich schlechter Laune war. So zog er sich, die Ungunst der Stunde bedauernd, diskret wieder zurück. Was er mit dem alten Herrn hatte bereden und was bei ihm erfragen wollen? Es war jedenfalls ein Versuch, die guten Beziehungen nicht abbrechen zu lassen. Nur war er damit offensichtlich gescheitert.

Und dann begann für die Fontanes ein neues Leben in Mühlberg an der Elbe. Die Eltern hatten sich unterdessen häuslich niedergelassen und sich im neuen Geschäft installiert. Rudolph, 15, strebte jetzt eine Ausbildung zum Gutsverwalter an, Jenny, zwölf, und Max, zehn, lebten bei den Eltern und besuchten den Unterricht vermutlich in Mühlberg. Im Frühherbst 1837 wusste Emilie Fontane geb. Labry, dass sie wieder schwanger war, und freute sich auf diesen »Spätling«.

Das Kind kam am 23. April 1838 zur Welt. Es war ein Mädchen und wurde auf den Namen Elisabeth Charlotte getauft, später Lieschen, Lise, Elise gerufen. An dieses Familienereignis erinnert sich der alte Fontane genau. Denn bis zur Geburt dieser Schwester, so sein Empfinden, sei *er* der Liebling der Mutter gewesen: »In dieser bevorzugten Stellung blieb ich lange, bis, nach achtzehn Jahren ein Spätling, meine jüngste Schwester, geboren wurde, bei der ich Pate war und sie sogar über die Taufe hielt. Das war eine große Ehre für mich, ging aber mit meiner Dethronisierung durch eben diese Schwester Hand in Hand. Als jüngstes Kind rückte sie selbstverständlich sehr bald in die Lieblingsstellung ein.«

Er war gerade ins dritte Lehrjahr eingetreten, als er zur Taufe nach Mühlberg fuhr. Er reiste, so nehmen wir an, mit der Fahrpost, die jeweils sonntags und mittwochs von Berlin nach Dresden fuhr. Er verließ also Berlin um 10 Uhr morgens und traf nach Fahrplan um 13 ¾ Uhr in Großbeeren ein (wohin er auch schon zu Fuß marschiert war). Um 14 Uhr ging die Fahrt weiter über Trebbin, Luckenwalde bis Jüterbog, das um Mitternacht erreicht war. In Jüterbog stärkte man sich, während die Pferde gewechselt wurden, um 1 Uhr ging die Fahrt weiter durch die Nacht. Um 3 ¼ Uhr war man in Hartmannsdorf, um 6 ¾ Uhr in Herzberg, um 10 ¾ Uhr in Liebenwerda. Auf einer Nebenstrecke der Fahrpost, die pünktlich bediente, gelangte er so nach Mühlberg. Oder wurde der junge Herr in Liebenwerda abgeholt? Hatte die Familie noch immer einen Kutscher, jemanden wie Ehm in Swinemünde? Mit der Fahrpost jedenfalls kam er am zweiten Tag seiner Reise gegen 14 Uhr nachmittags in Mühlberg an.

Vielleicht unternahm er die Reise auch nicht allein. Denn es reisten noch weitere Verwandte und Freunde zur Taufe an. Zwei Paten und zwei Patinnen hält das Taufregister fest: neben »Hr. Theodor Fontane, angehender Pharmaceut, Bruder des Täuflings«, den Onkel und Amtmann »Gustav Labry« aus »Striesa bei Schlieben«, die Kaufmannstochter »Minna Kämpe« aus Stettin und Tante »Philippine aus Berlin«. Patin war auch Frau Amtmann »Charlotte Krüger in Löwenbruch bei Berlin«, doch war sie, so der Vermerk, bei der Taufe »abwesend«.

Die Taufe von Elise Fontane fand am 4. Juni 1838 in der Neustädter Frauenkirche statt. Hier also hielt der große Bruder seine kleine Schwester »über die Taufe«. Später hat er erzählt, dass er bei dieser Gelegenheit wieder einmal den »Lachkrampf« kriegte. Es stach ihn wohl damals auch die kleine Eifersucht.

Die Mühlberger Tage waren Tage an der Elbe, Tage in unmittelbarer Nähe von Kloster Marienstern. Jedes Zisterzienserkloster, das Fontane erkunden sollte, um es in seinen *Wanderungen durch die Mark Brandenburg* zu beschreiben, wird ihn gelegentlich an Kloster Marienstern erinnert haben. Auch ist es, als ob die Novelle *Grete Minde* einen Widerhall aus der Mühlberger Zeit enthalte. Da ist einerseits der Schauplatz Tangermünde an der Elbe, der an Mühlberg erinnert. Anderseits sind es die Gefühle der jungen Liebenden, Valtin und Grete, die in übersetzter Form etwas von der ersten Liebe Theodor Fontanes zu Minna wissen. Und schließlich ist es der Konflikt Gretes, der in die Mühlberger Zeit des jungen Fontane zurückweist. Nämlich dass ein neugeborenes Geschwister Eifersucht wecken und einem das Herz zerreißen kann.

Warum die Fontanes Mühlberg recht bald wieder verließen? Vielleicht weil der Vater eben »eine ganz ungeschäftliche Natur« war. Vielleicht auch, weil für die Apotheke in Letschin »ihre glückliche Lage« sprach. Louis Henri Fontane ging jedenfalls nicht mit ganz leeren Händen weg. Ein Herr Wienbrack hatte ihn, »Fontane, Apotheker« aus Mühlberg, als Subskribenten gewinnen können für ein vierbändiges Werk, das demnächst erscheinen würde: *Geschichte des deutschen Freiheitskrieges vom Jahre 1813 bis zum Jahre 1815* von Friedrich Richter. Nicht nur für den Skat-Tisch gab der Vater also sein Geld aus, wie sein Ältester es überliefert hat, sondern auch für teure Bücher, Bücher, die ihm seine eigene Geschichte, vielleicht auch das Trauma von Großgörschen, verständlich machen konnten.

Der Talentierte, radikal

Gehilfen- und erste Poetenjahre (1840–1843)

Leben im Oderbruch – eine Familienphantasie

Nach bestandener Apothekergehilfen-Prüfung am 9. Januar 1840 nahm Theodor Fontane das Angebot Wilhelm Roses an und absolvierte sein erstes Gehilfenjahr als Rezeptar in der Apotheke »Zum weißen Schwan«. Denn es war ja keine Frage, dass er jetzt die nächsthöhere Stufe in seiner Ausbildung anstrebte: die »Approbation zum Apotheker erster Klasse in Preußen«. Mit diesem Zeugnis in der Hand würde er dereinst befugt sein, eine Apotheke zu kaufen und zu verwalten, irgendwo im Königreich Preußen. So wie sein Vater, der zuerst in der Provinz Brandenburg, dann in Pommern und in der Provinz Sachsen, zuletzt aber wieder in der Provinz Brandenburg, im Osten des Landes, seine eigene Apotheke führte.

Fünf Gehilfenjahre musste er ausweisen können und die vorgeschriebenen Examina bestanden haben, dann konnte er sich approbierter Apotheker nennen. Statt aber fünf Gehilfenjahre zu absolvieren, konnte er auch laut Reglement vom 1. Dezember 1825 »nach vollständiger Beendigung dieser [dreijährigen] Dienstzeit« sich »volle zwei Semester dem ausschließlichen akademischen Studium über Botanik, Chemie, Physik, Pharmazie und Pharmakologie« widmen und damit die Ausbildungszeit um ein Jahr verkürzen. Welchen Ausbildungsweg er auch wählte, nach der Approbation stand in jedem Fall ein Apothekenkauf an, wenn er denn im Beruf bleiben und seinen Stand wahren wollte.

Wie er zu einer eigenen Apotheke kommen würde, diese Frage brauchte den jungen Fontane noch nicht zu ängstigen. Es gab ganz verschiedene Möglichkeiten. Er konnte sich mit seinem Vater verständigen und dessen Apotheke dereinst übernehmen (wenn der Vater sein Geschäft denn halten konnte) oder die Witwe, besser noch die Tochter eines Apothekers heiraten. Außerdem aber gab es immer wieder den Fall, dass Apotheken die Hand wechselten, zu ganz unterschiedlichen Preisen und Konditionen.

Wilhelm Roses Berliner Apotheke »Zum weißen Schwan« zum Beispiel hatte gegenwärtig einen Verkaufswert von über 60 000 Talern, während Louis Henri Fontane die Realkonzession in Letschin für nicht mehr als 16 500 Taler hatte erwerben können. Er hatte dafür nicht einmal eigenes Geld in die Hand nehmen müssen. 8000 Taler hatte er als Hypothek von seinem Vorbesitzer Carl Ludwig Oltmann (oder Altmann) übernommen. Für den Rest waren seine Frau und seine verwitwete Stiefmutter aufgekommen: Emilie Fontane geb. Labry mit 6000 Talern und Charlotte Friedericke Fontane geb. Werner mit einem Leihkapital von 2500 Talern.

Ob der junge Fontane wusste, wie es in der Letschiner Zeit um die finanziellen Verhältnisse seines Vaters stand? Man muss es fast annehmen. Doch selbst wenn die Eltern nicht darüber gesprochen haben sollten, wird ihm eine Ahnung darüber aufgegangen sein, wie die Mutter über den »Geldpunkt« dachte. Der letzte Apothekenkauf war nur möglich geworden, weil sie ihr eigenes Vermögen mitaufgewendet hatte. Vielleicht war es aus Verzweiflung, vielleicht aber auch aus einer Hoffnung heraus geschehen. Denn trotz allem: Man war für die Kinder da, für die Familie, man wollte ein gemeinsames Leben, eine sichere Existenz. Und wenn es nicht Mühlberg sein sollte, dann also Letschin.

Letschin wurde in den kommenden Jahren der Mittelpunkt des Fontane'schen Familienlebens. Der junge Fontane kam recht häufig heraus. Manchmal aus dem einfachen Grund, dass er die Eltern und Geschwister sehen wollte, manchmal auch, um sich auf dem Lande zu erholen, und zeitweise, um in der väterlichen Apotheke einen Teil seiner Gehilfenzeit abzuleisten. Man konnte es hier wirklich gut haben, selbst wenn er spöttelte, Letschin sei »nur lose mit der civilisierten Welt« verbunden. Das Apothekerhaus der Fontanes war ein stattliches neues Wohnhaus, lag in schöner, historisch bedeutsamer Landschaft, nahe Küstrin, Neuhardenberg und Gusow, hatte also, wie Louis Henri Fontane schwärmte, eine »glückliche Lage«. Man lebte zur Oder hin, die schiffbar war, und hoffte auf einen baldigen Anschluss an die Eisenbahn. Die Strecke Berlin–Frankfurt (Oder) war im Bau (eröffnet am 23. September 1842), die Verlängerung nach Breslau würde folgen (eröffnet am 1. September 1846). Nur die Verbindung Küstrin–Berlin mit Bahnhaltestelle im nahen Gusow ließ noch etwas auf sich warten (eröffnet am 1. Oktober 1867). Auch der Zustand der Straßen war leider schlecht, so dass die Fahrposten ihre Schwierigkeiten hatten. Letschin mit seinen 2600 Einwohnern litt darunter, dass es nur wenig Pflasterung gab, bei schlechter Witterung Pferd und Wagen stecken blieben und diejenigen, die zu Fuß unterwegs waren, im Schlamm versanken. Aber das alles hatte Louis Henri Fontane »von der Apotheke zu Mühlberg« dem Ort nicht zum Bösen gerechnet, als er sich um die Letschiner Realkonzession bewarb. Für ihn muss es eine glückliche Stunde gewesen sein, als er hier – im Amt Wollup – am 26. August 1838 persönlich den Kaufkontrakt unterzeichnete.

Zu dem stattlichen Fachwerkhaus samt Apotheke gehörten auch kleinere Stallgebäude und ein Garten. Das Grundstück maß insgesamt 63 preußische Quadratruten, also knapp 1000 Quadratmeter. Von einem Landgut, wie es sich einst Pierre Barthélemy Fontane in dieser Gegend erträumt hatte, keine Spur. Aber für die Apothekerfamilie war alles doch bequem genug, besonders wenn der Vater wieder Obstbäume züchten wollte. Die Zukunft hieß also Letschin im Oderbruch, als Theodor Fontane in Berlin seine Gehilfenzeit begann. Berlin–Letschin war für ihn jetzt eine so selbstverständliche Verbindung wie vordem Berlin–Neuruppin, Berlin–Swinemünde oder Berlin–Mühlberg. Und was immer nun werden würde, mit der Letschiner Apotheke musste sicher gerechnet werden. Denn wie sich die familiären Verhältnisse *dort* entwickelten, das hatte auch erheblichen Einfluss auf den Ältesten *hier*.

Verlorene Manuskripte und das erste Grüne Buch

In seinem ersten Jahr als Rezeptar, er war gerade zwanzig Jahre alt, begann Theodor Fontane ein eigentliches Doppelleben. Die abwechselnden Dienste kamen ihm dabei sehr entgegen. Zum einen gab es den »Frontdienst« vorne in der Apotheke, wo die Kundschaft zu bedienen war – »treppauf, treppab« – oder ärztliche Rezepte einliefen und Salben hergestellt oder Pillen gemörsert werden mussten. Dann hieß es einfach die Pflicht erfüllen. Zum andern aber gab es die »Reserve«, »wo jede Berührung mit dem Publikum aufhörte«. Da saß er dann im hohen gewölbten Raum des Hinterhauses, hatte geradezu faustische Gefühle und stellte jenen Exportartikel her, mit dem sich Wilhelm Rose sein gutes Geld verdiente: das »Extractum Graminis«, das sogenannte »Quecken-Extrakt«. Es diente Gesundheitskuren, und wer daran glaubte, spürte auch die richtige Wirkung. Der Artikel boomte und konnte zur Freude Roses fässerweise nach London und in noch größerer

Menge nach Brighton geliefert werden. Die Herstellung des Extrakts verlangte viel Geduld, nämlich anhaltendes Rühren auf niedriger Flamme. In *Von Zwanzig bis Dreißig* erinnert sich der alte Fontane mit Vergnügen an seine Zeit in der »Reserve«: »so saß ich denn, tagaus tagein, mit einem kleinen Ruder in der Hand, an einem großen eingemauerten Zinnkessel, in dem ich, unter beständigem Umherpätscheln, die Queckensuppe kochte.«

Es ist die »mechanische Beschäftigung« oder Bewegung, die »Stille« und eine Art Schläfrigkeit oder Trancezustand – denn auch die Dämpfe mögen delirierend gewirkt haben –, was sein Dichten und Denken anregte und was ihn ganz erfüllte. Und so schreibt er im Blick zurück: »Schönere Gelegenheit zum Dichten ist mir nie wieder geboten worden.« Die Freistunde über Mittag habe er dann, anstatt zu Tisch zu gehen, »jedesmal zum Niederschreiben all dessen benutzt [...], was ich mir an meinem Braukessel ausgedacht hatte«.

Vier Wochen dauerte jeweils der eine und dann wieder der andere Dienst. So entstanden nach Fontanes Erinnerung bis in den Herbst 1840 zwei größere literarische Arbeiten, eine »Dichtung, die sich Heinrichs IV. erste Liebe nannte«, und ein »Roman unter dem schon das Sensationelle streifenden Titel: ›Du hast recht gethan.‹«

Bei der Dichtung »Heinrich IV. erste Liebe« griff er auf eigene Lektüreerfahrungen zurück und orientierte sich – nein, nicht an Chamisso, sondern an Heinrich Zschokke. Zschokke, der urspünglich aus Magdeburg stammte, aber schon jahrzehntelang in Aarau (Schweiz) lebte und sich dort als liberaler Politiker höchst verdient gemacht hatte, war zu Fontanes Jugendzeit einer der beliebtesten Volksschriftsteller im deutschsprachigen Raum. Seine Erzählungen erfuhren mehrere Auflagen und waren in allen Buchhandlungen und Leihbibliotheken zu haben. Der junge Fontane kannte offenbar unter anderem *Florette, Oder: Die erste Liebe Heinrichs IV.*, eine Erzählung, die zuletzt 1836 im Verlag Sauerländer (Aarau) in *Novellen und Dichtungen*, siebter Teil, dritte Auflage, erschienen war.

Zschokkes Novelle handelt vom jungen Heinrich, dem späteren Heinrich IV. und Beschützer der Hugenotten, der schließlich das Edikt von Nantes (1598) erließ. Schauplatz der Geschichte ist Frankreich, ist die Gascogne. Ein Stoff wie geschaffen für den jungen Fontane! Wegen der hugenottischen Herkunft seiner Vorfahren, aber auch wegen der Herkunft des jungen Heinrich aus der Gascogne. Denn wie schrieb der alte Fontane einmal: »ich bin Märker, aber noch mehr Gascogner.« Und in seiner Autobiografie doppelte er nach: »mein Vater war ein großer stattlicher Gascogner voll Bonhommie, dabei Phantast und Humorist, Plauderer und Geschichtenerzähler, und als solcher, wenn ihm am wohlsten war, kleinen Gasconnaden nicht abhold […].«

Die Fontanes stammten ja in Wirklichkeit nicht aus der Gascogne, sondern aus Nîmes und Umgebung, also aus dem südfranzösischen Languedoc. Die weiter westlich gelegene Gascogne als ihr Herkunftsland zu bezeichnen war eine Familienfama, eine eigentliche Gasconnade. Denn *gasconnade* (frz.) bedeutet Bluff, Humbug, Märchen. Ein Gascogner ist also, ganz wie es der alte Fontane von seinem Vater sagt, ein »Phantast und Humorist, Plauderer und Geschichtenerzähler«. Auch in Heinrich IV., dem Einzigen hier, der wirklich aus der Gascogne stammte, steckte etwas von einem poetischen Phantast. Jedenfalls als er noch ein junger Springinsfeld war. Vielleicht aber auch später noch, als er schon der »gute König Heinrich« geworden war, *lo nòstre bon rei Enric*, wie ihn seine Landsleute in der Gascogne zu nennen pflegten.

Und das ist, kurzgefasst, was Zschokke über den Helden seiner Geschichte in einer Novelle von dreißig Seiten erzählt:

Nach einer glänzenden Erziehung in Paris kommt der junge Prinz Heinrich nach Nerac zurück, Nerac in der Gascogne. Hier regiert seine Mutter, die Königin von Navarra, die sich von Herzen freut, dass ihr Sohn nun an ihrem Hofe leben und sich in seine zukünftigen Pflichten als König einüben wird. Heinrich ist gerade fünfzehn, ein »Wildfang« und »Springinsfeld« und ein großartiger Bogenschütze. Selbst seinen spöttischsten Rivalen, den jungen Herzog von Guise, übertrifft er, und dies mit leichter Hand und vollkommen siegesgewiss. Denn zuletzt jagt er – unter Anerkennung der raunenden Zuschauer und vor allem Zuschauer*innen* – seinen Pfeil mitten ins Herz jener noch halb geschlossenen, zart gewölbten Rose, die er im Übermut von der Brust der bildschönen Gärtnerstochter Florette geraubt hat. Die »Rose am Pfeil« wird Sinnbild ihrer jungen Liebe. Nach einem Sommer des Glücks, in dem Heinrich für seine Florette in fast heiligem Eifer immer neue Blumenbeete um den Schlossbrunnen herum angelegt hat, muss er fort, und zurück bleibt sie, die Gärtnerstochter. Und während er sich nun in neue Liebesabenteuer stürzt, bricht ihr das Herz. Den letzten tragischen Schritt aber unternimmt sie erst, als Heinrich eines Tages Schloss Nerac besucht. Er erblickt sie, erinnert sich und bittet sie um ein einziges »Stündchen am Brunnen des Gartens«. Sie verspricht es, kommt, aber ist nicht da, als er sie sucht. Nur die Rose am Pfeil und ein Papier findet sich in der dämmrigen Nacht. Da versteht er und ruft verzweifelt nach Hilfe aus dem Schloss. Wenig später finden sie im Lichte der brennenden Fackeln den Leichnam »des schönen Mädchens« dort, wo sie einst glücklich war, bei der »Quelle« des verlassenen Blumenbrunnens.

Zschokke endet seine Erzählung mit den Worten: »Der Schmerz des jungen Fürsten war ohne Grenzen. Heinrich IV. ist noch jetzt der Abgott des französischen Volkes. Er verrichtete große Dinge. Er erlebte, gewann und verlor viel. Aber ein Herz gewann er nicht wieder, so rein und lieb und treu, wie Florettens Herz. Und die schmerzliche Erinnerung an diesen Engel verlor er nie. / Das war die erste Liebe Heinrichs IV., das die einzige. So liebte er nie wieder.«

Theodor Fontane, berührt von dieser Erzählung, muss sich nach der Lektüre eine eigene Dichtung ausgesonnen haben, wahrscheinlich in Versen, denn er spricht von »einem kleinen Epos« sowohl in seinen Erinnerungen wie in einem Brief an Theodor Storm. Das Manuskript ist nicht überliefert, unklar bleibt auch, ob er sich seinerzeit überhaupt um eine Veröffentlichung bemüht hat. Nehmen wir an, sein kleines »Epos« war im Ton eher verwegen, mehr Gasconnade als Rührstück, geschrieben in der Aufbruchstimmung des Sommers 1840. »Denn mit dem Sommer 1840«, so schreibt der alte Fontane, »mit dem am 7. Juni erfolgten Tode Friedrich Wilhelms III., brach für Preußen eine neue Zeit an.« Alles spürte die frische politische Brise, und der junge Fontane teilte die »illoyale Begeisterung«. Also konnte er einen durchaus tragischen Stoff auch im Berliner Ton, den er gut draufhatte, behandeln. Denn was sollte jetzt, wo sich die jungen Leute wie befreit fühlten, der sentimentale Ton?

Dass er in diesem Sommer mehr wagte als bis anhin, zeigt auch die zweite Arbeit. Es ist sein erster *Roman* und der Stoff einem Gerichtsfall entnommen, der damals durch die Zeitungen ging. Leider ist auch von diesem Roman mit dem Titel *Du hast recht gethan* kein Manuskript überliefert. Es soll zwar später einen Raubdruck gegeben haben, aber das alles ist ungewiss. In *Von Zwanzig bis Dreißig* hat der alte Fontane aber den Inhalt kurz umrissen. Die Sache war seinen Angaben nach etwa die: Eine schöne Oberförsterin hatte im Wald ihren ehemaligen Liebhaber mit dessen Gewehr erschossen, und zwar an einem Ort, wo sie ihn extra hinbestellt hatte. Der schlechte

Kerl musste büßen, weil er begonnen hatte, sie zu erpressen und zu bedrängen, was sie nicht weiter dulden mochte. Kaum war die Tat im Wald geschehen, gestand die Frau sie ihrem Mann, worauf dieser urteilte: »Du hast recht gethan.« Richtig fand er auch, dass sie sich sofort dem Gericht stellte. Die Richter urteilten streng, aber der König milderte die Strafe in eine kurze Festungshaft. So kam die schöne Mörderin nach »Glatz oder Kosel«, wo ihr allgemein gehuldigt wurde, denn die Leute standen auch im moralischen Punkt ganz auf ihrer Seite. Als die Haftzeit um war, kam ihr Gatte und führte sie im Triumphzug in die Oberförsterei zurück.

Rückblickend glaubte Fontane, dass hier seine Anfänge als Romancier steckten. Die Geschichte selbst hatte ihn »begeistert«, so erinnert er sich, vielleicht auch weil sie ein neues Erzählen verlangte. »[D]er Naturalist steckte mir schon im Geblüt«, urteilt er augenzwinkernd. Zu gerne wüssten wir, wie er die Geschichte von der selbstbewussten Frau und dem verständigen Mann, die Geschichte von Ehre und Liebe, Schuld und Strafe, Individuum und Gesellschaft zu erzählen wusste. Das Romanmanuskript habe er, was man ihm gerne glaubt, einem damals vielgelesenen Blatt zum Druck angeboten, wenn er sich richtig entsinne, dem *Preußischen Volksfreund*. Die Redaktion winkte jedoch ab mit der Bemerkung, »es ginge nicht; es sei zu anzüglich«. Er habe dann die vollgeschriebenen Blätter »in die Hände eines Bekannten« gegeben. Und so sei der Roman schließlich Jahre später ohne sein Wissen – und vielleicht unter einem anderen Namen und einem anderen Titel – doch noch veröffentlicht worden. In Fontanes Nachlass erinnert höchstens die Skizze »Die Frau Oberförsterin« noch an Stoff und Idee.

Bleibt eine dritte frühe Handschrift. Es ist das sogenannte erste Grüne Buch, in das der junge Fontane seine Gedichte in Reinschrift hineinschrieb und mit ihrem Entstehungsdatum versah. Es waren darin alle Gedichte enthalten, die er zwischen 1837 und 1840 geschrieben hatte, insgesamt über vierzig Gedichte, von denen eine kleinere Auswahl im *Berliner Figaro* erschienen war.

Das Buch selbst war ein großformatiger, in Grün gebundener Quartleinenband, den Theodor Fontane für seine Mutter eigenhändig hergestellt hatte oder vielleicht auch hatte herstellen lassen. Denn es war ein Geschenk zum 42. Geburtstag, den sie am 21. September 1840 feierte. Das Grüne Buch hatte fast hundert Seiten, vierzig davon waren noch leer. Er aber hatte auf das Eingangsblatt geschrieben:

Gedichte
von Theodor Fontane.
Seiner innig geliebten Mutter
gewidmet von ihrem
Theodor.

In der Mutter, so scheint es, hatte er in seinen jungen Poetenjahren jemanden, der auf sein Schreiben anerkennend reagierte. Was daraus werden würde? Schwer abzusehen. Aber der Sohn legte ihr alle seine neuen Gedichte auch weiterhin vor, selbst die unveröffentlichten. Und sie hat sie alle sorgfältig in ihr Grünes Buch übertragen. Ende 1841 waren die Seiten gefüllt. Mehr als dreißig Gedichte waren noch hinzugekommen. Die Mutter hob ihr Buch dann gut auf und vererbte es später ihrem Sohn, so dass es zuletzt in den Dichternachlass gelangte und 1935 ins neu gegründete Fontane-Archiv. Doch dann kam der Krieg und löste alle Ordnungen auf. Seit 1945 gilt das erste Grüne Buch als »verschollen« und wird aufgelistet unter den zahlreichen Nennungen im Verzeichnis *Vermisste Bestände des Theodor Fontane Archivs*.

Berlin 1840 – alt oder neu?

Berlin zählte um 1840 etwa 330 000 Einwohner und hatte in den Jahren zuvor einen großen Wachstumsschub erlebt. Das hatte mit dem Geburtenüberschuss zu tun, mehr aber noch mit der Zuwanderung. Die meisten kamen aus den preußischen Provinzen (33 000), und davon fast die Hälfte aus der Mark Brandenburg, also aus der nächsten Umgebung Berlins. Ganz so wie Theodor Fontane, der allerdings ein Rückkehrer war, da seine Familie väterlicherseits schon seit fünf Generationen in Berlin eingebürgert war (er selber gehörte zur sechsten Fontane-Generation) und auch die Familie mütterlicherseits schon seit 1779 hier lebte. Eine recht große Zahl der preußischen Zuwanderer stammte auch aus der Provinz Sachsen, aus Schlesien und Pommern. Die nichtpreußischen Zuwanderer kamen hauptsächlich aus Mecklenburg, Anhalt und aus dem Königreich Sachsen, kaum aber aus Bayern, Hamburg, Westfalen oder den Rheinlanden. Auch die Zuwanderung aus dem Ausland war gering. Es gab sie vor allem aus Österreich, Russland, der Schweiz, Dänemark und Frankreich.

Berlin als preußische Residenzstadt zog zwar auch Reisende an, war aber längst keine Weltstadt wie London oder Paris. Wer um 1840 durch die Straßen Berlins kam, konnte leicht sehen, dass es eine grundsätzliche Scheidung in Zivil- und Militärpersonen gab, auch wenn der Anteil der Militärpersonen kontinuierlich auf etwa fünf Prozent sank. Augenfällig musste sein, dass die jüngere Welt das Stadtbild dominierte, denn den größten Anteil an der Berliner Gesamtbevölkerung hatten um 1840 junge Erwachsene im Alter zwischen 17 und 45 Jahren. Der Statistik zufolge waren die Männer gegenüber den Frauen leicht in der Überzahl.

Und nicht zu übersehen war schließlich, dass es große Unterschiede in den Lebensverhältnissen der Menschen gab. Um 1840 machten die Reichen und Wohlhabenden ein Prozent der Gesamtbevölkerung aus, die große Mehrheit aber, die Tagelöhner, Handwerksgesellen, kleinen Gewerbetreibenden und die Fabrikarbeiter, mussten bei geringen Löhnen zumeist ums tägliche Brot kämpfen. Privilegiert wirkten dagegen diejenigen, die sich der Wissenschaft und der Kunst widmen oder eine höhere Schule besuchen konnten. Es war eine bürgerliche Minderheit, die sich aber immer stärkeres Gehör verschaffen sollte.

Das Erscheinungsbild der Stadt prägten auch die vielen Unsteten oder, wie es damals hieß, »die Liederlichen, die Abenteurer, die Lumpen aller Klassen, aller Provinzen, aller Länder«, die hier ihre »Schwindelexistenzen« führten. Glanz und Elend lagen also um 1840 in Berlin nahe beieinander. Und wer gestern noch im Glanz stand, konnte heute schon im Elend leben. Dazu zählten nicht zuletzt die entlassenen Soldaten (manche mit Versehrungen aus den Befreiungskriegen), die sich als »Kutscher, Bediente, Hausknechte oder Tagelöhner« durchzuschlagen versuchten. Aber mit Glück, Können, Fleiß und guten Beziehungen konnten manche auch den gesellschaftlichen Aufstieg schaffen.

Nicht ganz so auffällig fürs Auge muss gewesen sein, wie sich die Lebensformen des Einzelnen gestalteten. Die meisten lebten im Verband der Familie, doch zählte gleichzeitig eine große Personenenzahl zur »fluktuierenden Bevölkerung«. Es waren dies die unverheirateten Soldaten, die Studenten und Schüler, die männlichen und weiblichen Dienstboten, die Lehrlinge, Gehilfen, Tagelöhner sowie die Fabrikarbeiter. Sie alle wechselten ihre Positionen und Stellen beständig.

Die Statistik gibt auch Auskunft über die Religionszugehörigkeit der Berliner Gesamtbevölkerung um 1840. Über neunzig Prozent waren – nach der Kirchenunion von 1817 – Angehörige der evangelischen Konfession. Eingeschlossen in diese Zahl waren auch die Reformierten, explizit auch die Hugenotten, die um 1840 als integriert galten, da sie sich der Kirchenunion angeschlossen hatten und ihre Privilegien seit fast dreißig Jahren abgeschafft waren. Weniger als fünf Prozent der Berliner Gesamtbevölkerung waren Angehörige des Katholizismus und etwas mehr als zwei Prozent Angehörige des Judentums. Es gab um 1840 außerdem in Berlin auch eine sehr kleine Zahl Griechisch-Orthodoxe, Moslems und Mennoniten.

Um 1840 galten also die ursprünglich hugenottischen Familien, Familien wie die Fontanes, als integriert. Die jüdischen Familien dagegen erlebten seit dem Emanzipationsedikt von 1812 einen umgekehrten Prozess. Offenbar hatten die Befreiungskriege von 1813 eine so starke, von der evangelischen Kirche mitgetragene vaterländische Euphorie ausgelöst, dass Bürger jüdischer Herkunft zunehmend wieder als »Fremde« behandelt wurden. Tatsächlich waren vom Gesetzgeber Juden wieder ausgeschlossen worden von höheren Militärchargen (1822), von akademischen Lehr- und Schulämtern (1822), von Ober- und Bürgermeisterämtern (1831) oder Schulzenämtern (1833). Im Zuge dieser Entwicklung hatte sich auch eine lebhafte publizistische Auseinandersetzung über die Frage der jüdischen Emanzipation und Integration entwickelt. Theodor Fontane konnte diese nicht zuletzt in Gutzkows *Telegraph für Deutschland* mitverfolgen und dort eine ganze Reihe polemischer Artikel lesen, in denen darüber debattiert wurde, inwiefern jüdische Religiosität und bürgerliches Glück miteinander vereinbar seien oder die jüdische Theologie den Anspruch der Wissenschaftlichkeit erheben dürfe. Nicht alle wollten jedoch die Ausgrenzung der jüdischen Mitbürger und die Polemik gegen sie dulden. Und so musste zum Beispiel der Deutschlehrer Philipp Wackernagel, weil Direktor Klöden dessen »Angriffe auf das Judenthum und die Juden« nicht dulden wollte, die Gewerbeschule im Frühjahr 1839 verlassen.

Alle diese Entwicklungen und Spannungen hat der junge Fontane aus nächster Nähe und recht bewusst miterlebt. Denn gerade dort, wo er bis Ende 1840 lebte und wirkte und von wo seine Unternehmungen ausgingen – Ecke Spandauer Straße/Heidereutergasse –, traf er auf all das, was das Stadtleben prägte. Er kannte den Glanz, wenn er sich in die Prachtstraße Unter den Linden begab, und er traf auf die recht elenden Verhältnisse jenseits der Stadttore, wenn er nach Norden oder Osten wanderte. Jedenfalls muss er gewusst haben, dass es »[v]or dem Hamburger Thor, im sogenannten *Vogtland*«, eine »Armen-Colonie« gab und Menschen dort völlig verarmt und schlecht versorgt um die nackte Existenz kämpften. Als Schüler hatte er bei Onkel August selber schwierige Lebensverhältnisse kennengelernt, aber er merkte jetzt wohl, dass er doch zu den Privilegierteren zählte. Denn er fand dank Herkunft, Religionszughörigkeit und Ausbildung fast überall offene Türen. Und die Stadt bot tausend Möglichkeiten, gerade der jüngeren Welt. Auf denjenigen, der jetzt den Thron bestieg, hundert Jahre nach Friedrich II. (was als gutes Omen gedeutet wurde), setzte diese jüngere Welt im Sommer 1840 große Hoffnungen.

Der talentierte junge Fontane und seine Berliner Freunde

In der Aufbruchstimmung des Sommers 1840 ließ sich Theodor Fontane von »Fritz Esselbach« einführen in die unterschiedlichsten Gesellschaftskreise Berlins. Dieser »Fritz Esselbach« hatte mit ihm die Klödensche Gewerbeschule besucht und sie im März 1837 wie Wilhelm Krause mit der ersten Klasse abgeschlossen. Allerdings: Er hieß gar nicht Fritz Esselbach, sondern Fritz Eltester, wie die neuste Forschung zeigt. Warum der alte Fontane in seinen Erinnerungen gerade diesen Namen nicht preisgeben wollte? Es könnte etwas mit der Offenheit zu tun haben, mit welcher er über diesen Freund und seine Gefühle zu ihm schreibt. Denn in Fritz hatte er sich seinerzeit spontan verliebt: »Meine Bekanntschaft mit ihm – *Fritz Esselbach* – datiert schon von der Schule her und hatte sich so plötzlich und beinah so leidenschaftlich eingeleitet, wie sonst nur eine Liebe, nicht aber eine Freundschaft zu beginnen pflegt.«

Der Freund studierte jetzt an der Friedrich-Wilhelm-Universität (wie die Berliner Universität seit 1828 hieß) und wohnte in der Oranienburger Straße 69, wenige Gehminuten von Theodor Fontane entfernt. Die beiden waren ein gutes Gespann bei Polterabenden, und das kam nach der Erzählung des alten Fontane so:

> »Weißt Du [Theodor]«, so hieß es eines Tages seinerseits, »du könntest mir eigentlich eine Polterabendrolle schreiben und wenn du's noch bes-

ser mit mir vorhast, so schreibst Du Dir selber auch eine und begleitest mich.«

»Wo ist es denn?«

»Es ist beim Hofschlächtermeister in der Klosterstraße. Dicht neben dem ›Grünen Baum‹.«

»O, das ist ja meine Gegend. Von da fahren ja immer unsre Ruppiner Hauderer ab. Ich bin nämlich mit Permission ein Ruppiner.«

»Nun gut; nimm das als einen Fingerzeig.«

Die beiden traten dann auf dem Polterabend auf und feierten einen vollständigen Triumph. Der Sketch, in dessen Verlauf die beiden jungen Männer dem Paar eine »Amor-und-Psyche-Gruppe« in Gips überreichten, ist nicht überliefert. Aber der junge Fontane, so wissen wir es vom alten, schrieb sich damals eine Polterabendrolle, in der er als ruppiger Gipsfigurenhändler auftrat, dabei immer »den linken Fuß etwas nachziehend« und wahrscheinlich im Berliner Ton kalauernd so wie Fritz auch. Das alles, heißt es im Rückblick, sei in einem »reichen Altberliner Bürgerhause« geschehen, in Festräumen »von Lichtern und Gold und Silber«, wo alles einen aristokratischen Zug hatte und wo »bei freundlichstem Entgegenkommen, alles von einer gewissen Reserviertheit begleitet war«. Einen weiteren Auftritt hatten die beiden Freunde im Hause der Familie Mendelssohn, die in der Neuen Kommandantenstraße ein großes Polterabendfest feierte.

Mit Fritz Eltester war Theodor Fontane in seinem ersten Gehilfenjahr auch sonst häufig unterwegs. Die beiden bummelten gerne gemeinsam durch die Stadt. Und so erzählt der alte Fontane: »Wir, Fritz Esselbach und ich, kamen vom Tiergarten her und schlenderten über den Karlsplatz fort, auf die Oranienburgerstraße zu, an deren entgegengesetztem, also ganz in der Nähe des Haackschen Marktes gelegenen Ende Fritz Esselbach wohnte. Als wir bis an die Ecke der Auguststraße gekommen waren, sah ich, daß hier, eine Treppe hoch, gerad' über der Tür eines Materialwarenladens, ein junger Mann im Fenster lag und seine Pfeife rauchte.«

Der junge Mann, der hier wie ein Berliner Taugenichts dem Nichtstun frönte, war der Dichter Hermann Maron. Und weil Fritz ihn kannte, wurde Theodor Fontane bei ihm eingeführt und gehörte jetzt einem Kreis von »sechs oder acht« jungen Männern an, der sich »Lenau-Verein« nannte. In diesem Kreis erschien auch der junge Dichter Julius Faucher. Dieser vor allem war es, der den jungen Fontane mit der Lyrik von Nikolaus Lenau bekannt machte. Nicht nur mit den *Schilfliedern*, sondern auch mit: *Nach Süden, Dein Bild, Das Mondlicht, Nächtliche Wanderung, Bitte, das Posthorn.* Faucher las Fontane alles vor! »Der Eindruck auf mich war ein großer, überwältigender«, erinnert sich der alte Fontane. »Drei Tage später hatte ich die Gedichte. Das damals erstandene Exemplar hat mich durchs Leben hin begleitet und ich lese noch darin. Ich würde das noch öfters tun, wenn ich die vorgenannten Stücke nicht auswendig wüßte. Sie sind meine Lieblinge geblieben. Der Mehrzahl haftete etwas Schmerzrenommistisches an, aber trotzdem finde ich sie schön bis diesen Tag.«

Unabhängig von Fritz Eltester wurde Theodor Fontane als Autor des *Berliner Figaro* auch in einen Kreis hineingezogen, den er im Rückblick »Platen-Klub« nennt. »Auch dieser Club«, so notierte Fontane am Rande, »hieß eigentlich anders, und ich gebe ihm diesen Namen – auf den er übrigens vollen Anspruch hatte – nur zur schärferen Unterscheidung von seinem Nebenbuhler«, nämlich dem »Lenau-Verein«. Die Gründung des »Platen-Klubs« angeregt hatte der Offizier und Schriftsteller Bernhard von Lepel, der ein Verehrer von August von Platens Lyrik war. Lepel, ein Jahr älter als Fontane, erinnerte sich später: »Es gelang mir, einen Verein von Mitstrebenden zu stiften, in welchen auch Th. Fontane 1839 eintrat.« Die Treffen fanden wahrscheinlich »in Lepels Kasernenstube« statt. Eingeführt worden sei er von Maler Flans, wie der alte Fontane erzählt. Dieser sei ein »Don Juan«, »Festarrangeur«, »Jeu-Bruder« und »Sonntagsreiter« gewesen, der »den ganzen Klub in der Tasche hatte«, war er doch gewandt, »bon garçon« und dazu »immer auf bestem Fuß mit den Kameraden«. Als Maler sei Flans allerdings »kaum mittelmäßig« gewesen, habe indes erreicht, »daß er am Ende seiner Tage nicht als Flans, sondern unter seinem *mütterlichen* Namen, irgendwo nobilitiert wurde«. Man könnte fast glauben, hier porträtiere der Erzähler den Typus eines Fontane, wie ihn sein Vater oder sein Onkel August verkörperte. Aber nein, er war ein Labry! Wir lesen das in einer unveröffentlichten Passage der Fontane'schen Erinnerungen. Dort heißt es: »Maler Flans, ein entfernter Vetter meiner Mutter – die, wenn sie nach Berlin kam, nie versäumte bei der Mutter des Malers, der verwittweten ›Tante Flans‹ vorzusprechen – war ein fixer Junge, großmäulig und unverfroren und wie geschaffen zur Illustrirung des alten Satzes: ›Spandauer Wind und Berliner Kind, Beide nicht viel nütze sind.‹ Vom Maler hatte er nichts als Barret und Sammtrock, viele Portraitsitzungen und noch mehr Liebesverhältnisse. Besonders in letztrem Punkt war er groß, worauf er als Illegitimer auch einen legitimen Anspruch hatte. Mehrere Jahre nach meinem Eintritt in den Platen=Club, führte der Umstand daß ›Vetter Flans‹ aus seiner Illegitimität mehr herausschlagen wollte (auch thatsächlich herausschlug) als ihm zuzugestehen war zu einem Bruch mit meiner Familie.«

Der Blick in die Handschrift zeigt Fontanes Verfahren: Aus Rücksicht auf die Familie erfindet er für den illegitimen Vetter mütterlicherseits den Namen Flans (eventuell aus franz. *faire tout un flan* = aufbauschen), auch streicht er für den Druck heikle Passagen. So auch diejenige, in der er »Flans junior« oder »richtiger der ›falsche Flans‹« in seiner »grenzenlosen Eitelkeit« ausführlich schildert. Flans hatte sich nämlich einen altmärkischen Adelstitel erschlichen. »Meine Mutter, als sie davon hörte, war außer sich und sagte: ›Das ist mir denn doch über den Spaß. Er war nicht einmal ein Flans und nun gar ein v. Flans.‹ Zum Glück ist er kinderlos gestorben und so darf ich das alles hier erzählen.«

Im »Platen-Klub« verkehrten hauptsächlich »Studenten«, wie sich der alte Fontane erinnert, vor allem »Theologen«. Hier trug er als junger Poet seine romantischen Gedichte vor, auch die nicht veröffentlichten. Dafür erhielt er seinen allerersten Dichterorden und ein Diplom, geschrieben und verziert von Vetter Flans. Dieses Dichterdiplom machte von nun an alle Wohnungsumzüge Fontanes mit und erhielt jeweils einen besonderen Platz – in London sogar »im ehelichen Schlafzimmer über dem Kamin« (der Orden wurde 1933 aus dem Nachlass bei Meyer & Ernst versteigert).

Im »Platen-Klub« schloss der junge Fontane auch Freundschaft mit dem Studenten Egbert Hanisch (d. i. Friedrich Wilhelm Bossart aus Luckenwalde). Im Vergleich zu diesem Freund, der sich sein freies Dichterleben von seinen Mitstudenten finanzieren ließ, lebte der dichtende Apothekerlehrling in geradezu gepflegten Verhältnissen. Im »Sommer 1840« gab er einmal ein Fest: »Mein im Hinterhause gelegenes Zimmer war ausgeräumt worden, um eine lange Tafel decken zu können, an der nun, bunt untereinander gemischt, meine ganze Kollegenschaft und meine literarischen Freunde saßen [...]. Das Fest selbst galt meinem eben damals Berlin verlassenden Freunde Egbert Hanisch [...]. Waldmeisterbowlen wurden in immer neuer Zahl und Menge gebraut, den ganzen Tisch entlang standen Vergißmeinnichtkränze in Schüsseln, Toaste drängten sich an Toaste und so sangen wir bis in die

Nacht hinein. Mir ist nachträglich immer das hohe Maß von Freiheit erstaunlich, das sich die Jugend unter allen Umständen zu verschaffen weiß.«

Es war die Zeit der Klubs, der Vereine, der Bacchanals – sie waren jung und männlich, sie waren lyrisch, spöttisch, ironisch, sie waren verliebt in sich, ineinander, in Minna, Vanda oder Emilie. Und sie waren im Aufbruch. Auch der junge Fontane.

Nach Burg und zurück

»Im Herbst 1840 verließ ich Berlin und ging zunächst nach Burg, einer ansehnlichen Stadt, von der trotzdem ›niemand nichts weiß‹«, so hat der alte Fontane erzählt. Es kamen jetzt die Wanderjahre als Apothekergehilfe. Zunächst ging er nach Burg bei Magdeburg, das seit 1688 brandenburgisch war. Man könnte auch sagen, er ging – blickt man auf die Landkarte – von Berlin direkt in die entgegengesetzte Richtung von dort, wo seines Vaters Apotheke stand, und in die Lande seiner mütterlichen Vorfahren. Denn die Labrys, von Beruf Strumpffabrikanten, hatten, als sie von Südfrankreich her nach Preußen aufbrachen, zuerst drei Generationen lang in Magdeburg gelebt, wo sich – wie in Burg – viele Hugenotten niedergelassen hatten. Großvater Labry war ein Magdeburger gewesen, so wie Theodor Fontane ein Neuruppiner war. Denn auch jener war erst mit etwa 13 Jahren nach Berlin gekommen.

Es muss Anfang Oktober 1840 gewesen sein, als Theodor Fontane sich mit der Fahrpost aufmachte. Noch war die Eisenbahnstrecke Berlin–Magdeburg erst in Planung (eröffnet 1846) und erst die Teilstrecke Berlin–Potsdam in Betrieb (seit 1838). Die Reise glich also noch ganz derjenigen nach Mühlberg, so dass man bei einer Fahrt von zwei Tagen nicht umhinkam, auch über Nacht zu fahren.

Burg an der Ihle war Kreisstadt und hatte um 1840 etwa 14 000 Einwohner, zählte zahlreiche Gasthöfe, Tabagien und Schenkwirtschaften, auch eine Buchhandlung, zwei Buchdruckereien und eine lithografische Anstalt. Die medizinische Versorgung übernahmen eine Handvoll Ärzte- und Wundärzte und zwei Apotheken. Theodor Fontane trat als Gehilfe in die konzessionierte Adler-Apotheke ein. Sie gehörte einem »Dr. Kanneberg«, der diese eben gerade erworben hatte (und schon 1843 wieder verkaufte).

Das Erste, was der junge Fontane von seinem Dienstherrn erfuhr, war, dass er in einem »Säbelduell« einen »Artillerie-Hauptmann«, der der Garnison angehörte, »schwer verwundet« hatte. Dass es überhaupt zum Duell gekommen war, soll Dr. Kanneberg selbst herausgefordert haben, denn es hieß von ihm, »daß er sehr jähzornig sei«.

Nur knapp drei Monate hielt es der neue Gehilfe bei ihm aus. Dann verließ er Burg fluchtartig wieder. Alles hatte hier »was Grusliches«. Dazu kam »die grausame Langeweile«, die den jungen Fontane quälte. Er lernte nichts und erlebte nichts. Das »Quecke-Heilmittel«, das Dr. Kanneberg herstellte, war ihm zur Genüge bekannt. Und die »Skat-« oder »Kegelpartie«, zu der man ihn einladen wollte, gähnte ihn an. Ertrag seiner Gehilfenzeit in Burg war immerhin ein »Epos« oder besser eine Politsatire in Versen unter dem Titel *Burg*. Er habe es »in starker Anlehnung an die ›Spaziergänge eines Wiener Poeten‹« (1831) von Anastasius Grün gedichtet, schreibt der alte Fontane. Wenn es bei diesem hieß:

Aus den dumpfen Siechenstuben nach den frischen, grünen Hainen
Lässt der Kranke gern sich leiten von den liebevollen Seinen
etc.

so hieß es beim jungen Fontane:

Seht! Satyriker ward endlich der sentimentale Junge:
Freunde, gratuliert mir zu dem keckgewagten Riesensprunge
etc.

Anastasius Grün war in den politisch fortschrittlichen Klubs ein gefeierter Dichter. Und so übte sich jetzt sein Bewunderer in Burg ebenfalls in diesem Ton. »Unter meinen Manuskripten«, so der alte Fontane, »existier[en] diese Trochäen noch, hellgrün gebunden und mit einer breiten Goldborde eingefaßt.« Doch habe er nicht den Mut, sie noch einmal durchzulesen. Der grüne Pappband in Quartformat fand sich später in seinem Nachlass wieder und gehörte zuletzt zu den Beständen des Fontane-Archivs. Seit 1945 ist er verschollen.

Als der junge Fontane am 30. Dezember 1840 (es war sein 21. Geburtstag) glücklich wieder in der Fahrpost saß, meinte es das Schicksal gut mit ihm.

Er kam an diesem kalten Wintertag nämlich zwischen zwei Schauspielerinnen zu sitzen, »von denen die ältere, die wohl schon Ende Dreißig sein mochte, mich entzückte«. Die schöne Dame hatte ebenso große Freude an dem »bon enfant« und spürte sogleich das Schauspielertalent heraus. Und so muss es recht lustig über Land gegangen sein. Denn drinnen im Fond gab ein übermütiges Berliner Kind »mit einem gewissen humoristischen Pathos« seine Verse auf Burg und das Kleinstadtleben zum Besten.

Typhus – Krankheit zum Tode

Burg war eine Pleite gewesen. Wohin also? Nach Leipzig! Die liberale Bürgerstadt im Königreich Sachsen hatte alles, was ihn lockte: Geschichte, Bücher, Zeitungen und junge Leute, die dort studierten, Gleichgesinnte, mit denen man ins Theater und anderswohin gehen konnte. In Leipzig war etwas los, da war Messe und Handel und Eisenbahnverkehr (am 10. September 1841 eröffnete die Strecke Leipzig–Berlin).

Kaum war der junge Fontane zurück aus Burg, hatte er schon eine neue Anstellung gefunden. Und zwar bei Neubert in Leipzig in der »Hofapotheke zum weißen Adler«.

Doch dann kam alles anders.

Er hatte nur ein paar Tage bei Fritz Eltester bleiben wollen, der jetzt in der Alten Jakobstraße wohnte. Fritz hatte den Freund sofort als Gast in seinem »Chambre garnie« aufgenommen. Als nun aber am dritten Tag der junge Fontane von seinem Spaziergang nach Hause kam mit der guten Nachricht, er habe die Stelle, geschah das Unerwartete. Mitten im Zimmer, als er gerade »auf den Tisch zuschritt, um Licht zu machen«, fiel er »ohnmächtig um«. Da blieb er liegen, bis ihn die Wirtin fand. Fritz, der ausgegangen war, kehrte endlich zurück, sah den Kranken ins Bett verbracht und begann, weil er nicht helfen konnte, Klavier zu spielen. Bis in alle Nacht habe er geübt, ohne zu ahnen, wie sehr jeder »Tippton« den fiebernden Freund jetzt schmerzte. Anderntags kam der Doktor und stellte nüchtern fest: »Typhus«. Es war eine schlimme Diagnose, er war »schwer krank«.

Typhus, auch Nervenfieber oder typhoides Fieber genannt, war eine Krankheit zum Tode. Sehr oft jedenfalls. Georg Büchner – dessen nachgelassene Erzählung *Lenz* eben gerade in Gutzkows *Telegraph für Deutsch-*

land erschienen war – hatte an Typhus gelitten und war mit 23 Jahren am 19. Februar 1837 in Zürich an der Krankheit gestorben. Auch Gottfried Keller, zwanzig, war im August 1840 in München an Typhus erkrankt und hatte wochenlang in Todesgefahr geschwebt. Typhus grassierte in allen Städten. In der akuten Phase der Krankheit begann man zu delirieren.

Er habe nicht sehr gelitten, schreibt Fontane im Rückblick, er sei »vielmehr durch einen eigentümlichen, nur dann und wann von Klarheit und selbst Heiterkeit unterbrochenen Dusselzustand, aller Schmerzen und Todesfurcht überhoben« gewesen. Während seiner Krankheit, die sieben Wochen dauerte, sei im Nebenzimmer der Mann der Wirtin gestorben (nicht an Typhus, sondern am »Delirium tremens«), er habe sich dennoch nicht geängstigt. Auch nicht, als die Sargmänner gekommen und aus Versehen in *sein* Zimmer eingetreten seien. In guter Laune habe er gerufen: »Noch nicht.«

Rückblickend stellte er staunend fest, es sei wohl das ungebrochene Vertrauen ins Leben gewesen, das ihn die Krankheit habe überstehen lassen. In seinen eigenen Worten: »Ich mußte wohl ein Fiducit zu mir haben.« Hinzu kommt aber, dass er sich bei Fritz Eltester, der von großer Fürsorglichkeit war, gut aufgehoben fühlte. Auch war die Wirtin da und vor allem ein Arzt. Vielleicht kam auch die Mutter (die regelmäßig nach Berlin reiste) oder sonst jemand aus der Verwandtschaft. Auch Prediger Fournier könnte ihn besucht haben. Oder Emilie. Es war von der Großen Hamburger Straße nicht weit in die Alte Jakobstraße, zu Theodor und Fritz.

Sie war jetzt 16 und besaß in ihrem Stammbuch ein Gedicht von seiner Hand, das er ihr am 24. Mai 1840 zugeeignet hatte:

Ich habe oft, wenn mich geblendet
Der Sonne zauberhafte Pracht,
Und ich mich von ihr abgewendet,
In meinem Herzen dein gedacht.

Wie ohne Sonne mir die Erde,
Nur schien ein grabesdunkler Schacht,
Gleicht – wenn ich von dir scheiden werde,
Mein ganzes Leben einer Nacht!

Der alte Fontane hat von den näheren Umständen seines Krankseins allerdings nur dies erzählt: »So vergingen sieben Wochen; eine harte Nuß für meinen Freund Esselbach [Fritz Eltester]. Dann begab ich mich zu meinen Eltern aufs Land [...].«

Gut fünf Wochen blieb der Rekonvaleszente in Letschin, von Mitte Februar bis Ende März 1841. Hergereist war er bei Winterskälte mit der Fahrpost und erlebte dann, wie der Frühling kam.

Für alle in der Familie war es ein Ereignis, dass er da war. Die kleine Elise, jetzt drei Jahre alt, konnte mit dem großen Bruder, ihrem Paten, Haus und Garten erkunden, die Mutter ihm ihre Freuden und Sorgen erzählen und der Vater über Sinn und Unsinn des Apothekerwesens fachsimpeln. Nach Leipzig zu Neubert also wollte der Sohn. Leipzig war gewiss eine richtige Wahl (er selber hatte zwar in Danzig konditioniert). Leipzig war geschichtsträchtig auch wegen der Völkerschlacht von 1813. Die ersten Bände von Richters *Geschichte des deutschen Freiheitskrieges vom Jahre 1813 bis zum Jahre 1815* hatte Louis Henri Fontane unterdessen schon studieren können, auch die Schilderung der Schlacht bei Großgörschen am 2. Mai 1813. Was der Vater wieder und wieder als Selbsterlebtes erzählte und die Historiker nun in Prachtausgaben mit Stahlstichen der Feldherren auf den Buchmarkt brachten, war unweigerlich auch der Stoff des Sohnes geworden. Gewiss, er würde in Leipzig zu den Schlachtfeldern wandern und dann beim nächsten Besuch dem Vater schildern, was er gesehen und erlebt hatte.

Die Letschiner Tage waren wohl gute Tage (sofern sich die Eltern nicht stritten). Auch mit Rudolph, 19, Jenny, 17, und Max, 14, war es schön, wenn sie zu Hause waren. Und dann mochte es für den jungen Fontane so sein, wie er es in seiner frühen Erzählung *Zwei Post-Stationen* geschildert hat. Dort heißt es aus der Sicht eines jungen Reisenden: »Von Zeit zu Zeit führt mich die Sehnsucht nach Vaterhaus und Vaterstadt aus den Mauern der Residenz an die Ufer des baltischen Meers, wo denn im Kreise der Meinen, bei der, vom Vater selbst, gebrauten Bowle gar fröhliche Stunden verbracht werden. Es war im März, als die schönen Tage von Aranjuez, Tage voll süßen Nichtsthuen's, wieder einmal vorüber waren.«

Der Weg zum approbierten Apotheker erster Klasse

Im Frühjahr 1841 fehlten Fontane noch vier Gehilfenjahre bis zum Examen. Mit einer besonderen Anstrengung – dem zweisemestrigen Kurs für Pharmazeuten – hätte er diese vier Jahre auch auf drei mindern können. Er würde zusehen, wie alles ging, musste er doch körperlich zuerst wieder zu Kräften kommen und innerhalb der vorgegebenen Frist auch das sogenannte freiwillige Militärjahr ableisten. Freiwillig war es ja eigentlich nicht. Denn es galt in Preußen seit 1813 und nach erneuertem Gesetz seit 1822 die allgemeine Wehrpflicht, und zwar für alle Männer ab zwanzig Jahren. Mit dem Einjährigenzeugnis, das er als Absolvent der Gewerbeschule vorweisen konnte, besaß der junge Fontane das Privileg, statt drei (oder zwei) nur ein Jahr Dienst leisten zu müssen. Beachten musste er immerhin folgende Bestimmung: »Wer ein solches [Einjährigen-]Zeugnis erhalten hat, muß sich [...] innerhalb der gesetzlich bestimmten Zeit bei der betreffenden Behörde melden, weil er sonst des ihm zustehenden Rechtes verlustig geht.«

Wohl spätestens Ostern 1844, in seinem 25. Altersjahr, hatte der junge Fontane seinen Dienst anzutreten. Bis dahin hieß es »konditionieren« und sich die Möglichkeit offenhalten, den Ausbildungsweg mit einem Studienjahr abzukürzen. In jedem Fall stand im Frühling 1841 außer Frage, dass er bei allen Neigungen zum Schreiben und Veröffentlichen das Apothekerexamen anstrebte.

Was leistete er also in seiner beruflichen Ausbildung, während ihn gleichzeitig dichterische Ambitionen antrieben?

Anfang April 1841 trat der junge Fontane, nachdem er drei Monate lang krank gewesen war, seine Gehilfenstelle in der Leipziger Adler-Apotheke an. Sie lag nur wenige Schritte vom Markt entfernt in der Hainstraße 29. Hier bei Apotheker Ludwig August Neubert, der 42 Jahre alt war und seine Apotheke seit zwanzig Jahren erfolgreich führte, arbeitete er das übliche strenge Pensum als zweiter Rezeptar, kümmerte sich um die Lehrlinge und wäre gewiss länger in dieser Stellung verblieben, wenn nicht plötzlich wieder die alte Krankheit, diesmal in Form von »Gelenkrheumatismus«, ausgebrochen wäre. Sein Prinzipal sah sich daher gezwungen, das Anstellungsverhältnis aufzulösen. Am 10. Mai 1842 stellte er ihm das folgende Zeugnis aus:

Herr Fontane welcher seit Anfang April 1841, bis heute in meinem Geschäft als Gehülfe war verläßt daßselbe wegen Kränklichkeit und um sich einer größern Kur zu unterziehen.

Ich bescheinige demselben unaufgefordert daß ich mit seinem sittlichen Verhalten sowohl als auch mit seinen Leistungen als Apotheker *vorzüglich* zufrieden gewesen bin und nichts mehr wünsche als daß derselbe ehemöglichst in mein Haus zurücktritt.

Zum zweiten Mal in seiner Gehilfenzeit war er schwer erkrankt, und wieder zur Winterszeit. Und wieder dauerte die Krankheitsphase »sechs, sieben Wochen«: Und so lag er von Mitte Februar bis Ende März 1842 in einem der Hinterzimmer des Apothekerhauses, wo »vier Betten« standen, die dort in einen Alkoven geschoben worden waren – für vier Angestellte der Apotheke. Es waren schlimme Wohnverhältnisse, und schlimm war, dass es die üblichen waren. Nicht, dass der alte Fontane in der Rückschau darüber geklagt hätte, aber er nennt diese beengte Stube doch eine »Typhusbrutstätte« und verhehlt nicht, dass man, anstatt an den Zuständen etwas zu ändern, einfach froh gewesen war, den Kranken loszuwerden.

Sein rettender Engel war Tante Pinchen. Sie sorgte während seiner ganzen Krankheitszeit für ihn, sowohl in der Hainstraße wie in der Poststraße, wohin sie ihren Neffen Anfang April 1842 hatte holen lassen. Denn hier, hinter dem Oberpostamt am Augustusplatz, lebten Tante und Onkel, seit ihnen der Berliner Boden zu heiß unter den Füßen geworden war. Fontanes Onkel August hatte jetzt eine Anstellung in der renommierten Kunsthandlung von Pietro del Vecchio. Sie befand sich am Markt Nr. 9, was zugleich bedeutete, dass man leicht miteinander Kontakt halten konnte. In den Entwürfen zu *Von Zwanzig bis Dreißig* schreibt der alte Fontane denn auch etwas schuldbewusst, sein erster Besuch in Leipzig habe sogleich seinem liederlichen Onkel August gegolten.

Noch während seiner Genesungszeit bewarb sich Fontane um eine Gehilfenstelle in Dresden. Bevor er sie am 1. Juli 1842 antreten konnte, unternahm er in Begleitung von Onkel und Tante und eines Leipziger Freundes seine allererste Erholungsreise. Sie führte nach Dresden und in die Sächsische Schweiz. Vor Stellenantritt aber hielt er sich den ganzen Juni 1842 bei den Eltern in Letschin auf. Es war eine verordnete Ruhepause, denn sein Arzt hatte ihm am 13. Mai 1842 ein Attest ausgestellt, in dem es hieß, dem

Patienten Theodor Fontane sei »zur dringenden Pflicht gemacht«, sich nach Hause zu begeben und sich »für jetzt […] aller körperlichen Anstrengungen zu enthalten«. Und dies vor allem wegen der »Neigung zu Rückfällen« bei Witterungsveränderungen.

Man musste die Sache wirklich ernst nehmen, denn solche Rückfälle waren lebensgefährlich. Im selben Sommer 1842 erreichte den frisch genesenen jungen Fontane nämlich die traurige Nachricht, Freund »Wilm«, Wilhelm Krause, sei in Malaga seiner Krankheit erlegen. »Wilm« war körperlich nie besonders robust gewesen, hatte immer schon etwas von einer zarten Künstlernatur gehabt, weshalb man ihn zur Kräftigung in den spanischen Süden geschickt hatte. Die Todesnachricht traf dann ganz unvermittelt ein und erschütterte Familie und Freunde zutiefst.

Ab 1. Juli 1842 stand Theodor Fontane wieder hinter dem Rezeptiertisch. Er setzte seine Gehilfenzeit fort in der Salomonis-Apotheke des jungen Dr. Struve. Dieser hatte die Apotheke 1840, im Alter von 28 Jahren, von seinem verstorbenen Vater übernommen. Hier in Dresden arbeitete der Gehilfe Fontane ein Dreivierteljahr. Am 4. Mai 1843 stellte ihm Dr. Gustav Struve das folgende Zeugnis aus:

> Herr Theodor Fontane befand sich vom 1 July 1842 bis Ostern 1843 in meiner Apotheke. Herrn Fontanes Moralität, deßen wißenschaftliche und praktische Ausbildung, seine aufopfernde Thätigkeit in Erfüllung der ihm obliegenden Geschäfte verpflichten mich zum Ausspruch des vollkommensten und unbedingtesten Lobes.

Fast drei Jahre Gehilfenzeit hatte er jetzt insgesamt absolviert. Nun musste er sich entscheiden. Zwei Semester Pharmazie an der Universität oder noch zwei Jahre Gehilfenzeit? Statt sich zu entscheiden, beschloss er, sich »als Schriftsteller zu etablieren«, und ging im Frühsommer 1843 von Dresden nach Leipzig. Als er nach drei Monaten auch diese Idee wieder aufgab, kehrte er nicht etwa zur Apothekerausbildung zurück, sondern träumte vom Universitätsstudium. Er nahm also »die Schulstudien« wieder auf, um das Abitur nachzuholen und dann »irgend was zu studieren. Am liebsten Geschichte«.

Etwa Ende Juli 1843 ging er über Berlin nach Letschin, setzte sich hier als künftiger Studiosus hinter die Bücher und merkte, dass ihm die Zeit davonlief. Denn es stand ganz außer Frage, dass er sein Militärjahr absolvieren wollte.

Sein Vater stellte ihm für die Zeit seines Aufenthalts in Letschin, wo er »Latein und Griechisch« lernte und »dann und wann« zu »Macbeth und Hamlet« lief, freundlicherweise ein Zeugnis als Gehilfe aus. Ja, er weitete diese Gehilfenzeit sogar aus bis in jene Phase, als sich sein Sohn zeitweilig in Leipzig als freier Schriftsteller versucht hatte. Für die prüfenden Behörden sah es somit aus, als hätte der junge Fontane kontinuierlich konditioniert. Das unkonventionelle Zeugnis, das Louis Henri Fontane seinem Ältesten ausstellte, offenbart zugleich, dass dessen Humor vieldeutig und geradezu subversiv sein konnte. In schön geschwungener Schrift attestierte er:

> Inhaber dieses Zeugnißes, mein ältester Sohn Theodor Fontane, in Neu=Ruppin geboren, hat vom 1 April 1843 bis dahin 1844, die Defectur=Stelle in meiner hiesigen Apotheke mit rühmlichem Eifer und zu meiner völligen Zufriedenheit verwaltet, was ich demselben hierdurch gern und pflichtmäßig bezeuge. – solches auch noch durch Beidrückung meines stets führenden Pettschaftes bekräftigt haben will.
>
> Letschin den 2ten April 1844.
> L: Fontane,
> Inhaber der hiesigen Apotheke.

Das Zeugnis bescheinigte dem Gehilfen, dass er es auf seiner Defektur-Stelle verstanden hatte, die nötigen Ingredienzien für die erforderlichen Medikamente zu ordern und die Mixturen herzustellen. Verfasst war das Zeugnis aber auch mit dem »französischen Gefühl« des Vaters. Denn der Ausdruck *faire défection* heißt so viel wie fernbleiben, nicht erscheinen, desertieren. In der Tat war ja sein Sohn in der attestierten Gehilfenzeit öfters mit ganz anderen Zukunftsplänen beschäftigt gewesen. Und fast wäre er vom Apothekerberuf abgefallen.

Der Vater half dem Sohn noch ein zweites Mal mit einem Zeugnis aus. Denn er stellte es ihm für eine Zeit aus, in der der junge Fontane nachweislich entweder Militärdienst leistete oder sonst in Berlin unterwegs war. Am 2. Juli 1845 setzte Louis Henri Fontane seine Unterschrift unter das folgende vielsagende Dokument:

Meinem Sohne Theodor, Heinrich Fontane, geboren in Neu=Ruppin, stelle ich hiermit gern und pflichtgemäß dies Zeugniß darüber aus: daß er während des Zeitraumes – vom 1 Januar bis 1 Juli 1845 – der Receptur in meiner Apotheke mit Eifer und Geschicklichkeit vorgestanden hat.

Mehr zu seinem Lobe zu sagen, was ich wohl könnte und möchte, verbietet mir meine Stellung als Vater dieses jungen Mannes, – weshalb denn ich das unterlaße, und damit ende, ihm das beste Glück in seiner neuen Stellung recht aufrichtig zu wünschen.

Letschin den 2 July 1845.
L: Fontane,
Besitzer der hiesigen Apotheke.

Beide Zeugnisse wurden am 16. April 1846 vom Küstriner Kreisphysikus mit Siegel und Unterschrift bestätigt und damit akzeptiert. Es ging eben in Preußen gar nicht immer so preußisch zu, wie man die Welt glauben ließ.

Die letzte und sehr ordentlich absolvierte Gehilfenzeit verbrachte Fontane im Alter zwischen 25 und 26 Jahren in Berlin in der Polnischen Apotheke bei Julius Eduard Schacht. Hier in der Friedrichstraße 153 a, Ecke Mittelstraße, wenige Schritte von Unter den Linden und der Universität entfernt, wohnte Theodor Fontane während seines letzten Jahres als Apothekergehilfe. Am 30. Juni 1846 stellte ihm sein Prinzipal das Zeugnis aus, »Herr Theodor Fontane aus Neu-Ruppin« habe vom 4. Juli 1845 bis zum 30. Juni 1846 als zweiter Rezeptar »durch Accuratesse und Pünctlichkeit in der Receptur, so wie durch tadellose Führung« den vollkommenen Respekt des Geschäftsinhabers gewonnen.

Mit seinen verschiedenen Zeugnissen konnte Fontane jetzt ausweisen, dass er fünf Jahre als Apothekergehilfe konditioniert hatte. Die letzte Hürde bis zur Approbation war das Staatsexamen. Dazu musste er noch einmal »analytische Chemie« studieren, wie der alte Fontane erzählt. Er sei deshalb »Schüler vom Professor Sonnenschein« geworden, »der gerade damals in einem Seitenflügel von Sparwaldshof [beim Spittelmarkt] ein chemisches Laboratorium errichtet hatte«. In dieser Zeit wohnte Fontane in Untermiete in der Dorotheenstraße 60, 2 oder 3 Treppen hoch in einem Hinterzimmer, wie er erzählt. Und zwar wieder bei Onkel August und Tante Pinchen, die von Leipzig nach Berlin zurückgekehrt waren. Hier wäre er wohl auch bis zum Examen geblieben, wenn man sich nicht zerstritten hätte. Und so zog

Fontane im November 1846 zu seinen Eltern nach Letschin, um seine Prüfungsvorbereitungen »privatim« fortzusetzen. Im Rückblick fand er, das seien keine idealen Prüfungsvoraussetzungen gewesen: »Denn Naturwissenschaftlichkeiten sind Dinge, die man nicht bloß aus Büchern lernen kann; es bedarf dazu viel äußeren Apparats.« Es fehlten ihm das Labor und gewiss auch die Anleitungen von »Professor Sonnenschein«, der seine Examensvorbereitungen in der Regel mit einem Arzt erteilte. Als Theodor Fontane aufbrach, um in Berlin die Prüfung abzulegen, soll der Vater beim Abschied bemerkt haben: »Will dir was sagen; du fällst entweder durch oder kriegst eine Nummer eins.«

Was war zu erwarten? Ein »vorzüglich gut«, also eine Nummer eins, ein »sehr gut«, »gut«, »mittelmäßig« oder »schlecht«, wie die Prädikate damals lauteten? Er sei »in Frack und weißer Binde« durch die Friedrichstraße gegangen, habe sich bei Raehmel »durch eine halbe Flasche Rotwein« gestärkt und dabei »noch einen flüchtigen Blick in ein kleines, mich beständig begleitendes botanisches Büchelchen« getan. Und gerade das, was er sich noch kurz vor der Prüfung einprägte, habe dann »der alte Link, berühmter Botanik-Professor«, geprüft.

Er habe also einfach Glück gehabt, denn gerade in Botanik sei er schwach gewesen. So Fontane, der es meisterhaft verstand, sein Licht unter den Scheffel zu stellen, wenn er über seine Schul- und Ausbildungszeit urteilte. Das Zeugnis, das ihm Minister Eichhorn am 2. März 1847 ausstellte, hieß im Wortlaut:

> Da der Candidat der Pharmacie, Theodor Heinrich Fontane, in den, für Apotheker erster Klasse vorgeschriebenen Staats=Prüfungen vor der Ober=Examinations=Kommission hierselbst = gut = bestanden ist, so wird demselben die Approbation als Apotheker erster Klasse und demgemäß die Befugniß zur Verwaltung und zum Besitze einer Apotheke in den Königlichen Landen unter der Bedingung ertheilt, daß er die ihm nach den Medicinal=Verordnungen obliegenden Pflichten gewissenhaft erfüllen werde.

Nach bestandener Prüfung reiste der frisch approbierte Apotheker zurück ins Elternhaus nach Letschin. Dort beriet er mit den Eltern, wie er sich eine berufliche Existenz aufbauen konnte. Zwischendurch fuhr er immer wieder nach Berlin. Dieses häufige Hin und Her war möglich, weil es bereits selbstverständlich geworden war, mit der Eisenbahn zu reisen. Die Verbindung von Berlin über Fürstenwalde nach Frankfurt (Oder) bestand seit dem 23. Oktober 1842, so dass Fontane jeweils einen Teil der Reise mit dem Zug bewältigte. Klappte die Verbindung, konnte er innerhalb von etwa acht Stunden von Letschin nach Berlin gelangen und umgekehrt. Dabei war er noch immer drei Viertel der Zeit in der Kutsche unterwegs. Aber von Frankfurt (Oder) konnte er in weniger als zwei Stunden Berlin erreichen.

Und so lag es nahe, dass er – wenn er nun als frisch approbierter Apotheker auf Apothekensuche ging – sich auch in Frankfurt (Oder) umsah. Dort stand im Sommer 1847 die Löwen-Apotheke zum Verkauf. Theodor Fontane war ernsthaft interessiert und trat in Verbindung mit Apotheker Emil Heinrich Albert Wege, dem Besitzer.

Er war jetzt mit 27 Jahren bereit, wenn nötig Kapital aufzunehmen und Schulden zu machen. Doch dann kam ein anderer Käufer zum Zug – und so beschränkte er sich vorläufig auf eine Stelle als Provisor. Am 1. Oktober 1847 trat Theodor Fontane in die Berliner Apotheke »Zum schwarzen Adler« ein.

Besitzer war Jean Auguste Ferdinand Jung (ursprünglich Lejeune), dessen Familie wie die Fontanes und Labrys der französisch-reformierten Gemeinde angehörte. Apotheker Jung, Bruder von Adolphe Jung, dem Besitzer der Bäckerei Jung Unter den Linden, hatte die Apotheke »Zum schwarzen Adler« im Alter von 25 Jahren erworben. Jetzt war sie zehn Jahre in seinem Besitz und galt, wie der alte Fontane schreibt, als »ein glänzend fundiertes Geschäft«. Das Geschäft ging gut, aber die Lebensverhältnisse der Kunden waren zum Teil verheerend. Als Provisor der Jung'schen Apotheke erlebte Fontane die Armut der Stadt und das Elend der Menschen. »Sie treffen hier ein andres Publikum«, soll Dr. Jung ihn begrüßt haben, »keine Geheimräthe, Gott sei Dank.«

Die Apotheke »Zum schwarzen Adler« lag jenseits der Stadttore an der Neuen Königsstraße, etwa auf der Höhe des Georgenkirchhofs in unmittelbarer Nähe des Alexanderplatzes. Die Kunden der Apotheke seien die Familien der mittleren Kaufleute und kleineren Handwerker gewesen, aber »[d]azu viel Proletariat mit vielen Kindern«, so der alte Fontane. Und weil diese Kinder an Skrofulose, Rachitis oder Tuberkulose litten, Krankheiten, die auf schlechte Ernährung oder ungesunde Wohnverhältnisse zurückzuführen waren, wurde ihnen »seitens der Armenärzte meist Lebertran verschrieben«. Eine seiner Hauptaufgaben sei daher gewesen, »Lebertran in Flaschen« zu füllen. Was mit dem vielen Lebertran geschah? Weil die »armen Leute« ihn kostenlos als »Freimedizin« erhielten, hätten sie ihn nicht etwa deshalb bezogen, um ihn »ihren mehr oder weniger verskrofelten Kindern einzutrichtern, sondern ihn gut wirtschaftlich als Lampenbrennmaterial« benutzt.

Am Plan, eine eigene Apotheke zu kaufen, hielt Fontane weiter fest. Kurz nach Eintritt in die Vorstadt-Apotheke schrieb er einem Freund: »In zwei Jahren hoff' ich selbständig, d.h. Apothekenbesitzer, Gatte und resp. Familienvater zu sein.« Es war ein Lebensplan, wie ihn andere approbierte Apotheker in ähnlicher Lebenslage durchaus zu verwirklichen wussten. Selbstverständlich stand auch ihm offen, eine solide bürgerliche Existenz als Apothekenbesitzer zu begründen. Das nötige Kapital jedenfalls ließ sich mit Eifer, Fleiß, guten Beziehungen zu jeder Zeit auftreiben.

Leipzig 1841 – ohne Schumann, Mendelssohn, Bach?

Aber es gab eben noch einen ganz anderen Theodor Fontane. Es ist der junge Mann, der mit seinem »Fiduzit« den Typhus überstanden hatte und im Frühling 1841 glücklich in Leipzig eintraf. Dieses Hochgefühl des jungen Reisenden von damals schwingt noch mit, wenn der alte Fontane erzählt: »Zwei Drittel der Reise hatte ich per Bahn zurückgelegt; das letzte Drittel per Post. Nun hielten wir vor dem eben erst fertig gewordenen großen Postgebäude, den Platz mit Universität und Paulinum in voller Ausdehnung vor uns. Es mochte sechs Uhr sein; die Luft war weich, die Sträucher in den Anlagen hatten schon grüne Knospen. Über allem lag ein feiner Dämmer. Ich reckte und streckte mich, atmete hoch auf und hatte das Gefühl eines gewissen Geborgenseins. Es war auch so. Das mit den ersten Eindrücken hat doch was auf sich.«

Zum ersten Mal erwähnt hier Fontane, dass er die Eisenbahn benutzte. Doch wie er das im Frühling 1841, als er von Letschin nach Leipzig fuhr, bewerkstelligt haben will, ist der Forschung ein Rätsel geblieben. Die Strecke Berlin–Jüterbog–Wittenberg–Köthen–Halle–Leipzig gab es als Verbindung erst kurze Zeit später, nämlich ab dem 10. September 1841. Und auch die Strecke Berlin–Frankfurt (Oder) wurde erst 1842 ans Eisenbahnnetz an-

Leipzig, um 1840

geschlossen. Nach ihrer Eröffnung hat der junge Fontane beide Strecken rege benutzt. Aber im Frühling 1841 traf er gewiss mit der ordentlichen Berliner Fahrpost ein. Nach damaligem Fahrplan vermutlich am Freitag, den 2. April 1841, »abends ¾ 6«.

Was ihn bei seiner Ankunft hinriss, war die im Unterschied zu Berlin so ganz anders gebaute Stadt. Zwar gab es Neubauten im klassizistischen Schinkel-Stil, so die neue Universität (1836) und das neue Postgebäude (1838). Trat man aber den Weg zum großen Markt an, so musste einem jungen Berliner wirklich der Atem stocken. Stolze mittelalterliche und barocke Bürgerhäuser reihten sich hier. Und wenn er zu »Auerbachs Hof« gelangte auf der Höhe von Naschmarkt und Handelsbörse, wer konnte es ihm verdenken, wenn er leise aus Goethes *Faust* zu zitieren begann. Und so hat der alte Fontane über dieses Leipziger Kapitel seiner Autobiografie den vieldeutigen Titel gesetzt: »Mein Leipzig lob' ich mir ...« (*Faust I, Auerbachs Keller*).

Über seinen Gang in die Stadt zur neuen Wirkstätte hin erzählt er: »Das Neubertsche Haus lag in der Hainstraße, so daß ich, um dorthin zu gelangen, den echtesten und schönsten Teil von Leipzig, die Grimmasche Gasse und den Rathausplatz zu passieren hatte. Mein Gepäckträger ging neben mir und machte in gutem Sächsisch den Führer. Ich war ganz benommen und möchte behaupten, daß, soweit Architektur und Stadtbild in Betracht kommen, nichts wieder in meinem Leben einen so großen, ja komisch zu sagen, einen so berauschenden Eindruck auf mich gemacht hat wie dieser in seiner Kunstbedeutung doch nur mäßig einzuschätzende Weg vom Post- und Universitätsplatz bis hin in die Hainstraße. Die Sache findet darin ihre Erklärung, daß ich, außer einer Anzahl märkischer und pommerscher Nester, in denen ich meine Kinderjahre verbracht hatte, bis zu jener Stunde nichts von der Welt kannte wie unser gutes Berlin, das mir von allen echten Berlinern immer als der Inbegriff städtischer Schönheit geschildert worden war. Und nun! Welcher Zusammenbruch.«

Leipzig, das um 1840 etwa 50 000 Einwohner hatte, machte dem großen Berlin durchaus Konkurrenz. Für Fontane zum Beispiel ergab sich hier ein ganz selbstverständlicher Verkehr mit Doktoren, Studenten, Literaten und Journalisten.

Die beiden Doktoren, die der alte Fontane am besten erinnert, waren ein Dr. Adler und ein Dr. Reuter. Mit Ersterem knüpfte er sogleich eine literarische Beziehung an, was in *Von Zwanzig bis Dreißig* auch im Detail erzählt wird. Über Dr. Moritz Emil Reuter, der häufig in die Apotheke kam, nicht nur um Rezepte zu ordern, sondern auch um die hier ausliegenden Leipziger Zeitungen zu lesen, erfahren wir: »Reuter, ein sehr hübscher, eleganter Herr, war ausgesprochener Sachse, liebte mich aber, weil ich ihm Tag für Tag Gelegenheit gab, seinen starken Preußen-Antagonismus in übrigens nie verletzender Weise gegen mich auszulassen. Er erkundigte sich regelmäßig bei mir nach den Schicksalen der ›jroßen Nation‹ oder fragte mich ob es wahr sei, daß Kaiser Nikolaus wieder auf einer Inspektionsreise sei, um nachzusehen, ob sein ›Unterknäs‹ Friedrich Wilhelm der Vierte mittlerweile keine Dummheiten gemacht habe.«

Mit Moritz Emil Reuter verhielt es sich so. Er war damals 39 Jahre alt, stammte aus dem sächsischen Elsterberg, hatte in Leipzig Medizin studiert und 1831 promoviert. Jetzt war er praktischer Arzt und wohnte im Brühl, unweit der Neubertschen Apotheke. Dr. Reuter war seit Jahren ein enger Freund und Vertrauter von Clara und Robert Schumann. Die beiden hatten am 12. September 1840 glücklich geheiratet und wohnten nun in der Inselstraße 5, drei Straßen von Fontanes Onkel August und Tante Pinchen entfernt.

Die junge Clara Schumann war gerade so alt wie Theodor Fontane. Aber sie führte ein ganz anderes Leben als er. In den Tagen, als er stolz seine ersten Gedichte im *Berliner Figaro* hatte erscheinen sehen und sein literarisches Debüt bei d'Heureuse oder Stehely feierte, hatte sie als Wunderkind und glänzende Pianistin längst große Publikumserfolge in allen Hauptstädten Europas gefeiert. Regelmäßig gab sie auch Konzerte in der preußischen Residenz, zuletzt am 25. Januar und 1. Februar 1840 im Königlichen Schauspielhaus. Ihr Publikum war jeweils vollkommen hingerissen, denn sie konnte alles spielen: Bach, Mozart, Beethoven und die neue Musik von Mendelssohn Bartholdy, Robert Schumann und die eigenen Kompositionen.

Mit Clara Schumann also war Dr. Reuter befreundet. Und ebenso mit Robert Schumann. Robert Schumann erlebte 1841 seinen eigentlichen musikalischen Durchbruch. Neun Jahre älter als Clara, hatte er die Pianistenlaufbahn wegen unheilbarer Beschwerden an der rechten Hand aufgegeben, redigierte aber mit Erfolg seine *Neue Leipziger Zeitschrift für Musik* (gegr. 1834). Vor allem aber komponierte er intensiv.

Die Schumanns gehörten zweifellos zur Musikelite der Stadt und waren eng befreundet mit Felix Mendelssohn Bartholdy, der – von Berlin her kommend – seit 1835 hier das Gewandhausorchester leitete. Ihre Wohnung in der Inselstraße 5 war ein geselliger Treffpunkt. Und manchmal fuhr man aufs Land. Bei all diesen Unternehmungen war auch Dr. Reuter ein gerngesehener Begleiter.

Während also Dr. Reuter in der Hainstraße den jungen Fontane »regelmäßig« trietzte, fand er sich in seiner freien Zeit bei Schumanns ein. Dem Tagebuch von Robert Schumann ist zu entnehmen, dass man am 11. Mai 1841 mit »Dr. Reuter« zu dem »reizenden Lustort« Connewitz hinausfuhr und auch am 20. Mai 1841 dort zum »Mittagessen« war. Das Dorf lag gut vier Kilometer südlich von Leipzig, war in den Befreiungskriegen von napoleonischen Truppen besetzt und schrecklich verheert worden, hatte sich aber in den Jahren seither zu einem sehr schönen sächsischen Dorf entwickelt, wohin sich die reichen Bürger Leipzigs gerne wandten. Frühlingsfahrten wie diejenigen nach Connewitz wurden dann von den Schumanns im Herbst wiederaufgenommen. Etwa Anfang Oktober 1841 entschloss man sich in Begleitung von Dr. Reuter zu einer »Ammenfahrt« nach Sittel. Es war eine recht weite Fahrt mit der kleinen, erst vier Wochen alten Marie, dem ersten Kind des Paares. Und sie führte direkt über die alten Schlachtfelder der Befreiungskriege in die Umgebung von Großgörschen.

Im selben Herbst, zur selben Zeit sah man auch den jungen Fontane hier in der Gegend wandern. Er ging zu Fuß mit nichts im Gepäck als den Geschichten des Vaters, Napoleons und seiner Marschälle.

Man nahm also dieselben Wege, aber man traf sich nicht. Denn man lebte in verschiedenen Welten. So kam Dr. Reuter auch nicht auf die Idee, den jungen charmanten Apothekergehilfen bei den Freunden einzuführen. Auch nicht als jungen Dichter. Schumann hätte sich aber für einen jungen Dichter sehr wohl interessieren können (und Clara für einen charmant-schlagfertigen Berliner in ihrem Alter). Denn Robert Schumann saß gern unter Literaten, auch gern unter Musikerfreunden und hatte den »Davidsbund« gegründet, einen Geheimbund in romantischer Manier, wo sich lebende und fiktive oder auch verstorbene Künstler trafen. Jeweils im Lokal »Zum Arabischen Coffeebaum«, unweit der Hainstraße. Man verspottete dabei gerne die Spießbürger, hatte Sprachwitz und liebte das Subversive. Schumann war auch befreundet mit dem gleichaltrigen Karl Herloßsohn, der dem Leipziger Dichterverein »Tunnel über der Pleiße« angehörte. Der Musiker und Komponist liebte (ganz wie die Dichter des Vormärz) die Werke Jean Pauls und hatte in Paris Heinrich Heine getroffen. In jüngster Zeit komponierte er Lieder nach Gedichten von Zeitgenossen. Bereits lagen die Liederzyklen *Frauenliebe und -leben* (1840, op. 42) sowie *Dichterliebe* (1840, op. 48) vor, nach Gedichten von Chamisso und Heine. Aber ob der junge Fontane ein Gehör dafür gehabt hätte? Und der Ältere für den Jüngeren Sympathie und Interesse? Zumindest einmal soll Theodor Fontane in der Inselstraße 5 gewesen sein. Aber eben nicht bei Schumanns, sondern bei Verleger Robert Binder in der benachbarten Wohnung.

In den Erinnerungen des alten Fontane taucht nichts auf, was denken lässt, er sei mit dem Leipziger Musikleben in Berührung gekommen. Kein einziges Konzert, das Mendelssohn dirigerte, scheint er gehört zu haben. Weder im Gewandhaus noch in der Thomaskirche noch im Stadttheater. Was aber verpasste der junge Fontane? Er verpasste zum Beispiel die von Mendelssohn dirigierte Uraufführung von Schumanns *Frühlingssinfonie*, die zuerst am 31. März 1841 im Gewandhaus und dann wegen des eminenten Erfolgs im Saal der Buchhändlerbörse gespielt wurde. Er verpasste die Aufführung der *Matthäuspassion*, die am 4. April 1841 zum ersten Mal seit Bachs Tod wieder in der Thomaskirche zur Aufführung kam. Er verpasste die Uraufführung von Schumanns Klavierkonzert in a-Moll (op. 54), dessen Kopfsatz das Gewandhausorchester am 13. August 1841 im eigenen Konzertsaal spielte. Auch verpasste er den Auftritt von Franz Liszt und Clara Schumann, die am Abend des 6. Dezember 1841 Klavierduette spielten. Und ebenso fehlte er bei Mendelssohns *Schottischer Sinfonie* (op. 56), uraufgeführt am 3. März 1842. Aber da lag er in seinem jämmerlichen Zimmer in der Hainstraße krank.

Das Leipziger Publikum verpasste indes keines der Konzerte und begeisterte sich sowohl für die alte wie für die neue Musik. Der sehr kritische Robert Schumann notierte dazu in sein Tagebuch: »[...] hat irgend ein Publikum Interesse u. Pietät für die Musik, so ist es das Leipziger; sie sitzen aufmerksamer und stiller als in der Kirche« (Oktober 1841). Wie aber gestaltete sich Theodor Fontanes Leipziger Alltagsleben ohne Schumann, Mendelssohn, Bach?

Frühmorgens baden im Fluss

In seiner ersten Zeit, als es Sommer wurde, entdeckte der Neuankömmling, dass es herrlich war, frühmorgens im Fluss zu baden. Sie gingen gemeinsam hin, die jungen Leute, mit denen er in der Apotheke seinen Dienst tat: »Um sechs rüsteten wir uns, um in der Elster oder Pleiße – ich glaube es war ziemlich genau die Stelle, wo Poniatowski ertrunken war – ein Schwimmbad zu nehmen und eine Stunde später ging es in das ›Rosenthal‹.«

Er würde auf diese Badestelle und den polnischen Fürsten Poniatowski, der nach der verlorenen Völkerschlacht tragisch in der Elster ertrank, ein Gedicht schreiben – er war also in seiner freien Zeit auch mit Dichten beschäftigt. Außerdem aber liebte er es, nach dem Bad im nahen Schweizerhäuschen des Davoser Zuckerbäckers Georg Kintschy zu frühstücken. Dort konnte man ungestört auf der Veranda oder im Garten sitzen, Kaffee trinken und Zeitung lesen, bevor der Dienst begann. In der Erinnerung schildert der alte Fontane die Szene, als säße hier ein anderer Leopold Treibel (*Frau Jenny Treibel*) nach dem Ausritt: »Zu so früher Stunde waren noch kaum Gäste da und der ganze reizende Platz gehörte mir. Ein auf Holzpfeilern ruhendes, weit vorspringendes Dach überdeckte eine Veranda mit einem vorgelegenen Kiesweg, den von der anderen Seite her die großen alten Bäume überschatteten. In allen Zweigen war ein Jubilieren, und kaum daß mein Frühstück erschien, so hüpften auch schon die Spatzen auf meinem Tisch umher. Es war so reizend, daß ich selbst das Journallesen vergaß, womit ich damals meine Zeit nur allzu gern vertrödelte. Doch nein, nicht vertrödelte. Die Journale paßten ganz genau zu mir [...].«

Es kamen alle hierher, seit Kintschy sich 1823 an diesem Ort etabliert hatte und mit Kaffee, Kuchen und kleinen Konzerten lockte. Seit neustem ging man auch zu Bonorand, dahin wandten sich die jungen Apotheker-Kollegen. Aber alle fanden sich dann kurz nach acht wieder ein in der Hainstraße, »wo's so viel Arbeit gab«, dass man »an andre Dinge gar nicht denken konnte«.

Und der Poet?

Bei all dem fehlte dem jungen Poeten jedoch der literarische Klub, und es fehlte ihm, dass er nicht in der Zeitung stand. Und so suchte er sich Gelegenheiten. Am 10. November 1841 erschien im *Leipziger Tageblatt* aus seiner Feder, aber anonym, die Persiflage *Shakespeare's Strumpf*. Ein Abschreckungsgedicht für alle literarischen Gesellschaften und Dichtermuseen. Der junge Fontane mokierte sich nämlich mit spöttischen Versen über die aktuelle Verehrung einer »Schiller-Weste«. Dieses persönliche Kleidungsstück des Dichters hatte dessen ältester Sohn gerade eben der Schillergedenkstätte im nahen Gohlis gestiftet. Statt über Schillers Weste spottete der junge Fontane über Shakespeares Strumpf und über den »Shakespeare-Strumpf-Verein«. Und dies alles als »Verehrer alter Dichter-Garderobe«. Am anderen Tag soll Verleger Robert Binder ihm geschrieben und ihn wenig später zu einer Abendgesellschaft eingeladen haben. Und dieser Abend – Binder wohnte neben den Schumanns im Haus Inselstraße 5 – habe über sein weiteres Leben in Leipzig entschieden.

Schreiben für die »Eisenbahn« und für das »Literarische Comptoir«

Autobiografisches Erzählen transformiert Wirklichkeit. Theodor Fontane verdankte den Kontakt zu Robert Binder *nicht* seinem Spottgedicht. Als es erschien, war er bereits Mitarbeiter von dessen Zeitschrift *Die Eisenbahn* und hatte hier seine neusten Gedichte veröffentlicht (ab 21. September 1841).

Sie redeten von der Sehnsucht nach Freiheit (»Du hast mein Polen noch nicht frei gefunden«) und vom Freiheitskampf (»Dank allen Rütlimännern, allen Tells«). Auch sprachen sie aus, dass die Jungen sich nicht mehr knechten lassen wollten, nicht vom König, nicht vom Kirchenmann und nicht vom Schultyrannen. Seine Liebeslyrik und seine Wanderungen »[a]uf Leipzigs Schlachtgefilden« stimmten den Freiheitsruf ebenfalls an. Der junge Dichter kannte den Ton der Zeit und gab hier seine Talentproben.

Etwa mit der Ballade *Das Gespensterschiff*. Sie nimmt die Sage vom Fliegenden Holländer auf, vom Kapitän, der sich gegen den Himmel verschwor und daher verurteilt ist, bis zum Jüngsten Tag als Untoter über die Weltmeere zu segeln. Manch einer beschäftigte sich jetzt mit diesem Stoff. Richard Wagner komponierte 1841 die Urfassung seiner Oper *Der Fliegende Holländer* nach einem Prosatext, den er bei Heine gelesen hatte (Uraufführung 2. Januar 1843 in Dresden). Theodor Fontane wiederum entnahm die Anregung dem englischen Roman *The Phantom Ship* (1839) von Frederick Marryat und dichtete:

> […]
> Daheim hat schon die halbe Nacht
> Frau Vanderdecken bang durchwacht,
> Ihr Herz ist schwer, die Wange blaß
> Das Auge trüb und tränennaß.
>
> Ihr Kind, aus Träumen aufgeschreckt,
> Die Händchen ihr entgegenstreckt;
> Sie achtet's nicht; und nur der Wind
> Singt Schlummerlieder für das Kind.

So geht es über viele Verszeilen in streng regelmäßigen Jamben und Paarreimen in den Untergang:

> Und Arm in Arm und Brust an Brust
> Im Auge heiße Todeslust,
> Steigt in das kühle Flutengrab
> Der Vater mit dem Sohn hinab.

Fontane publizierte in der *Eisenbahn* nicht nur eigene Gedichte, sondern auch Gedicht-Übertragungen aus dem Englischen und später, als er seine Gehilfenzeit in Dresden fortsetzte, Korrespondenzen von dort. Etwa vierzig Beiträge sind es insgesamt. Er zeichnete mit vollem Namen oder dem Kürzel »ThF«, die Korrespondenzen aus Dresden aber erschienen anonym. Anonym erschien auch – am 21. Dezember 1841 – sein politisch vorwitzigstes Gedicht. Das sächsische Blatt nahm die umstürzlerischen Verse gewiss gerne auf. Und so berlinerte der junge Fontane im Schutze der Anonymität unter dem Titel *Berliner Republikaner* und dem Motto »Der Apfel fällt nicht weit vom Stamm«:

Berliner Jungen scharten sich
Vor ein'ger Zeit allabendlich
Nicht weit vom Kupfergraben,
Und schrieen gottserbärmiglich:
»Wir brauchen keenen Kenig nich,
Wir wollen keenen haben!«

Da endlich packt ein Fußgensdarm
Nicht eben allzu zart am Arm
Den allergrößten Jungen,
Und spricht: »He, Bursch, juckt dir das Fell?
Du Tausendsapperments-Rebell,
Was hast du da gesungen?«

Doch der Berliner comme-il-faut
Erwidert: »Hab Er sich nicht so,
Und laß Er sich begraben.
Wozu denn gleich so ängstiglich?
Wir brauchen keenen Kenig nicht,
Weil – wir schon eenen haben.«

Die Eisenbahn war ein oppositionelles Blatt, aber so richtig zugeben mochte es der alte Fontane nicht mehr. Lieber ließ er sein Lesepublikum glauben, er habe vorwiegend Verse wie *Shakespeare's Strumpf* in seiner Leipziger Zeit gedichtet. Doch in Wahrheit war er durch seine Mitarbeit bei der *Eisenbahn* in eine radikal-demokratische Umgebung geraten, die von Metternich-Agenten bespitzelt wurde und auch im liberalen Sachsen haarscharf an der Zensur vorbeischrammte.

Wie sehr er die *Eisenbahn* gemocht hatte, verhehlt der alte Fontane jedoch nicht. Er habe die Hefte der Jahrgänge 1841 (2. Hälfte) und 1842 aufbewahrt, erzählt er in *Von Zwanzig bis Dreißig*, und besitze sie noch immer. Tatsächlich fand sich seine Sammlung im Nachlass und wurde 1933 von der Berliner Staatsbibliothek ersteigert. Allerdings: Fünf Nummern fehlen, vermutlich weil sie seinerzeit von der Zensur konfisziert worden waren. Denn Robert Binder war ein mutiger Leipziger Demokrat. Als er *Die Eisenbahn* (gegr. 1838) am 3. Juli 1841 übernahm und ihr den Untertitel »Ein Unterhaltungsblatt für die gebildete Welt« gab, machte er der Leserschaft gleich deutlich, dass hier alles, »was die *Zeit bewegt*, was sie *will* und tendirt«, ernst, humorvoll, satirisch und gelegentlich auch sarkastisch zur Sprache kommen werde. Der Titel war also Programm. Die Eisenbahn stand für rasche Verbindung, internationale Kommunikation, Demokratie. »Dampf und Eisenbahnen sind nun einmal demokratische Mächte des Lebens, das läßt sich nicht ändern«, so war man sich einig.

Der junge Fontane passte sehr gut zur *Eisenbahn* und war auch stolz auf seine politische Lyrik. Im Sommer 1842 stellte er nämlich eine Sammlung dieser Lyrik unter dem Titel *Gedichte eines Berliner Taugenichts* zusammen und bot sie zur Veröffentlichung an. Nicht in Sachsen, nicht in Preußen, wo jederzeit die Zensur drohte. Sondern in Zürich. Das Manuskript ging – wie die Manuskripte weiterer Leipziger Literaten – an Julius Fröbel, der seit 1833 als deutscher Emigrant hier lebte und an der neu gegründeten Universität Geologie lehrte. 1841 hatte Fröbel mit dem Winterthurer Buchhändler und Buchdrucker Ulrich Reinhart Hegner (Verleger des *Landboten*) die Verlagsbuchhandlung »Litterarisches Comptoir Zürich und Winterthur« gegründet, finanziell unterstützt von August A. L. Follen, dem aus Hessen emigrierten Wortführer der revolutionären Opposition. Der Ruf des Comptoirs drang rasch nach Leipzig. Denn der Verlag hatte mit seiner ersten Veröffentlichung im April 1841 enormen Erfolg, erschienen hier doch Georg Herweghs *Lieder eines Lebendigen*.

Was sollen wir lesen? »*Herwegh*, beinahe alles«, so antwortete noch der alte Fontane. Aber alle, die nicht Herweghs literarisches Format hatten, nur Herweghianer waren, die mochte Fontane mit der Zeit nicht mehr. Auch seine eigene Dichtung aus der Herwegh-Zeit fiel damit in die Grube. Und daher fand er rückblickend, dass es ganz richtig gewesen sei, wie Julius Fröbel auf sein Manuskript reagiert hatte:

> Geehrter Herr!
>
> Mit Bedauern sende ich Ihnen Ihr Manuskript zurück. Das Literarische Comptoir würde dasselbe gerne übernommen haben, wenn nicht verschiedene äußere Gründe, die für Sie kein Interesse haben, es unmöglich gemacht hätte[n]. Ihren Gruß an Herwegh habe ich bestellt, derselbe ist jetzt wieder abwesend, daher ich keinen Gegengruß von hier beizufügen habe. Er arbeitet an der zweiten Sammlung von Gedichten. Die dritte Auflage [von *Lieder eines Lebendingen*] ist soeben auch wieder vergriffen, mit Ausnahme der wenigen Exemplare, die ich noch nach Leipzig auf unser Lager liefern konnte.
>
> Mit Hochachtung unterzeichne ich
> Ihr ergebener Dr. Julius Froebel.

Der undatierte Absagebrief (vermutlich Ende Juli 1842) ist nur als Abschrift überliefert. Er stimmt aber mit Fontanes Erinnerung überein, wenn dieser schreibt: »Wir kriegten unsre Manuskripte zurück, ohne daß die Verlagsbuchhandlung auch nur einen Blick hinein getan hätte. Wie konnte sie auch! Es brach eben damals eine Hochflut über sie herein. Und alles waren Worte, Worte, Worte.«

Das zurückerhaltene Manuskript blieb Fontane zeitlebens teuer, denn er hob auch diese Sammlung auf, so dass der Bestand zuletzt ins Fontane-Archiv gelangte. Seit 1945 zählen *Die Gedichte eines Berliner Taugenichts* zu den Kriegsverlusten. Weil aber rechtzeitig eine (nicht ganz zuverlässige) Abschrift erstellt worden war, wissen wir heute, dass unter den etwa vierzig Gedichten, die der junge Fontane seinerzeit nach Zürich schickte, auch die kecken Verse *Berliner Republikaner* lagen.

In der *Eisenbahn* bot Binder weiterhin zahlreichen Autoren des Jungen Deutschland eine Plattform. Unter anderen publizierten hier »Robert Blum, Adolf Brennglas (d. i. Adolf Glaßbrenner), Franz Dingelstedt, Anastasius Grün, Karl Herloßsohn, Georg Herwegh, Heinrich Hoffmann von Fallersleben, Gustav Kühne, Robert E. Prutz, Hermann Schauenburg« sowie »Wilhelm Wolfsohn«. Wenn der alte Fontane Robert Binder in *Von Zwanzig bis Dreißig* als letztlich »unbedeutend« abqualifiziert, tut er ihm also Unrecht.

Zudem hatte der junge Fontane in Robert Binder eine Zeitlang einen echten Förderer. Einmal weil er ihm Publikationsmöglichkeiten bot, dann aber auch, weil er offenbar geneigt war, ihm die Redaktion der *Eisenbahn* zu überantworten, als Georg Günther, ein Liberaler, im Januar 1842 von dieser Aufgabe zurücktrat (die er inkognito geleistet hatte). Warum sich die Sache »zerschlug«, ist nicht ganz klar. Fontane hat es jedenfalls etwas verschleiert. Vielleicht weil er sich schon recht früh von seinem politischen Kreis in Leipzig wieder distanzierte.

Illegale politische Verbindungen – vom sächsischen Fortschritt

Was Fontane weder hier noch anderswo deutlich sagt, aber die Forschung unterdessen bewusst gemacht hat: Der junge Theodor Fontane verkehrte als Leipziger Apothekergehilfe regelmäßig in der illegalen Organisation »Allgemeinheit«, in der die ebenfalls illegale burschenschaftliche Studentenverbindung »Kochei« den Ton angab. Man war hier für eine freiheitliche Verfassung und für den Nationalstaat und übte scharfe Kritik an feudal-absolutistischen Verhältnissen, zugleich lebte man Demokratie, indem in verschiedenen Gruppen Wissen und Bildung vermittelt wurde. In den Jahren 1841 bis 1843 gehörten der Leipziger Vereinigung etwa 600 Mitglieder an, darunter wie angestrebt auch etliche Nicht-Studenten. Zu den Mitbegründern der »Allgemeinheit« zählte der Redakteur der *Eisenbahn* Dr. Georg Günther, derselbe, der dann Anfang 1842 die Redaktion der *Eisenbahn* aufgab, um neu und auf Wunsch seines Schwagers Robert Blum die *Sächsischen Vaterlandsblätter* zu redigieren. Dass Theodor Fontane in Verbindung stand mit dem konspirativen Netz, das sich in Leipzig und den deutschen Universitätsstädten gebildet hatte, zeigt auch eine Äußerung in *Von Zwanzig bis Dreißig*. Dort erinnert er sich: »Einmal kamen die Hallenser und Leipziger Burschenschafter in Lütschena – halber Weg zwischen beiden Städten – zusammen, und ich durfte mit dabei sein.«

Im Laufe des Frühjahrs 1843 kam es in ganz Deutschland zur Verhaftung von einzelnen Burschenschaftern und schließlich zur Verfolgung von vielen. Als am 6. Dezember 1843 erste Urteile auch in Leipzig gesprochen wurden, war der junge Fontane bereits von hier nach Letschin gegangen. Die »Kochei« und die »Allgemeinheit« wurden damals im Zuge der Verhaftungswellen aufgelöst. Von denen, die aber 1843 und später Opfer der repressiven Politik wurden, kannte Fontane viele. Möglich, dass er selbst zu den Verfolgten hätte gehören können, wenn einer der Leipziger Freunde seinen Namen preisgegeben hätte.

Diese Leipziger Freunde trafen sich seinerzeit im sogenannten »Herwegh-Klub«, von Fontane so benannt, weil sich alle zu Herwegh und seinen Versen bekannten. Vom beteiligten Personenkreis her waren es diejenigen jungen Leute, die in der *Eisenbahn* schrieben und zur »Kochei« oder zur »Allgemeinheit« gehörten. In *Von Zwanzig bis Dreißig* zählt Fontane einige namentlich auf: »Hermann Schauenburg, Hermann Kriege, Dr. Georg Günther«, »Köhler (Ludwig), Prowe, Semisch oder Semig, Pritzel, Friedensburg, Dr. Cruziger, Dr. Wilhelm Wolfsohn, Max Müller«. Im »Herwegh-Klub« las man einander die eigenen Gedichte vor und ermutigte sich gegenseitig zur Veröffentlichung, so dass ganze Manuskriptpakete an das literarische Comptoir in Zürich und Winterthur gingen. Andere gaben Vorlesungen zu ihrem Fachgebiet, das sie studierten. Der junge, neugierige Fontane interessierte sich für alles. Er konnte tagsüber ganz Gehilfe sein, sich der Arbeit in der Apotheke widmen, in der Freizeit aber war er ganz Poet, Klubgänger und junger Herr, der nach dem Baden im Fluss seine politisch-literarischen Journale las. Apotheker Neubert, der gewiss nicht alles wusste, aber wohl, dass der junge Berliner in der *Eisenbahn* Lyrik veröffentlichte, war selber fortschrittlich liberal gesinnt und ließ es jedenfalls durchgehen.

Wanderungen zu den Leipziger Schlachtfeldern der Befreiungskriege

Hier folgte der junge Fontane einem ganz eigenen Impuls: Er musste die Umgebung von Großgörschen sehen, die Stelle, wo der Vater mit 17 Jahren als freiwilliger Jäger knapp mit dem Leben davongekommen war (»Mein lieber Sohn, es war ein Seitenschuss«). Oder zumindest die Schlachtfelder der Völkerschlacht bei Leipzig.

In der Rückerinnerung und Distanz von über fünfzig Jahren schreibt der alte Fontane, »das Ausflügemachen auf das Leipziger Schlachtfeld« habe im Oktober 1841 zu seinen großen Freuden gezählt, ja, die »Schlachtfeldwanderungen« seien »wunderschöne Tage« für ihn gewesen: »Immer erst spät abends kam ich von solchen Ausflügen zurück und freute mich, je müder ich war. Mir war dann zu Sinn, als hätt' ich mitgesiegt.«

Vom Vater ist an dieser Stelle nicht die Rede, sondern nur vom historischen Interesse, wenn er bekennt: »Historischen Grund und Boden zu betreten, hatte zu jeder Zeit einen besonderen Zauber für mich, und Schlachtfelder werd' ich denn auch wohl in Westeuropa nicht viel weniger als hundert gesehen haben.« Bis heute pflegt dieses »Westeuropa« die Erinnerung an seine Schlachten, so dass, wo Fontane einst Schlachtfelder besichtigte, sich noch immer Gräber, Gedenksteine, Mahnmale und freies Feld finden lassen und Jahrestage die Ereignisse erinnernd wachhalten.

Als der junge Fontane im Herbst 1841 »Gohlis und Möckern«, »Connewitz und Stötteritz«, »Liebertwolkwitz, Markkleeberg und Wachau« besuchte und sich unversehens der 18. Oktober näherte, schwelgte er geradezu in »Schlachtfeldbegeisterung« und »Verlangen nach deutscher Freiheit«. Anlass genug, um zu dichten. So jedenfalls erklärt der alte Fontane seine freiheitlichen Verse von damals (*In der Markkleeberger Schenke*). Sie erschienen am 10. Oktober 1841 in der *Eisenbahn*. Er datierte die Niederschrift aber im Nachhinein auf den 18. Oktober, den 27. Jahrestag des Sieges gegen das napoleonische Frankreich. Das gab dem Gedicht erst sein echt patriotisches Gewicht.

Die Wanderungen zu den Schlachtfeldern unternahm Theodor Fontane meist allein, manchmal aber auch in Begleitung. Es waren Tagesausflüge, die man in zwei, drei oder auch sechs Fußstunden bewältigen konnte. Er erkundete dabei mit Kennermiene, wo Napoleon, der in den Tagen der Befreiungskriege nach Leipzig zurückgewichen war, seine Armeen gegen die Alliierten aufgezogen hatte. Im Norden – bei Möckern und Gohlis – stand neben Marschall Marmont auch Marschall Ney (»mein Freund Ney«, wie der Vater zu sagen pflegte). Im Süden – bei Connewitz – hatte Marschall Poniatowski Aufstellung genommen (derselbe, der auf dem Rückzug an der Stelle ertrunken war, wo Fontane jetzt frühmorgens badete). Und bei Stötteritz stand Napoleon selbst mit seiner kaiserlichen Garde. Sie war zunächst noch geschützt von französischen Truppen weiter südlich bei Liebertwolkwitz, Markkleeberg und Wachau.

Es waren Phantasiespiele für den jungen Wanderer, wenn er sich vorstellte, wie hier die Alliierten vorgedrungen waren und wohl 200 000 französische Soldaten gegen eine große Übermacht gekämpft und schließlich zugrunde gegangen waren. Wäre sein Vater nach der Schlacht bei Großgörschen nicht als Helfer ins Lazarett gekommen, nicht auszudenken, was dann geworden wäre.

Aber nicht nur in der unsagbar blutigen Völkerschlacht vom 16. bis 18. Oktober 1813 ließen sie hier ihr Leben, sondern sie starben auch an Typhus, der in Leipzig wütete, weil hier nach den Kämpfen so viele Verwundete lagen und kaum versorgt werden konnten. Ein Opfer des Typhus waren damals auch der Vater und der jüngere Bruder von Fontanes Prinzipal Neubert geworden. Beide waren wenige Wochen nach der Schlacht bei Leipzig an Typhus gestorben. Diese Schicksale hatten dazu geführt, dass der einzige Nachfolger, Ludwig August Neubert, seinen Berufswunsch, »Forstmann und Baumzüchter zu werden«, hatte aufgeben müssen und aus »Familienrücksichten« Apotheker geworden war – »obwohl ihm diese Beschäftigung nicht behagte«. Hat Apotheker Neubert dem jungen Gehilfen und Apothekerssohn aus Neuruppin, wenn dieser in gehobener Stimmung von seinen Schlachtfeldwanderungen zurückkehrte, davon erzählt? Oder hat vielleicht Georg Günther mit ihm über die politisch-gesellschaftlichen Folgen des Krieges nachgedacht?

Günther war es jedenfalls, mit dem der junge Fontane in seiner Leipziger Zeit am häufigsten unterwegs war. Über diesen klugen und belesenen Sachsen, der zehn Jahre älter war als er, progressiv dachte und handelte, schreibt der alte Fontane, er sei an seinen »freien Tagen […] meilenweite Wege« mit ihm gegangen: »… bis nach Eilenburg hin, wo wir eine an einen sogenannten ›Monteur‹ [Hersteller von Soldatenkleidung] verheiratete Schwester von ihm besuchten. Auf diesen Spaziergängen hab' ich mancherlei gelernt, denn er war ein sehr gescheiter Mann und sprach dabei so harmlos wie ein Kind.« Auf weiten Wegen wie diesen – Eilenburg lag 25 Kilometer nordöstlich von Leipzig – erfuhr dann der Jüngere vom Älteren mehr, als er späterhin noch erzählen mochte. Er hätte sonst auch von Robert Blum sprechen müssen.

Robert und Jenny Blum – ein politisches Kapitel, das Fontane angeht

Robert Blum, dieser wichtigste politische Kopf der sächsischen Demokraten, war Günthers Freund und Schwager. Und jetzt müssen wir vorgreifen, erzählen, was wenige Jahre später geschah.

Beide, Günther und Blum, wurden 1848 in die erste deutsche Nationalversammlung in Frankfurt gewählt. Blum nahm dann aus demokratischer Überzeugung im Oktober 1848 an den bewaffneten Widerstandskämpfen in Wien teil, wurde vom kaiserlichen Militär verhaftet und trotz seiner parlamentarischen Immunität unter Kriegsrecht zum Tode verurteilt. Am 9. November 1848 wurde das Urteil auf der Brigittenau vollstreckt. Es gibt von dieser Szene ein Ölgemälde (1848/49), das heute im Besitz des Deutschen Historischen Museums ist. Es wird dem jungen Carl Steffeck zugeschrieben und macht einmal mehr bewusst, wie brutal die revolutionär-demokratische Bewegung niedergeschlagen wurde.

Auch Hermann Jellinek, Mitglied des »Herwegh-Klubs« und mit Fontane in der Leipziger Zeit befreundet, wurde in Wien vor das Militärtribunal geführt, zum Tode verurteilt wegen seiner revolutionären Schriften und am 23. November exekutiert. Andere wurden damals hingegen begnadigt. Julius Fröbel vom Literarischen Comptoir zum Beispiel, der ebenfalls Abgeordneter des Frankfurter Parlaments geworden war und Robert Blum nach Wien begleitet hatte, kam mit dem Leben davon.

Fontane erfuhr dies alles aus der Zeitung, denn die europäische Presse berichtete ausführlich über diese Ereignisse und auch davon, dass sich in Leipzig 10 000 Menschen in der Thomaskirche eingefunden hatten, um Robert Blums zu gedenken. Leipzig, und mit ihm das ganze liberale Deutschland, protestierte laut und eindringlich gegen die widerrechtlich vollzogene Erschießung. Für Jenny Blum und ihre Kinder aber wurde eine Witwen- und Waisenrente gefordert. Von den deutschen Demokraten moralisch und finanziell unterstützt, ging sie nach dem Tod Robert Blums der Erziehung ihrer vier Kinder wegen in die Schweiz. Hier lebte die Familie in der Nähe von Bern. Später kehrte Jenny Blum geb. Günther nach Leipzig zurück, wo sie im Alter von etwa 65 Jahren starb. Unter dem Titel *Die Wittwe eines Freiheitskämpfers* erschien dann ein großer würdigender Artikel in der vielgelesenen Familienzeitschrift *Gartenlaube*. Der Verleger Ernst Keil war ein publizistischer Mitstreiter Blums gewesen und nach Fontane über die Zeit der gescheiterten Revolution hinaus »röter [...] als sein Bart«.

Was aber wurde aus Georg Günther, dem Bruder von Jenny Blum? Er wanderte nach 1848 aus in die Neue Welt. Er sei jedoch, so erzählt Fontane, zwanzig Jahre später als »ein gebrochener Mann« zurückgekehrt.

Georg Günther hatte seinerzeit gehofft, dass auch Fontane sein Glück in Amerika suche. Dieser wies die Idee jedoch schließlich zurück und schrieb ihm (vermutlich November 1849): »Ich gedenke auszuhalten: einmal weil ich noch hoffe, dann aber auch weil ich übersiedelnd in die neue Welt Bande zerreißen müßte, die mich mit meinem eigentlichsten Leben an unsre deutsche Erde fesseln. Wir sind nicht alle gleich in dem, was das Herz begehrt; und die Freiheit und Unabhängigkeit, die der Eine draußen in der Welt sucht, findet der Andere in dem Freistaat der Kunst und Wissenschaft. Ich liebe die deutsche Kunst. Das ist mein eigentliches Vaterland, und es aufgeben, *sie* aufgeben, hieße mich selbst aufgeben.« Es trennten sich also ihre Wege.

Aber in der Leipziger Zeit, da war Dr. Georg Günther, ein politisch-publizistischer Mistreiter von Robert Blum wie Ernst Keil, ein wichtiger Protektor des jungen Fontane gewesen. Denn als Redakteur der *Eisenbahn* hatte er gedruckt, was der junge Mann damals schrieb.

Freundschaft mit Max Müller aus Dessau ...

Wenn jemand den jungen Fontane in Leipzig zum Besuch von Konzerten hätte ermuntern können, dann er. Fontane war ihm »von Anfang an herzlich zugetan«, fast wie einem jüngeren Bruder. Max Müller war erst 18 Jahre alt, als sie sich kennenlernten. Er hatte eben gerade das Abitur gemacht und im Sommersemester 1841 an der Universität Leipzig Philosophie und klassische Philologie, im Wintersemester 1841/42 dann zusätzlich Sanskrit zu studieren begonnen. Er war nicht Mitglied der »Kochei«, stand ihr aber nahe. Zur *Eisenbahn* hielt er offenbar Distanz, publizierte seine Gedichte und Prosatexte lieber unter dem Pseudonym Dessauer in *Unser Planet*, einer Zeitschrift, die damals der »rote« Ernst Keil redigierte (hier erschienen auch die ersten Artikel der jungen Frauenrechtlerin Louise Otto-Peters). Den Namen Dessauer gab sich Max Müller, weil er aus dem nahen Dessau stammte, der Landeshauptstadt des Herzogtums Anhalt-Dessau. Fontane begegnete ihm regelmäßig im »Herwegh-Klub«, engere Freundschaft aber schlossen die beiden »erst drei Jahre später«, als sie sich in Berlin wiedersahen.

Max Müller galt als besonders begabt und war in seinen Leipziger Jahren ein Liebling der Gesellschaft, besonders »weil er der Sohn seines berühmten Vaters war«. Sein Vater war der Romantiker Wilhelm Müller, dessen Gedichte, etwa die *Griechenlieder*, sehr populär waren und anfingen, auch als Volks- und Kunstlieder berühmt zu werden. Am berühmtesten wurden die Liederzyklen *Die schöne Müllerin* und *Winterreise*. Noch kannte man zu Beginn der 1840er-Jahre Schuberts Vertonungen kaum, doch sollte sich das bald ändern und Max Müller mit den größten Liedinterpreten seiner Zeit zusammenbringen. Davon hat er in seinem eindrücklichen Erinnerungskapitel *Musical Recollections* erzählt. Denn Müller hat zur selben Zeit wie Fontane seine Lebenserinnerungen niedergeschrieben, die wie diejenigen Fontanes 1896 auszugsweise in der Zeitschrift *Cosmopolis* vorabgedruckt wurden.

In Buchform erschienen Max Müllers Erinnerungen unter dem bekannten schottischen Liedtitel *Auld Lang Syne* (1898), jenem wehmütigen Lied auf alte Freundschaft nach der Melodie von Robert Burns. Dem Eingangskapitel *Musical Recollections* folgen mehrere Kapitel zu seinen *Literary Recollections*. In diesen erinnert er sich unter anderem an den Leipziger Klub, in dem er Fontane kennenlernte. Zu Max Müllers damaligen Erfahrungen gehörte, dass er wegen seines politischen Engagements auch einmal in den Karzer der Universität gesteckt wurde. Er blieb danach aber von weiteren Verfolgungen unbehelligt, verlor auch das Stipendium nicht, wie er hatte fürchten müssen. Sein Urteil über jene Jahre fällt aber deutlich aus, sowohl in *Auld Lang Syne* wie in einem weiteren Erinnerungsbuch mit dem Titel *Autobiography* (1901), das unvollendet blieb und postum erschien. Man habe damals die Besten verfolgt, zum Schaden des ganzen Landes: »Germany certainly lost some of her best sons in those miserable years.«

Der junge Fontane erlebte Max Müller in den Leipziger Jahren als eher zurückhaltend. Wahrscheinlich, weil er kaum wusste, wie viel diesem Freund die Musik bedeutete. Von klein auf war er musikalisch gefördert worden, spielte sehr gut Klavier und lebte ganz in den Werken von Bach, Mozart, Beethoven. Alle glaubten, dass er dereinst Musiker würde. Seinen Vater, dessen Werk ihn ein Leben lang beschäftigen sollte, hatte er kaum gekannt, denn Wilhelm Müller war mit kaum 33 Jahren gestorben. Die Mutter, Adelheid Müller geb. von Basedow, war damals mit ihren beiden kleinen Kindern ins Elternhaus zurückgekehrt und hatte ihr Leben fortan der Erziehung von Tochter und Sohn gewidmet. Sie war eine gute Altsängerin und eng mit Fanny Hensel geb. Mendelssohn befreundet. Bei Felix Mendelssohn in Leipzig erlebte der junge Max Müller auch, wie Fanny und ihr Bruder Felix zusammen vierhändig spielten, wobei das Geschwisterpaar sich am kleinen Finger gehalten haben soll.

Schon in seinen ersten Leipziger Tagen trat Max Müller, damals noch Gymnasiast, in Mendelssohns Chor ein und wirkte in den folgenden Jahren in vielen Konzerten mit, unter anderem in der Chorpartie der 9. Beethoven-Sinfonie. Außerdem gab es zahlreiche Proben, zu denen Mendelssohn seine neusten Kompositionen mitbrachte. Und Mendelssohn war es schließlich, der dem jungen Max Müller bei der Entscheidung half, ob er Klavier oder Altphilologie studieren sollte (»I was destined to become a musician, till I went to the University, and Mendelssohn advised me to keep to Greek and Latin.«).

Es war dem Heranwachsenden ernst mit der Musik. Doch gab es ein Handicap. Max Müller fürchtete nämlich, er könnte früh taub werden, da Taubheit in seiner Familie gehäuft vorkam (»There was much deafness in my family.«). Auch seine Mutter habe früh an Taubheit zu leiden begonnen. Die Neigung zu den alten Sprachen scheint also durch die Angst vor dem Hörverlust noch verstärkt worden zu sein. Zugleich steigerte diese Angst seinen Hunger nach Musik. Regelmäßig besuchte er Konzerte und fieberte auf den fulminanten Auftritt von Liszt hin. Liszt trat im Frühjahr 1840 nicht nur vor dem großen Publikum auf, sondern spielte auch für eine illustre Gästeschar im Salon der Mendelssohns, wohin der junge Max Müller geladen war. Nach dem Spiel sollen alle um den Gastgeber herumgestanden und hingerissen gesagt haben: »Ah, Felix, now we can pack up (›jetzt können wir einpacken‹).«

Im Sommersemester 1841 wurde Max Müller Student der Universität Leipzig und bezog eine Wohnung, die er für die nächsten Jahre mit Mutter und Schwester teilen sollte. Die beiden Frauen übersiedelten in jener Zeit von Dessau nach Leipzig, nicht zuletzt, um dem hoffnungsvollen Sohn und Bruder den Haushalt zu führen. Die Mittel waren zwar bescheiden, aber die kleine Familie hielt zusammen, und immer fand sie Rückhalt in der Verwandtschaft, im Freundeskreis oder in Dessau selbst. Das Studium zum Beispiel wurde Max Müller durch ein Stipendium seiner Vaterstadt ermöglicht. Der Herzog von Anhalt-Dessau hatte außerdem der Dichterwitwe und ihren Kindern sofort nach dem Tod ihres Mannes eine monatliche Pension zugesprochen. In der Zeit, als der Student Max Müller Theodor Fontane im »Herwegh-Klub« kennenlernte, Gedichte schrieb und publizierte, wohnte seine Familie »im dritten Stock eines Hauses in Reichels Garten«.

Reichels Garten war eine prominente Wohnüberbauung am Pleißemühlgraben, im Südwesten der Stadt. In dem großen Gebäudekomplex mit seiner Langseite und den drei Seitenflügeln gab es neben Wohnungen auch Geschäfte. Zudem vertrieb die Leipziger Trinkbrunnenanstalt von hier aus das künstliche Mineralwasser des Dresdner Apothekers Dr. Struve. Der junge Fontane dürfte das gewusst haben, als er später nach Dresden zu Dr. Struve wechselte. Ob er Max Müller je in seiner Leipziger Wohnung besucht hat? Berichtet wird, dass Mutter und Schwester sehr gastfreundlich waren. Doch beschränkte sich ihr Kontakt in Leipzig wahrscheinlich auf den literarisch-politischen »Herwegh-Klub«. Später, in Berlin, London, Oxford, waren sie häufig gemeinsam unterwegs. »Die eigentlich große Nummer unsres [Herwegh-]Klubs, natürlich erst durch das, was aus ihm wurde, war Max Müller[…], [der] als Sanskrit-Professor nach Oxford [ging]«, so der alte Fontane. Das Kapitel, das er diesem Freund in *Von Zwanzig bis Dreißig* widmet, ist liebevoll und voller Lob, aber nicht ohne kleine Spitzen. Er verdanke ihm – dem »Musterschüler« und Studenten »mit dem klugen glauen Gesicht eines Eichhörnchens« – alles, was er über »Sanskritdichtung« wisse. Und: »Es ist ein Glück, daß man kluge Freunde hat und daß der Verkehr mit ihnen dafür sorgt, daß einem ein bißchen was anfliegt.«

Friedrich Max Müller, wie er sich mit vollem Namen nannte, promovierte 1843 in Leipzig zum Dr. phil. mit einer Arbeit über Spinozas *De origine et natura affectuum*, dem 3. Buch der *Ethica*, das sich mit der Psychologie der Emotionen befasst. Er war damals kaum zwanzig Jahre alt und wollte seine Studien weiter fortsetzen. 1844 ging er nach Berlin, wo er Philosophie bei Friedrich Schelling, Persisch bei Friedrich Rückert und Vergleichende Sprachwissenschaft bei Franz Bopp studierte. Sein Interesse für Sanskrit-Handschriften führte ihn 1845 nach Paris, 1846 nach London, von wo er im Mai 1848 nach Oxford übersiedelte und fortan hier lebte, lehrte und forschte. Das ist der Grund, warum alle seine Arbeiten von da an in englischer

Sprache erschienen. Über den jungen Fontane aber meinte er im Rückblick auf die Leipziger Jahre: »He might have been another Heine.«

… und Freundschaft mit Wilhelm Wolfsohn aus Odessa

In der Leipziger Zeit, als sie beide jung und aufmüpfig waren, hatten sie im »Herwegh-Klub« einen gemeinsamen Freund. Es war Wilhelm Wolfsohn. Beide, Fontane wie Müller, schreiben in ihren Erinnerungen über diesen Freund. Max Müller bleibt eher knapp, erzählt, einer seiner Freunde in Leipzig sei ein Jude namens Wolfsohn gewesen (»a Jew of the name of Wolfsohn«) und habe später mit seiner Tragödie *Nur eine Seele* (1857) große Erfolge in ganz Deutschland gefeiert. Er sei aber leider jung gestorben. Fontane ist ausführlicher. Er hebt hervor, dass Wolfsohn Literaturgeschichte studiert hatte, und meint weiter: »Hätte nicht sein kluger, interessanter Kopf die jüdische Descendenz bekundet, so würde man ihn für einen jungen Abbé gehalten haben […].«

Das Manuskript zeigt an dieser Stelle, dass der Text überarbeitet wurde und Fontane folgende Passage für den Druck wieder gestrichen hat: »Es ließ sich an ihm die Kulturüberlegenheit der Juden ganz wundervoll nachweisen. Er war in Brody geboren und nach Odessa hin übersiedelt, wo die Eltern, durch Vermögensverluste, bald in eine sorgenvolle Lage geriethen; aber seine Knabenjahre hatten noch die guten Zeiten gesehn, in denen seine Eltern ein Haus gemacht und eine reiche Gastlichkeit geübt hatten, und diese Tage voll Repräsentationen hatten ausgereicht ihm jene Formen feiner Sitte zu geben, wodurch er sich über uns alle erhob.«

Die Freunde hatten also in ihren Kinder- und Jugendjahren Vergleichbares erlebt, einen gewissen wirtschaftlichen und sozialen Niedergang ihrer Familien, der zur Bescheidenheit zwang. Doch in Form und Auftreten waren sie vornehm wie junge Abbés, Adlige oder Strapinskis.

Über Wilhelm Wolfsohn heißt es in *Von Zwanzig bis Dreißig* weiter: »Er hatte zudem, was uns natürlich ebenfalls imponierte, schon allerhand ediert, unter andern ein Taschenbuch, das, unglaublich aber wahr, eine Art christlich-jüdische Religionsunion anstrebte.« Tatsächlich hatte Wilhelm Wolfsohn unter dem Pseudonym Carl Maien und zusammen mit Siegmund Frankenberg einen belletristischen Almanach herausgegeben unter dem Titel *Jeschurun. Taschenbuch für Schilderungen und Anklänge aus dem Leben der Juden. Auf das Jahr 5601 israelitischer Zeitrechnung* (Leipzig 1841). Die Anthologie enthielt lyrische Gedichte, Erzählungen, fiktive Briefe, die um das jüdische Leben kreisten und die Frage aufwarfen, ob die Liebe die Gebundenheit an die eigene Religion überwinde.

Wolfsohn selber hatte etliche eigene Gedichte und Balladen sowie eine große Erzählung beigesteuert. Diese große Erzählung, *Das Opfer*, thematisiert die religiöse Toleranz im Geiste der Aufklärung, geht es doch um ein Liebespaar, das eine eheliche Verbindung eingehen möchte, ohne dass er, der Mann, sein Judentum und sie, die Frau, ihr Christentum aufgeben muss. Es war Wolfsohns erste Erzählung, ganz in der sentimentalen Sprache der Zeit, aber durchsetzt von Sarkasmen des Erzählers. Der junge Fontane hatte es in *Geschwisterliebe* ganz ähnlich versucht.

Was aber den Konflikt betrifft, den Wolfsohn literarisch gestaltete, so kannte er ihn aus eigener Erfahrung. Er hatte sich damals, als die Erzählung erschien, gerade mit der Protestantin Emilie Gey verlobt, der Tochter seiner Hauswirte. Sie wollten bald heiraten. Dazu schreibt der alte Fontane: »Diese Verheiratung war mit Schwierigkeiten verknüpft, weil die Eheschließungen zwischen Juden und Christen, die eine Zeit lang statthaft gewesen waren, mit Eintritt der ›Reaktion‹ wieder auf kirchliche Hemmnisse stießen. Immer wenn unser Brautpaar aufs neue Schritte tat, traf sich's so, daß der Kleinstaat, auf den man gerade seine Hoffnung gesetzt, just wieder den freiheitlichen Gesetzesparagraphen aufgehoben hatte. Nummer auf Nummer fiel. So kam es, daß zuletzt nur noch ›eine Säule von verschwundener Pracht zeugte‹. Diese Säule war Dessau.«

Das herzogliche Dessau, Max Müllers liberale Vaterstadt, erwies sich für das junge Paar als Glücksfall. Es war nämlich so, dass Wilhelm Wolfsohn mit Emilie Gey in Deutschland leben wollte und daher das deutsche Bürgerrecht anstrebte. Dieses Bürgerrecht gewährte ihm Dessau, unabhängig davon, dass Russland ihn als russischen Staatsbürger zurück in die Heimat zwingen wollte und nicht bereit war, ihm für die Auswanderung den nötigen Emigrationsschein auszustellen.

Wilhelm Wolfsohn war Dessauer Bürger, als er Emilie Gey heiratete. Das Paar wurde am 31. Dezember 1851 zivilrechtlich getraut, was in Dessau ohne Ansehen der Religionszugehörigkeit möglich war (eine Regelung, die allerdings 1852 wieder aufgehoben wurde). Hier, in der Geburtsstadt von Moses Mendelssohn, gab es auch eine alte jüdische Gemeinde, so dass sich die beiden auf ihren gemeinsamen Wunsch hin nicht nur auf dem Standesamt, sondern zudem nach israelitischem Ritus das Eheversprechen gaben. Von Dessau zog das Paar wenig später, im Mai 1852, nach der sächsischen Residenzstadt Dresden, wo dann vier Kinder zur Welt kamen und mit Willen der Eltern die christliche Taufe erhielten. In Dresden spielte Wilhelm Wolfsohn im bürgerlichen Literatur- und Kulturleben schließlich eine wichtige integrative Rolle. Er war unter anderem Mitbegründer der Dresdner »Schillergesellschaft« (1859) und zusammen mit dem Schriftsteller Berthold Auerbach Mitbegründer des »Literarischen Vereins zu Dresden« (1863), außerdem Mitbegründer und Vorsitzender des Dresdner »Shakespeare-Vereins zur Hebung der deutschen Bühne«. Er schrieb Theaterstücke, redigierte eine Zeitschrift und war hochangesehen.

Nach Leipzig aber war Wilhelm Wolfsohn gekommen, um zu studieren. Er hatte im Wintersemester 1837 mit Medizin begonnen, nach zwei Jahren jedoch zur klassischen Philosophie, zur Philologie und Geschichte gewechselt. Anders als Fontane, der die Apothekerausbildung immer weiter fortsetzte, während er als Jungpoet in Dichterkreisen verkehrte, hatte Wolfsohn sich mit 19 Jahren bereits ganz für die Literatur entschieden. Deutsch war seine Muttersprache, doch eigentlich war er *bilingue* und sprach ebenso gut Russisch. Im »Herwegh-Klub« hielt der junge Wolfsohn Vorträge über die deutsche, französische und russische Literatur. Die russische Literatur faszinierte den jungen Fontane besonders, denn sie war ihm fast völlig neu: »Rußland, wenn er uns Vortrag hielt, stand mir selbstverständlich jedesmal obenan«, so der alte Fontane, »wobei ich mir sagte: ›*Das* nimm mit; du kannst hundert Jahre warten, ehe dir russische Literatur wieder so auf dem Präsentierbrett entgegengebracht wird.‹«

Worüber sprach Wolfsohn? Über die ältere und neueste russische Literatur, über Derschawin, Karamsin, Schukowski, Puschkin, Lermontow, Pawlow, Gogol. Lermontow sei sein »besonderer Liebling« gewesen, gesteht der alte Fontane. Der Lyriker, der zuletzt den psychologischen Roman *Ein Held unserer Zeit* (1840) vorgelegt hatte, war in den Leipziger Tagen trauriger Gesprächsstoff. Denn der hoffnungsvolle junge Dichter und Romancier Michail Jurjewitsch Lermontow war am 27. Juli 1841 in einem Offiziersduell erschossen worden. Gerade er, der auf Puschkins Duelltod am 10. Februar 1837 das anklagende Gedicht *Der Tod des Dichters* (1837, dt. 1852) verfasst hatte!

Lermontow, dessen Werk ab 1852 auf Deutsch erschien, hat Fontane auch später noch beschäftigt, wie er überhaupt die russische Literatur, insbesondere Gogol, Turgenjew, Tolstoi, mit ungebrochenem Interesse las. Die Leichtigkeit aber, mit der Wilhelm Wolfsohn sowohl Deutsch wie Russisch sprach, beeindruckte ihn so sehr, dass er, um die russische Literatur im Original zu lesen, Privatstunden von ihm erbat: »Ich ging in meinem Feuereifer so weit, daß ich sogar Russisch bei ihm lernen wollte.« Aber dabei sei er vollkommen gescheitert (wie später mit »italienisch, dänisch, vlämisch, wendisch«), und Wolfsohn, der wenig Neigung zeigte, den geduldigen Pädagogen zu spielen, soll gesagt haben: »Gib's nur wieder auf; du lernst es doch nicht.«

Ab Herbst 1841 sahen sich die beiden regelmäßig auch außerhalb des »Herwegh-Klubs«. Darauf deutet ein Zettel des jungen Fontane an Freund Wolfsohn: »Sind Sie von 3 Uhr Nachmittag an in Ihrer Wohnung, so entgehen Sie meinem Besuche nicht. Übrigens bitt' ich sich meinetwegen keinen Zwang anzuthun.« Dem Zettel ist weiter zu entnehmen, dass er dem Freund, wenn er krank war, jeweils die nötigen Heilmittel empfahl oder gar aus Neuberts Apotheke mitbrachte. Bei Erkältung zum Beispiel »Goldschwefel«, ein homöopathisches Mittel gegen Erkältung.

Wilhelm Wolfsohn wohnte im Schrötergässchen Nr. 1, im Hause seines zukünftigen Schwiegervaters, des Tischlermeisters August Gey. Hier hatte er eine schöne Stube. Das Schrötergässchen aber war eine schmale Straße, die beim repräsentativen »Haus zum Kurprinz« direkt auf den Rossplatz führte. Während des Semesters hatte der Freund nur wenig Extrazeit für gemeinsame Unternehmungen, denn er betrieb seine Studien sehr ernsthaft. Doch für das dichterische Fortkommen des jungen Fontane zeigte er immer Interesse. Russisch zu lernen traute er ihm zwar nicht zu, aber an sein Dichtertalent glaubte er unbedingt. So erzählt der alte Fontane, Wolfsohn habe, wenn er über »allerjüngste deutsche Dichter« sprach, »in Petersburg und Moskau« jeweils auch einen gewissen Theodor Fontane mit ins Spiel gebracht. Der Freund habe ihm also Mitte der 1840er-Jahre bereits zu einem bescheidenen Dichterruhm außerhalb Deutschlands verholfen. Nicht zuletzt die russische »Großfürstin Helene« habe damals Notiz von ihm genommen. Was Wolfsohn im literarischen Zirkel der Großfürstin, einer württembergischen Prinzessin, damals vorgetragen haben soll, bleibt allerdings im Dunkeln. Gewiss aber ist, dass Fontane schon früh von den literarischen Beziehungen des Freundes profitierte.

Im »Herwegh-Klub« konnten also so unterschiedliche junge Männer zusammenfinden wie der Apothekergehilfe und Jungpoet Fontane aus Neuruppin, der musikalisch begabte Dichtersohn und Philologe Max Müller aus Dessau und der Medizinstudent, jetzt Literaturwissenschaftler Wilhelm Wolfsohn aus Odessa. Ob man nun französisch-reformiert, lutherisch oder jüdisch war, spielte für die Freundschaft keine Rolle. Ein Vierter gehörte noch in den Bund. Das war Hermann Jellinek. Er war wie Wilhelm Wolfsohn ein aufgeklärter Jude, kam aus Mähren und war österreichischer Staatsbürger. In Leipzig setzte er sein Studium der Philosophie fort, das er in Prag begonnen hatte, und fand hier durch die Lektüre von Hegel und Feuerbach zu sozialistischen Ideen. Alle drei Freunde Fontanes promovierten dann an der Universität Leipzig. Das Schicksal Jellineks aber war jenes erschütternde Todesurteil der Wiener Konterrevolution.

Von der Freundschaft der vier jungen Männer zeugt noch ein Brief von Ende Juni oder Anfang Juli 1843. Der Brief ist von Jellinek, Müller und Fontane und richtet sich an Wolfsohn, der zu diesem Zeitpunkt über Brody nach Odessa ging. Der Briefton ist übermütig und jugendlich selbstbewusst:

»Bester Herr Dr.! Mein Unternehmen ist schon abgemacht. Ich rechne auf Sie«, beginnt Jellinek, »wünsche Dir ein frohes Leben auf dem Wege zur Heimath […]. Denke auch zuweilen an vergangene Stunde[n], wo wir beisammen froh gewesen«, fährt Müller fort, und »Hinter mir dreschen Müller & Jellinek auf eine entsetzliche Weise«, so poltert Fontane heiter hinterher und plaudert dann seitenlang weiter. Der alte Fontane hat ihre Freundschaft und ihre Schicksale dann knapp in die Worte gefasst: »Wir waren in diesem Leipziger Rütli sechs, acht Mann, wovon 2 füsiliert wurden (Rob. Blum und Jellinek), was etwas viel ist; 2 verkamen in Amerika, 2 wurden sächsische Philister, und Max Müller wurde berühmt.« Bemerkenswert ist, dass er hier auch Robert Blum nennt, der wohl nicht zum engsten Kreis seiner Leipziger Freunde zählte, aber den er doch kannte. Georg Günther und Wilhelm Wolfsohn nennt er nicht namentlich, schließt sie aber wohl mit ein. Wir denken, sie hätten ein anderes, freundlicheres Wort verdient, aber dafür hätte es vielleicht die richtige Gelegenheit gebraucht. Eine solche Gelegenheit kam, als der Sohn von Wilhelm Wolfsohn den alten Fontane besuchte und ihm jenes Aquarell-Porträt mitbrachte, das der Maler Ottensooser vom jungen Fontane gemalt hatte. Ein Porträt, das dieser junge Fontane damals dem Freund Wilhelm Wolfsohn geschenkt hatte und jetzt im Besitz von dessen

Sohn war. »Bin ich's denn wirklich?«, soll Fontane gefragt haben. Und dann erzählte ihm der Sohn seines Freundes, wie oft die Mutter ihm geschildert habe, »daß die jungen Mädchen die Fenster aufgerissen und dem Originale dieses Bildes nachgeschaut hätten, wenn er durch das stille Schrötergäßchen nach eben jenem Hause schritt«, in dem der Vater damals wohnte.

Dresden, 1842 auf 43 – Liebeleien, Politik, viel Theater und die Frauenfrage

1. Juli 1842. Der bald 23-jährige Theodor Fontane ist in Dresden eingetroffen und steht wieder hinter dem Rezeptiertisch. Er hat sich von seiner schweren Wintererkrankung endlich erholt. Schon im Frühling war er mit Onkel August zu »Bonorand und Kintschy« gefahren und weiter hinaus nach Lindenau und Gohlis. Da konnte man gut essen und feinen Kaffee trinken. Schließlich hatten sie die gemeinsame Fahrt über Dresden in die Sächsische Schweiz unternommen, in Begleitung eines Freundes. Das war Wilhelm Wolfsohn gewesen. Jetzt aber war er direkt aus Letschin gekommen, wo er sich, wie ärztlich verordnet, für vier Wochen bei den Eltern aufgehalten hatte. Letschin hatte ihm den ersten Stoff für einen Korrespondentenbericht gegeben, und dieser war kurz vor seinem Eintreffen in Dresden in der *Eisenbahn* erschienen, ohne Namen oder Kürzel, sondern eben anonym.

Der Artikel *Aus dem Oderbruch* vom 25. Juni 1842 ist witzig und scharfzüngig. Keine Frage, dass dieser Korrespondent für sein Leipziger Lesepublikum auf der Seite des sächsischen Fortschritts stand und für die Konstitution und die Pressefreiheit stritt. Aber im Oderbruch, »meiner speziellen Heimat«, wie der junge Mann schreibt, stand er mit diesen Positionen praktisch allein. Nirgends in diesem preußischen Winkel rege sich Widerstand gegen die politischen Verhältnisse, jeder schaue nur für sich selbst und sei noch immer für König und Vaterland. Sogar wenn er die Leute mit Witz und Satire anstachle, dann lache man nur, solange die Sache nicht ernst werde. Und er fügte hinzu: »Wäre meines Bleibens hierselbst längere Zeit, so würd' ich in dem kleinen Kreise, der mich umgibt, vor allem eine Regeneration in der Lektüre veranlassen. Man hält diverse Modezeitungen, aber was eigentlich Mode, wenigstens an der Tagesordnung sein sollte, davon findet sich keine Spur. Die vaterländischen, richtiger die Berliner Zeitungen zu kassie-

Neumarkt mit Salomonis-Apotheke und Hotel de Saxe, Dresden, um 1850

ren oder in Mißkredit zu bringen war ein Versuch, der mir selbst im Kreise der Meinen nicht glückte. Der eine wollte die Steckbriefe, der andere die Entbindungsanzeigen um keinen Preis einbüßen […].«

Der radikalisierte junge Mann hatte offenbar auch in der eigenen Familie seine Opponenten – nicht nur die Eltern, sondern auch die Geschwister wunderten sich über die politischen Töne des aus Leipzig Zurückgekehrten und machten ihm deutlich, dass ihn das Leben in der liberalen sächsischen Universitätsstadt verändert hatte.

Gut möglich, dass er sich, als er nun in Dresden seine Gehilfenzeit fortsetzte, zuerst einmal sehr allein fühlte. Es gab hier weder lustige Verwandte noch literarische Freunde, und zur politischen Opposition hatte er keinen Draht. Er war also angewiesen auf freundliche Aufnahme im Kollegenkreis der Salomonis-Apotheke, die eben erst in die Hände des jungen Dr. Struve übergegangen war. Hier aber erlebte er, wie der alte Fontane erzählt, eine rechte Kränkung. Denn »zwei schöne junge Männer, ein Lüneburger und ein Stuttgarter«, machten ihm sogleich Konkurrenz. So wenig er über seine Dresdner Zeit berichtet, so sehr hebt er hervor, dass der Niedersachse mit dem »mächtigen rotblonden Sappeurbart« und der Schwabe in seiner ele-

Theodor Fontane, Kreidezeichnung von Friedrich Georg Kersting, Dresden, um 1843

ganten Pariser Garderobe ihn völlig ausstachen. Vor allem der schicke Stuttgarter, der neben ihm am Rezeptiertisch stand, habe seine »Minderwertigkeit« gesteigert. Denn wenn man sich auch neckte, »was umgekehrt *meine* Garderobe betraf, so stammte sie zu Dreivierteln aus dem damals von meinen Eltern bewohnten großen Oderbruchdorfe, darin es, statt Dusantoyscher Leistungen, nur lange, dunkelblaue Bauernröcke gab«.

Eigenartig: Warum soll sich der Leser, die Leserin den schlanken jungen Mann, der sich in Dresden in feinster Kleidung von David Ottensooser porträtieren lässt, im langen, dunkelblauen Letschiner Bauernrock denken? Und als jemand, der neben schönen Männern ins Hintertreffen gerät? Die Erinnerungen von Emilie Gey, »daß die jungen Mädchen die Fenster aufgerissen«, wenn er durch die Gasse kam, steht der Erzählung des alten Fontane doch sehr entgegen. Im Übrigen versetzt er seinen beiden Nebenbuhlern einen rechten Schlag. Sie seien gute Kerle gewesen, aber »außer Sappeurbart und Rockschnitt« sei nichts mit ihnen los gewesen. Oder in seinen Worten: Sie hatten beide »herzlich wenig zu bedeuten«.

Sie waren insgesamt sechs Gehilfen und drei Lehrlinge. Eigentlich war es wie großes Los, wenn man hier eine Stelle hatte. Im Haus am Neumarkt 8 war erstmals die Herstellung von künstlichem Mineralwasser gelungen, von hier aus vertrieb man es nicht nur nach Leipzig, sondern in alle Welt. Auch die Angestellten profitierten davon, denn – so der alte Fontane – sie versüßten sich das Leben, indem sie das Selterswasser in Mengen mit Himbeer-, Erdbeer- oder Berberitzensaft mischten und es mit Wonne gleich selber tranken. Großes Los waren aber auch Lage und Haus, denn die Salomonis-Apotheke befand sich in einem repräsentativen Barockbau neben dem Hotel de Saxe. Von hier aus hatte man den schönsten Blick über den Markt, und nur wenige Schritte waren es zur Frauenkirche und weiter zur Hofkirche, zum Residenzschloss, zum Zwinger, zur Gemäldegalerie, zum Hoftheater und zurück über die Brühlsche Terrasse, immer der breiten Elbe entlang. Es war das berühmte Elbflorenz, das der junge Fontane erlebte, die Stadt, die zu den schönsten Städten Europas zählte. Der alte Fontane erinnert sich: »Ich verbrachte da ein glückliches Jahr, wenn auch nicht ganz so vergnüglich wie das in Leipzig. Es war alles vornehmer, aber zugleich auch steifer. Auf einzelnes mich hier einzulassen [...] verbietet sich [...].«

Ja, es liegt ein Schleier über Fontanes Dresdner Apothekerzeit. Dass sein Leben hier bunter war, als wir heute quellengestützt wissen können, ist gewiss. Aufgehorcht hat die Forschung erstmals, als bekannt wurde, dass der junge Fontane zweimal Vater eines illegitimen Sprösslings geworden war. Und beide Male hatte er bereitwillig gezahlt. Beim zweiten Mal war er 29 Jahre alt gewesen und durch ein Schreiben aus Dresden zur Zahlung aufgefordert worden. Es gäbe also eine längere Vorgeschichte zu erzählen, wenn wir sie wüssten. Eine, die vermutlich in seine Dresdner Zeit von 1842 auf 43 zurückreicht.

Schon als Jüngling hatte er Gefühlsstürme erlebt. Da gab es Minna, Vanda und Emilie, auch Wilhelm, Fritz und vielleicht noch andere. Und obwohl die Herweghianer jetzt den Refrain sangen: »Wir haben lang genug geliebt / Und wollen endlich hassen!«, die romantische Sehnsucht nach der großen Liebe hatten sie dennoch. So schreibt der junge Fontane kurz nach Ankunft in der sächsischen Residenz:

Lieber Wolfsohn!

So eben komme ich von der vielbesprochenen [Brühlschen] Terrasse, wo ich mich sattsam gelangweilt, und – weil es eben nichts Bessres zu thun gab – Deiner in Liebe und Freundschaft gedacht habe.

> Ich soll Dir schreiben, Dir Geschichten erzählen, so wunderbar romantisch wie aus tausend und einer Nacht, denn ich lebe ja inmitten des poëtischen Dresden's, inmitten des Elbflorenz […]

Eigentlich, so fährt er fort, müsste er »so recht überglücklich« sein, doch fühle er sich seelisch gedrückt. Ihm fehle »ein Etwas, was weder Kitzel der Eitelkeit noch der Sinne mir zu ersetzen vermag«. Es sei die Leere, die ihn so häufig beschleiche. Diese Leere werde »nicht eher enden als ich die Unbekannte, die Namenlose gefunden habe, die mich mit Sehnsucht erfüllt, nach der mein Herz in unglücklicher Liebe schmachtet«. Denn, wie sei es denn jetzt? Immer täusche ihn sein Gefühl, dass er »die vom Himmel Auserkorne« bereits gefunden habe:

> Kaumzweifelnd werf' ich mich ihr mit einem »Ja« in die Arme, und während ich das Herz der Geliebten höher schlagen fühlte, während ich mich glühender an ihren Busen presste und mit heißeren Küssen ihre Lippen bedeckte, ward' es plötzlich oede und leer in meiner Seele; die Lippen, die eben noch von begeisterten Worten, vom Ausdruck tiefster Empfindung übergeströmt waren, unterdrückten mühsam ein Gähnen […]

Wenn der junge Fontane hier seine Nöte schildert, dann weiß er, dass sein Freund »die Richtige« bereits gefunden hat. Er selber aber wird sich, wohl oder übel, noch etwas durchküssen müssen, man könne sich nämlich leicht vertun, merke seinen »Irrthum« oft nicht gleich, täusche sich zuweilen »mondelang«.

Auch wenn der junge Mann sich hier etwas gar viele Verhältnisse andichtet, ein Unschuldslamm war er wohl kaum. Vor allem war er, das darf man glauben, ein Verführer durch Worte. Er merkte, dass er damit seinen »sinnlichen Kitzel« haben konnte, aber immer nur kurzfristig und zuletzt ohne das große Gefühl, das er suchte. Seine Liebeleien hatten etwas Spielerisches, und die Frauen nahmen ihn mehr oder weniger ernst, je nachdem, ob sie das Spiel durchschauten. Wir wissen von keinen gebrochenen Herzen (die es wohl doch gegeben hat?), sondern eben nur von diesen zwei Zahlungsaufforderungen. Und wenn von seiner Seite nicht nur Worte, sondern auch wirklich Liebe im Spiel war, dann zumindest stand für ihn außer Zweifel, dass an Heirat nicht zu denken war. Dies alles kann man den späteren Briefen entnehmen, die er im März und April 1849 mit seinem Freund Lepel wechselte, in denen er sich recht draufgängerisch gibt. Die feineren Töne finden wir erst in *Irrungen, Wirrungen* (1888) oder *Stine* (1890), wo freie Liebesverhältnisse in allen Varianten erzählt werden. Damals schrieb der alte Fontane, er wisse von dieser »Demimondegesellschaft« nur durch »Intuition«, »von oben« und »durch Akten- oder Buch- oder Zeitungswissen«, gestand aber zugleich, man habe »doch auch in grauer Vergangenheit in dieser Welt rumgeschnüffelt«.

Die »graue Vergangenheit«, das war eben die Zeit, als er zwischen zwanzig und dreißig Jahre alt war. Die 1840er-Jahre waren für ihn und die jungen Männer durchaus eine Zeit der Libertinage. Doch galt auch, dass Frauen, die die freie Liebe lebten, den Mann zur Zahlung zwingen konnten, wenn aus der Beziehung ein Kind hervorging. Denn die geltende Rechtsprechung wollte jetzt Gretchen-Tragödien, Kindsmorde aus Verzweiflung, aus der Welt schaffen. Deshalb stand der Vater neuerdings in der Pflicht. Rechtsgültig eingefordert wurde die Geldsumme durch den Vormund des Kindes oder durch die Mutter selbst, wobei sich die Summe nach den finanziellen Mitteln des Vaters zu richten hatte. Sie war aber in jedem Fall schmerzhaft hoch. Das wussten die jungen Männer und passten auf. Meistens kamen sie gut weg, manchmal aber zahlten sie eben, und dann oft mehr, als es ihnen die eigenen Mittel erlaubten.

In Dresden also übte sich der junge Fontane ins Tändeln ein und führte es eine ganze Weile so fort. Er hatte viel Zeit neben seiner Haupttätigkeit als Apothekergehilfe, aber davon erzählt der alte Fontane kein Wort. Nur die *Eisenbahn* bringt zutage, womit er sich beschäftigte, wenn er nicht am Rezeptiertisch stand. Acht Feuilletons liegen für die Zeit vom 22. September bis 2. Dezember 1842 vor, in denen er anonym, aber umso gewitzter die sächsische Residenz und ihr kulturelles Leben aufs Korn nimmt. Schon in der ersten Korrespondenz stellte er klar, dass er nicht bereit sei, »unter einer Fahne zu kämpfen, die *Uniformen* verlangt«. Er zählte sich also zu keiner politischen Gruppierung, sondern verstand sich als Mann der freien Feder.

Im noblen Dresden, so fand der junge Korrespondent, mangle es an vielem, vor allem »an konstitutionellem Sinn«. Außerdem seien Anlässe wie das patriotische »Männergesangfest« selbst den Dresdnern zu lahm: »Nicht mal Fackeln!«, hätten sie bei ihrer abendlichen Rückkehr geklagt. Schlimm stehe es aber vor allem um die Zeitungen und Journale, kein einziges »Lesecabinet« gebe es hier (was tatsächlich stimmte). Es fehle in Dresden auch ein Literatur- und Unterhaltungsblatt wie die *Eisenbahn*, das politische Bildung so trefflich durch politische Lyrik voranbringe: »Wie haben nicht Herweghs Lieder gewirkt? So mancher, dem die Politik ein Greuel war, ist durch sie plötzlich zum *Manne* geworden, und gut und Blut setzt er für die ›Freiheit‹ ein, zu deren Fahnen ihn das begeisternde Wort des Dichters gerufen hatte. Ich weiß ja, wie es mir selbst erging. Ich las! Es *packte* mich, wie der alte herrliche Chamisso zu sagen pflegte, und staunend sprach ich zu mir selbst: Es muß ein Etwas, ein schönes, gewaltiges Etwas sein, was zu solchen Worten begeistern kann. *Anregend* wirkte zuerst die Lyrik, die Journalistik unserer Zeit, mit *Interesse* für die gute Sache findet sich alles übrige.«

Es sind erstaunliche Töne, die der junge Korrespondent hier anschlägt. Überhaupt zeigt er sich politisch und literarisch vollkommen beschlagen und hält mit der eigenen Meinung nicht hinterm Berg. Dass er sich oft selbst einbringt, gehört zum Genre der Korrespondenz. Ihm liegt dieser Stil, und nicht zu Unrecht urteilte Max Müller: »He might have been another Heine.«

In Dresden zog es den jungen Fontane und Korrespondenten der *Eisenbahn* auch ins Theater: »In diesem Augenblicke komm' ich aus dem Theater; lassen Sie mich das Eisen schmieden, solange es warm ist«, beginnt seine Kritik über ein neues Stück, dem er wenig Zukunft voraussagt, das ihn aber dennoch sehr bewegt hat: »[…] und eine Freudenträne stand mir im Auge, als ich das Haus verließ.« Die Hauptrolle spielte an diesem Abend der Schauspieler Emil Devrient, »unse[r] Devrient«, der in Dresden auch den Hamlet gab, zusammen mit Caroline Bauer als Ophelia (4. November 1842). Es sind Theatererlebnisse wie diese, die den jungen Fontane aufwühlten und von denen er auch später, als Berliner Theaterkritiker, noch immer bewundernd sprach.

In Dresden lockten ihn nicht nur die Stücke, sondern auch die Schauspieler ins Theater. Neben Devrient und der Bauer etwa Theodor Döring. Konnte er Döring nicht sehen, weil er keine Karte bekam oder sonst verhindert war, litt Fontane geradezu. »Ist das ein Künstler!«, schrieb er einmal in einer Kritik. Unglaublich, wie er den Franz Moor gab! Solche Begeisterung konnte ansteckend wirken, *packte* den Leser geradezu. Denn dieser Kritiker, das spürte man, war im Theater vollkommen zu Hause, kannte seinen *Faust*, *Don Carlos* und *Hamlet* wie die eigene Rocktasche. Nicht ohne jugendliche

Eitelkeit ließ er seine Leserschaft denn auch wissen, den *Hamlet* habe er »so ziemlich am Schnürchen« (4. November 1842).

Stoff für seine Korrespondenzen gewann er neben dem Theater auch aus alltäglichen Beobachtungen oder Gesprächen. Offenbar beobachtete der junge Apothekergehilfe gerne, wer gerade nebenan im Hotel de Saxe abstieg. Der Standort der Salomonis-Apotheke samt Kundenverkehr war ein idealer Beobachtungs- und Horchposten. Ebenso die Brühlsche Terrasse, wo er Kaffee trank oder zu Mittag speiste. Und natürlich nutzte er den *Dresdner Anzeiger* und andere Zeitungen als Quelle für seine Tätigkeit als Korrespondent.

Über Dr. Vehses Vorlesungen konnte er daher berichten, auch ohne sie gehört zu haben. Das Wichtigste drang sowieso zu ihm durch, so glaubte er jedenfalls und fuhr mit der Feder übers Blatt. Aber wie! Vehse hatte über die jetzt immer dringlicher werdende Frauenfrage gesprochen. Der junge Korrespondent in Dresden machte sich lustig. Sein Artikel *Vorlesung des Dr. Vehse* erschien am 1. Dezember 1842 in der *Eisenbahn*.

Worum es ging? Der Dresdner Historiker Karl Eduard Vehse, eben zurück aus Amerika, hielt neuerdings öffentliche Vorlesungen zur Stellung der Frau in der Gesellschaft. Dabei verglich er die Bildungsmöglichkeiten der Frauen in England, Amerika und Frankreich mit denjenigen in Deutschland. Und kam zum Schluss, es brauche hier dringend neue Bildungseinrichtungen. Was Vehse in seiner Vorlesung wirklich gesagt hatte, darauf ging der junge Korrespondent nicht ein. Aber er stöhnte halb komisch über das Gespenst der emanzipierten Frau: »[…] der Himmel wolle mich vor der unverlöschlichen Glut einer Italienerin, der Koketterie einer Französin, die Madame Dudevant [George Sand] […] wie Bibel und Gesangbuch verehrt, – schließlich aber auch vor der nüchternen Gelehrsamkeit englischer Damen bewahren, die aus allen Sprachen ins Englische übersetzen, malen, musizieren, dichten, reiten, Schlittschuh laufen, Volksrednerinnen werden.«

Besonders George Sand und ihr Einfluss behagten dem jungen Fontane nicht. Hosen tragen, Zigarren rauchen, die freie Liebe postulieren – wo blieb da die Weiblichkeit? Und erst die emanzipierten Engländerinnen! Zum Glück waren die deutschen Frauen noch ohne »Emanzipationssucht«. Hierzulande wolle die Frau doch Gattin, Hausfrau und Mutter werden, wie es ihre göttliche Bestimmung war? Vehse dürfe die deutschen Männer nicht so verängstigen, vor allem nicht jetzt, wo die »geschärften Ehescheidungsgesetze« in Kraft treten würden. Männer wollten sich doch nach bewährter Manier »mit einem deutschen Mädchen« verbinden, »wenn's einmal nicht anders sein kann und das Herz uns zwingt, eine Freiheit mit Ketten zu vertauschen, die hoffentlich Rosenketten sind«.

Sehr lustig konnte Anna Binder, die emanzipierte Frau des Verlegers Robert Binder, solche Polemik nicht gefunden und ihrem Mann bedeutet haben: Der Junge da schreibt Quark. Es ist jedenfalls eine seiner letzten Korrespondenzen, die in der *Eisenbahn* erschien.

Selbstbewusstsein, preußisch-berlinisch

Junge Erwachsenenjahre als Apotheker, Dichter, politischer Korrespondent (1844–1850)

Dienst fürs Vaterland und ein Grog bei Max Müller

Nichts hatte ihn in Dresden halten können. Aber es hielt ihn auch nichts in Leipzig, wo er einen Sommer lang das bittersüße freie Schriftstellerleben erprobt hatte. »Schon im Oktober, als ich von Leipzig nach Haus zurückreiste, hatte ich mich in Berlin beim Franz-Regiment gemeldet und Ostern 44 war zu meinem Eintritt bestimmt worden.« So erinnert sich Fontane in von *Zwanzig bis Dreißig*.

Wir können uns gut vorstellen, wie es ihm in Letschin erging, wohin er, wie Quellen belegen, schon im August zurückgekehrt war. Die Eltern waren froh, dass er nicht in die Hände der Demagogenverfolger geraten war, die jetzt verschärft nach rebellischen Studenten suchten. Der Vater stellte sich gar schützend vor ihn, wenn er ihn für die Zeit vom 1. April 1843 bis zum 2. April 1844 als seinen Defektar auswies. Die Mutter wiederum sorgte dafür, dass er sich ruhig aufs Abitur vorbereiten konnte. Jedenfalls war es besser, wenn nicht der Sohn, sondern ihr Louis Henri in der Apotheke stand, war dieser doch immer gefährdet, sich in einer geselligen Männerrunde zu verlieren, bei Spiel und Wein. Ja, auch wegen dieser beständigen Gefahr war es gut, wenn Theodor im Hause war. Er konnte vermitteln, wenn es zu ehelichen Spannungen kam, zu bösen Worten. Und er sorgte für Abwechslung mit seinen verrückten Einfällen, Sprüchen und Burlesken.

Doch so unterhaltsam und talentiert er war, wo wollte es eigentlich mit ihm hinaus? Nur die kleine Elise, jetzt fünf, bewunderte ihren großen Bruder wohl vorbehaltlos. Die anderen Geschwister, Rudolph, Jenny, Max, neckten ihn wohl zuweilen wegen seiner beständig wechselnden Zukunftspläne und wegen seines Revoluzzertums. Das störte jedoch die gute Laune nicht. Denn er liebte die Seinen, liebte das Oderbruch und kam gern aufs Land, mit der Bahn, im Wagen oder zu Fuß. Nicht um ewig zu bleiben, sondern um schließlich wieder zurückzukehren in die Stadt und ins städtische

Leben. Schreiben aber konnte er überall. In Letschin so gut wie in Berlin, im Gehen, Stehen, Sitzen, Liegen oder Fahren. Jetzt hatte er wohl immer dieses »Büchelchen« in seiner Rocktasche, das er rasch hervorzog, um sich etwas zu notieren.

Das mit dem Abitur schlug er sich dann im Laufe seines Letschiner Aufenthalts wieder aus dem Kopf. Am 29. Februar 1844 schrieb er an Freund Wolfsohn: »Schließlich die kurze Anzeige, daß ich mich wieder der Giftmischer-Zunft zugesellt habe, und vom 1. April [1844] ab in Berlin Pharmacie studire.« Es war eine vernünftige Entscheidung. Wenn er jetzt den zweisemestrigen Pharmazielehrgang für Apotheker absolvierte, konnte er schon im Frühjahr 1845 im Besitz der Approbation sein. Das fand wahrscheinlich auch der Vater vorteilhaft und sah darin einen weiteren Grund, dem Sohn mit einem Zeugnis auszuhelfen, das die Sache beschleunigte.

Doch dann geriet auch dieser Plan ins Wanken und wurde schließlich ganz aufgegeben. Das Resultat war, dass Fontane am 1. April 1844 tatsächlich sein Militärjahr antrat. Dass er es im Kaiser-Franz-Garde-Grenadier-Regiment Nr. 2 absolvieren konnte, hatte einer besonderen Anstrengung bedurft. Es war nämlich etwas komplizierter, als er im Rückblick erzählt hat. Als angehender Apotheker konnte er nicht frei wählen, wo er seinen Dienst ableisten wollte. Für Pharmazeuten galt die klare einschränkende Bestimmung, dass sie der »Dispensir=Anstalt« (Apotheke) eines Garnison-Lazaretts zugeteilt wurden. In Preußen gab es über zwei Dutzend solcher »Dispensir=Anstalten«. Theodor Fontane wurde denn auch nach »Coblenz« einberufen. Dank guter Beziehungen aber kam er nach Berlin, ins »literarische Franz-Regiment«.

Die Kaserne seines Bataillons befand sich in der Neuen Friedrichstraße Nr. 5–8. Einer der drei Offiziere seiner Kompanie und sein direkter Vorgesetzter war Bernhard von Lepel. Mit ihm hatte er nach seiner Rückkehr aus Sachsen gleich wieder freundschaftliche Bande angeknüpft. Lepel scheint es denn auch gewesen zu sein, der die militärische Sonderbewilligung für den Freund erwirkte.

Da er als Freiwilliger nicht in der Kaserne zu wohnen brauchte, mietete Theodor Fontane im Frühjahr 1844 ein Zimmer in der nahen Klosterstraße 64, 2 Treppen hoch. Im Herbst, als er bereits zum Unteroffizier befördert worden war, bezog er dann wenige Häuser weiter, in der Jüdenstraße 55, ein bequemes Mansardenzimmer. Ja, er war wieder zu Hause, kannte hier jeden

Winkel. Wenn ihm danach zumute war, konnte er sogar der Apotheke »Zum weißen Schwan« einen Besuch abstatten oder in die französische Kirche gehen, zu deren Gemeinde er gehörte. Auch hatte er Verwandte und Freunde in der Stadt. So etwa Max Müller, der jetzt an der Berliner Universität studierte. Auch wenn Theodor Fontane in Uniform steckte, exerzieren lernte, Wache schob, für gemeinsame Unternehmungen mit diesem Freund blieb viel Zeit. Zeit hatte der Einjährig-Freiwillige auch für vieles andere, etwa fürs Scherzen und Poussieren. Nur Emilie war nicht da, jedenfalls oft bei Verwandten und neuerdings bei ihrer leiblichen Mutter Thérèse Triepcke.

Und der Dienst selbst? Als junger Freiwilliger, so der alte Fontane, wurde man von den Offizieren nicht recht ernst genommen, galt doch das Freiwilligenjahr einfach als eine militärische Schnellbleiche für Privilegierte. So gab es neben Geringschätzung auch dumme Schikanen. Aber sie hielten sich in Grenzen. Denn von ganz oben, von Friedrich Wilhelm IV., ging nichts Martialisches aus. Sein größtes Interesse fand vielleicht die Vollendung der Uniform durch einen angemessenen Helm. Und so wurde jetzt die preußische Pickelhaube eingeführt. Sonst aber scheint es unter dieser Regierung und für die Zeit *vor* 1848 typisch gewesen zu sein, dass die Freiwilligen ihren Dienst mit einer gewissen Laschheit versahen, während die Offiziere ihre Befehle manchmal nach willkürlicher Laune erteilten. Beides fand der alte Fontane im Rückblick nicht gut. Der junge Fontane aber hatte an der militärischen Disziplinierung, als er sie an sich selbst erlebte, wenig Freude. Seine unveröffentlichten Spottverse *Als Grenadier* (1844) machen es deutlich:

Es krankt, seit des Gefreiten Schere
Mir meine Locken fortgeputzt,
Mein Flügelpferd an einer Schwere,
Als wär' es mit mir zugestutzt.

Je steifer nach dem abgehackten
Kalbfell den Fuß ich setzen muß,
Je steifer wird nach solchen Takten
Auch allemal mein Pegasus.

Jetzt hat man Rock und Helm, den blanken,
Mit all und jedem schon gemein;
Und ging's, man nähte die Gedanken
Auch gern in Uniformen ein.

Es war nicht schön, dieses Zurechtgestutztwerden. Die Haarpracht fiel, der Gleichschritt kam. Schwere Zeiten für Poeten, deren Kraft gerade im langen Haar, im Rhythmus der eigenen Sprache und im freien Gedanken lag.

Seine Abteilung, so erzählt der alte Fontane, war dann nach nur wenigen Wochen »einexerziert«, und es »begann der kleine Dienst«, zu dem damals »[e]ine bestimmte Zahl von Wachen« gehörte. Die »Königswache« zählte zu den feinsten und beliebtesten, denn man war dann der Neuen Wache zugeteilt, schilderte also stolz Unter den Linden (und spielte hinten in der Wachstube mit den Kameraden Whist, trank Wein, rauchte Tabak oder fläzte sich auf eine Pritsche). Auch die »Schloßwache« am Eosander-Portal war eine beliebte Wache.

Stand man jedoch nachts als soldatische Wache an einer stilleren Stelle, konnte es geschehen, dass ein alter Diener die paar Steinstufen zu einem hochstieg und leicht verlegen sagte: »Bitte, Freiwilliger, dies ist der Schlüssel, [...] die Frauen kommen nämlich heute.« Er selber habe »als Kind jener Zeit« sofort verstanden. Man nahm dann den rostigen Schlüssel diskret entgegen, um den später Eintritt verlangenden Offizieren ebenso diskret eine Seitenpforte zu den »Frauen« zu öffnen.

Worauf der alte Fontane hier anspielt? Berlin war in seinen jungen Erwachsenenjahren berühmt-berüchtigt für seine »puella publica«. Etwa 10 000 ›öffentliche Mädchen‹, darunter viele Dienstmädchen, die einen Nebenerwerb suchten, soll es nach Schätzung der Kriminalpolizei im Berlin der 1840er-Jahre gegeben haben.

Er habe sich, als er den rostigen Schlüssel zugesteckt bekam, »auf Augenblicke sehr herabgestimmten Betrachtungen« überlassen, bemerkt der alte Fontane. Er lässt indes offen, was ihn beschäftigte. Waren es die Zustände in der Armee? Die soziale Not der Frauen? Die eigenen Erfahrungen als junger Libertinär? Die weitverbreitete Prostitution mitten im königlichen Berlin barg jedenfalls sozialen Zündstoff.

Neben Wachdiensten in der Stadtmitte wurden dem Unteroffizier Fontane auch Dienstaufgaben außerhalb der Stadt zugeteilt. Zum Beispiel die

»Pulvermühlewache« draußen in Moabit, wo er das Kommando führte. Hier lernte er, militärische Befehle zu erteilen, auch einen Gefreiten anzudonnern oder unverzagt einen fremden Randalierer abführen zu lassen. Unteroffizier Fontane verschaffte sich auch Respekt, indem er lernte, mit einem Gewehr umzugehen. Die »Verhaltensregeln beim dienstlichen Gebrauch des Gewehres« hatte er sich extra in sein kleines Notizbuch notiert.

Weil er sein Militärjahr in der Hauptstadt absolvierte, war es ihm ein Leichtes, nebenbei seine privaten Beziehungen zu pflegen. Oft, so erinnert sich der alte Fontane, ging er zu Max Müller, der sich ganz in der Nähe bei einem Schuhmacher eingemietet hatte, »in einem Eckhause der Oberwall- und Rosenstraße«, 3 Treppen hoch, »dicht an der Werderschen Kirche«. Da hatte der Student zwar viel Lärm von der Werkstatt, aber auch das schönste Panorama, »besonders die königlichen Gebäude mit ihren mit den prächtigsten Bäumen besetzten Parkgärten, die sich im Rücken und zur Seite des Prinzessinnen-Palais hinzogen«. Hier stürmte Unteroffizier Fontane gelegentlich herein mit einer neuen Nachricht aus dem literarischen Leben – aber Max Müller wusste immer schon im Voraus Bescheid. So an jenem Tag, als Freund Fontane mit einem Zettel hereingestürmt kam und aufgeregt sagte: »Müller, ich muß Dir etwas vorlesen.« Da habe dieser laut gelacht und dann den Verdutzten begütigt: »Du wunderst Dich. Aber da ist nichts zu verwundern. Lenau, so hab ich neulich gelesen, ist verrückt geworden. Und du hast natürlich gleich ein Gedicht darauf gemacht.«

Dass sie sich jetzt häufig sahen, häufiger als in Leipzig, lässt sich nicht nur bei Fontane, sondern auch bei Max Müller nachlesen, der Tagebuch führte und der Mutter lange Briefe über sein Berliner Leben schrieb. Die beiden Freunde trafen sich zeitweise fast täglich. Dann speiste man zu Mittag bei Rosch, an der Ecke Poststraße/Königsstraße, und ging später gern zum Kaffee zu Fontane. War der Dienst früh aus, kam dieser schon nachmittags um 5 bei Müller angepoltert. Dann plauderte man und philosophierte. Worüber? Über allerlei und jedenfalls viel »über Göttliches und Menschliches«. »Er, transzendent, ich immanent«, hielt Müller im Tagebuch fest, was es wohl präzis fasst. Denn der junge Fontane sagte von sich, er sei »Theist«, glaubte also an einen persönlichen, transzendenten, über alles herrschenden Schöpfergott sowie an die Vorsehung, während der junge Müller in Spinoza seinen Lehrer gefunden hatte und die Natur als das immanent göttliche Prinzip begriff, also Pantheist war.

Manchmal kochten sie auch füreinander, und wenn es spät wurde, blieb man über Nacht. So notierte Max Müller unter Donnerstag, 4. Juli [1844]: »Abends Fontane bei mir. Rührei gemacht. Grogk. Blieb die Nacht bei mir, bis Freitag 5. Früh mit Fontane Kaffé getrunken, dann gearbeitet.« Oder unter Freitag, 1. August [1844]: »Abends blieb und schlief ich bei Fontane. Nettes Vis à vis. Den Sonnabend war ich bis Mittag noch dort, dann gingen wir zusammen spazieren im Thiergarten […].«

Selbstverständlich pflegten sie auch andere Freundschaften und erweiterten ihren Kreis. So stieß Max Müller bei Fontane auf den Theologen Jung (8. Mai 1844), auf Hermann Scherz (24. Mai 1844) oder auf Bernhard von Lepel (3. Juli 1844). Umgekehrt fand Fontane bei Max Müller Leopold Prowe, Bramigk und weitere Bekannte (10. Mai 1844). Sie waren sehr gesellig, und es geschah, dass die jungen Freunde nach einem angeregten Abend einen Spaziergang Unter den Linden machten oder einander ein Wegstück nach Hause begleiteten, wie wir Max Müllers Tagebuch entnehmen können. Solche Spaziergänge werden in Fontanes Romanen später zu intimen Gesprächsszenen gestaltet, so etwa in *L'Adultera* (Kapitel *Auf dem Heimwege*).

Auch tagsüber schlenderten die beiden Freunde gern miteinander durch die Stadt. Es geschah spontan, und so traf man den andern, wenn man ihn zum Spaziergang abholen wollte, nicht immer zu Hause an. Max Müller zum Beispiel war auch regelmäßig Gast bei Bettina von Arnim und bei Fanny Hensel geb. Mendelssohn. Es kam dann vor, dass er nach einer »schöne[n] Matinée«, wo er die »Chöre zur Antigone« (op. 55, 1841) von Mendelssohn gehört hatte, bei Fontane vorbeischaute. In seinem Tagebuch vom Sonntag, den 12. Mai 1844, lesen wir: »Nach dem blieb ich [bei Fanny Hensel] bis zu Tisch im Garten, schwatzte viel mit dem Hauslehrer, Hr. Matusch; dann gegessen; sie luden mich zu Abend ein; ich ging also unterdeß zu Fontane, und von da wieder hin.«

Fontane, so erfahren wir weiter, hatte sich an diesem Tag »als fingierter Kranker« zurückgezogen. Das tat er manchmal, um Zeit für sich allein zu haben und zu Hause zu bleiben. Doch wenn man sich traf und die Umstände es erlaubten, liefen die beiden munter durch den Tiergarten, tranken beim »Hofjäger« ein Glas saure Milch, sprachen über Gedichte und andere Neuigkeiten.

Es kam auch vor, dass Max Müller abends einen Punsch braute und Fontane mit einem Zettel dazu einlud. Der erschien dann auch und brachte einmal Hermann Scherz mit. Über diesen Abend, der »sehr fidel« war, schrieb Max Müller seiner Mutter: »Der Bekannte, den Fontane noch mitbrachte, war ein junger Gutsbesitzer, der Fontane, wie ich Dir, glaub ich, noch gar nicht erzählt habe, vorigen Sommer [...] mit nach London genommen hatte. So saßen wir alle drei bis um 2 Uhr und ließen uns viel von Paris, Italien und Schweiz erzählen, von wo jener eben zurückgekommen war.«

Eine Gesellschaftsreise nach London im Sommer 1844 und ein Briefgespräch mit dem Vater

Ja, das war richtig! Im Sommer 1844 hatte Fontane kurzfristig zwei Wochen Diensturlaub erhalten. Der reisefreudige Hermann Scherz, der gute alte Ruppiner Freund, hatte ihn mit einer Einladung nach England überrascht. Die Begeisterung, mit der Fontane nach London reiste und mit der er auch wieder zurückkehrte, hat Max Müller miterlebt. Er war am Vorabend der Abreise bei Fontane, wo er ihn mit Hermann Scherz antraf (»ein recht guter Kerl«, wie Müller fand). Und er sah Fontane am Tag der Rückkehr (11. Juni) wieder, weil dieser ihn gleich aufsuchte, um zu erzählen. Max Müller notierte an diesem Tag in sein Tagebuch: »Mittag kam Fontane aus London zurück, sehr heiter. Trank bei mir Caffé [...].«

Der alte Fontane hat in *Von Zwanzig bis Dreißig* über diese erste Reise nach London berichtet. Es gibt jedoch auch ein Manuskript aus der Zeit von 1844 mit dem einfachen Titel *Reise*. Die Handschrift ist überliefert (im Besitz der Staatsbibliothek zu Berlin) und gilt als umfangsreichster Text, den wir vom *jungen* Fontane kennen. In Sprache und Ton erinnert *Reise* an Heines Reisebilder, insbesondere an dessen *Englische Fragmente* (1831). Aber noch deutlicher vernehmen wir den Dresdner Korrespondenten der *Eisenbahn* und den jungen Mann, der zu dieser Zeit Briefe mit Wilhelm Wolfsohn tauschte. Dieser junge Fontane, der die Welt gerne republikanisch gesehen hätte, hat Witz, ist angriffslustig, frech, selbstpersiflierend, ziemlich eitel und ein bisschen frivol. In literarischen Formen kennt er sich aus, versteht etwas vom Genre des Reisebildes, erzählt in der Ich-Form, streut Dialoge ein, schildert die Reisevorbereitungen so gut wie die Fahrt, den Aufenthalt und die Rückkehr.

Die Erzählung muss kurz nach der Rückkehr entstanden sein, beruht aber offenbar auf Reisenotizen. Warum er sie nicht veröffentlichte? Vielleicht weil er sie nur für die engsten Freunde und für die Familie geschrieben hatte, in erster Linie für den Vater. Mit ihm führte er eine Art Briefgespräch. Ihm wollte er offenbar zeigen, dass es eine richtige Entscheidung gewesen war, ihn nach London fahren zu lassen.

Wir können der Reiseschilderung nämlich entnehmen, dass Hermann Scherz zuerst zu den Eltern Fontanes fuhr, um ihnen den Reiseplan vorzustellen. Es war etwas ganz Neues. Erstmals konnte man günstig und innerhalb von nur zwei Wochen eine »Lustfahrt nach London« unternehmen. Organisiert wurde die Reise von der Vereinigten Hamburg-Magdeburger Dampfschifffahrtsgesellschaft. Die Platzzahl war beschränkt auf 125 Personen. Mindesten achtzig Personen mussten teilnehmen, damit das Unternehmen zustande kam. Die Fahrkosten samt Verpflegung auf dem Schiff betrugen 36 Taler Preußisch Courant, doch rechnete man den Aufenthalt in London mit dazu, so kostete die ganze Reise etwa 150 Taler.

Hermann Scherz warb also bei Fontanes Eltern darum, dass sie ihren Sohn mitfahren ließen – vorausgesetzt, dass er Diensturlaub erhielt. Er selber, der begüterte Freund, wollte die Kosten für sie beide tragen. Dafür hoffte er, von den Englischkenntnissen seines Begleiters zu profitieren. Louis Henri Fontane war, was die Kostenübernahme betraf, leicht zu überzeugen. Denn zeitlebens betrachtete er alles, was Kränzlin bezahlte, als Ausgleich für die hohen Spielschulden, die er seinerzeit in Neuruppin hatte begleichen müssen. Vielleicht steckten die Eltern sogar noch ein paar Taler dazu, einfach weil sie dem Sohn die Reise gönnten und hofften, die Englandfahrt würde ihn von seinen radikalen politischen Ansichten heilen.

»Ich komme aus Letschin, dein Alter ist ein prächtiger Kerl und läßt dir gute Besserung von deinen verrückten Ansichten wünschen [...]«, so habe ihn der Freund nach großem Hallo in der Neuen Wache begrüßt, erzählt der junge Fontane. Dann habe ihn Hermann zu seiner Überraschung gefragt, ob er mit nach England fahre: »Nach England? [...] nach dem Königreich Großbritannien, nach dem Lande, wo London die Hauptstadt und Shakespeare geboren ist, wie? nach *dem* England willst du?« Es war gar keine Frage: Er würde alle Hebel in Bewegung setzen, um mitfahren zu können. Nur überstiegen die Kosten seine Mittel. Doch war das dann rasch geklärt, und so hieß es »topp, ich bin der Deine, hier meine Hand!«

Am 25. Mai 1844 fuhren die beiden Freunde vom »Berliner Bahnhof«

(Anhalter Bahnhof) aus über Jüterbog nach Köthen, eine Strecke, die Fontane bestens kannte, war es doch die Strecke nach Mühlberg, Leipzig und Dresden. Und so wurde, wie er es schon früher zu tun pflegte, auch jetzt wieder in »Köthen« Kaffee und Kuchen genossen, bevor man nach Magdeburg weiterreiste.

Von Magdeburg nach Hamburg ging es mit dem Dampfer *Courier* die Elbe hinab. Es war eine Nachtfahrt. Der junge Fontane machte hier »drei blassen Damen« freudig Avancen, besonders der »Ältesten mit schwarzem Haar und schwarzen funkelnden Augen«, blitzte aber sofort ab. Es tat seiner Reiselust keinen Abbruch. Kühn gab er sich auch bei der Verteidigung seines Sitzplatzes auf einem »Seegras-Diwan«. Als ein Mitreisender auf ihn zutrat und frech die Stelle für sich beanspruchte, während zwei zum Streit geneigte Freunde ihm über die Schulter guckten, gab der junge Fontane schlagfertig zurück: »So?! – na, wissen Sie was Neues? – ich werde lieber sitzen bleiben!«

Gegen Mittag traf die *Courier* in Hamburg ein. Jetzt bestieg die Reisegesellschaft – etwa 100 Personen aus ganz Deutschland, die Hälfte davon Berliner – den Meeresdampfer *Monarch*. Wohl für den Vater, der ihm »gute Besserung« von seinen »verrückten Ansichten« gewünscht hatte, hielt der junge Fontane fest: »Meine republikanische Gesinnung wurde durch den Namen des Steamers wenig gekränkt.«

Dass die Fahrt gleich weiterging, bedauerten die Freunde. Gerne hätten sie Hamburg gesehen, das nach dem großen Brand von 1842 im Wiederaufbau war. Sie sollten ihren Besuch aber auf der Rückreise nachholen.

Gegen Sonnenuntergang lichtete die *Monarch* ihre Anker. Freund Scherz knüpfte Freundschaften an und ließ die Champagner-Korken knallen, während Fontane stiller und stiller wurde. Es war tiefe Nacht, als man bei Cuxhaven aufs Meer hinausfuhr. Gegen 4 Uhr früh wurde ihm in seiner Kajüte plötzlich »sonderbar«, so dass er die frische Meeresbrise suchte. Vorne im Schiffsbug hielt er sich dann mit untergeschlagenen Armen, in seinen dunklen »Mantel von Marengo-Tuch« gehüllt, wie »der Sieger von Marengo selbst«. Bis er schließlich zusammengebrochen sei. »[H]abt ihr eine Träne übrig, so schenkt sie mir, um aller meiner Leiden willen«, so Fontane an die Daheimgebliebenen.

Freund Scherz machte nicht viel Aufhebens von der Sache. Galle brechen? »Das will nicht viel sagen«, habe er befunden, sogar behauptet, er, Fontane, habe ja gar keine Galle. Immer guten Humor zeigen hieß also die Devise.

Dann erreichten sie vormittags die Themsemündung und kamen an Gravesend vorbei: »Endlich gegen 4 Uhr nachmittags fuhren wir über dem Tunnel fort, und gingen in der Nähe des Towers, der ebenso geschmacklos wie berühmt ist, vor Anker. Eine Stunde später trat ich schon das City-Pflaster.« Es folgten acht der aufregendsten und folgenreichsten Tage für den jungen Fontane.

Als die Freunde auf demselben Weg wieder zurück nach Hause fuhren, waren sie höchst befriedigt von ihrer »Lustfahrt«. Fontane, der, angeregt durch Lektüre und Theater, lange schon ein Bild von London in sich trug, von England und den Engländern überhaupt, hatte gesehen, was er gesucht hatte, über alle Erwartung. Diese Stadt, dieses Land zogen ihn mächtig an.

Er hatte bei seinem Aufenthalt auch einen Tagesausflug nach Brighton unternommen und dort den Apotheker Schweitzer besucht. Schweitzer war einst Lehrling bei Wilhelm Rose gewesen und konnte ihm Auskunft geben über das Apothekenwesen in England. Die Reiseschilderung wird an dieser Stelle zum Briefgespräch mit dem Vater. »Aus dem Gesagten wird dir erhellen, daß ich schwerlich nach England gehn werde, um mich in meinem Fach zu vervollkommnen«, adressierte er sich unvermittelt an diesen. »Ehrlich gestanden, das ist mir auch große Nebensache. Die Sprache, die Zustände, die Sitten und Gebräuche, die Gesetze und Freiheiten des Volkes will ich kennen lernen und nicht eine neue Methode die Pillen zu wribbeln.« Doch ganz ausschließen wollte er nicht, dass er nach erlangter Approbation eine »Defekturstelle« in England annehmen würde. Apotheker Schweitzer, so schrieb er an den Vater gewandt, würde ihm dabei helfen, »sobald ich ihm Nachricht erteilen werde, daß ich zur Überfahrt nach England bereit bin«.

In seiner Reiseschilderung erwähnt der junge Fontane auch eine »Briefmappe« und einen »Brief an Euch«. Briefe aus den Tagen seiner »Lustfahrt nach London« sind jedoch nicht überliefert. So bleibt das Manuskript von 1844 einziges zeitnahes Dokument. Fontane hat es vermutlich für seine späteren Reisebilder von London wieder herangezogen und vielfach »überschrieben«. Zuletzt für seine Fassung in *Von Zwanzig bis Dreißig*, wo es durch Erinnerungsarbeit noch einmal neue Gestalt gewann.

Reisen war immer auch Gelegenheit, Bekanntschaften auf Zeit zu schließen. Der junge Fontane zögerte nicht, das Gespräch aufzunehmen oder einen Flirt zu wagen. Das konnte in der Kutsche sein, wenn er mit zwei Schauspielerinnen reiste, auf dem Schiff oder in der Bahn.

Frauen, die allein reisten, gab es jetzt immer häufiger. In welcher Weise man sich ihnen nähern durfte, das las der junge Fontane daran ab, ob sie erster, zweiter oder dritter Klasse fuhren. In der dritten Klasse durfte man nicht nur zudringlicher sein, sondern auch ein entsprechendes Entgegenkommen erwarten. Wie es bei ihm zugehen konnte, erzählt der junge Mann von 24 Jahren im letzten Kapitel seiner London-Fahrt (*Reise*).

Sie waren wieder in Köthen, nahmen wieder Aufenthalt, tranken wieder Kaffee und aßen Kuchen. Es folgte die letzte Reiseetappe zurück nach Berlin. Fontane löste nach Gewohnheit ein Billett »dritter Klasse«. Da bemerkte er, dass Freund Scherz, den er im Gerangel verloren hatte, im Wagen nebenan saß und ihm gegenüber »ein junges Mädchen von ohngefähr zwanzig«. Sofort habe sie begonnen, dem Freund verliebte Augen zu machen, was Hermann Scherz sich gerne habe gefallen lassen. Das machte den jungen Fontane ganz aufgeregt, denn: »– ein solches Verhältnis, voll des zärtlichsten Entgegenkommens, ist überaus bequem.«

Auch er hatte ein attraktives Gegenüber gefunden, »eine Dame von 32–34 Jahren«. Aber es tat sich leider nichts. Erst »durch die ungeheure Heiterkeit des schäkernden Pärchens« im benachbarten Wagen habe die Dame endlich Zeichen gegeben, sie wünschte »in ähnlicher Weise von mir poussiert zu werden«.

Das Wort *poussieren* war damals in der Studentensprache in Mode gekommen und bedeutete so viel wie »den Hof machten, flirten; eine Liebschaft haben«. Es begann jetzt also das Poussieren in der Art, wie es dem jungen Fontane am liebsten war. Die Dame lockte mit zweideutigen Bemerkungen, etwa, indem sie zum Pärchen hinüberwies und sagte, »ihr Mann habe ihr erzählt, daß auf Reisen die interessantesten Liebesverhältnisse angesponnen würden […] und daß sie's keinem Mann verdächte, wenn er annähme, was ihm geboten würde!« Und mit vielsagendem Augenaufschlag gefragt, wie *er* denn über diese Dinge denke, sei ihm sofort durch den Kopf geschossen: »halt, die Sache ist richtig!«: »Daß sie dritter Klasse und ohne

Begleitung fuhr, daß sie am Bahnhof von niemand erwartet wurde, und überhaupt in Zweifel schien, wohin sie sich zuerst wenden solle, diese Dinge – die mich teils der Augenschein, teils der Lauf der Unterhaltung lehrte bestärkten mich in meiner Ansicht, daß sie äußerst poussierbar sei. Da sie hübsche Augen hatte, war ich hoch erfreut darüber.«

Und flugs wurde er ganz Kavalier und »spielte den Ritterlichen«. Kaum hatte man den »Anhaltinischen Bahnhof« in Berlin erreicht, war er »wirklich wie ein Donnerwetter« bei der Hand, winkte für die Dame einen Kofferträger heran, besorgte eine Droschke, fragte höflich, ob er sie begleiten dürfe, und freute sich, dass alles gerne angenommen wurde. Schon in der Droschke wurde er »deutlicher«, fragte, ob er auf ein Wiedersehen hoffen dürfe, ja bat um ein Rendez-vous, »das ja zu größerer Bequemlichkeit für beide Teile in meiner Wohnung stattfinden könne«. Doch während er ihr nun immer näher rückte, wusste die attraktive Unbekannte ihn hinzuhalten und tat, als verstünde sie nicht recht. Erst später habe er gemerkt, was da gespielt wurde. In der Situation selbst aber, in der fahrenden Droschke, sei er sehr ins Feuer geraten: »Meine Beredsamkeit hißte jetzt alle Segel auf; ich schwafelte was Gott weiß und nicht weiß –.«

Je mehr er aber geredet habe, desto kühler hätten ihn die schönen Augen angeblickt. Wahrscheinlich habe er sie mit seinem Geschwafel ganz betäubt, denn die Dame habe dann unvermittelt gefragt, mit wem sie eigentlich »die Ehre habe, bis hieher gereist zu sein«. Der junge Mann, ohne zu zögern, gab ihr seine Karte. Da stand der Name – ohne Titel, ohne Beruf. Als sie ihn nun fragend ansah, habe er hinzugesetzt: »Student.« Schlecht gemogelt! Denn »sie bekam einen ersichtlichen Schreck«: »dann, mein Herr, muß ich Ihre Aufforderung aufs Bestimmteste von der Hand weisen!«

Und das Ende der Geschichte? Der »Student« bewahrte Fassung, blieb in seiner »Kavalier-Rolle«, so gut es ging: Er half der Dame bei der Ankunft an ihrer Adresse höflich aus dem Wagen, bezahlte den Kutscher, machte drei Kratzfüße, brummelte dabei allerdings etwas vor sich hin, was sie besser nicht hörte. Dann sprang er in die Droschke zurück und schrie »voll innrem Gift« (denn er hatte eben doch eine Galle) dem Kutscher »Alexanderstraße 27« zu. Das war die Richtung seiner Wohnung. Noch auf der Fahrt dahin habe er in sein Büchelchen (»mein Taschenbuch«) notiert, was ihn dieses so plötzlich beendete Poussieren gekostet hatte:

Limonade für eine schöne Unbekannte		2 Sgr. 6 Pf.
Einem Kofferträger	zu Gunsten derselben unbekannten Schönheit	2 Sgr. 6 Pf.
Einem Droschkenkutscher		5 Sgr.

»[V]ier Tassen Kaffee« waren das nach seiner Rechnung mindestens. Da habe er sich auf die Stirn geschlagen und gemurmelt: »Ochse!«

Selten liest man ihn so unzweideutig auf Freiersfüßen. Natürlich, die Geschichte mag aufgebauscht sein, ist vielleicht mehr eine Gasconnade als eine am eigenen Leib erfahrene Alltagsgeschichte. In jedem Fall ist es ein gut erzählter Joke, gedacht für seinen ersten Leser, den Vater. Denn wie hatte er einmal gemeint? Sein Vater, ein schöner Mann, sei zwar das »absolute Gegenteil von einem Don Juan« gewesen, doch für verwegene Geschichten, immer am Rande des Erlaubten, habe er eine große Vorliebe gehabt. Das hier war eine solche Geschichte. Nur: Im Unterschied zum Vater hatte der junge Fontane wohl tatsächlich keine Scheu vor der Gelegenheit.

Ein neuer Klub, ein neuer Ton – im literarischen Sonntagsverein »Tunnel über der Spree«

Wer war er nun, der junge Mann von 24 Jahren? »Student« gewiss nicht und auch nicht »König Otto von Griechenland«, womit er es bei anderer Gelegenheit versucht hatte. Er war Freiwilliger des Franz-Regiments, im bürgerlichen Beruf Apothekergehilfe. Zwar hatte er als Poet und Schriftsteller schon einiges veröffentlicht, doch wer fragte danach? Der Vater immerhin sei »ein prächtiger Kerl«, so hieß es allenthalben, nur machte eine Letschiner Apotheke (bei vier Geschwistern) nicht wirklich viel her. Sein Kapital war: sein »Fiduzit«, sein Witz und Humor, seine Fähigkeit zur Freundschaft. Das öffnete ihm die Türen.

Längst hatte er einen literarischen Klub ins Auge gefasst, dem er gerne angehört hätte: den »Tunnel über der Spree« (gegründet 1827). Möglich, dass er in seiner Leipziger Zeit schon dessen Ableger wahrgenommen hatte. Denn unweit seiner Apotheke, im Hôtel de Pologne in der Hainstraße, hatte jeweils sonntags der »Tunnel über der Pleiße« (gegründet 1828) getagt, ein

Verein, der sich die Narrenkappe aufgesetzt hatte, aber politisch oppositionell war (wie der studentische »Herwegh-Klub«). Mitglieder des Leipziger »Tunnels« waren unter anderen die Dichter und Schriftsteller Karl Herloßsohn, Heinrich Laube, Karl Gutzkow, die Verleger Otto Wigand, Raimund Härtel, Philipp Reclam, die Musiker Friedrich Wieck (Clara Schumanns Vater) und Albert Lortzing.

Beide »Tunnels« hatte der Wiener Satiriker und Journalist Moritz Gottlieb Saphir gegründet, ein Tausendsassa mit jüdischem Witz, der in der repressiven Zeit überall in Händel geraten war. Er hatte damals, 1825, zeitweilig Wien verlassen müssen, hatte Station in Berlin, München, Paris gemacht, lebte aber seit 1834 wieder in Wien, wo er seit 1837 die eigene Zeitschrift *Der Humorist* redigierte. Mit dem »Tunnel über der Spree« hatte er, obwohl Stifter des Vereins, jetzt nichts mehr am Hut. Aber die Vereinsstruktur und die »Gesetze des Tunnels«, wie *er* sie geschaffen, hatten sich fortgeschrieben und vielfach verfeinert. Denn wenn die Statuten bei der Gründung des Vereins noch zwanzig Paragrafen umfasst hatten, so waren es jetzt 130. Es war also, obwohl humoristisch durchwirkt, alles sehr klar geregelt, und wer Mitglied wurde, hatte nicht nur Rechte, sondern auch Pflichten und bekannte sich zur Grundauffassung, festgehalten in § 2: »Die Tendenz des Vereins ist es, in einem heitern, geselligen Zusammensein produktiv=künstlerische Tätigkeit zu fördern und durch freundlich=ernste Beurteilung der gelieferten Arbeiten sowohl den Arbeitenden das Fortschreiten auf einem richtigen Wege zu erleichtern, als in sämtlichen Mitgliedern einen reinern ästhetischen Geschmack zu erhalten und auszubilden. Er schließt hiermit zwar keine Kunst von sich aus, vorzugsweise jedoch widmet er seine Bestrebungen der Dichtung und nächst ihr der Musik. Religiöse und politische Beziehungen bleiben ihm fremd; eine strenge Wissenschaftlichkeit nur insofern, als sie nicht zu einer gründlichen Kritik nötig ist.«

Zu den Versammlungen, die jeden Sonntagnachmittag um 5 Uhr begannen, konnten jeweils eigene Arbeiten (»Späne«) eingereicht werden, die dann vorgelesen und bewertet wurden.

Wer Mitglied werden wollte, musste den »Tunnel« vorher mindestens dreimal als Gast (»Rune«) besucht haben (§ 45) und dann – in der Regel wohl von jenem Mitglied, das ihn eingeführt hatte – zur Aufnahme vorgeschlagen werden (§ 46). Jeder Antrag wurde zuerst an der Sitzung besprochen, bevor er zur Abstimmung gelangte. Aufgenommen wurde, wer mindestens drei Viertel der Stimmen von allen anwesenden Mitgliedern erhielt (§ 47). War man aufgenommen, erhielt man als Mitglied einen sogenannten »Tunnelnamen«, mit dem man fortan angesprochen wurde. Damit erübrigten sich alle Fragen nach Titel und Stand, was den demokratischen Charakter des Vereins unterstrich.

Ein eigenes Klublokal hatte der Sonntagsverein nicht. Man passte sich den Möglichkeiten an und traf sich im eleganten Berlin, meist unweit von Schauspiel- oder Opernhaus. Das Lokal selbst musste nicht piekfein sein, war es zumeist auch nicht. Die Chronik des Vereins nennt Adressen an der Friedrich-, Markgrafen- oder Artilleriestraße, den »Gartensaal des Hotel de Saxe in der Burgstraße 25«, später ein »Nebenzimmer des Englischen Hauses in der Mohrenstraße«, und schließlich das »Café Belvedère hinter der katholischen Kirche«. Der alte Fontane erinnert sich in *Von Zwanzig bis Dreißig* nicht nur an die häufigen Wechsel, sondern auch an die drei letztgenannten Kluborte, besonders an das »Café Belvedère«, »einem jetzt eingegangenen Etablissement neben Opernhaus und katholischer Kirche«. In seinem ersten »Tunnel«-Jahr, das zusammenfällt mit seinem Militärjahr, konnte er also, wenn er von der Wache oder von einem Spaziergang mit Max Müller kam, direkt in den Klub (wenn Müller sich zu Fanny Hensel in die Leipziger Straße 3 begab).

In den »Tunnel« einführen ließ sich Fontane durch seinen Freund Bernhard von Lepel. Dieser hatte nicht nur einst den »Platen-Klub« gegründet (der jetzt eingeschlafen war), sondern war auch mit 21 Jahren (am 1. Dezember 1839) ordentliches Mitglied des Vereins »Tunnel über der Spree« geworden und führte hier den Namen Schenkendorf. Max von Schenkendorf war ein ostpreußischer Lyriker und Freiheitsdichter gewesen, der als Freiwilliger an den Befreiungskriegen teilgenommen hatte. 1817 war er im Alter von erst 34 Jahren gestorben.

Zum ersten Mal besuchte Theodor Fontane den »Tunnel« am 30. Juli 1843. Er war damals auf Stippvisite in Berlin, wollte von Leipzig nach Letschin, kam also von dort, wo man Herweghs Parole ausgegeben hatte: »Partei! Partei! Wer sollte sie nicht nehmen / Die noch die Mutter aller Siege war!« (1842). Dass die Männer des »Tunnels« nichts von diesem »Partei! Partei!« wissen wollten, jedenfalls nicht fürs Protokoll, war dem Gast gewiss zu Ohren gekommen. Und sein Testlesen bestätigte es ihm auch. Nach dem Vortrag einiger »Späne«, zuletzt *Der blinde König*, dankte man freundlich, war aber mit diesem letzten »Span« oder Gedicht nur halb einverstanden. Denn »in Sprache und Technik« verrate es »einen Werdenden, und zwar einen werdenden Herweghianer«.

Fontane wusste also, was es geschlagen hatte, als er sich ab Frühjahr 1844 ernsthaft um die Mitgliedschaft bemühte und insgesamt sechsmal als Gast erschien, bis man ihn schließlich als Mitglied aufnahm.

Noch immer durchzogen war die Kritik an seiner Produktion in diesem halben Jahr der Bewährung. *Der Totengräber* (gelesen am 28. April 1844) erhielt ein »ziemlich«, während er doch mit *Unser Friede* (gelesen am 31. März 1844) schon einmal ein »sehr gut« eingeholt hatte. Die Reaktion der versammelten Männer war ihm durchaus nicht gleichgültig. Ja, sie hatte sogar einen langfristigen Einfluss auf das, was er der Öffentlichkeit vorlegte und was nicht. *Unser Friede* – eines seiner schwächeren Gedichte – hat Aufnahme in alle seine späteren Gedichtsammlungen gefunden, obwohl der alte Fontane zunehmend weniger von seiner früheren Produktion gelten ließ. *Der Totengräber* hingegen ist aus Fontanes Papieren verschwunden und hat sich nur noch als Abschrift in den »Tunnel«-Protokollen wieder auffinden lassen (erstmals publiziert 1961).

Sie waren ihm eben wichtig, die Männer, die sich im »Tunnel« zusammenfanden und sich – auch wenn der Ton witzig, die Stimmung aufgeräumt war – ernsthaft mit seiner neusten Dichtung befassten. Da saßen dann der Dichter Christian Friedrich Scherenberg (»Cook«) und dessen Gönner Heinrich von Friedberg (»Canning«), auch Heinrich von Mühler (»Coccej«) und Wilhelm von Merckel (»Immermann«) oder Louis Schneider (»Campe, der Caraïbe«), der spätere Vorleser des Königs und »Tunnel«-Mitglied seit Saphirs Zeiten. Je näher der Herbst rückte, desto zahlreicher erschienen sie. Es waren nach der Erzählung des alten Fontane vorwiegend »Assessoren, Professoren, Doktoren«, die entweder bereits fest im Beruf standen oder einer sicheren beruflichen Stellung zustrebten. Es gab unter ihnen aber auch »Offiziere« und »Dichter, Berufsschriftsteller, Künstler«. Wohl etwa sechzig Männer, viele mittleren Alters, gehörten dem Verein an, als Theodor Fontane dazustieß.

Am 29. September 1844 wurde er auf Vorschlag von Wilhelm von Merckel (Schlesier, verheiratet, frisch geadelt, Kammergerichtsassesor) in den literarischen Sonntagsverein »Tunnel über der Spree« aufgenommen, zu einem Zeitpunkt, als Louis Schneider den Vorsitz hatte. Fontane erhielt Statuten und Diplom, entrichtete seinen Obulus und trug von jetzt an den »Tunnel«-Namen »Lafontaine« nach dem französischen Dichter Jean de La Fontaine. Natürlich spielte dabei der Gleichklang ihrer beider Namen eine Rolle – Fontane sprach den seinen gerne französisch aus –, aber wer wollte, konnte auch mehr hören. Denn der Dichter de La Fontaine, berühmt für seine Fabeln, war auch Autor von gewagten erotischen Erzählungen nach dem Vorbild Boccaccios und bekannt dafür, dass er ein sorgenfreies Leben im Hause reicher Damen geführt hatte.

Vom Tag der Aufnahme an besuchte Fontane seinen neuen Klub jeden Sonntag und brachte regelmäßig »Späne« mit. Wir wissen dies dank den ausführlichen Vereinsprotokollen, die sich heute im Besitz der Humboldt-Universität zu Berlin befinden. Sie geben darüber Auskunft, an welchem Tag die Sitzung stattfand, wer teilnahm, welche »Späne« vorgelesen und wie sie bewertet wurden (nur *wo* die Sitzung stattfand, diese Angabe fehlt in den Protokollen).

Hundert »Tunnel«-Protokolle stammen von Fontanes Hand. Das erste verfasste er zur Sitzung vom Sonntag, den 29. Juni 1845. Was aber machte er aus dieser vielleicht etwas öden Schreibaufgabe? Er spielte damit, persiflierte gern sich selbst und die andern. Ob er nun also protokollierte, korrespondierte oder poussierte, immer zeigte er sich als ein junger, talentierter Schriftsteller und Schlawiner, der sich in allen Rollen zurechtfindet. Das ist deshalb wirklich wesentlich für sein Charakterbild, weil der spätere Fontane diesen jungen Kerl vielfach »überschrieben« hat, bis er ihn uns durch Erinnerungsarbeit als viel harmloser und naiver hinstellen konnte, als er eigentlich gewesen war.

Der »Tunnel« entpuppte sich für den jungen Fontane, so müssen wir zugeben, zugleich als eine Schule der Selbstbesinnung. Er ist diesem Männerklub jahrelang treu geblieben, hat hier Freunde gefunden, von denen er lernte und profitierte. Zugleich hatte der »Tunnel« in Fontane jemanden gewonnen, der viel zum guten Vereinsleben beitrug und den man auch gern zum Vorsitzenden, zum »Angebeteten Haupt«, wählte.

Einzelnen Mitgliedern des »Tunnels« widmete Fontane im Laufe der Jahre auch literaturkritische und biografische Artikel. Über einen, den Dichter Scherenberg, schrieb er sogar eine Biografie: *Christian Friedrich Scherenberg und das literarische Berlin von 1840 bis 1860* ist zugleich eine halb versteckte Autobiografie, die von der gemeinsamen »Tunnel«-Zeit erzählt. Das längste

Kapitel über den Dichterverein findet sich indes beim alten Fontane in *Von Zwanzig bis Dreißig*. In der zeitlichen Distanz von fast fünfzig Jahren durchdringen sich hier, im großen Kapitel *Der Tunnel über der Spree*, biografisches Erzählen, Selbstreflexion und Literaturkritik. Er konnte dabei auf die Arbeiten zurückgreifen, die er über den »Tunnel« und seine Mitglieder in den zurückliegenden Jahren bereits publiziert hatte. Im Zeichen seiner gewachsenen Skepsis modelte er diese Arbeiten dann entsprechend um.

Für den jungen Fontane, für jenen »Lafontaine«, der einiges in petto hatte und sich behaupten wollte, waren die »Tunnel«-Sitzungen und die Geselligkeiten, die sich an die Sitzungen anschlossen, sehr wichtig. Das Entscheidende ereignete sich in der »Tunnel«-Sitzung vom 15. Dezember 1844. Bernhard von Lepel führte den Vorsitz. Anwesend waren unter anderen der Jurist Heinrich von Friedberg, der Arzt Adolf Löwenstein, Heinrich von Mühler vom Kultusministerium (Wilhelm von Merckels Schwager) sowie der Dichter Christian Friedrich Scherenberg. Vor diesen allseits geachteten Männern las »Lafontaine« ein Gedicht, an dem er gefeilt hatte, seit er aus London zurück war. Es hieß *Der Tower-Brand* und begann mit den Zeilen:

> Wenn's im Tower Nacht geworden, wenn die Höfe leer und stumm,
> Gehn die Geister der Erschlagnen in den Korridoren um

Eindringlich führte er seinen Zuhörern die Szene vor Augen, wie Lady Grey und Anna Boleyn als Geister der Nacht den Tower in Brand setzen, nur dass dieser nicht niederbrennen will und also für immer und ewig Gefängnis und Richtstätte bleibt. In ewiger Wiederkehr geschieht denn auch das Erwachen der Geister. Denn, so schließt die achte und letzte Strophe:

> Wieder, wenn es Nacht geworden, wenn's im Tower leer und stumm,
> Gehn die Geister der Erschlagnen in den Korridoren um,
> Durch die Lüfte bebt Geflüster, klagend dann, wie Herbsteswehn,
> Mancher wird im Mondenschimmer noch die Schatten schreiten sehn.

Als er geendet hatte, war das Urteil einhellig: »sehr gut«! Damit hatte »Lafontaine« den Ton getroffen. Nun wusste er: Solche Texte konnte er bringen.

Unteroffizier Fontane hatte in der Weihnachtszeit seinen üblichen Dienst zu leisten, war also in Berlin. Laut »Tunnel«-Protokoll erschien er denn auch am Sonntag, den 29. Dezember, pünktlich zur »Tunnel«-Sitzung und traf hier auf etliche bekannte Gesichter, darunter Bernhard von Lepel. Ob er seinen 25. Geburtstag am andern Tag in Berlin feierte? Mit Freunden oder – wer weiß – gar mit Emilie, die er seit vergangenem Sommer jetzt häufiger sah? Jedenfalls hatte er an diesem 30. Dezember 1844 Grund zum Feiern, denn vieles begann ihm dichterisch zu glücken. Er muss es auch selbst so empfunden haben, denn in diesen Tagen legte er ein »2. Grünes Buch« an (zeitweise im Besitz des Fontane-Archivs, nach 1945 verschollen). Es war eine Sammlung von über hundert Gedichten, die er neu ordnete, überarbeitete, kürzte und mit neuen Titeln versah.

Zur selben Zeit aber – an Silvester 1844 – war der jüngere Bruder Rudolph, 23, schwer erkrankt, ähnlich wie Theodor Fontane zwei, drei Jahre zuvor. Rudolph litt an einer »Lungen- und Gehirn-Entzündung«. Ob Eltern und Geschwister benachrichtigt waren, wissen wir nicht, auch nicht, ob die Krankheit sich angekündigt hatte oder ob sie ganz plötzlich auftrat.

Rudolph Fontane – und das ist das wenige, was wir heute sagen können – war »Wirtschafts-Inspector«, also Landwirt oder Ökonom geworden und wirkte seit kurzer Zeit auf der königlichen Domäne Badingen. Badingen, einst eine Besitzung des Bistums Brandenburg, später in der Hand der von Bredows, der von Trotts und offenbar auch der von Kloedens, gehörte zum oberhavelländischen Amt Zehdenick in der Uckermark. Das Gut, ein breiter Feldsteinbau mit Steildach, verfügte über verschiedene Wirtschaftsgebäude und stand, durch älteres Gemäuer getrennt, neben einer mittelalterlichen Feldsteinkirche (Gut und Kirche sind erhalten). Man war hier auf dem stillen Land, in einem stillen Dorf und hatte am ehesten Korrespondenzen zu Zehdenick und Gransee.

Badingen war für Rudolph Fontane also alte Heimat, vertraute Landschaft aus Kindertagen. Es ist dieselbe, die später auch Theodor Fontane immer wieder bereiste, um Stoff für seine *Wanderungen* zu finden, und die er zuletzt im Roman *Der Stechlin* (1898) in eine der poetischesten aller literarischen Landschaften verwandelte. Der Romananfang beschreibt, wie wir jetzt merken, ganz jene Gegend, in der Badingen liegt:

Im Norden der Grafschaft Ruppin, hart an der mecklenburgischen Grenze, zieht sich von dem Städtchen Gransee bis nach Rheinsberg hin (und noch darüber hinaus) eine mehrere Meilen lange Seenkette durch eine menschenarme, nur hie und da mit ein paar alten Dörfern, sonst aber ausschließlich mit Förstereien, Glas- und Teeröfen besetzte Waldung.

Es fehlen jegliche Quellen, die auf unsere Fragen zum Tod von Rudolph Fontane Antwort geben könnten. Nur der Kirchenbucheintrag, auf den die Forschung jüngst aufmerksam wurde, erzählt uns, dass in Badingen eine Tragödie geschah. Prediger Fink hielt hier fest: »Herr Rudolph F[o]ntane, Wirthschafts-Inspector, 23 Jahre und 3 Monate alt, hinterläßt: die Eltern, Apotheker F. in Letschin, gestorben den 1. (ersten) Januar, 8 Uhr morgens, an Lungen- und Gehirn-Entzündung, beerdigt den 3. Januar in Badingen.«

Der Prediger hatte den Verstorbenen wohl nicht sehr gut gekannt, verrät doch der Kirchenbucheintrag eine kleine Namensunsicherheit. Statt »Fontane« schrieb er nämlich »Fantane«. Sonst aber sind die Angaben präzis und aufschlussreich, erfahren wir doch, was wir sonst nicht wüssten, den Beruf von Rudolph Fontane, die Todesstunde, die Todesursache und den Tag der Beerdigung. Wir erfahren indirekt auch, dass Rudolph Fontane unverheiratet starb, weder eine Ehefrau noch eheliche Kinder hinterließ.

Da die Krankheit benannt ist, die zum Tode führte, hatte offenbar ein Arzt die Diagnose gestellt, aber kein Mittel gefunden, ihren tödlichen Verlauf zu verhindern. Ob Rudolph allein war in der Todesstunde? Wir wissen es nicht. Wir entnehmen dem Kirchenbucheintrag nur, dass jemand entschieden hatte, das Begräbnis schon zwei Tage später erfolgen zu lassen. In Badingen, nicht in Letschin, wo die Eltern wohnten. Ob aber von der Familie, den Verwandten und Freunden überhaupt jemand in dieser kurzen Frist anreisen konnte? Es war Winter, und die Wege waren beschwerlich.

So wird es eine einsame Begräbnisfeier gewesen sein, die Prediger Fink am Freitag, den 3. Januar, in der Feldsteinkirche von Badingen abhalten musste. Einige Leute vom Gut und vom Dorf waren wohl da. Und vielleicht auch jemand aus Neuruppin. Verleger Gustav Kühn war Rudolph Fontanes Pate gewesen. Doch wissen wir nicht, wann die Todesnachricht in Neuruppin und an anderen Orten eintraf.

Theodor Fontane könnte die Nachricht vom Tod des Bruders rasch erreicht haben. Und wenn sonst niemand da war, der alles in die Hände nahm, dann wird *er* es gewesen sein, der in diesen frühen Januartagen nach Badingen fuhr, sei es, um rechtzeitig zum Begräbnis zu erscheinen, sei es, um in den Tagen danach trauernd am Grab des Bruders zu stehen, Abschied zu nehmen und das Nötige zu regeln. Von Berlin aus konnte er mit der Fahrpost über Oranienburg direkt nach Zehdenick gelangen. Das war die alte bewährte Strecke Richtung Stettin, die er aus den Swinemünder Tagen kannte. In Zehdenick hätte dann der Schlitten auf ihn gewartet, um ihn nach Badingen zu bringen. Die Strecke wäre jedenfalls in acht bis zehn Stunden zu bewältigen gewesen, selbst im Winter und in der Nacht.

Viel später, im *Stechlin*, hat der alte Fontane von einem Begräbnis erzählt, zu dem man aus Berlin in die Gegend von Badingen anreist. Es ist das Begräbnis des alten Dubslav von Stechlin, erzählt im Kapitel *Verweile doch. Tod. Begräbnis. Neue Tage*. Es ist alles poetisch transformiert, aber zugrunde liegen könnten der Tod und das Begräbnis von Rudolph Fontane in Badingen, so wie es der Autor als junger Mann erlebt oder erfahren hatte.

Erst ab dem 12. Januar erschien »Lafontaine« wieder im »Tunnel«, wie das Protokoll vermerkt. Er las an diesem Sonntag ein Gedicht vor, das den Titel *Ein Jäger* trägt und eine leidenschaftliche Absage an das Leiden und an den Tod auf Raten ist. »Ich kenn einen Jäger, man heißt ihn *Tod*«, so beginnt es und endet mit den Verszeilen:

> Nicht fürcht ich ihn selber, wie nah er auch droht,
> Doch wohl seine Rüden: Gram, Krankheit und Not,
> Die Meute, die stückweis das Leben zerfetzt
> Und *zögernd* uns in die Grube hetzt.

Seine Zuhörer wussten, dass er seinen jüngeren Bruder betrauerte. Sie hörten gut zu und bewerteten dieses und die weiteren Gedichte, die er nun Sonntag für Sonntag mitbrachte, mit »sehr gut«. Nur im März fiel plötzlich ein »ziemlich«. Anfang April verabschiedete sich Fontane dann von Berlin. Sein Militärjahr war zu Ende, und er wollte sehen, wie es zu Hause ging.

Die Familie war gewiss froh, dass er da war und in der Apotheke helfen konnte. Deshalb stellte ihm der Vater auch ohne Mühe jenes großzügige Zeugnis aus, das besagte, sein ältester Sohn habe »vom 1 Januar« ununterbrochen »bis 1 Juli 1845« der »Receptur« der Letschiner Apotheke vorgestanden. Es ist gewiss geflunkert. Aber im menschlichen Sinne ist das väterliche

Zeugnis doch der Wahrheit entsprechend. Denn tatsächlich unterstützte Theodor Fontane seine Eltern im Trauerjahr, wenn er seine praktische Ausbildung nicht irgendwo, sondern eben in Letschin fortsetzte.

Friedrich Witte, ein Freund fürs Leben

Am 23. April 1845 wurde die kleine Schwester sieben Jahre alt. Der große Bruder und Pate dichtete ihr ein Geburtstagslied, das *Geburtstagscarmen für Lischen*:

Liebes Lischen, weißt du was:
Geh nicht oft ins grüne Gras,
Daß du keinen Husten kriegst
Oder krank zu Bette liegst.
Lerne nach wie vor recht fleißig:
Sechs mal sechs ist sechsunddreißig;
Mach beim Schreiben keinen Klex,
Heul nicht zwischen fünf und sechs,
Trage schweigend die Gedulds-
Probe – deinen Maestro Schulz.
Schneide Maxen nie Gesichter,
Ehr in ihm den größten Dichter,
Den Letschin und Posedin
Je erzog und wird erziehn.
Ärgre Reppin nicht! Bewahre
Ihm den Rest gesunder Haare,
Daß dein Freund vor Kummer nicht
Lauter graue Löckchen kriegt.
Wolle dich nicht oft erbosen
Mag der Bock dich selten stoßen,
Sei zur Mutter lieb und innig,
Aber niemals eigensinnig,
Laß durch Jennys Spukgeschichten
Dich nicht ganz zugrunde richten.
Bitte Jetten (stets beim Schreiben),

Ja recht tugendhaft zu bleiben;
Grüße mir mit ernster Miene
Deine würd'ge Albertine,
Und sei freundlich nach wie vor
Gegen Bruder Theodor.

Er kümmerte sich um die kleine Schwester fast wie ein angehender Pädagoge, ermahnte sie humorvoll, auf ihre Gesundheit zu achten, in der Schule recht fleißig zu sein, nicht grundlos zu heulen, auf die Erwachsenen zu hören, den Trotz zu überwinden und gut zur Mutter zu sein (vom Vater schweigt er). Auch ermutigte er das Nesthäckchen, sich nicht unterkriegen zu lassen und vor allem ihm, dem großen Bruder, zugeneigt zu bleiben. Den wunden Punkt, dass die Familie um Rudolph trauerte, berührte er nicht, denn seine Verse sollten ja die kindliche Geburtstagsfreude nicht trüben.

Wir aber erfahren, dass Max, der angehende Apotheker, mit 18 ebenfalls Gedichte schrieb und Jenny mit 21 eine gute Geschichtenerzählerin war, eine, die sich auf Spukgeschichten verstand. Theodor war also nicht der Einzige in der Familie mit einer poetischen Ader. Aber wohl der Ehrgeizigste unter ihnen.

Einen gewissen pädagogischen Ehrgeiz zeigte er auch als Apothekergehilfe, der Lehrlinge anzuleiten hatte. Als Theodor Fontane am 4. Juli 1845 in Berlin seine Stelle in der Polnischen Apotheke antrat, begann dort zur selben Zeit Friedrich Witte aus Rostock seine Lehre.

Friedrich Witte war 16 Jahre alt und kam direkt vom humanistischen Gymnasium. Sein Abgangszeugnis vom 15. März 1845 attestierte ihm: »Versetzt nach Prima«. Dass er, statt das Abitur anzustreben, sich für die Apothekerlehre entschieden hatte, war familiär bedingt. Sein Vater, der Apotheker Dr. med. Moritz Heinrich Friedrich Witte, war im Jahr zuvor gestorben, und er, Friedrich, sollte nun baldmöglichst in seine Fußstapfen treten. Denn der Familie gehörte seit 1796 die Hirsch-Apotheke bei der Marienkirche. Sie war eine von vier Apotheken in Rostock, nicht ganz so altehrwürdig wie die Rats-Apotheke direkt am Neuen Markt, aber doch gutgehend und gut geführt.

Maria Margarethe Witte geb. Krause, die Mutter, war eine tatkräftige Frau. Sie hatte sich bald nach dem Tod des Mannes um eine Lehrstelle für ihren Sohn bemüht und in Dr. Julius Eduard Schacht, Besitzer der Polnischen Apotheke, einen fachlich sehr anerkannten und väterlichen Prinzipal gefunden. Der Lehrkontrakt, den Friedrich Witte eigenhändig abzuschreiben hatte und damit sein volles Einverständnis zu allen Bedingungen gab, sah unter anderem vor, dass er während seiner Berliner Lehrzeit und auf Kosten seines Prinzipals zusätzlich einen Kurs in pharmazeutischer Chemie und in Botanik besuchen sollte.

Bis er nach Rostock zurückkehren und ins Geschäft eintreten würde, führte ein Provisor die Hirsch-Apotheke. Die Mutter und die jüngere Schwester bewohnten in dieser Zeit weiterhin das große Doppelgiebelhaus. Ihre Existenz war zum Glück durch die Apotheke gesichert. Sie dereinst zu übernehmen war für den jungen Friedrich Witte durchaus attraktiv. Er war stolzer Mecklenburger und liebte seine Heimatstadt. Sie war mit ihren 25 000 Einwohnern im Vergleich zu Berlin klein und überschaubar. Doch Rostock war Hanse- und Universitätsstadt und bot mit Blick auf die fortschreitende Industrialisierung jungen Unternehmern vielversprechende neue Möglichkeiten.

Friedrich Witte interessierte sich für die Pharmazie, zugleich war er ein literarisch gebildeter Jüngling, der eigene Gedichte schrieb. So empfand er wohl von Anfang an echte Bewunderung für den zweiten Rezeptar der Schacht'schen Apotheke. Denn dieser bewies, dass er nicht nur die Apothekerkunst beherrschte, sondern auch ein wirklicher Poet war. Eben waren zwei Gedichte von ihm erschienen: *Wettersee* und *Wenersee*. Und dies im renommierten *Morgenblatt für gebildete Leser* von Cotta.

Die beiden mochten sich von Anfang an. Nicht nur Pharmazie, auch Poesie verband sie, wobei der Ältere dem Jüngeren gerne neue Türen öffnete. Ganz so wie seinem Bruder Max. Für Max fühlte sich Theodor Fontane jetzt zunehmend verantwortlich. Denn auch Max war unterdessen in Berlin und absolvierte eine Ausbildung zum Apotheker (nur wissen wir nicht, wo). Und so sollte es geschehen, dass eines Tages sowohl Friedrich Witte wie Max Fontane von »Lafontaine« in den Dichterverein »Tunnel« eingeführt wurden. Max Fontane hieß dann fortan »Lorenzo di Medici« und Friedrich Witte »J. J. Engel«. Die drei waren wie ein Brüdergespann. In den »Tunnel« kamen sie jeweils gemeinsam und gemeinsam gelegentlich auch zu spät. »Lafontaine« hatte also wieder Gefolgschaft wie damals bei den Räuberspielen in den zurückliegenden Tagen an der Ostsee.

Friedrich Witte blieb dreieinhalb Jahre in der Polnischen Apotheke und bei der Familie Schacht. Dann konnte er – wie seinerzeit Fontane – die Lehrzeit wegen besonderer Begabung frühzeitig beenden und bei Dr. med Carl Natorp die Prüfung ablegen. Als er im Alter von 19 Jahren Berlin verließ, hatte er gerade aus nächster Nähe die Märzrevolution miterlebt und viel Sympathie für die revolutionäre und demokratische Bewegung empfunden.

Seine Gehilfenzeit absolvierte Witte dann in Stettin und Aachen. Dazwischen setzte er die Ausbildung aus, um seine Militärangelegenheiten zu regeln. Genauer, um sich vom Militärdienst befreien zu lassen. Bevor er dann sein letztes Gehilfenjahr antrat, reiste er sechs Wochen durch Deutschland und kehrte später noch einmal nach Berlin zurück, um im Alter von 22 Jahren ein Wintersemester lang Kurse der Pharmazie zu belegen. Auch Chemie bei Heinrich Rose. In Berlin versicherte er sich dann seiner Anna. Anna, die älteste Tochter der Familie Schacht, hatte »Witz und Originalität«, und weil ihre Mutter französisch-hugenottischer Herkunft war – sie entstammte der »Magdeburgischen Refugiéfamilie« Bonté –, so hatte sie auch »Liebenswürdigkeit« und »Esprit«.

Emilie, for ever

Es liegt ein Glanz und ein Zauber auf jener nächtlichen Szene, die uns der alte Fontane zum 8. Dezember 1845 erzählt. Eine Rolle im glücklichen Geschehen spielen: Onkel August, der an diesem Tag in Berlin seinen 44. Geburtstag feierte, Max und Emilie, die an der Feier teilnahmen, die Polnische Apotheke, wo Theodor Fontane als Rezeptar den Abenddienst versah und deswegen bei Onkel August fehlte, und ein Briefchen, das er schon nachmittags von Emilie erhielt. Sie werde sich nach der Feier von seinem Bruder bis zur Apotheke geleiten lassen und hoffe, dass er sie dann bis nach Hause führe.

Abends nach 10 Uhr sind die beiden da, Max verabschiedet sich, und nun schlendert das Paar plaudernd die Friedrichstraße hoch, Richtung Oranienburger Straße. Da sei ihm, so der alte Fontane, mitten auf der Weidendammer Brücke, dort, wo die Spree dunkel und kräftig fließt, der glückliche Gedanke gekommen, »ja, nun ist es wohl eigentlich das beste, dich zu verloben«. Und nachdem sie die Brücke überquert hätten, seien sie verlobt ge-

Emilie Rouanet-Kummer, verh. Fontane,
Pastellbild von Th. Hillwig, 1848

wesen. Nur beim Abschied einige Schritte später habe er sich, weil ihn eine »kleine Angst« anflog, noch einmal versichert: »Wir sind aber nun *wirklich* verlobt.«

Die poetische Szene ist eine eigentliche Liebeserklärung an Emilie und an die Stadt, in der sie beide lebten. Ungefähr so könnte es gewesen sein, auch wenn der alte Fontane das Briefchen vielleicht in die Szene hineinerfindet oder zumindest den Wortlaut selbst formuliert (das Briefchen, das er zu zitieren vorgibt, ist nicht überliefert). Was jedoch gewiss stimmt, ist, dass der Onkel am 8. Dezember Geburtstag hatte und offenbar am Hausvogteiplatz, wo er jetzt wohnte, eine Feier veranstaltete, zu der er Verwandte und Freunde eingeladen hatte. Emilie und Theodor verkehrten in diesen Tagen auf vertrautem Fuß, machten regelmäßig gemeinsame Gesellschaften mit oder sahen sich im Theater. Man wechselte echte Briefe, ging zusammen spazieren und traf sich ganz selbstverständlich auch in den verwandtschaftlichen Kreisen des andern. Denn man hatte sich nie, und vor allem nicht jahrelang, aus den Augen verloren, wie der alte Fontane in *Von Zwanzig bis Dreißig* erzählt. Seit Ostern 1844 suchten sie Gelegenheit, sich zu sehen. Und daher wussten die Leute um sie herum auch, »was daraus werden würde«.

Sie verstanden sich gut, und sie liebten sich. Aber beide hatten noch andere Flirts. Die Leute mochten also denken, was sie wollten. Ob sie ein Paar würden? Ihnen selbst war es zweifelhaft. Denn der junge Fontane poussierte eben gern, und auch die attraktive Emilie ließ es sich gern gefallen, wenn noch andere nette Männer um sie warben. Etwa ein gewisser Hermann Scherz, Gutsbesitzer aus Kränzlin, oder ein geheimnisvoller Moritz Erfurt, der um Emilie noch lange heiße Tränen weinte.

Die Sache war manchmal recht verzwickt (auch noch in der Verlobungszeit). Der junge Fontane, ganz Kavalier, sandte Emilie in seiner Begeisterung einen »Rosenstock« und Gedichte »von Lenau«, verfiel aber später wieder in Zweifel, ob eine poetische Natur, wie er sie war, überhaupt zum Heiraten taugte. Emilie wiederum lehnte übertriebene Geschenke ab, fand sein Verhalten manchmal unpassend und wurde doch eifersüchtig, wenn er der Einladung einer gewissen Sophie Melgunow geb. von Konnermann folgte.

Als sich die beiden am 8. Dezember 1845 »wirklich« verlobten, geschah es, weil sie sich sehr zugetan waren und sich vorstellen konnten, bald einen gemeinsamen Hausstand und eine Familie zu gründen. Es war keineswegs zu früh. *Sie* war 21, *er* bald 26 Jahre alt. Wenn alles nach Plan lief, konnte er in Kürze das Staatsexamen ablegen und die Approbation erlangen. Dann würde er eine Apotheke erwerben. Oder mit ihr nach England gehen. Emilie wusste gewiss von den Möglichkeiten, die sich ihrem Theo durch Apotheker Schweitzer dort boten. In ein bis zwei Jahren würden sie also heiraten, so konnte sie sich ausrechnen. Und auch er, Theodor Fontane, rechnete nicht viel anders. Die Verlobung sollte der Welt zeigen, dass er von seinen »verrückten Ansichten« mehr oder weniger geheilt und ein erwachsener Mann von Verantwortung geworden war. Seit dem Tod seines Bruders Rudolph, so scheint es, sah er sich nämlich mehr und mehr in der Pflicht. Die Letschiner Verhältnisse konnten ihm durchaus Sorgen bereiten. Ob es mit der väterlichen Apotheke auf die Dauer gutging, die Eltern miteinander zurechtkamen und Lieschen, die kleine Schwester, in Geborgenheit aufwuchs?

Ein Stück Gottvertrauen brauchte es, das, was er sein »Fiduzit« nannte. Voller Vertrauen war auch die junge Emilie. Gewiss hoffte sie auf einen baldigen eigenen Hausstand, träumte von einem Leben als gutsituierte Apothekersgattin. Aber sie wusste auch, dass ihr Theo ein Dichter und Schriftsteller war. So ganz sicher war es also nicht, wo es mit ihnen hinauswollte. Sie aber war bereit, ihr Leben mit ihm zu teilen.

Die Affinität zur französischen Sprache gehörte zur hugenottischen Familientradition. Die Hinwendung zur englischen Sprache hingegen war Theodor Fontanes persönliche Vorliebe. Seiner Umgebung galt er als halber Engländer, wenn er sich in seiner Begeisterung über englisches Leben und englische Literatur aussprach. Kein Wunder, dass Hermann Scherz ihn sich als Reisebegleiter nach London gewünscht hatte. Sein Wissen über englische Verhältnisse ging weit über das Gewöhnliche hinaus.

Seit er englische Texte las, übte er sich im Übersetzen. In seiner Leipziger und Dresdner Zeit hatte er, als er noch Mitarbeiter der *Eisenbahn* war, das schmale Werk des englischen Arbeiterdichters John Critchley Prince kennengelernt und einige Gedichte von ihm sowie von Robert Nicoll und Ebenezer Elliott übersetzt. Bereits damals saß er auch an einer Übersetzung von Shakespeares *Hamlet*. Außerdem hatte er 1843 oder kurze Zeit später den neuen Roman *The money-lender* ins Deutsche übertragen (die Handschrift war bis 1945 im Besitz des Stadtmuseums Berlin, seither verschollen). Der Unterhaltungsroman von Catherine Grace Gore hatte es ihm angetan. Ob er sich nun aber sozial engagierter Dichtung, klassischer Dramen oder eben populärer Romane annahm – das Übersetzen, das Übertragen war immer Spracharbeit, war immer Übung am Text.

Es war eine stille, konzentrierte Arbeit, doch eine in guter Gesellschaft. Denn es gab die großen Vorbilder Schlegel und Tieck, an denen er sich bei seinen Shakespeare-Übersetzungen messen konnte, es gab aber auch die Freunde Wilhelm Wolfsohn und Bernhard von Lepel, die literarische Texte übersetzten. Wolfsohn professionell aus dem Russischen, Lepel mehr als Liebhaber aus dem Italienischen. Und weil man auch Französisch konnte, kam es vor, dass Lepel und Fontane gelegentlich gemeinsam über einem französischen Textstück saßen, um es ins Deutsche zu übertragen.

Fontane entdeckte bei dieser selbstgewählten Übersetzertätigkeit eine Fülle von literarischen Möglichkeiten und Stoffen. Es war bestes Spielmaterial für das eigene literarische Schaffen, denn das Übersetzen und Übertragen, schließlich das Sich-Aneignen von fremden Texten floss ein in das, was er schrieb.

Dass er zum Dichter und Schriftsteller, doch nicht zum Übersetzer berufen war, wurde ihm rasch bewusst. Ohne diese Übersetzertätigkeit herabzusetzen, vielmehr um ihre hohe Bedeutung zu würdigen, hat er später einmal gemeint: »Es wird nirgends so viel übersetzt wie in Deutschland, und wenn wir Lust und Mut haben, uns mit der Quantität zu brüsten, so mögen wir's tun; dem eigentlichen Wert nach stehen unsre Übersetzungen *moderner* Dichtung, d. h. also der europäischen Literatur seit Dante und Petrarca, durchaus nicht auf der unbedingten Höhe, wie wir's im Hinblick auf ein paar große Übersetzernamen wie Voß, Wolf, Tieck und Schlegel ein für allemal anzunehmen uns gewöhnt haben. Um nur *ein* eklatantes Beispiel zu zitieren: Walter Scott und Lord Byron warten noch immer auf eine entsprechende Übertragung.« Der einzige brillante Übersetzer sei Ferdinand Freiligrath, weil er über so wichtige Eigenschaften verfügte wie: »volle Kenntnis der Sprache, großes versifikatorisches Geschick, das jede Formschwierigkeit überwindet, volles Erkennen und Nachempfinden der Intentionen des Dichters und bei eigner hoher dichterischer Begabung die merkwürdige und höchst seltene Fähigkeit, die eigne Individualität dranzugeben, um die Individualität des Originals desto klarer und siegreicher hervortreten zu lassen.«

»Alle Dichternaturen aber«, so meinte er weiter, »die sich nicht selbst zum Opfer bringen können, sind mehr oder weniger unfähig, auf dem Gebiet der Übertragung, des Nachdichtens – wie man es sehr richtig genannt hat – das Höchste zu leisten.« Zu dieser höchsten Leistung brauche es unter anderem auch sehr viel »Muße«. »Muse und Muße fallen hier mehr zusammen als irgendwo anders.«

Während oder kurz nach seiner ersten London-Fahrt im Sommer 1844 hatte er Strophen aus Lord Byrons Gesängen *Child Harolds Pilgrimage* ins Deutsche übertragen und eine Probe seiner Kunst am 28. Juli 1844 im »Tunnel« vorgelesen. Dann aber hatte er weiter seinen Shakespeare übersetzt, den *Sommernachtstraum* zum Beispiel (Manuskript verschollen), vor allem aber den *Hamlet*.

Das handschriftliche Manuskript seiner *Hamlet*-Übersetzung befindet sich im Besitz der Universitätsbibliothek der Humboldt-Universität zu Berlin. Es ist ein kleiner, in Halbleder gebundener Oktavband mit 178 Seiten, der alle fünf Akte enthält. Die Seiten sind eng mit Tinte beschrieben und zugleich sorgfältig als Dramentext gestaltet, so dass es sich wohl um eine Reinschrift handelt. Eine Reinschrift, die der Autor noch einmal mit Tinte im Detail durchkorrigiert hat. Das Manuskript ist nicht datiert, doch können wir davon ausgehen, dass es in den frühen 1840er-Jahren entstand. Womöglich waren schon Teile fertig, als er in Dresden im Theater saß und den *Hamlet* innerlich mitsprach. Er kannte ihn offenbar auf Deutsch so gut wie auf Englisch. Was aber seine Übersetzungsleistung angeht, so entdecken wir viel Klarheit und lyrische Kraft in ihr, auch wenn seine *Hamlet*-Fassung nie den Weg auf die Bühne fand.

Der Gewinn für Fontane blieb, dass er sich durch Übersetzung jene Dichtung aneignete, die für ihn alle nationalen Kategorien sprengte. Das war Dichtung von Weltrang. Ohne dass er aus seiner frühen *Hamlet*-Übersetzung je ein Aufhebens gemacht hätte (das Oktavbändchen bewahrte er gut auf), blieb Shakespeare sein leuchtender Stern am Himmel. »Shakespeare« habe seine literarische Entwicklung wesentlich geprägt, gestand er im Alter, »vor allem Macbeth, Hamlet«. Und einem Freund schrieb er, als er ein gefeierter Romancier zu werden begann, unser Jahrtausend habe vielleicht nur drei Weltgrößen hervorgebracht, neben Kolumbus und Napoleon in erster Linie: »Shakespeare«.

Listen führen

Er war verlobt und damit verpflichtet, sich bei der weiteren Verwandtschaft seiner Braut in Liegnitz und Ludwigslust einführen zu lassen und mit ihr nach Letschin zu fahren. Man begegnete den beiden überall recht freundlich, und niemand sah einen Grund, dem Paar Steine in den Weg zu legen.

Eines aber wurde den jungen Leuten von ihren Familien schnell klargemacht: Sie mussten sich ihre eigene Existenz aufbauen, eine finanzielle Unterstützung oder Erbschaft stand nicht in Aussicht. Alle Hoffnungen ruhten deshalb auf dem künftigen Ehemann und Familienvater. Man wird also Theodor Fontane ermuntert haben, recht bald seine Apothekerausbildung abzuschließen. Er trödelte denn auch nicht. Vor dem Staatsexamen wurde kaum noch etwas publiziert. Vielmehr trieb er jetzt seine bürgerliche Laufbahn voran und übernahm anderweitige Pflichten nur, wenn es nicht anders ging. Und das war, wenn die »Tunnel«-Freunde etwas von ihm wollten.

»Als ich [sonntags] um 4 Uhr im Tiergarten schlenderte und lange zweifelhaft zwischen den Reizen eines Sommertunnels und einer Tasse Kaffe im Albrechtshof hin und her wog, ahnte meine Seele noch nicht, daß ich eine halbe Stunde später die Ämter eines Späne-Exekutors, Protokollführers und Schlüsselbewahrers gleichzeitig bekleiden würde.« So heißt es in Fontanes »Tunnel«-Protokoll vom 3. Mai 1846. Er hielt sich ungern knapp, und selbst Protokolle gerieten ihm zu kleinen Prosastücken. Doch bekleidete er seine neuen »Tunnel«-Ämter dann nur sporadisch, lieber trug er bei den Sitzungen seine »Späne« vor. So las er am 9. August 1846 das bemerkenswert sozialkritische, geradezu feministische Gedicht *Die arme Else* (*Und alles ohne Liebe*) und erntete dafür »Beifall«, vielleicht sogar von Louis Schneider, der mit unter den Anwesenden war.

Die Vorbereitung auf die Approbation minderte seine dichterischen Ambitionen keineswegs. Er hatte die unterschiedlichsten Stoffe im Kopf. Das geht aus einer Liste hervor, die er 1846 erstellte. Neben den Einträgen »An Seidlitz. Reiter nur vom Tod überholt. Zorndorf, Russische Vierecks. / Schwerin. Epaminondas. / Kleist. Als Dichter / Friedrich II.« findet sich auch der Arbeitstitel »Europas Untergang« und dazu die folgende apokalyptische Erzählskizze:

> EUROPAS UNTERGANG. Der Brückenbau über den Kanal ist fertig, die Horden ergießen sich über das letzte Asyl der Freiheit. Eine Arche Noah stößt mit den letzten freien Menschen vom Ufer[, um] dem Ararat im Westen zuzusteuern. Ihr Wehgesang. Gesang der Geister über dem Wasser. Aufstand der Elemente. Untergang Europas durch die Wassermassen, die hereinbrechen. Der Herr steht zuletzt auf dem Mont-Blanc, Angst und Frost erstarren ihn, so steht er auf dem Felseneiland, dem Überbleibsel Europas, nicht vom Doppeladler, nur vom Steinadler umkreist. Die Schiffe der neuen Welt meiden diese Stelle.

Er führte die Idee vom »Untergang Europas« nicht weiter aus. Anderes auf der Liste hingegen wurde literarisch verwirklicht – die Ballade zu Seidlitz und Schwerin zum Beispiel. Weshalb er dann diese beiden Namen von der Liste wieder strich. Listen führen und das Erledigte abstreichen gehörte zeitlebens mit zu seiner Arbeitsweise.

Dramatische Versuche im kritischen Austausch mit Bernhard von Lepel

In der Notiz von 1846 heißt es an einer Stelle knapp: »An B. v. L. schildern, bildern, verwildern«. Es sind Reimworte für Bernhard von Lepel, den Dichterfreund, mit dem er gemeinsam Tenzonen (Streitgedichte) schrieb und auch sonst den literarischen Austausch pflegte

Sie sahen sich häufig und oft sonntags im »Tunnel«. Aber man schrieb einander auch, seitenlang, wo immer man war. Was wohl Emilie über diese enge Freundschaft dachte? Und Hedwig, die Cousine, mit der sich Lepel im Oktober 1846 verlobte? Die beiden jungen Frauen kommen im Briefwechsel der Freunde kaum vor, dafür nimmt der Klatsch und Tratsch aus dem Freundeskreis viel Raum ein und ist durchsetzt mit kleinen Anzüglichkeiten. Vor allem aber legten sie einander ihre literarischen Pläne und Entwürfe vor.

Ein solcher Plan war für Fontane »die Lützner Schlacht«. Dazu meinte Lepel: »hat mich weniger angesprochen«, der Stoff müsse noch »gähren«. Offenbar dachte Fontane daran, die berühmte Schlacht von Lützen, wo Schwedens großer König gefallen war, zu dramatisieren, vielleicht nach dem Vorbild von Schillers *Wallenstein*.

Es wurde dann aus der Idee nicht viel, aber er schrieb doch die Ballade *Schloss Eger* und also über Wallensteins Tod. Zur Entstehungsgeschichte meinte er später: »Es ist das einzige meiner Gedichte, das ich in wenigen Minuten aufs Papier geworfen habe, buchstäblich stante pede [...].« Das klingt, als ob er es hätte »gähren« lassen, ganz wie Lepel es ihm empfohlen hatte.

Lepel hatte als Dichterfreund überhaupt hilfreiche Eigenschaften. Denn er fragte nach und zeigte Interesse. »Wie ist es mit Deinem Barbarossa?«, wollte er einmal wissen. Fontane schwebte nämlich ein nationales Epos vor, das in kunstvollen Terzinen vorwärtslief wie Dantes *Göttliche Komödie*. Aber schließlich gab er auch das Barbarossa-Projekt auf, weil es ihm *contre coeur* ging. Nicht ein Barbarossa-Epos, sondern viel eher ein Garibaldi-Epos hätte die Zeit verlangt.

Warum aber gab er das »Karl Stuart«-Projekt auf? Ein klassisches Drama hätte es werden sollen – ein Stück, das mindestens neben Schillers *Don Karlos* oder *Maria Stuart* hätte bestehen können. Als er nicht weiterkam, bat er Freund Lepel: »[...] und da ich über die Anlage des Ganzen allgemach ins

Klare zu kommen u. darüber einig zu sein wünsche, was ich nehme und was nicht, so flücht' ich mich mit einer Fülle von Zweifeln und Bedenklichkeiten zu Dir, um mir Deinen Rath als Ariadne-Faden in diesem Labyrinth zu erbitten.«

Nichts weniger wollte er als »die englische Revoloution dramatisch behandeln«. Wo aber sollte er bei der Reichhaltigkeit des Stoffes beginnen, wo seine »Springstange« einsetzen? Und war es nicht eigentlich eine Erzählung für *zwei* Dramen? Er war sich nicht sicher, ob er das alles bewältigen konnte. Klar war indes, dass sein historisches Drama als eine Anspielung auf die Gegenwart gelesen werden sollte. Sein Karl Stuart stand für den preußischen König Wilhelm IV., Cromwell für die bürgerliche Revolution.

Aber wie sollte das große Geschehen auf die Bühne? Nicht zwei, nein, *drei* Dramen waren nötig. Schiller hatte es ja mit seinem *Wallenstein* vorgemacht. Ein episches Bühnenwerk wollte der junge Fontane schaffen, das ihm als ein Gebot der Stunde erschien, aber Dimensionen annahm, die er kaum überschaute.

»Bravo! Dein Stück wird sicher etwas Gutes!«, schrieb Lepel dem Freund. Und weiter: »Zu diesem Stoff können wir uns in der That gratuliren. *Wir* sag' ich; es ist mir doch immer so, als wenn wir Beide zusammen arbeiteten.«

Besser sei jedoch, ein einziges Stück zu schaffen, eines mit fünf Akten. Und außerdem: »Warum mußt Du denn durchaus einen (auch *innerlich*!) reaktionären Minister geben. Du denkst nur immer an Bodelschwingh oder Brandenburg«, so kritisierte Lepel die Aktualisierung des Stoffs.

Auf die Figurenkritik ging Fontane nicht ein, aber die Bescheidung auf ein einziges Drama nach klassischer Vorgabe fand er doch richtig. Keine Frage, »fünffüßig[e] Jamben« waren das Handwerk der hohen dramatischen Schule. Als der erste Akt fertig war, hätte Fontane diesen gern »vorbrüllen« mögen, um zu wissen, »wie's wirkt, ob's packt, anregt, die Menschenseele beschäftigt und spannt«. Doch Lepel war nicht da, und so wurde eine »Tunnel«-Sitzung zur Feuertaufe. Für Fontane ging es um Sein oder Nichtsein. Wenn das Stück wirkte, dann wollte er Geld pumpen und sich aus dem Apothekerdasein zurückziehen.

Einen Ort zum Schreiben hatte er bereits ausfindig gemacht, nämlich das Dorf Falkenberg bei Freienwalde. Von dort konnte er, wie er Lepel schrieb, in vier Stunden Reisezeit nach Berlin oder Letschin gelangen und bequem

»mal da mal dort« sein. Dass der schlechte Vater diesen Geniestreich mit Geld nicht unterstützen würde, ahnte er schon und hatte deshalb Lepel geklagt: »Mein Alter, der sich von einem andern Schaffungstrieb als den, der Population, in *jedem* Sinne, bezweckt, keine Vorstellung machen kann, dürfte nämlich meine Anachoreten-Projekte mißbilligen, in welchem Falle ich jedwede Anzapfung seines Geldbeutels unterlassen, im Uebrigen aber doch nach meinem Sinne handeln würde.«

Die Bedrängnis, in der er steckte – nämlich zu beweisen, dass er ein Drama von klassischer Größe zuwege brachte, ihm aber zur Vollendung die Mittel fehlten –, machte die »Tunnel«-Lesung von Anfang an zu etwas Prekärem. Lepel fehlte. Kein gutes Omen. Das Vorlesen ging zwar gut, die Reaktion war »günstig«. Doch dann, man war schon im Aufbruch, fielen wie nebenbei die vernichtenden Worte. Heinrich von Orelli (»Zschokke«) war es, ein Privatgelehrter aus Zürich, der das wohlwollende Urteil über den »Karl Stuart« kippte. Drei Tage nach dem fatalen Abend schrieb Fontane an Lepel: »Nur Orelli öffnete, beim Paletot-Anziehn, während ein Arm bereits im Aermel steckte, die Schleusen seiner Gelehrsamkeit zu meinem Nachtheil. Er hielt eine Rede, daß der *stehend* um ihn versammelte Tunnel das Maul aufsperrte und mit einem halb pfiffigen, halb dämlichen Gesicht endlich ein vertraulich-bedeutungsvolles: ›*er hat Recht*‹ mir zuflüsterte. Ich erklärte ganz naiv: mir wäre noch nicht klar was man wolle; man möchte noch mal anfangen.«

Der Vorwurf war, es fehlten die inneren Konflikte der dramatischen Personen. Fontane wies es weit von sich, seine Helden seien nicht »wie Epilepsie-Befallene«. Es würde sich im Verlaufe des Stücks schon das richtige Maß an inneren Kämpfen zeigen. Aber die Orelli-Partei machte ihm doch zu schaffen. Etwas war nun zerbrochen.

Wo dann zuletzt die Reinschrift blieb? Überliefert sind nur Entwürfe, wofür Fontane das nächstliegende Papier verwendet hatte, nämlich Blätter für Apothekenlisten.

Seinen »Karl Stuart« einfach verschwinden zu lassen, dafür war er ihm aber doch zu teuer. In seiner Gedichtausgabe von 1851 hat Fontane zumindest den 1. Akt und den Anfang des 2. Aktes publiziert. Später drängten ihn einige »Tunnel«-Freunde wiederholt zur »Vollendung des Trauerspiels Karl Stuart«, erhielten aber nur eine »gereizte Antwort« oder ein halbes Versprechen. Vollendet hat Fontane die Tragödie nie. Gewiss, sie hatte von der Form her epigonalen Charakter. Aber dass er das Dramenschreiben dann ganz aufgab, ist doch zu bedauern.

Denn er hatte wirklich ein dramatisches und vor allem komisches Talent. Sehr witzig ist *Der letzte Liepewinkler. Trauerspiel in 5 Akten* (1844), eine Parodie auf das klassische Königsdrama – ganz nach der übermütigen Art des jungen Fontane. Darin lässt er auch »Falstaff«, den »Feigling aus Instinkt«, auftreten, eine Rolle von Shakespeare, die er frech in seinen komödiantischen Slapstick hineinkopierte.

Hier Kartoffelrevolution, dort Preußenlieder

Am 2. März 1847 hatte Fontane sein Staatsexamen bestanden und die Approbation als Apotheker erhalten. Dann war er nach Letschin gereist, kehrte um den 20. März nach Berlin zurück, wohnte nicht bei Lepel, wie zuerst gedacht, sondern bei den Eltern seiner Verlobten, bei Kummers. Sie waren umgezogen und hatten jetzt eine Wohnung in der Zimmerstraße 2, Ecke Wilhelmstraße. An den Sonntagen vom 21. und 28. März nahm Fontane an den »Tunnel«-Sitzungen teil, ohne etwas vorzulesen, dann verschwand er wieder nach Letschin. Hier auf dem Dorf muss er dann von den Tumulten gehört haben, die am 21. April 1847 auf dem Gendarmenmarkt begonnen hatten und erst nach drei Tagen durch Militäreinsatz beendet worden waren. Es war, weil die Leute Hunger hatten und die Wucherpreise auf dem Markt nicht mehr bezahlen konnten.

Die Missernten beim Getreide und die Knollenfäulnis bei den Kartoffeln hatten seit Januar 1847 zu Versorgungsknappheit und Teuerung geführt. Der Normalpreis für eine Metze Kartoffeln (etwa 2,5 Kilogramm) betrug 1 Silbergroschen. Mitte April wurden 5 Silbergroschen verlangt. Für Fontane entsprach das zwei Tassen Kaffee, für einen Arbeiter aber waren 5 Silbergroschen ein halber Tagesverdienst. Aus Wut und Verzweiflung schnitten die Arbeiterfrauen auf den Mittwochsmärkten vom 21. April die Kartoffelsäcke auf: am Gendarmenmarkt, am Molkenmarkt, am Dönhoffplatz. Der Donnerstagmarkt am Alexanderplatz wurde in der Folge behördlich verboten, so plünderten die Hungernden die nahe gelegenen Bäckereien und Fleischereien.

Am Mittag des 22. April griff das Militär ein, worauf die Empörung stieg und ein Demonstrationszug sich zum Kronprinzenpalais Unter den Linden begab, um gegen Prinz Wilhelm von Preußen, den Befehlshaber der Berliner Garde, zu protestieren. Fensterscheiben seiner Wohnung klirrten. Am 23. April kehrte wieder Ruhe ein, über hundert Verhaftete saßen im Gefängnis, das Militär patroullierte in den Straßen und kontrollierte die Wochenmärkte. Die Stadt hatte den Preis für eine Metze Kartoffel reguliert, sie kostete jetzt 2 ½ Silbergroschen.

Fontane und seine Familie müssen von der Berliner »Kartoffelrevolution« umgehend erfahren haben. Vielleicht durch die »Cüstriner Bücherfrau«, die »allsonnabendlich« Journale, Zeitschriften, Bücher nach Letschin brachte, oder durch andere Zeitungen und Berichte. Bernhard von Lepel gab wahrscheinlich von sich aus Meldung. Man erschrickt unweigerlich, wenn man liest, was er dem Freund schrieb: »Vom Berliner Straßenexceß [...] kann ich Dir nichts weiter mittheilen, als in den Zeitungen steht. Unser Bataillon hat die ganze Nacht auf dem Casernhof bivuacquirt (compagnieweise abwechselnd) wo die Gewehre zusammengesetzt waren. Einzelne hervorstechende Züge oder Witze sind mir nicht zu Ohren gekommen. Verwundungen sind auf beiden Seiten vorgekommen: die Soldaten erhielten Steinwunden, das Volk hat ordentliche Säbelhiebe gekriegt u die Gefangenen kriegen in der Stadtvoigtei noch A...prügel. / Gott sei Dank, daß ich, als inactiver Officir, mit dieser brutalen Geschichte nichts zu thun hatte« (22./23. April 1847).

Lepel nannte sich »inactiver Officir«, weil er in diesen Tagen zur höheren militärischen Ausbildung auf der Berliner Kriegsschule war. An der Verhältnismäßigkeit des militärischen Einsatzes kamen ihm keine Zweifel. Wie Fontane reagierte, wissen wir nicht. Seine Gegenbriefe in der Folgezeit sind nicht überliefert. Geht man aber von Lepels Briefen aus, so kommt man zum Schluss, dass nur literarische Detailfragen verhandelt wurden. Hauptgegenstand: Fontanes preußische Feldherren-Balladen. Dazu kurze Postskripta wie diese: »Mitte künft. Woche reis' ich ab um Pfingsten in den Armen der Liebe zu ruhn. Auch n. ü. – [nachtsüber?].« Lepel war also mit seinen Liebesverhältnissen beschäftigt, was ihn wenig später in diesem Bezug reumütig erklären ließ: »Was hat man nun von all diesem Troubel gehabt – nichts als Unheil.« Denn es hatte offenbar Szenen mit seiner Verlobten gegeben.

Auf den Tag genau, als in Berlin das Militär die Straßentumulte niederschlug, waren im *Morgenblatt für gebildete Leser* Fontanes Gedichte *Der alte*

Zieten, Der alte Derffling, Der alte Dessauer erschienen. *Seidlitz* und *Keith* folgten am 4. Juni 1847, *Schwerin* am 7. Juni 1847. Sie erschienen jeweils anonym. In den folgenden zwei Wochen druckte der *Soldaten-Freund* dieselben Gedichte ebenfalls ab, hier unter dem vollen Namen des Autors.

Was beschäftige Fontane an diesen Reitergenerälen, die zum einen unter dem Großen Kurfürsten (Derffling, Dessauer) und zum andern unter Friedrich II. (Zieten, Seidlitz, Keith, Schwerin) gefochten hatten? Dem Redakteur des *Morgenblattes* hatte er es so erklärt: »Meine Aufgabe beim Niederschreiben aller dieser Gedichte war nur die, den poëtischen Ausdruck für das zu finden, was bereits im Munde des Volkes lebt, und in *diesem* bescheidenen Sinne wag' ich sie volksthümlich zu nennen. Das Volk weiß vom Derffling weiter nichts als daß er *Schneider* war; den alten Dessauer betrachtet es als den eigentlichen Repräsentanten der *Zopfzeit* [als Männer weiße Perücken trugen]; im Ziethen liebt es den *Freund* und *Gefährten* unsres großen Königs und den Seidlitz bewundert es als Ideal eines *Reiters*; – auf diese im Volke lebenden Vorstellungen hab' ich mich gestützt; ich habe das Bild erweitert, aber kein fremdes untergeschoben.«

Seine Preußenlieder waren *vor* der Kartoffelrevolution entstanden, nämlich während der Vorbereitungen auf das Staatsexamen. Anregung waren ihm die Standbilder am Berliner Wilhelmplatz gewesen. Dort standen die überlebensgroßen Marmorfiguren der Generale, die unter dem jungen Friedrich II. den Siebenjährigen Krieg siegreich bestanden hatten. Alle Welt kannte die Figuren, denn hier ging man spazieren. Auch Fontane war unzählige Male an ihnen vorbeigekommen und hatte sich wohl in einen kleinen Dialog mit ihnen verwickelt.

Nur General Derffling, der Held von Fehrbellin (1675), stand nicht am Wilhelmplatz. Mit ihm und seiner Geschichte war Fontane jedoch aus seiner Ruppiner Zeit vertraut. Und auch im Oderbruch war General Derffling ein vertrauter Name. Denn er hatte hier einst Ländereien besessen, war Schlossherr von Gusow gewesen und lag in der Gusower Schlossgruft begraben. Sein Geist schwebte sozusagen über der Landschaft und bewegte die lebhafte Phantasie von Vater und Sohn im benachbarten Letschin.

Und Schill? Auch er hatte kein Standbild am Wilhelmplatz. Der preußische Kommandant eines Freikorps in den napoleonischen Kriegen war im Zeichen der Freiheit Held vieler, auch von Fontane.

Die Wirkung seiner Preußenlieder erprobte Fontane nicht selbst, sondern ließ sie durch Lepel, der ein guter Rhetor war, im »Tunnel« vorlesen. Es geschah gerade in jenen Wochen, als die armen Leute in Berlin hungerten und die Kartoffeln unerschwinglich wurden. Doch hatten Fontanes Reitergenerale nichts gemein mit den Militärs, die dort gegen die eigene Bevölkerung vorgingen. Seine Helden entsprangen volkstümlichen Bildern preußischer Geschichte.

Das erfolgreichste seiner Preußenlieder, *Der alte Zieten*, schrieb Theodor Fontane für Emilie ins Reine und meinte dazu: »Vorstehenden ›alten Ziethen‹ [sic] schick' ich Dir, weil Du's wünscht. Ich denke, er soll Dir gefallen. Hier zu Hause hab' ich dem Alten damit imponirt (Max las es ihm hinter meinem Rücken vor) was viel mehr sagen will als die Akklamation im Tunnel. Der Prophet gilt nichts in der Heimath; so hab' ich hier Jahre lang *das* nur geduldet gesehn, was man andern Orts beifällig anerkannte. Schreibe mir Dein Urtheil; ich bin neugierig –.« Und weiter: »vor allen Dingen schreibe aber überhaupt und recht viel und recht mit dem Herzen. Lebe wohl meine einzige, liebe Mila! Dein Theodor« (Ende April 1847).

Die Verlobten waren zu diesem Zeitpunkt noch immer zuversichtlich, bald heiraten zu können. Fontane hielt jetzt Ausschau nach einer Apotheke, immer mit der Idee, neben dem Geschäft Zeit fürs Dichten zu finden. Was diese Lebensweise bedeutet hätte, konnte Emilie bereits erproben. Denn im September 1847 lebte sie bei Fontanes Familie in Letschin, wo es oft bunt zuging, wenn alle da waren. Ihr gefiel dieses Leben.

Am Berliner Alexanderplatz in den Tagen der Märzrevolution

Als sich die Hoffnung auf die eigene Apotheke in Frankfurt (Oder) zerschlagen hatte, trat Fontane am 1. Oktober 1847 in die Jung'sche Apotheke »Zum schwarzen Adler« ein. Sie lag dort, wo im Frühjahr zuvor die sozialen Unruhen stattgefunden hatten. Von der revolutionären Stimmung spürte er nichts mehr, aber die Armut trat ihm vor Augen.

Sein gemietetes Zimmer lag in der Neuen Königsstraße 50. Es sei eine »Schandkneipe«, ein »Hundestall«, eine »Räuberhöhle«, schimpfte er. Er hatte das Zimmer nicht allein für sich, sondern teilte es »mit noch zwei andern deutschen Jünglingen«.

Emilie sah er jetzt häufig. Dafür kam er seltener in den »Tunnel«. Und erschien er doch, las er nichts vor. Er hatte Kopf und Herz eben anderswo. Außerdem war Wilhelm Wolfsohn in der Stadt.

Wolfsohn war am 16. Januar 1848 in Berlin eingetroffen, um in den kommenden Wochen hier Vorlesungen zu halten. Untergekommen war er bei Kummers in der Zimmerstraße, wo in diesen Tagen familiäre Teeabende mit Lesungen stattfanden.

Es hätte eine vollkommen glückliche Zeit sein können, wenn nicht immer die Eifersucht im Spiel gewesen wäre. Wolfsohn und Fontane verärgerten Emilie, weil beide seit dem Besuch bei den »liebenswürdigen Melgunoffs« für die »schöne Russin« schwärmten. Und Rat Kummer hatte, seit Emilie verlobt war, Anfälle von so »abscheulicher Eifersucht«, dass seine Tochter fürchtete, er werde ihren Theodor dereinst noch »verscheuchen«.

Am 8. Februar reiste Emilie zu Verwandtenbesuch nach Liegnitz. Am selben Abend eröffnete Dr. Wilhelm Wolfsohn seine literaturhistorische Vortragsreihe *Von Luther bis Lessing*. Der Vortrag fand im Hôtel de Russie statt, einem der ersten Hotels Unter den Linden, wo nicht nur besonders viele russische Gäste, sondern auch die demokratischen Parteien verkehrten. Dr. Wolfsohn habe sich »die Anerkennung der Anwesenden entschieden erworben«, urteilte die *Vossische Zeitung* und warb für dessen nächste Vorlesung vom 16. Februar. Nicht nur Fontane, auch Lepel kam zu dieser Veranstaltung, und alle drei wollten sich bei einer Festlichkeit Lepels wiedersehen. Fontane solle Freund Wolfsohn »am Sonntag mit in den Tunnel« bringen, schlug Lepel zudem vor. »[W]enn es ihm bei uns gefällt (?), so tritt er vielleicht ein.«

Doch dann überstürzten sich die Ereignisse. Am 23. Februar war in Paris die Revolution ausgebrochen. Fünf Tage später erreichte Berlin die telegrafische Depesche: König Louis-Philippe habe abgedankt! Es war »diese Wendung der Dinge«, ihre »Plötzlichkeit« und »Gewaltsamkeit«, die die politische Folgenschwere sofort ahnen ließen.

Fontane, der leidenschaftliche Zeitungsleser, wird in diesen Tagen alles gelesen haben, was berichtet wurde, und sich mit in die politischen Diskussionen gestürzt haben. Denn, so wird berichtet, überall auf den Plätzen und Straßen Berlins stand man zusammen. Die Lesecafés und Zeitungshallen drohten zu bersten: »Wer ein frisches Blatt zuerst in die Hand bekam, mußte auf einen Stuhl steigen und laut vorlesen.« Die Welle der Revolutionen rollte immer näher.

Jetzt hörte man von »Demonstrationen in Mannheim, Heidelberg, Köln«, man hörte von der »Entlassung konservativer Minister in Sachsen, Baden, Württemberg, Hannover und Hessen«, und man hörte auch, dass König Ludwig I. von Bayern politische Reformen und bürgerliche Freiheiten gewährt hatte.

Am 7. März versuchte Friedrich Wilhelm IV. seine Berliner zu besänftigen und bewilligte halbherzig die Einberufung des preußischen Landtags. Aber es wurde nur lauter gemurrt. Am 9. März strömte eine Menschenmenge ins Rathaus und legte einen Katalog mit freiheitlichen Forderungen vor, die der Magistrat unterstützte. Im Tiergarten, »In den Zelten«, gab es täglich Kundgebungen. Auch Gutzkow war da und hielt Reden auf der »Tribüne«.

Als am Sonntag, den 12. März, Scherenberg im »Tunnel« seine *Waterloo*-Lesung fortsetzte, fehlte Fontane. Auch Lepel blieb weg. Am Montag versammelten sich über 20 000 Menschen In den Zelten. Jetzt ging es nicht mehr allein um die Volksrechte, sondern auch um die Verbesserung der ökonomischen Lage der Fabrikarbeiter und gegen die »Capitalisten und Wucherer«.

Berlin reagierte mit Polizeipräsenz und anrückenden Truppen. Am Brandenburger Tor und auf dem Schlossplatz kam es zu gewalttätigen Zusammenstößen und ersten zivilen Opfern. Prinz Wilhelm von Preußen, der Bruder des Königs, war für hartes Durchgreifen. Als am 15. März aus Wien die Nachricht eintraf, Metternich sei gestürzt, entschied sich der König für teilweises Nachgeben und versprach Pressefreiheit und eine Verfassung. Aber auch damit war noch nicht erfüllt, was die Menschen forderten.

Der Ausbruch der Revolution erfolgte in Berlin am Samstag, den 18. März, auf dem Schlossplatz. Die Vorgänge sind widersprüchlich dokumentiert. Es heißt: Noch während Verhandlungen um die bürgerlichen Forderungen zwischen dem König und den Deputierten im Gange waren und noch während die Menschen auf den Schlossplatz strömten, um die Zugeständnisse des Königs zu feiern, soll der Befehl ergangen sein, dass »40 000 scharfe Patronen aus dem Militär-Laboratorium Moabit« herzuschaffen seien.

Belegt ist, dass am Nachmittag des 18. März der König auf dem Balkon des Schlosses erschien und seinen Staatsminister Bodelschwingh erklären ließ, er, der König von Preußen, wolle die Pressefreiheit gewähren, den preußischen Landtag einberufen, eine freisinnige Konstitution vorlegen, die deutsche Nationalflagge wehen lassen, Zollschranken aufheben und sich mit Preußen an die Spitze der nationalen Bewegung stellen.

Dann brach plötzlich Tumult aus. Truppen hatten Aufstellung genommen. Zwei Schüsse waren gefallen. Unverzüglich wurden Barrikaden gebaut, und viele versuchten sich in irgendeiner Weise zu bewaffnen. Eine Deputation wollte die Eskalation verhindern. Gegen 5 Uhr nachmittags aber soll der blutige Straßenkampf in vollem Gange gewesen sein. Er zog sich über zwölf Stunden hin und war äußerst brutal.

Das bewaffnete Militär verschonte keinen, den es greifen konnte. Auch Fontanes ehemaliges Regiment, das Kaiser-Franz-Garde-Grenadier-Regiment Nr. 2, hatte Befehl, gegen die Revolutionäre vorzugehen. Und doch hatten die Truppen um Mitternacht erst die Kontrolle über den erweiterten Schlossbezirk. Der Prinz von Preußen soll in dieser Situation empfohlen haben, alle Truppenteile zusammenzuziehen, um Berlin von außerhalb zu beschießen. Der König aber entschied sich zum Aufruf »An meine lieben Berliner«.

Wo aber war Theodor Fontane? Zur »Tunnel«-Sitzung vom 19. März erschien er nicht. Es erschien überhaupt keines der Mitglieder an diesem Tag. Einzig Wilhelm von Merckel hatte sich eingefunden. Er konstatierte: »Allgemeine Abwesenheit. / Der Sekretair, trotz Revolution und Bürgerbewaffnung, ging seiner Amtspflicht nach, fand aber das Sitzungslokal verschlossen und, nachdem er, ohne ein Wort zu verlieren, gegen diesen Zustand der Dinge protestirt hatte, zog er sich nach Haus zurück.«

In der Rückschau von fast fünfzig Jahren hat Fontane über die Tage der Märzrevolution berichtet und dabei vieles aus den historischen Quellen geschöpft, die unterdessen vorlagen, aber auch viel Eigenes hineingewoben.

Nach seiner Erzählung in *Von Zwanzig bis Dreißig* hatte er am 18. März Dienst in der Jung'schen Apotheke, als »die Menschen wie verstört« an ihm vorüberstürzten. Sie waren dem Tumult auf dem Schlossplatz, den Schüssen entflohen. Der Prinzipal hatte die Apotheke dann hastig verlassen, während die Kollegen »ganz stumpfsinnig« dastanden oder »Berliner Witze« rissen. Er selbst, als er die eigene Tatenlosigkeit nicht mehr ausgehalten habe, sei endlich zur Georgenkirche gerannt, um Sturm zu läuten. Nach gescheitertem Versuch, die Kirchentür mit Gewalt aufzubrechen, sei er dann in einen »Arbeiterhaufen« geraten. »Es ging über den Alexanderplatz weg auf das Königstädter Theater zu«, und hier seien sie dann eingedrungen und hätten die Kulissen und Requisiten geplündert. Ihm sei ein Gewehr zugefallen, eines, das natürlich nicht geladen war. Und während nun andere aus den

Theaterkulissen Barrikaden bauten, habe er sich nach Schießpulver umgesehen. Dies alles »in einer fieberhaften Erregung«. Plötzlich aber sei Ernüchterung über ihn gekommen.

»Kleinlaut zog ich mich von der Straße zurück und ging auf mein Zimmer«, so erzählt der alte Fontane. Und weiter: »Da saß ich denn wohl eine Stunde lang und sah abwechselnd auf den Fußboden und dann wieder auf die Wand des alten, aus Feldstein aufgeführten Georgenkirchturms dicht vor mir. Ich war nur von *einem* Gefühl erfüllt, von dem einer großen Gesamtmiserabilität, meine eigene an der Spitze. Zuletzt aber wurde mir auch mein stupides Hinbrüten langweilig; dies Abgeschlossensein, dies Nichtwissen, was sich draußen zutrage, wurde mir unerträglich, und ich beschloß aufzubrechen und zu sehen, wie's in der Stadt hergehe. Zunächst wollt' ich bis auf den Schloßplatz und von da nach der Pepiniere – Friedrichstraße –, wo ein Vetter von mir wohnte; natürlich, wie alles, was zur Pepiniere gehört, ein Stabsarzt. Der war immer sehr aufgeregt und würde, das stand fest, gewiß bereit sein, irgend was vorzunehmen. Ich hatte persönlich die Heldentaten aufgegeben, aber ich wollte wenigstens mit dabei sein.«

Zum Zeitpunkt, als die Truppen die Barrikaden heftig angriffen, hatte er sich dann, wie der alte Fontane erzählt, durch die Kampfzonen hindurchgeschlängelt, kam über Spandauer- und Dorotheenstraße in die nördliche Friedrichstraße und in die sichere Wohnung von Hermann Müller, dem Stabsarzt. Hier in der Pépinière, »in dem hohen, nach dem Garten hinaus gelegenen Zimmer«, verbrachte er »in Einsamkeit und wachsender Erregung zwei schwere Stunden«. Während er nämlich auf den Verwandten wartete, von dem er nicht wusste, wo er war, muss Fontane panische Schrecken ausgestanden haben. Er hörte Salven von Schüssen, die die Truppen auf diejenigen feuerten, die nur mit Steinen und Ziegeln bewehrt waren. Er wusste, (ohne es zu erwähnen) dass auch das »Bataillon Franz«, also seine Leute, mit unter den Truppen waren, die auf das Volk schossen.

Endlich, »gegen acht Uhr« abends, sei derjenige dann gekommen, auf den er gewartet hatte. Er war der Ältere und Mutigere der beiden und begleitete nach einer längeren Weile Fontane zurück an den Alexanderplatz. Möglich, dass er als Stabsarzt ein Kennzeichen trug und sowohl bei den Truppen wie bei den Barrikadenkämpfern Immunität genoss. Jedenfalls fühlte sich Fontane in seiner Begleitung sicher.

Man wählte den Weg über die »Weidendammer Brücke« Richtung Oranienburger Tor und ging dann in weitem Bogen über die Linienstraße Richtung Alexanderplatz. Das letzte Wegstück machte Fontane allein. Es war eine wirklich gefahrvolle Nacht. Denn am Alexanderplatz war eine der größten Barrikaden in der Stadt, und die Kämpfe waren hier besonders heftig. Und zwar gerade gegen Mitternacht, als Fontane der Erzählung nach seiner Wohnung zustrebte.

Unter den Truppen, die diese Barrikade angriffen, war auch wieder das Kaiser-Franz-Regiment. Dieser Bruderkrieg war es, an dem Fontane fast irrewurde. Und Lepel auch.

Fontane stand im März 1848 ganz auf der Seite der aufbegehrenden Bürger und Arbeiter. Der alte Fontane hat diese Haltung des jungen Kerls, der er damals war, nicht verraten, sondern ihn noch einmal kräftig unterstützt und betont: »Auflehnungen, ich muß es wiederholen, die mehr sind als ein Putsch, mehr als ein frech vom Zaun gebrochenes Spiel, tragen die Gewähr des Sieges in sich, wenn nicht heute, so morgen.«

In der Nacht vom 18. auf den 19. März aber war er wie paralysiert. Ein Hamlet, unfähig zur Tat.

Mit dem Vater die Königsstraße hinauf

Die Tat erfolgte erst am Nachmittag des 19. März. Die Truppen hatten sich auf Befehl von oben in die Kasernen oder aus der Stadt zurückziehen müssen, die Revolution hatte gesiegt. Jetzt war der Augenblick da, um mit fliegender Feder nach Hause zu schreiben. Der Vater musste es wissen! Der alte Fontane erzählt: »Am Nachmittage [19. März] wurd' es ganz still und ich benutzte diese ruhigen Stunden, um einen langen Brief, wohl vier, fünf Bogen an meinen Vater zu schreiben. Es wird dies mutmaßlich der erste Bericht über den achtzehnten März gewesen sein und wenn es nicht der erste Bericht war, der *geschrieben* wurde, so doch wohl der erste, der in die Welt ging. Es gab nämlich an jenem neunzehnten – der noch dazu ein Sonntag war – keine Postverbindung, was mich denn auch veranlaßte, meinen Brief direkt nach dem Stettiner Bahnhof zu bringen und ihn dort in den Postwagen eines Eisenbahnzuges zu tun. So kam dies Skriptum am andern Morgen [20. März] in dem großen Oderbruchdorfe Letschin, wo mein Vater damals wohnte, glücklich an. Von den Sonnabendvorgängen in Berlin wußte man dort kein Sterbenswörtchen, selbst das ›Gerücht‹, das sonst so schnell fliegt, hatte versagt, und so war denn die Aufregung, die mein Brief schuf, ungeheuer. In alle Nachbardörfer gingen und ritten die Boten, um die große Sache zu melden, von der ich nicht weiß, ob sie mit Trauer oder Jubel aufgenommen wurde. Mein Vater, selbstverständlich, war an der Spitze der Erregtesten, beschloß sofort zu reisen, ›um sich die Geschichte mal anzusehn‹ und war am einundzwanzigsten früh in Berlin. Wie gewöhnlich stieg er in einem Vorstadtsgasthofe, ›wo's keine Kellner gab‹ ab und war um die Mittagsstunde bei mir. Ich freute mich herzlich, ihn zu sehn, denn er war, von allem andern abgesehn, immer jovial und amüsant und keine halbe Stunde, so brachen wir gemeinschaftlich auf.«

Der Brief, von dem der alte Fontane hier spricht, ist nicht überliefert. Aber wir ahnen, dass es eine wirklich intensive Korrespondenz zwischen Vater und Sohn gegeben haben muss. Und dass dieser Vater, auch wenn er seine menschlichen Schwächen hatte, den Sohn durch die schwierigsten Lebensphasen begleitet hat. Wem, wenn nicht ihm, hätte er schreiben sollen? Wer, wenn nicht er, wäre sofort nach Berlin gekommen, um mit dem Sohn »sich die Geschichte mal anzusehn«? Fontane erzählt dann, wie er an jenem 21. März, mit dem Vater »untergefaßt«, die Königsstraße hinauf und auf den Schlossplatz zugeschritten sei. Ins Schloss – das offen stand und wo noch Verwundete gepflegt wurden – habe der Vater nicht hineingewollt, aber bei der Neuen Wache hätten sie beide »für die Verwundeten« gespendet.

Gleich danach seien sie »bis an die jenseitige Zeughausecke gekommen, da wo das Kastanienwäldchen anfängt«. Sein Vater sei stehen geblieben, habe sich »mit sichtlichem Behagen den prächtigen sonnenbeschienenen Platz« angesehen und dann »mit der ihm eigenen Bonhommie« gesagt: »[S]onderbar, es sieht hier noch gerade so aus wie vor fünfzig Jahren …«

Sie hätten dann den Weg über die Linden zum Brandenburger Tor genommen, um in »Fuhlmanns Garten« Kaffee zu trinken. Auf dem Weg dahin sei man dem König zu Pferd begegnet. Der Tross, der ihm folgte, trug die deutsche Fahne. »Du hast Glück, Papa, jetzt erleben wir was«, so der Sohn zum Vater. Aber Louis Henri Fontane habe reagiert wie die meisten Berliner, die ihrer Märzgefallenen gedachten, und nur gemeint: »Es hat doch ein bißchen was Sonderbares, … so rumreiten … Ich weiß nicht …«

Die Aufbahrung der Märzgefallenen zu Berlin 1848 vor dem Deutschen Dom, unvollendetes Ölgemälde von Adolph Menzel, 1848

Wilhelm Wolfsohn im Trauerzug nach Friedrichshain

Am 22. März folgte der Trauerzug nach Friedrichshain. Ein großer Teil der Berliner Bevölkerung folgte ihm. 183 Tote gab es zu beklagen. In Friedrichshain sollten sie ehrenvoll zu Grabe getragen werden. Es waren auch Frauen und Kinder unter den Opfern, in ihren Häusern niedergestochen oder erschossen von blindwütigen Soldaten. Wilhelm Wolfsohn ging in Solidarität mit den Gefallenen im Trauerzug mit und erhielt auf dem Weg ein Baumblatt als Andenken an diesen düstersten Tag. Er bewahrte das Blatt in seinem Tagebuch auf und schrieb erschüttert dazu: »Aus den Händen einer Leidtragenden bei der Bestattung der Opfer der grauenvollen Nacht vom 18.–19. März.« Und Fontane? Ging er neben ihm? Wir hoffen es.

Am 24. März folgte dann der Trauerzug zum Invalidenfriedhof, wo die 17 Toten der Armee bestattet wurden. Ob Bernhard von Lepel als Offizier des Kaiser-Franz-Regiments den Zug begleitete? Wir nehmen es an. Und vielleicht war auch Fontane mit unter den Begleitenden.

Es hatte nämlich zuerst Überlegungen gegeben, die Toten beider Seiten in Friedrichshain zu bestatten. Die Armeespitze hatte schließlich anders entschieden. Die Berliner Bevölkerung aber nahm an beiden Begräbnissen teil, auch an jenem auf dem Invalidenfriedhof. Sie wünschte die Versöhnung. Zeichen dafür war die große Spendertätigkeit, unabhängig davon, wer auf welcher Seite gestanden hatte. Man war sich auch sicher, dass die Revolution gesiegt hatte. Deutsche Freiheitsfahnen in Schwarz-Rot-Gold wehten überall. Im Hôtel de Russie hatten »Deutsche, Franzosen, Engländer und Polen« bereits die Parole ausgegeben, Europa sei nun »verbrüdert«.

Wahlmann Theodor Fontane im Frühling der Freiheit

Als die Ordnung zurückzukehren schien, tagte auch der »Tunnel« wieder. Das war am 2. April 1848. Doch Fontane fehlte. Und so auch Lepel. Sein Regiment war nach Schleswig-Holstein abbeordert worden, sollten doch deutsche Truppen die Erhebung der dortigen Bevölkerung gegen die dänische Herrschaft unterstützen. Lepel würde erst im September wieder zurückkehren, wenn der kriegerische Konflikt für beendet galt.

Zur selben Zeit herrschte in Berlin der politische Frühling, die ersten freien demokratischen Wahlen standen in Aussicht! Es waren die Tage, als Fontane noch immer seinen Apothekendienst in der Nähe des Alexanderplatzes zu versehen hatte, aber hauptsächlich war er wohl mit der Politik beschäftigt. Nur einmal noch, am 9. April, tauchte er im »Tunnel« auf. Dann wurde er in diesem Kreis für Monate nicht mehr gesehen. Und weil sich viele »Tunnelianer« ebenso verhielten, beschloss Wilhelm von Merckel am 18. Juni 1848, die Sitzungen vorläufig ganz einzustellen.

Einzig die langen Briefe aus Rendsburg und Schleswig, die Lepel an Fontane schrieb, lassen ahnen, wie es um den Freund in Berlin jetzt stand (Fontanes Gegenbriefe sind nicht überliefert). Die beiden müssen sich wegen ihrer unterschiedlichen politischen Bewertung der Märztage vollkommen zerstritten haben. Fontane verurteilte offenbar den Berliner Militäreinsatz aufs schärfste und stand ein für die demokratischen Rechte des Volkes. Solche Anliegen bestritt Lepel zwar nicht, denn er betonte, er finde sich durchaus in der neuen Zeit zurecht, doch er beklagte »die unedle Art und Weise wie diese heilige deutsche Tricolore aufgepflanzt wurde«.

Fontane konnte darin offenbar nichts Unedles finden. Auch sparte er nicht mit Kritik an seinem Freund und warf ihm Standesdünkel vor. Lepel hatte nämlich etwas gedankenlos geschwärmt, es gebe in Schleswig nicht nur gutsituierte, gebildete Apotheker, sondern auch kluge, hübsche Apotheker*sgattinnen*. Solche Bemerkungen trafen Fontane empfindlich, das waren für ihn blanke »Standesvorurtheile« eines Adligen gegenüber dem Bürgertum. Lepel wiederum fand unerhört, dass Fontane die Berliner Bevölkerung verteidigte, die jetzt unentwegt auf die Armee schimpfte. Solche Anwürfe waren seiner Auffassung nach ungerecht, wo doch die preußischen Truppen gerade jetzt Sieg um Sieg errangen (am 23. April bei Schleswig, am 24. April bei Oeversee). Er gewinne »das brave, treue Soldatenvolk täglich lieber«, schrieb er. Und wenige Wochen später: »Da du noch eine alte Anhänglichkeit für unser Regiment hast, theile ich dir auch mit, daß drei Offiziere der Comp., bei welcher Du standest (von Röder, v. Kochambahr u. v. Below, so wie Bat. Com. von Ledebur) verwundet sind.«

Fontane kannte sie eben alle. Das Militärjahr war nicht vergessen, er fühlte sich seinem Regiment noch immer verbunden. Am meisten natürlich Lepel selbst. Der fragte nun nach den gemeinsamen »Tunnel«-Freunden. Ob Friedrich Eggers »auch auf der Barrikade« gestanden habe, wollte er wissen, und was der »verwundete« Rudolf Löwenstein mache.

Friedrich Eggers, 28, war durch Lepel in den »Tunnel« eingeführt worden. Der frisch promovierte Kunsthistoriker hatte *nicht* auf der Barrikade gestanden, gehörte aber zu den »fliegenden studentischen Corps«, die zusammen mit den neuen Bürgerwehren in den Straßen für Ruhe und Ordnung sorgten. Hingegen könnte der gleichaltrige Dr. Rudolf Löwenstein Barrikadenkämpfer gewesen sein. Er schien sich aber gut zu befinden, denn gerade in diesen Tagen stieß er zum Herausgeberteam der politischen Satirezeitschrift *Kladderadatsch. Organ von und für Bummler*. Das Blatt werde täglich mit Ausnahme der Wochentage erscheinen, hieß es im Bummelton bei der ersten Ausgabe im Mai 1848.

Fontane muss zu diesem Zeitpunkt rund um die Uhr mit den Wahlen beschäftigt gewesen sein. In Berlin sollten zum einen die Abgeordneten »für die Vereinbarung der preußischen Staats=Verfassung« gewählt werden, zum anderen Wahlen für die erste deutsche Nationalversammlung in Frankfurt am Main stattfinden.

Die Wahlvorbereitungen hatten schon im April begonnen. Die Abgeordneten für beide Parlamente wurden durch Wahlmänner gewählt, die Wahlmänner selbst durch Urwähler. Zur Urwahl zugelassen waren alle mündigen Männer, unabhängig von Stand und Beruf, die über 24 Jahre alt waren, mindestens schon sechs Monate am selben Ort wohnten und keine Armenhilfe bezogen. Theodor Fontane gehörte zu den Urwählern. Darüber hinaus kandidierte er als Wahlmann. Schon am 1. Mai fanden im ganzen Land die Urwahlen statt. Deshalb riefen verschiedene Komitees ihre Mitbürger auf, ja verantwortungsvoll zu wählen. Eine demokratische Gruppe um den jungen Charité-Arzt Rudolf Virchow meinte: »Nur solche Männer, welche der alten Ordnung der Dinge mit voller Ueberzeugung abgesagt haben und die errungene Freiheit im Herzen tragen, welche bereit sind, für dieselbe mit eigner Aufopferung aufzutreten, und sich hierin durch Nichts irren lassen, – nur solche Männer sind tüchtige Wahlmänner, denn sie werden eine gute Wahl tun« (Flugblatt, Berlin, 26. April 1848).

Es waren Tage der politischen Bildung, man versammelte sich, hörte spontane Reden, diskutierte höchst angeregt, in aller Freiheit. Und Fontane mitten im Gewühl. Er kandidierte in einem von 140 Wahlbezirken, und jeder Wahlbezirk hatte proportional zur Einwohnerzahl zwei bis fünf Wahlmänner zu stellen. In Berlin waren es über 60 000 Urwähler (die Frauen ausgeschlossen!), die an diesem 1. Mai aufgerufen waren, ihre Stimme abzugeben. Es muss eine geradezu feierliche Stimmung an diesem Wahlmontag geherrscht haben. Die Geschäfte ruhten, die »fliegenden Corps« sorgten in den Straßen für Sicherheit und Ordnung, die Urwähler strebten den Kirchen und Theatern zu, die als Wahllokal des Bezirks bestimmt worden waren.

Die Versammlungen unter der Leitung eines Wahlkommissars begannen um 8 Uhr morgens und endeten mancherorts erst um Mitternacht. Es wurden Reden gehalten, man interpellierte, diskutierte lauthals. Am Ende hatte jeder Urwähler den Namen desjenigen Wahlmannes auf einen Zettel zu schreiben, durch den er sich am besten vertreten fühlte. Die Zettel wurden dann eingesammelt und vom Wahlkommissar laut vorgelesen, so dass alle gleich wussten, wer wie viele Stimmen erhalten hatte. Apotheker Fontane wurde zum Wahlmann für die Frankfurter deutsche Nationalversammlung gewählt. Das Mandat erteilt hatten ihm die Leute, die ihn als Apotheker am Alexanderplatz kannten. Es waren in der Mehrheit Handwerker, einfache Kaufleute, Arbeiter.

Warum wir das so genau wissen? Fontane steht im *Verzeichniß der Wahlmänner zur Wahl der Abgeordneten für die Deutsche National=Versammlung*. Hier heißt es unter dem 111. Wahlbezirk, zu dem die Neue Königsstraße gehörte: »Apoth. Fontane«. Auch »Dr. Bruck« und »Rosenberg« waren als Wahlmänner für die deutsche Nationalversammlung gewählt worden. Für die preußische Nationalversammlung hingegen hatte sich der Bezirk für Kaufmann »Voigt«, Maurermeister »Bredow« und Assessor »Kosky« als Wahlmänner entschieden.

Mehrere hundert Wahlmänner waren an diesem 1. Mai in Berlin gewählt worden. Dabei kann man den Verzeichnissen entnehmen, dass sich Theodor Fontane in guter Gesellschaft befand und etliche gewählte Wahlmänner kannte. Unter ihnen sein ehemaliger Schuldirektor und Chemielehrer »Dir. Klöden« (25. Bezirk), der für beide Nationalversammlungen als Wahlmann gewählt worden war, sowie sein ehemaliger Physiklehrer »Prof. Köhler« (25. Bezirk), der wie Fontane als Wahlmann für das Frankfurter Parlament auftreten sollte. Auch August Fontane (»Onkel August«) war gewählt worden. »Kaufmann Fontane« (30. Bezirk) war Wahlmann für die preußische Nationalversammlung.

Alle Wahlmänner, so war man sich einig, sollten *vor* den Abgeordneten-Wahlen Gelegenheit erhalten, sich gemeinsam zu beraten. Die Einladung erfolgte durch ein Wahlmänner-Komitee. Jeder, der am 3. Mai 1848 die *Vossische Zeitung* aufschlug, konnte lesen: »Sämmtliche Wahlmänner der Stadt Berlin (sowohl für Preußen wie für das deutsche Parlament) werden […] zu einer gemeinschaftlichen Berathung auf Mittwoch den 3ten Mai, 11 Uhr, in der Garnisonkirche eingeladen.«

Es war eine großartige Sache, aber es muss bei dieser ersten Versammlung sehr turbulent und chaotisch zugegangen sein. Schon nach einer Stunde trennte man sich wieder, weil keiner recht zu Wort gekommen war. Nachmittags um 2 Uhr setzte man die Veranstaltung »im Concertsaale des Schauspielhauses« fort. Jetzt mit weniger Lärm und Geschrei, dafür mit einer Glocke, die Redeerlaubnis erteilte. Und so war es alle folgenden Tage. Es gab Generalversammlungen morgens im Schauspielhaus, nachmittags im Opernhaus, und zwischendurch trafen sich die Parteien zur internen Beratung. Alles drehte sich um die Frage, wen man als Abgeordneten wählen sollte und welche politische Richtung, die konstitutionelle oder die republikanische, die Rechte oder die Linke, sich durchsetzen würde.

Die Abgeordneten-Wahlen erfolgten dann in der folgenden Woche an zwei verschiedenen Terminen und jeweils in verschiedenen Kirchen, die als Wahllokale dienten.

Für die *preußische* Nationalversammlung fand die Wahl der Abgeordneten am Montag, den 8. Mai, statt, für die *deutsche* Nationalversammlung am Mittwoch, den 10. Mai. »Apotheker Fontane« hatte zusammen mit insgesamt 112 Wahlmännern an diesem Mittwochmorgen um 9 Uhr in der Nikolaikirche zu erscheinen, um seine Stimme in geheimer Wahl für seinen Kandidaten abzugeben. Und so geschah es in fünf weiteren Kirchen Berlins. Das Resultat der Wahl wurde anderntags publiziert: Gewählt worden war in der »Nikolai-Kirche«, wo Fontane gesessen hatte, »Minister Camphausen« und als sein Stellvertreter »Professor Schmidt«.

Keiner der gewählten Abgeordneten hatte in seinem Bezirk Glanzresultate erreicht, was bedeutete, dass wirklich hart gerungen worden war. Das Wahlresultat insgesamt galt als ermutigend: Denn es waren vorwiegend liberale und linksliberale Männer gewählt worden, was versprach, dass in ganz Deutschland die demokratischen Rechte des Volkes durchgesetzt werden würden.

Bereits am 18. Mai 1848 eröffnete das Frankfurter Parlament seine erste Sitzung. 800 Abgeordnete aus ganz Deutschland begannen mit der Arbeit an einer gesamtdeutschen Verfassung (die Berliner fanden mit einem gewissen Recht, sie seien mit sechs Abgeordneten untervertreten). Leipzig hatte Robert Blum als Abgeordneten geschickt. Er würde sich als entschiedener Demokrat für die Republik starkmachen. An seiner Seite hatte er Julius Fröbel, der jetzt in Dresden lebte.

Doch noch während die junge deutsche und preußische Demokratie sich konstituierte, erstarkte schon die Reaktion. Die allgemeine Aufregung in Berlin war groß, als Mitte Mai das Gerücht umging, der Prinz von Preußen, der nach London geflüchtet war, bereite seine Rückkehr vor. In den Zelten, wo man die Konterrevolution fürchtete, wurde die Parole ausgegeben, wer Waffen zu tragen berechtigt sei, solle sich bewaffnen. Indes, auch die Christlich-Konservativen blieben nicht untätig. Bereits am 30. Juni 1848 erschien die *Neue Preußische Zeitung* mit dem Eisernen Kreuz im Titel. Die *Kreuzzeitung*, wie sie bald heißen sollte, hatte im Sinn, konservative Parteipolitik zu betreiben und alle Bestrebungen zur Neuinstallierung der preußisch-deutschen Monarchie zu unterstützen.

Die *Kreuzzeitung* war entschieden *nicht* die Zeitung Fontanes im politischen Frühling des Jahres 1848. Er gehörte seinem Vernehmen nach Anfang Mai aber auch noch nicht zu den radikalen Demokraten. Lepel gestand er im Herbst (als sich die Lage bereits gekehrt hatte), er habe an jenem 1. Mai als kandidierender Wahlmann seine flammende Rede mit den Worten geschlossen: »Liebe zum Volk, aber auch Liebe zum König.« Wir folgern daraus, dass er sich zum Zeitpunkt der Wahlen zu den kritischen Konstitutionellen zählte, zu denjenigen, die einen verfassten parlamentarischen Staat und liberale Minister wollten, den König aber durchaus leben ließen. Gut möglich, dass er also die Wahl des Abgeordneten Ludolf Camphausen mit seiner Stimme unterstützt hatte. Camphausen war seit dem 29. März neuer preußischer Ministerpräsident, ein Bürgerlicher, der zu politischen Hoffnungen berechtigte. Im Laufe des Sommers rutschte Camphausen jedoch mehr nach rechts (und trat am 20. Juni zurück). Fontane aber rutschte entschieden mehr nach links.

Seine Radikalisierung hat damals offenbar zu Konflikten mit der Familie und wahrscheinlich auch mit Emilie geführt und, wie wir wissen, mit Bernhard von Lepel. Lepel beschäftigte die Sache so sehr, dass er auch mit seinen Freunden darüber sprach, nicht zuletzt mit der Schriftstellerin Fanny Lewald, die mit Adolf Stahr liiert war. Der liberale Publizist Adolf Stahr hatte ein besonderes Interesse an Fontane gewonnen, seit Lepel ihm bei Fanny Lewald die Preußenlieder des Freundes vorgelesen hatte. So wie sich nun im Sommer 1848 die politische Lage entwickelte, schien sich für Stahr die widersprüchliche Freundschaft von Lepel und Fontane geradezu als Romanstoff für einen 1848er-Roman aufzudrängen. »Der Offizier« sollte dieser Roman heißen, den zu schreiben er Fanny Lewald vorschlug: »Dein *Lepel* könnte Dir die Studie sein, adlig, Poet, unglücklich liebend (ein Mädchen aus dem Volke), ein Freund aus dem Volke (Fontan), auf den er Feuer kommandieren muß in der Barrikadennacht, dann sein Gebrochensein [...] Fontan ist vielleicht auch Freiwilliger in Lepels Kompanie. Er soll auf das Volk feuern, er will nicht, er weigert sich laut, er wird Meuterer, er fordert in der Glut der zornigen Begeisterung die Truppe auf, seinem Beispiel zu folgen, – nicht zu schießen auf das unbewaffnete Volk, das im Recht ist, und sein Freund, der Offizier, der getreue [?] Leibwächter des Königs – der

Mann von *Ehre* – muß den Freund niederstoßen, wenn er sich nicht verhaften lassen will. Ich bin ganz voll von der Szene. Denk Dir dazu die Schwester Fontanes« (17. Juli 1848).

Stahr sah Fontane demnach als Barrikadenkämpfer oder als entflammten Redner und Unteroffizier, der seine Soldaten zum Widerstand aufruft. Die tragische Figur war in seinen Augen Lepel, der Offizier von Ehre, der auf den eigenen Freund schießen muss und daran zerbricht.

Doch wo steckte Fontane, als Stahr ihn zum Antagonisten eines politischen 1848er-Romans erhob? Versah er noch immer seine Provisor-Stelle, während Berlin die Konterrevolution zu fürchten begann? Denn unterdessen war der Prinz von Preußen zurückgekehrt, auch hatte es bereits Unruhen gegeben. Fontane radikalisierte sich in dieser Zeit und neigte mehr und mehr zu den radikalen Demokraten. Vom 31. August bis zum 7. November 1848 (dann besetzten die Truppen von General Wrangel die Hauptstadt) erschienen in der demokratischen Berliner *Zeitungs=Halle* vier Artikel unter seinem vollen Namen. Titel: *Preußens Zukunft*, *Das preußische Volk und seine Vertreter*, *Die Theilung Preußens* und *Einheit oder Freiheit?*. Sein Anliegen war das vereinigte Deutschland, das nur um den Preis von Preußens Untergang zu verwirklichen war. Wer es las, spürte, wie schwer dem Autor diese Einsicht fiel, aber auch dass er dieses »Opfer« wünschte.

Es war ihm ernst mit dem, was er schrieb. Außerdem wusste er sich einig mit Männern wie Julius Fröbel, der im Zentralausschuss der *Zeitungs=Halle* saß. Einig wusste er sich auch mit Hermann Kriege, einem Freund aus den Leipziger Tagen. Kriege war der Redakteur des forschen Blattes. Bereits zweifelte man bei den Demokraten am Frankfurter Parlament. Würde es die Revolution verraten? Jedenfalls war es gut, einen zweiten Demokratenkongress zu veranstalten, und zwar in der dynamischen Stadt Berlin (26.–31. Oktober 1848), nicht im verschlafenen Frankfurt, wo der erste dieser Kongresse vier Monate zuvor stattgefunden hatte. Man wollte sich radikaler geben angesichts der drohenden Konterrevolution. Auch von Bewaffnung war immer deutlicher die Rede.

»Denk Dir dazu die Schwester Fontanes«, so hatte Adolf Stahr geschrieben. Schwester Jenny, 24, muss die Radikalisierung ihres älteren Bruders mit Sorge beobachtet haben. Und nicht nur sie, sondern die ganze Familie. Es war ganz ähnlich wie damals, im Sommer 1843, als er mit seinen verrückten Ideen aus Leipzig kam. Da hatte er gerade noch rechtzeitig nach Letschin gefunden, bevor er als Radikaler hätte inhaftiert werden können. Nach Letschin konnte man ihn jetzt kaum locken. Aber das Berliner Diakonissenhaus Bethanien war ein relativ sicherer Ort. Dort kannten Fontanes den Pastor Schultz. Mit ihm war die Familie, insbesondere die Mutter, befreundet. So wusste man aus direkter Quelle, dass die neue Einrichtung einen Apotheker suchte. Er sollte die Krankenhaus-Apotheke leiten und zwei Diakonissinnen pharmazeutisch ausbilden.

Dank Protektion wurde Fontane am 14. September 1848 die Leitung der Bethanien-Apotheke übertragen. Damit war er wortwörtlich aus dem Schussfeld gezogen. Denn das Diakonissenhaus auf dem Köpenicker Feld lag außerhalb der Stadttore. Zugleich gab man dem Sohn eine christlich-konservative und königstreue Umgebung.

Die Kur wirkte, jedenfalls zu Beginn. Denn am 17. September schrieb Fontane an Lepel, mit dem er sich auf keinen Fall überwerfen wollte: »Ein Sonnenstrahl des Glücks hat mich getroffen. Ich bin in Bethanien, *bei freier Wohnung und Station*, mit 20 rth. monatlich angestellt. Nur während zweier Mittagsstunden hab' ich in der Apotheke zu arbeiten; die übrige Zeit ist mein. Du kannst Dir denken wie viele Pläne und Hoffnungen ich an diese Muße knüpfe.«

Solcher Komfort war nicht zu verachten. Ab dem 1. Oktober sollte er gar im Doktorhaus ein Zimmer haben (parterre), wo er leicht Gäste empfangen konnte. Denn es war ein sehr anständiges Zimmer. Aber ganz ruhiggestellt war er doch nicht. Denn als er von General Wrangels Rede an die Soldaten erfuhr, war er so erregt wie jeder, der sich zur demokratisch-revolutionären Bewegung zählte.

Die Schleswig-Holstein'sche Erhebung gegen Dänemark hatte keinen durchschlagenden Sieg gebracht, sondern nur einen vorläufigen Frieden. Jetzt war General Wrangel mit seinen Truppen zurück und machte im Armeebefehl vom 17. September deutlich, was die neue Aufgabe war: »die öffentliche Ruhe in diesen Landen da, wo sie gestört wird, wieder herzustellen, wenn die Kräfte der *guten* Bürger hier nicht ausreichten«.

Immer wieder hatte es bei den Radikalen geheißen, man müsse sich im äußersten Fall mit Waffen wehren. Für Fontane war dieser Moment jetzt da, denn Wrangels Parole war »geradezu die Contre-Revoloution«, die »zum Kampf« herausforderte. Doch woher die Waffe nehmen! Und so schrieb er in seiner Erregtheit an Lepel: »Mit dürren Worten: hast du nicht auf väterlicher Rumpelkammer eine alte aber gute Büchse? Ich fordre es von Dir als einen Freundschaftsdienst mich nicht im Stich zu lassen, wenn Du meinen Wunsch erfüllen *kannst*, und sehe einigen Zeilen, noch lieber aber dem Muskedonner in Person entgegen. Lache nicht, die Sache hat ihre sehr ernsthafte Seite.«

Wenn es ihm sehr ernst gewesen wäre, hätte er gewiss ohne Lepels Hilfe eine Waffe auftreiben können, auch die »Geldverlegenheiten«, in denen er angeblich steckte, hätten ihn kaum hindern können. Lepel fand Fontanes Reaktion auf Wrangels Armeebefehl natürlich absurd. Seiner Auffassung nach nutzte »die Linke« Wrangels Worte einfach für ihre eigenen Zwecke. Schamlos. Scharf reagierte er auch auf Fontanes pointierte Formulierung, er wäre, hätte er die Zeit und das Geld dazu, »ein Wühler *comme il faut*«. Das war ein Angriff auf den Ehrenkodex der Armee. In der Armee werde »nicht gewühlt«, sondern »nur offen gehandelt«, ohne Hinterlist, schrieb Lepel zurück. Er wusste natürlich, dass Fontane, wenn er sich als »Wühler« bezeichnete, vor allem sagen wollte, er sei jetzt ein radikaler Republikaner geworden. Auch das fand er falsch: »Du warst erst ein Liberaler u Rationaler, dann ein *gemäßigter* Liberaler u machtest den *Supranaturalisten* Concessionen und nun bist Du ein Republikaner u. im Uebrigen vielleicht ein *Heide* geworden.«

Fontane ließ es sich von Lepel nicht ausreden: Wrangels Armeebefehl hatte die Reaktion eingeleitet. Im Übrigen musste man ihm nicht von ehrenhaftem Verhalten der Armee sprechen. Zu grauenhaft hatten die »Gardemänner« in der Märzrevolution die verhafteten Revolutionäre nach Spandau geprügelt. Dass er »gradatim bis zur Republik gekommen« sei wie »Millionen« mit ihm, habe sich allein der König, die Armeespitze und die reaktionäre »Hofpartei« zuzuschreiben. Zum Vorwurf, er sei zum Atheisten geworden, mochte er sich nicht äußern. Er wollte die Freundschaft mit Lepel nicht gefährden und gab ihm auch manches zu.

In den Tagen, als es dann in Berlin erneut zu Straßenunruhen kam, schweigt die Korrespondenz zwischen den Freunden. Aber sie erlebten beide mit, wie nun der königliche Plan zur Gegenrevolution unerbittlich umgesetzt wurde. Am 8. November 1848 wurde als Zeichen der konservativen Wende Otto von Manteuffel zum Minister des Innern ernannt. Am 10. November zogen 13 000 Soldaten unter dem Oberbefehl von Wrangel in Berlin ein und stellten sich am Gendarmenmarkt auf. Die preußische Nationalversammlung, die im Schauspielhaus tagte, sollte aufgelöst, politische Klubs geschlossen, radikale Zeitungen wie die Berliner *Zeitungs=Halle* verboten, die Bürgerwehr entwaffnet werden. Dies alles geschah innerhalb weniger Tage. Ohne Blutvergießen. Denn die erregte Empörung der Berliner Bevölkerung mündete in die Einsicht, dass Widerstand gegen eine bewaffnete Armee zwecklos war. Zur selben Zeit traf aus Wien die Nachricht ein, Robert Blum, der führende demokratische Abgeordnete der deutschen Nationalversammlung, sei am 9. November auf der Brigittenau standrechtlich erschossen worden.

Fontane war von den Ereignissen vollkommen erschüttert. »Ich wünsche jetzt keinen Kampf«, schrieb er an Lepel (17. November 1848). Er schrieb aus Bethanien, wo es ruhig war und Pastor Schultz ihm wohl gut zuredete und meinte, es sei besser, wie es sei. Fontane setzte sich dann an sein »Karl Stuart«-Drama und versuchte auf diese Weise, sich politisch einzumischen.

Die Erinnerungen des alten Fontane an die Ereignisse von 1848 umfassen in *Von Zwanzig bis Dreißig* gut fünfzig Druckseiten. Sie haben Anlass zu vielen Irritationen gegeben, weil Fontane seine politische Rolle von damals wie eine Komödienrolle interpretierte. Er hat aber erklärt, er habe sich mit den Tagen der Märzrevolution beschäftigen wollen »wie ein Jurist, dem ein Zufall ein altes Aktenstück in die Hände spielt«, was zur Folge hat, dass der Fall nochmals neu aufgerollt und neu bewertet werden muss. In der Tat verließ er sich nicht allein auf das, was er selber erinnerte, sondern auch auf zahlreiche andere Memoiren und historische Darstellungen, so dass sich das eigene Erleben relativierte. Benutzt hat er nachweislich eine anonyme Schrift von 1850 mit dem Titel *Die Berliner Märztage. Vom militairischen Standpunkte aus geschildert*. Benutzt hat er auch das Buch *Denkwürdigkeiten* (1891) von Leopold von Gerlach, das ebenfalls auf Quellen beruhte. Anderes muss hinzugekommen sein. Etwa die dreibändige *Berliner Revolutions-Chronik* (1851–1854) von Adolf Wolff. Jedenfalls hat Fontane, aus dem, was ihm vorlag, manches exzerpiert und sich so eine eigene Sammlung zu den Märzereignissen angelegt, auf die er bei der Konzeption seines Erinnerungskapitels zurückgriff. Das Manuskript (im Besitz des Stadtmuseums Berlin) trägt alle Spuren einer bewussten Komposition und unterscheidet sich kaum von Fontanes Romanentwürfen: Es gibt Korrekturen, Streichungen, Ergänzungen, auch werden die Kapitel hin und her geschoben, die Titel verändert. An einer Stelle heißt es als Vorschlag für eine Überschrift: »Die Wahlmänner im K. Schauspielhaus«. Es ist daraus dann der kurze Ausgang geworden: »Nachspiel. Berlin im Mai und Juni 1848«. Darin schildert er, wie er als Wahlmann an den Beratungen »im Konzertsaale des Königlichen Schauspielhauses« teilnahm, wahrscheinlich damals der kritisch konstitutionellen Partei, den gemäßigten Liberalen zuneigend. Über diese Tage schrieb er im Rückblick: »ich zähle die Stunden, in denen diese Beratungen stattfanden, zu meinen allerglücklichsten.« Einmal sei zum Beispiel »der alte Jakob Grimm« auf das Podium geschritten, »von langem, schneeweißem Haar umleuchtet«, und habe »irgend etwas von Deutschland, etwas ganz allgemeines« gesprochen. Es habe auch »Schwätzer und Nullen« gegeben, »auch sogar Hochstapler«. Dazu der alte Fontane: »Ich kenne noch ganz gut ihre Namen, aber ich werde mich hüten, sie hier zu nennen.« Und: »Wie lange diese Sitzungen dauerten, weiß ich nicht mehr; ich weiß nur, daß alles was ich erlebte, mich tagtäglich beglückte: der schöne Saal, das herrliche Wetter – wie's ein Hohenzollernwetter gibt, so gibt es auch ein Revolutionswetter – der Verkehr, das Geplauder.«

12 000 Taler Anzahlung für die Letschiner Apotheke

Der Sommer der Freiheit setzte nicht nur im politischen Leben viel in Bewegung. Die Menschen waren überhaupt im Aufbruch. Das galt auch für das Leben in Letschin. Louis Henri Fontane ließ am 18. Juli 1848 folgende Anzeige in die *Vossische Zeitung* einrücken:

> Die hiesige mir gehörige Apotheke will ich verkaufen; – einer Empfehlung derselben bedarf es nicht, denn allein schon ihre glückliche Lage rechtfertigt diese Aeußerung vollkommen. Qualificirte Kauflustige, die mindestens 12 000 thlr. anzahlen können, erfahren das Nähere auf mündliche Erkundigungen durch den Herrn Apotheker *Sommerfeldt* in Berlin, zur Zeit in der dortigen *Simonschen* Apotheke, wogegen ich schriftliche portofreie Anfragen selbst bereitwilligst beantworten werde.
>
> Letschin im Oderbruche.
>
> *L. Fontane.*

Er wollte wirklich verkaufen und gab die Anzeige gleich zweimal auf, so dass sie auch am Folgetag erschien. Louis Fontane war jetzt 52 Jahre alt und bereits zehn Jahre in Letschin. Offensichtlich war man bereit, etwas Neues zu wagen. Vielleicht an einem Ort, wo man direkten Eisenbahnanschluss hatte. Es zog jetzt alles in die Stadt. Hatte man gar Heimweh nach Berlin? Oder war die Anzeige ein Vorbote, dass sich die Eltern trennen wollten?

»Enthüllungen N° II« und anderes Intrikates

Und welche Eskapaden erlaubte sich denn der Sohn? Die Folgen zeigten sich erst gegen den Frühling 1849. Da schrieb Fontane an Freund Lepel: »Denke Dir: ›*Enthüllungen N° II*‹; zum zweiten Male unglückseliger Vater eines illegitimen Sprößlings. Abgesehn von dem moralischen Katzenjammer, ruf' ich auch aus: ›Kann ich Dukaten aus der Erde stampfen u. s. w.‹ Meine Kinder fressen mir die Haare vom Kopf, eh die Welt weiß, daß ich überhaupt welche habe. / O horrible, o horrible, o most horrible! ruft Hamlets Geist, und ich mit ihm.« Dann fuhr er fort: »Das betreffende interessante Aktenstück (ein Brief aus Dresden) werd' ich Dir am Sonntage vorlegen, vorausgesetzt, daß Du für die Erzeugnisse meines penes nur halb so viel Interesse hast wie für die meiner Feder. Eigentlich wollt' ich schreiben ›penna‹, um eine Art Wortspiel zu Stande zu bringen, aber es schien mir doch allzu traurig; obschon ich in solchen Dingen nicht so ängstlich bin wie z. B. Freunde von mir« (1. März 1849).

Wir kennen ihn bereits, den frivolen Fontane. Es kann uns also nicht erstaunen, wenn er seine heimlichen Vaterschaften leichter nahm als andere seiner Freunde. Lepel zum Beispiel hatte eine ähnliche Situation recht stark zu schaffen gemacht. Fontane zeigte sich jetzt als der Coolere der beiden. Er war eben ein richtiges Mannsbild, blitzte beim Poussieren seltener ab, als er vorgab. Nur dass die Frauen vom »Meißeln«, wie er sich ausdrückte, schwanger wurden und Kinder kriegten und er dann zahlen musste, machte ihn ganz zappelig. Da war dann der gute Rotwein ein Mittel zur Beruhigung. Aber man schrieb dann auch Briefe wie besoffen. Eigentlich hatte er Lepel nur für die Einladung zu Fanny Lewald danken wollen. Jetzt war ihm das Bekenntnis aus der Feder gerutscht. Aber was tat es! Er saß in Bethanien und schrieb weiter mit Schwung: »Die Vorladung zur Lewald wäre mir in andren, minder *frucht*baren Zeitläuften freilich angenehmer gewesen, indeß ich will und werde mich aller Trübseligkeit zu entreißen wissen. Also: eingeschlagen! ich bin der Deine, und wenn's zum Deibel ginge, – warum nicht auch zu Fanny? Es ist übrigens noch 3 Tage hin, und ich denke bis dahin diesen Zustand von Besoffenheit hinter mir zu haben, so daß Du Dich meiner nicht zu schämen brauchst.«

An »meißeln« – gemeint war hier das Feilen an Texten für die »Tunnel«-Sitzung vom Sonntag, den 4. März – sei jetzt nicht zu denken, »das kommt vom Meißeln«. Da hatte er dann doch sein Wortspiel zustande gebracht, was er nicht schön fand: »Gräßliche Witze, und gemein dazu; indeß das möchte alles gehn, wenn diese Vaterfreuden, dieser Segen, diese heimlichen Ueberraschungen nicht wären!«

Die Details beredeten die Freunde dann wohl nach jener »Tunnel«-Sitzung vom 4. März 1849. Es ging in der Hauptsache um die Frage, wie die Summe zu beschaffen sei, für die Fontane geradestehen wollte. Man machte es in männlicher Manier miteinander ab. »Mein lieber Lepel«, so dankte der Freund wenige Tage später: »Zuvörderst meld ich Dir den Empfang von Brief und Geld; zur festgesetzten Zeit erfolgt es mit meinem Dank zurück« (13. März 1849).

Er pumpte ihn dann noch weiter an (»Habe Dank für die zurückerfolgenden 3 Läppchen«), aber die Vaterschaft selbst und die Liebschaft, die ihn zum Vater gemacht hatte, kommt in den Briefen nicht mehr zur Sprache. Von Verheimlichen kann aber nicht wirklich die Rede sein. Vermutlich hat Fontane auch mit Emilie gesprochen und sich brieflich mit ihr über die intrikate Angelegenheit ausgetauscht (die Briefe aus der Brautzeit sind nicht überliefert).

Denn es galt nicht als sonderlich verwerflich, wenn der junge Bräutigam sich vor der Ehe noch etwas die Hörner abstieß. Viel wichtiger war, dass die Braut nicht vorzeitig schwanger wurde. Auch sollten die »Vaterfreuden« den Geldbeutel nicht allzu arg strapazieren. Dass die Summen gezahlt werden mussten, war Ehrensache, daran rüttelten Fontane und Lepel sowie die Männer, die ihre Freunde waren, nicht. Es blieb ihnen auch nicht viel anderes übrig, weil die Rechtsprechung Mutter und Kind besser schützte als noch Jahre zuvor.

Das Problem für Fontane war, dass er das Geld nicht hatte. Er pumpte es also und verschuldete sich, was für ihn und Emilie doch härtere Konsequenzen hatte. Denn es fehlte dadurch ein Teil jenes Kapitals, das es ihnen erlaubt hätte, einen eigenen Hausstand zu gründen. Fontane zögerte demnach bewusst oder unbewusst die Eheschließung hinaus, auch wenn er geradezu verzweifelt betonte, er wolle endlich heiraten.

Seit er den »Brief aus Dresden« erhalten hatte, konnte er nicht mehr schreiben. Lepel gestand er: »Ich habe seit 4 Wochen keine Zeile geschrieben; es ist Mannigfaches, was hemmend auf mich wirkt, doch haben die politischen Kämpfe und Wirren nur geringen Theil daran. Hypochondrische Anfälle, halb melancholisches Brüten halb leidenschaftliches Auffahren, gewinnen immer mehr Macht über mich, so daß ich mitunter überhaupt an mir verzweifle, und an dem Poëten nun schon ganz unbedingt« (7. April 1849).

Er komme erst wieder zu sich, wenn er verheiratet sei, meinte er. Auch wolle er Emilie nicht länger warten lassen. Es sei ihm »die Liebe eines Weibes wahrhaftiges Bedürfniß für Leib und Seele«. Er wolle deshalb versuchen, seine Einnahmen aufzubessern. Das gehe am besten, wenn er neben seiner Tätigkeit in Bethanien »fürs liebe Geld« Artikel schreibe. Das alles gestand er dem Freund, von dem er wusste, dass der ihn lieber als Dichter denn als Journalisten gesehen hätte. Deshalb betonte er: »Hätte mich nicht eine unglaubliche Leistungsfähigkeit, da wo sie füglicherweise zu entbehren wäre in diese Geldkalamitäten gestürzt, so würd ich auf solche Correspondenten- oder Uebersetzer-Gelüste wahrlich gar nicht gekommen sein, so aber will ich mich doch ein wenig umthun.«

Doch zuerst war eben noch die andere Aufgabe zu lösen. Durch das »Aktenstück [...] aus Dresden« sah sich Fontane offenbar gezwungen, innerhalb einer bestimmten Frist in die sächsische Hauptstadt zu reisen. Es ging vermutlich darum, die eingeforderte finanzielle Hilfe zu leisten, und nicht um eine sentimentale Begegnung mit Mutter und Kind.

Aber in Dresden brodelte es in diesen Tagen, hatte der sächsische König doch nicht nur die Reichsverfassung abgelehnt, sondern auch das sächsische Parlament aufgelöst und damit den politischen Widerstand der demokratisch gesinnten Kräfte geweckt. Am 3. Mai 1849 kam es zum großen Barrikadenbau in der Innenstadt, bei dem auch Gottfried Semper, 45, und Richard Wagner, 36, beteiligt waren. Der Kampf war erbittert und blutig und konnte erst mithilfe sächsischer und preußischer Truppen niedergeschlagen werden. Am 9. Mai hatte die Konterrevolution gesiegt. Über hundert Tote waren unter den Aufständischen zu beklagen.

Die Polizei hatte dann sofort begonnen, Barrikadenkämpfer zu verfolgen oder steckbrieflich zu suchen, so die Flüchtigen Gottfried Semper und Richard Wagner. Michail Bakunin, 35, nahm sie gleich fest. War es da angezeigt, nach Dresden zu reisen? Fontane, 29, im Herzen republikanisch gestimmt, reiste diskret. Später aber hat er in einem Reisebrief davon erzählt. Und so lesen wir an unerwarteter Stelle: »Es scheint mein Schicksal, immer nur im Gefolge preußischer Regimenter in die sächsische Hauptstadt einzuziehen. Zuletzt 1849. Die Maitage waren damals eben vorüber, die Granitstein-Barrikaden Sempers eben weggeräumt und die an Eisenstangen hängenden Gewerks- und Wirtshausschilder in der Scheffelgasse waren von preußischen Kugeln noch durchsiebt.« Nehmen wir an, er habe damals die Gelder für sein illegitimes Kind bezahlt, die Konterrevolution noch einmal bitter verurteilt und dann mit der ganzen Geschichte abgeschlossen. Jedenfalls war er im Mai 1849 bereit, Europa den Rücken zu kehren.

Ja, er wollte mit Emilie nach Amerika auswandern (zusammen mit seinem Onkel August und seiner Tante Pinchen). »In spätestens 8 Wochen denk' ich auf dem Weg nach New-York zu sein«, schrieb er am 14. Mai 1849 an Freund Lepel. Er habe vor, dort mit Emilie eine Familie zu gründen. Ob man sich vor der Abreise noch sehe, sei ungewiss. Er bitte daher den Freund bei Verleger Duncker anzufragen, ob der seine Verse drucken wolle. Lepel konnte sich nur verwundert die Augen reiben. Ob es nicht besser sei, das »Karl Stuart«-Drama zu Ende zu bringen, fragte er zurück.

Tatsächlich gab Fontane den Amerika-Plan, kaum gedacht, schon wieder auf. Vielleicht war es doch klüger, eine Apotheke zu erwerben? Lepel solle sich doch einmal erkundigen, ob Apotheker Schüppel in Neu-Kölln am Wasser 10 bereit sie, an ihn zu verkaufen. Er würde dann seinen »Papa« »mit ins Complott« ziehen. Aber dann gab es doch wieder Zweifel, ob der Laden seine 25 000 Taler wert war, über die man im Übrigen gar nicht verfügte. Lepel konnte lange zwischen Fontane und Apotheker Schüppel hin- und herrennen. Am Ende rechnete ihm der Freund nur vor: »Ja, mein lieber Lepel [...] Ich *kann* die Apotheke nicht kaufen; könnt' ich's aber auch, so wär ich ein großer Esel.« Darauf Lepel: »Was die Schüppel'sche Geschichte betrifft, so weiß ich nicht, wer mehr Unrecht hat, Du oder er; ich glaube fast Du.«

Die Sache hätte gedrängt. So aber ging die bequeme Anstellung in Bethanien im September 1849 zu Ende, ohne dass Fontane sich weiter gebunden sah. Er wollte Schüppels Apotheke nicht, er wollte auch keine neue Provisorstelle. Es musste möglich sein, sein Geld mit Schreiben zu verdienen. Und dann zu heiraten. Das war im Grunde der Plan. Er kaprizierte sich aber darauf, die Freunde in Aufregung zu versetzen, sprach von all den Posten, für die er sich verdingen würde: »Geschäftsführer einer Apotheke, Eisenbahnbeamter, Sekretär, Calculator, Registrator, Lehrer in Chemie, Geographie und Geschichte, Constabler-Wachtmeister, Redacteur einer gesinnungslosen Zeitschrift, ministerieller Zeitungsleser und Berichterstatter, Billetteur eines Theaters, Bücher-Croupier in der Königl. Bibliothek und noch hundert andre Dinge [...].«

Wer an Fontane als Dichter glaubte, war hell entsetzt. Fanny Lewald, vor der er ähnliche Kapriolen geschlagen hatte, fand es »bei reiflicher Überlegung ganz ungehörig«, dass Fontane »zu den Eisenbahnen« gehen wollte.

Besser wäre gewesen, der König hätte seine Schatulle geöffnet, man musste ihm nur die Preußenlieder zur Vorlesung bringen. Und das Versepos *Von der schönen Rosamunde.* Vorläufig aber solle Fontane einfach »die erste beste Provisorstelle nehmen« und nicht verzweifeln. An Lepel schrieb sie: »Warten ist das Schwerste, aber auch das Prinzip aller Lebensweisheit, und je später er heiratet – unter uns gesagt –, so besser für den Dichter« (23. November 1849).

Auch Lepel riet von jeder Überstürzung ab. Wenn das Geld fehlte, um zu heiraten, dann musste eben gewartet werden. Das Bedürfnis nach der »Liebe eines Weibes« konnte ja vorläufig auch anders gestillt werden. Aber Fontane wollte Schriftsteller *und* Ehemann sein. Und jetzt wollte er seine Familie gründen. Wenn es sein musste, auch in Amerika. Als Eisenbahner.

Aber eigentlich wollte er doch nur in Deutschland leben, es war das Land seiner Sprache, seiner Kultur. In diesem Zwiespalt, der ihn fast in den Wahnsinn trieb, vielleicht neben sich ein Glas Wein, schrieb er seine große ungerechte Anklage gegen seinen Vater: »Und es könnte alles anders sein! Sieh, das verbittert mich jetzt, zu Zeiten, bis ins tiefste Herz. Der Egoismus meines Vaters, der immer Geld hatte für Wein und Spiel, und nie für Erziehung und Zukunft seiner Kinder hat schlimme Frucht getragen. Man ließ mich Apotheker werden, weil man das Geld verprassen wollte, was zur Ausbildung der Kinder hätte verwendet werden müssen, und jetzt, wo sich die Reue darüber leise im Herzen regt, ist es zu spät: die Noth ist da, der Bankrutt bricht herein – jetzt *kann* Niemand mehr helfen. – Ich habe von Haus sehr trübe Nachrichten, die wenig geeignet sind, mich frei und froh in die Zukunft blicken zu lassen« (5. Oktober 1849). Es war die Familiensituation, die ihn so verzweifelt machte. Alles brach auseinander, und er konnte es nicht hindern, obwohl er doch zwischen Mutter und Vater immer wieder vermittelt hatte. Er war eben nicht der Sohn, der alles retten konnte.

Im November 1849 wurde Fontane Berliner Korrespondent der *Dresdner Zeitung*. Es war kein Auskommen, nur der Tropfen auf einen heißen Stein.

Die Erstlinge »Von der schönen Rosamunde« und »Preußen-Lieder«

Seit Anfang Oktober 1849 wohnte Fontane wieder mitten in Berlin. Er hatte ein Chambre garnie gefunden in der Luisenstraße 12, 3 Treppen hoch, wenige Schritte hinter dem Karlsplatz, also in vertrauter Gegend. Von hier aus erreichte man nicht nur in wenigen Gehminuten die Wohnung der Kummers, wo Emilie lebte, von hier schritt man auch leicht hinüber in den Tiergarten, besuchte das Theater, die Cafés, die Restaurants. Und leicht fand man zu den Poststationen und Bahnhöfen. Berlin war jetzt ein moderner europäischer Verkehrsknotenpunkt mit dem Potsdamer, Anhalter, Frankfurter, Stettiner und Hamburger Bahnhof. Kein Wunder, ließ Fontane alle Welt wissen, wenn seine pekuniäre Lage sich nicht bessere, gehe er zur »Eisenbahn«. Vielleicht hatte er sich sogar bei Herrn Kluge, dem »Eisenbahnschaffner«, der im selben Hause wohnte, neugierig über die Arbeitsverhältnisse bei der Bahn erkundigt. Bahnfahren war ihm wirklich ein Vergnügen. Er war häufiger unterwegs, als wir heute im Detail wissen.

Zwar beteuerte er jedem, der es wissen wollte, er sei auf Stellensuche. Aber in Wirklichkeit bemühte er sich vor allem darum, seine Sachen zu publizieren. Er nutzte dazu alle Kontakte, die er hatte. Durch Scherenberg gelangte er an den Berliner Verleger Adolf Hayn. Mit Hayn konnte er denn auch gegen Ende Oktober einen Vertrag für seine Preußenlieder aushandeln. Er forderte ein Honorar von 8 Louis d'or und erhielt immerhin 4. Hatte Scherenberg ihn in Berlin vermitteln können, so gelang dasselbe dem Freund Wolfsohn in Dessau. Hier war es Verleger Katz, der Interesse zeigte, und zwar für den Romanzen-Zyklus *Von der schönen Rosamunde.* 3 Louis d'or als Honorar sollten für Fontane herausspringen. Es war nicht der Geldsegen, den er sich wünschte. Der Eindruck ist aber doch, dass alle, die mit ihm näher zu tun hatten, sich irgendwie für ihn verwenden wollten. Er konnte eben sehr schön »nöhlen« und jammern und sein Geschick schwarzmalen, so dass alle helfen und retten wollten. Selbst der robuste Hermann Scherz bat ihn in diesen Tagen »dringend« nach Kränzlin, eine Reise, zu der sich Fontane gerne bequemte.

Er war als freier Mann und freier Schriftsteller überhaupt gerne unterwegs und in Gesellschaft. Nach den »Tunnel«-Sitzungen etwa sah man ihn jetzt oft noch weit über Mitternacht hinaus in gesprächs- und trinkfreudiger Runde. Man zahlte für ihn oder lud ihn zu privaten Feiern ein. Er wiederum spendierte gelegentlich großzügig, auch wenn er seine »Einladung mit einem Pump von 3 Thalern besiegeln« musste. Er klagte also, aber darbte nicht.

Kurz vor Weihnachten 1849 erschienen seine beiden so verschiedenen Erstlinge. Viel hatte ihm daran gelegen, dass der Romanzen-Zyklus eine Widmung für Emilie enthielt. Denn das feine kleine Buch von sechzig Seiten sollte ihre Weihnachtsüberraschung werden. Und da stand es denn auch in typografisch kunstreichen Lettern:

An Emilie

Liebe dacht' es, Liebe schrieb es:
Und wie viel ihm immer fehle,
Auch mit seinen Fehlern lieb es
Als den Spiegel meiner Seele.

Auf den Gabentisch für Familie und Freunde kam auch ein schmalerer Band von vierzig Seiten: *Männer und Helden. Acht Preußen-Lieder*. Ohne persönliche Widmung. Aber das überraschende achte Gedicht am Ende der Ausgabe machte doch deutlich, wem die *Preußen-Lieder* zugedacht waren, nämlich dem amtierenden Präsidenten der zweiten Kammer, dem Grafen Maximilian von Schwerin-Putzar.

Das Gedicht hatte Fontane am 4. Dezember 1849, gerade ein Jahr nach der Auflösung der preußischen Nationalversammlung, im »Tunnel« vorgelesen unter dem Titel *An den Märzminister Graf Schwerin-Putzar*. Er stellte darin den pommerschen Liberalen in die Tradition der Volkshelden und Generale, die er in seinen Preußenliedern besang, vor allem in die Tradition des alten Schwerin und des alten Zieten, den beiden unerschrockensten Männern unter dem aufgeklärten König Friedrich II.

Tatsächlich galt Graf Schwerin-Putzar als ein Mann des offenen Wortes. Im liberalen Märzministerium von Camphausen hatte er für kurze Tage als preußischer Kultusminister gewirkt. Sein Wahlkreis in Pommern hatte ihn außerdem in die deutsche Nationalversammlung in Frankfurt gewählt. Der Graf gehörte hier zum rechten Flügel, half mit, die reichsdeutsche Verfassung zu verabschieden (28. März 1849), und zog sich dann zurück, als das große Projekt zu scheitern begann. Sein König lehnte ja die ihm angetragene

Kaiserkrone ab, die Reichsverfassung war in Frage gestellt, die Maiaufstände in Dresden und anderen deutschen Städten erfolgten unvermeidlich. Die erneuten Straßenkämpfe waren dann mithilfe von preußischen Truppen niedergeschlagen worden, das Parlament in Frankfurt aufgelöst. Graf Schwerin-Putzar hatte dieser Entwicklung wenig entgegengesetzt, aber seinen liberalen Ideen war er treu geblieben. In diesem Sinne stand er ein für Preußen, für den König, für die evangelische Kirche, für die Armee.

Ein Huldigungsgedicht an den Grafen Schwerin-Putzar, das war ein politisches Bekenntnis, zumindest nach außen. Fontane bekannte sich demnach zur liberalen Verfasstheit des Staates, zur aufgeklärten Monarchie und zu Preußen als Nationalstaat. Davon spricht vor allem die zweite Strophe:

Du stehst, in Lieb' und Treue,
Zu Thron und Herrscherhaus,
Und baust doch, für das Neue,
Die alten Pfeiler aus.
Nicht trägst Du der Verneinung
Im Kampf die Fahne vor,
Doch für die freie *Meinung*
Schwingst Du sie hoch empor.

Das »Preußen-Lied« auf einen mächtigen Mann im Staat, angeredet wie ein Volksheld der friderizianischen Zeit, fand im »Tunnel« viel Zuspruch und erhielt die Bewertung »sehr gut«. Sie war zustande gekommen mit den Voten derjenigen, die Fontane nahestanden: Friedrich Eggers, Franz Kugler, Bernhard von Lepel, Wilhelm von Merckel, Heinrich von Orelli (trotz allem) und Christian Friedrich Scherenberg.

Möglich, dass man immerhin die Anrede »An den Märzminister« kritisiert hatte. Nach der Konterrevolution klang das nicht mehr opportun. Besser hieß es doch: »An den Grafen Schwerin. (Zur Zeit Präsident der zweiten Kammer.)«. Und so tilgte Fontane den »Märzminister« und wählte die aktuelle Anrede.

Er brannte jetzt darauf, die ersten Buchexemplare in den Händen zu halten. Wolfsohn erhielt wegen *Rosamunde* etliche briefliche Anweisungen, wie er den Druck zu beschleunigen habe. Anfang Dezember reiste der Freund vielleicht nur deswegen nach Berlin, um letzte Änderungswünsche ent-

Die erste Eisenbahnbrücke in Dresden, um 1850

gegenzunehmen (»Wolfsohn war zwei Tage hier«, schrieb Fontane am 2. Dezember an Lepel). Um den Druck der Preußenlieder hingegen kümmerte sich Fontane selbst.

Die Zeit drängte, weil er zu Weihnachten bei Emilie in Liegnitz sein wollte. Die Fahrt sollte über Dresden führen. Diesmal, um Freund Wolfsohn zu besuchen und sich dort von Maler Kindermann porträtieren zu lassen. Für seine Braut Emilie. Nach den Tagen in Liegnitz erwarteten ihn die Eltern in Letschin. Er würde demnach erst Mitte Januar wieder in Berlin sein. Er wollte daher nicht eher weg, als bis er seine Rezensions- und Widmungsexemplare erhalten hatte. Aber zehn Tage vor Weihnachten hatte Verleger Katz immer noch nichts geschickt. Und er selbst saß in arger Zeitnot an den letzten Korrekturen seiner Preußenlieder. »Ich *muß* ihr Erscheinen abwarten«, schrieb er dem Freund nach Dresden, »einmal weil ich Dir Exemplare mitbringen will, vor allem aber, weil ich *vor* öffentlichem Verkauf des Dinges dem Grafen Schwerin meine Huldigung auf die Hühneraugen legen möchte.«

Ja, es war eine Art Hofknicks, da half nur der schnoddrige Berliner Ton. Wolfsohn war wohl wenig begeistert von Huldigungen dieser Art, auch wenn er gegen den »Märzminister« nichts einzuwenden hatte. Die Preußen unter seinen Freunden würden es eher verstehen. Lepel reagierte gar mit einem Anflug von Neid, wenn er kurz nach Erscheinen der Preußenlieder meinte, dieses Opus habe dem Freund ja jetzt »bereits die persönliche Bekanntschaft und Gunst des Grafen Sch. [Schwerin-Putzar] verschafft«.

Fontane war am Ende ganz zufrieden. Die *Preußen-Lieder* gefielen, die *Rosamunde* wurde von Anfang an gut verkauft. In Dresden hatte er gute Tage mit Wolfsohn, so dass er ihm schon vorschlug, nach Berlin zu ziehen. »Du ziehst dann in meine Nähe«, schrieb er ihm. Das könne »ganz gemütlich und fruchtbringend« werden, sie müssten nur »das Bummeln« beschränken.

In Berlin ein freies Schriftstellerleben führen, an der Seite eines Freundes und Literaten wie Wolfsohn, da war Freund Lepel schnell vergessen. Wolfsohn hatte bessere Kontakte zu Verlegern und Zeitungen, dank ihm erlebte er jetzt einen ersten Bucherfolg. Glücklich schrieb er: »M. Katz grüße freundlichst; sag ihm, die Rosamunde ginge gut; mehrere Buchhändler (Schneider, Schröder, u. s. w.) hätten gleich anfangs ihre Exemplare verkauft.« Einziger Wermutstropfen war, dass die Zeitungen kaum reagierten. Die hätten ruhig loben dürfen.

»Ich bin 30 Jahre alt« oder Das »Zögern vor mir selbst«

Sonst aber war der 30. Geburtstag, den Fontane am 30. Dezember 1849 in Liegnitz feierte, ein glücklicher Tag. Er hatte zu diesem Zeitpunkt auch einen Brief von Gustav Schwab in der Tasche. Gustav Schwab! Der einflussreiche Mann aus Süddeutschland war schon vor längerer Zeit aufmerksam auf Fontane geworden. So hatte er bei der Zusammenstellung von Gedichten und Liedern für ein Schulbuch schon im Herbst 1847 erwogen, auch Gedichte von »Fontane« mit in seine Anthologie aufzunehmen. Weil das im Vorwort stand und Fontane es jüngst entdeckt hatte, war er auf die Idee gekommen, Schwab zu schreiben. Nicht zuletzt, weil dieser gute Verbindungen zum Verlag Cotta hatte. Dort hätte Fontane gerne einen Band mit seinen Gedichten herausgebracht.

Jetzt hatte ihm Schwab geantwortet, dass er als Vermittler zur Verfügung stehe, und ihn zugleich auf die Neuherausgabe des *Deutschen Musenalmanachs* aufmerksam gemacht, die Otto Friedrich Gruppe plante. Weil Fontane sich nicht kümmerte, kam der Kontakt mit Gruppe vorläufig nicht zustande. Und an Schwab schrieb er auch nicht zurück. Der Zauderer und

Zögerer meinte vielmehr: »Das Liebste wäre mir nach wie vor der Besitz einer Giftbude.« Es wurde also fortgewurstelt.

Inzwischen hatte Emilie alle Engelsgeduld mit ihrem Hamlet, der in Worten stärker war als in Taten. Während eines erneuten Aufenthalts in Letschin im April 1850 (ihr Theo war eben wieder abgereist), schrieb sie an Wilhelm Wolfsohn: »Leider geht es ihm nicht gut in Berlin, all seine Pläne u. Hoffnungen scheitern u. doch schreitet er muthig vorwärts und trägt ergebener sein Schicksal wie ich« (14. April 1850).

Dass er mutig vorwärtsschritt, ließ sich wohl kaum sagen. Emilie glaubte, *sie* sei es, die »hemmend ihm im Wege« stehe. Das war kein schönes Gefühl. Da ihre Tatkraft nicht gefragt war, kam sie sich längst »wie ein unnützes Möbel« vor. Was aber tat ihr Bräutigam in Wirklichkeit? Er stellte seine Gedichte zusammen, schrieb auch neue, um sie Cotta als mögliche Buchpublikation anzubieten. Das Antwortschreiben an Schwab hatte er indes hinausgezögert, über Monate. Briefentwürfe zeigen, wie schwer er sich damit tat. Endlich, am 18. April, fasste er sich ein Herz. Es sollte ein langer Brief werden, den er einem großen Paket beilegen wollte. Darin lagen seine beiden Erstlinge *Von der schönen Rosamunde* und *Preußen-Lieder* sowie ein unfertiges Gedichtemanuskript. Der Brief aber ist ein Dokument dafür, wie schnell wir bereit sind, die Dinge anders zu erzählen, als sie wirklich verliefen. Und wie nah der Verrat ist, wenn uns das Wasser am Halse steht.

Fontane bedankte sich zuerst für die freundlichen Zeilen zu Weihnachten und bekannte gegenüber dem einflussreichen Mann: »Das kleine Epos ›von [sic] der schönen Rosamunde‹ erschien ohne mein Dazuthun. Einer meiner Dresdner Freunde, der das Manuskript zufällig in Händen hatte, überraschte mich kurz vor Weihnachten mit meinem eignen Gedicht. Ein fataler Liebesdienst!«

Der Grund, warum er alles verdrehte und zunichtemachte, war wohl, dass ihn die öffentliche Nichtbeachtung irregemacht hatte. Aus dem gleichen Grund verfuhr er wohl auch mit seinen Preußenliedern ungnädig: »Was die ›Männer und Helden‹ angeht, so waren es sehr äußerliche Gründe, die mich damit hervortreten ließen. Hätt' ich im November gewußt, welche ermuthigenden Zeilen von Ihrer Hand mir das Weihnachtsfest bringen würden, die Herausgabe jenes Heftes wäre sicherlich unterblieben.«

So stand es also um ihn. Wollte er die Gunst potenzieller Gönner gewinnen, hieß das andere verraten. Dafür renommierte er bei Cotta mit Namen wie Franz Kugler, Emanuel Geibel, Bernhard von Lepel, Friedrich Eggers, Heinrich von Mühler, Christian Friedrich Scherenberg.

Weil aber Gustav Schwab an Weihnachten geschrieben hatte, er kenne seine »Titel« nicht, nahm Fontane diese Bemerkung zum Anlass, »eine flüchtige Lebensskizze« zu geben und seinen Werdegang zu schildern. Er habe keinen Titel, »noch irgend sonst was«, schickte er voraus: »Ich bin 30 Jahre alt, im märkischen Sande geboren, an der Ostsee großgeworden, und meines Standes – Apotheker. Warum ich das bin? Mein Vater sprach: ›car tel est notre plaisir‹; zudem war er selbst Apotheker; ein andrer Grund liegt nicht vor.« Mit 16 habe er die Lehre angetreten, mit zwanzig sei er nach Leipzig gegangen. »Mit jener nur der Jugend eigenen Unverwüstlichkeit, setzte ich es durch, bei Tage Geschäftsmann, bei Nacht ein Mittelding von Student und Literat zu sein. Burschenschafter, so wie Schriftsteller siebenten Ranges wurden mein Umgang.« Sein »besondrer Protektor« (gemeint ist vermutlich Robert Binder) habe ihm dann »die Redaktion eines belletristischen Blattes« (wohl *Die Eisenbahn*) angeboten, was ihn bestimmt habe, »unter Literaten zu gehn«. Aber: »Mein Protektor war ein Lump und brach sein Wort.« Das habe ihn dann in andere Bahnen geführt: »Ich beschloß Medicin zu studiren, kehrte ins elterliche Haus zurück und saß, zu Absolvirung des Abiturienten-Examens, emsig über Cicero und Tacitus, Mathematik und Algebra, nur dann und wann einen Blick in Hamlet oder Macbeth werfend, um meine gelangweilte Seele an andrer Speise zu erquicken.« An seinem Klingelschild würde nun vermutlich »Doctor, praktischer Arzt und Geburtshelfer« stehen, »wenn mich nicht das Gesetz allgemeiner Wehrpflichtigkeit beim Schopf genommen und in ein Garde-Regiment gesteckt hätte«. Nach seinem Militärjahr habe er aber seine Studien nicht wiederaufgenommen, sondern sei reumütig »in die Arme der Apothekerkunst« zurückgekehrt. Zu seinem Werdegang gehöre außerdem eine Reise nach England, sie habe ihn »zu wirklichen Gedichten« inspiriert. Zusammengefasst, so schloss er, habe er »die letzten 5 Jahre« ehrlich »mit Rezept- und Versemachen« hingebracht. Wenn das Leben als Apotheker zu anstrengend geworden sei, habe er jeweils »ein Vierteljahr« bei seinen Eltern auf dem Land verbracht, um die »in der Stadt aufgespeicherten Stoffe« dichterisch zu bearbeiten. Als dann aber »trübe, *sehr* trübe Stunden« gekommen seien, meinte er in Anspielung auf die gescheiterte Revolution, habe er eine Zeitlang daran gedacht auszuwandern, »wenn ich nicht inzwischen mich verlobt und aus inniger Liebe zu meiner Braut jeden übereilten Schritt unterlassen hätte«. Jetzt sehe er eigentlich nur noch als »Apotheker« ein glückliches Fortkommen. »Aber es geht auch damit nicht: meine Vermögenslosigkeit macht mir den Ankauf einer Apotheke unmöglich; so daß ich, nach gerade den Hafen ersehnend, angefangen habe, mich nach Andrem umzuthun.« Von seiner Feder leben könne und wolle er nicht, weshalb er jetzt »nach einer subalternen Stellung im Unterrichts-Ministerium« strebe. Aber bereits rechne er damit, dass sich auch diese Hoffnung zerschlage. Und so schloss er bekenntnishaft: »Von meinem persönlichen Jammer lebt wenig in meinen Gedichten. Gott sei Dank! Die Ferne hat den Reiz, und gerade vom Pillenmörser aus ist das sich Anklammern an die Percies und Douglasse psychologisch richtig.«

Der Brief vom 18. April 1850 mit den feinen Verschiebungen und Umwertungen blieb noch eine ganze Weile liegen. Dann, am 30. April, fuhr Fontane endlich fort. Er habe inzwischen das Gedicht *Ein Ball in Paris* verfasst, er lege es bei. Ob er, Schwab, einen »Fortschritt« darin sehe? Es fiel jetzt das Stichwort vom »Zögern vor mir selbst«. Er war eben ein wirklicher »Nöhl«, im doppelten Wortsinn. Wenn er nicht geschupst wurde, wenn er nicht durch Anerkennung angestachelt wurde, dann war er ein eigentlicher Zauderer, ein Zweifler, einer, der seine Zeit mit Nebensachen zu vertrödeln schien, statt die Hauptsache anzupacken.

Verleger Cotta aber war ein Mann der Tat und der Entscheidung. Keine zwei Wochen später hatte Fontane die Absage schriftlich. Nein, es ginge nicht, das Verlagsprogramm sei bereits gemacht. Spielraum für einen weiteren Gedichtband gebe es nicht. Da konnte er nun schauen, wo er blieb.

Von London nach Deutschland blicken, preußisch-europäisch

Der Schriftsteller als Korrespondent und Presseagent (1850–1856)

Vorwärts, rückwärts, vorwärts

Er war groß darin, das Wesentliche auf später zu vertagen. Hamlet, Hamlet. Schübe von Tatkraft hatte er jedoch immer, überraschte damit sich selbst und die andern. Am leichtesten ging es, wenn er mit der Bahn fuhr. Die brachte ihn wortwörtlich *vorwärts*. Die Reise mit der Bahn konnte aber auch Fluchtversuch sein, wenn er plötzlich in Hamburg stand (28. Juli 1850) und nicht mehr recht wusste, was er hier eigentlich wollte. In den Krieg ziehen gegen Dänemark wie ein richtiger deutscher Mann oder doch eher sich einschiffen nach Amerika wie die vielen, die dem Vaterland aus wirtschaftlichen oder politischen Gründen jetzt den Rücken kehrten? Hundert Möglichkeiten konnte er sich vorstellen.

Und immer schleppte er ein Manuskript mit sich herum. Doch weil er damit nicht recht zurande kam, fand er, Freund Lepel hätte ihm durchaus das Fehlende liefern können. Dies »Küterbütern unter befreundeten Dichtern« sei »was ganz Gewöhnliches«, beteuerte er. Fern von Berlin, wo die Braut wartete, ließen sich auch die schönsten Reisepläne schmieden. Warum nicht mit Lepel »nach Kiel […] dampfen«? Ohne Blick in den Geldbeutel schrieb er dem wohl recht konsternierten Freund (Lepel hatte nämlich von seiner Abreise gar nichts erfahren): »Du kommst dann zu mir, wohnst in meiner kleinen, einfachen, aber holländisch-sauber ausgestatteten Behausung – durchkneipst, durchschwärmst, durchbummelst zunächst Hamburg und Altona mit mir« (1. August 1850).

Wer mit diesem Manne befreundet war oder gar mit ihm leben wollte, musste sich auf einiges gefasst machen. Der reine Schwadroneur und Phantast.

Diesmal war es Wilhelm von Merckel, der Fontane die Kur verschrieb. Es war eine feste Stelle im »literärische[n] Kabinet«, der Pressestelle des konservativ-reaktionären Ministeriums Manteuffel. Monatsgehalt: 40 Taler. Das Ja zu dieser Stelle bedeutete auch das Ende jeglicher Ausfluchten.

Hochzeitskapitel mit gewagter Nebenerzählung

Am 16. Oktober 1850 heirateten Theodor Fontane und Emilie Rouanet-Kummer. Es war ein glücklicher Tag. Prediger Fournier, jetzt Konsistorialrat, traute das Paar in der französisch-reformierten Klosterkirche. Der alte Fontane hat die Umstände und den Tag der Hochzeit in *Von Zwanzig bis Dreißig* meisterlich geschildert. Es ist das letzte Kapitel seiner Erinnerungen – eingelassen darin die Abrechnung mit einem »Tunnel«-Mitglied.

Der Mann, dessen Namen er nicht nennt, ging ihm furchtbar auf die Nerven als Profiteur, Geizkragen, dünkelhafter Eindringling in den Kreis der »Tunnelianer«. Der unsympathische Zeitgenosse war ein Spielverderber, wie er im Buche steht, und das bewies er auch wieder am Polterabend. Der Verein überreichte dem Paar nämlich ein schönes Geschenk, an dem sich alle Mitglieder mit einer kleinen Spende beteiligt hatten, alle »unter Ausschluß eines einzigen, der sich bis dahin immer an mich gedrängt und gegen den ich, als ich von seiner Ablehnung erfuhr, einen wahren Haß faßte, den ich mir auch bis diesen Tag zu meiner ganz besonderen Freude bewahrt habe«, so der alte Fontane. Dass er dann seinem »Haß« auf dieses »Tunnel«-Mitglied viel Raum gibt, mitten in der Erzählung über seine glückliche Hochzeit, ist charakteristisch für ihn. Es ist eine Nebenerzählung, wie er sie liebt. Und wie sie sein Publikum nicht erwartet. Weshalb der alte Fontane auch gleich zugibt: »Wenn man in einem dicken Buche, noch dazu bei Mitteilungen aus dem eignen Leben, dicht am Abschluß ist, ist es vielleicht gewagt, so noch nebenher rasch eine kleine Haß-Orgie feiern zu wollen. Aber ich kann darauf, auch wenn es einzelnen Anstoß geben sollte, nicht verzichten, weiß ich doch, daß ich andern und sehr wahrscheinlich sogar einer Mehrheit damit aus der Seele sprechen werde.«

Es folgen Überlegungen, denen man durchaus zustimmen muss. Ja, das ist wirklich »eitel und pfiffig«, dieser Mensch ist ein furchtbarer Mensch, und nur zu: »Diesen Kranz auf sein Grab!« Und feiert gerne bei dieser kleinen »Haß-Orgie« mit. Dann sind es noch zwei Seiten bis zum Schluss der Erinnerungen, die erzählen, was für ein besonderer Tag dieser 16. Oktober war. »Ich habe viele hübsche Hochzeiten mitgemacht, aber keine hübschere als meine eigne.« Denn nach der glücklich erfolgten Trauung – sie hatte eine halbe Stunde später begonnen, weil Louis Henri Fontane unpünktlich erschien – fuhr man in der Kutsche Richtung Bellevuestraße. Hier im Gartensaal »Bei George« wurde gut gegessen und getrunken. Etwa zwanzig Personen saßen zusammen, Familie und Freunde. Weil aber Pastor Fournier (strenger Calvinist) sich schon vor dem Diner verabschiedet hatte, sprach Pastor Schultz (strenger Lutheraner) den Toast. Und alles bei gutem Humor. Dass Bräutigam und Braut nicht einfach »im Hafen« angelangt waren, sondern sich bald »wieder auf stürmischer See« befinden sollten, mit diesem Gedanken endet die Autobiografie *Von Zwanzig bis Dreißig*.

Und die »kleine Haß-Orgie«, die gewagte Nebenerzählung? Sie galt offenbar dem Berliner Kaufmann G. Wagner mit »Tunnel«-Namen »Fugger«. Er war viele Jahre *vor* Fontane Mitglied des Vereins geworden und erschien regelmäßig, bis er sich eines Tages mit Rudolf Löwenstein (*Kladderadatsch*-Redakteur) überwarf und deshalb aus dem »Tunnel« austreten wollte. Als Fontane davon erfuhr, schrieb er an Lepel: »*Daß Fugger* 'raus ist, hab ich mit wahrer Freude gelesen; er war immer ein Hallunke, eine im Innersten miserable Natur. Dreißig Jahre lang hat sich dieser schnöde Geselle im Tunnel amüsiren und sich relativ (schon dadurch daß er geduldet wurde) auszeichnen lassen, aber *nie* hat er es für der Mühe werth gehalten seinerseits irgend etwas für den Tunnel zu thun [...]. Ich kann nicht leugnen, daß ich gegen diesen Lappsack einen ganz besondren Haß habe, denn solche Menschen sind nicht harmlos oder gleichgültig, sie sind gemeingefährlich.« Lepel, bestens über die Sachlage informiert, antwortete daraufhin, Fugger sei nun doch nicht ausgetreten, der Schritt sei »durch einige besänftigende Worte« erfolgreich verhindert worden. Gleichzeitig kritisierte er die fehlende Urteilskraft Fontanes, warf ihm seine Methode der Übertreibung vor und fand, er irre sich sehr in seinen »Charakterauffassungen«. »Auch wirst Du wissen«, mahnte er, »daß die Genicksteifigkeit u das Drauflosgehn Dir gelegentlich schaden können.«

Das drastische Urteilen begegnet uns in den privaten Äußerungen Fontanes immer wieder. Es war halb Gefühlsausbruch, halb Lust am gezielten Angriff mit der Feder (zumeist in guter Deckung und hinter dem Visier). Die oben zitierte Briefstelle ist ein Beispiel dafür: Die Tirade gegen Fugger zeigt, dass Fontane ihr auch sprachlichen Schliff geben wollte, denn in der Briefhandschrift beobachten wir feine stilistische Korrekturen im Sinne der Verdeutlichung und Übertreibung.

Wer aber war G. Wagner, mit »Tunnel«-Namen Fugger? Wir wissen nur sehr wenig über ihn. Er war Kaufmann, trat 1834 als »Klassiker« in den Sonntagsverein ein, was bedeutete, dass er an allen Sitzungen und Ausfahrten teilnehmen durfte, aber keine »Späne« zu liefern hatte. Er gehörte zu denjenigen Mitgliedern, die sich verpflichtet hatten, jährlich 12 Taler für den Erwerb von Büchern für die »Tunnel«-Bibliothek zu spenden. Später wurde »Fugger« auch zeitweilig Bibliothekar und über eine längere Phase Kassier des Vereins. Wenn es einmal heißt, »Fugger« »[möge] auf den eisernen Fonds fluchen«, bezog sich das offenbar auf das etwas undankbare Amt des Fondsverwalters, nicht auf persönliche Knausrigkeit. Lepel jedenfalls mochte Fontanes harschem Urteil nicht zustimmen. Er verteidigte »Fugger« aber auch nicht vehement. Vielleicht weil ihm Streit überhaupt fernlag.

Nicht ganz klar ist, ob Kaufmann Wagner, eingeführt in den »Tunnel« durch den Juristen Hugo Meyer, jüdischer Herkunft war und die Antipathie Fontanes sich durch antisemitische Vorurteile verstärkte. Dass ihm solche Vorurteile nicht fremd waren, wissen wir aus seinen späten Briefen.

Die Mutter in Berlin, der Vater anderswo

Als Theodor Fontane mit dreißig Jahren heiratete, lebten seine Eltern bereits getrennt. Schon 1847 war von »Trennung, eventuell Ehescheidung« die Rede gewesen. Pastor Schultz von Bethanien habe sich zwar in seiner dogmatischen Strenge »mit aller Kraft und Beredsamkeit dagegen« ausgesprochen. Doch die Mutter, so erzählt der alte Fontane, habe sich frei gefühlt in ihrer Entscheidung und dem Pastor, ihrem Freund, seelenruhig erklärt: »[…] ob ich ein Recht darauf habe, mich scheiden zu lassen oder nicht, diese Frage kann in der ganzen Welt kein Mensch so gut beantworten wie ich selber.«

Die Eltern trennten sich in gegenseitigem Einvernehmen. Aber die treibende Kraft war doch die Mutter gewesen. Sie hatte sich im Herbst 1850 entschieden, mit ihrem jüngsten Kind, der Tochter Elise, zwölf, von Letschin nach Berlin zu ziehen. Hier lebte nicht nur Sohn Theodor, sondern auch Max, 24, der jetzt kurz vor dem Apothekerexamen stand.

Die Letschiner Verhältnisse hatten sich, als die Mutter mit Lise wegging,

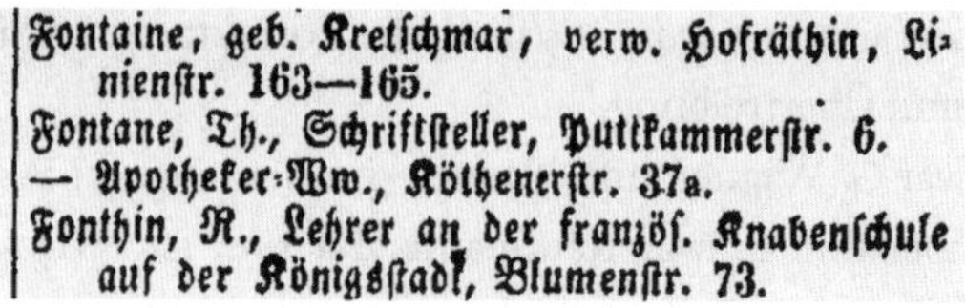
Fontaine, geb. Kretschmar, verw. Hofräthin, Linienstr. 163—165.
Fontane, Th., Schriftsteller, Puttkammerstr. 6.
— Apotheker=Ww., Köthenerstr. 37a.
Fonthin, R., Lehrer an der französ. Knabenschule auf der Königsstadt, Blumenstr. 73.

Berliner Adressbucheinträge von Theodor Fontane und seiner Mutter Emilie Fontane geb. Labry, 1851

neu geordnet. Jenny Fontane, 27, hatte den approbierten Apotheker Hermann Sommerfeldt, dreißig, geheiratet, und dieser hatte die Letschiner Apotheke erworben. Wenn Louis Henri Fontane nicht Grund sah, wegzuziehen, so konnte er im Haus bleiben und seinen Garten weiterpflegen. Jenny würde sich um den Vater kümmern, sie, Emilie Fontane geb. Labry, nahm dafür die schulpflichtige Tochter mit. Louis Henri Fontane ließ sie gehen, auch wenn ihn die Trennung von seiner Jüngsten besonders schmerzte.

Der Verkauf der Apotheke, die Trennung der Eltern, das alles war niederdrückend, aber vernünftig. Und gewiss hatte der Schwiegersohn und Schwager, Hermann Sommerfeldt, die Familie vor dem Bankrott bewahrt.

Doch auch Theodor Fontane, der Älteste der Fontane-Geschwister, leistete seinen Teil. Er sorgte dafür, dass die Mutter, jetzt 52 Jahre alt, eine gute Wohnung in der Köthener Straße 37 a beziehen konnte. Das Haus sei »sehr hübsch« und »die Wohnung gewiß nicht minder«, schrieb er ihr kurz vor seiner Hochzeit.

Hier in der Köthener Straße 37 a – das Haus lag zwischen Hirschelstraße (später Königgrätzer Straße) und Hafenplatz – begann Emilie Fontane ihr neues Leben. Um sich vor neugierigen Fragen und vor Diskriminierung zu schützen, machte sie sich offiziell zur Witwe. Im Berliner Adressbuch lautet der entsprechende Eintrag: »Fontane, Apotheker=Ww.«.

Später hat ihr ältester Sohn, wenn er in seinen Romanen Frauenschicksale schilderte, vielleicht auch seine Mutter vor Augen gehabt, insbesondere wenn er von Trennung und Scheidung erzählte. Zum Beispiel in *Effi Briest*. Hier gewinnt man den Eindruck, dass die schlichte Wohnung der geschiedenen Effi »in der Königgrätzer Straße« so ziemlich nach der Lebenssituation der Mutter gezeichnet ist, von der wir wissen, dass sie fast vier Jahre in ihrer Berliner Wohnung blieb, zusammen mit der heranwachsenden Elise.

Louis Henri Fontane aber rettete sich nach der Trennung eine Weile ins

Vagabundieren. Denn offenbar kam er, wenn er jetzt Berlin besuchte, öfters von woanders her: aus Neustadt a. d. Dosse, Eberswalde und schließlich aus Schiffmühle bei Freienwalde (ab 1855). Zu diesem Zeitpunkt lebte seine Frau mit der Tochter Elise bereits in Neuruppin, wohin sie im April 1854 zurückgekehrt war, um eine Wohnung im Predigerwitwenhaus zu beziehen. In Neuruppin wusste jedermann, dass sie nicht verwitwet war, sondern eben von ihrem Mann, dem ehemaligen Besitzer der Löwen-Apotheke, getrennt lebte. Aber niemand machte ihr deswegen das Leben schwer. Im Gegenteil, alles begegnete ihr und der hübschen Tochter mit Zuvorkommenheit, Freundlichkeit und Respekt.

Von Beruf »Schriftsteller«

Mit der Eheschließung begann für Theodor Fontane das verantwortungsvolle Handeln. Er wollte für die eigene Familie sorgen, nicht als Apotheker, sondern als Schriftsteller. »Fontane, Th., Schriftsteller, Puttkammerstr. 6« lautet sein erster offizieller Eintrag im Berliner Adressbuch (1851). An der Berufsbezeichnung Schriftsteller hielt er ein Leben lang fest, ob er nun Angestellter war im »Literarischen Cabinet« oder in der Folgeeinrichtung »Centralstelle für Preßangelegenheiten«, ob er England-Korrespondent der Regierung war, Redakteur der *Neuen Preußischen Zeitung*, Theaterkritiker bei der *Vossischen* oder Sekretär der Königlichen Akademie, ob er Reise- oder Kriegsbücher veröffentlichte, Zeitungsfeuilletons, Gedichte, Balladen, Erzählungen publizierte, er war – Schriftsteller. So ausgewiesen auch in allen seinen Dokumenten.

Was ihn für seinen selbstgewählten Beruf empfahl? Nicht seine Ausbildung als Apotheker, danach wurde nicht gefragt, obwohl auch diese ihm zweifellos sehr nützlich war. Sondern einfach die Tatsache, dass er ein Talent zum Schreiben hatte, von Jugend auf mit dem Zeitungsmetier vertraut war, dass er es verstand, sich gut im literarischen Feld zu vernetzen, und rasch lernte, wie der Presse- und Buchmarkt funktionierte, besonders in Berlin. Außerdem brachte er ein breites Allgemeinwissen mit, Neugierde, rasche Auffassungsgabe, Kontaktfreudigkeit und Gewandtheit in unterschiedlichen sprachlichen Ausdrucksformen. Auch sprach er nicht nur Deutsch, sondern konnte auch Französisch und Englisch. Texte redaktionell aufzubereiten kostete ihn kaum Mühe. Er hatte Umgang mit eigenen, aber auch mit vielen Fremdtexten und würde sie variieren, umschreiben, einpassen, kürzen oder erweitern und ihnen stilistischen Schliff geben. Denn er hatte durchaus im Sinn, sein Geld mit Texten für Zeitungen zu verdienen.

Der Entscheid zu heiraten, eine Familie zu gründen und von der Feder zu leben, war der wichtigste und mutigste Entscheid, den Fontane-Hamlet fällen konnte. In der Konsequenz hieß das nun: zielstrebig handeln. Deshalb mietete Fontane im Überschwang eine große noble Wohnung in der Puttkamerstraße 6 (ab 16. Oktober 1850). Sie lag zwischen Wilhelmsplatz und Halleschem Tor, ganz in der Nähe der mütterlichen Wohnung. Realistisch, weil bezahlbar, war dann die kleinere Wohnung in der Luisenstraße 35 (ab 1. Oktober 1851), in die auch Friedrich Witte als gut zahlender Untermieter einzog.

Mit Emilie, die über einen starken Realitätssinn verfügte, entwickelte Fontane schließlich einen Sinn für das Mögliche. Aber immer unter der Prämisse, dass er nicht als Apotheker, sondern als Schriftsteller sein Brot verdiente.

Preußischer Presseagent in Berlin, ein zweifelhaftes Glück

Wo aber fand Theodor Fontane ein Einkommen, das ihm erlaubte, mit Emilie ein bürgerliches Leben zu führen? Es hätte eine Redakteursstelle sein können, wie sie ihm schon seit Jahren vorschwebte. Aber es konnte auch das »Literarische Cabinet« sein.

Diese ministerielle Pressestelle verfolgte zunächst einen liberalen Kurs, als sie im Sommer 1848 ihre Arbeit aufnahm. Nicht der Zensur, die war abgeschafft, sondern der öffentlichen Meinungsbildung sollte sie dienen. Mit dem konservativen Regierungswechsel im November 1848 hatte dann der neue Ministerpräsident Otto von Manteuffel das »Literarische Cabinet« umfunktioniert in ein Instrument, mit dem er direkten Einfluss auf die Presse nahm. Nachrichten und Informationen sollten gezielt gefiltert und die öffentliche Meinungsbildung auf diese Weise stark beeinflusst werden. Das »Literarische Cabinet« trat im Grunde gegen die noch junge Pressefreiheit an. Sowohl die Liberalen wie die Altkonservativen hatten Zeitungen gegründet und vertraten ihre politischen Anliegen mit Macht. Und weil »mit der erweiterten Teilnahme des Volkes an den öffentlichen Angelegenheiten« ihre Bedeutung gestiegen war, lautete die Aufgabe des »Literarischen Cabinets«: die unabhängige Tagespresse für die eigenen Zwecke zu nutzen. Die amtlichen Pressemitarbeiter hatten folglich regierungsfreundliche Artikel zu fabrizieren und für ihre Artikel liberale oder auch altkonservative Zeitungen als Abnehmer zu gewinnen. Und alles unter dem Anschein, als wären sie unabhängige Journalisten. Außerdem gehörte zur Aufgabe des »Literarischen Cabinets«, die *Deutsche Reform* zu bedienen, eine Zeitung, die sich als unabhängiges Organ gab, in Wirklichkeit aber von der Regierung finanziert wurde.

Im April 1850 wurde Wilhelm von Merckel Leiter des »Literarischen Cabinets«. Schon zu diesem Zeitpunkt hatte Fontane, damals noch der ewig Verlobte, die Mitarbeit erwogen und Freund Lepel als Türöffner eingespannt. Er müsse aber »mit Vorsicht« vorgehen, schrieb er ihm: »Ich gelte, namentlich Merckeln gegenüber, für einen rothen Republikaner und bin jetzt eigentlich ein Reactionair vom reinsten Wasser.« Merckel kannte Fontanes Schreibtalent und hatte überhaupt viel übrig für ihn. Und so hatte er ihn dann auch eingestellt. Die feste Stelle im »Literarischen Cabinet« (ab 1. August 1850) war die Garantie für ein sicheres Einkommen und erlaubte dem jungen Paar, in die Zukunft zu träumen.

Doch bald schon plante die Regierung die Umstrukturierung ihrer amtlichen Pressestelle. Am 23. Dezember 1850 wurde das »Literarische Cabinet« aufgelöst. Die Mitarbeiter konnten schauen, wo sie blieben. Keinesfalls sicher war, dass sie vom neuen Büro übernommen wurden, das mit erweiterten Kompetenzen an die Stelle des alten treten sollte.

Die neue Pressestelle, die »Centralstelle für Preßangelegenheiten« mit Sitz in der Leipziger Straße 110, hatte größere finanzielle Mittel zur Verfügung als das aufgelöste »Literarische Cabinet«. Sie sollten vor allem dazu verwendet werden, bislang unabhängige Zeitungen durch starke Subventionen in regierungsfreundliche Blätter umzuwandeln. Zugleich wurden die Mitarbeiter beauftragt, unabhängige Zeitungen zu überwachen und gute Beziehungen zur in- und ausländischen Presse zu knüpfen.

Mit der Umstrukturierung und Neuorganisation ging gleichzeitig die Umbenennung der von der Regierung finanzierten Zeitungstitel einher. Die *Deutsche Reform* hieß mit der Ausgabe vom 29. März 1851 neu *Preußische Zeitung* oder, weil sie einen Adler im Signet hatte, *Preußische Adlerzei-*

tung. Sie sollte durch ein gutes Feuilleton bestechen, wurde jetzt vom Leiter der Pressestelle redigiert und jeweils dem offiziellen *Königlich Preußischen Staatsanzeiger* beigelegt. Die »Centralstelle« gründete zudem eine eigene neue Zeitung, und zwar *Die Zeit* (1858 umbenannt in *Preußische Zeitung*, 1862 in *Allgemeine Preußische Zeitung* oder *Sternzeitung*).

Die zum Verwechseln ähnlichen Zeitungsnamen trotz unterschiedlicher Redaktionen waren ein Verwirrspiel. Doch gehörte mit zur regierungspolitischen Pressestrategie, die Quellen möglichst zu verschleiern und die Geldflüsse intransparent zu halten. Die *Zeit* zum Beispiel wurde mit jährlich 15 000 Talern, ihre Nachfolgezeitung mit 18 000 Talern subventioniert. Die *Preußische [Adler-]Zeitung* erhielt gar 20 000 Taler von der ministeriellen Pressestelle.

Mit dem 23. Dezember 1850 verlor Fontane seine Anstellung im »Literarischen Cabinet«. Louis Henri Fontane wusste von der unglücklichen Entlassung des Sohnes noch nichts, als er ihm in derselben Woche zum 31. Geburtstag gratulierte und schrieb: »Vor allen wünsch' ich Dir, daß Dir aus Deinem Streben auch materieller Nutzen erwachsen möge, ohne welchen – was man dagegen auch immer anführen mag – irdisches Wohlbehagen nun einmal nicht bestehen kann. Die gütige Vorsehung möge Dich nach dieser Richtung hin begünstigen, wenn auch nur zum 4 Theile *so* wie de Balzac, Scribe, Sue, Victor Hugo und Consorten.«

Der Vater hatte gut reden. Zum Leben blieb dem jungen Paar Anfang des Jahres 1851 nur die ministerielle Abfindungssumme von 40 Talern und kaum nennenswerte kleinere Honorare für den Abdruck verstreut erschienener Gedichte. So wandte sich Fontane an den König und bat ihn um eine Dichterpension »zu Gunsten armer Poeten«. Weil er kein Gehör fand, richtete er gemeinsam mit seiner praktischen jungen Frau eine Schülerpension in der Wohnung Puttkamerstraße 6 ein. Der finanzielle Ertrag ließ jedoch schwer zu wünschen übrig. Ein Lichtblick war, als der junge Ehemann vom Verlag Otto Janke den Auftrag erhielt, eine Dichter-Anthologie zusammenzustellen. Sie trug ihm immerhin 75 Taler ein. Andere Honorare waren geradezu beleidigend tief. 2 Silbergroschen pro Tag, nicht mehr, rechnete Fontane seinem Freund Witte vor (1. Juli 1851).

Indes: Die materiellen Schwierigkeiten beirrten Fontane, auch wenn er klagte, erstaunlich wenig. Geradezu begeistert beschäftigte er sich in der Zeit seiner Stellenlosigkeit mit englischer Literatur, schrieb Balladen über englische Stoffe und bereitete Vorlesungen über englische Literatur vor (die er vorläufig nicht hielt).

Mitte Juli 1851, das Paar erwartete jetzt sein erstes Kind, musste Lepel 50 Taler vorstrecken. Etwa zur selben Zeit bewarb sich Fontane als Sekretär eines Gartenbauvereins. Aber die Sache zerschlug sich, so dass er endlich auf seine Lieblingsidee zurückkam. Der frischgebackene Vater – am 14. August 1851 war Sohn George zur Welt gekommen – dachte im Ernst daran, ganz allein Richtung Edinburgh aufzubrechen, um in Schottland literarische Studien zu betreiben. Die finanzielle Unterstützung würde sein Vater leisten, versicherte er eingeweihten Freunden. Nur Emilie, die junge Mutter, wusste nichts von dem Plan und vermutete wohl kaum etwas Böses, als ihr Ehegatte plötzlich bei einem Thomas Solly Englischstunden zu nehmen begann.

Letztlich musste er sich jedoch sagen, dass von allen Möglichkeiten, die er ausprobiert hatte, die ministerielle Pressearbeit die einträglichste war. So klopfte er erneut an diese Tür. Und siehe da, man stellte ihn wieder ein, allerdings zu einem schmerzhaft geringeren Gehalt als vordem. Für die junge Familie war es trotzdem eine Erleichterung. In rechter Aufregung schrieb Fontane an Lepel: »Ich habe mich heut der Reaction für monatlich 30 Silberlinge verkauft und bin wiederum angestellter Scriblifax (in Versen und Prosa) bei der seligen ›Deutschen Reform‹ auferstandnen ›Adler-Zeitung‹. Man kann nun 'mal als anständiger Mensch nicht durchkommen. Ich debütire mit Ottaven zu Ehren Manteuffels. Inhalt: der Ministerpräsident zertritt den (unvermeidlichen) Drachen der Revoloution. Sehr nett!« (31. Oktober 1851).

Wenige Tage später klagte er: »Ich kann Dir auf Wort versichern, daß ich dieser 30 rth. nicht froh werde und ein Gefühl im Leibe habe, als hätt' ich gestohlen. [...] Wie ich's drehn und deuteln mag – es ist und bleibt Lüge, Verrath, Gemeinheit [...] Schreibtafel her! ruft Hamlet.« Ein Judas also war er, einer, der für »dreißig Silberlinge« oder 30 Taler monatlich die Ideale der 1848er Revolution preisgegeben hatte und sich um des schnöden Geldes willen als Schriftsteller und Dichter einspannen ließ: »Schreibtafel her – es ziemt sich, aufzuschreiben, / Daß einer lächeln kann und schurkisch sein [...]« (*Hamlet*, 1. Akt, 5. Szene).

Fontanes Huldigungsverse auf Minister Manteuffel erschienen am 9. November in der *Zeit* (nicht in der *Adlerzeitung*, wie Fontane gemeint hatte). Weil es anonym erschien, erleichterte es die Sache. Freund Lepel hatte er nämlich gestanden, er fühle sich wie ein Verräter und Lump, einer, »der schlecht und gut drauf los handelt je nachdem der Trieb ihn treibt«. Ja geradeso wie ein Verführer und Herzensbrecher. Denn »wie viele Weiber« habe er doch »begehrt« und »hinterdrein den Unbefangenen, den Tugendspiegel gespielt!«

Doch nicht alles in dem Manteuffel-Gedicht scheint Verrat gewesen zu sein. Es blitzen gegen den Schluss Zeilen auf, die der Utopie des sozialen Königtums Ausdruck geben. Manteuffel wird nämlich zuletzt mit dem guten König Heinrich (*lo nòstre bon rei Enric*) verglichen:

> Dem König Heinrich gleich, dem Navarreser,
> Wünschst Du dem Aermsten auch »ein Huhn im Topf«;
> Denn allezeit war das das Größte eben:
> Dem Kleinsten auch sein volles Theil zu geben.

Der Zwiespalt war jedoch, dass unter Manteuffel zwar die soziale Wohlfahrt gefördert wurde, zugleich aber demokratische oder sozialistische Ideen rigide unterdrückt wurden. Auf das öffentliche Leben hatte das eine lähmende Wirkung. Fontane als Mitarbeiter der »Centralstelle« war indes eingebunden in diese Manteuffel'sche Politik. Er schrieb jetzt seine regierungsfreundlichen Artikel und zeichnete sie mit »F Berlin« oder »†«. Sie erschienen im *Danziger Dampfboot* sowie in der *Erfurter Zeitung* (bis Ende März 1852). Manche seiner Artikel erschienen auch ungezeichnet, also anonym.

London 1852 – eine mögliche Perspektive

Sein neuer Vorgesetzter Ryno Quehl muss alles in allem zufrieden mit ihm gewesen sein und gewährte dem vielversprechenden Mitarbeiter, rascher als dieser erwarten durfte, einen Aufenthalt in London. Fontane selbst hatte ihn darum gebeten und vorgeschlagen, ihn einen Sommer lang als »Londoner Berichterstatter« einzusetzen, sei es »als Feuilletonist oder politischer Correspondent«.

Quehl ließ ihn jetzt wissen, er sei »nicht abgeneigt«, dem Wunsche zu entsprechen, und sicherte Fontane die Fortzahlung des Gehaltes zu. Einzige Bedingung sei, dass er »von dort aus politische Correspondenzen« und nebenher auch »Beiträge für das Feuilleton der Preußischen [Adler-]Zeitung« einsende. Um diesem Auftrag größere Nachdrücklichkeit zu verleihen, bewilligte er vorerst nur zwei Monate, versicherte aber, »daß es mir erfreulich sein wird, wenn der Versuch, den ich zu machen bereit bin, dahin ausschlägt, daß ein volles Eingehen auf Ihr[e] Wünsche nachfolgen kann«.

Fontane war mit allem, was Quehl vorschlug, einverstanden und entwaffnete seinen Vorgesetzten mit der kritischen Selbsteinschätzung: »Die Bedingungen an die Sie meinen längeren Aufenthalt knüpfen, sollen mich nicht abschrecken, sondern mir nur Sporn werden. Ich kann nicht leugnen, daß ich zu denen gehöre, die ein wenig durch *Furcht* zusammengehalten sein wollen« (23. Februar 1852).

Fünf Monate dauerte schließlich sein zweiter London-Aufenthalt (23. April bis 25. September 1852). Er war ihm nicht nur von Ryno Quehl, sondern auch von Emilie bewilligt worden, versicherte sie doch ihrem Mann, dass sie gut allein zurechtkommen werde. In der Zeit seiner Abwesenheit schrieben sie sich dann lange Briefe, auch las Emilie mit großem Interesse seine Feuilletons aus London, von denen sie mit den Freunden schwärmte, sie seien wie eine »Perle in dem Schutt der Feuilletons«. Es waren literarische Texte und nicht allein für den Tag gedacht, plante er doch, sie als Buch zu veröffentlichen (*Ein Sommer in London*). Auch später noch würde er auf sie zurückgreifen, überhaupt auf die Eindrücke dieses Sommers, etwa wenn er in *Unwiederbringlich* (31. Kapitel) den Grafen Helmuth von Holk am Tavistock Square Wohnung nehmen lässt. Hier wohnte er selbst ab 1. Juni 1852, nicht vornehm in der Beletage wie sein Graf Holk als dänischer Attaché, sondern mit reizender »Aussicht auf und über den Square« in einem bescheidenen Zimmer »3 Treppen hoch und kläglich«.

Der englische Sommer war für Fontane ein rechtes Glück, auch wenn er in seinem Tagebuch viel über Langeweile oder hohe Preise klagte. »Kaffee und Kuchen genossen, kostet pro 2 Personen 1 Rthr. 5 Sgr.«, notierte er am 26. Mai 1852. Er lernte jetzt die Riesenstadt gut kennen, verkehrte – allerdings verhalten – mit dem preußischen Gesandten Freiherr von Bunsen und dessen Sohn Georg und unternahm viele Streifzüge, Wanderungen, Fahrten, sei es nach Barnes bei Richmond, Hampton Court oder Hastingsfield. Auch zeigte er große Lust, sein Englisch zu verbessern. Zu diesem Zwecke setzte er die folgende Anzeige in die *Times*:

A LITERARY GENTLEMAN, (a Prussian and no refugee,) who has a good knowledge of the English language, is desirous of meeting with highly educated Englishman of the purpose of INSTRUCTING each other in their native LANGUAGES. Apply by letter, pre-paid, to Th. F., post-office, Leigh-street, Burton-crecsent.

(*Times*, vor dem 1. Juli 1852)

Er präsentierte sich als Schriftsteller (»a literary Gentleman«), der bereits über gute Englischkenntnisse verfügte, bezeichnete sich als Preuße und betonte zugleich, dass er kein politischer Flüchtling war. Es lebten Anfang der 1850er-Jahre ja sehr viele Deutsche in London, manche weil sie sich beruflich hier niedergelassen, manche weil sie als politische Flüchtlinge Asyl gefunden hatten, außerdem strömten Tausende in die Stadt, die als Auswanderer auf dem Weg nach Übersee waren. Die politischen Flüchtlinge, gegen die Fontane sich abgrenzte, bildeten nur eine Minderheit (etwa 1000 Personen), darunter allerdings viele Preußen. Auch er war »a Prussian«. Aber eben: »no refugee«. Und also kein Sozialist, kein Marxist oder Demokrat, der hier am deutschen Umsturz arbeitete.

Mit der Annonce hatte Fontane Glück. Es traf sich, dass ein Dr. James Morris, 26 Jahre alt, Interesse zeigte. In ihm fand er nicht nur einen gebildeten Gesprächspartner, sondern auch einen Freund.

Weil der Londoner Studienaufenthalt ihn recht teuer zu stehen kam und der Reisezuschuss von der »Centralstelle für Preßangelegenheiten« (300 Taler), vom König (50 Taler), vom Vater (200 Taler), von Bernhard von Lepel (100 Taler), von Hermann Scherz (unbekannter Betrag) und vom »Tunnel« (100 Taler) nicht ausreichte, bot Fontane sich auch als Privatlehrer für Familien an. Er ließ dazu ein größeres Inserat in die Zeitung einrücken, und zwar als »M[ister] Theodore Fontane, of Berlin«. Von Abgrenzung gegen die deutschen Flüchtlinge ist darin keine Rede, dafür machte er den anglikanischen Familien deutlich, dass er Protestant war:

M. Fontane is the Author of various publications in the German Language, is of the Protestant Religion, and can give to those English families who will honour him with their patronage, the highest references in this country.

Aus dem Unterrichten wurde nichts, und so suchte er nach anderen »Erwerbsquellen«. Denn die Idee, sich länger in England niederzulassen, war weiterhin lebendig. Er würde dann Emilie und George herüberholen, und das Kind, das sie erwartete, käme in London zur Welt. Er dachte auch wieder daran, eine Apotheke zu kaufen, und trat deswegen erneut in Verbindung mit Hermann Schweitzer in Brighton. Er werde, wenn ihm der Apothekenkauf gelinge, »ein ganz raffinirter Geschäftsmann« werden, schrieb er an Emilie, die beim Lesen dieser Zeilen wohl große Augen machte.

Zurück in Berlin

Nach Ablauf der fünf Monate kehrte er dann aber doch pünktlich zurück. Dass er wünschte, seine englischen Studien noch weiter fortzusetzen, davon zeugen sein Londoner Tagebuch, das er dem Vater zuschickte, die Briefe an Freund Lepel und an die Mutter, vor allem aber der Briefwechsel mit Emilie, zu dem auch Beilagen gehörten von »Vater, Mutter, Lepel, Max und Witte«, Beilagen, die leider nicht überliefert sind.

In seiner Abwesenheit hatte Emilie viel durchgestanden. Sie hatte einen Jungen geboren, doch war der kleine »Rudolph« nach wenigen Tagen an Schwäche gestorben. Es war eine schlimme Zeit gewesen. Jetzt gab die tapfere Emilie ihrem Mann zu verstehen, dass er nicht so schnell wieder fortreisen durfte.

Er schickte sich also darein, weiterhin im Auftrag der »Centralstelle für Preßangelegenheiten« über tagespolitische Ereignisse zu berichten, sei es im *Danziger Dampfboot*, in der *Erfurter Zeitung* oder neu im *Heidelberger Journal*. Dann aber erhielt er den Auftrag, die *Preußische [Adler-]Zeitung* vor dem Druck zu revidieren. Er begrüßte diesen Wechsel, denn es war ein »Abend und Nachtdienst«. Tagsüber, so hoffte er, würde er die freien Stunden für das eigene literarische Schaffen nützen können.

Doch stattdessen brauchte er dann diese Zeit, um politische Artikel für die liberale *Deutsche Allgemeine Zeitung* zu schreiben (bis Ende 1853), was etwas Honorar einbrachte. Den Kontakt zu diesem Leipziger Blatt, dessen Herausgeber Heinrich Brockhaus war, hatte er vermutlich über Wilhelm Wolfsohn gefunden. Diesen Freund hatte er auch in seine Rolle als Presseagent eingeweiht und gebeten, er möge Brockhaus wissen lassen, dass man

»*an der Quelle*« sitze, in Klammern hinzusetzend: »nenne aber nicht das *litterarische Cabinet*«.

Nun war er also auch Berliner Korrespondent der *Deutschen Allgemeinen Zeitung*, verfasste regierungsfreundliche Artikel, schrieb im Sinne Manteuffels gegen die Kreuzzeitungspartei und gegen ihren führenden Kopf Ernst Ludwig von Gerlach, sprach von dieser als »Anachronismus« und von jenem als »Doktrinär« und teilte Püffe gegen den »Antipoden auf der äußersten Linken« aus (19. November 1852). Immer unter dem Signum »≈ Berlin«. Für diesen und andere Artikel zahlte Brockhaus das Honorar an ihn direkt und wusste offenbar nicht, dass die »Centralstelle für Preßangelegenheiten« mit im Spiel war und Fontane von dort ein Jahresgehalt von 360 Talern bezog.

1853 belieferte Fontane zudem als echter unabhängiger Journalist das sächsische *Literarische Centralblatt für Deutschland*. Diese Wochenzeitschrift, die hauptsächlich Neuerscheinungen rezensierte, verstand sich als Literaturzeitschrift im Geiste von 1848. Gegründet hatte sie 1850 der Verleger Georg Wigand. Im Juli 1852 hatte der in Leipzig ansässige Verlag von Eduard Avenarius und Hermann Mendelssohn die Herausgabe der Rezensionszeitschrift übernommen. Redakteur war der junge Friedrich Zarncke, ein hervorragender Germanist, befreundet mit Friedrich Eggers. Ihn, Eggers, hatte Zarncke um Berliner Beiträger gebeten, um »tüchtige kritische Talente« (28. September 1852). Eggers vermittelte die »Tunnelianer« Franz Kugler, Theodor Fontane und Wilhelm von Merckel. Aber die letzteren beiden behagten Zarncke wenig, auch wenn er »derbe handfeste Burschen« gewollt hatte. Störend fand er vor allem ihren Berliner Ton: »[Schlimmer noch als mit Merckel] steht es mit Fontane, einen durchaus noch in den Rudimenten des Denkens u. Urtheilens befangenen, im schriftlichen Ausdruck stets trivial werdenden Manne. Seine Aufsätze sind für mich eine wahre Qual, u. Ihr thut wohl, wenn Ihr durch freundschaftliche Vorarbeitungen mir die Last etwas erleichtern wolltet«, so Zarncke an Eggers (27. März 1853). Fontane ist diese Kritik nie zu Ohren gekommen. Er hätte sich auch nicht beirren lassen.

Immer unter Kürzel oder anonym publizierte er gleichzeitig in der regierungsfreundlichen *Preußischen [Adler-]Zeitung*, zumeist im Feuilleton. So fand er lobende Worte für die Lenau-Lesungen seines Freundes Lepel in der Berliner Singakademie oder für das Werk des noch wenig bekannten Theodor Storm (17. Juni 1853).

Storm war zu diesem Zeitpunkt eben im Begriff, nach Potsdam zu übersiedeln, um sich hier eine neue Existenz aufzubauen. Der republikanisch gesinnte Advokat aus Husum hatte wegen seines Bekenntnisses zur deutschen Heimat Schwierigkeiten mit der dänischen Regierung bekommen und Berufsverbot erhalten. Die Mitglieder des Berliner »Tunnels« zogen ihn nun gerne in ihren Kreis. Insbesondere bemühten sich die Freunde des »Rütli« um ihn, ein »Nebentunnel«, der jetzt Leben gewann.

Die Freunde des »Rütli«

Die »Rütlionen« waren keine radikalen Republikaner, wie der Name vermuten ließe, sondern freie Geister der Kunst und der Literatur. Politisch standen die einen ganz entschieden auf konservativ-patriotischem oder gar reaktionärem Boden, die anderen schwankten oder gehörten zu den gemäßigten Liberalen.

Das »Tunnel-Rütli« war ein Freundschaftsbund. Es konstituierte sich bald nach Fontanes Rückkehr aus London, am 9. Dezember 1852. Gründungsmitglieder waren neben Fontane, Lepel und Merckel der Pädagoge Karl Bormann sowie die Kunsthistoriker Friedrich Eggers und Franz Kugler. Im folgenden Jahr stießen auch der Schriftsteller Paul Heyse und der Maler Adolph Menzel dazu, beides Liberale. Und eben Theodor Storm. Neun Männer (später erweiterte sich der Kreis noch) fanden im »Rütli« zusammen. Sie trafen sich regelmäßig sonnabends, luden abwechselnd ein in ihre Privatwohnungen, tranken Kaffee, rauchten Zigarre und unterhielten sich über Fragen der Literatur, Kunst und Kultur. Vor allem aber verfolgten sie den Zweck, gemeinsam eine belletristische Zeitschrift zu gründen. Es wurde schließlich das Jahrbuch *Argo*.

Für alle Beteiligten war das »Rütli« eine wichtige Sache, besonders aber für Fontane. Denn dieser Freundeskreis entpuppte sich für ihn als gut funktionierendes Beziehungsnetz, persönlich und im Berufsfeld. Neben dem »Rütli« gab es zudem einen Kreis, der sich »Ellora« nannte. Es war dies eine gesellige Runde, die auch die Familien der »Rütlionen« miteinbezog. Emilie Fontane, begabt zur Freundschaft, war die junge »Elloramutter«, Henriette von Merckel die »Elloratante«, und gerne feierten alle miteinander »Ellora-Feste«.

Finanziell, so der Eindruck, hatte die kleine Familie wenig Spielraum. Es war daher eine Katastrophe, als Fontane gegen Ende des Jahres 1853 erneut die Stelle gekündigt wurde. Grund war wieder ein Wechsel in der Leitung der »Centralstelle für Preßangelegenheiten«. Sein Gönner Ryno Quehl war zurückgetreten (er sollte Gesandter in Kopenhagen werden). Quehls Stelle hatten jetzt Ludwig Metzel und Immanuel Hegel (Sohn des Philosophen) inne. Metzel zeichnete verantwortlich für die Organisation, Hegel für die Verwaltung.

Ob der Stellenverlust etwas mit Fontanes längerer Krankheit zu tun hatte? Im Sommer 1853 hatte er nämlich zwei Monate lang gefehlt. Ein entsprechendes ärztliches Attest, ausgestellt von Dr. Friedrich Robert Wilms (Krankenhaus Bethanien), hatte ihm diese Erholungszeit verordnet. »Herr Fontane«, so hatte er attestiert, »leidet seit längerer Zeit an einem chronischen Catarrh der Lungen, der bei mangelnder Schonung einen hohen Grad erreicht und bereits einen bedeutenden Schwächezustand veranlaßt hat. Es ist daher nothwendig, zur Beseitigung desselben sobald als möglich eine geeignete Kur einzuleiten und zu dieser die mehrwöchentliche Enthaltung jeder geistigen und körperlichen Anstrengung unentbehrlich.« Fontane hatte sich dann für drei oder vier Wochen nach Bethanien begeben und sich einer »Salzbrunn«-Kur unterzogen. Später war er zur Nachkur aufs Land gegangen, nach Neuruppin. Genauer: auf das Gut von Freund Hermann Scherz in Kränzlin.

Während seiner Brunnenkur in Bethanien hatte man ihn gelegentlich in den Berliner Straßen angetroffen, denn er besuchte weiterhin die Sitzungen des »Rütli«. Er war in dieser Runde eifrig mit dabei, doch wirkte er offenbar blass und fiebrig. Das sprach sich schnell herum. Denn selbst Gottfried Keller, der jetzt in Berlin lebte, aber um die Clique des »Tunnels« einen großen Bogen machte, erfuhr es und schrieb an den Publizisten Christian Schad: »Fontane liegt schwer krank darnieder und ist nichts mit ihm zu verkehren« (29. Juni 1853).

Kaum hatte Fontane sich aber erholt und war zur Arbeit zurückgekehrt, erfolgte die Kündigung. Ausgesprochen hatte sie Immanuel Hegel, ausgerechnet an dem Tag, als Fontane erneut Vater wurde. Am 14. Oktober 1853 hatte Emilie den dritten Sohn zur Welt gebracht. Die Eltern tauften ihn Peter Paul.

Neuruppin, 1858

Der erneute Verlust der Stelle war ein schwerer Schlag und ließ auch die Männer des »Rütli« nicht kalt. Beherzt schritt Wilhelm von Merckel für seinen Schützling ein und wandte sich direkt an Ministerpräsident Manteuffel. In seinem Schreiben strich er hervor, Fontane gehöre nicht zu den »Alltagslitteraten der gewöhnlichen Journalistik«, sei schriftstellerisch begabt und könne zudem gut Englisch. Die Entlassung stürze den armen Mann, der Frau und Kinder habe, in höchste Not. Er bitte daher, die Kündigung rückgängig zu machen.

Nicht nur Wilhelm von Merckel, auch Fontane selbst legte sich ins Zeug. Sein Schreiben an den neuen Verwaltungsdirektor der »Centralstelle« ist ein beredtes Zeugnis. Offensichtlich ging er davon aus, Hegel habe ihn entlassen, weil seine Leistung nicht sichtbar geworden war. Nun versuchte er zu begründen, warum man besser daran tat, die Kündigung zurückzunehmen.

Erstens, so meinte er, stehe er bereits *drei* Jahre im Dienst. Zweitens, sei es der Wille des Königs, den pp. Fontane anständig unterzubringen. Zwar habe ihm dieser seinerzeit das Gesuch um eine Poeten-Pension nicht bewilligt, dafür aber »eine Cabinetsordre« erlassen, »worin ich [Theodor Fontane] dem Ministerium des Innern auf's dringendste zur Berücksichtigung empfohlen und meiner Unterbringung auf irgend eine Weise, als Sein ent-

Gutshaus Kränzlin, um 1850

schiedener Wunsch bezeichnet wurde«. Und drittens: Seine Entlassung sei die Folge einer unverschuldeten Krankheit. Krank geworden sei er, weil man ihm »die Revision der Preußischen Ztng.« überantwortet habe, diesen kräfteraubenden »Abend- und Nachtdienst«. Nach seiner Rückkehr habe er dann zu seiner Betrübnis feststellen müssen: »Andre sind, während meiner Krankheit, an meine Stelle getreten und mit Arbeiten betraut worden, die mir bis dahin oblagen. So hat sich allmälig die Ansicht meines Überflüssigseins, schließlich sogar die Unmöglichkeit meiner weitren Beschäftigung ergeben, die vielleicht nicht eingetreten wäre, wenn man mich als einen Beurlaubten (der ich war) und nicht als einen Ausgeschiedenen betrachtet hätte« (28. Oktober 1853).

Er fühlte sich hinausgedrängt und versuchte es jetzt mit Flunkern. Denn die königliche »Cabinetsordre« zu seinen Gunsten war Wunsch, nicht Wirklichkeit. Manteuffel winkte denn auch ab. Dann aber geschah doch noch ein Wunder. Kollege Dr. Roedernaß war unerwartet ausgeschieden, Fontane bewarb sich sofort um dessen Stelle und erhielt kurz vor Weihnachten die

Nachricht, er könne bleiben. Immanuel Hegel stellte ihm sogar ein höheres Jahressalär in Aussicht (16. Dezember 1853).

Neu bezog Fontane ab 1. Januar 1854 420 Taler jährlich beziehungsweise 35 Taler monatlich. Er besserte dieses bescheidene Gehalt auf mit literarischen Arbeiten sowie mit privaten Unterrichtsstunden. Denn was in London nicht hatte klappen wollen, das klappte nun in Berlin: Er wurde Privatlehrer bei zwei oder drei Familien, darunter bei der Familie von Wangenheim in der Königin-Augusta-Straße. Die Wangenheims waren eine liberale, preußenkritische Familie und katholisch (durch Frau von Wangenheim). Fontane unterrichtete die Töchter Ida und Elsy.

Was aber seit der Wiedereinstellung bei der »Centralstelle für Preßangelegenheiten« Fontanes Aufgabengebiet war, ist nicht recht zu erkennen. Zeitungskorrespondenzen für das Jahr 1854 sind keine bekannt. Möglich, dass er im Büro Leipziger Straße 110 wiederum als Redakteur und Lektor tätig war. Doch belegt sind hauptsächlich seine Urlaubsgesuche. Eines, traurig zu sagen, weil das sechs Monate alte Söhnchen Peter Paul am 6. April 1854 gestorben war und die untröstlichen Eltern Erholung auf dem Land, in Letschin, suchten. Ein anderes, weil sich die alte Krankheit zurückmeldete. Ein ärztliches Attest, diesmal von Dr. Johann Heinrich Albert Koblanck, unterstützte das entsprechende Gesuch. Es lautet: »Herr Theodor Fontane leidet an einem Brustkatarrh wegen welches [!] ich ihm im vorigen Jahr eine mehrwöchentliche Brunnenkur in diesem eine ebensolche Molkenkur auf dem Lande verordnet habe« (9. Juni 1854).

Die Bewilligung, die umgehend erfolgte, war das Zeichen zum Aufbruch nach Neuruppin, wo seit April 1854 die Mutter mit Schwester Elise lebte. Ziel Kränzlin. Hier bei Hermann Scherz, »wo mir die Bäume ins Fenster wachsen«, wie Fontane schreibt, und Lisbeth, die junge Gattin des Freundes, für ihn die »schöne Wirthin« spielte, machte er seine »Molkenkur«. Ja, es war erholsam, wenn er hier lesend im Garten auf und ab gehen konnte, den »Duft der Levkojen« um sich her und »ein Laubdach und Vogelgezwitscher« über sich. Und wenn der kleine George ihn besuchte, dann ging es ihm noch besser. Denn er litt nicht nur an Brustkatarrh, sondern fühlte sich auch sonst trostlos.

An Theodor Storm schrieb er in diesen Tagen: »Theodor Mommsen geht von Zürich nach Breslau, wie ich vor 3 Tagen in der Vossischen las. Ich ginge am liebsten nach Mexiko oder würde Pfeifenträger bei Omer Pascha, denn es behagt mir die Pfennigwirthschaft eines deutschen Zeitungs- und Balladenschreibers ganz und gar nicht mehr. Der Bibelspruch: sehet die Lilien im Felde an u. s. w. bewahrheitet sich zwar an mir jeden Tag, denn der himmlische Vater ernährt mich wirklich, aber ›fragt mich nur nicht wie‹ schließt Heine sein Lied.«

Er hatte die Karrieren der Altersgenossen im Blick. Mommsen, bestens befreundet mit Theodor Storm, hatte bereits seine zweite Berufung erhalten. Er verlasse Zürich, so konnte man lesen, »um einem Rufe als ordentlicher Professor an der juristischen Fakultät zu Breslau Folge zu leisten« (*Vossische Zeitung* vom 18. Juni 1854). Und Fontane? Er hatte den Kater und versuchte mit Verszitaten dagegen anzukommen. Storm würde schon verstehen, worauf er anspielte mit dem vielzitierten Bibelsatz (Matthäus 6,28) und dem kleinen ergreifenden Gedicht, das jetzt in Moll gestimmt als Schumann-Lied berühmt wurde:

Anfangs wollt ich fast verzagen,
Und ich glaubt, ich trüg es nie;
Und ich hab es doch getragen –
Aber fragt mich nur nicht, wie?

Er arbeitete nicht und wurde doch ernährt. Das ging. Aber das Gefühl, nicht wahrgenommen zu werden als der, der er war – das war schlimm.

Auch was er im literarischen Feld leistete, brachte kaum Ertrag und nur bescheidene Anerkennung. So war zwar jetzt die *Argo* (1854) erschienen, herausgegeben von »Theodor Fontane und Franz Kugler«, und hätte der Anfang zu etwas Großem werden können. Aber es haperte mit neuen Beiträgern – die Brüder Theodor und Tycho Mommsen hatten ihm eben gerade einen abschlägigen Bescheid erteilt. Und leider wollte auch der Verlag nicht recht. Katz in Dessau zeigte sich wenig begeistert, weiterhin das Risiko zu tragen (von 1000 gedruckten Exemplaren hatte Katz knapp die Hälfte abgesetzt). Nicht besser sollte es Fontane mit seinem Reisebuch ergehen. *Ein Sommer in London* erschien im Juli 1854, ebenfalls bei Katz in Dessau, und ließ an Resonanz schwer zu wünschen übrig.

In diese Phase der Resignation fällt die Niederschrift von *Der Verbannte*:

Ich hab' es getragen sieben Jahr
Und ich kann es nicht tragen mehr,
Wo immer die Welt am schönsten war,
Da war sie öd und leer.

Er gab der Ballade später den Titel *Archibald Douglas*. Carl Loewe hat sie 1857 vertont und über die europäischen Grenzen hinaus berühmt gemacht.

Berliner »Englische Berichte« – London rückt näher

Gegen Ende des Jahres kam plötzlich Bewegung in die verfahrene Situation. Denn seine Behörde erteilte ihm den Auftrag, die englische Presse und ihre Berichterstattung über Preußen zu beobachten.

Hintergrund bildete die große europäische Krise, die der Krimkrieg ausgelöst hatte. Im Krieg Russlands gegen das Osmanische Reich hatten sich Großbritannien und Frankreich mit den Osmanen verbündet. Preußen aber war neutral geblieben, wofür es zur Zeit von den Westmächten harsche Kritik erfuhr. Auch in der britischen Presse.

Er habe jetzt, notierte Fontane am 16. Dezember 1854, sein »neues Amt als Lektor der englischen Zeitungen angetreten«. Von der »Centralstelle für Preßangelegenheiten« war er beauftragt, die englischen Blätter zu lesen und das Wichtigste über die politischen und kriegerischen Ereignisse auf Deutsch zusammenzufassen. Zur Verfügung hatte er die *Times*, den *Globe*, den *Advertiser*, den *Herald*, den *Morning Chronicle*, die *Daily News*, englische Tageszeitungen also, in denen er aufschlussreiche Leitartikel oder Korrespondenzen fand, darunter auch telegrafische Berichte direkt vom Kriegsschauplatz und von Sewastopol, das die Alliierten seit dem 9. Oktober 1854 belagerten. Er fasste nicht nur zusammen, einzelne Berichte übersetzte er offenbar in ihrer ganzen Länge. »Für Dr. Metzel Artikel aus dem ›Morning Chronicle‹ über preußischen Transithandel mit russischen Produkten übersetzt«, notierte er im Tagebuch. Seine Tätigkeit verschaffte ihm jetzt die Anerkennung seiner Vorgesetzten. Nebenbei schrieb er Artikel für die *Westfälische Zeitung*, Artikel, die die neutrale preußische Haltung im aktuellen Kriegsgeschehen verdeutlichen sollten. Immer unter Sigle, so dass wir nicht mit Bestimmtheit sagen können, ob Fontane auch wirklich Autor folgender Stellungnahme war: »Die Frage, ob Preußen über kurz oder lang dem Bündniß vom 2. December beitreten werde [Österreich hatte sich den Alliierten angeschlossen, ohne dann in den Krieg einzutreten], ist begreiflicherweise nach wie vor die *Frage des Tages.* [...] Wenn ich mir erlauben darf, dieselbe zu beantworten, so glaube ich Ihnen als feststehend *das* mittheilen zu dürfen, daß Preußen sein ferneres Verfahren weder von den Rathschlägen und Drohungen, noch von vagen Versprechungen abhängig machen, sondern lediglich seine nächsten Interessen dabei ins Auge fassen wird. [...] Unsere Presse, selbst unklar in ihrem blinden Russenhaß, hat unser Publikum längst um die Möglichkeit einer klaren Auffassung der Sachlage und der preuß. Politik in specie gebracht.« So schrieb »✕« aus »Berlin«, so schrieb auch Fontane: scheinbar unabhängig, doch in Wirklichkeit im Auftrag des Ministeriums Manteuffel, das eine russlandfreundliche Haltung vertrat, auch wenn es sich offiziell als neutral bezeichnete. Und im selben Atemzug polemisierte man gegen die innerdeutsche englandfreundliche Presse.

Ob er nicht auch Korrespondent für den *Manchester Guardian* werden wolle, wurde Fontane angefragt. Nein, lehnte er dankend ab, das übersteige seine Kräfte. Es war zum einen die Arbeit, die ihn belastete, zum andern das private Unglück. Emilie hatte erneut ein Söhnchen geboren, doch war es nach wenigen Tagen wieder gestorben (9. Juni 1855). Denn es war zu früh zur Welt gekommen, ein »Siebenmonatskind«, notgetauft auf den Namen Hans Ulrich.

An Arbeit fehlte es ihm in der Tat nicht, waren die »englischen Berichte«, die er wöchentlich zu verfassen hatte, doch zeitaufwendig. Überliefert ist die lithografierte Reinschrift dieser Berichte, die jeweils ein Kopist erstellte. Es waren insgesamt 33 Pressespiegel, die er bis zum 17. August 1855 zusammenfügte. In Reinschrift 151 Blatt. Die lithografierte Fassung ging jeweils an verschiedene interne Stellen, in erster Linie an den Innenminister Ferdinand von Westphalen.

Ohne Zweifel, die Presse in England gab sich stark ablehnend gegen Preußen. Verschärfend kam hinzu, dass die in London lebenden Exildeutschen die antipreußische Haltung noch zu verstärken wussten.

Ein wichtiger deutschsprachiger Journalist, der in England lebte, war Max Schlesinger. Kaum einer konnte so gut wie er das englische Leben schildern und direkt oder indirekt Preußen kritisieren. Das bewiesen nicht zuletzt seine *Wanderungen durch London* (1852/53), die der Berliner Verleger Franz Duncker veröffentlicht hatte. Die beiden sehr gut rezensierten und sehr gut verkauften Bände hatten ihren Markt auch in England gefunden, war doch hier fast gleichzeitig die englische Übersetzung erschienen.

Schlesinger kam aus Eisenstadt (ungar. Kismarton) südlich von Wien, war jüdischer Herkunft und hatte in Prag und Wien Medizin studiert. Nach seiner Promotion hatte er gleich in den Journalismus gewechselt. 1848, damals 26 Jahre alt, stand er entschieden auf der Seite der Wiener Republikaner, engagierte sich vehement für Robert Blum und verurteilte dessen Erschießung. Auch er wurde deshalb vor das Kriegsgericht gestellt und wie durch ein Wunder freigesprochen.

Seit 1850 lebte er jetzt in London. Er hatte eine Engländerin geheiratet und sich vermutlich dieser Ehe wegen taufen lassen. Das Paar führte ein offenes Haus und gab gerne Gesellschaften, vor allem seit es 1854 nach Bloomsbury gezogen war, an die Adresse 25 Upper Bedford Place. Schlesinger konnte vom Schreiben leben. Er war nicht nur Autor gut verkaufter Bücher, sondern auch Londoner Korrespondent der *Kölner Zeitung* und anderer Blätter. Vor allem aber hatte er zusammen mit Jakob Kauffmann eine eigene *Englische Correspondenz* begründet. Es war ein Pressedienst, der deutsche Zeitungen täglich mit gut informierten Artikeln belieferte und zu diesem Zweck auch die *Times* und andere zuverlässige Blätter als Quelle heranzog. Etliche große deutsche Zeitungen waren auf die *Englische Correspondenz* abonniert. Selbst die »Centralstelle« in Berlin stützte sich auf sie. Unbestritten, dieser Schlesinger war ein guter Journalist und politisch versiert. Aber er verfocht die demokratische Linie oder teilte in vielem die Haltung Englands.

Im Laufe des Jahres 1854 suchte die »Centralstelle« deshalb Alternativen zu Schlesingers *Englischer Correspondenz.* Am besten wäre gewesen, man hätte einen eigenen Mann vor Ort gehabt. Er würde in London sitzen, die britische Presse verfolgen und dann seinen Bericht nach Berlin schicken. Ein solcher Mann konnte im besten Fall auch ein Konkurrenzunternehmen zu Schlesingers *Englischer Correspondenz* aufbauen. Er musste nur gut Englisch sprechen, gut schreiben können und politisch versiert sein.

Von der preußischen Gesandtschaft in London kam der Vorschlag, man solle versuchen, Dr. Julius Faucher zu gewinnen. Das wäre dann Fontanes Freund aus den »Lenau-Verein«-Tagen gewesen. Und wenn nicht Faucher selbst, so konnte dieser vielleicht helfen, einen geeigneten Mann zu finden? Julius Faucher, der nach 1848 nach London übergesiedelt war, arbeitete als Korrespondent für verschiedene deutsche Zeitungen und sollte bald schon Mitarbeiter des *Morning Star* werden, einer bedeutenden Londoner Morgen- und Abendzeitung, die sich für den internationalen Freihandel starkmachte (begründet im Frühjahr 1856). Faucher, das wusste man in Berlin, hatte beste Kontakte zur englischen Presse, auch sprach und schrieb er fließend Englisch, hatte aber für seine Zukunft andere Pläne.

Der Mann, den die preußische Regierung suchte, war also schwer zu finden. Denn er musste sich nicht nur gegen Schlesinger und Kauffmann behaupten, sondern zu allem andern auch noch gegen Lothar Bucher (den späteren Bismarck-Biografen).

Lothar Bucher, 38 Jahre alt, stammte wie sein Schulkamerad Rudolf Virchow aus dem preußischen Cöslin in Pommern. Er hatte in Berlin die Rechte studiert, war ein kritischer Hegelianer und ein brillanter Kopf. In der 1848er Revolutionszeit war er als Abgeordneter der Linken in die preußische Nationalversammlung gewählt, nach der Konterrevolution aber, weil er zur Steuerverweigerung aufgerufen hatte, verurteilt und ins Exil gezwungen worden. Seit 1850 lebte er in London und war Korrespondent der auflagenstarken *National-Zeitung*, einer liberalen Zeitung in Berlin. Bucher stand ein für einen liberalen Rechtszustand in Deutschland, für das allgemeine Stimm- und Wahlrecht und für das Ernstnehmen der öffentlichen Meinung. Die staatliche Verfasstheit Englands kannte er bestens und war von einem flammenden Befürworter der parlamentarischen Monarchie zu einem ihrer schärfsten Kritiker geworden, maß er sie doch an den Prinzipien eines idealen Rechtsstaates. Was er dazu zu sagen hatte, war nicht in der englandfreundlichen *National-Zeitung* erschienen, die fürchtete, er gehe in seiner Kritik zu weit, sondern er hatte seine klugen Überlegungen dargelegt in der Schrift *Der Parlamentarismus wie er ist* (1855), verlegt von Franz Duncker.

Fontane hatte sich, wie seinem Tagebuch zu entnehmen ist, die Schrift von Lothar Bucher sofort »angeschafft«. Sie behandelte diejenige Frage, die

die preußische Regierung innenpolitisch am meisten beunruhigte, nämlich die Frage der Verfassung und der politischen Gewichtung des Parlaments. Wenn freie Denker wie Lothar Bucher, dem es im Kern immer um Recht, Rechtssinn und Prinzip ging, sich kritisch mit Englands Parlamentarismus auseinandersetzten, dann nicht etwa, um diese Staatsform abzulehnen, sondern um der deutschen Demokratiebewegung vor Augen zu führen, wie es besser zu machen sei. Dr. Metzel von der »Centralstelle« sah denn auch in den kritischen Schriften eines Lothar Bucher sofort die propagandistische Aussage: »Ihr auf dem Festlande dürft es ja nicht machen wie die Engländer, denn die Verfassung derselben ist faul, sie erzeugt eine Cliquenwirtschaft, aber keine Freiheit; ihr müßt tiefer greifen.«

Solchen Botschaften wollte die preußische Regierung unbedingt entgegenwirken. Wo also war der loyale Mann, den man suchte? Dr. Metzel gab schließlich zu Protokoll: »Als der geeignetste dazu erscheint mir der pp Fontane, welcher eine ansprechende Persönlichkeit hat und wenngleich als politisch durchgebildet nicht betrachtet werden kann, so doch so viel allgemeine geschichtliche Kenntnisse, sprachliche Fertigkeiten und infolge zweimaliger längerer Anwesenheit in London Personal- und Ortskunde besitzt, daß das Unternehmen Aussicht auf Erfolg durch seine Mitwirkung bietet.«

Das Unternehmen sollte gut bezahlt sein. Außer dem Gehalt von 40 Talern monatlich (für Emilie), wollte man Fontane fürs Erste mit einem Betrag von 300 Talern ausstatten. In den Akten des Geheimen Staatsarchivs findet sich seine handschriftliche Quittierung dieses Betrags:

300 Rthr

Dreihundert Thaler behufs einer Reise zu literarischen Zwecken von Herrn Geh. Sekretär Froböse erhalten zu haben bestätigt hierdurch

Th: Fontane

Berlin — Schriftsteller.

d. 29. August 55.

Sein Vorgesetzter Metzel legte ihm dann noch ans Herz: »Namentlich wird unter allen Umständen zu vermeiden sein, das zu begründende Unternehmen als ein von der Preußischen Regierung hervorgerufenes oder subventionirtes erkennen zu lassen. Sie haben es lediglich als ein privatives, durch den eigenen Wunsch nach Erwerb einer selbstständigen Stellung bedingtes zu manifestiren.«

Und so kam es, dass am 7. September 1855 Emilie ihren Theodor zur Bahn begleitete, um erneut für lange Zeit Abschied zu nehmen. Irgendwann würde sie mit Klein George nachreisen. Inzwischen aber wollte sie das Leben allein meistern, unterstützt von guten Freunden. Von Friedrich Eggers zum Beispiel, der mit zur Bahn kam. – Fontane fuhr dann nach Hamburg und nahm dort den Dampfer zur nächtlichen Überfahrt. Am Montag, den 10. September, 11 Uhr, ging er in London-Bridge an Land, sah auf der Themse die Transportschiffe der britischen Kriegsmarine liegen, während die Zeitungen den eben errungenen Sieg der Alliierten meldeten und dass Sewastopol gefallen war.

Man hatte mit diesem Ausgang des Krieges gerechnet. Deshalb war in der englischen Presse kaum mehr über das neutrale Preußen berichtet worden. Bezeichnend daher der Satz, mit dem Fontane seinen letzten Bericht für die »Centralstelle für Preßangelegenheiten« abgeschlossen hatte: »Ueber Preußen nichts weder in Leitartikeln noch Correspondenzen.« In London sollte sein Leben als Berichterstatter weniger geruhsam werden.

In London – alte Zeiten, neue Zeiten

Es begann jetzt für ihn ein ganz unübliches Hetzen und Hasten. Zwar fand sich Fontane in allem, was die Gründung eines neuen Pressedienstes betraf, gut zurecht und trat wie ein Weltmann auf. Aber schon nach vier Wochen war er so außer Atem, dass er Dr. Metzel mit Bestimmtheit erklärte, die Sache sei gescheitert. Dies allerdings zu einem Zeitpunkt, als Ministerpräsident Manteuffel gerade 1500 Taler bewilligt hatte, um das Unternehmen so richtig in Schwung zu bringen. Fontane stattdessen rückte wieder mit seinem Herzenswunsch heraus, jenem Vorhaben, das er guten Gewissens quittiert hatte. Er träumte ja seit Jahren von einem Aufenthalt in England »zu literarischen Zwecken«. Und so schrieb er an seinen Vorgesetzten: »Ich kann es nicht bedauern, daß unser erstes Projekt, zu dem ich niemals viel Vertrauen hatte, gescheitert ist; aber auch heute wieder leg' ich Ihnen den dringenden Wunsch an's Herz: lassen Sie mich hier« (17. Oktober 1855).

Er hatte das Scheitern in den vorangegangenen Briefen bereits in aller

Kristallpalast in London, Ausstellungsgebäude der ersten Weltausstellung, 1851

Breite angekündigt, immer mit Vorschlägen, für welche anderen Projekte er sich eignete oder auch *nicht* eignete. Als »Trutz-Bucher« zum Beispiel sah er sich, als jemand, der politisch genehmere Korrespondenzen als die von Lothar Bucher in den deutschen Blättern platzierte, am liebsten, wie er meinte, in der *Kölnischen* oder *Vossischen Zeitung*. Aber *nicht* als Spitzel – »von erbärmlicher Spionage kann keine Rede sein; wir überlassen das andern.« Am allerliebsten, so machte er Dr. Metzel deutlich, wäre ihm das Dasein als Literat, der das englische Leben studierte. Es sei der Regierung »vielleicht 2000 Rthlr werth Jemanden zu haben, der Lust, ja Begeisterung zu diesem Studium« habe.

Natürlich gab der Leiter der »Centralstelle« das Vorhaben der deutsch-englischen Korrespondenz nicht so schnell auf, wie Fontane es wünschte. Es wurde noch viel Zeit, Geld und Energie in die Sache investiert, begleitet von einem ausgedehnten Briefwechsel mit minutiösen Anweisungen für den preußischen Presseagenten, der sich in den Augen seiner Behörde ein wenig ungeschickt anstellte, ein wenig zögerlich war.

Die Korrespondenzen, die Fontane schließlich verfasste, lithografieren ließ, jeweils direkt zum »General Post Office, St. Martins le Grand« trug und an die Zeitungen in Deutschland verschickte, sind nicht überliefert. Einzig eine handschriftliche Probekorrespondenz vom 19. November 1855 hat sich in den Akten des Geheimen Staatsarchivs erhalten.

Es ist indes klar, worauf alles hinauslaufen sollte. Die Regierung wollte für das Unternehmen eine Anschubfinanzierung leisten, eine großzügige, die, wie Fontane seiner Frau vorrechnete, mit über 2000 Talern einem einmaligen Jahresgehalt entsprach. Dann aber hätte der Pressedienst sich selbst tragen und letztlich ganz in die private finanzielle Verantwortung Fontanes übergehen sollen. Für die ersten Monate schickte man ihm sogar einen Mitarbeiter. Den Kollegen Dr. Rudolf Wentzel von der »Centralstelle für Preßangelegenheiten«.

In der Emigrantenszene ging schon bald das Gerücht um, die beiden seien keineswegs als Privatmänner hier. Und so meldete das *Londoner Deutsche Journal*: »Die in London von den Herren Fontane und Wentzel seit einigen Wochen begründete Correspondenz soll, wie man hier behauptet, mit Hrn. von Hinckeldey auf gutem Fuße stehen.« Vorsicht!, hieß das, da waren zwei Spitzel am Werk, und zwar für den berüchtigten preußischen Generalpolizeidirektor und Demokratenjäger Hinckeldey. Eine Unterstellung, die, soviel wir wissen, *nicht* zutraf.

Die beiden strampelten sich vielmehr ab, um ihren pressepolitischen Auftrag zu erfüllen. Auch wenn die Zusammenarbeit gelegentlich haperte, Fontane war es sehr recht, Wentzel an seiner Seite zu wissen. Schon weil er die Sache immer scheitern sah und bereits hörte, wie dieses Scheitern zu Hause kommentiert würde. Waren sie zu zweit, werde es heißen: »es war unmöglich!« War er allein verantwortlich: »der Fontane ist ein Esel.«

Ja, er konnte sich eigentlich nur in die Komik retten. Denn während er für das reaktionäre Ministerium Manteuffel arbeitete, verkehrte er fröhlich mit der politischen Gegenseite. Dort saßen ja seine alten Freunde.

Jakob Kauffmann zum Beispiel kannte er aus seinen radikalen Leipziger Tagen. Kauffmann hatte damals zum Kreis der Literaten gehört, die in Wolfsohns Anthologie *Jeschurun* (1841) ihre neusten Arbeiten publizierten. Kauffmann, jetzt 41 Jahre alt, stammte aus dem böhmischen Gitschin. Er hatte wie Schlesinger in Prag und Wien Medizin studiert und war 1839 nach Leipzig gegangen, um sich als Journalist und Schriftsteller ein Auskommen zu suchen. Die Spitzelpolizei Metternichs hatte den Kritiker der Habsburgermonarchie dort scharf im Auge gehabt. Kauffmann hatte sich dann gegen viele widrige Umstände behaupten müssen, auch gegen antijüdische Vorurteile. Er wusste seine Gegner aber mit Selbstironie zu schlagen. Nach London war er gekommen, weil Max Schlesinger ihn Ende 1850 als Mitarbeiter geworben hatte. Es war ein Glück für Kauffmann, denn er stand auf den Fahndungslisten der Wiener Polizei, die ihm Verstoß gegen die Pressegesetze vorwarf.

Dass Fontane auf bestem Fuß stand mit denjenigen, deren Konkurrent er war, wusste Dr. Metzel, hatte sein Presseagent ihm doch erklärt: »Sehr geehrter Herr Doctor. […] Seit ungefähr 3 Wochen schuld' ich Ihnen die Mittheilung, daß wir mit unsren Rivalen auf eine Art Freundschaft-fuß stehn, uns besuchen, schlechten Thee mit einander trinken und Parallelen ziehn zwischen England und unsrer deutschen *Heimath.*« Es sei gar nicht zu verhindern gewesen, denn: »Die einzige Quelle in dieser Londonwüste, der einzige Ort wo eine unversiegbare Quelle guten Kaffe's sprudelt und unter dem milden Blatt der Kölnischen Zeitung der Wüstenwanderer (er sei Kameel oder Mensch) in Frieden ruhen kann ist das Café Divan von wo aus ich die Ehre habe, Ihnen diese Zeilen zu schreiben.« In diesem Plauderton des Literaten hätte er noch lange fortfahren und das entscheidende Wort hinauszögern können, hatte dann aber doch Klartext gesprochen und Dr. Metzel wissen lassen, dass man sich »von früher her« kannte. Auch Kauffmann besuche natürlich das Café Divan, und da habe er schlecht »den Fremden […] spielen« können: »so blieb mir nur die Alternative den Divan zu meiden oder das alte freundschaftliche Verhältniß wieder aufzunehmen.«

Er habe daher die Initiative ergriffen und Kauffmann ungefähr Folgendes geschrieben: »es sei mir leid, daß ich gerade einem alten Bekannten Concurrenz machen müsse, da wir indeß in einer egoistischen Welt lebten und jeder vernünftige Mensch den Egoismus des andern tolerire, weil er fühle daß er au fond nicht anders sei, so hegte ich zu ihm das Vertrauen, daß er in meinem Vorhaben – noch dazu im Lande der freien Concurrenz – nichts erblicken werde, was ihn bestimmen könnte die alten Beziehungen zwischen uns *nicht* wieder aufzunehmen.«

Kauffmann, so Fontane an seinen Vorgesetzten, habe ihm umgehend freundlich geantwortet, und jetzt verkehrten sie also miteinander, nicht nur im Café Divan, sondern auch privat: »[…] hab' ihn seitdem 2 oder 3 mal bei mir gesehn, einmal großartig auf Portwein und continentale Cigarren.«

Fontane wohnte zu diesem Zeitpunkt in der 23 New Ormond Street, Queens Square. Jakob Kauffmann hatte, von 25 Upper Bedford Place her kommend, nur einen kurzen Weg dahin. »Auch Schlesinger hab' ich inzwischen kennen gelernt«, so Fontane. Er scheine ihm »ein netter, fixer Kerl« zu sein, »und nicht blos nett, sondern sogar ho-nett.«

Man habe über vieles »ganz offen« gesprochen, er, Fontane, habe es aber nicht »*bis zur Indiskretion* [...] getrieben«. Was man also über seine Verbindungen wisse, habe nicht er selber ausgeplaudert. Hingegen wisse man hier eigentlich über *alles* Bescheid. Darüber, dass die preußische Regierung überlegt habe, die *Englische Correspondenz* aufzukaufen oder dem Unternehmen den Mitarbeiter Kauffmann auszuspannen, vor allem aber: »Schlesinger-Kauffmann wissen, daß die *neue* Correspondenz eine Schöpfung der preuß. Regierung ist. K. sagte mir neulich: ›wir haben heut einen Brief aus Berlin erhalten, in dem es als eine allbekannte Thatsache ausgesprochen wird, daß Ihre Correspondenz auf Wunsch und Willen der preuß. Regierung gegründet worden sei. Das würde uns allerdings nicht lieb sein‹ – setzte Schlesinger hinzu – ›mit der preuß. Regierung würden wir ungern concurriren.‹«

Was er darauf geantwortete habe? »Ich bestritt das Gerücht. Indeß ich bin gerade kein Meister im Lügen und wenn ich's auch wäre, so würde meine, in aller Welt bekannte Stellung zur Centralstelle und vor allem *Wenzels's Mitarbeiterschaft* jeden Zweifel über die Sache beseitigen.«

Das alles schrieb er, im Café Divan sitzend und mittlerweile vielleicht schon beim Portwein angelangt, am 11. Dezember 1855. Möglicherweise sogar in Gegenwart von Kauffmann und Schlesinger. Es wäre eine typische Alltagssituation gewesen. Denn Fontane saß wirklich sehr häufig im Café Divan und schrieb Briefe, zumeist nachdem er im Restaurant Simpson nebenan gut gespeist hatte. Überliefert wird das durch sein Tagebuch, das sich vom 14. Dezember 1855 an im Original erhalten hat (heute im Besitz des Fontane-Archivs). Ein Eintrag wie »Simpson. Café Divan. Briefe geschrieben. Mit Schlesinger über Auerbach geplaudert. Mit Kauffmann in den Debating-Club« (17. Dezember 1855) kehrt in unterschiedlichen Varianten über diese ganze Londoner Zeit wieder. Auch Wentzels Gegenwart ist bezeugt.

Anfang März 1856 gab Ministerpräsident Manteuffel schließlich Weisung, das Projekt einer alternativen deutsch-englischen Korrespondenz aufzugeben. Schlesinger und Kauffmann waren eben doch nicht aus dem Feld zu schlagen. Fontane, anders als er befürchtet hatte, hörte keine Vorwürfe. Im Gegenteil, man anerkannte seinen Einsatz und seine Leistung.

Der Abbruch des Versuchs hatte allerdings viel mit der politischen Großwetterlage zu tun. Am 30. März 1856 wurde in Paris der Friedensvertrag unterzeichnet und damit der Krimkrieg, den Russland verloren hatte, formell beendet. Für eine besondere deutsch-englische Korrespondenz gab es keinen Bedarf mehr, so dass Fontane am 31. März 1856 von dieser Aufgabe entbunden wurde.

Duelltod des Generalpolizeidirektors von Hinckeldey in der Jungfernheide

Zur selben Zeit herrschte in Berlin große Aufregung in eigener Angelegenheit. Es ging um eines der skandalösesten Duelle der preußischen Geschichte. Generalpolizeidirektor Carl von Hinckeldey, der seine Gegner nicht nur im demokratischen Lager, sondern auch im Lager der Altkonservativen, der sogenannten Kreuzzeitungspartei, hatte, war im Duell tödlich getroffen worden. Es war eine Intrige des konservativen Adels gewesen, die von der Öffentlichkeit leicht durchschaut wurde. Man hatte eine Gelegenheit gesucht, den Mann zu provozieren, und er hatte nicht die Größe gehabt, die Provokation staatsmännisch abzutun. Er selber hatte den Gegner, einen jungen märkischen Adligen, Mitglied des Herrenhauses, zum Duell gefordert, obwohl Duelle gesetzlich verboten waren und jedermann wusste, dass er unterliegen würde. Denn er hatte ein Augenleiden und war ein miserabler Schütze. Die tödliche Kugel traf ihn im Morgengrauen des 10. März 1856. Dort, wo Ehrenmänner solche Ehrenhändel miteinander auszumachen pflegten, in der Jungfernheide.

Fontane erfuhr davon zuerst aus der Presse (später auch aus Briefen der Berliner Freunde) und notierte im Tagebuch: »Die Times hat eine telegraphische Depesche: ›Herr v. Hinckeldei wurde am Montag Morgen, d. 10t [März] in einem Duell mit Herrn v. Rochow durch diesen erschossen.‹ Große Aufregung im Reaktions-Lokal der D. E. Correspondenz« (11. März 1856).

Es war ein politisch brisanter Fall, einer, der die bürgerliche Mehrheit gegen den konservativen Adel aufbrachte. Aufbewahrt ist er in Fontanes späterem Roman *Irrungen, Wirrungen*. Hier lässt der Erzähler die Hauptfigur

Baron Botho von Rienäcker, als er reitend zur Stelle kommt, wo Hinckeldey die tödliche Kugel traf, nachdenklich werden und sich erinnern: »Einer der bürgerlichen, seinem Chef besonders vertrauten Räte übrigens hatte gewarnt und abgemahnt und das Duell überhaupt, und nun gar ein solches und unter solchen Umständen, als einen Unsinn und ein Verbrechen bezeichnet. Aber der sich bei *dieser* Gelegenheit plötzlich auf den Edelmann hin ausspielende Vorgesetzte hatte brüsk und hochmütig geantwortet: ›Nörner, davon verstehen Sie nichts.‹ Und eine Stunde später war er in den Tod gegangen. Und warum? Einer Adelsvorstellung, einer Standesmarotte zuliebe, die mächtiger war als alle Vernunft, auch mächtiger als das Gesetz, dessen Hüter und Schützer zu sein er recht eigentlich die Pflicht hatte« (*Irrungen, Wirrungen*, 14. Kapitel).

Der Duelltod Hinckeldeys förderte alle Widersprüchlichkeiten zutage, und es prallten mit großer Vehemenz fortschrittlich-bürgerliche und altkonservativ-adlige Vorstellungen aufeinander. Von der Weltstadt London aus, wo Fontane den Skandal als vermittelten Bericht mitverfolgte, konnte man den Eindruck gewinnen, dass dieses Preußen der Altkonservativen dem Untergang geweiht war. Gerade solche Konflikte verwandelt Fontanes realistische Romankunst in Schlüsselszenen. Der Leser, die Leserin wird demnach ein großes Fragezeichen setzen, wenn Botho von Rienäcker schlussfolgert: »Und was habe ich speziell daraus zu lernen? [...] Jedenfalls das eine, daß das Herkommen unser Tun bestimmt. Wer ihm gehorcht, kann zugrunde gehn, aber er geht besser zugrunde als der, der ihm widerspricht« (*Irrungen, Wirrungen*, 14. Kapitel).

Die Familie kommt!

Fontane führte in London wieder jenes Junggesellenleben, wie er es vordem geliebt hatte – er saß in Cafés und Klubs mit Bekannten und Freunden, empfing Besuch, führte große Debatten bei Tee, Kaffee und Wein, war viel unterwegs, ging ins Theater, in Ausstellungen, schrieb lange Briefe. Aber es fehlte ihm doch seine Familie. Schon in den ersten Tagen seines Aufenthalts vermisste er Emilie, den kleinen George und den eigenen Hausstand. Er wandte sich deshalb bald an Dr. Metzel mit der Bitte, Frau und Kind herüberholen zu dürfen. Mit seiner Vorliebe für Bilder schrieb er ihm: »Allabendlich wie

Sol der Sonnengott, einsam in's kalte Bett des Meeres zu steigen, ist bekanntlich kein Vergnügen, der andern Reize des Familienlebens (gegen die selbst ich, trotz einer entschiedenen Junggesellennatur, nicht gleichgültig bin) zu geschweigen« (29. Oktober 1855).

Zugleich ließ er seinen Vorgesetzten wissen, dass es in erster Linie seine Frau sei, die wünschte herüberzukommen. Wenn er ihrem Wunsche nachkommen wolle, habe er allerdings gute Gründe dafür: »Wiewohl wir nämlich, Gott sei Dank, sehr glücklich und zufrieden leben, steh' ich nach wie vor in dem Verdacht: daß ich eigentlich lieber Junggesell geblieben wäre und jede Gelegenheit (in allen Ehren) gern benutzte, aus dem Käfig auf längre oder kürzre Zeit hinauszufliegen.« Und ganz im Vertrauen: »Dieser Verdacht wird von meiner eignen, vielgeliebten Mutter (bei der meine Frau jetzt lebt [in Neuruppin]) getheilt und beide Frauen haben kein lieberes Unterhaltungsthema, als: wie glücklich mag er nun wieder sein, von den schlechten Kartoffeln, dem nassen Holz und den unerschwinglichen Oelpreisen kein Sterbenswort zu hören.«

Emilie traf am 25. Januar 1856 mit George in Dover ein. In ihrer Begleitung Schwägerin Elise, die jetzt 17 Jahre alt war und eine junge Dame wurde. Fontane war ihnen entgegengereist und wartete schon am Quai, als der Dampfer gegen 12 Uhr mittags anlegte. »Emilie, Lischen, George sind da. Soupirt und geplaudert«, notierte er im Tagebuch. Man nahm sich Zeit, übernachtete im Dover-Castle-Hôtel. Alle waren glücklich. Im Telegrammstil hielt Fontane fest: »Frühstück en famille. Briefe von den Berliner Freunden, von Lepel, Kugler, Zöllner, Lucä und Lübcke. Mit George einen Spatziergang gemacht; Panorama von Dover.« Im Tagebuch verfertigte er auch eine kleine Skizze mit Meeresbucht, Stadt, Klippen, Burg von Dover und ergänzte: »Um 12 Uhr nach London. Reizende Fahrt von Dover nach Folkestone; Meer und Sonnenschein. Um 3 in London eingetroffen, um 4 in Berners Street. Schweitzer und Mrs. Morris zugegen« (26. Januar 1856).

Fontane hatte für die Familie eine größere Wohnung in Soho gemietet, die für alle Platz bot, auch für seinen Mitarbeiter Wentzel. Bei der Wohnungssuche geholfen hatten ihm Mrs. Morris und Julius Schweitzer von der *Pharmaceutical Society of Great Britain* am Bloomsbury Square, wo er häufig verkehrte.

Das Familienleben, das sich in den folgenden vier Monaten in London entrollte, liest sich in Fontanes Tagebuchaufzeichnungen wie ein Dramolett mit glücklichen, tragikomischen und katastrophalen Momenten. Alles begann bei gutem Wetter mit einer Abendpromenade »durch Oxford-Street, Regent-Street, Pall-mall und wieder zurück«, es folgten aber so schreckliche Szenen wie eine »Mäusejagd« in der Sohoer Wohnung und schließlich die Trennung bei scheußlichem Wetter bei den Docks von »Katharine's Wharf«. Fontane war zuletzt ganz erschlagen. Nach dem Abschied, so notierte er im Tagebuch, sei er mit Schweitzer, der mit am Quai war, »lautlos nach Bloomsbury Square« zurückgegangen. Hier aßen sie etwas und wurden beim Marsala »wieder lebendig«. Dann: »Geschlafen. Thee. Café Divan. Nach Haus und die müden Glieder wieder mal in 23 New Ormond Street schlafen gelegt.« Denn Fontane kehrte jetzt in seine Junggesellenwohnung zurück.

Wenn er Bilanz zog, so musste er sich aber eingestehen, dass es in den vier vergangenen Monaten auch viele glückliche Tage gegeben hatte. Oft waren Emilie, Lieschen und er gemeinsam in der Stadt unterwegs gewesen, hatten abends am Kamin gesessen und dem kleinen George Märchen erzählt. Dass George, der jetzt vier Jahre alt war, so neugierig in die Welt blickte, freute ihn sehr. Stolz war er mit ihm durch den Hydepark gelaufen bis zum Kensington Palace oder hatte mit ihm den Zoo besucht. Aber anstrengend war es auf die Länge gewesen, neben der Arbeit immer für gute Unterhaltung zu sorgen und den Touristenführer zu spielen. Denn einmal war in dieser Zeit auch Dr. Metzel nach London gekommen und hatte ihn tagelang beansprucht und seine Begleitung nach Windsor gewünscht. Emilie hatte das nicht recht verstanden und sich gleich vernachlässigt gefühlt. Die alte Eifersucht. Am schlimmsten aber war für die Familie die Wohnsituation gewesen. Sie waren deshalb auch umgezogen, von Soho ins Nobelquartier Bayswater (Kensington) an die Adresse 23 Chepstow Place, Westbourne Grove. Es hatte aber nichts geholfen, Emilie hatte Heimweh.

Als sie voneinander Abschied nahmen und Emilie mit George und Elise wieder nach Hause fuhr, war seine Frau im vierten Monat schwanger. Zu Hause, so wussten beide, konnte sie ihr Leben besser meistern. Da würden ihr während der Schwangerschaft die Familie und die Freunde beistehen. Auch hatte er ihr ans Herz gelegt, eine gute Wohnung zu nehmen, er verdiene ja genug. Denn tatsächlich musste sie sich neu einrichten, hatten doch weder er noch sie mit ihrer raschen Rückkehr gerechnet und daher die Wohnung in der Luisenstraße 35 aufgegeben.

Jetzt schrieb er ihr aus London, sie solle Folgendes tun, falls die Wohnungsfrage nicht bereits entschieden sei: »Du miethest sofort ein gutes anständiges Quartier für 150 oder 160 [Taler] und miethest zugleich ein gutes, nettes, zuverlässiges Mädchen (nicht knausern mit dem Lohn). Dann richtest Du Küche, Wohn- und Schlafstube ein, läßt die erforderlichen Sachen von Stobwasser holen und machst Dir's so nett und bequem wie möglich.« Er schrieb ihr auch, wie groß ihr Budget etwa bemessen war, nämlich vierteljährlich 120 Taler. Davon könne sie die Miete (etwa 40 Taler), den Lohn für das Hausmädchen (etwa 8 Taler) und die Ausgaben für den Haushalt (etwa 50 Taler) gewiss gut bestreiten. So gerechnet, meinte er, blieben ihr noch etwa 30 Taler zur freien Verfügung. »Für den Fall, daß diese nicht ausreichen (was ich gern glaube) geb' ich Dir Vollmacht Dir 10 oder 20 [Taler-] weise von Froböse Geld zu holen.« Auf diese Weise sei sie »aller Gêne und Abhängigkeit los und ledig«, könne sich »mit Bequemlichkeit alles einrichten«, »selbst kochen und mit Appetit essen« und, so fuhr er fort, »kannst mal ein paar Kaffe-Damen bei Dir sehn, kannst Muttern im Juli bei *Dir* empfangen und überhaupt Deinen Comfort von Dir selber abhängig machen« (5. Juni 1856).

Emilie fand mithilfe von Henriette von Merckel gerade das, was sie suchte, »eine reizend[e] Mansarden-Wohnung in der Bellevuestr 16, [2 Treppen hoch] im Hause oder vielmehr der prachtvollen Villa des Geh. Rat Kaspar, dicht bei unseren geliebten Merckels«. Die Wohnung mit »Küche« und »2 geräumige[n] Zimmer[n]« hatte »kleine Fenster«, eine »reizende Aussicht über den Thiergarten«, »war nett möblirt« und gewiss »sehr hübsch«. Miete: »96 [Taler]« jährlich. Das war günstiger als budgetiert.

Der Ehemann fand alles ganz in der Ordnung und freute sich, dass Emilie glücklich mit der eigenen Wohnung war. Auch ein Klavier zu mieten fand er eine gute Idee, einfach unter der Bedingung »mäßiger Gebrauch desselben, wenn meine Ohren wieder in der Nähe sind«. Er wünschte ihr und dem kleinen George von Herzen heitere Tage. Auch dachte er an das Kind, das sie erwartete, und versuchte sie zum Lachen zu bringen, wenn er in seiner unverblümten Art meinte: »Ich wünsche recht *sehr*, daß Du ein gesundes Kind zur Welt bringst, das Geschlecht ist vorläufig gleichgültig und alles wird dankbar acceptirt. Nur keine allzu elenden Würmerchen; es ist eine Art Ehrensache; also nimm dich zusammen und thu das Deine. Man schreibt mir sonst auf den Grabstein: seine Balladen waren strammer als seine Kinder.«

Der Brief war kaum in ihren Händen, da schrieb Emilie gutgelaunt zurück: »Ich kann diesmal Wein wie Wasser vertragen u. habe 1 Glas Rothwein u. 4 Glas Ananasbowle in Eis vertilgt, ein Glas auf das Wohl meines süßen Mannes« (7. Juli 1856). Es ging ihr wirklich gut (und niemand dachte, alkoholische Getränke während der Schwangerschaft könnten die Gesundheit von Mutter und Kind gefährden). Die Freunde kamen vorbei. Richard Lucae war über die Wohnung »entzückt«, was bei einem Architekten etwas heißen wollte. Friedrich Eggers, immer auf der Suche nach einer besseren Wohnung, beneidete sie gar um den hübschen Platz, »namentlich da 96 [Taler] in dieser Gegend u. diesem noblen Hause halb geschenkt« waren. Henriette von Merckel aber freute sich, dass sie jetzt Nachbarn waren. Bei dem kinderlosen Ehepaar Merckel fanden oft Einladungen statt, zu denen Emilie erscheinen musste. Dann wurde auf das Wohl ihres Londoners angestoßen, auf die neue Nachbarschaft und eine glückliche Geburt.

Max Fontane, Apotheker erster Klasse

»Meine Mutter weint über die aussichtslose Lage ihrer Kinder«, hatte Fontane noch vor wenigen Jahren an Freund Lepel geschrieben. Wie hatten sich die Zeiten geändert! Der älteste Sohn, verheirateter Familienvater, hatte erreicht, was er wollte, wenn er jetzt zu Studienzwecken in London weilte und erst noch ein anständiges Jahresgehalt vom Staat bezog (mochte er auch gelegentlich klagen, dass es für das teure Leben in London nicht ausreiche). Tochter Jenny war glücklich verheiratete Apothekersgattin, lebte mit ihrem Mann und den unterdessen drei kleinen Kindern in Letschin, wo sie für Eltern und Geschwister immer eine offene Tür hatte. Elise aber war überall gern gesehen. Und Sohn Max? Er hatte Anfang 1856, im Alter von 29 Jahren, sein »Examen glücklich überstanden« und war jetzt in der altehrwürdigen Adler-Apotheke »bei Hamscher in Küstrin engagirt«. Er hatte vor, eine eigene Apotheke zu erwerben und eine Familie zu gründen.

Im Sommer 1857 sollte er in Küstrin die junge Hermine Mencke heiraten und mit ihr nach Kriescht ziehen, wo er eine Apotheke erworben hatte. Kriescht lag etwa dreißig Kilometer östlich von Küstrin und gehörte wie Letschin zum Regierungsbezirk Frankfurt/Oder. Am 12. Oktober 1857 wurde die neue Ostbahn-Linie eröffnet, die von Frankfurt/Oder über Küstrin

Frankfurt an der Oder, um 1850

und Stettin nach Posen führte. Kriescht, Letschin und Neuruppin – alle drei Orte lagen vom nächsten Bahnhof mit Verbindung nach Berlin rund dreißig Kilometer entfernt. Für den Londoner in der Familie: undenkbar, so zu leben. Doch herrlich hinauszufahren. Als Besucher auf dem Land.

Londoner Tage zwischen Café Divan und preußischer Gesandtschaft

Als die deutsch-englische Korrespondenz eingestellt wurde, änderte sich Fontanes Londoner Arbeitsalltag. Er war zwar weiterhin halbamtlicher Angestellter der »Centralstelle«, erhielt von dort auch sein Gehalt (monatlich 100 Taler zuzüglich Spesenentschädigung), aber er unterstand nun gleichzeitig dem preußischen Gesandten. Dieser konnte ihm laut Weisung aus Berlin pressepolitische Aufträge erteilen, wann immer es nötig war. Aber offizieller Mitarbeiter des Außenministeriums war er nicht.

Der preußische Gesandte war Albert Graf von Bernstorff, ein Mann von 45 Jahren, der sich im preußischen diplomatischen Dienst bereits verdient gemacht hatte (Neapel, Paris, München, Wien). Seine Familie gehörte zum deutschen Hochadel, geboren und aufgewachsen war er auf dem Herrensitz Dreilützow im Großherzogtum Mecklenburg-Schwerin. Im Juli 1854 hatte er den langjährigen Londoner Gesandten von Bunsen abgelöst, was politisch durchaus delikat war. Denn Christian Karl Josias Freiherr von Bunsen war damals von der preußischen Regierung zurückberufen worden, weil er in der Krimkrise zu englandfreundlich agiert hatte. England bedauerte natürlich den Abgang Bunsens. Aber Graf Bernstorff war Diplomat genug, möglichen politischen Verstimmungen entgegenzuwirken. Zudem hatte er sehr gute Beziehungen nicht nur zur preußischen, sondern auch zur britischen Königsfamilie.

Fontane war sich des großen gesellschaftlichen Gefälles sehr bewusst, wenn er in der Gesandtschaft mit Graf Bernstorff verkehrte. Ob er gelegentlich an seinen Großvater dachte und sich fragte, wie es diesem ergangen war, damals, in der Obersphäre der Gesellschaft? Man war immer freundlich, immer entgegenkommend, manchmal auch wie »en famille«. Aber es ging nie darum, wer dieser andere, dieser Theodor Fontane war. Gewiss ein sympathischer, etwas eigenwilliger bürgerlicher Schriftsteller (hatte er nicht Apotheker gelernt?) und jedenfalls ein regierungsamtlicher Journalist, dessen Dienste man gegen Gehalt beanspruchen durfte. Fontane wusste, dass er nur »Zaungast« war. Aber nirgends hat er die aristokratische Welt besser studieren können als hier, auf der preußischen Gesandtschaft in London. In transponierter Form kehrte diese Erfahrung später wieder im Erzählkomplex um den Grafen von Barby, dem Diplomaten in preußischen Diensten und Botschaftsrat in London (*Der Stechlin*).

Auch das »Gesandtschafts-Hotel« selbst hatte aristokratischen Charakter und strahlte Grandezza aus. Es war ein repräsentativer klassizistischer Bau mit hohen weißen Säulen und befand sich an der prominenten Adresse 9 Carlton House Terrace. Die Engländer nannten es »Prussia House«. Es befand sich mitten im aristokratisch-königlichen London im Geviert von Trafalgar Square, Pall Mall, St James's Park und Horse Guards. »Prussia House«, so hatte Fontane den Lesern der *Vossischen Zeitung* erklärt, liege an einer mächtigen, nach dem Park hinunterführende Freitreppe: »Die nur schmale Front ist nach dem Waterloo-Platz hinaus, während die lange Reihe der Seitenfenster auf die Freitreppe hinunterblickt.« Über die Innenräume der Gesandtschaft hatte er geschwärmt: »Die schönste Parthie des Hotels ist das

Treppenhaus. Säulen tragen hier den Steinflur des ersten Stocks, durch eine Glaskuppel fällt Licht ein und hohe Stuckwände steigen zu derselben empor. Unten, zur Linken der Treppe, steht der alte Fritz, ernst, mit großen Augen, wie ein Hüter und Schutzpatron des Hauses. Die Empfangs- und Gesellschaftszimmer des ersten Stocks ziehen sich durch die ganze Tiefe. Sie sind schmucklos, aber in noblem Styl.« Das »Geheimnis« dieses Raumes sei »die Größe« sowie »die Schönheit« seiner Maße.

Manchmal wurde er hier zu einer Matinée oder zu einem Empfang geladen, nicht weil er der Schriftsteller Theodor Fontane war, sondern der preußische Pressemann, der in den deutschen Blättern unter Signum oder anonym und in der Regel mit dem Hinweis »Privat-Mittheilung« über die Veranstaltungen berichten sollte. Eine erste Probe seiner Fähigkeit in der Rolle als Hofberichterstatter gab er mit folgender Notiz:

> London, 8. Mai. {Eine Matinée.} Der Preußische Gesandte Graf Bernstorff gab heute eine musikalische Matinée. Fast das ganze diplomatische Corps war zugegen; auch Graf Westmoreland, von dessen Compositionen ein Duett (gesungen von Frau und Fräulein Rudersdorff) zum Vortrag kam. Die mitwirkenden Künstler waren Landsleute, deren Namen guten Klang haben bei Ihnen daheim. Es waren die Gebrüder Ganz, Herr v. Osten, Frau und Fräulein Rudersdorff und Herr Eduard Ganz. Ein Fräulein Pels-Leusden, deren Namen mir bisher unbekannt war, sang zwei Lieder von Mendelssohn. Theilnahme und Beifall waren allgemein.

Solche Matinée-Nachrichten – diese war am 11. Mai 1856 in der *Kreuzzeitung* erschienen – fielen nur nebenbei an (»Daran, daß ich anfange an Musik Gefallen zu finden, merk ich deutlich, daß ich alt werde«, schrieb er wenig später). Hauptaufgabe blieb laut ministeriellem Auftrag, Wohlwollen zu wecken für die politischen Belange Preußens. Zu diesem Zweck wurde Fontane jetzt regelmäßig über den Gesandtschaftssekretär Maurice Alberts zum Grafen einberufen. Graf Bernstorff führte dann Gespräche mit ihm, in denen er »bestandpunktet« wurde. Um besser in die englische Presse hineinzuwirken, sollte Fontane sich auch um gute Beziehungen zum *Morning Chronicle* bemühen, dessen Besitzer ein William Glover war. Wenn er es geschickt anstellte, konnte Glover seine Zeitung sogar der preußischen Regierungspresse verkaufen?

Unterdessen fanden die Korrespondenzen Fontanes in den Berliner Blättern nach und nach bessere Aufnahme. Vor allem zur *Vossischen Zeitung* ergab sich ein erster guter Draht. Die Redaktion wies aber gelegentlich auch Artikel zurück und begründete dies gegenüber Dr. Metzel mit folgenden Zeilen: »Wenn Sie gelegentlich an Herrn Fontane schreiben, so machen Sie ihn doch darauf aufmerksam, daß er sich weniger gehen läßt. Er schreibt oft zu rapsodisch und wird zu gemüthlich.«

Metzel teilte dieses Urteil zwar nicht, fand aber doch, Fontane leiste sich »zu viel Vertraulichkeiten gegen den Leser«. Das »persönlich Reflektirende« solle er aber unbedingt beibehalten: »Wir lesen Ihre Produktionen mit vielem Interesse und freuen uns, daß Sie möglichst ohne Haß und Leidenschaft und mit einem selbstständigen Urtheil uns die Dinge schildern«, schrieb er ihm am 8. Juli 1856.

Gewiss, Fontane versuchte es allen Seiten recht zu machen, schließlich wollte er die Artikel verkaufen. Denn das Honorar dafür ging an ihn oder, genauer, an Emilie. Im Juli 1856 besserte er ihr dadurch das Haushaltsbudget um 65 Taler auf. Das war ein rechter Antrieb. Gedruckt zu werden war nämlich gar nicht so einfach. Die Konkurrenz schlief nicht, so dass die deutschen Redaktionen sich aus dem großen Angebot die besten Londoner Korrespondenzen herausfischen konnten. Aber nicht nur gut, auch schnell musste man sein. Metzel versuchte Fontane deswegen das Café Divan auszureden, die Tasse Kaffee könne er doch auch »gegenüber der Post« oder dort, wo die »Dover Eisenbahn« abging, trinken. So lasse sich alles schneller fortspedieren. Tempo, Tempo. Ja, Zögern und Zaudern war schlecht fürs Geschäft.

Wie viel es täglich zu tun, zu besprechen, zu sehen und zu lesen gab, lässt sich dem Tagebuch dieser Monate entnehmen. Deutlich wird dabei, dass Fontane neben der Alltagsarbeit sehr häufig ins Theater ging (viel Shakespeare), Gemäldegalerien besuchte, Vorträge und Debatten hörte. Dazu kamen ausgedehnte Spaziergänge durch die Stadt, Fahrten im Cab oder im Omnibus. Und oft und gerne war er mit dem Schiff oder der Bahn unterwegs in die nähere und weitere Umgebung Londons.

Max Müller besetzte unterdessen eine Professur in Oxford. Er war heimisch geworden in England und kannte auch London gut. Zu Bunsens Zeiten war er häufig Gast der preußischen Gesandtschaft gewesen, seit Bernstorff diesen abgelöst hatte, geschah das seltener. Und doch war es gerade in »Prussia House«, dass Max Müller seine Einladung nach Oxford wiederholte.

Die Einladung hatte er schon ausgesprochen, kurz nachdem Fontane in London angekommen war. Müller hatte ihn damals ganz spontan in seiner Wohnung aufgesucht. Und sie waren dann zu dritt, denn es war noch ein Freund Müllers dabei, wie in alten Zeiten miteinander durch die Stadt gestreift. Bei dieser Gelegenheit hatte Fontane zum ersten Mal bei Simpson gegessen.

Jetzt nach Oxford zu fahren war für Fontane zwei Fliegen mit einer Klappe schlagen. Denn seine Pensionswirtin hatte einen Wohnungswechsel vor, und da wollte er dem Umzugstrubel entgehen. So wurde ausgemacht, dass er »einen Ausflug nach Oxford« unternehmen und dann in die neue Wohnung nach 92 Guilford Street zurückkehren sollte, wenige Häuserblocks von der alten Adresse entfernt.

Er reiste am Sonntag, den 10. August. Frühmorgens schon stand er am Bahnsteig in Paddington-Terminus. Und war doch zu spät, denn erst jetzt merkte er, dass sein Zug nach Sonntagsfahrplan vierzig Minuten früher gefahren wäre. Also warten auf den Nachmittagszug. Dass es dann klappte, entnehmen wir dem gut geführten Tagebuch: »Um 2 Uhr nach Oxford. Gegen 5 dort. Nach 55 St. John Street. Herzlicher Empfang. Zu Tisch. Alles reich u. nobel. Zugegen: Müller, seine Mutter, sein Freund Wallrond u. ich. Sehr heiter u. belebt u. endlich mal mit Appetit gegessen. Gegen Abend erster Gang durch die Stadt. Broad Street u. High-Street sehr schön, aber doch auszuhalten. Ungleich reizender die zweiten Höfe u. die parkartigen Gärten der Collegien. Geschlafen 56 St. John Street bei Nachbarsleuten in einem reizenden Stübchen« (10. August 1856).

Fontane fühlte sich offensichtlich wohl im familiären Kreis von Max Müller. Nichts Schöneres, als wenn man bei Tisch (und guter Küche) heiter, ja belebt miteinander plauderte. Es gab ja auch genug zu erzählen, verbanden einen doch alte Erinnerungen und gewiss auch der unsterbliche Wilhelm Müller, dessen *Winterreise* und *Schöne Müllerin* als Schubert-Liederzyklen jetzt überall aufgeführt wurden. Und dann: Wann gab es schon Gelegenheit, der Witwe eines romantischen deutschen Dichters in Heiterkeit zu huldigen! Adelheid Müller geb. von Basedow, 56, war in diesen Tagen zu Besuch bei ihrem Sohn oder lebte bereits bei ihm. Der Engländer Theodore Walrond, der mit zu Tisch saß und in London der Ministerialbehörde angehörte, war nicht nur ein Freund von Max Müller, sondern auch sein Schwager in spe.

Nach gut durchschlafener Nacht ließ sich Fontane anderntags die Oxforder Universitäten zeigen. Exeter College und New College bezauberten ihn wegen der Gärten ganz besonders. Nach dem großen Besichtigungsparcours ging es spätnachmittags wieder zurück nach St. John Street, wo jeder etwas arbeitete. Fontane schrieb in seiner freien Nachmittagsstunde an einem Geburtstagsgedicht für George. Dann wieder zum »Dinner« und nach Tisch zum »Abendspatziergang«. Den Tag beschloss er mit einem Brief an Emilie und legte auch sein Gedicht für George bei. Oxford sei sehr schön und Max Müller sehr freundlich, schrieb er. Deshalb werde er noch einen Tag länger bleiben. Auch von dem vielen Herumlaufen sprach er und davon, dass er zur Stärkung »Bier und Wein« getrunken habe. Daher Nachsicht für die gereimten Verse. Sie sind jedoch humorvoll und fein geraten. Fein und geradezu zärtlich sind auch die Zeilen an Emilie, die jetzt im siebten Schwangerschaftsmonat war. Er liebte seine kleine Familie und konnte das auch zeigen, wenn er für George dichtete:

> Hier im Gasthof zum Robin Roy
> Schreib' ich Dir dies, mein süßer boy,
> Und wünsche daß es am rechten Tag
> Dich froh u. munter treffen mag.
> Es sind nun fünf Jahre daß deine Mama
> Mich wissen ließ: »Du seiest da«;
> Ich erinnre mich dessen als sei es heut
> Und habe mich sehr über Dich gefreut.
> [...]

Den Dienstag widmeten die Freunde der Besichtigung der einzigartigen Bibel-Druckerei sowie der Bodleian Library, zu deren Kuratorium Max Müller neuerdings gehörte. Auch bestiegen sie die Kuppel der Radcliffe Camera und genossen von dort den Panoramablick. Nach dem Lunch aber, den man wieder in Müllers Wohnung einnahm, liefen oder fuhren die Freunde zur Ruine Godstowe hinaus, einer alten Abtei etwas außerhalb von Oxford. Es war ein romantischer Ausflug, denn zu Godstowe erzählten sich die Leute, hier habe »die schöne Rosamunde« gelebt, hier sei sie entführt worden, oder – in einer anderen Erzählvariante – hier sei sie gestorben. Fontane notierte dazu in sein Tagebuch: »Ruine, Epheu. Eine wilde Rose auf dem Trümmerwerk.« Er war und blieb ein Romantiker. Er, der Dichter *Von der schönen Rosamunde*, jener Verserzählung, die er mit der Widmung versehen hatte: »An Emilie«.

Shakespeare der Große

Am frühen Morgen des anderen Tages reiste Fontane von Oxford mit der Bahn weiter nordwärts. Ziel war Stratford am Fluss Avon, Shakespeares Geburtsort. Es war eine längst fällige Reise und der letzte Puzzlestein zu seinen Shakespeare-Studien.

Seit er in England lebte, hatte er schon Dutzende von Shakespeare-Aufführungen in den Londoner Theatern gesehen und manche Theaterkritik für das deutsche Publikum geschrieben. Außerdem aber hatte er sich in London auf literarische Spurensuche begeben, wohl wissend, dass es Shakespeares London seit dem großen Brand von 1666 nicht mehr gab. Seine Methode war, einschlägige Literatur und Stadtpläne zu studieren, sich kundig zu machen und dann zu den Örtlichkeiten hinzuwandern, die ihn interessierten. Der Rest war Rekonstruktion in der Phantasie. So etwa hatte er herausgefunden, dass das Haus, das ein gewisser Shakespeare 1612 in London erworben hatte, gleich bei der »Poeten-Kirche« am Fuße von »Holborn Hill« gestanden haben musste.

Aber nicht nur Lokalitäten interessierten ihn bei der Spurensuche, sondern auch alles Schriftliche von Shakespeares Hand. Gab es noch Manuskripte oder Briefe? Nein, nichts. Oder doch: die Unterschrift William Shakespeares unter den Kaufvertrag seines Hauses. Im Britischen Museum zu besichtigen. Das hatte er sich nicht entgehen lassen und später in seiner Shakespeare-Rede (1864) dazu gesagt: »Diese Unterschrift ist sehr wahrscheinlich das wertvollste aller vorhandenen Autographen. Die City-Corporation, der es früher gehörte, kaufte es bereits im Jahre 1843 für 145 £str. so daß jeder Buchstabe der Namensunterschrift etwa dem Werte von 100 Thalern entspricht.«

Alles ist bis heute richtig, was die Exklusivität Shakespeares betrifft. Doch ob der Mann aus Stratford-upon-Avon mit dem Stückeschreiber auch wirklich identisch ist? Zu Fontanes Zeit gab es daran keinen Zweifel.

Er fuhr über Warwick. Sein Tagebucheintrag vom 13. August 1856 macht deutlich, dass er die »hübsche, alte Stadt« wie ein sehr gut vorbereiteter Tourist, der wenig Zeit hat, im Eiltempo durchschritt und offenbar alles Wesentliche in entwurfsartigen Notizen festhielt. Dazu gehörte auch das Skizzieren der berühmten Warwicker Schlossanlage. Heute liegt diese Skizze dem Tagebuch als loses Blatt bei. Doch der Eintrag selbst stammt von Emilie Fontanes Hand. Wie das? Offensichtlich fehlte Fontane die Zeit, alles selber ins Reine zu schreiben. Es gab solche Tage, da überstürzten sich die Ereignisse. Tage, in denen das Protokollieren zu kurz kam, weil das Erleben wichtiger war. Dies waren solche Tage. Emilie würde schon helfen, die Dinge wieder zu ordnen. Und tatsächlich war sie es dann, die nach seinen Notizen oder nach seinem Diktat die Lücken im Tagebuch später füllte (Einträge vom 4. August bis 27. September 1856).

Nach dem kurzen Aufenthalt in Warwick und einem Abstecher zur Schlossruine Kenilworth (wegen Walter Scotts Roman *Kenilworth*) ging es frühnachmittags endlich zum eigentlichen Tagesziel. Dazu heißt es knapp im Tagebuch (von Emilies Hand): »Stratford upon Avon. Hübsches Städtchen. Zwei Kirchen. Besuch in der Kirche. In Shakespeare's Haus. Shakespeare's Hôtel. Charlecote. Squire Lucy.«

In der Holy Trinity Church war Shakespeares Grabstein zu sehen, man konnte sein (vermutetes) Geburtshaus besichtigen und im ersten Hotel am Platz, das selbstverständlich nach ihm benannt war, zur Kräftigung ein Hammelkotelett essen und ein Glas Bier trinken. Jeder, der hierherkam, wollte auch einen Blick auf das Landhaus und den Park des Thomas Lucy (»Squire Lucy«) im nahen Charlcote werfen. Ganz nach diesem Touristenprogramm ging auch Fontane vor und freute sich wohl über die Veranschaulichung jener berühmten Anekdote, die erzählt, der ganze Shakespeare sei eigentlich Thomas Lucy zu verdanken. Denn dieser Lucy war zu Shakespeares Zeit der Friedensrichter und Sheriff hier gewesen, ein unerbittlicher Puritaner, der den Leuten das Leben schwermachte. Er habe den jungen Shakespeare nach

London vertrieben, weil der ihn fürchten musste, nachdem er im Park von Charlcote gewildert hatte.

Am Landhaus in »Charlcote« dieses »Squire Lucy«, wo im Park noch immer das Wild äste, fuhr Fontane auf dem Hin- oder Rückweg vorüber. Am frühen Abend desselben Tages nahm er dann von Warwick aus den Zug zurück nach London und erreichte um Mitternacht seine neue Wohnung 92 Guilford Street.

Mitgebracht hatte er Briefpapier aus Stratford-upon-Avon, auf dem »Shakespeare's Birth Place« abgebildet war. Auf diesem exquisiten Papier schrieb er an Emilie gleich am andern Tag: »Von Oxford ist es nicht allzu weit bis *Warwick* (wo das schönste Schloß in England – Warwick-Castle – sich befindet) *Kenilworth* und *Stratford* am Avon. Ich benutzte die Gelegenheit und machte die Tour. Es kostete 3 £ aber es war auch schön. Das Geld thut mir nicht leid, aber ich habe doch wieder eingesehn wie theuer alles Reisen ist und daß die erbärmliche Summe Geldes, die ich von Berlin aus erhalte, für solche, immer noch bescheidnen Vergnügungen nicht ausreicht. England ist nun mal das Land der Pfunde statt der Thaler und ein Penny ist ein Pfennig.«

Die liebe Geldfrage. Andere hatten es wirklich besser. Max Müller, so »nöhlte« er, habe nicht nur eine gute Position und ein starkes Selbstwertgefühl, er spreche auch »von einer Badereise wie von Kirschen essen«: »Mit einem Wort, der wohlhabende (800 £) und der berühmte Mann zugleich!« Als ob ihn das nicht gestochen hätte, beteuerte er gegenüber Emilie, er werde seinen Weg – trotz Entbehrungen – vollkommen unangefochten weitergehen. Insgeheim aber hatte er schon einen Plan, wie er nicht nur berühmt, sondern auch wirklich reich werden wollte, »ein ganz raffinierter Geschäftsmann« eben.

»Einen Plan gemacht«

Kurz nach seiner Rückkehr von Oxford und Stratford-upon-Avon muss Fontane ein Feuilleton entworfen haben, das seine Reiseeindrücke festhielt, wohl um es den Zeitungen zu Hause zum Druck anzubieten (das Manuskript ist nicht überliefert). Er wusste zugleich, dass er bei solcher Thematik wieder einmal Konkurrenz hatte, denn kurz zuvor hatte er in der *National-*

Zeitung Lothar Buchers »hübschen Artikel über ›Oxford‹« gelesen. Überhaupt gab es viel Literatur über Oxford, Cambridge und die London University. Ob er sich, wenn er etwas ganz Eigenes bringen wollte, nicht eher auf »Warwick, Kenilworth und Stratford« konzentrieren sollte? Aber auch das war bekannter Stoff. Es hing also alles davon ab, *wie* er ihn brachte. Er hatte diesen persönlichen Ton entwickelt, operierte auch gerne mit Leseranreden, was nicht jeder Redaktion gefiel. Er traute sich aber zu, dass gerade sein Stil, seine Schreibweise die Konkurrenz aus dem Felde schlagen würde. Und darüber hinaus seine Art der Recherche. Handicap war einfach, dass Reisen teuer war.

Am 18. August 1856 erfuhr Fontane, dass Dr. Metzel sein Monatsgehalt erhöht hatte (von 100 auf 125 Taler ab Januar 1857). Das freute ihn sehr, denn nun konnte er ernsthaft die Schottlandreise ins Auge fassen, von der er so lange schon träumte. Aber dann hatte er wieder anderes im Kopf. Er saß im Café Divan, als er in der »National-Zeitung« einen Artikel las, der ihn doch »einigermaßen in Aufregung« versetzte. Es war ein politischer Artikel, der sich mit der Frage auseinandersetzte, was geschehen wäre, »wenn Preußen 1809 mit Oesterreich vereint statt 1813 mit Rußland zu den Waffen« gegriffen hätte. Es habe, so folgerte Fontane im Tagebuch vom 18. August 1856, »großen Reiz von einem starken Deutschland u. der Beseitigung jenes unglückseligen Antagonismus zwischen Oesterreich u. Preußen zu träumen«. Der Gedanke von einem starken Deutschland scheint in unmittelbarem Zusammenhang mit dem Plan zu stehen, den er dann gleich ausformulierte: »Einen Plan gemacht, ›*Die Marken*, ihre Männer u. ihre Geschichte. Um Vaterlands- u. künftiger Dichtung willen gesammelt u. herausgegeben von Th. Fontane.‹ – Die Dinge selbst geb' ich alphabethisch. Wenn ich noch dazu komme *das* Buch zu schreiben, so hab' ich nicht umsonst gelebt u. kann meine Gebeine ruhig schlafen legen.«

Es sollte ein Buch werden, das die Mark Brandenburg erkundete, das von den Männern der Mark und von der Geschichte dieses preußisch-deutschen Landesteils erzählt. Ein Buch, das sich auf Quellen stützte und diese zum Sprechen brachte. Zweck und Ziel: Vaterlandsdichtung, die patriotische Gefühle und Heimatliebe weckte und der zukünftigen Dichtung diente, gemessen an Shakespeare dem Großen. Denn er stand noch ganz unter dem Eindruck seiner Wallfahrt nach Stratford am Avon. Das war nichts anderes als sein Neuruppin am Ruppiner See oder sein Letschin an der Oder.

Die Idee schlummerte schon lange in ihm. Jetzt aber wusste er, wie es zu machen war. Nämlich gerade so, wie er dieser Tage Oxford, Warwick, Kenilworth und Stratford-upon-Avon erkundet hatte. Gut vorbereitet und mit Tempo vorwärts. Das war das Geheimnis, das sparte Zeit und Kosten. Reisegeld war dennoch unabdingbar. Dass er eben die Nachricht erhalten hatte, bald werde mehr Bares in seine Kasse fließen, das beflügelte den Plan und machte ihn realisierbar. Er würde mit der Eisenbahn fahren, das Schienennetz wurde ja beständig weiter ausgebaut. Aber mit der Kutsche oder im Omnibus ging es auch. Und war man vor Ort, so konnte er auch zu Fuß fortkommen.

Was er plante, war eine Art Lexikon der Mark Brandenburg, wollte er doch das Ganze »alphabethisch« geben. Ein solches Werk hätte dann ganz seiner Vorliebe fürs Auflisten und Aufzählen entsprochen. Tatsächlich versuchte er, als er das Projekt endlich in Angriff nahm, die wohl 1000 Dörfer und Flecken der Mark Brandenburg zuerst einmal alphabethisch zu ordnen. Aber Vollständigkeit war ein verrücktes Ziel. Er wäre an kein Ende gekommen. Und unmöglich war auch, dass es ein einziges Buch hätte werden können. Schon der »Plan« selbst war auf mehrere Bände angelegt. Aber die Idee an sich war natürlich genial. Denn der »Plan« war ein eigentlicher Lebensplan. Er würde seine Bewegungsfreiheit behalten und zugleich in der Heimat sein. Die kleinen Reisen würden Motor für sein Schreiben werden. Und wenn er seine Arbeiten dann auch noch als Feuilleton vorabdrucken ließ, bevor er sie in Buchform gesammelt herausgab, so war es erst noch ein ziemlich raffiniertes Geschäftsmodell. Besonders in Zeiten, wo »Vaterlandsdichtung« ein gefragter Artikel war.

Pendeln zwischen London und Berlin

Der Schriftsteller als Korrespondent und Presseagent (1856–1859)

Auf Urlaub in Berlin

Am Donnerstag, den 28. August 1856, abends um halb neun, reiste Fontane mit der Bahn nach Dover, um dort den Dampfer zu besteigen. Die Reise ging so rasch wie möglich nach Berlin: »Um Mitternacht Abfahrt von Dover. Gegen 5 Uhr in Ostende. 4 ½ nachmittags in Köln«, heißt es im Tagebuch. Weil irgendwo auf der Strecke sein Koffer verloren gegangen war, geriet er während seines Kölner Aufenthalts in große Aufregung, verpasste nicht nur den Anschlusszug, sondern verlor im »Wirwarr« auch »Pelz u. Ueberrock, Reisetasche u. Schirm«. Als er endlich alle seine Sachen wieder beisammenhatte (nur der Koffer blieb vorläufig verschwunden), ging es abends um neun schließlich weiter. Es war eine lange Fahrt durch die Nacht, »langsam u. langweilig« (von Damen, »äußerst poussierbar« keine Rede mehr). Sonnabend, den 30. August, gegen »8 Uhr«, war er glücklich zurück in Berlin. Große Wiedersehensfreude.

Er kam zwar auf Urlaub, doch hatte er zugleich dienstliche Termine wahrzunehmen. Sein Büro zeigte ernsthafte Absichten, den *Morning Chronicle* aufzukaufen, und trat in erneute Verhandlungen mit dem Besitzer Mr. Glover. Dieser war extra aus London angereist, so dass es eine Woche lang zu regelmäßigen Treffen kam. »Zum Minister-Präsidenten. Zu Glover. Zu Dr. Metzel. An Glover geschrieben u. ihm den hoffnungslosen Stand seiner Affaire auseinander gesetzt«, notierte Fontane im Tagebuch. Die Sache scheiterte auch wirklich, und Mr. Glover reiste unverrichteter Dinge wieder ab. Fontane aber hatte weiterhin seine Treffen mit Dr. Metzel und im »Büreau«.

Privat erlebte er gleichzeitig viele heitere Stunden. »Den ganzen Tag Familie geschwelgt«, notierte er aufgeräumt. Nichts fehlte der kleinen Familie in der Bellevuestraße 16. Selbst Emilies Schwangerschaft verlief gut. Und täglich kamen Freunde vorbei, oder man setzte sich bei Merckels zu Tisch, wo Gäste immer willkommen waren. Auch das »Rütli« traf sich, am liebsten bei Kuglers. Fontane war ganz er selbst, unternahm mit der Familie Spazierfahrten durch den Tiergarten oder schlenderte nach Männerart durch die Stadt und in die gute Kneipe.

Zwischendurch machte er seine kleinen Visiten. Er besuchte Pastor Fournier, der das Kind taufen sollte, schaute bei der Familie Schacht vorbei und hörte das Neuste von Anna und Friedrich Witte. Der tüchtige Fritz würde demnächst die geschäftliche Erweiterung seiner Apotheke bekannt geben. Auch »Commerzienrath Krause« stattete er einen Besuch ab und begegnete bei dieser Gelegenheit »Frl. Margarethe v. Klöden«. Sie könnte die Tochter seiner Minna gewesen sein. Dann hätte er fast wie Innstetten in *Effi Briest* vor der Tochter seiner Jugendliebe gestanden. Drei Tage nach seinem ersten Besuch tauchte er noch einmal bei Kommerzienrat Krause auf, seinen Angaben nach, um ihm zum Geburtstag zu gratulieren. Vielleicht aber auch, um nach Margarethe oder Minna Ausschau zu halten, so ganz nebenbei?

Natürlich kamen in diesen Tagen auch Bernhard von Lepel und Hermann Scherz in die Stadt. Alle, alle wollten ihn sehen, sie hatten ihn wirklich vermisst. Er schwelgte in Freundschaft. Denn in London hatte er trotz alledem das Heimweh kennengelernt und das selbstgewählte Fernsein in den Briefen oft heftig beklagt.

In der Bellevuestraße 16 ging es jetzt sehr rege zu. Oft kamen die Freunde nur auf einen Sprung und blieben dann doch länger als gedacht. Manchmal trafen sie sich auch in einem Berliner Hotel oder gingen zum Kaffee zu Kranzler. Der stolze Vater nahm dann den kleinen George bei der Hand, spazierte mit ihm Unter den Linden und nahm ihn mit, wenn er noch einen Freund besuchte. »Mit Georgechen zu Eggers«, notierte er im Tagebuch.

Gleich zu Beginn seines Berliner Aufenthalts richtete Fontane auch Briefe an Mutter und Vater. Beide wollte er möglichst bald sehen. Die Mutter antwortete aus Neuruppin, sie komme dann und dann nach Berlin, der Vater aber erwartete den Sohn in Schiffmühle. Noch bevor er reiste, kam Max aus Küstrin.

Man muss sich die beiden – Theodor, 36, Max, 29 – als ein Brüderpaar vorstellen, das sich ziemlich ähnlich war. Max kam also »zu Tisch«, und mit ihm kam auch Friedrich Eggers. Anderntags ging Fontane »mit Max in die Kunstausstellung«. Hier in der Königlichen Akademie Unter den Linden besahen sich die beiden Brüder »[e]inzelne kostbare Sachen«, vor allem

»schöne Porträts«. Dann folgte ein gemeinsamer Ausflug: »Nachmittag mit Max u. Eggers nach dem Spandauer Berg gefahren. Sehr hübsch«, hielt Fontane im Tagebuch fest (8. September 1856). Es war die Art Wanderung, wie sie ihm gefiel und wie er sie für die Zukunft plante.

Einige Tage später fuhr er dann nach Schiffmühle bei Freienwalde, wo sein Vater jetzt lebte und ein kleines Haus mit Garten erworben hatte. Er nahm sich für den Besuch knapp zwei Tage Zeit und musste früh los: »Um 4 Uhr auf. Zu Papa nach Freienwalde. Sehr herzlicher Empfang. Das Leiden des alten Herrn doch ziemlich ernster Natur. Runde 12 Stunden geplaudert« (17. September 1856).

Man hatte sich zwar häufig geschrieben, aber lange nicht gesehen, wohl über ein Jahr. Der Sohn erschrak, wie sehr der Vater gealtert war. Aber das Plaudern war schön wie immer. Dabei kam man wohl auch auf das Leben und Streben des Schriftstellers in der Familie zu sprechen. Und vielleicht auch auf *Archibald Douglas*. Der Vater konnte nur wiederholen, was er mittlerweile jedem sagte, der es hören oder auch nicht hören wollte, dass nämlich sein Sohn »der erste Balladendichter Deutschlands« sei. »Um 2 Uhr von Schiffsmühle abgereist. Der Alte bewegter als sonst wohl.« Sie waren beide Gefühlsmenschen und weinten manchmal, wenn sie sehr bewegt waren.

Fontane reiste dann weiter nach Letschin zu seiner Schwester Jenny. Abends um »6 Uhr« war er da. »Liebenswürdiger Empfang. Jennychen immer noch nett u. herzgewinnend wenn sie spricht; der unwiderstehliche Vortrag einer geborenen Märchen-Erzählerin« (18. September 1856). Auch hier konnte er in Familie schwelgen. »Geplaudert mit Schwester u. Schwager u. wohlgethan an Schabebraten u. Asmannshäuser. Spät zu Bett.«

Gute deutsche Küche, ein Hackbraten auf dem Tisch, das gefiel ihm. Und ein Gläschen Kornbranntwein konnte auch nie schaden und löste die Zunge. Spät zu Bett, früh wieder auf. Bereits um 3 Uhr. Denn wie in alten Zeiten hatte er die Fahrpost zu nehmen, um nach Frankfurt/Oder zu gelangen. Von da ging dann der Zug nach Berlin. Wenn er kam. An diesem Sonnabend kam er nicht. Oder besser, sechs Stunden später als erwartet. Das war ein Vorgeschmack auf seine »Wanderungen«. Reisen in der Mark würde wohl zeitaufwendiger und teurer werden als Reisen in England, dem Land des raschen industriellen Fortschritts. Berlin erreichte er an diesem Tag schließlich gegen 6 Uhr abends.

Wenige Tage nach seiner Rückkehr aus Letschin kam die Mutter in die

Stadt. »Nachmittag's mit George auf den Hamburger Bahnhof; Mutter abgeholt. [...] Den Abend mit Mama verplaudert« (25. September 1856). Die Mutter, auch wenn sie jetzt mit Elise in Neuruppin lebte, war in Berlin noch immer wie zu Hause und kam oft. Sie war jetzt 58 Jahre alt und hatte in den vergangenen Jahren viel für ihren Ältesten getan. Vor allem hatte sie Emilie während der Schwangerschaften unterstützt und nach der Geburt jeweils Mutter und Kind betreut. *Sie* war es auch gewesen, die Emilie tröstete, als sie den kleinen Rudolph kurz nach der Geburt wieder verlor. Und weil sie gesehen hatte, wie elend Emilie war, hatte sie ihren Sohn auch harsch kritisiert. Zu oft nicht da, wenn man ihn gebraucht hätte. Ganz wie der Alte. Mit der Mutter war also, wenn sie den Sohn mit dem Vater in einen Topf warf, nicht gut Kirschen essen.

Doch trotz allem: Emilie Fontane geb. Labry blieb eine starke Stütze für die junge Familie in der Bellevuestraße. Auch jetzt wieder. Denn ihr Sohn würde zum wiederholten Mal durch Abwesenheit glänzen, wenn das Kind zur Welt kam. Unterdessen hatte man sich jedoch in das unstete Leben eingewöhnt. Alle halfen Emilie, wenn ihr Theo, den sie ja doch mit all seinen Vorzügen und Schwächen liebten, wieder fort sein würde. Und so kamen wirklich noch eine Reihe unbeschwerter Tage. »Mit Mutter und Emilie im ›Odeum‹ Kaffe getrunken« (30. September 1856), bei Merckels erstes »Abschiedssouper« (30. September), »Kneiperei bei Metzel« (1. Oktober), »mit Lepel« (2. Oktober), zweiter »Abschiedsschmaus« bei Merckels (3. Oktober), zuletzt Visiten, Briefe und Hermann Scherz, der »mit den üblichen 2 Flaschen Sekt« aufkreuzte (4. Oktober). Am Abend Aufbruch Richtung Leipzig.

Was blieb? Bei aller Heiterkeit der vergangenen Tage eine leise Melancholie. Sie schlich sich unversehens in seine Verse ein:

Ich kann mir's länger nicht verhehlen,
Die Jugend geht, das Alter kommt,
Beim Wein Geschichtchen zu erzählen
ist nun die Gabe, die mir frommt.

Was schwarz ist, schätz ich jetzt geringer,
Was blond ist, lieb ich allermeist,
Und dumme, funfzehnjähr'ge Dinger
Entzücken mich durch ihren Geist.

Wenn kichernd sie zusammensitzen,
Flüsternd, was jeder wissen kann,
Wer kommt mit seinen besten Witzen
An so viel Lieblichkeit heran.

Probleme lösen, Welt bezwingen,
War immer eine harte Nuß,
Und zweier Mädchen Liedersingen
Ist wirklich größerer Genuß.

Er legte das kleine bekenntnishafte Gedicht mit dem Titel *Resignation* als loses Blatt in sein Tagebuch. Es ist im Original nicht mehr vorhanden, aber eine Abschrift ist noch im Besitz des Fontane-Archivs. Zur Veröffentlichung waren die Zeilen nie gedacht.

»Der Loyalitäts-Überfluß … ist nicht von mir« oder Paris im Oktober 1856

Seine Rückreise nach London verband er diesmal mit einer Reise nach Süddeutschland und nach Paris. Von Leipzig bis Mannheim begleitete ihn sein Vorgesetzter Dr. Metzel. Die Reise ging über verschiedene Stationen nach München, wo man mehrere Tage blieb (7. bis 10. Oktober), und von dort weiter über Heidelberg nach Mannheim. Dann war Fontane wieder allein und fuhr direkt nach Paris, wo er acht Tage blieb (14. bis 22. Oktober 1856).

Längst war ihm die Kapitale Frankreichs ein Begriff. In seinem rhapsodischen Gedicht *Ein Ball in Paris* (1850) hatte er in nachrevolutionärer Stimmung seinen kritischen Blick auf Vergangenheit und Gegenwart der französischen Gesellschaft gerichtet. Eine Stadt war es, so glaubte der Hugenotte in ihm, die immer aufs Neue »Bluthochzeit« feierte, während die Reichen und Schönen im lichterhellen Ballsaal tanzten. Unbeschwert, gewissenlos.

Seit Fontanes *Ball in Paris* hatte sich Frankreich allerdings verändert. Der Neffe Napoleons, dem der Dichter eben noch die Gestaltungskraft seines großen Vorgängers abgesprochen hatte, beherrschte jetzt die Szene. Er hatte sich mit Volkswillen nicht nur zum Kaiser krönen lassen (1852), sondern seit dem Krimkrieg an Macht noch hinzugewonnen, nicht zuletzt seit dem Friedensvertrag, den die europäischen Mächte in Paris ausgehandelt hatten.

Wie gab sich die französische Hauptstadt jetzt? Darüber wollte Fontane berichten, hatte er doch Dr. Tuiscon Beutner, dem Chefredakteur der *Kreuzzeitung*, versprochen, aus Paris erste Korrespondenzen zu liefern. Schon am dritten Tag seines Aufenthaltes schickte er einen Text an die Redaktion:

> *†* Paris, 15. Oktober. (Am Tage von Jena auf der Brücke von Jena …) Vorgestern Nacht traf ich hier ein und am gestrigen Morgen eröffnete ich meine Wanderungen durch Paris mit einem Gange zum Pont d'Jena. Es war der Jahrestag der Schlacht [von 1806]; ein halbes Jahrhundert lag zwischen dem grauen Octobermorgen von damals und von heut. Ich nahm meinen Weg vom Louvre bis zum Arc d'Etoile [Arc de Triomphe], dessen Sieges=Inschriften mit *Valmy* [1792] beginnen und mit *Ligny* [1815] schließen, und bog dann links ein bis zum Marsfelde hin und der Brücke von Jena. Lachendes Volk passirte die Brücke und unter den Hunderten, die an mir vorübergingen, war sichtlich nicht einer, der daran dachte oder auch nur gewußt hätte, daß dies der Jahrestag eines glänzenden Sieges sei. Die Siegesliste ist lang in Frankreich; was ist ihnen der Tag von Jena? ein Tag unter vielen. *Wir Preußen* haben für diesen Tag ein besseres Gedächtniß und es ist gut, wenn man sich bei der Freude des 15. Octobers auch des Schmerzes »vom Tage vorher« erinnert. – […]

Leser der *Kreuzzeitung* wussten: Der 15. Oktober hatte doppelte Bedeutung. Es war der Tag *vor* der Leipziger Völkerschlacht (16. bis 18. Oktober 1813) mit dem Sieg über Napoleon, und es war der Geburtstag von Friedrich Wilhelm III., dem König der Befreiungskriege. Dieses »*Wir Preußen …*« war also sehr preußisch. Emilie, die ihren Theo besser kannte, meldete heiter: »Deinen Aufsatz in der N. Pr. lasen wir auch mit der Merckel, er steht in der Nummer vom 18. Oct. vornean, u. machte uns Deine große Loyalität in Betreff des 15 Oct. Spaß.« Diese Bemerkung veranlasste Fontane, seine Frau über folgenden Sachverhalt aufzuklären: »Der Loyalitäts-Ueberfluß in dem †-Ztngs-Artikel ist nicht von mir. Es stand an der Stelle ganz was andres; ohngefähr so: die Don Juans vergäßen die Datums ihrer Siege, aber nicht die Gefallenen. Es ist recht gut daß er's geändert hat; es war zwar ein ganz passabler Gedanke, aber mit einem Anflug von Lächerlichkeit« (25. Oktober 1856).

Ja, das darf man nicht vergessen! Fontanes Zeitungsartikel wurden *redi-*

giert, in diesem Fall von Chefredakteur Dr. Beutner oder vom zuständigen Redakteur für den französischen Artikel. Es war das übliche Verfahren. Die Texte wurden passgenau gemacht durch Kürzungen, Ergänzungen, stilistische Veränderungen. Und sie wurden, wie das Beispiel zeigt, auch auf die politische Ausrichtung des Blattes hin getrimmt.

Da die Originalfassungen von Fontanes Zeitungsartikeln allesamt nicht überliefert sind, ist schwer zu sagen, wie weit die Eingriffe gingen. Aber sie fanden statt. Fontane als politischer Journalist hat sich kaum dagegen gesträubt, sondern die Sache in seiner Autobiografie später verharmlost. Denn der alte Fontane verteidigte die Arbeitsweise der *Kreuzzeitung* mit dem Hinweis auf einen gewissen Professor Stahl, der »einmal in einer Kreuzzeitungs-Versammlung« gesagt haben soll: »Meine Herren, vergessen wir nicht, auch das konservativste Blatt ist immer noch mehr Blatt als konservativ.«

In der Regel wurde in der *Kreuzzeitung* also mehr oder weniger subtil nach der konservativen Seite hin redigiert. Das hatte durchaus seine Rückwirkungen und könnte manchen widerspenstigen Korrespondenten bewogen haben, nach und nach konformere Artikel zu schreiben. Schon des Zeilenhonorars wegen. Denn wenn ein Artikel gekürzt wurde und damit das Honorar sank, konnte einen das fuchsteufelswild machen. Auch Fontane.

Wie aber klangen seine persönlichen Briefe, die er aus Paris schrieb? Seiner Frau gegenüber klagte er über Schmutz und Räuberei in den Straßen und bedauerte sich, weil er große Langeweile hatte. Er sei ja für dieses Paris nicht mehr jung genug, habe kein Geld (logierte aber an einer feinen Adresse für insgesamt 71 Francs) und könne kaum Französisch, jammerte er. Dem Vater indes gestand er, nachdem er viel *gegen* Paris eingewendet und entschieden *für* London plädierte hatte: »Wie mir es immer geht, wenn ich ein Urtheil ausgesprochen habe, so auch diesmal, – kaum steht es da, so fang' ich an die Richtigkeit zu bezweifeln.«

Und schon im nächsten Absatz schilderte er ihm dieses prächtige Paris mit seinen Boulevards als ein einziges Lichterfest! Auch schwärmte er: »Ich aß gestern im Café Riche, einem der besten Restaurants am Boulevard des Italiens, und muß einräumen daß alles vortrefflich war, schmackhaft, kräftig und *reiche Auswahl*. Dies letzte ist der große Uebelstand der englischen Küche, – immer und ewig dasselbe. Theuer ist es natürlich über die Maßen und selbst die Londoner Preise verschwinden dagegen. Ich hatte: Suppe, Filet, Fisch, Huhn und eine halbe Flasche Bordeaux; ich bezahlte dafür 11 Franks also circa 3 Thlr. Ich schreibe Dir das so ausführlich, weil Dich all so was interessirt«.

Er schilderte dem Vater außerdem, wie viel Lebensfreude dieses Paris versprühte. An einem Sonntag zum Beispiel, wenn in London die große Öde und Langeweile herrsche, flanierten hier in Paris »viele Tausende« auf den Boulevards, »lachten und scherzten«. Ja, fuhr er fort: »[...] vor den blitzenden Café's saß man im Freien und dampfte die Cigarre und spielte Domino; drinnen klapperten unaufhörlich die Kaffetassen und oben hörte man die Billardbälle hin und herfahren und das dixhuit à quarante deux des Kellners.«

Da war es wieder, dieses vergnügliche und gelegentlich sehr kostspielige Domino- und Billardspiel, wie der Vater es lange geliebt hatte. In Paris gehörte es zum Sonntagsleben und eignete sich für eine geradezu romanhafte Erzählung. Er selber mache sich nicht viel aus all dem, resümierte der Sohn, aber was er eben geschildert habe, gebe doch »ein hübsches Bild«, und er lerne begreifen, »daß andre dafür schwärmen können«. Fontane meinte damit die Touristen, auch die Engländer, die es alle nach diesem Paris zog. Meinte aber gewiss auch den Vater, der seiner ganzen Natur nach und mit seinem »französischen Gefühl« dieses strahlende Paris einer nebelgrauen Stadt an der Themse vorgezogen hätte.

Das Paris, das er dem Vater schilderte, ist eines, das der Freude entsprang, ihm »all so was« erzählen zu können. Unbestritten, mit dem Vater ließ sich gut plaudern. Aber ihn, den Vater, wollte er auch mit heiteren Bildern aufmuntern. Denn zuletzt hatte er ihn doch recht gebrechlich erlebt. Er war ihm eben sehr zugetan (»trotz aller seiner Schwächen«), redete ihn auch mit 36 Jahren noch immer mit »Mein lieber, guter Papa« an und schloss mit: »Nun leb mir wohl mein lieber Papa und gedenke in alter Liebe Deines Theodor.«

Dass der Briefwechsel zwischen Vater und Sohn nur sehr rudimentär überliefert ist, ist ein großer Jammer für jede Fontane-Forschung. Aus dem wenigen, was wir kennen, lässt sich nämlich erahnen, wie sehr dieser gegen die vierzig gehende Theodor Fontane in den Briefen an den Vater bereits der Erzähler und Causeur war, den wir bisher nur in den späten Romanen entdecken konnten. Folglich verfügte er Mitte der 1850er-Jahre bereits über die Mittel, es den Schriftstellern seiner Generation gleichzutun, die große Romane schrieben. Thackeray (*Vanity Fair*, 1848), Dickens (*David Copper-*

field, 1850), Keller (*Der grüne Heinrich*, 1854/55), Flaubert (*Madame Bovary*, 1857) – ihnen allen hätte er ein durchaus ebenbürtiger Mitspieler werden können. Aber er hinderte sich selbst, oder es fehlte die Zeit oder das Geld, oder dann kam ihm sonst etwas in die Quere. An Ermutigungen da und dort kann es nicht gefehlt haben. Denn tatsächlich redeten die Freunde seit Mitte der 1850er-Jahre auf ihn ein, »schreibe Deinen Roman«.

Stattdessen schrieb er jetzt für die *Kreuzzeitung* Korrespondenzen und war darauf bedacht, dass auch der Vater das Blatt erhielt. »Die Kreuz-Zeitung erhälst Du hoffentlich regelmäßig?«, so fragte er aus Paris.

Dieser Brief aus Paris, geschrieben im »Hôtel du Louvre« am 19. und 20. Oktober 1856, ist nicht nur als Text, sondern auch als Autograf eine Kostbarkeit. Es ist nämlich der einzige im Original überlieferte Brief Fontanes an den Vater (heute im Besitz der Staatsbibliothek zu Berlin). Was aus den übrigen Briefen und Gegenbriefen von Vater und Sohn geworden ist? Wir wissen es nicht.

Dem Tagebuch vom Oktober 1856 aber können wir entnehmen, dass Fontane in den acht Tagen seines Pariser Aufenthalts die Stadt in alle Richtungen erkundete, viel in den Boulevards und durch die Parks flanierte, Kaffee trank, die Menschen studierte (»[v]iel schöne Weiber«) und das jetzt übliche touristische Programm absolvierte. Mehrere Besuche galten den berühmten Gemäldegalerien im Louvre und in Versailles. Hier notierte er sich alles, was er sah – von David bis Delacroix, von Raffael bis Rosa Bonheur (»Viehstücke«) –, und fällte knappe Urteile. Hinzu kamen Besuche der Kathedrale Notre-Dame oder der Kirche St.-Germain-l'Auxerrois, von der er eine Abbildung ins Tagebuch legte und dazu festhielt, es sei die Kirche, deren »Glocke das Signal gab zur Bartholomäus Nacht«. Das war seine hugenottische Geschichte, die Kirche St.-Germain-l'Auxerrois war der Ort des Fanals.

Paris hatte viele wichtige Plätze, die er gesehen haben musste. Einer der wichtigsten aber war, wie er im Tagebuch notierte, Heinrich Heines Grab. »Nach dem Montmartre gefahren; Heine's Grab«, lesen wir unter dem 17. Oktober 1856. Es pilgerte jetzt mancher hierher. Was ihm wohl durch den Sinn ging, am Grab des berühmten Dichters, acht Monate nach dessen Tod? Im Tagebuch finden wir wiederholt die Notiz: »In Heine's ›Reisebilder‹ gelesen.« Er blieb dem Dichter sehr verbunden, gestand auch einmal, Heine sei ihm ein »Herzensbedürfniß«, und fand, Heine habe einen Ton gefunden, der das moderne Lebensgefühl treffe, einen »keck-phantastische[n] Ton«, der uns in das Grauen hineinscherze. Das war ihm selber gar nicht so unähnlich, und er wusste es wohl.

»Die Neufchateler Frage fängt an, mir langweilig zu werden« oder Viel Ärger mit der Schweiz

Wenn man Paris abends um halb acht verließ, konnte man zwölf Stunden später bereits in London frühstücken. Das war modernes Tempo, über das Fontane staunte und sich freute. Aber dass ihn Graf Bernstorff jetzt wegen der »Neufchateler Frage« so sehr beanspruchte, darüber freute er sich nicht. Überraschen konnte es ihn wenig, denn der Neuenburger Putsch war bereits in Berlin Tagesgespräch gewesen. Er hatte sogar an den Quellen gesessen.

Zu diesen Quellen gehörten die Unterredungen in der »Centralstelle für Preßangelegenheiten« und seine Einbestellung zum Ministerpräsidenten Otto von Manteuffel. Von Pastor Schultz hatte er sogar einen Augenzeugenbericht erhalten. Über den Abschiedsbesuch bei diesem alten Freund und Gönner heißt es im Tagebuch: »Zum Kaffe nach Bethanien. Mit Schultz (der gerade in Neufchatel war, als die sogenannte Revolution ausbrach) über Elsaß, Straßburg und Louis Napoleon ›von dem selbst seine Gegner zugäben, er sei *eine noble Natur*‹, geplaudert.«

Was hatte Pastor Schultz nach »Neufchatel« geführt, gerade an jenem 2. September 1856? An Zufall mag man nicht glauben. Also preußische Mission im Dienste des Königs? Jedenfalls konnte Pastor Schultz erzählen, auf welche Weise der Putsch der Neuenburger Royalisten gescheitert und in der Folge die Republik ausgerufen worden war. Und dann wird man darüber »geplaudert« haben, was dies nun für die preußischen Ansprüche auf Neuenburg bedeutete. Der Schweizer Kanton grenzte ja direkt an Frankreich und drohte ein Zankapfel zu werden wie das nahe »Elsaß« mit »Straßburg«, das jetzt in französischer Hand lag. Napoleon III. sollte im Neuenburger Streit vermitteln. Aber noch war vollkommen unklar, wie der Handel stand.

Es war eine vertrackte Geschichte. Neuenburg (Neuchâtel) hatte sich längst unter eidgenössischen Schutz begeben, zugleich aber war es Fürstentum geblieben und gehörte seit 1707 durch Erbschaft den Hohenzollern. Der

Wiener Kongress hatte Neuenburg, nachdem Napoleon I. es billig erhandelt hatte, erneut dem preußischen König zugeschlagen, aber seine Rechte als Schweizer Kanton anerkannt.

Die Neuenburger waren französischsprachig, reformiert, geprägt von hugenottischer Zuwanderung und durchaus privilegiert durch ihre doppelte Staatszugehörigkeit. Denn einerseits hatten sie an allen Segnungen des aufgeklärten preußischen Staates teilgehabt, verdankten diesem die Justizreform, die Beförderung des wirtschaftlichen Aufschwungs sowie die Gründung der wissenschaftlichen Académie (1838). Anderseits hatten sie eine entscheidende Rolle gespielt für die republikanische Entwicklung der Schweiz. 1848 war hier die Revolution geglückt. Die konservative Regierung war hinweggefegt und durch eine republikanische ersetzt worden. Die neue Verfassung hatte das Volk mit großer Mehrheit angenommen, und folglich nannte sich Neuenburg jetzt »République et Canton de Neuchâtel«. Der Protest aus Berlin war wirkungslos verebbt. Aber sich mit der Situation abfinden, das mochte König Friedrich Wilhelm IV. nicht. Neuenburg war aus seiner Persepktive sein persönlicher Besitz, den Titel Fürst von Neuenburg und Valangin trug er mit Stolz.

Auch den Neuenburger Royalisten, die weiterhin zum preußischen König hielten, war die republikanische Regierung im Schloss, hoch über dem Neuenburger See, ein Dorn im Auge. In der Nacht vom 2. auf den 3. September 1856 hatten sie versucht, diese Regierung zu stürzen. Das empörte das Volk. Nein, das ging nicht: »Vive le Roi!« rufen und auf dem Neuenburger Schloss die preußische Fahne hissen! Sofort waren die republikanisch gesinnten Kaufleute, Handwerker, Uhrmacher herbeigeeilt und hatten schon am 4. September den Regierungssitz zurückerobert. Acht Tote und 26 Verwundete wurden gezählt und gegen 500 Royalisten gefangen genommen. Und diese Gefangenen wollte die republikanische Schweiz, die ihre Souveränität in Gefahr sah, nicht einfach amnestieren, sondern wegen Hochverrat vor Gericht stellen. Es drohte also das Todesurteil.

Aber so ganz rabiat wollte man es vielleicht doch nicht haben, denn man setzte auch auf Vermittlung. Kaiser Napoleon III. oder der amerikanische Gesandte in der Schweiz konnten womöglich ihre guten Dienste anbieten. England, so viel war klar, stellte sich entschieden auf die Seite der Schweiz und damit gegen Preußen. Da hatte nun der preußische Presseagent Theodor Fontane, zurück in London, wieder alle Hände voll zu tun.

Schon am 27. Oktober schickte er Dr. Beutner einen ersten Artikel zur »Neufchateler Frage«. Die *Kreuzzeitung* brachte ihn einige Tage später unter der Sigle *†* und in gewiss redigierter Form. Wir lesen hier unter anderem: »Die Times hat nun auch in der Neuenburger Frage gesprochen, ganz wie sich's erwarten ließ: wegwerfend, antipreußisch. [...] Sie sagt: ›die Frage, ob der Kanton preußisch werden (oder bleiben) soll, beantwortet sich einfach so: ‚Natur und Geographie sagen: nein; Stolz und *Pedanterie* sagen: ja.' Schreibtafel her!‹«

Nach Fontane-Hamlet also: Unerhört, das muss ich aufschreiben und für die Mit- und Nachwelt aufbewahren! Aber ob die Leser ihm hier und im weiteren Textverlauf immer folgen konnten? Am klarsten im ganzen Artikel waren wohl Sätze wie: »Die Frage liegt nicht, ob Fusilade oder Nicht-Fusilade [der Gefangenen], sondern ob preußisches oder schweizerisches, ob königliches oder republikanisches Neuenburg.«

Schon am 3. November hatte Fontane einen Brief von Dr. Beutner in der Hand mit »wenig erbauliche[m] Inhalt«. Hatte er zu viel schwadroniert? Jedenfalls wollte auch Graf Bernstorff ihn noch einmal in der »Neufchateler Frage« bestandpunkten. Denn die Lage spitzte sich in diesen Tagen zu. Die Schweiz gab nicht nach und Preußen auch nicht.

Fontanes Pressearbeit konzentrierte sich jetzt auf den *Morning Chronicle* von William Glover, dessen Dienste wieder gerne beansprucht wurden und der sich dafür gut bezahlen ließ (£ 75 am 4. November). Wohl über ein Dutzend Artikel zur Neuenburger Frage konnte Fontane hier platzieren. Dabei war er offenbar von seiner Regierung angewiesen worden, Ort und Datum gelegentlich zu fingieren. »The War-Preparations of Switzerland, her Hope and Confidence« titelte der *Mornig Chronicle* und ergänzte »from a correspondent« in »Berlin, 12. Dezember«. Fontane saß natürlich in London, als er den Artikel um etwa zwei Tage vordatierte. Er erschien in zwei Teilen, am 15. und 16. Dezember 1856.

Es waren die Tage, als die politischen Gegner den Krieg wagen wollten. Auf preußischer Seite blieb vor allem der König unnachgiebig. Zwar hatte er sein kleines Fürstentum nie besucht, aber immerhin unterhielt er ein vornehmes Neuenburger Garde-Schützen-Bataillon in Berlin. Auf Schweizer Seite blieb man stur, weil die Verfasstheit des republikanischen Staates sowie wirtschaftliche und geopolitische Interessen auf dem Spiel standen. Eine patriotische Welle ging durchs Land. Seit 1848 die erste ganz große. Denn

General Post Office St. Martin's Le Grand in London, vor 1856

der innerschweizerische Sonderbundskrieg von 1847, ein Krieg zwischen den konservativ-katholischen und liberal-protestantischen Kantonen, hatte doch tiefere Wunden geschlagen, als man hatte zugeben wollen. Doch jetzt fanden sich alle unter derselben republikanisch-vaterländischen Überzeugung vereint, und »Roulez tambours!« (»Schlagt die Trommeln!«) wurde zur Stunde gesungen wie eine Marseillaise und Nationalhymne.

Kurz nach Weihnachten schrieb Fontane eher verärgert als bestürzt: »Wenn der Krieg mit den Nachkommen Winkelrieds [...] ausbricht, so mag er ausbrechen« (27. Dezember 1856). Ihm erschienen die Vorgänge irgendwie undurchsichtig, unvernünftig, ein »Chaos«.

Am Dienstag, den 30. Dezember 1856 – Fontane feierte in London seinen 37. Geburtstag – wählte die Schweizerische Bundesversammlung ihren ersten General, den Genfer Guillaume-Henri Dufour, Kartograf, Ingenieur und oberster Befehlshaber im Sonderbundskrieg. Alles wurde nun vorbereitet, das Land gegen den preußischen Angriff zu verteidigen. In Basel bauten die Soldaten bereits eine Pontonbrücke über den Rhein, denn hier wurde der Feind erwartet (eine Fehleinschätzung). Tatsächlich hatten Baden, Württemberg und Bayern schon die Durchmarscherlaubnis erteilt. Während sich Frankreich und Österreich zurückhaltend gaben, hatte Fontane in London den Auftrag, weiterhin im *Morning Chronicle* die preußische Seite zu verteidigen. Ziemlich entnervt schrieb er seiner Frau: »Ich habe sehr viel zu tun, *mehr*, als gut ist, und die Neufchateler Frage fängt an, mir langweilig zu werden. Ich fürchte, daß wir uns schließlich doch noch blamieren. Man soll die Freilassung der Gefangenen als unerläßliche Bedingung fordern, bon, es ist Ehrensache, darauf zu bestehen, den Quark von Kanton aber soll man der Schweiz lassen und froh sein, daß man ihn los ist« (8. Januar 1857).

Das war nicht die offizielle Linie, aber so dachten die meisten preußischen Bürger. Man hatte einfach keine Lust, gegen die Schweiz in den Krieg zu ziehen. Auch im preußischen Generalstab war man sich dessen bewusst. Geplant war die Mobilisierung von neun Divisionen, das waren insgesamt 146 000 Mann mit 352 Geschützen und 6800 Pferden. Doch patriotische Euphorie löste das keineswegs aus. Selbst Oberbefehlshaber Karl von der Groeben stellte fest: »Das Motiv des Krieges liegt dem Verständnis der Menge fern. ›Es ist ein schweizerischer Kanton‹, sagt sie, ›und um einen Titel sollen wir Haus und Hof verlassen und vielleicht nie wiederkehren? Millionen soll das Land dafür opfern?‹« Denn was geschah, wenn die einzige Republik Europas von preußischen Truppen besetzt war? Gab es dann neue Revolutionen? Und was – zwar undenkbar –, wenn die preußischen Truppen gegen die Schweiz eine Niederlage empfingen? Dann würden, folgerte Fontane, »sich *alle* Mächte von uns abwenden, und wir werden die schönste Schmiere besehn«. Alles in allem also, schrieb er an Emilie: »das Volk wird nicht Lust haben, seine Knochen für einen Nasenpopel zum Opfer zu bringen« (8. Januar 1857).

Das mit dem »Nasenpopel« war natürlich lümmelhaft gesprochen. Denn Neuenburg war wirklich eine »Perle«. Aber, zugegeben, auch auf schweizerischer Seite hätte man den Konflikt lieber unkriegerisch gelöst. Die »Perle« aus der preußischen Krone wollte man zwar haben, ja, sie gehörte einem ja schon, aber die »Fusilade«? Preußen verlangte die Amnestie der Gefangenen. Nun gut. Dann sollten sie jetzt amnestiert und nach Frankreich abgeschoben werden, beschlossen Bundesrat und Parlament. Und es fiel kein einziger Schuss.

Gottfried Keller, jetzt wieder in Zürich, schrieb derweil vergnügt nach Berlin: »Der Kriegsspektakel war übrigens sehr schön und feierlich hier zu Lande und es war uns dummen Kerlen sehr ernst damit. Indessen hat er uns um Vieles vorwärts gebracht in unsern innern Verhältnissen und wenn Sie seiner Majestät begegnen, so danken Sie doch allerhöchstderselben dafür in meinem Namen!« Nur an ordentliches Arbeiten sei in diesen patriotischen

Wochen nicht zu denken gewesen, gestand er. Stattdessen habe er »Leitartikel geschrieben, in die Scheibe geschossen, in den Kaffeehäusern gekannegießert und lauter solches Teufelszeug getrieben«. Da ging es also dem einen wie dem andern. Doch hatte Gottfried Keller am Ende den Gewinn, dass er die für die Soldaten gedachten Strümpfe erhielt, die seine Schwester vergeblich gestrickt hatte. Er musste ihr aber die Wolle bezahlen.

Die Konfliktparteien vereinbarten dann am 26. Mai 1857 in Paris, dass Neuenburg fortan nichts anderes als ein Schweizer Kanton sei. Die preußischen Ansprüche auf das Fürstentum erloschen. Den Titel indessen durfte König Friedrich Wilhelm IV. auf Lebenszeit behalten.

Stippvisite in Berlin mit kleiner Fahrt ins Oderbruch

Obwohl er als politischer Korrespondent von seiner Regierung stark beansprucht wurde, konnte Fontane auf kein sicheres Anstellungsverhältnis rechnen. Zwar erhielt er jetzt ein höheres Gehalt (125 Taler monatlich), aber wie lange noch? Diese Unsicherheit machte ihn halb krank. Dazu Husten, Halsweh, Erkältung wegen zunehmender Wetterempfindlichkeit. Und es fehlte ihm die Familie. Er war ja am 3. November 1856 wieder glücklicher Vater geworden, hatte aber seinen kleinen Sohn noch nicht einmal in den Armen gehalten.

Immerhin hielt er sich durch regen Briefwechsel auf dem Laufenden. Und so erfuhr er, dass Klein Theodor, der »Engländer«, wohlauf, »hübsch« und »allerliebst« war. Auch Emilie ging es, nach der schweren Krisis im Wochenbett, wieder besser. George hatte sie mit Süßigkeiten darüber hinwegtröstet, dass er kein Schwesterchen bekommen hatte. Mittlerweile ging er tapfer zur Schule und war überhaupt ein charmanter Junge. Sommerfeldts, so erfuhr Fontane, wollten Letschin aufgeben und bemühten sich um eine Apothekenkonzession in Berlin. Auch Jennys wegen. Denn »Kinderkriegen und Wirtschaft-führen und dies elendigliche Letschiner Leben – das halte der Kuckuck aus«. Besser, so riet der große Bruder, »Jennych'en« würde zur Kur fahren und sich fern von Letschin, Familie und Alltagssorgen wieder einmal richtig verwöhnen lassen. Max, so wusste er, hatte sich glücklich verlobt, und Lischen trug neuerdings »Locken« und sah entzückend aus, wenn sie nicht gerade Zahnschmerzen hatte.

Die Mutter aber, so hatte ihm Emilie geschrieben, war jetzt wieder unentbehrlich im Haushalt an der Bellevuestraße und hatte Klein Theo sogleich ins Herz geschlossen. Der war auch *zu* rührend, denn er machte »r–«, wenn man ihm das Bild seines abwesenden Vaters zeigte. Doch wie ging es draußen in Schiffmühle? Es war eigentlich »ein Skandal«, schrieb Fontane nach Hause, »dass man sich um den alten Herrn nicht mehr bekümmert«.

Er musste also nach Berlin, musste sich schon des Kindes wegen sehen lassen. Außerdem machte Emilie in ihren Briefen Bemerkungen wie: »Mutter grüßt Dich herzlich u. läßt Dir sagen: sie liebte Dich, wenn sie auch einsähe Du wärest ein Mann wie – Alle.« Das war der alte Vorwurf, Männer seien Egoisten und ließen Frau und Kind im Stich. Ein Vorwurf, den er sich als Familienvater ungern gefallen ließ. Denn was tat er nicht alles für sie! Schickte Seidenkleider, Süßigkeiten, Wasserfarben. Umgekehrt natürlich wäre er ohne seine Frau halb verloren gewesen. Sie war seine Berliner Mitarbeiterin, machte Botengänge, schrieb Briefe und schickte ihm die bestellten Bücher, Glacée-Handschuhe, Pfefferkuchen, ganz nach Wunsch. Und lernte Englisch. Denn sie musste damit rechnen, dass er sie und die beiden Söhne bald nach London holen würde. Doch noch wartete er darauf, dass die Regierung ihm die entsprechende Anstellung zusicherte. Zwei oder drei Jahre hatte er beantragt.

Die Strecke London–Berlin war jetzt in eineinhalb Tagen zu bewältigen. Am frühen Morgen des 28. März 1857 kam er glücklich zu Hause an. »Wiedersehn; alles wohl und munter vorgefunden«, notierte er im Tagebuch kurz und knapp. Ja, er war zurück – alle waren glücklich, und Klein Theo, wenn er eine gute Stunde hatte, machte »r–«.

Die vier Wochen Urlaub verliefen wieder ganz wie im vergangenen September. Es gab viel Trubel. Seine Mutter und seine Schwester Lise reisten an, Max reiste an und stellte ihm stolz seine Braut vor. Auch Hermann Scherz rückte an (in guter Champagnerlaune) sowie Bernhard von Lepel, und es war fast wieder wie früher zu ihrer Junggesellenzeit. Auch im »Tunnel« saß Fontane in diesen Tagen, nur hielt sich sein Enthusiasmus jetzt in Grenzen. Viel lieber waren ihm die »Rütli«-Sitzungen bei Menzel, Lepel, Lazarus, Eggers, Merckel (mit anschließender »Ellora«-Feier). Es ging um die *Argo*, es ging um Kunst. Bei Menzel hatte Fontane *Bonsoir Messieurs* auf der Staffelei gesehen, das große Ölbild mit Friedrich dem Großen in Schloss Lissa. Ein Gemälde zum 100. Jahrestag der siegreichen Schlacht bei Leuthen (5. Dezember 1757). Vor einem halben Jahr hatte Adolph Menzel ihn bereits mit *Friedrich und die Seinen in der Schlacht bei Hochkirch* verblüfft. Ein Bild, das den preußischen König und seine Truppen in der Nacht der großen Niederlage zeigt (14. Oktober 1758). Nichts konnte Fontane jetzt mehr faszinieren als Menzels Kunst. Hier erlebte er, und das begriff er sofort, die Entstehung eines genialen Werks. Außerdem war viel Geld im Spiel, auf 8000 Taler schätzte er das »Hochkirch«-Bild.

Neben dem regen Leben mit der Familie und im Freundeskreis absolvierte Fontane auch seine dienstlichen Pflichten. Das Tagebuch verzeichnet Termine mit Dr. Metzel und verschiedene Unterredungen mit Ministerpräsident Otto von Manteuffel. Dazwischen meldete er sich für zwei Tage ab, denn eine Fahrt hinaus ins Oderbruch und nach Schiffmühle war ganz unabdingbar. Er wollte seinen Vater besuchen und wohl auch den Frühling und den weiten Himmel seiner vertrauten Heimat sehen. Nur Letschin ließ er ausfallen, denn Jenny war nicht da oder unpässlich.

Sonst aber war auch diese Fahrt wie immer, wenn er im Tagebuch notierte: »Früh 5½ Uhr nach dem Bahnhof. Um 10½ bei Vater auf Schiffmühle eingetroffen. Herzlicher Empfang. Geplaudert; vom hundertsten aufs tausendste. Eine Flasche Burgunder getrunken, deren Werth, mit Hülfe aller jener Annahmen und Vordersätze wie sie nur der Phantasie und Logik des Alten möglich sind, auf genau 8 Rthr. festgesetzt wurde« (17. April 1857). Er blieb über Nacht, unternahm mit dem Vater am andern Tag eine kleine Spazierfahrt zur Familie des Majors Dutreu, einem preußischen Offizier, bei dem man angeregt plauderte. Dann Aufbruch und Rückkehr nach Berlin, wo er abends um 5 Uhr wieder eintraf. Die Reise ging vom Land in die Stadt noch immer nicht schneller, dafür kam es zu wunderbaren Begegnungen: »Im Postwagen ein alter jüdischer Commis voyageur [Handelsreisender], der das Leben in Sondershausen und im Thüringer Walde (›auf dem Wald‹) in höchst anziehender, beinah poëtischer Weise schildert«, notierte Fontane im Tagebuch.

Noch wenige Tage, und dann kam der Abschied von Emilie und den Kindern, in der Hoffnung, dass die gemeinsame Zukunft London heiße.

Endlich, am 8. Mai 1857, eine Woche nach seiner Rückkehr, konnte er melden, alles sei bewilligt. Graf Bernstorff wolle ihn weitere drei Jahre in London behalten, Emilie könne den Umzug vorbereiten. Er aber war erleichtert und kehrte umgehend zu seinen englischen Studien zurück.

Zur großen »Art Treasures Exhibition« nach Manchester

Neben Geschichte, Literatur, Politik und Alltagsleben gab es drei Gebiete, die Fontane besonders interessierten: das englische Theater, das englische Zeitungswesen und die englische Malerei. Am liebsten bot er, wenn er denn über seine Spezialgebiete schrieb, ganze Artikelserien an. So hatte das *Literaturblatt*, eine Beilage des *Deutschen Kunstblattes*, seine Theaterkritiken in fortgesetzten »Briefen« gebracht, betitelt *Shakespeare auf der modernen englischen Bühne* (1. November 1855 bis 2. Oktober 1856). Ähnlich, aber a tempo, verfuhr auch die *Zeit* mit seiner Serie *Die englischen Wochenblätter* (3. bis 9. Januar 1857). Wenn er sich nun vermehrt der Malerei zuwandte, wusste er, dass er seine Abnehmer finden würde. Sei es die *Zeit*, die ihren Feuilletonteil weiter ausbaute, das *Deutsche Kunstblatt* oder die *Kreuzzeitung*, deren fester Mitarbeiter er seit seiner Reise nach Paris war.

Sein Plan ging dahin, zur großen Kunstausstellung nach Manchester zu fahren und nach Möglichkeit bereits von dort aus erste Reisefeuilletons und Kunstkritiken an die eine oder andere Redaktion zu schicken. Denn nichts machte jetzt mehr Wirbel als diese »Art Treasures Exhibition«.

Manchester war zwar weitherum berühmt als Stadt der Textilbarone, als Stadt, die wirtschaftlich aufblühte, aber nicht als Stadt der Kunst. Die Welt sprach mehr von ihren rauchenden Industrieschloten, ihren trüben Gewässern, ihrer Arbeiterschaft, die wegen radikaler kommunistischer Ideen jederzeit zum Aufruhr fähig war. Manchester brauchte dringend einen anderen Ruf. Dafür setzten sich die Industriellen vor Ort ein. Ihre Stadt sollte für einmal mit einer gigantischen Leistung auf dem Gebiete der Kunst Furore machen.

Vorbild waren die erfolgreichen großen Kunstausstellungen in Dublin (1853) und Paris (1855). Manchester wollte nicht nur mithalten, sondern die Rekorde brechen. Gezeigt werden sollten Kunstschätze, die das breite Publikum noch nie gesehen hatte und in englischem Privatbesitz waren. Etwa tausend Leihgeber beteiligten sich an der Schau, mit Werken aus griechisch-römischer Zeit bis in die Gegenwart. Gesamtwert: 40 Millionen Taler. Um diese Schätze vorteilhaft und sicher zu präsentieren, hatte man eine riesige kirchenähnliche Halle in Glas und Stahl erbaut.

Die breit angekündigte und aus privaten Mitteln finanzierte »Art Treasures Exhibition« wurde am 5. Mai 1857 presse- und publikumswirksam

Gemäldesaal der *Art Treasures Exhibition*, Manchester, 1857

durch Prinz Albert, den königlichen Prinzgemahl, hochfeierlich eröffnet. Wohl 10 000 Personen waren zur Eröffnung angereist. Fast eineinhalb Millionen sollten folgen, die Ausstellung entpuppte sich als gewaltiger Publikumsmagnet.

Fontane wollte diese einmalige Kunstschau keinesfalls verpassen. Gezeigt wurden 16 000 Kunstobjekte, darunter Werke von Rubens, Raffael und Tizian sowie das sensationelle Gemälde *Chattertons Tod* (1855/56) von Henry Wallis. Alte und neue Meister also waren zu sehen. Hätte das nicht auch die Berliner Kunstfreunde interessiert? Franz Kugler schien eine Reise ernsthaft zu erwägen. Das hatte ihm auch Emilie erneut versichert: »Kugler hat die leise Hoffnung, daß man ihn nach Manchester zur Ausstellung senden wird, vielleicht kannst Du ihn als Berichterstatter dahin begleiten, ich schwärme für diese Idee« (12. Februar 1857). Fontane hatte umgehend geantwortet: »Wenn Du Kugler siehst, so sag ihm, er möchte sein Vorhaben ja ausführen. Wir könnten dann zusammen nach Hull reisen, blieben 8 oder 10 Tage in Manchester und gingen dann nach London, wo es mir eine Freude sein sollte ihn 14 Tage lang umher zu führen. Er würde sich durch einen 4 wöchentlichen Aufenthalt in diesem Lande noch viel mehr belohnt fühlen, als er es erwarten mag« (18. Februar 1857). Er hoffte auf Kugler, aber auch auf Freund Eggers (der allerdings immer in finanziellen Nöten steckte) und schrieb diesem: »Für einen 14 tägigen Aufenthalt in Manchester mit Kugler und wo möglich auch mit Dir, schwärme ich *sehr*« (20. Februar 1857). Doch weder Kugler noch Eggers kamen. So war Fontane allein gereist.

Noch in Manchester war eine erste Artikelserie an Dr. Metzel abgegangen, so dass die *Zeit* seine Feuilletons schon druckte, als er selber noch täglich in der großen Ausstellungshalle herumging, oft mehrere Stunden lang.

Dort in der Halle, im »Lese- und Schreibzimmer« unmittelbar auf der Höhe, wo Längs- und Querschiff ineinander übergingen, habe er oft gesessen und sei so »emsig mit Schreiben beschäftigt« gewesen, dass er nicht einmal bemerkt habe, wenn es dunkel wurde oder ein Gewitter aufzog, heißt es in seinem »Dritten Brief«. Das Tagebuch macht deutlich, dass er recht angenehme Gesellschaft gefunden hatte, etwa den Schriftsteller und Kunstkritiker Titus Ullrich, der für die *National-Zeitung* schrieb (und befreundet gewesen war mit Robert Schumann, der Ullrichs Gedichte vertont hatte; Schumann war am 29. Juli 1856 gestorben).

In seiner Artikelserie für die *Zeit* beschränkte sich Fontane auf zwei der zehn Abteilungen, ließ dementsprechend die Alten Meister, die Skulpturen, die Grafiken und Fotografien (aus British-Indien) beiseite und rückte die »British Portrait Gallery« sowie die »Paintings by Modern Masters« in den Fokus.

Bei den Porträts stieß er auf all die Namen der englischen Geschichte, die seine Phantasie seit jeher beschäftigten und zum Dichten inspirierten. Karl Stuart, Oliver Cromwell, Maria Stuart, Anne Boleyn! Das war sein Stoff, darüber ließ sich am leichtesten schreiben, weshalb er denn auch seine ersten kunstkritischen Artikel zur Manchester-Ausstellung der »Gallerie englischer Portraits« widmete und über Anne Boleyn meinte: »Von der *Anna Bulen* [d. i. Anne Boleyn] sind drei Bildnisse da, alle drei untereinander so unähnlich, daß man die Gewißheit erlangt, sie hat weder so noch so ausgesehen, sondern ganz anders. Das ist auch ein wahres Glück; jedes unbedeutende Mädchengesicht müßte sonst unglücklich darüber sein, nicht vor dreihundert Jahren gelebt zu haben, wo man mit Hülfe von blondem Haar und Stubsnase eine Reformation machen und Königin werden konnte.« Ein

»getreueres Bild der schönen Königin« als in den drei Bildnissen von unbekannter Hand, so Fontane, finde man in der Schauspielerin »Miß Heath«. Und zwar wenn sie die Anna Bulen in einer aktuellen Londoner Shakespeare-Inszenierung gebe. Dann werde es einem am ehesten »ums Herz sein«, als habe man seine Anne Boleyn gesehen. Unverkennbar: So wie Fontane hier Historie, Bild, Theaterrolle und Wirklichkeit ineinanderschiebt, ist er bereits der Erzähler, der sich auf das komplexe Spiel von Psychologie und Wahrnehmung versteht.

Doch war er eben auch ein wirklicher »Kunstfex«. Bilder interessierten ihn ungemein. Schon aus Familienrücksichten. Schließlich war Großvater Pierre Barthélemy Fontane einmal Maler und Kunsterzieher im Schloss Monbijou gewesen und hatte zu Schadows Zeiten an Akademieausstellungen teilgenommen. Hinzu kam, dass er, Theodor Fontane, schon als Jüngling das Privileg gehabt hatte, Kunst im Original zu sehen. Er muss schon früh begonnen haben, Ausstellungen in der Berliner Akademie der Künste zu besuchen. Auch wird er wohl die Gemäldegalerie im Alten Museum (eröffnet 1830) recht gut gekannt haben. Oft ging er vermutlich in Begleitung hin. Später war es dann Friedrich Eggers, der ihn überallhin mitschleppte. Fontane gefielen solche gemeinsamen Ausstellungsbesuche und »Atelierdurchrennereien«. In Berlin kannte er sich also aus. Und im Kreis des »Rütli« – mit dem genialen Menzel – war er eigentlich mitten im aktuellen Kunstgeschehen. Unterdessen war er aber auch in den Galerien von London ganz zu Hause und konnte sie gar mit Paris vergleichen. Das alles machte, dass er sich längst zutraute, Kunstkritiken zu schreiben. Manchester gab jetzt den richtigen Anlass dazu. Zum ersten Mal schrieb er eine ganze Artikelserie über Kunst, und zwar über die »Paintings by Modern Masters«.

Kunstkritiken zu den englischen Präraffaeliten

Seine Serie hieß *Aus Manchester. Neue Meister und ihre Bilder* und erschien in neun »Briefen« in der *Zeit* (30. September bis 7. November 1857). Sie galten der modernen englischen Malerei von Hogarth über Reynolds und Gainsborough bis zu Landseer, Turner und den Präraffaeliten. Diesen wandte er sich ganz zuletzt zu, in London an seinem Schreibtisch sitzend, und zum Zeitpunkt, als die Manchester-Ausstellung gerade zu Ende gegangen war.

»Gearbeitet (die Prä-Raphaeliten)«, heißt es am 24. Oktober 1857 im Tagebuch. Und drei Tage später: »Den Aufsatz über die Prä-Raphaëliten an Direktor Metzel geschickt.« Eine Woche später stand der kunstkritische Aufsatz in der *Zeit* (4. November). Fontane stellte darin seiner Leserschaft eine englische Künstlergruppe vor, die in Deutschland kaum jemand kannte und die er zur neuen »großen realistischen Schule« rechnete. Gründer der Gruppe, so machte er deutlich, waren der junge John Everett Millais, 27, und sein Freund William Holman Hunt, dreißig Jahre alt. Von Millais kannte Fontane schon *A Huguenot* (1851/52) und *The Order of Release* (1853), beide seien »in den Schaufenstern aller englischen Bilderläden als Kupferstich zu finden und bereits Lieblingsstücke des englischen Publikums«. In Manchester machte erneut ein Bild von Millais Furore, das einzige, das von ihm hier ausgestellt wurde.

Es war das Gemälde *Herbstblätter* (1855/56) und zeigt vier Mädchen beim Laubsammeln. Eine realistische Szene, über der eine gewisse Melancholie liegt. Von der »reizvollen Vieldeutigkeit« und vom »Zauber dieses Bildes« ist in Fontanes Artikel die Rede und davon, dass die junge umstrittene Künstlergruppe ihren Verteidiger in John Ruskin, dem Kunstreferenten der *Times*, gefunden habe. Auch Theodor Fontane zeigte sich von den Präraffaeliten eingenommen, denn: »Sie haben die Natur mit einer Schärfe beobachtet, wie nur je ein Künstlerauge vor ihnen. Daß sie einen Halm, eine Blume mit einer Naturwahrheit zu malen verstehen, die spöttisch als die ›Botanik in der Kunst‹ bezeichnet worden ist, will ich ihnen weder hoch in Rechnung stellen, noch auch klein und lächerlich finden, wie vielfach geschehen. Bedeutendere Gaben entfalten sich schon in der überraschenden Auffassung und Wiedergabe eines fast an die Minute gebundenen Luft- und Lichttons. [...] Hier handelt es sich nicht mehr um ein mußevolles Kopiren der Natur, sondern um das Festhalten im Geist eines ganz bestimmten Moments. Das *Ohngefähre* hier zu treffen, ist nichts, aber der Schuß in den *einen* Mittelpunkt der Scheibe ist eben der Meisterschuß. Die wahre Bedeutung der Schule indeß liegt in dem, was ich lyrische Vertiefung genannt habe. Es sind Poeten.«

Dass die Präraffaeliten szenisch malten, ein Gespür für menschliche Stimmungen und Regungen zeigten, gerade das faszinierte den Kunstkritiker Fontane. Und so war es ihm etwas Natürliches, dass sie ihre Bildgegenstände sowohl in scheinbar unspektakulären Augenblicken wie in *Herbstblätter* fanden als auch in dramatischen Szenen wie in *Chattertons*

Tod. Beide Gemälde waren neu und modern und vor allem: in Deutschland noch ganz unbekannt, wie eben die Präraffaeliten überhaupt.

Nachtrag: John Everett Millais, als er im Hause von John Ruskin dessen Frau Effie geb. Gray porträtierte, verliebte sich in sie. Es war eine *amour fou*. Effie entlief dann ihrer Ehe, die bald darauf wegen Nicht-Vollzugs annulliert wurde (dem Ehemann wurde *incurable impotency* zur Last gelegt). Das neue Paar heiratete 1855 und hatte später sieben gemeinsame Kinder. Das dritte Kind, ein Mädchen (geb. 1858), wurde nach seiner Mutter auf den Namen Effie getauft. Nicht nur Millais Bilder, auch die Liebe des Malers zu seiner Effie scheinen Fontane während seines Londoner Aufenthaltes beschäftigt zu haben. In seinen Romanen *L'Adultera*, *Graf Petöfy*, *Effi Briest* oder im *Stechlin* kehrt die Skandalgeschichte in transformierter Form wieder. Allerdings: Es gingen solche Skandale mehrfach durch die Presse, und da und dort kam Fontane früher oder später sogar mit den Protagonisten in Berührung (im Fall Ardenne, im Fall Stauffer-Bern).

»Ein gewisser Fontane« wird beschattet und bespitzelt

Was er nicht wusste: Im Kreis der Londoner Emigranten saß ein Mann, der sie alle für die dänische Polizei ausspionierte. Es war der Berliner Edgar Bauer, jüngerer Bruder des kritischen Theologen Bruno Bauer, bis 1842 Philosophiestudent an der Berliner Universität, exmatrikuliert wegen unbezahlter Schulden, einige Zeit Journalist und Mitarbeiter der radikalen *Rheinischen Zeitung* von Karl Marx, schließlich verhaftet wegen staatsbeleidigender Pamphlete, 1848er Revolutionär, ins Exil gezwungen, in Hamburg Sympathisant der revoltierenden Schleswig-Holsteiner, dann Seitenwechsel zu den Dänen, seit 1851 in London. Ab Sommer 1857 begann er auch Fontane ins Visier zu nehmen.

Seine anonymen »Konfidentenberichte« sind erst Generationen nach ihrer Niederschrift bekannt geworden. Entdeckt wurden sie im Sommer 1980 im Reichsarchiv Kopenhagen, wohin sie als Konvolut mit Geheimstempel gelangt waren. Als es entsiegelt wurde, kamen 135 vertrauliche Berichte zum Vorschein im Umfang von insgesamt 2000 Manuskriptseiten, verfasst zwischen November 1852 und Mai 1861. Dazu fünfzig Begleitbriefe von Edgar Bauer an den Polizeidirektor Cosmus Braestrup (die Gegenbriefe sind nicht überliefert). Inwiefern den beschatteten und bespitzelten Personen damals Schaden erwuchs, ist schwer zu sagen. In jedem Fall halfen die Berichte der politischen Polizei, ihr Netz in Europa engmaschiger zu spannen.

Edgar Bauer hatte freie Hand, und so sammelte er, was er kriegen konnte, denunzierte Gottfried Kinkel, Karl Marx, Friedrich Engels und viele andere. Ein Theodor Fontane passte nicht in diese Reihe der revolutionären Oppositionellen und »Wühler«. Dass es einmal anders gewesen war, entging Bauer. Umso mehr interessierte er sich für den preußischen Presseagenten, der auf der Londoner Gesandtschaft verkehrte und von dort seine Direktiven erhielt.

Einen Spitzel setzte die dänische Polizei an, weil sie in London eine deutsche Umsturzbewegung vermutete, die gegen Dänemark agierte. Und so erhielt der Publizist Edgar Bauer den bezahlten Auftrag, potenzielle Revolutionäre zu überwachen. Bauer war ein geselliger Mensch, fand Zugang zu allen möglichen Gruppen und protokollierte eifrig. Die Informationen, die er dann nach Kopenhagen übermittelte, gingen in Kopie weiter an andere Polizeibehörden, nachweislich an die Behörden in Dresden, Hannover und Wien.

Edgar Bauer pflegte seine Freundschaften gezielt. So auch die Freundschaft mit dem gleichaltrigen Julius Faucher. Faucher war ahnungslos, so ahnungslos wie alle andern, die mit Bauer in Berührung kamen und ihm Vertrauen schenkten. Und so führte Julius Faucher Edgar Bauer wie selbstverständlich in seine Kreise ein. Auch mit Fontane machte er ihn bekannt.

Die längeren oder kürzeren Berichte, die Bauer über den preußischen Presseagenten Theodor Fontane lieferte, umfassen eine Zeitspanne von 16 Monaten (13. Juli 1857 bis 30. Oktober 1858). In dieser Zeit war auch Emilie wieder in London, zusammen mit den beiden kleinen Söhnen. Sie, Emilie und die Söhne, finden indes keine Erwähnung in Bauers Protokollen. Private Beziehungen interessierten den Spitzel nicht. Und doch griffen seine Notate rechtswidrig ins Privatleben ein, denn er notierte mit Vorliebe, wer wo wohnte, wer wie viel verdiente, wer mit wem Briefe tauschte und wer welche politischen Ziele verfolgte. Da die Opposition vielfältig war, hatte er viel zu tun und kam an kein Ende. Das entmutigte ihn aber keineswegs. Denn er betrachtete seine Spitzeltätigkeit als eine hehre Aufgabe, erlaubte sich auch ausführliche Kommentierungen, die jedoch in Fontanes Fall davon zeugen, dass er nur zu Halbwahrheiten und verächtlichen Verzerrungen fähig war.

Als Quelle für Fontanes wirkliche Tätigkeit in London sind Bauers Informationen unbrauchbar und wertlos. Aber sie geben Einblick in geheime Umtriebe, wie sie Dänemarks Polizeidirektor veranlasste und guthieß. Man war hier durchaus interessiert an Internas über Preußens Pressepolitik. Ob Bauers Berichte zuletzt auch tatsächlich auf dem Tisch der Berliner Polizeibehörde landeten? Bei Hinckeldeys Nachfolger, dem Polizeirat Wilhelm Stieber? Der hätte dann hier lesen können, was für eine Null die Regierung nach London geschickt hatte.

In Bauers Konfidentenbericht vom 13. Juli 1857, dem ersten Bericht über Fontane, heißt es: »So weit ich Fontane kenne, ist seine Beobachtungsgabe gerade nicht so glänzend, um viel zur Aufklärung des Grafen Bernstorff beizutragen. Englische Verhältnisse sind ihm ein Räthsel, und sein Urtheil wird noch mehr verwirrt, da die *Times* die einzige Quelle zu sein scheint, aus welcher er Belehrung schöpft. Sein Gehalt beträgt dreihundert Pfund jährlich. Den *Morning Chronicle* beglückt er manchmal mit einem schlechtgeschriebenen Englischen Artikel, meistens Uebersetzungen der absurden Aufsätze der *Zeit* über die Dänische Frage. Einen ähnlichen Artikel suchte er in den *Morning Star* zu bringen, doch erregte das entsetzliche Englisch bei der Redaction Anstoß. Dieses Englisch war aus der Feder eines Deutschen literarischen Tagelöhners Namens Beta geflossen. (Beta heißt von Rechts- und Vaters-wegen Bettziech; er hat sich mit Erlaubniß der preußischen Polizei gräzisirt.) Auch die neuliche Depesche des *Morning Chronicle*, daß Lord Palmerston mit einer Aenderung des Vertrages vom 8. Mai 1852 [Einigung zwischen Preußen und Dänemark] umgehe, dürfte auf Fontane's Rechnung zu stellen sein.«

Dass Presseagent Fontane im Auftrag des Ministeriums Manteuffel preußische Interessen zu vertreten hatte und dies auch in der Dänemark-Frage tat, war Bauer offensichtlich bekannt. Fontanes Bücher aber kannte er nicht oder hielt sie nicht für erwähnenswert: Neben dem Band *Gedichte* wären auch *Von der schönen Rosamunde*, *Männer und Helden*, *Ein Sommer in London* zu nennen gewesen und seine zahlreichen Artikel und Feuilletons. Immerhin wusste Edgar Bauer von Fontanes Ausbildung zum Apotheker und scheint diese Tatsache protokolliert zu haben, um ihn als Journalisten zu disqualifizieren. Ausgehorcht hatte Bauer auch Fontanes Gehalt (300 Pfund entsprachen den neu zugesicherten 2000 Talern). Falsch und schief ist aber, was Bauer über Fontanes Kenntnisse und Beobachtungsgabe schreibt. Überall Häme. Auch gegen Heinrich Beta, dessen sorbische Wurzeln Bauer verächtlich machte.

In Fontanes Tagebüchern und Briefen taucht Edgar Bauers Name erstmals im Juni 1857 auf. Anlass gab ein Gespräch mit Julius Faucher über Bauers gesammelte Korrespondenzen, die unter dem Titel *Englische Freiheit* eben in Buchform erschienen waren. Faucher habe das »Edgar Bauer'sche Buch ›Englische Freiheit‹« sehr gelobt, notierte Fontane, er sei nämlich überzeugt, Verleger »Wigand hätte es enorm honorirt u. könnte es, weil er von allen Büchern die Edgar Bauer schriebe 5 bis 600 Exemplare ein für allemal an östreichische Adlige absetzen«. Das war reinster Spott. Spott hatten auch andere auf den Lippen, ohne zu ahnen, wie sehr sie sich in diesem Mann täuschten. Für Familie Marx zum Beispiel war Edgar Bauer nur der »Clown«.

Spätestens ab September 1857 verkehrten Fontane und Bauer persönlich miteinander. Zufällig, aber wie selbstverständlich. Und so gab es weiterhin hämische Sätze fürs geheime Protokoll.

London en famille

Seit Fontane wusste, dass seine Anstellung als preußischer Presseagent um drei Jahre verlängert war, beschäftigte ihn die Frage, wo er mit seiner Familie wohnen wollte, wenn er sie zu sich holte. Was er jetzt alles erwog und wie er rechnete, das legte er Emilie in langen Briefen dar. Und sie antwortete ebenso ausführlich, gab dieses und jenes zu bedenken und bewies sich in allen praktischen Fragen wieder als höchst kooperativ und selbstständig. Während beide glücklich und rege ihr neues Familienleben planten, tauchten zugleich Erinnerungen an jene schmerzlichen Momente auf, die das erste England-Experiment hatten scheitern lassen. Über zwei Dutzend Briefe wechselte das Paar in den wenigen Wochen bis zur Übersiedlung. Es ist ein Briefgespräch von großer Offenheit, das zeigt, wie sehr sie sich nacheinander sehnten und zugleich fürchteten, das zweite England-Experiment könnte wieder in eine Katastrophe münden.

Was die Wohnungsfrage betraf, so schrieb Emilie ihrem Mann, habe sie neulich »mit Furcht u. Grauen« seinen Artikel von dem »eingestürzten Haus« in London gelesen. Sie beschwor ihn daher: »miethe nur nicht für uns solche Baracke« (20. Mai 1857). Er beruhigte: »Nach Häusern hab ich mich umgesehn. Ich könnte ein recht hübsches, sehr passend für uns, auf 3 Jahre miethen; aber ich muß zuvor bestimmten Bescheid in Betreff der 1000 [Taler] aus Berlin haben. Hab' ich das Geld, so ist die Einrichtung in 8 Tagen geschehn [...] Hausmiethen und Einrichten geht hier wie ein Donnerwetter, viel schneller als Meister Vogel ein paar Stiefel macht.« Darauf sie: »[W]o ist denn das kleine Häuschen, ich freue mich sehr darauf, nur keine Mitbewohner, Wanzen oder Mäuse.« Das hatte er nicht gerne, diese stillen Vorwürfe. Er wollte ihr doch gar nichts Ungehöriges zumuten. Leise Verstimmung. Dazu die Nervosität wegen der 1000 Taler. Dr. Metzel hatte sie nur sehr vage in Aussicht gestellt. Da steckte gewiss etwas dahinter. Mindestens die Unterstellung, er ziehe es vor, von seiner Frau getrennt zu leben. »Das kommt davon«, warf er jetzt Emilie an den Kopf, »wenn die Leute wissen, daß man sich viel gezankt hat.« Und im Übrigen (dies gegen den Vorwurf, er sei unzärtlich): »Mein Gemüth ist nicht unzärtlich, nur sprech' ich es fast nie aus und darin bin nicht *ich* Schuld sondern meine gute Frau. Es ist mir absolut widerlich, um 9 Uhr beim Frühstück zu sagen: ›mein Engel, gesegnet die Stunde wo ich Dich fand‹ und um 11 Uhr, gereizt und geärgert, unter einem Kreuz Donnerwetter die Thür zuzuschmeißen und in's Freie zu gehn. Leider war es so früher; ich habe mich damals der zärtlichen *Worte* entwöhnt. Es steht bei Dir, mir diese Sprache wieder beizubringen; ich fühle mich durchaus nicht unfähig zur Zärtlichkeit« (10. Juni 1857). Er schrieb diese Zeilen weit nach Mitternacht, vermisste Emilie, beklagte, dass sie ihm so lange nicht antwortete, und fühlte recht seine Einsamkeit.

Dann aber kam endlich die erlösende Nachricht, und zwar über den Sekretär des Gesandten. Endlich konnte er Emilie »in bester Laune« mitteilen, die Geldfrage sei geklärt. Nicht »huller di buller«, sondern solide und ordentlich über den Dienstweg: »1980 [Taler] [Jahres-]Gehalt, auf 3 Jahre bewilligt, 1000 [Taler] Vorschuß.« Er werde nun mieten, und wenn »die niedlichen Häuschen«, von denen er früher gesprochen habe, »weg sein sollten«, so nehme er eben ein anderes. Es komme ja gar nicht drauf an, »ob das Haus diesseits oder jenseits der Themse« liege, denn »Hammelkeulen, black tea und Omnibusse« gebe es überall: »und das heißt Leben in London.«

Er spielte die Wohnungsfrage gerne herunter, aber in Tat und Wahrheit suchte er nach einem Haus an guter Adresse. Komfortabel sollte es sein und repräsentativ. Von Edgar Bauer eifersüchtig beobachtet, entschied sich

Presseagent Fontane schließlich für den Stadtteil Camden Town und hier für ein klassisches englisches Reihenhaus. Ein mittelgroßes.

Emilie löste derweil ihren Haushalt in der Bellevuestraße auf, verschenkte einige Möbelstücke an Henriette von Merckel, gab anderes zur Versteigerung und packte, was sie mitnehmen wollte, in Kisten, um es nach London zu verschicken. Sie hatte es bequem, denn sie konnte den Kurierdienst nutzen, den das Auswärtige Amt für die Gesandtschaft in London eingerichtet hatte. Wie immer ging ihr auch Mutter Fontane zur Hand und half beim Sortieren und Einwickeln, so dass später in London nichts fehlen würde, weder »Plättbrett« noch »Toilettenspiegel«. Und während sie die letzten Formalitäten regelte, liefen aus London Briefe ein, in denen ihr Mann seine Vorfreude zeigte, aber auch immer wieder Bedenken äußerte. Denn er fürchtete zuweilen, Frau und Kinder würden ihn zu stark beanspruchen und ihn bei seiner Arbeit hindern. Sie beruhigte jedoch mit einem fürsorglichen »strenge Dich nicht an, habe nicht zu große Angst vor dem Familienleben«.

»Nöhl, Nöhl, was verlieren wir an dieser Frau!«, klagte Wilhelm Lübke, als der Abschied kam, und sprach damit den Berliner Freunden aus dem Herzen. Man vermisste ja schon *ihn*, nun vermisste man auch *sie*, ließ überhaupt die ganze Familie ungern ziehen. Auch für die nächsten Verwandten war es nicht leicht, selbst wenn man dem Paar gönnte, dass es nun aufwärts ging.

Am 27. Juli 1857 traf Emilie mit den Kindern ein. In ihrer Begleitung die junge Rosalie Hertwich, die sich um George und Klein Theo kümmern würde, während man das Hausmädchen erst hier in London engagieren wollte. Am 10. August zogen sie schließlich alle hinaus nach Camden Town, an die Adresse 52 St Augustine's Road (heute Nr. 6 mit Fontane-Gedenktafel).

Trotz Umzugshektik hatte es sich Fontane nicht nehmen lassen, mit George, der jetzt schon recht lausbubenhaft sein konnte, durch die Stadt zu laufen, mit der Railway zu den Docks zu fahren und ihm irgendwo etwas Süßes zu kaufen. Für solche Unternehmungen liebte ihn George. Klein Theo war derweil krank, was den Vater durchaus nicht kaltließ. Erleichtert stellte er fest, was das Kind gequält hatte: »Theochen kriegt den ersten Zahn« (9. August 1857).

Zwei Wochen später saß er schon wie selbstverständlich an seinem Schreibtisch in 52 St Augustine's Road. Es sei alles »so hübsch und so comfortable«, schrieb er in Sonntagslaune und lobte auch das behagliche Familienleben. Und weil er gerade in Schreiblaune war, schilderte er dem Freund und Gönner – der Brief ging an Wilhelm von Merckel – sein neues Zuhause in allen Details und im typischen Feuilletonstil.

Camden Town, 52 St Augustine's Road

»Camden Town«, so begann er, »ist eine der im Norden gelegenen Vorstädte von London. Das Terrain steigt hier an, weshalb der ganze Stadtteil zu den gesundesten zählt; das Wasser läuft ab, keine Feuchtigkeit; im Winter, glaub ich, ein wenig kalt.« Weil dieses Camden Town eine leichte Hanglage habe, genieße man eine schöne Aussicht auf London. In der Nähe liege allerdings Copenhagen Fields, wo sich »der neue riesige Viehmarkt von London« befinde. Nachteile davon hätten sie jedoch keine, überhaupt sei alles ganz zu ihrer Zufriedenheit: »Unser Haus besteht aus 3 Etagen, ein Souterrain, ein Hochparterre und ein Eine-Treppe-hoch. Zwei-Fenster-Front wie fast alle englischen Häuser. Die Vorderfront des Hauses ist gefällig: flaches Dach, der Abputz von graubrauner Farbe, die Fenster breit mit venezianischen Blenden; eine 12 Stufen zählende Sandsteintreppe, zu einem pfeilergetragenen Vorbau führend, aus dem man dann in den Flur (Hochparterre) des Hauses tritt.« Vor dem Haus gebe es einen kleinen Blumengarten, hinter dem Haus einen Rasenplatz für die Kinder zum Spielen, aber auch zum Wäschetrocknen. Das Reihenhaus, das sie bewohnten, gehöre zu den »mittelguten«, es gebe teurere und billigere. Sie selber hätten eines für 60 Pfund jährlich (etwa 420 Taler), also »wie es sich für uns geziemt«, allerdings mit einigen Extras im Innern.

Wie man sich das alles vorzustellen hatte, schilderte er nun ganz so, wie er es seinerzeit schon ausführlich in *Ein Sommer in London* (1854) getan hatte, im Kapitel über das englische Reihenhaus. Man kann also sagen, dass Fontane auch in seinen Briefen gelegentlich zur Methode des Überschreibens griff.

Er fand die englische Lebensweise, wie sie ein zweistöckiges Reihenhaus ermöglichte, sehr reizend und war mit der Wohnsituation vollkommen glücklich. Besonders mit dem »drawing room«: »Die englischen drawing-rooms sind 2 Zimmer«, so schrieb er schon in *Ein Sommer in London*, »die aber in ihrer Zusammengehörigkeit zugleich den Charakter *eines* Saales haben. Eine torwegartige Tür verbindet beide, und wenn die letztre offensteht, gleicht das Ganze *einem* Zimmer; das Vorderfenster führt auf die Straße, das Hinterfenster auf den Rasenplatz, der sich Garten nennt.«

Hier zur Gartenseite hin hatte er jetzt seinen Schreibort gefunden. »Den back drawing-room hab ich dadurch entweiht, daß ich ihn seiner repräsentativen Hoheit entkleidet, einen großen, langen Tisch hineingestellt und ihn zu meinem Arbeitszimmer gemacht habe.« Es sei trefflich, hier zu arbeiten, schrieb er an Wilhelm von Merckel. Nie hätte er gedacht, so witzelte er, »daß ich angesichts solcher Tapete und mit meinen Stiefeln auf einem Teppich, der 20 £ kostet, so unbehindert Korrespondenzen schreiben könnte. Ich würde selbst Verse machen können, wenn mir anderweitig meine Mittel solche Extravaganzen noch gestatteten« (23. August 1857).

In diesem schmucken englischen Haus wollten sie jetzt ein geselliges Leben führen, Gäste bewirten, Freunde empfangen. Fontane würde tagsüber am Schreibtisch sitzen und arbeiten, während Emilie den Haushalt organisierte, Einkäufe tätigte, eine Teestunde veranstaltete. George würde derweil für die Schule lernen, Rosalie sich um Klein Theo kümmern, die hübsche Betsy, das neu engagierte irische Hausmächen, die Wäsche besorgen.

Die Art, wie er ihre neue Häuslichkeit schilderte, machte bei den Berliner Freunden großen Eindruck. Ob es sich eigentlich um ein »Feenschloss« handle, fragten sie nach. Darauf beeilte sich Fontane, die Dinge nüchterner zu geben: »Nur die beiden drawing-rooms sind groß, geschmackvoll und selbst elegant; Flur und Schlafzimmer hübsch; alles übrige praktisch, wohnlich, ausreichend, aber doch eigentlich puppenstubenhaft. Die Speisekammer hat die Ausdehnung eines Wandschranks (kaum); der Waschkessel hält die richtige Mitte zwischen einem wirklichen Kessel und einem Fingerhut; der Garten ist gerade groß genug, um 2 Windeln und 1 Taschentuch drin zu trocknen, und das Fremdenzimmer (was aber niemanden abschrecken soll) hat Dimensionen einer größeren Mausefalle. Auf dem Dach ist es gewiß sehr hübsch, und die Aussicht muß reizend sein, da wir fast auf der Höhe eines Hügels wohnen, aber die Wahrheit zu gestehn, ist noch niemand von uns durch die Luke gekrochen.«

Als ihm Emilie an dieser Stelle über die Schulter blickte und mitlas, schrieb sie am Rande hinzu: »Schreckliche Übertreibung!« Er aber widersprach mit trockenem Humor, nahm ihr die Feder aus der Hand und bemerkte: »(keineswegs)«.

Im Schlafzimmer über dem Kamin, das wollte er doch noch nachtragen, hätten sie all die »Orden und Abzeichen« hängen, die an ihre Freunde, die »Elloristen«, erinnerten, an den »Tunnel« und an das »Rütli«. Außerdem habe sich sein allererster Dichterorden »mit eingedrängt«, jener Orden, den er in Lepels »Platen-Klub« erhalten hatte. Für seine romantischen Mond-Gedichte. »Unser Lieber und Getreuer, geboren zu Neu-Ruppin bei *Mondschein* etc.« – so hatte es damals in der Urkunde geheißen, »vor 17 Jahren«.

Vor 17 Jahren! Damals hatte er auch Julius Faucher kennengelernt – im »Lenau-Verein« – und war hingerissen gewesen von dessen Rezitation der Lenau-Verse. Dass sie sich einmal in London wiedersehen würden, nicht als Dichter, sondern als Journalisten, wer hätte es gedacht. Seit gut einem Jahr trafen sie sich jetzt regelmäßig. Und weil Faucher ebenfalls mit seiner jungen Familie in London lebte, wurde aus der Freundschaft eine Familienfreundschaft. Die Fauchers hatten eine kleine Villa im Süden der Stadt bezogen, jenseits der Themse, im ländlichen Vorort Camberwell. Oft traf man sich jetzt in der City.

So notierte Fontane unter dem 21. September 1857 (es war, wie er hinzusetzte, der Tag von »Mama's Geburtstag«): »Mit Emilie in die Stadt. Zum Antiquar. Nach Covent-Garden-Markt. Faucher und Edgar Bauer getroffen; mit beiden flanirt und Einkäufe gemacht. Nach Haus. Pfirsiche vom Coventgarden Markt verzehrt. Gearbeitet.«

Da flanierten sie also gediegen durch die Markthallen von Covent Garden, drei deutsche Gentlemen mit ihrer Dame, und kauften Pfirsiche aus China. Man plauderte, man lachte, und vielleicht dann am meisten, wenn Edgar Bauer, der einzige politische Flüchtling unter ihnen, wieder einmal Sprüche klopfte wie diese: »Denn es ist eine Sitte unter den Flüchtlingen, daß mindestens der dritte Mann in einer Gesellschaft für einen Spion gehalten wird.«

Manchmal waren auch die Kinder dabei. Denn ähnlich wie Fontane gerne mit George unterwegs war, so unternahm Faucher gerne Fahrten mit seiner Tochter Lucie, die jetzt etwa acht Jahre alt sein mochte. »Faucher ein zärtlicher Vater«, so notierte Fontane etwas überrascht. Dank guter Omnibus- und Railway-Verbindungen konnte es nun vorkommen, dass Faucher mit Tochter Lucie mittags in 52 St Augustine's Road auftauchte und bis in den Abend hinein blieb. Ebenso selbstverständlich fuhren die Fontanes zu Fauchers nach Camberwell, denn bald waren auch die Frauen miteinander befreundet. Erfolgte nach einem Abend bei Fauchers die Rückkehr sehr spät, so war die Fahrt allerdings nicht ganz ungefährlich. Einmal berichtet Fontane von einem »Schreckensweg durch die Höhlen von Clerkenwell«. Was aber die beiden Männer betraf, so hatten sie eine große Vorliebe für Gespräche über Literatur und Politik und verfolgten gespannt die neusten Entwicklungen in Preußen.

Austern schlürfen und nach Deutschland blicken

Es war das eigentliche Tagesgespräch, auch unter den Deutschen in London. Der preußische König Friedrich Wilhelm IV. hatte in den vergangenen Monaten mehrere Schlaganfälle erlitten, und Hoffnung auf Genesung bestand wenig. Der Prinz von Preußen, der unterdessen allgemein geschätzt wurde (nicht zuletzt wegen seiner maßvollen Haltung während des Krimkrieges), hatte am 23. Oktober 1857 »als nächster Agnat« die Stellvertretung übernommen. Schon ging die Rede, bald würden alle politischen Flüchtlinge amnestiert, so dass ungestraft heimkehren könne, wer es wünschte. Spekuliert wurde auch über die Frage, ob der Prinz oder sein jüngerer Bruder Karl die Regentschaft übernehmen werde.

Fontane interessierte alles brennend. Er verstand sich jetzt als »Poet und Politiker«, der gerne an der »Quelle« in Berlin gesessen hätte. Er wisse kaum, was ihn mehr erfreue, »der *dramatische* Stoff«, der da vor ihm liege, oder »der Einblick in ein Stück *Geschichte*«.

Mit Faucher ließ sich über all diese Fragen gut plaudern. Aber derjenige, der das Drama aus nächster Nähe beobachten und ihm ein Stimmungsbild vermitteln konnte, war Wilhelm von Merckel. Was Fontane von ihm erfuhr, konnte er, wenn er sich mit Faucher und anderen unterhielt, leicht in die Runde werfen, doch noch aufregender war jetzt seine Rolle als Presseagent. In der Zeit der Spekulationen rannte er mit den Briefen des gut unterrichteten Merckel direkt in die Gesandtschaft zu Graf Bernstorff, um diese dort »als einen Trumpf« auszuspielen und anderthalb Stunden mit dem Grafen zu politisieren. Was dabei alles verhandelt wurde, wissen wir nicht. Aber fast scheint es, als ob Edgar Bauer nur Brosamen abgekriegt hätte, wenn er über diesen gewissen pp. Fontane geheim informierte. Die dänische Frage war für diesen zwar wichtig, aber viel bedeutender war die große preußische Frage.

Immer gewisser wurde jetzt, dass Friedrich Wilhelm IV. unheilbar krank war. Damit verlor das Ministerium Manteuffel in Berlin rasch an politischem Gewicht. Während die Hoffnungen der deutschen Emigranten nun immer größer wurden, die Hoffnungen auf eine neue Ära, wurde die Lage des preußischen Presseagenten von Tag zu Tag prekärer. Manche bezeichneten ihn längst als »Regierungs-Schweinehund«.

In dieser aufgeregten Zeit waren die Stunden am Schreibtisch zu Hause in Camden Town und im Kreis der Familie geradezu erholsam. Doch war eben auch in der City viel los. Die Männer trafen sich in ihren Debattierklubs. Und zu einem dieser Klubs, dem Babel-Klub, hatte Fontane Zugang. Hier traf er auch Faucher und Edgar Bauer. Unter Donnerstag, dem 17. Dezember 1857, notierte er im Tagebuch: »In den Babel-Club. Stänkerei in Folge eines impertinenten Briefes von Mr. Mosabini [Mitglied des Babel-Klubs]. Edgar Bauer zugegen; mit ihm nach Haus; unterwegs, in verschiednen Kneipen von Oxford Street und Gray's Inn Lane, Austern gegessen und Bier getrunken. Ueber Indien geplaudert. Er ist doch fast zu praktisch. ›Ideen sind Phrasen‹ etc.«

Nach solchen Kneipentouren hatte Edgar Bauer dann wieder Stoff. »Th. Fontane«, so erfuhr der Polizeidirektor in Kopenhagen, lanciere dies und das *für* Schleswig-Holstein und *gegen* Dänemark, sei aber doch im Grunde nichts weiter als der »literarisch[e] Amanuensis des Herrn von Bernstorff«, der Schreibsklave des preußischen Gesandten.

Das Poetisch-Literarische lief in diesen Tagen nur gerade so nebenher. Ein Gelegenheitsgedicht hier, eine Übersetzung dort, sonst Feuilletons, die leicht von der Hand gingen. Auch dasjenige über Gottfried Kinkel und dessen Vorträge in Camberwell. Da saß Fontane dann mitten im Lager der politischen Flüchtlinge und fand »sehr interessant«, wie Kinkel die deutsche Literaturgeschichte von Hans Sachs über Luther bis Klopstock darstellte. Aber er hörte ihm mit dem Gefühl zu, dass er es besser wusste. Und während Kinkel in Camberwell auftrat, stellte er sich im Babel-Klub vor die Gentlemen und referierte über »the revival of the german literature during the last century«. Das Manuskript ist nicht überliefert. Ob er wohl über Schiller, Chamisso, Heine, Platen sprach, seine Lieblinge? Oder doch eher über die »Tunnel«-Freunde Scherenberg, Heyse, Storm? Oder gar über Realismus in der Literatur? Seine Idee, was literarischer Realismus sei und was er nicht sei, hatte er 1853 einmal deutlich formuliert und anonym publiziert (*Unsere lyrische und epische Poesie seit 1848*). Jedenfalls folgte seinem Vortrag im Babel-Klub eine »[l]ebhafte und interessante Debatte«. Und als Mitternacht heran war, gingen sie zu viert in ein Lokal in der Fleet Street und schlürften dort Austern. »Spät nach Haus«, notierte Fontane im Tagebuch.

Ein solches Leben beanspruchte natürlich, so dass die monatlichen Einsendungen an die Redaktion der *Kreuzzeitung* eine mühselige Pflicht wurden. Also Schluss mit der festen Mitarbeiterschaft. Gerne wollte Fontane weitere Korrespondenzen liefern, aber in loser Folge und »mit Rücksicht auf das kostspielige Londner Pflaster« auch gerne mit erhöhtem Honorar. Was aber seine Nachfolge betraf, falls die *Kreuzzeitung* sich nicht auf die *Englische Correspondenz* von Schlesinger und Kauffmann beschränken wolle, schlug Fontane dem Chefredakteur »Edgar Bauer« vor. Den 30 Talern, die ihm seine feste Mitarbeiterschaft monatlich eingebracht hatten, trauerte er nicht nach. Doch hätte er sie dem Journalistenkollegen Bauer gegönnt, der immer knapp bei Kasse war. Beutner, klug wie er war, winkte ab.

Am 30. Dezember 1857 feierte Theodor Fontane seinen 38. Geburtstag. Von allen Seiten erreichten ihn Briefe, auch »von Papa und aus Letschin« (die Briefe sind nicht überliefert). Emilie und George überraschten ihn mit eigenen Gedichten. Aus der Stadt kamen Freunde und blieben »zu Tisch«. Auch Julius Schweitzer und Julius Faucher kamen. »Alles sehr heiter«, notierte Fontane im Tagebuch. Denn abends stellte man lebende Bilder, setzte abwechselnd und in Gruppen berühmte Gemälde in Szene, wobei jeweils erraten werden musste, wer oder was gemeint war. Da flogen die Scherze dann hin und her. Die beiden weit geöffneten eleganten drawing-rooms (mit Fontanes Schreibtisch im Hintergrund) boten die ideale Bühne. Zwischendurch wurde musiziert, und ein reizendes Paar trat auf, fast wie in *Irrungen, Wirrungen* Botho von Rienäcker und Lene Nimptsch (4. Kapitel). Denn er war stattlich und sie apart. »Faucher und Emilie tanzen Menuette«, hielt das glückliche Geburtstagskind fest. Eifersucht? »Is' nicht«, sagt der Berliner.

Alle Welt war gespannt auf das Ereignis, seit die beiden sich verlobt hatten: Kronprinzessin Victoria, Tochter der Queen, und Kronprinz Friedrich Wilhelm von Preußen. Ihre Vermählung war eine *story* für alle Blätter. Umso mehr als es keine arrangierte, sondern eine Liebesehe war, die die jungen Leute eingingen. Victoria, gerade 17, verzichtete um ihres Prinzen willen auf die britische Krone. Friedrich, 26, stand in der preußischen Thronnachfolge an zweiter Stelle. Aber womöglich würde er die Krone früher tragen, als die beiden bei ihrer Verlobung noch gedacht hatten. Denn Friedrichs Vater, der Prinz von Preußen, war jetzt an die Stelle des kranken Königs (seines älteren Bruders) getreten. Manche sahen bereits den Generationenwechsel kommen und setzten auf den jungen Friedrich, der in Bonn die Rechte studiert hatte. Er galt als liberal und hätte auf eine neue Zukunft Preußens hinwirken können, eine, die mit dem fortschrittlichen England Schritt hielt.

Alle Welt wollte also wissen, wie diese preußisch-britische Vermählung in London zelebriert würde. Sie war auf Montag, den 25. Januar 1858, angesetzt. Ort des Geschehens: die Chapel Royal im St James's Palace. Dr. Metzel hatte Fontane wissen lassen, dass er eine »Fest-Berichterstattung« von ihm erwarte. Für das Feuilleton der *Zeit*. Als Graf Bernstorff davon erfuhr, zuckte er zusammen. Sein Presseagent als Hofreporter? Einer mit gelegentlich losem Mundwerk sollte über diese hochoffizielle und auch politisch brisante Hochzeitszeremonie berichten? Die Sorge war nicht ganz unbegründet. Denn Fontane wollte Pep in die Sache bringen. Nicht, dass die *Zeit* eine »konservative« Regierungszeitung war, störte ihn nämlich, sondern dass sie so »sehr langweilig« war: »Die Leute sind all auf dem Holzweg, prinzipiell, indem sie meinen, eine Zeitung müsse durch ruhige, besonnene Darstellung wirken. Das ist lächerlich, so schreibt man für Staatsmänner, aber nicht fürs große Publikum resp. den Berliner Budiker. Außerdem [...] fehlt es überall an Geist, Witz, Gedanken«, so schrieb er an Emilie.

Was ihm vorschwebte? Die *story* musste mit einem Stich ins Sensationelle serviert werden, musste schon Wochen vor der Vermählungszeremonie täglich eine Rubrik füllen, so dass die Leserschaft geradezu auf den 25. Januar hinfieberte. Die Zeremonie selbst wollte er als akkreditierter *Zeit*-Korrespondent von der Gästetribüne aus mitverfolgen und sie für die Leute zu Hause wie ein Reporter schildern. Dann ein kurzer Abspann mit der Abreise des frisch vermählten Paares. Doch damit nicht genug. Der dramatische Stoff, das Stück Geschichte fand ja seine Fortsetzung in Berlin. Die »Berliner Budiker« unter seiner Leserschaft würden den Einzug des kronprinzlichen Paares dann *live* miterleben. Die Vorbereitungen auf diesen Tag, den 8. Februar 1858, liefen ebenfalls auf Hochtouren. Der Bericht aus London musste also, um den unmittelbar nachfolgenden Ereignissen in der preußischen Residenz gerecht zu werden, sprühen vor Witz. Der Ton war entscheidend. Wenn er den Ton traf, dann hatte er das »große Publikum«.

Es war *seine* Geschichte. Zum ersten Mal würde Dr. Metzel nicht klagen müssen, er verschleppe und verschlampe seine Aufträge. Vorausgesetzt, Emilie war bereit, organisatorische Mithilfe zu leisten. Dann sollte es möglich sein, für drei, vier Wochen eine Fortsetzungsgeschichte zu liefern, die die *Zeit* zu einem begehrten Blatt machte. Jeden zweiten Tag beim Frühstück eine kleine, aufregende Neuigkeit über »Vicky« und ihre Entourage, das war es, was er seinen Lesern und Leser*innen* bieten wollte. Endlich konnte er zeigen, was »Fest-Berichterstattung« hieß. Und Dr. Metzel, das spürte er, vertraute ihm ganz. Nicht umsonst war er sein bestbezahlter freier Mitarbeiter.

Er machte sich also gleich an die Arbeit, schrieb kleinere Berichte über das Programm der Vermählungsfeier, über die Kleider der Brautjungfern, die eintreffenden preußischen Prinzen, den Hofball. Dazwischen lieferte er längere Feuilletons über den St James's Palace und die Chapel Royal sowie über die letzten beiden Trauungen, die dort stattgefunden hatten. Seinen Leserinnen und Lesern schilderte er sodann die festlichen Vorbereitungen in Stadt und Schloss Windsor, die »Soirée im Prussia House«, und endlich erzählte er im Detail über den Vermählungstag selbst. Im Abspann dann noch einmal kleinere Berichte über den Gastgeber in »Prussia House«, den Grafen Bernstorff, und die Abreise der Neuvermählten Richtung Berlin. Alle kleineren Berichte erschienen unter der Chiffre »m*« und schöpften ihr Wissen aus englischen Zeitungen und Extrablättern. Die längeren Feuilletons hingegen beruhten auf seinen eigenen Recherchen und waren mit dem Kürzel »ThF« gezeichnet.

Für die großen Feuilletons legte sich Fontane richtig ins Zeug. Was die *Zeit* zum Beispiel am 17. und 19. Januar 1858 unter dem Titel *Die zwei letzten Trauungen in der Royal Chapel* publizierte, hatte er im Britischen Museum recherchiert, dann am Schreibtisch zu Hause fertig geschrieben und, kaum

Abonnement: Vierteljährlich 1 Thlr. 11 Sgr. [illegible]

Redaktion: Mohren-Straße 55.

Die Zeit.

Insertions-Gebühr: [illegible]

Expedition Mohren-Straße 55.

№ 64. Berlin, Montag, den 8. Februar, Morgens. 1858.

Willkommen!

(Zur Begrüßung Ihrer königlichen Hoheit der Prinzessin Friedrich Wilhelm.)

Willkommen von der Reise,
— Dich führt der Liebe Hand —
Willkomm in unser'm Kreise,
Im neuen Vaterland;
Es baut sich tausend Stufen
Die Menge himmelwärts,
Um laut Dir zuzurufen:
Dich grüßet unser Herz!

Du schiedst aus schönem Lande
(O! schau nicht bang zurück);
Du lösʼtest alte Bande,
Um neuer Liebe Glück
Bei uns hier aufzubauen.
So ziehst Du heute ein —
Dein Hoffen und Vertrauen
Soll nicht verloren sein.

Nicht prunkend allerwegen
Schuf die Natur dies Land:
Doch ruht auf ihm ein Segen
Aus Gottes Vaterhand.
Recht wohnt in unsʼrer Mitte,
An Liebe sind wir reich,
An Treu' und frommer Sitte
Steh'n wir den Besten gleich.

Es kling' in Liedes Munde,
Was Jeder fühlt und denkt:
„Heilbringend ist die Stunde,
Die Dich hierher gelenkt;
Es bürgt die weiße Taube
Uns für der Zukunft Glück."
So eint des Volkes Glaube
Sich mit des Sehers Blick.

Oft wohl durch uns're Thore,
Nach eyserreichem Krieg,
Zog ein, im Waffen-Chore,
Der ruhmgekrönte Sieg.
Doch, der uns heut' beschieden,
Der Sieg steht reiner da:
In Segen und in Frieden
Kommst Du — Victoria!

Wohl baut sich tausend Stufen
Die Menge himmelwärts,
Um laut Dir zuzurufen:
„Dich grüßet unser Herz!
Willkommen von der Reise,
— Dich führt der Liebe Hand —
Willkomm in unser'm Kreise,
Im neuen Vaterland!"

Zur Reise Ihrer Königlichen Hoheiten des Prinzen und der Frau Prinzessin Friedrich Wilhelm.

Unsern seitherigen Berichten über die Reise der hohen Neuvermählten fügen wir zunächst noch folgende, der „Düsseldorfer Zeitung" entnommene Mittheilungen über die Empfangsfeierlichkeiten in Düsseldorf bei:

Düsseldorf, 5. Februar. Festlich geschmückt prangte heut früh der Köln-Mindener Bahnhof. Schon um 9 Uhr hatten sich auf dem Perron die zur Begrüßung der hohen Neuvermählten erschienenen Körperschaften aufgestellt. Es waren das gesammte Offiziercorps der hiesigen Garnison, die königl. Regierung, den Regierungs-Präsidenten v. Massenbach an ihrer Spitze, die Justiz- und Postbehörden, die landständischen Deputirten, die Geistlichkeit beider Konfessionen, der Gemeinderath, eine Deputation des Treubundes, geführt von dem Oberst-Lieutenant außer Diensten von Alveden, und viele auswärtige Deputationen. Zur festgesetzten Zeit erschallte der Donner der Kanonen. Das Musikcorps des hiesigen 5. Ulanen-Regiments und ein anderes des St. Sebastianus-Schützen-Vereins

* **Hamm**, 5. Februar. Ihre königlichen Hoheiten der Prinz und die Frau Prinzessin Friedrich Wilhelm haben auf ihrer Reise von London nach Berlin auch uns, zwar nur wenige, aber unvergeßliche Augenblicke geschenkt, und in aller Huld genehmigt, daß wir den Gefühlen, welche das beglückende Ereigniß des theuern Königshauses auch in der Grafschaft Mark hervorgerufen hat, einen ehrfurchtsvollen Ausdruck geben konnten. Außer den Militair- und Civilbehörden waren die Vertreter der Städte Hamm, Münster und Arnsberg, so wie mehrere andere Städte und Aemter der Provinz, ferner zahlreiche Deputationen der Geistlichkeit, der Ritterschaft und der Verwaltung der Regierungs-Bezirke Münster und Arnsberg, der Akademie zu Münster, des Gymnasiums zu Hamm, wie auch der Landgemeinden versammelt. Außerdem hatte sich ein blühender Kreis von Frauen und Jungfrauen aller Stände vereinigt, um dem durchlauchtigsten Fürstenpaare ein Festgedicht zu überreichen. Zum Empfangslokale war auf dem durchweg bekränzten und beflaggten Bahnhofe eine Halle errichtet und im Innern schön und geschmackvoll dekorirt

Regiments führte die Tafelmusik aus. Um 7 Uhr begleitete Se. Majestät die hohen [illegible] nach dem Bahnhofe zurück und kurz vor 8 Uhr setzte das neuvermählte Paar, von einem dreifachen jubelnden herzlichen Hoch der Zuschauer begrüßt, Seine Reise nach Magdeburg fort. Das Gefolge Seiner königlichen Hoheit bestand aus dem General der Kavallerie und kommandirenden General Frhr. [illegible], dem Rittmeister v. [illegible], General-Major Frhr. v. Moltke, Hauptmann v. Schweinitz, Premier-Lieutenant v. [illegible]. In dem Gefolge Ihrer königl. Hoheit befanden sich die Oberhofmeisterin Gräfin v. Perponcher, die [illegible] und Gräfin zu [illegible], der Kammerherr Graf v. Perponcher, ferner Lady Churchill und Lady [illegible].

Wie uns außerdem berichtet wird, hat der König von Hannover Sr. königl. Hoheit dem Prinzen Friedrich Wilhelm den St. Georgs-Orden und Ihrer königl. Hoheit der Frau Prinzessin sein Medaillon-Portrait am Bande des Guelphen-Ordens überreicht.

Die Zeit vom 8. Februar 1858 mit Fontanes Gedicht *Willkommen*!
(*Zur Begrüßung Ihrer königlichen Hoheit der Prinzessin Friedrich Wilhelm*)

war die Tinte trocken, schon zur Post gebracht. Das enorme Tempo, das er jetzt an den Tag legte, lässt sich im knapp gehaltenen Tagebuch mitverfolgen. Vier Tage lang saß er im Britischen Museum, um die alten Nummern der *London Gazette* und der *Times* zu durchstöbern und sich Notizen zu machen. Zu Hause entstanden dann die fertigen Feuilletons. Schon am zweiten Tag notierte er, nach dem üblichen »Gearbeitet. Auf das Britische Museum. London Gazette (Georgs IV Vermählung) und Times (Königin Victorias Hochzeitstag)«: »An Direktor Metzel geschrieben; den ersten Artikel beigeschlossen.« Am Sonnabend, dem vierten Tag, schickte er ihm die Fortsetzung. Und weil es eilte, brachte er den dicken Brief gleich selber »zur Post«.

Trotz stupender Arbeitsleistung fand er zwischendurch Zeit, auf die Gesandtschaft zu gehen, mit der Familie zu plaudern und für Franz Kugler einen Geburtstags-Toast zu dichten. Er konnte das alles, weil er seinen Rhythmus und seine Arbeitsweise gefunden hatte. Emilie hielt ihm den Rücken frei. So fuhr er morgens mit der Railway nach Euston Station, nahm von dort seinen bekannten Weg über Tavistock und Russel Square zum

Britischen Museum und begab sich direkt in den neuen Kuppelsaal (1857 eröffnet), um in Ruhe und guter Gesellschaft (Karl Marx vis-à-vis?) seine englischen Studien zu betreiben. Dann zu Hause nicht lange fackeln, gleich schreiben, und ab die Post.

Eines seiner witzigsten Feuilletons zu den Londoner Vermählungsfeierlichkeiten trägt den Titel *Die Soirée in Prussia House*. Es schildert geistreich und ein bisschen respektlos jene Soirée, die Graf und Gräfin Bernstorff am Sonnabend vor der Vermählung gaben. Sie fand in der Gesandtschaft statt, Carlton House Terrace, zu Ehren des Hohenzoller'schen Kronprinzen und Bräutigams. Wer aber war geladen, wer erschien? Der Korrespondent und Hofberichterstatter wusste, dass seine neugierige Berliner Leserschaft jetzt ein *name dropping* erwartete. Er stillte diese Neugier, wenn auch mit Schalk. Den Anfang machte er mit der Schilderung der Anfahrt:

> Es war gegen halb zwölf, als ich über den Waterloo=Platz fuhr, an dessen Südwest=Ecke sich »Prussia=House« erhebt. Der stattliche Bau strahlte von Licht; Gassterne, mit einer Krone darüber, leuchteten weithin und gossen ihren Glanz wie Tageshelle über den Platz. An der Ostfront desselben standen in langer Linie die Wagen und Staatsequipagen, selber wieder eine lange Front von Lichtern bildend. An dieser Wagenburg mußte mein Cab vorbei. Wer jemals in einer Droschke die Rampe eines prinzlichen Palais hinaufgefahren ist, wenn drunten in langer Reihe die königl. Kutschen halten, der weiß genau, wie mir zu Muthe war. Endlich hielt ich vor dem Zeltdach, und mich durch eine Armee rothröckiger Bedienten hindurchschlagend, gelangt' ich glücklich in den Vorflur, der innerhalb 24 Stunden sein mir wohlbekanntes Ansehn bis zur Unkenntlichkeit verändert hatte.

Der Vorflur habe nämlich voller Palmen und Agaven gestanden, ein einziges »Treib- und Gewächshaus«. Der späte Gast, mit dem wir nun in die Halle treten, steigt »rasch und unbedenklich die schöne hohe Steintreppe hinan«, ohne zu vergessen, dem »alten Fritz« zu salutieren, »unten auf seinem Posamente«. Oben drängen sich die Geladenen, es ist ein Kommen und Gehen, und der Neuankömmling in seinem schwarzen Frack sieht sich bald umringt »von einem wahren Regenbogenkranz von rothen, blauen und gelben Ordensbändern«. Alles hochdekoriert.

So unauffällig wie möglich lehnt er sich jetzt an die Balustrade, lässt die Damen und Herren an sich vorüberpromenieren, während er hineinspäht in den großen Saal. Eigentlich ist ihm hier alles vertraut, auch hat er seiner Leserschaft »Prussia House«, mit Halle, Treppenaufgang, Saal, längst so geschildert, dass sie die noble Adresse kennt. Außergewöhnlich indes ist der hohe Besuch, ist die Anwesenheit der preußischen Prinzen und die illustre Gästeschar. Er selbst, der späte Gast, ist jetzt der *High-Society*-Reporter. Die Stunde gegen Mitternacht ist geschickt gewählt. Er wird beobachten können, wie sich die Soirée dem Ende zuneigt, die Gäste sich verabschieden und aufbrechen. Ein einziger Ruhetag bleibt noch bis zur Hochzeitszeremonie. Ein besonderer Moment also, im Glanz der Nacht und der Erwartung. Um seiner Leserschaft willen tritt der Gast im schlichten schwarzen Frack nun mutig in den großen Saal, auf der Suche nach einem unauffälligen Beobachterposten. Er sieht ihn endlich beim Kamin, dort, wo auch Dr. Barth zu entdecken ist, der deutsche Afrikaforscher. Den kennt er: »Dr. Barth stand lächelnd an der Feuerseite, mit dem unverkennbaren Ausdruck klimatisch=glänzender Befriedigung«, so der Hofreporter. Ihm will er sich nun zugesellen und steuert auf ihn los. Doch schon »unter dem großen Kronleuchter«, mitten im Saal, scheitert die Unternehmung. Plötzlich sieht er sich umringt und eingesperrt. Eine komische Szene folgt, eine Art *slapstick*:

> Vier Paare umschlossen mich, so daß ich wie der Kegel in einer Quadrille dastand, nur mit dem Unterschied, daß ich, in der Folge eben statthabenden Conversationen, von den vier draußen stehenden Paarhälften *gar nichts*, von den vier inwendig stehenden Sprechern aber, die mich unmittelbar umgaben, nur die Rücken sehen konnte. Ahnungen beschlichen mich, aber die Wirklichkeit gefiel sich darin, über die Visionen meiner geängstigten Phantasie weit hinauszugehen.

Denn unvermittelt lösen sich die vier Paare voneinander, und vier hohe Personen stehen dem Mann in der Mitte direkt »en face«. Es sind der Prinz von Preußen (jüngerer Bruder und Stellvertreter des Königs), Prinz Friedrich Wilhelm (dessen Sohn und Bräutigam), Prinz Albrecht (jüngster Bruder des Königs) und Admiral Prinz Adalbert (Neffe des Königs):

> Ich weiß nicht, was ich zuerst sah, ob die wohlbekannten Köpfe oder die breiten Ordensbänder, die sich über die Brust zogen, nur soviel weiß ich, – daß ich auf solche nächste Umgebung nicht eingerichtet war und mit ersichtlicher Verlegenheit nach einer Spalte suchte, um zu verschwinden. Aber welcher parquettirte Fußboden hat Spalten!

Als er aber, so der Hofreporter, den Mut gefunden habe, die Augen wieder aufzuschlagen, sei die Situation schon gerettet gewesen. Dr. Barth, der Afrikaforscher, sei auf den Prinzen von Preußen zugekommen, Graf Bernstorff, der Gastgeber, habe sich dem jungen Prinzen Friedrich Wilhelm gewidmet, und Lord Cardigan (nehmen wir an, derselbe, der die Attacke der Leichten Brigade im Krimkrieg geführt hatte) sei im Begriff gewesen, den Prinzen Albrecht zu begrüßen. Nur einer stand noch da und wartete auf einen neuen Gesprächspartner: Admiral Prinz Adalbert, 47, Oberkommandierender der Preußischen Marine. Mit ihm hätte er nun über mancherlei plaudern können, über das frühere, jetzige oder zukünftige Preußen. Der Hofberichterstatter jedoch, obwohl »Admiral Prinz Adalbert« ihn »freundlich lächelnd« ansah, zieht sich »nach der Hitze des Moments« auf seinen »früheren, bescheideneren Platz« zurück. Nicht mit den hohen Personen verkehren will er, sondern sie beobachten.

Und so beobachtet er von seinem Platz an der Balustrade auch schon die nächste Peinlichkeit. Der Kapellmeister in der Halle erkennt den Prinzen von Preußen nicht, als er mit seinem Gefolge die Treppe betritt, um nun Abschied zu nehmen und sich zurückzuziehen. Kein Tusch, als die hohen Gäste hinuntersteigen! Dafür ein volltönendes »Heil dir im Siegerkranz«, als Graf Redern folgt. Denn: »Er trug ein breites, rothes Ordensband, das weithin leuchtete.« Oje, den Generaldirektor der königlich-preußischen Hofmusik mit dem Stellvertreter des preußischen Königs verwechselt!

Dies alles erzählt der Hofreporter munter und mit Hintersinn. Denn nicht das Zeremoniell ist wichtig, es zählen vielmehr die menschlichen Gesten. Und die beobachtet der Hofberichterstatter genau. Etwa wenn der Prinz von Preußen sich heiter und »mit leisem Händedruck« von seiner Gastgeberin Gräfin Bernstorff verabschiedet. Oder wenn Prinz Friedrich Wilhelm, der Bräutigam, fürsorglich in seinen Mantel gewickelt und zum Wagenschlag geführt wird. Es sei immer das Menschliche, was dem Menschen am wohlsten tue, heißt es an dieser Stelle, und:

So dacht ich, als ich wenige Minuten später in die Nachtluft hinaustrat. Die Gaslaternen brannten noch, und der Platz war tageshell. Ich schritt rasch darüber hin. Bald hört ich nur von ferne noch das Vorfahren der Wagen, das Einklappen der Kutschenschläge und dann und wann ein heiseres: drive on, oder ein vorwurfsvolles: »Mrs. Peterson's carriage stops the way.« Dann verklang auch das. Es ging auf zwei, und selbst London wurde still. Die Sterne standen klar am Himmel; – mögen sie immer hell und klar über den Hohenzollern stehen.

Der letzte Satz könnte auch von der Redaktion stammen.

Soirée in Prussia House erschien zuverlässig am 28. Januar 1858 in der *Zeit*. Die beiden Feuilletons über den Vermählungstag folgten. Dies alles geschah wirklich a tempo. Kaum hatte Fontane die Texte geschrieben, stand Emilie bereit, um ihm den Weg zur Post zu ersparen. Sie half ihm, wo sie konnte. Zwei Tage später erreichten seine Artikel bereits die Redaktion. Gleichzeitig liefen Briefe aus Berlin ein, die auf Fontanes *Zeit*-Artikel reagierten. Wilhelm von Merckel etwa schrieb: »Wir haben Ihre Hochzeitsrapports, darunter auch den Abend in Prussiahouse, mit großem Interesse gelesen.« Nur dass er »den Prinz Admiral der preußischen Flotte« habe stehenlassen, obwohl dieser ihn doch »freundlich angesehen«, sei etwas schade. Es fehle etwas in der Beschreibung, »was man gerne gefunden hätte und – vermutet!« Nämlich dass da doch mehr war, als der Hofberichterstatter erzählt. »Es schnappt, wie man sagt, so ab!« Sehr hübsch wiederum sei die Schilderung des Vermählungstages, »stellenweis poetisch und preußisch«.

Wilhelm von Merckel war ein idealer Leser. Er reagierte rasch, verstand zu loben und zu kritisieren. Ja, im Text *Prussia House* hätte er, der späte Gast und Hofberichterstatter, durchaus ein Gespräch mit dem Admiral Prinz Adalbert anspinnen sollen, das gab Fontane gern zu. Aber es war eben eine Erzählpointe. In Wirklichkeit hatte sich die Szene wohl etwas anders abgespielt. Im Tagebuch notierte er zu jenem Sonnabend in »Prussia House«: »Um 11 nach Carlton House Terrace. Alle Prinzen zugegen; von ihrer Gnadensonne leise beschienen. Spät nach Haus« (23. Januar 1858).

Als Graf Bernstorff die Artikelserie zu lesen bekam, war er nicht recht glücklich. Fontane hielt nach einem Besuch bei ihm fest: »Den Grafen gesprochen; tadelt mich wegen meiner Aufsätze in der ›Zeit‹« (6. Februar 1858).

Er konnte dennoch zufrieden sein. Ende März überwies ihm die *Zeit*

174 Taler für seine »Hochzeitsrapports«. Das hohe Honorar schloss sein Huldigungsgedicht mit ein, das er auf die englische *princess royal*, jetzt Prinzessin Friedrich Wilhelm (oder »Vicky«), verfasst hatte. Die fabrizierten Verse waren am Tag erschienen, als das junge Paar feierlich in Berlin einzog. Der Dichter blieb anonym.

»Denkst Du verschwundener Tage, Marie?«

Politisch war jetzt alles in der Schwebe und Fontanes berufliche Zukunft ein einziges Fragezeichen. Denn sobald der kranke König seinem Bruder den Weg zur Regentschaft frei machte, konnte sich alles ändern. Noch war der Prinz von Preußen erst der königliche Stellvertreter und abhängig vom gegenwärtigen Ministerium, an dessen Spitze Ministerpräsident Manteuffel stand. Doch wie lange noch? Julius Faucher, der das Gras wachsen hörte oder vielmehr bestens informiert war, denn er hatte im Auftrag seiner Zeitung das frisch vermählte Kronprinzenpaar nach Berlin begleitet, prophezeite Fontane: »An demselben Tage, an welchem die Regentschaft proklamiert wird (und sie muß doch am Ende kommen, wenn das Volk nicht stutzig werden soll und spöttischer denn je), fällt die alte Wirtschaft zu Boden. Manteuffel geht über Bord, Metzel auch, Fontane auch; Schwerin-Fortinbras rückt klirrend ein und erbt das Reich – Jasmund marschiert ihm als literarischer Knappe zur Seite.«

Hatte Faucher Recht? Würde die konservative Regierung gestürzt und der liberale Graf Schwerin-Putzar neuer Ministerpräsident werden? Jedenfalls, so spottete Faucher, rückte er bereits bewaffnet an wie Fortinbras in Shakespeares *Hamlet*. Und Julius Jasmund, der Redakteur des liberalen *Wochenblatts*, würde als sein »literarischer Knappe« den Chef der »Centralstelle für Preßangelegenheiten« ablösen. Dr. Metzels Tage waren nach Faucher also gezählt. Und wenn Metzel gehen musste, dann war es auch um Fontane, seinen Mitarbeiter, geschehen.

»[W]ackelt Manteuffel wirklich, und ist es unwahrscheinlich, daß er mit ins neue Regime hinübergeschleppt wird?«, so fragte Fontane besorgt bei Wilhelm von Merckel an (1. März 1858). Seine Anfrage entspringe politischem Interesse, beteuerte er, nicht »egoistischen Motiven«. Denn ob er in London bleibe und seine Stelle behalte, sei ihm »ganz gleichgültig«.

Das »Provisorium«, so antwortete Merckel, würde wohl noch bis in den Sommer dauern. Die Partei um den kranken König sträube sich, ihre Macht abzugeben, und verfolge daher einen »*zickzack*«-Kurs. Wenn der unvermeidliche Machtwechsel da sei, werde es aber kaum »ein allgemeines Ministerialbeben« geben. Man munkle, Kultusminister Raumer und Innenminister von Westphalen könnten entlassen werden, auch sonst wohl der eine oder andere konservative Regierungsbeamte. Doch Ministerpräsident Manteuffel? Nein, der sei »flexibel und elastisch«. Außerdem sei es in Preußen nicht der Ministerpräsident, der das Steuer in der Hand halte, sondern die »Kamarilla«, die Berater des Königs. Seine Hoffnung sei es, so Merckel, dass diese Kamarilla »*aus vernünftigen, liberal-gescheiten, wohlmeinenden* Leuten« bestehen werde. Fontane habe also durchaus gute Aussichten. Wenn nicht auf den Posten als »Generalkonsul in Kopenhagen«, so doch auf irgendetwas anderes. Er müsse sich nur in Position bringen, riet Merckel. Denn (und das klang nun weniger beruhigend) ganz auszuschließen sei es nicht, dass Ministerpräsident Manteuffel gestürzt werde. Und dann werde auch das »Preßinstitut« wieder eine »Reorganisation« erfahren.

Also nicht zögern und zaudern, hieß das, sondern sich auf den kommenden Wechsel einstellen, schon um der Familie willen. Eindringlich meinte sein Berliner Protektor: »Ihr Point de vue muß der *Staatsdienst* sein. Ich weiß […] nur zwei für Sie offene und […] geeignete Wege: entweder den zum Legationssekretär bei der *Gesandtschaft* oder den zum Expedierenden Sekretär (Bibliothekar, Translateur etc.) im Auswärtigen *Ministerium.*« Er solle sich in ein gutes Einvernehmen setzen mit dem preußischen Gesandten, hieß das zwischen den Zeilen. Denn Graf von Bernstorff werde wie Graf von Schwerin-Putzar als eine Schlüsselfigur des neuen Regimes gehandelt.

Fontane aber lag nicht sehr viel daran, die Beziehung zu Bernstorff zu vertiefen. Zwar schätzte er die Weltläufigkeit des Grafen und betrachtete ihn als einen ausgezeichneten Diplomaten für Preußen. Aber ihm fehle etwas Entscheidendes. Bernstorff sei ein »Lauenburger«, also »von Geburt kein Preuße«, er besitze »keinen Fußbreit Landes«, »der ihn an Preußen bände«. »Ich glaube nicht«, so erklärte er, »daß er einen einzigen Privatbrief aus Berlin empfängt.«

Zu allem Unglück erreichte Fontane mitten in dieser unsicheren Zeit die Nachricht, dass nach kurzer schwerer Krankheit Franz Kugler gestorben war. »Brief von Merckel: Kugler todt!« Zutiefst erschüttert begab er sich sogleich auf die preußische Gesandtschaft, um den Tod Kuglers anzuzeigen. »Wer war Kugler?«, wurde hier verwundert gefragt. Dabei hatte Preußen einen seiner bedeutendsten Kunsthistoriker verloren. Das war es gerade, was Fontane Bernstorff ankreidete, die Unvertrautheit mit den Verhältnissen zu Hause. Für Theodor und Emilie Fontane, für den »Tunnel«, den Kreis des »Rütli« und der »Ellora« war der Tod des Freundes eine Katastrophe. Was würde nun werden, wenn diese Stimme fehlte?

Im April erkrankte Fontane schwer (Lungenentzündung), und überall drohte Verlust (»Die ganze Bude daheim scheint zu wackeln.«). Eine tiefe Melancholie ergriff ihn. Ausdruck verlieh er seiner Stimmung in einem Gedicht, das er in diesen Tagen »frei nach dem Englischen« ins Deutsche übertrug:

»Denkst Du verschwundener Tage, Marie?
Wenn du starrst in's Feuer, bei Nacht?
Wünschst Du die hellen Tage zurück,
Wo Du selbst, wie die Sonne gelacht?«

»Ich denk' der verschwundenen Tage, Johann,
Und denk' an all ihr Glück,
Doch der sonnigste Tag, der über mich kam,
Ich wünsch ihn nicht zurück.«
[…]

Fontane hat das sechsstrophige Gedicht später in seinen Roman *Unwiederbringlich* (33. Kapitel) hineinkomponiert. Es wird dort von Elisabeth gesungen und von Asta am Klavier begleitet und stimmt auf das traurige Ende ein.

Ob er im April 1858 aber wirklich eine englische Vorlage benutzte, bleibt eine offene Frage. Es hat sich bisher keine solche finden lassen, so dass wir geneigt sind zu glauben, er selbst sei der Dichter. Er wäre dann hier in die Rolle eines Robert Burns geschlüpft. Zu Burns' Volksliedton, der hier anklingt, gehörte auch die melancholische Melodie.

Die »Krankheitsanfälle« mit Lungen-, Brust- und eben auch Herzweh weckten den Wunsch nach einer Kur. Italien kam in Frage, aber auch Salzbrunn in Schlesien. Mit »Ober-Salzbrunnen«, ein Mittel gegen Atemprobleme, hatte er sich schon im Sommer 1853 einmal kuriert. Und wie damals bat er auch jetzt wieder um Urlaub. Reise- und Kurkosten würde sein Arbeitgeber übernehmen, so hoffte er. Ende April hatte er sich deswegen an Dr. Metzel gewandt. Aber Dr. Metzel antwortete nicht. Er sei krank, hieß es. Es waren jetzt, wo alles wackelte, viele krank oder nicht zu sprechen. Schließlich gab man Fontane zu bedeuten, die Sache sei hoffnungslos, der »Centralstelle« sei der Geldhahn zugedreht worden. Urlaub ja, Reisegeld nein – die Geldfrage aber war entscheidend. Fontane bereute bereits, dass er seine feste Korrespondententätigkeit für die *Kreuzzeitung* aufgegeben hatte.

Weil er kein Reisegeld erhielt, besann er sich nun auf das nahe Schottland. War Bernhard von Lepel einverstanden? Denn mit ihm wollte er reisen. Den Freund zog es zwar seit je in den Süden, doch ließ er sich auch für Edinburgh und die Highlands begeistern. Schottland war jetzt beliebtes Reiseziel. Fontane, der Schottlandkenner, besaß längst die wichtigsten Reiseführer und Landkarten, hatte sich zuweilen auch schon das Vergnügen bereitet, einfach eine »Reise (auf dem Plan) durch Schottland« zu unternehmen.

Nach Schottland also! Fontane rechnete mit Ausgaben von »100 bis 120 rth«. Die Summe wollte er durch Reiseschilderungen für Zeitungen, »durch Briefe und Feuilletons«, wieder einnehmen. Bernhard von Lepel, der nicht nur London, sondern auf dem Rückweg auch Paris sehen wollte, ging von ungefähr »250 bis 300 rth« aus. Er musste jetzt sparsamer wirtschaften als früher. Der Grund war, dass er als freier Schriftsteller und Dramatiker kaum Geld einnahm, ja, eigentlich gescheitert war (seine Tragödie *Herodes* war in Berlin eben gerade durchgefallen). Zudem gingen die Unterstützungsgelder seines generösen Schwiegervaters zurück. Denn Lepel hatte begonnen, sich aus dem pietistischen Kreis zurückzuziehen, dem die Familie seiner Frau angehörte. Vielleicht würde er sich einmal ganz von ihr lösen.

Zwei Männer gegen die vierzig waren sie, die von den Träumen, Sehnsüchten und Kapriolen des anderen wussten, zwei Freunde, die die Realität eingeholt hatte. Erfolg und Misserfolg kannten sie beide, berufliche Unsicherheiten und Sorgen als Familienvater auch. Doch schien der Jüngere der beiden, Theodor Fontane, nun doch das bessere Teil gewählt zu haben. Aber nicht aufgeben, die Lebenslust kam, sobald man unterwegs war im alten romantischen Land. Nach Schottland also! Um sich zu regenerieren.

Apropos Julius Faucher und Lola Montez

Einen Freund, mit dem man nach Männerart schlendern konnte, hatte Fontane in diesen frühsommerlichen Tagen des Jahres 1858 auch in Julius Faucher. Faucher malte zwar gerne Fontanes Zukunft schwarz, während er sich selbst schon im liberalen preußischen Landtag sitzen sah. Doch war das alles auf heitere Weise gesprochen. Man politisierte und schwadronierte während des politischen Provisoriums mehr denn je und fiel von einem Lokal ins andere, nur um mit immer neuen Gesprächspartnern über Preußens Zukunft zu debattieren.

So etwa geschah es an jenem Donnerstag, den 17. Juni 1858, als Fontane Julius Faucher in der Redaktion des *Morning Star* aufsuchte und hier dem politischen Flüchtling und berühmten Schachspieler Johann Jacob Loewenthal in die Arme lief. Faucher machte sie kurz bekannt, bevor er mit Fontane zur Abendtour aufbrach. Zuerst ging's ins Café Divan, wo sie »mit [Max] Schlesinger, [Jakob] Kauffmann und [Lothar] Bucher« das Aktuellste diskutierten (»Faucher in vollster Blüthe«). Dann hinüber ins Pub »Cheshire Cheese« in der Fleet Street. Hier speisten die beiden und kosteten den »berühmten kalten Punsch«. Jetzt in den Babel-Klub im nahe gelegenen Anderton Hotel. Der Klub fiel an diesem Abend zwar aus, dafür versammelte sich die »Dänische Gesellschaft«. Das gab Stoff für »politische Discurse«, in denen Faucher seine Lieblingsidee extemporierte, nämlich ein baltisches Reich zu errichten, ein Ostsee-Reich, in dem er als »Julius I.« zum König gekrönt würde. Dänemark, so wird er der versammelten Gesellschaft vorgeschwärmt haben, würde unter seiner Regentschaft handelspolitisch gewaltig aufblühen.

Vom Anderton Hotel dann in Hochstimmung weiter in die »Red Lion Taverne«, wo Männer sich gerne ihren letzten Drink genehmigten und erst weit nach Mitternacht ihren Weg nach Hause suchten. Wie Faucher und Fontane nach ihrer langen Abendtour, auf der sie auch einen Abstecher in die »34 Essex Street« gemacht hatten.

Zu dieser Adresse (nur wenige Schritte vom Strand entfernt) hatten sie sich begeben, »um« – wie es in Fontanes Tagebuch heißt – »Lola Montez aufzusuchen«. Lola Montez? Welche Lola Montez? Die berühmte Lola Montez alias Gräfin von Landsfeld lebte zu diesem Zeitpunkt im ruhigen Yorkville, nördlich von New York, und wartete auf die Schlagzeilen, die ihr erstes Buch machen würde. Die amerikanischen Buchhändler rissen es sich bereits aus den Händen. In London aber hatte ein Verleger schon *drei* verschiedene Raubdrucke in Auftrag gegeben. Möglich, dass Faucher und Fontane auf einen solchen Raubdruck aus waren und an besagter Stelle eine »Lola Montez« ergatterten (*Lectures of Lola Montez including her Autobiography*, London 1858). Vielleicht sogar für ihre Frauen? Denn Lola hatte ja nicht nur Sensation als Tänzerin und Mätresse gemacht, sondern verriet in ihrem bestsellerverdächtigen Buch auch Schönheitstipps, die ein »beautyfying for ever« versprachen. Ob Fontane und Faucher schließlich fanden, wen oder was sie in 34 Essex Street suchten (eine Frau oder ein Buch)? Wir gestehen, wir wissen es nicht.

Nach dem klassischen Männerabend kam leider der Kater. In erster Linie wegen der aktuellen politischen Lage. Fontane hatte nämlich von Mr. Mannock einen Text ins Englische übersetzen lassen, *The state of affairs in Prussia*, in dem er vermutlich im Sinne seiner Regierung für die Fortsetzung des Ministeriums Manteuffel plädierte. Aber die *Press*, der man den Artikel angeboten hatte, spielte nicht mit (»Die ›Press‹ bringt unsren Artikel *nicht.* Starkes Disappointment.«) Als Fontane sich bei Graf Bernstorff deswegen beklagte (»Ich werde gemüthskrank bei diesem Leben«), war die Antwort: »Warum? das Gemüth manches andren würde gesund dabei werden.« Hier lag eben der politische Graben zwischen ihnen. Bernstorff war zwar der konservativen Regierung in Berlin verpflichtet, stand aber seiner Überzeugung nach auf der Seite der Liberalen. Fontane hingegen fühlte sich nicht nur beruflich, sondern auch persönlich der Partei des kranken Königs verbunden sowie der Regierung, die dieser König eingesetzt hatte. Sie stand jetzt auf der Verliererseite, und das machte ihn »gemüthskrank«. Die potenzielle Gewinnerseite, die Liberalen, setzten indes auf den *neuen* Regenten und auf eine liberale Regierung. Sie würde die politischen Flüchtlinge endlich amnestieren und in Preußen die nötigen Reformen voranbringen, so die Hoffnung, die einen doch eigentlich »gesund« werden ließ.

Eine Woche später brachte die *Press* Fontanes Artikel doch noch, wie wir einer Tagebuchnotiz entnehmen (der Artikel selbst ist nicht überliefert). Aber er wusste wohl, dass »die alte Wirtschaft«, wie Faucher lustig prophezeite, bald zu Ende war. Und wenn alles fiel, fiel er, der Presseagent, natürlich mit.

Nachtzug nach Edinburgh – Fontane und Lepel unterwegs in Schottland

Und dann traf Bernhard von Lepel ein. Große Wiedersehensfreude. Drei Tage später, am Montag, den 9. August 1858, abends um 7 Uhr, bestiegen die Freunde in »Kings Croß-Station« den Zug nach Edinburgh, glücklich, das alte Reisevorhaben endlich zu verwirklichen. Die Fahrt führte über Peterborough in die Nacht hinein. Man passierte York und Newcastle. Weit im Norden, bei Berwick, ging es schließlich am frühen Morgen über den Tweed. Jetzt begann die schottische Landschaft an den Fenstern vorüberzuziehen. Bei Dunbar tauchte im Morgennebel die Nordsee auf und weckte Sehnsucht nach der Heimat. Doch als der Zug seine Linie nach Westen zog, dem Firth of Forth entlang und Edinburgh zu, waren die Freunde ganz auf Schottland eingestimmt. Sie wussten, dass sie nicht einfach in das altschottische Balladenland kamen, ins Land des Rob Roy oder des Archibald Douglas. Unweigerlich verkündeten Villen und Parks, chaussierte Wege und Brücken, Häuser, Menschen und immer wachsender Verkehr, dass sie sich einer großen Stadt näherten. Und schon tauchten die zehn Stock hohen Steinhäuser Edinburghs grau und majestätisch vor ihnen auf.

Und dennoch. Schottland, das war Walter Scott, das war Robert Burns. Beiden Dichtern fühlte sich Fontane zutiefst verbunden. Schottland, das war auch Shakespeare (*Macbeth*), das war Schiller (*Maria Stuart*). Tausend Namen und Orte waren ihm hier vertraut, auch hatte er unterdessen seinen Thomas Babington Macaulay gelesen, der wie kein anderer Historiker der Gegenwart die schottische Geschichte seit Jakob II. zu einer großen Erzählung formte (*The History of England*).

Es war gegen 8 Uhr morgens, als die etwa hundert Zugreisenden, darunter viele Touristen, die Stadt am Fuße der Salisbury-Crags erreichten. Die beiden reisegewandten Freunde nahmen Quartier in unmittelbarer Nähe des Bahnhofs, in Johnston's Hotel, 20 Waterloo Place. Es war ein Temperance-

Hotel, freundlich, sauber, alkoholfrei, und pries sich an als »one of the finest in the city«. Gleich gegenüber befand sich das »General Post Office«. Von hier schickte Fontane schon am Tag ihrer Ankunft Briefe weg. Einer ging an Emilie, einer an Mr. Beda. Emilie wurde über die Reisepläne auf dem Laufenden gehalten, so dass sie wusste, wohin sie ihre Briefe richten sollte, wenn sie schreiben wollte. Mr. Beda, Freund aus den Swinemünder Tagen, wurde informiert, dass man da war.

Bald dreißig Jahre war es her, dass sie als Kinder miteinander am Hafen von Swinemünde gespielt hatten und sich der heranwachsende Theodor nichts sehnlicher wünschte, als auch einmal »mit schönen großen Damen« zu tanzen, Damen wie der südspanisch anmutenden Frau Beda. Jetzt war ihr Sohn preußischer Vizekonsul im nahen Leith, der Hafenstadt am Firth of Forth. Ihn und seine Familie wollten die Freunde gleich zu Beginn ihrer Reise besuchen, nicht zuletzt, um Ratschläge und Empfehlungen zu erhalten. »Am Abend zu Mr. Beda, 54 Constitution Street, Leith«, notierte Fontane im Tagebuch (10. August 1858). Es gab eine Verbindungsbahn, in kaum acht Minuten war man da.

Dass er hier einen alten Bekannten traf und ihre Freundschaft erneuerte, davon würde er in seinen Reisefeuilletons über Schottland nichts preisgeben. Erst in *Meine Kinderjahre* erinnert sich der alte Fontane: »Ein jüngerer Sohn der Frau Beda, der jahrelang zu meinen Spielgefährten zählte, ging später nach England und wurde preußischer Konsul in Leith bei Edinburgh. Da sah ich ihn 1858 auf einer Reise durch Schottland wieder, ihn und seine junge Frau. Diese war eine Tochter des Historikers Alison, einer der wenigen Geschichtsschreiber, die torystisch und (was Alison angeht) sogar im Sinne und zur Verteidigung der gesamten Stuart-Familie geschrieben haben. Auch das kam zur Sprache und wir verplauderten sehr angenehme Stunden.«

Dass man bei den Bedas so viel Geschichtsinteresse fand, war für Fontane höchst anregend (der Historiker Alison hatte unter anderem das große Geschichtswerk *The History of Europe* geschrieben). Die Familie war überhaupt sehr gastfreundlich: »Am Abend zum Diner bei Mr. Beda. Zugegen die Schwestern seiner Frau«, notierte er im Tagebuch (12. August 1858).

Dem Tagebuch ist auch zu entnehmen, welches Touristenprogramm die beiden Freunde tagsüber absolvierten. Ganz zuerst besuchten sie auf den Spuren Maria Stuarts Edinburghs Old Town. Den Anfang machte Holyrood mit seinem Turmzimmer, wo Maria Stuarts Geliebter David Rizzio ermordet worden war. Nachdem sie Bett und Blutfleck inspiziert hatten, liefen die beiden Freunde durch die Royal Mile nach Edinburgh Castle. Hier auf Edinburgh Castle hatte »Queen Mary« (drei Monate nach Rizzios Ermordung) ihren einzigen Sohn zur Welt gebracht, den späteren König James I. von England und Schottland. Von beiden Maria-Stuart-Stätten, vom Turmzimmer in Holyrood Palace sowie von Edinburgh Castle, fertigte Bernhard von Lepel Bleistiftzeichnungen an. Währenddessen war Fontane wohl mit seinen Notizen beschäftigt.

Ebenfalls auf den Spuren der Maria Stuart waren die Freunde, als sie eine Fahrt nach Linlithgow Palace unternahmen, denn hier war die »Princess« zur Welt gekommen.

Linlithgow Palace erzählte überhaupt große Geschichte. Hier hatte der schottische Hof einst die Nachricht empfangen, die Schlacht bei Flodden (1513) sei verloren und Schottlands Untergang besiegelt. Aus dieser Epoche war das Volkslied *The Flowers of the Forest* geblieben, ein Lied, das diesen Unglückstag traurig besingt. Fontane kannte die Verse auswendig, hatte er sie doch eben ins Deutsche übersetzt. Und so muss er auf der einstündigen Bahnfahrt nach Linlithgow das Lied wohl im Ohr gehabt haben, von dem es hieß, es sei »nicht ohne Grund das Sterbelied Schottlands genannt worden«:

I've heard the lilting, at the yowe-milking,
Lassies a-lilting before dawn o' day;
But now they are moaning on ilka green loaning;
»The Flowers of the Forest are a' wede away«.

Ich hörte sie singen, wenn morgens sie gingen,
Die Herde zu melken, die draußen steht;
Nun hör ich ihr Wehe, wo immer ich gehe –
Die Blumen des Waldes sind abgemäht.
(Übersetzung von ThF, April 1858)

Doch noch eine andere Strophe wird ihn begleitet haben, eine Strophe aus seiner Ballade *Archibald Douglas*. Sie machte aus der Reise eine romantische Fahrt, wenn es darin heißt:

Zu Roß, wir reiten nach Linlithgow,
Und du reitest an meiner Seit',
Da wollen wir fischen und jagen froh
Als wie in alter Zeit.

Vielleicht war es auch Bernhard von Lepel, der die Verse sprach, denn er kannte sie gut und wusste sie womöglich in der Melodie von Carl Loewe zu intonieren (vertont 1857).

Beim Diner draußen bei Bedas ließ sich von solchen Ausflügen gut plaudern. Und wer weiß, womöglich wurde auch der *Archibald Douglas* gespielt und gesungen. Eine Szene solcher Art, aber persifliert, gibt Fontane später im Roman *Frau Jenny Treibel* (4. Kapitel), wenn er Adolar Krola an den Flügel setzt, um Jenny beim Liedgesang zu begleiten.

Freitag, den 13. August, verließen die Freunde Edinburgh und traten ihre große Tour durch Schottland an. Am Granton-Pier, wo die Passagierschiffe abgingen, wurden sie von Mr. Beda verabschiedet. Und nun ging es im Steamer nach Stirling, wo auf dem Burghügel Stirling Castle schon von weitem zu sehen war. Vom Schloss aus, so wusste Fontane, hatte man einen »kostbare[n] Blick in's Land« und konnte, wie er später hervorhob, 14 Schlachtfelder sehen.

Bei Stirling Bridge aber hatten die Schotten einst unter William Wallace ihren Sieg im Unabhängigkeitskampf errungen (1297). Und siegreich gewesen waren sie auch in der Schlacht von Bannockburn unter King Robert the Bruce (1314). Bannockburn konnte man sehen, wenn man von Stirling Castle Richtung Süden blickte, so dass die Freunde wohl unweigerlich ihren Strachwitz sprachen:

Es war am Tag von Bannockburn,
Da aufging Schottlands Stern [...]

Oder:

Es hat, wer Schottland bändigen will,
Zum Pilgern wenig Zeit. [...]

Sie blieben in Stirling über Nacht. Gleich am Fuße des Burghügels gab es ein gutes Touristenhotel, das »Hôtel Royal«. Am andern Morgen fuhren sie zum Loch Katrine. »By coach von Stirling nach den Trossachs und dem Loch Katrine. Fahrt über den See«, notierte Fontane am 14. August. Nun waren sie also auf den Spuren von Walter Scotts *The Lady of the Lake* (1810).

Als man in der Kutsche durch die wilde Landschaft der Trossachs fuhr und schließlich den einsamen Zaubersee erreichte, hier den Dampfer bestieg und an »Ellen's Isle« vorbeifuhr, war es doch, als hörte man den Gesang der schönen Ellen. Vielleicht nicht im schottischen Volksliedton, sondern in Schuberts Melodie? Denn so wie Schubert seinen Liedzyklus der *Schönen Müllerin* nach Wilhelm Müllers Versen komponiert hatte, so auch die *Sieben Gesänge aus Walter Scotts »Fräulein am See«* (op. 52, 1826).

Von dem prächtigen Ausflug kam Lepel mit einer Zeichnung von »Ellen's Isle« zurück. Wie anders? Das Interesse der Reisenden für diesen literarischen Schauplatz überstieg alles. Eine Goldgrube für den Tourismus vor Ort. Auf den Frühstückstischen der Hotelgäste lagen deshalb nicht nur Zeitungen, sondern immer auch mehrere Buchexemplare der Scott'schen Erzählung, schön gebunden und in Goldschnitt. Zudem beschrieben alle Touristenführer die romantische Gegend mit Versen aus *Lady of the Lake* und Hunderte Touristen kamen nur deswegen in die Trossachs, um die Fahrt über den See zu machen und an der richtigen Stelle entzückt zu rufen: »Look, Ellen's Isle!«

Am Sonntag, den 15. August, reisten die Freunde weiter. Ihr Ziel war Inverness und das Schlachtfeld von Culloden. So fuhren sie mit dem Zug nach Perth, übernachteten hier, um anderntags die Fahrt über die Grampians zu wagen. »By coach von Perth über Dunkeld, Blair-Atholl etc. nach Inverneß. Ankunft 3 Uhr Nachts«, notierte Fontane unter dem 16. August. Was für eine Strapaze! Aber herrlich, wieder einmal oben zu sitzen, auf dem »Dach der Stage-Coach«. Und ein Abenteuer, denn es ging nicht ins flache Land hinein wie zu Hause, sondern über den Pass Killicrankie und über die Hochebene bis Kingussie, direkt in die Heimat des *Ossian*. Jetzt, 1858, war längst aufgeflogen, dass die Verse, die Goethes Werther und seine Lotte zu Tränen rühren, nie echt gälisch gewesen waren, sondern das moderne Werk jenes James Macpherson war, dessen Clan hier bei Kingussie regierte.

Je später der Tag, desto romantischer wurde die Fahrt – unterbrochen von Pausen, in denen man sich mit Ale und Haferbrot stärkte. Endlich ging die

Augustsonne unter, und man fuhr in die Sommernacht hinein. Alles war heiter und gesprächig, da plötzlich schießt aus dem Voderrrad ein Feuerschein! »Stop, the wheel burns!« Aber schließlich gibt ein ruhiges »all safe« Entwarnung, und nach und nach wurde alles stiller, denn die Reisenden fielen bei dem regelmäßigen Hufgeklapper einer nach dem anderen in den Schlummer. Nur als ihm der Kutscher ins Ohr flüsterte: »Look, Culloden-Moor«, muss es Fontane einen kalten Schauer über den Rücken gejagt haben. Dann erwachte er erst wieder, als die Kutsche vor dem »Union-Hotel« hielt.

Unter dem 17. August notierte er: »Inverneß (Macbeth) Castle. Das Schlachtfeld von Culloden. Table d'hôte im Union hotel. Gang durch die Stadt.« Nun war man also im alten romantischen Land, im *Macbeth*-Land. Wo war Duncans Schloss und wo das Heidemoor der Shakespeare'schen Hexen? War es hier, wo sie ihr verführerisches »hail Macbeth, who shall be king« flüsterten, oder dort? In jedem Fall standen Fontane und Lepel vor Cawdors Castle und sagten sich, hier müsse Duncan ermordet worden sein. Ein Blick in den Reiseführer hätte ihnen sagen können, dass es ein anderes Schloss war, wo man den Duncan-Mord vermutete, und dieses mit Sicherheit zerstört war.

Aber so genau wollten es die Freunde gar nicht wissen. Sie wollten zum Culloden-Moor. Hier hatte am 16. April 1746 das Haus Stuart unter Bonnie Prince Charlie mit den tapferen Highlander Clans die übermächtigen Engländer bekämpft. Und hier waren sie alle untergegangen, die Jakobiten. Seitdem wurden sie besungen als die schottischen Rebellen. Fontane kannte diese Liedtradition wie keiner und war von ihr fasziniert, insbesondere von den Liedern Robert Burns'. Mitte 1855 hatte er einzelne zu übersetzen begonnen. Elf »Jakobitenlieder« sollten es werden. Sie lassen sich alle nach ihrer schottischen Melodie singen – unbestritten, er hatte die Melodie im Ohr. Auch diejenige von *Charlie, He's My Darling*, ein Lied auf den siegesgewissen jungen Bonnie Prince Charlie, die Lichtgestalt, mit der alle in ihr Unglück rannten. Solche Lieder und Verse im Kopf, wanderten die Freunde eine gute Viertelstunde hinaus zum Schlachtfeld von Culloden-Moor. Was sie hier sahen – diese Öde, diese Weite –, beeindruckte sie zutiefst. Selbst die Leipziger Schlachtfelder von 1813 hätten ihn nicht ähnlich stark bewegt, meinte Fontane im Nachhinein.

Sie hatten jetzt den nördlichsten Punkt ihrer Reise erreicht. Nun ging es auf dem Wasserweg nach Oban, wo es von Touristen wimmelte. Denn alles wollte nach Staffa und Iona. Die Dampferfahrt begann am frühen Morgen. Um die Mittagsstunde riefen einzelne Ausflügler: »Staffa! Staffa in Sicht!« Wenig später bestieg man kleine Boote, um an Land zu fahren und die Fingal's-Höhle zu besichtigen. So wie es schon Felix Mendelssohn, Turner, die Queen getan hatten. Auch Fontane und Lepel blickten in die Basalthöhle hinein, staunten und wanderten den nicht ganz ungefährlichen Rundgang ab, nutzten die kurze Zeit bis zur Weiterfahrt, um den Bergrücken zu erklettern, blickten übers Meer, pflückten ihr Maßliebchen und kletterten wieder zurück, als die Schiffshupe ertönte. Letzte Station war die Insel Iona mit ihrer alten Abtei und dem zerstörten Begräbnisplatz der schottischen Könige (auch Duncan und Macbeth, so hieß es, seien hier begraben). Am selben Abend lief das Ausflugsschiff im Hafen von Oban wieder ein.

Sie waren jetzt eine Woche unterwegs, und die Rückreise nach Edinburgh rückte näher. Am 20. August verließen sie Oban und fuhren mit dem Steamer bis Bowling bei Glasgow. Hier bestiegen sie die Bahn nach Balloch, »an der Südspitze des Loch-Lomond«. Man blieb in Balloch, genoss den sommerlichen Abend vor dem Gasthaus, kam ins Gespräch mit anderen Reisenden, trank Whisky-Punsch und zog sich schließlich spät und »in good spirits« in die Schlafzimmer zurück. Anderntags stand eine letzte Dampferfahrt auf dem Programm. »Von Balloch den Loch Lomond hinauf und wieder zurück«, notiert Fontane im Tagebuch (21. August 1858). Man war wieder im McGregor-Land, ganz in der Nähe von Loch Katrine. Statt Roderick Dhu hieß der Held am Loch Lomond jetzt Rob Roy. »Dort steht die Hütte, wo seine Flinte vorgezeigt wird; dort ist die Höhle, wo er sich verbarg«, so riefen die Touristenpassagiere und wiederholten ihr entzücktes »Look! Look!«. Den beiden Freunden wurden diese naiven Enthusiasmen nun doch etwas zu viel. Sie besannen sich, dass sie doch eigentlich selber Poeten waren, begannen einen kleinen Flirt mit einer irischen Dame und erhielten prompt ein jeder die Auszeichnung »You are a poet«. Noch am selben Abend fuhren sie von Balloch per Bahn über Glasgow (das sie links liegenließen) zurück nach Edinburgh.

Das Hotel am Waterloo Place hatten sie bereits aufgegeben, jetzt nahmen die Freunde Quartier im New Royal Hotel. Es lag in der Princes Street und hatte den Vorteil, dass es *nicht* alkoholfrei war. Außerdem blickte man direkt auf das Walter-Scott-Denkmal. Der andere Tag war ein Sonntag. Also Ruhetag. Man durchstreifte »Canongate, Highstreet, Westbow, Graßmar-

Walter-Scott-Denkmal an der Princes Street in Edinburgh, um 1847

ket, Westport«, abends auch die »Neustadt« (22. August 1858). Was stand noch auf dem Programm? Ein Ausflug nach Kinross und ein Ausflug nach Abbotsford. Beide Orte musste man gesehen haben, wollte man ein Schottland-Reisebuch schreiben. Es musste jetzt rasch gehen, Lepel zeigte schon erste Reisemüdigkeit.

Montag früh fuhren sie mit der Verbindungsbahn nach Leith, nahmen das Dampfboot über den Firth of Forth bis »North-Queens-Ferry«, benutzten dort die neu eröffnete Eisenbahnlinie Richtung »Dunfermlin«, fuhren einen weiten Bogen der Meeresküste entlang und gelangten endlich nach Kinross. Es war um die Mittagszeit, als sie im »Salutation-Inn« einkehrten und Lachsforellen bestellten. Später ließen sie sich im Boot über den Loch Leven fahren, hinüber zur Schlossinsel. Sie hatten Glück. Von den beiden Männern, die sie hinüberruderten, war einer ein hervorragender Erzähler. Er führte ihnen die Geschehnisse vor Augen, als wäre es gestern gewesen: Nach der Ermordung ihres zweiten Gemahls, Lord Darnley, und ihrer überstürzten Heirat mit Lord Bothwell versagte der schottische Adel Queen Mary die Gefolgschaft. Hier im Lochleven Castle, im Rundturm, war die schöne Königin dann fast ein Jahr lang gefangen gehalten worden. Von hier aus aber glückte ihr am 2. Mai 1568 die dramatische Flucht, dank Willie Douglas, dem jungen Helden, der sein Leben für sie gab. Wer sich das alles plastisch vorstellen und den Schauplatz abschreiten wollte, hatte kein Auge für anderes. Hätte man genauer hinsehen wollen, wäre am anderen Ufer eine prächtige Gartenanlage zu entdecken gewesen und weit zurück ein barockes Herrenhaus (Kinross House). Aber das war eine andere Geschichte.

Am frühen Abend waren sie zurück am Granton Pier (Lepel mit einer Skizze von Lochleven Castle). Das Wegstück nach Leith machten sie zu Fuß. »Marsch von Granton Pier nach Leith«, notierte Fontane und ergänzte: »Den Abend mit den Beda'schen Damen verplaudert« (23. August 1858). Dann kam der Abschied. Nur eine letzte Pilgerfahrt stand noch aus.

»Früh nach Melrose. Von Melrose nach Abbotsford«, so heißt es im Tagebuch unter dem 24. August 1858. Wie oft hatte er diese Fahrt schon im Geiste unternommen! »Auf der Karte von Schottland nach […] Abbotsford und Melrose gereist«, so lesen wir in einer älteren Notiz. Die Fahrt mit der Bahn führte durch eine weite, sanft hügelige Landschaft, die ans Havelland erinnern mochte. Es war die Gegend, wo Walter Scott seine Kindheit verlebt hatte. Wieder fuhr man durch eine historische Landschaft, wo zahlreiche Schlachten und Scharmützel zwischen Engländern und Schotten stattgefunden hatten. Man nannte den Landstrich auch *Scottish Border*, weshalb Walter Scott seiner Balladensammlung den Titel *Minstrelsy of the Scottish Border* gegeben hatte. Darin enthalten die Lieder und Balladen, die Fontane, seit er sie kannte, nicht mehr losließen. Übersetzt hatte er aus der Sammlung unter anderem *Die zwei Raben* nach *The Twa Corbies*. Und während die Räder im Takte schlugen, rezitierte der eine oder andere der Freunde vielleicht:

Ich ging übers Heidemoor allein,
Da hört ich zwei Raben kreischen und schrein;
Der eine rief dem andern zu:
»Wo machen wir Mittag, ich und du!«

Schon um 10 Uhr vormittags erreichten sie Melrose und wandten sich zuerst nach Melrose Abbey, dem berühmten schottischen Zisterzienserkloster. Es war über die Jahrhunderte dem Zerfall überlassen worden und wirkte gerade deshalb auf alle Romantiker besonders stark. Auch von Melrose Abbey verfertigte Lepel eine Skizze. Fontane indes suchte nach den verfallenen Gräbern der Percys und der Douglasse und nach jenem Stein, unter dem der Sage nach das Herz von King Robert the Bruce ruhte.

Dann ging es hinaus nach Abbotsford, wo Walter Scott sich von seinen Tantiemen ein Schloss hatte erbauen lassen, einen Prachtsitz. Fontane und Lepel mieteten für die Fahrt ein zierliches Wägelchen und freuten sich, ihren eigenen Kutscher zu haben. Fast war es wie einst, als man als Junge mit dem Vater über Land fuhr. Nur dass die Landschaft südschottisch war und jetzt die typischen Hecken und Baumgruppen an ihnen vorüberzogen, während der Fluss Tweed sich durch die Wiesenflächen schlängelte.

Auch Scotts Abbotsford war längst eine Touristenattraktion, sein Feenschloss ein Museum. Die Freunde durchschritten es halb ehrfürchtig, halb belustigt. Für eine ausführlichere Tagebuchnotiz blieb keine Zeit. Dafür hat Fontane diesen Ausflug höchst anschaulich in seinem Feuilleton *Abbotsford* geschildert. Im Nachhinein war es vielleicht der Tag, als Walter Scott den Poeten Theodor Fontane zum Ritter schlug (so wie einst Robert Burns den jungen Walter Scott).

Nachmittags um vier saßen die Freunde im Zug zurück nach Edinburgh. Dann wurde gepackt und kurz nach neun die Rückfahrt nach London angetreten. »Ankunft in London 10 Uhr Vormittags«, notierte Fontane unter dem 25. August. Lepel sollte als gerngesehener Gast noch zehn Tage bleiben und den Trubel in 52 St Augustine's Road mitmachen, mit Kindern, Freunden, Einladungen zu Tisch und mit Spazierfahrten durch London. Die Schottlandreise aber blieb ihr unveräußerbarer Schatz.

»Manteuffel geht über Bord, Metzel auch, Fontane auch«

Kaum war man zurück in London, holte einen die Regentschaftsfrage wieder ein. Fontanes Tagebuch ist zu entnehmen, dass bis zum offiziellen Rücktritt des kranken Königs die Frage täglich diskutiert wurde. Einer der Scharfsichtigsten war wiederum Julius Faucher. Faucher war von dem erwarteten politischen Beben nicht betroffen, hatte er doch eine sichere Stelle beim Londoner *Morning Star*, bewohnte mit seiner Familie die eigene Villa in Camberwell und verspürte kaum Drang, in die Heimat zurückzukehren. Er hatte sich etabliert, hatte gute Beziehungen nach allen Seiten, war sprachgewandt und im Englischen vollkommen zu Hause. Ein Weltmann. Seine politischen Visionen faszinierten Fontane, auch wenn er sie nicht recht verstand und nicht recht ernst nahm. Im Tagebuch lesen wir unter dem 1. September (Lepel war noch da): »Dr. Faucher und Frau als Gäste. Geplaudert.« Oder auch: »Am Nachmittag nach Camberwell zu Faucher; Emilie und George schon da; außerdem ein Mitarbeiter der Edinburgh Review zugegen. George bleibt dort; erstes selbstständiges Auftreten des jungen Weltbürgers« (13. September 1858).

Es waren die Tage, als Fontane lernte, seine eigene berufliche Zukunft neu einzuschätzen. Faucher brachte Ideen ins Spiel, die er in knappster Formulierung auch im Tagebuch festhielt: »General-Consulats und Agenten-Pläne, 400 £ Str. Gehalt, oder Aufrollung Preußens like a brown bit of paper«. Am Folgetag notierte er: »Fortsetzung der Confusions-Pläne vom Tage vorher«. Geht man von Fauchers Freihandelsideen aus, so schlug er dem Freund wohl vor, sich um einen Posten als Generalkonsul zu bewerben, ganz so wie es Wilhelm von Merckel schon vor Monaten empfohlen hatte. Nur dass Faucher seinen Mann als Agenten für die Sache des Freihandels gewinnen wollte. Anders gesagt: Was Mr. Beda in Leith war, das konnte Fontane doch ebensogut in London, »Kopenhagen« oder »Honolulu« sein! 400 £ Sterling Jahresgehalt (2660 Taler) würde ein solcher preußischer Außenposten mindestens abwerfen. Außerdem: So konnte Preußen neu aufgerollt werden – wie ein Stück braunes Papier. Fontane mokierte sich über Faucher, war im Übrigen aber zu Witzen wenig aufgelegt. Denn es brannte ihm wirklich der Boden unter den Füßen. Die Zeitungen kannten jetzt kaum ein anderes Thema als die »Regentschaftsfrage«. Sie beherrschte auch die Gespräche im Café Divan oder auf der preußischen Gesandtschaft.

Würde er in England bleiben, wenn der Wechsel kam? Nein, meinte er entschieden. Er wolle in jedem Fall zurück in die Heimat. Wilhelm von Merckel gegenüber erklärte er: »Ich liebe nämlich das Land, in dem ich geboren wurde, mehr, aufrichtiger, selbstsuchtsloser als die Mehrzahl meiner hier lebenden Landsleute und fühle, bei meiner wachsenden Neigung, vaterländisches Leben künstlerisch zu gestalten (wohlverstanden, im allerkleinsten Stil), die Trennung vom Vaterlande allerdings empfindlicher als mancher andre« (20. September 1858).

In die Heimat drängte ihn auch das Gefühl, in England doch ein Fremder geblieben zu sein. Sich fremd zu fühlen, lähme und mache unfähig zu echter künstlerischer Leistung, befand er. »Arnold Ruge, Edgar Bauer, Ferdinand Freiligrath und ein Dutzend andre« hätten in ihren Englandjahren keine einzige ordentliche Arbeit zustande gebracht. Und wenn, wie in seinem Fall, doch etwas zustande gekommen sei, dann habe es immer an Echo gefehlt, an Lob, Tadel und echter Kritik. Seine *Briefe aus Manchester* zum Beispiel seien praktisch in die Grube gefallen. Platen und Heine sei es zwar in Italien und Paris ebenso ergangen, aber »daß es beßren Leuten nicht besser ergangen ist als mir, ist doch wirklich kein großer Trost«. Beklagen müsse er auch, dass er nicht einmal einen Verleger habe, seit Katz in Konkurs gegangen sei. Und in England einen finden? Ganz »unmöglich«. Sein Vorgesetzter Metzel versage in dieser Hinsicht ebenfalls total, dieser »Oberkoch [...] in der politischen Hexenküche«. Drei Bände habe er in petto, »à 100 Rtr«, ob nicht er, Merckel, etwas für ihn tun könne? »Wahrscheinlich würd ich es so einrichten, daß die noch zu schreibende ›schottische Reise‹ auch noch mit hineinkäme, wenn die Darstellung nicht wesentlich länger wird, als ich erwarte«, erklärte er.

Das war kein heiterer Fontane. Henriette von Merckel, die die Briefe an ihren Mann jeweils mitlas, versuchte dem Freund gut zuzureden und klärte ihn über die Entwicklungen zu Hause auf. Besser wäre es, so gab sie ihm zu bedeuten, wenn er sich mit der *National-Zeitung* gut stellen würde, die *Zeit* sei nämlich im Niedergang. Auch wackle Metzels Sessel bedenklich, bereits sei Dr. Jasmund als neuer Leiter der »Centralstelle« in Vorschlag gebracht. Wenn er von dort noch etwas wolle, solle er sich an Immanuel Hegel, den zweiten Mann, halten.

Fontane geriet jetzt wieder ins Zweifeln. Was, wenn das Ministerium Manteuffel doch überleben sollte? Ja, so meinte er, in diesem Falle würde er seine Zukunft natürlich in England sehen. Sollte Manteuffel also in die neue Regierung hinübergerettet werden, würde er »ruhig auf diesem meinem Posten aushalten« (5. Oktober 1858).

Dann aber war er doch wieder überzeugt, dass »das gegenwärtige Regime zu Fall« kommen müsse. Alle Anstrengungen waren also darauf zu richten, »mit Manier« in die Heimat zurückzukehren. Auch wenn ihm nicht recht klar war, wie er zu Hause sein Geld verdienen wollte, »als Lehrer, Artikelschreiber« oder »Stundengeber«, die Englandzeit war abgeschlossen: »Es war eine gute Schule; aber ich habe die Klassen nun durchgemacht und sehne mich allgemach nach der Abiturientenschaft. *Wo* ich die Universität beziehen möchte, brauch ich Ihnen nicht zu sagen« (5. Oktober 1858).

Henriette von Merckel, an die diese Zeilen gerichtet waren, wird verstanden haben, dass er das tun wollte, was sie und ihr Mann ebenfalls geraten hatten: sich in Berlin um eine feste Stelle bemühen und zugleich das literarische Schreiben vorantreiben. Denn sie glaubten an Fontane als Künstler, sahen ihn aber zugleich in der Pflicht, ein anständiges Einkommen zu erzielen, damit Frau und Kinder sorgenfrei leben konnten.

Zwei Tage später dankte der kranke König ab. Genauer: Friedrich Wilhelm IV. hatte sich als fortdauernd verhindert erklärt, die Regentschaft sodann selbst angeordnet und sie am 7. Oktober seinem Bruder, dem Prinzen von Preußen, übertragen. Weil ihm die Regentschaft direkt von seinem Bruder, dem König, übertragen worden war, traten Artikel 56 und 58 der Verfassung *nicht* in Kraft. Diese Artikel besagten, dass der stellvertretende Regent dann den Eid auf die Verfassung abzulegen hatte, wenn der König als *regierungsunfähig* erklärt worden war und an seiner Stelle ein Collegium den Regenten berufen hatte. Dieser Fall war nun eben nicht eingetreten, so dass die Frage im Raum stand: Würde sich der Prinz von Preußen freiwillig zur Verfassung bekennen? Am 12. Oktober schrieb Wilhelm von Merckel über die ersten politischen Erschütterungen: »*Eine* reife Frucht ist bereits gefallen. Westphalen hat (dit-on) sich geweigert, die Regentschaftsordre mit zu kontrasignieren; das hieß soviel als: es ist Zeit, daß ich gehe, ehe ich gegangen werde!, und so ist er denn auch vorher *in Gnaden* geschieden und hat sich den Ministertitel u. die Exzellenz (ob Pension, weiß ich nicht) gerettet.«

Damit war eingetreten, was der gut informierte Freund in Berlin schon ein halbes Jahr zuvor prophezeit hatte. Und da Fontane als preußischer Presseagent letztlich dem Innenminister Westphalen unterstellt gewesen war, konnte er sich ausrechnen, dass es in der »Centralstelle« bald rumpeln würde. Außerdem waren Wahlen für das preußische Abgeordnetenhaus angesetzt, bei denen Wilhelm von Merckel mit einer moderat liberalen Wende rechnete. Eine solche fand selbst Merckel begrüßenswert.

Dass Manteuffels Tage als Ministerpräsident gezählt waren, darüber machte sich Fontane jetzt keine Illusionen mehr. Den Zeitungen in London entnahm er, dass der Prinz von Preußen gewillt war, den Eid auf die Verfassung abzulegen. Dabei wurde die Kritik an Manteuffel immer unverhohlener: »Manteuffel ist ein bis auf die Borke durchgesägter Baum«, las er in der *Kölnischen Zeitung* vom 24. Oktober. Am 5. November 1858 erhielten Otto von Manteuffel und sein gesamtes Ministerium die Entlassung, am 6. November setzte der Regent seinen Verwandten Karl Anton von Hohenzollern-Sigmaringen ins Amt des Ministerpräsidenten ein. Neuer Kultusminister wurde August von Bethmann-Hollweg.

Merckel, der am 12. November zum Wahlmann gewählt worden war, unterrichtete Fontane: »Die *Abgeordneten*wahlen werden sicherlich ebenfalls in der überwiegenden Mehrzahl im Charakter des Ministeriums und nur in einzelnen Exemplaren reaktionär oder ganz links ausfallen.« Zur beruflichen Zukunft des Freundes meinte er gleichzeitig: »Sie werden vielleicht in den Zeitungen gelesen haben, daß die Preßzentralstelle vom Minister v. Auerswald dependieren solle. Ob Hegel u. Metzel ihre Plätze in dieser Branche behalten, weiß ich nicht, da Anakreon [Friedrich Eggers] bei ersterem noch nicht gewesen war. Es wird aber jetzt der Moment wahrscheinlich kommen, wo es nicht unangemessen sein dürfte, nachzufragen, ob Ihre Rückkehr ausführbar sei und unter welchen Modalitäten?« (13. November 1858).

Es ging jetzt Schlag auf Schlag, und wer nicht auf die Verliererseite geraten wollte, musste sich sputen. In Freund Friedrich Eggers erwuchs Fontane unversehens ein Konkurrent. Zwar wollte sich dieser für Fontane verwenden, in erster Linie brauchte er aber selber ein Unterkommen. Und so begann jetzt ein merkwürdiger Eiertanz um die gutdotieren Stellen bei der Regierungspresse. Am 18. November hatte Metzel seinen Platz schon geräumt, und Jasmund trat an seine Stelle. Fontane wollte noch etwas »*abwarten*«. Aber immer bestimmter wusste er, dass er so bald wie möglich »mit Manier« von London fortgehen wollte. Als der Entscheid schon gefällt war, schrieb er an Freund Lepel: »Die Sache bei Lichte betrachtet ist nun einfach die: ich bin weder ein Kreuz-ztngs-Mensch, noch ein Manteufflianer, noch ein besondrer Anhänger des neuen Ministeriums von Bethmann-Hollweg bis Patow, ich bin ganz einfach Fontane« (1. Dezember 1858).

Am 2. Dezember 1858 entwarf er an seinem Schreibtisch in Camden Town sein Entlassungsgesuch. In seinem Schreiben skizzierte er sein Tätigkeitsfeld seit 1855, strich hervor, dass die nunmehr guten Beziehungen zwischen Preußen und England seiner pressepolitischen Vermittlung nicht mehr bedurften, und bat darum, seinen Vertrag, der noch weitere zwei Jahre gültig war, vorzeitig aufzulösen. In Berlin reagierte man schnell. Minister von Auerswald ließ den Antrag von Immanuel Hegel, der seinen Posten behalten hatte, begutachten. Hegel befürwortete ihn (6. Dezember 1858), folglich auch Auerswald, der sich für Fontane bei Außenminister Alexander von Schleinitz verwandte (16. Dezember), worauf dieser den Antrag umstandslos genehmigte (23. Dezember). Die Genehmigung selbst wurde Fontane durch Julius von Jasmund, dem neuen »Direktor der Centralstelle für Preßangelegenheiten«, mitgeteilt. Am 24. Dezember 1858 schrieb dieser an den »Schriftsteller Herrn Th: Fontane Wohlgeboren, zu London«:

> Von S. Excellenz dem Herrn Staats-Minister von Auerswald bin ich beauftragt, Ew. p. auf die Vorstellung vom 2.ten d. M. ergebenst zu erwidern, daß demselben der Fortbestand der Preßstation in London in keiner Weise dringend und die dafür gebrachten Opfer ihrem Nutzen entsprechend erscheinen, und daß deshalb S.e Excellenz Ihr Gesuch um Lösung Ihres bisherigen Dienstverhältnißes daselbst zu gewähren beschlossen hat. Ew. p. wollen sich daher mit Beginn des Jahres 1859 Ihrer dortigen Functionen enthoben betrachten. […]

Die Genehmigung des Antrags freute die Familie in Camden Town. Nun war es also entschieden. Fontane würde in 14 Tagen reisen, Emilie den Haushalt in Camden Town auflösen und später mit den Kindern folgen. Ob es auch umgekehrt gegangen wäre? Nein, denn zuerst musste er ja eine Stelle finden, bevor sie in Berlin auf Wohnungssuche gingen. Und dann, so meinte Fontane aufgeräumt: »[…] meine Frau kann hier noch 4 oder 6 Wochen lang die Wirtschaft fortsetzen, nicht aber ich allein mit unsrer Betsy, die noch dazu irisches Blut hat und mit Unumwundenheit zu Rosalien erklärt hat: sie täte nichts so gern wie küssen.«

Ein Mann in den besten Jahren, preußisch-märkisch

Der Schriftsteller als Wanderer und als Redakteur der konservativen Presse (1859–1863)

Berlin! Berlin!

Er verließ London am Samstag, den 15. Januar, und war am Montag früh um »7 ½ Uhr« endlich zurück in Berlin. Es war schönstes Winterwetter, »knusprig« geradezu.

Noch einmal hatte er die Klippen von Dover gesehen, noch einmal die Überfahrt nach Calais erlebt. Dann war er mit dem Zug weiter über Aachen und Köln Richtung Berlin gereist. Schon in Magdeburg, bei einem Zwischenhalt, sei er rau empfangen worden, schrieb er jetzt an Emilie. Hier hätten ihn nämlich zwei Schildwachen »faktisch mit halbgefälltem Bajonet« angehalten und ihn angedonnert: »hier wird nicht geschifft«!, gerade als er »in den dunklen Kasemattengängen der Festung« den Dingen ihren »friedlichen Lauf« ließ. »Grausamer!«, habe er geantwortet, um das einmal angefangene Werk ruhig zu beenden. Emilie, unzimperlich, wünschte ihm wohl, als sie diese Zeilen las, weiterhin guten Humor und Stehvermögen. Denn das brauchte er jetzt in den heimatlichen Landen.

In Berlin stieg er vorerst im Hôtel de Pologne ab. Es befand sich in der Dessauer Straße gleich gegenüber der Redaktion der *Kreuzzeitung*. Schon wenige Stunden nach seiner Ankunft machte er den ersten Gang in die Stadt. Zuerst besuchte er Wilhelm und Henriette von Merckel in der Potsdamer Straße 1. Hier fühlte er sich gleich wieder zu Hause. Und erst das Diner! Serviert wurde Brühsuppe, dann folgten saure Kartoffeln mit Rindfleisch und mit Spickgans sowie Sauerkraut mit Hasenbraten. Dazu vom besten Rotwein.

Dann musste er die Mutter sehen. Sie war mit Tochter Lise bereits aus Neuruppin angereist und wohnte draußen in Bethanien bei Pastor Schultz. Dort hinaus wollte er so rasch wie möglich, um einen »gemütlichen Abend« zu verplaudern. Nur galt es, sich zuerst neu einzukleiden. In der Manufaktur und Modehandlung von Jakob Landsberger, Spandauer Straße 72, erstand er einen neuen »Rock« für »16« und einen »Ueberzieher« für »17« Taler. Das war in seinen Augen gut und billig, verglichen mit den hohen Londoner Preisen.

Noch bevor er zur Mutter ging, besuchte er jedoch seinen abgesetzten Chef Dr. Metzel. Ein halb heimliches Treffen war es, bei dem er erfahren wollte, wie man unter den neuen Verhältnissen am besten verfahre. Hatte er noch Chancen, bei der Regierungspresse unterzukommen? Ludwig Metzel war zwar »verbittert«, das sah er, aber ganz abgesägt war er offenbar nicht (und in der Tat wurde Ludwig Metzel 1860 Bürodirektor des Preußischen Herrenhauses und blieb es drei Jahrzehnte lang). Am besten war wohl, so schloss Fontane aus dem Gespräch, bei den neuen Leuten zu antichambrieren.

Und so begab er sich direkt dahin, wo »Metzel einst herrschte«, und hatte ein halbstündiges Gespräch mit Dr. Julius Jasmund, dem neuen Direktor der »Centralpreßstelle«. Man hatte ja wegen der Abfindungszahlung bereits brieflich miteinander verkehrt. Das gab die gute Gelegenheit, sich nun höflich zu bedanken und zugleich neue Bande zu knüpfen.

Jasmund war für Fontane wichtig. Er hatte nicht nur die alte Position von Metzel übernommen, sondern verfolgte mit der Etablierung der *Preußischen Zeitung*, dem Nachfolgeblatt der von Metzel redigierten *Zeit*, die Idee, das Feuilleton weiter auszubauen. Zu diesem Zweck hatte er eine eigene Redakteursstelle geschaffen. Im Moment hatte sie Friedrich Eggers inne (bei dem Fontane in diesen Tagen zuweilen auf dem »Sopha« schlief). Aber künftig konnte der Feuilletonredakteur auch Theodor Fontane heißen – wenn Eggers seinen Posten räumte. Fürs Erste, so das Resultat des halbstündigen Zwiegesprächs, war Fontane unter Eggers als »Mitarbeiter des Feuilleton[s]« engagiert.

Ohne Wimpernzucken wechselte Fontane also im Januar 1859 vom gestürzten konservativen ins liberale Regierungslager, das jetzt am Ruder war. Der Unterschied bestand nur darin, dass er keine direkte presseagitatorische Aufgabe mehr hatte, sondern als Feuilletonist bezahlt wurde. Was das Politische anbelangte, ließ er Emilie in London wissen: »Faucher hat hier keine Chance.« Und: »Wenn man Dich fragt, was ich schriebe und wie es hier stünde, so sag nur immer: die Situation sei sehr verwickelt, viel politische Spannung und eben so viel Haß und Groll. Von mir selber kannst Du sagen, daß ich wahrscheinlich als Feuilletonist des Regierungsblattes Verwendung finden würde. Sei vorsichtig in diesen Dingen. Laß bald von dir hören!«

Die *Preußische Zeitung* wies zu diesem Zeitpunkt eine Auflage von 3225 Exemplaren aus (die *Vossische* viermal mehr). Hier veröffentlichte Fontane Mitte April 1859 eine vierteilige Artikelserie über die Londoner *Times*, im September desselben Jahres eine solche über den »Spreewald«. Einen Vorschuss von 100 Talern hatte er gleich nach dem ersten Gespräch mit Jasmund erhalten. Viel mehr wird er dann wohl nicht mehr eingestrichen haben, so dass sein Interim bei der *Preußischen Zeitung* alles in allem eine rechte Pleite wurde. Was tun? Diese Frage stellte sich im Jahr der Rückkehr beständig.

Anfang Februar 1859 war auch Emilie zurück. Der Londoner Haushalt war aufgelöst worden, und alles Übrige sollte sich finden. Die Umsicht, die sie auch jetzt wieder an den Tag gelegt hatte, war grandios. Das Beste aber war ihre Begabung zur Freundschaft. Die Fontanes hatten nämlich noch im Sommer 1858 neue Freunde gefunden, die Meringtons, ihre Nachbarn in Camden Town.

Die Meringtons waren eine gebildete und gutsituierte englische Familie. *Er* arbeitete bei der Bank of England, *sie* war Sprachlehrerin für Englisch und Französisch (ihr Vater James Hamilton, so hieß es, habe zeitweise zu Napoleons Beratern gehört). Das Paar hatte drei Töchter und zwei Söhne, alle schon im Erwachsenenalter. George Fontane, der sensible Junge, scheint *everbodys darling* gewesen zu sein. Und so kam es, dass die Meringtons den Achtjährigen wie einen Sohn bei sich aufnahmen, als Emilie mit Klein Theo London verließ. Denn George sollte sein englisches Schuljahr beenden. Er besuchte jetzt die zweite Klasse und zählte offenbar zu den besten Schülern seiner Stufe. Dies entnehmen wir einer Korrespondenz aus London vom 20. Januar 1859, in der hervorgehoben wird, dass viele »deutsche Knaben« – fast ausnahmslos Söhne der Londoner Exilanten – in der Schule erste Preise einheimsten: »Die jungen Kinkel's, die jungen Kossuth's, die jungen Freiligrath's, die jungen Pulsky's, der junge Schramm, die jungen Born's, der junge Fontane, der junge Beta (auch größtentheils deren Schwestern), alle bekamen erste Preise in ihren verschiedenen englischen Schulen. Auch sind sie größtentheils die Ersten in den verschiedenen Klassen.«

George fühlte sich bei Meringtons wie zu Hause, das wussten die Eltern, die jetzt vor der Aufgabe standen, in der Heimat wieder Fuß zu fassen.

Mitte Februar traf ein Brief von Paul Heyse aus München ein, der Fontane in die bayrische Residenzstadt lockte. Es gab nichts, was dagegensprach, sich einmal in München wegen einer Stelle umzutun. Emilie würde in der Zwischenzeit mit Klein Theo in Neuruppin bleiben und bei der Schwiegermutter und Lieschen im Predigerwitwenhaus die Tage verbringen. Ob München für Emilie in Frage kam? Während ihr Theo dort in Heyses vornehmen Kreisen verkehrte, mit Dichter Emanuel Geibel spazieren ging, vermutlich Chemiker Justus von Liebig begegnete, einen Ausflug in die Menterschwaige mitmachte, bei Kunstsammler Graf von Schack zum Diner geladen war, den Dichterverein »Krokodil« besuchte und beständig auf die Audienz beim König wartete, sah sich Emilie in Neuruppin auf kleine Verhältnisse gestellt: »Ich mache hier Bälle, Lese-Kränzchen, franz. Conversation, Alles mit und – bedauere die Menschen die in kleinen Städten leben müssen; wie *eng* ist ihr Kreis!«, schrieb sie ihrem Mann.

Eine Frau wie sie, die in Berlin groß geworden war und in London mit Julius Faucher Menuett getanzt hatte, konnte sich ein Leben in der Kleinstadt nicht vorstellen. Aber München! Hätte ihr Mann dort eine gutdotierte Stelle gefunden, ob als königlicher Privatbibliothekar oder bayrischer Balladenschreiber, an ihr wäre das Unternehmen nicht gescheitert. Es waren ja auch andere Berliner Freunde schon nach München gezogen. Vor allem die Familie Heyse. Emilie Fontane war eng befreundet mit Paul Heyses Frau Margarete (»Gretchen«) sowie mit deren Mutter Clara Kugler. Clara Kugler war, nachdem ihr Mann Franz Kugler gestorben war, mit den beiden Söhnen nach München übergesiedelt.

Ein Leben in München hätte man also durchaus wagen können. Umso mehr, als Paul Heyse über beste Verbindungen verfügte, gehörte er doch seit gut fünf Jahren zum Symposium des Königs, einem ausgewählten Kreis von Dichtern und Wissenschaftlern, die Maximilian II. berufen hatte und denen er einen gewissen Einfluss auf das kulturelle Leben zugestand. Die Fontanes, so stellten es sich die Münchner Freunde vor, hätten durchaus in ihren aufgeschlossenen Kreis gepasst, galten sie doch mit ihrer Londoner Erfahrung als Kosmopoliten. Es war zumindest eine prüfenswerte Idee. Wenn es Zweifel gab, dann vielleicht am ehesten bei Fontane selbst. Als nämlich Anfang März 1859 immer deutlicher wurde, dass Sardinien-Piemont und das verbündete Frankreich gegen Österreich Krieg führen würden, schrieb er aus München nach Neuruppin: »[…] alle Welt spricht hier von Krieg und betrachtet ihn als unvermeidlich. Kommt es dazu, so bin ich natürlich lieber in Preußen als hier; ich finde dann auch vielleicht innerhalb der politischen Sphäre meine Verwendung wieder, was mir doch bei weitem das liebste wäre!«

Am 19. März, es war ein Sonnabend, wurde er schließlich zur Audienz bei König Maximilian II. gebeten (Sohn des Lola-Montez-Verehrers). Literarische Fragen wurden nur kurz gestreift, hauptsächlich unterhielt man sich über Preußen und seine jüngste Politik. Fontane fühlte sich »sehr glücklich« und machte gewiss Eindruck, denn er trug eine »weiße Kravatte« und hatte seine »Lackstiefel« aufpoliert (die Risse ausgeplättet mit drei Paar wollenen Strümpfen). Willig gab er Auskunft über »meine publizistische Thätigkeit in London, Manteuffel, altes Cabinet neues Cabinet, italienische Frage, Krieg oder Frieden, die wahrscheinliche Haltung Preußens« usf. Nach einer Viertelstunde wurde er freundlich wieder entlassen.

Indes: München öffnete ihm seine Tore nicht. Fontane trug es mit Fassung. Denn Preußen, Brandenburg, Berlin waren zuletzt doch seine erste Wahl. Auf der Rückreise in die Heimat, die er nach vier Wochen wieder antrat, machte er Zwischenstation in Leipzig, der Stadt seiner jungen Jahre als Apothekergehilfe, Poet und heimlicher Burschenschafter. Er traf gegen »10 Uhr abends« ein und nahm Quartier im Hotel »Stadt Rom« (28. März 1859).

Anderntags besuchte er »Mutter Kummer«. Bertha Kummer hatte, nachdem sie Witwe geworden war, in Leipzig eine Stelle als Haushälterin angenommen, war also in ihre sächsische Heimat zurückgekehrt. Ob Fontane dann noch anderswo anklopfte? Vielleicht beim einen oder anderen Verleger? Er hatte ja einiges in petto, was er drucken lassen wollte. Wir erfahren jedoch nur, dass er an diesem Tag durch Leipzig flaniert sei, zuerst »durch die schöne Grimm[ai]sche Gasse nach dem Marktplatz und von dort aus kreuz und quer durch die reizenden alten Straßen die dort einmünden«. »Eines Gefühls der Wehmuth konnt ich mich nicht enthalten«, schrieb er an Emilie, denn »seit 16 Jahren hatt' ich das alles nicht gesehn und 18 Jahre war es, fast auf den Tag, daß ich zum ersten Mal – damals kaum vom Nervenfieber genesen – diese Straßen und Plätze sah.«

Vor gerade 18 Jahren hatte er hier als Apothekergehilfe ein halb studentisches Leben begonnen und war zum roten Republikaner geworden. Jetzt begegneten ihm solche jungen Studenten in den Leipziger Straßen wieder und waren doch »damals kaum geboren«. Was aber würde in wieder 18 Jahren sein? »Diese kleine Frage«, so gestand er Emilie, »rückte mir bedenklich auf den Leib.« Denn es gebe nur zwei Möglichkeiten, entweder sei man dann »hinüber« oder »ein völliges altes Wrack«. Verjüngung erlebe man dann höchstens noch in den Kindern. George müsse also früh heiraten, »um die Großelternwürde auf unser Haupt zu bringen«. Die leise Altersmelancholie verflog erst wieder, als er im Berliner Alltag zurück war.

Am 6. April 1859 bezog er mit Emilie und Klein Theo eine Sommerwohnung in der Potsdamer Straße 33. Sie lag in bequemer Nähe zur Wohnung der Freunde Merckel. Er hatte jetzt wieder seinen regelmäßigen Verkehr mit den »Tunnel«- und »Rütli«-Freunden. Besonders mit Bernhard von Lepel, dem er in diesen Tagen sogar alte Schulden zurückzahlte (10 Rthl.). Das war möglich, weil er sich jetzt die letzte Rate der Londoner Abfindung auszahlen ließ. Um zusätzliches Geld zu verdienen, begann er Feuilletons zu schreiben, Vorträge zu halten, Privatstunden zu geben. Emilie, die dennoch besorgt war, beruhigte er, die Honorare würden sich schon zusammenläppern. Außerdem konnte er ja jederzeit wieder eine feste Stelle annehmen. Unter Umständen sogar als politischer Korrespondent der Regierung.

»Ich kenne einen gewissen preußisch-englischen Diplomaten«

Es war während einer »Rütli«-Sitzung (28. April 1859), als die Freunde die Nachricht erreichte, österreichische Truppen seien ins Königreich Sardinien eingefallen. Also Krieg! Im »Rütli« herrschte »eine ziemliche Aufregung«. Auch ihn selber überraschte diese Entwicklung, denn in München hatte Fontane noch behauptet, wenn Krieg drohe, dann eigentlich nur vonseiten Frankreichs. Napoleon III. werde jedoch durch Preußen in Schach gehalten. Also keine Gefahr.

Heyse schrieb ihm jetzt spöttisch: »Ich kenne einen gewissen preußisch-englischen Diplomaten [Theodor Fontane], der im März uns blödsichtigen Bayern die schönsten Friedenslieder sang« (3. Mai 1859).

Beide Freunde erwarteten, dass der Deutsche Bund, folglich Bayern und Preußen, ins Kriegsgeschehen verwickelt würde. Fontane, der vorgab, er würde sich am liebsten mit ins Getümmel stürzen, kalauerte, er werde sich melden, schwanke nur »zwischen Train, Magazin-Inspektor und Lazareth-Apotheker«. Die preußische Regierung blieb aber besonnen und hielt ihre Truppen zurück. Das sei eben doch die klügere Haltung, befand Fontane und meinte gegenüber Freund Heyse stolz: »Es spricht sich in allem eine Ruhe, ein Selbstgefühl und eine *Selbständigkeit* aus, nach der man sich bei den Bayern vergeblich umsieht. Ich der ich wirklich sehr verengländert bin, muß doch zugeben: es steckt was besonders Tüchtiges in diesen Preußen, was erst recht 'rauskommt, wenn Noth am Mann ist.« Und in einem Postskriptum setzte er hinzu: »Der ›engl. preuß. Diplomat‹ der vor 2 Monaten den Krieg nicht gerade für eine ausgemachte Sache hielt, hat vielleicht nicht so ganz unrecht gehabt. Napoleon galt als der Kriegslustige, und ich meinte damals: die Haltung Deutschlands habe ihn andren Sinnes gemacht. Das Gegentheil ist auch jetzt noch nicht bewiesen; in den letzten 4 oder 6 Wochen hat *Oesterreich* den Krieg gewollt.«

Es war zu diesem Zeitpunkt schwer abzusehen, wie sich der kriegerische Konflikt entwickeln würde. In Preußen gab es Stimmen, die dafür plädierten, Österreich militärisch zu Hilfe zu eilen. Doch die Regierung verfolgte in erster Linie den Plan, Frieden herbeizuführen. Zu diesem Zweck hatte der neue preußische Außenminister Alexander von Schleinitz sich an den Grafen von Bernstorff in London gewandt (am 26. Mai 1859). Bernstorff solle, so die Bitte, auf diplomatischem Wege ausloten, inwiefern die Regierung Palmerston bereit sei, gemeinsam mit Preußen eine neue Friedensinitiative zu lancieren. Doch für Diplomatie blieb keine Zeit, denn die Machtkonflikte entschieden sich jetzt auf dem Schlachtfeld.

In der blutigen Schlacht bei Solferino (24. Juni 1859) schlug das sardisch-französische Heer den österreichischen Gegner vernichtend. Österreich musste sich als geschlagen erklären. In den folgenden Friedensverhandlungen erhielt weder Preußen noch England eine Stimme. Am 21. Juli wurde der Vorfrieden von Villafranca geschlossen und am 10. November 1859 im Frieden von Zürich besiegelt. Zur Unterzeichnung im Zürcher Rathaus erschienen die Vertreter von Frankreich, Italien und Österreich. Die Lombardei wurde Frankreich zugeschlagen. Aber nur, damit Napoleon III. sie an Italien abtreten konnte (im Tausch gegen Savoyen und Nizza). Es war der letzte Schritt zur Einigung Italiens.

Dass es im Sardinischen Krieg letztlich um ein *vereinigtes Italien* ging, hatten die deutschen Liberalen aufmerksam mitverfolgt. Ein vereinigtes Deutschland, danach strebten auch sie. Doch wie hielt es der preußische Regent in dieser Frage? Alle Hoffnungen ruhten jetzt auf ihm, denn er schien eine liberale Wende und ein starkes Preußen zu wollen.

Was aber Fontane betrifft, so fand er tatsächlich bei der Regierungspresse wieder ein Unterkommen. Das neue Ministerium, das die »Centralstelle für Preßangelegenheiten« im ersten Moment hatte abwickeln wollen, baute diese Einrichtung stattdessen weiter aus. Als Verantwortlichen hatte man den liberalen Max Duncker berufen. Ihm unterstellt war Alfred Richard von Bardeleben, der neu die »Centralstelle« leitete (denn Julius von Jasmund war bereits wieder ausgeschieden). Fontane wurde am 17. Juli erstmals von Max Duncker einbestellt. Duncker war ein Mann der Neuen Ära. Er engagierte Fontane sofort.

Praktisch täglich hatte er jetzt in der »Centralstelle« zu erscheinen und an der (Redaktions-)»Conferenz« teilzunehmen. Wie ehedem wurde er wohl auch jetzt wieder von der Leitung »bestandpunktet«. Denn das war ja die Aufgabe der politischen Korrespondenz, die Regierungsmeinung zu verbreiten. Fontane wirkte für die *Schlesische Zeitung*, die *Spenersche Zeitung*, die *Sächsische Constitutionelle Zeitung*, die *Hamburger Nachrichten*, den *Schwäbischen Merkur*, die *Frankfurter Handelszeitung*, die *Breslauer Zeitung* und die *Westfälische Zeitung*. Seine politischen Korrespondenzen zeichnete er wie üblich mit einem Signum oder Kürzel. Weil er immer aus Berlin berichtete und gut informiert war, ließ sich leicht schließen, dass hier ein Korrespondent der Regierung schrieb. Tatsächlich hatte Max Duncker ihn in den Kreis der drei Vertrauenskorrespondenten aufgenommen.

Für den Vertrauensposten empfohlen hatte ihn seine langjährige Erfahrung als Londoner Korrespondent und Presseagent sowie seine insgesamt gute Zusammenarbeit mit dem liberalen preußischen Gesandten, dem Grafen von Bernstorff. Auch persönliche Beziehungen mochten bei der Anstellung eine Rolle gespielt haben, war doch Fontane mit Max Dunckers jüngeren Brüdern Alexander Duncker und Franz Duncker gut bekannt. Beide waren einflussreiche Berliner Verleger.

Max Duncker, der neue Leiter der »Centralstelle«, war Historiker und ein gemäßigter Liberaler. 1848 war er ins Frankfurter Parlament gewählt worden, später hatte er als Professor in Tübingen gewirkt, doch in der Neuen Ära war er aus politischen Ambitionen wieder nach Berlin zurückgekehrt.

Was Fontane unter Duncker journalistisch zu leisten hatte, war für den versierten Presseagenten Routinearbeit. Interessant waren jedoch die Themen, die er zu bearbeiten hatte, hingen sie doch direkt oder indirekt mit der deutschen Frage zusammen. In seinen Artikeln befasste er sich etwa mit dem Frieden von Villafranca, mit den Beziehungen zwischen England und Preußen, mit den Vorbereitungen zur Zürcher Konferenz und immer wieder mit dem kranken König Friedrich Wilhelm IV. sowie mit dessen Bruder, dem Prinzregenten, der im Sommerurlaub weilte.

Wenig mutig, so befand Fontane, zeigte sich die Regierung der Neuen Ära in ihrer Reaktion auf die »Stettiner Adresse«. Eine Reihe von Stettiner Bürgern, es waren einige hundert, hatte sich am 8. August 1859 an den Regenten gewandt und ihr Anliegen gleichzeitig in der Ortszeitung veröffentlicht. Sie verlangten von ihm, dem Prinzen von Preußen, nichts weniger als ein Bekenntnis zur deutschen Einheit. Und zwar unter starker preußischer Führung. Die Dringlichkeit ihrer Anfrage begründeten die Stettiner mit der Bedrohung Deutschlands durch die kriegerischen Konflikte in den Nachbarländern.

Am 24. August 1859 erschien in der *Westfälischen Zeitung* die Meldung, eine »offene Antwort« des Regenten auf die »Stettiner Adresse« könne demnächst erwartet werden. Signum sowie Ort und Datum der Meldung (»Berlin, 21. August«) legen nahe, dass Fontane der Autor dieser Nachricht war. Dieselbe platzierte er offenbar auch in anderen Zeitungen. Doch blieb die versprochene »offene Antwort« des Regenten aus. Stattdessen konnte man bald darauf in verschiedenen deutschen Zeitungen lesen, der Regent werde die »Stettiner Adresse« gar nicht selber beantworten, sondern sie vielmehr von seinem Innenminister beantworten lassen. So viel aber könne schon verraten werden: Im Hinblick auf die deutsche Frage werde sich die preußische Regierung dahin vernehmen lassen, dass 1. die Vereinheitlichung der Armee, 2. die Vereinheitlichung der Außenpolitik und 3. die Vereinheitlichung der verfassungsmäßigen Zustände anzustreben seien. Autor dieser politisch brisanten Meldung war zweifelsfrei der Vertrauenskorrespondent Theodor Fontane.

Der Regent weilte in diesen Tagen in Ostende, später in Baden-Baden.

Auch in der Sommerpause hielt man ihn aber über die politische Presse auf dem Laufenden, so dass er in der *Spenerschen Zeitung* auf jene mutmaßliche Antwort stieß, die er oder vielmehr sein Innenminister auf die »Stettiner Adresse« zu geben geneigt sei. Das fand er denn doch unerhört, geradezu eine »Verletzung des Amtsgeheimnisses«. Ja gewiss, derjenige, der diesen Artikel verantworte, müsse gerügt werden.

Eine Woche später wurde Fontane zu seinem direkten Vorgesetzten »Herrn v. Bardeleben« zitiert, am 17. September 1859 ging ein Schreiben im Namen des Innenministers ins ferne Friedrichsrode, adressiert an Max Duncker. Der Brief war unterzeichnet von Staatssekretär Justus von Gruner. Gruner war anwesend gewesen, als von Bardeleben seinen Korrespondenten Theodor Fontane noch ein zweites Mal ins Gebet genommen hatte. Gruner wusste also Bescheid. Das Schreiben des Innenministers Graf von Schwerin-Putzar an Presseschef Max Duncker erklärte nun, die Untersuchung habe ergeben, dass der inkriminierte Artikel »von dem Literaten Fontane« herrühre. Fontane habe zugegeben, »das Material zu dem Artikel« einem Gespräch mit Duncker entnommen zu haben, doch ohne Auftrag zu einem Zeitungsartikel. Ob er, Duncker, diese Aussagen bestätigen könne.

Die Sache war verwickelt. Wer stand hinter dem scharfen Vorgehen gegen die »Centralstelle für Preßangelegenheiten«? Die Regierung forderte jedenfalls, dass der Literat Fontane schriftlich beglaubigte, sein Chef Max Duncker habe ihm die ausdrückliche Anweisung erteilt, in der Presse *nichts* von dem verlauten zu lassen, was er als Vertrauenskorrespondent über die Behandlung der »Stettiner Adresse« wusste. So musste es den Anschein erwecken, als ob er, Theodor Fontane, geplaudert hätte. Wahrscheinlich hatte er aber nur verbreitet, was in der »Conferenz« einhellige Zustimmung gefunden hatte. Als indes klarwurde, dass der Regent anders über die »Stettiner Adresse« dachte, machte die »Centralstelle« unter der Leitung von Max Duncker einen Rückzieher. Nur einer blieb draußen im Regen stehen, und das war Fontane.

Er wehrte sich nicht. Schicksalsergeben machte er sein Schuldeingeständnis (21. Oktober 1859). Ergebnis war, dass er ab sofort aus dem Kreis der Vertrauenskorrespondenten ausgeschlossen wurde und Ende des Jahres seine Stelle bei der Regierungspresse verlor. Doch damit nicht genug. Max Duncker sah sich gezwungen, dem entlassenen Mitarbeiter zu allem andern auch noch ein eigenhändiges Reueschreiben abzuverlangen. Und so schrieb dieser:

Sonnabend
d. 29. Oktob. 59.

Hochgeehrter Herr Geh. Rath

Unter wiederholtem Ausdruck des Bedauerns über meine Indiskretion und die Unannehmlichkeiten die Ihnen daraus erwachsen sind, übersend' ich anbei meine Unterschrift und verharre hochachtungsvoll als Ihr ganz ergebener

Th. Fontane
Tempelhofer Straße 51.

Repression zeigte bei ihm wenig äußere Wirkung. Er wehrte sich nicht, tat, was von ihm verlangt wurde, und ging fort. Nur das Geld, die Zeitungshonorare, die forderte er mit Bestimmtheit ein. Es war wenig genug, so scheint es. Etwa 100 bis 200 Taler.

»Charlie, He's My Darling«

Die Neue Ära hatte Fontane ihr hässliches Gesicht gezeigt. Ihn aber beschäftigten in diesen Monaten noch ganz andere Dinge. Er ging nämlich daran, seinen »Plan« zu verwirklichen. In gleicher Manier, wie er damals zu Max Müller nach Oxford gereist oder zuletzt mit Freund Lepel durch Schottland gefahren war, erkundete er nun die Mark Brandenburg. Das Reisen selbst war ihm dringendes Bedürfnis, das Schreiben auch.

Die erste Fahrt hatte er ins Ruppin'sche unternommen (vom 18. bis 23. Juli 1859), wieder mit seinem bewährten Reisegefährten Lepel. Man hatte Trestow, Gnewikow, Karwe, Wustrau besucht, auch Rheinsberg und Fehrbellin. Ein Hauptpunkt aber war »Ruppin« gewesen. Hier hatten sie Mutter Fontane und Schwester Lise besucht und gesehen, was den beiden so sehr an ihrem Leben hier gefiel, nämlich »das Predigerwittwenhaus, der Garten, der Platz mit den Linden, der See und der Weinberg«. Gewiss hatte Fontane dem Freund auch die eigenen vertrauten Plätze gezeigt.

Nicht nur ins Ruppin'sche, auch in den Spreewald reiste er, und zwar mit den »Rütli«- und »Ellora«-Freunden Karl Bormann, Wilhelm Lübke, Otto Roquette (6. bis 8. August 1859). Auch sah man ihn mit Lübke in die Altmark aufbrechen (22. bis 27. September 1859). Die Fahrten hinaus waren Erholungsfahrten, selbst wenn sie den modernen Reisekomfort vermissen ließen. Es war die Fortsetzung jenes Schlenderns nach Männerart, wie es Fontane von Jugend auf liebte. Man gab diesem gemeinsamen Unterwegssein nur einen seriöseren Anstrich. Der eine studierte die Architektur, der andere die Geschichte, der dritte die Landschaft und die Menschen. Man ging auch weite Strecken zu Fuß, plauderte, witzelte, lachte. Dazwischen zählte Fontane sein Geld und rechnete: 10 Taler kostete die Dreitagesreise in den Spreewald. Ob sich das mit Schreiben wieder einbringen ließ, gar mit Gewinn? Mindestens 1000 Taler brauchte er jetzt jährlich, die Hälfte von dem, was er in London verdient und ausgegeben hatte. Mit 1000 Talern, so hoffte er, konnte man in Berlin eine Familie durchbringen.

Die vier Reisekapitel *In den Spreewald* erschienen als Fortsetzung in der *Preußischen Zeitung* (noch *vor* seiner Disziplinierung durch die »Centralstelle«) und waren 21 Taler wert. Das entsprach etwa einer Monatsmiete. Die Sache hatte ihn aber außer der Reise weitere acht Tage Arbeit gekostet. Ökonomisch war das kein Erfolg. Nur wenn er die Reiseschilderungen als »Visitenkarten« betrachtete, als Türöffner für eine feste Anstellung oder eine Buchpublikation, dann ging es. Die Arbeit selbst, so viel war sicher, gefiel ihm rundum. Sie weckte alle Lebensgeister. Vor allem konnte er verwirklichen, wozu es ihn drängte: die Landschaft seiner Kindheit und Jugendzeit kreuz und quer zu erforschen und sie neu zu erzählen.

Wie er sich das im Detail vorstellte? Gerade so, wie er es jetzt in seinen schottischen Reisefeuilletons vormachte. Sie erschienen eines nach dem andern in verschiedenen Zeitungen (*Vossische Zeitung, Kreuzzeitung, Morgenblatt für gebildete Leser, Die Presse*). Es waren Feuilletons, die zuletzt ein schönes Reisebuch ergaben. Und wenn sich für diese Schottland-Feuilletons ein Verleger fand – nämlich Julius Springer –, dann hoffentlich auch für die »Märkischen Bilder«. Für Fontane spiegelte sich eines im andern. Ja, Schottland war die eigentliche Inspirationsquelle für die »Märkischen Bilder«.

Inspirierend war zudem, dass, während er an seinen ersten märkischen Feuilletons schrieb und die Schottlandreise zum Druck fertigstellte, schottische Melodien durch seine Räume klangen. Denn die junge Martha Merington, »Miß Martha«, lebte in diesen Wochen im Fontane'schen Haushalt. Alle liebten sie für ihre schöne Stimme. Besonders charakteristisch sang sie »schottische Lieder«. Sie kannte sie alle, die Jakobitenlieder, die Fontane so faszinierten. Auch dieses von Robert Burns:

Twas on a Monday morning,
Right early in the year,
That Charlie cam to our town,
The young Chevalier.
An' Charlie he's my darling,
My darling, my darling,
Charlie he's my darling,
the young Chevalier.

Nach derselben Melodie ließ sich auch Fontanes Übertragung singen:

An einem Montagmorgen war's
Kaum schlug die Glocke vier,
Da zog er ein in unsre Stadt
Der junge Kavalier.
O Charlie ist mein Liebling,
Mein Liebling, mein Liebling,
O Charlie ist mein Liebling,
Der junge Kavalier.

Fontane hatte die deutschen Verse an einem kalten Februartag des Jahres 1860 auf Papier geworfen. Ob sie für die schöne Stimme der charmanten Miss Martha gedacht waren?

Sie war Anfang September 1859 mit George aus London angereist und blieb, um bei der Betreuung der beiden Kinder zu helfen und um ihr Deutsch zu perfektionieren. Für die Fontanes war sie in diesen Tagen eine große Hilfe. Denn sie half den Umzug in die Tempelhofer Straße 51 zu bewältigen.

Das Haus, ein Neubau, hatte drei Stockwerke und zwölf Wohnungen. Die Fontanes wohnten im Parterre mit vier Zimmern, Küche und Kammer. Alles weniger komfortabel als in Camden Town, aber die Wohnlage am Halleschen Tor war vorteilhaft, und eine Köchin hatte man auch gefunden: Mathilde Gerecke (»Tilla«) hieß sie und verstand sich auf Teltower Rübchen, Birnen, Klöße, Hammelkoteletts – die heimatlichen Leibgerichte Fontanes.

Was aber die größte Aufmerksamkeit forderte: Emilie war wieder schwanger. Alles hoffte auf ein Mädchen. Endlich ein Töchterchen, endlich ein

Schwesterchen! Am 21. März, abends um 10 Uhr, kam ein gesundes Mädchen zur Welt. Der stolze Vater zeigte die »glückliche Entbindung seiner lieben Frau Emilie« sogleich an und erhielt umgehend von den Freunden ein »Vivat die Kleene, / die neue Fontaine!«.

Am 14. Mai 1860 wurde die kleine Martha Fontane von Prediger Fournier getauft. Es war eine Haustaufe im vertrauten Kreis. Und Martha Merington war eine der Patinnen. Die Kleine sei ihr »Herzblatt« und »ihres Vaters Liebling«, gestand Emilie Fontane.

Max Fontane oder Wen die Götter lieben

Ende August 1859 hatte Max Fontane geschrieben, er sei krank und müsse sich einer Kur unterziehen. Ob er, Theodor, ihm einen Vertreter besorgen könne?

Max führte die Apotheke in Kriescht nun seit drei Jahren. Und ebenso lange war er jetzt mit Hermine glücklich verheiratet. Nur Kinder fehlten. Aber es fehlte nicht an Geselligkeit. Auch Verwandtschaft war da, die Menckes in Küstrin, die Sommerfeldts in Letschin. Die Sommerfeldts hatten eine ganze Kinderschar und machten vorläufig keine Anstalten mehr, aus dem Oderbruchdorf wegzuziehen. Ihre Apotheke, ehemals die Apotheke von Louis Henri Fontane, lief offenbar gut.

Im September oder Oktober konsultierte Max Fontane den Arzt in Bethanien. Dr. Wilms, jetzt 35 Jahre alt, hatte als Facharzt einen guten Ruf. Ende Oktober war die Diagnose da. Welche? Wir wissen es nicht. Aber sie beschönigte nichts. »Die Krankheit unsres armen Max ist sehr trauriger Natur«, schrieb Theodor Fontane an seine Mutter. Der Gesundheitszustand des Bruders verschlechterte sich dann rapide. Anfang Februar reiste Emilie Fontane nach Kriescht, um ihren kranken Sohn zu pflegen. Zehn Wochen pflegte sie ihn aufopfernd, dann war sie mit ihren Kräften am Ende. In der Tempelhofer Straße 51 erfuhr man, die Mutter sei »zu ihrer Erholung zu Jenny gereist«. Und Jenny erwarte »zum Herbst ihre achte Entbindung«.

An einem kalten Frühlingstag, es war der Dienstag vor Pfingsten, erlag Max Fontane seiner schweren Krankheit. Die Traueranzeige in der Zeitung war schlicht formuliert:

> Den am 22. d. M. [Mai 1860] nach schwerem Leiden im 34. Lebensjahre erfolgten Tod ihres theuren Gatten, Sohnes und Bruders, des Apothekers *Max Fontane* zu Kriescht, zeigen den vielen Freunden und Bekannten des Verstorbenen, statt jeder besonderen Meldung hierdurch ergebenst an die trauernden Hinterbliebenen.

Die junge Witwe erwartete zu diesem Zeitpunkt ihr erstes Kind.

Die Todesnachricht war noch am Todestag in Berlin eingetroffen. Gleich am andern Morgen brach Theodor Fontane auf, um in Kriescht zu sein, wenn sein Bruder Max zu Grabe getragen wurde. Schwester Lise, die in der Tempelhofer Straße zu Besuch war, reiste nicht mit, sondern blieb bei Emilie und den Kindern. Es sollte aber kein einsames Begräbnis werden, kein Begräbnis wie damals, als an einem eisigen Januartag der Bruder Rudolph im fernen Badingen beerdigt worden war. Doch war es wieder ein schwerer Gang. Wie Rudolph, so war auch Max ein »Liebling« gewesen. Um ihn hatte sich Theodor Fontane als älterer Bruder ganz besonders gekümmert, nicht nur nach dem Tod von Rudolph, sondern auch nach der Trennung der Eltern. Er hatte Max in den »Tunnel« eingeführt, mit ihm Kunstausstellungen besucht, Berliner Landpartien unternommen, ihm, als er es sich leisten konnte, großzügig Geld gepumpt, regelmäßig Briefe mit ihm getauscht (auch sein Schreibtalent bewundert) und fast väterlich seinen Werdegang zum soliden Apotheker und Ehemann begleitet.

Für die Hin- sowie für die Rückreise nahm er sich viel Zeit. Er wolle die Fahrt für Recherchen zu seinen »Märkischen Bildern« nutzen, ließ er Verwandte wie Freunde wissen. Tatsächlich besuchte er in diesen Tagen Wriezen, Küstrin, Gusow (noch immer ohne Bahnhaltestelle) sowie Friedersdorf. Zuletzt, »am Sonnabend«, war er noch einmal auf einen Sprung in Letschin, nahm von allen »Abschied« und kehrte zurück nach Berlin.

Der Brief, den er anderntags der Mutter schrieb, macht deutlich, dass in den Tagen nach der Beerdigung beide Eltern bei Tochter Jenny in Letschin weilten. Sie waren älter geworden, der Vater 64, die Mutter 61 Jahre alt, und schienen sich miteinander ausgesöhnt zu haben. Nur dass der Vater in Schiffmühle seit Jahr und Tag mit seiner Haushälterin Louise Papke zusammenlebte, war der Mutter offenbar ein Dorn im Auge. Jetzt aber, in der Trauer um Max, schwieg dieser Streit.

»Meine liebe, gute Mama«, schrieb Theodor Fontane am Montag, den

28. Mai, nach Letschin. Er sei Sonntagfrüh um acht »ziemlich wohlbehalten« in Berlin wieder eingetroffen und habe dann den Vormittag damit verbracht, Emilie und Lischen zu erzählen, »was wir über die letzten Lebenstage unsres armen Max erfahren haben«. Schwester Lischen werde wie vereinbart in drei Tagen zu ihr nach »Letschin« aufbrechen. Emilie und die Kinder seien wohlauf, in der Wohnung sei es furchtbar kalt, er trage »4 wollene Strümpfe, zwei Cachenez's und einen Pelz«, und Jean Paul habe recht mit seinem Wort, »daß der deutsche Sommer nichts sei als ein grün angestrichner Winter«. Von Gusow und Friedersdorf habe er gutes Material zurückgebracht, vor allem sei er zur Erkenntnis gelangt, dass »3 Generationen eines einzigen Marwitz-Zweiges« bedeutend interessanter seien als »[z]ehn Generationen von 500 Schultze's und Lehmann's«. Und gewiss: »Wer den Adel abschaffen wollte, schaffte den letzten Rest von Poësie aus der Welt.«

Gegen Ende seines langen Briefes kam er noch einmal auf seinen Bruder Max zu sprechen: »Wie steht es in Kriescht und mit der Apotheken-Angelegenheit?« Denn bereits war ausgemacht, dass die Apotheke verkauft werden sollte. Man hatte vielleicht schon »einen Goldfisch [...] am Haken« (tatsächlich kaufte sie kurz darauf der Apotheker Schaum). Mitfühlend fragte Theodor auch, wie es ihr, der Mutter, gehe, und meinte tröstend: »jetzt wo das Bangen und Sorgen einem bestimmten Wissen Platz gemacht hat, kommst du hoffentlich wieder zu Ruhe wenn auch nicht zu Heiterkeit.«

Zuletzt schickte er Grüße an alle, die er in Letschin wusste: »Grüße Vater, [Hermann] Sommerfeldt und Dickchen [Jenny] aufs herzlichste; viele Küsse Dir und den Kindern. / Wie immer Dein / Theodor.«

Es war im Trauerjahr ein Lichtblick, dass »Maxchens Frau« Hermine im Sommer ein gesundes Töchterchen zur Welt brachte und bald darauf auch Jenny glücklich von einem Mädchen entbunden wurde. Emilie, die von all diesen Familienereignissen im Brief an die Stiefmutter Bertha Kummer erzählte, schrieb auch: »Mein Mann ist der alte, gute, wo möglich immer liebenswerther werdende Mensch; Gott sei Dank wohl, aber doch mit Mühen und steter Arbeit belastet, Du würdest ihn viel ernster finden, an seinen früheren, unverwüstlichen Humor denke ich oft mit Thränen« (22. November 1860). George lerne noch immer spielend, berichtete sie weiter, Klein Theo sei ein dicker Bengel und aller Menschen Liebling, die kleine Martha aber der Sonnenschein des Hauses. Sie selber sei »gottlob gesund« und auch »dankbar für den Besitz eines solchen Mannes und meiner Kinder«.

Wie ließ sich ein sicheres Familieneinkommen von jährlich 1000 Talern erzielen? Bei der preußischen Regierungspresse, die einen doch jahrelang erhalten hatte, waren die Türen zu. Weil mit Feuilleton-Honoraren keine Familie zu ernähren war, fragte Fontane seinen alten Freund Wilhelm Wolfsohn, ob er ihn nicht irgendwo unterbringen könne, etwa beim Verlag Brockhaus in Leipzig?

Er suchte einen »Tageserwerb«. Selbstredend wollte er seine *Balladen*, seine *Englandstudien*, sein *Jenseit des Tweed* ebenfalls publiziert sehen. Aber er wusste zugleich, dass er für Bücher dieser Art bestenfalls 100 oder 150 Taler erhielt. Und sollten seine »Märkischen Bilder« je in Buchform erscheinen, rechnete er kaum mit dem großen Geld. Am besten war wohl, eine feste Redakteursstelle bei einer Tageszeitung anzunehmen. Was ihn dafür qualifizierte? Sein breites Allgemeinwissen, langjährige journalistische Praxis, Vertrautheit mit der englischen Sprache und Expertise in englischer Kultur, Literatur, Politik.

Gerade einen solchen Mann suchte jetzt Dr. Tuiscon Beutner, der Chefredakteur der *Kreuzzeitung*. Der Posten des Englandkorrespondenten war nämlich frei geworden. Nicht, dass der neue Mann in London hätte sitzen müssen. Nein, er sollte einfach in der Redaktion, Dessauer Straße 5, erscheinen und hier nicht echte, sondern eben *unechte* Korrespondenzen verfassen. Zwei Tage nach seiner Rückkehr aus Kriescht und Letschin, am 30. Mai 1860, trat Fontane seine neue Stelle an. Als unechter Korrespondent hatte er nun »täglich drei Stunden, von 9 ½ bis 12 ½«, die *Times* und andere englische und deutsche Zeitungen durchzusehen, relevante Artikel herauszuschneiden, wenn nötig zu übersetzen und einen *Kreuzzeitungs*-Artikel daraus zu zimmern. Ab und zu sollte er auch Leitartikel oder Glossen schreiben. Nicht nur über die Zustände in Großbritannien, sondern gelegentlich auch über die Ereignisse in den britischen Kolonien, in Nordamerika, in Dänemark, in Polen oder in den Osteeprovinzen. Sein Redakteurskollege und Schreibtischnachbar war Dr. George Hesekiel, ein langjähriger »Tunnel«-Freund. Hesekiel berichtete in gleicher Weise aus den Ländern Frankreich und Spanien, aus dem Osmanischen Reich und aus China.

Debütiert hatte Fontane in der *Kreuzzeitung* ja schon viel früher, nämlich am 11. Mai 1856. Damals als *echter* Londoner Korrespondent. Anlass war jene musikalische »Matinée« in »Prussia House« gewesen, zu der fast das ganze »diplomatische Corps« erschienen war und an der unter anderem eine schöne Frauenstimme »zwei Lieder von Mendelssohn« vorgetragen hatte.

Kurz nach seinem Debüt hatte Fontane dann eine feste Mitarbeiterschaft bei der *Kreuzzeitung* übernommen, damit als *echter* Korrespondent 30 Taler monatlich dazuverdient, zugleich aber erlebt, dass seine Artikel vom Chefredakteur politisch zurechtgestutzt wurden. Gewehrt hatte er sich nicht, die Praxis nur festgestellt und der irritierten Emilie damals versichert, dass der von ihr inkriminierte »Loyalitäts-Überfluss« nicht von ihm stamme. Ende 1858 hatte er dann seine feste Mitarbeiterschaft umgemünzt in eine freie und die *Kreuzzeitung* in regelmäßigen Abständen weiter mit Feuilletons beliefert, auch nach seiner Rückkehr aus London. Nicht zufällig hatte er Emilie gegenüber bemerkt, er sei »genau gegenüber der Kreuz-Ztgn« abgestiegen, als er am 17. Januar 1859 von London in Berlin eingetroffen war. Er war ja eben längst ein Mitarbeiter dieser konservativen Zeitung.

Die Leser kannten ihn unter der Sigle *†*. Bis zu seinem Stellenantritt als Redakteur waren bereits hundert echte Korrespondenzen mit dieser Sigle erschienen. Wenn er sie nun weiterbenutzte, konnte die Leserschaft glauben, die *Kreuzzeitung* habe noch immer einen Mann in London. Nur Eingeweihte wussten, dass *†* unterdessen in der Berliner Redaktion saß und hier seine Artikel verfasste.

Das Spiel mit der journalistischen Autorschaft ging aber noch weiter. Fontane verwendete als Redakteur der *Kreuzzeitung* ein ganzes Set von Siglen und Kürzeln. Das war im Prinzip nichts Neues. Im Falle der *Kreuzzeitung* aber diente das ausgeklügelte System dazu, der Leserschaft vorzugaukeln, die Redaktion sei größer, als sie in Wirklichkeit war. So zeichnete Fontane sowohl mit *†* als auch mit * oder verzichtete auf eine Sigle, wenn er politische Korrespondenzen schrieb. Für Buchrezensionen benutzte er hingegen die Siglen -o- oder -n. Weil später die Sigle *†* in der *Kreuzzeitung* verschwindet, dafür aber beim sogenannten Englischen Artikel die Siglen p* und P* auftauchen (ab 1864), schließen wir, dass er seine unechten Korrespondenzen von da an neu unter diesem Zeichen schrieb. Das Spiel ist so facettenreich, dass sich die Forschung darüber uneins wurde, was denn nun Fontane sei und was nicht. Langsam aber dämmert die Einsicht, dass die journalistischen Verfahren einen anderen Begriff von Autorschaft verlangen, als es bei klassisch-literarischen Schreibweisen der Fall ist.

Ab 30. Mai 1860 war Fontane also Redakteur der *Kreuzzeitung*. Er perfektionierte nun die Methode, fremde Texte zu überschreiben, Textteile ganz oder teilweise zu übernehmen, Übersetzungen als eigene Texte auszugeben, überhaupt Texte zu redigieren oder zu kompilieren. Je nachdem wie rasch ein Text fertig werden musste, wandte er größere oder kleinere Mühe fürs stilistische Feilen auf. Stand er unter Zeitdruck, war in erster Linie sprachliche Korrektheit wichtig. Über die Pfuscherei der Setzer konnte er sich auch später noch sehr ärgern, gewann er doch in den Jahren als festangestellter Redakteur ein ausgeprägtes Feingefühl für den druckfertigen Text.

Dass er sein Brot nun im Wesentlichen bei der *Kreuzzeitung* verdiente, bereitete ihm keinerlei Kopfzerbrechen. Die verhältnismäßig junge Zeitung, gegründet 1848 als konterrevolutionäres Organ, hatte unter dem Ministerium Manteuffel ihre eigene konservative Politik betrieben. Initiiert worden war das Blatt von einem »Comité der konservativen Rechten«, deren Mitglieder Ludwig von Gerlach, Hermann Wagener und Otto von Bismarck gewesen waren. Bismarck sowie andere konservative Politiker füllten gelegentlich die Spalten der *Kreuzzeitung*. Jetzt, in der Neuen Ära, galt sie als besonders reaktionär. Für welche Werte aber machte sie sich stark?

Ihr Titelsignet mit dem Eisernen Kreuz der Befreiungskriege, um das sich die Worte »Vorwärts mit Gott für König und Vaterland!« rankten, machte es deutlich: Die *Kreuzzeitung* unterstützte alle Bestrebungen der christlich-konservativen Kirche (konfessionsübergreifend) sowie der preußischen Monarchie und sprach sich aus für Volksfrömmigkeit und Königstreue. Sie gab sich betont preußisch, widersetzte sich dem Liberalismus und dem Fortschritt und urteilte scharf über »Undeutsches«. Zu den *Kreuzzeitungs*-Lesern, die sich in ihrer konservativen Haltung durch ihr Leibblatt bestätigt fühlten, gehörten mehrheitlich der preußische Landadel, die strenglutherischen Prediger und die frommen, königstreuen Leute in der Provinz. Wer die *Kreuzzeitung* auch jetzt noch las, zu Beginn der 1860er-Jahre, sie gar abonniert hatte, der stand selbstredend im Verdacht, ein Reaktionär zu sein. Denn liberale und fortschrittliche Ideen fanden hier kein Gehör.

Billig war die Zeitung nicht. Das Abonnement kostete vierteljährlich 2 Taler 15 Silbergroschen. Die Auflage schwankte und zählte zwischen 5000 und 10 000 Exemplaren. Als Aktiengesellschaft stand sie aber wirtschaftlich auf sicherem Boden, jedenfalls zahlte die *Kreuzzeitung* ihren festangestellten Redakteuren konstant gute Löhne. Für die täglich drei bis vier Stunden

Redaktionszeit erhielt George Hesekiel ein Jahresgehalt von 1000 Talern, Theodor Fontane als Redaktionsneuling anfangs 900 Taler. Sein Vorgänger war der jüngere Carl Abel gewesen. Abel war Altphilologe, Journalist und Übersetzer und hatte als *echter* Berlin-Korrespondent zur Londoner *Times* gewechselt. Fontane kannte Carl Abel. Er hatte ihn bei einem Diner im »Café Tietz« kennengelernt, an dem damals auch Chefredakteur Dr. Beutner sowie die Redakteure George Hesekiel und Andreas Sommer, Letzterer zuständig für den Artikel »Kirchliche Fragen«, teilgenommen hatten.

Was aber den Englischen Artikel betraf, so scheint es vonseiten der Chefredaktion keine engen Vorgaben gegeben zu haben. So konnte Fontane, als er Abels Posten übernahm, relativ frei schalten und walten oder jedenfalls ohne besondere Anstrengung den Ansprüchen genügen. Ihm passte das Arrangement, doch verstand er, dass seine liberal denkenden Dichterfreunde Storm, Heyse und Wolfsohn die Stirne runzelten und den Kopf schüttelten über die politische Richtung seines Blattes. Er erklärte ihnen aber, man werde eben mit den Jahren »aufrichtig conservativer«. Wen konnte das wundern? Seit seinem Austritt aus der liberalen Regierungspresse nannte er sich einen »wackre[n] Reaktionär«. Er liebte zwar zu provozieren, besonders im geschützten Kreis der Freunde. Aber in der Tat fuhr er jetzt besser als früher. Denn die *Kreuzzeitung* lavierte nicht, jedenfalls nicht so wie die »Centralpreßstelle« unter Duncker. Die *Kreuzzeitung* war konservativ, ja erzkonservativ. Aber dafür genoss der einzelne Redakteur einen relativ großen persönlichen Spielraum.

Das Blatt erschien täglich und war ein Abendblatt. Vier Seiten umfasste jede Ausgabe. Vorwiegend wurde über die preußische Innen- und Außenpolitik berichtet sowie über Wirtschaftsfragen. Für den Englischen Artikel, die Spalte, die Fontane bediente, stand regelmäßig Platz zur Verfügung. Rechnet man seine unechten Korrespondenzen zusammen, so machten sie etwa zehn bis 15 Prozent der Zeitung aus. Alles Mögliche brachte er darin zur Sprache, von der englischen Papiersteuer bis zur englischen Landesbefestigung, von der Schottlandreise der französischen Kaiserin Eugénie bis zum Meerestunnel zwischen Dover und Calais.

Er verstand die Sache und verstand das journalistische Metier, beutete er doch für seine Artikel im Wesentlichen englische und wohl auch deutsche Zeitungen aus. Nicht zuletzt gehörte die gut recherchierte und gut geschriebene *Englische Correspondenz* von Max Schlesinger mit zu den Quellen, die er benutzte. Schlesingers lithografierte Blätter, redigiert unter der bekannten Adresse »23, Upper Bedford Place, Russel Square, W. C.«, eigneten sich besonders gut fürs Kompilieren, waren sie doch nur einseitig beschrieben und mit viel Rand versehen, so dass man die Artikel einfach ausschneiden und aufs eigene Blatt kleben konnte. So war man schnell fertig mit der Arbeit. Gleichzeitig landeten wohl Verlautbarungen von der »Centralpreßstelle«, soweit sie über Fontanes Redaktionstisch liefen, direkt im Papierkorb, wusste er doch aus eigener Erfahrung, was von diesen tendenziösen Berichten zu halten war.

Seine Redakteursarbeit muss Fontane wirklich Spaß gemacht haben. Er konnte – ganz wie einst im Café Stehely oder noch jüngst im Café Divan – täglich die einlaufenden Zeitungen studieren und sich fühlen, als säße er nicht in Berlin, sondern in London oder anderswo. Hinzu kam, dass er mithilfe von Schere und Kleister seine Artikel a tempo fertig hatte. Fast täglich stand er nun in der Zeitung und trieb sein vergnügliches Spiel. Denn wer durchschaute schon all die verschiedenen Siglen und Kürzel! Darüber hinaus aber waren die Bedingungen wie gewünscht: Der Arbeitsweg von der Tempelhofer Straße 51 in die Redaktion war ein Spaziergang, die Präsenzzeit von 9 bis 12 oder 13 Uhr war kurz und der Posten zugleich gutdotiert. Nachmittags war die Zeit frei für eigene Projekte. Möglichst solche, die einen guten Zusatzverdienst einbrachten.

Das wichtigste neue Projekt waren seine »Märkischen Bilder«. Auch dafür öffnete ihm die *Kreuzzeitung* ihre Spalten. Seine Reisefeuilletons, die hier seit Ende Oktober 1859 erschienen, zeichnete er mit dem Kürzel Te. Einerseits um seine Rollen zu trennen – hier Feuilletonist, dort politischer Korrespondent –, anderseits aber wohl auch, um vorzugeben, er sei einer jener Pastoren oder Lehrer, die als freie Mitarbeiter für die *Kreuzzeitung* schrieben. Denn das passte alles gut und empfahl ihn besser als jedes Empfehlungsschreiben, wenn er hinausfuhr in die Provinz, um dort für seine Feuilletons zu recherchieren. Draußen auf dem Lande diente ihm seine Mitarbeiterschaft bei der *Kreuzzeitung* ja durchaus als »Visitenkarte« und gelegentlich auch als Türöffner.

Der alte Fontane hat seinen Eintritt in die Redaktion der *Kreuzzeitung* allerdings etwas anders geschildert. In seinen Erinnerungen erzählt er, es habe ihn seinerzeit überaus große moralische Überwindung gekostet, Redakteur des konservativen Blattes zu werden. Dass er mit dem Chefredakteur Dr. Beutner seit Jahren bekannt war, streitet er ab. Dass er längst für gutes Geld engagiert war, ebenso. Dem Lesepublikum seiner Autobiografie *Von Zwanzig bis Dreißig* (1898) erklärt er, die Stelle bei der *Kreuzzeitung* verdanke er dem guten »Tunnel«-Freund George Hesekiel. Nach seiner Rückkehr aus London sei es so gewesen: »Ich hatte zehn Jahre lang zur Regierungspresse gehört. In dieser verbleiben zu können, wäre mir schon aus Bequemlichkeit sehr erwünscht gewesen. Aber diese Presse der ›neuen Ära‹, zu der auch indirekt die nationalliberalen Zeitungen gehörten, mißfiel mir oder ich ihr, und so blieben nur Vossin und Kreuzzeitung übrig. Ich war also in einer argen Verlegenheit und sprach mich zu Hesekiel darüber aus. Der sagte: ›Ja, melden kannst du dich nicht bei uns. Aber wenn ein Angebot kommt, dann liegt es doch um ein gut Teil günstiger für dich.‹ Und schon am anderen Tage kam ein solches Angebot. Der Chefredakteur der Kreuzzeitung fragte bei mir an, ›ob ich die Redaktion des englischen Artikels übernehmen wolle?‹ Noch ein wenig unter den Gruselvorstellungen stehend, die sich, von 1848 her, an den Namen ›Kreuzzeitung‹ knüpften, war ich unsicher, was zu tun sei, beschloß aber, wenigstens mich vorzustellen.« Es ist dies aus dem Rückblick gesprochen und aus einer politischen Position, die nichts mehr mit den Idealen der *Kreuzzeitung* zu tun haben wollte.

»Wanderungen« mit Wilhelm Hertz

Am 11. Januar 1861 fragte Theodor Fontane bei Verleger Hertz an, ob er nicht seine »Märkischen Bilder« verlegen wolle. Wilhelm Hertz hatte im Oktober 1860 Fontanes *Balladen* herausgebracht. Darin versammelt waren unter anderem: *Der alte Derffling*, *Ein Jäger*, *Die arme Else*, *Archibald Douglas*, *Denkst du verschwundener Tage, Marie?* sowie die *Jakobiten-Lieder* (mit *O Charlie ist mein Liebling*) und *Die Blumen des Waldes*.

Das *Balladen*-Buch, gewidmet dem Freund Wilhelm von Merckel, hatten Autor und Verleger einander nähergebracht. Auch für die »Märkischen Bilder« zeigte Hertz jetzt Interesse. Ja, er begleitete Fontane sogar bei einer seiner ersten Rechercheireisen.

Den Reiseplan vorgegeben hatte Fontane. Und Hertz, drei Jahre jünger, war ihm in allem gefolgt: Sonnabend um zwei nach Pankow hinaus, dann über Rosenthal, Blankenfelde bis Buch, dort Kirche, Schloss und Park studieren, »Nachtquartier« gleich in Buch selbst. Sonntagmorgen weiter nach Zepernick, Schoenow, Bernau und abends zurück nach Berlin.

Die beiden Männer müssen sich auf dieser kurzen Reise (16./17. Juni 1860) gut verstanden haben. Denn Fontane hatte in Hertz von nun an einen zuverlässigen Verleger und Freund. Ob dieser ihm je sein intimstes Geheimnis anvertraut hat?

Wilhelm Ludwig Hertz wusste nämlich, dass er ein illegitimes Kind war und der Sohn eines großen Dichters. Das geht aus dem Exlibris in seinen Büchern hervor. In dieses ist der lateinische Satz eingewoben: »Certa habent acta meae iuventutis signum suum omenque.« Das Akrostichon ergibt den Namen »Chamisso«. Um keine Zweifel zu lassen, dass die Schriftstücke aus seiner Jugend tatsächlich auf Chamisso als seinen leiblichen Vater verwiesen, enthält das Exlibris zusätzlich den Hinweis »i. e. p. m.«, (»ille est pater meus«). Wobei in »ille« zugleich die Bedeutung mitschwingt: »bekannt und berühmt«.

Seine Mutter war Marianne Hertz geb. von Halle. Sie stammte wie ihr Gatte Joseph Jacob Hertz, der zuerst Drogist, später Apotheker war, aus einer angesehenen jüdischen Kaufmanns- und Bankiersfamilie in Hamburg. Den Dichter Adelbert von Chamisso hatte sie wahrscheinlich über Karl August Varnhagen von Ense kennengelernt, der in der Hamburger Familie Hertz verkehrte. Genaueres wissen wir nicht, nur dass Marianne Hertz um 1821 eine leidenschaftliche Affäre mit Adelbert von Chamisso hatte. *Sie* war damals bereits Mutter dreier kleiner Söhne, *er* frisch verheiratet und eben gerade Vater geworden. Beide führten ihre Ehen fort, auch als Marianne schwanger wurde. Wilhelm, der gemeinsame Sohn, blieb dann das Nesthäkchen in der Familie Hertz, während Chamisso noch Vater mehrerer legitimer Kinder wurde.

Joseph Jacob Hertz anerkannte den kleinen Wilhelm als seinen eigenen Sohn. Möglich, dass der Junge eines Tages auch seinen leiblichen Vater kennenlernte. Denn 1828 übersiedelte Familie Hertz von Hamburg nach Berlin, wo Chamisso lebte. Damals übernahm Joseph Jacob Hertz die privilegierte »Rothe Apotheke« vor dem Spandauer Tor. Die »Rothe Apotheke« (im Besitz der Familie Hertz bis 1837) lag in der Nähe von Wilhelm Roses Apotheke »Zum weißen Schwan«. Theodor Fontane und Wilhelm Hertz haben auf ihren Ausflügen vielleicht entdeckt, dass ihre Lebenswege sich schon viel früher hätten kreuzen können. Eine Besonderheit, die sie zudem miteinander verband, war, dass sie beide Apothekerssöhne waren, die vom Beruf des Vaters abgekommen waren. Oder eben noch anderes im Blut hatten.

Als Chamisso 1838 starb, war Wilhelm Hertz 16 Jahre alt, besuchte das Friedrich-Werdersche Gymnasium in der Kurstraße und wollte Maler werden. Er wurde dann aber Buchhändler und Verleger. 1847 heiratete er in Hamburg seine Cousine Fanny Hertz und erwarb im selben Jahr, mit 25 Jahren, in Berlin die Bessersche Buchhandlung, Behrenstraße 44.

Ob Hertz auf ihren Wanderungen erfuhr, dass es gerade Chamisso gewesen war, der Fontanes erstes Dichten inspiriert hatte? In jedem Fall ist es sehr stimmig, dass ausgerechnet Adelbert von Chamisso in diese Autor-Verleger-Beziehung hineinspielte.

Am 24. Februar 1861 unterzeichnete Fontane seinen ersten Verlagsvertrag mit Wilhelm Hertz. Man einigte sich auf einen Einzelband *Wanderungen durch die Mark Brandenburg*. Geplante erste Auflage: 1000 Exemplare. Honorar: 300 Taler. Und für jede weitere Auflage oder Ausgabe zusätzlich 200 Taler.

Brief an die Mutter nach einem Besuch beim Vater in Schiffmühle

Mit diesem Vertrag in der Tasche und dem *Balladen*-Buch unter dem Arm konnte er sich beim Vater sehen lassen. Der sagte ja schon seit Jahr und Tag, sein Sohn sei »der erste Balladendichter Deutschlands«. Also zum Vater nach Schiffmühle.

Es war Sonnabend, der 2. März, und wie immer versprach es eine »reizende Fahrt« zu werden. Der Aufbruch erfolgte spätnachmittags. Um Mitternacht war er da. Dann lange Gespräche. Am Sonntagnachmittag fuhr er zurück. Die neue Woche begann mit viel Arbeit in der Redaktion. Die musste zuerst erledigt werden, bevor er der Mutter vom Besuch beim Vater erzählen konnte.

Der Englische Artikel hatte in dieser Woche Brisanz wegen der Vorgänge in Italien. Italien stand kurz vor der Einigung. Am 17. März 1861 würde Viktor Emanuel II. von Sardinien-Piemont zum König des geeinten Italien proklamiert werden. Im englischen Parlament hatte indes der Alt-Tory Lord

Freienwalde, um 1855

Normanby eine Rede *gegen* Sardinien und also *gegen* das neue Italien gehalten. Fontane hatte nun diese Rede für sein konservatives Blatt zu verteidigen. Er tat es ohne Wimpernzucken, kreidete in den Worten des Lord Normanby die »sardinische Schmutzwirtschaft«, ja »Ekelwirtschaft« an, befand aber als frei denkender Berichterstatter: »der *anständigste Teil* der sardinischen Politik« sei die Unterstützung Garibaldis gewesen. So legte er zuletzt doch ein Wort für die Einigung Italiens ein und damit indirekt für die Ziele der deutschen Liberalen.

Kaum war der Artikel unter dem fingierten Datum »London, 4. März [1861]« unter Dach und Fach und mit der Sigle *†* versehen, setzte sich Fontane hin, um der Mutter einen langen Brief zu schreiben. Denn längst wollte er ihr von seinem Besuch in Schiffmühle berichten. Als Datum setzte er »*Berlin* d. 7. März 61«, was der realen Schreibsituation entsprach. »Meine liebe, gute Mama«, schrieb er: »Am Sonntag Nachmittag kam ich von meinem Ausfluge zum Alten zurück. Die Details zu erzählen (famoser Stoff wie immer) behalt' ich mir vor, bis ich Dich wiedersehe. Heute nur so viel – er lebt, ißt und trinkt und ist au fond der Alte. / Ich kam etwas nach 12 Uhr Nachts bei ihm an, wir legten uns zu Bett und plauderten, da er sich wieder einen langen Fragezettel gemacht hatte, bis nach 4. Um Schlag 7 weckte er mich schon wieder, so daß ich sagen kann daß ich Strapatzen durchgemacht habe, als wäre ich anno 13. 14 u. 15. mit dabei gewesen.«

Vor allem zuhören musste Fontane, wenn er beim Vater war, zuhören, wenn dieser von den napoleonischen Kriegen erzählte oder vom lieben Geld sprach. Denn der Vater hatte ihm auch Kaufkontrakte und Abtretungsurkunden gezeigt, die auswiesen, dass einmal erhebliche Summen da gewesen waren. Immerhin hatte Louis Henri Fontane vier Apotheken besessen, zuerst in Neuruppin, dann in Swinemünde und Mühlberg, zuletzt in Letschin. Wer das alles sah und wusste, dass dieses ganze Vermögen zerronnen war, dem konnte wirklich elend werden. Es sei denn, man rettete sich in jene philosophische Haltung, die Besitz und Geld für »das dummste und langweiligste Zeug« erklärte, wie es der Vater tat. Im Brief an die Mutter heißt es weiter: »Dann sprachen wir mehrere Stunden lang ganz gemüthlich von Tod und Sterben, versicherten uns gegenseitig daß es eigentlich gar nichts und kaum der Rede werth sei und stießen dabei mit den großen Weingläsern auf langes Leben und gute Gesundheit an.«

So hatte man sich offenbar in den Sonntagnachmittag hineingetrunken und war »vom hundertsten aufs tausendste« gekommen, darauf, dass Schwager Sommerfeldt nach einer Apotheke in Bromberg oder Berlin Ausschau halte, zuletzt aber auf »Garibaldi und den Papst«. Sie beide, Vater und Sohn, hätten sich dabei immer wieder versichert, »daß alles Kropzeug sei von Anfang bis Ende, wir selbst mit einbegriffen«. Sie seien aber voller Heiterkeit gewesen und hätten unentwegt »mit den Gläsern« angestoßen.

Zwischen den Zeilen wird deutlich, dass der Vater offenbar seine Lebensbilanz zog und daran war, sein Testament aufzusetzen. Auf seinen ominösen »Berechnungszettel[n]«, so der Sohn an die Mutter, rechne der Vater jetzt ohne jeglichen »Geldbesitz«, dafür mit einer Art »Mobiliar-Vermögen«, »wobei er Tischen und Stühlen einen Preis giebt als wären sie von Rosenholz und eben bei Hiltl gekauft«. Auf seine leisen Zweifel zu dieser Berechnungsmethode habe der Vater geantwortet: »ach, das ist ja alles ganz egal; ich hab' es nur aufgeschrieben, weil man doch am Ende 'was aufschreiben muß.«

Und weil nichts übrig blieb, wie der Vater durchaus einsehe, habe er den Sohn gebeten, bei der Mutter anzufragen, ob sie nicht »für Lischen gewisse Bestimmungen treffen« wolle, »falls sie sich nicht verheirathe«. Um diese jüngste Tochter sorgte sich Louis Henri Fontane. Sie war jetzt 23 und machte keinerlei Anstalten, sich zu verheiraten. Möglich, dass sie einmal allein dastand. Die Sorge des Vaters ging aber am Ohr seines Ältesten vorbei. Er wisse nicht recht, was der gute Alte gemeint habe, er habe beim Zuhören nicht recht aufgepasst, erklärte er im Brief an die Mutter. Sein Versäumnis sei aber gewiss »verzeihlich«: »Er spricht nämlich so viel und so allerhand was gar keine wirkliche Bedeutung hat, daß ich mich eben nur dran gewohnt habe ruhig zuzuhören, aber durchaus nicht in der Absicht die Dinge zu behalten.« Vielleicht verstehe die Mutter, was mit den »gewissen Bestimmungen« gemeint sei. Wenn sie es aber nicht verstehe, so könne sie den Vater ja in ihrem nächsten Brief danach fragen. Aber behutsam und so, dass seine »Unachtsamkeit« den Vater nicht kränke.

Dann versprach Theodor, die Mutter im »Juni oder Juli« zu besuchen, und fragte, ob sie ihm bis dahin für seinen geplanten Band *Wanderungen* dies und das an Material beschaffen könne. Zum Schluss ließ er alle herzlich grüßen, auch die Familie seines Freundes Hermann Scherz in Kränzlin, und endete mit den Worten: »Dir und Lischen herzliche Küsse und die Versicherung alter Liebe. / Dein Theodor.«

Dass er in diesen Tagen »krank« war, »d. h. im höchsten Grade nervenangegriffen und unfähig zu jeder geistigen Arbeit«, wie er Wilhelm Hertz gleichzeitig klagte, ist dem Brief an die Mutter nicht zu entnehmen. Ob ihn das Erzählen befreite? Ob er Krankheit seinem Verleger gegenüber nur vorschützte? Beides ist möglich, so wie wir Theodor Fontane kennen. Da ist aber noch ein Drittes. Wir erinnern uns, dass es Streit zwischen den Eltern gegeben hatte wegen Louise Papke, der Wirtschafterin des Vaters. Über Louise schweigt der Brief. Schweigen aber diente gelegentlich dem Familienfrieden.

Tatsächlich hatte der Vater kurz vor dem Besuch seines Sohnes den Notar bei sich empfangen, wie aus den »Acten des Königl. Kreis-Gerichts zu Wriezen« hervorgeht. Den Kreisrichter hatte Louis Henri Fontane am 23. Februar 1861 wissen lassen, es sei seine Absicht, »über dasjenige gerichtlich zu bestimmen was ich für meine Wirthschafterin ausgesetzt habe falls – was sehr wahrscheinlich ist – der Tod mich früher denn sie fortraffen sollte«. Der Kreisrichter und sein Sekretär waren daraufhin nach Schiffmühle geeilt und hatten nach Feststellung der uneingeschränkten Geschäftsfähigkeit ihres Mandanten den letzten Willen Louis Henri Fontanes notariell beglaubigt. Er hatte keine Änderung »an der gesetzlichen Erbfolge meiner Ehegattin u. meiner Kinder« gewünscht, sondern einfach festgelegt, dass seiner »Wirthschafterin, der unverehelichten Louise Papke, welche mir acht Jahr lang die Wirthschaft geführt hat«, 200 Taler »bar« zukommen sollten sowie seine Möbel, sein Geschirr und seine »silbern[e] Taschenuhr«. Auch sollte sie nach seinem Tod noch drei Monate lang unentgeltlich das Wohnrecht in seinem Hause behalten, und zwar »die Stube und Kammer rechts vom Eingange zur ausschließlichen Benutzung«. Dies alles unter der Bedingung, dass sie »bei meinem Ableben noch in meinen Diensten ist und meine Wirthschaft führt«.

Unter all den Papieren, die der Vater seinem Sohn bei dessen Besuch zeigte, könnten auch diese Bestimmungen gelegen haben. War also »alles Kropzeug«? Immerhin hatte Louis Henri Fontane bestimmt, seine Erben sollten Louise Papke etwas bezahlen, falls sie das eine oder andere Möbelstück doch lieber behalten wollten. Das Sofa aus Mahagoniholz zum Beispiel hatte er auf »acht Thaler« veranschlagt. Insgesamt jedoch waren sich Vater und Sohn wohl sehr einig: Es war richtig, für Louise Papke Vorsorge zu treffen. Nur, wie das der Mutter beibringen? Das waren diffizile Familienangelegenheiten. Theodor Fontanes Brief vom 7. März 1861 wollte daran nicht rühren.

Fontane als Wahlmann der Konservativen – 1862

Ja, die Familie. Am meisten lag ihm unterdessen die eigene am Herzen.

Besonders Sohn George. Er war jetzt elf Jahre alt und besuchte im Königlichen Friedrich-Wilhelms-Gymnasium die Quinta. Die Schule lag nur wenige Gehminuten von der Redaktion der *Kreuzzeitung* entfernt, so dass Vater und Sohn den Weg gelegentlich gemeinsam gingen. Da sprach man dann vielleicht auch über das neue »Schülerstipendium«, das Direktor Ranke einrichten wollte. Seit je spendeten die Fontanes kleine Beiträge, wenn es galt, eine gute soziale Sache zu unterstützen. Auch George lernte das nun, wie den Schulnachrichten seines Gymnasiums zu entnehmen ist. Denn er erscheint mit auf der Spenderliste der Honoratioren, die das Anliegen unterstützten. Er hatte sich sogar zu regelmäßigen Spendenbeiträgen verpflichtet, was für einen Schüler offenbar außergewöhnlich war. Denn Direktor Ranke erwähnt in der Spenderliste ausdrücklich, das Schülerstipendium werde fortan von diesem und jenem und nicht zuletzt mit einem jährlichen Beitrag von »5 *Sgr.* von dem Gymnasiasten Fontane« unterstützt (27. September 1861).

Das war eine löbliche gedruckte Nachricht. Es konnte auch anders gehen. Das lernte George am Beispiel des Vaters. Der erschien nämlich wenig später im *Kladderadatsch* als Karikatur. Die Sache war politischer Natur.

Im Streit um das Armeebudget hatte der neue König Wilhelm I. am 11. März 1862 das Parlament vorzeitig aufgelöst und Neuwahlen anberaumt. So waren in ganz Preußen die Urwähler aufgefordert, ihre Wahlmänner zu wählen. Fontane, Urwähler der III. Wahl-Klasse, stellte sich kurzerhand für die Kreuzzeitungspartei und damit für die Altkonservativen zur Verfügung. Geworben hatte ihn der Hauptmann a. D. Freiherr von Ledebur.

Leopold von Ledebur, ein konservativer Historiker mit Spezialgebiet Mark Brandenburg, war Direktor der Königlichen Kunstkammer, wohnte wie Familie Fontane im Haus Tempelhofer Straße 51 und gehörte zum »Central-Comité für Conservative Wahlen in Berlin«.

Emilie hatte wenig Freude. Denn als ihr Mann während der heißen Phase des Wahlkampfs eine konspirative Sitzung in der eigenen Wohnung abhielt, ergriff sie – zusammen mit George – die Flucht. Währenddessen beriet Wahlmann Fontane »mit 4 alten Urwählern das Wohl von Staat und Stadt« und fürchtete sich offenbar wenig vor dem, was Emilie ihm prophezeit hatte, dass ihr Haus nämlich »nächstens vom ›Volk‹ gestürmt« würde.

Die Sorge bestand nicht zu Unrecht. Denn die antidemokratische Richtung, die Theodor Fontane vertreten wollte, konnte Gewalt provozieren. Der 139. Urwahlbezirk, zu dem die Tempelhofer Straße gehörte, war politisch gespalten und ein Exzess nicht auszuschließen. Aber weil die Altkonservativen von Anfang an als vollkommen abgeschlagen galten, erweckten sie schließlich doch nur ein heiteres Lachen.

Und dazu animierte am Vorabend der Urwahl auch der *Kladderadatsch*. Er mokierte sich über alle, die auf verlorenem Posten standen – sei es, dass sie den Fortschritt bremsen, den Freihandel verhindern oder die Demokratie in den Schmutz ziehen wollten. Was waren das für lächerliche Figuren! Und zu guter Letzt die Männer der Kreuzzeitungspartei! Sechs dünne, kraftlose Gentlemen im gediegenen Frack, die nur mit Müh und Not zwei schmale Wahlmänner aus der Urne zogen. Unter den Ziehenden unverkennbar ein gewisser Theodor Fontane, der sich mit Elan ins Zeug legt, dabei aber den Boden unter den Füßen verliert (er hängt tatsächlich in der

Luft). Ach, diese *Kladderadatsch*-Leute! Man kannte sich natürlich. Und »Tunnel«-Freund Rudolf Löwenstein, Mitherausgeber der Satirezeitschrift, sog aus dem Umstand, dass hier Fontane-»Lafontaine« die Lachnummer war, eine besondere Süße.

Auch Emilie muss sich letztlich mehr amüsiert als geängstigt haben. Denn unter der Karikatur mit ihrem Theo konnte man lesen: »Nur mit größter Anstrengung gehen aus der Wahlurne einige feudale Wahlmänner hervor.« Am Tag darauf (28. April 1862) lag nichts anderes als dieses Ergebnis vor. Wobei im 139. Urwahlbezirk, wo Fontane als konservativer Wahlmann kandidiert hatte, kein einziger Altkonservativer gewählt worden war. Im Tagebuch hielt Fontane ohne Umschweife fest: »glänzender Sieg der Demokraten« und: »ich erhalte unter den Conservativen die meisten Stimmen (26), darunter eine für Herrn Shantom; – das hat man davon.« Shantom? Hatte der Wahlzettel-Schreiber nicht recht aufgepasst? Oder hatte sich auch hier einer einen Scherz erlaubt? Denn das Wortspiel konnte am Ende auf *fantôme fontane* hinauslaufen und bedeuten, es gehe hier ein Gespenst namens Fontane um.

Die politische Niederlage machte Fontane wenig Spaß. Also setzte er sich ab. Vom 2. bis 6. Mai 1862 war er draußen auf dem Land und sammelte Stoff für einen zweiten Band *Wanderungen*. Diesmal führte ihn sein Weg Richtung Spreewald nach Kossenblatt und Beeskow, dann im östlichen Halbbogen über Steinhöfel, Madlitz nach Fürstenwalde bis Müncheberg, Buckow, Werneuchen. Von Bernau schließlich kehrte er zurück nach Berlin.

Als er hier eintraf, war die Stadt in Jubel- und Festlaune. Denn an diesem 6. Mai 1862, dem Wahltag für das Abgeordnetenhaus, hatte die Opposition ihren größten Sieg seit 1848 errungen. Da stand er denn doch etwas begossen da, auch wenn er versicherte, er sei mit so reicher Ausbeute von seiner Reise zurück, dass »die Wagen voll jubelnder Wahlmänner« ihm »die Laune nicht verdorben« hätten.

Der Linksrutsch war eklatant und gerade *nicht* das, was Wilhelm I., der neue König, mit den vorgezogenen Wahlen beabsichtigt hatte: Von insgesamt 352 Mandaten gingen mehr als ein Drittel an die Linksliberalen, ein knappes Drittel an die sonstigen Liberalen, einige an die Konstitutionellen und an die Katholiken. Die Altkonservativen, für die Fontane geworben hatte, verloren drei Mandate und kamen gerade noch auf elf Sitze, bildeten also die kleinste Fraktion im preußischen Abgeordnetenhaus. Die übrigen Mandate verteilten sich auf die Partei der Polen und die Fraktionslosen.

Unter den wiedergewählten Oppositionellen war auch ein alter Freund, nämlich Julius Faucher. Faucher, der Freihandelsexperte, gehörte zur liberalen Fortschrittspartei und hatte sein Mandat vom 3. Wahlbezirk Merseburg. Er war 1861 (»nach der Amnestie«) mit seiner Familie aus London zurückgekehrt und noch im selben Jahr ins preußische Abgeordnetenhaus gewählt worden. Unterdessen gehörte er im Parlament der »Ständigen Deputation des Volkswirschaftlichen Kongresses« an. Fontane hatte ihn sehr wohl im Blick, auch wenn sich das alte vertraute Verhältnis nicht mehr einstellen wollte. In seinem Büchlein mit »Tages-Notizen« zu den Wahlen hatte er schon im Dezember 1861 notiert: »Faucher als Kandidat im 4ten Berliner Wahlbezirk. Hält, unter erträglichem Beifall, eine ächt Faucher'sche Rede«. Und wenige Tage später: »Faucher, nachdem er in Wetzlar Bürger geworden und in Berlin vergeblich candidirt, wird in Delitzsch zum Abgeordneten gewählt. –« Julius Faucher hatte also durch geschickte Politik ein Mandat erlangt und konnte dadurch für die Fortschrittspartei ins preußische Abgeordnetenhaus am Dönhoffplatz einziehen. Fontane war perplex, hatte er doch noch vor nicht allzu langer Zeit behauptet: »Faucher hat hier keine Chance.«

Am 22. Dezember 1861, kurz nach seiner Wahl, hatte Julius Faucher ihn in der Tempelhofer Straße 51 besucht. »Ganz der alte«, heißt es in Fontanes Notizbuch. Und: »Er construirt neue Reiche (wie früher das baltische) und kuckt dabei immer in den Spiegel. Den Liberalismus des Königs erklärt er durch englisches Gebundensein; – England habe erklärt uns nur so lange gegen Frankreich helfen zu wollen, als wir den Constitutionalismus aufrecht erhalten. Plaudereien über Bernstorff, über ›Lucie [die Tochter] die schön wird‹, über ›Caroline [die Frau] die an der Gebärmutter leidet‹ etc. Dabei lebhaft, neidlos, anerkennend (trotz aller Eitelkeit) wie immer. […] Dann verschwindet er, kometenhaft, wie er gekommen.«

Inzwischen waren in der Tat viele Exildeutsche wieder da. Denn bei seinem Regierungsantritt 1861 hatte Wilhelm I. sein Versprechen eingelöst und eine allgemeine Amnestie erlassen. So waren nun neben Julius Faucher (der kein eigentlicher politischer Exilant war) auch Lothar Bucher und Heinrich Beta zurückgekehrt und manch andere, mit denen Fontane in London freundschaftlich verkehrt hatte.

Gleichzeitig war durch einen Wechsel im Ministerium auch Fontanes früherer Vorgesetzter Albrecht Graf von Bernstorff wieder im Land. Denn Wil-

Karikatur *Nur mit der größten Anstrengung gehen aus der Wahlurne einige feudale Wahlmänner hervor*, *Kladderadatsch* vom 27. April 1862 (Fontane, vierte Figur von rechts)

helm I. hatte ihn zum Außenminister berufen. Bernstorff hatte das Amt seit August 1861 inne und erlebte jetzt die schwierige Phase des Heereskonfliktes mit. Gewiss trauerte er insgeheim »Prussia House« nach und all den Vorzügen, die sein Londoner Leben dort gehabt hatte.

Ein klares Zeichen *gegen* eine liberale Öffnung hatte Wilhelm I. inzwischen ebenfalls gesetzt, und zwar mit der Krönungszeremonie in Königsberg. Königsberg hatte er gewählt, weil er sich in der Nachfolge Friedrichs I. sah, der 1701 in der Königsberger Schlosskirche zum ersten preußischen König gekrönt worden war. Die Hohenzollern, auch Friedrich II., hatten später auf diese Zeremonie verzichtet. Aber Wilhelm I. begriff sie als wichtigen symbolischen Akt für seine Regentschaft und setzte sich zum Zeichen seiner Würde die Krone selber auf: so wie einst Napoleon I. in der Kirche Notre-Dame de Paris.

Unzeitgemäß war das, ein Akt gegen die Konstitution, gegen den Parlamentarismus und gegen das liberale Bürgertum. Das verstanden alle im Lande sofort, und so war mit dem Tag der Selbstkrönung am 18. Oktober 1861 die Neue Ära zu ihrem Ende gekommen. Es trat schließlich ein, was viele befürchtet hatten: Wilhelm I., jetzt 64, interessierte sich weder für Verfassungsfragen noch für die politische Einigung Deutschlands auf friedlichem Weg. Sein Auge und sein Sinn galten der preußischen Armee, deren Zustand er verbessern wollte. Weil aber das Parlament seinen Wünschen nach großen Armeegeldern nicht entsprechen wollte, hatte er es kurzerhand aufgelöst. Das Ergebnis der Neuwahlen vom 6. Mai 1862 war nun, dass seine Armeevorlage bei der Stärke der Opposition erst recht keine Chance mehr hatte. Und so kam die Stunde Bismarcks.

Otto von Bismarck wird Ministerpräsident

Fontane war vier Jahre jünger als Otto von Bismarck. Von Anfang an verfolgte er dessen Werdegang mit politischer Neugier und persönlichem Interesse.

Die Bismarcks besaßen Güter in der Altmark und in Pommern, beide Gegenden waren Fontane vertraut. Otto von Bismarck wurde in Schönhausen in der Altmark geboren, wuchs aber in seinen ersten Kinderjahren auf dem pommerschen Familiengut Kniephof auf. Ungewöhnlich früh, schon im Alter von sechs Jahren, schickten ihn die Eltern auf eine städtische Schule, und so besuchte er die Plamannsche Knabenanstalt in Berlin. Hier wurde er nach bürgerlichen Grundsätzen erzogen, doch blieben die feinen Unterschiede spürbar. Jedenfalls sahen die Mitschüler in ihm den typischen Junkerssohn. Bismarcks Mutter jedoch war keine Adlige, sondern stammte aus der Leipziger Akademikerfamilie Mencken. Es war denn auch die Mutter, die wünschte, dass ihr zweitältester Sohn das humanistische Gymnasium besuchte. So kam er mit zwölf Jahren auf das Friedrich-Wilhelms-Gymnasium (dasselbe, das Fontanes Sohn George besuchte) und schließlich auf das Gymnasium zum Grauen Kloster (wo Louis Henri Fontane zur Schule gegangen war). Nach dem Gymnasium studierte der junge Bismarck Rechts- und Staatswissenschaft in Göttingen und Berlin. Als er 1835 sein Referendar-Examen ablegte, war Theodor Fontane gerade im dritten Jahr auf der Klödenschen Gewerbeschule.

Dann trat Bismarck für drei Jahre in den Staatsdienst ein, arbeitete in Berlin, Aachen und Potsdam. Statt nun aber eine höhere Beamtenlaufbahn anzustreben, gab er mit 23 Jahren überraschend seine Arbeit an den Gerichten auf und zog sich auf das Familiengut Kniephof zurück. Hier in Pommern, ab 1845 in Schönhausen, führte er bis ins Alter von 33 Jahren das Leben eines ostelbischen Landjunkers. Zwischendurch unternahm er auch ausgedehnte Reisen nach England, Frankreich und in die Schweiz. Zur selben Zeit verdiente Fontane sein Geld als Apothekergehilfe in Leipzig und Dresden, verkehrte in revolutionären Studentenkreisen, schrieb Gedichte und Zeitungsartikel, zog sich eine Weile nach Letschin zurück und tauchte dann wieder in Berlin auf, um sein freiwilliges Militärjahr zu absolvieren. Währenddessen ließ Bismarck, der zum Deichhauptmann ernannt worden war, an der Elbe Dämme bauen und begann das Land erfolgreich gegen Hochwasser zu schützen. 1847 heiratete er Johanna von Puttkamer, die er in einem pietistischen Kreis kennengelernt hatte, und gründete mit ihr eine Familie.

In seiner Zeit als selbstständiger Verwalter seiner Güter genoss Bismarck das Junkerleben und schaffte sich zugleich eine große Bibliothek an. Er galt denn auch als außergewöhnlich belesen. Ähnlich wie Fontane liebte er Shakespeare und Byron (mehr als die Werke Goethes) und vertiefte sich gleichzeitig in die philosophischen Schriften von Hegel, Spinoza, Feuerbach oder Bruno Bauer (Bruder von Edgar Bauer). Als Fontane später einmal nach Schönhausen kam, um für ein *Wanderungen*-Kapitel zu recherchieren, entdeckte er im Bibliothekszimmer außerdem Werke von Friedrich Schlegel, Voltaire und Basedow. Das war keineswegs die typische Lektüre eines konservativen adligen Landjunkers.

In die größere Öffentlichkeit trat Bismarck 1848, als er sich vehement gegen die Revolution stellte und die Monarchie verteidigte. Von da an war er für Fontane ein Begriff. Immer deutlicher begann er jetzt, seine eigene politische Position in der Auseinandersetzung mit Bismarck zu schärfen. 1848 standen sie gewiss auf politisch entgegengesetzten Seiten, insbesondere im November, als die Konterrevolution siegte. Fontane verurteilte damals diese Wende, Bismarck befürwortete sie und fand auch die standrechtliche Erschießung von Robert Blum staatspolitisch richtig. Außerdem gehörte Bismarck zu den Mitbegründern der *Kreuzzeitung*, für die der junge Fontane seinerzeit nur Spott übriggehabt hatte. In den Umbruchsjahren zählte Bismarck zum konservativen aristokratischen Lager und saß nach 1848 als konservatives Mitglied im preußischen Abgeordnetenhaus. Dasselbe Abgeordnetenhaus unterstütze dann die Regierung Manteuffel, unter der die liberale Linke ins Exil getrieben wurde.

Unter der Regierung Manteuffel fand Fontane sich als Presseagent schließlich auf derselben politischen Seite wie Bismarck. Beide standen im Dienste des aufstrebenden Preußen. Fontane hatte als Londoner Regierungskorrespondent diskret zu agieren, Bismarck konnte am Frankfurter Bundestag, wo er preußischer Gesandter war, laut und deutlich werden. Beide Posten, sowohl derjenige von Fontane wie derjenige von Bismarck, verlangten große Sprachgewandtheit. Dass Bismarck nicht nur gut schreiben, sondern auch gut reden konnte und es verstand, sich in Szene zu setzen, blieb den Zeitgenossen nicht verborgen. Auch Fontane wurde durch die Auftritte Bismarcks zunehmend bestrickt.

In der liberalen Neuen Ära behielt der konservative Otto von Bismarck seine Regierungsmandate, doch schickte man ihn lieber etwas weiter weg. 1859 wurde er preußischer Gesandter in St. Petersburg, 1862 in Paris. Zur selben Zeit wurde Graf von Bernstorff nach Berlin geholt und trat die Nachfolge von Außenminister von Schleinitz an, der zurückgetreten war. Seit August 1861 amtete Bernstorff als preußischer Außenminister, und manche sahen ihn wohl bereits als Ministerpräsidenten, als dieses Amt im März 1862 ebenfalls vakant wurde.

Die häufigen Wechsel an der Regierungsspitze waren jetzt alle dem Heereskonflikt geschuldet, der sich zunehmend als unlösbar herausstellte. Als das mehrheitlich liberale Abgeordnetenhaus am 23. September 1862 erneut die beantragten Ausgaben für die Heeresreform verwarf, zögerte Wilhelm I. einen Moment und dachte an Abdankung zugunsten seines liberalen Sohnes Friedrich. Dann jedoch griff er zu einem anderen Mittel: Er berief einen neuen Ministerpräsidenten, der ihm helfen sollte, seine Heeresreform durchzusetzen. Und das war nicht der gemäßigte liberale Graf von Bernstorff, sondern der konservative Otto von Bismarck. Es war ein Schlag gegen die liberalen Kräfte im eigenen Haus.

Wer aber die Berufung Bismarcks begrüßte, das war Theodor Fontane. Und zwar in seiner Rolle als unechter Korrespondent der *Kreuzzeitung*. In dieser Rolle kanzelte er all jene ab, die fürchteten, Bismarck sei ein Kriegstreiber. Fontane tat dies, indem er Stimmen der englischen Presse zitierte, um sie dann der Lächerlichkeit preiszugeben. »Herr v. Bismarck« übertitelte er seine Glosse schlicht. Dann flapste er, es sei doch »lauter Unsinn«, wenn der Leitartikler des *Herald* verbreite, schon in den nächsten 14 Tagen würde Preußen unter der neuen Führung Dänemark den Krieg erklären. »Wir fragen den ›Herald‹ rund heraus, ob er irgendeine Idee davon hat, wer Herr v. Bismarck ist und was er will?« So konnte man am 7. Oktober 1862 in der *Kreuzzeitung* lesen, nicht unter dem vollen Namen des Schreibenden, sondern unter der bekannten Fontane'schen Sigle »*«. Tags darauf wurde Bismarck de jure ins Amt des Ministerpräsidenten eingesetzt. Zugleich übernahm er das Amt des Außenministers und löste in dieser Funktion den Grafen von Bernstorff ab. Bernstorff, so hieß es, sei aus eigenen Stücken zurückgetreten. Fontane hat das persönlich vielleicht bedauert, aber seiner politischen Gesinnung nach hat er es gewiss begrüßt.

Was aber wollte Bismarck? Er wollte in jedem Fall den Konflikt zwischen König und Parlament lösen. Und er löste ihn, indem er erklärte, es gebe eine Verfassungslücke. Bei Uneinigkeit zwischen König und Parlament falle die Entscheidungsbefugnis an den König zurück. Es sei in diesem Fall rechtens, ohne bewilligtes Budget zu regieren. Auf diese Weise sorgte er dafür, dass der König seine Heeresreform durchsetzen konnte. Außerdem erklärte er vor den Abgeordneten der Budgetkommission: »Preußens Grenzen nach den Wiener Verträgen sind zu einem gesunden Staatsleben nicht günstig; nicht durch Reden und Majoritätsbeschlüsse werden die großen Fragen der Zeit entschieden – das ist der große Fehler von 1848 und 1849 gewesen – sondern durch Eisen und Blut« (30. September 1862).

Bismarck stand für ein starkes Preußen, ein Preußen, das die Führung im Norddeutschen Bund übernehmen wollte, wenn nötig ohne Österreich. Er war, wie die englische Presse richtig vermutete, bereit für einen Einigungsprozess, wie ihn Italien durchgesetzt hatte, und also bereit für den Krieg.

Um seine Politik durchzusetzen, nahm Bismarck sofort Einfluss auf die Presse. Als Mitbegründer der *Kreuzzeitung* setzte er zu Beginn seines Ministeramtes vor allem auf dieses Blatt. Fontane, der unechte Korrespondent der *Kreuzzeitung*, sah sich also unweigerlich wieder in der vertrauten Rolle des halboffiziösen Berichterstatters. Die »Pressmaschinerie« Bismarcks bediente sich aber nicht allein dieser konservativen Zeitung, sondern setzte stark auf die Steuerung der Presse insgesamt. Nach bewährtem Muster der Manteuffel-Regierung wurde über die »Centralpreßstelle« viel Einfluss genommen, auch flossen wieder Subventionen. Als besonders geneigt, die Politik Bismarcks zu befördern, zeigte sich die *Norddeutsche Allgemeine Zeitung*. Sie, und nicht die *Kreuzzeitung*, wurde schließlich das Blatt, das Bismarcks Politik vorbehaltlos unterstützte.

Lexikonbeiträger für »Männer der Zeit« und »Frauen der Zeit«

Der politische Journalist Theodor Fontane hatte eine Vorliebe für Männer, die Geschichte schrieben. Das Interesse geweckt hatte sein Vater, dann aber war es sein ureigenstes Anliegen geworden, bemerkenswerte Persönlichkeiten in ihrem Werdegang zu kennen und zu verstehen. Es interessierten ihn daher Männer wie Friedrich II., Napoleon I., Lord Nelson und der neue Ministerpräsident Otto von Bismarck. Was waren das für Menschen, die ins Schicksal so vieler eingriffen? Was wusste man über sie, und was konnte man von ihnen erzählen? Weil das nicht nur Fontane, sondern wirklich viele interessierte, versprachen Porträts und Biografien eine große Leserschaft, auch in der knappen Form von Lexikonartikeln. Und so brauchte es auch Lexikonbeiträger.

Türöffner für Fontane war Freund Wilhelm Wolfsohn. Ihm verdankte er, dass Verleger Lorck aus Leipzig ihn als freien Mitarbeiter geworben hatte. Der Auftrag lautete, »kleinere biographische Artikel« zu verfassen für ein Lexikon, das »Eintausend biographische Skizzen und Charakteristiken von Zeitgenossen« enthielt. In einer Phase des Umbruchs in Wissenschaft, Handel und Industrie sowie in Zeiten kriegerischer Konflikte sei ein echtes Interesse entstanden »an Denen, welche diese großen Veränderungen in der Welt herbeiführen helfen«, so der Herausgeber. In die Zahl der Porträtierten seien solche Persönlichkeiten aufgenommen worden, die »beim Beginn des Jahrs 1858« noch lebten und auf ihrem Gebiet noch wirkten. *Männer der Zeit* war ein Lexikon der Gegenwart.

Von den Persönlichkeiten, über die Fontane schrieb, waren ihm einige aus privatem Verkehr vertraut. Er sah sich also in der Lage, eigene Quellen beizusteuern und zugleich neue zu erschließen. Dafür nutzte er sein weitverzweigtes Beziehungsnetz, schrieb Briefe und bat um Hilfe.

Das Lexikon *Männer der Zeit* erschien 1862 und enthielt Einträge bis in den Mai des Jahres. Das entspricht der »Vorbemerkung« der Redaktion, die mit dem Datum »Leipzig, im Mai 1862« versehen ist. Alle Artikel wurden unter einer Sigle-Ziffer veröffentlicht, Autorennamen nicht preisgegeben. Aus Fontanes persönlicher Korrespondenz wissen wir jedoch, dass er seine Beiträge unter der Ziffer 22, 55, 62, 65, 66, 70 und 71 schrieb. Die Forschung ordnet ihm derzeit vierzig der insgesamt 1000 Artikel über männliche Persönlichkeiten zu. Unter diesen 1000 Artikeln findet sich auch einer zu Otto von Bismarck und einer zu Albrecht Graf von Bernstorff.

Der Lexikoneintrag mit der Überschrift »Graf von Bernstorff«, versehen mit der Sigle 71, stammt eindeutig aus Fontanes Feder. Oder genauer: ist die Fassung, die Graf von Bernstorff schließlich absegnete. Denn der ursprüngliche Artikel wurde von Bernstorff im Frühsommer 1861 überarbeitet, korrigiert und ergänzt. Wie aus einer Korrespondenz Fontanes hervorgeht, geschah dies zum Zeitpunkt, als Bernstorff bereits designierter Außenminister war. Dass Fontane den Artikel dann so schrieb, wie Bernstorff ihn wünschte, geschah nicht ganz uneigennützig, konnte er doch hoffen, dass er in Bernstorff einen Protektor finden würde.

Zur selben Zeit lag beim preußischen Kultusministerium eine Anfrage Fontanes um finanzielle Unterstützung vor, Unterstützung für sein *Wanderungen*-Projekt. Noch hatte er keinen offiziellen Bescheid, ob die Summe von 300 Talern jährlich bewilligt würde. Nur inoffiziell hatte es geheißen, er könne wahrscheinlich damit rechnen (12. Mai 1861). In dieser Situation sich mit dem neuen Außenminister in ein gutes Einvernehmen zu setzen war also ein Gebot der Stunde. Er selbst nannte es einen »kleinen Dienst«, den er dem Grafen von Bernstorff habe erweisen wollen. Kurz vor Drucklegung des Lexikons wurden die Angaben zu Bernstorff mit dem Nachtrag ergänzt, der Graf sei »seit dem August 1861 als auswärtiger Minister an die Stelle des Freiherrn von Schleinitz getreten«.

Der Eintrag zu Otto von Bismarck ist mit der Sigle 93 gezeichnet und stammt *nicht* von Fontane. Er enthält aber alles, was Fontane im Sommer 1862 über Bismarck wissen konnte. Dass Bismarck nämlich von Anfang an zur »Reactionspartei« gehört hatte, er an der »Begründung der Kreuzzeitung« beteiligt gewesen war, ein treuer Anhänger des Ministeriums Manteuffel wurde, in dieser Zeit sein »Verhältnis zu der Kreuzzeitungspartei« ein wenig abkühlte, er als Frankfurter Gesandter laut gegen Österreich polemisierte, in der Neuen Ära auf Wunsch des Prinzregenten von Frankfurt nach St. Petersburg versetzt worden war, seither aber immer vor oder hinter der politischen Kulisse herumgeisterte. Der Artikel endet mit der Bemerkung: »In neuerer Zeit ging kaum eine Modification des Ministeriums in Berlin vorüber, ohne daß Bismark's Name dabei genannt und dem Träger desselben gerücht= und vermuthungsweise, das Portefeuille der auswärtigen Angelegenheiten zugetheilt worden. Im Mai 1862 weilte Herr v. Bismark wieder einmal in Berlin, und auch diesmal wieder waren ähnliche Gerüchte aufgetaucht, die sich jedoch ungegründet bewiesen haben, indem Herr v. Bismark zum Gesandten in Paris ernannt wurde.«

Der Verfasser des Artikels war bestens informiert, sein Artikel insgesamt aktueller als derjenige über den Grafen von Bernstorff. Wie deutlich wird, wurde schon früh gemunkelt, Bernstorff werde sein Amt bald wieder niederlegen, um Bismarck Platz zu machen. Am 8. Oktober 1862 übernahm Bismarck dann in der Tat nicht nur das Amt des preußischen Ministerpräsidenten, sondern – wie seinerzeit Otto von Manteuffel – auch das Amt des preußischen Außenministers. Für Fontane wurde damit die Hoffnung auf Protektion durch den Grafen von Bernstorff wieder zerschlagen.

Doch seine Verbindungen zu den höheren Chargen blieben vielfältig, und was er an illustren Persönlichkeiten außer dem Grafen von Bernstorff porträtierte, zeigt, dass es ihm an guten Beziehungen zu einflussreichen Männern in Politik, Wissenschaft und Kultur nicht mangelte. Allein indem er sie porträtierte, stellte er sich in ein Verhältnis zu ihnen, und gelegentlich stellte er sich auch über sie. Denn sein Selbstbewusstsein sagte ihm, dass auch *er* einen Lexikonartikel wert gewesen wäre. Zumindest als Balladendichter. Stattdessen verhalf er jetzt anderen zu einer gewissen Berühmtheit. Denn für das Lexikon *Männer der Zeit* porträtierte er die »Tunnel«-Freunde Paul Heyse, Otto Roquette, Christian Friedrich Scherenberg oder auch Adolph Menzel. Allen außer Adolph Menzel widmete er höchst kritische Sätze. Dazu war eben die Sigle nützlich. Zugleich stellte er mit den Malern, bildenden Künstlern und Architekten, die er porträtierte, seine Kennerschaft auf diesem Gebiet unter Beweis. Für *Männer der Zeit* schrieb er zuletzt auch ausführliche Lexikonartikel über Gustav Rose, den Mineralogen, und Heinrich Rose, den Chemiker. Für beide Brüder seines einstigen Lehrherrn, des Apothekers Wilhelm Rose, hatte er nur anerkennende Worte.

Verleger Lorck hatte es sich nicht nehmen lassen, seinem Lexikon *Männer der Zeit* das Supplement *Frauen der Zeit* hinzuzufügen. Immerhin 75 biografische Skizzen weiblicher Persönlichkeiten sind darin versammelt. Mindestens fünf davon hat Fontane beigesteuert. Zu den Frauen, die er nachweislich porträtierte, gehören die Schauspielerin Charlotte von Hagn, die Schriftstellerin Fanny Lewald-Stahr, die Sängerin Johanna Wagner, die englische Romanschriftstellerin Catherine Gore sowie die Schauspielerin Lina Fuhr. Seine Schwäche für talentierte Bühnenkünstlerinnen wird in diesen

Porträts überdeutlich. Gewiss, da schrieb ein Theatergänger, einer, der die Bühne seit den 1830er-Jahren kannte. Von Catherine Gore hingegen hatte er einst den Roman *The money lender* übersetzt, während er mit Fanny Lewald schon »zu Ball« gegangen war. Für alle fünf Frauen hatte er viel übrig, mit Lina Fuhr sogar eine kleine Korrespondenz geführt. Die Schauspielerin war jetzt dreißig Jahre alt und hatte sich von der Berliner Hofbühne zurückgezogen. Doch unvergessen war ihr Spiel »[a]ls Louise (Kabale und Liebe), als Käthchen von Heilbronn, als Julia, Recha (im Nathan), Gretchen, Emilia Galotti, Thekla, Ophelia, Jane Eyre und Maria Stuart«, so Fontane als Lexikonbeiträger, der aus dem Material schöpfen konnte, das er von Lina Fuhr erhalten hatte.

Alles biografische Material faszinierte ihn, wenn er daraus Lebensbilder formen konnte. Nicht nur für Lorcks Lexikon sammelte er jetzt solche Angaben, sondern auch für manche Kapitel seiner *Wanderungen* oder für die Schrift *Denkmal für Albrecht Thaer zu Berlin* (1862). Für diese Schrift sollte er 16 Kurzbiografien beisteuern, darunter eine von Albrecht Daniel Thaer und Johann Gottlieb Koppe. Damit schloss sich der Kreis. Denn wo Thaer und Koppe einst mustergültige Landwirte gewesen waren, nämlich in Wollup, da hatte ursprünglich Großvater Pierre Barthélemy Fontane einen Pachtvertrag abschließen wollen. Sein Plan war dann gescheitert, dafür bestellte jetzt der Enkel das Feld. Nicht mit dem Pflug, sondern mit der Feder. Im Herbst 1862 unternahm Fontane verschiedene Recherchereisen ins vertraute Oderland. Am 18. September 1862 besuchte er auch Möglin bei Wollup.

»Material« zu einem großen Roman – erste Entwürfe zu »Vor dem Sturm«

In einem Notizbuch aus jener Zeit, als Fontane häufig ins Oderland fuhr, findet sich ein Konzept zu einem großen Roman (noch ohne Titel). Das Büchlein trägt die einfache Bezeichnung »Arbeits-Notizen«. Es finden sich darin neben Recherchematerial zu den *Wanderungen* auch Notizen zu Julius Faucher sowie eingeklebte Zeitungsartikel aus dem Jahr 1862.

An manchen Stellen des Büchleins sind Seiten herausgetrennt. Waren es beschriebene oder leere Seiten? Fontane hielt sich bei diesen »Arbeits-Notizen« an kein chronologisches Prinzip, sondern bündelte die Einfälle

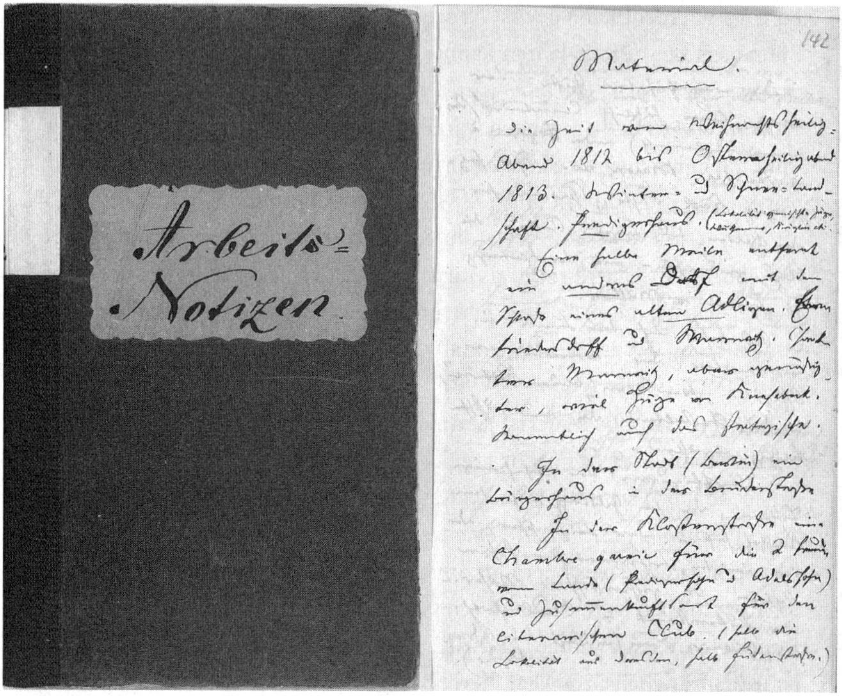

Fontanes Notizbuch »Arbeits-Notizen« mit ersten Entwürfen
zum Roman *Vor dem Sturm*, 1862

spontan an irgendeiner Stelle und ließ zwischen den Notaten leere Seiten stehen. Auch wechselte er zwischen Bleistift und Feder, je nach Schreibsituation. Es handelt sich also um ein richtiges »Arbeits-Notizbuch«, das nach eigener Ordnung festhielt, was ihm bei späterer Gelegenheit nützlich sein sollte.

Das Romankonzept allerdings sticht hervor. Es steht geschützt ganz hinten in dem Büchlein, ist praktisch eine Reinschrift und mit Tinte geschrieben. Titel: »*Material*.« Und gleich darunter heißt es: »Die Zeit von Weihnachtsheilig-Abend 1812 bis Osterheiligabend 1813. Winter- und Schnee-Landschaft. *Prediger*haus.« Als Arbeitsanweisung folgt in Klammern die Notiz: »(Lokalität: gemischte Züge, Wuthenow, Kränzlin etc.)«.

Zum ersten Mal formulierte er hier die Idee, einen Roman über die Franzosenzeit und die Monate kurz vor der preußischen Erhebung zu schreiben (die Kernidee von *Vor dem Sturm*). Ein Predigerhaus sollte im Mittelpunkt stehen. Als Umgebung dachte sich Fontane Wuthenow oder Kränzlin im Ruppiner Land. Das waren Orte und Milieus, die er aus eigener Erfahrung kannte. Doch war ihm klar, dass er sie nicht wie in den *Wanderungen* erzählen wollte, nicht als das reale Leben, sondern als eine fiktionale Wirklichkeit in der Form des Romans. Deshalb also der Titel »Material«, deshalb der Hinweis »gemischte Züge«.

Immer im Bewusstsein, dass er hier Material zusammentrug zu einem ganz neuen Vorhaben, zu einem Roman, wie er ihn sich zwar schon öfters gedacht, aber noch nie zur Ausführung gebracht hatte, notierte er sich weiter: »Eine halbe Meile entfernt ein andres Dorf mit dem Schloß eines *alten Adligen*. Etwa Friedersdorff und Marwitz. Charakter Marwitz, aber gemäßigter, viel Züge von Knesebeck. Namentlich auch das strategische.« Ganz nach dem Prinzip der »gemischten Züge« stellte er sich einen Landsitz vor, der in Wirklichkeit im Oderland lag, hier aber in die unmittelbare Nachbarschaft des Schauplatzes »Wuthenow, Kränzlin etc.« gerückt wird. Und so trägt auch der alte Adlige halb die Züge eines Marwitz auf Schloss Friedersdorf, halb die Züge eines Knesebeck in Karwe bei Ruppin.

Als städtischer Schauplatz nennt das Konzept: »ein Bürgerhaus in der Brüderstraße«. In Klammern »Berlin«. Berlin als Stadt wird nicht gemischt gedacht, hingegen die Berliner Wohnung der beiden jungen Freunde: »In der Klosterstraße eine Chambre garnie für die 2 Freunde vom Lande (Predigersohn und Adelssohn) und Zusammenkunftsort für den literarischen Club. (halb die Lokalität von Dresden, halb Jüdenstraße.)«. Fontane griff damit auf die eigenen »Chambre garnie«-Erfahrungen zurück. »Dresden« verweist auf seine Apothekergehilfenzeit, die »Jüdenstraße« auf seine Berliner Militärzeit, als er zuerst in der Klosterstraße, dann in der Jüdenstraße ein Zimmer gemietet hatte.

Zu dem skizzierten literarischen Klub heißt es im Notizbuch, dass hier Gäste eingeführt würden wie »der blasse, hagre, häßliche Comtoirist (der Begeisterungsmensch)« sowie »andre Figuren à la Faucher, Maron etc.« Es schwebte Fontane also der »Lenau-Verein« vor, sein erster literarischer Klub. Hinzu kommen sollten »Schill, Erzherzog Karl, Fichte, Schleiermacher – die Helden des Tages« sowie andere, »die blos geistreichen«, mit einer »Hinneigung zu Johann v. Müller«, jenem aus der Schweiz stammenden Hofhistoriografen des Hauses Brandenburg, der in der Franzosenzeit Minister von Napoleons Gnaden geworden war.

Zwischen Stadt und Land, so lesen wir unter dem Eintrag »*Material*« weiter, sollte es einen regen Austausch geben, der Krieg jedoch der Hauptgegenstand der Gespräche sein: »Als Besuch auf dem Lande ein verwandter oder verwundeter Offizier von den ›blauen Reitern‹« und »andre Gestalten die vom russischen Feldzug erzählen.«

Auf dem Land, so Fontane weiter, dachte er »Dorffiguren« zu geben, die gespenstisch und wahnsinnig wirkten, etwa wie der »Pukerstock in Claus Groth«. Schließlich gehörten zum »Material« eine Reihe von Szenen wie: »Die Scenen in der Prima des grauen Klosters. Der alte Bellermann [Direktor] oder wie er sonst hieß. / Etwas Colonie-Leben; ihre Vertheidigung warum sie so französisch waren. / Eine Scene auf dem Eise. Eine Lume [?]. Ertrinkende. Rettung.«

Stichwortartig notierte er auch: »drei Monate später«, »überschwemmtes Sumpfland in der Oderbruchgegend, vorher durch Eis gedeckt«, dann das »Erscheinen der Franzosen in Frankfurt«, die den Feldzug gegen Russland verloren hatten. Daher der Versuch der Oderbrücher, ihnen militärisch entgegenzutreten, was aber »zum Theil« scheitert. Und so sollte eine »Franzosenjagd im Walde« folgen, trotz »Bedenken dagegen«.

In die historische Zeit von 1812 auf 1813 wollte Fontane auch »Liebestragödien aller Art« hineinkomponieren und notierte für sich den Hinweis: »die Barfusgeschichte«. Mit dem alten märkischen Adelsgeschlecht der Familie von Barfus auf Möglin hatte er sich lange befasst und war gerade dabei, ihr in den *Wanderungen* viel Raum zu geben. Mit der »Barfusgeschichte« aber wollte er die »Gräfin Schwerin-Geschichte« mischen und somit von der Sage erzählen, »wie der Fluch gelöst werden könne«. Am Schluss des Romanentwurfs steht endlich der Name, den er für die Hauptfigur gefunden hatte: »Levin v. Vitzewitz«.

Es folgt auch eine erste rudimentäre Einteilung des geplanten Romans in »drei Abtheilungen«. Die Gliederung nahm Fontane dabei nach Handlungsorten vor. Zuerst sollte der Roman in »Berlin und Hohen-Vietz« spielen, dann in »Hohen-Vietz [...] Frankfurt oder Selow oder Lebus« und schließlich in »Berlin. Hohen-Vietz. Küstrin«.

»Gemischte Züge« trägt in erster Linie »Hohen-Vietz«. Es ist ein fiktiver Ort, wodurch markiert wird, dass die gesamte Romanhandlung in einen poetischen Raum transponiert wird, weshalb auch Berlin, Frankfurt, Küstrin poetisierte Orte sind. Am Ende, so will es dieser Entwurf im Notizbuch, stirbt Levin in französischer Kriegsgefangenschaft in der Festung Küstrin (»Levins Tod«).

Wie Fontane seine Erzählung realistisch aufladen wollte, das findet sich ebenfalls in seinem »Material«. Aufgezählt wird hier, welche Literatur sinnvollerweise beizuziehen sei, um dem Romangeschehen historische und geografische Substanz zu geben. Zum Beispiel: »Voßische oder Spenersche Zeitung«, »Fichte's Reden an die deutsche Nation«, »Spezialgeschichten von Frankfurt a. O., Lebus, Selow, Küstrin, Landsberg etc«, »Marwitz's Buch« (vor allem), »Büchsels Buch (wegen der Volkscharaktere)«, »Kloeden übers Oderbruch«, »Droysen über York«, »Das Leben Steins«.

Für die erste Abteilung skizzierte Fontane sodann eine Abfolge von sechs Kapiteln. So heißt es stichwortartig zum ersten Kapitel:

> Weihnachtsnacht. Schnee. Sterne. Schlitten. Lewin. Träumereien. Landschaftliches. Ankunft. Lokalität. Nachtstille. Alles still im Haus. Das Zimmer. Meta's Grüße und kleine Aufmerksamkeiten. Er packt seine Geschenke aus und legt sie auf den Tisch. Schläft.

Und so fährt er fort, manchmal wie in der Form einer Regieanweisung auf dem Theater:

> [...] Der Kaffe am Kamin. Der Alte dampft seine kurze Pfeife. Plaudereien. Levin und Meta über die Leute im Dorf: der Tischler, Pukerstock, die Tante etc. | Meta ab.

Acht Notizbuchseiten umfasst dieses »Material«. Notiert wurde es, wie die Forschung vermutet, »um 1862«. Im Sommer könnte es schon vorgelegen haben. Denn am 17. Juni 1862 schrieb Fontane an Emilie: »Geht übrigens alles gut, so daß nicht Krankheit oder irgend eine andre große Störung dazwischen kommt, so muß ich bis zum 1. Oktober mit dem Hauptinhalt meines *zweiten* Bandes [*Wanderungen: Oderland*] fertig sein. Ich werde dann in eine Art Verlegenheit kommen, was ich arbeiten soll. Den Roman anfangen, dazu hab ich nicht innerliche Ruhe genug, auch ist die Frucht noch nicht reif; es können noch Jahre vergehn eh ich ihn anfange, aber dann auch hintereinander weg, sonst kommt man immer wieder in neue Schwankungen und verwirft im nächsten Sommer was man in diesem geschrieben hat.«

Emilie drängte nicht. Aber ihr hätte es vermutlich gefallen, wenn er den Roman endlich angefangen hätte. Sie drückte es in ihrem Antwortbrief vom 20. Juni recht praktisch aus (es war ein Postskriptum): »Arbeite nicht zu viel aber verwehrte was Du hast so hoch wie möglich. Denn Geld haben ist doch eine gar reizende Sache.«

Redakteurskollege George Hesekiel packte es in dieser Hinsicht klüger an. Gerade rechtzeitig zum Jubiläum der preußischen Erhebung (1813) legte er seinen dreibändigen vaterländischen Roman *Stille vor dem Sturm* vor. Fontane rezensierte das Werk am 25. November 1862 in der Zeitung, deren Redakteure sie beide waren. Und er stellte fest: Es war derselbe Stoff, wie er ihn für *seinen* Roman vorsah, aber nicht die Form, der Stil, der Ton, den er suchte.

Familienleben in der Hirschelstraße 14

Auch wenn sie sich etabliert hatten und mit den drei Kindern ein möglichst geregeltes Leben zu führen versuchten, lebte Familie Fontane kein typisches bürgerliches Leben. Denn Theodor Fontane, wenn er seine Redaktionsarbeit erledigt hatte, war oft tagelang außerhalb von Berlin unterwegs und Emilie dann mit den Kindern auf sich gestellt. Doch war keiner von ihnen je allein. *Er* sorgte immer für gute Begleitung, sei es Verleger Hertz, Freund Lepel oder sonst eine kleine Männerclique (aus dem Kreis des »Rütli«). Und *sie* hatte Henriette von Merckel, Johanna Treutler (in Neuhof) und andere gute Freundinnen. Alle waren wiederum gegenseitig befreundet, so dass es meist ein sehr geselliges Leben war.

Das einzige Handicap waren die etwas beengten Wohnverhältnisse. Ende September 1862 zogen die Fontanes erneut um. Nicht aus freien Stücken, vielmehr hatte ihnen der Hausbesitzer unerwartet die Wohnung gekündigt. Jetzt lebte die fünfköpfige Familie in der Alten Jakobstraße 171, ganz in der Nähe des Kammergerichts. Es war wieder eine Parterrewohnung, das Haus neu errichtet und noch nicht trockengewohnt. Sobald sich etwas Besseres finden sollte, würde man leichten Herzens wieder ausziehen. Klein Martha, jetzt drei, war unterdessen im Sprechalter und ein kleines Energiebündel. Theo, sieben, ging fleißig zur Schule, piesackte aber seine Geschwister, und George, zwölf, ließ sich das natürlich nicht gern gefallen. So waren jeweils die großen Sommerferien eine höchst willkommene Zeit. Denn dann fuhr man aufs Land, wo alle drei Kinder sich ungehindert austoben konnten. An Einladungen von guten Freunden fehlte es nicht. Abwechselnd fuhr Emilie mit den Kindern zu Johanna Treutler nach Neuhof bei Liegnitz und nach Kränzlin zu Hermann und Lisbeth Scherz, die ebenfalls Kinder hatten.

Im Sommer 1863 war Kränzlin an der Reihe, und es kam sogar der vielbeschäftigte Ehemann zu Besuch. Er hatte von seiner Zeitung den Auftrag erhalten, nach Hamburg zu fahren und über die dortige »Tier- und Maschinenausstellung« zu berichten. Fontane fand das wenig aufregend, »*zu* strapaziös« war ihm solches Hin- und Herreisen jetzt und »eine Viehausstellung« eigentlich »gleichgültig«. Aber die Aussicht auf einen »kleinen Abstecher nach Ruppin«, die freute ihn. Allerdings lag sein Heimatort noch immer weitab von jeder Bahnstation. Und ob eine Post oder ein Hauderer gleich nach Ruppin fuhr, wenn er morgens um 4 Uhr mit dem Hamburger Zug in Neustadt a.d. Dosse ankam? Das waren die Fahrplan-Fragen, die ihm die Rückständigkeit seiner Mark im Zeitalter der Eisenbahn immer wieder vor Augen führten.

Ein bisschen nietig und »nöhlig« war er in diesen Tagen, als er an Emilie schrieb: »Mir geht es ganz gut und wiewohl ich keineswegs immer in Einsamkeit leben möchte, weil es auf die Dauer nach meinem Geschmack entsetzlich sein würde, so muß ich doch andrerseits offen gestehn, daß man, auf eine kurze Zeit, in solcher Einsamkeit ordentlich aufathmet.« Er fühle sich nämlich als Familienvater »constant in der nervösen Aufregung einer Besatzung, die jeden Augenblick einen Angriff« erwarte. Jetzt könne er endlich einmal am Morgen in aller Ruhe »eine Viertelstunde lang gurgeln«, ohne dass er belästige oder »Zeichen des Mißfallens« ernte. Auch bei Tisch müsse er nichts von Erziehung hören oder selber erziehen. Für diese Partien des Familienlebens fehle ihm nämlich »ganz und gar der bürgerliche Sinn«. Es interessiere ihn eben »nur das adlige«, aber nicht nur im Sinne der »Menschenklasse«, die man »Adel« nenne. Das Adlige, wie er es verstehe, komme in allen Ständen vor, »es ist der Sinn für das Allgemeine, für das Ideale und die Abneigung gegen den Krimskrams des engsten Zirkels«. Emilie wusste, wie sie solche Sätze zu verstehen hatte. Auch sie fand beengte Verhältnisse »kleinstädtisch«. Zudem wusste sie, dass ihr Theo im Grunde ein passionierter Familienvater war, sich für Frau und Kinder verantwortlich fühlte und einfach im Trubel nicht zu kurz kommen wollte.

Ob sie ihm schon gesagt hatte, dass sie wieder schwanger war? Man würde deshalb früher als geplant wieder umziehen müssen. Denn eine größere Wohnung war ganz unabdingbar. Zum Glück konnte man auf die Freunde zählen. Sie ließen einen auch bei der Wohnungssuche nicht im Stich. Während ihre drei Kinder sechs lange Kränzliner Sommerwochen genossen, sich auf die Stippvisite des Vaters freuten, gewiss manchmal mit Scherzens nach Ruppin hinüberfuhren, um Großmutter Fontane und Tante Lischen zu besuchen, versuchte Emilie, jetzt 38, sich so gut wie möglich zu schonen. Denn die Schwangerschaft bereitete ihr diesmal ernste körperliche Beschwerden.

Fontane eilte derweil von Termin zu Termin. Neben dem Dienst bei der *Kreuzzeitung* hatte er auch die letzten Seiten seines Manuskripts für den zweiten Band *Wanderungen* fertigzustellen und mit den ersten Seiten der Fahnenkorrektur zu beginnen. Wilhelm Hertz drängte, denn der Band sollte bis zum Weihnachtsgeschäft in den Buchhandlungen liegen. Titel: *Das Oderland. Barnim. Lebus*. Honorar gemäß Vertrag vom 28. Mai 1863: 13 Taler pro Druckbogen, also nicht weniger als 300 Taler für die erste Auflage von 1250 Exemplaren.

Es läpperte sich jetzt zusammen. Zum Fixum der *Kreuzzeitung*, das bald von 900 auf 1000 Taler erhöht werden sollte (ab April 1864), flossen regelmäßig Honorare von verschiedenen Zeitungen. Fontane hatte nämlich das Recht, die einzelnen *Wanderungen*-Kapitel vorabdrucken zu lassen, ohne dass Hertz irgendwelche Ansprüche auf das Honorar erhob. Regelmäßige Abnehmer der Feuilletons waren neben der *Kreuzzeitung* das *Morgenblatt für gebildete Leser* sowie das *Wochenblatt der Johanniter-Ordens-Balley Brandenburg*, die beide gut zahlten. Ein nettes Extra verdiente er außerdem mit gelegentlichen Vorträgen, sei es in der Militärakademie Potsdam oder im Hôtel de Russie am Platz der Bauakademie. Er griff dann jeweils auf den *Wanderungen*-Stoff zurück. Zusatzhonorar gab es auch, wenn er Kunst- und Ausstellungskritiken schrieb.

An einem Sonntag im August 1863 nahm er sich drei Stunden Zeit, um die »Ausstellung der Denkwürdigkeiten aus der Zeit Friedrichs II.« zu studieren, die im Konzertsaal des Schauspielhauses am Gendarmenmarkt gezeigt wurde. Und schon konnte man in der *Kreuzzeitung* seine Besprechung lesen, auf die wenige Tage später die Fortsetzung folgte. Denn am selben Ort war auch eine Ausstellung »Erinnerungsstücke aus der Zeit der Befreiungskriege« zu sehen gewesen, die er nun den Lesern vorstellte.

Als dann die Familie aus Kränzlin zurückkehrte, war er es, der sich eine Urlaubspause gönnte. Freund Lepel war wie häufig um diese Jahreszeit in Heringsdorf, und andere Freunde waren ebenfalls da. Ihnen wollte er sich zugesellen, zuvor aber sein altes Swinemünde besuchen. Bis Stettin würde er mit dem Zug reisen, von dort aber das »Dampfschiff« nehmen. Sonnabends würde er in Swinemünde flanieren, sonntags dann nach Heringsdorf hinüberkutschieren. So war es geplant, und so wurde es ausgeführt.

Am Montag früh schrieb er von Heringsdorf aus: »Meine liebe gute Frau. / Es sind erst 2 Tage und 2 Stunden, seit ich von Berlin fort bin, und schon habe ich so viele Eindrücke empfangen, so viele alte und neue Menschen gesehn und gesprochen, daß mir zumute ist, als hätte ich den Berliner Staub und die Berliner Rinnsteine schon wochenlang hinter mir.« Dann rückte er mit dem »Plan« heraus, der beim Flanieren in Swinemünde und Heringsdorf entstanden war: »Ich schwärme für einen kleinen Hausbau hier; hier in Heringsdorf selbst ist der Grund und Boden schon zu teuer, aber zwischen hier und Ahlbeck, oder in Ahlbeck selbst, das eine Viertelmeile von hier gelegen ist und jetzt sehr in Aufnahme kommt«, sei es noch immer möglich, den Traum vom Sommerhaus zu verwirklichen (24. August 1863). Es war die Stelle, wo er einst als Junge mit seinen Brüdern gespielt hatte, wo Störtebekers Kule an Seeräuberspiele, schäumenden Lakritzensaft und Johannisbrot erinnerten.

Winters hätte man alles zugeschlossen, sommers wäre Emilie mit den Kindern herausgekommen. Er selbst wäre dann jeweils an den Wochenenden erschienen. Es mochte verrückt klingen, aber wenn man sich »mit 3 andern Berliner Familien«, zum Beispiel mit den Freunden Zöllner, zusammentat, konnte der Plan gelingen: »wir bauen ein Haus für 2000 rthl., jeder zahlt, wenn zwei Parten sind, 1000 rthl. Oder, wenn 4 Parten sind, 500 rthl.« Und selbst wenn alles teurer würde, als er jetzt vorrechne, so sei »die Annehmlichkeit, der Gewinn an leiblicher und geistiger Frische« doch »sehr groß«. Noch besser sei aber, ein anderer, »mehr geschäftsmäßiger Mann«, nehme die Sache an die Hand, und sie würden dann einfach ihren Anteil für »unsere 2 Stuben und Küche« bezahlen.

Im selben Brief erzählte er Emilie auch von seinem veränderten Swinemünde. An der Stelle des alten Fachwerkhauses, wo er einst »als 14jähriger Junge, angetan mit einem blauen Bastard von Frack und Jacke«, zum Ressourcenball gegangen sei, stehe jetzt »ein großes Hotel mit vielen Balkonen und einem Eckturm«. Die Kellner seien alle Berliner, und überall tummelten sich »Lieutnants und Soldaten«, »Marine-Offiziere und Matrosen«. Alles sei neu und anders geworden und die kleine Schifferstadt mit Giebelhäusern, die er gekannt habe, »auf dem Punkt zu verschwinden«. Nur der alte Kastanienbaum, von dem er einst in die Tiefe gestürzt sei, stehe noch immer. Denn verändert sei auch das Haus, das sie bewohnt hatten, »total *runtergekommen*« sei es, die Apotheke längst anderswohin verlegt und vom Garten des Vaters nur noch der »Nußbaum« übrig. Eigentlich kenne er sich als unsentimentale Natur, schloss er, »aber von leiser Wehmut, von einer gewissen Herbststimmung« sei »das Herz doch beschlichen« worden.

Eine Woche später kehrte er nach Berlin zurück und freute sich, dass die Familie ihn vom Bahnhof abholte, auch Klein Martha zappelte vor Freude.

Unterdessen war dank der Hilfe von Mathilde von Rohr eine größere Wohnung gefunden worden. Eine Fünf-Zimmer-Wohnung in der Beletage, Ecke Dessauer-/Hirschelstraße. Endlich fand man zu jenem Komfort zurück, den man in Camden Town so sehr geschätzt hatte. Auch fließend Wasser stand in Aussicht. Der Mietpreis betrug jährlich 260 Taler. Das war gut zu leisten, vorausgesetzt, man stürzte sich durch einen Hausbau in Ahlbeck nicht in neue Unkosten. Der Plan von der Sommerwohnung an der Ostsee wurde also begraben.

Der Umzug in die Hirschelstraße 14 erfolgte am 1. Oktober 1863. In ihrem Weihnachtsbrief an die Stiefmutter und »Herzensmama« Bertha Kummer schrieb Emilie: »Seit Michaelis haben wir nun auch mal wieder eine recht behagliche Wohnung, in der wir uns alle recht wohl fühlen; namentlich hat Theo ein ungestörtes, gemüthliches Arbeitszimmer« (22. Dezember 1863).

Theodor Fontanes zweifenstriges Arbeitszimmer lag zur Hirschelstraße hin. Hier stand jetzt der große Schreibtisch, den er seinem Freund Wilhelm Lübke abgekauft hatte. Lübke lebte seit zwei Jahren in Zürich und lehrte an der dortigen Universität Kunstgeschichte. Sein Schreibtisch war eine Besonderheit, ein ausladendes Möbel von fast zwei Metern Breite und einem Meter Tiefe, das über ein ausgeklügeltes Schubladensystem verfügte, mit zusätzlichen Schubkästen auf der Rückseite und einem geländerartigen Schmuckaufsatz. Hier ließ sich wunderbar arbeiten, gab es doch genügend Platz für Papiere und Bücher, Stifte, Feder und Tinte, Papiermesser und Briefbeschwerer, Briefwaage und Brieföffner. Auch ein Wachsstockhalter, der Kerzenlicht spendete, hatte hier seinen Ort gefunden sowie ein drehbarer Globus.

Emilies Zimmer befand sich gleich nebenan. In ihrem »Damenzimmer« stand ein neues Pianino, bezahlt von ihrem Mann aus dem Vorschuss für den zweiten Band *Wanderungen*. Die Zimmer der Kinder lagen zur Hofseite hin. Zwischen den Vorder- und Hinterzimmern befand sich das große Berliner Zimmer mit seinem Fenster zum Hof, das als Ess- und Familienzimmer diente. Dahinter lagen die Küche und ein Raum, der sich als Gästezimmer verwenden ließ. In der Küche waltete nach wie vor die Wirtschafterin Mathilde Gerecke (»Tilla«). Sie kochte nicht nur gut, sie war auch sonst ganz unentbehrlich. Die Kinder liebten sie sehr.

Wichtigste Stütze blieb Henriette von Merckel. Sie lebte jetzt allein, denn Wilhelm von Merckel war nach kurzer Krankheit überraschend gestorben (am 27. Dezember 1861). Das war ein nicht zu ersetzender Verlust. Sie hatte dann ihren großen Haushalt aufgelöst und war in die Dessauerstraße 4 gezogen. »Sehr glücklich macht mich die Nähe meiner guten, theuren Merckel, die gleich vis à vis wohnt, und mir nach wie vor mit Rath und That beisteht«, schrieb Emilie in ihrem Weihnachtsbrief und gestand, dass ihr »in jetziger Zeit, mit 3 Kindern und das vierte in Aussicht«, doch manchmal sorgenvoll zumute sei. Henriette von Merckel war für Emilie und die Kinder ein wirklicher Segen, aber gewiss auch für Theodor Fontane. Dies nicht zuletzt, weil ihr Bruder der neue Kultusminister war und zum Kabinett von Bismarck gehörte. Die Verbindung zu Heinrich von Mühler, der auch ein langjähriges »Tunnel«-Mitglied war (»Coccej«), machte, dass Fontane gelegentlich das Gras wachsen hörte.

Weihnachten 1863 war eine glückliche Familienzeit. George, der seit zwei Jahren von Henriette von Merckel Klavierunterricht erhielt, spielte jetzt »schon recht gut« auf dem Pianino der Mutter. Der kleine Theo war »ein stiller, fleißiger Knabe« und wie sein älterer Bruder ein guter Schüler. Das Töchterchen aber war der Liebling aller: »Unsere Martha ist ein sehr gutes Kind«, so schrieb die Mutter, »meines lieben Theo Herzblatt, sie ist die gesundeste, unberufen, von den Kindern, und sieht aus wie ein kleines Bauernmädchen.«

Auch Sommerfeldts hatten glückliche Tage. Schwager Hermann Sommerfeldt, seit langem auf der Suche nach einem größeren Geschäft, hatte in Berlin die Luisenstädtische Apotheke erworben, ganz in der Nähe der Janowitzbrücke. Und so lautete jetzt ihre Adresse: Berlin, Köpenicker Straße 119. »Jenny ist mit ihren 8 Kindern munter«, so erfahren wir aus dem Weihnachtsbrief Emilies, »lebt in sehr guten Verhältnissen und ist noch eine sehr hübsche Frau.« Leider sehe man sich *zu* selten, »da wir beide durch Wirthschaft und Kinder an unsere Häuslichkeit gebunden sind«. Theodor Fontane jedoch ließ es sich nicht nehmen, gelegentlich auf einen Sprung bei Schwester und Schwager vorbeizuschauen. Nur die vielen Kinder schreckten ihn ein wenig.

Wohl um zu sehen, wie es den jungen Familien in ihrer neuen »Häuslichkeit« erging, kamen auch die alten Eltern wieder einmal in die Stadt. Zuerst war die »geliebte Schwiegermama« zu Besuch, dann folgte – »nach 8jähriger Abwesenheit« von Berlin – »mein Schwiegerpapa«, wie Emilie berichtete. Sie kamen im November und blieben für eine Dauer von je »14 Tagen«.

Als sie da waren, lag druckfrisch der Band *Oderland* auf dem Tisch. Damit hatten nun beide Eltern ihr besonderes Buch. Denn wenn der erste Teil der *Wanderungen* Ruppin umkreiste, das Land, wo die Mutter wohnte, dann der zweite Teil Schiffmühle und Letschin, wo der Vater zu Hause war. In beiden Bänden erzählte Theodor Fontane von märkischer Landschaft, Geschichte und adligen Persönlichkeiten. In beiden Bänden fand sich auch die innere Landkarte der Familie. Denn fast in jedem Kapitel gab es Namen und Orte, die schöne und traurige Familienerinnerungen weckten. Die Orte Badingen, wo Rudolph Fontanes Grab lag, Kriescht, wo Max Fontane seinen Stein hatte, blieben als Orte – nach stiller Vereinbarung – zwar unausgesprochen. Aber sie waren eingebettet ins größere Ganze. Die *Wanderungen*, soweit sie jetzt vorlagen, waren also auch eine poetisierte Form der Familiengeschichte, eine Erinnerung an die vielen gemeinsamen Fahrten zu Wasser und zu Land. So jedenfalls durften die Eltern es lesen, wenn *Oderland* mit den Versen beginnt:

> Saßen all auf dem Verdecke,
> Glocken klangen, alte Zeit,
> Und der Himmel wurde blauer
> Und die Seele wurde weit.

Preußen im Krieg

Der Schriftsteller als Kriegsjournalist und werdender Romancier (1864–1870)

Zum Kriegsschauplatz nach Missunde und Düppel, Mai 1864

Als Redakteur der *Kreuzzeitung*, zuständig für die Korrespondenz aus England, befasste sich Fontane immer wieder mit Englands Haltung zur Schleswig-Holstein-Frage. Am 7. Oktober 1863 hatte er (fingiert) aus London berichtet: »Die Schleswig-Holsteinsche Frage macht der englischen Presse größere Sorge, als der deutschen, die doch um vieles näher dabei beteiligt ist. Die Times sieht bereits das Schreckgespenst eines europäischen Krieges heraufziehen. […] Jedenfalls ist sie bitterster Laune und grollt mit Deutschland im allgemeinen und mit Preußen (natürlich) im besonderen« (*, *Kreuzzeitung* vom 10. Oktober 1863).

Gegen Jahresende hatte London keine Zweifel mehr, dass es zum Krieg kommen werde. Denn nach dem Tod des dänischen Königs am 15. November 1863 hatte sich die Erbfolgefrage noch einmal zugespitzt: Welche Krone hatte Anspruch auf Schleswig, Holstein und Lauenburg? Oder anders: Was geschah, wenn diese drei Länder einen eigenen deutschen Bundesstaat gründeten? Sie waren ja geografisch, wirtschaftlich und kulturell ein einheitliches Land und zum großen Teil deutschsprachig. Die deutsche Nationalbewegung unterstützte ihre Unabhängigkeitsbestrebungen mit Leidenschaft. Dagegen aber protestierten wiederum die dänischen Liberalen. Den Konflikt zum Ausbruch brachte schließlich die dänische Verfassungsrevision von Ende November 1863, die das Herzogtum Schleswig willkürlich dem dänischen Staat zuschlug.

Erste Truppen des Deutschen Bundes besetzten daraufhin das benachbarte Holstein südlich der Eider (23. Dezember). Um Schleswig aber bemühten sich Preußen und Österreich, und zwar nicht im Namen des Deutschen Bundes, sondern als eigenständige europäische Mächte. Im Januar 1864 stellten sie Dänemark ein Ultimatum. Weil die dänische Krone nicht darauf eingehen wollte, mobilisierten die Alliierten ihre Truppen. Der Londoner

Korrespondent der *Kreuzzeitung* meldete unverzüglich: »Der Einmarsch in Schleswig, welcher bevorsteht, wird von den englischen Blättern mit äußerstem Mißfallen betrachtet.« Die *Times* eifere geradezu gegen diese »Inpfandnahme« (*, London, 27. Januar 1864).

Als später feststand, dass die dänischen Truppen auf verlorenem Posten standen, machte derselbe Korrespondent deutlich, dass die Verlierer weder mit England noch mit der *Times* als Unterstützer rechnen konnten. Und dies in einem recht hämischen Ton und mit vielen Ausrufezeichen. Ob diese Glossen auch wirklich immer Fontane verantwortete? Zweifel sind angebracht. Eine furchtbare Sauce hätte er über alle Preußenkritiker gegossen. Gezeichnet sind sie zwar tatsächlich mit einer Sigle Fontanes (*). Zu bedenken bleibt allerdings, dass der »Loyalitäts-Überfluß« immer auch seitens der Chefredaktion hineinredigiert werden konnte. Ganz so, wie es geschehen war, als Fontane im Oktober 1856 aus Paris berichtet hatte.

Zum ersten Mal seit den Befreiungskriegen trat Preußen wieder in einen Krieg ein. Die verbündeten österreichisch-preußischen Truppen überschritten die Eider am 1. Februar 1864 und drangen dann rasch nach Schleswig vor. Alle Soldaten trugen eine weiße Binde am linken Oberarm. Es war dasselbe Erkennungszeichen wie damals in den Jahren 1813 und 14, als man sich gegen Napoleon erhoben hatte. Oberbefehlshaber war Feldmarschall von Wrangel. Ja, derselbe, der in den Befreiungskriegen »in fast allen Schlachten« mitgekämpft hatte. Auch in der Schlacht von »Großgörschen«, wo Louis Henri Fontane, der Vater, als blutjunger Freiwilliger von einem Seitenschuss getroffen und wie durch ein Wunder nicht verletzt worden war, weil angeblich die Geldbörse ihn geschützt hatte. Mit Wrangel verband sich aber nicht nur die Erinnerung an die mythisch gewordenen Befreiungskriege, sondern auch an die jüngeren Ereignisse der Geschichte. Einerseits hatte er bei der Schleswig-Holsteinischen Erhebung bereits einen ersten Feldzug gegen Dänemark siegreich angeführt (April bis Mai 1848), anderseits aber war er am 10. November 1848 »an der Spitze der Garden in Berlin« eingerückt und hatte dafür gesorgt, dass die demokratisch gewählte preußische Nationalversammlung aufgelöst wurde (5. Dezember 1848). Der junge Fontane hatte sich damals in furchtbare Rage geredet gegen diesen gewaltsamen Akt der Konterrevolution.

Seit jenen »historisch gewordenen Tagen« war Wrangel nun aber zu einer »volksthümlichen Erscheinung« geworden. Und solche Erscheinung wiederum faszinierte Fontane, ganz so wie ihn die Generäle Derffling, Dessauer, Zieten fasziniert und zum Dichten inspiriert hatten. General Wrangel glich diesen preußischen Vorgängern durchaus und war zudem berühmt für seinen Berliner »Humor«. Es kursierten bereits viele Anekdoten, manche davon verbreitet durch das Witzblatt *Kladderadatsch*. Fontane hatte seine Freude an solchen »Wrangeliana« und notierte sich unter anderen diese:

> Bestellt einen Ring mit der Inschrift »Ich liebe Dir«. Die junge Dame im Juwelier = Laden, verlegen, bittet Excellenz die Worte aufzuschreiben. »Ei, Sie kleiner Schäker, Sie wollen nur ein *Ortho*graph.«

So war Wrangel. Bei Kriegsausbruch ging er sage und schreibe ins 80. Lebensjahr, was durchaus Bedenken hervorrief. Dennoch wurde »seine Wahl zum Oberfeldherrn als selbstverständlich angesehn und überall im Lande als eine gute Vorbedeutung begrüßt«. So lesen wir es jedenfalls bei Fontane in seinem später erschienenen Kriegsbuch *Der Schleswig-Holsteinsche Krieg im Jahre 1864*. Auf preußischer Seite sei man eben überzeugt gewesen, der alte General habe »eine glückliche Hand«.

Während nun Wrangels Truppen Eckernförde einnahmen (1.2.) und dann gegen Missunde zogen (2.2.), um die Schlei zu überqueren (in der Nacht auf den 6.2.), saß Theodor Fontane, Schriftsteller, an seinem Schreibtisch in der Hirschelstraße und beendete »zwei sehr lang[e] Arbeiten« über die Zisterzienserklöster »Lehnin und Chorin«. Zudem hielt er sich bereit, Emilie »Beistand« zu leisten. Denn sie erwartete in diesen Tagen ihre Niederkunft.

Sohn Friedrich kam am 5. Februar 1864 zur Welt. Die Freunde hatten die Stunde mit Bangen miterwartet und Hilfe angeboten, wenn es nötig würde. So auch Emilie Zöllner (la Chevalière), die zum Kreis der »Ellora« gehörte. Zöllners wohnten in der nahen Victoriastraße. Hier trafen am Tag der Geburt folgende Zeilen ein: »Hochverehrte Frau, / Theuerste Chevalière. / Ein kleiner Junge ist glücklich da; Mutter und Kind ›den Umständen nach wohl‹. Wenn Sie, theuerste Frau, nunmehr behufs vorläufiger Ernährung des jungen Weltbürgers die zugesagten Schritte thun wollten, würde Ihnen der Unterfertigte sehr zu Danke verpflichtet sein. / Wie immer Ihr ganz ergebenster / Th. F. (Noel).«

Daraufhin kam eine junge Frau zu Fontanes, die das Kind in den nächsten Wochen pflegte und nährte. Es sei »ein gesundes, starkes Kind«, schlafe und trinke und habe eine Amme, mit einem »stillen, bescheidenen Wesen«, erfahren wir von der zufriedenen Mutter. Ihr selbst und ihrem Söhnchen gehe es gut, ja, es sei ihr, als hätte sie »Alles Schwere vorher durchgemacht«. Anders stehe es bei Sommerfeldts. Das jüngste Kind, ein Knabe von zwei Jahren, sei heftig an »Zehrfieber« erkrankt und über Nacht gestorben. Ihr »Theo« sei gleich hingegangen, um zu trösten, aber »sein Schwesterchen« (Jenny) sei »doch sehr betrübt«.

Es waren die Tage, als die preußischen Bataillone im Herzogtum Schleswig weiter vorrückten, bis »in das Sundewitt«. Und dies bei Eis und Schnee und bitterster Kälte. Die Halbinsel Broacker wurde besetzt und das Bombardement gegen das dänische Kriegsschiff »Rolf Krake« eröffnet. Wie »ein großer schwimmender Sarg« tauchte es auf und schien dank dick gepanzerter Eisenplatten unverletzlich zu sein. Nur waren seine Kanonen wenig zielsicher, so dass »der unheimliche Zauber«, wie Fontane später schrieb, nach dem Artilleriegefecht vom 18. Februar »mehr oder weniger gebrochen war«. Dann begann die Belagerung der Düppeler Schanzen (ab 29.2.). Einen ganzen Monat lang dauerte sie. Vom 29. auf den 30. März erfolgte schließlich der Angriff und wurde »die erste Parallele ausgehoben«. Um dem Krieg »durch einen raschen Coup ein Ende zu machen«, versuchten preußische Truppen gleichzeitig auf die Insel Alsen überzusetzen »und den Feind von Sonderburg her in den Rücken zu fassen«. Doch scheiterte der Plan »an der Ungunst des Wetters«. So wurde die Belagerung der Düppeler Schanzen fortgesetzt. Am 18. April »erfolgte der Sturm«. In denselben Wochen wurde Jütland fast kampflos eingenommen sowie der Krieg zur See gewonnen.

In Berlin, Hirschelstraße 14, hatte man inzwischen die Taufe des Jüngsten gefeiert. Freund Friedrich Zöllner, Staatsanwalt, hatte Pate gestanden. Auch wenn der Krieg die Tagesgespräche bestimmte, man lebte hier seinen Alltag fort. Morgens ging Fontane in die Redaktion (Hirschelstraße 4), nachmittags und abends saß er viel zu Hause am Schreibtisch. Manchmal besuchte er samstags das gesellige »Rütli«, manchmal ging er sonntags in den »Tunnel«.

Unter Mittwoch, den 13. April, findet sich die Notiz: »Am Abend meine Shakespeare-Festrede hintereinander weg aufs Papier geschmissen«. Anlass war der 300. Geburtstag des großen Dichters, der im »Tunnel« gebührend gefeiert werden sollte. Theodor Fontane war bestimmt, die Festrede zu halten. Wie das in der Kürze anzupacken war? Gewiss stöberte er in seinen Notizen und stieß dabei auf sein England-Tagebuch. Da hatte er seine Stich-

Erstürmung der Düppeler Schanzen bei Sonderburg (Dänemark) durch preußische Truppen am 18. April 1864

worte. Denn die Rede greift hauptsächlich auf jene Reise zurück, die er vor Jahren nach Stratford-upon-Avon unternommen hatte (13. August 1856). Mit solchem Stoff konnte er ohne weiteres vor das illustre Publikum treten, das in Arnims Hotel (Unter den Linden) versammelt war. Es war der Tag nach dem Sieg von Düppel und alles in gehobener Stimmung.

Schon rechnete man mit dem Ende des Krieges. Wilhelm I. war bereits nach dem preußischen Hauptquartier in Schleswig gereist, um im Schloss Gravenstein seinen Truppen die Parade abzunehmen. Am 3. Mai kehrten »die Tapfersten dieser Truppen« zurück. Sie brachten »118 dänische Geschütze« mit, die Siegesbeute von Düppel. Der »feierliche Einzug« erfolgte am 4. Mai durchs Brandenburger Tor, wo Wilhelm I. sich an die Spitze stellte und unter immensem Jubel der Berliner Bevölkerung die Linden hinaufzog, geradewegs vor Blüchers Denkmal (bei der Neuen Königswache). Eine symbolische Geste, die deutlich machte, dass dieser Sieg den historischen Siegen bei Leipzig (1813) und Waterloo (1815) alle Ehre machte.

In solcher allgemeinen Hochstimmung fand Fontane zu seinem Ton als Dichter der Preußenlieder zurück. Auf seinem Schreibtisch lagen bereits

Blätter mit Entwürfen zu *Der Tag von Düppel*. Am 12. Mai – es war der erste Tag der Waffenruhe – erschien die Ballade in der *Kreuzzeitung*. Die Helden hießen jetzt »Piefke« und »Probst«, »Schneider« und »Klinke«, *sie* waren es und mit ihnen die »sechstausend Mann«, denen man den Sieg zu verdanken hatte, so die Botschaft. Kein Wort von Wrangel oder Prinz Friedrich Karl, dem alten und dem jungen Strategen, kein Wort von Bismarck, der auf dem Düppeler Angriff bestanden hatte. Es war der Balladenton von einst, aber gewissermaßen mit dem Blick von unten. Mutig gekämpft wird auf beiden Seiten. »Herr Leutnant Anker von Schanze zwei«, ein Däne, lässt es an Tapferkeit jedenfalls nicht fehlen. Zugleich deutet die Ballade den Sieg bei Düppel ganz im Sinne des offiziellen Preußen. »Düppel«, vernehmen wir, reihe sich ein in die große Geschichte, sei bedeutsam wie »Fehrbellin und Belle-Alliance«. Die Schlussverse lauten entsprechend:

> Und durch die Lande, drauß und daheim,
> Fliegt wieder hin ein süßer Reim:
> »Die Preußen sind die alten noch,
> Du Tag von *Düppel* lebe hoch!«

Das Gedicht, als es erschien, machte etliche Furore. Für Fontane aber war es bereits abgetan, wollte er doch in diesen Tagen hinaus aufs Land. Seinem Verleger Wilhelm Hertz schrieb er: »Ich reise in etwa 10 bis 12 Tagen. Wenn Sie mich doch ein bischen begleiten wollten! Brandenburg, Rathenow, Nennhausen (Fouqué) und einige andre havelländische Sitze« (11. oder 12. Mai 1864). Mit Hertz hatte er vereinbart, dass er für eine geplante zweite Auflage der *Grafschaft Ruppin* den Band neu überarbeite. Außerdem wünschte sein Verleger einen dritten, abschließenden Band *Wanderungen*. Fontanes Rechnung aber lautete: *Vier* Bände machten das Maß erst voll. Zu diesem Eingeständnis drängte er jetzt Hertz und verlangte im selben Atemzug feste Drucktermine für seine überarbeitete Fassung der *Grafschaft Ruppin*. Der Zusammenhang sei dieser: Ein »Schriftsteller« wie er müsse sich in seinen Gegenstand »*verlieben*«. Mit diesem Ziel reise er jeweils in die Mark, jetzt im Mai 1864 zum Beispiel, um sich »*aufs Neue in Ruppin, Barnim und Teltow*« zu verlieben. Nur so und mit einem festen Drucktermin könne er »mit Leichtigkeit und Freudigkeit« seine Kapitel niederschreiben und anderes »völlig bei Seite schieben«.

Dass er in die Mark reisen wollte, wiederholte Fontane in diesen Tagen mehrmals. Auch kündigte er Verleger Hertz seinen persönlichen Besuch an, wollte er doch von ihm hören, dass der Druck »dann und dann« beginne. Er komme »morgen zwischen 5 und 6 heran«, schrieb er und meinte damit Dienstag, den 17. Mai.

Doch unversehens kam alles anders. Es lag nicht an Wilhelm Hertz. Hertz kam seinem Autor in allen Stücken entgegen. Es muss Fontane gewesen sein, der plötzlich seine Pläne änderte.

Weil seit dem 12. Mai Waffenruhe herrschte und man auf einen baldigen Frieden hoffte, wollte die *Kreuzzeitung* nämlich zwei Korrespondenten nach Schleswig schicken. Sie sollten Augenschein nehmen bei Missunde und Düppel und dann darüber berichten. Fontane muss diese Idee so begeistert haben, dass er sich sofort zur Verfügung stellte.

Wieder einmal fort von der Familie (und vom Kindergeschrei), wieder einmal auf Reise gehen! Historische Schlachtfelder sehen – und Düppel zählte nun dazu – war seit je seine Passion, gehörte er doch zu denjenigen, die »ein Auge für ›Lokalität‹« und »ein Interesse für militärische Dinge« hatten. Ob sein *Tag von Düppel* die Entscheidung mitbefördert hatte, ihn nach Schleswig reisen zu lassen? Der Kollege, mit dem er fuhr, war Dr. Ernst Woldemar Heffter, 38, seit 1855 Mitglied der Redaktion, Philologe und ausgebildeter Gymnasiallehrer. Heffter war jetzt stellvertretender Chefredakteur und bei der *Kreuzzeitung* zuständig für kirchliche Fragen. Mit Fontane hatte er gewiss einen guten Mann zur Seite. Denn der verstand etwas von Krieg und Geschichte, war ein versierter Reisender, konnte fließend Englisch, was vielleicht nützlich war, und hatte, wenn es darauf ankam, durchaus das Auftreten eines englischen Gentleman.

»Mal wieder nach Hamburg.« So notierte Fontane unter Donnerstag, den 19. Mai 1864, in sein neues Notizbuch, das ihn auf die Reise begleiten sollte. Er hatte es sich extra präpariert, denn in die Innendeckel war festes englisches Zeitungspapier eingeklebt, und zwar so, dass er durch die offen gebliebenen Seiten Fahrscheine oder Visitenkarten hineinschieben und bequem aufbewahren konnte.

Nach Hamburg also. Eben noch hatte er hier die »Tier- und Maschinenausstellung« besucht. Jetzt war die Stadt voller Militärs, und überall flatterten »deutsche und schleswig holsteinsche Fahnen«. Und dazu auffällig viele »Soldat-spielende Kinder mit Trommel und Trompete« auf den Straßen.

Aber Hamburg war nicht das Ziel der beiden Korrespondenten. Sie wollten nach Missunde und Düppel. Und so ging die Fahrt rasch weiter bis Kiel. Abends um »9 ½« sei man glücklich in »Muhls Hôtel« angelangt, notierte Fontane in sein Notizbuch.

Nach der ersten Tagesreise hatte er bereits sechs Seiten gefüllt. Offenbar notierte er laufend seine Eindrücke und vervollständigte sie bald nach der Ankunft im Hotel. Das Büchlein, das er später mit der Aufschrift »Reise nach Schleswig=Holstein und Düppel vom 19. Mai bis 27. Mai 1864« versah, enthält dabei nicht nur Reisenotizen, sondern auch Skizzen, Zeichnungen und Listen.

Wie aber ging er vor? Zuerst paginierte er die Seiten, und zwar immer nur rechts, dafür durchgehend von 1 bis 78. Für seine fortlaufenden Notizen benutzte er gerne nur die rechte Seite, so blieb auf der linken Seite Platz für Ergänzungen. Wenn er Skizzen verfertigte, drehte er sein Büchlein gelegentlich um neunzig Grad. In der Regel schrieb und skizzierte er mit Bleistift, ein höchst reisetaugliches Schreibwerkzeug und praktisch wie das Notizbuch selbst. Dieses diente ihm zusätzlich für Notate aller Art, Ausgaben zum Beispiel, die sich auf den letzten Seiten finden. Der Schrift nach machte er solche Einträge oft rasch oder im Fahren, denn er schrieb hier flüchtig und platzgreifend. Die Reiseeindrücke hingegen zeigen sorgfältige regelmäßige Schriftzüge. Vermutlich schrieb er sie bei kürzeren Stopps unterwegs, beim Kaffee (eine häufige Ausgabe) oder im Hotel. Die Zeichnungen aber wirken weniger wie die eines Künstlers als die eines Architekten. Sie erinnern daran, dass Fontane einst als Gewerbeschüler anspruchsvollen Zeichenunterricht besuchte und ein geübter Beobachter war, fähig, mit dem Stift in der Hand sich die Topografie, die mögliche Schlachtordnung, den Aufriss von Häusern und Schlössern rasch einzuprägen. Seine Skizzen haben fast durchwegs dokumentarischen Charakter und dienten ihm offensichtlich als Material für die Verschriftlichung. Denn was er in Skizzen festhielt, wollte er später in Worte fassen. Sie mit in den Druck zu geben stand ganz außerhalb seiner Vorstellungen.

Am 20. Mai 1864 blieben die beiden Journalisten der *Kreuzzeitung* in Kiel. Auch hier, so notierte Fontane, war die Stadt »voll von Militair«. Und dann listete er alle Regimenter auf, die er kannte. Außerdem beobachtete er, wie nicht nur in Hamburg, sondern auch in Kiel die Jugend Soldat spielte. »Auf allen Plätzen starke Trupps« von Jungs, stellte er fest und erinnerte sich vielleicht an die eigenen Räuberspiele, wenn er notierte: »sie [die Jungs] sind erfinderisch und haben eine Phantasie Uniform von allem was ihnen am besten gefallen hat: schwarze Papp-Cylinder aus denen der rothe Husaren-Kolpack hängt, dazu Lanzen von Ulanen und Trommeln von der Infanterie, auf drei Mann immer ein Fahnenträger mit blau weiß roth [den schleswig-holsteinischen Landesfarben] in den Lüften.«

Am 21. Mai ging die Fahrt weiter nach Schleswig. Zimmer nahmen die beiden im Hotel Stadt Hamburg, wo auch die hohen Offiziere verkehrten. Der erste Besuch galt Schloss Gottorp, das als Kaserne diente und zugleich als Lazarett für die kranken und verwundeten österreichischen Truppen. Dann ein kurzer Gang durch die Stadt und schließlich um »3 ½« Uhr mit dem Dampfschiff »nach Missunde und Cappeln«.

Aber der starke Nordwestwind machte die Fahrt auf der Schlei unmöglich. So gingen sie schon »in Louisenlund« an Land. Louisenlund aber, das Hauptquartier des Prinzen Friedrich Karl, war das Ziel der meisten Passagiere an diesem Tag. Alles strömte herbei, um dem Sieger von Düppel und neuen Oberbefehlshaber (seit 18. Mai) zu huldigen. Bismarck hatte nämlich den alten Wrangel absetzen lassen. Hübsche »weißgekleidete Jungfrauen« waren mit auf dem Schiff gefahren, zu Fuß oder zu Wagen trafen jetzt auch »Gewerke, Turner, Sängerverein, Schleswig-Holsteinsche Kampfgenossen« ein. Alles mit Fahnen und Emblemen. Dazu viel Musik. Die beiden Männer der *Kreuzzeitung* sahen sich unverhofft mitten in einer großen Versammlung, die sich vor dem Schloss aufstellte. Es war »nicht übel«, dieses Schloss an der Schlei, wie Fontane fand, sein Notizbuch zückte, es rasch um neunzig Grad drehte und quer über die Seite eine Skizze hinwarf. Als aber das Lied der Sänger verhallt war: »Kein Prinz da.« Der hatte sich, als er den Zug herankommen sah, klammheimlich davongemacht.

Fontane und Dr. Heffter marschierten dann zu Fuß nach Schleswig zurück. Es war ein »toller Marsch« gegen Regen und Wind, immer dem »Schlei-Ufer« entlang. Auch einige Sänger von Louisenlund traf man auf diesem Rückweg wieder, und so traten sie wie selbstverständlich miteinander ins Gespräch. Fontane bemerkte später im Notizbuch, »*hohe* Cultur« sei hier nicht, indes viel »Krähwinkelei«. Vor allem die Spottlieder auf den geschlagenen Feind fand er fürchterlich: »Haß laß ich mir gefallen; aber die Dänen zu verspotten, ich bezweifle daß die Schl. Holst: ein Recht dazu haben.«

Weil das Wetter anderntags noch immer zu wünschen übrigließ, blieben er und Dr. Heffter im Hotel und gingen mittags zu Tisch »mit lauter Offizieren« (»alles heiter und Kreuz-Zeitung lesend«). Sensation machte, als draußen »[d]er alte Wrangel« vorüberging, jetzt »in Reisekostüm«.

Dann kamen die frühen Nachmittagsstunden und die große Langeweile. Fontane entfloh ihr, indem er sein Notizbuch füllte: Über Seiten hinweg beschrieb er die Inneneinrichtung des Hotels! Ja, Untätigkeit konnte er bei der knappen Zeit, die ihnen für die Recherche zur Verfügung stand, kaum aushalten.

Als das Wetter endlich besser wurde, nahmen die beiden Kollegen »gegen 3 Uhr« einen Wagen und fuhren nach Missunde. »Preis 4 Rthr., was nicht allzutheuer«, notierte Fontane. Sieben Stunden später waren sie zurück. Ertrag: dreieinhalb Notizbuchseiten mitsamt einer sorgfältigen Lageskizze vom Übergang der preußischen Truppen bei Missunde.

Die Notizen machen deutlich, dass Fontane im »Fährkrug von Missunde« das Gespräch mit den Wirtsleuten suchte und diese als Augenzeugen ihm bereitwillig Auskunft gegeben hatten, ihm sogar das »Dach-Zimmer« zeigten, »wo die Granate einschlug und durchging durch das Bett des Mannes in der drunter befindlichen Stube«. Dr. Heffter muss von der Art, wie Fontane es anpackte, fasziniert gewesen sein. Wo immer man war, gerieten sie ins Gespräch. In Flensburg, im »Rasch-Hôtel« (23.5.), setzten sie sich selbstverständlich zu den Offizieren, die hier stationiert waren. Unter ihnen waren auch die »2 Söhne vom Grafen Hardenberg«. Einer der beiden gab »eine hübsche Schilderung des Düppeler Sturms und speziell der Erlebnisse einiger Compagnien vom 18. Regiment«. Ein anderer, nämlich Freiherr von Zedlitz-Neukirch, lud sie ein, das »Johanniter-Lazareth« Bellevue zu besuchen, das der Orden in Flensburg für die kranken und verwundeten Soldaten eingerichtet hatte. Es wurden hier nicht nur preußische und österreichische Verwundete gepflegt, sondern auch dänische Offiziere, Unteroffiziere und Gemeine.

Der Krieg kostete zwar seine Opfer, und viele blieben für immer kriegsversehrt. Die Kranken und Verwundeten aber wurden nicht mehr einfach ihrem Schicksal überlassen wie noch vor wenigen Jahren in der Schlacht von Solferino. Beim Sturm auf die Düppeler Schanzen (18.4.) war zum ersten Mal das Internationale Rote Kreuz vor Ort gewesen. Zum einen mit neutralen Beobachtern, zum anderen mit Hilfskräften, die sich um Verwundete und Gefallene kümmerten. Die junge Organisation war jedoch nicht allein, wie wir bei Fontane nachlesen können, sondern eine Reihe weiterer Organisationen leistete in diesen Zeiten ähnliche Dienste. So auch das Diakonissenkrankenhaus Bethanien mit seiner Oberin Gräfin Anna Stolberg. Es richtete im Krieg einen Pflegedienst ein (in Altona, Flensburg und im Mutterhaus selbst), was Fontane gut fand und hervorhob. Denn er war vom Sinn des Heilens zutiefst überzeugt. Wenn aber heilen nicht möglich war, dann lindern, und wenn lindern versagte, dann begleiten, auch in der schweren Stunde des Sterbens. So dachte er und schaute nicht weg.

Von Flensburg aus fuhren Dr. Heffter und er nach Düppel (24.5.), um die berühmten Schanzen zu studieren. Über das ansteigende Feld gingen sie zu Fuß und fanden dabei noch immer frische Spuren der Belagerung und der Gefechte. Fontane notierte: »In den Parallelen [Angriffsgräben der Preußen] fand ich: Tornister, Patronentasche, Wehrgehenk, Kochkesselreste, Säge, Geräthschaften aller Art, Feuerstellen, kleine Heerde in der Wandung des Grabens mit Schornsteinloch, Kommißbrot, Stiefel, Schuh, Sohlen, Mützen, Helmreste etc. etc. *Granatsplitter* und Kugeln meist in den Schanzen [Festungen der Dänen] und dem Vorterrain, doch auch nur wenig [...].« Unterdessen habe eine »Tagelöhnerfamilie« sich hier eine Hütte errichtet und sammle alles, was sich als Alteisen verwerten lasse.

Von Düppel fuhren er und sein Begleiter am selben Tag noch nach der Halbinsel Broacker hinüber, von wo die preußische Armee ihr Bombardement gegen das Kriegsschiff »Rolf Krake« geführt und den Sturm auf Düppel vorbereitet hatte. Broacker, das Dorf, war auch »Hauptquartier aller Correspondenten« gewesen. Hier hatten sie gesessen, den Kriegsverlauf beobachtet und ihre Nachrichten telegrafisch in die Welt geschickt, die Kollegen der »Times«, des »Daily-Telegraph«, der »Illustrated London News« oder der »Hamburger-Nachrichten«, »das Wichtigste direkt mit Hülfe des elektrischen Drahts«. Der beste Beobachterposten war offenbar einer der beiden gotischen Kirchtürme gewesen. Der war jetzt berühmt. Berühmt waren auch die sieben schönen Töchter von Pastor Schleppegrell, »enragirte Däninnen«, die gesagt haben sollen: »Und wenn sich 10 000 Preußen die Köpfe an den [Düppeler] Schanzen einrennen, sie werden sie *doch* nicht kriegen.« Broacker war nun in preußischer Hand. Fontane, als er den Ort erkundete, ging auch zum Kirchhof, wo er Gräber fand von Gefallenen, dänischen wie preußischen Soldaten. In seinem Notizbuch vermerkte er zudem »drei Lazarethe« und hielt stichwortartig fest: »Das Wirtshaus in Broacker, zugleich eins der Lazarethe. Die Bewohner fast alle dänisch. Die verwundeten Dänen im Lazareth. Das Hinterstübchen; der Todtengräber und die beiden Krankenpfleger (Lazarethgehülfen) die Brüderschaft trinken. Vor und Hinterküche; der Brunnen in der Küche. Mein Diner draußen auf dem Holzwagen.«

Ob Dr. Heffter alle Erkundungsgänge mitmachte, wissen wir nicht. Möglich, dass ihm Fontanes Tempo gelegentlich eine zu große Hetze war. Auch anderntags, als sie Flensburg schon verlassen wollten (25.5.), ging Fontane noch einmal durch die Stadt, um im »Ständehaus (jetzt Lazareth)« einen Blick in den Hof zu werfen, »wo der zerstückelte Idstedter Löwe« lag. Das dänische Monument hatte Symbolcharakter: Deutschnationale Flensburger hatten es umstürzen wollen und dabei dem Löwen den Kopf abgebrochen (später ließ Bismarck den Löwen als Siegesbeute nach Berlin transportieren).

Um 11 ging der Zug, um 4 waren die beiden in Rendsburg und blieben hier über Nacht in Pahls Hôtel. Frühmorgens (26.5.) brachen sie dann auf nach Altona, erlaubten sich einen Abstecher zu »Klopstocks Grab in Ottensen« und erreichten Hamburg noch am selben Abend. Am Freitag, den 27. Mai, waren die beiden Korrespondenten zurück in Berlin.

Fontane muss sich dann gleich an die Arbeit gesetzt haben, um aus frischer Erinnerung und mithilfe seiner Notizen vom Kriegsschauplatz zu berichten. Schon 14 Tage später erschien der erste Teil seines großen Reise- und Kriegsberichts, nicht in der *Kreuzzeitung*, sondern im *Wochenblatt der Johanniter-Ordens-Balley Brandenburg*. Titel: *Aus dem Sundewitt. 1. Von Flensburg nach Düppel.* Zwei Nummern später folgte: *2. Broacker*. Beide Berichte waren gezeichnet mit »Th. Fontane«.

Den Lesern des Wochenblattes war der Autor kein Fremder. Denn Fontane veröffentlichte hier regelmäßig einzelne Kapitel seiner *Wanderungen*. Zuletzt waren es Feuilletons über die Zisterzienser und ihre Klöster in der Mark gewesen. Und jetzt also Reiseberichte über den Kriegsschauplatz, wo der Johanniterorden Lazarette und einen Sanitätsdienst eingerichtet hatte. Kein Zufall, dass die Redaktion unter Fontanes Düppel-Bericht die aktuelle Meldung einrückte, der Schweizer Bundesrat lade »sämmtliche Staaten Europa's« ein »zur Theilnahme an der in Genf abzuhaltenden zweiten internationalen Conferenz«, an der die »Organisation des Sanitätsdienstes in Kriegsfällen« beraten werden solle. Die Idee war reif, dass im Zeichen der

Menschlichkeit ein Abkommen geschlossen wurde, welches die Kriegsparteien verpflichtete, allen Verwundeten auf Schlachtfeldern unterschiedslos Hilfe zu gewährleisten (die Konvention wurde am 22. August 1864 in Genf unterzeichnet). Dass die Preußen es bereits so praktizierten, davon hatte Fontane Augenschein nehmen können und darüber entsprechend berichtet.

Als sein Bericht *Broacker* erschien (29.6.), war die Waffenruhe bereits wieder gebrochen, und die Feindseligkeiten setzten sich fort. Unter dem neuen Oberbefehlshaber Prinz Friedrich Karl, 36, wurden Alsen (29.6.), Nordjütland (14.7.) und die nordfriesischen Inseln (19.7.) besetzt. Am 20. Juli erfolgte der Waffenstillstand zwischen Dänemark und Preußen-Österreich. Am 25. Juli 1864 begannen in Wien die Friedensverhandlungen.

Nichts deutet darauf hin, dass Fontane sich noch näher mit diesem Krieg hätte beschäftigen wollen. Sofort nahm er nämlich, kaum waren die Kriegsberichte geschrieben, die liegengebliebenen Arbeiten wieder auf und feilte an seinem großen Karl-Friedrich-Schinkel-Kapitel. Eine vollständige Umarbeitung war nötig geworden, denn es gab neue Erkenntnisse zu dessen Leben und Werk. Die wollte er einarbeiten in die geplante zweite Auflage seiner *Grafschaft Ruppin*. Die Sache eilte, der Drucktermin war verbindlich festgelegt auf Anfang Oktober.

Bellevuestraße 13: Bismarck, Lassalle, Scherenberg

Zur selben Zeit spielte noch eine ganz andere Geschichte. Fontane hat erst später davon erzählt, doch Spuren davon finden sich bereits in seinen Briefen aus den Jahren 1863 und 64. Hauptschauplatz ist eine Parterrewohnung in der Bellevuestraße 13.

Hier wohnte der Arbeiterführer Ferdinand Lassalle (geboren 1825 in Breslau). Lassalle wurde am 23. Mai 1863 zum Präsidenten des neu gegründeten Allgemeinen Deutschen Arbeitervereins gewählt (ADAV). Sein Arbeiterprogramm galt als Parteiprogramm: Gefordert wurden selbstverwaltete Genossenschaften und das allgemeine, gleiche und direkte Wahlrecht (»ein Mann, eine Stimme«). Nicht Umsturz, sondern wirtschaftliche und politische Reformierung sollte die Arbeiter aus ihrer miserablen sozialen Lage befreien. Bismarck, als preußischer Ministerpräsident frisch im Amt, interessierte sich für Lassalle und dessen Ideen. So kam es von Frühling bis Sommer 1863 verschiedentlich zu konspirativen Treffen. Wie Bismarck vertrat auch Lassalle die Idee eines vereinigten Deutschlands unter preußischer Führung und unter Ausschluss Österreichs. Beide sahen außerdem ihren politischen Gegner im bürgerlichen Liberalismus. So hoffte denn jeder, den anderen benutzen zu können, um die eigenen politischen Ziele zu erreichen. Lassalle wollte die Arbeiter dem Einfluss der liberalen Fortschrittspartei entziehen und für den ADAV gewinnen, Bismarck war in der Zeit des Verfassungskonflikts daran interessiert, die oppositionellen Liberalen im Parlament zu spalten. Im August 1863 trennten sich Bismarcks und Lassalles Wege wieder.

Im selben Halbjahr stand Ferdinand Lassalle wiederholt in den Schlagzeilen. Wegen seiner öffentlichen Reden zur Lage des »Arbeiterstandes« hatte er mehrere Klagen am Hals. Das beschäftigte nicht zuletzt die Freunde des »Rütli«, denn Karl Zöllner (Chevalier) war als Jurist und Staatsanwalt direkt mit der Sache befasst. Friedrich Eggers notierte unter dem 4. April 1863: »Unser Chevalier hat die Verfolgung von Lassalle aufgehals't bekommen, welches eine Sache ist, die seinem Rufe als Anwalt schaden oder ihn sehr erhöhen kann, ganz wie er damit durchkommt.« In der »Rütli«-Sitzung vom 11. April 1863 – sie fand bei Fontane in der Hirschelstraße 14 statt – wurde die Debatte über Lassalle fortgesetzt. Karl Zöllner schenkte jetzt den »Rütli«-Mitgliedern Karten zum Prozess gegen den Arbeiterführer (vermutlich für die Verhandlung vom 19. April 1863). Ob Fontane die Gelegenheit zur Teilnahme wahrnahm? Er hätte dann verfolgen können, wie Lassalle es verstand, sich zu verteidigen (und insgesamt glimpflich davonkam).

Die Debatte selbst jedenfalls interessierte Fontane. Als ein halbes Jahr später, am 22. November 1863, Ferdinand Lassalle mitten aus einer Berliner Versammlung heraus verhaftet wurde, schrieb er umgehend an Freund Lepel: »Lassalle ist auf Hochverrath verhaftet« (23. November 1863). Verhaftet worden war Lassalle wegen seiner »Ansprache an die Arbeiter Berlins« (vom 14. Oktober). Die Begründung lautete, er bereite eine gewaltsame Änderung der preußischen Staatsverfassung vor. Lassalle hatte indes nur die »Arbeiter Berlins« eindringlich aufgerufen, »durch den gesetzlich vollkommen erlaubten Eintritt in unseren Verein« Mitglied des ADAV zu werden. Allerdings hatte er sie auch an ihre »großen Todten vom März 1848« erinnert, an die »Ersten« der »Bewegung«, deren Kampf es fortzusetzen gelte –

mit legalen Mitteln. Jetzt drohten ihm mehrere Jahre Gefängnis. Drei Tage nach seiner Verhaftung kam er jedoch gegen Kaution wieder frei und verteidigte sich am 12. März 1864 erfolgreich vor dem Berliner Staatsgerichtshof.

Eine Verurteilung wäre in der Tat ein großer Skandal gewesen. Immerhin war Lassalle der gewählte Präsident eines gesetzlich unangefochtenen gesamtdeutschen Vereins. Außerdem verkehrte *tout Berlin* in seinem privaten Salon. So jedenfalls erfahren wir es von Theodor Fontane, der wusste, dass sich in der »Bellevuestraße Nr. 13«, in jener »Parterrewohnung« mit »ihren geschmackvollen Räumen: einem Arbeitskabinett, einem Eßsaal, einem pompejanischen Zimmer und einem angebauten Glas- und Blumenpavillon«, über »ein halbes Jahrzehnt lang ein nicht unbeträchtlicher Bruchteil unserer damaligen Gesellschafts- und Geisteselite zusammenfand«. So gehörten zum »Cercle intime« auch das Verlegerpaar Lina und Franz Duncker sowie der Maler, Schriftsteller und Journalist Ludwig Pietsch. Vor allem aber gehörte zu diesem Zirkel Christian Friedrich Scherenberg, der Dichter, der sonntags im »Tunnel« erschien, wochentags aber bei Lassalle verkehrte, dem »gesellschaftsstürzenden Sozialdemokraten«, wie Fontane ihn nennt. In den Kreis eingeführt habe ihn vielleicht der Maler Georg Bleibtreu oder wahrscheinlicher Franz Duncker, so Fontane. Lassalle und Scherenberg hätten sich sofort gut verstanden. Ein bestimmter Abend aber sei »zu einem ganz besonderen Triumph« des Dichters geworden: »Lassalle lag krank an einer nicht ungefährlichen Knöchelentzündung, zu deren Heilung in erster Reihe gehörte, daß er sich ruhig verhalten und wochenlang bei sehr hoher Temperatur auf einer Chaiselongue zubringen mußte.« Um der Langeweile zu entkommen, habe er seinen Freunden geschrieben, man möge ihn doch besuchen und ihn unterhalten. So sei auch Scherenberg gekommen, erzählt Fontane: »Lassalle lag auf seinem Ruhebett, von dem aus er mit gewohnter Meisterschaft den Wirt machte. Der Vorlesetisch stand da, die Lichter brannten, und Scherenberg nahm Platz. Es war Cercle intime: Franz Duncker und Frau, Bleibtreu und Frau, Dr. Pritzel, Friedrich Foerster, Ludmilla Assing.« Hier im »blauen Salon«, wo der Heilung Lassalles wegen diese »sehr hohe Temperatur« herrschen musste, las Scherenberg nun aus seinem Fragment »Franklin«. Und zwar gerade die Stellen, »die Eis und wieder Eis« schilderten und einen »glitzernden Sternenhimmel«, der sich über alles wölbte. Lassalle sei begeistert gewesen und habe entzückt gerufen: »Mein Scherenberg, wie schön, wie herrlich. Seien Sie von Herzen dafür bedankt!

Und welche Freundlichkeit gegen mich, gerade diese Szenerie zu wählen, dies Polarmeer. Ein besseres Eis ist mir nie präsentiert worden, und keines hat mir je *so* geschmeckt. Nur weiter, weiter.«

Es ist – Scherz beiseite – ein grauenerregender Stoff, den Scherenberg damals in Arbeit hatte. »Franklin« handelt nämlich von jener berühmt-berüchtigten Polarexpedition des Sir John Franklin im Jahre 1845, von der kein einziger Mann zurückkehrte. Eine durchaus makabre Szene also, die Fontane hier im »blauen Salon« spielen lässt, wenn der fiebrige Lassalle sein »weiter, weiter« ruft.

Wie aber konnte Fontane überhaupt von solchen Szenen im »blauen Salon« wissen? Er selbst gehörte nicht zum »Circle intime«, verkehrte nicht in der Bellevuestraße 13. Aber offenbar hat man ihm davon erzählt, spätestens als er Material sammelte für seine Scherenberg-Biografie (erschienen 1884).

Doch schon immer war er neugierig gewesen, mehr über Lassalle zu erfahren. Als er einmal von einem Osterbesuch in Neuruppin nach Berlin zurückreiste, wollte es der Zufall, dass er die Fahrt »mit Oberlehrer Alexi, einem Freunde von Lassalle«, machte. Alexi habe Lassalle »beerbt«, notierte Fontane im Tagebuch. Tatsächlich besaß Karl Alexi viele Bücher aus Lassalles Bibliothek. Denn Lassalle hatte, kurz bevor er starb, in seinem Testament verfügt, der Freund »dürfe sich 100 Bücher aus seiner Bibliothek auswählen«. Karl Alexi war Ostern 1864 als Kandidat ans Neuruppiner Friedrich-Wilhelms-Gymnasium gekommen und war dann wenig später zum 2. Oberlehrer befördert worden. Er galt als Schulreformer und war Mitglied des ADAV. Vor Bismarck hatte er Lassalle seinerzeit gewarnt. Besonders nach dem Sieg von Düppel: »Bismarck ist übermütig durch seine Erfolge und spielt ein falsches Spiel mit den Arbeitern; bald werden wir ihn mehr als die Liberalen zu fürchten haben, denn der Kampf mit ihm wird größere Opfer kosten.«

Als Ferdinand Lassalle im Herbst 1864 so unerwartet starb, war Scherenberg, so schreibt Fontane, zutiefst erschüttert: »Ihr Verhältniß, um es zu wiederholen, war voll Entgegenkommen und selbst seitens unsres in Gefühlssachen immer etwas nüchternen Scherenberg von so hervortretender Herzlichkeit, daß er, als die Nachricht von Lassalles plötzlichem Tode kam, sich tagelang nicht beruhigen konnte.« Ferdinand Lassalle war am 31. August 1864 in Carouge bei Genf in einem Duell, das er selbst herausgefordert hatte, tödlich verwundet worden.

Für Fontane blieb Lassalle, der »Antifürst«, zeitlebens eine wichtige politische Größe. Auch im *Stechlin* (1898), seinem »politischen Roman«, bleibt der Arbeiterführer präsent, sieht doch der alte Dubslav von Stechlin überall neue Lassalles und Bebels aufkommen und vermutet sogar, sein eigener Sohn habe mehr »Fühlung« mit ihnen als mit einem Grafen Schwerin (41. Kapitel). Von anderer Art ist die Hommage an Lassalle im Roman *Irrungen, Wirrungen* (1888). Offenbar hat Fontane die Wohnung von Botho von Rienäcker nach der Wohnung von Lassalle gezeichnet, so wie er sie in seiner Scherenberg-Biografie beschrieben hatte. Im 6. Kapitel des Romans heißt es: »[...] die Kastanien hatten bereits abgeblüht; auch in der Bellevuestraße. Hier hatte Baron Botho von Rienäcker eine zwischen einem Front- und einem Gartenbalkon gelegene Parterrewohnung inne: Arbeitszimmer, Eßzimmer, Schlafzimmer, die sich sämtlich durch eine geschmackvolle, seine Mittel ziemlich erheblich übersteigende Einrichtung auszeichneten.« Es ist dies die Methode des Überschreibens. Denn wie ein Palimpsest scheint noch immer die Textstelle aus dem Scherenberg-Buch durch, die dem Leser Lassalles Wohnung in der »Bellevuestraße Nr. 13« vor Augen führt. Es ist ein vieldeutiges poetisches Verfahren, das sich als durchaus charakteristisch für Fontanes Kunst des Erzählens erweist.

Im Auftrag: Reise durch das besiegte Dänemark, September 1864

Es war eine rechte Hetze. Der Drucktermin für die zweite Auflage der *Grafschaft Ruppin* rückte immer näher. Also rasch nach Ruppin gereist, Radensleben und Buskow besucht, aber – ärgerlich – in Buskow war die Kirchentür verschlossen. Nun wusste er nicht, »ob die Särge des Feldmarschall v. Dossow und des General v. Schwendy in der Gruft stehn« und »welche Inschriften diese Särge (wenn überhaupt welche da sind) tragen«. Also unverrichteter Dinge zurück an den Schreibtisch. Es musste auch so gehn. Das war jetzt eine seiner Lieblingswendungen.

In den Sommerwochen hatte er Redaktionsdienst, arbeitete aber wenn immer möglich an seinem eigenen Manuskript. Es raubte ihm die Kräfte. Am 5. August 1864 schrieb er an Mathilde von Rohr: »Hier geht es leidlich. Frau und Kinder sind munter und benutzen den Thiergarten, der noch immer eine Pracht ist, als Sommeraufenthalt. Ich war recht leidend, immer matt und hinfällig, und kaum ist es in diesem Augenblicke besser.«

Vielleicht um sich herauszureißen, beschloss er, Wilhelm Hertz noch ein ganz anderes Projekt als die *Wanderungen* zu unterbreiten, nämlich »einen Roman vom Winter 1812.1813«. Hertz willigte sofort in dieses Romanprojekt ein (7. August 1864) und war sogar bereit, einen Honorarvorschuss zu zahlen.

Und plötzlich zeigte sich Fontane sehr vergnügt. Im »Rütli« (13. August 1864) vermutete man gleich, dass er etwas in petto habe. »Nöhl« sei »in high spirits«, notierte Friedrich Eggers, er habe auch zugegeben, »daß er seinen Grund habe, wollte diesen aber nicht nennen, da er noch Geheimniß sei«. Es war nicht der Roman, es war etwas ganz anderes. »Das Nöhl'sche Geheimnis aber ist dieses«, so lesen wir Zeilen später bei Friedrich Eggers, »daß er auf Kosten des Ministeriums nach Schleswig reist, um die bei v Decker zu verlegende ›Geschichte des Feldzugs‹ zu schreiben. Das Preßwerk soll durch Camphausen, Rabe, Burger und Kretschmer illustrirt werden.«

Eine bezahlte Reise! Ein Buchprojekt im renommierten Verlag der Königlichen Geheimen Hofbuchdruckerei! Dazu die Aussicht, mit hervorragenden Künstlern zusammenzuarbeiten, und natürlich die Sache selbst: Dies alles beflügelte Fontane sehr. In den folgenden Tagen schloss er die zu überarbeitenden *Wanderungen*-Kapitel laufend ab und schickte sie an Wilhelm Hertz. Weil er in diesen Tagen bis tief in die Nacht an der Arbeit saß, unterzeichnete er seine Begleitbriefe an Hertz zuweilen mit: »Ihr todtmüder Th: Fontane«.

Am 2. September hatte er die letzten Manuskriptseiten abgeliefert. Nun reiste er mit leichtem Gepäck nach Neuruppin (3.9.). Denn er wollte vor der großen Tour ein paar Tage bei der Mutter verbringen. Bei ihr konnte er sich erholen und sich über alles aussprechen, was ihn bedrückte. Und es bedrückte ihn immer irgendetwas. Gelegentlich auch sein Eheleben. Nicht lange war es her, da hatte er der Mutter geschrieben, er habe gewiss »gute Kinder und eine in hundert Stücken respektable und sehr zu lobende Frau«. Doch leider leide sie an Verstopfung und habe schwache Nerven, so dass sie sich deswegen »vielfach in aergerlicher und gereizter Stimmung befindet, wozu ich, meines Wissens, *nie* Veranlassung gebe«. Seine kluge Mutter wird ihn dann wohl getröstet haben, aber nicht umhingekommen sein, ihn daran zu erinnern, dass Männer auch nicht über alle Zweifel erhaben seien. Sie wohnte, als er sie diesmal besuchte, wahrscheinlich bereits mit Tochter Elise in der Friedrich-Wilhelm-Straße Nr. 256. Hier hatte sie, nachdem ihr die Wirtschaft im Predigerwitwenhaus zu beschwerlich geworden war, eine neue Bleibe gefunden.

Natürlich pflegte Theodor Fontane, wenn er bei der Mutter war, auch Freund Hermann Scherz zu besuchen. Der »Wagen« halte unten, um ihn »nach Krentzlin zu fahren«, vernehmen wir aus einem Schreiben an Wilhelm Hertz (6. September 1864). Es waren gewiss vergnügte Stunden, die Fontane kurz vor der Abreise bei den Freunden verbrachte. Er war »in high spirits« nicht nur, weil er die Kriegsschauplätze studieren, sondern auch weil er die Zauberstadt Kopenhagen sehen und hinauf nach Helsingör fahren würde. Helsingör war *Hamlet*-Land. Erst wenn er dort auf den Ramparts des Schlosses gestanden hatte, wollte er mit dem Schiff über den Kattegat nach Jütland dampfen, um sich seiner eigentlichen Aufgabe zu widmen: Stoff zu sammeln für das geplante Kriegsbuch.

Donnerstag, den 8. September, frühmorgens um 4 Uhr, verließ Fontane seine märkische Heimatstadt. »Von Ruppin nach Neustadt« im »Omnibus«, heißt es im Notizbuch, das er sich für die Reise neu angeschafft hatte. Der Omnibus, ein Pferdewagen mit einfachen Sitzbänken, sorgte für den Anschluss an die Bahn. Bereits hier, später auch im Eisenbahncoupé, notierte sich Fontane einzelne Gesprächsszenen, die er beobachtete und mithörte. So hielt er folgende Szene der Omnibusfahrt fest:

> Eine Bauersfrau von 50 Jahr steigt in Wildberg ein; sie hat ein riesiges Asterbouquet in der Hand; mit ihr ein Junge von 8 Jahren. Es entspinnt sich ein Gespräch zwischen ihr und einem Fehrbelliner Bekannten.
> *Fehrbelliner*. Na Frau Matthis wolln Se ooch nach Berlin?
> *Frau*. Ne, ick will man bis Nystadt; min Söhn kammt »von oben runner«.
> *Fehrbelliner*: Welcher denn?
> *Frau*. De bi de Jäger steht; he geiht nu wedder torügg nach Lübben.
> *Fehrbelliner*. Wo is denn der ältest jetzt, de Kürassier?
> *Frau*. De liggt in Brannburg; se hebben em von nem Lazreth in'n annre schleppt; – he hett sich in Jütland verkülln.
> *Fehrbelliner*: Wat is et denn?
> *Frau*. Ick weet et nich, abersch he liggt fest, – min Mann ist hen und will sehnt wat et is.
> *Fehrbelliner*. Kann de Jäger en betn in Nystadt bliren?
> *Frau*. Ne ick wülln man sehn un ihm den Struuß gebn.

Fehrbelliner. Wat macht denn de dritt, de Wilhelm?
Frau. Den wülln se nu ooch habben; – et is doch too hard. Ach Je!

So sprachen die Leute seiner Heimat. Es war das Menschliche, was er aus ihren Gesprächen heraushörte, genauer das Unmenschliche des Krieges. Im Eisenbahncoupé gab man sich dagegen weltmännischer, politischer. Fontane notierte:

Gespräche im Coupé
(zwischen Neustadt a. D. und Büchern.)
[…]
Holländer. Der König von Preußen möchte Hamburg wohl gern haben?
Hamburger. Ja; aber wir möchten den König von Preußen nicht haben.
Holländer (lächelnd) Das glaub ich.
Hamburger. Sehn Sie, wir sind zu frei, wir können alles sagen und drucken lassen.
Holländer. Wir auch. (Mit leiser Ironie) Wenn wir's von einem Privatmann sagen ist es »Calumnie« [Verleumdung], wenn wir's von einem Minister sagen, ist es Freiheit.
Hamburger. Sehen sie, die Preußen sind noch unfrei.

Solche Gespräche fand Fontane höchst unterhaltsam und aufschlussreich. Er redigierte sie auch gleich, korrigierte da und dort ein Wort, wohl in der Absicht, sie später in einem Text zu verwenden.

Endlich nach zwölfstündiger Fahrt war das erste Tagesziel erreicht: »Lübeck. / Donnerstag gegen 4 Uhr nachmittags eingetroffen. Nach Düffckes Hotel«, heißt es im Notizbuch. Wir entnehmen ihm sieben Seiten später, dass er anderntags, um »4 ½ Uhr« nachmittags, den Dampfer »Bager« nach Kopenhagen bestieg, auf der Überfahrt an Seekrankheit litt und froh war, als man um »8 ½ Uhr Morgens« (9.9.) sicher im Hafen von Kopenhagen einlief. Im Hotel d'Angleterre am Kongens Nytorv nahm er sich ein Zimmer. Kurz nach Ankunft muss er dann in den Zeitungen von Lassalles Duelltod gelesen haben, denn das machte in diesen Tagen Schlagzeilen.

Wie immer unternahm Fontane zuerst einen Gang durch die Stadt. Später am Tag schrieb er an Emilie. Es sei bisher alles gutgegangen, Lübeck habe ihn *sehr* interessiert, auch Kopenhagen gefalle ihm, es sei »eine bunte, muntere, malerische Stadt«. Und: »Vor Mittwoch Abend [14.9.] werde ich nicht von hier fort können, da ich doch auch Helsingör und Roeskilde, vielleicht selbst Ringstedt gesehen haben will.« Er hoffe, jeweils »abends von 7 bis 10 schreiben zu können« und »dann wohl ein paar Briefe an Beutner resp. die Zeitung« zu schicken. »Darauf muß ich Dich verweisen«, fügte er hinzu, um auszudrücken, dass sie von jetzt an keine private Korrespondenz mehr erwarten solle. Alles werde in der *Kreuzzeitung* stehen. Für diesmal aber noch die Bitte, die »Mama in Ruppin« zu grüßen und sie wissen zu lassen, dass er gut in Kopenhagen angekommen sei. Auch Grüße und Küsse für die Kinder, ihr aber, Emilie, den »besten Kuß und Gruß von Deinem / Theodor«.

Er war in Kopenhagen nicht allein. Er fand hier nämlich: »Konsul Quehl«. Konsul Julius Friedrich Quehl, 37, war ein jüngerer Bruder oder Cousin von Ryno Quehl, jenem Mann, dem Fontane verdankte, dass ihn die »Centralpreßstelle« im Sommer 1852 nach London geschickt hatte. Ryno Quehl, nachdem er als Leiter der »Centralpreßstelle« zurückgetreten war, hatte daraufhin jahrelang in Kopenhagen als preußischer Generalkonsul gewirkt. Am 3. Januar 1864 war er unerwartet gestorben. Als Fontane sich kurz nach Ankunft in Kopenhagen beim jungen Konsul Quehl anmeldete, erhielt er umgehend Besuch von ihm: »Besuch von Herrn Quehl; geplaudert bis nach 11 [vormittags]«, heißt es im Notizbuch (12.9.).

In der Zeit seines Aufenthalts in Kopenhagen traf Fontane sich täglich mit Konsul Quehl. Bei gemeinsamen Ausflügen wurden sie zuweilen von dessen Frau und dem Töchterchen begleitet. Und einmal heißt es auch: »Einkäufe mit Frau Quehl gemacht beim Nippsachenhändler.«

Im Laufe der vielen Gespräche kam man gewiss auch auf Ryno Quehl zu sprechen. Ryno Quehl wäre ein exzellenter Cicerone gewesen, denn er hatte als echter Dänemark-Kenner gegolten. Im Verlag von Rudolf von Decker, demselben, für den Fontane jetzt durch Dänemark reiste, war sein Buch *Aus Dänemark* (1856) erschienen. Darin findet sich auch ein ausführliches Kapitel über Sören Kierkegaard. Der hatte mit seinen Schriften zu diesem Zeitpunkt erst im eigenen Land Furore gemacht, noch nicht aber in Europa und in der Welt. Es ist denn auch außergewöhnlich, dass Ryno Quehl in seinem Dänemark-Buch von 1856 ein Kapitel eingerückt hatte mit dem Titel *Dr. Sören Kierkegaard: Wider die dänische Staatskirche mit einem Hinblick auf Preußen*. Aber ob Fontane das Buch auch gelesen hat, gar das Kierkegaard-Kapitel? Wir wissen es nicht. Eine direkte Auseinandersetzung Fontanes mit Kierkegaard lässt sich nicht nachweisen. Weder für die Zeit seines Aufenthaltes in Kopenhagen noch später, als Georg Brandes die erste deutsche Kierkegaard-Biografie veröffentlichte (1879) und die Kierkegaard-Rezeption einsetzte. Und doch ist es, als gäbe es zwischen dem Romancier Fontane und dem Philosophen Kierkegaard gewisse verwandtschaftliche Momente.

Die Kopenhagener Tage waren reich gefüllt. Gemeinsam mit der jungen Familie Quehl besuchte Fontane den Tiergarten, das Schloss Rosenborg, das Jagdschloss Eremitage und unternahm eine Fahrt der Küste entlang bis Klampenborg. Allein durchwanderte er dann das Thorwaldsen-Museum, das Museum der Nordischen Altertümer und bestieg den Runden Turm. Zwischendurch reiste er mit dem Zug nach Roeskilde, das ihn an seinen Besuch von »Linlithgow« erinnerte, und besuchte Schloss und Dom.

Der große Tag aber war, als er nach Helsingör fuhr: »Um 9 zum Helsingör Dampfschiff. Es war der ›Hamlet‹«, notierte er unter dem 13. September und urteilte, die Fahrt über den Oeresund sei zwar hübsch, aber nicht glänzend gewesen, dafür die Nordostspitze von Seeland ganz einzigartig: »Schön wurde es als die dänische Flotte und Schloß *Helsingör* in Sicht kam; um diesen Bau ist allerdings ein Zauber. Alles vereinigt sich hier dazu: eine der großen Welt- und Handelsstraßen, das Zusammentreffen von Kattegat und Sund, die eigenthümliche Schönheit des alten Schlosses selbst (wie geschaffen für solchen Punkt) die historischen Erinnerungen und die poetische Glorie, die Shakespeare darüber ausgegossen.«

Was für »eine Stelle zum Dichten«! Das Schloss selbst erinnerte ihn an Edinburgh Castle, auch ans Küstriner Schloss, aber Helsingör fand er poetischer, romantischer. Angezogen von der Magie des Ortes, ging er »auf den alten Wällen und Remparts« dem äußersten Punkt entgegen bis dorthin, wo die Mauer endete, »und suchte die Stelle wo der Geist den Hamlet bis ans Meer lockte«. »Ob ich sie gefunden«, so notierte er, »steht dahin; vielleicht war es die Stelle, die mir die Schildwache verbot.« Tatsächlich hatte ihn eine Wache »ruhig und artig« zurückgewiesen, als er in seinem Spieltrieb bis zu einer der »Front-Bastionen« der Terrasse vorgedrungen war.

Von Helsingör fuhr er mit der neu eröffneten Eisenbahn, der »Jernbahn«, über Frendensborg und Frederiksborg zurück nach Kopenhagen. Schloss Frederiksborg war ebenfalls ein Zauberschloss. Hier ließ er später in *Un-*

wiederbringlich den Grafen Holk so recht ins Taumeln geraten. Denn ganz vergeblich versucht der schöne Mann die aparte, immer flüchtige Ebba von Rosenberg zu fassen (Kapitel 19 bis 27).

Am 15. September, nachmittags um 3 Uhr, verabschiedete sich Fontane von der Familie Quehl und bestieg den Dampfer nach Aalborg. Noch einmal fuhr er durch den Oeresund und an Helsingör vorbei. Als die Fahrt über den Kattegat ging, lag er bereits in seiner Koje. Am andern Morgen, um 7 Uhr, erreichte der Dampfer Aalborg.

Er blieb drei Tage, fuhr dann mit dem Steamer auf dem Limfjord Richtung Nykoebing, gelangte bei strömendem Regen in der Postkalesche nach Skive (19.9.), fuhr nach Viborg (20.9.), nahm dort die Eisenbahn nach Aarhus (21.9.), bestieg in Aarhus den Postwagen nach Skanderborg, Horsens, Vejle und erreichte am selben Tag Fredericia (22.9). Dieses verließ er anderntags hoch oben auf dem Bock, wo ihn der Kutscher hatte Platz nehmen lassen, und plauderte wohl ausgiebig mit ihm bis Kolding (23.9.) – denn in Jütland konnten viele Deutsch. Die Strecke zurück nach Schleswig war dann die letzte Postwagenfahrt. Sie dauerte lange neun Stunden und war die einzige Möglichkeit des Fortkommens, denn die wichtigsten Bahnverbindungen waren während des Krieges zerstört worden. Als er um 3 Uhr nachmittags in Flensburg eintraf, stieg er wie schon auf seiner Reise mit Dr. Heffter im »Rasch Hôtel« ab (24.9.).

Während seiner ganzen Reise hatte er alliierte Truppen vor Ort gefunden. Zwar ruhten die Waffen, aber der Frieden war noch nicht ausgehandelt. Es sah ganz danach aus, dass Dänemark die Herzogtümer Holstein, Lauenburg und Schleswig an die Sieger abtreten würde. Erst danach wollten diese die besetzten Gebiete, auch Jütland, räumen.

Dass er im Auftrag der Siegermacht reiste, verhehlte Fontane keinem. Alle seine Recherchen unternahm er als preußischer Kriegsjournalist und legte dies offen, wenn er mit den Leuten ins Gespräch kam. Zwar war er stolz auf den preußischen Sieg, aber immer auch froh, wenn man ihm zu verstehen gab, dass die Preußen als Besatzer Anstand bewahrten. Gerne hörte er heraus, dass man die Preußen lieber hatte als die Österreicher. Er seinerseits hatte Hochachtung vor den Dänen, denen er zwischen Aalborg und Flensburg begegnet war, doch hätte er dem Land gerne preußischen Fortschritt verordnet. Seiner Auffassung nach hätte das karg besiedelte, sehr ländliche Jütland einen Friedrich Wilhelm I. und einen Friedrich II.

gebraucht. Der eine hätte für die Einwanderung, der andere für die Kultivierung des Agrarlandes gesorgt. Im Notizbuch finden sich auch Einträge mit Überlegungen zur Verschiedenheit der Menschen und »Stämme«. So urteilte Fontane zum Beispiel, »die dänische Rasse« stehe »unbedingt höher« als diejenige der Oderbrücher mit ihrem slawischen Einschlag oder gar der Märker: »Was wahr ist, muß wahr bleiben. Das Menschenthum tritt einem in diesen großen, kräftigen, blonden Gestalten *edler und schöner* entgegen als es bei den Stämmen der Fall ist, die die Mehrzahl unsrer Provinzen bewohnen. Sie sind eigentlich alle häßlich; die Westphalen stehen diesen Jüten und Dänen vielleicht am nächsten, aber sie sind roher und gröber. All dies Lob trifft aber blos die bäuerliche Volksmasse; die Gebildeten taugen nichts und sehen auch nicht gut aus.«

Es war nicht sein letztes Urteil. Fragen der Völkerpsychologie beschäftigten ihn, weil es Fragen waren, die jetzt diskutiert wurden. Auch in seinem engsten Freundeskreis. Einer seiner »Rütli«-Freunde, der Völkerpsychologe Moritz Lazarus, lehrte seit kurzem als ordentlicher Professor Psychologie und Völkerpsychologie an der Universität Bern. Mit ihm und den »Rütlionen« konnte Fontane Fragen zu »Stämmen«, zur »Race« oder zum »[N]ordgermanische[n]« kontrovers diskutieren. Was er sich hier notierte, war eher Diskussionsstoff und nicht für die schnell geschriebenen *Reisebriefe* gedacht.

In Flensburg erholte sich Fontane einen Sonntag lang von der strapaziösen Recherchereise durch Jütland, flanierte, trank Kaffee, las Zeitung (25.9.). Am selben Tag erschien die erste Folge seiner sieben *Reisebriefe aus Jütland* in der *Kreuzzeitung* unter dem Kürzel Te. Noch bevor er wieder zu Hause war, konnte Emilie hier lesen, wie es ihm in Aalborg ergangen war, und erfahren, dass ihr Korrespondent jetzt auf einer klapprigen Veranda saß, »viele Heimwehseufzer« nach Hause schickte und sich mit einer Süßigkeit von Hoyers Konditorei über die gelegentlich öden Stunden hinwegtröstete.

Aber noch musste die Familie warten. Denn er wollte noch nach der Insel Alsen hinüber und Augenschein nehmen, wo das »24. Regiment«, seine »Ruppiner«, »am stärksten im Feuer« gestanden hatten. Als er die wichtigsten Plätze gesehen und auf der »Rückfahrt über Düppel« festgestellt hatte, dass »alles schon wieder in Friedensgewand« erschien, »nur Grabkreuze und die Pulverkammern« hier noch an die Kämpfe gemahnten, packte er seine Sachen, zahlte die Hotelrechnung und verließ Flensburg (27.9.). Aber nicht, um direkt nach Hause zu fahren. Etwas Wichtiges stand noch aus.

»Geehrter Freund, Dichter und Hardesvogt«, so hatte Fontane noch vor seiner Alsen-Fahrt an Storm geschrieben und gefragt, ob ein Besuch am »Dinstag Nachmittag oder Abend« (27.9.) bei ihm und seiner Frau Constanze genehm sei. Er würde sie nur »auf eine halbe Stunde« beanspruchen wollen. Außerdem denke er, von Husum aus in einem Boot, »wenigstens die nächstgelegene der friesischen Inseln zu besuchen«. Wenn es aber nicht gehe, dann würde er seinen Besuch »auf andre Zeiten vertagen«. – »Lieber Fontane, / Hand auf's Herz, das ist wirklich eine große Freude. Sie sind natürlich zu jeder Stunde mit und ohne Anmeldung willkommen«, antwortete Storm umgehend. Sie hätten zwar Verwandtenbesuch, daher für ihn kein »Nachtquartier«, aber in den Hotels sei »überflüssig Platz«, Fontane müsse gewiss »ein paar Nächte« bleiben. »Für den Tag nehmen wir Sie natürlich gänzlich in Beschlag. / Ihr / ThStorm / aber *Land*vogt.« Landvogt also, nicht Hardesvogt (richterlicher Bezirksvorsteher). Das war eine kleine freundschaftliche Belehrung in korrekter Amtsbezeichnung. Er durfte sich den Scherz erlauben, denn sie waren ja »Rütli«-Freunde und das offene Wort gewohnt.

Zum ersten Mal begegnet waren sie sich im Haus ihres Freundes Franz Kugler. Das war nun über zehn Jahre her. Als Storm, der Husumer, sich dann wegen der Drangsale in Schleswig ins Exil gezwungen sah und nach Potsdam kam, hatte ein recht reger Austausch begonnen. Denn der literarische »Tunnel« hatte sich sogleich um ihn bemüht. Storm hatte sich dann auf den Freundeskreis des »Rütli« beschränkt, hier hatten sie sich näher befreundet und eine Zeitlang gegenseitig gefördert, indem jeder die Dichtungen des andern rezensierte. Wegen Fontanes Neigung, im privaten Gespräch gelegentlich allzu frivol zu werden, war es dann, weil Storm sich ernstlich brüskiert sah, fast zum Bruch gekommen. Unterdessen waren die Ausrutscher verziehen. Aber etwas kühl war ihr Verhältnis vielleicht. Nicht lange war es her, da hatte Fontane gemeint, er und Storm seien *zu* verschieden. Storm sei eben für den Husumer Deich, er für die Londonbrücke. Doch hatte er dem Dichterfreund auch jüngst wieder höchstes Lob gespendet. Nämlich für die Novelle *Auf der Universität* (1863), die ihn in manchen Teilen an Charles Dickens' Roman *David Copperfield* (1849/50) erinnere. Sehr genau hatte er gelesen und sich nicht zurückgehalten, in »Rütli«-Manier auch einige stilistische Mängel anzumerken.

Jetzt also fuhr er zu Storm nach Husum. Es war ihm alles in allem eine wirkliche Freundespflicht. Zugleich sollte Husum seine letzte Station der Recherche sein. Denn »die friesische See«, das Wattenmeer, war Schauplatz der letzten dänischen Rückzugsgefechte gewesen (13. bis 19.7.).

Storm lebte erst seit März wieder in Husum. Seine Rückkehr war durch die preußisch-österreichischen Siege möglich geworden. Die meisten dänischen Beamten hatten ihre Schreibtische in Schleswig fluchtartig verlassen, als die Alliierten ihre ersten Gefechte gewannen. Die selbstbewussten Schleswiger, sich frei fühlend, hatten daraufhin unverzüglich ihre eigenen Leute in die vakanten Ämter gewählt. Ins Amt des Landvogts beriefen sie nach einer demokratischen Abstimmung Theodor Storm, von dem sie wussten, dass er antidänisch, aber auch antipreußisch empfand. Die Preußen und Österreicher wurden zu dieser Berufung nicht befragt, was natürlich rechtswidrig war. Denn das eigentliche Sagen hatten die Sieger des Krieges, nicht die Schleswiger Bevölkerung. Und diese Sieger waren, zur Enttäuschung der Bevölkerung, nicht als Befreier gekommen, sondern um die Länder Schleswig, Holstein und Lauenburg zu annektieren. Schleswig stand jetzt im Auftrag der Siegermächte unter preußischem Zivilkommissariat. Weil aber die Schleswiger verstanden hatten, Fakten zu schaffen, war Storm unterdessen von diesem preußischen Kommissariat im Amt bestätigt worden (vorerst interimistisch). Der Dichter und studierte Jurist hatte nach schwierigen Jahren im Exil endlich ein sicheres Einkommen und zugleich ein Amt von hoher gesellschaftlicher Anerkennung inne. *Land*vogt Storm unterstand nämlich die Gerichtsbarkeit und das Polizeiwesen des gesamten Amtes Husum.

Er war jetzt 47 Jahre alt und wohnte mit seiner Frau Constanze und den sechs Kindern in der Süderstraße, wo er das Predigerwitwenhaus hatte mieten können. Hier erwartete er Freund Theodor Fontane. Der hatte in Flensburg noch gut gefrühstückt, »holsteinsche Austern«, und war dann nachmittags um 3 Uhr mit der Bahn nach Husum gefahren, »[v]on Storm und seinen 2 ältesten Jungens am Bahnhof erwartet«.

Zeit für eine Bootsfahrt auf dem Wattenmeer blieb nicht, denn man hatte sich zu viel zu erzählen. Auch blieb Fontane nur bis zum andern Tag (28.9.). Vielleicht weil er tatsächlich Heimweh nach der Familie hatte? Vom Familienleben bei Storms war er jedenfalls sehr angetan. »Husum und Storms Haus sehr nett«, notierte er in sein Büchlein. Und ergänzte: »Jahrmarkt; die Stadt geflaggt. Spatzirgang. Bei Storm geplaudert und feierlich in Cap Constantia Gesundheiten ausgebracht. Nach 11 ins Hôtel.« Auch Storm war der Besuch »eine große Freude«. Er fand sogar, Fontane sei »trotz seiner Mitredaktionsschaft« bei der *Kreuzzeitung* »doch ein netter traitabler Mensch – und ein Poet«. »Wir haben uns in den paar Stunden fast um den Hals geredet«, gestand er später einem Freund. Wovon man sprach? Von Austern und der Austernzucht, denn man war beim Spaziergang am Husumer Austernbassin vorbeigegangen. Auch von Kindererziehung war die Rede sowie von Büchern. Fontane jedenfalls wollte, wenn er zurück in Berlin war, Storm noch etliche Bücher schicken. Dann aber sprach man wohl auch vom Krieg und vom Kriegsbuch, das noch zu schreiben war. In dieser Sache wollte Fontane sowieso noch einmal auf den Freund zurückkommen. Vielleicht, dass er ihm eine Siegeshymne beisteuern würde? »Hol Sie der Teufel! Wie kommen Sie dazu daß *ich* eine Siegeshÿmne dichten soll!«, wird Storm da gerufen haben. Ja verrückt, das war ja der wunde Punkt. Dass Preußen sich jetzt in Schleswig stark machen wollte, war für den überzeugten Schleswiger und Demokraten kein Spaß. Aber der Freundschaft tat es keinen Abbruch. Es war ein hervorragender Wein, der Capwein, bei dem man diesen Abend verplauderte und auf die Gesundheit anstieß. Auch auf die Gesundheit der Dame des Hauses, Constanze Storm.

»So geschieht denn wieder, was immer geschah«

Es gab nach der Rückkehr viel Arbeit. Seinem Verleger Hertz hatte Fontane das Manuskript für die zweite Auflage der *Grafschaft Ruppin* versprochen, und das musste jetzt mit einer neuen Vorrede so rasch wie möglich in die Druckerei. Weil es eilte, brachte er die letzten fertigen Seiten gerade selber hin. Es war die Vorrede, die mit den Worten beginnt: »Ob du reisen sollst, so fragst du, reisen in der *Mark*?« und mit dem Bekenntnis endet: »Du wirst, wenn du heimkehrst, nichts Auswendiggelerntes gehört haben wie auf den großen Touren, wo alles seine Taxe hat; der Mensch selber aber wird sich vor dir erschlossen haben. Und das bleibt doch immer das Beste.« Gezeichnet »Th. F.«. Eines der ersten druckfrischen Exemplare, so bat er seinen Verleger, möge er doch an »Theodor Storm in Husum« schicken.

Am 14. November 1864 wurde Emilie vierzig Jahre alt. Ihr Mann, etwas abgehetzt, dichtete vier Strophen, die in die Verse mündeten:

So geschieht denn wieder, was immer geschah,
Die Geburtstagsverse sind wieder da;
Alles andre geht seinen alten Gang,
Mög es bleiben unser Lebelang.

Er schenkte Verse. Bertha Kummer, die »Herzensmama«, schickte einen Kalbsbraten. Das freute die Kinder ganz besonders. George Fontane, 13, schrieb wenige Tage später, als er der Großmutter zu *ihrem* Geburtstag gratulierte (sie wurde 57 Jahre alt): »Ich danke Dir aufs herzlichste für den schönen Kalbsbraten den Du uns geschickt hast. Wir haben von Mama sehr viel davon bekommen indem sie sagte, ein geschenkter Kalbsbraten kommt selten.« Er schrieb auch: »In der Schule gefällt es mir jetzt sehr gut über strenge Lehrer habe ich nicht mehr zu klagen. Vorgestern ist bei Friedchen wieder ein Zahn durchgebrochen er hat jetzt schon ihrer fünf, er ist überhaupt sehr niedlich er steht jetzt schon immer an den Sachen auf auch kann er schon ›Mama‹ sagen. Martha wird mit jedem Tag artiger sie hat heut einen neuen Mantel bekommen.« Der aufgeweckte Theo, eben acht Jahre alt geworden, schrieb fast wie der große Bruder: »Der Kalbsbraten den Du uns geschickt hast hat uns sehr gut geschmeckt und Mama hat uns sehr viel gegeben.«

Den Vater erwähnen die Söhne, die selbstbewusst *mit* ihrem Nachnamen unterzeichnen, beide nicht. Und doch war er da, nur meistens in der Stadt zu »zahlreichen Reunions« unterwegs oder, wenn er zu Hause war, an seinem Schreibtisch. Den »Kalbsbraten« aber wird er gewiss nicht verschmäht haben.

Inzwischen war der Friedensvertrag ausgehandelt und von Dänemark, Österreich und Preußen ratifiziert worden. Dänemark hatte in den vollständigen Verzicht auf Schleswig, Holstein und Lauenburg einwilligen müssen. Und so wurden jetzt die Truppen vor Ort abgezogen. In Berlin erfolgte der Einzug am 7. Dezember 1864 durchs Brandenburger Tor. Fontane schrieb flugs sein Pendant zu *Der Tag von Düppel* und erntete für diese Verse, die unter dem Titel *Einzug* am 9. Dezember in der *Kreuzzeitung* erschienen, prompt die Kritik von Freund Storm. Das Dichterische an den Versen sei zwar »außerordentlich gut«, aber die Gesinnung verwerflich, antidemokratisch. Aus jeder Strophe hänge »der Zipfel der verfluchten Kreuzzeitung« heraus: »Möchten Sie der letzte Poet jener, doch Gott sei Dank und trotz alledem dem Tode verfallenen Zeit sein, worin die That des Volkes erst durch das Kopfnicken eines Königs Weihe und Bedeutung erhält.«

Das mit dem Kopfnicken des Königs betraf den letzten Vers der sieben Strophen. Jede dieser sieben Strophen beginnt mit der Frage »Wer kommt? wer? –«, zählt dann die siegreichen Regimenter und Feldherren auf und begrüßt sie freudig. Auch das in Neuruppin stationierte Regiment erhält eine Strophe:

Wer kommt? wer? –
Hurra, die Vierundzwanziger.
Guten Tag, guten Tag und gehorsamster Diener!
Ei, das sind ja meine Ruppiner;
Flinke Kerle, ohne Flattusen,
Grüß' Gott dich, Görschen und Brockhusen!
Möchte manchen von euch umhalsen,
Düppel war gut, besser war Alsen –
's war keine Kunst, euch half ja die Fee,
Die Wasserfee vom Ruppiner See.

Das Kopfnicken des Königs erfolgt, als die Truppenparade unter dem Reiterdenkmal Friedrichs II. endlich zum Stehen kommt und es heißt:

Halt! Der ganze Waffenblitz
Präsentiert vor König Fritz.
Alles still, kein Pferdegeschnauf,
Zehntausend blicken zu ihm auf;
Der neigt sich leise und lüpft den Hut:
»Konzediere, es war gut.«

Größere Anerkennung für das Einzugslied blieb auch von offizieller Seite aus. Fontane wird also ohne besonderen Zuspruch an die Arbeit gegangen sein, die auf ihn wartete, nämlich das Manuskript für sein Kriegsbuch zusammenzustellen. Er hoffte, bis Ende August 1865 damit fertig zu sein. Bis dahin aber, so wusste er, würde ihn dieses Auftragswerk alle Kräfte kosten. Denn nebenher war ja noch die Routinearbeit bei der Zeitung zu leisten. Er erhielt jetzt 1000 Taler jährlich (statt wie bisher 900). Zusammen mit seinen übrigen Einnahmen – den Honoraren und dem Unterstützungsbeitrag von 300 Talern jährlich vom preußischen Kultusministerium – konnte er sich und seiner Familie zwar die Existenz sichern, aber für größere Extras reichte es nicht. Das Buch für Decker war also ein sehr willkommener Zusatzverdienst. Je schneller er das Manuskript lieferte, desto besser für die Kasse.

Leider ging nun aber die Rechnung nicht auf. Decker wollte auf das erwartete Honorar von 500 Talern keinen Vorschuss leisten. Das brachte Fontane in wirkliche finanzielle Bedrängnis. Hinzu kam, dass kurz vor Ostern die bewährte Wirtschafterin Mathilde Gerecke die Fontanes verließ. Wer sollte nun die Teltower Rübchen, Birnen, Klöße, Hammelkoteletts zubereiten? Zu Ostern war bei den Fontanes alles krank, auch die Mutter in Neuruppin recht leidend.

Eine schlimme Nachricht traf Ende Mai aus Husum ein. Es war die Trauernachricht, dass Constanze Storm, wenige Wochen nach der Geburt eines gesunden Töchterchens, am Kindbettfieber gestorben war.

Bei Fontanes bangte Emilie in denselben Tagen um die Gesundheit ihres Mannes. Man schickte schließlich nach dem bewährten Hausarzt Dr. Koblanck. »Koblanck will durchaus daß Theodor etwas gesundheitliches für sich thut«, schrieb sie bald darauf an ihre »Herzensmama«. Und so sei denn beschlossen worden, »daß er Ende August, wo er mit seinem schwierigen Buch zu Ende ist, nach der Schweiz auf 4 Wochen geht; er bedarf körperlich aber auch geistig mal einer gründlichen Regeneration.«

Mit der Aussicht auf eine Erholungsreise arbeitete Fontane jetzt »wie mit Dampf« an seinem Kriegsbuch. Da traf ihn erneut eine Trauernachricht, die ihn zutiefst erschüttern musste. Nicht lange war es her, da hatte er Verleger Hertz gebeten, Freund Wolfsohn ein Rezensionsexemplar der *Grafschaft Ruppin* zuzuschicken. Nun aber las er in der *Vossischen Zeitung* (17. August): »In Dresden starb am 13. d. M. der namentlich als dramatischer Dichter bekannte und verdienstvolle Dr. Wilhelm Wolfsohn im Alter von 45 Jahren nach mehrmonatlichen schweren Leiden an Leberkrebs. Er hinterläßt eine Witwe und vier unmündige Kinder.«

Das Begräbnis auf dem Alten Jüdischen Friedhof hatte bereits stattgefunden, als er sein Kondolenzschreiben nach Dresden richtete. »Aus den Blättern, hochzuverehrende Frau, haben wir zu unserer größten Betrübniß ersehn, welch schwerer Verlust Sie betroffen hat«, schrieb er an Emilie Wolfsohn und gedachte des Freundes in bewegenden Worten. Die Trauer um den alten Freund sollte ihn jetzt begleiten, wenn er wenige Tage später aufbrach Richtung Schweiz.

Erholungsreise in die Schweiz

Er wählte die Route dem Rhein entlang. Im Gepäck Karl Baedekers *Handbuch für Reisende* für die *Rheinlande von der Schweizer bis zur Holländischen Grenze* (1864, 13. Auflage). Auch ein neues Notizbuch hatte er mit dabei.

Am Sonntag, den 27. August, kam er in Köln mit der Bahn an und nahm sich ein Zimmer im Hôtel Disch (bis 30.8.). In den vier Tagen, die er blieb, besichtigte er den Dom, die Kirchen, die Museen und schrieb seitenweise Notizen, als wäre er auf einer Rechercheereise. Auch sein Schiffsausflug auf dem Rhein bis Bonn und weiter bis Rüdesheim war recht strapaziös, machte er doch am selben Tag von Königswinter aus einen Eselsritt für Touristen mit: »zu Esel über die Wolkenburg [...] auf den Drachenfels«, lautet der Eintrag im Notizbuch. Nach glücklicher Rückkehr ins Hotel soupierte er im Salon und freute sich der guten Gesellschaft: »Die schöne blonde junge Engländerin und die schöne, schwarze Kölnerin.«

Am Donnerstagmorgen (31.8.) packte er seine Reisetasche, schrieb einen Brief an Emilie (nicht überliefert), zahlte die Hotelrechnung, besuchte den Morgengottesdienst im Dom und fuhr mittags mit der Bahn nach Koblenz, wo er im Hotel Anker Quartier nahm. Im Notizbuch steht: »Mäßiges Diner«. Aber auch: »Spatzirgang an der Mosel und über die Mosel-Brücke. *Ehrenbreitstein im Sonnenuntergang* (kostbar).« Bilder gingen ihm durch den Kopf: »das schöne Strombild« am Abend weckte die Erinnerung an den jütländischen Limfjord. Im Hotel Anker beim »Thee« vermerkte er dann zu seiner Enttäuschung: »unbedeutende Engländerinnen«. Dafür fiel ihm »ein reizender deutscher Backfisch von vielleicht 15 Jahren« auf, vermutlich »Generalstochter aus den alten Provinzen«.

Am andern Morgen früh um sechs: »Abfahrt mit dem Dampfschiff ›Elisabeth‹ nach Mainz«. An Bord Touristen aus aller Welt. Auch Engländer und unter ihnen »ein Mr. Lockhardt mit seinem boy«. Vielleicht »der Sohn vom Schwiegersohn Walter Scotts«?, fragte er sich. Kurze, freundliche Gespräche mit Mr. Lockhardt (auf Englisch) scheinen die Frage verneint zu haben.

So ging es zu Wasser und zu Land immer weiter südwärts. Auch Worms mit seinen Luther-Orten besuchte er, dann Speyer mit seiner Kaisergruft. Und immer dinierte er gut, manchmal sogar »ausgezeichnet«, genoss »superben Hasenbraten, eben frisch aus der Pfanne«, und wäre vollkommen glücklich gewesen, wenn Gesellschaft und Gesundheit noch ein bisschen besser gewesen wären. Aber der Rheinwein schmeckte. Der »Rüdesheimer« war »sehr schön und nicht übermäßig stark«, der Asmannshäuser dagegen ging ihm »wie Feuer durchs Blut«.

Endlich erreichte er Karlsruhe (3.9.). Das Notizbuch war jetzt fast durchgehend und bis zur letzten Seite mit Bleistiftnotaten vollgeschrieben, auch etwas skizziert hatte er, etwa die Uferlage der Rebstöcke bei Asmannshausen, Rüdesheim und Bingen. Zwischen die letzten Blätter eingelegt findet sich zudem ein farbig lithografiertes Marienbild aus einer der Kölner Kirchen sowie eine Visitenkarte mit der gedruckten Aufschrift »Hotel Große, Karlsruhe«. Auf der Rückseite dieser Karte steht sorgfältig mit Tinte: »Pension Moser / à Montreux / Ct de Vaud. / Recomandé par Fr. Aschinger / Sommelier.« Sommelier Aschinger, so verstehen wir, empfahl die Pension Moser, sollte er nach Montreux fahren.

Doch erst einmal wollte er »nach Basel« und dann weiter nach Interlaken. Der Baedeker empfahl die Route über Bern, Thun, Thunersee. Spätestens in Basel notierte er sich auf der letzten Seite seines Büchleins:

Abgang von Bern	2.20.
Ankunft in Thun	3.27
Abgang von – (Scherzligen)	3.40.
Ank. in Neuhaus (Interlaken)	5.5.

Dazu bemerkte er: »Man fordert ein billet nach Neuhaus.«

Es sind dies die einzigen überlieferten Reisenotizen zu seiner Schweizer Reise. Nur sein Hinweis »Schweizer-Reise fehlt.« hat die Zeitläufte überdauert. Also ein weißer Fleck in der Biografie. Denn nicht einmal Briefe haben sich erhalten (sie fehlen zwischen dem 4. und 24. September 1865). Doch aus dem Notizbucheintrag können wir schließen: Fontane fuhr am Montag (4.9.) von Karlsruhe weiter nach Basel und von dort über Bern, Thun bis nach Scherzligen. Da bestieg er das Dampfschiff, fuhr über den Thunersee, nahm in Neuhaus die bereitstehende Kutsche und erreichte Interlaken noch am selben Abend. Interlaken war ein erstklassiger Touristenort mitten in der Bergwelt.

Sehr luxuriös war das neue Grand Hotel Victoria. Es lag am Höhenweg, einer breiten Promenade, und bot einen atemberaubenden Blick auf die schneebedeckte Jungfrau. Wir wissen nicht, wo Fontane abstieg, aber gewiss nahm er Quartier in einem der besseren Hotels, dort, wo er schöne Engländerinnen sehen konnte. Die Tage verbrachte er mit Spaziergängen, Boots- und Bergausflügen und mit Lesen. Ob er wie Schwester Jenny, von der er wusste, dass sie »mit Pferd und drei Trägern« für 30 Taler hinauf auf die Schynige Platte (2076 m) geritten war, einen Ausflug in die große Bergwelt wagte? Er hätte dann von diesem Aussichtpunkt aus die Jungfrau besonders eindrücklich erlebt.

Seinen späteren Erinnerungen nach las er in Interlaken Scotts Roman *Waverly*, der in den schottischen Highlands spielt. Außerdem verkehrte er mit dem Ehepaar Schaefer, dem er auch in Berlin wiederbegegnen sollte. Da litt er dann allerdings Qualen, denn *ihn* fand er, wie er Emilie gegenüber äußerte, von »ängstlich-pedantischer Unbedeutendheit«, sie »geradezu entsetzlich« und von sprechender »Ähnlichkeit mit Tante Pine«. Während der Interlakner Tage mögen die Beziehungen durchaus freundlicher gewesen sein.

In seinem Romanwerk jedenfalls erzählt Fontane den Ort als einen Locus amoenus. Interlaken liegt hier poetisch »in dem lieblichsten« der Schweizer Täler, »in dem Tale ›zwischen den Seen‹«, und ermöglicht den Liebenden Melanie und Rubehn eine Reihe von »glücklich-stille[n] Herbstwochen«. Erst »als ein scharfer Nordwest vom Thuner See nach dem Brienzer« hinüberfährt und der Schnee so dicht fällt, »daß nicht nur die ›Jungfrau‹ sondern auch jede kleinste Kuppe verschneit und vereist ins Tal« hinuntersieht, reist das Paar mit dem Töchterchen Aninette und der neuen Amme Vreni heim nach Berlin (*L'Adultera*, 18. Kapitel).

Interlaken ist auch für Cécile einer der glücklichsten Orte ihrer Erinnerung (*Cécile*, 13. Kapitel). Sie erzählt von diesem Glück auf einem Erholungsurlaub im Harz, während sie mit Gordon eselreitend durchs Bodetal kommt: »[…] welche Welt! Jeden Morgen, wenn ich ans Fenster trat, sah ich die ›Jungfrau‹ vor mir und daneben den Mönch und den Eiger. Und am Abend dann das Alpenglühen. […] Schöne, himmlische, glückliche Tage, Tage voll ungetrübter Erinnerungen. Und unter diesen ungetrübten Erinnerungen auch Eselritt und Ponyfahren.«

Interlaken, um 1865

Fontane blieb wohl gut zehn Tage und trat dann die Rückreise über Luzern und Zürich an. Dass er in Luzern gewesen sein muss, entnehmen wir einem Vortrag, den er im Herbst 1865 in Berlin hielt und später auch drucken ließ. Darin spricht er vom Löwendenkmal in Luzern, aber auch vom Schillergedenkstein im Vierwaldtstättersee und von den drei Tellskapellen »in Bürglen«, »am Urnersee, zu Füßen des Axenberges«, und »nördlich von Küßnacht«, in der »vielgenannten ›hohlen Gasse‹«. Alle drei Kapellen, die er als »Denkmäler in der Schweiz« auffasste, scheint er gesehen zu haben und war berührt von ihrer Schlichtheit.

Nehmen wir an, dass er etwa am 14. September Interlaken verließ und die übliche Touristenstrecke Richtung Luzern fuhr. Sie führte zuerst mit dem Dampfschiff ans andere Ende des Brienzersees und von dort weiter in der Postkutsche über den Brünig. Nach einer knappen Tagesfahrt erreichte er Luzern. Hier verweilte er zwei oder drei Tage, machte seinen Gang durch die Stadt und besuchte dabei auch das Löwendenkmal. So wie in Köln unternahm er schließlich eine touristische Dampferrundfahrt auf dem Vierwaldstättersee. Er kam am Schillerstein vorüber und an der Rütli-Wiese und nutzte, als man Flüelen erreichte, die Zeit für eine kleine Extratour nach Bürglen. Es finde sich hier die »anziehendste« der drei Kapellen, hat er später geurteilt, zugleich »die am wenigsten besuchte«: »Sie liegt außerhalb der großen Tour; man muß sie suchen. Wer aber diese Mühe nicht scheut, dem erschließt sich ein entzückendes Stück Natur, ein Hügellandschafts-Idyll, zu dem die dicht umher stehenden Urner Alpen nur die ernste Umrahmung bilden.«

Bürglen war für ihn ein mythisch-literarischer Ort, ähnlich wie Helsingör in Dänemark. Suchte er dort seinen Shakespeare, dann hier seinen Schiller. »Seht wer da kommt!« / »Es ist der Tell aus Bürglen!«, heißt es in der Anfangsszene des *Wilhelm Tell* (I,1.). Fontane kannte die Szene auswendig.

Noch während er die Urschweiz erkundete, wurde er bereits in Zürich erwartet, nämlich von »Rütli«-Freund Wilhelm Lübke, Professor für Kunstgeschichte am Polytechnikum, und seiner Frau Mathilde. Fontane hatte sich bereits brieflich angekündigt und wusste vermutlich, dass auch Richard Lucae da sein würde. Lucae logierte im Zürcher Nobelhotel Baur au Lac und schrieb am 16. September 1865 an Anna Witte: »Morgen kommt Nöhl u. wir wollen dann miteinander noch ein paar Tage hier am See verbummeln.«

Fontane, als er am Sonntag (17.9.) in Zürich eintraf, wurde von seinen Berliner Freunden gewiss herzlich empfangen. Umso mehr, als er direkt von der Rütli-Wiese kam, die ihrem Literatenkreis den Namen gespendet hatte. Beim üblichen Gang durch die Stadt und abends beim Souper tauschte man dann wohl die neusten Neuigkeiten aus. Die Wilhelm-Tell-Orte und Interlaken im Berner Oberland mögen ein Hauptgesprächsstoff gewesen sein, aber wohl auch die Tagesneuigkeiten aus Berlin und Zürich. Und Gottfried Keller? Es kam zu keiner Begegnung, aus welchen Gründen auch immer.

Nur so viel ist gewiss: Fontane blieb weniger lang, als Freund Lucae erwartet hatte. Der Geldbeutel war leer, und es drängte ihn nach Hause. Am Sonntag war er angekommen, am Montag (18.9.) reiste er bereits wieder weiter. Am Dienstag oder Mittwoch (20.9.) war er zurück in Berlin. Wenige Tage später schrieb er an Henriette von Merckel: »[...] die Leute sagen, ich sehe wohl aus, und ich fühle mich auch so.« Eine rechte Erholung seien ihm aber nur »die Tage in Interlaken« gewesen.

Theodor Fontane mit Halstuch und Hut,
Karikatur von August von Heyden, 1865/66

Zu den böhmischen Schlachtfeldern – am Arm
»die weiße Binde mit dem rothen Kreuz«, August 1866

Er hatte im selben Brief auch geschrieben, er sei nun wieder im Trott: »die Alpen sinken, und die Zeitung steigt.« Täglich saß er wieder in der Redaktion, um als »unechter Korrespondent« Artikel aus London zusammenzuschustern. »p* London« war sein Kürzel. Zur selben Zeit berichtete ein gewisser *†* aus Ratzeburg. Es sind diese Artikel ebenfalls Fontane zugeschrieben worden, allerdings ist die Zuschreibung umstritten geblieben. *†* berichtete in hellen Farben vom ersten offiziellen Besuch, den Wilhelm I. als neuer Landesherr den Ständen und der Bevölkerung Lauenburgs abstattete. Ob die Berichte aus der Feder eines Redaktionskollegen oder von Fontane stammten, ist schwer zu sagen. Er stellte sich jedenfalls zu Preußens Politik nicht quer, war vielmehr fasziniert von Bismarcks Expansions- und Annexionspolitik. Der Sieg gegen Dänemark war nur der erste Akt gewesen. Sobald der zweite folgte, das Hinausdrängen Österreichs aus Norddeutschland und aus dem Deutschen Bund, würde auch er, Fontane, als Berichterstatter wieder zur Verfügung stehen. Wenn es denn ohne Krieg nicht ging.

Inzwischen war sein Manuskript *Der Schleswig-Holsteinsche Krieg im Jahre 1864* zum Druck bereit. Aber mit dem Illustrator Ludwig Burger hatte es Unstimmigkeiten gegeben, was die Drucklegung nun verzögerte. Statt im November 1865 sollte der Band erst im April 1866 erscheinen. Das war ärgerlich, denn zwei Jahre nach Düppel war das »zu spät« und schlecht für den »Absatz«. Doch hatte Fontane eigentlich keinen Grund, sich zu beklagen. Das Buch trug ihm die »goldene Medaille für Kunst und Wissenschaft« ein und wurde durch einen Erlass des Kultusministers Heinrich von Mühler den Schulbehörden zur Anschaffung empfohlen. Mit gutem Grund. Denn Fontanes erstes Kriegsbuch schildert in für Gymnasiasten durchaus verständlicher Sprache den strategischen Verlauf der Kriegshandlungen. Zudem enthält es Kartenmaterial und bringt die wichtigsten Akteure im Porträt. Auch Gefechts- und Kriegsalltagsszenen geben einen Begriff vom Geschehen.

Etwa zur selben Zeit, als Fontane das Manuskript zum *Schleswig-Holsteinschen Krieg* abgeschlossen hatte, stellte »Rütli«-Freund Adolph Menzel sein *Krönungsbild* fertig. Das Auftragswerk, ein Schmerzenskind, wurde Ende 1865 im »Oberlichtsaale des Königlichen Akademiegebäudes« ausgestellt. Hier sah es Fontane und besprach es dann in der *Kreuzzeitung* (3. Januar 1866). Er hatte die Entstehung des großen Gemäldes mitverfolgt, sogar Freund Menzel bei der Arbeit im Atelier besucht. Jetzt wurde ihm bewusst, wie eigenwillig dieser den Auftrag interpretiert hatte, nämlich ohne jede Heroisierung des Königs, der sich ja seinerzeit die Krone selbst aufgesetzt hatte. In seiner Kritik, die anonym erschien, kam Fontane zu dem Urteil, Menzel habe »auf dem Gebiete *realistischer* Kunst« etwas bisher Unübertroffenes in der deutschen Malerei geschaffen – jedenfalls »auf dem eng abgegrenzten Gebiete der Hof- und Staatsfeierlichkeiten«. Fontane wusste, dass Menzel die königliche Familie, die Generalität und die Minister in seinen Entwürfen mehrmals umgruppiert hatte, um so eine besondere Gesamtwirkung von Raum, Licht und Farben zu erreichen. In seiner Symbolkraft war es jetzt ein Historienbild, kein Ereignisbild. Und dies würdigte Fontane als höchste künstlerische Leistung.

Den Verlagsvertrag mit Wilhelm Hertz hatte er mittlerweile unterschrieben. Vorläufiger Titel: *Levin von Vitzewitz. Ein Roman aus dem Winter 1812 auf 13*. Die Idee stand ihm klar vor Augen, am Konzept feilte er aber noch (die Titelfigur sollte vielleicht doch nicht sterben). Außerdem war er mit den Recherchen noch längst nicht am Ende. So schnell, wie der Verleger es wünschte, ging es womöglich nicht. Auch wenn das Honorar von 1200 Talern lockte.

Am 11. August 1866 vertröstete Fontane seinen Verleger: »Sie dürfen nicht glauben, daß mein Feuer für den Roman niedergebrannt ist. Im Gegentheil. Aber eben weil ich so sehr daran hänge, weil ich diese Arbeit als ein eigentlichstes Stück Leben von mir ansehe, so duldet diese Arbeit kein getheiltes Herz.« Zu diesem Zeitpunkt hatte er bereits entschieden, im Verlag von Rudolf von Decker ein zweites Kriegsbuch zu veröffentlichen. Auch wenn die Verhandlungen noch stockten und das geforderte Honorar unsicher war (ebenfalls 1200 Taler), meinte Fontane gegenüber Hertz: »Ich wünsche das Kriegsbuch zu schreiben, einmal weil ich das Schleswigholstein Buch dadurch erst zu einem rechten Abschluß bringe, zweitens weil ich eine Lust und ein gewisses Talent für solche Arbeiten, drittens weil ich einen erheblichen pekuniären Vortheil davon habe.« Die Sache sei ihm aber *»keine Herzenssache«*.

Was er Hertz gegenüber äußerte, war nicht die ganze Wahrheit. Denn er hatte das »heraufziehend[e] Kriegsgewölk« von Anfang an mit äußerster Anspannung mitverfolgt, hatte sich früh dafür engagiert, dass sein Illustrator Burger eine Sonderbewilligung als »künstlerische[r] Attaché« erhielt, um im »bevorstehenden Krieg« die Truppen begleiten zu können, und teilte seit Wochen die Stimmung, die Emilie schildert, wenn sie an ihre »Herzensmama« schrieb: »Wie Du auf Bismarck zürnst, so wir auf das wahnsinnige Österreich« (10. Juni 1866).

Unter dem 14. Juni 1866 notierte Fontane im Tagebuch: »Auf die Redaktion. Große Aufregung wegen des heute noch zu erwartenden Bundestags-Beschlusses in Betreff der *Mobilisirung des Bundesheeres* gegen Preußen. Nachmittag verbreitet sich die Nachricht, daß der Beschluß wirklich gefaßt und dadurch der *Bundeskrieg* gegen uns erklärt sei. Die Zeitung bestätigt diese Nachricht. Fräulein v. Rohr erzählt, daß wir morgen höchst wahrscheinlich in *Sachsen* einrücken würden. Hoffentlich auch in *Hannover.* […] – In der Stadt große Aufregung, immer neue Truppendurchzüge; das erste Garde-Regiment passirt Berlin und begiebt sich auf den Kriegsschauplatz.«

Als Journalist der *Kreuzzeitung* und dank seiner privaten Beziehungen war er über die neusten Ereignisse bestens informiert. Im Bundestagsbeschluss vom 14. Juni 1866 hatten sich die größeren deutschen Bundesstaaten an die Seite Österreichs gestellt und also gegen Preußen. Ohne Zögern besetzte Preußen deshalb Hannover, Kassel und Dresden.

Von dieser Stunde an begann »ein überaus schwieriger« Zeitungsdienst, denn er hatte »oft über 50 Zeitungen den Vormittag zu excerpiren«, so dass andere Arbeiten wie der Roman liegenbleiben mussten. Am 17. Juni erließ Kaiser Franz Joseph das Kriegsmanifest *An Meine Völker* und erklärte Preußen den Krieg. Am 18. Juni, »am Jahrestage von Fehrbellin und Belle=Alliance«, antwortete Wilhelm I. mit dem preußischen Manifest *An Mein Volk!*. Zum General hatte er Helmuth Freiherr von Moltke ernannt.

Es ist ein Notizbuch überliefert, in das Fontane Zeitungsmeldungen vom böhmischen Kriegsschauplatz einklebte. Welchen Zeitungen sie entnommen sind, ist nicht ersichtlich, doch könnten sie aus den »über 50 Zeitungen« stammen, die er in der Redaktion bearbeitete. Einzelnen aufgeklebten Meldungen lässt sich Ort und Datum der Korrespondenz entnehmen, etwa »Sichrow, 27. Juni«, »Breslau, 27. Juni«, »Berlin, 27. Juni«, »Münchengrätz, 28. Juni«, »Dresden, 5. Juli«, »Posen, 16. Juli« oder »Berlin, 8. August«. Die Sammlung könnte ein erstes Konzept für das geplante Kriegsbuch darstellen, aber auch als Reisebegleiter gedacht gewesen sein. Neben Informationen zum Kriegsverlauf sammelte Fontane zugleich ergreifende Erzählungen vom furchtbaren Sterben der jungen Soldaten im Feld. Unter dem Eindruck dieser neusten Kreigsereignisse war es unmöglich, an einem historischen Roman zu arbeiten. Der Roman »stotterte« jetzt, wie er fand. Eher konnte er einen Prolog für eine Siegesfeier schreiben oder einen »Jetztroman« (was er mit *Allerlei Glück* auch wirklich versuchte).

Seit der Mobilisierung der Truppen hatte Fontane »wieder Vorbereitungen zu einem neuen [Kriegs-]Buche getroffen«. Am Sonntag, den 12. August, brach er auf, um sich »auf 14 Tage auf die verschiedenen Kriegsschauplätze [zu] begeben«. »Ich bitte Gott, ihn mir gesund zurückkehren zu lassen«, schrieb Emilie an ihre »Herzensmama« und meinte besorgt: »Er ist viel erkältet und soll nach seiner Rückkehr Vichy trinken, welchen Brunnen Koblanck für seinen Hals wie für sein Herz zuträglich findet.«

Als Fontane reiste, waren die großen Schlachten von »Münchengrätz und Gitschin, von Nachod-Salitz« (28./29.6.) und »Königgrätz« (3.7.) bereits geschlagen. Der Jubel in Berlin war unermesslich gewesen, alles im Siegestaumel. Denn einen so raschen und vollkommenen Sieg Preußens hatte man kaum erwartet, waren doch Österreich und seine Verbündeten die zahlenmäßig überlegene Partei. Auch Fontane war bei aller Zurückhaltung sehr zufrieden über den Verlauf der Ereignisse und erklärte, »daß wir ohne Blasphemie der Überzeugung leben, daß Gott entschieden und uns deshalb den Sieg gegeben hat, weil jede Art von Recht, das juristische und politische auf unserer Seite war«. Diese Zeilen fügte er einem Brief Emilies an Bertha Kummer bei, die als Dresdnerin Österreich unterstützt hatte. Allerdings tat er auch Abbitte für seine Haltung und schrieb: »Nichts für ungut!«, um mit den Worten zu schließen: »Auf allen Gebieten, außer auf politischen, wie immer Dein Dich liebender / Theodor.«

So wie bei seinen Reisen zum Kriegsschauplatz in Dänemark hatte er auch jetzt wieder ein leeres Notizbuch mit im Gepäck. Nur gerade elf Doppelseiten füllte er schließlich. Das ist nicht viel. Lag es daran, dass er mit dem umtriebigen, in der Regel gutgelaunten Hermann Scherz reiste? Oder daran, dass die Reise recht strapaziös war? Er kannte die Länder der böhmischen Krone nicht, und die Menschen sprachen oft nicht Deutsch, sondern Tschechisch. Das war für die Recherche erschwerend.

Sie reisten »über Dresden«. Bei dieser Gelegenheit schrieb Fontane jene Zeilen ins Notizbuch, die uns denken lassen, dass er hier einst heimlich die Vaterschaftsgelder bezahlte, die ein »Brief aus Dresden« ihn zu bezahlen genötigt hatte. 17 Jahre war das nun her. Preußische Truppen hatten damals eben gerade den revolutionären Aufstand niedergeschlagen, und preußische Truppen lagen auch jetzt wieder in der Stadt: »Es scheint mein Schicksal immer nur im Gefolge preußischer Regimenter in die sächsische Hauptstadt einzuziehn«, hielt Fontane im Notizbuch fest.

Die beiden Freunde stiegen im vornehmen »Hotel Bellevue« ab, wo auch preußische Offiziere an der table d'hôte saßen. Denn überall waren die preußischen Truppen noch immer präsent (auch die 24er aus Ruppin), und nicht nur in Dresden, sondern auch in den Gegenden, die Fontane und Scherz in den folgenden Tagen bereisten (Waffenstillstand seit 2. August).

Zwölf Tage später waren sie wieder zurück. Fontane einigte sich jetzt mit Verleger Decker über das Honorar und die Ausstattung des Buchvorhabens. Titel: *Der deutsche Krieg von 1866*. Ludwig Burger sollte wieder die Illustrationen liefern. Unabhängig davon vefasste Fontane auch elf *Reisebriefe* über seine kriegsjournalistischen Recherchen in Böhmen. Ihr Abdruck begann am 19. September 1866 in Deckers *Berliner Fremden- und Anzeigen-*

blatt (anonym). Manche dieser Reisefeuilletons hatte Fontane bereits fertig im Notizbuch konzipiert. Und so lesen wir denn sowohl im Notizbuch wie im ersten *Reisebrief*, er habe gleich beim Aufbruch zu den Schlachtfeldern »die weiße Binde mit dem rothen Kreuz« ausgehändigt erhalten. Das schützende Neutralitätszeichen stand offenbar auch Kriegskorrespondenten zu. Im Eisenbahncoupé hatte man Fontane dann zuweilen als Arzt angesprochen, was ihm gar nicht so unangenehm gewesen war.

Wenn der Vater stirbt

Im zweiten *Reisebrief aus Böhmen* hatte Fontane geschrieben: »Die 24er, die in Dresden lagen, waren die speziellen Landsleute meines Reisegefährten [Hermann Scherz]; aus seinem eigenen Dorfe [Kränzlin] waren ein halbes Dutzend und darüber eingezogen. Er ging jetzt, sie aufzusuchen. Das gab Scenen, wie sie nur in Preußen vorkommen können: der Bauer- und Büdnersohn im Geplauder mit seinem Gutsherrn, respektvoll und herzlich zugleich, kein Knechtssinn und kein Dünkel, Vertrauen und Theilnahme in schönem Austausch. Wir konnten unseren Dresdener Aufenthalt nicht schöner beschließen.«

Als alle elf Feuilletons gedruckt vorlagen, schickte Fontane sie gebündelt dem Freund nach Kränzlin, dankte ihm noch einmal für die Begleitung und fügte scherzend »eine kleine maliciöse Widmung« hinzu (nicht überliefert). Eine zweite Sammlung seiner böhmischen *Reisebriefe* klebte er auf Blätter und schenkte sie Emilie zum Geburtstag mit den Zeilen: »Dieses Buch hab ich geschrieben, / Seinen Inhalt hab ich durchlebt, / Aber was mir das Liebste geblieben: / Ich hab auch alles aufgeklebt.« Außerdem schenkte er ihr eine Flasche Rum und ein »Rum-Lied«. Das hochprozentige Seemannsgetränk sowie der »rumrum«-Refrain in den acht Strophen sollte für etwas Heiterkeit sorgen. Der Schlussreim »rum rum, / Ist unser best Viatikum« verlangte allerdings viel Galgenhumor. Heißt doch Viatikum nicht nur Reisegeld oder Wegzehrung, sondern bedeutet in der katholischen Kirche die dem Sterbenden gereichte letzte Kommunion.

Aber so sah es jetzt gelegentlich in ihrem Gemüte aus: Beide litten an starken Stimmungsschwankungen, nannten es auch Nervenleiden oder Rheumatismus. Dahinter stand die Frage, was eigentlich das Glück sei und inwiefern Arm- oder Reichsein das Glücksempfinden schmälere oder erhöhe. Wenn nur der Reiche glücklich war, dann waren sie bestimmt unglücklich. Andere hatten es in diesem Fall viel besser. Bismarck zum Beispiel. Er hatte nach den beiden siegreichen Kriegen eine königliche Dotation von 400 000 Talern erhalten und wollte sich damit noch ein weiteres Gut kaufen: das schöne Varzin in Hinterpommern (wo in *Effi Briest* Baron Innstetten hinzitiert wird). Fontane hingegen wurde an einem »Ordensfest« nur gerade mit dem einfachen »Kronen-Orden« beglückt, was ihn zur Bemerkung reizte: »Mit der Zeit kommt alles, Orden – Titel – Tod.«

Was die Titel, die Anerkennung, die Bezahlung betraf, kam er nach seinem Empfinden einfach zu kurz. Er musste sich dafür nicht mit Bismarck messen, es reichte, wenn er sich mit seinen Freunden und näheren Bekannten verglich. Etliche schafften es viel höher hinauf. George Hesekiel zum Beispiel, sein Redaktionskollege. Er trug jetzt den Titel Hofrat (seit 1866), hatte sich gleich an eine erweiterte Bismarck-Biografie gesetzt und würde wieder Honorare einstreichen in einer Höhe, die Fontane veranlasst hätten, den ganzen Zeitungsbettel an den Nagel zu hängen. Preußen machte vorwärts, die Freunde machten vorwärts, er selber aber hatte immer wieder viel Ungemach.

Am 24. März 1867 wurde sein Vater Louis Henri Fontane 71 Jahre alt. Zeit für eine Fahrt nach Schiffmühle. Er hatte ihn schon monatelang nicht besucht, immer nur Grüße bestellt. Sein Vater sei eigentlich ein »Weltweiser«, hatte er gegenüber »Rütli«-Freund Zöllner erklärt, allerdings »ein schiefgewickelter, oder ins Apothekerhafte übersetzter Weltweiser«. Emilie fasste es nüchterner: »Der alte Papa wird immer menschenfeindlicher und zehrt wohl bereits an dem Rest seines Vermögens.«

Wie es um Louis Henri Fontane wirklich stand, wusste wohl am besten Louise Papke, die im Haus in Schiffmühle weiterhin treu für ihn sorgte. Nach der Rückkehr von seinem Sonntagsausflug (31. März) beim Vater schrieb Theodor Fontane an Mathilde von Rohr: »Ich bin krank. Eine Erkältungsreise zu meinem Papa und drei Diners hinter einander haben mich so heruntergebracht, daß ich mich nur noch mühsam auf die Zeitung schleppe und dann immer zu Bett gehe.«

Viel später hat Fontane seinen letzten Besuch beim Vater im 16. Kapitel seiner *Kinderjahre* geschildert. Die Forschung hat vermutet, dass er dabei den Sonntagsbesuch vom 31. März 1867 vor Augen hatte. Es ist ein tiefwahres Charakterbild vom eigenen Vater, das Fontane in diesem Kapitel entwirft, entstanden durch jenen »Läuterungsprozess«, den er als Künstler für unabdingbar hielt. Denn nicht ein »schiefgewickelter, oder ins Apothekerhafte übersetzter Weltweiser« begegnet uns hier, sondern ein Vater, der seine letzten Tage lebte »comme philosophe« – und ein Vater, der womöglich niemanden so sehr geliebt hatte wie seinen ältesten und zuletzt einzigen Sohn Theodor.

Der Alterstod trat jetzt nach und nach an die Elterngeneration heran. Wenige Tage nach der Rückkehr aus Schiffmühle vernahm Fontane, sein »alter Lehr-Prinzipal Wilhelm Rose« sei im Alter von 75 Jahren gestorben. Kurz darauf traf die Nachricht ein vom Tod Thérèse Triepckes. Emilie hatte »Mama Triepcke« wenige Wochen zuvor noch in Beeskow besucht. Ihre leibliche Mutter war 77 Jahre alt geworden und hinterließ ihr eine kleine Erbschaft.

War er im März beim Vater gewesen, so reiste Fontane im Mai zur Mutter, um zu sehen, wie es ihr ging. Die Neuruppiner Tage waren zugleich seine Erholungstage. Jedenfalls blieb er eine ganze Woche lang.

Eine größere Urlaubsreise unternahm Fontane dann später im Jahr, in der zweiten Augusthälfte. Diesmal war er unterwegs in Thüringen, traf sich mit Freunden des »Rütli«, freute sich, dass Emilie einige Tage mit dabei war (ohne dass sie ihm die Stimmung verdarb, wie er befürchtet hatte), unternahm einen Tagesausflug in die Altmark zu Bismarcks Gut Schönhausen, kam nach Weimar, nach Eisenach und auch auf die Wartburg. Für sein neues Kriegsbuch reiste er schließlich nach Kissingen und zum Schlachtfeld von Rossbrunn und Uettingen. Er wollte die Lokalität gesehen haben, wo Preußen an der Westfront gegen die mit Österreich verbündeten Mittelstaaten gekämpft hatte. Wie immer hielt er alles im Notizbuch fest. Als er Anfang September wieder in Berlin war, kehrte auch die Redaktionsmühsal zurück. In der freien Zeit aber saß er über seinem Manuskript *Der deutsche Krieg*. Der geplante dritte Band *Wanderungen* (*Havelland*) musste warten. Der Roman auch.

Und dann traf unerwartet die Nachricht ein, der Vater sei am Abend des 5. Oktober gestorben. Einem Brief von Emilie Fontane entnehmen wir: »[M]ein guter Mann, der gefaßt die Nachricht ertrug, packte eiligst seine Sachen und fuhr um Mittag mit unsere[m] Schwager nach Freienwalde und ich am Abend nach Ruppin, um meine Schwiegermama zu holen. Unser

Aller Hauptsorge und dringendes Verlangen war natürlich zu erfahren, ob unser guter Papa noch viel gelitten und auf welche Weise sein Tod erfolgte.« Theodor Fontane und Schwager Hermann Sommerfeldt fuhren voraus, doch sollten am Tag der Beerdigung (8.10.) »Jenny« und »Lischen« sowie »George« und »Max Sommerfeldt«, die ältesten Enkel, folgen. Zur Stunde der Beerdigung war Emilie bei ihrer Schwiegermutter in Neuruppin und erlebte sie »sehr gefaßt«. Wie Fontane im Tagebuch festhielt, hatte ein »Herz- vielleicht auch ein Lungenschlag [...] seinem Leben ein Ende gemacht«. Zur Beerdigung, die »wirklich poetisch«, »auch balladenhaft romantisch« gewesen war, notierte er: »zwischen 5 und 6 haben wir, nach wunderlichen Zwischenfällen, den alten Herrn auf der Höhe des Tornow'er Kirchhofs begraben. Sand, Geröll und große Steine, wie sie dort überall in der Erde stecken, liegen auf seinem Grab; sei ihm die Erde leicht.«

Schon am »8. Oktober 1867«, dem Tag des Begräbnisses, hatte in Freienwalde die Testamentseröffnung stattgefunden. Vor das »Königliche Kreisgericht« geladen waren neben Theodor Fontane und Hermann Sommerfeldt auch Herr Rehaus, der amtliche Vertreter der abwesenden Familienmitglieder, sowie die unverheiratete Louise Papke. Das Testament Louis Henri Fontanes vom 23. Februar 1861 wurde verlesen, auch das »Intestat=Codicill« für Louise Papke. Alle waren mit allem einverstanden. Und so wurde gerichtlich vollzogen, was der Verstorbene bestimmt hatte, nämlich dass Louise Papke ein Legat von »250« Talern erhalte (die Erben hatten den Betrag um 50 Taler erhöht) sowie als Eigentum »die vermachten Sachen welche dieselbe täglich gebraucht«. Der Pflichtteil der Erben, so wurde zustimmend festgehalten, werde dadurch »in keinem Falle« verletzt. Der »Gesamt=Nachlaß« betrug »c. 3000« Taler. Alle Beteiligten bezeugten die verhandelte Sache mit ihrer Unterschrift. Das waren »H. Sommerfeldt«, »Theodor Fontane«, »Louise Papke«, Herr »Rehaus« (der Aktuar und amtliche Vertreter) sowie Herr »Bergmann« (der Kreisrichter).

»Unser lieber Papa ist dahin geschieden im vollen Besitz der Liebe seiner Kinder und die Zeit wird noch vieles verklären und sein Andenken uns stets lieb und werth bleiben«, schrieb Emilie am 14. Oktober an Mathilde von Rohr. Die Familie schien mit allem im Reinen zu sein. Doch dann kam es doch noch zum Kladderadatsch. Wegen der »Wanduhr«. Fontane ärgerte sich mehr und mehr, dass sie in den Besitz von Schwester Jenny – genauer: von Schwager Sommerfeldt – gewandert war. Als ihm jetzt zu Ohren kam,

Wanduhr der Familie Fontane

dass Sommerfeldt die Uhr komplett restaurieren und das Gehäuse ersetzen lassen wollte, war es vorbei mit der Contenance, und er schrieb:

Berlin, d. 29. Oktober 1867.

Mein lieber Sommerfeldt.

[…] Als einziger überlebender Sohn, der den Namen Fontane trägt, hatte ich vielleicht den nächsten Anspruch auf dies vielbesprochne Erbschaftsstück; es war, glaub' ich, in der Ordnung, daß ich den Wunsch hegte, dermaleinst bei dem Schlage derselben Uhr sterben zu können, bei deren Ticktack mein Vater und mein Großvater gestorben sind. Ich hatte sozusagen ein poetisches, aus der Geburt und dem Familiennamen erwachsendes Anrecht an die Uhr.

[Doch] längst spiele ich die Rolle eines vorweg entthronten Kronprinzen; Du bist, ohne Palastrevolution, ohne Gift und Dolch, seit lange an meine Stelle getreten; die Verhältnisse haben das so mit sich gebracht. […] Du bist der »Häupter« geworden, der ich eigentlich hätte sein sollen, und in dieser Deiner Häuptlingseigenschaft liegen zuletzt auch alle jene Ansprüche begründet, deren Endresultat die siegreiche Heimführung besagter Wanduhr ist. Diese ist sozusagen das Symbol Deiner Thronbesteigung.

Über den kleinen Ärger, den ich vor Wochen darüber empfand, bin ich weg; ich gönne Dir die Uhr aufrichtig und wünsche, daß sie Dir nur gute Stunden schlägt. Aber ihr altes Gehäuse würd' ich ihr lassen; nimmst Du ihr das, so ist sie nicht mehr sie selbst und eine Uhr wie jede andre.

Mit bestem Gruß an die Schwestern wie immer Dein

Th. Fontane.

Es ist, als hätte sich Fontane nicht nur für sich selbst, sondern auch im Namen seiner verstorbenen Brüder für die Uhr gewehrt. Schwager und Schwester begütigten gleich. Und so ging die Wanduhr in den Besitz von Theodor Fontane über, der »als einziger überlebender Sohn, der den Namen Fontane trägt«, so heftig um diese Familienantiquität geworben hatte (heute im Besitz des Museums Neuruppin).

... und die Mutter

Der Vater hatte die Zeit des deutschen Krieges noch erlebt, auch den Frieden von Prag (23. August 1866) und – nach der Auflösung des Deutschen Bundes – die Schaffung des Norddeutschen Bundes (Sommer 1867). Präsident dieses neuen Bundes war der preußische König, Bundeskanzler der preußische Ministerpräsident. Preußen dominierte den Norddeutschen Bund außerdem durch Stimmenmehrheit der Abgeordneten. Gut möglich, dass Louis Henri Fontane, der immer zu Napoleon und seinen Marschällen gehalten hatte, kein Freund der Bismarck'schen Politik gewesen war, soweit er sie noch zur Kenntnis nahm. Diese Politik hatte zur Folge, dass Preußen jetzt durch Annexion von Schleswig, Holstein, Hannover, Hessen, Frankfurt am Main ein großes, zusammenhängendes Staatsgebilde geworden war. Sein Gebiet reichte fast lückenlos vom Rhein bis zur Memel, von der Ostsee bis zum Main. Das Königreich Sachsen hatte in den Friedensverhandlungen zwar seine Unabhängigkeit bewahren können, doch wurde es in den Norddeutschen Bund hineingezwungen und somit von Österreich, an dessen Seite es gefochten hatte, getrennt.

Im April 1868 wurde die Hirschelstraße in Königgrätzer Straße umbenannt. Die Adresse der Fontanes lautete neu Königgrätzer Straße 25.

Privat drückten jetzt vielerlei Alltagssorgen. Die Gesundheit ließ häufig zu wünschen übrig, der Paterfamilias war unzufrieden mit Verleger Decker, der Redaktionsarbeit und den schmalen Einkünften (er hatte neu die Idee, ein national-historisches Museum zu gründen und Museumsdirektor zu werden, für »einen anständigen Titel und ein gutes Gehalt«), George aber wurde aus der Untersekunda nicht in die nächsthöhere Klasse versetzt. Dies bewog die Eltern, ihren Sohn »Soldat werden zu lassen«. Warum George die Klasse nicht einfach wiederholen konnte (so wie der Vater einst die Tertia)? Aus den überlieferten Dokumenten geht keine schlüssige Antwort hervor. Wir sehen einfach, dass George Fontane nach der Untersekunda, und also mit der Mittleren Reife, das Gymnasium verließ, um bald darauf, mit 17 Jahren, in Kassel ins 83. Regiment einzutreten. Kassel war jetzt preußisch, weil Preußen es 1866 annektiert hatte. Nach Kassel kam George, weil Oberst Franz von Zychlinski, ein Schwager von Hermann Scherz, auf das Gesuch von Fontane hin diesen Eintritt möglich gemacht hatte. Fontane hatte schon länger gute Beziehungen zu Zychlinski. Und so kam es, dass, während der Vater in Berlin an den letzten Kapiteln des *Deutschen Krieges* saß, Sohn George das Fähnrich-Examen in Kassel anstrebte (seine Idee, Pianist zu werden, hatten ihm die Eltern wieder ausgeredet, nicht jeder sei ein Liszt und das Klavierlehrerdasein brotlos).

Über die familiären Sorgen und Veränderungen wurde die Mutter in Neuruppin stets durch Briefe auf dem Laufenden gehalten. Es war eine rege Familienkorrespondenz – alle schrieben einander und tauschten miteinander die Briefe aus. So wusste Fontane auch, dass die Mutter, jetzt wo es Herbst wurde, wieder stark hustete. »Meine, liebe gute Mama«, schrieb er am 20. September 1868: »Eine dunkle Sage geht, der Husten sei wieder da, als habe er vor, eine Winter-Belagerung gegen Dich ins Werk zu setzen, Dich einzuschließen und Deine Communikation mit der Welt draußen zu unterbrechen. Dies darf nicht sein. Paragraph 1. aller meiner Wünsche ist also: weg mit dem Husten.« Es folgten Genesungswünsche und allerlei Familiennachrichten, vor allem aber gratulierte er zum Geburtstag, denn Emilie Fontane geb. Labry wurde jetzt siebzig Jahre alt.

Sie, die Mutter, litt aber weiter an Husten und dann auch an Schwäche. Nachdem er sie wieder einmal besucht hatte, notierte Fontane im Tagebuch: »um Ostern reise ich zu Mama nach Ruppin und finde ihr Aussehn doch merklich verändert.« Es war nach diesem Besuch, dass er die »Rückreise mit

Oberlehrer Alexi, einem Freunde von Lassalle«, antrat und vieles von diesem erfuhr, was ihn politisch interessierte.

Anfang August fuhr Fontane nach Schiffmühle, um das Grab seines Vaters »auf dem Hügelkirchhof von Neu-Tornow« zu besuchen. Ende desselben Monats reiste er auf einen Tag zu seiner Mutter, »um zu sehn wie's steht«. Er fand sie »krank, schwach, hinfällig«. Auch der Husten war geblieben. Lakritzen halfen nichts. Aber »Scheringer und Malz-Extrakt« konnten womöglich heilen, und wenn nicht heilen, »mindestens [...] Trost und Erleichterung« gewähren.

Inzwischen hatte sich George nach bestandenem Fähnrich-Examen irgendwelche Schwierigkeiten in Kassel eingehandelt und sollte in ein anderes Regiment versetzt werden. Im Herbst 1869 wechselte er (dank väterlicher Beziehungen) ins 2. Magdeburger Infanterieregiment Nr. 29, das direkt unter dem Kommando von Franz von Zychlinski stand und im deutschen Krieg eine gewisse Rolle gespielt hatte. George schrieb jetzt Briefe nach Hause, die den Vater entzückten. Es überrasche ihn in allem, was George schreibe, »eine bemerkenswerthe literarische Begabung, zwangloser Humor und scharfe Beobachtung«, urteilte Fontane nicht ohne Stolz. Am 6. Oktober wurde George Fontane zum Unteroffizier befördert und war in seinem neuen Regiment »sehr glücklich«.

Fontane aber war in einem Stimmungstief. »Meine liebe Frau, es bereitet sich still aber fast unausbleiblich eine Katastrophe vor«, schrieb er an Emilie, die zu ihrer Freundin nach Neuhof gereist war. Er fühle sich nämlich wie ein »Fremdling« im eigenen Freundeskreis. Mitunter habe er »ein wahres Verlangen nach aufräumen und klarem Spiel«. Freund Zöllner, vielleicht noch einer der besten, habe ihn kürzlich scherzhaft als »Offizier a. D.« bezeichnet, aber einer, »der sich wegen Kopfrheumatimus das Haar hat lang wachsen lassen«. Das fand er nicht schlecht getroffen. Vor allem wegen der langen Haare. Außerdem litt er in diesen Tagen stark an »Kopfrheumatimus«, Kopfschmerzen.

Anfang November 1869 erschien der erste Halbband von *Der deutsche Krieg* (datiert 1870). Das war ihm nun sehr wichtig und beanspruchte seine ganze Aufmerksamkeit. Zugleich wusste er: Die Mutter lag im Sterben. Lise hatte geschrieben, ob nicht Emilie kommen könnte. Und so war diese, kaum zurück aus Neuhof, nach Neuruppin gefahren, hatte auch schon geschrieben, wie sie hier alles vorgefunden und wie der Zustand ihrer Schwiegermutter war. Die Zeilen hatten Fontane »bewegt und erfreut«: »Wenn denn 'mal gestorben sein muß«, so schrieb er zurück, »so scheint mir dies die schönste, die würdigste, die versöhnendste Art. Mehr und mehr fallen die irdischen Dinge, Sorge, Verlangen und Bangen von einem ab und das Gefühl legt sich über Herz und Sinn, daß Ruhe das beste ist. Sollte unserer lieben Alten noch ein Todes*kampf* bevorstehn, so laß uns hoffen, daß er kurz ist« (24. November 1869).

Er selber steckte gleichzeitig »in sehr weltlichen Dingen«, war mit »Bücher empfangen und packen, mit Respektsbrief-entwerfen und kopiren« beschäftigt. Nur »das kronprinzliche Exemplar« lag noch da, »die 7 andren« waren schon »abgeliefert oder zur Post gegeben«, und zwar an den »König«, an »Bismarck«, den Kultusminister von Mühler, den Geheimen Kabinettsrat von Mühler, an Oberst von Zychlinski, George Hesekiel und Wilhelm Hertz. Das Warten auf Reaktion machte ihn jetzt höchst unruhig. Es war der Zustand, in dem ihm scharfe Sätze aus der Feder flossen. Diesmal eine gepfefferte Abrechnung mit den Verlegern, die keine Achtung vor Zeitungsredakteuren hatten (anonym, *Kreuzzeitung*, 27.11.1869). – Dann trafen erste dürre Dankesschreiben ein, und der König schickte lumpige 80 Friedrichsd'or (zirka 450 Taler). Er fand alles viel zu wenig, hatte er doch »3 ½ beste Lebensjahre, Tag und Nacht«, auf dieses Buch verwendet.

In der Zwischenzeit hatte Hermann Sommerfeldt bei Lise angefragt, ob er noch einmal nach Ruppin kommen solle, um die Schwiegermutter zu sehen. Es war aber vielleicht schon zu spät. Emilie Fontane geb. Labry starb am 13. Dezember 1869 im Alter von 71 Jahren in ihrer Wohnung Friedrich-Wilhelm-Straße 256. Im Neuruppiner reformierten Kirchenbuch steht als Todesursache »Entkräftung« (»mitgeteilt durch die Tochter [Elise Fontane]«).

Emilie, kurzfristig aus Neuruppin zurückgekehrt, fuhr gleich wieder hin. Theodor Fontane reiste zwei Tage später (15. Dezember). Auch Jenny und Hermann Sommerfeldt waren da. Und gewiss das eine oder andere Enkelkind. Ins Tagebuch schrieb Fontane: »Am 13. Dezember starb meine liebe, alte Mama; den dritten Tag begruben wir sie bei stürmischem Wetter auf dem schönen *alten* Kirchhofe, an der Stelle wo sie zu ruhen gewünscht hatte. Die ganze Stadt nahm an dem Tode der alten Frau Theil und die schönsten Kränze und Guirlanden wurden ihr mit ins Grab gegeben. Wie sie friedensvoll, *erlöst* im Sarge lag – dies Bild von ihr wird mir bleiben.«

Emilie Fontane geb. Labry hatte als Erben vier Parteien berücksichtigt:

ihre drei erwachsenen Kinder »Theodor Fontane«, »Jenny Fontane, verehelichte Sommerfeldt« und »Elise Fontane« sowie die Tochter ihres verstorbenen Sohnes Max, oder wie es im Testament heißt: »meine Enkelin Marianne Fontane«. Tochter Elise sollte den »gesamten Mobiliar=Nachlaß« erhalten »einschließlich des vorhandenen Silbers, der Betten, Wäsche und der baaren Gelder«. Das »Kapital=Vermögen« von 4000 Talern, eingetragen »auf der Letschiner Apotheke«, sollte so verteilt werden, dass Elise »unter allen Umständen« 1000 Taler erhielt und die drei anderen Erben die übrigen »3000 Thaler oder de[n] davon verblieben[en] geringer[en] Betrag« zu gleichen Teilen. Dazu kamen weitere kleinere Verfügungen, alle mit dem Ziel, Elises Existenz zu sichern, ganz so, wie es der Vater Louis Henri Fontane einmal vor Jahren gewünscht hatte. Außerdem war der Mutter wichtig, dass die Teilung gerecht und gleichmäßig und ohne unnötige Kosten erfolgte. Dabei vertraute sie auf Hermann Sommerfeldt (den »Häupter«), dass er alles gerecht regeln würde. Und es gab auch wirklich keinen Streit.

Die Frage war nur, wie jetzt die unverheiratete Schwester ihr Leben weiterleben würde. Der Bruder (und Pate) bestärkte sie darin, ein unabhängiges Leben zu führen und das Heiraten zu lassen, wenn es kein Glück versprach. Schwester Jenny hingegen versuchte nun gezielter als vordem, ihre hübsche Schwester, 31, glücklich unter die Haube zu bringen (was offenbar Material hergab für den Roman *Jenny Treibel*).

Am 30. Dezember 1869 wurde Fontane fünfzig Jahre alt. Er hatte sich vorher bei Loescher & Petsch fotografieren lassen. »Offizier a. D., der sich wegen Kopfrheumatimus das Haar hat lang wachsen lassen«? Die Haare waren jetzt frisch geschnitten und wirkten mit Pomade sehr gepflegt. Es war das Porträt des Schriststellers als englischer Gentleman. Ob Lise die Fotografie schon erhalten hatte? Von ihr kam als Geburtstagskuchen ein »ächter englischer spongecake«. Eine stille Erinnerung an die gemeinsamen Tage in London. Still war auch die Geburtstagsfeier in diesem Jahr. So kurz nach dem Tod der Mutter war Theodor Fontane nicht nach einem fröhlichen Fest zumute.

Die Wende

Der Schriftsteller als Kriegsbuchautor, Wanderer und Theaterkritiker (1870–1876)

Liebling Martha reist nach London

Manchmal hatten sich Theo und Martha »bis aufs Messer« bekämpft. Die beiden Geschwister konnten sich auch jetzt noch heftig streiten. Was tun? Theo, 13, vielleicht »in Pension« geben? Unverhofft bot sich eine bessere Möglichkeit. »Wir haben von Frau Merington eine überaus liebenswürdige Einladung erhalten, ihr unsere Martha, deren Pate Miss Merington ist, zu schicken«, schrieb Emilie Fontane am 1. Februar 1870 an Mathilde von Rohr. Die Mutter fürchtete zwar im ersten Moment die lange Trennung von ihrer kleinen Tochter, doch Henriette von Merckel und offenbar auch Marthas Lehrerinnen redeten ihr gut zu. Auch der Vater war überzeugt, dass es eine Chance war. Emilie sollte Klein Martha begleiten und dann einige Wochen bleiben, gerade so lange, bis die Tochter sich eingelebt hatte. Damit waren alle Bedenken ausgeräumt, und die Reisevorbereitungen begannen. Zuletzt waren auch die »Coiffuren« fertig, und »Springhas[e] (Martha)« saß aufgeregt bereit. Abschiedstränen gab es keine, die Vorfreude war zu groß.

Am frühen Morgen des 20. April 1870 reisten Mutter und Tochter über Hannover und Brüssel nach Calais, von dort nach Dover und erreichten anderntags London, Charing Cross Station. Die Überfahrt sei ein Höhepunkt der Reise gewesen, schwärmte Emilie in ihrem ersten Brief nach Hause. Martha sei zuletzt vor Erschöpfung eingeschlafen, aber sie selber sei, als London vor ihr auftauchte, hellwach geworden: »so passirten wir die Riesenstadt per Eisenbahn, passirten zweimal die Themse, sahen St. Paul's, und ich kann wohl sagen die Großartigkeit der Umgegend struck me so, daß ich dachte, Du wirst nicht Kraft genug haben, dies Alles zu erleben [...].«

Für bange Gedanken blieb jetzt keine Zeit. Ihr alter Freund Mr. Merington erwartete sie bereits, begrüßte Mutter und Tochter *gentlemanlike*, rief ein Cab herbei, und schon ging es »über Trafalgar Square, der ganz unverändert« schien, Richtung Kensington. Denn die Meringtons lebten unterdessen im vornehmen Westen der Stadt, in einem der weißen Reihenhäuser. Adresse: 37 Argyll Road.

Gleich mit der Ankunft begann jenes englische Leben, das Emilie Fontane von früher her so sehr liebte. Teestunden und Dinners, Spaziergänge und Ausflüge, Theater- und Konzertbesuche bestimmten die Tage. Martha aber erhielt ihre ersten Englischstunden. Sie lernte spielend und sehr schnell, so dass die Mutter über die Entwicklung der kleinen Tochter staunte. Martha sei »bescheiden und liebenswürdig« und die »Schulschnabbrigkeit« ganz von ihr abgefallen, erfuhr der Vater zu Hause. Bereits sei sie »aller Liebling« und werde demnächst Klavierstunden erhalten. »Daß Mete so einschlägt, ist mir eine besondre Freude«, schrieb dieser zurück, »sie ist ein apartes Kind, in gewissem Sinne ein Angstkind und alles wird davon abhängen, in welche Hände sie geräth; sie ist jetzt in den besten.« Schon früher hatte er um Klein Martha gebangt, sogar geträumt, sie könne entschwinden »wie ein Stern«. Jetzt freute er sich, dass die Meringtons sich seiner Tochter so lebhaft annahmen. Gerade so, wie sie es vor Jahren bei George getan hatten.

Schluss mit der Redaktionsarbeit bei der »Kreuzzeitung«!

In der Redaktion hatte er, kurz bevor Emilie mit Martha nach London aufgebrochen war, einen heftigen Zusammenstoß mit dem Chefredakteur gehabt. Es gärte aber schon länger. Und immer war es die Nüchternheit Dr. Beutners, die Fontane beklagte. Dann aber auch »[d]ie Unfreiheit, die Dürre, die Ledernheit des Dienstes«. Emilie wusste von dem Streit. Die Angst, dass ein »Gewitter« im Anzug war, trübte ihre glücklichen Londoner Tage. Als ein dicker Brief außerhalb ihrer verbindlich festgelegten Schreibetage eintraf, war sie auf das Schlimmste gefasst.

»Geliebte Frau«, so begann ihr Mann wie immer, um dann rasch zur Sache zu kommen: »Die Hälfte ist nun um, heute vor 3 Wochen [20. April] bist Du abgereist, und der Zeitpunkt ist nun da, den ich mir gleich festgesetzt hatte, um Dich in unsre Geheimnisse einzuweihn: ich habe meine Kreuzzeitungs-Stelle aufgegeben. Falle nicht um. Eh Du noch mit diesem Briefe zu Ende bist, wirst Du hoffentlich sagen: er hat ganz Recht gethan.«

Es *war* aber zum Umfallen.

Sie hatte gehofft, dass Entscheidungen dieser Tragweite gemeinsam ge-

Theodor Fontane, um 1870

troffen würden, und war überzeugt gewesen, dass sie eine recht emanzipierte Ehe führte (so hatte sie es jedenfalls gerade eben in den *discussions* mit englischen Damen erklärt). Jetzt aber brüskierte er sie. Sie wusste ja, dass er »den Ärger« gehabt hatte und dann sehr verstimmt nach Hause gekommen war. Dass er aber, kaum war sie abgereist, gekündigt hatte, *das* hatte er ihr drei Wochen lang vorenthalten.

Es war ein sehr langer Brief, den Emilie in Händen hielt. Ein Brief, in dem er ihr ausführlich vorrechnete, dass sie im kommenden Jahr keine finanziellen Sorgen haben würden. Denn neben den Honoraren war ja noch das Erbe von der Mutter da. Sollte eine Lücke entstehen, dann würde Schwager Sommerfeldt gewiss von den in Aussicht stehenden »1000 Thalern« etwas vorschießen. Vor allem aber zählte er auf den »Roman«. Er musste ihn ja nur noch *schreiben*, »und wenn ich vom 1. Juli bis 1. Januar, also in 180 Tagen auch täglich nur 4 Seiten schreibe, werde ich zu Neujahr im Großen und Ganzen fertig sei«. Falls er in dieser Zeit aber krank würde, so räumte er ein, könne er es auch in weniger als sechs Monaten schaffen. Und so wiederholte und präzisierte er: »Vier Monate lang wirst Du mich immer nur besuchsweise

Die Fontane-Kinder (v. l. n. r.) George (1865), Martha (1866)
und Friedrich und Theodor jun. (um 1870)

hier haben; ich werde mich in Stille und Einsamkeit begraben und dort meinen Roman schreiben.« Er habe seinen Entschluss »noch keinen Augenblick« bereut, schrieb er. Denn er werde endlich ein freier Schriftsteller sein.

Nach einer langen schlaflosen Nacht antwortete Emilie: »Liebster Theodor. / Du wirst nicht erwarten, daß mich Dein gestriger Brief erfreut hat; dazu blickst auch Du zu dankbar auf die letzten 10 glücklichsten Jahre unseres Lebens zurück.« Überrascht habe sie dieser Schritt nicht: »Ich weiß seit lange daß Du nach Freiheit schmachtest. […] Jedes Gebundensein widerstrebt Deiner Natur; so lange die Dinge ruhig gehen, bist Du glücklich und zufrieden; kommt aber ein Anstoß, so verwirfst du auch Alles.« Selbst ihre Ehe stehe unter diesem Zeichen: »Sobald ich durch irgend etwas Dir unangenehm bin, sobald ich Dir entgegen stehe, sprichst Du von einer 20jährigen, unerträglichen Ehe.«

Ihr Vorwurf, er gebe seinem Hang nach Freiheit allzu leicht nach, traf ihn empfindlich. Zehn Jahre lang hatte er doch bei der *Kreuzzeitung* ausgehalten: »[W]o liegt denn nun da der ungeheure Hang nach Freiheit und Wechsel! Allerdings hab ich diesen Hang, aber ich hab ihn unter Controlle meines *Urtheils und Verstandes*, die überhaupt die Regulatoren meiner Lebens- und Handelsweise sind.« Da ihm die *Kreuzzeitung* keine Alterspension gewähren wolle, habe er auch gar keine gesicherte, sondern »in ihrem Kern« eine

Nr. 112.

Berlin, Sonntag, den 15. Mai 1870.

Neue Preußische Zeitung.

Vorwärts mit Gott für König und Vaterland!

Neue Preußische (Kreuz-)Zeitung vom 15. Mai 1870, mit Fontanes letztem Abschnitt von *Der Schwielowsee und seine Umgebung*

»perfide Stellung aufgegeben«. Solange er gesund sei und schreiben könne, bestehe überhaupt kein Grund zur Schwarzseherei. Mit ihrer »Unken-Prophetie« habe sie schon immer nur das eine erreicht: »mir in kritischen Momenten das Schwere meiner Aufgabe noch schwerer gemacht zu haben. Denn das Gesicht mit dem Du *mit*trägst, hat noch niemals eine Last leichter gemacht. Dein Theo.«

Emilie lenkte zuerst ein. In London war schönster Frühling, die Bäume blühten. Ein Ausflug mit den Meringtons nach Greenwich hatte sie wieder froh gestimmt. Auf diese Wirkung Londons und den guten Einfluss der Freunde hatte Fontane gehofft. Doch war auch er aufs Einlenken gestimmt und hörte auf ihren Rat, die 1000 Taler »von unserer Mama« noch unberührt zu lassen. Denn es sei besser, so hatte Emilie geschrieben, sich nicht abhängig zu machen von der »Güte« des Schwagers, dafür aber »die Zinsen […] mitzunehmen«.

Den Streit und die Versöhnung der Eltern erlebte Martha an der Seite der Mutter mit, doch war der Vater in Briefen an sie ebenfalls präsent. Einmal schrieb er seinem Liebling: »[G]ieb Deiner lieben Mama einen Kuß von mir, recht herzlich, und sage ihr, sie solle nur Vertrauen haben und den Kopf oben behalten; ich wäre fest überzeugt, daß sich alles ganz gut machen werde.« Da war es wieder, sein Fiduzit. Und die Tochter sollte es bestärken helfen.

Bald darauf reiste Martha mit der jungen Emily Merington nach Fullbourn, wo die Meringtons jeweils in ihrem Cottage den Sommer verbrachten. Der Ort lag »von Cambridge so weit wie Ruppin von Kränzlin«, hatte aber bereits eine Eisenbahnstation. Hier besuchte die Mutter die Tochter noch einmal, bevor sie nach Berlin zurückkehrte. »[D]er Abschied von meiner süßen Mete war sehr schwer!«, gestand sie ihrem Mann.

Inzwischen wussten die Freunde von dem großen Eklat bei Fontanes. Alle hofften natürlich, dass der Gatte und Familienvater sich nicht verrechnet hatte und verwirklichen konnte, was er sich so dringend wünschte. Henriette von Merckel meinte halb beeindruckt, halb besorgt: »Die Genies haben für ihre Angehörigen doch zuweilen recht schwer zu ertragende Einfälle!«

Sommer 1870 – alle Pläne ändern sich

»[D]ie Geschichte muß doch zuletzt ein Ende haben«, schrieb Fontane am 27. Juni 1870 an Ludwig Burger und meinte ihr gemeinsames Kriegsbuch von 1866. Man hört das Seufzen. Fast vier Jahre hatte sich die Sache hingezogen, denn erst jetzt erschien der zweite Halbband. Eigentlich hatte Fontane längst zu seinen anderen Projekten zurückkehren wollen. Zum Roman, aber auch zu den *Wanderungen*. Hinaus aufs Land fahren, Licht und Luft tanken, er brauchte sie, diese *petites fugues*, um danach wieder einzutauchen ins Leben der Stadt. Und abends ins Theater.

Wenn das nicht ein Geschenk des Himmels war! Kaum hatte er bei der *Kreuzzeitung* gekündigt, war der Chefredakteur der *Vossischen Zeitung* an ihn herangetreten und hatte gefragt, ob er, Theodor Fontane, Interesse an der Theaterkritik hätte. Nur die Königlichen Schauspiele sollte er besprechen, denn für die übrigen Bühnen war jemand anderer zuständig (ab 1881 der junge Otto Brahm). Das Kritikeramt war frei geworden, weil der langjährige Theaterkritiker Friedrich Wilhelm Gubitz am 5. Juni gestorben war. Noch bis zuletzt, bis ins Alter von 84 Jahren, hatte dieser sein Theaterreferat bei der *Vossischen Zeitung* innegehabt.

Die neue Aufgabe brachte zwar nur die Hälfte der Einnahmen zurück, die Fontane mit der Kündigung seiner festen Stelle bei der *Kreuzzeitung* eingebüßt hatte. Statt 1000 jetzt 500 Taler jährlich. Aber die Arbeit selbst versprach großes Vergnügen und kostete, so hoffte er, weniger Zeit. Alles in allem schien die Existenz als freier Schriftsteller nun gesichert zu sein. Nicht zu vergessen die Extras: Von König Wilhelm I. waren ihm für den zweiten Teilband des *Deutschen Krieges* 50 Friedrichd'or (250 Taler) geschenkt worden, während das Innenministerium ihm 400 Taler jährlich zugesichert hatte (»in Anerkennung und zur Erleichterung Ihrer patriotisch-literarischen Tätigkeit sowie als Honorar für feuilletonistische Arbeiten«). Das war ein reeller Ersatz für die 300 Taler, die das Kultusministerium seit neustem nicht mehr zahlen wollte. Ein sicheres Jahreseinkommen von über 1800 Talern war jetzt kein Luftschloss mehr – das musste auch Emilie, die Skeptische, einsehen.

Es war Sommer, es war Frieden in Europa. Alles fuhr zur Kur: »In Wiesbaden, in Homburg, in Baden-Baden entfaltete sich bereits der volle Glanz der Toiletten«, so würde Fontane im Eingangskapitel von *Der Krieg gegen Frankreich* die Stimmung schildern und nicht unerwähnt lassen, dass König Wilhelm I. in Bad Ems jubelnd empfangen worden sei, mit Flaggen, bengalischer Beleuchtung und festlichen Reden.

Doch aus heiterem Himmel herrschte plötzlich Krieg in Europa. Minutiös sollten die Historiker später rekonstruieren, wie es dazu hatte kommen können. Bismarcks Emser Depesche vom 13. Juli 1870 würde in den Analysen eine Hauptrolle spielen. Auch Fontane, der Zeitgenosse, begann sein Kriegsbuch mit »Ems«, aber wie ein Romancier, der alle Sorgfalt auf das Atmosphärische legt: »Nichts fröhlicher, nichts friedlicher als die Mittsommerzeit der 70er Saison im schönen Ems. Das Leben ein Idyll!«, so gibt er das politische Klima kurz vor Ausbruch der Feindseligkeiten wieder.

Doch dann, am 19. Juli 1870, die Kriegserklärung des kaiserlichen Frankreich. Wer hatte wen provoziert? Fontane hebt in seinem dritten Kriegsbuch hervor, dass es kluge Warner auf der Seite Frankeichs gegeben habe und hetzerische Patrioten auf der Seite Preußens. Doch alles in allem beurteilt er die preußische Kriegspolitik als besonnen und vertritt die Position seiner Regierung: Die Schuld trug Frankreich, nicht Preußen.

Doch schon vor der Kriegserklärung wurden die Truppen mobilisiert. Sohn George, knapp 19, schrieb dem Vater am 16. Juli, bei ihnen in der Kriegsschule in Hannover sei »die Mobilmachungsorder eingetroffen«. Alles sei in großer Aufregung.

Viele wurden jetzt im Schnellverfahren zu Offizieren gemacht. Auch George Fontane, der gleichzeitig dringend Geld brauchte, das ihm der Vater schicken sollte. 30 Taler oder mehr. Erstens, um die Schulden zu tilgen (das ärgerte den Vater), und zweitens, um die Offiziersausrüstung zu komplettieren: Helm, Degen, Achselstücke. Geld brauchte George auch für neue wollene Hemden, Handschuhe und für »Lebensmittel«. Seit er in die Armee eingetreten war, hatte sich sein Habitus verändert. Gerne trat er jetzt forsch auf und schrieb kurz nach der Kriegserklärung: »Na, wir werden diesen Pflaumenschmeißern schon zeigen, was eine Harke ist.«

Wenig später begannen die Waffen zu sprechen.

Die Meldung vom Ausbruch des Krieges erreichte Fontane während der Sommerfrische in Warnemünde, wohin er mit seiner Frau und den jüngeren Söhnen Theo und Friedrich gereist war. Auch Luise Reißner, die neue Wirtschafterin, war mitgekommen. Vier Wochen hatte man ursprünglich bleiben wollen. Familienurlaub, wie es ihn noch nie gegeben hatte: Eine Wohnung mit Blick auf die Ostsee war angemietet worden, und er, der Familienvater, fühlte sich fast wie einst als Kind in Swinemünde. Tatsächlich hätte Fontane den Sommer 1870 am liebsten dort in der Nähe, in Heringsdorf, verbracht. Doch dann hatte ihn das verlockende Angebot von Mathilde von Rohr erreicht, eine Einladung nach Kloster Dobbertin. Im mecklenburgischen Kloster Dobertin lebte sie seit kurzem als Stiftsdame und stellte ihren Gästen Haus und Garten zur Verfügung. Statt an die pommersche war man daher mit der ganzen Menage an die mecklenburgische Ostseeküste gefahren. So konnte Fontane leichter nach Dobbertin gelangen, wo er hoffte, in den späten Augustwochen »ein Dutzend Romankapitel« fertig zu schreiben. In Ruhe und klösterlicher Abgeschiedenheit.

Jetzt aber war alles anders. Schon am 1. August kehrte Emilie Fontane, begleitet von Luise Reißner, mit den Söhnen zurück nach Berlin. Ihr Mann fuhr bis Rostock mit, besuchte dort die Freunde Witte und begab sich dann trotz Kriegsausbruch in aller Ruhe nach Dobbertin, wo er mit seinem Romanmanuskript im Kloster verschwand.

Unterdessen brachten die Zeitungen die ersten Siegesmeldungen. Am 4. August hatten die deutschen Truppen bei Weißenburg, am 5. August bei Wörth, am 6. August bei Spichern gesiegt.

Als Fontane am 7. August in Berlin eintraf, erlebte er eine »flaggende, siegestrunkene Hauptstadt« und fand bereits das Schreiben seines Verlegers vor. Rudolf von Decker erbat sich ein drittes Kriegsbuch. Jetzt saß Fontane in der Klemme. Nein sagen ging nicht. Er war für den Auftrag wie prädestiniert, außerdem sollte er sehr gut bezahlt sein. Er hoffte, dass es trotz allem sein letztes Kriegsbuch werde: »Es erging mir wie Ihnen«, schrieb er dem Verleger zurück, »ich hatte das Gefühl: nun ist es auf Lebenszeit an Siegen und Sieges*beschreibung* genug. Es hat anders kommen sollen; alles steht ein drittes Mal im Felde, so denn auch wir.«

Die Kriegserklärung war am Tag erfolgt, als König Wilhelm I. die Session des Norddeutschen Bundes eröffnet hatte. »Es war der Todestag der Königin Luise«, so Fontane. »Die Erinnerung an alle Schmach, die uns Frankreich unter dem ersten Napoleon angetan, sie knüpfte sich von jeher, seit jenem 19. Juli 1810, für unser preußisches Volk an diesen Namen.« Wenn an ihrem 60. Todestag ihr Sohn Wilhelm, »das Ebenbild des Vaters«, im Reichstag sprach, dann war diese Rede umso wirksamer. »Wie in der ruhmreichen Zeit der Befreiungskriege zwingt uns heute wieder ein Napoleon in den heiligen Kampf für unser Recht und unsere Freiheit«, so wiederholten die Abgeordneten den Gedanken der königlichen Rede.

Auch Fontane, der die Kriegsrhetorik durchschaute, erfasste in diesen Tagen ein großes patriotisches Gefühl. Dabei schimpfte er einerseits auf Napoleon III. und auf die Franzosen (sie seien Spieler, Hazardeure, Briganten) und sorgte sich anderseits um das Wohl seines Ältesten, äußerte schwere Bedenken gegen die Kriegsmaschinerie, verstand die besorgten Mütter, beklagte die schweren Verluste der ersten Schlachten, um doch zum Schluss zu kommen: »Erfreuen wir uns an der einen großen Thatsache, daß wir wenigstens gesiegt haben und daß wir auf Feindes Land stehn« (26. August 1870). Der Krieg gegen Frankreich – er war kein Befreiungskrieg wie damals 1813, sondern ein moderner Annexions- und Eroberungskrieg.

Nun also statt des Romans ein neues Kriegsbuch. Verleger Decker ging rasch auf alle Bedingungen ein, die Fontane vor Vertragsabschluss stellte. Erstens: Illustrationen nur insofern, als sie den Text unterstützten, denn er hatte die Erfahrung gemacht, dass der Illustrator die Sache auch ganz anders sehen konnte und dann gegen seinen Text operierte. Zweitens: »Honorar 50 T[aler] pro Bogen.« Dazu verlangte er 200 Taler Vorschuss, um die Reisekosten zu decken, und von Oktober 1870 bis Ostern 1872 monatlich 100 Taler. Etwa mit 2000 Talern Gesamthonorar rechnete er und einer Arbeitsleistung von eineinhalb Jahren. Die Vereinbarung ging offensichtlich davon aus, dass der Krieg bereits gewonnen war.

Fontane verfolgte das Kriegsgeschehen jetzt mit gesteigerter Aufmerksamkeit und mit dem Blick des Kriegsbuchautors. So bald wie möglich wollte er reisen. Unterdessen machte er sich kundig, welche Armeen unter welcher Generalität wo im Felde standen, diskutierte mit seinen Freunden die aktuelle Lage, machte erste Notizen und schrieb sich Namen von möglichen Ansprechpersonen ins neu angelegte Notizbuch. Auch Karten studierte er, Reiserouten und Fahrpläne. In sein Büchlein, beschriftet mit »Kriegsschauplatz 1870«, notierte er zudem eine Liste von französischen Wendungen. Das Vokabular macht deutlich, dass er sich wie ein höflicher Tourist, der erster Klasse fährt, im besetzten Frankreich aufhalten wollte. So finden sich auf dieser Liste Sätze wie: »voulez-vous porter mon bagage, mes effets«, »Est-ce un hôtel de premier rang?«, »Ne pourriez-vous pas nettoyer mes bottes ? / me donner quelque chose pour souper / de vin / me conduire à un hôtel, un café, à la poste, aux environs, de la ville, au village?«

Noch bevor er aufbrechen konnte, eröffnete in Berlin die Theatersaison. Am 17. August 1870 saß er zum ersten Mal in seiner neuen Funktion als Theaterkritiker im Schauspielhaus am Gendarmenmarkt. Gegeben wurde Schillers *Wilhelm Tell.*

Fontanes Kritik, die zwei Tage später in der *Vossischen Zeitung* erschien, zeigt ihn als politischen Kritiker. Er fand Autor und Stück gerade richtig gewählt: »Einer Situation, wie der gegenwärtigen, entspricht nichts besser als der Tell. Er enthält kaum eine Seite, gewiß keine Szene, die nicht völlig zwanglos auf die Gegenwart, auf unser Recht und unseren Kampf gedeutet werden könnte.« Auch hier also die »verwandte Situation«, die zum Krieg legitimierte. Dabei attestierte Fontane dem Berliner Publikum ein feines Gespür für die gegenwärtige Lage und viel Takt. Das Publikum gehe mit, aber es lasse sich nicht hinreißen, befand er. Laute Zustimmung habe erst die Rütli-Szene (2. Akt) geweckt und dort besonders die Schlussszene mit »Wir wollen sein ein einig Volk von Brüdern« sowie im 4. Akt die vielzitierten Verse: »Es kann der Frömmste nicht in Frieden bleiben [/ Wenn es dem bösen Nachbar nicht gefällt].«

Es waren die Tage, als die verlustreichen Schlachten von Mars-la-Tour / Vionville (16. August) und von Gravelotte / St. Privat (18. August) geschlagen wurden und die Zeitungsspalten die Tausenden Gefallenen auflisteten. Fontane hat sich später, nachdem er die Schlachtfelder gesehen hatte, an das traurige alte Lied der Schotten erinnert, »als ihre beste Jugend bei Floddenfield gefallen war« (»Die Blumen des Landes sind abgemäht«).

Am 2. September 1870 erfolgte der entscheidende Sieg bei Sedan. Kaiser Napoleon III. erklärte die Kapitulation und wurde nach Schloss Wilhelmshöhe bei Kassel in die Gefangenschaft geführt.

Inzwischen hatte Fontane seine letzten Vorbereitungen getroffen. Einer Liste im Notizbuch lässt sich entnehmen, dass zu seinen besonderen Effekten auch eine »schwarze Tasche« gehörte, die er als »Umhänge-Tasche« trug. In diese Tasche packte er die wichtigsten Unterlagen, einen Notproviant sowie eine Reiseapotheke. Zuletzt befand sich darin: ein Roman des Elsässers Alexandre Chatrian, Handschuhe aus Tuch, Eau de Menthe gegen Diarrhoe, Gefechtspläne, eine Broschüre über das Elsass von Schäler, eine Karte von Nordost-Frankreich, eine Aufstellung der Armee-Einteilung sowie eine »Tafel Chokolade«. Außerdem »Briefpapier und Couverts«, »Empfehlungsbriefe u. Empfehlungskarten«, die ihm Friedrich Eggers ausgestellt hatte, sowie ein »Kamm«. In ein »Täschchen« vorne links steckte er ein »Lexikon«, dazu Zwirn, Nadeln, Knöpfe, Babypins und schwarze Hemdknöpfe, Leinwand und die »kleine Chokolade«. Rechts: Lakritzen gegen Husten, Heftpflaster, Choleratropfen, Paraguay-Roux gegen Zahnschmerzen sowie verdünntes »Ol de Menthe«. Nun galt es nur noch abzuwarten, wann er reisen konnte.

Schon am 4. September hatten die Franzosen die Republik ausgerufen und deutlich gemacht, dass diese Republik sich nicht als Kriegspartei verstand, sondern Frieden wünschte mit dem deutschen Nachbarn. Allerdings verlangte die neue Regierung, dass die deutschen Truppen sich aus Frankreich vollkommen zurückzogen und außerdem Elsass und Lothringen wieder freigaben. Anders sahen es die deutschen Länder, die sich unter der Führung Preußens vereinigt hatten: Sie betrachteten jetzt den Krieg als einen Krieg Deutschlands gegen Frankreich, unabhängig davon, ob der Feind eine Monarchie oder eine Republik war. Dass das »befreite« Elsass-Lothringen nicht mehr zurückgegeben würde, war eine feste deutsche Position geworden. Außerdem galt es, Paris zu bezwingen, wo sich noch immer Widerstand regte. Fontane, als er aufbrach, glaubte, dass er »etwa am 6. Oktober vor Paris eintreffen«, dort seinen Sohn George hoffentlich »heil und gesund« wiedersehen und dann den »Einzug unsrer Truppen die Elysischen Felder hinauf« miterleben werde.

Schon am 19. September standen die deutschen Truppen vor Paris und begannen die Hauptstadt zu belagern und zu beschießen. Auch das 2. Magdeburger Infanterieregiment Nr. 27, in dem George Fontane als »Seconde-

Lieutnant« diente, war Teil der Besatzungsarmee. Sein Regiment stand in Villers-le-Bel (20. September), nördlich von Paris, und sollte sich hier in der Nähe halten, bis die Pariser Bevölkerung ihren Widerstand aufgegeben hatte. Die Strategie der Einkesselung hieß: aushungern.

Fontane brach am Dienstag, den 27. September 1870, auf, zu einem Zeitpunkt, als der Sieg aus deutscher Perspektive bereits als sicher galt. Doch noch gab es keine Friedensverhandlungen.

Am 28. September erreichte er das elsässische Wissembourg (Weißenburg), übernachtete hier und schrieb erleichtert an Emilie: »God be blessed for it, ohne Wanzen, die mich viel mehr ängstigen als die franctireurs.« Er wusste selbstverständlich, dass die Franktireurs gefährlicher waren als die lästigen Wanzen. Gerade jetzt wurden ihre Freikorps zahlenmäßig noch erhöht. Unter Napoleon III. hatten sie außerhalb der Armee gekämpft, nun waren sie unter die Armeeführung gestellt und sollten ihre Partisanentaktik zugunsten der Republik fortführen. Wie die regulären Soldaten waren sie ausgerüstet mit dem gefährlichen Chassepot-Gewehr. Sie bewegten sich überall im Lande, patriotische Franzosen, unter die sich auch ausländische Sympathisanten und Abenteurer gemischt hatten.

Am 29. September besichtigte Fontane das Schlachtfeld bei Wörth, am 30. September findet man ihn auf einem Militärzug mit frisch einrückenden deutschen Regimentern. Alles fuhr Richtung Paris. Vom Zug aus sah er die Landschaft und die Städte vorüberziehen. Wie sehr sie unter dem Krieg gelitten, sah er nicht. Nach einer Nacht im Zug erreichte er schließlich am frühen Nachmittag des 1. Oktober die Stadt Nancy. Auf der Fahrt hatte er sich überzeugen können, dass die bewaffneten Truppen und die schweren Feldgeschütze der Deutschen in bestem Zustand waren. Zwar hatte er gehört, dass eine neu formierte französische Armee gebildet worden sei und gegen Lyon vorrücke. Das beunruhigte ihn jedoch keineswegs. Im Gegenteil, alles was er erlebte, fand er »lehrreich, interessant und geradezu erhebend«. In seinem Hotelzimmer, an einem »Wackeltisch« sitzend, schrieb er am 2. Oktober in aufgeräumter Stimmung nach Hause: »Heute Nachmittag geh ich nach Toul, wo ich [...] die Gartenmauer [sehen will,] hinter der George mit seinem Bataillon gelegen hat.«

Sohn George hatte von den furchtbaren Kämpfen geschrieben, die am 16. August dort stattgefunden hatten. George selber hatte »in Reserve hinter einer Gartenmauer« gelegen, während »die Granaten und Flintenkugeln«

über ihn hinweggeschossen waren. »6 Offiziere« und »69 Mann« seines Regiments waren in Toul gefallen, und viele waren verwundet worden.

»Quelle heure est le depart pour Toul?«, steht im Notizbuch. Nach Toul wollte er nicht nur wegen George, sondern auch um »in den poetischen Kreis der Jeanne d'Arc« einzutreten. Schillers *Jungfrau von Orléans* – das war sein ganz persönliches Ziel. So wie in Schottland Maria Stuart lockte, so lockte hier Jeanne d'Arc. Von Toul, das jetzt in deutscher Hand war, wollte er über Vaucouleurs bis Domrémy, um den Geburtsort seiner Heldin zu besuchen. Doch dann stellte er fest: »Der Ausflug nach Vaucouleurs kommt nicht zu Stande, weil kein Wagen aufzutreiben ist« (4. Oktober).

Er blieb jedoch beharrlich. Am andern Tag hatte er einen Wagen und fuhr.

Der Kriegsgefangene von der Île d'Oléron

Es ist nicht selbstverständlich und spricht für die französische Seite: Theodor Fontane behielt in den folgenden Wochen sowohl Notizbuch wie Bleistift und konnte seine Eintragungen mit nur geringen Unterbrüchen fortsetzen.

So lesen wir unter Mittwoch, dem 5. Oktober: »Früh 7 Uhr Fahrt nach Vaucouleurs und Domrémy. Um 4 Uhr Nachmittags verhaftet. Nach Neufchateau. Furchtbare Nacht.« Es ist die knappe Zusammenfassung dessen, was er noch während seiner Kriegsgefangenschaft in eine ausführlichere Erzählung brachte. Aber erst, nachdem die Gefahr, als vermeintlicher Spion standrechtlich erschossen zu werden, vorüber war.

Er sei, so erzählt er in *Kriegsgefangen*, nach einer wirklich poetischen Fahrt über Land, nachmittags gegen 3 Uhr in Domrémy eingetroffen, habe das Haus und die Kapelle von »La Pucelle« besucht und sei dann an die Statue herangetreten, die die junge Jeanne d'Arc kniend im Gebet darstellte, die linke Hand aufs Herz gepresst, die rechte gegen den Himmel erhoben – »eine wohlgemeinte, aber schwache Arbeit«. »Ich klopfte eben mit meinem spanischen Rohr an der Statue herum, um mich zu vergewissern, ob es Bronze oder gebrannter Ton sei«, so erzählt er, als eine Gruppe von Franktireurs ihn umstellte und nach seinen Papieren fragte, entdeckte, dass sein Rohr ein Poignard war und in seiner Reisedecke ein Revolver steckte. Das machte zu Recht misstrauisch. Umso mehr als der Mann, gut sichtbar, die weiße Binde mit dem roten Kreuz am Arme trug: »Vous êtes médecin?«, wurde er daher in Neufchateau, wohin die Franktireurs ihn gebracht hatten, gefragt. – »Non.« – »Mai vous portez la croix rouge!« – »Oui; comme légitimation.« – »Ah, ah!« So etwa der kurze Dialog, der ihn direkt in die Gefangenschaft führte.

Noch am selben Abend dann die aufwühlende Szene mit dem Gerichtsschreiber: »Ich war wie vom Donner getroffen; das leibhaftige Ebenbild meines Vaters stand vor mir. Wir schrieben den 5. Oktober; vor drei Jahren, fast um dieselbe Stunde, war er gestorben; – hier sah ich ihn wieder, frisch, lebensvoll, hoch aufgewachsen, mit breiten Schultern und großen Augen, im Auge selbst jene Mischung von Strenge und Gutmüthigkeit, wie sie ihm eigenthümlich gewesen war.« Monsieur Palazot, nachdem er seinem Häftling die üblichen Fragen gestellt und die Antworten notiert hatte, nahm ihm dann »Uhr und Geld und ein kleines Perlmuttermesser« ab, verlor seine dienstliche Miene und lud ihn zum Essen ein. So verbrachte Fontane den Abend bei den Palazots, nicht viel mehr als ein Glas Wasser und einen Löffel Cognac verlangend. Und weil er mit dem Ehepaar, dessen einziger Sohn im Kriege stand, Französisch sprach, verständigte man sich trotz allem fast freundschaftlich. In *Kriegsgefangen* hat Fontane der Begegnung mit den Palazots ein eindrückliches Kapitel gewidmet und nicht verhehlt, was furchtbar war in dieser Nacht: die Ratten in seiner Zelle. Außerdem fehlte ihm von jetzt an die »schwarze Umhänge-Tasche« sowie eine »Trinkflasche«, beides hatte er in Vaucouleurs zurückgelassen.

Anderntags wurde er von Neufchateau nach Langres (6.10.) verbracht. Hier ein peinliches Verhör und die Auskunft: »Mr. le General decidera votre sort.« In anderen Worten: »Hier war das Todtschießen nah.« Stattdessen kam er nach Besançon (11.10.), saß 18 Tage in Festungshaft, wurde zwar »vom Verdacht der Spionage« freigesprochen, aber, weil er »viele Militärs« kannte und »so zu sagen militairische Augen« hatte, nicht freigelassen, sondern über Lyon (30.10.), Moulins (2.11.), Gueret (4.11.), Poitiers (6.11.), Rochefort (7.11.) auf die Île d'Oléron (9.11.) im Atlantik transportiert. Dort sollte er inhaftiert bleiben »für die Dauer des Krieges«.

Von den steil abfallenden Ramparts der Zitadelle aus konnte er übers Meer zum Festland hinüberblicken, nach Marennes und Rochefort. Keine Brücke. Nur Ebbe und Flut in gleichmäßigem Schlagen. »Das Bastion am

Zitadelle von Oléron, nach 1870

Meer. Ganz Hamlet 1. Akt, 1. Scene«, schrieb er ins Notizbuch. Es ist die Szene, wo der Geist des verstorbenen Vaters auf der Schlossterrasse erscheint.

Die Ramparts waren der Festung vorgelagert. Dahinter befand sich eine sternförmig ausgebaute Anlage mit Langhäusern, Munitionslagern, Festungstürmen, bewachten Toren, inneren Gräben und Brücken sowie dunklen, feuchten Kasematten. Etwa 1000 Gefangene gab es in der Zitadelle, so schätzte Fontane. Die meisten hatten wohl in den Kasematten auszuharren. Ihm selber wurden alle Privilegien eines *officier supérieur* zuteil. Er erhielt einen eigenen Raum in einem der hochgelegenen Langhäuser. Auch gab man ihm einen Burschen, der ihn bediente. Er durfte Besuche empfangen und Besuche abstatten, sich jederzeit Kaffee und Tee kochen, auch Briefe schreiben und Briefe empfangen (wenn sie denn ankamen). Selbst Zeitungen standen zur Verfügung (nur alte) sowie Bücher und Landkarten (er las die Memoiren von Napoleon, niedergeschrieben in der Verbannung auf St. Helena, er las auch Goethes *Faust II*). Zudem hatte er Papier und Schreibwerkzeug, durfte also arbeiten und konnte jederzeit auf die Ramparts hinaustreten. Wenn ihm danach zumute war, zitierte er dann »Lieblingsstellen« aus dem *Hamlet*. Am liebsten um Mitternacht.

Am 24. November erfuhr er vom Kommandanten Baron de la Flotte, dass er frei sei: »Je suis libre sur parole. Großer Moment«, lesen wir im Notizbuch. Doch erst fünf Tage später sollte seine Abreise erfolgen.

In dieser Zeit starb einer der Gefangenen, ein bayrischer Kürassier, an dessen Begräbnis er teilnahm. In *Kriegsgefangen* hat er davon erzählt, im Bewusstsein, dass ihm ein gleiches Schicksal gedroht hatte, nämlich in der

Fremde zu sterben, ohne dass Familie und Freunde davon wussten. Der gefangene Soldat war an Typhus gestorben und gehörte zu den ersten Opfern der »épidémie de tiphoïde«, die in den Kasematten ausgebrochen war.

Dort wo *er* untergebracht war, waren die Verhältnisse anders, besser. Was ihn dennoch besorgte? Dass er zwar beständig Briefe an Emilie schrieb, aber keine Antwort erhielt. Erst kurz vor seiner Abreise notierte er erleichtert: »Empfang eines Briefes von Emilie, des ersten und einzigen seit 8 ½ Wochen« (25. November). Anderntags trafen auch »Briefe von Meringtons« (26. November) ein. Außer diesen Briefen hatten ihn während der gesamten Gefangenschaft einzig ein Telegramm von Emilie, einige »französische Zeilen« von Elsy Wangenheim und ein Telegramm vom Schweizer Bundespräsidenten Jakob Dubs erreicht. Das war nicht viel. Aber die drei Schreiben hatten damals, in der Zitadelle von Besançon, seine größte Ungewissheit beendet. Denn von da an hatte er gewusst, dass Familie und Freunde alles unternahmen, um seine Freilassung zu erwirken, und dass »George bis dahin heil und gesund geblieben war«. Auch wusste er, wem er die Behandlung als *officier supérieur* zu verdanken hatte: »An Wangenheims wiederholt meinen Dank; ohne die Fürsprache des Kardinals (Césaire Mathieu zu Besançon) wär ich den Strapazen wahrscheinlich erlegen«, schrieb er aus Oléron, als er noch nicht wusste, wann er nach Hause zurückkehren konnte.

»Meinen Freunden dankbar gewidmet«

Als Fontane zum Kriegsschauplatz aufgebrochen war, hatte sich seine Schwester Lise bei Emilie eingefunden, um in bewährter Weise der Familie des Bruders eine Stütze zu sein. Bis Toul hatten die beiden Frauen die Reiseroute des Wagemutigen mitverfolgen können, schickte er doch seine Briefe mit der zuverlässigen deutschen Feldpost. »Gruß und Kuss euch allen von eurem, resp: Deinem Th:F.«, hatten die letzten Zeilen an Emilie, Lise und die Kinder Theo und Friedel gelautet. Dann aber war keine Post mehr eingetroffen. Auch am 16. Oktober, dem 20. Hochzeitstag, kein Lebenszeichen. Bereits hatte sich Emilie besorgt an Freund Lepel gewandt, worauf in Absprache mit dem »Rütli« Friedrich Eggers nach Frankreich reisen wollte, um nach dem Freund zu suchen. Eggers bewunderte Emilies tapfere Haltung, hatte aber auch ihre Tränen gesehen. Das Geld für die Reise spendete Moritz

Lazarus. Am 20. Oktober brach Eggers auf, offiziell als Begleiter eines Lazarettzugs. Am selben Tag informierten Bernhard von Lepel und August von Heyden (ein neues Mitglied des »Rütli«) das Kriegsministerium. Es wurden jetzt alle Hebel in Bewegung gesetzt.

Kurz nach Eggers' Aufbruch erreichte Emilie endlich wieder ein Brief ihres Mannes. Er war auf Französisch geschrieben und kam von der Zitadelle Besançon: »Je suis convaincu, que Prof: Lazarus (par Mr. Cremieux), Frau v. Wangenheim (par des autorités cléricales) et les Ambassadeurs ont fait tout que'est possible dans ma faveur.« Der arme Mann! Bisher hatte ja noch gar keiner gewusst, was geschehen war. Die Nachricht seiner Gefangennahme bestätigte sich jetzt rasch. Auch durch ein Telegramm vom 23. Oktober, das Friedrich Eggers aus der Nähe von Metz gesandt hatte.

Es war dann, wie Fontane von Anfang an gehofft hatte, Moritz Lazarus, der von allen »Rütlionen« am schnellsten etwas bewirken konnte. Lazarus schrieb an den Schweizer Bundespräsidenten Jakob Dubs und an den französischen Minister Adolphe Crémieux – mit beiden war er gut bekannt – und kümmerte sich darum, dass Fontane so rasch wie möglich über die Schritte der Freunde informiert wurde. Ebenso erfolgreich waren die Wangenheims mit ihrem Kontakt zu Kardinal Mathieu (über den Berliner Bischof). Aber auch der Gang zum Kriegsministerium und weitere Bemühungen in diese Richtung zeitigten Erfolg. Denn am 29. Oktober schaltete sich Bismarck persönlich ein. Er schickte ein Telegramm an Eliuh B. Washburne, den amerikanischen Gesandten in Paris und vorübergehenden Vertreter der deutschen Interessen, das den »Dr. Fontane« unverzüglich freipresste:

> [Berlin, 29. Oktober 1870]
>
> Mein Herr! Nach glaubwürdiger Mitteilung ist Dr. Fontane, ein preußischer Untertan und wohlbekannter Geschichtsschreiber, auf einer wissenschaftlichen Reise in französischen, durch deutsche Militärs besetzten Distrikten verhaftet und nach Besançon abgeführt worden, wo er in Lebensgefahr zu sein scheint.
>
> Nichts kann ein derartiges Vorgehen gegen einen harmlosen Gelehrten rechtfertigen. Ich bitte Sie daher, die Güte zu haben, formell seine Freilassung von der französischen Regierung zu verlangen und ausdrücklich zu erklären, daß wir im Weigerungsfalle eine gewisse Anzahl von Personen in ähnlicher Lebensstellung in verschiedenen Städten Frankreichs ver-

haften und nach Deutschland schicken und ihnen dieselbe Behandlung zuteil werden lassen, die dem Dr. Fontane in Frankreich beschieden ist.

Ich verbleibe usw.
v. Bismarck

Ohne Verzug ließ Kriegsminister von Roon dann »zur Sicherung der Befreiung Fontanes« drei Personen in Domrémy »als Geiseln« verhaften.

Unterdessen war auch die Presse informiert worden, die noch vor Bismarcks geheimem Telegramm gemeldet hatte, dass »Theodor Fontane, der bekannte Dichter und Schriftsteller«, Autor der »Kriegswerke über die Kriege 1864 und 1866«, bei einem Ausflug nach Domrémy »von Franktireurs ergriffen« und »in Besançon internirt« worden sei. Er beklage »vorläufig nur den gänzlichen Mangel an Garderobe«, da er seine Sachen in Nancy oder Toul habe zurücklassen müssen. Es seien »durch seine Freunde alle möglichen Schritte geschehen, um den Gefangenen zu befreien und den ohnehin zart konstruirten Mann vor Gefahr zu bewahren«, bisher jedoch »fruchtlos«.

Das öffentliche Interesse an Fontanes Schicksal war damit geweckt. Als die diplomatische Mission Wochen später glückte, ließ Bern am 22. November 1870 nicht ohne Stolz verlauten, »der Berliner Schriftsteller *Fontane*« sei »zufolge Anzeige des Justizministers in Tours, Herrn Crémieux, an den (Schweizerischen) Bundespräsidenten auf Verwenden des Letzteren in Freiheit gesetzt und bereits auf der Heimreise begriffen«. Die Presse meldete auch: »Ein Telegramm aus Genf [vom 3.12.] bringt die erfreuliche Nachricht, daß Theodor Fontane bereits auf der Heimreise begriffen ist«. Und: »Der Schriftsteller Th. Fontane, der in Französische Gefangenschaft gerathen war, ist heute [5.12.] wohlbehalten nach Berlin zurückgekehrt.« Das war alles richtig. Er war wieder da. Und zwar, wie er im Notizbuch festhielt, nach einer langen Bahnreise durch die unbesetzten Gebiete Frankreichs.

Acht Tage nach seiner Rückkehr, am 13. Dezember, erschien in der Presse ein Gesamtbericht über seine Gefangennahme. Der Bericht ist nicht namentlich gezeichnet. Der Wortlaut lässt aber vermuten, dass er von Fontane selbst (oder von einem Freund des »Rütli«) stammt. George Fontane verfolgte diesen und andere Presseberichte über die Kriegsabenteuer seines Vaters höchst aufmerksam, konnte es auch, denn mit der Feldpost trafen regelmäßig Zeitungen aus der Heimat ein. Sein Regiment stand noch immer vor

Paris, als er in der *Kreuzzeitung* von der Freilassung des Vaters las. Wenig später erreichten ihn auch dessen persönliche Zeilen, denen er entnehmen konnte, dass sein »Papa« wieder »gesund, glücklich, heiter« zu Hause war. Gleichzeitig erfuhr er, der Vater bereite eine Artikelserie über seine Kriegsgefangenschaft vor. Er freue sich »auf die Artikel aus der Vossin, die Papas Erlebnisse mitteilen werden«, schrieb er zurück, fügte aber hinzu: »Hier hält alles Deine Reise nach Frankreich für einen unverzeihlichen Leichtsinn; auch ich hatte, ich muß es gestehen, schon öfter eine Ahnung von dem kommenden Unglück gehabt.« Alle Offiziere aber, so George, gratulierten dem Vater zur Freilassung und dazu, dass er »aus dem Pech«, das er gehabt habe, nun »noch Gold« machen könne. Die angekündigte Artikelserie in der *Vossischen Zeitung* sollte Fontane nämlich über 100 Taler einbringen, die Tantiemen für das Buch mit dem Titel *Kriegsgefangen* nicht miteingerechnet.

Kriegsgefangen ist die erste autobiografische Erzählung von Theodor Fontane, entstanden in den Tagen der Kriegsgefangenschaft auf der Île d'Oléron. Er schrieb sich damit zurück ins Leben. Denn hätte er nicht das Privileg eines *officier supérieur* gehabt, der jederzeit Papier und Stift zur Verfügung hatte, er wäre womöglich seelisch zugrunde gegangen (»den Strapazen wahrscheinlich erlegen«). Der Vorabdruck in der *Vossischen Zeitung* begann drei Wochen nach seiner Rückkehr, am 25. Dezember 1870. Mit der letzten Folge wenige Wochen später lag auch das Buch vor, gedruckt im Verlag der Königlichen Geheimen Ober-Hofbuchdruckerei von Rudolf von Decker. Dem Text voran stand in großen Lettern: »Meinen Freunden dankbar gewidmet«.

Bismarck aber kümmerte sich auch um den Abschluss der Causa Fontane. Am 23. Januar 1871 schickte er ein zweites Telegramm. Diesmal aus Versailles, wo Wilhelm I. eben gerade zum Deutschen Kaiser gekrönt worden war. Die Zeilen richteten sich noch einmal an Eliuh B. Washburne und behandelten Fontanes Anfrage, ob die Regierung geneigt sei, im Gegenzug zu seiner Freilassung diesen oder jenen französischen Offizier freizugeben. Nein, antwortete Bismarck. Denn mit der Freilassung der drei Geiseln – drei Kapitäne von französischen Handelsschiffen – war seiner Auffassung nach der Sache Genüge getan und war man »quitt«. Er hatte Fontane ja als »harmlosen Gelehrten« freigepresst, nicht als *officier supérieur*. Daher: kein Eingehen auf die »Forderung, im Austausch für Herrn Fontane einen französischen Offizier zurückzuschicken«. So Bismarck – freundlich, klar und entschieden.

Der Krieg gegen Frankreich dauerte länger, als viele gedacht hatten. Als am 18. Januar 1871 in Versailles das Deutsche Kaiserreich proklamiert wurde, war Paris noch immer eingekesselt und gab den Widerstand nicht auf. Kurz nach der Proklamation aber bat die republikanische Regierung, die sich längst aus Paris abgesetzt hatte, um Unterhandlungen. Das Ergebnis war, dass am 26. Januar 1871 die »Feindseligkeiten vor Paris um 12 Uhr nachts« eingestellt wurden und die furchtbare Strategie des Aushungerns endlich ein Ende nahm. Am 28. Januar wurde der Waffenstillstand geschlossen, vorläufig auf drei Wochen.

Dass jetzt »kein Schuss« mehr fiel, meldete auch George aus St. Denis, wohin sein Regiment zurückbeordert worden war. Die Eltern konnten aufatmen. Aber Trauer herrschte bei den Freunden Scherz in Kränzlin. Kurz vor Kriegsende war ihr Ältester getötet worden. Die Fontanes waren erschüttert, als sie hörten, der junge Hermann, 22, sei »bei Orleans durch eine Kugel tödtlich getroffen« worden. »Gott tröste die Eltern und sei mit uns allen!«, so Fontane im Tagebuch.

Er selber war jetzt eine Art Sehenswürdigkeit (»Rhinoceros«), ein »nine days wonder«. Sein Buch *Kriegsgefangen* mache Glück und werde sogar »ins Russische übersetzt«, notierte er. Sohn George hatte ihn allerdings gerüffelt: »Ich muß Dir, lieber Vater, und auch im Namen aller unserer Herren einen kleinen Vorwurf machen, weil du die Franzosen in Deinen Schicksalen zu sehr herausstreichst.« Es war aber gerade das, was Theodor Fontane von den meisten preußischen Patrioten unterschied, dass er nämlich, darin ganz Sohn seines Vaters, für alles Französische ein Gefühl hatte.

Schon bald war ihm klar, dass er das besiegte Frankreich noch einmal bereisen musste. Er war ja gebunden, hatte er doch einen Vertrag mit Rudolf von Decker abgeschlossen und bezog seit August 1870 monatlich 100 Taler Vorschuss für sein drittes Kriegsbuch. Auch hatte er bereits viel Stoff gesammelt und erste Kapitel entworfen. Er wollte gerne fortfahren mit dem, was er begonnen hatte, wollte das Land und die Schlachtfelder sehen. »Das Büchermachen *aus Büchern* ist nicht meine Sache«, erklärte er jedem, der fragte, ob die Reise wirklich nötig sei. Außerdem wollte er Sohn George besuchen. Und nicht zuletzt: seine Angst überwinden. Emilie ließ ihn ungern ziehen.

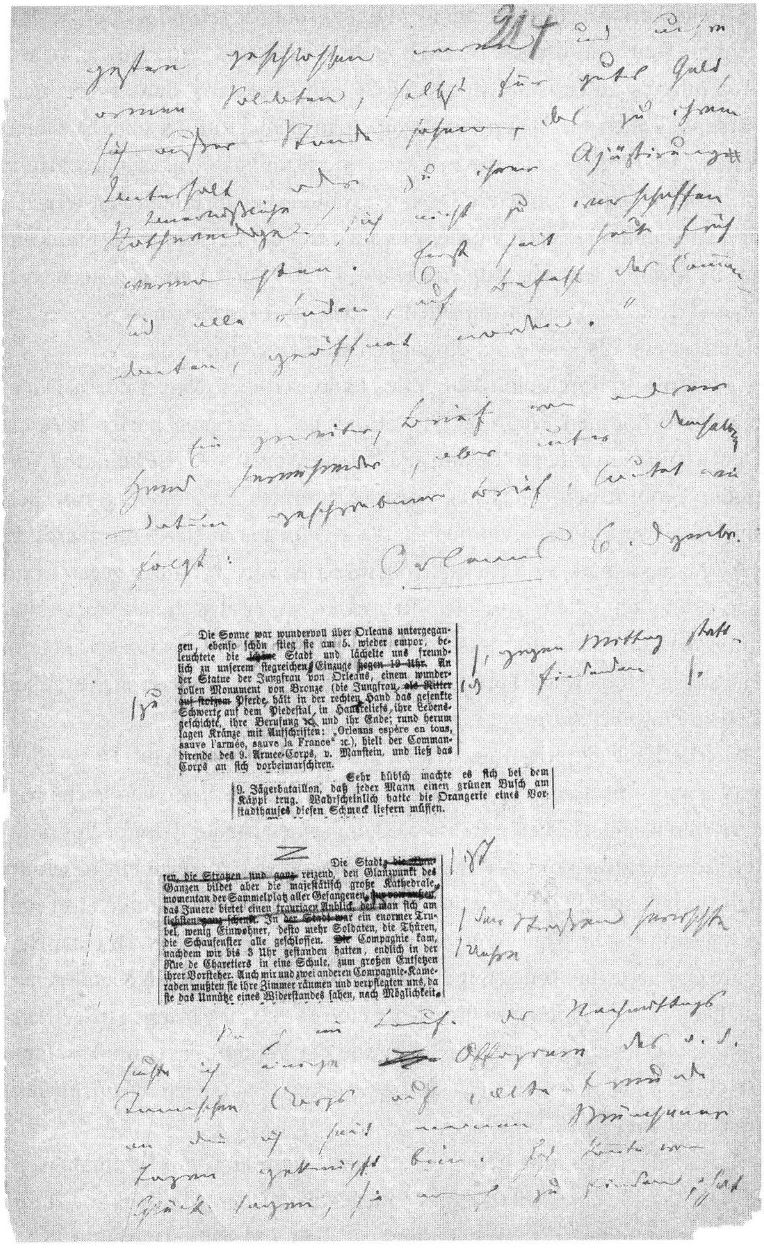

Die Sonne war wundervoll über Orleans untergegangen, ebenso schön stieg sie am 5. wieder empor, beleuchtete die ~~schöne~~ Stadt und lächelte uns freundlich zu unserem siegreichen Einzuge ~~gegen 12 Uhr~~. An der Statue der Jungfrau von Orleans, einem wundervollen Monument von Bronze (die Jungfrau ~~als Ritter auf stolzem~~ Pferde, hält in der rechten Hand das gesenkte Schwert; auf dem Piedestal, in Hautreliefs, ihre Lebensgeschichte, ihre Berufung ~~x.~~ und ihr Ende; rund herum lagen Kränze mit Aufschriften: „Orleans espère en tous, sauve l'armée, sauve la France" x.), hielt der Commandirende des 9. Armee-Corps, v. Manstein, und ließ das Corps an sich vorbeimarschiren.

Sehr hübsch machte es sich bei dem 9. Jägerbataillon, daß jeder Mann einen grünen Busch am Käppi trug. Wahrscheinlich hatte die Orangerie eines Vorstadthauses diesen Schmuck liefern müssen.

Die Stadt, ~~die Mauern, die Straßen und ganz~~ reizend, den Glanzpunkt des Ganzen bildet aber die majestätisch große Kathedrale, momentan der Sammelplatz aller Gefangenen, ~~[illegible]~~, das Innere bietet einen traurigen Anblick, ~~den man sich am liebsten ganz schenkt~~. In ~~der Stadt war~~ ein enormer Trubel, wenig Einwohner, desto mehr Soldaten, die Thüren, die Schaufenster alle geschlossen. ~~Die~~ Compagnie kam, nachdem wir bis 3 Uhr gestanden hatten, endlich in der Rue de Charetiers in eine Schule, zum großen Entsetzen ihrer Vorsteher. Auch mir und zwei anderen Compagnie-Kameraden mußten sie ihre Zimmer räumen und verpflegten uns, da sie das Unnütze eines Widerstandes sahen, nach Möglichkeit.

Theodor Fontane, Manuskriptseite aus *Der Krieg gegen Frankreich* zum deutschen Truppeneinzug in Orléans am 6. Dezember 1870

Am 9. April brach er auf, am 16. Mai 1871 sollte er gesund wieder zurückkehren. Ganz Nordfrankreich sah er in diesen fünf Wochen, reiste von Straßburg und Reims bis Mouy und St. Denis bei Paris, dann weiter nach Amiens, Rouen bis Dieppe und vom Ärmelkanal zurück über St. Quentin, Sedan, Metz, Saarbrücken, Bitsch und Straßburg wieder nach Hause. Er hatte erwarten können, dass, noch während er in Frankreich war, der Friedensschluss erfolgen würde, was auch mit dem Frieden von Frankfurt am 10. Mai 1871 geschah. Zugleich reiste er unter der Voraussetzung, dass er überall deutsche Truppen antreffen würde. Denn abgezogen werden sollten sie erst, wenn die Friedensbedingungen erfüllt waren.

Er fuhr also durch ein okkupiertes Land, so wie unlängst durch Dänemark und Böhmen. Neu war, dass er diesmal Armeeangehörige aus ganz Deutschland antreffen sollte und er auf diese Weise eine erste konkrete Vorstellung vom neuen Deutschen Kaiserreich erhielt. In Straßburg zum Beispiel, das von Militärs »wimmelte«, sah er Württemberger (»die allerdings sehr gut aussehen«) und Sachsen, die im Krieg von 1866 noch gegen Preußen gestanden hatten. Im Hotel »Rebstock«, wo er abgestiegen war, traf er hingegen auf »Berliner«, was ihn noch einmal sehr »an die 64er Tage in Flensburg (Hôtel Rasch), und die 66er Tage im blauen Stern oder braunen Roß zu Prag« erinnerte.

Solche Beobachtungen notierte er auf seiner Reise laufend. Er verglich, was er sah, mit dem, was er kannte, und dachte, wenn er Vergleiche zog, auch bereits an sein Lesepublikum. Denn seine erneute Reise nach Frankreich diente zwar seinem Kriegsbuch, aber sie war zugleich ein reisejournalistisches Projekt. »Die Sache ist also abgemacht; ich sammle Stoff und gestalte ihn erst hier. Dies entspricht ganz meinem Wunsch und meiner Neigung«, so hatte die Abmachung mit Chefredakteur Hermann Kletke gelautet. Die *Vossische Zeitung* wollte wieder eine Artikelserie bringen (die *Kreuzzeitung* war jetzt ganz aus dem Spiel) und der Verlag Decker im Anschluss das Buch. Titel: *Aus den Tagen der Occupation. Eine Osterreise durch Nordfrankreich und Elsaß-Lothringen 1871.*

Schon als er Richtung Reims (12.4.) fuhr, wusste er, wie er beginnen wollte. Bereits hatte er 56 Seiten seines neuen Notizbuches gefüllt, da zog er unvermittelt eine Bleistiftlinie quer über das Blatt und schrieb darunter:

Introduktion.

Die Ostertage 1871 führten mich wieder gen Frankreich. Der Zweck meiner Herbstreise, wie sich die Leser dieser Seiten freundlich erinnern werden, war nicht erreicht worden; die Franctireurs von Domremy hatten es anders beschlossen als ich selbst und statt Sedan und das von siegreichen deutschen Heeren eingeschlossene Paris zu sehen, wurde ich selber eingeschlossen und angehalten eine unfreiwillige Reise durch das unokkupirte Frankreich zu machen. Der Gebrannte scheut das Feuer; da es aber nicht Marotte gewesen war, was mich damals in Feindesland geführt hatte, da ich einen vernünftigen Zweck hatte der trotz alledem und alledem fortbestand, so blieb mir keine Wahl; – ich mußt' es eben wagen. Am 9. April brach ich auf. Es war Ostersonntag. [etc]

Drei Tage nach Reiseaufbruch hatte er mit dieser »Introduktion« die Einleitung geschrieben, wie sie später – leicht redigiert – in Buchform erschien. Das Ich, das erzählt, ist nicht mehr einfach der Korrespondent auf Recherchereise, sondern in Fortsetzung von *Kriegsgefangen* der Autor Theodor Fontane. Das autobiografische Erzählen beflügelte ihn, und gut war, dass die Drucktermine bereits feststanden. So blieb keine Zeit, lange zu zögern. Der Gegenstand selber aber war hochinteressant. Frankreich bedeutete ja nicht nur Krieg, Schlachtfelder und deutsche Einigung. Das nördliche Frankreich war für Fontane ebenso sehr das Land der gotischen Kathedralen, der normannischen Geschichte, der Literatur und Philosophie: Jeanne d'Arc (in Reims und Rouen), Rousseau (in Montmorency), Dumas pière und Dumas fils (bei Dieppe), diese Namen lockten. Hier wollte er auf Spurensuche gehen und zugleich den Krieg und seine Folgen nicht vergessen.

Vier Notizbücher füllte er auf dieser Reise, schrieb und skizzierte ununterbrochen. Und weil diese Notizbücher seinem ganz persönlichen Gebrauch dienten, saß ihm der Stift recht locker in der Hand. Für den zu publizierenden Text hatte er ja zu Hause noch Zeit. Dann würde er mit kritischer Distanz und als literarischer Schriftsteller das eine Notat übernehmen, das andere tilgen, abschwächen oder um- und neu schreiben.

Manches notierte er auch sehr knapp. Etwa die Szene, als er auf dem Weg zu George wieder einmal das Umsteigen verpasste. Zwei Stationen später merkte er es. Bei der dritten, bei Plessis-Belleville, sprang er rasch aus dem Wagen: »fatale Conversation; nach etwa 2 ½ Stunden kam ein Zug aus Paris der mich nach Crespy zurückführte.« Die »fatale Conversation« aber war, dass ihm ein Franzose erklärt hatte, man werde innert Kürze Paris erreichen. Paris war im April 1871 fest in der Hand der revolutionären Pariser Kommune. Also ein höchst gefährlicher Ort für einen preußischen Kriegsjournalisten. Im publizierten Text findet Fontane eine geradezu moderne Sprache, um die Gefühle zu beschreiben, die ihn in dieser Situation erfassten: »Ich bin im allgemeinen keine größere ›Bang Büx‹ als andre Leute [...]. In diesem Augenblick aber war es mit dem mir gewordenen Mutes-Quantum total vorbei und das Herz stand mir still. [...] eine Riesenhand fuhr in mich hinein und drehte mir, als würde rechtsum kommandiert, das Hirn im Kopfe herum. Ich bin mir dieses Gefühles noch jetzt ganz genau bewußt.«

Nach dem ungeheuren Schrecken gelangte er spätabends sicher nach Crespy und reiste anderntags nach Mouy (14.4.) zu George. Dazu heißt es im Notizbuch: »Um 3 in Mouy. Der erste den ich sehe war George. Exercirplatz. Hingesetzt. ›Lohmeyer, Sie stehen wieder vor oder zurück‹. Immer Lohmeyer. Dann auf den Bauch gelegt. Dann v. Werders Curven. Endlich Rückzug. ›Der Rest ist Schweigen‹.«

Die Szene wird im publizierten Text, im Kapitel *Ein Wiedersehn*, ausführlich geschildert, so dass wir wissen: Fontane traf überraschend auf Sohn George, als dieser gerade mit seiner Truppe exerzierte, worauf der Vater, stolz und freudig-erregt, sich in die Böschung warf, um der Übung unbemerkt zuzuschauen. Das ging so lange gut, bis Hauptmann von Werder heranritt, um die Truppe zu inspizieren. Immer enger zog er seine Kurven, so dass der Mann in der Böschung zu fürchten begann, als vermeintlicher Franzose vor die Säbelklinge zu geraten. Da machte er sich mit einem rettenden Sprung auf und davon, auch wenn er noch »halbe Stunden lang so liegen und lauschen und träumen« hätte können. Denn was hatte er gesehen? Einen jungen preußischen Offizier, seinen Sohn, der »Toul und Beaumont und die langen Kanonaden von Deuil und Montmorency glücklich hinter sich hatte«. Und weil er ihn zuletzt als blutjungen Kriegsschul-Fähnrich erlebt hatte, gerade vor einem Jahr, berührte ihn dieses Wiedersehen »doch ganz eigentümlich«. Was er aber seinen Lesern bei aller Offenheit vorenthält, ist der Name seines Sohnes und der Moment, wo sie beide einander gegenüberstanden. Es war im Hotelzimmer des Vaters: »Als ich eben mein Stück Windsorsoap, nach redlich getaner Arbeit, wieder in die Blechbüchse tun wollte, klang der ungenierte Tritt eines Siegers die Treppe hinauf. / Der Rest ist Schweigen.« Dieser letzte Satz, ein *Hamlet*-Zitat, beendet die Szene also gerade so, wie Fontane sie im Notizbuch spontan vorformuliert hatte.

Er hatte wichtige Kriegsschauplätze und Kathederalen gesehen, als er zwei Wochen später in Dieppe eintraf. Er war wohl ziemlich erledigt, denn oft machte er es so wie in Rouen tags zuvor: »Ankunft in Rouen gegen 4 [nachmittags]. In vier Stunden, von 4 bis 8 alles abgemacht; aber Pferdearbeit.« In Dieppe stieg er im »Hôtel royal« ab, dort, wo die Engländer abzusteigen pflegten. Vor dem Hotel »eine Wiese mit Kiesgängen, vor dieser das *Meer*: Auf diesem, in der grünen Farbe des Kanals, Boote und Steamer aller Art. Das Ganze entzückend«, notierte er und freute sich über die englische Atmosphäre, aber auch über die »Musik der 40er«, es sei »ein glänzendes [preußisches] Regiment«. Die Notate im Notizbuch sind im Vergleich zu den vier publizierten Kapiteln über Dieppe und Umgebung sehr knapp und längst nicht so frivol, wie Fontane sie dann vergnüglich literarisch ausformulierte. Nirgends im Notizbuch ist die Rede von den zwei hübschen Französinnen, mit denen er im Spätzug nach Dieppe gelangte, auch fehlt die Episode mit dem unscheinbaren Haus am Hafen, wo der preußische Offizier während der Besatzungszeit »in aller Glorie seines Standes« eintrat, um in »Räuber-Zivil« auf der anderen Seite wieder herauszutreten und inkognito nach London zu fahren. Und nichts reicht im Notizbuch an die Erzählung heran, wie er sie im Kapitel *Dieppe* gibt, wenn er schildert, wie er im Hotel Royal ein »Austern und Chablis«-Frühstück genoss. »Diesen Luxus, wenn er an dieser Stelle überhaupt einer war, empfand ich wie eine Pflicht.« Dabei seien die Austern von jener »nicht genug zu bewundernden Gestalt« gewesen, »die zwischen der großen holsteinschen und den kleinen Whitstables die richtige Mitte hält«. Er dürfe sagen, er habe »seit jenem schönen Maitag 1864«, wo er unter »Düppel-Reminiszenzen« mit »Dr. H. (den ich hiermit schönstens grüße)«, bei Austern und Château d'Yquem in Wilkens Keller gesessen habe, »*so* nicht wieder gefrühstückt«. Ob Dr. Heffter von der *Kreuzzeitung* diesen etwas frivolen Gruß wohl empfing?

Im Kapitel *Dieppe* holt Fontane dann noch weiter aus, sein formidables Frühstück sei ein echter »Glückes-Augenblick« gewesen, denn »ein echtes Frühstück, man täusche sich darüber nicht, ist rar wie alles Schöne und Große. Es muß im Vordergrunde Stimmung und im Hintergrunde Erinnerungen haben. Hier in Dieppe hatt' ich beides.« Er blickte in diesem Moment nämlich nach England hinüber, das Land seiner Sehnsucht und seiner jungen Jahre. Die Episode schließt mit den Sätzen: »[D]ie dritte Stunde war vorüber, als ich mich geländerfest auf mein Zimmer hinauffühlte. / Nun folgt eine Lücke.«

Erst am Schreibtisch zu Hause entstanden solche Erzählungen. Das Notizbuch bildete jedoch die Voraussetzung. Es zu verlieren wäre also schlimm gewesen. In Amiens (28.4.) aber fehlte es ihm plötzlich (»kleiner Schreck«). Hatte er es in Dieppe liegenlassen? Nein, es lag beim Militärposten, den er in Amiens aufgesucht hatte. Und ein Gefreiter hatte bereits ungeniert darin zu lesen begonnen. Das fand er denn doch etwas indiskret.

Auf dem Rückweg besuchte Fontane Metz und sah auch die Kriegsschauplätze Mars-la-Tour, Vionville, Gravelotte, Rezonville und St. Privat. Auch Sedan. Die Notizen zu Sedan finden sich im dritten Notizbuch dieser Recherchereise, erstrecken sich über ein Dutzend Seiten und enthalten eine Bleistiftzeichnung von Château Bellevue, wo Napoleon III. in Anwesenheit von König Wilhelm I. am 2. September 1870 die Kapitulation unterzeichnet hatte. Das ausformulierte Kapitel *Sedan* sollte dann ungleich länger werden als die ersten Ausführungen im Notizbuch. In dieses *Sedan*-Kapitel eingefügt hat Fontane die vielleicht eigenartigste seiner Erzählungen zu den Einigungskriegen. Sie trägt den Titel *Ein Ritt*.

Aus dem Notizbuch wissen wir, dass er am 1. Mai 1871 nach Sedan fuhr, im Hôtel de l'Europe abstieg und am selben Tag mit Major Ritgen einen »Ritt um Sedan« für den andern Tag verabredete. Er hielt diese Verabredung auch ein. »Um 3 Uhr großer Ritt ums Schlachtfeld in Gesellschaft des Majors, eines sächsischen Lieutnants und eines Ulanen«, notierte er unter dem 2. Mai, beschrieb knapp die Stationen des Umritts und fasste zusammen: »[D]ie Umreitung des engern Zirkels war vollständig« und »Wir waren 5 ¾ zurück«. Aus den knappen Notaten wurde zu Hause am Schreibtisch eine vollkommen komödiantische Szene über mehrere Seiten. Im Mittelpunkt: Fontane und seine Reitkünste.

Er könne nicht reiten, gesteht er dem »Oberst« (statt Major) im Kapitel *Ein Ritt*, als man wie abgemacht um »4 Uhr« (statt 3 Uhr) sich trifft. Worauf der Oberst ihm nicht den »Falben«, sondern den »Fuchs« zuhält. »Mit meinem Fuchs ließ sich reden, was ich buchstäblich in ausgiebiger Weise tat«, so der Ich-Erzähler, der nun nicht nur von der berühmten Schlacht erzählt, sondern immer auch davon, was sein Fuchs gerade im Schilde führt und wie sie miteinander auskommen. Und während der Leser nun in Atem gehalten wird, wie lange der Reiter sich halten wird, schildert der Erzähler den Gang der Schlacht von Sedan, veranschaulicht an der »Tortenform«, was jedem, wie er betont, der nur oberflächlich mit »Küchen-Apparaten« und »Back-Gerätschaften« vertraut sei, sofort ein plastisches Bild gebe. Was ihn hier ritt? Die Lust an der Kritik mit den Mitteln der Parodie und der Selbstpersiflage. Denn natürlich konnte er reiten, nur nicht wie ein junger Offizier.

Als er von seiner »Osterreise« in Berlin eintraf, erwartete ihn schon aufgeregt das Töchterchen Martha, »ma petite chère en Angleterre«. Zurückgereist war sie in Begleitung von Margreth Merington, der Schwester von Emily und Martha Merington. Große Wiedersehensfreude mit der ganzen Familie. Nur George war noch immer mit seinem Regiment in Frankreich und von Mouy nach Argenteuil verlegt worden. Teile der deutschen Truppen sollten im Lande bleiben, bis die Kriegsreparationen von »5 Milliarden Francs« bezahlt waren. Das Regiment von George kehrte dann bereits Mitte Juni in seine Kaserne in Magdeburg zurück.

Der Einzug der Garden in Berlin erfolgte am 16. Juni 1871. Fontane verfasste auch diesmal wieder sein Einzugsgedicht. Da die konservative *Kreuzzeitung* die Spalten für ihn nicht mehr freigab, die liberale *Vossische Zeitung* seiner Meinung nach aber nicht in Frage kam – er war eben doch ein (alt-)preußischer Patriot mit Hinneigung zum »Fridericianismus« –, bot er die Verse zuerst Rudolf von Decker an. Was Storm mit seinem demokratischen Herzen wohl dazu meinte? Denn wie beim Einzugsgedicht von 1864 präsentieren die Truppen zuletzt wieder vor dem Reiterdenkmal des Großen Königs. Nur sagt dieser jetzt statt »Konzediere, es war gut«: »Bon soir, Messieurs, *nun ist es genug.*«

Am Einzugstag war bei Fontanes in der Königgrätzer Straße 25 festliche Stimmung. Verwandte und Freunde waren gekommen und drängten sich an die Fenster, denn hier sah man die Truppen vom Halleschen Tor her kommen, an ihrer Spitze reitend Wilhelm I., jetzt Deutscher Kaiser. Die Kinder seien begeistert gewesen, so Emilie an Mathilde von Rohr, »da Majestät, infolge eines ihm zugeworfenen Blumenstraußes, zu unseren Fenstern hinaufgrüßte«. Der Vater mitten im Trubel, dann auch etwas seitab, warf in diesen Stunden sein Gedicht *Kaiser Blanchebart (am 16. Juni 1871)* zu Papier. Mehr Kinderreim im Märchenton als Hymne mit Hurra:

Vor seinem Heergefolge ritt,
Von seinem Volk umschart,
Inmitten von Helden und Prinzen,
An der Spitze seiner Provinzen,
Der Kaiser Blanchebart.
etc.

Neue Verhältnisse in der Potsdamer Straße 134 c

Das vereinigte Deutschland, das Kaiserreich, es war jetzt Tatsache. In Fontanes Tagebuch findet sich keine besondere Bemerkung dazu. Es waren nun eben »Kaiserzeiten«, kein Grund zum Enthusiasmus.

Doch schön war: Er war ein freier Schriftsteller! So saß er jetzt an seinem Schreibtisch in der Königgrätzer Straße und schrieb sich, Notizbücher und Karten immer neben sich aufgeschlagen, bis Dieppe. »Mitte August [1871] bin ich mit dem 1. Theile meiner Reise-Aufzeichnungen fertig«, notierte er im Tagebuch. Es waren über 300 Seiten geworden, die mit den Kapiteln über Vater und Sohn Dumas endeten.

Tatsächlich war er in Dieppe einmal hinausgewandert, um in Neuville das Grab von Dumas *père* zu besuchen (*Der Mann mit der Maske*) und auf dem Rückweg über Puits die Villa von Dumas *fils* zu studieren (*Die Kameliendame*). Ihm war auf dieser Wanderung ein Paar begegnet, »das auf diese Villa zuschritt; ich glaube es war A. Dumas u Frau«. In den fertigen Reise-Aufzeichnungen war ihm die Vermutung nun zur Gewissheit geworden. Es musste der Poet und Romancier gewesen sein, »ein Mann, der bis in die Dunkeltiefen des Herzens blickt, seine Geheimnisse aufschließt, seine Verworrenheiten löst«. Eine gefährliche Aufgabe, aber wer sie auf sich nahm, so urteilte Fontane, hatte »Mut und Genie«. Zwar hatte er selber seinen großen Roman noch immer nicht geschrieben, dafür in diesen Tagen über die Dumas nachgedacht und vor allem über Walter Scott. In der Literaturzeitschrift *Der Salon* erschien zum 100. Geburtstag des Autors ein exzellenter Artikel Fontanes. Innert kürzester Zeit hatte er den Essay zu Papier gebracht, so dass er zum 15. August 1871 pünktlich hatte erscheinen können, illustriert mit einer Abbildung von Scotts Anwesen *Abbotsford*.

Zur selben Zeit, ab dem 16. August 1871, begann die *Vossische Zeitung* mit dem Abdruck ausgewählter Kapitel seines Reisebuches *Aus den Tagen der Occupation.* Während nun wöchentlich eine oder zwei neue Folgen erschienen, schrieb Fontane den zweiten Teil seiner »Reise-Aufzeichnungen«. Diesmal nicht am Schreibtisch zu Hause, sondern im Kloster Dobbertin, wohin ihn Emilie begleitete, später fuhr er allein nach Warnemünde, um das Manuskript zu beenden.

Ende September war er wieder zu Hause, denn die Theatersaison begann.

Mitte Oktober fuhr die *Vossische Zeitung* mit dem zweiten Teil der Artikel zu Fontanes Frankreichreise fort. Die gewagte Sedan-Erzählung *Ein Ritt* druckte sie am 5. November 1871 ohne Wimpernzucken. Dann aber verzichtete sie auf das, was noch hätte folgen können: Metz, Bitsch, Straßburg, Wilhelmshöhe. Ob es Proteste gegeben hatte? Oder betrachtete die liberale Zeitung *Ein Ritt* gerade als gelungenen Abschluss der Serie? Ende November erschien jedenfalls pünktlich zum Weihnachtsgeschäft die zweibändige Buchausgabe. »Auch diese Arbeit« – *Aus den Tagen der Occupation* – »macht Glück, so weit etwas, das bei Decker erscheint, überhaupt Glück machen kann«, notierte Fontane im Tagebuch.

Zu diesem Zeitpunkt war Sohn Theo, 15, eben gerade als Schülerpensionär ins Theologische Seminar der Französischen Kolonie eingetreten. Er war nämlich während der Kriegsereignisse zur Überzeugung gelangt, er wolle Prediger werden, und war also vom Französischen Gymnasium ins Theologische Seminar gewechselt. Die Eltern fanden diesen Wechsel ganz in der Ordnung und hofften zugleich auf etwas mehr Ruhe für den Schriftsteller zu Hause.

Es wurde aber nicht so geruhsam wie gedacht.

Die fünf Milliarden Francs Kriegsentschädigung lösten im Kaiserreich einen unglaublichen Wirtschafts- und Bauboom aus, besonders in Berlin, der neuen Reichshauptstadt. Die Fontanes spürten die Folgen bald. Das Eckhaus, das sie bewohnten, war kurz nach der Reichsgründung vom Besitzer zu überhöhtem Preis an einen Bankier verkauft worden. »Ich weiß nicht, ob ich Ihnen schon schrieb, daß unser Haus verkauft ist, daß die Mieten mindestens verdoppelt werden und daß wir *alle* ziehn«, so Fontane an Mathilde von Rohr (30. März 1872).

Es war gerade in den Tagen der Wohnungssuche, als er zufällig wieder einmal Freund Julius Faucher begegnete. Es sei auf einem Tiergartenspaziergang gewesen, erzählt der alte Fontane, im Sommer 1872, als er seinen

Potsdamer Straße 134 c III – die Wohnung der Fontanes in der dritten Etage, rechts (vier Fenster)

einstigen »Londoner Kneipkameraden« auf einer schlichten Bank habe sitzen sehen und beobachten konnte, wie er Notizen machte. »Guten Tag, Faucher. Daß ich Sie mal wiedersehe. Und immer fleißig«, so habe er das Gespräch begonnen. Man habe dann von diesem und jenem gesprochen, auch von Tochter Lucie, dass sie noch immer so reizend sei, und schließlich »von Bismarck« und »von Eugenie«, der schönen französischen Kaiserin im Exil, für die Faucher »natürlich eine Vorliebe hatte«. Zuletzt aber »von den fünf Milliarden«. Dazu der alte Fontane: »Auf die war er schlecht zu sprechen. ›Ja‹, sagte er, ›wenn *ich* sie hätte, das ginge, das könnte mich versöhnen. Aber Deutschland hat nichts davon. Für Deutschland sind sie nichts Gutes; sie ruinieren uns.‹« Ob die beiden alten Freunde auch von der grassierenden Häuserspekulation sprachen und von den »Wohnungsnöthen«? Faucher hatte sie vielleicht auch kennengelernt. Erst seit kurzem wohnte er am Hafenplatz 3, *parterre*. Laut Berliner Adressbuch blieb dies seine feste Adresse für die nächsten fünf Jahre.

Die Fontanes hatten bei der Wohnungssuche schließlich viel Glück. Im Haus des Johanniterordens, Potsdamer Straße 134c wurde eine Wohnung frei. Am 3. Oktober 1872 erfolgte der Umzug. Im selben Haus wohnte auch Hofrat Karl Herrlich, Redakteur des *Wochenblattes der Johanniter-Ordens-Balley Brandenburg* und Erster Sekretär sowie Kanzleivorsteher des Ordens. In dieser Funktion hatte er Fontane eben noch gefragt, ob er den alten Prinzen Karl von Preußen auf dessen Reise in den Orient begleiten wolle. Fontane hatte nicht gewollt, aber eine Wohnung im »Johanniterhaus«, das war jetzt fast wie großes Los.

Die Wohnung lag in der dritten Etage und verfügte über eine Vier-Fenster-Front zur Straße hin. Weil die Wohnräume hier niedriger waren als in der Beletage, pflegte Fontane jetzt gerne über seine »sieben Fuß hohen Hallen« zu spotten, sprach von seiner »Klause«, seiner »Mansardenwohnung« und von den »75 Stufen«, die es zu überwinden galt, bevor man durch die Wohnungstür schreiten konnte. In einer literarischen Skizze aus den 1890er-Jahren mit dem Titel *Drei Treppen hoch* heißt es zudem: »Drei Treppen hoch wohnt sich's gut, es hat was für sich, daß man freier atmen kann, dem Himmel näher sei«, allerdings: »je höhere Treppen man steigt, desto mehr kommt man auf der Rangleiter nach unten.« Trotz dieses sozialen Makels: Die Wohnung war vor dem Umzug saniert und renoviert worden, und dies mit der fachmännischen Hilfe von »Rütli«-Freund und Architekt Richard Lucae. Am Ende war seine *Drei-Treppen-hoch*-»Klause« also ganz präsentabel und hatte Licht und Luft. An »Weihnachten« war die »Neu-Einrichtung« so weit fertig, dass man auch wieder Gäste empfangen konnte. Zwar »nöhlte« Fontane, alles daure »sehr lange«, die Familie fühlte sich aber am neuen Ort bald sehr wohl.

Im Tagebuch stellte er fast wider Erwarten fest, das Jahr 1872 sei ein ertragreiches Jahr gewesen. Er war anerkannter Theaterkritiker, hatte einen mehrteiligen Essay über Willibald Alexis publiziert, sein erster Halbband von *Der Krieg gegen Frankreich 1870–71* lag vor (datiert auf 1873), auch war *Havelland*, der dritte Band der *Wanderungen*, erschienen (datiert auf 1873). Vorangestellt hatte Fontane sein Gedicht *Havelland*, das die märkischen Dorfnamen in helle Klänge verwandelt: »Ketzin, Ketzür und Vehlefanz«.

Doch dunkel und traurig war der 11. August 1872 gewesen. An diesem Tag war nach kurzer schwerer Krankheit Freund Friedrich Eggers gestorben, der Mann, der ihn trotz Krieg und Gefahr bis nach Frankreich hinein gesucht hatte. Fontanes würdigender Nachruf in der *Vossischen Zeitung* schloss mit den Matthias-Claudius-Versen:

> Sie haben einen guten Mann begraben.
> Mir aber war er mehr.

Köpernitz oder Neue Wanderungen ins Ruppin'sche

»Herr Hertz theilt mir mit, daß vom I. Band der ›Wanderungen‹ (Ruppin) eine 3. Auflage gedruckt werden muß«, freute sich Fontane Ende 1872 und fühlte sich »literarisch ordentlich ein bisschen aufgeregt«. Sofort schmiedete er neue Pläne.

Bisher waren drei *Wanderungen*-Bände vereinbart gewesen und ein vierter Band in Betracht gezogen. Jetzt aber dachte Fontane, »bis *sechs* ließe sich vielleicht gehen«. Die Rechnung war, dass er mit den *Wanderungen* wohl ebenso hohe »Jahres-Einnahmen« erzielen konnte wie mit den noch ausstehenden Bänden zum *Krieg gegen Frankreich*. Ja, er erwog, die Kriegsmaterie überhaupt fallenzulassen und dafür die *Wanderungen* zu seiner Haupteinnahmequelle zu machen. An Hertz schrieb er daher auf einem separaten Zettel, quasi im Flüsterton, er wolle Verleger Decker den Vorschlag unterbreiten, »es beim Erscheinen zweier starker Halbbände, die dann nur den Krieg gegen das Kaiserreich behandeln würden, bewenden zu lassen«.

Hertz als Verleger rechnete jedoch anders als Fontane, so dass dieser rasch einsehen musste, »daß es nicht geht«. Also begnügte er sich mit der Aufgabe, die dritte Auflage des *Ruppin*-Bandes vorbereiten zu helfen. Zu klären war einzig: nachdrucken oder neu bearbeiten? »Ich möchte die Entscheidung rein vom Geldpunkte abhängig machen«, erklärte Fontane. Nur bei angemessenem Honorar, mehr als 150 Taler, wolle er die Mühe auf sich nehmen, etwa »10 bis 12 Bogen neu zu schreiben«. Hertz bewilligte schließlich stolze 400 Taler. Und so ging Fontane mit Elan an eine Neubearbeitung seines *Ruppin*-Bandes, und das hieß: den Stoff umgruppieren, einzelne Kapitel ergänzen und das Ruppiner Land neu bereisen, sich also »aufs Neue in Ruppin« zu »verlieben«.

In den folgenden Monaten arbeitete er abwechselnd am großen *Sedan*-Kapitel für das Kriegsbuch sowie an den neuen Kapiteln für den Band *Die*

Grafschaft Ruppin (3., vermehrte Auflage). Nebenher schrieb er seine wöchentlichen Theaterkritiken. Was aber seine neue märkische Reise betraf, so begann er sogleich eine Korrespondenz mit der Schwester Lise. Sie war vor Ort und sollte ihm beim Recherchieren helfen. Ihr kündigte er seinen Besuch schon für Mitte Februar an, verschob den Termin dann mehrmals, bis er schließlich Mitte September reiste, nach einem langen Sommerurlaub mit Familie und Freunden in Thüringen.

Der Septembertermin war besonders attraktiv, denn am 19. September 1873 kehrte aus Verdun das Regiment Nr. 24 nach Neuruppin zurück. Diesem Regiment, seinen Ruppinern, war er ja durch alle drei Kriege als Kriegsjournalist, Reisefeuilletonist und Dichter gefolgt. Er begleitete es auch jetzt wieder, und zwar mit einer fünfteiligen Artikelserie im *Wochenblatt der Johanniter-Ordens-Balley Brandenburg*. Die Serie war zugleich als großes neues Kapitel für seinen erweiterten *Ruppin*-Band gedacht, so dass er den Stoff gleich mehrfach verwenden konnte, auch für sein Kriegsbuch.

Im *Ruppin*-Band heißt das Kapitel *Die Ruppiner Garnison* und wird erweitert durch die Geschichte des Vorgängerregiments Prinz Ferdinand Nr. 34. Am Beispiel dieses Regiments konnte Fontane Preußens Aufstieg unter Friedrich II. und dessen Niedergang in der Napoleonzeit schildern, also die Zeit von »1742 bis 1806«, »bis zur Auflösung der Armee«. Am Beispiel des Regiments Mecklenburg-Schwerin Nr. 24 (»meine Ruppiner«) ließ sich hingegen die Geschichte der Befreiungskriege, der Revolutionsjahre und der deutschen Einigungskriege erzählen. Das waren die Jahre von 1813 bis 1873.

Fontanes Erzählung der Regimentsgeschichte war nicht einfach preußische Heldengeschichte. Gerade mit den Vierundzwanzigern konnte er zugleich an die gescheiterte bürgerliche Revolution erinnern. »Die Ereignisse von damals sind halb vergessen, sie *sollten* es nicht sein«, so hob er hervor. Das Regiment Nr. 24, so machte er deutlich, war eben nicht nur in Kriegszeiten mobilisiert worden, sondern musste auch ausrücken, um in Berlin den revolutionären Zeughaussturm niederzuschlagen (3. Mai 1848) und in Dresden, vereint mit den sächsischen Truppen, gegen die Revolutionäre »Tzschirner, Todt, Heubner, Bakunin« und ihre Leute im Straßenkampf vorzugehen (17. Mai 1849). Die Schilderung der damaligen Kämpfe – die »Barrikaden«, so hatte Fontane gehört, »waren nach Anleitung Sempers errichtet« – nahm er im September 1873 als Gelegenheit, politisch Stellung zu beziehen. Er stehe auf Seite der »Füsiliere«, also des 24. Regiments, doch sei »nichts falscher und ungerechter«, als »auf die Scharen des Maiaufstandes verächtlich herabzublicken«. »Eine Republik herstellen wollen ist nicht notwendig eine Dummheit, am wenigsten eine Gemeinheit«, so hielt er mitten in seinem Kapitel *Die Ruppiner Garnison* fest.

Er wollte selbstverständlich den Truppeneinzug miterleben, als er am 16. September 1873 nach Neuruppin aufbrach. Über die Rückkehr der Truppen heißt es im Brief an Emilie dann lapidar: »Am Freitag Regen mit Pauke«. Im Kapitel *Die Ruppiner Garnison* aber lesen wir: »Am 19. September 1873 zogen sie unter einem Jubel, den selbst ein wolkenbruchartig herniederstürzender Regen nicht hindern konnte, in ihre alte Garnisonstadt Ruppin wieder ein.«

Der Regen dauerte in den folgenden Tagen noch weiter an. Doch nichts sollte ihn hindern, nach »Gentzrode, Coepernitz, Menzer Forst, Gransee, Lindow« zu fahren, und Alexander Gentz wollte ihn begleiten. »Die nächsten Tage müssen Großes bringen, regnet es aber noch 3 Tage weiter, so zähle ich diese Ruppiner Doppel-Reise zu meinen gelungensten Landparthien«, meinte er sarkastisch.

Es war ihm aber gerade während dieser Ruppiner Regentage endlich eingefallen, wie er seine *Wanderungen* künftig gliedern wollte. An Lises Schreibtisch, »im Hause des Herrn Schuhmachermeisters Pahl«, schrieb er am 24. September 1873 an seinen Verleger, der Gesamtstoff ließe sich am besten auf folgende vier Bände verteilen:

1. Ruppin
2. Oderland (Barnim-Lebus)
3. Spreeland (Barnim-Teltow)
4. Havelland

Wilhelm Hertz antwortete umgehend, war ganz einverstanden und meinte sogar: »Wenn nur vier Bände gegeben werden, so knüpft sich später leichter eine Fortsetzung an dieselbe[n] an« (25. September 1873). Die vier Bände aber, das Kernstück der *Wanderungen*, sollten fortan unter den Titeln *Die Grafschaft Ruppin, Oderland, Havelland, Spreeland* erscheinen.

Die Zusage seines Verlegers versetzte Fontane in gehobene Stimmung. Oder vielleicht war auch das Wetter besser geworden. Jedenfalls waren die

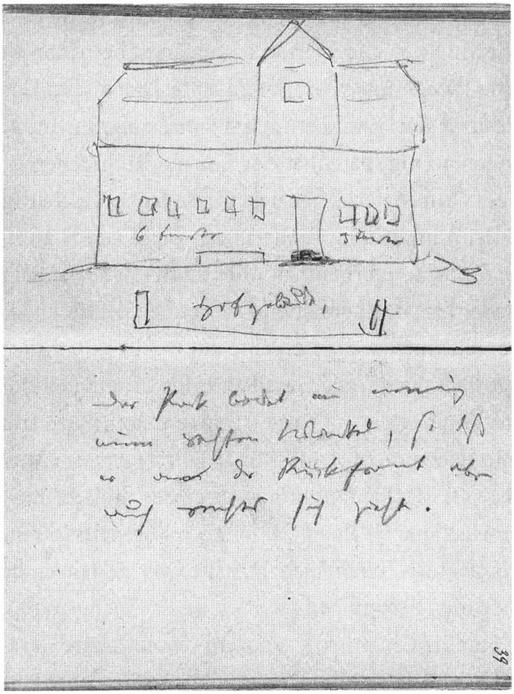

Fontanes Notizbuch-Skizze zu Gut Köpernitz, Herbst 1873

Tage von Donnerstag bis Sonntag ein »beständiges Hin- und Herfahren«, »von 8 Uhr früh bis 8 Uhr Abends«, und einmal fuhr er gewiss auch hinüber nach Kränzlin zu seinem Freund Hermann Scherz. Denn in der dritten Auflage seines *Ruppin*-Bandes wollte er auch ein neues Kapitel über Kränzlin einfügen. Das tat er denn auch mit einem erschütternd genauen Bericht über den »Heldentod« des jungen Hermann Scherz bei Olivet, in der Nähe von Orléans. Ohne Pathos schildert Fontane hier die Greueltaten hinter der Front, wie sie beide Seiten zu verantworten hatten.

Seine wichtigsten Recherche-Fahrten in diesem September gingen indes bis tief in die Menzer Forst hinein und zum Großen Stechlin. Er besuchte auch Gransee, wo das Denkmal für Königin Luise stand, und die Klosterruine Lindow. Möglich, dass er sogar nach Badingen kam und nach dem Grab seines Bruders Rudolph sah.

Auf jeden Fall besuchte er in diesen Tagen Köpernitz. Köpernitz lag am

Weg zur Menzer Forst, vier Kilometer südöstlich von Rheinsberg. Er hatte das Gut der Gräfin La Roche-Aymon schon längst besuchen wollen, eigentlich seit er seine *Wanderungen* begonnen hatte. Damals, im Herbst 1859, war er mit dem Besitzer Karl Emil Ferdinand von Zeuner in eine kleine Korrespondenz getreten, wenig später hatte er Lise mit Recherchen beauftragt und Alexander Gentz um Material gebeten. Diese frühe Beschäftigung mit Köpernitz hatte dann im ersten *Wanderungen*-Band (1862) zum Kapitel *Graf und Gräfin La Roche Aymon* geführt. Aber immer hatte der Augenschein gefehlt, denn weder Lise noch er hatten Gelegenheit gefunden, das Gut zu besuchen. Es war eine intrikate Geschichte, die er mit Köpernitz verband und die ihn nicht losließ. Es war die Geschichte der schönen Gräfin.

Sie war eine von Zeuner, so hatte Fontane schon 1862 erzählt, und entstammte einem reichen Adelshaus. Mit 22 Jahren war sie Hofdame der jungen Friederike von Mecklenburg (Schwester der Königin Luise) geworden und gehörte fortan jener Welt an, zu der auch Kabinettssekretär Pierre Barthélemy Fontane einst Zugang gehabt hatte. Mit 24 Jahren hatte Caroline Amalie von Zeuner den jungen Charles de La Roche-Aymon geheiratet, der – wie die Familie Chamisso – aus dem revolutionären Frankreich emigriert war und der letzte Adjutant, Vertraute und Herzensfreund des alternden Prinzen Heinrich geworden war. Es verband die beiden Männer damals die Vorliebe für das französische Leben und die Fronde gegen den König und Bruder Friedrich II. Von 1795 bis zum Tod des Prinzen im Jahr 1802 hatten Graf und Gräfin La Roche-Aymon glückliche, heitere Tage am Rheinsberger Hof verlebt, sie als »Prinzessin Goldhaar«. Als Prinz Heinrich starb, ging sein Gut Köpernitz als Schenkung (oder als Kauf *pro forma*) in den Besitz der La Roche-Aymons über. Das Paar gab das Gut in Pacht und kehrte ins Hofleben der Residenz zurück. 1806 trat der Graf als Major in die Armee ein, kämpfte auf preußischer Seite gegen Napoleon und ging nach dessen Sturz 1815 zurück nach Paris. Die Gräfin folgte ihm. Aber dann erwuchs ihr offenbar eine »*Rivalin*«, oder vielleicht hatte es auch andere Gründe, jedenfalls war sie eines Tages wieder im Ruppiner Land. 1826 bezog sie Gut Köpernitz, das der Graf ihr überlassen hatte, und lebte und herrschte hier in den folgenden Jahrzehnten. Sie hatte kapriziös gelebt, sie starb auch kapriziös (aber nur der Erzählung nach, in Wirklichkeit starb sie »ergeben«): »Ihre Lieblingskatze«, so Fontane 1862, »habe sie in die Lippen gebissen.« Der Tod ereilte sie am 18. Mai 1859 im Alter von 88 Jahren.

Unbestritten, die Marquise interessierte Fontane. Sie war womöglich schon in seinen Jünglingsjahren, als er das Ruppiner Gymnasium besuchte, Gesprächsstoff gewesen: eine Frau mit Vergangenheit, die, statt ein bescheidenes märkisches Leben auf Köpernitz zu führen, hier nach französischer Sitte Hof hielt und in ihren Zimmern »vom Kakadu an bis herunter zu Kanarienvogel und Eichhörnchen« alles erlaubte, auch »Katzen und Hunde« (»natürlich ihre Liebling«) – das konnte durchaus die Phantasie anregen.

Als Fontane Köpernitz im September 1873 besuchte, war hier kein extravagantes Leben mehr. Aber das Gut prosperierte. Es stand jetzt unter der Leitung des Neffen Ferdinand von Zeuner, der seit 1841 im Betrieb mitgewirkt und 1859 das Gut als Erbe übernommen hatte. Er hatte auch das Gutshaus erweitert und renoviert, so dass es jetzt einen neubarocken Schlosscharakter hatte. Fontane wollte in erster Linie das Gutshaus sehen, wo er vermutete, noch Spuren zu entdecken, die das Leben der Gräfin La Roche-Aymon erzählten. Zuerst führte man ihn (sein Cicerone war wohl der Gutsverwalter, jedenfalls nicht Ferdinand von Zeuner) in den Salon und zu den Porträts. Rasch listete er auf, was er sah, nämlich die sämtlichen Verwandten der Gräfin, die Gräfin selbst, und den Grafen La Roche-Aymon.

Nach dem Besuch im jetzt schlossartigen Gutshaus fertigte Fontane eine Skizze der Frontseite an und spazierte dann zum Waldfriedhof hinaus, wo das Grab der Gräfin lag. Alles, was er gesehen hatte (auch die Schmuckstücke der Gräfin und eine Rokoko-Kommode, darin einst politisch brisante Manuskripte des Prinzen Heinrich verwahrt worden waren), ergab exzellenten Stoff für sein Kapitel *Köpernitz*, das er zu Hause am Schreibtisch niederschrieb. Es beginnt: »*Köpernitz*, auf dem die Gräfin La Roche-Aymon geb. v. Zeuner ihr reichbewegtes Leben beschloß, ist ein Platz von einer nicht gerade frappanten aber doch von einer poetischen und nachhaltig wirkenden Schönheit. Man begreift eine stille Passion dafür.« Und weiter: »Das einladendste Zimmer ist der Salon, der den Blick auf eine große Parkwiese hat. Hier, an einem milden Herbsttage, bei offenstehender Tür und Kaminfeuer, ist es gut sein.«

Geruhsamkeit, mildes Herbstwetter ohne Regen, all das hatte Fontane bei seiner Recherche vor Ort vielleicht am wenigsten erlebt. Aber das war Nebensache. Hauptsache war die Erzählung, die Geschichte von Gut Köpernitz. Der stimmungsvolle Anfang war ganz einfach eine Einladung, einzutreten in den poetischen Raum.

Von der Septemberreise 1873 brachte Fontane nicht nur von Köpernitz, sondern auch von seinen anderen Fahrten eine Fülle von Eindrücken und Notizen zurück. In den folgenden Monaten wurden daraus gewichtige neue Kapitel für die dritte Auflage des *Ruppin*-Bandes. Darunter das Kapitel *Civibus aevi futuri,* das die Geschichte des Ruppiner Gymnasiums erzählt, sowie *Die Menzer Forst und der Große Stechlin*. Wesentliche Passagen davon hat Fontane später in seinen Roman *Der Stechlin* transponiert. Die Gräfin La Roche-Aymon aber ging ein in die Figur der Tante Amélie in *Vor dem Sturm*.

Eilige Reisen durch Italien oder Quanto costa un ventaglio?

Eine Italienreise hatte Fontane schon mehrmals geplant. Vor allem mit Bernhard von Lepel wäre er gerne gefahren. Der Freund kannte Italien seit langem und liebte das Land als Ort der dichterischen Inspiration wie einst Goethe oder wie August von Platen, in dessen Geist Lepel seine *Lieder aus Rom* (1846) gedichtet hatte. Fontane dagegen hatte eine große, starke Sehnsucht nach dem Süden nur dann gepackt, wenn ihn der schlimme Husten plagte: »Eine Reise nach Italien wäre ein Rettungsmittel«, »Könnt' ich nach Italien so wäre alles gut«, er »denke an eine italienische Reise« der Gesundheit wegen, so hatte er eine Zeitlang oft wiederholt. Erst als er sich als Journalist mit den italienischen Einigungkriegen zu befassen hatte, schrieb er auch: »Italien, das immer auf Kunst bereist wird, ließe sich auch mal auf Politik bereisen.«

Dass er nun doch in erster Linie wegen der Kunst reisen wollte, war, weil er andere Eindrücke brauchte, Lust auf das klassische Italien und dessen Architektur- und Bilderschatz hatte und noch immer den heimlichen Wunsch hegte, Kunstkritiker der *Vossischen Zeitung* zu werden. Das Amt lag zwar fest in der Hand von Ludwig Pietsch. Aber warum nicht ab und zu ihn vertreten oder ergänzen? Diese Idee hatte er gegenüber Chefredakteur Kletke bereits deutlich geäußert. Und auch jetzt wieder meinte er frank und frei, er werde als »LP II nach Rom und Neapel« gehen, als ein zweiter Ludwig Pietsch.

In Wirklichkeit reiste er ohne Auftrag und ohne irgendwelche vertraglichen Verpflichtungen, also privat. Und Emilie sollte ihn auf dieser Bildungs- und Studienreise begleiten. »Am 28. oder 29. September will ich meine Reise nach Italien, d. h. nach *Rom* antreten und bin fest entschlossen, coute que coute, dich mitzunehmen«, schrieb er ihr am 26. August 1874 nach Neuhof, wo sie bei Treutlers zur Sommerfrische war, gemeinsam mit Tochter Martha. Ein bisschen fürchtete er, Emilie würde nein sagen. Nicht weil sie die Reise gescheut hätte, sondern weil die gemeinsame Haushaltskasse etwas dürftig gefüllt war.

Emilie jedoch antwortete, bestärkt durch die Freundin Johanna Treutler, mit einem spontanen Ja. Das freute ihn »von Herzen« und ließ ihn wiederholen, dass sie nicht nur »billig«, sondern auch »bequem« reisen würden. Zudem versprach er ihr, nicht immer arbeiten zu wollen und sich mehr Zeit für sie zu nehmen. Entschuldigte sich auch, dass in der Alltagshetze oft alle »Zartheiten« und »Aufmerksamkeiten« vergessen gingen, und wollte sich auch hier von der besten Seite zeigen.

Zur Reisevorbereitung schaffte sich Fontane den neusten Baedeker für *Italien* an sowie verschiedene Kunstführer, darunter auch Jacob Burckhardts *Cicerone*. Rasch merkte er, dass es mit Rom und Neapel nicht getan war und sie auch andere Städte gesehen haben mussten. So notierte er sich im neu angelegten Notizbuch (ganz hinten) einige Reise- und Hoteltipps sowohl zu Rom und Neapel wie auch zu Verona, Venedig, Florenz, Pompeji und Capri. Viel gab er auf die Empfehlungen von Ludwig Pietsch, der ihm in jeder Stadt eine bequeme Unterkunft wusste. »Pietsch empfiehlt: Hôtel Bauer (wahrscheinlich) einem Herrn Grünwald gehörig«, notierte Fontane unter »Venedig«.

Am 30. September 1874 brachen sie auf. Es war, wie sie lachend meinten, ihre verspätete Hochzeitsreise. Sie gehörten zueinander, das wussten sie. Dabei war *sie* noch immer seine quicklebendige, aparte »Mila« und *er* ihr »Theo«, der Mann, den sie liebte und der alles mit etwas anderen Augen sah. Geheimnisse hatten sie keine voreinander (oder nicht auf lange). Das lässt sich ihren Tag-zu-Tag-Aufzeichnungen entnehmen, die zugleich zeigen, wie sie als Paar unterwegs waren, zum Beispiel in Leipzig, ihrer ersten Zwischenstation.

Als sie am 30. September 1874 mittags hier eintrafen, war gerade Messe. Er notierte: »Flaniert durch die Stadt und um die Stadt. Die alten Plätze besucht. *Diese* die alten geblieben; sonst alles *sehr* verändert; ein ungeheurer Aufschwung überall sichtbar.« Sie aber staunte zuallererst über den Messebetrieb und die vielen jüdischen Händler: »solche Aechtheit der Trödelerscheinung ist mir in Berlin nicht vorgekommen, da herrscht mehr der Jude als Aristokrat.« Es folgen bei beiden Einträge zum Besuch bei Moritz Lazarus und seiner Frau Mathilde im nahen Schönfeld, die Nachtzugfahrt nach München (31.9.), der Besuch bei Paul Heyse und die Weiterfahrt mit dem Schnellzug nach Verona (3.10.) sowie die Ankunft in Venedig (4.10.) abends um zehn.

Sehr verschieden dann die ersten Venedig-Eindrücke. Er knapp: »In einer Gondel den Canal Grande hinunter, unterm Rialto fort, bis zum Hôtel Bauer.« Sie, außer Atem und aufgeregt vor Freude: »Sogleich mit unseren Sachen in eine Gondel u. unsagbar schöne Fahrt durch den canal grande nach dem Hôtel Bauer. Ich sperrte alle Füllhörner meines Seins auf, aber man wird überwältigt; *denken, vorstellen* kann man sich den Eindruck den man empfängt, nach keiner Beschreibung, nach keinem Bilde.« Fünf Tage blieben sie in Venedig und begannen jetzt jenes Leben, das ihre Reise prägen sollte. Man schloss an der table d' hôte Bekanntschaft mit anderen Deutschen, die wie sie in Italien auf Bildungs- und Studienreise waren, traf sich in den Cafés und auf den Plätzen und unternahm manchmal gemeinsame Ausflüge. Und da Fontane doch oft auf dem Zimmer blieb und arbeitete (Briefe schrieb oder Fahnen seines Kriegsbuchs korrigierte), auch stundenlang in den Museen und Kirchen verweilte, skizzierte und sich Notizen machte, unternahm Emilie die eine oder andere Spazierfahrt in Gesellschaft ihrer neuen Bekannten. So war es in Venedig, so war es auch in Florenz. Dort erreichte sie am 10. Oktober die Nachricht von Auguste Fourniers Tod. Fontane notierte: »Poste restante Briefe von George und Mete empfangen; in diesen Briefen leider auch die Nachricht von dem plötzlichen Tode unsres guten Fournier.« Emilie: »Briefe von der Post holen lassen, von Mete u. George. Beide zeigen uns den Tod unseres theuren Fournier an!« Sie war an diesem Tag mit starken Rückenschmerzen aufgewacht und empfand jetzt recht heftiges Heimweh. Abends war sie sehr müde. »Theo brachte mir den Thee, schön zubereitet an mein Bett u. da er schon am Morgen mir ebenso liebenswürdig den Caffé servirt hatte, so nenne ich ihn vom 10. Oct. 74 meinen Pagen.« Bei ihm heißt es an der entsprechenden Stelle: »Thee. Geplaudert, geschrieben, gelesen.«

Am 15. Oktober, gegen Abend, traf das Paar in Rom ein und fand Quartier im Hotel du Sud e della pace, Via di Capo le Case 58. Fast für die gesamte Rom-Zeit fehlen die Tag-zu-Tag-Eintragungen von *ihm*. Vermutlich verzichtete Fontane in dieser Zeit auf persönliche Notizen, einfach weil er oft krank war, nach dem üblichen Besichtigungsprogramm Briefe schrieb, Fahnen korrigierte. Emilie jedoch änderte ihren Schreibrhythmus nicht, so dass wir die Rom-Tage doch miterleben, aus ihrer Perspektive.

Der 16. Oktober, ihr 24. Hochzeitstag, war ein Regentag. »Theo flaniert, während ich im Hôtel mich ausruhe u. zu Ehren des Tages fein mache [...].« Nach dem Diner Gang in die Stadt, dann Corso, immer bei Regen. »Thee im Hôtel«. Der Versuch, eine Wohnung zu mieten, scheiterte am andern Tag. Denn die Unterkunft, die »Theo« nach vier Stunden und länger endlich gefunden hatte, war furchtbar lärmig und wegen der Flöhe ganz unzumutbar. Sie jetzt »im höchsten Fieber der Verzweiflung, Theo ganz krank!« Also zurück ins Hotel. Doch ließen sie viel Geld liegen, denn er hatte die ganze Miete vorausbezahlt. In den nächsten Tagen besuchten sie gemeinsam das Kolosseum, den St. Petersdom, den Vatikan, die Engelsburg, den Pincio, die Villa Borghese etc. etc.: »Theo immer noch angegriffen« (19.10.), »Theo wieder sehr unwohl. Bleibt im Bett, ich in eine engl. Apotheke« (21.10.), notierte Emilie. Dann aber konnte sie endlich aufatmen: »Theo fühlt sich etwas wohler« (22.10.).

Die Reise nach Neapel und der zehntägige Aufenthalt dort, mit Ausflügen nach Pompeji, Capri (blaue Grotte), Sorrent, Salerno, Paestum, Solfatara, Posilipp, ist wiederum nur in Tag-zu-Tag-Eintragungen von Emilie Fontane überliefert. Zeitweise war sie offenbar auf sich allein gestellt. Denn sie notierte: »Theo bleibt noch im Lesesaal« (2.11.), »Theo schriftstellert den ganzen Tag über an einem Brief« an Karl Zöllner (3.11.). Oder nach einer schlimmen Nacht: »Theo bleibt im Bett liegen« (6.11.), »Theo ruht sich aus« (8.11.), »Theo sen. krank im Bett« (10.11.). Es waren das Essen und das Klima, was ihm auf den Magen schlug. Dennoch hatte er am Ende alles gesehen, was er sich von Neapel erhofft hatte, und verstand, was seine Freunde Lepel und Heyse und überhaupt die deutschen Dichter »an diese gesegnet[e] Erdenstelle« band. Gerne hätte er auch den Vesuv bestiegen. Aber das Wetter war ungünstig, oder vielleicht fehlten auch die Kräfte.

Am 19. November 1874 waren Emilie und Theodor Fontane glücklich zurück in der Potsdamer Straße 134c. Nicht nur brachten sie großartige Reiseeindrücke mit, sondern auch einige Sätze Italienisch. »Quanto costa un ventaglio?« (Wie viel kostet ein Fächer?), hatte Fontane in sein Notizbuch geschrieben. Eine verwandte Eintragung von Emilie lautete: »Mich allein in einen Laden gewagt u. für 2 fr. drei Fächer gekauft, um doch auch etwas aus Florenz mitzubringen.«

Eine autobiografische Skizze für die Zeitschrift »Daheim«, 1875

Gleich nach der Rückkehr setzte sich Fontane an den Schreibtisch, die Reiseführer und verschiedenen Notizbücher immer in Griffnähe, und schrieb seine *Erinnerungen* an Italien nieder. Verwendungszweck unsicher. Die 268 Blätter verschwanden jedenfalls in seiner Schublade. Später gelangte das Konvolut ins Theodor-Fontane-Archiv, gilt aber seit 1945 als vermisst. Nur eine Abschrift ist erhalten, die wahrscheinlich vom Originaltext leicht abweicht. Als publikationswürdig erachtete Fontane jedenfalls einzig ein Reisefeuilleton. Es erschien unter dem Titel *Ein letzter Tag in Italien* in der Sonntagsbeilage der *Vossischen Zeitung* und behandelt Florenz, seine Kirchen und Kapellen, vor allem aber »Santa Maria Novella« mit dem Wandbild »Christus am Kreuz« von Masaccio. Der Aufsatz habe ihn die ganze Festzeit über beschäftigt, notierte Fontane im Tagebuch: »Er kostete mehr Zeit, als er werth war, machte sich aber dadurch glänzend bezahlt, daß er meinen Entschluß: über Italien *nicht* zu schreiben, befestigte.«

So recht zufrieden mit sich war er in diesen Tagen nicht. Bald würde er sein letztes Kriegsbuch beenden und dann frei sein für den Roman. Aber mit dem Roman war es eben so eine Sache. Je häufiger er jetzt dicke Romane von anderen rezensierte, zum Beispiel von Gustav Freytag die drei Bände *Ahnen*, desto zweifelhafter erschien ihm sein eigenes Vorhaben. Gegenüber Emilie sprach er es offen aus: »Die Frage *muß* lauten: verlohnt es sich dergleichen zu schreiben? Seit 20 Jahren redet man auf mich ein: ›schreibe Deinen Roman‹.« Doch sei das »wie ein in den Teich geworfener Stein, Plumps, ein paar Ringe, und nach 5 Minuten ist alles wieder still und glatt«. Seine *Wanderungen* hätten immerhin »den Vorzug, als etwas relativ Originelles da zu stehn, während Romane, selbst gute, im Dutzend verschwinden«.

Um diese Zeit muss ihn dann Robert König angeschrieben haben, Herausgeber und Redakteur der Familienzeitschrift *Daheim*. Anlass waren Fontanes neue Bücher: die dritte, vermehrte Auflage des *Ruppin*-Bandes, nun unter dem Titel *Die Grafschaft Ruppin*, sowie die zweite, vermehrte Auflage seiner *Gedichte*. Beide im Verlag von Wilhelm Hertz eben erschienen, beide vordatiert auf das Jahr 1875. Man wolle ihn und sein Werk den Lesern vorstellen, ob er entsprechendes Material liefern könne? Fontane verfasste daraufhin eine mehrseitige Autobiografie, erstellte eine Werkliste und legte Rezensionen von Wilhelm Lübke und Ludwig Pietsch bei. Offensichtlich war die Zeitschrift mit Sitz in Leipzig für ihn interessant. Sie hatte 80 000 Abonnenten und wurde deutschlandweit vertrieben. Lesepublikum: christlich-konservativ. Robert König hat dann vieles aus Fontanes autobiografischer Skizze in seinen Artikel übernommen und diesem den Titel gegeben: *Theodor Fontane, der Sänger der Mark.*

Seit er im Verlag von Hertz publizierte, seit 1862, hatte Fontane begonnen, keine Angaben mehr zu seiner Apothekerausbildung und zu seiner Gehilfenzeit zu machen, weil das sein Renommee als Schriftsteller schädige. Wie also ließ sich sein Werdegang erzählen, insbesondere für eine Familienzeitschrift, die »aufs ›Christlich-Germanische hin‹« gegründet worden war? Er war Neuruppiner wie der große Architekt Karl Friedrich Schinkel, wie der Bilderbogen-Verleger Gustav Kühn, wie der Orientmaler Wilhelm Gentz. Er hatte seine Kinderjahre in Swinemünde verbracht und sich schon damals in Geschichte ausgezeichnet, so dass »die ganze Freundschaft nickte, wenn ich aufs bestimmteste erklärte, Geschichte studiren zu wollen«. So weit Fontane, so weit auch der Artikel von Robert König in der Zeitschrift *Daheim*.

Dass er auf dem Ruppiner Gymnasium die Quarta und Tertia besucht hatte, übersprang Fontane, dafür legte er großes Gewicht darauf, dass die Eltern seinem Wunsch, Geschichte zu studieren, kein Gehör hatten schenken wollen. Robert König zitierte die folgenden Sätze: »[…] man brachte mich, ohne viel nach meinen Wünschen zu fragen, auf die Berliner Gewerbeschule, wo ich, mit und ohne Schuld, wenig lernte. *Ohne* Schuld, weil meine ganze Natur zu dem Realschulwesen nicht recht paßte, *mit* Schuld, weil ich es an Fleiß und Eifer mehr fehlen ließ, als zu tolerieren war. Ziemlich unerquicklich vergingen die Tage; nur die Beschäftigung mit der Chemie, für die ich eine große Vorliebe hatte, erfreute mich.« Den Satz »Ich gedachte damals, meine Zukunft auf dem Studium dieser Wissenschaft aufzurichten«, strich Robert König, übernahm aber die Angabe, Fontane sei 1841 nach Leipzig gegangen und habe sich dort mit Max Müller befreundet. Die Freundschaften mit »Wilhelm Wolfsohn« und »Dr. Georg Günter« (»Robert Blums Schwager«) wurden hingegen weggekürzt. Sie hätten wohl das Bild von einem christlich-konservativen, »germanischen« Schriftsteller getrübt.

Die Leipziger Zeit sei die »Herwegh=Zeit« gewesen, »und das Interesse für Politik und Poeterei, ganz besonders aber für die Verschmelzung beider, ließ alle andern Studien in den Hintergrund treten«, so hatte Fontane notiert, und so stand es nun auch im *Daheim*. Zuerst hatte er »Interessen« hingeschrieben, dieses Wort dann aber gestrichen und durch »Studien« ersetzt. Das Lesepublikum durfte also denken, dass Theodor Fontane mit Max Müller, Professor für vergleichende Literaturwissenschaft in Oxford, in Leipzig studiert hatte. Es erfuhr auch, dass Fontane damals gewünscht hatte, baldmöglichst »in das literarische Leben« einzutreten, und Vorbereitungen getroffen hatte, die Redaktion einer Zeitung zu übernehmen, wovor ihn aber »ein glücklicher Zufall« bewahrt habe. Es verschoben sich die Realitäten jetzt leise. Dass es sich um die oppositionelle *Eisenbahn* gehandelt hatte, deren Redaktion er vermutlich aus eigenem Entschluss nicht hatte übernehmen wollen, wird nicht deutlich. Und ganz ausgespart bleibt, dass er in Dresden und Letschin seine Gehilfenzeit fortsetzte.

In der Folge ergab sich für die Leserinnen und Leser der Zeitschrift *Daheim*, dass Fontanes Werdegang sich mit dem freiwilligen Militärjahr fortsetzte, und zwar 1844 im 2. Bataillon des Regiments Franz, was von jeher das »literarische Regiment der Berliner Garnison« gewesen sei. Hier habe er Bernhard von Lepel kennengelernt, der ihn in den literarischen Verein »Tunnel« eingeführt habe. Die folgende Passage ist Zitat aus Fontanes Skizze: »Die Bekanntschaften, die ich hier anknüpfte, die sich immer freundschaftlicher gestaltenden Beziehungen zu Franz Kugler, Paul Heyse und Friedrich Eggers, später auch zu Scherenberg, Theodor Storm und Hugo v. Blomberg, ließen den nur vertagten Wunsch einer literarischen Laufbahn immer wieder lebendig werden; aber erst 1849 gestatteten die Verhältnisse die Ausführung.« Konsequent sparte Fontane also seinen gesamten Werdegang zum approbierten Apotheker aus.

Dafür hob er seine literarischen Erstlingswerke hervor, die Preußenlieder *Männer und Helden* sowie den Balladenzyklus *Von der schönen Rosamunde*. »Alles, was ich seitdem in Versen und Prosa geschrieben habe«, so zitierte ihn Robert König, »hat dieselben zwei Ausgangspunkte und dreht sich um Märkisch=Preußisches oder um Englisch=Schottisches. Ich folgte hierin dem Zuge meines Herzens, doch darf ich nicht übersehn, daß dieser

Zug auch von außen her, durch Erlebnisse teils persönlicher, teils allgemeiner Natur, unterstützt wurde. Ich rechne dahin einen mehrjährigen, ohne mein Dazutun herbeigeführten Aufenthalt in England, ganz besonders aber die drei glorreichen Kriege von 1864, 66 und 70, die, wie von selbst, auf Ausbildung und Betonung des patriotischen Elements hinwiesen.« Das Lesepublikum erfuhr also nichts von Fontanes Regierungsauftrag und pressepolitischer Tätigkeit in London. Offenbar sollte durch die Formulierung »ohne mein Dazutun« auch angedeutet werden, dass Fontane kein politischer Emigrant gewesen war. Diese Lesart verstärkte Robert König zusätzlich mit kleinen Akzentsetzungen und betonte, Fontane sei nach seiner Rückkehr aus London zehn Jahre lang bei der konservativen *Kreuzzeitung* für den Englischen Artikel verantwortlich gewesen.

Über die *Wanderungen* gab Fontane in seiner autobiografischen Skizze keine sepziellen Auskünfte, denn Robert König kannte sie bestens und urteilte, mit den *Wanderungen durch die Mark Brandenburg* liege ein »vortreffliches Werk« vor. Auch auf die Kriegsbücher von 1864 und 1866 wies er hin und ordnete sie dem *Kreuzzeitungs*-Jahrzehnt Fontanes zu. Aus der Redaktion der *Kreuzzeitung* aber sei Fontane ausgeschieden – und hier zitierte er wieder aus der autobiografischen Skizze –, »um ungehinderter seinen literarischen Arbeiten leben zu können«. Mit zum Fontane-Bild, das Robert König entwarf, gehörte auch der Hinweis auf *Kriegsgefangen*, ein Werk, das ihn offenbar sehr beeindruckt hatte und aus dem er gerade jene Szene herausgriff, in der Fontane schildert, wie sehr er am Tag seiner Festnahme erschrocken sei, als er glaubte, in Monsieur Palazot »das leibhaftige Ebenbild« seines Vaters wiederzuerkennen. Zuletzt erwähnte der Artikel auch die zwei Bände *Aus den Tagen der Occupation* und Fontanes Ehrentitel »historien prussien«, ein Titel, der diesem zu Recht zustehe, wie Robert König urteilte. »Sänger der Mark« oder »Sänger Fontane«, das aber war der Titel, den *er* ihm gab. Einmal wegen der *Wanderungen durch die Mark Brandenburg*, dann auch wegen der lyrischen Stimmungsbilder aus der Mark und schließlich wegen der Sieges- und Einzugslieder (*Der Tag von Düppel* bis zu *Einzug, 16. Juni 1871*). Sie priesen, so Robert König, »ohne jedwede ruhmsüchtige Ueberhebung die Thaten unserer Heere«. Doch »die Krone der Fontaneschen Dichtungen und was ihm einen Namen unter den besten Balladendichtern aller Zeiten sichert«, so Robert König weiter, »sind doch seine märkisch=preußischen Poesien, die sich wie Arabesken um seine gesammte

Prosa ranken«. Dieses Urteil war das wichtigste, nämlich dass Theodor Fontane zu den »besten Balladendichtern aller Zeiten« gehörte, unter anderem mit dem Preußenlied *Der alte Zieten*. Es bestätigte nicht nur die frühe Überzeugung des Vaters, dass der Sohn in der Ballade wirklich Großes leistete, sondern entsprach auch Fontanes eigenem Selbstgefühl.

Der Artikel *Theodor Fontane, der Sänger der Mark* wurde mit einem großen Porträt illustriert. Es ist ein Holzstich, zu dem Fontane als Vorlage für die Zeichnung eine neue Fotografie geliefert hatte. Wir sehen einen schönen, gepflegten Mann in den besten Jahren, der offenbar eine rein literarische Biografie vorzuweisen hat. Geschehen ist diese Verwandlung halb mithilfe Fontanes, halb mithilfe Robert Königs. Bemerkenswert außerdem: Vom Theaterkritiker der *Vossischen Zeitung* ist nirgends die Rede, auch schweigt der Artikel vom werdenden Romancier.

Erfahrungen als Theaterkritiker der »Vossischen Zeitung«

»Im Februar und März, bei relativ leidlicher Gesundheit, an dem Schluß-Halbbande meines Kriegsbuches fleißig gearbeitet; der Gesellschaftstrouble mäßig, aber im März ziemlich viel Theaterkram«, so schreibt Fontane rückblickend im Tagebuch von 1875.

Die Berliner Hofbühne war eine Traditionsbühne, die ihre bedeutendste Zeit unter der Leitung von August Wilhelm Iffland erlebt hatte. Jetzt war Botho von Hülsen seit Jahren Generalintendant. Fontane hatte über dessen Fähigkeiten einmal vorsichtig formuliert: »Ob die Berliner Bühne unter seiner nunmehr neunjährigen Leitung an künstlerischem Gehalt eingebüßt hat und den Vergleich mit früheren Verwaltungen zu scheuen hat, darüber, wird sich erst ein gerechtfertigtes Urteil abgeben lassen, wenn auch seine Verwaltung der Vergangenheit angehören wird.« So seine Einschätzung im Lexikon *Männer der Zeit* (1862). Den Artikel über Botho von Hülsen hatte er damals übernommen, weil er gerade über die Londoner Theater geschrieben hatte und überhaupt ein Theatergänger war (also keineswegs ein »Theaterfremdling«, wie die Widersacher des Theaterkritikers sein Kürzel ThF interpretierten). Hülsens Verwaltung hatte sich über die Jahre weiter bewährt. Nur die Klage, dass das Königliche Schauspielhaus künstlerisch zu wenig wage, war seit »Kaiserzeiten« vernehmlicher geworden.

Das Haus hatte zwar ein gutes Ensemble und war attraktiv, weil hier große Schaupielerinnen und Schauspieler Gastrollen gaben. Aber die Stücke! Fontanes Kritikerkollege Karl Frenzel schrieb im Frühjahr 1875 in der eben gegründeten *Deutschen Rundschau* von Julius Rodenberg: »Mein Credo in den Sachen unsers deutschen Theaters kennt der Leser: der wesentliche Uebelstand liegt in der Schwäche und Dürftigkeit der Produktion.« Nur 16 verschiedene Stücke hatte das Königliche Schauspielhaus im vergangenen Jahr auf die Bühne gebracht, davon sechs Einakter. Das fand Frenzel für eine Spielzeit von zehn Monaten einfach zu wenig. Natürlich sollte die Hauptbühne der deutschen Kaiserstadt die »Neueinrichtung und Wiederbelebung der klassischen Dichtungen« als wichtigste Aufgabe betrachten. Aber mit Blick auf die Statistik des Jahres 1874 stellte Frenzel fest, dass die Intendanz diesen Auftrag allzu eng auslegte. Denn »auf 289 Schauspiel=Aufführungen« kamen »101 Vorstellungen klassischer Stücke«. Zu viel Klassik also und zu viel Shakespeare, vor allem wenn die so oft gespielten Königsdramen (*Richard III.*, *Heinrich IV.*, *Hamlet*) schlecht inszeniert und daher schlecht besucht waren.

Frenzels Kritik an der Intendanz macht zugleich sichtbar, welche Dichter und Dramen seit vielen Jahren zum Repertoire der Bühne gehörten. Von Lessing hauptsächlich *Nathan der Weise*, *Emilia Galotti*, *Minna von Barnhelm*, von Goethe *Torquato Tasso*, *Iphigenie auf Tauris*, *Faust*, *Clavigo*, *Egmont*, *Götz von Berlichingen*, von Schiller *Kabale und Liebe*, *Die Räuber*, *Die Braut von Messina*, die *Wallenstein*-Trilogie, von Kleist *Das Käthchen von Heilbronn* (statt *Prinz Friedrich von Homburg,* wie Frenzel beklagte). Mit zum Repertoire gehörte von Grillparzer *Des Meeres und der Liebe Wellen*, von Hebbel *Herodes und Marianne*. Stücke neuerer Bühnendichter wurden ebenfalls gespielt, aber eben meist nur mit wenigen Aufführungen und höchstens für eine Saison.

Fontane kannte das Repertoire des Schauspielhauses auswendig. Mit den Klassikern war er seit je vertraut, und seit er bei der *Vossischen Zeitung* in Brot stand, hatte er fast über jede Inszenierung geschrieben. Denn er besuchte jetzt jährlich etwa vierzig Aufführungen, darunter auch die Gastspiele des französischen Theaters. Ja, im Grunde richtete sich sein ganzer Terminkalender nach dem Theater. Wegen »Theaterkram« hatte er im September 1873 auch seine Recherche im Ruppin'schen unterbrochen, war nach Berlin gefahren, um den *Ödipus* von Sophokles zu sehen. Der wurde wenig gespielt, den durfte er nicht verpassen.

Pünktlich abends um sieben sah man ihn in der Regel auf seinem Kritikerplatz Nr. 23 (erst später schenkte er sich manchmal den ersten oder letzten Akt). Es war ein etwas merkwürdiger Platz. Mit Sinn für Komik hat Fontane ihn viel später einmal beschrieben: »Es war nämlich kein eigentlicher Parkettplatz, sondern nur ein Annex, ein Vorposten, ein ausgebautes Fort, man könnte auch sagen ein Sperrfort und wuchs, ganz in die scharfe Ecke zwischen Prosceniums- und Parkettlogen hineingebaut, von dieser Ecke her in den Parkettumgang vor.« An dieser exponierten Stelle sei er von »Knierempeleien« nicht verschont geblieben und habe eigentlich wie auf einer Anklagebank gesessen. »Da sitzt das Scheusal wieder«, habe er sehr oft auf den Gesichtern gelesen.

Doch wenn er sich jeweils »auf der äußersten Rechten des Parketts« niedergelassen hatte, »mit hochgezogenen Brauen«, »den Oberkörper vorgebeugt«, »den sorgenvollen Blick gespannt« auf die Bühne gerichtet, dann war er eben ganz Kritiker. Er nahm die Aufgabe sehr ernst, wusste er doch, dass er nicht nur loben, sondern auch tadeln würde; »unwillkommene Sachen sagen zu müssen«, das bereitete ihm manchmal schlaflose Nächte und war oft eine »Qual«.

In der Regel hatte er ein Notizbuch dabei. Dann protokollierte er in knappen Sätzen oder auch in Stichworten, wie er zum einen das Stück fand und zum andern die Leistung der Schauspielerinnen und Schauspieler. Manchmal zitierte er auch, was gerade gesprochen wurde. Den Schriftzügen nach immer rasch, im Halbdunkel seines exponierten Platzes.

Im März 1875 saß er innerhalb weniger Tage fünfmal im Theater. Am Dienstag, 9. März, sah er Schillers *Kabale und Liebe*, am Donnerstag, 11. März, Lessings *Minna von Barnhelm*, und schrieb immer gleich die Kritik, die am zweiten Tag nach der Aufführung in der Morgenausgabe der *Vossischen Zeitung* stand. Es waren zwei klassische Repertoirestücke, die er schätzte und schon mehr als einmal besprochen hatte. Er konzentrierte sich daher ganz auf das *Spiel*. Der Maßstab seiner Kritik war, ob die Schauspieler ihre Rollen glaubwürdig interpretierten, in Erscheinung, Gebärde, Temperament und Stimme, und absahen von willkürlicher Effekthascherei.

Und dann kam der Theaterabend vom Mittwoch, 17. März. Auf dem Programm stand eine dieser seltenen Erstaufführungen, das Bühnenstück eines jungen, noch wenig bekannten Autors: *Die Modelle des Sheridan*, Schauspiel in 4 Akten von Hugo Bürger. »In Scene gesetzt vom Direktor Hein.«

Man durfte gespannt sein. Vielleicht war endlich, endlich ein Talent zu entdecken. Schauspieler Richard Kahle, der zum Ensemble gehörte, hatte Fontane am Tag vor der Aufführung noch angefragt, wie man diesen oder jenen englischen Namen ausspreche. Denn das Stück spielte in London. Große Erwartungen also und nicht zu vergleichen mit dem, was in dieser Woche noch folgte: Zwei Theaterabende mit Unterhaltungswert, *Spielt nicht mit dem Feuer* von Gustav von Putlitz (18. März) und *Die Grille* von Charlotte Birch-Pfeiffer (20. März).

Fontane pflegte seine Theaterkritiken zu sammeln und aufzukleben. Manchmal legte er auch die Kritiken der Kollegen in seine Mappe, weil er im Nachhinein wissen wollte, zu welchem Urteil andere gefunden hatten. Er aber konnte herrliche Verrisse schreiben und wirklich ein »Scheusal« sein. Hugo Bürger (Pseudonym für Hugo Lubliner) lief ihm mit seinem Stück *Die Modelle des Sheridan* direkt vors Messer. Da standen dann spaltenlang vernichtende Urteile. Lubliner alias Bürger hatte das Pech, einen englisch-schottischen Stoff aufgegriffen zu haben und darin vielfach zu irren. Dazu fehlte den Figuren, so der Kritiker, jede psychologische Plausibilität. »Kurz und gut«, so urteilt ThF nach dem ersten Drittel seines Verisses, Hugo Bürgers Schauspiel sei nichts anderes als »ein *Salat von großen Worten*«. Und zwei Absätze weiter: »Aber was hat er denn nur getan, dieser arme Herr Hugo Bürger? Ist irgend ein großes Menschheits-Ideal durch ihn verletzt worden?« Nein, nicht einmal das. Es war einfach ein großer Quark, dieses Stück. Und dann »fällt der Vorhang und wir nehmen nichts weiter mit nach Hause als den Beifallslärm, der uns noch nachhallt, während wir schon die Treppe halb erreicht haben«. Hier hätte der Kritiker enden können. Doch jetzt schreibt er sich erst wirklich in Rage und erklärt auch, warum: »Wer Stücke schreiben will, der muß, wenn er nicht zu jenen Ausnahme-Geistern gehört, denen alles Höchste und Herrlichste durch Inspiration kommt, das Leben kennen, und die Menschen wenigstens insoweit, um einen Charakter einigermaßen konsequent zeichnen zu können.« Bürger aber schaffe nur »wunderliche Gebilde, die hier vier Akte lang das krauseste Zeug reden!« Und weil das Stück nichts wert sei, sei auch die schauspielerische Leistung kein Thema. Folglich: »Von dem Spiel ist nichts zu sagen wie: verlorene Liebesmüh.«

Am 24. Mai 1875 gab das Schauspielhaus eine Benefizveranstaltung für den Verein »Berliner Presse«, dem auch Fontane angehörte. Auf dem Programm zum ersten Mal: Hugo Bürgers Stück *Der Frauen-Adovokat*. Fontane saß auf Parkettplatz Nr. 23 und schaute neugierig zur Bühne hin. Seine Kritik fiel diesmal etwas milder aus. Aber das Urteil über das Talent des jungen Mannes blieb weiterhin herb. Trotzdem fügte der Kritiker in seine Kritik die Sätze ein: »Vielleicht schließt Herr Hugo Bürger auf dies Maß von Anerkennung hin seinen Frieden mit uns.«

Es kam nicht leicht vor, dass er lobte. Fontane hatte ein scharfes Auge, vertraute seinem Gefühl und seinem ästhetischen Sinn. Aber in diesem Fall trieb er es auf die Spitze. Hugo Bürger kränkten die Kritiken zutiefst, vor allem weil Fontane es kaum je unterließ, feine Seitenhiebe gegen den jungen Dramatiker auszuteilen. Als Hugo Bürger sein Pseudonym schon aufgegeben hatte und sich Hugo Lubliner nannte, wehrte er sich einmal gegen eine Kritik Fontanes, die er »soeben« in der *Vossischen Zeitung* gelesen hatte, und schrieb seinem Kritiker: »Aus welchem Grunde weisen Sie mir immer und immer wieder diesen inferioren Standpunkt an?« Nämlich, dass für seine »Schule« »das Ganze nichts, die Teile dagegen alles« bedeuteten. Er fühle sich von der *Vossischen Zeitung* nachgerade »total zerrieben«. »Sie sind zu reizbar«, antwortete Fontane. »Kritik ist Kritik.« Und: »Mir wird auch nichts geschenkt.« Dann schloss er (gereizt?), er habe sich »in neuster Zeit noch von jungen Bengeln, die meine Enkel sein könnten, Sachen sagen lassen müssen, als ob ich von Aesthetik und Ethik nichts wüßte und die 10 Gebote aus Altersschwäche vergessen hätte«. Er war zu diesem Zeitpunkt bereits im Bunde mit dem jungen Otto Brahm, dem Theaterschreck, der alle gängigen flachen Stücke zerfetzte.

Der Angegriffene suchte dann das Gespräch. Fontane hat in seiner unveröffentlichten Skizze »Berliner Sprechanismus« die Szene kolportiert. Unter »*Dann Lubliner*« schrieb er in flüchtigen Zeilen: »Einmal begegnete ich einem [Stückeschreiber] in der Leipziger Straße, […] er nahm mich beim Arm und während der Höllenlärm der Leipziger Straße an uns vorüberlärmte, unterhielt er mich über sein Stück, das in den nächsten Tagen gegeben werden sollte.« Der junge Mann habe dann lange auf ihn eingeschwatzt, immer gehend und sprechend, davon etwa, dass es ja nicht auf »Colorit, Lokalton oder gar Milieu« ankomme, sondern nur auf den »Conflikt, auf die Gegensätze, die auf einander platzen und daß ich es darin getroffen habe, steht mir fest«. Kritik, im Übrigen, sei gleichgültig, »alle Kritik bedeutet nichts, Kritik, Pardon[,] übt nur wer nichts andres kann«. Und ohne Pause sei der Stückeschreiber dann auf das »Wesen des Dramas« gekommen und habe ihm erläutern wollen: »Ein Drama …« Und dann sei es immer so weitergegangen, immer belehrend in einer Sache, die der andere eigentlich besser verstand. Das sei eben das, so Fontane, was er »Berliner Sprechanismus« nenne. Die Rettung? »Wir waren bis vor meine Wohnung gekommen und ich sagte Pardon: ›Ich muß da hinüber …‹«

»arbeite jetzt fleißig an dem letzten Halbbande meines Kriegsbuches«

Die Leserinnen und Leser der *Vossischen Zeitung*, die Fontanes Theaterkritiken liebten, weil er sie in ein lebendiges Gespräch verwickelte und mit persönlichen Geständnissen für sich einnahm, kannten den Mann auch als Kriegsbuchautor.

Die *Vossische Zeitung* mit ihren 30 000 Abonnenten war jetzt für alle seine Arbeiten das wichtigste Blatt. In der Regel erschienen wöchentlich ein oder zwei Artikel aus Fontanes Feder (manchmal auch mehr). Wurde ein Gedicht abgedruckt, stand statt eines Kürzels sein voller Name da: »Theodor Fontane«. Ob die Leser ihn auch als Autor einzelner Buchrezensionen wiedererkannten? Rezensionen waren nämlich üblicherweise nicht gezeichnet, so dass Fontane, wenn es nicht anders ging, sogar sich selbst rezensierte. So geschehen bei der Buchpublikation *Aus den Tagen der Occupation.*

Am 20. April 1873 war in der *Vossischen Zeitung* eine lange und sehr anerkennende Kritik zu seinem ersten Halbband *Der Krieg gegen Frankreich* erschienen. Sie stammte von »F. P.«. Es lagen zu diesem Zeitpunkt bereits die gewichtigen Berichte des Großen Generalstabs vor sowie eine ganze Reihe von »authentischen Werken«, Augenzeugenberichte, Briefe vom Kriegsschauplatz, Memoiren, patriotisch-populäre Überblicksdarstellungen. Dem Werk Fontanes wurde von »F. P.« indes eine ganz »neue Behandlungsart« zuerkannt. Hinter dem Kürzel stand Kollege Ludwig Pietsch. Pietsch rezensierte am 21. Juni 1874, jetzt als »L. P.«, auch den zweiten Halbband. Am Ende machte »L. P.« auf die noch ausstehenden Kriegsbände aufmerksam. Er sehe mit Spannung der Fortsetzung entgegen, denn es sei »eine vielleicht noch schwierigere Aufgabe«, die recht verworrenen Geschehnisse im Krieg gegen die französische Republik verständlich zu schildern. Doch werde Fontane mit seiner neuen Darstellungsmethode gewiss imstande sein, auch diese Aufgabe »künstlerisch zu bewältigen«.

Unterdessen hatte dieser den ersten Halbband von *Der Krieg gegen die Republik* bereits abgeschlossen. Der Band behandelt Paris während der Zeit des Krieges vom 1. September bis zu Weihnachten 1870. Während Fontane darauf wartete, wie dieser dritte Halbband besprochen würde, beschäftigte ihn jetzt die letzte Phase des Kriegs gegen Frankreich. Am 20. April 1875 schrieb er an Mathilde von Rohr: »Ich selbst arbeite jetzt fleißig an dem letzten Halbbande meines Kriegsbuches und hoffe damit bis Mitte September zu Ende zu sein.« Gerne hätte er dann eine »Erholungsreise« nach »Italien« oder in die »Schweiz« angetreten, aber Emilie, so schrieb er, wolle ihren silbernen Hochzeitstag (16. Oktober 1875) lieber im Kreis der Familie feiern. Er werde sich als guter Ehemann natürlich ihren Wünschen fügen, »aber ganz contre coeur«.

Während er vom Reisen träumte, war er indes an den Schreibtisch gefesselt: »weil ich«, wie er sein Vorgehen erklärte, »beständig nachschlagen und eine ganze Bibliothek um mich her haben muß«. Die »Wanderungen« oder einzelne »Romankapitel«, die ließen sich leicht auch in »Cremmen oder Tremmen« schreiben, nicht aber die Kriegsbücher. Die Kriegsbücher waren Geschichtsschreibung. Hier arbeitete er mit zahllosen Quellen (listete sie in einem »Verzeichnis der Bücher, Broschüren, Zeitschriften und Zeitungen, die benutzt wurden«, auch auf). Er studierte also die neuste Literatur zum Krieg, griff auf die Werke der Historiker und der Militärs zurück, auf Korrespondenzen vom Kriegsschauplatz, auf veröffentlichte Briefe, Tagebücher, Memoiren. Dabei beschränkte er sich nicht allein auf die deutsche Berichterstattung, sondern sammelte auch, was in Frankreich und England zum Krieg publiziert wurde, und las regelmäßig die *Times*. Aus diesem Material komponierte er schließlich ein differenziertes, immer abwägendes Bild der Kriegsgeschichte. Der Leser sollte einerseits verstehen, aus welchem Grunde welche Kriegshandlungen erfolgt waren, und anderseits nachvollziehen können, unter welchen Bedingungen der Friedensschluss hatte zustande kommen können. Kurz, welche blutigen Siege errungen worden waren und was diese die Kriegsparteien gekostet hatten. Immer machte Fontane auch deutlich, wo die Genfer Konvention ihr humanitäres Ziel erreicht hatte und wo nicht. Und schließlich zeigte er, dass Deutsche wie Franzosen ebenbürtige Gegner gewesen waren.

In erster Linie wollte er seine »Leser« erreichen und so verständlich schreiben, dass auch ältere Gymnasiasten folgen konnten. Schon beim Überfliegen des Inhaltsverzeichnisses sollten sie merken: »ah, da liegt's«, das »F'sche Buch« hat einen ganz anderen Ton, ist übersichtlich, klar, lebensvoll und unterscheidet sich erheblich vom »großen Generalstabswerke«.

Um diese Wirkung zu erreichen, feilte Fontane am Text wie ein Romancier. Und wie ein Romancier, der seine Texte montiert, ging er zuweilen auch mit seinen Quellen um. So etwa, wenn er einen Zeitungsausschnitt seiner Sammlung auseinanderschnitt, einen anderen Ausschnitt aus einer anderen Zeitung dazwischenschob, die drei Teile zusammenfügte, aufklebte und in der Weise redigierte, dass am Ende ein einziger Text entstand, aus dem er dann als einer »authentischen« Quelle zitierte. Der Einzug der deutschen Truppen in Orléans (5.12.) zum Beispiel erfolgte seinem collagierten Text nach nicht mehr einfach militärisch stramm an der »Statue der Jungfrau von Orléans« und am Kommandierenden von Manstein vorbei, sondern erhielt durch das Einschiebsel eine plötzliche Heiterkeit, wenn es heißt: »Sehr hübsch machte es sich bei dem 9. Jägerbataillon, daß jeder Mann einen grünen Busch am Käppi trug [...].«

Weil zu Fontanes Methode gehörte, dass er, statt zu zitieren, ganze Textpassagen aus fremden Texten übernahm, hatte er mit Pietsch, der es bemerkt und beanstandet hatte, auch einmal Schwierigkeiten gehabt. Von dieser Verstimmung ist in den Rezensionen, die in der *Vossischen Zeitung* unter »L. P.« erschienen, nichts mehr zu spüren. Pietsch zollte Fontanes *Krieg gegen Frankreich* höchsten Respekt.

Im September, so war Fontanes Plan, würde er seinen letzten Kriegsband abschließen. »Dann weg ›mit's Milletär‹ und wieder ein civiler Civilist«, meinte er salopp.

Akademiesekretär und »poetisches Kind« – ein Konflikt

Aber kurz vor Abschluss des letzten Kriegsbandes rebellierte der Körper, »eine vollständige Nervenabspannung« drohte. Zu allem Übel litt Fontane auch an der »Berliner Sommerkrankheit«, so dass Emilie ihrem Mann zuredete, seine Reise in die Schweiz und nach Italien so rasch wie möglich anzutreten. Denn nicht *er*, sondern *sie* hatte zuletzt nachgegeben. Nur

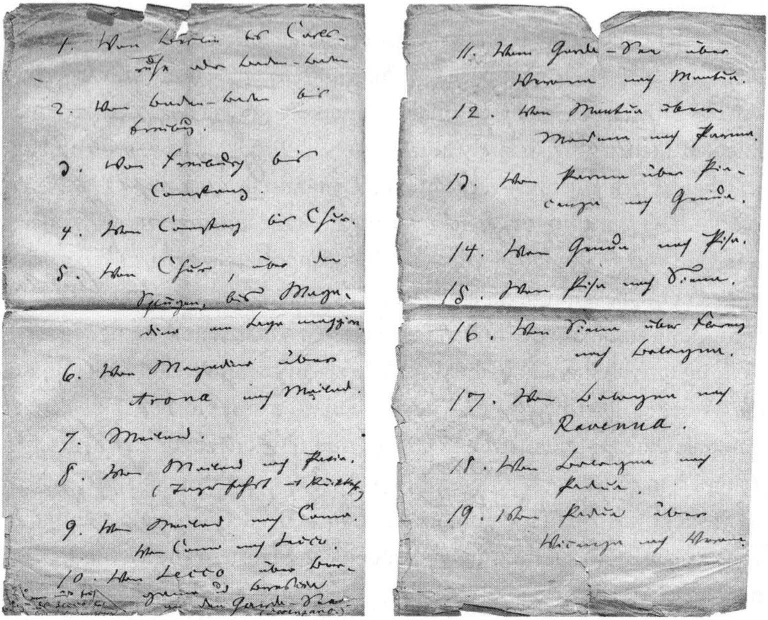

Fontanes Reiseplan für die Schweiz und Oberitalien, August 1875

die Kunsttour wollte sie nicht mitmachen, sondern ihn lieber später treffen. Fontane war nämlich wie sein Innstetten ein »Kunstfex« (*Effi Briest*), strebte auf Reisen immer direkt in Kirchen und Museen.

Am 3. August 1875 »dampfte er ab«, fuhr über Frankfurt am Main und Heidelberg nach Freiburg, wo er seine verwitwete »Tante Pinchen« besuchte, die aus Übersee zurückgekehrt war. Dann reiste er weiter nach Basel (4.8.), Neuhausen am Rheinfall (5.8.), Konstanz, Bad Ragaz (6.8.), wo er mit Familie von Wangenheim zusammentraf, die hier den Sommer verbrachte. Gemeinsam unternahm man dann eine Morgenspazierfahrt durch die Taminaschlucht bis nach Bad Pfäffers. Dann trennte man sich wieder, denn Fontane wollte weiter nach Chur (7.8.), per Postkutsche durch die Via Mala (die ihn an Böcklins *Drachen in einer Felsenschlucht* erinnern sollte), hinauf nach Splügen und über den San Bernardino nach Bellinzona (8.8.). Von dort reiste er nach Locarno und mit dem Schiff über den Lago Maggiore nach Arona, um einige Tage in Mailand zu verbringen (bis 13.8.). Dann besuchte er weiter im Eiltempo alle wichtigen norditalienischen Städte, ihre Kirchen und Museen: Bellagio (12./13.8.), Riva (14.8.), Mantua (15.8.), Parma (16.8.), Genua (17./18.8.), Pisa (19.8.), Bologna (20./21.8.), Ravenna sowie Padua (23.8.). Nach Abschluss seiner Kunstreise fuhr er mit der Bahn über Innsbruck nach München (24.8.) Hier erwartete er mit großer Vorfreude Emilie, die aus Berlin anreisen würde (25.8.). Es folgten heitere Tage mit Heyses und ein Besuch bei ihnen zu Hause (27.8.). Schließlich brach er mit Emilie Richtung Österreich auf. Zuerst verweilten sie in Berchtesgaden (28.8. bis 1.9.), dann in Salzburg (2.9.) und zuletzt in Wien (3. bis 5.9.). Nach einem reichen Besichtigungsprogramm ging es im Nachtzug zurück nach Berlin. Um »8 ½ Uhr früh« (6.9.) trafen sie hier zufrieden wieder ein.

Trotz verregneten Reisetagen, Magenverstimmungen, schlaflosen Nächten, sie hatten viele gute und sogar glückliche Momente erlebt, die sich jetzt wie Lichtbilder im Gedächtnis fixierten. Auch ging es nach dieser großen Tour mit der Arbeit wieder voran. Ende Dezember 1875 notierte Fontane im Tagebuch, sein letzter Halbband zum 70er-Krieg sei »nahezu beendet«. *Der Krieg gegen die Republik* (2 Halbbände) sollte insgesamt 1028 Seiten umfassen, 104 Pläne in Holzschnitt enthalten sowie 32 Porträts nach Stichen der Zeit. Die Vorlagen für die Pläne aber, die mittels Karten die strategischen Bewegungen der Truppen verdeutlichten, hatte Fontane alle selber gezeichnet. Es war eine enorme Leistung, dieses kriegsgeschichtliche Gesamtwerk, hatte ein gutes Honorar eingebracht, doch war dieses Geld bereits zerronnenen. »Darf ich Sie, à Konto des Honorars für den 4. und letzten Halbband, wohl um weitere 400 Rtr. bitten?«, so und ähnlich hatte Fontane mehrmals um Vorschuss gebeten.

Wie also weiter? Nach Abschluss der Kriegsbücher brauchte er dringend eine neue Einnahmequelle. Denn das Fixum der *Vossischen Zeitung*, die regelmäßigen Zuwendungen des Ministeriums, die Honorare für Bücher und Artikel reichten für den täglichen Bedarf nicht aus. Auch wenn die Ansprüche geringer waren als diejenigen der Freunde, die alle in guten oder gar glänzenden Verhältnissen lebten und sowohl den Börsenkrach von 1873 als auch die anschließende Wirtschaftskrise ziemlich unbeschadet überstanden hatten. Fontane kam eben über »eine kümmerliche Jahres-Einnahme«, wie er zu klagen pflegte, einfach nicht hinaus. Da hatte »Rütli«-Freund Richard Lucae, von dem der Satz stammte, es gehe nicht ohne »Hülfskonstruktionen«, eine Idee.

Am 7. Januar 1876 war Otto Friedrich Gruppe gestorben, außerordentlicher Professor für Philosophie an der Berliner Universität und »erster

Königliches Akademiegebäude Unter den Linden (rechts), Berlin, 1856

ständiger Sekretär« der Akademie der Künste. Er war 71 Jahre alt geworden und hatte seine Ämter bis zuletzt innegehabt. Was aber Gruppe konnte, das konnte auch Fontane, muss sich Richard Lucae als Mitglied des Akademiesenats gesagt haben, hatte doch Gruppe die Stelle gut mit einer Universitätsprofessur und eigenen literarischen Arbeiten verbinden können.

Die Königliche Akademie der Künste hatte zu diesem Zeitpunkt zwei Abteilungen: die Abteilung Bildende Künste und die Abteilung Musik. Das Amt des Ersten Ständigen Sekretärs für die Abteilung Bildende Künste sollte nun also, wenn es nach Richard Lucae ging, Freund Theodor Fontane bekleiden. Der Kaiser würde das letzte Wort haben, das Kultusministerium aber die Ernennung vorbereiten.

Auf einer Gesellschaft bei August von Heyden fragte dann »Rütli«-Freund Karl Zöllner (wohl von Richard Lucae beauftragt) Fontane vorsichtig an, ob er gewillt wäre, die »Stelle eines I. Sektretairs der Akademie der Künste anzunehmen?«. Es gab kein langes Zögern. »Ich sagte ›ja‹«, notierte Fontane kurz und knapp im Tagebuch, wohl wissend, worauf er sich einließ, stand die Akademie der Künste doch mitten in einem Prozess der Erneuerung.

Es gab Kämpfe um Prestige und Positionen, und auch die Rolle des Ersten Sekretärs war im Wandel. Aus Neigung und um die »Rückzugslinie« zu wahren, wolle er, falls er die Stelle bekomme, Theaterkritiker der *Vossischen Zeitung* bleiben, so meinte er Freund Zöllner gegenüber und bat ihn wenige Tage nach seinem Ja: »Bitte, bringe die ganze Angelegenheit heut im Rütli zur Sprache.« Er selber komme »etwa 6 ½«, und bis dahin, so hoffe er, habe »die pünktlichere Rütli-Hälfte schon ein gutes Wort gesprochen«.

Zwar waren die »Rütli«-Sitzungen seit Friedrich Eggers' Tod seltener geworden, aber man traf sich noch immer in unregelmäßigen Abständen und machte die Berufung Fontanes nun zum gemeinsamen Projekt. Größere Chancen räumte die Runde ihm ein, wenn er sein Kritikeramt bei der *Vossischen Zeitung* aufgab. Das versprach er schließlich auch, leuchtete ihm doch ein, dass er nicht Diener zweier Herren sein konnte. Die *Vossische Zeitung* war in den Augen der Regierung immerhin ein Oppositionsblatt.

»Lucae focht die Sache […] durch«, so notierte Fontane im Tagebuch. Das ist nur halb richtig. Denn er selbst bemühte sich sehr um das Amt. Es hätte ihn von Geldsorgen befreit, ihm den Verkehr mit Kunst und Künstlern geboten und wäre als Arbeitsfeld auf ihn zugeschnitten gewesen. Nach ersten Gesprächen mit Richard Schöne, dem Kunstreferenten des Kultusministeriums, und Friedrich Hitzig, dem Präsidenten der Akademie, bewarb sich Fontane in aller Form bei der verantwortlichen Stelle und bat, ihm »das Vertrauen schenken« und »bei der bevorstehenden Besetzung des Sekretariats der K. Akademie der Künste« die »Entscheidungen zu meinen Gunsten treffen zu wollen«.

Er sei jetzt gewillt, »als Sekretair der Akademie zu leben und zu sterben«, hatte er Karl Zöllner versichert. Aber nicht um jeden Preis. »Reizbar wie ich bin, kann ich Beleidigungen nicht ertragen und jeder dummste Mensch hat es leicht mich in 3 mal 24 Stunden aus einer Stellung herauszuärgern.«

Die Sache stand unter keinem guten Stern. Der Kaiser hatte zuerst gezögert und gegen Fontane den Einwand erhoben, ihm fehle die wissenschaftliche Qualifikation. Dann hatte man die Stelle erst ab Mai wieder dotiert und Fontane trotzdem schon im März die Arbeit aufnehmen lassen. Die Einarbeitungszeit erfolgte also ohne Gehalt, und der Staat sparte zweimal 200 Taler. Auf eine Probeanstellung hatte Fontane verzichtet. Mit 56 Jahren gab es nicht viel zu erproben, vor allem konnte er ja auch nicht einfach zurück, wenn er die Beziehung zur *Vossischen Zeitung* aufgab oder lockerte.

Am Dienstag, den 29. Februar 1876, war er vom Kaiser in sein Amt ernannt und dann als Beamter vereidigt worden. Täglich ging er jetzt in die Akademie, die ihren Sitz Unter den Linden hatte, gleich neben der Universität und gegenüber dem Palais des Königs und Kaisers, unmittelbar vor dem Reiterdenkmal Friedrichs II.

Sein direkter Vorgesetzter war Friedrich Hitzig, 64, Sohn des Schriftstellers Julius Eduard Hitzig und Bruder von Clara Kugler. Hitzig war (ohne Studium) Schinkels Schüler gewesen und hatte als Architekt dessen Klassik- und Renaissancestil weitergepflegt. Eben in diesem Jahr sollte die Deutsche Reichsbank (1876) in der Jägerstraße fertiggestellt werden, für die er verantwortlich zeichnete. Fontane hatte als sein Sekretär »die Verwaltungsgeschäfte der Akademie in ihrer Gesammtheit und ihrem den bildenden Künsten gewidmeten Theile« zu erledigen.

Neben dem Präsidenten der Akademie war neu auch ein Direktor im Amt. Zum Direktor war Maler Anton von Werner, 32, berufen worden, von dem man erwartete, dass er seine Aufgaben ohne Sekretär bewältigen würde. Das war aber fast nicht zu leisten, so dass der junge Direktor davon ausging, er dürfe den Sekretär des Präsidenten in Anspruch nehmen. Der Konflikt war programmiert: Hitzig reagierte ärgerlich, Fontane wurde störrisch.

Anfangs aber ging alles noch glatt. Zwei Dutzend Antrittsbesuche stattete Fontane ab, vornehmlich bei Malerprofessoren der Akademie, bei Friedrich Drake oder Reinhold Begas, aber auch beim Zweiten Ständigen Sekretär Philipp Spitta oder Direktor Anton von Werner (der aber nicht da war). Noch war es keine ernstliche Klage, wenn er meinte: »Visitenmachen in Sturm und Regen ist für einen cache-nez-Mann ein übel Ding.«

Dann kamen die Senatssitzungen unter der Leitung des Akademiepräsidenten Hitzig, und Fontane führte das Protokoll. Im Gesamtsenat und in der Sektion der Bildenden Künste saßen auch die »Rütli«-Freunde Richard Lucae und Adolph Menzel. Recht trostlose Verwaltungsthemen wurden verhandelt, und immer wieder ging es um die Verleihung eines Professorentitels für diesen oder jenen Maler, auch um die finanzielle Unterstützung für diesen oder jenen Künstler.

»Der Senat zerfällt in so viele Parteien als er Mitglieder hat«, stellte Fontane rasch fest, »aber darin sind alle einig, daß über künstlerische Dinge nur ausübende Künstler ein Urtheil haben. Und damit ist mir meine Rolle zudiktirt. ›Sei stumm.‹« Für einen, der sich gerne kunstkritisch geäußert hätte, war das schlimm. Unglücklich war Fontane aber auch in seiner Rolle als Vorgesetzter. Ihm unterstellt waren nämlich der Akademie-Inspektor und ein Schreiber, dem er Arbeitsanweisungen zu erteilen hatte. Weil jedoch immer einer der beiden krank oder beurlaubt war, der Schreiber zudem wenig von seiner Sache verstand, saß Fontane meist allein vor einem großen Aktenberg und ärgerte sich über die Mühsal seines Amtes und die Unmenschlichkeiten des Verwaltungsapparates.

Dann platzte ihm der Kragen. Mitte Mai wandte er sich in einem vertraulichen Schreiben an den Herausgeber der *Vossischen Zeitung*. Ob er, Theodor Fontane, das Theaterreferat wieder antreten dürfte? Er habe nämlich den festen Entschluss gefasst, sein Amt in der Akademie aufzugeben. »Ich find es in all und jeder Beziehung entsetzlich: unklar, langweilig, inferior, dabei einen Menschen total absorbierend. Und das alles um nichts; nicht einmal das Lebensnötige kommt dabei heraus. Von 2300 Reichstalern kann ich nicht existieren.«

Nach einem Zusammenstoß mit Präsident Hitzig verfasste Fontane seine zwei Kündigungsschreiben. Eines an den Kultusminister Adalbert Falk. Eines an den Präsidenten Friedrich Hitzig. Darin der Satz: »Es dient sich schlecht mit sechsundfünfzig unter einem jugendlichen Herrn [Anton von Werner] von zweiunddreißig.« Es muss dann zu Hause Streit und Tränen gegeben haben. Emilie sei »ganz und gar gebrochen« und »*sehr* unglücklich«, so Fontane an deren Freundin Johanna Treutler. Ob sie, Johanna, ein Wort des Trostes sprechen könne? Gleichzeitig schrieb Emilie an Moritz Lazarus und bat ihn zu vermitteln. Ihr Theodor habe vielleicht »in der krankhaften Aufregung« voreilig gehandelt. Es war dann Carl Robert Lessing, der Verleger der *Vossischen Zeitung*, der seine Vermittlungsdienste anbot. Doch lehnte Fontane das Angebot freundlich ab. Er wollte die Angelegeheit lieber ohne Vermittler regeln.

Den Streit zu Hause erlebte nur Sohn Friedrich mit, dafür in seinem ganzen Ausmaß. Friedel war unterdessen zwölf Jahre alt. Theo, 19, hatte bereits sein Abitur bestanden, studierte Juristerei und hatte sich mit einem »Stubenkameraden« eine eigene Bleibe gemietet. Martha, 16, war seit ihrer Konfirmation bei Wittes in Rostock. Sie hatte zu Ostern die Schule abgeschlossen und sollte nun im großbürgerlichen Haushalt der Wittes zur Dame und Hausfrau erzogen werden. George, 24, war in seinem Magdeburger Regiment.

Anna Witte erfuhr von Fontanes Kündigung sehr rasch durch Richard

Lucae, mit dem sie eng befreundet war, und bedauerte den Schritt zutiefst. »Was denkt sich nur der Mann«, schrieb sie an Freund Lucae. »Eine unsichere Zukunft mit Frau und Kindern ist doch eigentlich das Schlimmste. Martha, die ahnungslos ist, habe ich nichts gesagt. Sie können es ihr schreiben, und das Mädchen wird außer sich sein. Sie steht hierbei instinktmäßig auf Seiten der Mutter« (9. Juni 1876).

Fontane versicherte inzwischen, dass seine Kinder »verhältnismäßig wenig in Mitleidenschaft gezogen« würden. Friedel sei noch zu jung. Theo habe »das schöne Gefühl sich jeden Augenblick auf die eignen Füße stellen zu können«, und Martha wisse »von dem ganzen Vorkommniß noch nichts«. Nur George werde sich jetzt wohl etwas Sorgen machen, er hoffe aber, »ohne Noth«. Der Vater täuschte sich: Sein Schritt war für alle in der Familie eine rechte Belastung, weil die Zukunft unsicherer wurde. Martha, als sie eingeweiht wurde, hätte wohl gerne zwischen den Eltern vermittelt, erlitt aber einen Zusammenbruch und kämpfte wochenlang gegen »Nervosität« und »Beängstigung«.

Wie immer im Sommer reiste Emilie dann zu ihrer Freundin Johanna. Noch hoffte sie, dass sich ihr Theodor besinnen werde. Er aber reichte kurz nach ihrer Abreise, am 19. Juni 1876, sein bindendes Entlassungsgesuch beim König und Kaiser ein. In den Tagen danach: ein schwankendes Gefühl. Hätte man ihm bedeutet, er solle bleiben, er wäre geblieben. Es geschah aber nichts dergleichen. Es blieb überhaupt jede Reaktion auf die Kündigung aus. Man ließ ihn also zappeln. Denn während die Zuständigen bereits wussten, dass der Kaiser am 17. Juli den pp. Fontane formell aus dem Amt entlassen hatte, wurde dieser noch über Wochen im Ungewissen gehalten, so dass er beständig sein Schreiben an den Kaiser vor Augen haben musste und sich deswegen wie ein »halbe[r] Imbecile« fühlte. Denn wie damals bei seinem Reueschreiben wegen der sogenannten »Indiskretion« hatte er auch jetzt wieder das Eingeständnis machen müssen, er persönlich habe versagt. Das war natürlich Unsinn. Denn er hatte den Anforderungen sehr wohl genügt, wie seine gut geführten Protokolle belegen, nur Ärger und Kränkung hatten ihn aus dem Amt vertrieben. Außerdem hatte er sein anderes Ich retten müssen. Emilie hatte ihn während der Konfliktwochen nicht zu Unrecht »ein poetisches Kind« genannt.

Erste Romane und Novellen, literarisch-grenzüberschreitend

Der Schriftsteller emanzipiert sich (1877–1884)

»Vor dem Sturm« – Blick in die Handschrift

Am 2. August hatte er erfahren, dass seine Kündigung angenommen worden war, dann aber sein Amt noch weiter ausüben müssen bis zur formellen Entlassung am 31. Oktober 1876. Doch nun war er frei. Sein Arbeitsplatz war sein Schreibtisch zu Hause. Alle in der Familie akzeptierten jetzt seine Entscheidung und waren guten Willens. Die erwachsenen Söhne zeigten ihm diesen guten Willen, indem sie das Familienbudget so wenig wie möglich belasteten und überhaupt ihren Weg selbstständig fanden. George war weiterhin in seinem Magdeburger Regiment, sollte aber demnächst zum Premierleutnant avancieren und an die preußische Kadettenanstalt Schloss Oranienstein versetzt werden, um hier »als außerordentlicher Geschichtslehrer« zu wirken. Wenig später würde er dann an die neue Kadettenschule in Berlin-Lichterfelde wechseln. Theo jun. wohnte neuerdings in der nahen Voßstraße bei der Familie des Geheimen Kommerzienrates Herz. Er hatte hier eine Hauslehrerstelle angenommen und finanzierte sich das Studium weitgehend selbst. Außerdem unterstützte ihn sein Patenonkel Hermann Scherz, der ihm vierteljährlich einen gewissen Betrag zusteckte.

Tochter Martha aber war aus Rostock zurück und besuchte seit Ende September 1876 das renommierte Königliche Lehrerinnen-Seminar in der Schützenstraße 8. Das jährliche Schulgeld von 32 Talern reute den Vater nicht. Seine intelligente Tochter brauchte Herausforderungen. Und weil Frauen (noch) nicht studieren durften, war die Ausbildung zur Lehrerin eine gute Sache. »Mete muss *immer* beschäftigt sein; Arbeit ist ihre Stütze«, so waren sich die Eltern einig. Sie rechneten damit, dass sie sich in ein paar Jahren verheiraten würde. Deshalb sollte sie ihre hausfraulichen und mütterlichen Fähigkeiten weiter ausbilden. »Martha trat bei Stockhausens ein«, notierte Fontane im Tagebuch. Sie betreute hier die drei Kinder des Paares und entlastete dadurch Clara Stockhausen.

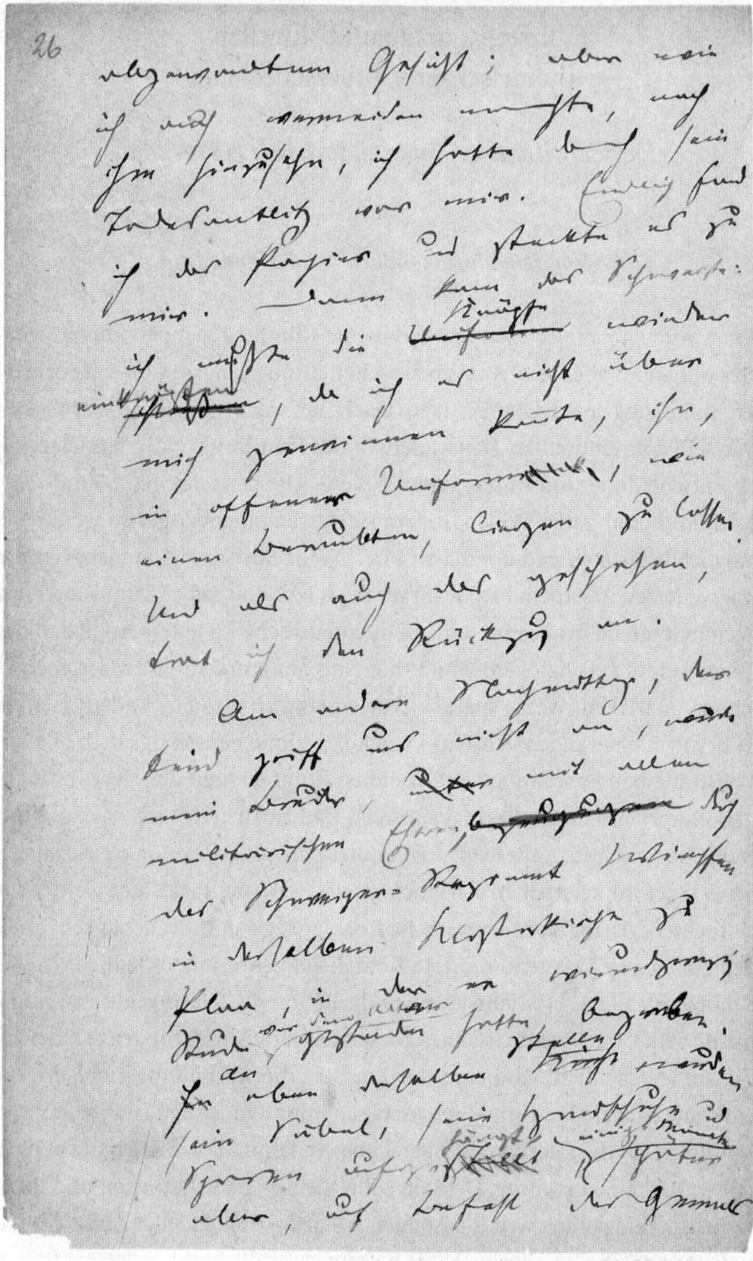

Theodor Fontane, Manuskriptseite aus dem Roman *Vor dem Sturm*, Kapitel *Kastalia*

Und Emilie? Sie sorgte wie eh und je für den reibungslosen Ablauf des Alltags und verschonte ihren Mann mit dem »Krimkrams«. Im Haushalt half ihr weiterhin die Wirtschafterin. Nach verschiedenen Wechseln war es wieder Mathilde Gerecke, die sich um das leibliche Wohl der Familie kümmerte. »Tilla« gehörte eigentlich zur Familie (so wie in *Frau Jenny Treibel* die »Frau Schmolke«), und niemand mochte sie missen. Dank ihrer Hilfe hatte Emilie zudem die Hände frei und konnte tun, was sie von jeher tat: ihres Mannes Manuskripte ins Reine schreiben.

Er saß jetzt wieder an seinem historischen Roman, der die Phase kurz vor den Befreiungskriegen schildert. Unterdessen wusste er, dass er seine Hauptfigur Lewin von Vitzewitz, diesen jungen, hoffnungsvollen Mann, nicht sterben lassen würde. »Ja, der Roman!«, so meinte er mit wiedergewonnenem Selbstvertrauen: »Er ist in dieser für mich trostlosen Zeit mein einziges Glück, meine einzige Erholung. In der Beschäftigung mit ihm vergesse ich, was mich drückt.« Und Emilie bestätigte gegenüber Mathilde von Rohr: »Er ist glücklich, an seinem Roman arbeiten zu können, sieht wohl aus, isst und schläft gut und lässt auch seine Stimmung nichts zu wünschen übrig« (11. November 1876).

Sie schickte sich jetzt darein, dass die sichere Beamtenstelle nur Chimäre gewesen war, gestand aber zugleich: »Der Konflikt zwischen uns besteht in so fern, dass *ich* nicht einsehen kann, dass er recht gehandelt. Sonst ruht aber nun die Sache, denn geschehne Dinge sind ja nicht zu ändern.« Körperlich und seelisch gehe es ihr gegenwärtig nicht gut. Ihr Mann habe sie sogar für »gemütskrank« erklärt, vielleicht sei sie es auch, denn »die Betreffenden sollen das ja oft nicht wissen«. Eine Stütze waren ihr aber die Kinder. »George, der jetzt hier ist, ist mir ein teilnehmender Sohn und fühlt den Druck, der auf uns lastet, mit seinen anderen Geschwistern, jeder Tag sagt: wie könnte es anders bei Euch sein! Aber es klagt niemand und wir räumen, was möglich, aus dem Wege.« Theo jun. dachte im Stillen daran, falls der Vater in finanzielle Bedrängnis geraten sollte, helfend einzuspringen.

Eigentliche Existenzangst aber war unbegründet. Denn Fontane hatte sich bereits der Zeitschrift *Daheim* versichert. Hier, wo das Lesepublikum ihn als »Sänger der Mark« kannte, sollte der Vorabdruck seines großen historischen Romans erscheinen. 1000 Taler für den Vorabdruck, 1000 Taler für die Buchausgabe bei Hertz, dazu die Einnahmen als Theaterkritiker (seit 1. Oktober war er zurück bei der *Vossischen Zeitung*) und weitere kleine

Extraeinkünfte, das konnte künftig ein sicheres Jahresgehalt von 2800 Talern einbringen.

Dann gab es aber doch Ärger. Ende Oktober 1876 war der letzte Teilband seines großen Werks *Der Krieg gegen Frankreich* erschienen. Der König und Kaiser, vielleicht verstimmt darüber, dass Fontane als Akademiesekretär das Handtuch geworfen hatte, versagte wider Erwarten eine Gabe der Anerkennung. Das war bitter. »Zwölf Jahre habe ich an diesen Kriegsbüchern Tag und Nacht gearbeitet«, so zog Fontane Bilanz. Und nun eine solche Nichtachtung. Eine Nichtachtung der *Schriftstellerarbeit* gegenüber. Für die bildenden Künste, das wusste er jetzt, war die königliche Schatulle immer reichlich gefüllt: »Für ein einziges niederländisches Genrebild sind 140 000 Francs gezahlt worden und wenn man will, so fliegt das Geld nur so. Mir gegenüber wollte man einfach nicht. Eh bien, es muss auch *so* gehn.«

Und es ging auch.

Der Romanstoff verteilte sich jetzt nicht mehr nur auf drei, sondern auf vier Teilbände. Den Titel *Levin von Vitzevitz* hatte Fontane fallengelassen, um ihn durch *Vor dem Sturm* zu ersetzen. Die Titelanleihe bei George Hesekiels Roman *Stille vor dem Sturm* (1862) war ein literarisches Spiel, aber gleichzeitig auch als Reverenz gedacht. Denn der Freund aus *Kreuzzeitungs*-Tagen war im Februar 1874 unerwartet früh gestorben.

Vom ersten freien Tag an, frei von der Akademie, schrieb Fontane Kapitel um Kapitel. Als Papier verwendete er die leeren Rückseiten seines Manuskripts *Der Krieg gegen Frankreich*. Vielleicht aus Sparsamkeitsgründen. Aber die Wiederverwendung von zu Makulatur gewordenen Blättern gründete auch tiefer. Rückseitig beschriebenes Papier beflügelte das Schreiben. Der darunterliegende Text gab Halt und schimmerte wie eine verborgene Schrift durch den neuen Text hindurch.

Bis Ende März 1877 waren die Romankapitel der ersten beiden Bände fertig.

Von Juni bis August entstand der dritte Band, zuletzt in Thale im Harz. Denn immer zu Hause am Schreibtisch sitzen ging doch nicht. Thale und das Hotel Zehnpfund kannte er als einen Ort, wo er sich gut erholen, lesen und schreiben konnte. Er hatte auch diesmal wieder einen Roman von Walter Scott mit im Gepäck (*Der Altertümler*). Und erneut las er mit »Begeisterung«, zumindest eine Weile. Dann veränderte sich etwas. Scott als Person war ihm zwar unbestritten teuer, aber seine Romane? Die ganze

»Produktion« habe ein »Element des Oberfächlichen«, der Schreibstil zu viele »Fluddrigkeiten«, stellte er fest. Er sah jetzt, dass er es anders machen wollte. Zwar entwarf Fontane jeweils in einer Art Fieberzustand, aber dann korrigierte er mehrfach und feilte bis ins letzte Detail, so dass ein dichtes Textgewebe entstand. Das war als Handschrift oft schwer zu entziffern, eine Reinschrift daher ganz unabdingbar, wenn ein Setzer mit dem Manuskript zurande kommen sollte. Emilies Handschrift war gestochen scharf, regelmäßig, gut leserlich. Sie schrieb im September 1877 die Kapitel des dritten Bandes ins Reine.

Noch fehlte der vierte Band. Um sich die Örtlichkeiten noch einmal zu vergegenwärtigen, reiste Fontane Anfang Oktober 1877 nach Frankfurt/Oder, ins alte vertraute Land. Alles, was dann noch zu tun war, war Schreibtischarbeit.

Dass der Vorabdruck bereits erschien, während er gleichzeitig an den letzten Kapiteln feilte (von denen Emilie fortlaufend die Reinschrift erstellte), hatte sich für Fontane bereits bei den Kriegsbüchern bewährt. Für den Roman praktizierte er es gerade ebenso. Bereits zehn Monate vor der Buchausgabe begann *Vor dem Sturm* als Fortsetzungsroman in der Zeitschrift *Daheim* zu erscheinen (5. Januar bis 21. September 1878). Allerdings in einer gekürzten Fassung.

Das Manuskript für die Buchausgabe war Ende April 1878 fertig und ging dann als Reinschrift an Verleger Wilhelm Hertz. Von Juni bis September saß Fontane noch einmal an der Fahnenkorrektur, Anfang November 1878, rechtzeitig zum Weihnachtsgeschäft, war der Roman da und trug nun den Titel *Vor dem Sturm. Roman aus dem Winter 1812 auf 13*.

Verlag und Autor hatten sich bereits geeinigt, an wen Rezensionsexemplare zu verschicken seien. Hertz übernahm das Verschicken, Fontane sandte freundliche Briefe nach. Sehr wichtig war ihm, dass Pietsch in der *Vossischen Zeitung* und Rodenberg in der *Deutschen Rundschau* etwas brachten. Bei Kollege Pietsch warb er mit folgenden Zeilen:

Berlin 6. Novbr. 78.
Potsd. Str. 134. c.

Theuerster Pietsch.

W. Hertz schreibt mir, daß er Ihnen meinen Roman gesandt habe. Ich halt' es doch für in der Ordnung der Buchhändlersendung noch diese

Zeilen folgen zu lassen, mit der Bitte in der Vossin, event. auch in d. Schlesischen ein paar freundliche Worte drüber sagen zu wollen, immer vorausgesetzt, daß Ihnen die Richtung des Ganzen nicht gegen den Strich ist. In herzlicher Ergebenheit, Ihr

Th. F.

Exemplare seines Romans gingen auch an Hermann Kletke, den Chefredakteur der *Vossischen Zeitung*, sowie an die Lessings, Besitzer des Blattes. Dass die Partei des bürgerlichen Liberalismus und Pietsch als Bewunderer von »Zola« womöglich wenig mit *Vor dem Sturm* anfangen konnten, das nahm Fontane in seinen Begleitbriefen gleich vorweg. Denn was war es eigentlich für ein Roman, den er hier präsentierte? Ein Roman, der »ganz unmodern« war, auch »etwas fromm, und etwas kirchlich«. Immer werde gepredigt, doch »Gott sei Dank *noch* häufiger zu Mittag gegessen«. Dazu »literarische Gespräche und dann und wann eine Eruption im Stil von ›Mit Gott für König und Vaterland‹«.

Es war also kein Großstadtroman, wie ihn Zola jetzt über Paris schrieb (*Le Ventre de Paris*, 1873), nichts erinnerte an die Schule des französischen Naturalismus, der neuerdings die Literaturszene beherrschte. *Vor dem Sturm* war aber auch nicht zu vergleichen mit den historischen Romanen von »Scott, W. Alexis, Hesekiel«. Doch wer würde das wirklich verstehen?

Die Besprechung von Ludwig Pietsch machte den Auftakt (*VZ* vom 22. November 1878). Der Kritikerkollege spendete viel Lob und urteilte, Fontanes Roman sei »eine der wertesten Bereicherungen unserer modernen erzählenden Literatur«. Fontane bedankte sich noch gleichentags mit den Worten, es sei »eine glückliche Stunde« gewesen, als er die Kritik im Kreise der Familie gelesen habe.

Bis Ende Februar 1879 erschienen dann noch ein Dutzend weitere Kritiken, alle wohlwollend, auch diejenige in der *Deutschen Rundschau*. Doch von einem literarischen Durchbruch, von einer Sensation war nirgends die Rede. Und im Freundes- und Bekanntenkreis kaum Reaktionen. Das enttäuschte. »*Hier*, von den Freunden, wird mein Mann totgeschwiegen«, stellte Emilie bitter fest. Anerkennung geäußert hatten einzig Mathilde von Rohr, Clara Stockhausen und die Wittes in Rostock. Diese ließen wissen, sie fänden den Roman »nicht spannend, aber interessant«.

Julius Rodenberg aber notierte für sich persönlich: »An Fontanes *Vor dem*

Sturm würge ich nun schon bald acht Wochen.« Es sei »ein albernes Buch«, zu lang, zu viele Personen, keine Handlung, so der Vorwurf. »Es ist so unglaublich dumm und albern«, so ärgerte er sich, »daß es mir aus diesem Grunde eine Art von negativem Vergnügen macht: ich frage mich immer: Was wird nun kommen? Werden sie wieder über Land fahren (mit den Ponies)? Werden sie sich wieder zu Tisch setzen? Werden sie wieder schlafen gehen? Das ist die beständige Runde, die sich statt durch 4 Bände durch vierzig fortsetzen könnte. Wer aber hält's aus mitzugehn? Wenn nur Fontane nicht ein so feiner, liebenswürdiger und gescheiter Mann wäre. Und so etwas zu schreiben!«

Ja, Rodenberg. Er war bis 1874 Herausgeber des *Salons für Literatur* gewesen und hatte dort Fontanes Essays über *Walter Scott* (1871) und *Wilibald Alexis* (1872) gebracht. Jetzt war er der Herausgeber der *Deutschen Rundschau*, einer Zeitschrift, die Fontane schätzte und auf die er als Autor zählte. Aber Rodenberg hatte eben Mühe mit ihm, nicht als Person, nicht als Kritiker, aber als Romancier. Ob er Fontanes *Vor dem Sturm* auch wirklich zu Ende gelesen hatte? Denn dort heißt es an entscheidender Stelle: »und zum letzten Mal in diesem Buche fuhren die Ponies vor«. Es liegt viel Selbstironie in diesem Erzählerkommentar. Dahinter aber verbirgt sich der Ernst. Denn mit der letzten Schlittenfahrt endet im Roman die Friedenszeit und beginnt für die jungen Leute der Krieg.

Mit *Vor dem Sturm*, seinem Meisterstück, war Fontanes Weg als Erzähler frei. Alles, was ihn ausmachte, hatte er diesen vier Romanbänden eingeschrieben. Auch das Vaterthema war endlich abgearbeitet. »Mein lieber Sohn, es war ein Seitenschuss.« Diese Erzählung des Vaters aus den Befreiungskriegen würde er erst in *Meine Kinderjahre* wieder aufgreifen. Es war jetzt genug der Kriege – »Bonsoir Messieurs, nun ist es genug« – und das Trauma endlich überwunden, das den Vater ein Leben lang geplagt hatte. Er, der Sohn Theodor Fontane, hatte es zuletzt spielerisch angepackt, als großer Romancier, dessen Quellen jetzt unerschöpflich waren.

»Erst jetzt, in meinen allerreifsten Jahren, wenn dieser Euphemismus gestattet ist, bin ich in den Orden der Erzähler eingetreten und habe, wie Sie vielleicht gütigst bemerkt haben, eben einen 4bändigen Roman herausgegeben. Seien alle guten Götter mit ihm. Das nächste Jahr, so mir nicht ein Strich durch die Rechnung gemacht wird, soll der Novelle gehören; eine (für Lindau) ist fertig, drei andre sind skizziert; ich werde mich freuen, Ihnen eine davon später vorlegen zu dürfen«, so hatte Fontane am 19. November 1878 an Eduard Hallberger geschrieben, den Herausgeber von *Über Land und Meer*. Hallberger, dessen Zeitschrift 34 000 Abonnenten hatte, war auf Fontane (erneut) aufmerksam geworden, weil Wilhelm Lübke ihm eine lobende Rezension von *Vor dem Sturm* geliefert hatte. Lübke lebte unterdessen in Stuttgart. In Stuttgart war auch Hallbergers renommierte Zeitschrift zu Hause und wirkte von Süddeutschland her in die deutschsprachige Literaturlandschaft hinein.

Die Beziehungen zu Hallberger sollten sich für den Erzähler Fontane noch sehr bewähren, denn in *Über Land und Meer* erschienen seine Romane *Graf Petöfy* und *Der Stechlin*. Er fand hier die beste literarische Umgebung (Wilhelm Raabe, Émile Zola, Mark Twain) und eine Druckqualität und Honorierung, die nichts zu wünschen übrigließ.

Vorläufig aber vertröstete Fontane den Herausgeber der Zeitschrift auf »später«. Er konnte es mit gutem Gewissen. Denn tatsächlich war er, noch während er *Vor dem Sturm* korrigierte, ins Novellenschreiben geraten.

Die Methode hatte er bereits entwickelt: durch Lektüre und Quellenstudium sich neue, packende Stoffe aneignen, Karten studieren, mit dem Notizbuch in der Hand Lokalitäten erkunden und bei der Transponierung ins Poetische das Eigene einbringen, auch Autobiografisches, so dass das Ganze am Ende »gemischte Züge« trug. Wichtig waren auch ein Vertrag und ein Drucktermin. Den hatte er für die Novelle, die er jetzt als »fertig« bezeichnete.

Gemeint war *Grete Minde*, die »nach einer altmärkischen Chronik« die Geschichte jener jungen Frau erzählt, die aus Verzweiflung eine ganze Stadt niederbrennt und mit ihrem Kind den Tod in den Flammen sucht. »Seit gestern Abend […] hat nun ›Grete Minde‹, meine neue Heldin, Ruhe, ruht, selber Asche, unter der Asche der von ihr aus Haß und Liebe zerstörten Stadt«, so hatte Fontane schon vor Wochen an Clara Stockhausen geschrieben. Seither hatte er nur noch korrigieren und feilen müssen, hatte das getan, was er »basteln« oder »pusseln« nannte und was leicht mit anderen Arbeiten einherging. Auch *Grete Minde* hatte er in einer Phase konzipiert und entworfen, als er gleichzeitig die Fahnenkorrektur von *Vor dem Sturm* zu leisten hatte.

Das parallele Vorgehen gab ihm einerseits Zeit für das Einzelwerk, andererseits war dadurch beständig irgendetwas im Druck, sei es ein Vorabdruck in Zeitungen und Zeitschriften oder ein Buch. Das Verfahren ließ sich leicht verdichten, wenn die Nachfrage da war. Um diese Nachfrage allerdings hatte er sich ebenso sehr zu kümmern wie um das Erzählen selbst. Da waren dann freundliche und werbestrategisch kluge Briefe zu schreiben. Für Fontane, der im Jahr, als *Grete Minde* erschien, sechzig Jahre alt wurde und sich im Buch-, Zeitschriften- und Zeitungsmarkt bestens auskannte, ging das recht gut. Denn er kannte sie alle, die Verleger, Herausgeber und Chefredakteure, kannte auch ihre Eitelkeiten.

Was *Grete Minde* betrifft: Ende Februar 1879 ging das Manuskript – Emilies Reinschrift – an Paul Lindau, von dem Fontane noch vor der Niederschrift die Zusage eingeholt hatte, dass er die Novelle in seiner Zeitschrift *Nord und Süd* drucken würde. Im März folgte zwingend die Fahnenkorrektur. Setzerfehler ärgerten Fontane nämlich ungemein, er wollte sie möglichst ausmerzen. Dabei behandelte er Zeitschriftenvorabdrucke gerade so sorgfältig wie Bücher. Bei der Fahnenkorrektur nutzte er zudem die Gelegenheit, allerletzte sprachliche Details zu präzisieren. *Grete Minde* erschien schließlich in zwei Nummern von *Nord und Süd,* in der Mai- und Juni-Ausgabe. Gesamtumfang siebzig Seiten. Für die Buchausgabe hatte er noch keinen Vertrag. Wilhelm Hertz zögerte. Lieber hätte er des Umfangs wegen zwei Novellen in einen Band gebunden. Als aber Konkurrenz auftauchte und *Grete Minde* wegschnappen wollte, da war das Buch doch plötzlich da. Verlegt von Wilhelm Hertz. Und gerade zum Termin, den sich Fontane gewünscht hatte, nämlich zum Weihnachtsgeschäft 1879.

Die drei andern skizzierten Novellen, von denen Fontane gegenüber Hallberger gesprochen hatte, waren *Ellernklipp* (1881), vielleicht *L'Adultera* (1882) und *Schach von Wuthenow* (1883). Sie erschienen alle zuerst als Vorabdruck, dann in Buchform in verschiedenen Zeitschriften und Verlagen. Denn Fontane passte sich jetzt als Erzähler und freier Schriftsteller dem Markt an und publizierte dort, wo er am zuvorkommendsten behandelt wurde, das richtige Lesepublikum fand und angemessen honoriert wurde. Leicht war es nicht, es verlangte viel Kraft. Hertz übernahm einzig *Ellernklipp*.

Eine Fülle von Stoffen und Entwürfen

Schon immer hatte er sich literarische Ideen notiert. Jetzt aber schossen ihm die vielen möglichen Stoffe direkt in die Feder. Es hatte etwas Eruptives, Fiebriges, Explosives. In die Gruppe der »*Märkischen Geschichten* aus dem 16., 17. u. 18. Jahrhundert«, zu der er *Grete Minde* und *Ellernklipp* rechnete, gehörte auch die Novellenidee *Sidonie von Borcke*.

Alle Vorarbeit hatte Fontane geleistet, Konzepte und Entwürfe waren da, nur die eigentliche Niederschrift fehlte noch. Gustav Karpeles, der junge Redakteur von *Westermann's Monatsheften*, hatte an der Geschichte Interesse gezeigt, weshalb Fontane sie auch weiterverfolgte. Es war eine Geschichte, in der es »ein paar mal [...] ziemlich scharf« zu- und hergehen sollte. Denn die Hauptfigur Sidonie, eine Frau von fünfzig Jahren, »aber wohl conservirt, groß, stattlich, königlich«, hatte einst »wüst gelebt«, wie es im Entwurf heißt. Fontane wollte sie schildern wie eine »ältre Maria Stuart, ältre Elisabeth, ältre Katharina«, die noch immer die Leute in Bann schlägt. Schauplatz wäre ein Zisterzienserinnenkloster in Pommern gewesen. Das Ende: eine Hinrichtung. Alles historisch unterlegt, denn die pommersche Adlige Sidonia von Borcke war im Alter von 72 Jahren am 28. September 1620 in Stettin wegen Hexerei verurteilt und hingerichtet worden. Der Stoff passte zu Fontanes *Grete Minde*. Auch hier war das Geschehen aus historischen Quellen geschöpft, auch hier ging es Fontane um das Schicksal einer Frau, einer *jungen* Frau, die zum Opfer gesellschaftlicher Intrige wird.

Gustav Karpeles, der in Breslau Theologie studiert hatte, redigierte *Westermann's Monatshefte* erst seit kurzem, als er mit Fontane zu korrespondieren anfing. Die Redaktion der Hefte war in Berlin, der Druck erfolgte in Braunschweig. Fontane fand schnell einen guten Draht zu dem jungen Mann und bot ihm nicht nur *Sidonie von Borcke* an, sondern auch *Ellernklipp, Storch von Adebar* sowie den Roman *Allerlei Glück*, jenen »Zeitroman«, den er schon ins Auge gefasst hatte, als er noch in den Arbeiten zu *Vor dem Sturm* steckte.

Allerlei Glück sollte erzählen, dass es »*vielerlei Glück*« gab. »Das Ganze:

der Roman meines Lebens oder richtiger die Ausbeute desselben«, so erklärte sich Fontane gegenüber Karpeles. Es sollte ein Berliner Gesellschaftsroman werden, der Mitte der 1870er-Jahre spielte und »besonders die Mittelklasse« schilderte, »aber nicht satirisch, sondern wohlwollend«. Um diesen Roman zu schreiben, den er in großen Entwürfen bereits ausformuliert hatte (auch die Figur Brose nach Apotheker Rose), rechnete er mit drei Jahren Arbeit. Er konnte sie nur leisten, wenn er wusste, dass sie bezahlt sein würde. »Unter 5000 Thalern kann ich ihn [den Roman] nicht schreiben«, versuchte er Karpeles verständlich zu machen. Es war ein Honorar, das ihm »zur größeren Hälfte von einem Blatt oder Journal, zur kleineren für die Buchausgabe« gezahlt hätte werden müssen. Ob *Westermann's Monatshefte* vielleicht Hand bieten würde, fragte er an. Und meinte auch: Wenn er diese 5000 Taler »*nicht* kriegen« könne, »nun so muß die Welt sehen, wie sie ohne meinen Roman fertig wird«. Noch im Sommer 1879 brach Fontane die Arbeit an *Allerlei Glück* ab, denn Karpeles hatte den Roman bei Verleger George Westermann nicht durchsetzen können oder wollen. Also Konzentration auf Novellen und kürzere Romane. Er hatte »so viel Stoffe«, dass er leicht andere Vorschläge machen konnte, ein »nein« ihn also »keinen Augenblick in Verlegenheit« brachte. Nur Enttäuschung oder Ärger rief ein solches »nein« natürlich hervor.

Auch *Sidonie von Borcke* blieb schließlich ungeschrieben, wie manch anderes auch. Es lag nicht nur an den Journalen und Verlagen, es lag auch gelegentlich an ihm selbst. Er konnte nicht alles leisten, nicht jede der vielen Ideen umsetzen. Gelegentlich musste er sich auch entscheiden. Nicht zuletzt, weil das Korrigieren und Feilen mehr Zeit beanspruchte als geplant.

»Ich gehe jetzt an die Correktur meiner seit Jahresfrist geschriebenen Novellen. Eine davon erhalten Sie ganz bestimmt«, ließ er Gustav Karpeles am 15. Januar 1880 wissen und fügte hinzu: »Leider ist das Corrigiren immer noch schwerer als das Schreiben und kostet mehr Zeit.«

Er feilte jetzt an *L'Adultera*, *Ellernklipp* und *Schach von Wuthenow*. *Ellernklipp* war für *Westermann's Monatshefte* bestimmt und erschien dort nach langwierigen Korrekturgängen im Mai- und Juniheft 1881. Fontane hatte die Verzögerung immer wieder erklären müssen, einmal, als er bei der Fahnenkorrektur saß, mit den Worten: »ich bin krank und darf vor allem nichts lesen.« Dass er als Erzähler länger brauchte als früher, als er auf die Schnelle ein Reisefeuilleton verfasste, war indes dem Umstand geschuldet, dass er an seinem Stil schliff. »Ich bilde mir nämlich ein, unter uns gesagt, ein Stilist zu sein«, hatte er kurz vor Beendigung von *Ellernklipp* an Gustav Karpeles geschrieben.

Das Honorar für *Ellernklipp* belief sich dann auf 566 Taler oder 1700 Mark (nach neuer deutscher Geldwährung), abzüglich 36 Mark, weil die Zwischentitel weggelassen worden waren und der Verlag das Honorar nach Zeilen berechnet hatte. »Es giebt nichts Ruppigeres als reiche Buchhändler«, zog Fontane Bilanz und nannte den Verleger einen »Ruppsack«. Für sich, im Tagebuch.

Es war seine letzte Zusammenarbeit mit *Westermann's Montasheften*, aber mit Gustav Karpeles verstand er sich weiterhin gut. Auch die Stoffideen gingen ihm nicht aus.

Schwanenfeder oder Bleistift, Blaustift, Rotstift, Stahl- und Goldfeder

In *Ellernklipp* (1881), der Novelle mit dem Untertitel *Nach einem Harzer Kirchenbuch*, gibt es im ersten Kapitel eine aufschlussreiche Schreibszene: Der Oberförster Baltzer Bocholt tritt in die »Studierstube des Pastors Sörgel«, wo zuerst nur das Ticken der »Wanduhr« zu hören ist und eine »dicke Schwanenfeder«, die »über das Papier« kritzelt. Als Pastor Sörgel den Besucher bemerkt, legt er »die Feder nieder«.

Die Schwanenfeder passt in die Szene. Die Handlung von *Ellernklipp* setzt im Jahr 1767 ein. Es ist die Zeit, in der sich in Europa die Tierfeder gegenüber dem Schreibrohr als Schreibinstrument längst durchgesetzt hat, die maschinell gefertigte Stahlfeder aber noch in weiter Ferne liegt. Zumeist wurde für Tintenschriften der handliche Gänsekiel verwendet, bei amtlichen Schreiben aber galt die edlere und teurere Schwanenfeder als das angemessene Schreibinstrument. Pastor Sörgel also schreibt mit einer Schwanenfeder.

Auch in Fontanes anderen historischen Novellen und Romanen (*Vor dem Sturm*, *Grete Minde*, *Schach von Wuthenow*) wird mit der Tierfeder geschrieben, ob mit Gänsekiel oder Schwanenfeder, lässt der Erzähler offen. Der Gänsekiel, in der Regel dem rechten Flügel der Gans entnommen, war in jedem Fall von allen Federkielen am besten zum Schreiben geeignet. Die Schwanenfeder war länger und schwerer, ihr Kiel dicker, die Spitze breiter, dadurch geeignet für Pergamentpapier und für eine schwungvolle Schrift, die breite Abstriche liebt. Ihrer Länge und Eleganz wegen wirkte sie höchst repräsentativ. Aber sie forderte eine sichere, ruhige Hand.

In den Zeitromanen Fontanes wird indes meist recht eilig geschrieben. In der Regel sind es Briefe, die zu Papier gebracht werden, sei es in *L'Adultera*, *Cécile*, *Frau Jenny Treibel* oder in *Effi Briest*. Die jeweilige erzählte Schreibszene lässt vermuten, dass mit feiner, gut in der Hand liegender Feder geschrieben wird, die es erlaubt, ohne Unterbrüche mit fliegender Hand übers Blatt zu gleiten. Geschrieben wird wohl nicht mehr mit dem Gänsekiel, sondern unausgesprochen und zeitgemäß mit der Stahlfeder, die in einem Federhalter steckt. Dies wird im Roman *Die Poggenpuhls* (1896) deutlich. Denn hier ist tatsächlich von einem »Federhalter« die Rede. Für einmal wird kein Brief geschrieben, sondern das Wirtschaftsbuch nachgeführt. Es ist die Szene, in der Leo von Poggenpuhl in die Küche tritt und hier die Wirtschafterin Friederike findet, »die vor einer Küchenlampe saß und, ein an den Fuß der Lampe gestelltes Tintenfaß dicht vor sich, in ihrem Wirtschaftsbuch aufschrieb«. Dazu der Erzähler: »Der aus Holz geschnitzte Federhalter, den sie nachsinnend zwischen Daumen und Zeigefinger hielt, war noch ganz neu (wohl ein Weihnachtsgeschenk) und schloß nach oben hin mit einem Adler ab, der aber auch eine Taube sein konnte« (5. Kapitel).

Die Schwanenenfeder von Pastor Sörgel sowie der Federhalter und das Tintenfass von Wirtschafterin Friederike bezeichnen indirekt die Schreibentwicklung im europäischen 19. Jahrhundert. Nicht nur hat durch die Einführung der Schulpflicht jedes Kind schreiben gelernt, jeder besitzt auch seine eigenen Schreibinstrumente und inszeniert sich damit. Was dem Pastor in der Studierstube die weiße Schwanenfeder, das ist Friederike in der Küche der hölzerne Federhalter mit Adler oder – vom Erzähler ironisch in der Schwebe gehalten – mit Taube. Als Schmuckstück lässt sich der Federhalter in jedem Fall interpretieren, gibt er doch der entzauberten, massenhaft industriell gefertigten Stahlfeder, die seit 1830 über England ganz Europa erobert hatte, eine gewisse Aura zurück.

Fontane aber hatte bis zur Niederschrift von *Die Poggenpuhls* alle Stadien der schreibtechnischen Entwicklung mitgemacht. Er lernte gewiss noch das Schreiben mit dem Gänsekiel. Doch schon als er die Klödensche Gewerbeschule besuchte und dann bald darauf seine Lehr- und Gehilfenzeit antrat, muss er mit der Stahlfeder vertraut geworden sein. Spätestens aber als Englandkorrespondent, in den 1850er-Jahren, wird er den Gänsekiel, wenn auch nicht für immer, beiseitegelegt haben, um wie die Engländer mit Stahlfeder zu schreiben. Dass die Qualität der Stahlfeder gelegentlich zu wünschen übrigließ, darüber klagte er dann und wann, etwa mit den Worten »immer in Hast und Eile, auch immer mit schlechten Federn«. Das Misstrauen der neuen Technik gegenüber, wie es lange Zeit in deutschen Schulen und Beamtenstuben zum Ausdruck gebracht wurde, kann er jedoch nicht geteilt haben. Denn kurz nachdem die Bonner Firma Soennecken die Rundschriftfeder auf den Markt gebracht hatte, eine Stahlfeder, die das Schreiben erleichterte, meinte er gegenüber Verleger Hertz: »Gesegnet sei die Sönnecken'sche Stahlfeder [...]« (10. November 1876). Die bis dahin üblichen Spitzstahlfedern wurden von der neuen Feder nicht einfach abgelöst, sondern erweiterten jetzt das Sortiment, zu dem auch die Goldfeder gehörte. Mit dieser weichen, biegsamen, allerdings auch teuren Feder zu schreiben war ein besonderes Vergnügen. Fontane jedenfalls freute sich, wenn er, »die goldene Feder in der Hand«, zum Schreiben ansetzen konnte. Alle Federn aber, ob Tierfeder, Stahlfeder oder Goldfeder, nutzten sich mit der Zeit ab, wurden weggeworfen und durch neue ersetzt. Von Theodor Fontane scheint keine einzige Schreibfeder den Weg in die Archive oder Museen gefunden zu haben. Einzige Ausnahme: Das Märkische Museum erhielt 1902 aus dem Nachlass des Dichters ein »Pappkästchen mit präparierten Gänsefedern von E. A. in Paris«, das allerdings in den Zeitläuften verloren gegangen ist.

Seinen Leserinnen und Lesern eingeprägt hat sich Fontane schließlich als Mann mit der Schwanenfeder: entspannt aufrecht sitzend, in Feiertagskleidung, Beine leicht überkreuzt, Blick zum Betrachter hin, in der Linken ein Buch, in der Rechten die weiße Schwanenfeder, ihre Spitze dunkel von Tinte. So hat ihn Carl Breitbach 1883 porträtiert, zu einer Zeit, als bereits die ersten Schreibmaschinen erfunden waren. Fontane hatte dem Maler im März und April des Jahres Modell gesessen, im Juni 1883 wurde das Ölgemälde im Rahmen einer Akademie-Ausstellung in der Chausseestraße gezeigt. Ludwig Pietsch urteilte später, es sei der gelungenste aller Versuche, »der Erscheinung Theodor Fontanes im Bilde gerecht zu werden«. Es war der Dichterkopf, der ihn überzeugte, aber offenbar auch die Idee, ihn »mit der Feder in der Hand« zu porträtieren. Mit der Schwanenfeder, die Fontane zuerst für den Maler, später auch für den Fotografen locker in die Hand nahm, schrieb er in Wirklichkeit nur bei bestimmten Gelegenheiten. Er benutzte sie in erster Linie für Briefe und wenn ihn die Lust zur Kalligrafie anfiel. Denn mit der schweren Feder ließ sich in großen Schwüngen schreiben. »Heute bei etwas mehr Muße und noch dazu einer eben geschnittenen Schwanenfeder« beginnt einer seiner Briefe. Neben Königin Victoria gab es vielleicht nur noch ihn, Theodor Fontane, der bis zum Ende des 19. Jahrhunderts mit solcher Lust die Schwanenfeder führte. Er zelebrierte dann das Schreiben.

Die Schwanenfedern aber bezog Fontane über Jahre von seinem Nachbarn, dem Geheimen Kanzleidiener August Pege. Pege war Beamter im Königlichen Hofjagdamt, das seine Büros in der Potsdamer Straße 134 c hatte. Fontane schrieb demnach mit Schwanenfedern, die aus der königlich-preußischen Schwanenzucht stammten, mit Federn von Havelschwänen. Ihre Poesie auf den Wassern der havelländischen Seenlandschaft hatte er bereits im Band *Havelland* unsterblich gemacht. Die Schwanenfeder war alles in allem sein Dichterwappen.

Er brauchte zum Schreiben aber eben nicht nur Schwanenfedern, sondern viel häufiger Stahlfedern, Bleistifte, Blaustifte, Rotstifte. Diese Schreibinstrumente konnte er bei jedem Berliner Schreibwarenhändler kaufen, ganz so wie seine Notizbücher. Aus Listen in den Notizbüchern ersehen wir schließlich, welche Schreibmaterialien er regelmäßig verwendete. Das waren – neben Bleistift, Blaustift, Rotstift – »Tinte«, »Federhalter« und »Federn etc.«. Feder und Tinte eigneten sich, wenn er am Schreibtisch sitzen und ein Tintenfass neben sich stellen konnte. Der Bleistift war fürs schnelle Notieren und für unterwegs. Blaustifte und Rotstifte nutzte er beim Korrigieren und Überarbeiten. Im Romanwerk kommen sie alle zur Sprache, seine Schreibfedern und Schreibstifte, hier hat er ihnen auch literarische Bedeutung gegeben.

»L'Adultera« – ein Gesellschafts- und Zeitroman

Er war Erzähler geworden und hatte versprochen, das Jahr, in dem er sechzig Jahre alt wurde, solle der Novelle gehören. Die pikanteste schrieb er innerhalb von sechs Wochen nieder, sozusagen zu seinem Geburtstag. *Melanie Van der Straaten* sollte sie heißen. Weil aber ein Bild von Tintoretto mit dem Titel *L'Adultera* (die Ehebrecherin) eine wesentliche Rolle darin spielt, erhielt die Erzählung zuletzt den Titel dieses Tintoretto-Bildes. »Der Titel ›L'Adultera‹ bezieht sich nicht auf meine Heldin, sondern auf einen berühmten Tintoretto dieses Namens, mit dem die Geschichte (im 2. Kapitel) beginnt und auf der letzten Seite schließt«, erklärte Fontane dem Redakteur und ergänzte, die Beziehungen würden sich von selbst ergeben. »Ich bedurfte dieses Apparats, um die Geschichte nicht blos aufhören, sondern auch kunstgemäß (Pardon) abschließen zu lassen.« Seine Novelle, später Roman genannt, war ein vollkommen durchkomponiertes kleines Meisterwerk.

Der Inhalt ist schnell erzählt. Es ist die Geschichte eines Ehebruchs, den der Bankier Ezechiel Van der Straaten seiner um viele Jahre jüngeren Frau durch das Tintoretto-Bild halb voraussagt. Ohne zu wissen, dass er selbst diesen Ehebruch befördert. Er lädt nämlich Ebenezer Rubehn, den Sohn eines Geschäftspartners, in sein Haus. Die schöne, kapriziöse Melanie, in ihren Verhältnissen bisher naiv glücklich, fühlt sich zu dem ernsten jungen Mann hingezogen, wird sich ihrer selbst bewusst, fällt, liebt, wird schwanger und verlässt Mann und Kinder, um ein neues, selbstbestimmtes Leben zu führen. Denn für Rubehn, der sie wiederliebt, ist sie nicht einfach eine hübsche Puppe, sondern eine echte Partnerin. Das letzte Kapitel, übertitelt »Versöhnt«, erzählt, dass der unglückliche Van der Straaten verstanden hat, dass Melanie ihren eigenen Weg gehen muss. Zeichen der Versöhnung ist, dass er dem Kind des neuen Paares zu Weihnachten einen »Julklapp« überbringen lässt. Melanie aber schenkt er – weil kleine Anzüglichkeiten seine Vorliebe geblieben sind – ein »Medaillon« zum Abschied, darin sich »en miniature« das Tintoretto-Bild der Ehebrecherin findet, über das sie einst gesagt hatte: »Sieh, Ezel, sie hat geweint. Aber ist es nicht, als begriffe sie kaum ihre Schuld?«

Zur selben Zeit, als Fontane an seiner Novelle *L'Adultera* schrieb, kam in Kopenhagen Ibsens Schauspiel *Nora (Ein Puppenheim)* auf die Bühne – mit vorerst abgeändertem Schluss: Nora bleibt der Kinder wegen bei ihrem Mann. Mit Ibsen sollte sich Fontane noch sehr auseinandersetzen und seine Stücke als Theaterkritiker begrüßen, ohne im Detail alles gutzuheißen. Beide Dichter begaben sich jetzt auf dasselbe Feld, Ibsen als Dramatiker, Fontane als Erzähler, wenn sie aktuelle gesellschaftliche Fragen, auch die Frauenfrage, zum literarischen Gegenstand erhoben. Es war just in den Tagen, als in Kopenhagen *Nora* gespielt wurde, als Theodor Fontane abends pflichtgemäß im Schauspielhaus saß und von seinem Kritikerplatz aus dem Spiel auf der Bühne folgte. »Die Meyer sieht wundervoll aus«, notierte er in schnellen, großen Bleistiftzügen in sein Notizbuch. Während die attraktive

Unter den Linden mit Café Bauer und Kaiserhallen, Berlin, 1886

Clara Meyer auf der Bühne tragierte – Fontane sah das Stück, das gegeben wurde, zum x-ten Mal –, ging ihm seine neuste Erzählung, an der er tagsüber gearbeitet hatte, nicht aus dem Kopf. Zwei, drei Seiten später lesen wir im selben Notizbuch Entwürfe zum 9. Kapitel von *L'Adultera*, das Büchlein um neunzig Grad gedreht. Es vermischten sich also unversehens Theaterkritik und literarischer Entwurf, Bühnenatmosphäre und Schreibtischarbeit.

»Im Januar [1880] beendigte ich L'Adultera im Brouillon; im Februar, März und April daran corrigirt; im Juni und Juli erscheint es in ›Nord und Süd‹ und macht, als halbe Berliner Skandalgeschichte, einiges Aufsehen«, so fasste Fontane die Entstehung seines ersten Berliner Gesellschaftsromans im Tagebuch zusammen. Halben Skandal machte *L'Adultera*, weil man die intrikate Geschichte zu kennen glaubte. Fontane hatte den Plot Zeitungsberichten über das Haus Ravené entnommen und über private Beziehungen das eine und andere Detail in Erfahrung gebracht. Der Skandal hatte im November 1874 in der Berliner besseren Gesellschaft für Gesprächsstoff gesorgt und Bismarck zur Bemerkung veranlasst: »Das Ereignis Ravené beraubt für mich Berlin einer Dekoration, solche Dinge kamen früher nur in der französischen Gesellschaft vor.« Es war die Reaktion auf die Nachricht, die schöne Thérèse Ravené habe ihren Gatten, den hochangesehenen Geheimen Kommerzienrat Frédéric Louis Ravené, und ihre drei kleinen Kinder verlassen und sei mit dem Mann, den sie liebte, nach Königsberg entflohen. Bald nach der Flucht hatte die »Ehebrecherin« eine Tochter geboren, sich scheiden lassen und die neue Ehe geschlossen. Dann war Gras über die Geschichte gewachsen. Als aber am 29. Mai 1879 Kommerzienrat Ravené in Berlin starb, nahm die Presse noch einmal Anteil an seinem Schicksal. Denn die Ravenés waren eine bekannte Berliner Familie hugenottischer Herkunft, die durch Eisenwarenhandel reich geworden war, Kommerzienrat Ravené genoss darüber hinaus hohes Ansehen wegen seiner Gemäldesammlung. Die Presseberichte las Fontane mit großer Aufmerksamkeit und legte den Artikel, den die *Vossische Zeitung* zum Haus Ravené brachte, beiseite. Als dann die Topfgewächse der Ravené'schen Treibhäuser versteigert wurden, entging auch das nicht seiner Aufmerksamkeit. Pressenotiz und Katalog legte er ebenfalls zu seinem Material. Es ergänzte, was er bereits über die Ravené'sche Gemäldesammlung wusste. Das Tintoretto-Bild *Die Ehebrecherin vor Christus*, das für den Roman zentral ist, befand sich allerdings nicht in der Ravené'schen Sammlung. Es war ein Gemälde, das Fontane auf seiner ersten Italienreise in Venedig gesehen hatte und das er in einer anderen Fassung auch aus Dresden kannte. Persönlich ließ ihn Tintorettos Malerei offenbar »kalt«, aber um seine Figur Van der Straaten zu charakterisieren, war Tintorettos *L'Adultera* das richtige Bild. Auf die Charakterisierung legte er viel Wert, bei jeder Figur. Auch bei Nebenfiguren. Eine typische Fontane'sche Nebenfigur in *L'Adultera* ist etwa Baron Duquede, ein altmärkischer Adliger und Mann von »über sechzig«, der seit Jahren dem Haus Van der Straaten verbunden ist. Baron Duquedes Lieblingswort ist »überschätzt«, »überschätzt« seien Bismarck und seine politischen Erfolge, das französisch gefärbte Berlinertum, der Generalstab, die preußische Erziehung und Bildung oder die schöne, kluge, charmante Melanie Van der Straaten – die sei nun gar »kolossal überschätzt«. Duequede ist jemand, der abspricht, verkleinert, verneint, ein kleiner Mephisto in ironisch gebrochener Gestalt. Selbst nach der Begegnung mit Melanies Töchterchen, die Van der Straaten zur Versöhnungsgeste bewegt, meint Duquede, er, Van der Straaten, »übertaxiere« es, es sei »ein Kind aus dem Dutzend«.

An den Nebenfiguren und ihrer Art zu sprechen »pusselte« Fontane so intensiv wie überhaupt an jedem Wort, an jeder Satzmelodie. Er ging dabei von einer wirklichkeitsgetreuen Darstellung Berlins und seiner Gesellschaft aus. Im Prozess des Überarbeitens wurden dann die Realien in die erzählte Welt hinübergeschrieben. Was dabei entstand, war ein Berliner Gesellschaftsroman mit Wiedererkennungswert, aber in kunstvoll komponierter Literatursprache. Emilie Fontane erstellte wieder die Abschrift.

»Das nenn ich kritisiren!« Otto Brahm und Paul Schlenther

Nachdem *L'Adultera* in der Monatsschrift *Nord und Süd* erschienen war, sogar mit einem Porträt von Theodor Fontane (so wie in der Nummer zuvor ein Text von Émile Zola mit dessen Porträt), stellte sich wieder die Frage nach der Buchausgabe. Wilhelm Hertz hatte schon im Voraus abgelehnt, vielleicht auch wegen moralischer Bedenken. Das war nicht schön. Fontane war Erzähler geworden und hatte keinen Buchverlag.

Aber er hatte unterdessen erwachsene Kinder, die von heller Bewunderung waren und sich nicht daran störten, wenn der Vater Konventionen brach. Denn man hatte ihm, dem Autor von *L'Adultera*, vorgeworfen, er plädiere für den Ehebruch. Doch warum sollte Melanie Van der Straaten nicht ihr eigenes Glück suchen dürfen? Martha, Lehrerin geworden, urteilte, *L'Adultera* überzeuge ja besonders, »was Charakterzeichnung und allerhöchste und subtilste Moral« betreffe.

Martha Fontane, jetzt 21, fand sich in ihrem Urteil bestätigt, als endlich, endlich eine Kritik erschien, die nicht nach moralischen, sondern literarisch-ästhetischen Kriterien ihr Urteil formulierte. Der junge Eduard Engel, Herausgeber des *Magazins für Literatur des In- und Auslandes*, verglich Fontanes Berliner Roman mit den neusten französischen und englischen Großstadtromanen und kam zum Schluss: »Abgesehen von der ›Hauptstadt‹ und der in keinem Adressbruch von Berlin aufzufindenden ›Großen Petristraße‹ benimmt sich seine Geschichte ›L'Adultera‹ so berlinisch, so grundwahr, so photographisch ehrlich, dass sie allen Romanciers der Gegenwart und der Zukunft als leuchtendes Vorbild dienen könnte.« Noch am selben Tag, als die Kritik erschien, besuchte Fontane den jungen Herausgeber und Redakteur in dessen Wohnung Lützow-Ufer 11. Denn er wollte ihm persönlich danken für das erlösende Wort, nämlich dass »Theodor Fontane ein Erzähler hohen Ranges sei, so bedeutend wie die großen englischen und französischen Erzähler *unsrer* Zeit«.

Auch Martha freute sich über die gute Kritik. Nur in einem Punkt hielt sie dagegen: »Was soll die lange Abhandlung über das Nichtnennen Berlins, es konnte doch nicht Papas Absicht sein, die Gegend, in der van der Straatens wohnen, irgendwie zu verheimlichen [...], eine Hausnummer und ein genau stimmendes Haus würde prosaisch wirken, während das Halbimdunkellassen einen eigentümlichen Reiz ausübt und der Phantasie zu raten gibt.« Nach erneuter Lektüre von *L'Adultera* gestand sie der Mutter: »Ich habe vor Freude über die Novelle geweint.« Sie wünsche sich sehr, »daß Papa nicht nur für uns, die wir ihn lieben, noch recht lange leben möchte, sondern auch um noch das Viele Schöne, was in ihm liegt, herauszuschaffen.« Denn »wenn ein Mann, der in sich solche Kunstwerke trägt, stirbt, ist es doch, als gingen kostbare Schätze auf immer verloren«.

Zur selben Zeit verhandelte Fontane erneut wegen einer Buchausgabe des kleinen Romans. Vielleicht hatte Wilhelm Hertz doch Interesse gewonnen? Aber schließlich schloss Fontane den Vertrag mit Salo Schottlaender ab, dem Verleger der Zeitschrift *Nord und Süd*. Vereinbartes Honorar: 1000 Mark. Auflage: 1200 Exemplare. Anfang März 1882 war das Buch da und bald auch ein Verriss von Fritz Mauthner, der »im Aufbau der Fabel« zu wenig künstlerischen Kompositionswillen sah und die Figurenzeichnung kritisierte. Dass Van der Straaten durch »Unwissenheit, Unbildung und Taktlosigkeit« die schöne Melanie in die Arme eines andern treibe, werde zu wenig glaubwürdig erzählt. Fontane kränkte vor allem der Tonfall, es sei eine »ziemlich spöttische Kritik«, notierte er im Tagebuch (15. April 1882).

Dann aber geschah das Unerwartete. Sein junger Kritikerkollege bei der *Vossischen Zeitung*, der promovierte Germanist und Kunsthistoriker Otto Brahm, schickte ihm eine Rezension von *L'Adultera*, gezeichnet »P. Schlenther«. Draufhin antwortete ihm Fontane: »Hochgeehrter Herr Doktor / Heute früh erst ist mir das durch Ihre Güte für mich bestimmte Zeitungsblatt zugegangen. Sind Sie selbst P. Schlenther (von dem ich schon früher Einiges in der ›Tribüne‹ gelesen habe) oder aber ist er ein selbständiges Ich, das leibhaftig als ein allerwirklichster Paul Schlenther neben Ihnen wandelt – gleichviel, ich bin, so oder so, dem Träger dieses Namens sehr zu Danke verpflichtet. Das nenn ich kritisiren! Es wird mir nichts geschenkt, oder wenigstens nicht viel, und die schwachen, angreifbaren und namentlich auch die sehr in *Frage* zu stellenden Seiten meiner Arbeit werden herausgekehrt« (23. Juni 1882).

Der gewisse »Paul Schlenther«, der so hervorragend zu kritisieren verstand, war »ein allerwirklichster Paul Schlenther« und »ein selbständiges Ich«, der Name also kein Pseudonym von Otto Brahm, wie Fontane vermutet hatte.

Paul Schlenther war 28 Jahre alt, promovierter Germanist und Historiker und eng mit Otto Brahm befreundet. Die beiden jungen Literaturkritiker, das hatte Fontane richtig gespürt, sprachen mit *einer* Stimme. Beide waren Befürworter des modernen Realismus und Naturalismus, beide äußerten sich klug und sprachlich pointiert über literarische Neuerscheinungen. Über Fontane und seinen Roman *L'Adultera* hatte Schlenther geschrieben: »Fontane […] gibt sich nicht gern mit Ideen, Leidenschaften und Problemen ab. Er ergreift einen vollen Stoff und formt daraus einen ganzen Menschen, unbekümmert ob er für diesen Sympathien erweckt oder nicht. Er weiß ganz genau, daß die Wirklichkeit hart und rauh ist, daß man in ihr an allen Ecken und Kanten sich stößt und selten die Dissonanzen des Lebens sich lösen. Nach dieser Wirklichkeit richtet er sein Dichten. Er ist Realist im besten Sinne.«

Das war der Durchbruch. In ganz Deutschland konnte Fontane keine besseren Wortführer finden. Brahm und Schlenther, das Dioskurenpaar, hoben ihn auf ihren Schild, so wie sie es mit Henrik Ibsen, August Strindberg, Émile Zola taten und bald auch mit Gerhart Hauptmann und Arthur Schnitzler. Es war die Idee von Kunst, Literatur, Theater, was die jungen Freunde mit dem um viele Jahre älteren Fontane verband, und bald auch eine tiefe Freundschaft.

Fontane liest Gottfried Keller

Eigentlich hätten sich Theodor Fontane und Gottfried Keller irgendwann in ihrem Leben begegnen müssen. Sie waren gleich alt, hatten dieselben Schriftstellerfreunde (Paul Heyse, Theodor Storm, Otto Brahm) und waren gelegentlich zur selben Zeit am selben Ort. Doch kam es zu keiner Begegnung, auch brieflich tauschten sie sich nicht aus. Und doch: Fontane hat von

Gottfried Keller alles gelesen. Die Lektüre begann schon früh, nämlich als er Anfang der 1850er-Jahre auf die Gedichte »eines gewissen *Gottfried Keller*« aufmerksam wurde. Später lieh er sich von Ludwig Pietsch Kellers Roman *Der Grüne Heinrich*, den er kurz nach dem Umzug in die Potsdamer Straße zurückschickte mit den Worten: »Anbei mit dem besten Dank den endlich wiedergefundenen grünen Heinrich, der unter dem Staube des Umzugs in seiner äußern Erscheinung natürlich nicht grüner geworden ist.« Er hatte also die erste Fassung des *Grünen Heinrich* in Händen gehabt und damals auch zur Kenntnis genommen, dass Paul Heyse den Schweizer Erzähler »Shakespeare der Novelle« nannte. Paul Heyses Urteil war gewichtig, denn er gab die mehrbändige Anthologie *Der deutsche Novellenschatz* heraus. Von Gottfried Keller hatte er die frühe Novelle *Romeo und Julia auf dem Dorfe* in die Sammlung aufgenommen, von Fontane *Grete Minde*. Keller hatte dann mit den *Sieben Legenden* (1872) Furore gemacht und war, nachdem man ihn eigentlich vergessen hatte, unversehens ein Leuchtstern der deutschen Erzählkunst geworden. Von da an hatte er beständig Neues vorgelegt, und Fontane hatte nicht nur alles gelesen, sondern sich jeweils auch hingesetzt und Kritiken geschrieben, aber nicht publiziert. »Alle diese Erzählungen«, so sein persönliches Urteil, »sind reizend zu lesen. Sie bewegen uns das Herz, wir begleiten sie unter Weinen und Lachen, überall sprechen Liebe, Sorgfalt und ein durchaus originaler Dichtergeist zu uns.« Es seien »Sachen ersten Ranges, wahre Schätze unserer Erzählungsliteratur«, aber nach der »formalen Seite« hin einige »stark angreifbar«. Ausgezeichnet seien *Die drei gerechten Kammacher, Kleider machen Leute, Der Schmied seines Glücks*, »besonders die beiden letzteren«. *Pankraz, der Schmoller* aber sei trotz glänzendem Anfang »ziemlich schwach«, und *Dietegen* sowie *Romeo und Julia auf dem Dorfe* seien »stillos«. Maßstab für Fontanes Urteil waren Inhalt und Sprache, historische Glaubwürdigkeit und konsequentes Erzählen, sei es im Stil der Romantik oder des Realismus. So kam er zum Schluss: »Innerhalb der eigentlichen, konsequent und stilvoll durchgeführten Erzählung hat er es nur einmal ganz getroffen und dadurch gezeigt, daß er es wenigstens kann. Dies ist ›Das verlorene Lachen‹. Es ist außerordentlich schön. Ein paar Stellen sind angreifbar, aus diesem oder jenem Grunde; aber sie tangieren nicht das Ganze und könnten, als bloße Bagatellen, herauskorrigiert werden.« Als Gesamturteil blieb: »Gottfried Keller, und dies erklärt alles, ist au fond ein Märchenerzähler.«

In einer zweiten, kürzeren Kritik über die *Züricher Novellen* (1878), ebenfalls unpubliziert, fällte Fontane das Urteil: »echte Poetenarbeit und voller Kunst«, aber vom Stoff her »nicht so glücklich«. »Im ganzen hab' ich den Eindruck«, so notierte er, »als sei er in jene ›zweite Epoche‹ getreten, wo die ›Kunst‹ für das aufkommen muß, was an eigentlichem ›Borax‹ bereits verlorengegangen ist. In kleinen Städten, wo die geistige Zufuhr geringer ist, tritt dieser Zustand des Erschöpftseins eher ein als dort, wo die Schriftsteller viel sehen und erleben.« Geschrieben hat er diese Sätze vermutlich in den Tagen, als er von sich sagte, er sei jetzt in den »Orden der Erzähler« eingetreten.

Von Erschöpftsein konnte bei Keller indes keine Rede sein. Im Spätherbst 1881 erschien im Verlag von Wilhelm Hertz der Novellenzyklus *Das Sinngedicht*. Martha Fontane, die es bei einem Aufenhalt in Kloster Dobbertin der Stiftsdame Mathilde von Rohr vorlas, schrieb noch während der Lektüre nach Hause: »[I]ch bin entzückt von Einzelheiten und manchmal wird es mir ordentlich schwer weiter zu lesen, so haften meine Gedanken an einem der vielen feinen kleinen Sätze.« Damit widersprach sie dem Urteil des Vaters, der sich *Das Sinngedicht* von Emilie hatte vorlesen lassen und dann im Tagebuch notierte, der Zyklus sei von »Launen« und »Einfällen« geprägt. Auch wenn »das Maß der Kunst in diesen Kellerschen Sachen sehr groß« sei, laufe das auf »Künstelei« hinaus: »Und vor dieser hat man sich zu hüten.«

Doch noch war das seine private Einschätzung, öffentlich hatte sich Fontane noch immer nicht zu Kellers Erzählkunst geäußert. Das geschah erst, nachdem Otto Brahm sein hochanerkennendes Urteil zu Kellers Prosa gesprochen hatte.

Otto Brahm hatte zuerst die zweite Fassung von Kellers Roman *Der Grüne Heinrich* (1879/80) rezensiert und dann den großen fundierten Essay *Gottfried Keller* (1882) folgen lassen. Beide Arbeiten waren in Rodenbergs *Deutscher Rundschau* erschienen und machten deutlich, dass Gottfried Keller ein deutschsprachiger Schriftsteller ersten Ranges sei, wert einer philologischen Untersuchung wie kein anderer. Den Essay publizierte Otto Brahm auch in Buchform und überreichte das kleine Werk seinem Kritikerkollegen Theodor Fontane. Diesen interessierte alles, was Otto Brahm schrieb, hatte er ihm doch gleich zu Beginn ihrer Freundschaft gesagt, er sei »wie zum Kritiker geboren«, sehe »scharf, klar, fein« und sei »ein brillanter Stilist«: »Alles, was Sie schreiben, les ich mit Vergnügen, wie man einen klugen Menschen gern sprechen hört.« Mit dem Gottfried-Keller-Essay von Otto Brahm war für Fontane die Gelegenheit gegeben, auch selbst einmal öffentlich Stellung zu nehmen zum Werk des Schweizer Erzählers. Seine Kritik erschien am 8. April 1883 in der *Vossischen Zeitung*.

Was Brahm über Keller sage, so meinte er, sei alles »trefflich, durchaus zutreffend und wie aus der Seele gesprochen«. Die Keller'sche Dichtung finde, wie Brahm richtig sage, Töne für »das Höchste und das Tiefste, das Keuscheste und das Allerderbste, das Herb' und Süße, das Erhabene und das Launige«. Einig gehe er auch mit Brahms Urteil, Keller sei ein schweizerischer *und* ein deutscher Dichter, ein Dichter des Realismus und der dichterischen Phantasie. Dass aber diese Doppelnatur von Kellers Dichtung zugleich die »Dichtung der Zukunft« sei, dagegen protestierte Fontane: »Keller, *wenn* er's trifft, trifft es besser als andre. Zugegeben. Seine Schüsse gehen aber auch häufig total vorbei [...]. Und warum vorbei?« Es fehle Keller der »Stil«, er sei »der Mann des Märchens«, »der Märchenton« sei »seine Tugend und seine Schuld«: »Erbarmungslos überliefert er die ganze Gotteswelt seinem Keller-Ton.« Es war kein neues Urteil, sondern das alte, das er sich bereits nach der Lektüre von *Die Leute von Seldwyla* gebildet hatte.

Anders die Kritik, die sich gegen Brahms neue philologische Methode richtete. Die fand Fontane sehr befremdlich (das fand im Übrigen auch Keller). Gewiss sei Gottfried Keller »ein ausgezeichneter Schriftsteller« und »bedeutender *Künstler*«, so Fontane, aber er erfinde die Welt nicht neu. »Alles was er bringt, war nach Form und Inhalt schon vorher da: das Zyklische, das Realistische, das märchenhaft Romantische, selbst die Verquickung beider. Er produziert einen vorzüglichen Wein, und die Sorgfalt erst in Beackerung und dann in Behandlung, erhebt sein Gewächs bis zur Höhe berühmtester Jahrgänge, ja gelegentlich *darüber hinaus*; aber der Berg selbst war längst vorher da und die Rebenart auch.«

Kaum aber war Fontanes scharfe Kritik in der *Vossischen Zeitung* erschienen, beschlich diesen ein Unbehagen. Und zwar seinem jungen Freund Otto Brahm gegenüber. Der nahm ihm die Sache offenbar nicht übel. Fontane war ja kein Germanist, hatte nicht bei Wilhelm Scherer oder Erich Schmidt studiert. Auch kannte Brahm die Kritik an der philologischen Methode bereits von Gottfried Keller selbst. Er kam also wie immer auf einen Sprung in die Potsdamer Straße 134 c, verpasste aber seinen Kritiker. Worauf dieser ihm schrieb: »Habe sehr bedauert, gestern um das Vergnügen Ihres Besuches gekommen zu sein; ich hätte sehr gern ein paar Worte über meine Monstre-Kritik, über den ›Essay über den Essay‹ gesagt, woraus Sie schließen werden, daß ich ein Stück schlechtes Gewissen habe.« Nicht die Kritik an Kellers »Märchenton« plagte ihn. »Ich habe eigens noch mals die ›Sieben Legenden‹ durchgelesen«, versicherte er Otto Brahm, »und kann nur wiederholentlich sagen, so bedeutsam und selbst so liebenswürdig sein großes erzählerisches Talent hier auftritt, so ist das Ganze doch ›doll‹. Eben kellersch schiefgewickelt.« Aber nun »*Brahm* und seine kritische Methode!« Er könne »freilich nicht zurücknehmen«, dass »der Modus, nach dem die junge spintisirende Schule verfährt«, ihm zweifelhaft erscheine. Aber er habe das starke Gefühl, dass er »nicht besonders glücklich« verfahren sei. Er bat also Brahm um Entschuldigung. Und fortan beurteilte er dessen weitere Studien (zu Schiller, zu Kleist, zu Stauffer-Bern) grundsätzlich positiv.

Aber auch seine Keller-Kritik blieb nicht sein letztes Wort. In den folgenden Jahren äußerte er sich, wenngleich nicht mehr öffentlich, so doch in seinen Briefen, immer wieder neu und mit wachsender Sympathie über den Schriftstellerkollegen in Zürich. So las er dessen Zürcher Zeit- und Gesellschaftsroman *Martin Salander* (1886) »mit größtem künstlerischen Behagen«. Sein Vorbehalt galt einzig Kellers Gedichten (»keiner kann alles«). Auf seiner Liste der »Besten Bücher« (1889) erschien denn auch »*Gottfried Keller*« mit dem Zusatz, von ihm sei »alles« wichtig, »mit Ausnahme der Gedichte«.

»Papa … schimpft mehr wie schön ist auf die Juden«

»Dieser Otto Brahm ist […] ein feines und gescheites Jüdchen und voll reinen Wohlwollens, wie die berühmten Juden des vorigen [18.] Jahrhunderts.« So hatte Gottfried Keller nach der ersten Begegnung geschrieben, die seine Freundschaft mit Otto Brahm begründete. Er sah ihn demnach als einen jüdischen Intellektuellen in der Tradition der Aufklärung, verglich ihn mit Moses Mendelssohn und David Friedlaender. Dass Brahm es im gegenwärtigen politischen Klima nicht einfach hatte, wusste Keller.

Tatsächlich wurden bösartige Vorurteile gegenüber Juden nach 1879 in weiten Kreisen etwas Selbstverständliches. Denn es wurde opportun, in den jüdischen Mitbürgern Zeitphänomene wie den Großkapitalismus, den linken Liberalismus, den Sozialismus, den Freigeist als etwas Undeutsches und Unchristliches zu bekämpfen.

Die antisemitische Strömung hatte in Berlin wortmächtige Redner gefunden. Zuerst im evangelischen Hofprediger Adolf Stoecker mit seiner Rede *Unsere Forderungen an das moderne Judentum* (19. September 1879), dann im Historiker und nationalliberalen Reichstagsabgeordneten Heinrich von Treitschke mit dessen Artikel *Unsere Aussichten* (*Preußische Jahrbücher*, Ausgabe vom 15. November 1879). Treitschke lehrte an der Berliner Universität. Was Stoecker und Treitschke forderten, bedeutete die Zurücknahme der politisch-rechtlichen Errungenschaften der jüdischen Emanzipation, also Ausgrenzung, auch von staatlichen Ämtern.

Fontane hatte einen verstärkten Antisemitismus schon einmal erlebt, damals in den 1830er-Jahren. Heinrich Heine zum Beispiel war nicht zuletzt deswegen ins Pariser Exil gegangen, weil er als Jude Ausgrenzungen erfahren hatte, unabhängig davon, dass er sich hatte taufen lassen. Außerdem wird Fontane aufgefallen sein, dass er in seiner Lehrzeit kaum jüdischen Gleichaltrigen begegnete, die den Apothekerberuf ergriffen. Dies aus dem einfachen Grund, dass sie kaum Aussicht auf eine eigene Apotheke hatten. Denn in den 1830er-Jahren (und bis 1861) erhielten Apotheker jüdischen Glaubens de facto keine Apothekerkonzession, auch wenn ihnen de jure der Kauf durch das Emanzipationsedikt von 1812 erlaubt war.

Welchen Hemmnissen Juden trotz erklärter Toleranz begegnen konnten, hatte Fontane durch Freund Wilhelm Wolfsohn miterlebt. Und jetzt, seit der christlich-soziale und akademische Antisemitismus mit Stoecker und Treitschke salonfähig wurde, sah er, dass auch sein junger Freund Otto Brahm wieder vor Schwierigkeiten stand. Als Otto Abrahamson wäre nämlich sein berufliches Fortkommen in Frage gestellt gewesen, weshalb sein Lehrer Wilhelm Scherer ihm empfohlen hatte, den Namen zu ändern. Brahm hatte das Pseudonym Otto Anders vorgeschlagen (vieldeutig, weil er homosexuell lebte), Scherer fand besser: »Otto Brahm«. Und so zeichnete der junge Mann seit 1880 seine Veröffentlichungen mit diesem Namen. Gleichzeitig blieb er Mitglied der jüdischen Gemeinde (trat aber 1889 aus und blieb dann konfessionslos).

An der Freundschaft Fontanes mit Otto Brahm gibt es keinen Zweifel. Sie waren sich verbunden, verstanden sich gut. Aber gelegentlich wird Brahm den älteren Freund schimpfen und wild argumentieren gehört haben, als gehörte er zur Partei von Stoecker oder Treitschke. Oder hielt sich Fontane dem jungen Freund gegenüber zurück? Es lässt sich indes ein ganzes Buch von (brieflichen) Äußerungen zusammenstellen, in denen Fontane sich abfällig bis zur Infamie über seine jüdischen Zeitgenossen aussprach. Sie tauchen ab 1880 auf und werden mit den Jahren schärfer. Wenn die Briefe fort waren, scheint Fontane kein Unbehagen befallen zu haben, denn es fehlen Entschuldigungen wie in anderen Fällen, wo er ungerechte Urteile zurücknahm und mit »Angegriffenheit und starker Nervenpleite« zu erklären versuchte. Die Familie aber beurteilte seine antisemitischen Ausfälle gerade als solche »Nervenpleiten«, das heißt, als Ausdruck wechselnder Stimmung. »Papa ist etwas unsicherer Stimmung u. schimpft mehr wie schön ist auf die Juden«, schrieb Martha einmal. Ihr Vater habe erklärt, es sei »eine Alterserscheinung«, wenn man in seinem Alter »so fanatisch« werde.

Fontane aber schrieb sich nicht nur im Alter, sondern auch schon viel früher in Stimmungen hinein. Er konnte dann bösartig werden, besonders wenn er ein Glas Wein neben sich stehen hatte, das er während des Schreibens leerte und nachfüllte. Auch konnte er sich furchtbar ärgern und dann regelrecht explodieren. Dass er jetzt zunehmend über die »verjüdelte Menschheit« zu klagen begann, von »Massenjudenschaft aus allen Weltgegenden« sprach und Schlimmeres, das war nicht nur dem Alter und der Zeitstimmung geschuldet, sondern ein Zug seines Charakters, nämlich etwas auf die Spitze zu treiben und dann wieder das Gegenteil zu behaupten. Nach einer abfälligen Bemerkung über das »Weltjudentum« meinte er beispielsweise: »Und dabei darf man nicht mal Antisemit sein, weil das wieder zu dumm und zu roh sein würde.« Und tatsächlich, wenn er sich in Ruhe hinsetzte und über die antisemitische Agitation eines Stoecker und Treitschke nachdachte, dann kam er zu anderen, differenzierteren Schlüssen. Die Frage trieb ihn wirklich um. Noch während der Vorabdruck von *Grete Minde* in der Zeitschrift *Nord und Süd* erschien, bot er dem Redakteur Julius Großer einen Essay an unter dem Titel »Das Judenthum und die Berliner Gesellschaft«. Er werde das Thema, »– was Sie vielleicht nicht erwarten werden –«, schrieb er, »ziemlich anti-adlig und judenfreundlich« abfassen. Es sei »so ernst und so gut zugleich«, dass er es sich nicht »durch flüchtige Behandlung« verderben wolle (17. Juli 1879).

Es blieb beim Entwurf, der als Fragment überliefert ist und der deutlich macht, dass Fontane vorhatte, die historische Entwicklung seit den Befreiungskriegen zu beleuchten. Er wollte zeigen, dass durch die langsame, dann aber rasante wirtschaftliche Erneuerung ein Umschlag erfolgt war: »der Adel wurde arm, der Bürgerstand wurde reich. Am reichsten die Juden.« Als Beleg wollte er die 280 Berliner Bankiers anführen, von denen »¾ Juden« seien, und sich dann fragen, welche Auswirkungen das auf die Gesellschaft habe, ob es vorteilhaft oder nachteilig sei, »eine Calamität oder ein Fortschritt«. Die Antwort sollte dann lauten: ein Fortschritt. Echte Aristokratie, »die Häuser Schwerin und Dönhof«, gebe es in nur geringer Zahl, die »Durchschnitts=Adelsgesellschaft« sei in Preußen »zu arm, zu binnenländisch=beschränkt«, »zu unkosmopolitisch«, zu wenig vertraut mit den feineren Formen von »Wissenschaft und Kunst«. Ganz anders sei hingegen die »*jüdische*, [eingefügt: jetzt dominierende] Gesellschaft«. Zwar habe sie noch etwas Parvenühaftes, und es fehle den Juden »das Zusammengewachsensein mit dem Staat in dem sie leben, dessen Schlachten sie nicht geschlagen, dessen Gesetze sie nicht geschaffen haben«. Aber ihre Überlegenheit zeige sich darin, dass »das Enge, das Provinziale« abgestreift sei. Die jüdische Gesellschaft habe die Sitten der deutschen Gesellschaft »verfeinert, geläutert, gebessert«. »Sprachen werden gesprochen und Weltreisen gemacht«, und »statt der Pferdeställe werden Observatorien gebaut«. Diese Entwicklung, befördert durch die Dominanz der jüdischen Gesellschaft, wollte er an der »Berliner Gesellschaft« zeigen, wobei einer seiner Schlüsse sein sollte: »Der Staat mag dadurch verloren haben, die Welt hat gewonnen.«

Es blieb alles unfertig liegen, auch der Essay »Die Juden in unserer Gesellschaft«, den er Jahre später konzipierte. Der Skizze ist zu entnehmen, dass er sich gegen »Ahlwardt« und dessen »Ungeheuerlichkeiten« stellen wollte. Hermann Ahlwardt, Reichstagsabgeordneter, hatte als erklärter Antisemit zum Zweck der Agitation auch vor Verleumdung nicht zurückgeschreckt. Fontane notierte sich zu den »Ungeheuerlichkeiten«: »*Dies zuerst ausführlich behandeln und als unmöglich hinstellen.*« In der Skizze ist auch das Bekenntnis enthalten: »Ich bin nicht eigentlich ein Philosemit. Mir ist das Germanische lieber. Eine hübsche germanische Frauengestalt ist mir lieber als eine jüdische Schönheit, es ist mir angenehmer Landleben als Stadtleben zu sehn, zum Theil weil das Jüdische da [f]ortfällt, ich liebe die Länder (leider nur wenige noch) wo das Volk germanisch ist, namentlich Skandinavien.« Nicht eindeutig ist, welches Ich hier spricht. Es könnte auch Rollenprosa sein. Aus der Skizze ersehen wir jedenfalls, dass er beabsichtigte die zahlreichen jüdischen »Berühmtheiten« vorzustellen, und seine alte Idee wieder aufgriff, »die Juden als Träger feiner Bildung und Sitte« zu schildern, mit der Bemerkung: »Natürlich vielfach nicht. Aber vielfach *doch*.«

Und zwischen diesem »nicht« und »*doch*« pendelte er und sah sich immer neu vor die Frage gestellt, was das »Germanische« und was das »Jüdische« sei. Er konnte gar nicht anders, denn die Stimmen der Antisemiten waren laut und in der Tagespolitik beständig präsent. Ob das antisemitische Stimmengewirr auch in den Romanen Fontanes einen Niederschlag gefunden hat? Eine schwierige Frage, der sich die Forschung in jüngster Zeit in verschiedenen Studien vertieft angenommen hat. Gewiss ist, dass Fontane sich im künstlerischen Werk nicht in derselben Weise von Stimmungen hinreißen ließ wie in den Briefen. Zum Ausdruck brachte er ein antisemitisches Vorurteil aber zuweilen in subtiler Figurenrede, in Gesprächsszenen wie auf der Bühne, wo der Autor hinter seine Figuren zurücktritt. Bei genauerem Hinschauen mag man aber auch zu einem anderen, weniger eindeutigen Urteil kommen. Wie etwa soll man die Rolle von Vater und Sohn Hirschfeld verstehen (*Der Stechlin*), die Schloss Stechlin in ihrem Gefährt umkreisen und dabei – wie sogenannte »Häuserjuden« – auf den Bankrott des alten Dubslav von Stechlin hoffen? Die Leserin, der Leser ist gefordert.

Der große europäische Romancier und Briefschreiber

Der Schriftsteller der jungen Moderne (1884–1898)

Die »Zwanglosen«

Am 22. Januar 1884 hatten der Germanist und Kritiker Paul Schlenther, der Justizreferendar Paul Meyer sowie Verleger Hans Hertz, Sohn von Wilhelm Hertz und Teilhaber des väterlichen Verlags, die Gesellschaft der »Zwanglosen« initiiert. Es war ein geselliger Klub ohne Statuten, ähnlich dem »Rütli« der älteren Generation. Zu den elf Gründungsmitgliedern gehörten neben den Genannten auch Otto Brahm, Edwin Litty, Emil Schiff, Ernst Wolff, Eugen Joseph, Max Lesser, Paul Lehfeldt und Theodor Fontane jun. Sie waren alle um die dreißig Jahre alt, hatten studiert, standen jetzt im Beruf, waren Philologen, Literaturkritiker, Juristen, Verleger, Redakteure, Maler, Musiker, Mediziner, Architekten, manche protestantisch, manche jüdisch, wenige (vermutlich) katholisch und alle miteinander befreundet.

Treffpunkt war das Restaurant Schulz in der Potsdamer Straße 20, jeweils freitags. Hier traf man sich zur »Wochenkneipe«, weshalb die Runde sich auch »Zwangloser Freitag« nannte. Bald sollten sich weitere Gleichgesinnte einfinden, so die Maler Karl Stauffer-Bern und Lovis Corinth.

Sohn Theodor, jetzt 27 Jahre alt und Referendar, war ein typischer »Zwangloser«: tagsüber ein seriöser junger Mann, der sich auf das Assessorexamen vorbereitete, abends gerne in geselliger Runde. Es mischten sich jetzt die Kreise von Vater und Sohn. Paul Meyer und Edwin Litty waren gute Studienfreunde von Theodor jun., während Paul Schlenther und Otto Brahm die jungen Freunde und Kritikerkollegen des Vaters waren. Wenn dann die »Zwanglosen« über neuste Strömungen in der deutschen Literatur diskutierten, dann gehörte der Erzähler Theodor Fontane sen. zu den Ersten auf ihrer Rangliste.

Am Sonnabend, den 7. Juni 1884, lud die Gesellschaft der »Zwanglosen« zu einer großen Landpartie nach Pichelswerder. Die Havelinsel war nicht nur berühmt dafür, dass hier die Schwäne der Oberhavel gerupft wurden, sondern auch für ihre schöne Lage und die guten Gaststätten. Zu den vielen jungen Leuten, die die Partie mitmachten, gesellten sich auch Theodor sen. und Emilie Fontane hinzu. Die »Sommerpartie nach Pichelswerder« sei sehr gut verlaufen, so Fontane im Tagebuch, »es waren gegen 80 Personen, darunter Frl. Conrad und Frl. Müller-Grote als unsere Gäste [...]. Um Mitternacht wieder zu Haus; Theo schoß durch einen brillant vorgetragenen Toast den Vogel ab.« »Frl. Conrad« war Paula Conrad, eine junge Schauspielerin am Königlichen Schauspielhaus, die seit ihrem ersten Auftritt ein Liebling des Berliner Theaterpublikums war. Fontane war ihr Protektor, lobte ihr natürliches Talent und ging, seit sie fest engagiert war, mit größtem Vergnügen in ihre Vorstellungen. Sie spielte mit »Feuer, Leidenschaft, Selbstvergessen« und mochte ihren Kritiker sehr. Unterdessen war sie eine Freundin der Familie geworden, auch eine Freundin von Martha Fontane. »Frl. Müller-Grote« war die Tochter des Verlegers Carl Müller-Grote und ebenfalls eine Freundin von Martha. Sie selbst, Martha Fontane, hätte gewiss an der Landpartie der »Zwanglosen« teilgenommen, wenn sie zugegen gewesen wäre, denn sie gehörte zu dem Kreis jener jungen Frauen, die die Männerclique gerne zu ihren Ausflügen einlud. Martha war aber seit einem halben Jahr unterwegs mit Mrs. Dooly, einer Amerikanerin aus San Francisco, die mit ihrer Tochter Europa bereiste und Martha als Erzieherin engagiert hatte. Gegenwärtig war die kleine Reisegesellschaft in Italien. Auch George Fontane wäre mit nach Pichelswerder gefahren, wenn es ihm möglich gewesen wäre. Er sympathisierte mit den »Zwanglosen« und war ein gerngesehener Gast in der »Wochenkneipe«, doch jetzt war er Militärlehrer in der Kadettenanstalt Wahlstatt und kam nur urlaubsweise nach Berlin. Friedrich Fontane war noch zu jung für den Klub. Er hatte nach der Mittleren Reife in der Berliner Verlagsbuchhandlung Langenscheidt eine Buchhändlerlehre absolviert und stand kurz davor, bei Verlagsbuchhändler Frommann in Jena seine erste Stelle anzutreten.

Die Kinder waren erwachsen geworden und flogen aus. Emilie und Theodor Fontane führten ihr eigenes geselliges Leben, unternahmen auch gerne Landpartien mit den jungen Leuten wie diejenige nach Pichelswerder. Weite Reisen aber standen nicht mehr auf dem Plan, höchstens, dass Fontane Lokalstudien für seine Romane betrieb.

Sommerfrische im schlesischen Krummhübel, Hirschberger Tal

Denn auch die *Wanderungen* waren jetzt abgeschlossen. *Spreeland* (1882), der vierte Band, lag vor und enthielt ein resümierendes »Schlusswort«. Über zwanzig Jahre habe er auf diese *Märkischen Bilder* verwendet, sei wie ein »Tourist« durch die eigene Heimat gefahren, um seinen Leserinnen und Lesern erzählen zu können, was er an Kleinem und Großem gefunden: »Es war wie Dauerlauf und Turnerfahrt aus alten Schul- und Ferientagen her und gab einem auf Augenblicke das Gefühl einer ach auch damals schon auf lange hin zurückliegenden Jugend wieder. Und schon *das* war ein Glück.« Er wurde nun bald 65 Jahre alt und suchte Ruhe und Erholung in Sommerfrischen weit weg vom lärmigen, staubigen Berlin, das sich mehr und mehr in eine steinerne Großstadt verwandelte und sommers vor Hitze glühte.

Sommerfrische aber hieß nicht Schreibpause. Im Gegenteil. Er suchte sich ruhige Oasen, wo er an seinen Romanen arbeiten konnte. Es waren Touristenorte, wohin auch andere, oft gutbetuchte Berliner, Hamburger, Leipziger oder Breslauer zur Erholung hinfuhren. Es konnte Thale im Harz sein, die ostfriesische Insel Norderney oder Krummhübel in Schlesien. Krummhübel lag im Hirschberger Tal oberhalb von Schmiedeberg auf etwa 700 Meter Höhe. Urlauber mieteten hier einfache Stuben in den Bauern- und alten Gasthäusern. Wer gut zu Fuß war, unternahm dann Bergwanderungen bis hinauf zur Prinz-Heinrich-Baude und zur Schneekoppe (1600 Meter) oder kürzere Spaziergänge zu einer der vielen Bauden, etwa zur Brotbaude (820 Meter), einer besonders schön gelegenen Gaststätte.

Im Sommer 1884 wollte Fontane zur Erholung nach Krummhübel. Eben war die Scherenberg-Biografie zum Abschluss gekommen, an der er zwei Jahre lang gesessen hatte. Er hatte sie kurz nach dem Tod des alten Dichters und »Tunnel«-Freundes in Angriff genommen, jetzt brachte die *Vossische Zeitung* den Vorabdruck (26. Juni bis 19. Juli 1884). Wenig später sollte das Werk nach erneuter Korrekturarbeit im Verlag von Wilhelm Hertz erscheinen und den Titel tragen: *Christian Friedrich Scherenberg und das literarische Berlin von 1840 bis 1860*.

Parallel zur Scherenberg-Biografie hatte Fontane auch den Roman *Graf Petöfy* geschrieben, der nun in der Stuttgarter Zeitschrift *Über Land und Meer* vorabgedruckt wurde (Juli, August 1884). Mitte Oktober sollte im

Dresdner Verlag F. W. Steffens das Buch folgen. Der Roman, in dessen Mittelpunkt eine tragische Dreiecksgeschichte steht, hatte zwischen Emilie und Theodor Fontane einen kleinen Ehedisput ausgelöst. Denn während des Abschreibens hatte sie einmal eingewendet: »Liebesschilderungen, merkt man Dir doch zu sehr an, sind nicht Deine Sache; ein *Tröpfchen* von Storms ›Bibber‹ könnte meinem Geschmacke nach nicht schaden.« Daraufhin hatte er pikiert geantwortet: »Daß ich [...] den Stormschen ›Bibber‹ *nicht* habe, das ist mein Stolz und meine Freude: Storm ist ein kränkliches Männchen und ich bin gesund trotz meiner äußeren Kränklichkeiten.« Wenn er sich auch ärgerte, er nahm Emilies Einwände ernst, war sie doch nicht nur seine Kopistin, sondern auch seine erste, kritische Leserin. Möglich, dass er auf ihre Anregungen hin das eine oder andere gelegentlich änderte. Noch wichtiger aber war, dass er ihr, wenn sie Kritik äußerte, jeweils seine Gestaltungsprinzipien erläutern und sich so seiner eigenen Künstlerschaft versichern konnte. In der besagten Dreiecksgeschichte, so führte er aus, werde die mit dem Grafen Petöfy verheiratete Franziska in Gegenwart von dessen Neffen Egon, den sie »vom ersten Augenblick an« heimlich liebe, »immer nervös« und verfalle »in eine pointierte, halb leidenschaftliche Sprechweise«: »und dies ist durch die ganze Arbeit durchgeführt.« Gefühle, so sein Erzählprinzip, sollten nicht einfach behauptet, sondern durch das Verhalten der Figuren gezeigt und psychologisch deutbar gemacht werden.

Noch bevor der Roman *Graf Petöfy* im Vorabdruck zu erscheinen begann, saß er bereits an seinem neuen Romanprojekt *Cécile*. *Cécile* war ebenfalls eine tragische Dreiecksgeschichte, mit anderem Schauplatz und anderem Ausgang. Den Anfang ließ Fontane in Thale spielen, und daher musste er, bevor er nach Krummhübel aufbrach, zuerst nach Thale reisen. Denn wie ein französischer Pleinairmaler wollte er die Szenerie vor sich sehen: »Ich muß die letzten drei Juni-Wochen in Thale zubringen«, erklärte er den Freunden Zöllner, »weil ich dort – im ersten Entwurf – eine Novelle niederschreiben will, deren erste Hälfte in Thale, im Hôtel Zehnpfund, spielt. Ich muß dazu das *Lokal* vor Augen, aber als Zweites, eben so Wichtiges auch unbedingte Ruhe haben, nicht blos äußerliche, sondern namentlich auch innerliche. Die hat man aber immer nur in der Einsamkeit, als Solo-Krebs.« Einem gemeinsamen Urlaub im schlesischen Pigramshain, wie Zöllners ihn vorgeschlagen hatten, erteilte er eine entschiedene Absage. Denn selbst im »freundlichsten Freunde[s]kreise« sei es ihm unmöglich, »etwas zu schreiben«: »Die Menschen, unter denen man lebt, stellen sich zwischen einen und das Papier darauf man schreiben will.« Es klinge das alles »kindisch«, und doch sei es »eine Thatsache«. Nur die Familie störte ihn nicht. Er freute sich sogar, wenn nach langen Tagen als »Solo-Krebs« endlich Emilie anreiste oder auch Martha, George, Theo, Friedel. Die Kinder durften sogar ihre Freunde mitbringen.

Als Fontane Mitte Juli in Krummhübel ankam, hatte er die ersten Kapitel von *Cécile* mit im Gepäck. Quartier nahm er vorerst im Gasthof Augusta-Bad, vier Tage später bezog er eine Sommerwohnung bei Frau Schreiber. Anfangs fühlte er sich noch »abgespannt, kraft- und freudlos«, unfähig zu arbeiten. Ihn lähmte, dass er auf seinen Scherenberg-Aufsatz, der unterdessen in mehreren Folgen in der *Vossischen Zeitung* erschienen war, von Chefredakteur Stephany noch keine einzige anerkennende Zeile erhalten hatte. Er wartete auf Briefe, auf positive Besprechungen in Zeitschriften und Zeitungen. Der gesellschaftliche Verkehr in Krummhübel half ihm nur zeitweilig über dieses nervöse Warten hinweg. Er habe hier die »Schwerins, Grävenitzens und durch Schwerins wieder verschiedene andere Persönlichkeiten«, zumeist Oberlehrer und Gymnasialdirektoren, schrieb er an Emilie. Sonst aber sei der Ort »kolossal langweilig«. Berge bewundern oder Berge besteigen? Ein »Imbecile«, wer Freude daran habe, auf die Schneekoppe zu steigen oder gar »im Koppenhaus mit *Vergnügen* eine Nacht zuzubringen«, »nöhlte« er. Auch schrieb er: »Juden sind wenige hier, was merkwürdig angenehm berührt.«

Dann gelang ihm endlich, vormittags ein wenig zu arbeiten: »ich ordne, gruppire, erfinde, nur das Gestalten glückt nicht, es ist als ob mir alle Kraft dazu abhanden gekommen wäre und nicht wiederkommen wolle. Nun, es muß auch so gehn.« Nach der Lektüre eines Otto-Roquette-Romans meinte er schier verzweifelt: »[…] ich genire mich meine Meinung darüber niederzuschreiben. Ist das was ich mache, nicht besser (Gott verhüt' es) so verdamme ich die Stunde, die mich zum Dichter und Schriftsteller gemacht hat.« Auch Tage später klagte er noch immer: »Alles hapert, stockert, zockert, nichts ist in einem frischen fröhlichen Gang. Verdrießlichkeit überall.« Doch unversehens kehrte die Freude zurück. Er lebe in Krummhübel eigentlich »wie ein junger vornehmer Russe«, »der zum ersten Male nach Paris kommt«, habe er hier doch »mehr Personen gesprochen, mehr Conversation gemacht, mehr Fragen berührt, mehr Lob und Freundlichkeit eingeerndtet, als in Berlin in einem ganzen Jahre«. Nicht Krummhübel sei langweilig, sondern Berlin. »Wie lebe ich denn in der Reichshauptstadt? Arbeit bis um 3, Mittagbrot, Schlaf, Kaffe, Buch oder Zeitung, Abendspatziergang und Thee. Von 365 Tagen verlaufen 300 nach dieser Vorschrift.«

Am 13. August traf endlich Emilie ein. Er hatte sie gebeten, ihm seine Scherenberg-Artikelserie »auf *halbe* Bogen zu kleben«, wie er es mit Vorabdrucken zu tun pflegte, um sie dann als Korrekturbogen für die Buchausgabe zu nutzen. »Wenn Du, Friedel und George euch drin theilt, so kann es nicht lange dauern.« Gewiss, er konnte in diesen Dingen auf die Familie zählen, jeder half ihm, so gut er konnte. Emilie aber kam diesmal ohne den Packen Manuskript angereist, sie litt in diesen Sommermonaten an Fieber und Schwächeanfällen und hoffte auf Genesung in der guten Gebirgsluft. Wenige Tage nach ihrer Ankunft schrieb Fontane an Tochter Martha: »Mama kam hier noch recht elend an, aber schon die ersten drei, vier Tage haben Wunder gethan, es bleibt dabei ›Luft ist kein leerer Wahn‹ […] die Rezepte der Zukunft [werden] lauten: drei Wochen Lofoden, sechs Wochen Engadin, drei Monate Wüste Sahara. […] Die große Wirkung der Luftmedizin liegt in ihrer Pepetuirlichkeit, – man kommt aus dem Heilmittel bei Tag und Nacht nicht heraus.« Er schreibe jetzt übrigens jeden Morgen »8 bis 10 Blätter« an seinem Roman *Cécile*. Und dort lesen wir im 9. Kapitel, in dem Brief, den Robert von Gordon Leslie an seine Schwester Clotho schreibt: »Luft ist kein leerer Wahn […] die Rezepte der Zukunft werden lauten: drei Wochen Lofoden, sechs Wochen Engadin, drei Monate Wüste Sahara« etc. Wie eh und je gingen die Texte, wenn Fontane am Schreibtisch saß, ineinander über und ineinander ein.

Im Brief an Tochter Martha fügte Emilie dann noch die Nachschrift hinzu: »Es würde Dir rührend sein zu sehn, wie mich Papa ›bemuttert‹. Er besorgt Alles u. schenkt Kaffee u. Thee ein. Wie wunderschön ist es hier! […] eine Nachkur hat Deine alte Mama meine gute Mete, daß, wenn es noch mal mit mir werden soll, es hier werden muß. Und *wie* hat sich Papa erholt!« Auch Emilie erholte sich, bei Fontane aber war die Schaffensfreude zurückgekehrt.

Begegnung mit der Familie von Georg Friedlaender, Schmiedeberg

Während ihrer Urlaubswochen verkehrten die Fontanes, wie es zu dieser Zeit üblich war, immer auch gerne mit anderen Sommergästen. In Krummhübel war es das Ehepaar Friedlaender, mit dem sie sich besonders bald anfreundeten. Dr. Georg Friedlaender war Amtsrichter im nahen Schmiedeberg. Das Paar kam mit seinen beiden Kindern gerne nach Krummhübel, um im beliebten Gasthof Exner zu speisen.

Von Anfang an war es die Kunst des Gesprächs, das »Geplauder«, das Theodor Fontane und Georg Friedlaender verband. »Erfüllen sich unsere Wünsche [...] so haben wir morgen (Dienstag) ein Rendez-vous bei Exner, das uns hoffentlich zu weitrem Geplauder über das ›Kriegsbuch‹ Ihrerseits und die ›Kriminal-Novelle‹ meinerseits Gelegenheit giebt«, so Fontane am 18. August 1884 an den Amtsrichter in Schmiedeberg. Der Brief bildet den Anfang einer großen Korrespondenz. Erhalten sind – dank der Tochter Elisabeth – die Briefe Fontanes (erstmals veröffentlicht 1954, heute im Besitz des Theodor-Fontane-Archivs). Nicht erhalten sind die Briefe Friedlaenders. Emilie Fontane hat sie später vernichtet. Und noch später hat Martha Fontane verhindert, dass Georg Friedlaender die an ihn gerichteten Briefe Fontanes veröffentlichen konnte. Einer der Gründe für ihre Haltung waren die antisemitischen Ausfälle ihres Vaters, die sich in den Briefen an Friedlaender finden und die Martha nicht tolerierte. Es sind Ausfälle nicht gegen Friedlaender selbst, sondern unter anderem gegen Marie Richter geb. Eberty, die in Sätze mündeten wie »Alle Klüngel sind schlimm, aber die Judenklüngelei ist die schlimmste«. Die Briefe an Friedlaender zeigen die Schwächen des alten Fontane. Aber auch die Stärken. Klug, kritisch, sprachlich pointiert diagnostizierte er die gesellschaftlichen Zustände seiner Zeit und bekundete sein Interesse nicht zuletzt an der Schmiedeberger Welt. Vielleicht spielte hier das eigene Familiengefühl eine Rolle, denn schließlich war Großvater Pierre Barthélemy Fontane in der Franzosenzeit Kämmerer in Schmiedeberg gewesen und hatte Vater Louis Henri Fontane einen Teil seiner Kinderjahre in der schlesischen Kleinstadt verlebt (August 1804 bis Ende 1807).

Amtsrichter Dr. Georg Friedlaender, als er Fontane kennenlernte, lebte mit seiner Familie erst wenige Jahre in Schmiedeberg. Geboren und aufgewachsen war er in Berlin. Hier hatte er das Französische Gymnasium besucht und an der Friedrich-Wilhelm-Universität Jura studiert. Er war noch Student gewesen, als der preußisch-österreichische Krieg ausbrach. Als junger Freiwilliger kämpfte er dann 1866 in der Schlacht bei Königgrätz. Nach dem Krieg folgten Studienabschluss und Referendarzeit. Im deutsch-französischen Krieg trat Georg Friedlaender erneut in die Armee ein, kam als Reserveleutnant zu den preußischen Truppen vor Orléans, kämpfte in verschiedenen Gefechten und verdiente sich durch Tapferkeit das Eiserne Kreuz (1870). Zurück im zivilen Leben, setzte er dann seine juristische Ausbildung in Hirschberg fort, heiratete Elisabeth Tillgner, Tochter eines Juristen, und bewarb sich 1879 erfolgreich um die Stelle des Schmiedeberger Amtsrichters.

Fontanes Freund Georg Friedlaender trug einen berühmten Namen. Der Urgroßvater war der große Gelehrte David Friedlaender gewesen, Nachfolger von Moses Mendelssohn und jüdischer Aufklärer. Die unmittelbaren Nachfahren von David Friedlaender waren dann – so wie die Nachfahren von Moses Mendelssohn – zum Protestantismus übergetreten. Es war dies für jüdische Familien in Preußen erforderlich, wenn sie beruflich vorankommen und gesellschaftlich akzeptiert werden wollten. Theodor Fontane interessierte die Herkunft von Georg Friedlaender, denn Familien, die mit der Berliner Geschichte und Kultur eng verflochten waren, weckten seinen historischen Sinn. Aber Friedlaender waren Geschichtsfragen, die in die Zeit Friedrich des Großen zurückreichten, keine brennenden Fragen. Ihn beschäftigten mehr die jüngere Geschichte und das gegenwärtige Bismarckreich. Außerdem ließen Friedlaender die Kriegserlebnisse nicht los, insbesondere diejenigen von 1870/71. Einen besseren Gesprächspartner als Fontane, der alles wusste und alles erfahren hatte, hätte er dafür nicht finden können. Und so war es Friedlaenders geplantes »Kriegsbuch«, das ihr erster Gesprächsgegenstand wurde. Ihr zweiter Gesprächsgegenstand war Fontanes »Kriminal-Novelle« (vermutlich *Unterm Birnbaum*). Hier begegneten sich also zwei Schriftsteller. Doch waren von Anfang an die Rollen gegeben: Fontane war der Meister, Friedlaender der Bewunderer und Stichwortgeber. Zu den Stichworten gehörte ein Schatz von Anekdoten, über den Friedlaender verfügte und die das Gespräch sehr belebten.

Im Briefverkehr, für den beide viel Zeit aufwendeten, geschah es dann, dass Friedlaender Fontane eigentliche Selbstbekenntnisse entlockte. Das hinderte nicht, dass Fontane einem Dritten gegenüber äußerte: »Ein Freund von mir, Rath und Richter, aus einer angesehenen und reichen und seit 3 Generationen im Staatsdienst stehenden Judenfamilie, der längst verstorbene Vater orthodoxer Musterchrist, der Sohn selber klug und gescheidt und mit einem ehrlich verdienten eisernen Kreuz bewaffnet. Und doch Stockjude, so sehr, daß seine feine und liebenswürdige Frau blutige Thränen weint, bloß weil ihr Mann die jüdische Gesinnung nicht los werden kann. Es ist auch kein Ende davon abzusehn und es wäre besser gewesen, man hätte den Versuch der Einverleibung nicht gemacht. Einverleiben lassen sie sich, aber eingeistigen nicht. Und das alles sage *ich* (*muß* es sagen) der ich persönlich von den Juden bis diesen Tag nur Gutes erfahren habe.« Der Widerspruch – der zugleich den Zeitgeist widerspiegelt – lässt sich nicht auflösen. Georg Friedlaender war und blieb ein Freund von Theodor Fontane, der oft und gerne mit dem Amtsrichter und dessen Frau verkehrte. Denn die Friedlaenders führten ein offenes, geselliges Haus, luden gerne zum Essen oder zu Spazierfahrten ein und boten den Freunden ihre Gästezimmer an. Auch Emilie und Theodor Fontane wurden gleich zu Beginn ihrer Bekanntschaft eingeladen, den Tag vor ihrer Rückreise in der Villa Friedlaender zu verbringen. Und so wie es im Frühherbst 1884 geschah, so wiederholte es sich noch viele Male: »Am 1. oder 2. September reisten wir ab«, notierte Fontane im Tagebuch, »blieben bis am andern Tag bei Dr. Friedlaender und seiner angenehmen Frau in Schmiedeberg und dampften dann gemeinschaftlich bis Kohlfurt, wo wir uns trennten; Emilie fuhr zu Treutlers nach Neuhof, ich fuhr nach Berlin.«

»Und noch 10 Minuten bis Buffalo« – neue Balladen

Gerade an seinem 60. Geburtstag und mitten in der Arbeit an *L'Adultera* hatte Fontane aktuellen Zeitungsberichten entnommen, dass am 28. Dezember 1879 ein schweres Eisenbahnunglück geschehen war. Die neue Eisenbahnbrücke über den Forth of Tay, oben in Schottland, war eingestürzt und hatte einen Zug mitgerissen. 75 Menschen waren ums Leben gekommen. Es war das erste schlimme Eisenbahnunglück und erschütterte den Glauben an den technischen Fortschritt. Fontane ließ es keine Ruhe. Er schob das Manuskript von *L'Adultera* beiseite und schrieb über Nacht seine Ballade *Die Brück' am Tay (28. Dezember 1879)*. Sie packte nicht allein durch den Ton, sondern zugleich durch den aktuellen Stoff.

Die Ballade *John Maynard*, vermutlich im Sommer 1885 niedergeschrieben, war ebenfalls über Nacht entstanden. Aber der Impuls dazu entsprang nicht dem aktuellen Geschehen. Das Schiffsunglück im fernen Nordamerika lag über vierzig Jahre zurück, als Fontane den Versdialog schrieb:

John Maynard!
»Wer war John Maynard?«

»John Maynard war unser Steuermann,
Aushielt er, bis er das Ufer gewann,
Er hat uns gerettet, er trägt die Kron,
Er starb für uns, unsre Liebe sein Lohn.
John Maynard.«

Der Dampfer *Erie* war am 9. August 1841 auf dem Eriesee wegen einer gefährlichen Ladung in Brand geraten, und jede Rettung war zu spät gekommen. Mannschaft und Passagiere, fast alle waren zu Tode gekommen. Die Passagiere, darunter viele Auswanderer aus Deutschland und der Schweiz, waren nicht gezählt worden, so wusste man nicht: Waren es 100, 200 oder gar 300 Tote, die man zu beklagen hatte? Den Tod gefunden hatte auch der Steuermann, ein gewisser Luther Fuller. Der junge Fontane muss damals von dem großen Schiffsunglück aus der Zeitung erfahren haben. Er schrieb in jenen Tagen romantische Balladen wie *Das Gespensterschiff*, ein aktuelles Schiffsunglück gehörte nicht zu seinen poetischen Stoffen.

In amerikanischen Zeitschriften aber war wenige Jahre nach dem Unglück die anonyme Erzählung *Der Steuermann vom Erie-See* (1845) erschienen. Später folgte die Jugendnovelle *Der Steuermann. Ein spannender Vorfall* (1866) von J. B. Gough. Und schließlich veröffentlichte Horatio Alger jun. die Ballade *John Maynard* (1868). Alle Schriftsteller nahmen Bezug auf das große Schiffsunglück vom Eriesee, zugleich griffen die neueren literarischen Bearbeitungen immer auch auf die älteren zurück. John Maynard, der Name des Steuermanns, war von Anfang an eine literarische Erfindung und wurde von allen Dichtern aus dem jeweiligen Vorgängertext übernommen. Auch Fontane setzte diese literarische Tradition fort. Vermutlich hat er nur die Ballade gekannt. Sie beginnt mit den Versen:

’Twas on Lake Erie’s broad expanse
One bright midsummer day,
The gallant steamer *Ocean Queen*
Swept proudly on her way.
etc.

Fontane übernahm, überschrieb und veränderte diese Verse in:

Die Schwalbe fliegt über den Eriesee,
Gischt schäumt um den Bug wie Flocken und Schnee;
Von Detroit fliegt sie nach Buffalo –
Die Herzen aber sind frei und froh,
etc.

Als Feuer ausbricht und höchste Gefahr droht, heißt die bange Frage: »John Maynard, can you still hold out?«, noch eine halbe Meile (»But half a mile!«), noch fünf Minuten (»five minutes yet«), nur Augenblicke noch (»One moment yet! One moment yet!«)! – dann Gott sei Dank sind die 300 Passagiere gerettet (»Three hundred grateful voices rise / In praise to God«). Nur einer fehlt: John Maynard, der am Steuer aushielt bis zuletzt.

Woher Fontane die amerikanische Ballade kannte? Wir wissen es leider nicht. Aber die Vermutung liegt nahe, dass Martha Fontane sie bei den Doolys kennenlernte. Die Tochter Mamie, deren Erzieherin sie war, kannte *John Maynard* möglicherweise auswendig oder hatte die Ballade in einem ihrer amerikanischen Schulbücher stehen. Denkbar ist also, dass Martha es war, die ihren Vater dazu anregte, *John Maynard* ins Deutsche zu übertragen. Viel Überredungskunst brauchte es wohl nicht. Algers Ballade *John Maynard* war eine Entdeckung. Sie aus dem Amerikanischen ins Deutsche zu übertragen, war für Fontane ein Leichtes. Und so entstand seine Ballade *John Maynard* eben einfach über Nacht, in einer Phase, als er eine ganze Reihe neuer Balladen zu Papier brachte. »Seit anderthalb Wochen bin ich hier wieder allein und arbeite fleißig«, schrieb Fontane an Sohn Theo im Sommer 1885 aus Krummhübel. »Aber immer nur Verse. Daß es mir noch ’mal vergönnt sein würde, zu den Göttern und Hämmeln meiner Jugend zurückzukehren, hätt’ ich mir nicht träumen lassen. Es handelt sich dabei um ein ganzes Dutzend Balladen, so daß mein Balladenkapital, das ich Euch als einziges Vermögen hinterlasse, dadurch um ein Drittel wächst« (4. Juni 1885).

John Maynard erschien zuerst als Einzeldruck in der Künstler- und Schriftstellerzeitschrift *Berliner Bunte Mappe* (1886). Die neuen Balladen, darunter auch *John Maynard*, nahm Fontane dann in seine Gedichtbände auf, die in den folgenden Jahren jeweils in erweiterter Fassung im Verlag von Hans und Wilhelm Hertz erschienen. Manche dieser Gedichte und Balladen wurden unsterblich und gelangten in ungezählte Anthologien und Schulbücher. Auch *John Maynard*. Dass diese Ballade von einer amerikanischen Vorlage inspiriert war, ließ Fontane indes nie verlauten. Vielleicht, weil zu viel Eigenes hinzugekommen war, besonders der Anfang und der Schluss. Anfang und Schluss haben Anklänge an den biblischen Vers 2,10 der Johannes-Offenbarung: »Sei getreu bis an den Tod, so will ich dir die Krone des Lebens geben.« In Fontanes Ballade wird, anders als in der Vorlage, der treue Steuermann John Maynard würdig zu Grabe getragen. Als das Glockengeläut verstummt und alles schweigt, münden die Verse in die Schlussstrophe:

Sie lassen den Sarg in Blumen hinab,
Mit Blumen schließen sie das Grab,
Und mit goldner Schrift in den Marmorstein
Schreibt die Stadt ihren Denkspruch ein:
  »Hier ruht John Maynard! In Qualm und Brand
  Hielt er das Steuer fest in der Hand,
  Er hat uns gerettet, er trägt die Kron',
  Er starb für uns, unsre Liebe sein Lohn.
  John Maynard.«

Die Handschrift der Ballade ist nicht überliefert, aber ein Entwurf der beiden letzten Strophen ist erhalten geblieben. Er findet sich auf den Rückseiten des Manuskripts *Die Poggenpuhls* (9. Kapitel), jenem späten Roman, den Fontane ab 1891 in Arbeit hatte.

Große Familiennachrichten: »Wir sind nur noch Empfang, Polterabend, Hochzeit«

Eigentlich hätte Martha Fontane die Doolys nach Amerika begleiten und für ein Jahr in San Francisco bleiben wollen. Mamie Dooley, 15 Jahre alt und gelegentlich Nägel knabbernd, hatte ihr aber auf den kleinen Verweis »Nail-biting is not lady-like« schlagfertig geantwortet: »Never mind, *I do*.« Das war zu viel gewesen. Martha hatte sich bald darauf von den Dooleys verabschiedet, und nun unterrichtete sie vormittags eine 3. Klasse in der privaten Berliner Mädchenschule von Auguste Leyde. Sie lebte wieder bei den Eltern, pflegte aber »ihren eigenen und sehr reizenden Umgang«.

In der Potsdamer Straße 134c waren »die drei Fontanes« – Vater, Tochter, Mutter – mit ihrem Alltag jetzt sehr zufrieden. Besonders auch Emilie: »[...] die ›Stellungslosigkeit‹ unter der wir früher, dann u. wann litten, ist uns zum Segen geworden. Wir können ganz nach unsrem Gefallen leben, niemand verlangt etwas von uns u. was wir nehmen u. geben, ist freie Wahl, ist Geschenk.« Sie blicke jetzt dankbar auf ihr Leben. »Auch darüber sind wir ruhig geworden«, gestand sie der Freundin Clara Stockhausen, »daß mein alter, guter Mann arbeiten muß, fürs tägliche Brod, so lange er Kraft zum Schaffen behält. Erstlich könnte er ohne Arbeit, seines Lebens Lust, garnicht existieren, dann aber ist die Frage um die Existenz doch weniger brennend geworden, seitdem er die Kinder soweit gebracht, daß alle vier, uns im Nothfall entbehren könnten.« George werde auf den 1. Mai in die Kadettenanstalt Lichterfelde versetzt, Sohn Theo stehe vor dem Assessorexamen, Martha unterrichte als Lehrerin an einer Schule, die ihr zusage, und »unser Jüngster Friedrich, jetzt in Jena, hofft in Leipzig zu Ostern eine Stellung zu finden, wo er keines Zuschusses mehr bedarf«. Alle Kinder machten ihnen Freude, auch die Sorgenkinder George und Martha, »da sie sich redlich mit ihrem Charakter herum gekämpft haben«. Und: »Das geistige Zusammenleben mit ihnen, ist wohl für meinen Mann der schönste Lohn für das, was er für sie gethan.« Er erfahre von seinen vier erwachsenen Kindern »Anerkennung« in vollem Maß. Das ersetze ihm, was die »Außenwelt« ihm allzu oft versage, urteilte Emilie (2. März 1885).

Nicht lange aber, da wurde Martha besorgniserregend krank. Ob »Nerven«, ob »Milz«, darüber seien sich die Ärzte nicht einig. Schlimm sei, schrieb der Vater an Mathilde von Rohr, dass Martha auch an »Niedergeschlagenheit, Gleichgültigkeit und Verstimmung« leide. Er habe daher beschlossen, mit ihr hinauszufahren nach Hankels Ablage. Von dieser Stelle zwischen Wasser und Wald verspreche er sich eine wohltuende »Heilkraft«. Es half aber wenig. Martha blieb leidend und musste ihre Stelle als Lehrerin aufgeben. Doch wohin mit einer kranken Tochter, wenn der Vater zu Hause arbeiten wollte? Wie immer: zu den Wittes nach Rostock. Das war ihr zweites Zuhause. Als sie da war, schrieb ihr der Vater: »Hoffentlich bewährt Mecklenburg seine alte Heil- und Wunderkraft, wie Schlesien (Neuhof) sie zehn- und zwanzigfach in the long run of years an Maman bewährt hat.« Martha war in guten Händen. Denn Anna und Friedrich Witte lebten nicht nur in sehr guten Verhältnissen, die es ihnen erlaubten, Martha zu verwöhnen, sie liebten sie auch wie eine eigene Tochter. Und sie hatten Geduld.

Geduld, die fehlte jetzt dem Vater. Eben hatte er seine »Kriminal-Novelle« beendet, von der im ersten Gespräch mit Georg Friedlaender die Rede gewesen war. *Unterm Birnbaum* hatte ihn an den Schauplatz Letschin zurückgeführt (transponiert in »Tschechin«) und nicht nur literarische Finesse verlangt, sondern auch viel Erinnerungsarbeit nötig gemacht. Denn er war nicht extra hingefahren, alles hatte sich vor seinem inneren Auge abgespielt. Jetzt erwartete er die Korrekturbogen. Ab September 1885 würde *Unterm Birnbaum* als Vorabdruck zuerst in der *Gartenlaube*, ab Mitte November dann in Buchform im Verlag von Carl Müller-Grote (Berlin) erscheinen. Schon jetzt war abzusehen, dass es kein Kassenschlager würde. Seine Nerven waren also ziemlich strapaziert, als er an Liebling Martha schrieb, im Wesentlichen handle es sich jetzt für sie um die Frage: »Berlin oder nicht Berlin, elterliches Haus oder nicht elterliches Haus«. Das elterliche Haus komme leider nur dann in Frage, wenn sie ganz gesund sei. Wenn aber »Milz- und Leberkrankheit im Frau Krigar-Stil« ihr Schicksal sei, dann gelte es, »Lebensformen und Lebenswege zu finden, die das harte Los andauernder Krankheit, Dir und uns so leicht ertragbar wie möglich machen«. Das beste Mittel sei Trennung auf Zeit: »Nur sich nicht immer auf dem Halse liegen, wenn weder der eine noch der andre dieser Halsliegerei froh wird.« Sie sei zu gescheit, als dass sie sich dieser Wahrheit verschließe, denn: »Der Kranke hat sein Recht, aber der Gesunde noch mehr, denn er hat (was bei dem Kranken fortfällt) zu arbeiten und Aufgaben zu erfüllen.« Weil es eine bittere Wahrheit war, versuchte der Vater sie abzumildern. Ein Rest von

No. 33. Die Gartenlaube. 1885.

Illustrirtes Familienblatt. — Begründet von Ernst Keil 1853.

Wöchentlich 2 bis 2½ Bogen. — In Wochennummern vierteljährlich 1 Mark 60 Pfennig. — In Heften à 50 Pfennig oder Halbheften à 30 Pfennig.

Unterm Birnbaum.

Von Th. Fontane.

1.

Vor dem in dem großen und reichen Oderbruchdorfe Tschechin — halben Wegs zwischen Küstrin und Frankfurt — um Michaeli 20 eröffneten Gasthaus und Materialwaaren-geschäft von Abel Hradscheck (so stand auf einem über der Thür angebrachten Schilde) wurden Säcke, vom Flur her, auf einen mit zwei magern Schimmeln bespannten Bauerwagen ge-

Bauer Orthsche Gehöft sammt seiner Windmühle (womit das Dorf nach der Frankfurter Seite hin abschloß) und dann auf die weiter draußen am Oderbruch-Damm gelegene Oelmühle zu. Hradscheck sah dem Wagen nach, bis er verschwunden war, und trat dann in den Hausflur zurück. Dieser war breit und tief und theilte sich in zwei Hälften, die durch ein paar Holzsäulen

Die Gartenlaube, Nr. 33, September 1885, mit der ersten Folge von Fontanes Kriminalroman *Unterm Birnbaum*

»Herzweh« werde wohl bleiben, gestand er, »aber dieser Rest ist nicht fortzuschaffen, das liegt in der Situation, nicht in uns oder speziell in mir«.

Rostock sollte Marthas Zufluchtsort bleiben. Hier, bei »Tante Anna« und »Onkel Witte«, fand sie jenen Lebensstil, der ihr vollkommen zusagte und der ihr über viele Krisen hinweghalf. Die Form, in der sich das Leben im Hause reicher und feiner Leute gebe, sei ihr »*ganz außerordentlich sympathisch*«, hatte sie schon früher einmal gestanden, denn »je schöner die Räume, je gewandter die Wirte, je glänzender die Verpflegung, je mehr fühle ich mich at my ease und komme mir vor wie ein Fisch, der in seinem natürlichen Element ist«. Der Vater aber würde die Tochter vermissen, wenn sie zu lange fortblieb, ihr lange Brief schreiben und sich freuen, wenn sie endlich wieder da war. Denn Martha hatte Esprit und ließ ihn oft die eigene Niedergedrücktheit vergessen.

Mitten in den Sorgen um die Tochter erfuhren Emilie und Theodor Fontane, dass Bernhard von Lepel an den Folgen einer schweren Erkältung überraschend gestorben war. »Am 17. Mai früh stirbt mein alter Lepel, kurz vor zurückgelegtem 67. Jahr, in Prenzlau«, so Fontane im Tagebuch. Es seien *zwei* Todesanzeigen eingetroffen, notierte er, eine »von der zweiten Frau, die andre vom ältesten Sohn erster Ehe«. Das Begräbnis, an dem Fontane offenbar nicht teilnahm, fand am 20. Mai in Prenzlau (Uckermark) statt. Eigentlich hätte Bernhard von Lepel seine letzte Ruhestätte »in der Lepelschen Familiengruft zu Wieck« finden müssen. Aber seit seiner Scheidung war das Verhältnis zur Familie zerrüttet. »Alles Familientragödie«, so empfand es Fontane. Aus dem Moment heraus urteilte er dann sehr bitter über den Freund, sprach gegenüber Mathilde von Rohr von einem kümmerlichen, kleinen Leben, das Lepel geführt habe – »bei so viel Talent«. Und immer »Heimlichkeiten« und »strafwürdige Verhältnisse«: »Kate Brown, Miss Atkins, seine erste Frau, seine Cousine (die spätre Caprivi), Frau v. Selchow, Frau v. Hardegg; dann endlich Anna Heydebreck [seine zweite Frau] – welches konfuse Durcheinander.« Als ob er früher nicht selber in solchen »Heimlichkeiten« gelebt hätte! In der ersten Trauer um den Freund fand er keine angemessenen Worte, denn Bernhard von Lepel hatte ihm viel mehr bedeutet, als er es gegenüber Mathilde von Rohr ausdrückte. In der Würdigung, die er für die *Vossische Zeitung* schrieb, wurde er dem Freund gerechter. Wenig später aber, da dachte er an ihn als eine Figur wie aus dem Buche. Denn für den liebenswürdigen, schönen und schwachen Botho von Rienäcker (*Irrungen, Wirrungen*) hat ihm wohl kein anderer als Bernhard von Lepel Modell gestanden. »Alle schönen Männer sind schwach, und der Stärkre beherrscht sie«, so sagt Lene Nimptsch beim Abschied: »Und der Stärkre … ja, wer ist dieser Stärkre? Nun entweder ist's deine Mutter oder das Gerede der Menschen oder die Verhältnisse. Oder vielleicht alles drei … […]« (*Irrungen, Wirrungen*, 5. Kapitel).

Am 1. Juni 1885 reiste Fontane nach Krummhübel und dehnte diesmal den Aufenthalt auf fast vier Monate aus, schrieb neue Balladen und entwarf eine »neue Novelle« (*Quitt*), die zur Hälfte in Krummhübel, zur Hälfte in Nordamerika spielen sollte. Zurück in Berlin, stand dann das große Koloniefest an, die Feier zum 200-jährigen Jubiläum des Ediktes von Potsdam. Alle Fontanes wollten sich an der Feier beteiligen. Denn man war stolz auf die hugenottische Herkunft und fühlte sich in der Pflicht. Fontane dichtete den »Prolog« zu einem Reigen lebender Bilder, Sohn Theo dichtete das Festspiel. Der Vater hatte ihn darum gebeten, weil er wusste, dass Theo das Zeug dazu hatte, aber auch weil er »die alte Seminar-Geldfrage« geregelt sehen wollte. Denn aus Theos Seminaristenzeit drückten noch Schulden, die sich, so die Hoffnung, durch poetische Arbeit abtragen ließen (was nicht der Fall war, die Rückzahlungen zogen sich noch bis 1889 hin).

Theodor Fontane jun. lebte seit April 1885 in Münster, wo er eine Stelle bei der »Korps-Intendantur« hatte. Er lieferte die Verse wie gewünscht und prompt, hatte er doch übrige Zeit, ja langweilte sich ein wenig am neuen Ort. Zu den Feierlichkeiten reiste er dann gerne wieder einmal nach Berlin. Auch Martha kam sowie Friedel, der am 1. Juli von Leipzig nach Oldenburg in die »Schulzesche Hofbuchhandlung« gewechselt hatte. Selbstverständlich war auch George bei der 200-Jahr-Feier anwesend. Er kam von Lichterfelde her regelmäßig nach Berlin, auch um die Konzerte der neu gegründeten Berliner Philharmoniker zu besuchen.

Die ganze Familie traf also zur großen Jubiläumsfeier ein, an der gegen 2000 Gäste teilnahmen. Im Tagebuch hielt Fontane fest: »1. November [1885] feierte die Kolonie das Fest ihres 200jährigen Bestehens in Brandenburg bzw. Berlin. Kirchliche Feier; am Abend Schauspiele im großen Saal der Philharmonie, Prolog, sechs Bilder (Hugenottenzeit), Festspiel, dann Souper und Tanz. Prolog und Bildertext von Th. F. sen., das Festspiel von Th. F. jun. […] Theo als Dichter wurde sehr gefeiert.« Ihm, »Th. F. sen.«, habe es gefallen, nur die Reden seien »schwach« gewesen, zu viel »Preußenanbetung und Katholizismusbekämpfung« (Letzteres ein Hieb gegen die Bismarck'sche Politik des Kulturkampfs). Auch an Georg Friedlaender schrieb er selbstkritisch, das Fest sei nicht *ganz* so schön über die Bühne gegangen, »wie' die Zeitungen ausposaunt« hätten. Nur eines sei richtig: »[…] die Colonistentöchter waren schön und graziös und ihren Toiletten merkte man an, dass der Seiden-Webstuhl an der Wiege vieler gestanden hatte. Der Atlas knisterte von allen Seiten.«

Eine dieser hübschen »Colonistentöchter« war Martha Robert, zwanzig Jahre alt, Tochter des Königlichen Justizrats Carl Robert und seiner Frau Emma geb. Bechmann. Martha Robert hatte auf George Fontane ein Auge geworfen. Und er, jüngst vom Premierleutnant zum Hauptmann befördert, hatte sich in sie verliebt. Am 24. Dezember 1885 feierte das Paar seine Verlobung. Beide jungen Leute seien »sehr glücklich«, schrieb Fontane an Freund Friedlaender.

Von Sohn Theo hörte man derweil keine Klage mehr, Münster sei langweilig oder er denke an Versetzung. Er hatte sich durch die winterliche Ballsaison getanzt und dabei ebenfalls eine hübsche Martha kennengelernt.

Martha Soldmann hieß sie, war (wie Martha Robert) gerade zwanzig Jahre alt und die Tochter von Oberpostdirektor Carl Soldmann aus Pasewalk (Pommern) und seiner Frau Emma geb. Ploetz aus Demmin. Am 13. März 1886 verlobte sich auch dieses zweite glückliche Paar.

Dem Vater war es bei George leichtgefallen, die richtigen Worte zu finden. Er kannte Martha Robert, kannte auch ihre Eltern, als er an Mathilde von Rohr schrieb: »Es ist ein sehr liebes Mädchen, gütig, gebildet, hübsch, wirtschaftlich und wohlhabend, unter welchen 5 guten Eigenschaften die Wirtschaftlichkeit beinah obenan steht, speziell für George. Pfingsten soll die Hochzeit sein; das junge Paar wird eine Villa beziehen, die die Schwiegereltern in Groß-Lichterfelde besitzen und die jetzt leer steht« (9. Januar 1886). Bei Sohn Theo hingegen fielen die Glückwünsche holpriger aus. Nachdem dieser den Eltern die Fotografie seiner Braut geschickt hatte, lautete die väterliche Antwort: »Deine Braut, glücklicherweise auch eine Martha, hat ein liebes, gutes Gesicht. Die frühere Deklination Deiner Gefühle nach der semitischen Seite hin, so begreiflich sie mir war, war doch nicht das Richtige. Das Richtige ist: Verbleib innerhalb der eigenen Sphäre, dieselbe Nationalität, dieselbe Religion, dieselbe Lebensstellung. Nur aus dieser Gleichheit ergibt sich auch die Gleichheit der Anschauungen, die Übereinstimmung in den entscheidenden Dingen, ohne die kein rechtes Glück und keine rechte Freude möglich ist.« Theodor jun. verstimmte dieser Ton.

Doch rasch rückten die großen Ereignisse näher, und schließlich überwog die Vorfreude. »Wir sind nur noch Empfang, Polterabend, Hochzeit«, meinte Fontane gegenüber einem Freund. Am 12. Juni 1886 wurden George Fontane und Martha Robert in der Berliner französisch-reformierten Klosterkirche getraut. Anschließend feierte man im Englischen Haus, Mohrenstraße 49. Am 5. Oktober desselben Jahres folgte die Hochzeit von Theodor Fontane jun. und Martha Soldmann in Münster. Trauzeugen bei der standesamtlichen Trauung waren die Väter Carl Soldmann und Theodor Fontane. Die kirchliche Trauung wurde in der großen Dienstwohnung der Brauteltern vollzogen. Emilie hatte kurz zuvor an Clara Stockhausen geschrieben: »Papa ›Theodor‹ will uns, trotz seiner 66 noch gar nicht reif für Schwiegervater u. Folgen erscheinen« und ihr gestanden: »er ist prächtig arbeitsfrisch u. meines Herzens bester Theil.«

Und Martha, die Tochter? »An Georges Hochzeit wirkte sie wie eine Fremde, so sehr, daß mir das Herz weht tat,« schrieb der Vater kurz nach der

Feier. Alle glaubten, ihr fehle der Mann. »Meine liebe Marthe, warte, warte, warte, du kriegst noch einen Mann«, so hatte auch Anna Witte gedichtet. Martha war jetzt 26 Jahre alt und hatte komplizierte Herzensgeschichten hinter sich. »Um die Männer beneide ich die jungen Frauen [...] nie«, so hatte sie der Mutter einmal gestanden, »aber allerdings um so mehr um die Kinder.« »Mutter zu sein«, von dieser *idea of happiness* hatte sie sich aber unterdessen verabschiedet. Verabschiedet hatte sie sich auch von dem kurzfristigen Plan, Schriftstellerin zu werden. Am liebsten lebte sie ihr freies Leben. Wenn nicht bei den Eltern in Berlin, dann in Rostock oder auf den Gütern ihrer verheirateten oder verwitweten Freundinnen. Immer öfter begleitete sie auch den Vater und verkehrte in seinen Kreisen. Auf diese Weise lernte sie den Architekten Karl Emil Otto Fritsch und seine Frau Anna kennen. *Er* war Besitzer und Herausgeber der sehr renommierten *Bauzeitung*, *sie* war seine zweite Frau und jüngere Schwester der verstorbenen ersten Frau. Anna Fritsch war reizend, anmutig, kapriziös und eine Bewunderin des Romanciers Theodor Fontane. K. E. O. Fritsch war besonnen, belesen, ein Mann vom Fach. Martha gefiel ihm. Man traf sich jetzt häufiger im »Cercle intime«. Denn das Ehepaar Fritsch wohnte ganz in der Nähe und würde demnächst in die Keithstraße ziehen (wo *Effi Briest* spielt, 26. Kapitel). Ein Leben, wie Martha es führte, war für die Eltern – *faute de mieux* – ganz in der Ordnung, vorausgesetzt, ihre Reisen überstiegen das Familienbudget nicht.

Doch Friedel! Er war, als die älteren Brüder heirateten, gerade 22 Jahre alt und hatte Flausen im Kopf. Er wolle so und so viele Tausend Taler borgen, um einen eigenen Verlag zu gründen, hatte er nach Hause geschrieben. Die Mutter fand das unerhört, der Vater war strikt dagegen: »Du könntest dir solchen Plan gönnen, könntest mit 22 Jahren an Selbstständigkeit, Verlag, Sortiment, Ehe, Ehrenstellungen, Conversationslexikon- und Gartenlauben-Ankauf etc. etc. denken, wenn du das Geld dazu hättest, wenn du reicher Leute Kind wärst [...]« (12. Juli 1886). Der Sohn besänftigte die Eltern sogleich, was den Vater ungemein erleichterte. Denn »die Leute würden uns für verrückt halten«, meinte er, hätte er dem Plan zugestimmt. Mehr als das Scheitern des Sohnes hatte Fontane nämlich die Beschädigung seines Namens gefürchtet – »weil Du [...] einen aparten und außerdem in ganz Berlin gekannten Namen führst, so liegt es so, dass wir beständig für das was du thust, verantwortlich gemacht werden« (26. Juli 1886).

Trauer um Sohn George

Seit Mai 1884 arbeitete Fontane an einem größeren Manuskript, an dem Entwurf eines Berliner Romans. Zum Inhalt hatte er gegenüber Redakteur Eduard Engel gemeint: »Nichts von Radau, von Skandal, von Katastrophen, einfach *Leben* wie es ist, nicht verschönt, nicht verhäßlicht. Vielleicht ein weniges verschönt, wie's die Kunst soll.« Die Rede war von *Irrungen, Wirrungen*. Er kannte die Schauplätze und hatte einzelne erneut erkundet: Hankels Ablage am Zeuthener See, die Jungfernheide mit dem Gedenkkreuz für Generalpolizeidirektor Hinckeldey, das Ausflugsziel Rollkrug, den neuen Jacobi-Friedhof. Dort hatte jetzt seine Tante Pine (Philippine Fontane) ihr Grab. In den Monaten, als George und Theo ihre Hochzeitsvorbereitungen getroffen hatten, war Fontane mit seinem Romanmanuskript beschäftigt gewesen. Im Sommer 1886 nahm er es mit nach Krummhübel, um es durchzukorrigieren und parallel dazu den neuen Roman *Quitt* zu entwerfen. Schreibort war die Veranda. »Dar Fontane«, so erzählte später sein schlesischer Vermieter, »dar hoat immer ei der Veranda geoarbeitet.« Aber vorher habe er »oalle rausgeschmissa« und mit einer Fliegenklatsche *alle* Fliegen totgeschlagen. Wenn er dann – nach ruhigen Stunden – wieder aus der Veranda gekommen sei, hätten ihm die Adern dick und blau auf der Stirn gestanden, »dicke en bloo«.

Wirklich, in Krummhübel arbeitete er hochkonzentriert. Im Spätsommer 1887 kam er wieder. Gerade war er Großvater geworden. »Klein-Otto« in Münster sei »das Glück seiner Eltern«, notierte er im Tagebuch. Aber kaum war der Junge da, machte der Großvater Skandal. Seit dem 24. Juli erschien in der Morgenausgabe der *Vossischen Zeitung* Fontanes Roman *Irrungen, Wirrungen*. Kapitel um Kapitel. Die letzte von 26 Folgen endete am 23. August mit Bothos Schlussbemerkung »Gideon ist besser als Botho«. Sohn Theo in Münster hatte aufmerksam gelesen und dann dem Vater gleich geschrieben (der Brief ist nicht überliefert). Da wusste Fontane schon, dass ein Mitinhaber der *Vossischen Zeitung* gegenüber Chefredakteur Stephany zornig geäußert hatte: »Wird denn die gräßliche Hurengeschichte nicht bald aufhören?« Den Ärger darüber verhehlte Fontane in seinem Antwortbrief an Sohn Theo nicht. Von ihm fühlte er sich verstanden, wie überhaupt von allen Mitgliedern seiner Familie, »die doch vielleicht«, wie er bekannte, »am ehesten die Nase rümpfen« konnten. Aber nein, sie hatten sich »rückhaltlos für den ›Alten‹ erklärt«, sein »alter Theo in Münster« sogar »an der Spitze«, was ihn »geradezu gerührt« hatte. An Theo also schrieb er: »Wir stecken ja bis über die Ohren in allerhand konventioneller Lüge und sollten uns schämen über die Heuchelei, die wir treiben, über das falsche Spiel, das wir spielen. Gibt es denn, außer ein paar Nachmittagspredigern, in deren Seelen ich auch nicht hineinkucken mag, gibt es denn außer ein paar solchen fragwürdigen Ausnahmen noch irgendeinen gebildeten und herzensanständigen Menschen, der sich über eine Schneidermamsell mit einem freien Liebesverhältnis *wirklich* moralisch entrüstet? *Ich* kenne keinen und setze hinzu, Gott sei Dank, daß ich keinen kenne« (8. September 1887). Geradezu empörend sei daher die Haltung einiger Zeitungen, »deren illegitimer Kinderbestand weit über ein Dutzend hinausgeht (der Chefredakteur immer mit dem Löwenanteil) und die sich nun drin gefallen, mir ›gute Sitte‹ beizubringen«.

In Krummhübel hatte er diesmal die Sommerwohnung der Familie Meergans gemietet, und Tochter Martha begleitete ihn. Das Haus stand an einem Bergbach »inmitten von Feldern und Wiesen«. Ein besonderer Vorzug war die Laube. Hier arbeitete Fontane tagsüber und beeindruckte den neun Jahre alten Adolf Meergans, wenn er, die Stahlbrille auf der Nase, seine Federkiele mit einem kleinen Messer selber zuschnitt. Der Junge bestaunte auch die Bücher, die sich auf dem Wackeltisch, an dem Fontane schrieb, in die Höhe türmten. Vor der Rückkehr nach Berlin unternahmen Vater und Tochter zum Abschluss ihrer Sommerfrische eine Tour ins schlesische Gebirge. Am 19. September reisten sie gemeinsam zurück. »Lear mit Cordelia« sei wieder da, ließ er Kritikerkollege Paul Schlenther am Tag nach der Ankunft wissen.

Unmittelbar nach diesen Zeilen muss dann ein Telegramm aus Lichterfelde eingetroffen sein mit der Nachricht, George sei schwer erkrankt. Martha fuhr gleich hin, um nach dem Bruder zu sehen. Die Geschwister hatten sich zuletzt in Bad Homburg getroffen. Dort hatte sich George einer Sommerkur unterzogen, und Martha hatte ihn auf der Durchreise besucht. Sein erstes Ehejahr war nicht ganz so glücklich gewesen, wie alle gehofft hatten. Das junge Paar lebte zwar in einer hübschen Villa, hatte aber gelegentlich »Ehestreitigkeiten«. Nun waren gesundheitliche Probleme hinzugekommen. Woran George litt? Die Ärzte hatten nichts Konkretes feststellen können, und so war George aus Bad Homburg zurückgekehrt, um seinen Dienst wiederaufzunehmen.

Dann plötzlich, am 20. September, hatten ihn furchtbare Schmerzen überfallen. Jetzt war Hilfe dringend. Aber sie kam zu spät. George Fontane starb am 24. September 1887 im Alter von erst 36 Jahren. Er hinterließ eine junge Witwe, keine Kinder.

Dr. Falkenstein, Stabsarzt der Lichterfelder Hauptkadetten-Anstalt, bescheinigte in seinem Attest, dass George Fontane am 19. September in seine Behandlung getreten sei, worauf er, Dr. Falkenstein, »eine schwere Blinddarmentzündung« diagnostiziert habe, die »sofort zu den ernstesten Befürchtungen Anlaß« gegeben habe. »Das Leiden, welches ohne bekannte Ursache entstanden war, nahm den erwarteten Verlauf und führte am 24. September den Tod herbei.« Es war alles Menschenmögliche getan worden. George Fontane muss dann einen Blinddarmdurchbruch erlitten haben, der schwere Komplikationen zur Folge hatte. Er »schrie vor wahnsinnigen Schmerzen«. Seine junge Frau, die ihn sah und hörte und nicht helfen konnte, brach an seinem Krankenlager zusammen.

Das Begräbnis fand am 27. September, 4 Uhr nachmittags, statt. Mit allen militärischen Ehren und bei strahlendem Herbstwetter. »Exzellenzen und Generäle in Fülle, Kränze über Kränze, und die Gardeschützen gaben drei Salven, die ihm als ›alten Krieger‹ zukamen. Er liegt nun auf dem Lichterfelder Kirchhof [in der Moltkestraße], einem umzäunten Stück Ackerland, und ich wünsche mir die gleiche Stelle.« So Fontane im Tagebuch.

In den Wochen und Monaten nach dem Tod von George Fontane kam Martha, die junge Witwe, oft zu Fontanes, um Trost zu suchen und »von ihrem George« zu sprechen. Als im Haus Potsdamer Straße 134 c eine Wohnung frei wurde, zog sie hier ein. Mit Fips, dem Hund von George, der wenig später als »reizender schwarzer Pudel« namens »Fips« bei Professor Schmidt in die Stube springt (*Frau Jenny Treibel*, 6. Kapitel). George hinterließ außer Fips, dem treuen Tier, auch eine Gipsbüste von Beethoven, Werke von Lessing, Goethe, Schiller, Freytag, verschiedene französische und englische Literatur, darunter auch Shakespeare, zudem einige Gemälde, Kupferstiche, Lithografien und Musiknoten. Vor allem aber: einen Konzertflügel. Die junge Offizierswitwe erhielt eine jährliche Rente von 900 Mark.

Die Trauer um George lässt sich wohl kaum ermessen. Es war der schlimmste Verlust, den Eltern und Geschwister zu tragen hatten. Aber der Schmerz blieb nicht stumm. Fontane hat seines ältesten Sohnes vielfach gedacht, auch in literarischer Form.

In den ersten Trauermonaten stellte sich für Fontane die ganz praktische Frage, wo denn nun *Irrungen, Wirrungen* als Buch erscheinen sollte. Keine einfache Frage, denn sein langjähriger Verleger Wilhelm Hertz war an den Berliner Zeitromanen nicht interessiert. Und eine ähnlich zuverlässige Verbindung zu einem anderen Verlag hatte sich, seit Fontane Erzähler geworden war, nicht eingestellt. Schottlaender in Breslau hatte *L'Adultera* gedruckt, Friedrich in Leipzig *Schach von Wuthenow*, Steffens in Dresden *Graf Petöfy*, Müller-Grote in Berlin *Unterm Birnbaum*, Dominik in Berlin *Cécile*. Nach der Kontroverse um *Irrungen, Wirrungen* wollte Fontane keinem seiner Berliner Verleger zumuten, sich mit diesem Buch die Finger zu verbrennen. Am 24. Dezember 1887 unterzeichnete er den Vertrag mit Friedrich Wilhelm Steffens, der mittlerweile in Leipzig ansässig war. Wie bei allen Verlagen, mit denen er nur lose verbunden war, wurde das Verlagsrecht für Steffens auf fünf Jahre beschränkt und Fontane das Recht eingeräumt, ab »Ende Januar 1893« *Irrungen, Wirrungen* woanders herausbringen zu lassen. Nach Vertrag betrug die erste Auflage die üblichen 1500 Exemplare, das Honorar ebenfalls die jetzt üblich gewordenen 1500 Mark, dazu zwanzig Freiexemplare für den Autor.

Am selben Tag, Heiligabend, fuhren Martha und Emilie nach Lichterfelde, um das Grab von George zu schmücken. Der Vater wollte auch »mit einem Kranz« hinaus. Doch wie so oft verwechselte er Zeit oder Zug und fuhr statt bis nach Lichterfelde *durch* bis Potsdam. Und so habe er, schrieb er an Sohn Theo, »nach 2 Stunden« mit seinem Kranz wieder in Berlin gestanden. »Weihnacht und Sylvester waren still«, notierte er im Tagebuch.

Anfang Februar lag *Irrungen, Wirrungen* als Buch vor und provozierte weiterhin. Wer den Roman ablehnte, entsetzte sich an der »Landpartie mit Nachtquartier«, verurteilte das erzählte freie Liebesverhältnis, das Lene Nimptsch mit Botho von Rienäcker einen kurzen Sommer lang eingeht. »Die Zeitungen schweigen sich darüber aus, an der Spitze die Vossin. Erst ärgere ich mich darüber, nun ist es überwunden und ich lache. Viele Privatbriefe drücken ihre Zustimmung aus«, so Fontane im Tagebuch.

Dann folgte doch ein Dutzend Besprechungen. Paul Schlenther schrieb in der *Vossischen*, Otto Brahm in der *Frankfurter Zeitung* eine lange Kritik. Brahm las aus dem Werk die ethische Position heraus, Ehe sei Ordnung, und bezeichnete Fontane deshalb als »konservativ«, während er selber, wie er durchblicken ließ, sich als »liberal« verstand und die Überzeugung vertrat, Ehe sei Liebe. Aber die Erzählkunst Fontanes sei einzigartig, so Brahm, denn seine Figuren »stehen auf eigenen Füßen und sind wahr und poetisch« zugleich. Mit dem Hinweis auf Zola, der gesagt habe, »das Kunstwerk ist ein Eckchen Natur, angeschaut durch ein Temperament«, verteidigte Brahm daher *Irrungen, Wirrungen* gegen jede engherzige moralische Verurteilung und nannte das Werk einen modernen »Berliner Roman«, der »in seiner realistischen Kunst« Schule machen solle. Die Kritiken der jüngeren Rezensenten, die Fontane als Künstler in dieselbe Liga erhoben wie Zola und Ibsen, freuten den Autor und machten, dass er sich nun doch verstanden fühlte. An Sohn Theo schrieb er am 8. Mai 1888: »Der kleine Brahm, der mich neulich besuchte, will nach Wiesbaden und von dort nach Paris. [...] Sein Schillerbuch (sehr gut) erscheint in den nächsten Tagen bei W. Hertz. Er, Schlenther und ein junger Max v. Waldberg (früher auch ein Zwangloser), dazu Schiff und Mauthner, haben sämtlich sehr ausführlich und sehr anerkennend über ›Irrungen, Wirrungen‹ geschrieben, so daß ich ohne Übertreibung sagen kann: ich verdanke meine verbesserte Stellung oder doch mein momentanes Ansehn im deutschen Dichterwald zu größrem Teile den ›Zwanglosen‹. Die Jugend hat mich auf ihren Schild erhoben, ein Ereignis, das zu erleben ich nicht mehr erwartet hatte.«

Es war wirklich erstaunlich. Die alte Welt, die Welt Fontanes, war im Verschwinden begriffen, und eine junge, liberal denkende Generation war dabei, das Szepter zu übernehmen. Bei diesem Wechsel sah sich der »konservative« Schriftsteller unversehens als Erzähler mit an der Spitze der Erneuerer.

Die alte Welt. Wenige Tage vor seinem 91. Geburtstag war am 9. März 1888, am frühen Morgen, Kaiser Wilhelm I. gestorben. Am selben Morgen sollte Bismarck den Tod des alten Kaisers verkünden und den neuen Kaiser proklamieren. Ein großer historischer Moment und eine Zeitenwende. Alles erwartete an diesem Morgen den Auftritt Bismarcks im Reichstag. Witte hatte Billetts für die Zuschauertribüne und begab sich sogleich zu Fontanes. Aber sein alter Freund Theodor winkte ab. Er fürchte, er habe in seiner Seelenruhe »einen wenig günstigen Eindruck« gemacht, schrieb Fontane an die Tochter in Rostock und erklärte: »Ich warte auf die Abendzeitung.« Doch mitten im Brief heißt es: »Eben kommt Mama aus dem Reichstag zurück.

Natürlich hat sie nichts verstanden, nur das Wort ›Friedrich III.‹, was freilich in sich erschütternd wirkt. Welche Vergleiche drängen sich auf! II. und III., ein Sieger über alles triumphirend und – ein Sterbender. Im Uebrigen von einem Folgenkönnen der kurzen Ansprache keine Rede. Trotzdem ist Mama glücklich, Zeuge des Hergangs gewesen zu sein, der ergreifend gewesen sein soll. Die alten Herrn alle in Thränen, Bismarck hochroth, kaput und nur mit Anstrengung sprechend« (9. März 1888).

Friedrich III., auf den die Liberalen (auch Friedrich Witte) große Hoffnungen gesetzt hatten, starb am 15. Juni 1888 nach nur 99 Regierungstagen. Er hatte seit längerem an Kehlkopfkrebs gelitten. Was für ein Schicksal! Denn wie ganz anders hatte die Zukunft ausgesehen, damals als Fontane von ihm als Bräutigam aus »Prussia House« berichtet hatte. »Es ist nun wieder wie immer: wenn du fort bist, sterben Kaiser und Könige«, schrieb Fontane am Todestag Friedrichs III. an Martha (15. Juni 1888).

Auf Kaiser Friedrich III. folgte sein ältester Sohn auf den Thron. Kaiser Wilhelm II. war bei Regierungsantritt 29 Jahre alt. Er und die junge Kaiserin Auguste Viktoria verkörperten nicht, worauf die liberalen Kräfte im deutschen Kaiserreich gehofft hatten. Zudem stand die Frage im Raum, wie lange sich Bismarck als Reichskanzler noch halten würde. Bismarck war jetzt 73 Jahre alt und der junge Kaiser nur schwer berechenbar. Die Welt war im Umbruch, das zeigte sich in allen Bereichen, in Politik und Wirtschaft, Technik und Verkehr, Wissenschaft und Bildung sowie in der Kultur. Für Fontanes Jüngsten, für Friedrich, war 1888 jetzt das Jahr, in dem er seinen alten Plan trotz elterlichem Widerstand entschieden zu verwirklichen begann.

Friedrich Fontane war Ende September 1886 aus Oldenburg zurückgekehrt und nach einem Zwischenjahr am 1. August 1887 bei Emil Dominik als Buchhändler eingetreten. Fontane war mit Dominik gut bekannt und fand ihn als Verleger »*ganz* modern, quick, forsch, unkleinlich, kein Sechserheld«. Emil Dominik war 43 Jahre alt, als er Anfang 1887 sein Unternehmen gegründet hatte und Fontanes *Cécile* als eines seiner ersten Werke verlegte. Er hatte zu diesem Zeitpunkt bereits langjährige Erfahrungen als Redakteur und Buchhändler und verfügte vermutlich über eigenes Kapital. Für Fontane alles unabdingbare Voraussetzungen für einen seriösen Verleger. Friedel jedoch wolle es »von Anfang an nett und bequem haben, bei gutem Bier und guter Cigarre«, so wiederholte der Vater seine Bedenken und meinte geradeheraus: »Du gleichst einem, der ins Wasser springt, ohne seiner Schwimmkunst sicher zu sein. ›Warum nicht?‹ denkst Du ›die Welle wird mich schon tragen‹. Aber die am Ufer stehn sagen: ›er wird wohl ertrinken‹« (30. August 1888). Friedrich Fontane aber ließ sich nicht unterkriegen. Er fand Rat und Ermutigung bei »Onkel Witte«, dem er »auf einem Spaziergang« sein Projekt entwickeln konnte und der ihm gut zuhörte. Als ein höchst erfolgreicher Unternehmer und Selfmademan taxierte Friedrich Witte das Vorhaben des jungen Buchhändlers als vernünftig und auch als erfolgversprechend.

Die Verlagsgründung erfolgte am 1. Oktober 1888. Das Geschäft firmierte unter dem Namen »F. Fontane. Verlags- und Sortiments-Buchhandlung«. Die Büroräumlichkeiten befanden sich in der Potsdamer Straße 122 b, in unmittelbarer Nähe der elterlichen Wohnung. Auf eine Sekretärin verzichtete Friedrich vorläufig, wusste er doch, dass seine Mutter bei Bedarf »Geschäftsbriefe« für ihn schreiben würde. Von Anfang an hatte das Büro einen Fernsprech-Anschluss, so dass der junge Verleger – »*ganz* modern, quick, forsch, unkleinlich« – hier jederzeit erreichbar war. Die Firma gehörte ihm zwar, doch das Kapital kam von Louis Levy-Fengler, einem Freund und ehemaligen Schulkollegen. Zuständig für das Programm war allein Friedrich Fontane. Er wollte moderne Romane und Erzählungen drucken, aber, um den Verlag finanziell zu sichern, auch Sachbücher und Zeitschriften sowie Gesamtausgaben einzelner Autoren herausbringen. Nicht zuletzt dachte er an das Werk des Vaters. Aber der wehrte sich mit Händen und Füßen. Vom eigenen Sohn Geld annehmen? Nein, das ging nicht. Oder diesem das Geschäft sichern? Das ging noch weniger. Denn, so erklärte er: »Es wäre ja fürchterlich, wenn die gesunde Basis eines Verlagsgeschäfts immer ein bücherschreibender Vater sein müßte.« Seinen noch ungedruckten Berliner Roman *Stine*, den er seit dem Skandal um *Irrungen, Wirrungen* weder in einer Zeitschrift noch in einem Verlag unterbringen konnte, wollte er dem Sohn jedenfalls *nicht* geben. »Wenn du meine ›Stine‹ verlegst, so heißt es: ›Der arme Kerl, der Fontane. Früher war er bei Decker, Hertz, Grote, dann kam er an Friedrich und Steffens, und jetzt, nachdem mehrere Redaktionen seine Schweine-Novelle zurückgewiesen haben, ist er gezwungen, das Zeug bei seinem Sohn herauszugeben, einem Buchhändler-Commis, der sich auf diese Weise sonderbar indroducirt. Eine Rücksichtslosigkeit von dem Alten. Und dieser sonderbare Vater hat sich immer für ‚was Besondres' gehalten‹« (30. August 1888).

Sein erstes Weihnachtgeschäft machte der Verlag »F. Fontane« Ende 1888 mit der Broschüre *Die Lungenschwindsucht, illustrirt durch die Statistik von Berlin* von Friedrich Wachsmuth. Sie wurde so gut verkauft, dass gleich eine zweite Auflage gedruckt werden musste. »Ich war gestern Abend noch längere Zeit bei Fontanes«, notierte Witte am 18. Dezember 1888 und stellte befriedigt fest: »Friedel hat sich nun in Gemeinschaft mit einem Schulfreunde namens Levy selbständig etabliert und erzielt bis jetzt sehr gute Resultate.« Der Vater meinte ähnlich, aber mit spitzer Feder: »Etwa im Oktober oder etwas später etablierte sich Friedel. Firma: *Friedrich Fontane*, der junge dicke Levy als kapitaleinzahlender Associé. Die Sache beginnt ganz gut, gutes Weihnachtsgeschäft und sogar Verlagsartikel.«

Leicht sollte es für den neuen Verlag nicht werden. Denn schon jetzt besetzte ein starker Konkurrent das literarische Feld. Der junge Berliner Verleger Samuel Fischer hatte sein Unternehmen zwei Jahre früher gegründet. Er verstand viel von Literatur und war ein guter Geschäftsmann. Auch hatte er sich mit den besten Kennern der aktuellen Literaturszene zusammengetan, hörte auf Otto Brahm und Paul Schlenther. Im Verlag S. Fischer erschienen jetzt Zola, Ibsen, Tolstoi, Dostojewski in deutscher Übersetzung. Und das Werk von Gerhart Hauptmann.

Auftritt Gerhart Hauptmann

Sie hätten sich bereits am 9. Januar 1887 begegnen können. Denn sie saßen an diesem Sonntagvormittag – wie alle, die sich für Henrik Ibsen und sein modernes Drama interessierten – im Residenztheater, wo zu Ehren von Ibsens Besuch in Berlin dessen dreiaktiges Familiendrama *Gespenster* gespielt wurde. Fontane hatte seine Karte von Paul Schlenther erhalten, der die Aufführung für die *Vossische Zeitung* besprechen wollte. Auch der junge Gerhart Hauptmann, der in der Schublade verschiedene Dramenentwürfe liegen hatte, saß »still« und »unbekannt« im Publikum und folgte gebannt dem Bühnengeschehen. Nach dem ersten Akt brach spontan und gewaltig ein Beifallssturm aus, so »daß Ibsen wohl ein dutzendmal vor der Rampe erschien«. Dass »hier und heute« eine neue Epoche für die deutsche Literatur begann, diese Erkenntnis schlug ein wie ein Blitz. Denn, so Otto Brahm, »alle Perücken wackelten, auch die freiesten Geister waren erschreckt durch diese Revolte in der Ästhetik«. Ja, er sehe sich noch, wie er »mit dem alten Weisen Theodor Fontane streitend durch die Straßen« irrte, »um das Residenztheater herum«. Die Ibsen-Aufführung barg so viel Zündstoff, dass auch Fontane eine Kritik schrieb. Zwar waren die Privattheater Paul Schlenthers Ressort, aber der junge Kritikerkollege und Nachfolger von Otto Brahm bei der *Vossischen Zeitung* hatte nichts dagegen, wenn der ältere sich ebenfalls zu Wort meldete und so die kontroverse Debatte anheizte. Schlenther plädierte für, Fontane gegen das Stück, soweit es die ethische Position betraf, ging es doch um die Frage, ob »die freie Herzensbestimmung« das menschliche Handeln leiten sollte oder andere »Ordnungsmächte« gewichtiger waren. Schlenther argumentierte im Sinne Ibsens für die Liebesehe, Fontane sprach sich gegen dieses Ideal aus mit der Begründung: »Denn so groß das menschliche Herz ist, eins ist noch größer: seine Gebrechlichkeit und seine wetterwendische Schwäche.« Das Stück gab Fontane auch Gelegenheit, Stellung zur Frage der Ehescheidung zu nehmen. Dass »innerhalb der protestantischen Welt« dem »Verlangen einer Trennung nirgends widerstritten« werde – sofern »Schuld« nachgewiesen werden könne, »gleichviel auf welcher Seite« –, galt ihm als selbstverständlich. Nur pochte er darauf, dass auch die Ehescheidung, »wo Laster und Sünde vorliegen«, keine Pflicht, sondern eine Wahl sei. Die »hervorragende Bedeutung Ibsens und seines Werkes« fand er dennoch unbestritten, seine »Kunst und Technik« anerkannte er als neu und wegweisend.

Um dem naturalistischen Drama in Berlin endlich zum Durchbruch zu verhelfen, gründete Otto Brahm im März 1889 mit Gleichgesinnten den Verein *Freie Bühne*, dessen Zweck es war, »unabhängig von dem Betrieb der bestehenden Bühnen und ohne mit ihnen in einen Wettkampf einzutreten, eine *Bühne* zu begründen, welche *frei* ist von Rücksichten auf Theaterzensur und Gelderwerb«. Vorsitzender des Vereins wurde Otto Brahm, Schatzmeister Samuel Fischer, der überzeugt war, dass sich die deutsche Literatur vom Theater her erneuern würde. Zu den bald 900 Mitgliedern zählten auch die Schauspielerin Paula Conrad, der Theaterkritiker Paul Schlenther, der Jurist Paul Meyer sowie der Schriftsteller und Kritiker Theodor Fontane und seine Frau Emilie. Als privater Verein brauchte die *Freie Bühne* die Theaterzensurbehörde nicht zu fürchten. Ja, trotz Fortschritt in Politik, Wirtschaft, Bildung: Der Spielplan der öffentlichen Theater musste noch immer von der »Berliner Polizeibehörde« bewilligt werden. Dieses Prozedere umging der

Verein *Freie Bühne*, indem er grundsätzlich nur geschlossene Vorstellungen gab. Für öffentliche Aufmerksamkeit sorgten schließlich die Theaterkritiker.

Ihre erste Spielsaison eröffnete die *Freie Bühne* mit Ibsens Familiendrama *Gespenster*. Als bereits geprobt wurde, schickte Gerhart Hauptmann sowohl an den Verein als auch an Theodor Fontane sein erstes Bühnenstück. Titel: *Vor Sonnenaufgang. Soziales Drama*. Es war inspiriert von Ibsen, aber auch von Arno Holz und Johannes Schlaf (*Papa Hamlet*), die Hauptmann als die »konsequentesten Realisten« bezeichnete. Auch die Schriften des Psychiaters Auguste Forel hatten ihn zu seinem Stück angeregt. Forel war Leiter der Zürcher »Irrenanstalt« Burghölzli und befasste sich mit den zerstörerischen Folgen des Alkoholismus. In *Vor Sonnenaufgang* nimmt Hauptmann das Problem auf, wenn er gleich zu Beginn des ersten Aktes den Gast Dr. Alfred Loth gegenüber seiner Gastfamilie erklären lässt: »Ich bin völliger Abstinent [...] Auf Lebenszeit.« Es ist jener Satz, der das Geschehen ins Rollen bringt und zur Aufdeckung der Familienverhältnisse führt, die eben gerade durch übertriebenen Alkoholkonsum vollkommen zerrüttet sind.

Der Vorstand der *Freien Bühne*, in dem auch Paul Schlenther eine Stimme besaß, war gleich »entschlossen, das Werk zu bringen«. Nicht wegen der sozialen Tendenz des Stücks, sondern weil hier ein junger Dichter den »geniale[n] Versuch« wagte, »ein neues und volles Leben in dramatische Formen zu fassen«. Unabhängig von Schlenther und Brahm kam auch Fontane zu dem Urteil, dass dieser ihm unbekannte Gerhart Hauptmann ein eminent künstlerisches Talent war. Kaum hatte er das Werk gelesen, schrieb er dem jungen Dichter, er habe *Vor Sonnenaufgang* eben gerade Otto Brahm »als Direkteur der ›Freien Bühne‹« empfohlen, und bemerkte, politisch seien sie beide vielleicht Gegner, aber nicht in der »*Kunst*richtung«: »Daß ich dem Lebens- und Wahrheitsvollen, dem Phrasenlosen und Ungeschminkten in der Kunst, dem Muth der Meinung und des Ausdrucks, so zugethan bin, *das* ist es, was mich in Ihrer Arbeit über das Sozialpolitische ganz hinweg sehen läßt.« Er, Hauptmann, habe übrigens kein »Tendenzstück« geschrieben, auch wenn er selbst es dafür ausgebe. Tatsächlich komme es »sehr oft im literarischen Leben vor, daß die eingeborne Kunst des Künstlers mächtiger« sei »als der Wille des Künstlers«. »Ihr Stück mag in Ihren Augen vor allem ein *soziales* Drama sein, in meinen Augen ist es ein Drama, ein Stück Leben, und das bedeutet mehr. / In vorzügl. Ergebenheit / Th. Fontane.«

Gerhart Hauptmann bedankte sich noch am selben Tag für diese Zeilen der Anerkennung. »Ich habe«, so gestand er, »etwas derartiges nicht entfernt erwartet, auch noch im allgemeinen mit einer Vorurteilslosigkeit, einem Verständnis gerechnet, wie es mir aus Ihren Worten entgegentritt« (12. September 1889). Die Briefe gingen in diesen Tagen rasch hin und her. Schon am anderen Tag meldete Fontane, Brahm habe ihm mitgeteilt, er stimme »ganz und gar, in allem und jedem« mit ihm überein. Offen sei nur noch die Frage, ob das Stück gleich gespielt werde. Brahm wünsche das sicher. Aber der Vorstand? Falls er zögere, so Fontane an Hauptmann, sei immerhin das ein Trost, »daß 2 Menschen, wie Brahm und ich, sich mit der Sache tragen und die Aufführung solcher Stücke (vorausgesetzt, daß sie so gut sind) nur für eine Frage der Zeit ansehn«.

Fontane war sich seines Urteils sicher. An Tochter Martha schrieb er den andern Tag: »Schon gestern Abend wollte ich Dir einen kl. Brief stiften, kam aber nicht dazu, weil ich anderweitig eine große Correspondenz hatte, darunter ein Brief an einen Herrn Gerhart Hauptmann, der ein fabelhaftes Stück geschrieben hat: ›Vor Sonnenaufgang, soziales Drama, 5 Akte.‹ Ich war ganz benommen davon. Mama natürlich wieder in Angst, ich ginge zu weit, ich engagirte mich ungebührlich; Durchgänger, Hitzkopf, ›*Jüngling*‹; nachdem nun aber gestern eine Karte von Brahm eingetroffen ist, der ganz meine Anschauungen theilt, hat sie sich einigermaßen beruhigt« (14. September 1889).

Am 16. September teilte Brahm Hauptmann mit, die *Freie Bühne* werde sein Stück sofort spielen. Statt *Das vierte Gebot* von Ludwig Anzengruber, das später in der Saison auf die Bühne kam, wurde am 20. Oktober 1889 in den Räumen des Lessingtheaters *Vor Sonnenaufgang* uraufgeführt. Der Theaterskandal war perfekt und die Presse sofort gespalten. Fontane aber trat in der *Vossischen Zeitung* so vehement für Gerhart Hauptmann ein, wie er es noch nie für einen jungen Dramatiker getan hatte. Seine Kritik vom 22. Oktober mündete in die Sätze: »Über Hauptmanns Drama wird noch viel gestritten und manche vieljährige Freundschaft ernster oder leichter gefährdet werden, aber über eines wird *nicht* gestritten werden können, über den Dichter selbst und über den Eindruck, den sein Erscheinen machte. Statt eines bärtigen, gebräunten, breitschulterigen Mannes mit Klapphut und Jägerschem Klapprock erschien ein schlank aufgeschossener junger blonder Herr, von untadeligsten Manieren, und verbeugte sich mit einer graziösen Anspruchslosigkeit, der wohl auch die meisten seiner Gegner nicht widerstanden haben.«

Mit Hauptmanns Drama *Das Friedensfest*, das »Dem Dichter Theodor Fontane ehrfurchtsvoll zugeeignet« ist, endete die erste Spielsaison der *Freien Bühne*. Fontane hatte alle ihre Sonntagsmatinéen besucht und in der *Vossischen Zeitung* besprochen. Die große Entdeckung blieb für ihn *Vor Sonnenaufgang* (nicht *Das Friedensfest*). Zugleich gab er seiner Bewunderung für das ganze Unternehmen Ausdruck: »Ich persönlich«, so schloss er seine Saisonkritik, »bekenne mich der ›Freien Bühne‹ gegenüber, die mir viele Stunden voll Anregung und Belehrung verschaffte, zu Dank verpflichtet, in erster Reihe Dr. Otto Brahm und gleich neben ihm dem Regisseur Hans Meery. Wer von beiden mehr Gelegenheit hatte, Mut und Ausdauer zu zeigen, stehe dahin. Auf Rosen gebettet war keiner; am exponiertesten im Kampfe stand Brahm. Die Zukunft wird den Kämpfenden gerechter sein und den Einsatz an Kraft und Opfern, den dieser Kampf kostete, mehr zu würdigen wissen.«

Es war wohl Brahm, der dann Fontane mit Hauptmann persönlich bekannt machte. Und weil man sich sympathisch war und gerne miteinander über Literatur und Theater sprach, besuchte der junge Dichter den alten gelegentlich oder wurde zum Diner eingeladen. »[…] Übermorgen will Gerhart Hauptmann […] mit seinen Paladinen Brahm und Schlenther bei uns essen«, so und ähnlich liest man in den Briefen des alten Fontane. Gerne kamen die Freunde auch »zum bekannten Löffel Suppe«. Bei einer solchen Gelegenheit, so Gerhart Hauptmann, habe Fontane, sein »höchster Protektor«, einmal »ein Büchelchen herbeibringen« lassen, »während die Gläser mit Champagner gefüllt wurden«. Dann habe der Dichter die Seiten aufgeschlagen, sich erhoben und gelesen:

An einem Montagmorgen war's
Kaum schlug die Glocke vier,
Da zog er ein in unsre Stadt,
Der junge Kavalier;
  O Charlie ist mein Liebling,
  Mein Liebling, mein Liebling,
  O Charlie ist mein Liebling,
  Der junge Kavalier.

Der »junge Kavalier«, »mein Liebling« war an diesem Abend der schlank aufgeschossene Gerhart Hauptmann. Es war ein bewegender Moment, eine Liebeserklärung.

»Herr von Ribbeck auf Ribbeck im Havelland« und die späte Lyrik

Fontanes 70. Geburtstag fiel mitten in die erste Spielsaison der *Freien Bühne*. Schon Monate vorher wusste er, dass der »Presseclub«, die »Literarische Gesellschaft« und die *Vossische Zeitung* im Verein mit den Freunden des »Rütli« ein großes Festessen zu seinen Ehren veranstalten wollten. Etwa 300 Personen waren ins Englische Haus in der Mohrenstraße 49 geladen, die Familie, die Freunde und »der Extrakt des literarischen [...] Berlin«. Während die Vorbereitungen liefen, mit denen Fontane wenig zu tun hatte, die ihn aber doch bange machten, stritt er nicht nur für die *Freie Bühne*, sondern versah auch regelmäßig sein Kritikeramt für die Königlichen Schauspiele. Nach dem 30. Dezember 1889 würde er dieses Amt aufgeben. Sein designierter Nachfolger war Paul Schlenther.

Die *Vossische Zeitung* hatte Fontane eine jährliche Pension von 1500 Mark (500 Taler) zugesprochen und sich damit zur Fortzahlung derselben Summe verpflichtet, die Fontane als Kritiker während zwanzig Jahren bezogen hatte. Es war eine noble Geste. Niemand hatte ihn zum Aufgeben gedrängt. Ihm aber war die Zeit ein immer kostbareres Gut. Er wollte sie anders verwenden. Denn was wurde am Gendarmenmarkt gespielt? Das alte Programm: *Wilhelm Tell*, *Der Prinz von Homburg*, *Die Räuber* und ein neues Stück von Lubliner! Letzte Gelegenheit zu einem Verriss. Er könne sich nicht entsinnen, »etwas so Totes, so Schemenhaftes auf der Bühne gesehen zu haben«, alles furchtbar, ein »Graus«, so schrieb er in seiner letzten Lubliner-Kritik (1. November 1889).

An eigenen Arbeiten beschäftige ihn währenddessen die Korrektur seines Romans *Unwiederbringlich*. Für *Stine* hatte er weder eine Zeitschrift noch einen Verlag interessieren können, doch seinen neusten Roman wollte die *Deutsche Rundschau* vorabdrucken. Auch wenn Rodenberg persönlich noch immer seine Vorbehalte gegen Fontanes Erzählstil hegte (was Fontane nicht wusste).

Sehr wichtig war in diesen Tagen auch, dass Wilhelm Hertz zu seinem

70. Geburtstag eine dritte, vermehrte Auflage von Fontanes Gedichten plante. Dieser Band lag ihm besonders am Herzen, umfasste er doch die Summe seines lyrischen Schaffens. Der Verleger hatte gezögert, weil er noch immer auf den Bänden der zweiten Auflage saß. Dann aber hatte er dem Wunsch seines Autors nachgegeben. Allerdings nur unter der Bedingung, dass Fontane auf ein Honorar verzichtete.

Er hatte nicht viel dagegen, erklärte sich einverstanden und erbat von Hertz einzig »2 ungebundene Exemplare« der zweiten Auflage. Diese beiden Bände brauchte er, um sie in Einzelseiten zerlegen und dann »mit dem Aufkleben und Neu-Eintheilen« für die dritte Auflage beginnen zu können. Die praktische Aufklebemethode erlaubte ihm, »das Neue passenden Orts« bequem einzuschieben. Der Einfachheit halber folgte er der Gliederung, die er bereits für die zweite Auflage gefunden hatte und ordnete nach 1. *Lieder und Sprüche*, 2. *Bilder und Balladen: I. Nordisches, II. Englisch-Schottisches, III. Deutsches. Märkisch*-Preußisches, 3. *Gelegenheits-Gedichte*, 4. *Lieder und Balladen, frei nach dem Englischen.*

Für fast alle vier Abteilungen hatte er neue Gedichte vorliegen, besonders aber für die erste Abteilung *Lieder und Sprüche*. Der Ton dieser oft kurzen Gedichte ist schlicht, persönlich, wehmütig. Es spricht der Dichter, der zurückschaut und Bilanz zieht, illusionslos, geistesgegenwärtig und mit feinem Humor. *Würd es mir fehlen, würd ich's vermissen?* ist eines dieser Gedichte oder auch *Lebenswege*:

Fünfzig Jahre werden es ehestens sein,
Da trat ich in meinen ersten »Verein«.
Natürlich Dichter. Blutjunge Ware:
Studenten, Leutnants, Referendare.
Rang gab's nicht, den verlieh das »Gedicht«,
Und *ich* war ein kleines Kirchenlicht.
…

Das Gedicht beginnt mit Erinnerungen an die ersten Dichterversuche (»So stand es, als Anno 40 wir schrieben«) und endet mit einem typischen Alltagsdialog, wie »F.« ihn unterdessen auf seinen Tiergartenspaziergängen führen mochte, etwa auf der Höhe des Denkmals für Königin Luise: »Nun lieber F., noch immer bei Wege?« / »Gott sei Dank, Exzellenz … Trotz Nackenschläge …« / »Kenn ich, kenn ich. Das Leben ist flau … / Grüßen Sie Ihre liebe Frau.«

Nicht alle neuen Gedichte hatten diesen leicht resignativen und selbstpersiflierenden Unterton. Mit leichter Hand schrieb er auch Verse wie:

Was mir gefällt

Du fragst: »ob mir auf dieser Welt
Überhaupt noch was gefällt?«
Du fragst und lächelst spöttisch dabei.

»Lieber Freund, mir gefällt noch allerlei:
Jedes Frühjahr das erste Tiergartengrün,
Oder wenn in Werder die Kirschen blühn,
Zu Pfingsten Kalmus und Birkenreiser,
Der alte Moltke, der alte Kaiser,
Und dann zu Pferd, eine Stunde später,
Mit gelben Streifen der ›Halberstädter‹;
Kuckucksrufen, im Wald ein Reh,
ein Spaziergang durch die Läster-Allee,
Paraden, der Schapersche Goethekopf
Und ein Backfisch mit einem Mozartzopf.«

Das Gedicht, entstanden Mitte der 1880er-Jahre, schildert ein Berlin, das sich noch ganz der historischen Reichsgründung bewusst ist. Die »Großen«, die sie bewerkstelligt hatten, leben in diesen Versen noch und werden im Alltag gesehen: der alte Generalfeldmarschall Moltke, der alte Kaiser Wilhelm I., Reichskanzler Bismarck (»der ›Halberstädter‹«). Nur scheint nicht mehr Krieg, sondern Frieden die Signatur der Zeit zu sein, jedenfalls da, wo man spaziert, im Zoologischen oder im Tiergarten.

Beim Einfügen der neuen Gedichte in sein Arbeitsmanuskript achtete Fontane darauf, dass er Gruppen bilden konnte, in deren Abfolge die Stimmung wechselte. Die vielleicht traurigsten, berührendsten Strophen stehen sorgsam eingebettet in leichtere Verse. Das Gedicht *Ausgang*, vorabgedruckt in der Zeitschrift *Zur guten Stunde* (1888), gehört zu einer Gruppe, die vom Sterben redet und vom Tod:

Immer enger, leise, leise
Ziehen sich die Lebenskreise,
Schwindet hin, was prahlt und prunkt,
Schwindet Hoffen, Hassen, Lieben,
Und ist nichts in Sicht geblieben
Als der letzte dunkle Punkt.

Fast unmittelbar auf diese Verse folgt: *Meine Gräber.* Es ist eines der persönlichsten Gedichte Fontanes. »Meine Gräber liegen weit zerstreut« heißt es darin, »Aber all im märkischen Sand«. Drei Gräber erhalten ihre eigene Strophe: das Grab der Mutter in Ruppin, das Grab des Vaters in Schiffmühle, das Grab des Sohnes in Lichterfelde: »Still bleibt das Grab und der Schläfer drin, – / Der Wind, der Wind geht drüber hin.« So endet diese letzte Strophe.

Zu den neuen Versen in der dritten Auflage seiner *Gedichte* gehörten auch *Fritz Katzfuß*, *Die Brück' am Tay*, *John Maynard*, die *Märkischen Reime* und *Herr von Ribbeck auf Ribbeck im Havelland.* Alle diese Meisterballaden waren erst nach 1885 entstanden.

Ob es ihm recht sei, wenn der Band so gestaltet werde wie die *Gesammelten Gedichte* von Gottfried Keller, fragte Wilhelm Hertz bei Fontane an. Hertz besaß seit 1885 das Exklusivrecht an Kellers Gesamtwerk. »Wir haben gestern Abend im G. Keller ein Dutzend kleiner Gedichte gelesen, bei welcher Gelegenheit ich mir auch das Buch äußerlich wieder ansah«, antwortete Fontane. Der Band gefalle ihm »in seiner Ausstattung, auch Raumeintheilung, durchaus«, aber die »Schrift«? Er würde eine einfachere vorziehen. Hertz ging gerne auf Fontanes Wünsche ein und wählte die »Schwabacher« (halb Antiqua, halb Fraktur). In letzter Minute bat Fontane dann noch um Streichung von »Gesammelte« im Titel. Weil es eilte, gab Hertz sein Einverständnis umgehend per Telefon: »ich danke Ihnen für das telephonisch gleich in Wegfall gebrachte ›Gesammelte‹«, bedankte sich Fontane am 19. September 1889. Telefon? Nein, *er* hatte kein Telefon. Aber der F. Fontane Verlag in der Potsdamer Straße 122 b hatte ja einen Anschluss. Und diesen benutzte er jetzt wohl gelegentlich.

Am 8. November 1889 hielt Fontane seinen Gedichtband endlich in den Händen. »20 Exemplare« hatte ihm die Druckerei direkt ins Haus geliefert. »Ihnen habe ich zu danken, daß mir die Freude dieser neuen Auflage noch zu Theil wurde«, schrieb er an Wilhelm Hertz. »Alles, was ich geschrieben habe,

Altes Gutshaus Ribbeck, vor 1893

auch die ›Wanderungen‹ mit einbegriffen, wird sich nicht weit ins nächste Jahrhundert hineinretten, aber von den ›Gedichten‹ wird manches bleiben und darunter auch Einzelnes, das erst diese neue Auflage enthält.« Sohn Theo gegenüber meinte er: »Das vielleicht beste [Gedicht] ist das am Schluß der preußisch=märkischen Balladen stehende: Herr von Ribbeck auf Ribbeck im Havelland« (5. Dezember 1889). Und wirklich: Keine andere Ballade Fontanes sollte eine solche Wirkkraft entfalten wie gerade diese. Nicht zuletzt steht sie heute symbolisch für die deutsche Einheit, denn im Garten von Schloss Ribbeck hat jedes Bundesland seinen Birnbaum gepflanzt. »So spendet Segen noch immer die Hand / Des von Ribbeck auf Ribbeck im Havelland«.

Dann kam der 70. Geburtstag und schließlich der 4. Januar 1890 mit dem Diner im Englischen Haus. Ansprachen hielten der preußische Kultusminister Gustav von Goßler, ein Neffe von Henriette von Merckel, sowie Friedrich Stephany, der Chefredakteur der *Vossischen Zeitung*. Außerdem ergriff auch der junge Schriftsteller Ernst von Wolzogen das Wort und »brüllte wie ein Stier«:

Dann hast du gedichtet. Und eh man's gedacht,
Hast du es einfach *besser* gemacht.

»Die Alten« – so erinnerte sich später einer der »Jungen« – »schüttelten die Köpfe über die flammenden Verse, aber die versammelte Jugend jauchzte, als Fontane und Wolzogen sich umarmten – es war der Bund zwischen dem Siebzigjährigen und denen ›zwischen Zwanzig und Dreißig‹.«

Er sei, so meinte Fontane nach dem Fest, »nach fünfzigjähriger fast pennsylvanischer Absperrung vom Welt- und Literaturgetriebe« plötzlich seiner »Nation« als »Theodorus victor« gezeigt worden: »Eine merkwürdige Rolle für mich.« Und: »Das moderne Berlin hat einen Götzen aus mir gemacht«, so stellte er fest, »aber das alte *Preußen*, das ich, durch mehr als 40 Jahre hin, in den Kriegsbüchern, Biografien, Land- und Leute-Schilderungen und volkstümlichen Gedichten verherrlicht habe, dies ›alte Preußen‹ hat sich kaum gerührt und alles (wie in so vielen Stücken) den Juden überlassen.« Eines der neuen volkstümlichen Gedichte war eben: »Herr von Ribbeck auf Ribbeck im Havelland, / Ein Birnbaum in seinem Garten stand«, worin der Alte den Kindern freudig Birnen spendet, der Junge aber »knausert und spart«. Ein Stück Gegenwartskritik war darin enthalten, aber auch ein Stück Utopie, wenn am Ende doch wieder ein Birnbaum wächst. Geschrieben hatte Fontane die Ballade im Juni 1889.

Krankheit und Krise

Ab Anfang 1890 erschien im S. Fischer Verlag die Wochenzeitschrift *Freie Bühne für modernes Leben*, herausgegeben von Otto Brahm. Ob Fontane einen Text beisteuern würde, fragte dieser ihn an. Er konnte dem Freund die Bitte nicht abschlagen und lieferte das Feuilleton *Auf der Suche*. Es setzt gleich mit der persönlichen Bemerkung ein: »Ich soll Ihnen etwas schreiben, wenn es auch nur eine ›Wanderung durch die Mark‹ wäre. Nun so sei's denn; und wenn nicht eine Wanderung durch die Mark, was zu weitschweifig werden könnte, so doch wenigstens eine Wanderung durch Berlin W[est]. Aber wohin?« Der Feuilletonist und Flaneur entscheidet sich für einen Tiergartenspaziergang zur Chinesischen Botschaft und ersteht unterwegs, was viel Witz hat, »ein Exemplar der ›Freien Bühne‹«: »Wie viel?«, fragt der Käufer

Freie Bühne für modernes Leben

Herausgegeben von Otto Brahm in Berlin

Verlag von S. Fischer in Berlin

Heft 14. | Berlin, den 7. Mai 1890. | I. Jahrgang.

Die Ideen und die Gelehrten.

Von Herman Helferich.

Es ist nichts als eine Frage der temporären Macht (also eine Frage von nur ganz nebensächlicher Bedeutung), ob man Jene, die die neuen Ideen erzeugen, als die führenden Kreise bezeichnen dürfte. Nämlich man kann auch sagen: Nein, denn führende Kreise, das sind die für eine Gesellschaft existirenden höchsten Autoritäten in geistigen Dingen, und diese bilden die Mitglieder der Gelehrtenwelt.

Man bleibt durch solchen Wahrspruch bei der gewohnten Hochachtung; zugleich bei einer wahreren Schilderung der Dinge wie sie liegen. In der That ist es

Freie Bühne für modernes Leben vom 7. Mai 1890, mit Fontanes Feuilleton *Auf der Suche*

und erhält die Antwort: »Vierzig Pfennig.« »Und wird viel gekauft?« »Ja«, lautet die freundliche Erwiderung der »dame de comptoir«. Fontane in der Rolle des »Reklameschriftstellers« gab damit seinem Lesepublikum zu verstehen, dass es ganz am Puls der Zeit war. Er selbst gehörte natürlich ebenfalls zur Leserschaft der neuen Zeitschrift. An Georg Friedlaender schrieb er: »Das literar. Leben des Winters gruppirte sich um die ›Freie Bühne‹ sowohl um das Theater wie um das Blatt dieses Namens. Ich verfolge all diese Erscheinungen mit dem größten Interesse und finde die Jugend hat Recht. Das Überlieferte ist vollkommen schal und abgestanden; wer mir sagt ›ich war gestern in der ‚Iphigenie', welch Hochgenuß!‹, der lügt oder ist ein Schaf und Nachplapprer« (29. April 1890).

Er schrieb auch: »In den nächsten Tagen schicke ich Ihnen ›Stine‹, einen eben erschienenen kleinen Roman von mir.« Das war eine große Neuigkeit! Denn *Stine* war nicht in irgendeinem Verlag erschienen, sondern in der Verlags- und Sortiments-Buchhandlung F. Fontane. Ein heftiger Streit war der Vertragsunterzeichnung vorausgegangen. Denn kurz nach seinem 70. Geburtstag hatte Fontane sen. mit Verleger Emil Dominik eine Gesamtausgabe seines erzählerischen Werkes vereinbart (soweit nicht die Rechte Dritter betroffen waren). Einmaliges Honorar: 3000 Mark. Dass man die Sache abgemacht hatte, ohne ihn miteinzubeziehen, hatte Friedel so empört, dass er, wie Martha entsetzt an ihren Bruder Theo schrieb, »vollständig mit Papa gebrochen« hatte. Aber zwei Wochen später vertrugen sich Vater und Sohn wieder. Das geht aus dem Vertrag hervor, den Friedrich Fontane für *Stine* abschließen konnte. Es war ein Kompromiss, denn nicht der Vater, sondern der Bruder, »Intendantur-Rath Th. Fontane«, unterzeichnete den Vertrag. Diese Lösung war gefunden worden, nachdem Fontane sich geweigert hatte, geschäftliche Beziehungen mit Sohn Friedel einzugehen. Das Honorar für die erste Auflage überließ er vertragsgemäß Sohn Theo (1000 Mark). Auch ein Vorabdruck von *Stine* war schließlich zustande gekommen. Und zwar in der neu gegründeten Zeitschrift *Deutschland*.

Kaum war der Vorabdruck beendet, war auch das Buch da (April 1890). Die Kritiken fielen besser aus als befürchtet, auch waren schon im Herbst drei Auflagen von je 1000 Exemplaren verkauft. Weil Friedrich Fontane geschickt vorging, kam er schließlich doch ins Geschäft mit dem Vater. Zwar wurden *Quitt* (1891) und *Unwiederbringlich* (1892) noch von Wilhelm Hertz verlegt, aber für alle weiteren Romane besaß der Verlag F. Fontane die Exklusivrechte. Selbst die Rechte für die Gesamtausgabe des erzählerischen Werkes gingen in den Verlag F. Fontane über. Bald waren Vater und Sohn echte Vertragspartner geworden, denn mehr und mehr bewunderte Fontane, was sein Jüngster geschäftlich leistete. Als der Kompagnon Louis Levy-Fengler aus der Firma austrat, bangte er sogar eine Weile, um dann erleichtert festzustellen: »Friedel findet zwei neue Kompagnons und erweitert sein Geschäft, das er nach Magdeburgerplatz 4 verlegt, beträchtlich« (Oktober 1891).

Die Gründungsjahre des Verlags fielen in eine Zeit des politischen Umbruchs. Länger schon hatte die Frage im Raum gestanden, wie lange sich Bismarck unter dem jungen Kaiser noch halten würde. Fragen der Innen-, vor allem aber der Außenpolitik hatten rasch zu unüberwindlichen Differenzen geführt. Am 18. März 1890 hatte Bismarck sein Rücktrittsgesuch eingereicht, zwei Tage später war er durch Wilhelm II. förmlich entlassen worden. Sein grollendes Schweigen in den Wochen danach hatte Fontane mit den Worten quittiert: »Von Bismarck reden wir erst wieder, wenn er selbst geredet haben wird«, dann aber doch gemeint, die Welt habe selten »ein größeres Genie« gesehen, nur habe dem großen Mann der »Edelmuth« gefehlt. »Es ist ein Glück, daß wir ihn los sind, und viele, viele Fragen werden jetzt besser, ehrlicher, klarer behandelt werden, als vorher […]. Er war«, so resümierte er weiter, »eigentlich nur noch Gewohnheitsregente, that was er wollte, ließ alle warten und forderte nur immer mehr Devotion. Seine Größe lag hinter ihm; sie bleibt ihm in der Geschichte und in den Herzen des deutschen Volkes, aber was er in den letzten Jahren davon verzapft hat, war *nicht* weit her.« Neuer Reichskanzler und preußischer Ministerpräsident war jetzt Leo von Caprivi. Aber der junge Kaiser hatte beim Wechsel gleich klargemacht, dass *er* es nun sei, der das »Staatsschiff« lenke.

Für kulturelle Erneuerungen, wie sie die *Freie Bühne* hervorbrachte, hatte Wilhelm II. keinen Sinn. Fontanes Diktum, dass die »Zukunft« den Kämpfenden »gerechter« werden würde, kann auch als ein Diktum gegen die Kulturpolitik unter dem jungen Kaiser verstanden werden. Er selber, Fontane, stritt für die *Freie Bühne* und für das freie Wort, doch war ihm bewusst, dass er bereits in den »Sonnenuntergang« sah. Die Kräfte reichten lange nicht mehr so weit wie früher.

Am 7. Februar 1892 unterzeichneten Emilie und Theodor Fontane ihr gemeinsames Testament. Aufgesetzt hatten sie es mithilfe von Paul Meyer, dem Freund und juristischen Berater der Familie. Die beiden Ehegatten bestimmten darin, dass beim Tod des einen der andere unbeschränkte Verfügung über das gemeinsame Vermögen erhalte. Als Haupterbin nach dem Tod beider Eltern wurde Martha eingesetzt, galt es doch, die unverheiratete Tochter finanziell abzusichern. Sieben Neuntel des Barvermögens sollten Martha zufallen sowie die Hälfte der Tantiemen. Die Söhne Theodor jun. und Friedrich wurden auf den Pflichtteil gesetzt. Weil man aber davon ausgehen konnte, dass sich die Verhältnisse in den kommenden Jahren noch ändern würden – Martha sich vielleicht doch noch verheiratete –, wurde festgelegt, dass die Ehegatten befugt waren, »dies Testament durch Nachzettel zu ergänzen oder abzuändern«, nicht einseitig, sondern immer gemeinschaftlich.

Was aber sollte mit den *ungedruckten* nachgelassenen Schriften Fontanes geschehen? Er selbst hatte gemeint: verbrennen! Paul Meyer fand es eine furchtbare Vorstellung. So hatte er den Schriftsteller auf einen anderen Gedanken gebracht. Weil er wusste, »daß *Effi Briest* gerade fertig« war und »nur noch einer letzten Überarbeitung unterworfen werden sollte« (die »im Notfalle« Martha übernehmen konnte), machte er Fontane deutlich, dass man durch das Verdikt »verbrennen« gezwungen gewesen wäre, das Manuskript von *Effi Briest* zu vernichten, wenn dem Autor »vor Drucklegung […] plötzlich ein Unglück« zustieß. Für »Frau und Tochter«, so argumentierte Paul Meyer, hätte dann eine »sehr erhebliche Einnahme« gefehlt: »Das machte ihn stutzig. Und als er nach einem Ausweg fragte, schlug ich ihm vor, eine Kommission aus zwei Mitgliedern seiner Familie und einem literarischen Beirat, wie Schlenther oder Brahm zu bestellen, und dieser die Entscheidung über den ungedruckten Nachlaß zu überlassen.«

Und so wurde testamentarisch eine Nachlasskommission eingesetzt. In diese Kommission berufen wurden Tochter Martha als Familienmitglied, Paul Schlenther als literarischer und Paul Meyer als juristischer Berater. Diese drei sollten »unbeschränkt entscheiden, was mit den Schriften geschehen soll«, und waren befugt »über die Art der Verwertung oder Vernichtung zu bestimmen«. Sollten nachgelassene Werke gedruckt werden, so war der »Verlag unseres Sohnes Friedrich« bevorzugt zu berücksichtigen. Außerdem heißt es im Testament: »Die ernannte Kommission ersuche ich, Theodor Fontane, für den Fall, daß ich zuerst sterben sollte, meiner Ehefrau mit Rat und Tat zur Seite zu stehen und, falls meine Frau es verlangt, sofort ihr Amt anzutreten.«

Dann überkam ihn plötzlich eine große Müdigkeit. »Körperlich geht es noch«, schrieb er an »Rütli«-Freund August von Heyden, »aber das ›innen lebt die schaffende Gewalt‹ ist für mich leider zur Phrase geworden. Von Federkraft – bei mir doppelsinnig zu verwenden – ist keine Rede mehr. Ich raffe mich mit Anstrengung auf, um wenigstens jeden Abend meinen Spaziergang zu leisten« (2. März 1892).

Mitte März erkrankten Emilie und Theodor Fontane beide an einer schweren Influenza. *Sie*, Emilie, erholte sich schneller als *er*. »Ich bin in ziemlich freudloser Stimmung«, schrieb Fontane an Friedlaender, »⅞ ist Krankheit, aber das letzte Achtel, und vielleicht auch noch mehr, ist doch in Wirklichkeiten begründet; ich sehe so wenig Erfreuliches um mich her und kann es nicht blos auf eine schwarze Brille schieben« (4. April 1892). Schließlich geschah, was schon öfters geschehen war, dass er etwas verwechselte. Der Arzt hatte ihm Morphium verordnet, ein Mittel, das er durchaus kannte, doch irrte er sich in der Dosierung. Als das Schlimmste überstanden war, klagte er sich selber an: »Gerade vor 14 Tagen vergiftete ich mich mit Morphium – der Apotheker hatte statt 0,05 die verordnet waren, 0,5 genommen, also das Zehnfache« (22. April 1892). Weil er geglaubt habe, »nun ist es Matthäi am letzten«, sei er in große Nervenaufregung geraten, worauf ihm zur Beruhigung Brom verschrieben worden sei. Jetzt sei zum Glück Tochter Martha da, deren »Plaudertalent« ihn aufrichte. »Brom nämlich drückt herab und stellt eine süße Dösigkeit her.« Die Melancholie ließ sich aber nicht so schnell vertreiben. Sein Zustand sei elend, schrieb er an Anna Fritsch, die ihm in ihrer Fürsorge Maiglöckchen geschickt hatte. Zwar finde alle Welt, er sehe »wohl und gesund« aus. Leider wisse er es besser. Er hoffe nun auf »Schlesien« und all seine »Heilwunder« (18. Mai 1892).

Mit Friedlaenders Hilfe hatte sich eine Sommerwohnung gefunden, die Villa Gottschalk in Zillerthal bei Schmiedeberg. Es wurden schwierige Wochen. Denn es blieb, wie es war, nur dass auch Emilie und Martha abwechselnd krank wurden. Schließlich kam der Tiefpunkt. Und so schrieb Emilie an Sohn Theo: »Ich will nun mein lieber Theo so nüchtern u. kurz wie möglich Dir mittheilen, was das Resultat schwerer Kämpfe ist. Papa kam leidlich hier an; konnte auch in den ersten Tagen, vor Eintritt der Hitze Briefe schreiben, lesen etc. Dann erneuten sich die Angst-Anfälle; wir mußten einen Arzt aus Hirschberg zu Rathe ziehn, der nach einer eingehenden Untersuchung einen Herzfehler (Papa weiß es nicht) constatierte, äußerste Ruhe, vor allem jegliche geistige Aufregung untersagte. Damit war unsre Zukunft entschieden u. vorgeschrieben.« Sie würden sich nun aufs »Altentheil« zurückziehen und nach Schmiedeberg übersiedeln. Eine Wohnung stehe bereits in Aussicht. »Daß innre Kämpfe u. die schmerzlichsten Gefühle mit diesem Entschluß Hand in Hand gegangen sind, brauch' ich wohl nicht erst zu betonen; ich kann nur wiederholen, daß alles Schwere uns dadurch erleichtert ist, daß wir eben keine Wahl haben.« Ob aber »unser geliebter Papa sich hier erholen wird«, so schloss sie, sei abzuwarten. »Wenn Du mich auf's Gewissen fragst, so muß ich antworten: ich glaube es nicht. Die Krankheit hat ihn rapid zum alten Mann gemacht u. die Jugendlichkeit, Elasticität, die bisher sein größter Reiz waren, sind geschwunden u. er sitzt als gebrochener Mann uns gegenüber, daß uns das Herz weh tut.«

Drei Wochen später diagnostizierte Dr. Wille, der aus Hirschberg herbeigerufene Arzt, eine »hochgradige Neurasthenie« als Folge »geistiger Überanstrengung«. Aber »keine Gefahr«, denn, so Dr. Wille, »um zu Sterben muß sich Hr. F. erst eine andere Krankheit anschaffen«. Es folgten Wochen größter innerer Unruhe und Entscheidungsunfähigkeit. Dazu erneut die Frage:

Berlin oder *nicht* Berlin? Ihren Lesern hatte die *Vossische Zeitung* bereits gemeldet, »*Theodor Fontane*« habe sich entschieden, seinen »Ruhestand« in »Schmiedeberg« zu verbringen, »fern dem Geräusch der Großstadt«. Aber das war nun wieder ganz unsicher geworden. Denn mit zur Krankheit gehörte, dass Fontane entscheidungsunfähig geworden war, einmal dies und dann wieder das andere wünschte. Und jede Bewegung kostete Anstrengung. Nach einem Besuch von Otto Brahm, der sich sehr um ihn sorgte, bedankte sich Fontane mit letzter Kraft: »Besten Dank. Mehr kann ich nicht sagen, – bin krank. Ihr Th. F.«

In der ersten Augustwoche reiste Martha mit ihrem Vater nach Breslau. Prof. Dr. Ludwig Hirt, an den man den Patienten überwiesen hatte, diagnostizierte eine »Gehirn-Anämie« (Blutleere) und empfahl die »elektrische Behandlung«. Außerdem aber attestierte er Fontane »einen auf 85 Jahre berechneten Corpus« und betonte, es gebe Heilungschancen. Mit diesem Bescheid kehrte Fontane mit der Tochter nach Schmiedeberg zurück. Er fürchtete sich vor der Behandlung. Es sei eine »harte Nuß«, gestand er Friedrich Stephany: »Stadtluft, Hitze, keine richtige Verpflegung und absolut allein, dabei bei Tage nicht schlafen dürfen und Nachts keinen Schlaf oder sehr wenig. Dabei bin ich so weichlich gewöhnt und muß nun am Ende meiner Tage erfahren, wie hart unser Los auch sein kann« (9. August 1892). Es plagten ihn auch Sorgen um Frau und Tochter. Wenn er nun sterben würde, wovon sollten sie dann leben? »Ich habe ja noch Arbeiten liegen, sogar, nach dem Maße meiner Kraft, ganz gute«, schrieb er an Friedel, »aber sie sind total unfertig in der Form, und Mete will sich allmählich der Mühe unterziehn, Klarheit, Ordnung, Abrundung hineinzubringen. Möchte ihr das gelingen. Das würde alles in allem 12 000 Mark bedeuten, die nicht zu verachten sind, um so weniger, als mein Kranksein so viel Geld kostet. Missglückt es, nun so muss es auch so gehn, aber die armen Frauen (Mama und Mete) tun mir leid; denn ein Sparpfennig ist bald aufgezehrt« (11. August 1892).

Schließlich war auch Martha am Ende ihrer Kräfte und reiste, um sich zu erholen, zu Freunden nach Pommern. Auch Anna Fischer, das Hausmädchen, wurde krank. Und so lag es allein an Emilie, ihren Theo zu umsorgen, der von sich jetzt sagte, er sei ein rechter »Quängelpeter u. Egoist«, und sich immer heftiger nach Berlin sehnte. So wurde denn gepackt und unverzüglich nach Hause gefahren. Jetzt ging es Fontane plötzlich besser. Der Hausarzt Dr. Wilhelm Delhaes empfahl zwar ebenfalls »die galvanische

Kur«, meinte jedoch, man könne noch zuwarten oder womöglich ganz auf sie verzichten. Der Arzt hoffe, so Emilie an Georg Friedlaender, »die Nerven meines Mannes berappeln sich durch Schlaf, viel Essen, Wein u. Bier trinken u. spazieren gehn. Er sprach sogar von baldiger, geistiger Arbeit u. er gehört eigentlich nicht zu den Optimisten« (15. September 1892). Er sei »einsam und freudlos im Thiergarten« herumgelaufen, rapportierte Fontane vier Tage später, habe aber immerhin erste Besuche empfangen, »darunter der kleine Brahm« sowie Paul Schlenther und Paula Conrad. Die beiden hatten im Sommer geheiratet, waren glücklich und unternehmungslustig. Doch noch fühlte sich Fontane dem Trubel nicht gewachsen, fühlte sich müde und litt unter den Nebenwirkungen der verordneten Medizin. Schließlich folgte er dem Rat von Dr. Delhaes und konsultierte sowohl Dr. Max Nordau als auch Dr. Georg Rosenbaum, einen Mitarbeiter des Psychiaters und Neurologen Prof. Emanuel Mendel von der Berliner Universität. Während Nordau zu heißen Bädern »mit Kopfkühlung«, »Kalbfleisch und Hühnerbrust« sowie zu »Hühnerbrühe statt Wein« riet, empfahl Rosenbaum wie sein Kollege in Breslau die »galvanische Kur«, eine offenbar nicht sehr angenehme Elektrotherapie mit Gleichstrom. Fontane fand das eine wie das andere »Unsinn«, hatte kein »Fiduzit« und meinte, alles sei »das reine Lotto«. Er folgte aber doch dem Rat von Dr. Rosenbaum.

Nach der ersten Therapiesitzung schrieb er an Friedlaender: »Heute, nach einer schlaflosen Nacht, geht es mir ganz schlecht. Das Elektrisiren regt mich mehr auf, als es mich beruhigt. Der Kraft-Reservefonds wird immer kleiner. Mein Leben ist sehr qualvoll« (1. Oktober 1892). Auch die weiteren Therapiesitzungen schienen nicht zu helfen. Allerdings fielen die Briefe jetzt wieder länger aus. Diejenigen an Georg Friedlaender gerieten zu eigentlichen Krankheitsrapporten. »Von mir ist nicht viel zu sagen, alles die alte Geschichte«, schrieb er, gestand aber: »Gestern setzten mir Frau und Tochter auseinander, daß ich diese meine alten Tage auch als sehr erträgliche, ja als relativ bevorzugte ansehen könnte. ›Du leidest keine Noth, bist von Nahrungssorgen nicht bedrückt, hast keine Schmerzen, wirst gepflegt, kannst an allem theilnehmen, – das alles ist schon sehr viel.‹ Ich gebe das zu, aber das Gefühl von Schwäche und Freudlosigkeit bleibt, das ist eben die Krankheit dran ich laborire« (14. Oktober 1892).

Friedrich Witte, der sich in Fontanes Krankheitstagen immer wieder um die Freunde gekümmerte hatte, notierte dann nach einem abendlichen Besuch erstaunt: »Wenn ich nicht die ganze traurige Geschichte des Sommers gekannt hätte, gemerkt und gesehen hätte ich nicht, dass er sowohl wie sie und sie thatsächlich wohl mehr als er schwer krank gewesen sind und es noch sind. Es ist eine merkwürdige Geschichte und bei ihm spielt die Einbildung und die Furcht vor dem Tode sicherlich eine sehr große Rolle. Am Schwersten hat es Martha, die gestützt werden muss, wo immer es gehen mag« (15. Oktober 1892). Etwa zur selben Zeit – die galvanische Kur war jetzt beendet – rapportierte Fontane nach Schmiedeberg: »Ich nehme seit vier Tagen blos Brom, schlafe auskömmlich und würde zufrieden sein, wenn ich nicht, namentlich auf meinen Spaziergängen immer schwindlig wäre. Das ist, das Mindeste zu sagen, sehr unbehaglich, eine beständige Mahnung. Im Geplauder vergesse ich es und das sind die besten Stunden« (17. Oktober 1892). Der Schwindel plagte ihn schon monatelang und machte, dass er »turkelte«. »Den ganzen Tag über turkle ich müde umher«, so hatte er aus Zillerthal geschrieben. In Berlin aber, wo er sich zu einem Ausstellungsbesuch aufgerafft hatte, »turkelte« er nun »zwischen den Bildern hin und her« und war am Ende froh, wieder draußen zu sein. An diesem Zustand hatte auch die galvanische Kur nichts geändert. Doch dann geschah, was schon oft geschehen: Plötzlich wechselte die Stimmung, und die Lebensfreude kehrte zurück. Und mit der Lebensfreude auch die Schreibfreude. Als Friedrich Witte nach einer Woche wiederkam, wurde er gewahr, dass sich inzwischen eine große Veränderung vollzogen hatte: »Am Abend war ich lange bei Fontanes; sie war aus bei Zöllners und er machte auf mich den Eindruck, als ob er noch wieder ganz gesund werden könnte. Er hat angefangen etwas zu arbeiten und ich habe ihm energisch zugeredet« (22. Oktober 1892).

Tatsächlich schrieb Fontane kurz darauf an Rodenberg, er werde ihm »am Schluß dieses Jahres, oder doch nicht viel später« etwas Autobiografisches für die *Deutsche Rundschau* schicken. Titel: »*Aus meinem Leben*. I. Abschnitt. Meine Kinderjahre«. Geplant seien zwölf Kapitel, denen er noch die »Schuljahre« folgen lassen wolle, denn »Bruchstücke« seien besser als das Ganze. Gleichzeitig meldete er nach Schmiedeberg, er sei »seit 8 oder 10 Tagen ins Schreiben gekommen«, »etwas das ich von mir total gebrochenem Mann nicht mehr erwartete hätte«. Er habe »schon 4 Kapitel« seiner »Biographie (Abschnitt: Kinderjahre)« fertig. Möglich also, dass er an jener Stelle angelangt war, wo er als Junge die morsche Schaukel entdeckt, sie erklettert und sich in die Höhe schwingt. Immer mit dem Fiduzit: »Dich trägt

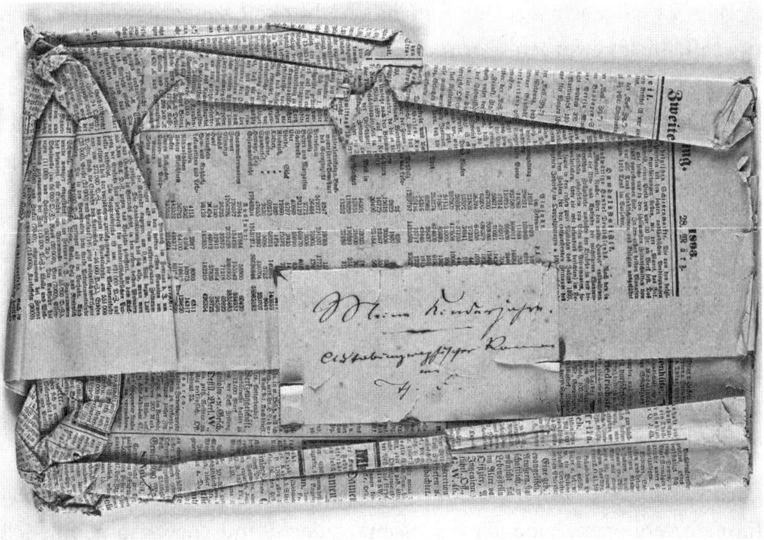

Fontanes eingewickeltes Manuskript *Meine Kinderjahre*

dein Glück.« Das »Unterfangen«, das Schreiben an der Biografie, mache ihn »sehr glücklich«, schrieb er an Freund Friedlaender.

»1892 war ein recht bitteres Jahr für mich«, resümierte er wenig später im Tagebuch, um hier noch einmal den Verlauf seiner Krankheit zu skizzieren. Bei der Wende angelangt, meinte er: »Mein Zustand war zunächst noch recht schlecht, weil ich, infolge von Blutleere im Gehirn, in einem Schwindelzustand blieb, auch der Schlaf wollte sich nicht recht finden, aber allmählich begann ich mich zu erholen und war Anfang November so weit wiederhergestellt, daß ich mit dem Niederschreiben einer ›Biographie‹ von mir, oder doch eines Bruchstückes, beginnen konnte. Ich wählte ›meine Kinderjahre‹ (bis 1832) und darf sagen, mich an diesem Buche wieder gesund geschrieben zu haben. Ob es den Leuten gefallen wird, muß ich abwarten, mir selbst habe ich damit einen großen Dienst getan.«

Alles sei nach dem Leben gezeichnet, versicherte er wenig später im Vorwort. Aber: »Wenn ich trotzdem, vorsichtigerweise, meinem Buche den Nebentitel eines ›autobiographischen *Romanes*‹ gegeben habe, so hat dies darin seinen Grund, daß ich nicht von einzelnen aus jener Zeit her vielleicht noch Lebenden auf die Echtheitsfrage hin interpelliert werden möchte. Für etwaige Zweifler also sei es ein Roman!« Nicht zwölf, sondern 18 Kapitel sind es schließlich geworden. Darin als »Intermezzo« eingeschoben das »Sechzehnte Kapitel«, worin der Sohn die letzte Begegnung mit dem Vater schildert. Den Wunsch, ein »Charakterbild« seines Vaters zu geben, begründet Fontane hier mit der poetisierenden Formel: »*Denn wie er ganz zuletzt war, so war er eigentlich.*« Die Interpreten haben diesen Satz gerne auf Fontane selbst bezogen. Er stimmt aber, nüchtern betrachtet, weder für ihn noch für den Vater oder nur insofern, als gilt: »Das Poetische [...] hat immer recht; es wächst weit über das Historische hinaus ...« (*Frau Jenny Treibel*, 7. Kapitel).

Von »Jenny Treibel« und »Effi Briest«

Über das »bittere Jahr« 1892 notierte Fontane auch: »Wie die ersten Wintermonate vergingen, habe ich vergessen. In der ›Rundschau‹ (so nehme ich an, bestimmt weiß ich es nicht mehr) erschien wahrscheinlich mein Roman ›Jenny Treibel‹.« Die Romanidee war ihm offenbar während der ersten Niederschrift von *Unwiederbringlich* gekommen. Damals, in den ersten Monaten nach Georges Tod, hatte Fontane in kurzer Zeit *Unwiederbringlich* zu Papier gebracht, dann im selben Tempo *Frau Jenny Treibel oder »Wo sich Herz zum Herzen find't«*. Am 9. Mai 1888, als die Niederschrift auch dieses Romans beendet war, hatte er Sohn Theo mit Verve auseinandergesetzt, was »Zweck der Geschichte« sei. Nämlich »das Hohle, Phrasenhafte, Lügnerische, Hochmütige, Hartherzige des Bourgeoisstandpunkts zu zeigen, der von Schiller spricht und [das exklusive Modehaus] Gerson meint«.

Die Hauptfigur, mit der er den verlogenen Bourgeoisstandpunkt zeigen wollte, ist die Kommerzienrätin Jenny Treibel née Bürstenbinder, eine typische Aufsteigerin. Ihre ambitionierte Gegenspielerin ist die Professorentochter Corinna Schmidt. »Ich schließe mit dieser Geschichte den Zyklus meiner Berliner Romane ab«, so Fontane im Brief an Sohn Theo, denn er habe vor, »wenn mir noch ein paar Jahre vergönnt sind, mit einem ganz balladesken historischen Roman, der um 1400 spielt, abzuschließen.« »Die Leute«, so hatte er hinzugesetzt, »mögen dann sehn, daß ich auf Zoologischen Garten und Hankels Ablage nicht eingeschworen bin und daß ich imstande bin, meine Personen ebensogut eine Simplizitätssprache wie die Bummel- oder Geistreichigkeitssprache des Berliner Salons sprechen zu lassen. Ich sage: ›Die Leute mögen dann sehn‹, ja, ›sie mögen‹, aber sie werden nicht, denn das Quantum von Gleichgültigkeit, das die Menschen allem entgegentragen, was nicht Modesache ist, ist kolossal.«

Die Idee und die Entwürfe zu diesem »ganz balladesken historischen Roman« waren seit 1882 da. Held der Geschichte sollte Klaus Störtebeker sein, eine historische Figur, in die sich Fontane schon als Junge hineinversetzt hatte, damals im Alter von elf oder zwölf Jahren, als er mit seinem Bruder Rudolph und den Swinemünder Freunden dem Strand entlanggezogen war. Ihr Trupp habe jeweils an derselben Stelle gelagert wie Störtebeker und seine Leute »zu Anfang des 15. Jahrhunderts«, so erzählt der alte Fontane in *Meine Kinderjahre*. Das sei ein »ungeheures Hochgefühl« gewesen: »Störtebecker und ich.« Der Stoff war ihm Ende 1892 wieder ganz präsent. Eine »phantastische und groteske Tragödie« sollte es werden, die mit der »Enthauptung von neunundneunzig Seeräubern« endet. Titel: *Die Likedeeler*. Das Projekt war ihm eine Herzenssache und ließ ihn nicht los. Jedenfalls lagen die Entwürfe griffbereit in der Schublade und warteten nur auf die Ausführung: »Der Stoff in seiner mittelalterlichen Seeromantik und seiner sozialdemokratischen Modernität – ›alles schon dagewesen‹ – reizt mich ganz ungeheuer …«, wiederholte er, auch wenn er an anderen Arbeiten saß.

Zuerst war es nämlich der Roman *Frau Jenny Treibel*, den er fertigstellte. Im Juli 1891 hatte Emilie alles ins Reine geschrieben, damit er die Seiten nochmals durchkorrigieren konnte. Ende Oktober hatte Rodenberg dann das Paket erhalten, das Manuskript gelesen, die eine und andere Frivolität mit dem Stift ausgeklammert, worauf Fontane ohne Widerrede letzte »Korrekturen und Striche« vorgenommen hatte. Wichtiger als einen zweideutigen Witz zu erzählen, über den die Leute nicht lachten (wie er nach Rodenbergs Kritik fürchten musste), war ihm der Vorabdruck in der renommierten *Deutschen Rundschau*. Der Roman war dann, woran er sich nicht mehr erinnerte, von Januar bis April 1892 auch hier erschienen. Außerdem hatte er in diesen Tagen den Vertrag für die Buchausgabe unterzeichnet. Die Verlagshandlung F. Fontane & Co. hatte, als er krank und arbeitsunfähig war, das Korrekturlesen für ihn übernommen (so dass die getilgten Frivolitäten – einige waren auch stehengeblieben – nun für immer wegfielen). Einen Monat nach seiner Rückkehr aus Schlesien war die Buchausgabe zur Auslieferung bereit gewesen und hatte bis Weihnachten drei Auflagen erlebt. Honorar: 2250 Mark. Zusammen mit dem Zeitschriftenvorabdruck ergab das bis Dezember 1892 die Summe von 6000 Mark. Von Darben konnte jetzt keine Rede mehr sein. Denn dank dem Umstand, dass er parallel arbeitete, liefen nebenher noch weitere Honorare ein.

Es war gerade in der Zeit, als *Frau Jenny Treibel* sich auszahlte und gute Kritiken erhielt, dass Fontane seine *Kinderjahre* niederschrieb. Er muss dabei gespürt haben, dass er trotz pessimistischer Selbsteinschätzung ein wirklich anerkannter Romancier geworden war, für dessen persönlichen Werdegang »die Leute« sich mehr und mehr zu interessieren begannen. Wer ihn privat kannte, wusste im Übrigen, dass in allem, was er schrieb, Persönliches mit durchschimmerte. Paul Schlenther zum Beispiel hob in seiner Rezension hervor, dass Professor Schmidt, eine der »Prachtgestalten des Romans«, das mit feiner Ironie gezeichnete Selbstporträt des Autors sei. Schlenther fand auch, dass mit der aparten Corinna Schmidt »Fontanes eigene Tochter Martha« Romangestalt gewonnen habe, woraus er schloss: »Schon daran ist zu erkennen, wie persönlich den Dichter gerade der Stoff dieses Romans berührte.«

Es war keine Zeitungsnotiz, keine »wahre Geschichte«, die Fontane zu *Frau Jenny Treibel* inspiriert hatte, vielmehr zeichnete er in diesem Roman Konflikte, die er im kaiserlichen Berlin der späten 1880er-Jahre nicht nur bei anderen, sondern auch in der eigenen Familie täglich erlebte und beobachtete, nämlich dass im bürgerlichen Leben alles zum Geschäft geworden war, auch das Heiraten. Aus der Zeit gefallen scheint einzig die Figur des Leutnant Vogelsang. Vogelsang ist ein schnarrender alter Offizier, der den politisch ambitionierten Kommerzienrat Treibel für die noch zu gründende royaldemokratische Partei gewinnen und ihm einen Sitz im Reichstag sichern will – »such an ugly old fellow« nennt ihn der junge Mister Nelson aus Liverpool, empört darüber, dass dieser Mensch, dieser Vogelsang, es wagen darf, die illustre Gästeschar beim Treibel'schen Diner mit »Meine Herren« anzusprechen, wenn auch Frauen an der Tafel sitzen, allen voran die emanzipierte junge Corinna.

Die erste Niederschrift von *Frau Jenny Treibel* fiel vor die Zeit des 70. Geburtstags, die Entwürfe zu *Effi Briest* müssen kurz *nach* der großen Feier entstanden sein. Auch wenn der geplante Roman noch ganz unfertig war, kümmerte sich Fontane bereits um den Vorabdruck. Er hoffte auf die *Gartenlaube*. Von der literarischen Qualität dieser Familienillustrierten hielt er zwar wenig, hatte die Redaktion doch *Quitt* gekürzt und geradezu verunstaltet, aber die hohe Auflage – »300 000 Abonnenten, oder wie viel ihrer sein mögen« – war doch bestechend. Bis spätestens Frühjahr 1891 könne er »Effi Briest« liefern, schrieb er dem Herausgeber Adolf Kröner.

Ein Blick in die Handschrift zeigt, dass er zu diesem Zeitpunkt einen ersten, rudimentären Entwurf vorliegen hatte sowie einen zweiten, längeren, an dessen Ausführung er nun saß. Auch dieser zweite Entwurf bestand erst aus einzelnen ausgearbeiteten Szenen. Die Geschichte selbst aber hatte er bereits im Kopf, die wichtigsten Namen schon mit dem Ohr erprobt und sie nach der Methode der »gemischten Züge« gefunden. Die Titelfigur zum Beispiel sollte einen Namen tragen, der nach einer adligen Familie im Havelland klang, aber keine bestimmte Familie meinte. Er versuchte es mit »Betty von Ottersund«, »Betty von Pervenitz« und dann mit »Effi Briest«. »›Effi Briest‹«, so fand er, »[ist] für mein Gefühl sehr hübsch, weil viel e und i darin ist; das sind die beiden feinen Vokale.«

Ob die *Gartenlaube* in angemessener Form reagierte? Das Romanprojekt blieb jedenfalls liegen, denn andere Arbeiten drängten. Anfang Februar 1892 war Fontane mit seinem *Effi-Briest*-Manuskript aber doch so weit vorangekommen, dass Paul Meyer darauf bestand, dieser Roman dürfe nicht dem Verdikt »verbrennnen!« zum Opfer fallen. Möglich, dass er mit seiner entschiedenen Haltung Fontane sogar ermutigte, sich nun ganz diesem Vorhaben zuzuwenden. Jedenfalls war er gerade dabei, seinen »Roman ›Effi Briest‹ zu korrigieren«, als er, wie er im Tagebuch rückblickend festhielt, »am 14. März [1892] … an der Influenza erkrankte« und daher nicht weiterkam. Während der ganzen Krankheitsphase schleppte Fontane dann das *Effi-Briest*-Manuskript mit sich herum, zuletzt in der Hoffnung, dass, falls er darüber sterben sollte, Martha den Roman zur Druckreife bringen würde. Erst als die *Kinderjahre* fertig waren, nahm er das große Paket wieder hervor. Und dann geschah, was so oft geschah: Texte, die in großer zeitlicher Nähe entstanden, gingen ineinander über, so dass der »autobiographische Roman« *Meine Kinderjahre* mit dem Roman *Effi Briest* in enge Verwandtschaft trat. Es ist also kein Zufall, wenn an der nämlichen Stelle, wo Mohr und seine Frau einst hingerichtet worden waren – »zwischen den Dünen«, wie es in den *Kinderjahren* heißt –, im Roman *Effi Briest* das Duell zwischen Innstetten und Crampas stattfindet, nämlich »zwischen den beiden vordersten Dünenreihen«. Wir können es Fontanes Methode des Überschreibens nennen, die zugleich verdichtet, vernetzt und Mehrdeutigkeit herstellt.

Sie durchwirkt das ganze literarische Schaffen des alten Fontane, dem eine Welt von Texten zur Verfügung stand, auch der eigene autobiografische Text.

So besteht seine realistische Kunst in der Kunst der Verwandlung. Vom »Fall Ardenne«, der Fontane inspirierte, steckt zuletzt wenig in *Effi Briest*. Von den tatsächlichen Begebenheiten am ehesten, dass der betrogene Ehemann zufällig die Briefe des Rivalen an seine Frau entdeckt und es zum Duell kommt. Der Plot von *Effi Briest* ist aber doch ganz Fontanes Plot, die Schauplätze sind seine Schauplätze, die Figuren seine Figuren, wie er sie eben als Menschenkenner zu schaffen verstand: nach Beobachtung und Erfahrung im *eigenen* Umfeld. Er war sich dessen sehr bewusst. Denn als ihn Hans Hertz, der den Zeitschriftenvorabdruck gelesen hatte, zu *Effi Briest* beglückwünschte, bedankte sich Fontane mit den Worten: »Ja, die arme Effi! Vielleicht ist es mir so gelungen, weil ich das Ganze träumerisch und fast wie mit einem Psychographen geschrieben habe. Sonst kann ich mich immer der Arbeit, ihrer Mühe, Sorgen und Etappen, erinnern – in diesem Falle gar nicht. Es ist so wie von selbst gekommen, ohne rechte Überlegung und ohne alle Kritik. Meine Gönnerin Lessing (von der Vossin) erzählte mir auf meine Frage: ›Was macht denn *der*?‹ (ein Offizir, der früher viel bei Lessings verkehrte und den ich nachher in Instetten [!] transponiert habe), die ganze Effi-Briest-Geschichte, und als die Stelle kam, 2. Kapitel, wo die spielenden Mädchen durchs Weinlaub in den Saal hineinrufen: ›Effi komm‹, stand mir fest: ›*Das* mußt du schreiben.‹« (2. März 1895).

Fontane poetisiert hier bereits, denn »Effi Briest« ist *seine* Namenserfindung, und »Effi, komm« ist *sein* Text. Auch fielen seine Aufenthalte im Hotel Zehnpfund *vor* die Zeit des Duells, von dem er durch Emma Lessing erfuhr (das Duell mit tödlichem Ausgang fand am 27. November 1886 in der Nähe von Berlin statt). Die »wahre Geschichte«, von der er spricht, ist im Prozess des Transponierens eine verwandelte Geschichte geworden. Einer Leserin beschrieb er diesen Prozess recht durchsichtig: »Es ist nämlich eine wahre Geschichte, die sich zugetragen hat, nur in Ort und Namen alles transponirt. / Das Duell fand in Bonn [richtig: Umgebung Berlin] statt, nicht in dem räthselvollen Kessin, dem ich die Scenerie von Swinemünde gegeben habe; Crampas war ein Gerichtsrath, Innstetten ist jetzt Oberst, Effi lebt noch, ganz in Nähe von Berlin. Vielleicht läge sie lieber auf dem Rondel in Hohen-Kremmen.« Zum moralischen Standpunkt, den er vertrat, meinte er derselben Leserin gegenüber: »Ich bin […] gegen todtschießen, Mord aus dem Affekt heraus, geht viel eher, aber nun gar todtschießen wegen einer 7 Jahre zurückliegenden Courmacherei – an die sich in der Regel ein anständiger Ehemann mit Vergnügen miterinnert – das wäre denn doch über den Spaß. Auch so geht Innstetten, der übrigens von allen Damen härter beurtheilt wird als er verdient – sehr ungern 'ran und wäre nicht der Ehrengötze, so lebte Crampas noch« (12. Juni 1895).

Effi Briest erschien wie zuvor *Meine Kinderjahre* und der kleine Erzählband *Von, vor und nach der Reise* (darin das Feuilleton *Auf der Suche*) im Verlag F. Fontane & Co. Der Verlag achtete darauf, dass nun jedes Jahr ein neues Werk des alten Fontane im Buchhandel erschien. *Effi Briest* kam, blau gebunden wie alle Fontane-Romane, Mitte Oktober 1895 heraus. Vor Weihnachten waren bereits 4000 Exemplare verkauft. Auf das Konto, das Fontane sich bei Bankier Sternheim hatte einrichten lassen, wurden von Verlag und *Deutscher Rundschau* gut 8000 Mark überwiesen. Glücklich notierte Fontane: »Im Herbst erscheint ›Effi Briest‹ als Buch und bringt es in weniger als Jahresfrist zu 5 Auflagen – der erste wirkliche Erfolg, den ich mit einem Romane habe.« Dazu die Randnote: »Ich habe hier nachzutragen, daß ich im November oder Dezember 94, kurz vor meinem 75. Geburtstage, seitens der Philosophischen Fakultät der Berliner Universität zum Doctor honoris causa ernannt wurde. Eine große Freude, die ich wohl Schlenther und Professor Erich Schmidt verdanke […]. Geheimrat von Richthofen (Dekan) und Erich Schmidt brachten mir das Diplom, und jener hielt die Ansprache.«

Wie »mein Biograph« es anpacken soll

Es könnte in einer geselligen Runde gewesen sein, dass Theodor Fontane, vermutlich im März 1891, einen jener in Mode gekommenen Fragebogen ausfüllte:

Welche Eigenschaft schätzen Sie an dem Manne? – Gehorsam.
Welche an der Frau? – Caprice.
Was ist Ihre hervorstechende Eigenschaft? – Indifferenz.
Wie verstehen Sie das Glück? – Gar nicht.
Wie das Unglück? – Auch nicht recht.

Wo möchten Sie leben? – In meiner Stube.
Was wünschen Sie sich am sehnlichsten? – Luft, Licht.
Wer ist in Ihren Augen der erste Dichter, Schauspieler, Musiker, Maler? – Wechselt alle fünf Jahre.
Welches historische Ereignis mißfällt Ihnen am meisten? – Die Schlacht bei Bronnzell.
Welche Fehler finden Sie am verzeihlichsten? – Die meinigen.
Lieben Sie das Ideale oder das Reale? – Die Diagonale.
Was ist am schwersten zu erreichen? – Papst oder Großes Los.
Welchen Rat würden Sie der Frau geben, die Sie lieben? – Mich wiederzulieben.
Welches ist Ihre Lieblingsbeschäftigung? – Schlafen.
Welche politische Richtung ist Ihnen am sympathischsten? – Mecklenburg.
Wie denken Sie über die Ehe? – Je nachdem.
Welches Vergnügen ist Ihnen das liebste? – Siehe oben unter Lieblingsbeschäftigung.
Welche Blume, welches Getränk und welche Farbe ziehen Sie vor? – Mir alles ganz gleich.
Wie definieren Sie die Liebe? – Mir zu schwer.
Wie definieren Sie die Frau? – Noch schwerer.

Die Antworten illustrieren Fontanes Sprachwitz und sind Madeleines für jede Biografie. Dass einmal jemand seine Biografie schreiben würde, schien ihm gar nicht so abwegig. Noch bevor er sich als »Erzähler« begriff, schrieb er an Sohn Theo: »Der künftige Biograph thut mir leid, wenn er an den Abschnitt ›März 82‹ kommen wird.« Denn es passiere »absolut gar nichts, keine Gesellschaften, keine Citirungen zum Prinzen, keine Besuche, keine Briefe«. Sein Tagebuch enthalte kaum mehr als die Kalenderdaten und den Eintrag: »Gearbeitet, Abendspatziergang, gelesen.«

Seit 1877 stand er im »Brockhaus«. Kurz vor seinem 70. Geburtstag hatten sich dann die Anfragen mit der Bitte um mehr biografisches Material gehäuft. Darauf hatte er geantwortet: »Es hat mal biographisch Ausführlicheres in der Leipz. Illustr. Zeitg, im Daheim und in einer märkischen Zeitung, die schon wieder das Zeitliche gesegnet, gestanden, aber wo solche Blätter hernehmen? Das ist die reine Emin Pascha-Expedition [Suchaktion in Afrika], bei der man, wenn nicht den Kopf, so doch den Verstand verliert. Außerdem war alles recht schwach, leb- und lieblos, oder voll falscher Liebe, was noch schlechter ist, als gar keine. Wenn ich todt bin, und es findet sich wer, der mich der Nachwelt überliefern will, so geben ihm die Vorreden zu meinen verschiednen Büchern, zum Theil die Bücher selbst – weil sie wie ›Kriegsgefangen‹, ›Aus den Tagen der Okkupation‹, ›Ein Sommer in London‹, ›Jenseit des Tweet‹ etc. Erlebtes enthalten – das beste Material an die Hand.« Für den Moment sei aber wohl der einfachste Weg, wenn man »den Artikel im Brockhausschen Convers. Lexikon als rothen Faden« nehme und dann Einiges »wie z. B. den Balladenbarden, den Alten Fritz-, Zieten-, Kaiser Friedrich- und Bismarcksänger, den Wandrer durch die Mark, den Schlachtenbummler mit ekligen Gefahrn im Gefolge, vielleicht auch ein bischen den ›Realisten‹ und Kritiker in der guten alten ›Vossin‹ etwas weiter ausführe«. Auf diese Weise könne man ihn und die Leser »durch einen wundervollen Artikel« erfreuen.

Die Empfehlung hatte ihre Tücke. Denn wenn sich der Biograf tatsächlich am Brockhaus-Eintrag orientierte, dann konnte er leicht in die Irre gehen, hatte Fontane die wichtigsten Angaben doch selbst geliefert und bei Neuauflagen dann abgewandelt. Der »Apotheker« jedenfalls war getilgt. Auch die *Kinderjahre*, die Fontane als biografisches Auskunftsmittel nannte, erzählen nur, dass er aus einem Apothekerhaus stammte, nicht aber, dass er approbierter Apotheker geworden war. Sein Publikum konnte davon erst lesen, als er sein autobiografisches Kapitel *In der Roseschen Apotheke* veröffentlichte, zuerst als exklusiven Vorabdruck im April 1895, dann in Buchform im Juni 1898.

Wer Mitte der 1890er-Jahre aber klug über den *Schriftsteller*, als den er sich begriff, zu schreiben vermochte, der erhielt von ihm hohes Lob und aufschlussreiche Selbstbekenntnisse. Einem jungen Literaten dankte er einmal dafür, dass er die literarische Bedeutung seines »Plauder- und Bummelstils« richtig erkannt hatte. Er wisse, so Fontane, dass er sich auf das Schreiben von Dialogen besonders gut verstehe, »während so viele Dialoge« – »selbst angesehener Schriftsteller« – »rein gar nichts sind«. Ja, er sei ein »Portraitist und Causeur«, und seine Kunst sei die Kunst des Plauderns. Er sei auch »stolz darauf«, selbst wenn ihn gelegentlich Zweifel »über die Berechtigung dieses ewigen Plauderns« beschlichen. Ob ein solcher Dankesbrief im Fontane-Stil oder überhaupt die Briefe, die er schrieb, auf eine mögliche Veröffentlichung hin verfasst wurden?

Als Leser von Biografien schätzte Fontane Briefe ungemein. In jüngster Zeit hatten ihn besonders die Briefe des jung verstorbenen Künstlers Karl Stauffer-Bern berührt, veröffentlicht von Otto Brahm unter dem Titel *Karl Stauffer-Bern. Sein Leben, seine Briefe, seine Gedichte* (1892). Auch Kellers Briefe bewegten ihn. Keller war am 15. Juli 1890 nach langer, schwerer Krankheit gestorben, und sein Nachlassverwalter Jakob Baechtold hatte begonnen, eine große auf drei Bände angelegte Biografie zu veröffentlichen. Sie erschien im Verlag von Wilhelm Hertz und trug den Titel *Gottfried Keller's Leben. Seine Briefe und Tagebücher*. War es eine gute Biografie? Fontane hatte mit *Christian Friedrich Scherenberg und das literarische Berlin von 1840 bis 1860* ebenfalls eine gewichtige Biografie vorgelegt, verstand also etwas von der Sache. Nachdem er die ersten 200 Seiten der Keller-Biografie gelesen hatte, schrieb er an Wilhelm Hertz: »[…] *mich* interessirt alles, was aber mehr an mir und an Keller, als an Baechtold liegt. Ich respektire seinen Fleiß, freue mich seiner Huldigung und Liebe, kann aber das Gefühl nicht los werden, daß er, vielleicht aus ›zu viel Liebe‹ was immer schlimm ist, die Sache falsch angefaßt hat.« Baechtold, so meinte er, hätte Keller entweder als »einen Menschen mit all seinen Menschlichkeiten« schildern müssen, auch seinen Schwächen, oder eine kurze biografische Skizze geben und dann Kellers Briefe sprechen lassen müssen.

Nicht nur Briefe, auch Tagebücher zählte er zum biografischen Material. Das Hinzuziehen von Tagebüchern fand er manchmal sogar »das Interessanteste«. Material für eine Biografie ergaben seiner Auffassung nach aber auch »Gesellschaften«, »Citirungen zum Prinzen«, »Besuche«, empfangene »Briefe« sowie ein wiederkehrendes »Gearbeitet, Abendspatziergang, gelesen«. Nicht angemessen, ja sogar schlimm fand er hingegen das Verherrlichen oder das überbordende Kommentieren. Und ganz verkehrt packte der Biograf, die Biografin die Sache an, wenn er oder sie »voll falscher Liebe« oder mit »zu viel Liebe« ans Werk ging.

Weil die guten Einkünfte es gestatteten, leisteten sich Emilie und Theodor Fontane nun mehr Bequemlichkeit. Sommers reisten sie mit Vorliebe nach Kissingen oder, wie im August 1893, nach Karlsbad. Emilie wollte sich dort einer Brunnen- und Moorbadkur unterziehen. *Sie* war leidend, *ihm* hingegen ging es erstaunlich gut. Auch ertrug er in diesen Tagen alles, was schwer war, mit menschlicher Größe. Der Vorabdruck von *Meine Kinderjahre* zum Beispiel war *nicht* zustande gekommen. Rodenberg hatte so massive Streichungen vorgeschlagen, dass er lieber verzichtet hatte (auch auf das Honorar) und zufrieden war, wenn dieses kleine Meisterwerk ohne viel Lärm im Verlag F. Fontane & Co. erscheinen konnte. Statt sich mit Redakteuren zu streiten, war ihm viel wichtiger, dass es Emilie gutging. Er sah, dass sie litt, umsorgte sie und pflegte sie. »Er ist der nachsichtigste u. gütigste Krankenpfleger«, schrieb sie dankbar aus Karlsbad (21. August 1893).

Fürsorge erfuhr auch Martha. Der Vater tröstete die Tochter mit langen Briefen, plagten diese doch seit geraumer Zeit »Schwindel, Angst, Blase«, »Gallenbrechen«, »Migräne«, »versagende Beine«, »Ohnmachtsanwandlungen«, weshalb sie, unter Zuspruch der Eltern, in Behandlung von Prof. Emanuel Mendel getreten war. Dieser hatte nichts dagegen einzuwenden gehabt, dass sie während der Behandlungszeit der erkrankten Mutter bei der Reinschrift der *Kinderjahre* behilflich gewesen war. »Mama diktiert mir die Abschrift«, heißt es in einem Brief an Anna Witte aus jenen Tagen. Oder: »Wir haben bis jetzt fleißig Papas *Kinderjahre* abgeschrieben und jammern, daß wir beim letzten Kapitel sind; unsere Zeit war so gut untergebracht bei der regelmäßigen Beschäftigung.« Martha war dann mit »Mendels Pillen« im Gepäck nach Warnemünde gereist, um durch Orts- und Luftwechsel Erholung zu finden. Doch von Erholung hatte keine Rede sein können, denn Friedrich Wittes Gesundheitszustand machte der Familie größte Sorgen. Eben noch hatte er weite Geschäftsreisen unternommen oder als Abgeordneter im Reichstag gesprochen, jetzt war er schwer krank. Magen- und Prostatakrebs im fortgeschrittenen Stadium. Kaum war Martha nach Berlin zurückgereist, um ihre Behandlung bei Professor Mendel fortzusetzen, war die erschütternde Nachricht eingetroffen, Friedrich Witte sei am frühen Morgen des 31. Juli 1893 gestorben. Der Schmerz war unendlich. Was aber die

Grandhotel und Café Pupp (rechts) in Karlsbad, um 1890

Eltern in Karlsbad nicht wussten: Marthas Zustand verschlimmerte sich, zuletzt verweigerte sie die Nahrung.

Emilie und Theodor Fontane blieben vier Wochen. Sie wohnten in der Hotel-Pension »Silberne Kanne« und führten ein geselliges Leben, sobald es Emilies Befinden wieder erlaubte. Auf der Promenade, in der Konditorei Mannl oder im Grandhotel Pupp sahen sich die Kurgäste gelegentlich nach ihnen um. Denn ging da nicht der gefeierte Schriftsteller Theodor Fontane? Auch Reichskanzler Caprivi und andere Berühmtheiten wurden gesehen. Eine solche »Welt=Gasthaus=Stadt« sei gar nicht so übel, fand Fontane, selbst wenn er wieder lamentierte: »Ich hätte nie geglaubt, daß es so viel Juden in der Welt überhaupt giebt, wie hier auf einem Hümpel versammelt sind.« Er freute sich indes, dass Friedlaenders da waren, mit denen man sich in den »Stunden von 4 bis 6 zu gemeinschaftlichem Concertbesuch und anschließendem Spaziergang« traf. Wurde promeniert, grüßte man dahin und dorthin, und bei einer solchen Gelegenheit geschah es, dass Emilie den Verleger Carl Müller-Grote mit dem Staatsuntersekretär Paul Homeyer verwechselte. »Excellenz«, sprach sie ihn an, und war nur leise irritiert, als er sich so gar nicht an ihre vorjährige Begegnung in »Kissingen« erinnern wollte. Erst als man sich schon wieder verabschiedet hatte, ging ihr ein Licht auf. Ihr Mann, als er von der Verwechslung erfuhr, fand die Szene sehr hübsch. Es sei nur schade, »daß Müller-Grote gänzlich humorlos« sei, »sonst veranstaltete er vielleicht von ›Unterm Birnbaum‹ eine neue Auflage und bemühte sich alte Scharten auszuwetzen«. Das hieß: diesen kleinen, exzellenten Kriminalroman besser zu bewerben und zu verkaufen.

Gegen Ende der Karlsbader Kur traf ein Eilbrief von Friedrich Fontane ein. Martha habe einen Zusammenbruch erlitten. Sofort schrieb der Vater beruhigende Zeilen und kündigte seine Rückkehr an. »Mama [...] wollte gleich mit nach Berlin zurück«, er habe ihr aber zugeredet, die geplante Nachkur bei der Freundin Johanna Treutler nicht aufzugeben, und versicherte: »Ich werde Dich nach Möglichkeit gut zu pflegen suchen« (12. September 1893). Neben Professor Mendel zog der Vater jetzt auch wieder den Hausarzt bei. Es kam statt Dr. Delhaes, der im Urlaub war, seine Vertretung Dr. Georg Anton Salomon. »Salomon war salomonisch«, meldete Fontane erleichert, »alles schlug an: eine Tasse Kaffe belebte sie, kalte Umschläge erfrischten sie, Porter nährte sie (sie war wie verhungert) – so daß sie Sonntag früh wieder anders in die Welt sah« (2. Oktober 1893). Doch immer deutlicher wurde, dass nicht nur der Vater an der Krankheit litt, die er »Nerven-Pleite«, »Nerven-Depression« oder einfach »Depression« nannte. Auch Martha litt an »Depression«, wie die Ärzte bestätigten. Es war schwer, aber zugleich schickte die Familie sich in dieses Schicksal und nahm die guten Stunden umso dankbarer an. Man lebte also, wann immer es ging, ein geselliges Leben, mit Gesellschaften, Theater- und Opernbesuchen. Und wie eh und je kamen Freunde ins Haus, manchmal nur auf einen Sprung, manchmal zum »Mittagbrot« oder »Löffel Suppe«, manchmal zu einem üppigen Diner mit Rehrücken, Rotkohl, Teltower Rübchen, Rotwein und Champagner. Vergleichsweise ging es ihnen ja gut, so sagten sie einander, wenn das Leben zu dunkel schien. Martha hatte sogar geerbt. Denn Friedrich Witte hatte ihr 12 000 Mark hinterlassen, die nun jährlich 600 Mark Zinsen einbrachten. Andere Schriftstellerfamilien hatten es viel schwerer. Das wusste Fontane. Deshalb hatte er schon vor langer Zeit mit den Freunden des »Rütli« die *Berliner Zweigstelle der Schiller-Stiftung* gegründet. Diese Zweigstelle, zu deren Gutachtern er gehörte, unterstützte hilfsbedürftige Schriftsteller und ihre Angehörigen oder Hinterbliebenen. Am 30. November 1893 setzte er sich für den erkrankten Johannes Schlaf ein, der in eine Nervenklinik eingewiesen worden war. Nicht als Gutachter der *Berliner Zweigstelle*, die nur über eine kleine Kasse verfügte, sondern als Erstunterzeichner eines Unterstützungsgesuchs an die gutdotierte *Deutsche Schiller-Stiftung Weimar*.

Der Vorstand der *Deutschen Schiller-Stiftung*, Mitglied war auch Paul Heyse, lehnte dann nicht nur das Gesuch ab, sondern verwarf zudem »die literarische Richtung« des Notleidenden und nannte diese »eine Verirrung des widerwärtigsten Naturalimus«. Auf diese Brüskierung antworteten die Gesuchsteller ebenso scharf. Nun war aus der Fürsorge für einen jungen Schriftstellerkollegen unversehens ein Literaturstreit erwachsen. Der alte Fontane aber – und dafür liebten ihn viele Junge – zeigte, dass er *nicht* schwankte, sobald es galt, human zu handeln und künstlerisch offen zu sein. Er blieb bei seiner Haltung. Kurz nach der Absage aus Weimar (der Zeitpunkt ist unsicher) richtete die Gruppe, zu der nun auch der Maler Max Liebermann zählte, erneut ein Schreiben an eine wohltätige Institution und bat um Hilfe für den erkrankten Johannes Schlaf. Ob mit Erfolg, wissen wir nicht.

Wie aber stand es in diesen Tagen um den »Rütli«? »Der ›Rütli‹ versammelt sich spärlich und wird immer toter«, hatte Fontane Ende 1893 im Tagebuch notiert. Besonders vermisste Fontane Richard Lucae, Bernhard von Lepel und Theodor Storm, dessen unerwarteter Tod im Sommer 1888 ihn tief bewegt hatte. Doch trotz allem: Der »Rütli« lebte noch und traf sich abwechselnd bei Karl Zöllner, August von Heyden, Adolph Menzel oder Theodor Fontane und hielt Kontakt zu Paul Heyse, Moritz Lazarus, Wilhelm Lübke, Otto Roquette und Karl Eggers (Bruder von Friedrich Eggers). Das heißt, meist entschuldigte sich der eine oder andere und zuletzt fiel der »Rütli« ganz aus. Er habe an »beinahe 1000 Rütlisitzungen« teilgenommen, resümierte Fontane, als er Moritz Lazarus zum 70. Geburtstag gratulierte (14. September 1894). Die Freundschaft bewahrte er vor allem Karl Zöllner, auch Paul Heyse (selbst wenn sie literarisch andere Richtungen vertraten) und in komplizierter Weise Adolph Menzel. Mit Moritz Lazarus aber brach Fontane zuletzt. Er warf ihm dessen undurchsichtige Geld- und Häusergeschäfte vor, die Paul Heyse und andere in die Bredouille gebracht hatten. Sehr bitter sollte Fontane darüber urteilen und die Affäre auf die jüdische Herkunft des Freundes schieben.

Andere Kreise als der »Rütli« waren jetzt wichtiger: die Architektenfamilie Fritsch, die Bankierfamilie Sternheim, Paula und Paul Schlenther sowie

Otto Brahm und seine Freunde. Nach einer Abendgesellschaft bei Ehepaar Fritsch, Keithstraße 21, schrieb die Gastgeberin vergnügt: »Fontanes waren bezaubernd, so ausgelassen lustig wie ich sie noch nie gesehn hatte und [...] saßen unaufgefordert bis *1* Uhr. Wir waren ganz begeistert« (4. Juni 1894). Es waren Abende in familiärer Atmosphäre, man aß, trank, plauderte und freute sich auf die Gegeneinladung. So schrieb Fontane bei passender Gelegenheit an die kapriziöse Anna Fritsch:

Berlin 21. Okt. 94.
Potsd. Str. 134. c.

Hochverehrte gnädigste Frau.

Das Haus ist hausfrauenlos, aber trotzdem haben wir den Muth bei Ihnen anzufragen, ob Sie, das verehrte Paar und Fräulein Tochter, uns die große Freude machen wollen, am Donnerstag 6 Uhr mit uns zu essen. Passen Tag und Stunde nicht, so bitten wir ergebenst eine andre Zeit festsetzen zu wollen.

Wir möchten Sie gern mit dem Sternheimschen Paar bekannt machen, rechnen auch noch auf 2 junge Herren, d. h. gute Dreißiger.

In froher Hoffnung und vorzüglicher Ergebenheit

Th. Fontane.

Nicht Emilie, sondern Martha war es, mit der er die Gäste empfangen wollte. Es ergaben sich bei solcher Gelegenheit vielseitige Beziehungen. Und weil Fritsch seit langem mit Paul Wallot befreundet war, dem Architekten des neuen deutschen Reichstagsgebäudes, erhielt Fontane die Einladung zu einer persönlichen Führung kurz vor Eröffnung des Parlaments. »Hochgeehrter Herr«, schrieb er daraufhin an Fritsch. »Das Reichstagsgebäude sähe ich sehr gern und unter Ihrer Führung – sonst ist man immer mehr oder weniger die Kuh vorm neuen Thor – natürlich doppelt gern. Aber ich leide zu sehr unter solchem Wetter, selbst Stube und Bett schützen mich nicht dagegen und so möchte ich denn die Bitte aussprechen dürfen, daß wir es bis auf ›milden West‹ vertagen. Länger als 7 Tage regieren die strengen Herrn nur selten, wenigstens in der Natur« (27. November 1894). Die Schlusssteinlegung erfolgte am 5. Dezember 1894. Ob Fontane den prächtigen Bau vorher noch besichtigen konnte, wissen wir nicht.

Was er aber nicht verpasste, war jener Herrenabend mit Fritsch und Wallot im Apollo-Theater. Dort gab die Shawltänzerin »Miss Poy« ein Gastspiel. »Miss Poy« (eigentlich Miss Eleonora Foy) trat mit einer Tanz- und Akrobatentruppe auf und tanzte in diesem Programm vier Solonummern. Die *Vossische Zeitung* war begeistert: »Sie spricht kein Wort. Sie tanzt den Serpentinentanz mit außerordentlicher Grazie und mit Benutzung eines überaus wirksamen Beleuchtungsapparates. Sehr hübsch, sehr schön gewachsen, gefällig in jeder Bewegung, gewährt sie einen reizenden Anblick, sei es, dass sie in anziehender Stellung als Mondfee in der silbernen Mondsichel auf die Bühne hinabschwebt, sei es, dass sie als farbenprächtiger Schillerfalter über die Bühne flattert.« Dem Publikum verschlug es den Atem, sämtliche Vorstellungen waren ausverkauft. Fritsch, Wallot und Fontane besuchten einen der letzten »Miss Poy«-Abende. Zwei Tage nach dem bezaubernden Tanz- und Lichterlebnis schrieb Fontane an Martha nach Meran (wo sie mit Anna Witte zur Kur war): »Vorgestern habe ich mit Fritsch und Wallot die Shawltänzerin Miss Poy gesehn«, »großartig«! (1. April 1895).

Im Apollo-Theater, Friedrichstraße 218, wurden anderthalb Jahre später erste Kinofilme gezeigt (ab Dezember 1896). Im selben Monat warb der Buchhandel für Fontanes neusten Roman *Die Poggenpuhls*. Nun auch in einer günstigen 2-Mark-Ausgabe zu kaufen.

»Die Poggenpuhls« oder Die Kunst des Erzählens

Seine stupende Begabung war, dass er immer neue Romanideen entwerfen konnte, die *in nuce* bereits das Wesentliche enthielten. Auch besaß er in hohem Maß die Fähigkeit, ununterbrochen und parallel an verschiedenen Projekten zu arbeiten, gleichzeitig am geselligen Leben teilzunehmen, Briefe zu schreiben, jederzeit auf den Familientrubel zu reagieren und immer Anteilnahme zu zeigen. Eines seiner Geheimnisse war vielleicht, dass er zeitlebens an seinen *petites fugues* festhielt, an seinen »allabendlichen Thiergarten=-Rennereien«, wie er sie selbstironisch nannte. Alles entstand aus der Bewegung. Einst war es die Schaukel gewesen, die ihn empfinden ließ, »Dich trägt dein Glück«, dann die Reiselust, das Fahren, das Gehen, jetzt das Spazieren und Flanieren. Auch sein Reden und Schreiben, seine Plauderei entstand ganz aus jener unangestrengten, ziellosen Bewegung. Er lasse sich »auf dem Strom des Unbewußten« treiben »wie ein Rückenschwimmer«, so beschrieb er Anna Fritsch gegenüber seine Art zu plaudern, »nur dann und wann eine Bewegung machend und gänzlich kritiklos darüber verbleibend, wie diese Bewegung ausfällt« (31. Dezember 1893).

Die erste Niederschrift der *Poggenpuhls* lag zu diesem Zeitpunkt bereits vor. Im Sommer 1894, nachdem er das fertige Manuskript von *Effi Briest* an Rodenberg geschickt hatte, kehrte er zu diesem Romanprojekt zurück. »Ich mache mich nun an die Korrektur eines kleineren Romans, den ich ziemlich gleichzeitig mit ›Effi Briest‹ schrieb und der den Titel führt ›Die Poggenpuhls‹«, notierte er im Tagebuch. Er glaubte zu diesem Zeitpunkt noch, dass das Familienblatt *Daheim* den Vorabdruck übernehmen würde. Aber dann bedeutete ihm die Redaktion: lieber nicht. Die »Poggenpuhls«, so Fontane im Tagebuch, »wurden abgelehnt, weil der Adel in dem Ganzen eine kleine Verspottung erblicken könne – Totaler Unsinn. Es ist eine Verherrlichung des Adels, der aber, soviel kann ich zugeben, klein und dumm genug empfindet, um das Schmeichelhafte darin nicht herauszufühlen.«

In Wirklichkeit steht der Roman an Spott, Ironie, satirischem Witz seinem Pendant *Frau Jenny Treibel* in nichts nach. Erstaunlich aber ist, dass Fontane diesen Ton nach der tiefen Krise von 1892 nicht nur wiederaufnehmen konnte, sondern ihn sogar noch feiner, subtiler, kunstvoller beherrschte. Die Anregung zu dem Werk verdankte er in Teilen Georg Friedlaender. Friedlaender hatte in der *Vossischen Zeitung* ein Feuilleton über das winterliche Krummhübel und die »Brotbauden-Gegend« veröffentlicht. Wenn hier alles tief verschneit lag, so verriet der Artikel, hier, wo »allherbstlich Theodor Fontane« Urlaub machte, dann kamen die Wintersportler zum Hörnerschlittenfahren. Man fuhr dann gruppenweise im Pferdeschlitten hinauf bis zur Prinz-Heinrich-Baude (1420 m), verbrachte dort bei einem Imbiss heitere Stunden, bevor die rasante Abfahrt etwas seitab, beim »Mittagsstein«, ihren Anfang nahm. Mutig setzten sich die Hörnerschlittenfahrer »in die Mitte des winzigen Gefährts« und fuhren dann »pfeilschnell« und schneestiebend den steilen Hang hinunter, an der Schlingelbaude (1067 m) vorbei bis nach Krummhübel (700 m). Eine herrliche Fahrt, »acht Kilometer« in »17 Minuten«! So stand es in dem Artikel, und so las es Fontane beim Frühstück, nicht ohne ein gewisses Grauen, stellte er sich doch vor, dass man bei solcher Fahrt leicht aus der Bahn geworfen werden und unter dem Mittagsstein in den Kleinen Teich stürzen konnte. »Heute früh brachte die Vossin

Theodor Fontane am Schreibtisch sitzend, Berlin, 1894

Ihren Aufsatz«, schrieb er an Friedlaender. »Sehr gut, sehr nett, auch besonders darin, daß Sie die eigentliche Hörnerschlittenfahrt, über die man neuerdings so mancherlei gelesen, auf ein Minimum beschränkt und die Winterlandparthie zur Hauptsache gemacht haben.« Zur selben Zeit saß er an den *Poggenpuhls* mit den Schauplätzen Berlin und »Brotbauden-Gegend«, in die er ein fiktives »Adamsdorf« hineinkomponierte und wo außerdem »eine Partie nach der Heinrichsbaude« mit gefährlichen »Hörnerschlittenfahrten« eine entscheidende Rolle spielt.

Mitte November 1894 war der Roman fertig. Wie die jüngere Forschung festgestellt hat, ist das schmale Werk stark autobiografisch durchwirkt. Das gilt für die Schauplätze, für die Figurenkonstellationen, den Ton, die Form und nicht zuletzt für die poetische Selbstreflexion. In den *Poggenpuhls* gewährt Fontane nämlich Einblick in seine Werkstatt und zeigt uns, wie er vorgeht. Dazu gehört das unerschrockene Hinschauen und das Verwandeln von Schmerz, Angst, Gleichgültigkeit in Schönheit, Leichtigkeit, Poesie und Witz. Denn wenn die Gegend des Riesengebirges im Roman als eine märchenhaft schöne Winterlandschaft wiederkehrt, dann spricht Fontane zugleich von jenem Ort, wo ihm in seiner Krankheitszeit größte Gefahr gedroht hatte. Im 10. Kapitel des Romans, das in der Nähe von »Schmiedeberg« spielt, wird von Lebensgefahr und Rettung fast im selben Atemzug erzählt. Gerettet wird die junge Künstlerin Sophie von Poggenpuhl, die bei der Hörnerschlittenfahrt oben am Mittagsstein vom Rodelweg abkommt und in den Kleinen Teich zu stürzen droht. Ihr Retter ist der Schmiedeberger Assessor, der mit einem geschickten Schlittenmanöver Schlimmeres verhütet, so dass Sophie mit einem »Oberschenkelbruch« davonkommt. Jetzt, wo sie wochenlang »ruhig liegen muß«, der Doktor aber »freie Bewegung« der Arme gestattet, wird sie von ihrer begüterten Verwandtschaft beauftragt, Skizzen zu verfertigen für die Ausmalung der protestantischen Kirche von Adamsdorf, »und zwar sollen in all die tiefer liegenden Felder, die sich um die Kirchenempore herumziehen, auf Holz gemalte biblische Bilder eingelassen werden, jedes etwa von der Größe eines zusammengeklappten Spieltisches« (die »sonderbare Maß- und Größenangabe« eine Anspielung auf den Spieltisch, den Fontane offenbar von seinem Vater her besaß). Wie Sophie dann die Aufgabe angeht und in Briefen an die Mutter erläutert, könnte geradeso gut die Erläuterung von Fontanes künstlerischem Verfahren sein. Denn es besteht wie dasjenige von Sophie von Poggenpuhl darin, einen realen Ort, eine Figur, ein Bild in eine neue Landschaft, in eine neue Umgebung zu transponieren und in ein neues Licht zu setzen. Man kann es Verklärung, Poetisierung, Transzendierung nennen, im Bewusstsein, dass Fontane ein fast aberwitziges Spiel treibt mit Brechungen, Spieglungen, Reflexionen.

Im »Hochsommer« ist Sophie von Poggenpuhl dann so weit genesen, dass sie wieder an Fahrten ins Gebirge teilnehmen kann. »Abwechselnd fuhr man bis Schreiberhau oder Hermsdorf oder Krummhübel, um dann von diesen Punkten aus höher ins Gebirge hinaufzusteigen, nach Kirche Wang oder dem Mittagsstein, oder selbst bis zu den Schneegruben.« Bei diesen Ausflügen hat die junge Künstlerin immer ihr Skizzenbuch zur Hand und skizziert »irgendeine Szenerie für ihre alttestamentlichen Bilder«. Denn sie versucht »die Aufgabe ganz neu zu lösen«, statt »Judith und Holofernes« oder »all dergleichen« zu malen, wählt sie Bibelszenen, in denen »das Landschaftliche vorherrscht«. Sie lässt deshalb oben im Gebirge ihren Blick schweifen – die Bibelszenen im Kopf, die sie malen will – und sagt sich: »Das ist Abrahams Grab, das ist der Sinai, das ist der Bach Kidron.« Den ganzen Sommer über arbeitet sie in dieser Weise an ihren Bildtafeln. »Onkel Eberhard«, so heißt es im 12. Kapitel, »freute sich aufrichtig am Fortschreiten der Arbeit und versicherte jeden Tag, daß er nie geglaubt hätte, von einer solchen Sache soviel Freude haben zu können. Er erging sich dann auch in wohlgemeinten Äußerungen über Künstlerleben überhaupt und nahm alles zurück, was er in seinen früheren Jahren darüber gesagt hatte. ›Man kann darüber lachen, aber es ist doch immer eine kleine Schöpfung. Und schaffen macht Freude. Wenigstens kann ich mir nicht denken, daß Gott die Welt aus Verdrießlichkeit geschaffen hat.‹« Sophie antwortet: »Mancher sieht doch so aus, Onkel.« Worauf er zugibt: »Ja, Fiechen, da hast du recht. Mancher sieht so aus. Aber was kommt nicht alles vor! Und das einzelne beweist nichts. Das ist ein fataler Zug jetzt bei den Menschen, daß sie den Ausnahmefall zur Regel machen wollen. Und wenn sie sich dabei nur was Hübsches aussuchten! Aber nein, was recht Häßliches muß es sein. 's war freilich vor dreißig Jahren auch nicht viel besser. Ich hab es noch erlebt, wie das mit den Affen aufkam und daß irgendein Orang-Utang unser Großvater sein sollte. Da hättest du sehen sollen, wie sie sich alle freuten. Als wir noch von Gott abstammten, da war eigentlich gar nichts los mit uns, aber als das mit dem Affen Mode wurde, da tanzten sie wie vor der Bundeslade.«

Gespräche wie diese sind charakteristisch für *Die Poggenpuhls,* dieser Romankomödie mit Hintersinn. Gespräche machen überhaupt einen wesentlichen Teil der *Poggenpuhls* aus, dann auch Briefe und Karten, die in Kapitel 12 und 13 praktisch ohne Erzählerbericht den Gang der Handlung vermitteln. Es fügt sich dabei alles so leicht und selbstverständlich ineinander, als hätte der Autor darauf verzichtet, gestaltend einzugreifen. Als hätte er also genau das Verfahren praktiziert, das er als die »Kunst des Erzählens« begriff. Über diese Kunst hat Fontane oft nachgedacht, sich an verschiedenen Stellen dazu geäußert, aber nie einen theoretischen Essay veröffentlicht. In einer Fragment gebliebenen Handschrift um die Zeit von 1890 skizzierte er seine Idee der Erzählkunst so: »Es wird so viel nach Gesetzen, nach einem Normal-Rezept gesucht und doch ist die Sache grundeinfach«, denn im Wesentlichen sei es wie beim »Drama«. Ja, »wer Menschen zu schaffen und diese geschaffenen Menschen in natürliche Beziehungen zu einander zu bringen weiß, der schreibe, der versteht sein Metier. – Ganz wie beim Drama: Charakter und Situationen. – Versteht er außerdem zu componiren, grad aufs Ziel loszugehn statt abzuschweifen, zu plaudern statt zu dociren, und den Geist der Freiheit und des Humors über Allem walten zu lassen, so werden seine Triumphe wachsen, aber wahre Menschen und gesunde Situationen bleiben die Hauptsache, sind das Fundament. Ob ich als Puppenspieler hinter der Coulisse bleiben oder alle Augenblicke philosophirend oder erklärend vortreten will, ist gleichgültig.« Wichtig sei, dass »eine reiche, starke, liebenswürdige Persönlichkeit« zum Ausdruck komme und dass wir »dem, was sich da vor uns vollzieht, in jedem Augenblick unter freudiger Zustimmung *folgen* können«: »Auf dies Folgen=können, kommt es an. Man gleitet in einem Kahn den Fluß hinunter, immer angeregt, immer befriedigt durch die Bilder am Ufer. Stockt die Fahrt, geräth der Kahn auf eine Sand-Bank, so darf dieser Zwischenfall nicht lange währen; währt er nur kurze Zeit, so kann er den Reiz der Fahrt erhöhn.«

In den *Poggenpuhls* ist der Erzähler oder »Puppenspieler« mehr »hinter der Coulisse«, lässt sich aber mindestens zu Beginn deutlich vernehmen. Und so erfahren wir, dass die Poggenpuhls eine verarmte pommersche Adelsfamilie sind, die in Berlin an der Großgörschenstraße in bescheidenen Verhältnissen lebt. Die Majorin von Poggenpuhl, aus einem protestantischen Pfarrhaus stammend, ist eine jener Kriegswitwen, die nach dem historischen Sieg von Sedan (ihr Mann fiel schon bei Gravelotte) gesellschaftlich in Vergessenheit geraten sind. Wie sie sich bei der schmalen Offizierspension mit ihren fünf Kindern bis ins Jahr 1888, der Zeit der Romanhandlung, durchbringen konnte, bleibt das Geheimnis des Erzählers. Jetzt sind die Kinder erwachsen: Therese, dreißig, hält die Fahne der adligen Poggenpuhls hoch, Sophie, Mitte zwanzig, hilft mit ihrem Talent, das Familienbudget aufzubessern, Manon, 17, hofft, ihren Bruder Leo, Offizier und »Liebling aller«, mit der jüdischen Bankierstochter Flora Bartenstein zu verkuppeln. Alle drei Schwestern Poggenpuhl aber setzen zugleich auf Wendelin, ihren älteren Bruder, der eine Militärkarriere machen und in den Generalstab kommen soll. Außerdem glauben sie, in ihrem Onkel, dem Generalmajor a. D. Eberhard Pogge von Poggenpuhl, einen Erbonkel zu haben. Aber nichts von all diesen Hoffnungen und Wünschen erfüllt sich. Der kleine Geldsegen kommt zuletzt, als der Onkel stirbt, von dessen Witwe, einer Bürgerlichen, und reicht gerade so weit, dass keine Katastrophen ausbrechen. Und so bleiben nur die kleinen Katastrophen, etwa, dass das Ölbild »Überfall von Hochkirch«, wo im »Pulverqualm« der halbbekleidete Major Balthasar von Poggenpuhl im Gefecht aushält (»bis er mit unter den Toten lag«), dass also dieses Ölbild immer wieder übers Sofa hinabgleitet, weil der Rahmen zu groß und zu breit, die Wand zu schadhaft und der Nagel, dran es hängt, zu schwach ist. »Gott«, seufzt jeweils Friederike, die treue Haushälterin, wenn sie Staub wischt, »... es sitzt nich und sitzt nich.«

Es ist ein durchwegs politischer Roman, thematisiert doch Fontane mit den *Poggenpuhls* den Niedergang des Adels als politischer und militärischer Stand sowie die Stagnation der preußischen Gesellschaft. Doch sind seine Figuren Therese, Sophie, Manon und Leo von Poggenpuhl ganz sympathische junge Leute (Wendelin tritt nicht auf), die sich längst nicht geschlagen geben. Sie halten zusammen. Wie jeder Familienclan.

Als die ersten Kritiken zu den *Poggenpuhls* erschienen, freute sich Fontane, weil er sich als Künstler verstanden fühlte. An Ernst Heilborn, der das Werk sehr zustimmend besprochen hatte, schrieb er: »Herzlichen Dank. Daß kundig-freundliche Beurtheiler wie Sie, wie Schlenther über die Stofflosigkeit hinwegsehen und das, woran mir lag, liebevoll betonen würden, – das wußte ich. Aber Sie haben gütigen Auges noch mehr entdeckt, mehr als mir selber recht klar war und dafür danke ich Ihnen noch ganz im Besondren. Es ist gewiß richtig, daß das Colonistische, die Familie, die Sippe, der Clan in alles was ich schreibe hineinspielt und es ist zweimal richtig, daß viele meiner Figuren nach dem Bilde meines Vaters – mit dem ich übrigens selbst viel Ähnlichkeit habe, nur daß er naiver war – gearbeitet sind. Sie haben mich sehr erfreut. Nochmals meinen Dank« (16. Januar 1897).

Originelle Figuren wie Onkel Eberhard von Poggenpuhl sind es, die beim Leser das Bild des Vaters hervorrufen, gleicht er doch dem Vater, wie ihn Fontane in den *Kinderjahren* gezeichnet hat. Fontane selbst aber dachte eigentlich, wie den ersten Entwürfen zu entnehmen ist, ebenso sehr an Kommerzienrat Georg Friedrich Treutler, den Gatten von Johanna Treutler, der 1891 verstorben war. Auch andere Personen aus seinem Familien- und Freundeskreis hat er in die Erzählung eingeschrieben. Georg und Elisabeth Friedlaender erscheinen als »Amtsgerichtsrat und seine Frau«, bei Bartensteins hängen Bilder von »Menzel«, und nach einem Theaterabend wird die Verlobung von Paula Conrad und Paul Schlenther zum besonderen Gesprächsstoff.

Paul Schlenther war einer der Ersten gewesen, der *Die Poggenpuhls* rezensiert hatte. Das Rezensionsexemplar hatte ihm Fontane selbst zugeschickt – mit der selbstironischen Eigenwerbung, das Buch habe »zwei Tugenden«: »Erstens ist es kurz und zweitens wird nicht drin geschossen.« Bei einem

Bekannten und Leser warb Fontane hingegen mit dem Hinweis, der kleine Roman spiele »dicht an der Potsdamerstraße und im Hirschberger Thal«: »Inhalt nicht vorhanden, aber der Ton ist vielleicht getroffen.« Anfangs noch unsicher, wie Kritik und Lesepublikum reagieren würden, konnte er schließlich sehr zufrieden melden: »An den ›Poggenpuhls‹ habe ich, über Erwarten, viel Freude. Daß man dies Nichts, das es ist, um seiner Form willen so liebenswürdig anerkennt, erfüllt mich mit großen Hoffnungen, nicht für mich, aber für unsere liter: Zukunft.«

Briefgespräch mit Sohn Theodor

Mitte März 1890 war Theodor Fontane jun. von Münster nach Karlsruhe versetzt worden. Der Vater hatte ihm bei dieser Gelegenheit geschrieben, er nehme an, das bedeute »einen Fortschritt in der Carrière«, sei also »Etappe nach Berlin«. Ein Jahr später war der Sohn auch wirklich ins Kriegsministerium berufen worden und mit seiner Frau Martha, Sohn Otto und dem Töchterchen Gertrud nach Berlin übergesiedelt. Die junge Familie hatte dann in der »Friedrich Wilhelmstr. 10 III.« eine Wohnung bezogen, ganz in der Nähe der (Groß-)Eltern Fontane. Von da an sah man sich häufig und verkehrte gelegentlich im selben Freundeskreis.

Im April 1894 wechselte Theodor Fontane jun. im Auftrag seiner Behörde nach Hannover. Wie es wohl den Enkelkindern gehe, besonders Otto, wollte Fontane sen. wissen: »Otto, wenn ich in die Hinterstube gehe, sieht mich aus seinem großen Rahmen jedesmal fragend an, (er war damals glaub ich 2 Jahre); die späteren sehr hübschen Bilder hängen bei Meten in der kleinen Stube.« Im selben Brief schrieb der Vater auch: »Von den ›Zwanglosen‹, trotzdem sie mir gegenüber bei Fredrich [Restaurant] tagen, kriege ich keinen zu sehn; nur von Schlenther lese ich in der Vossin. Dann und wann stürzt Welti wie ein schweizerischer Struwelpeter an mir vorüber. Brahm ist in Kissingen, in etwa 2 Monaten macht er seine Bude auf; er hat sehr gute Kräfte engagirt: Kainz, Reichner, Rittner, die Sorma und die Elmenreich. Mit den Traditionen der ›Freien Bühne‹ wird er wohl brechen müssen.« Als Nachtrag schließlich die Mitteilung, Martha Robert, die sich wieder verheiratet hatte und jetzt in Sagan lebte, hätte sie besucht: »[S]ie erwartet ihr drittes Kind; in diesem Punkte scheint v. Neve kerngesund. Sie sah recht gut aus, ein wenig mütterlich und angegriffen. Mama grüßt. Grüße Frau und Kinder. / Wie immer Dein alter / Papa« (18. Juni 1894).

Der Vater, wenn er dies und das erzählte, führte plaudernd das Gespräch fort, das sie sonst mündlich zu führen pflegten. Denn es verband ihn mit Sohn Theo das gemeinsame Interesse für das aktuelle Literatur- und Theatergeschehen, der Kreis der »Zwanglosen« und der gemeinsame Freund Otto Brahm. Dieser bereitete gerade eine Theaterrevolution vor, wie Fontane ahnte. Als designierter Leiter des Deutschen Theaters wollte er mit einem starken Ensemble in seiner ersten Saison zuerst Schillers *Kabale und Liebe*, dann aber gleich Hauptmanns Sozialdrama *Die Weber* aufführen. Das Stück war lange Zeit polizeilich verboten gewesen, der Theaterskandal also vorprogrammiert.

Als Gegengabe für die Berliner Neuigkeiten erhielt der Vater vom Sohn »Ranglisten« verschiedener deutscher »Armee-Corps«, Listen, die Fontane mit Vergnügen durchstudierte. Gerade wenn in Berlin alles still war, alles ausgeflogen und in der Sommerfrische. Sein Tagesablauf sehe jetzt so aus, schrieb er nach Hannover: »Vormittags Arbeit und Nachmittags 2 stündiger Spaziergang und Beides eingekeilt zwischen Vossin Morgen= und Abendblatt, dabei läßt sich schon leben« (12. August 1894).

Als ihm gegen den Winter, zum 75. Geburtstag, die Ehrendoktorwürde verliehen wurde, freute das Fontane sehr. Dem Sohn schrieb er drei Tage nach der Verleihung (und nach einem festlichen Diner bei Paul Meyer mit den »Zwanglosen«): »Der Hauptredner, nach Form und Inhalt, war Prof. Erich Schmidt. Schlenther assistirte. Für die Damen [Emilie und Martha], die schon seit 8 Tagen davon wußten, war es von Anstrengung; über mich zog es hin wie ein Maigewitter, Blitz, Schlag und dann wieder blauer Himmel.« In einem Postskriptum fügte er hinzu: »Friedel, in Frack und weißer Binde bedeckte sich mit Ruhm.« Auch wenn er leise scherzte, der Ehrendoktortitel bedeutete ihm viel, nicht zuletzt Sohn Theo gegenüber, dem Einzigen in der Familie, der ein Universitätsstudium vorweisen konnte und einen Titel trug, was Fontane nicht zu vergessen pflegte, adressierte er doch seine Briefe an diesen durchwegs mit »Herrn Intendanturrath Fontane«. Die Verleihung der Ehrendoktorwürde blieb auch in den weiteren Briefen an Theo eine kleine Plauderei wert. »Zwei, drei Tage später«, so schrieb ihm der Vater, »kam auch Onkel Sommerfeldt, um zu gratuliren. Er wiederholte mehrere Male: ›wenn es ein Orden gewesen wäre, wäre ich *nicht* gekommen.‹ Eine etwas eigenthümliche Fassung. Aber darum keine Feindschaft nich. Er war auch sonst ganz nett. An seinen Jungens hat er wenig Freude; auch mit [Sohn] Max steht es sehr schlecht. Die Schwiegersöhne sind gut, aber gefallen ihm auch nicht« (1. Dezember 1894). Mit solch kleinen Spitzen ließ er durchblicken, dass er mit seinen eigenen Söhnen eigentlich ganz zufrieden war. Ja, auch mit seinem Jüngsten. »Friedel«, erfuhr Theo durch den Brief des Vaters, »verlegt tapfer weiter. Ich war anfangs gegen diesen Großbetrieb und gegen den Wettbewerb mit den reichsten und angesehensten Firmen. Er hat aber in dieser Streitfrage recht behalten, und wie ich hinzusetzen muß, nicht bloß durch Glück, sondern auch durch Fleiß, Umsicht, Geschicklichkeit« (6. Mai 1895). Auf dem Gebiet der Belletristik sei er der »Nummer-1-Verleger« geworden, jedenfalls nach seiner Kenntnis (tatsächlich war es Samuel Fischer).

Zur selben Zeit sorgte sich Fontane um seinen Enkel Otto, von dem die Eltern berichtet hatten, er leide an einem schlimmen Husten. Auch Sohn Theo war leidend. Abwechselnd plagten diesen Rückenschmerzen, Magenverstimmung, Zahnschmerzen, zuletzt war von Überanstrengung die Rede gewesen. Ein Kuraufenthalt an der Nordsee beseitigte das Hustenleiden von Klein Otto, aber die Nachrichten von Theo blieben gleichbleibend schlecht. So schrieb ihm der Vater: »Deine Unterleibszustände scheinen mir durchaus auf Karlsbad hinzuweisen und mit Deinem Arzte drüber zu sprechen, dürfte sich empfehlen. Gerade wenn eine Krankheit sich erst anmacht, kommt man ihr am besten bei und Karlsbad – überhaupt ein Wunderbad – thut gerade dann sein Glänzendstes. Die Kosten sind nicht groß, jedenfalls nicht größer als irgendwo anders. Ich hielt es doch für gerathen, Dich auf diese Dinge aufmerksam zu machen; hinterher wenn man seinen Knax weg hat, helfen die Kuren nur noch halb« (22. September 1895). Wenige Wochen später ließ der Vater dem Sohn ein druckfrisches Exemplar von *Effi Briest* zukommen und schrieb dazu: »Genieße Effi mit Maß und vor allem mit Gesundheit« (18. Oktober 1895). Im selben kleinen Brief gedachte er in wenigen Worten und sichtlich erschüttert des Todes von Hans Hertz. Der junge Hans Hertz war am 15. Oktober tot in seiner Lichterfelder Wohnung aufgefunden worden. In einer dunklen Stunde hatte er sich, für alle unerwartet, das Leben genommen. Es war eine große Tragödie. Denn Hans Hertz war nicht nur ein guter Verleger, sondern auch ein enger Freund gewesen. Die Nachricht muss auch Theo jun. sehr getroffen haben.

In den Tagen vor Weihnachten 1895, als Fontane seinen ersten wirklichen Erfolg mit *Effi Briest* feierte, erlitt Sohn Theo, dessen Zustand sich offenbar weiter verschlechtert hatte, einen psychischen Zusammenbruch. Näheres wissen wir nicht. Doch schrieb ihm die Mutter am Weihnachtstag, kaum war die Nachricht eingetroffen: »Es stimmt uns sehr traurig, Dich in solch kläglicher Nervenverfassung zu wissen u. bitte ich Dich dringend, ja Alles zu thun, was Dir der Arzt vorschreibt. Als Trost kann ich Dir nur sagen, ich bin gewiß, daß Du dieser Nervenverstimmung Herr werden wirst, haben wir doch in Meten das glänzendste Beispiel vor Augen. Vielleicht kommst Du einmal her u. consultierst Mendel, der sich für Dich als ein ›Fontane‹ sehr interessieren würde u. dem Mete gerade nach der Richtung des Psychischen so viel verdankt, auch Dir wahrscheinlich von großem Nutzen sein könnte. / Ich schreibe diese Zeilen in der natürlichen Erregung in der mich Dein Brief versetzt hat u. denke vorläufig nur an Dich und die Mittel Dir zu helfen« (25. Dezember 1895).

Auch der Vater griff zur Feder, diesmal, um sich klar abzugrenzen – so wie er es ähnlich gegenüber Tochter Martha einmal getan hatte (»Der Kranke hat sein Recht, aber der Gesunde noch mehr, denn er hat [...] zu arbeiten und Aufgaben zu erfüllen«). Der Brief an Sohn Theo war aber ein Brief von Mann zu Mann und daher ohne Pardon. Dabei spricht weniger der Vater als der Schriftsteller, der Autor von *Effi Briest*: ein Mann mit starkem *élan vital*, eine Künstlerpersönlichkeit. Er schrieb also mit geballter Kraft und einer guten Portion Aggression, denn Theos Brief hatte ihn nicht wenig erzürnt. »Mein lieber alter Theo«, schrieb er ihm gleichzeitig wie Emilie, aber in einem separaten Brief: »Heute früh kam Dein Brief, der uns allen einen gelinden Schrecken eingejagt hat.« Dann stellte er richtig, dass der Gedanke »Unsinn« sei, er, der Vater, grolle aus irgendeinem Grund mit dem Sohn und habe ihm deshalb länger nicht geschrieben. Es sei »Unsinn«, weil er kein »Muffelpeter« sei und daher »andauerndes Verstimmtsein oder Übelnehmen« überhaupt nicht kenne. »Nur sehr selten in meinem Leben«, so meinte Fontane sen., »haben mich Dinge beleidigt oder schwer verdrossen, in welchen Fällen ich immer kurzen Prozeß gemacht und jede Beziehung abgebrochen habe.« Auf eine sich hinschleppende stille Fehde habe er sich nie eingelassen. »Ich trenne mich von Menschen oder, wenn ich mich *nicht* von ihnen trenne, so lebe ich in Frieden mit ihnen und verwinde kleine und selbst große Unannehmlichkeiten, die ja nun mal nicht aus der Welt zu schaffen sind.« Er habe allerdings »immer eine freie Rückzugslinie« gehabt. »Beamte, Offiziere, Kompagnons, die zugleich Vettern und Vermögensteilhaber sind, können sich diesen Luxus meist nicht gönnen; ich wäre, wenn ich dergleichen hätte durchmachen müssen, längst tot.« Und dann nannte er den Grund seines Schweigens: »Der Grund, warum ich Dir den zugesagten längeren Brief nicht stiftete, war einfach der, daß ich seit vier oder fünf Wochen wie toll gearbeitet und in dieser verhältnismäßig kurzen Zeit einen ganzen Roman niedergeschrieben habe. Ist man mal im Zuge, so darf man sich nicht unterbrechen, man kommt in die entsprechende Stimmung fast nie wieder hinein und hat für die Arbeit, die einen gerade beschäftigt, einen schweren Schaden davon.« Auch andere nötige Briefe oder Besuche habe er unterlassen müssen, man werde es ihm wohl übelgenommen haben, »aber ich mußt es darauf ankommen lassen«. Alles lasse sich nicht zwingen. »Und nun Dein Zustand«, fuhr er fort, »der uns Sorge macht.« Er bilde sich ein, »auch ein Stück Doktor zu sein«. Vom Kranken dürfe man nicht »Kraft- und Überwindungsleistungen« fordern, zu denen selbst der Gesunde nicht fähig sei, der Kranke müsse »nach dem Maße seiner geschwächten Kraft« gemessen werden. Wichtig sei aber, dass der Leidende trotz allem bemüht sei, sich seelisch richtig zu stellen: »Er muß die Fähigkeit haben, den gesunden Menschen in sich auszuscheiden und diesen gesunden Menschen neben seinem kranken beständig hermarschieren zu lassen, immer zuredend, beschwichtigend, bekämpfend.« Und auf Theo bezogen: »Glückt es Dir, unter möglichster Bekämpfung oder Leichtnehmung des Ich, mit freien, aus einem richtigen Leben abstrahierten Vorstellungen an Dein Spezialleiden heranzutreten, so hast Du schon ½ gewonnen. Mit Pillen und Mixturen ist gar nichts zu machen und mit dem Genfer See womöglich noch weniger.« Was er brauche, sei »Dienstag und Freitag eine Kegelpartie mit drei sehr klugen, sehr witzigen und sehr liebenswürdigen Menschen«, dann sei er »in drei Monaten so gesund wie der Fisch im Wasser«. Denn: »Das Wichtigste für den Menschen ist der Mensch, da liegt nicht bloß sein Glück, da liegt auch seine Gesundheit. Ich theoretisiere hier nicht, ich bin Praktiker.«

Im Frühjahr 1896 wurde Intendanturrat Theodor Fontane zurück nach Berlin versetzt. Die Familie wohnte jetzt in der Würzburger Straße 20, ganz in der Nähe des Wittenbergplatzes. Am 23. Mai 1896 kam das dritte Kind zur Welt, ein Töchterchen und auch eine Martha. Der Familienkorrespondenz ist zu entnehmen, dass alle Fontanes sich häufig sahen und meist voneinander wussten, wer krank, wer gesund, wer glücklich und wer unglücklich war. Fontane sen. machte in den ersten Monaten, als Sohn Theo wieder da war, noch einmal sehr deutlich, wie verschieden sie beide waren, Vater und Sohn: »Er [Theo] ist Programm=Mensch, preußisch=conventionell abgestempelter Prinzipienreiter, zum Ueberfluss auch noch Biedermeier mit 'ner Hängelippe«, schrieb er an Tochter Martha, die wusste, dass ihr Bruder in irgendwelchen Misslichkeiten steckte. »Er wird«, so wiederholte der Vater, »weiter ›einkaufen‹ und in allerhand Kassen zahlen, Geheimer Kriegsrath werden und den Rothen Adler 2. Klasse kriegen und schließlich [...] mit dem Preußenmotto sterben: ›ich habe meine Schuldigkeit gethan.‹ In mir wird das Aufbäumen gegen all diese Herrlichkeit immer größer und vielleicht schnappe ich in meinem wachsenden demokratischen Weltbürgerthum noch über« (10. Juni 1896).

Theo jun., 39, unternahm dann im selben Sommer mit dem jüngeren Bruder Friedel, 31, eine große Wander- und Gebirgstour. »Wenn er jeden Tag 4 Meilen marschirt, 4 mal frühstückt und vespert, und je nach Tageszeit 1 bis 4 Pilsner dazu trinkt, so ist er in 14 Tagen genesen«, so hatte der Vater prophezeit. »Die beiden Söhne sind seit Sonntag von ihrer Tiroler Reise zurück. Sie waren bis ganz in der Nähe von Tarasp [im Unterengadin]. Die beiden übereinander sprechen zu hören, ist ein Hochgenuss für Götter. Der eine hat die Ueberlegenheit des ehemaligen primus omnium, der andre die der Berliner Wurstigkeit. Bildung und Lebenspraxis stehen sich halb feindlich gegenüber. Sie haben sich aber beide gut vertragen« (18. August 1896). Theo jun., so scheint es, entdeckte jetzt, dass er sich in den Bergen besser erholte als an der Nordsee, wo er früher hinzureisen pflegte. Mit seiner Familie fuhr er sommers nun in die Schweiz, weshalb ihm der Vater schrieb: »Schweiz, Italien, Paris muß man gesehen haben, das ist man sich schuldig, und ein ›Intendant‹ erst recht; aber das vergnügliche Reisen, von dem man menschlich 'was hat, liegt doch wo anders. Stille Plätze, wenig Menschen, ein Buch, ein Abendspaziergang über die Wiese, mit andern Worten: die kleine Lehrersommerfrische.« Es war dies die Einsicht des Weitgereisten, der von Culloden bis Capri alles gesehen hatte. Sohn Theo stand aber an einem anderen Punkt. Das mit dem »Buch« war jedoch richtig. Theo war ein Leser und las alles, was der Vater schrieb. Ob er sich in Innstetten (*Effi Briest*) oder Wendelin (*Die Poggenpuhls*), der eine wie der andere ein sogenannter Prinzipienreiter und Karrieremensch, in einzelnen Zügen wiedererkannte wie Martha in der Figur der Corinna (*Jenny Treibel*)? Innstetten, so hatte Fontane von seinen Leserinnen hören müssen, sei ein »altes Ekel«. Worauf der Autor zu entgegnen pflegte, dass, »wenn dies gelten soll, alle Männer eigentlich ›alte Ekels‹ sind, was vielleicht richtig ist, aber doch einer etwas strengen Auffassung entspricht«. Alle Männer. Sosehr er sonst Partei für Frauen wie Effi Briest nahm, so sehr verteidigte Fontane hier Männer wie Innstetten. Männer wie sein Sohn Theo. Gelegentlich aber stutzte er doch. Prediger Neßler von der französisch-reformierten Gemeinde, so hatte Martha dem Vater geschrieben, sei Theo und seiner Frau »nicht fromm genug«. »Du hast Recht«, hatte Fontane sen. daraufhin geantwortet, »es ist starker Toback, daß ich so was an *meinen* Kindern erleben muß. Denn daß Theo mein Sohn ist, ist mir trotzdem ganz gewiß, nicht aus Vertrauens- sondern aus Erscheinungs-Rücksichten.«

»Der Stechlin« und die Autobiografie »Von Zwanzig bis Dreißig«

Vor Weihnachten 1895 hatte Fontane tatsächlich »wie toll« an der Arbeit gesessen. Nur kurze Dankesbriefe waren weggegangen für das hohe Lob, das ihm von allen Seiten für *Effi Briest* gespendet worden war. Wenn er es sich erlauben konnte, vertröstete er jedoch. An Paul Schlenther schrieb er fast wie an Theo: »Ich bin bei zwei letzten Kapiteln eines kleinen *politischen* (!) Romans, den ich noch vor Weihnachten beenden möchte, also in großer Aufregung und knausriger Zeitausnutzung« (21. Dezember 1895).

Auch wenn ihn das Lob für *Effi Briest* beflügelte und *Die Poggenpuhls* gute Reaktionen versprachen – zur Jahreswende erschienen die letzten Folgen des Vorabdrucks –, die Schreibbedingungen waren wegen familiärer Sorgen erschwert. Sohn Theo in Hannover war zwar weitab, aber Martha, 35, lebte diese Wintersaison bei den Eltern und fand sich im Zusammenleben mit der Mutter nicht zurecht. Die beiden Frauen lagen in einer stillen, manchmal auch offenen Fehde. »Bei uns sieht es nicht schön aus«, schrieb Martha an Anna Witte nach Rostock. »Freilich nur durch Mama's Stimmung, denn an u. für sich liegt keine wirkliche Calamität vor. […] Wie schwer es ist mit Mama und ihrer Leber zu leben, davon machst Du Dir gar keine Vorstellung. […] Ich kann mich kaum entsinnen, außer im Jahre 92, mich so un-

79. Band. Vierzigster Jahrgang. Oktober 1897–1898.
Erscheint jeden Sonntag.
Preis vierteljährlich 3.50 M. Mit Postaufschlag 3.75 M.
Redakteur: Ernst Schubert in Stuttgart.

Inhalt: „Stechlin", Roman von Theodor Fontane. – „Jahrmarktsbummel", Skizze von Adele Hindermann. – „Ein welker Kranz", Gedicht von Paul Lang. – „Ischia", eine Erinnerung von Richard Voß. – „Im Apennin", Gedicht von C. v. Seybold. – „Die Renaissance" von Adolf Rosenberg. – „Eine Künstlerfahrt nach Halbalien", humoristische Erzählung von Kurt Eckberg. – Zu unseren Bildern. – Schach. Notizblätter. Briefmappe. – Aus Zeit und Leben: „Auf Grund". Abbildungen: Theodor Fontane in seinem Arbeitszimmer. – W. v. Czachorski: Juwelen. – L. Willroider: Der Hohlweg. – Ettore Ximenes: Die Renaissance. – R. Dammeier: Ischia. – Hermine Laukota: Mein liebes, liebes Kind! – Ernst Zimmermann: Erster Waffengang. – Ernst Zimmermann: Der Geizhals. – Fürst Bismarck und der König von Siam in Friedrichsruh, 2. September. – „Kaiser Wilhelm der Große" auf Grund. – Karte der Kaiserfahrt.

Stechlin.
Roman von
Theodor Fontane.
I.

Im Norden der Grafschaft Ruppin, hart an der mecklenburgischen Grenze, zieht sich von dem Städtchen Gransee bis nach Rheinsberg hin (und noch darüber hinaus) eine mehrere Meilen lange Seenkette durch eine menschenarme, nur hie und da mit ein paar alten Dörfern, sonst aber ausschließlich mit Förstereien, Glas- und Teeröfen besetzte Waldgegend. Einer der Seen, die diese Seenkette bilden, heißt „der Stechlin". Zwischen flachen, nur an einer einzigen Stelle steil und quaiartig ansteigenden Ufern liegt er da, rundum von alten Buchen eingefaßt, deren Zweige, von ihrer eignen Schwere nach unten gezogen, den See mit ihrer Spitze berühren. Hie und da wächst ein weniges von Schilf und Binsen auf, aber kein Kahn zieht seine Furchen, kein Vogel singt, und nur selten, daß ein Habicht drüber hinfliegt und seinen Schatten auf die Spiegelfläche wirft. Alles still hier. Und doch, von Zeit zu Zeit wird es an eben dieser Stelle lebendig. Das ist, wenn es weit draußen in der Welt, sei's auf Island, sei's auf Java, zu rollen und zu grollen beginnt oder gar der Aschenregen der hawaiischen Vulkane bis weit auf die Südsee hinausgetrieben wird. Dann regt

Über Land und Meer vom Oktober 1897, mit Fontanes Roman *Der Stechlin*, erste Folge

glücklich gefühlt zu haben. Und in dieser Verfassung, recht verheult, werde ich heute auf das Menzelfest gehen« (8. Dezember 1895).

Fontane ließ den Streit zwischen Mutter und Tochter nicht an sich herankommen, vielleicht glättete er ihn auch, wenn sie abends – wie sie es gerne taten – in seinem Arbeitszimmer »bei der grünen Lampe« saßen, Tee tranken und plauderten. Er ließ sich dann wohl auch von Martha erzählen, wie das Menzel-Fest gewesen war. Denn er selbst nahm an der großen Feier nicht teil. Die Gefahr, die Schreibstimmung zu verlieren, war zu groß. Adolph Menzels 80. Geburtstag wurde hochoffiziell gefeiert, fand in den Sälen der Akademie der Künste statt, und *tout Berlin* war da. »›Es brechen fast der Bühnen Stützen –‹, deshalb bleibe ich fern, aber nicht mit meinem Herzen und meinen Wünschen«, so Fontane an Freund Menzel am Vorabend des großen Anlasses. Am selben Tag war sein Menzel-Aufsatz in der Zeitschrift *Die Zukunft* erschienen, mit Worten höchster Anerkennung (wie bereits im Gedicht *Auf der Treppe von Sanssouci* zu Menzels 70. Geburtstag).

Wie die erste Fassung des politischen Romans aussah, die Weihnachten 1895 tintenfrisch vorlag, wissen wir nicht. Zum einen, weil Fontane diese erste Fassung stark erweitert und umgearbeitet hat, zum andern, weil das fertige Manuskript nur in Teilen überliefert ist. Von den zuletzt 46 Kapiteln sind Kapitel 21 bis 45 noch da, von den übrigen Kapiteln kennen wir höchstens Vorarbeiten oder Fragmente (und eine wissenschaftliche Studie, entstanden, als das ganze Manuskript noch vorlag). Die restlichen Teile, etwa die Hälfte des umfangreichen Manuskripts, sind seit Ende des Zweiten Weltkriegs verschollen. Die Rede ist vom großen Roman *Der Stechlin*.

»An diesem Stechlin-Roman arbeite ich schon von 1895 an durch das ganze Jahr 96 hin und beende ihn – freilich erst im ersten Entwurf – im Herbst 96«, hielt Fontane im Tagebuch fest. Ab Herbst 1896 begann er mit dem Feilen und Überarbeiten. Die Arbeit intensivierte sich, als die Stuttgarter Zeitschrift *Über Land und Meer* den Vorabdruck sowie ein hohes Honorar zusagte. Rechtzeitig zum vereinbarten Termin war das Manuskript fertig, die Abschrift von Emilie ebenfalls (16. Juli 1897), wenig später folgte die Fahnenkorrektur für den Zeitschriftenvorabdruck, die er diesmal wieder mit höchster Aufmerksamkeit durchführte. Im Idealfall, und hier war er gegeben, diente dieser Zeitschriftenvorabdruck als Text, den Fontane dann erneut durchkorrigierte, bis er als Satzvorlage für das Buch seinen Ansprüchen genügte. Von den vielen Korrekturgängen, über deren Mühseligkeit Fontane oft klagte, sind in der Regel keine Textzeugen überliefert. Denn aufbewahrt hat er nur das eigenhändige Manuskript. Dieses Manuskript aber behandelte er äußerst sorgfältig, legte er doch die einzelnen Kapitel in ein eigenes Konvolut, ordnete alles und packte das Ganze in gutes Zeitungspapier, umwand den Packen mit einer aus Zeitungspapier gefertigten Banderole, beschriftete diese auf einem aufgeklebten Zettel mit Angaben zum Inhalt und legte das so verschlossene Manuskriptpaket in eine seiner vielen Schreibtischschubladen. Gerade so muss er es auch mit seinem Roman *Der Stechlin* gehandhabt haben. Die allerletzten Korrekturen aber nahm er eben im Vorabdruck vor und für die Buchausgabe. Vergleicht man die beiden gedruckten Texte, so lassen sich diese Korrekturen gut nachvollziehen. Sie zeigen, wie konsequent und mit nicht ermüdender Schaffenskraft der Künstler seine Feder führte, an Satzrhythmus, Syntax, Wortwahl feilte, wenn zuletzt aus »Waldgegend« »Waldung«, aus »Ecktuchladen« »Tuchladen«, aus »Gespräch« »Geplauder« wurde. Auch ein »eigentlich« schob er noch ein oder ein »recht eigentlich«, ergänzte am Satzanfang ein »und« oder an zweiter Stelle ein »aber«. Satz für Satz wurde so geprüft, und zuletzt wurden es über 1200 Korrekturen. Ende August 1898 ging dieses durchkorrigierte Romantyposkript an den Verlag F. Fontane.

Doch was war das für ein Roman, dieser »kleine *politische* (!) Roman«, den er nach anderthalb Jahren intensiver Arbeit einen »großen, noch dazu politischen (!!) Roman« nannte? Und den er eigentlich gar nicht geplant hatte, denn er wollte doch *Die Likedeeler* schreiben!

Das *Likedeeler*-Manuskript hatte er nach Abschluss der *Poggenpuhls* als Erstes wieder in Arbeit genommen. Er wolle »einen neuen Roman schreiben«, »einen ganz famosen Roman«, der seinen »ältesten und romantischsten Balladenstil« mit seiner »modernsten und realistischsten Romanschreiberei« aussöhne. Er heiße »Die Likedeeler«, übersetzt »Gleichteiler« oder »Kommunisten«, erzähle die Geschichte jener Seeräuber um Klaus Störtebeker, die an »Karl Moor und die Seinen« (in Schillers *Räuber*) erinnerten. So hatte er am 16. März 1895 den Stoff erneut geschildert, und zwar in einem Brief an Hans Hertz, den er für sein Romanprojekt hatte gewinnen wollen und um Hilfe bei der Suche nach »Schriften und Büchern« gebeten hatte. Hans Hertz hatte ihm damals sofort geholfen (schneller als jeder andere) und ihm sogar das »Störtebekerlied« beschafft. Im Sommer dann die Schreibpause, vielleicht wegen anderer Projekte, vielleicht wegen des Kuraufenthalts in Karlsbad (14. August bis 15. September). Im Herbst jedenfalls hatte Fontane die Arbeit an den *Likedeelern* nicht wiederaufgenomen. Ob der Freitod von Hans Hertz eine Rolle spielte? Hans Hertz hatte ja eben noch das Projekt engagiert begleitet, jetzt erinnerte alles an ihn, und es fehlte seine Hilfe. Jedenfalls legte Fontane das *Likedeeler*-Projekt beiseite und widmete sich seinem Menzel-Aufsatz, für den der Abgabetermin gesetzt war (10. November 1895).

Und dann war unversehens *Der Stechlin* da, ein Roman, der sich fast wie von selbst geschrieben hatte. Aufwendige Recherchen waren nicht nötig gewesen, denn die wichtigste Quelle für diesen Roman war er selbst: sein Fühlen, sein Denken, sein Wissen, sein Lebensgang mit allen Reisen, sein Lektürekosmos, sein eigenes großes Werk. »Greif nur hinein ins volle Menschenleben, / Wo du es packst, da ist es interessant« – mit diesem Goethe-Wort hatte er einst das Programm des literarischen Realismus beschrieben und gleich hinzugefügt: »aber freilich, die Hand, die diesen Griff tut, muß eine künstlerische sein.« Er hatte nicht nur die künstlerische Hand, sondern auch den Mut, es gerade so anzupacken, wie es ihm richtig erschien. Alles sollte aus dem Gespräch erwachsen, aus dem Geplauder, viel mehr noch als in den früheren Romanen.

Wann aber spricht es sich am leichtesten? Bei Fontane immer im Gehen,

Deutscher Reichstag, Berlin, um 1900

wenn man gemeinsam unterwegs ist, oder bei Tisch, wenn man miteinander gut speist und Wein oder Champagner trinkt. Und der Gesprächsanlass? Alles, worüber Menschen sich gerne unterhalten, nicht zuletzt über die Frage, wer wen heiraten oder nicht heiraten soll, wer in den Reichstag gewählt oder nicht gewählt wird und wie Krammetsvögel auf Französisch heißen. Das Gespräch ist frei, berührt Großes und Kleines, Naheliegendes und Fernes, Vergangenes, Gegenwärtiges und Zukünftiges. Fontane fasste den Inhalt seines *Stechlin*-Romans so zusammen: »Zum Schluß stirbt ein Alter, und zwei Junge heiraten sich; – das ist so ziemlich alles, was auf 500 Seiten geschieht.« Also nichts von »Verwicklungen und Lösungen«, »Herzenskonflikten oder Konflikten überhaupt«, »Spannungen und Überraschungen«. In diesem Sinne also: *kein* Roman. Und doch: ein Roman, ein Fontane-Roman, ein Maximum an Einsicht in alles Menschliche. Den Inhalt gab er auch so wieder: »Einerseits auf einem altmodischen märkischen Gut, andrerseits in einem neumodischen gräflichen Hause (Berlin) treffen sich verschiedene Personen und sprechen da Gott und die Welt durch. Alles Plauderei, Dialog, in dem sich die Charaktere geben, und mit ihnen die Geschichte. Natürlich halte ich dies nicht nur für die richtige, sondern sogar für die gebotene Art, einen Zeitroman zu schreiben, bin mir aber gleichzeitig nur zu sehr bewußt, daß das große Publikum sehr anders darüber denkt [...].«

Die Romangegenwart, so lässt sich präzisieren, ist die Zeit von Oktober 1895 bis September 1896, es ist damit ein wirklicher »Jetztroman«. Die zentralen Schauplätze kennt Fontane wie im Traum. Das Geschehen spielt in einem stillen »Ruppiner Winkel«, in der Gegend um die Südspitze des Stechlinsees mit Dorf Stechlin und Schloss Stechlin (Dorf und Schloss sind fiktiv), in Kloster Wutz (nach Kloster Lindow) und in Rheinsberg, gleichzeitig aber in Berlin. Und zwar am Kronzprinzenufer, wenige Schritte vom neuen Reichstag entfernt (»das große Haus mit den vier Ecktürmen«), im Kasino der Gardedragoner, am Anhalter Bahnhof, in einem Lokal in der Friedrichstraße, in Treptow, im Schiff nach dem Ausflugslokal Eierhäuschen und im Eierhäuschen selbst.

Die Hauptpersonen in der Ruppiner Ecke sind der verwitwete Dubslav von Stechlin, 67, der »comme philosophe« auf seinem »altmodischen märkischen Gut« lebt, »hart an der mecklenburgischen Grenze«, sein Sohn Woldemar, dreißig, Rittmeister bei den Gardedragonern, der den Vater gelegentlich besucht und eben auf dem Punkte steht, sich zu verloben, dann dessen (Erb-)Tante Adelheid, 77, Domina von Kloster Wutz, Halbschwester des alten Stechlin, die ihrem Neffen seit langen deutlich macht, »heirate heimisch und heirate lutherisch« (was er nicht tun wird). Dazu zählen eine Reihe von Stechliner Persönlichkeiten wie Pastor Lorenzen, Lehrer Krippenstapel oder Mühlenbesitzer Gundermannn und seine Frau. Die Hauptpersonen am Kronprinzenufer in Berlin sind der verwitwete Graf von Barby, lange Jahre Botschaftsrat in London (wo zuletzt die Frau starb, eine von Planta aus Graubünden), seine geschiedene Tochter Melusine, dreißig, sehr apart, und ihre jüngere Schwester Armgard, zwanzig, etwas still, aber musikalisch talentiert. Auch die Familie Barby ist umgeben von einem Kreis von Freunden (Beziehungen von London her, Kunst- und Musikerzieher der jüngeren Tochter, Verwandtschaft aus der Schweiz), lauter Personen, die »die Plauderei, den Dialog« ermöglichen. Die Kreise mischen sich im Verlauf der Handlung, weil Woldemar bei den Barbys verkehrt und verhalten um eine der Töchter wirbt. Auch lädt er zwei seiner Freunde nach Stechlin ein und führt dieselben sodann bei den Barbys ein.

Auch wenn sich die 46 Kapitel scheinbar nur lose aneinanderreihen, so bildet sich doch ein Spannungsbogen. Denn unsicher ist, ob sich Woldemar mit Melusine oder Armgard zu verloben gedenkt, was im Freundeskreis Anlass zu allerlei Spekulationen gibt. Außerdem steht im »Ruppiner Winkel« eine Ersatzwahl in den Reichstag an, wobei fraglich ist, ob Dubslav von Stechlin, der Kandidat der Konservativen, den Sitz für die Partei halten kann. Bereits im 20. Kapitel ist der politische »Kladderadatsch« da. Der alte Stechlin verliert die Wahl (was ihm persönlich nicht unrecht ist und Woldemar sogar erleichtert), auch die Fortschrittspatei geht leer aus, gewählt wird von den »Globsowern« und andern Dorfleuten der Sozialdemokrat »Feilenhauer Torgelow«. Es brodelt also, weswegen das Politische auch in den Folgekapiteln im Gespräch bleibt. Es brodelt und rumort, weil es in der Welt unruhig ist. Auch in Deutschland, in Berlin und in der Mark Brandenburg. Was aber das glorreiche Preußen betrifft, so gehört es mehr und mehr zu einer vergangenen Epoche (auch »Bismarck« in »Friedrichsruh« hat abgedankt). Die Zeichen stehen auf Veränderung. Selbst im stillen »Ruppiner Winkel« regt sich die neue Zeit. Zwar ist die Spiegelfläche des Stechlin noch still und winters zugefroren, aber in der Tiefe sitzt der rote Hahn.

Die Sage vom roten Hahn im Stechlinsee ist Leitmotiv des Romans. Der Romantiker und der Realist Fontane, hier versöhnt er seine beiden Seiten und findet den Übergang zum modernen Erzählen. Niemand im Roman aber hat einen größeren Stolz auf den See als Dubslav von Stechlin, der direkt und indirekt dafür sorgt, dass dieser See und sein roter Hahn durch alle Kapitel hindurch Gesprächsstoff bleibt. Auch im Salon der von Barbys wird von ihm gesprochen. Woldemar von Stechlin, der eben zum Tee erschienen ist, antwortet auf die Frage von Gräfin Melusine, was an diesem Stechlinsee so bemerkenswert sei: »Er hat genau das, was Sie geneigt sind am wenigsten zu vermuten. Er hat Weltbeziehungen, vornehme, geheimnisvolle Beziehungen […]. Und wenn es in Java oder auf Island rumort oder der Geiser mal in Doppelhöhe dampft und springt, dann springt auch in unserm Stechlin ein Wasserstrahl auf, und einige (wenn es auch noch niemand gesehen hat), einige behaupten sogar, in ganz schweren Fällen erscheine zwischen den Strudeln ein roter Hahn und krähe hell und weckend in die Ruppiner Grafschaft hinein. Ich nenne das vornehme Beziehungen.«

Fontane hat an dieser Stelle mit leiser Ironie nicht nur auf die Sage, sondern auch auf seinen eigenen Text in den *Wanderungen* zurückgegriffen.

Dort wird mit der Fahrt zum Stechlin zugleich die Sage erzählt, die er wohl von Jugend auf kannte. »Wie still er daliegt, der Stechlin«, heißt es in den *Wanderungen*, »aber die Leute hier herum wissen von ihm zu erzählen.« Und dann folgt fast wortwörtlich, was im Roman wiederkehrt: »Er ist einer von den Vornehmen, die große Beziehungen unterhalten.« Nach dem »Lissabonner Erdbeben« hätten sich »Strudel und Trichter« gebildet, »und staubende Wasserhosen tanzten zwischen den Ufern hin«. Der See sei »400 Fuß tief«, aber an mehreren Stellen finde das Senkblei »keinen Grund«, er habe Launen, und man müsse ihn »ausstudieren wie eine Frau«. Wenn aber ein Waghalsiger im Boot ihn reize, dann steige aus tiefem Grund der Hahn auf, »rot und zornig«, und schlage den See mit seinen Flügeln, »bis er schäumt und wogt«, und greife das Boot an und kreische und krähe, »daß es die ganze Menzer Forst durchhallt von Dagow bis Roofen und bis Altglobsow hin«.

Im Roman erhält dieses Rumoren mehr und mehr die Bedeutung des Revolutionären. Jedenfalls soll Pastor Lorenzen, im Herzen ein Sozialdemokrat, den See Stechlin schon als »einen richtigen Revolutionär« bezeichnet haben. Dieses Revolutionäre kann auf das Politische gemünzt sein, auf die immer stärker werdende Sozialdemokratie, die Bismarcks Sozialistengesetz alles andere als niederdrücken konnte (»Bebel«), auf den Parlamentarismus (das, »was sie jetzt ›politisches Leben‹ nennen«), auf das neue Christentum, das Lorenzen vertritt (»dies neue Christentum ist gerade das alte«), aber auch auf die Errungenschaften der Naturwissenschaften (»Koch und das Heilserum«), auf die Telegrafie und Elektrotechnik (»Edison«), auf die neuen Erziehungsmethoden (»Belohnungen« statt »Krückstock«) oder die Emanzipation der Frau, wie sie die geistreiche, zukunftsorientierte Melusine verkörpert (auch in ihrer Rätselgestalt). Über Melusine aber führen Adelheid und ihr Bruder Dubslav das folgende kleine Gespräch, kurz nachdem Erstere im Café Josty eine Engländerin hat rauchen sehen. Adelheid empört: »Und ich verwette mich, diese Melusine raucht auch.« Darauf Dubslav: »Ja, warum soll sie nicht? Du schlachtest Gänse. Warum soll Melusine nicht rauchen?« »Weil Rauchen männlich ist.« »Und Schlachten weiblich … Ach, Adelheid, wir können uns über so was nicht einigen. Ich gelte schon für leidlich altmodisch, aber du, du bist ja geradezu petrefakt.«

Von solchen Dialogen, die gerne im Dissens, aber gelegentlich auch im Konsens enden, lebt der Roman. Außerdem von unzähligen klugen Beobachtungen, von sprachlicher Prägnanz und poetischer Schönheit. Gleichzeitig blitzt durch alle Kapitel viel Gegenwartsgeschichte auf, die Fontane seiner täglichen Zeitungslektüre entnahm. Vor allem der *Vossischen Zeitung*. Manches davon passte er direkt in das Romangeschehen ein. Etwa die Wetterverhältnisse. So lesen wir einmal von Nebelwetter, das am Brandenburger Tor ein Verkehrschaos verursachte, gerade so, wie es in jenen Novembertagen in der Zeitung gestanden hatte.

Zwar war seine ganze literarische Arbeit schon immer in unmittelbarer Verbindung mit journalistischen Texten entstanden, nicht nur eigenen, sondern auch fremden. Im Falle des *Stechlin* geschieht aber noch etwas Neues. Sein poetisches Verfahren lässt sich hier nämlich auch als großes Plädoyer für die Pressefreiheit lesen. Nichts Schlimmeres als das staatliche Eingreifen, als die Zensur – so die Haltung des alten Fontane. Gerade Zensur aber hatte gedroht, nicht lange bevor er »wie toll« die erste Fassung des *Stechlin* zu Papier gebracht hatte. Im Deutschen Reichstag war nämlich im Mai 1895 ein Gesetzesentwurf debattiert worden, der – aus Furcht vor anarchistischen Umtrieben – die »Verbreitung unzüchtiger Schriften« und anderes, was den Staat untergrub, verbieten wollte. Hauptmanns *Weber* zum Beispiel, so die Befürworter der sogenannten Umsturzvorlage, sei Zeichen des Sittenzerfalls und gehöre auf den Index. Fontane unterstützte die vom Verein »Berliner Presse« eingereichte Petition *gegen* die Umsturzvorlage und zeichnete sie mit seinem vollen Namen (wie die »Rütli«-Freunde Adolph Menzel und August von Heyden und weitere »Männer der Zeit«, so Gustav Freytag, Theodor Mommsen, Friedrich Spielhagen, Erich Schmidt, Rudolf Virchow, Johannes Brahms und Paul Heyse). Vehement gegen die Umsturzvorlage war auch die *Vossische Zeitung*. Sie verteidigte die Sozialdemokratie unter August Bebel (denn gegen die Sozialdemokratie richtete sich die Umsturzvorlage zuallererst) und schrieb, es sei »der Wahrheit ins Gesicht« geschlagen, »wenn man behauptet, die Sozialdemokratie sei heute so revolutionär wie in den Zeiten, da Ferdinand Lassalle mit dem ›Massentritt der Arbeitsbataillone drohte‹«. Die sozialdemokratische Bewegung sei »in ruhigere, maßvollere Bahnen eingelenkt«, habe mehr und mehr von ihren »utopistischen Zukunftsplänen« aufgegeben und suche als Partei die Verbesserung der Arbeitsverhältnisse »auf dem Boden der bestehenden Gesellschaftsordnung«. Nach fünftägiger heftiger Reichstagsdebatte war die Umsturzvorlage am 11. Mai 1895 gescheitert. Die internationale Presse, die *Times*, der *Daily Chronicle*, die *Morning Post*, sie alle dankten es dem deutschen Parlament und der

Vossischen Zeitung, die »wieder einmal die Sache des deutschen Journalismus und der bürgerlichen Freiheit erfolgreich vertheidigte«. Zu Beginn der großen Debatte aber hatte Fontane in einem kleinen Brief an Anna Fritsch noch einmal bekräftigt, er sei »*nicht* für [das] Umsturzgesetz«. Und so dachten alle in seiner nächsten Umgebung, seine Freunde und seine Familie.

Die politische Debatte rund um die Umsturzvorlage, die Eröffnung des neuen Reichstagsgebäudes als mächtiges Zeichen für den Parlamentarismus, dazu die Fertigstellung des preußen- und gesellschaftskritischen Romans *Die Poggenpuhls*: das alles ging der spontanen Niederschrift des *Stechlin* nur wenige Monate voraus. Auch die überaus witzige Politsatire *Die preußische Idee*, ein Fragment aus derselben Zeit, macht deutlich, dass Fontane offenbar starke Lust empfand, die politische Entwicklung der vergangenen Jahrzehnte unter die Lupe zu nehmen. »Und ohne Hohenzollern kein Deutschland, kein Preußen, keine Freiheit«, diese Vorstellung führte er am Beispiel seines Protagonisten Schulze (*Die preußische Idee*) in kurzen Strichen geradezu *ad absurdum*. Im *Stechlin* holte er nun weiter aus und führte die Idee zu Ende, nämlich zu klären, in welchem Verhältnis das Alte zum Neuen steht. Seine emanzipierte Melusine lässt Fontane sagen: »Ich [...] empfind es als eine Gnade, da, wo das Alte versagt, ganz in einem Neuen aufzugehn.« Später hält Dubslav von Stechlin dagegen: »[D]as Alte war doch eigentlich besser (das heißt dann und wann).« Das letzte Wort aber hat doch wieder Melusine. Sie spricht die einsichtigen Sätze: »Alles Alte, soweit es Anspruch darauf hat, sollen wir lieben, aber für das Neue sollen wir recht eigentlich leben. Und vor allem sollen wir, wie der Stechlin uns lehrt, den großen Zusammenhang der Dinge nie vergessen. Sich abschließen heißt sich einmauern, und sich einmauern ist Tod.« Das Stagnieren und Festhalten, wenn längst neue Zeiten angebrochen sind, das ist es, was der Roman dem märkischen Landadel letztlich ankreidet.

Bei aller Liebe, die Fontane für den märkischen Landadel hegte, die Position seines Dubslav von Stechlin teilte er nicht. Oder nicht mehr: »Die Menschheit fängt nicht beim Baron an«, so war er jetzt überzeugt, »sondern, nach unten zu, beim 4. Stand; die 3 andern können sich begraben lassen. So lange man die Dinge um einen her wie selbstverständlich ansieht, geht es, aber bei Beginn der Kritik bricht alles zusammen« (22. August 1895). Die jüngeren Freunde der Familie dachten längst ebenso. Etwa Paula Schlenther-Conrad. Sie hatte sich, vielleicht an einem Plauderabend bei Fontanes, dezidiert adelskritisch geäußert. Emilie hatte ihr daraufhin umgehend einen kleinen Dankesbrief geschrieben und leidenschaftlich gemeint: »Diese verrotteten u. vermoderten Adligen, die jahraus, jahrein auf ihren Gütern hocken u. dann ein paar Wochen an die Riviera oder sonst wohin gehen, wissen von Gott u. der Welt nichts.«

Die Kritik an den konservativen Landadligen auf ihren Gütern – an den »Ostelbiern« oder »Junkern« – war jetzt eine allgemeine. Fontane, der viel Ursache gehabt hätte, sich aus persönlichen Gründen gegen den märkischen Landadel zu äußern (denn eine Anerkennung seiner literarischen Arbeit blieb von dieser Seite aus), wies persönliche Gekränktheit jedoch von sich. An den jungen Literaturkritiker Moritz Necker schrieb er (kurz vor der ersten Niederschrift des *Stechlin*): »Bei meinen Lieblingen, den Junkern – von denen ich übrigens, aber nicht aus persönlichen Gründen neuerdings abgeschwenkt bin – stehe ich auf dem Index. Warum? das ist eine lange Geschichte« (29. Oktober 1895). Und dann, Ende November 1895, war der rote Hahn aufgestiegen, um dieses »wie toll gearbeitet« für einmal als Bild für den Schreibprozess zu verwenden. »Im Winter habe ich einen politischen Roman geschrieben (Gegenüberstellung von Adel, wie er bei uns sein sollte und wie er ist). Dieser Roman heißt: ›Der Stechlin‹«, so schrieb Fontane nach der großen eruptiven Phase und ersten kritischen Revision.

Einer der gewiss unvergesslichen Romancharaktere im *Stechlin* ist der alte Dubslav von Stechlin, in welcher Figur sich Fontane mehr spiegelt als in anderen, auch wenn er die politische Position des alten Landadligen nicht teilt. Da sind zum Beispiel die Erinnerungen an »Köpernitz« im 4. Kapitel: Man sitzt in Schloss Stechlin zu Tisch, plaudert mit dem Nachbarn, und so spinnt sich ein Gespräch zwischen Dubslav von Stechlin und dem jungen von Czako an, Hauptmann im Alexanderregiment. Czako zeigt sich begeistert von der »Welt um den Alexanderplatz«, weil sie »ihren eigenen Zauber« hat und so unresidenzlich ist. Darauf Dubslav von Stechlin: »Finde mich ganz darin zurecht und bin auch für Alexanderplatz und Alexanderkaserne samt allem, was dazugehört. Und so brech ich denn auch die Gelegenheit vom Zaun, um nach einem Ihrer früheren Regimentskommandeure zu fragen, dem liebenswürdigen Obersten von Zeuner, den ich noch persönlich gekannt habe. Hier unsre Stechliner Gegend ist nämlich Zeunergegend. Keine Stunde von hier liegt Köpernitz, eine reizende Besitzung, drauf die Zeunersche Familie schon in friderizianischen Tagen ansässig war. Bin oft drüben gewesen (nun freilich schon zwanzig Jahre zurück) und komme noch einmal mit der Frage: Haben Sie den Obersten noch gekannt?« Auf diese Weise kommt man dann auf die Gräfin La Roche-Aymon zu sprechen und zuletzt auf die Anekdote von »Wurst wider Wurst«. Unversehens wird also Dubslav von Stechlin überblendet vom Wanderer Theodor Fontane, der »(nun freilich schon zwanzig Jahre zurück)« seinerzeit das märkische Gut Köpernitz besuchte, aber eben vom damaligen Besitzer von Zeuner nicht empfangen worden war und auch nie Antwort auf seine Briefe erhalten hatte.

Nicht nur der alte Dubslav von Stechlin, auch der junge Hauptmann Czako lebt indes von Charakterzügen seines Autors. Denn Czako versteht sich – wenn er mit Freund Rex unterwegs ist – sprachlich gewitzt auf Zweideutigkeiten und Frivolitäten. Außerdem verliebt er sich in Melusine, die dem Frauenideal des jungen Fontane entspricht: aparte Dame, nicht blond und über dreißig Jahre alt. Und so geht es durch den ganzen Roman auch mit anderen Figuren, so dass, alles zusammengenommen, die ganze lebendige Widersprüchlichkeit zutage tritt, die diesen »Theodor Fontane, Schriftsteller« ausmacht. Im *Stechlin* steckt aber natürlich auch der weite Wissens- und Erfahrungshorizont des Autors. Denn Fontane war in allen Welten zu Hause, die er darin beschreibt: sowohl in jenem stillen »Ruppiner Winkel« wie in Berlin oder London (wo die Barbys lange lebten). Auch kannte er von seinen großen Reisen her alle Orte, die im Roman zur Sprache kommen. Nur seine Figuren sind nicht immer so reise- und weltgewandt, wie er es war. Als der Arzt Dr. Sponholz erklärt, er fahre mit seiner Frau in ein teures Bad zur Kur, entspinnt sich zwischen ihm und seinem Patienten Dubslav von Stechlin der folgende Dialog: »Aber wohin denn, Doktor?« – »Nach Pfäffers.« – »Pfäffers. Kenn ich nicht. […].« Auch die Via Mala, die Sponholz erwähnt, hat Dubslav »nie gesehen«, nur ein Bild davon »mit Figuren von einem sehr berühmten Malermenschen, der, glaub ich, Böcking oder Böckling hieß«. – »Ah so. Einer, wenn mir recht ist, heißt Böcklin.« – »Wohl möglich, daß es der gewesen ist. Ja, sogar sehr wahrscheinlich«, so das Gespräch, in dessen Fortsetzung Dubslav das erinnerte Bild noch immer sehr lebendig zu schildern vermag, hat es ihm doch seinerzeit einen gewaltigen Schrecken eingejagt. Ganz so wie einst Fontane, der sich an *Drachen in einer Felsenschlucht* erinnerte, als er mit ähnlichem Schrecken durch die Via Mala kam.

Was aber das Kuren in »Pfäffers« betrifft: Es wird vielleicht nicht viel helfen. Denn auch davon handelt der *Stechlin*, dieser Roman der Epochenwende, dass die Leiden nicht mehr kurierbar sind, weil ein Leben, eine Welt zu Ende geht. Der alte Graf Barby leidet zwar erst an einem kranken Fuß, ein Leiden, das auch der alte Fontane kannte (»Wir hatten rechte Sorge um Papa, der am linken Fußknöchel eine Anschwellung hatte«). Aber bei Dubslav von Stechlin, dem märkischen Landadligen, sind die Beschwerden bereits sehr ernster Natur. Er leidet an Asthma und Herzschwäche und sitzt im Rollstuhl, kaum ist das junge Paar zu seiner Hochzeitsreise nach Italien aufgebrochen.

Vom 36. Kapitel an beginnen wir zu ahnen, dass der alte Stechlin nicht mehr lange leben wird. Gleichzeitig verstärken sich die Zeichen, dass die Jungen etwas Neues schaffen werden. Auf ihre Weise. Ende des 40. Kapitels, in den ersten Frühlingstagen, stirbt der alte Stechlin. Pastor Lorenzen hält die Trauerrede, worin er würdigt, was dieser Dubslav von Stechlin gewesen war: »kein Alter, freilich auch kein Neuer«, »kein Edelmann nach der Schablone, wohl aber ein Edelmann nach jenem alles Beste umschließenden Etwas, das Gesinnung heißt«, ein Mann mit »Herz«, »die Güte selbst«, der vom christlichen Bekenntnis »weniger das Wort als das Tun« hatte und »recht eigentlich das [war], was wir überhaupt einen Christen nennen sollten«, denn er hatte die »Liebe«. Und schließlich: »Nichts Menschliches war ihm fremd, weil er sich selbst als Mensch empfand und sich eigner menschlicher Schwäche jederzeit bewußt war. […] Er war das Beste, was wir sein können, ein Mann und ein Kind.« Vielleicht also, dass dieser Dubslav von Stechlin gerade das verkörperte, was Fontane hatte zeigen wollen, wenn er vom »Adel« sprach, wie er »bei uns sein sollte«. Etwas »Utopistisches« klingt in der Charakterisierung des Verstorbenen an, auch wenn es nur die Sichtweise von Pastor Lorenzen ist und die Trauergemeinde sich versteckte Zeichen des Widerspruchs gibt. Unwidersprochen bleibt im ganzen Roman überhaupt nur das Schlusswort von Gräfin Melusine: »es ist nicht nötig, daß die Stechline weiterleben, aber es lebe *der Stechlin*.«

Staunen wir darüber, wie rasch und konzentriert Fontane den *Stechlin* schrieb, dann kann uns geradezu sprachlos machen, dass nebenher noch ein anderes großes Werk entstand und Emilie in ihrer klaren Handschrift auch diese Hunderte von Seiten ins Reine schrieb. Ihr selbstverständliches Zusammenwirken war es, was es Fontane möglich machte, so vieles, was er anpackte, zu einem glücklichen Ende zu bringen. Nicht immer dankte er es seiner Frau gebührend, aber dann und wann fand er doch Worte und Gesten, die alles wieder ins Lot brachten. Zu ihrem 70. Geburtstag zum Beispiel schenkte er Emilie einen schönen Ring mit den Versen: »An das Leben, an mich, und das Glück / Bind' er Dich noch ein gutes Stück.«

Das zweite große Manuskript, das Emilie Fontane Kapitel um Kapitel mitschrieb, war die Autobiografie *Von Zwanzig bis Dreißig*. Begonnen hatte er sie im Herbst 1894, letzte Korrekturen erfolgten im Mai 1898. Aber schon im Frühjahr 1895 erschien in der neuen Kunstzeitschrift *Pan*, verlegt von Sohn Friedrich, das erste Kapitel. Eine illustre Umgebung war es, in der Fontane zum ersten Mal dem Publikum erzählte, dass er »Ostern 1836 [...] als Lehrling in die Rosesche Apotheke (Spandauerstraße, nahe der Garnisonkirche) eingetreten« war und also nie Chemie studiert, sondern seine Laufbahn mit einer Apothekerlehre begonnen hatte. Der *Pan* brachte im selben Heft ein Fragment aus Nietzsches *Zarathustra*, eine Heliogravüre von Böcklin, eine Originalradierung von Max Liebermann (der Fontane im März 1896 porträtierte) und andere außerordentliche Erstdrucke. In Fontanes Text eingebettet war der Holzschnitt von Felix Vallotons Schumann-Porträt, außerdem hatte Peter Halm (Freund des verstorbenen Karl Stauffer-Bern) »Zierstücke zu Fontane« radiert, so dass sein erstes Kapitel hier einen kunstvollen Rahmen erhielt. Noch zwei weitere Kapitel erschienen im *Pan*, dann suchte Fontane wieder das größere Publikum der *Deutschen Rundschau*. Hier erschien im Sommer 1896 ein gekürzter Vorabdruck über den »Tunnel« sowie das Kapitel über Theodor Storm. Die Kürzungen, obwohl abgesprochen, ärgerten Fontane dann so sehr, dass er – zu Rodenbergs großem Bedauern, weil es unerwartet kam – den totalen Bruch mit der *Deutschen Rundschau* herbeiführte. Einmal entschieden, von Rodenberg »abzuspringen«, fand er bald neue Publikationsorte für einzelne Kapitel seiner Autobiografie: die Zeitschriften *Cosmopolis* und *Zukunft* sowie die *Vossische Zeitung*. Kurz: Der große Romancier war jetzt gefragt. Und weil er die Jahre von 1840 bis 1850 in den Mittelpunkt seiner Autobiografie rückte, erfuhr sein Publikum nun viel von seiner Zeit als junger Mann. Erfuhr, wie er die Revolution vom 18. März 1848 erlebt und auf wessen Seite er damals gestanden hatte. Auch wo. Nämlich am »Alexanderplatz«. »[...] ließ mich mit fortreißen. Es ging über den Alexanderplatz weg auf das Königstädter Theater zu, das alsbald wie im Sturm genommen wurde ...«, konnte man im *Cosmopolis*-Heft lesen (Oktober 1896).

Damals, 1848, war am Berliner Alexanderplatz und gleichzeitig in vielen großen Städten Europas wirklich der revolutionäre »rote Hahn« aufgestiegen. Und jenseits von *Zwanzig bis Dreißig* brodelte es erneut wieder, als Ferdinand Lassalle mit Karl Marx und anderen die deutsche Arbeiterpartei organisierte. Jetzt in der Gegenwart, auch in der Romangegenwart des *Stechlin*, war es der Sozialdemokrat August Bebel, Reichstagsmitglied von der ersten Stunde an, der zu beunruhigen vermochte. Im *Stechlin* fürchtet der konservative Dubslav von Stechlin jedenfalls die allzu großen Sympathien, die Sohn Woldemar für diesen hegt. Es ist eine der politisch brisantesten Romanszenen, wenn Dubslav von Stechlin sich vorstellt, wie das künftige Leben auf Schloss Stechlin aussehen wird: Das junge Paar wird zuerst den alten Kasten renovieren lassen und dann zum Ball einladen. Die Gäste würden sein: ein alter Bismarck-Gegner, ein Kathedersozialist, eine adlige Schriftstellerin mit Kurzhaarschnitt, die triviale Ehedramen schreibe, ein Afrikareisender, ein Architekt (»natürlich«) und selbstverständlich ein Porträtmaler. Nach dem Tanz würden »Musikstücke« gegeben, »bei denen der Klavierspieler mit seiner langen Mähne über die Tasten hinfegt, und in einer Nebenstube sitzen andere und blättern in einem Album mit lauter Berühmtheiten, obenan natürlich der alte Wilhelm und Kaiser Friedrich und Bismarck und Moltke, und ganz gemütlich dazwischen Mazzini und Garibaldi, und Marx und Lassalle, die aber wenigstens tot sind, und daneben Bebel und Liebknecht. Und dann sagt Woldemar: ›Sehen Sie da den Bebel. Mein politischer Gegner, aber ein Mann von Gesinnung und Intelligenz.‹ Und wenn dann ein Adeliger aus der Residenz an ihn herantritt und ihm sagt: ›Ich bin überrascht, Herr von Stechlin – ich glaubte den Grafen Schwerin hier zu finden‹, dann sagt Woldemar: ›Ich habe die Fühlung mit diesem Herrn verloren.‹«

Fast klingt es, als ließe Fontane hier Dubslav von Stechlin (in transponierter und aktualisierter Form) die Befürchtungen aussprechen, die seinerzeit sein Vater hegte, als er, der Sohn, politisch radikalisiert aus Leipzig zurückgekehrt und – wenn auch schwankend – lange Jahre zur Linken geneigt hatte. Jedenfalls ist es, als unterhielten die Autobiografie *Von Zwanzig bis Dreißig* und der Roman *Der Stechlin* »vornehme Beziehungen« und stünden in einem inneren Zusammenhang, so dass beide Werke, parallel gelesen, schließlich ein Ganzes ergeben. Allerdings mit Verschiebungen, Überblendungen und Aussparungen, wie wir wissen.

Von Zwanzig bis Dreißig. Autobiographisches erschien im Juni 1898. Für das Frontispiz hatte Fontane eine Kreidezeichnung von Maler Kersting zur Verfügung gestellt, die ihn als jungen Mann zeigte und datiert war auf »Dresden, ca. 1843«. Der Band hatte 679 Seiten. *Der Stechlin*, dessen Erscheinen auf den Oktober geplant war, sollte ein ähnlich dickes Buch werden. Weil er vorhatte, dem einen und andern gleich beide Bände zu schenken, so dichtete er jetzt vorsorglich:

Als ich zwei dicke Bände herausgab

»1200 Seiten auf einmal,
Und mit 78 (beinah ein Skandal),
Konntest es doch auf 4mal verteilen« –
Ihr könnt es. Aber bei mir heißt's eilen,
Allerorten umklingt mich wie Rauschen im Wald:
»Was du tun willst, tue bald.«

Er würde die Zeilen wieder hervornehmen, wenn der *Stechlin* da war, so dachte er (sie fanden sich dann in seinem Nachlass), und sie als Begleitzeilen dazulegen. Die Bücher selbst, darauf konnte er sich verlassen, verschickte nun jeweils der Verlag. Das war bequem, so brauchte er Sohn Friedrich nur seine Begleitbriefe zukommen zu lassen, alles andere übernahm dessen Firma. Die Zusammenarbeit hätte nicht besser sein können, nicht zuletzt weil Friedel alle Bedingungen des Vaters akzeptierte. So wünschte dieser nach wie vor, dass alles »scharf geschäftlich abgewickelt« wurde. Von der ersten Auflage seiner neuen Autobiografie – 1120 Exemplare, davon 100 Rezensionsexemplare – standen Fontane vertraglich 20 Freiexemplare zu. Sohn Theo erhielt eines der ersten und reagierte schnell wie immer. Theo finde, »daß Heyse zu kurz gekommen« sei, schrieb Fontane an Friedel, »und Mama und Martha stimmten gleich mit ein«. Er habe aber, so rechtfertigte er sich, das Äußerste getan. Paul Heyse habe doch »seinen Platz in der Literatur, was schon sehr viel ist«, denn »ein Eroberer« sei er nicht (21. Juni 1898).

Der jüngste Sohn war in literarischen Fragen jetzt einer der wichtigsten Gesprächpartner des alten Fontane geworden. Unterdessen 34 Jahre alt, hatte Friedrich Fontane im Laufe der vergangenen zehn Jahre rund 250 Titel verlegt. Dabei hatte er sowohl auf bewährte Namen wie Ludwig Pietsch, Rudolf Lindau, Otto Brahm gesetzt, als auch die neue Schriftstellergeneration gefördert, zu der etwa Heinz Tovote und Clara Viebig gehörten. Zwar verlegte er hauptsächlich deutsche Literatur, doch ebenso sehr interessierte sich sein Verlag für Übersetzungen. So erschienen bei F. Fontane einzelne ins Deutsche übertragene Werke von Émile Zola und das Gesamtwerk von Guy de Maupassant. Theodor Fontanes Romane traten also in einer durchaus modernen literarischen Verlagsumgebung vors Publikum.

Jung und erfolgreich, wie er war, führte Friedrich Fontane ein ziemlich vergnügtes Leben, auch privat. Es scheint den Familienfrieden nicht beeinträchtigt zu haben, denn der junge Bohemien behelligte Eltern und Geschwister wenig damit. Wie selbstverständlich lebte er seit Jahren in einem freien Liebesverhältnis mit der Modistin Agnes Hett, die etwas älter war als er. Die beiden hatten einen kleinen Sohn, er hieß Georg, und sein Vater bekannte sich zu ihm. Dann aber hatte Friedrich Fontane die jüngere Frieda Lehmann kennengelernt, war Feuer und Flamme gewesen, hatte sie geheiratet, um sich auch gleich wieder von ihr scheiden zu lassen. Die Scheidung ging am 6. Juni 1898 glatt über die Bühne. Kinder aus dieser Ehe waren keine da. Und was auch immer gewesen war: Agnes Hett und Friedrich Fontane kamen wieder zusammen.

Möglich, dass Theo jun., der Seriösere der beiden Brüder, sich am Lebensstil des Jüngeren leise störte. Doch was kam nicht alles vor! Das moderne Leben kannte jetzt die unterschiedlichsten Formen des Zusammenlebens, und Berlin war eine mondäne Großstadt geworden. Artikel wie das »sexuelle Problem«, die »freie Liebe«, das »Weib und sein höherer Beruf« waren so häufig, dass es einen bereits »angähnen« konnte. Auch das Modewort von der »Umwertung aller Werte« war in aller Munde. Und mehr denn je galt, was Fontane vor Jahr und Tag an Tochter Martha geschrieben hatte: »Das Wort Nietzsche's von der ›Umwerthung‹ der Dinge, die durchaus stattfinden müsse, trifft überall zu.«

Zur selben Zeit aber, als der Verlag Fontanes *Von Zwanzig bis Dreißig* an Theo jun. gesandt hatte, war auch ein Paket an K. E. O. Fritsch weggegangen. Begleitet von einem freundlichen Brief des Autors, der mit Frau und Tochter auf dem Weißen Hirsch bei Dresden im Sommerurlaub war. »Theuerster Fritsch«, schrieb er und adressierte sich damit an seinen Schwiegersohn *in spe*. Er schicke ihm hier sein neustes Buch, etwas dick, »eine Kofferbeschwer und vielleicht sogar ein Ueberfrachtsgegenstand«, er hoffe, er werde es ihm, dem Autor, verzeihen. Dann fuhr er fort: »Es geht uns nach wie vor gut hier und zu herzlichster Freude hören wir auch durch die Tochter von Ihrem rasch zunehmenden Wohlbefinden. Immer wieder die Wahrnehmung: die gute Luft ist kein leerer Wahn und ein guter Balkon auch nicht, wobei ich nicht bloß an den unsrigen, sondern auch an den in der Elsholtzstraße denke, mit der Magnolia in Front.« Ja, noch vor der Verlobungsfeier hatte Fritsch eine Wohnung in der Elsholtzstraße gemietet, gleich gegenüber dem Botanischen Garten. Dort wollte das neue Paar ein neues Leben beginnen.

Es war keine Ehescheidung vorausgegangen, auch wenn die Ehe gekriselt hatte. Die aparte, freundliche Anna Fritsch war plötzlich sehr schwer an Darmkrebs erkrankt und wenige Monate später gestorben. Bald darauf hatte sich K. E. O. Fritsch im Stillen mit Martha Fontane verbunden. Noch war das Trauerjahr nicht um, weshalb sich das neue Paar kaum in der Öffentlichkeit zeigte. Es war aber abzusehen, dass sich mit Marthas Verheiratung vieles im Alltag der Eltern verändern würde. Doch vorläufig freute sich Fontane einfach, dass die Autobiografie da war, auch wenn sie ziemlich dick geraten war, »eine Kofferbeschwer« eben, »ein Ueberfrachtsgegenstand«. Emilie hatte ihm aber versichert, dass sie mit allem, was darin stand, »einverstanden« war, insbesondere auch mit allem, was *sie* betraf. Das hatte ihn geradezu gerührt.

Im Juli 1898 waren die »drei Fontanes« zurück in Berlin. Gesundheitlich ging es allen leidlich, nur dass er, Fontane sen., sich müde fühlte, weil er schon seit Monaten »nur noch 36 Pulsschläge in der Minute« hatte, »gerade die Hälfte vom Normalen«, wie er feststellte. »Mit den Herzaffektionen, – ja, das ist immer eine bedrückliche Sache, doch man kommt 'ne gute Weile drüber hin«, so versuchte er andere mit denselben Beschwerden zu trösten. »Ich z. B. habe 34 Pulsschläge statt 72.« Aber es gehe auch so.

Dann starb am 30. Juli 1898 im Alter von 83 Jahren Otto von Bismarck. Als es am andern Morgen in der Zeitung stand, erschütterte es Fontane zutiefst. Im Tagebuch, das er nur noch sehr sporadisch führte, fehlt eine Notiz. Aber Martha schrieb am selben Tag an Anna Witte nach Rostock: »Papa sitzt u. weint, was ich sehr begreife.« Sie wolle jetzt in die Stadt, um zu sehen, »wie Bismarks Tod auf Berlin wirkt« (31. Juli 1898). Wie man sogleich hörte und las, stritt man sich darüber, wo Bismarck beigesetzt werden sollte: in der Fürstengruft des Berliner Doms, wie Kaiser Wilhelm II. es wollte, oder in Friedrichsruh, wie die Familie es wünschte. Fontane, der nicht vorgehabt hatte, sich zu äußern, fielen plötzlich Verse zu: »Gestern früh, als ich meinen Tee eben intus hatte, kam mir mit eins die erste Zeile, noch ganz ohne Plan und ohne Zusammenhang mit etwas Folgendem, dann stellte sich der Reim von Luft und Gruft ein und der aufsteigende Sachsenwald und die Schlußzeile«, so dass er »in wenigen Minuten« die zwei Strophen niedergeschrieben habe. »Alles aus den Wolken gefallen, ein Geschenk«, so meinte er bescheiden (4. August 1898). Er war für Friedrichsruh, für den Sachsenwald, für den »Waldgrund in Epheu tief eingesponnen«. Die letzten Verse lauteten »utopistisch«:

Und kommen nach dreitausend Jahren
Fremde hier des Weges gefahren
[...]
Und staunen der Schönheit und jauchzen froh,
So gebietet einer: »Lärmt nicht so; –
Hier unten liegt Bismarck irgendwo.«

Fontanes Gedicht *Wo Bismarck liegen soll* erschien noch am selben Abend auf der ersten Seite der *Vossischen Zeitung* (3. August 1898) und wurde in den folgenden Wochen in vielen Blättern nachgedruckt. Das Gedicht sprach aus, was viele empfanden und damit der Familie Recht gaben: Bismarck wurde – weit weg von Berlin und den Hohenzollern – in Friedrichsruh bestattet.

Zur gleichen Zeit, als die Tagesaktualitäten sich Bismarcks Tod widmeten, erschien im deutschsprachigen Feuilleton, jeden zweiten oder dritten Tag, eine neue Rezension zu *Von Zwanzig bis Dreißig*. Nicht nur in den Berliner Zeitungen, sondern auch in der überregionalen Presse. Ohne Zweifel, Theodor Fontane war in der literarischen Welt ein großer Name geworden. Und jemand wie Sigmund Schott, 46, freier Literaturkritiker verschiedener großer Zeitungen, machte in der *Neuen Zürcher Zeitung* gleich deutlich, warum: Zuerst dem breiten Publikum bekannt als Balladier und Wanderer, sei Theodor Fontane seit *Irrungen, Wirrungen*, *Frau Jenny Treibel*, *Effi Briest* »unbestritten zu den ersten unserer zeitgenössischen Autoren« aufgestiegen. Auch seine Lebenserinnerungen seien eine »ungemein fesselnde« Lektüre,

Königlich privilegirte Berlinische Zeitung
von Staats- und gelehrten Sachen.
№ 358. Vossische Zeitung. 1898.
Abend-Ausgabe. Mittwoch den 3. August.

Abonnement vierteljährlich für Berlin 6 Mk. 50 Pf. excl. Botenlohn, bei unserer Expedition und den Zeitungsspediteuren; bei den Postanstalten des Deutschen Reichs und Oesterreich-Ungarns 7 Mk. 50 Pf. excl. Bestellgeld. Für das übrige Ausland nehmen die dortigen Postanstalten Abonnements entgegen, sowie unsere Expedition zum Preise von 16 Mk.

Im Verlage Vossischer Erben. Redaktion und Expedition Breite Straße No. 8. u. 9., Berlin C.

Nach dem Tode des Fürsten Bismarck.

„Nach Neune ist alles vorbei, sagt der Schauspieler“, so schrieb Herr v. Bismarck-Schönhausen von Frankfurt aus am 12. November 1858 an seine Schwester. Er blickte hinaus in die Zukunft und meinte, nach dreißig Jahren werde es ihm wohl gleichgültig sein, ob er den Diplomaten oder den Landjunker spiele; die Aussicht auf einen frischen ehrlichen Kampf, ohne durch eine amtliche Fessel genirt zu sein, gewissermaßen in politischen Schwimmhosen, habe ebenso viel Reiz für ihn wie die Aussichten auf ein festgeschnürtes Regime von Trüffeln, Depeschen und Großkreuzen. „Nach Neune ist alles vorbei.“ Gestern hat in Friedrichsruh die schlichte Todtenfeier stattgefunden; das Kaiserpaar hat daran theilgenommen. Morgen wird in der Reichshauptstadt eine Gedächtnißfeier stattfinden. Dann werden sich die Wogen der Aufregung allmählich glätten, und die Völker werden wieder ihrem nüchternen Tagewerke nachgehen. Von dem Fürsten Bismarck aber wird man noch lange hören und sprechen, auch im Zusammenhang mit der Politik des Tages; denn er hat dafür gesorgt, daß seine Arbeit

Erfolge, die er errungen, aufzuzählen. Sie sind zu gewaltig und mannigfaltig, und nur die Geschichte kann und wird sie alle in ihre ehernen Tafeln eingraben. Mich aber drängt es, vor der Welt der einmüthigen Trauer und der dankbaren Bewunderung Ausdruck zu geben, von welcher die ganze Nation heute erfüllt ist, und im Namen der Nation das Gelübde abzulegen, das, was Er, der große Kanzler, unter dem Kaiser Wilhelm dem Großen geschaffen hat, zu erhalten und auszubauen und, wenn es noth thut, mit Gut und Blut zu vertheidigen. Dazu helfe uns Gott der Herr!

Ich beauftrage Sie, diesen Meinen Erlaß zur öffentlichen Kenntniß zu bringen.

Friedrichsruh, den 2. August 1898.

Wilhelm, I. R.

An den Reichskanzler.

Vossische Zeitung vom 3. August 1898, Abendausgabe, die Fontanes Gedicht *Wo Bismarck liegen soll* enthält

gescheit, welterfahren, unkonventionell, mit einer »Fülle von bemerkenswerten, weisen und humorvollen Äußerungen«. Als Beleg zitierte Schott einzelne Passage, zuletzt auch Fontanes »Verlobungsgeschichte«, und hob die »hinreißende Wärme, mit der er von seiner Frau spricht«, hervor, etwa dort, wo es heißt: »sie hat mir alle Bücher und alle Zeitungen vorgelesen und hat mir alle meine von Korrekturen und Einschreibseln starrenden Manuskripte abgeschrieben, also meine dicken Kriegsbücher miteingerechnet, gut vierzig Bände.« Seine Kritik aber schloss Schott mit einem Bedauern darüber, dass »Gottfried Keller«, der »Altersgenosse«, nie mit Fontane bekannt geworden sei: »Es sind ganz verschieden geartete Naturen, in ihren Anschauungen, ihrem Wesen wie auch ihren Aeußerlichkeiten […]. Es hätte zuerst an manchen Gegensätzen, auch heftigen, zwischen ihnen nicht gefehlt, aber auf die Dauer und für die Dauer hätten sie doch Gefallen an einander gefunden.«

Wie immer, wenn ihm eine Kritik aus dem Herzen sprach, schrieb Fontane auch diesmal umgehend einen kleinen Dankesbrief. Er war bereits mit Emilie und Martha zur jährlichen Kur in Karlsbad eingetroffen, als er an Sigmund Schott die Zeilen gelangen ließ:

Karlsbad, 17. August 1898

Seien Sie, hochgeehrter Herr, herzlichst bedankt für diesen neuen Beweis Ihrer freundlichen Gesinnungen für mich. Mit dem »Stellen wiedergeben« haben Sie's glaub ich, wunderbar gut getroffen, weil sich ein Gesamtbild meiner werten Person daraus aufbaut, während sonst die Zitate so oft nur aufgenähte Knöpfe sind, die die Rolle der Schmockschen »Diamanten« [in Gustav Freytags Lustspiel *Die Journalisten*] nolens volens übernehmen müssen. – Mit Gottfr. Keller hätte ich gern Freundschaft geschlossen, denn er ist in meinen Augen der bedeutendste deutsche Erzähler, wie Storm der bedeutendste Liebeslyriker seit Goethe. Dennoch wäre, trotz besten Willens auf meiner Seite, wohl nie was daraus geworden; ich fürchte, daß ich ihm gründlich mißfallen hätte. Nochmals besten Dank. In vorzügl. Ergebenheit

Th. Fontane

Die Karlsbader Tage, auch wenn er sich manchmal »ganz kaduck« fühlte, weil die »kannibalische Hitze« ihm zusetzte, halfen nach vier Wochen der Gesundheit ziemlich wieder auf. Am besten aber erholte sich Emilie. »Milachen«, so schrieb Martha der Freundin Lise, sei »in einer erstaunlichen Verfassung, sie kann mühelos stundenlang gehen u. steigen u. ihre große Erholungsfähigkeit ist mir auch im Hinblick auf die Zukunft wirklich eine außerordentliche Beruhigung.« »Papa« hingegen, sei »etwas unsicherer Stimmung u. schimpft mehr wie schön ist auf die Juden; er hat uns gesagt, es wäre eine Alterserscheinung, wenn man nach 70 so fanatisch würde« (3. September 1898). Auch Martha war etwas nervös, fürchtete Magenbeschwerden und »Schlappheit«.

Man war jetzt übereingekommen, dass das Verlobungsdiner am 16. September nur im kleinen Kreis stattfinden sollte. Emilie wollte überhaupt lieber zu Johanna Treutler fahren. Es war nicht gegen K. E. O. Fritsch oder Tochter Martha gemünzt. Sie hätte nur gerne gesehen, dass das Trauerjahr abgewartet worden wäre (die Hochzeit sollte mit Rücksicht darauf im Dezember stattfinden). Am 9. September fuhr Emilie nach Dresden-Blasewitz, Martha und ihr Vater reisten zurück nach Berlin. Und jetzt wurde es doch recht hektisch, denn bis zum Verlobungsdiner waren es nur noch wenige Tage. »Papa ist erholt u. frisch«, schrieb Martha an Paula Schlenther-Conrad, »er billigt die Verlobung hochgradig. Alles, was sie im Gefolge hat ist ihm aber kolossal langweilig« (10. September 1898). Das Diner sollte in der Potsdamer Straße 134c stattfinden. Gelegentlich klingelte es wohl an der Tür, Blumen und Briefe wurden abgegeben, einmal schaute Theo vorbei, einmal waren abends Marie Sternheim und ihr Mann zu Gast, sonst aber war es wie immer: Fontane schrieb Briefe, an Emilie fast täglich, und arbeitete – zuerst an den *Likedeelern*, dann blieb er bei seinem *Bredow*-Projekt hängen. Zwischendurch unternahm er seine »Tiergartenrennereien«. Gespannt und leise nervös erwartete er jetzt das Erscheinen seines *Stechlin*. Ob der Roman wohl gefiel? Von Sohn Friedel wusste er, dass mit den vielen Vorbestellungen die erste Auflage so gut wie verkauft war. Aber die Unsicherheit blieb, solange keine Reaktion da war. Vorläufig sagte er sich: »Es ist das Buch, das ich für mich geschrieben habe. *Mir* gefällt's.«

Dann kam das »Zauberfest«.

Paula und Paul Schlenther kamen. Erich Schmidt und seine Frau kamen. Fritschs Tochter Annie aus Metz reiste an und vielleicht auch dessen Schwester Therese. Das neue Brautpaar wurde im »Cercle intime« gebührend gefeiert. Für gute Stimmung sorgte das Kulinarische, aber auch die geistreiche Plauderei. Der alte Fontane, in der ungewohnten Rolle des Brautvaters, erhob, als »ein besserer Tropfen kam«, das Glas auf Tochter und Schwiegersohn und sprach einen »humoristischen Trinkspruch«. Er war »voll regsten Interesses für alles und jedes« und zugleich »Mittelpunkt und Seele der Unterhaltung«, so Schlenther. Leise Wehmut mischte sich vielleicht in die Abendstimmung, weil Liebling Martha nun wirklich fortging. Und fort gingen auch seine Lieblinge Paula und Paul Schlenther. Schlenther war zum neuen Direktor des Wiener Burgtheaters gewählt worden, hatte sein Amt auch schon angetreten. Und in diesen Tagen übersiedelte Paula nach Wien.

»Das Zauberfest schien mir gelungen und was wichtiger ist, auch die Gäste schienen dieser Ansicht zu sein«, schrieb Fontane am andern Tag an Emilie. »Schlenther sprach wieder sehr reizende Worte, Toast auf Mete und Fritsch, und war für einen Ostpreußen kolossal herzlich und gemütlich.« Er habe sein Gedicht »Kommen Sie, Cohn« vorlesen müssen, »und weil es mir wieder ganz fremd geworden war, so dass ich ein paarmal festsaß, so wirkte die Sache ganz wie neu, weil mich ein paar Stellen beim Lesen selbst erheiterten.« Das war leise ironisch gesprochen und nicht ganz opportun. Denn das Gedicht, das Fontane nach seinem 75. Geburtstag verfasste hatte und den Umstand thematisierte, dass der märkische Adel unter den Gratulanten

Theodor Fontane mit Schwanenfeder, 1895

gefehlt hatte, war mit der Schlusszeile »kommen Sie, Cohn« von manchen jüdischen Freunden als unnötige Spitze gegen Juden getadelt worden. Fontane hatte es deshalb nicht in die neuste Ausgabe seiner *Gedichte* aufgenommen. Im »Cercle intime« hatte man offenbar (leicht angeheitert) gerade das ausgeschiedene Gedicht nochmals hören wollen, vielleicht auch geprüft, was es wert war. Am 19. September wurde zu Ehren des neuen Paares ein zweites Diner gegeben. Diesmal waren unter den Gästen auch Theo jun. und seine Frau. »Das Kulinarische lag bei meiner Schwester Mete in guter Hand«, es sei »eine gelungene Sache« gewesen, fand der Bruder.

Der andere Tag verlief wie immer. Frühstück, Zeitung, Brief an Emilie. »Unsere zweite Gesellschaft verlief ebenfalls zufrieden stellend, weil alle voll guten Willens waren«, schrieb Theodor Fontane mit klarer, schwungvoller Schrift und freute sich, dass seine Frau »übermorgen mittag« zurück sein würde. »Mit Metes und meinem Befinden ist es soso«, stellte er aber fest, die Kräfte reichten nicht mehr aus. »Das prädominierende Gefühl bleibt doch immer: ›Lägst du nur erst wieder im Bett‹« (20. September 1898). Der tägliche Tiergartenspaziergang lockte dennoch. Der Zufall wollte es, dass er auf der Höhe der Rousseau-Insel auf Sohn Theo traf, der eben gerade nach Hause strebte. Das späte Mittagessen nahm der Vater mit Tochter Martha ein. Als sie beim Kaffee saßen, erschien Friedel auf einen Sprung.

Am Abend blätterte er im neuen Heft der *Deutschen Rundschau*. Dann verplauderte er sich mit Martha. Die Wanduhr zeigte gegen 9 Uhr, als er sich erhob und ins Nebenzimmer begab, sei es, um in seinen Papieren zu kramen oder sich für eine Weile hinzulegen. Die »34 Pulsschläge«. Das Herz. Es hörte in diesem Moment auf zu schlagen.

Ein weites Feld

Ein Leben ist nie auserzählt. Es ist, wie der alte Briest zu sagen pflegt, »ein weites Feld«. Ganz schwindlig wird der Biografin, wenn sie an die Stapel Bücher, Landkarten, Stadtpläne denkt, die sie im Laufe der Recherche zusammengetragen hat, sich erinnert an die abgespeicherten Dateien mit Material für eine Theodor-Fontane-Biografie. Jetzt ist alles weggeräumt, der Schreibtisch leer. Längst nicht alles, was sie hätte erzählen mögen, hat Platz gefunden im breiten Erzählgang. Doch glaube ich Antworten gefunden zu haben auf die Frage: Was trieb Theodor Fontane an, wie ging er als Schriftsteller vor und warum dauerte es so lange, bis er zum Romaneschreiben kam?

Er hatte verschiedene Lebenspläne, und je nach Stimmung, Lebenslage oder sozialen Umständen wechselten sie. Er lernte Apotheker, begriff sich schon früh als Dichter und war ein hellwacher politischer Kopf. Das war kein Widerspruch. Erst als er sich zu entscheiden hatte, womit er sein Geld verdienen sollte, wusste er: nicht als Besitzer einer Apotheke, sondern als Schriftsteller und Journalist. Das kam für seine Braut Emilie gewiss überraschend. Sooft er später seine Pläne änderte, und er tat es gerne unvermittelt, Emilie machte alle Wechselfälle mit. Kein Zweifel, sie gab ihm Halt. Das war wichtig, denn Theodor Fontane war auch ein Zögerer und Zweifler, mehr als wir bisher dachten.

Schreibe endlich deinen Roman! So sagten die Freunde schon früh. Und so sagte es auch Emilie und dann wohl bald jedes ihrer Kinder. Mit Schreiben – als Regierungsjournalist, Redakteur, Reiseschriftsteller, Kritiker oder Kriegsbuchautor – sicherte er zwar das Familieneinkommen. Doch der Roman verlangte Kunst. Viele Romane, die er las, waren zu seiner Enttäuschung »wie ein in den Teich geworfener Stein, Plumps, ein paar Ringe, und nach 5 Minuten ist alles wieder still und glatt«. Die *Wanderungen*, sein Reisewerk, waren immerhin »etwas relativ Originelles«. Stolz war er auch auf seine Balladen und wusste, dass sogar der skeptische Vater ihn zu »einem der ersten Balladendichter Deutschlands« erhoben hatte. Als freier Dichter war aber kein anständiges Familieneinkommen zu erzielen. Jedenfalls nicht für ihn. Den Verdienst fand er eben im journalistischen Feld, und das nicht ungern. Über 4000 Artikel publizierte Fontane im Laufe von sechs Jahrzehnten, die genaue Anzahl kennen wir nicht. Dass er mit erst sechzig Jahren zum Schriftsteller geworden sei, wie gelegentlich kolportiert wird, ist ziemlicher Unsinn. Er war zeitlebens ein Mann der Feder. Wenn er nicht schreiben konnte, wurde er nervös.

Doch längst nicht alles, was er als Journalist publizierte, stammte originär aus seiner Feder. Er verstand sich hervorragend auf das Spiel mit eigenen und fremden Texten, übernahm wortwörtlich ganze Passagen von anderen Autoren, überschrieb sie oder montierte sie neu. Als er mit knapp 59 Jahren endlich den Roman *Vor dem Sturm* vorlegte und in den »Orden der Erzähler« eintrat, war er ein Meister literarischer Verfahren und verfügte darüber hinaus über eine ausgereifte Notizbuch-Technik. Der Kritikerplatz im Theater tat sein Übriges: Hier studierte er abendelang Menschen auf der Bühne. Er hätte gewiss das Zeug zum Stückeschreiber gehabt. Aber das große Projekt war doch der Roman. Ein Projekt, das ihm das Reisen erlaubte. Denn dies war sein Geheimnis: sich in die Szene hineinzubegeben, die er schildern wollte. Nicht allein in die Landschaften »verliebte« er sich, sondern beim Romaneschreiben auch in manche seiner Figuren: »ich verliebe mich in sie, nicht um ihrer Tugenden, sondern um ihrer Menschlichkeiten d. h. um ihrer Schwächen und Sünden willen«, schrieb er in einem seiner späten Briefe.

»Schwächen und Sünden« musste man auch ihm nachsehen. Zu ihnen zählte, dass er leicht reizbar war. Recht rabiat konnte er werden und nicht nur scharfe, sondern auch ungerechte Urteile fällen. Im Nachhinein tat es ihm oft leid, er entschuldigte sich dann ohne weiteres, begründete die Unvorsichtigkeit mit einer »Nervenpleite«. Unterblieb diese Geste, war ihm ein Unrecht nicht bewusst.

Von Zwanzig bis Dreißig ist das letzte Werk, dessen Erscheinen Theodor Fontane noch erlebte. Man kann seine Autobiografie als Bruchstücke einer großen Konfession lesen. Allerdings hat der alte Fontane den jungen kunstvoll zurechtgemodelt. Der junge war nämlich – bei allem Zögern und Zaudern – kecker, forscher, libertinärer, als der alte ihn erzählt. Die Romane als große psychologische Charakterstudien wissen davon, in ihnen haben wir den ganzen Fontane. Aber nicht das ganze Werk, dieses weite Feld.

Anhang

Dank

Allen, die dieses Biografie-Projekt ermöglicht, unterstützt und begleitet haben, danke ich herzlich. Ich danke für die vielen offenen Türen, für das Interesse an dem, was entstehen sollte, für die konkrete Hilfe beim Recherchieren, die fachlichen Anregungen, das kritische Lesen erster Kapitelentwürfe, das sorgfältige Überprüfen, das hilfreiche Lektorieren, die intensive Bildrecherche, das Einrichten des Textes bis zur Druckreife.

Persönlich danken möchte ich: Prof. Dr. Roland Berbig (Berlin), Prof. Dr. Peter von Matt (Zürich), Prof. Dr. Helen Chambers (St Andrews, Edinburgh), Prof. Dr. Helmuth Nürnberger (†, Flensburg), Prof. Willi-Peter Hummel (Zürich), Prof. Dr. Hubertus Fischer (Berlin), Bettina Machner (Berlin), Jochen Fontane, Dr. Manfred Horlitz (†, Potsdam), Dr. Marianne König, Dr. Annagret Witte, Dr. Gabriele Radecke (Göttingen), Dr. Christine Hehle (Wien), Dr. Gotthard und Therese Erler (Berlin), Bernd Donner (Köpernitz), Günter Rieger (Karwe), Dr. Rudolf Muhs (London), Dr. Christoph Wittmer (Zürich, Zuoz), Dr. Hans und Anne-Marie Spuhler (Herrliberg), Pfr. Theodor Dieterle, Dr. Tobias Heyl (Carl Hanser Verlag, München) und Martha Bunk (Carl Hanser Verlag, München).

Besonders danken möchte ich den Institutionen: Brandenburgisches Landeshauptarchiv, Potsdam; Deutsches Literaturarchiv, Marbach am Neckar; Geheimes Staatsarchiv Preußischer Kulturbesitz, Berlin-Dahlem; Staatsbibliothek zu Berlin – Preußischer Kulturbesitz; Stiftung Stadtmuseum Berlin; Theodor-Fontane-Archiv, Potsdam; Theodor Fontane–Arbeitsstelle, Göttingen; Universitätsbibliothek der Humboldt-Universität, Berlin; Kreisarchiv Neuruppin; Theodor Fontane Gesellschaft, Neuruppin; Istituto Svizzero di Roma, Rom; Kantonsschule Enge, Zürich; Museumsgesellschaft, Zürich, und Zentralbibliothek, Zürich.

Doppelt danken möchte ich dem Schweizerischen Nationalfonds zur Förderung der wissenschaftlichen Forschung, der zum wiederholten Mal ein umfangreiches Vorhaben zu Theodor Fontane unterstützt hat.

Zürich, im Juni 2018 Regina Dieterle

Zeittafel

1598 Heinrich IV. (Heinrich von Navarra, *lo nòstre bon rei Enric*) unterzeichnet das Edikt von Nantes und gewährt den Hugenotten in Frankreich freie Religionsausübung.

1658 Pierre Labry in Le Vigan (Languedoc) geboren, protestantisch.

1664 Jacques Fontane in Nîmes (Languedoc) geboren, protestantisch.

1685 Ludwig XIV. widerruft das Edikt von Nantes. Der Große Kurfürst Friedrich Wilhelm von Brandenburg erlässt das Toleranzedikt von Potsdam. Pierre Labry siedelt sich in Magdeburg an, Jacques Fontane in Berlin (1. Generation).

1779 Familie Labry übersiedelt nach Berlin.

1790 Pierre Barthélemy Fontane (4. Generation) heiratet Louise Sophie Deubel.

1794 Jean François Labry (4. Generation) heiratet Charlotte F. Mumme.

1796 Louis Henri Fontane (5. Generation) am 24. März in Berlin geboren (= ThFs Vater).

1798 Emilie Louise Labry am 21. September in Berlin geboren (= ThFs Mutter).

1810 Louis Henri F. tritt als Lehrling in die Königlich Privilegierte Elefanten-Apotheke am Dönhoffplatz ein.

1813 März: Louis Henri F. wird freiwilliger Jäger und nimmt teil an den Befreiungskriegen.

1815 Emilie Labry zur Ausbildung im Pensionat Lionnet.

1818 21. Oktober: Louis Henri F. erwirbt die Königlich Privilegierte Löwen-Apotheke in Neuruppin.

1819 24. März: Heirat von Louis Henri F. und Emilie L. in der französisch-reformierten Kirche, Berlin. 1. April: Übersiedlung nach Neuruppin. 30. Dezember: Heinrich Theodor Fontane (Henri Théodore) in Neuruppin geboren.

1821 Geburt des Bruders Rudolph.

1823 Geburt der Schwester Jenny.

1824 14. November: Emilie Rouanet als illegitimes Kind in Dresden geboren (luth.). Wird zur Adoption freigegeben, wächst bei Carl Wilhelm Kummer in Berlin auf.

1826 ThF kommt auf die Klippschule. 8. Juli: Verkauf der Löwen-Apotheke. 5. Oktober: Pierre Barthélemy Fontane (= ThFs Großvater) stirbt in Berlin. Geburt des Bruders Max.

1827 Louis Henri F. erwirbt die Adler-Apotheke in Swinemünde. Umzug der Familie. ThF erhält Unterricht durch Vater und Mutter, dann durch Hauslehrer bei der Reedersfamilie Krause.

1832 ThF verfasst das *Geschichten Buch.* Zu Ostern Eintritt in die Quarta des Friedrich-Wilhelms-Gymnasiums in Neuruppin. Schülerpensionär im Haus des reformierten Superintendenten Johann Leberecht Bientz.

1833 20. Juni: Brief an die Mutter aus Neuruppin. Erster überlieferter Brief von ThF. Im Sommer Austritt aus der Tertia des Gymnasiums und Übertritt auf den 1. Oktober in das zweite Semester der dritten Klasse der Klödenschen Gewerbeschule in Berlin. ThF wohnt bei Onkel August Fontane und dessen Frau Philippine. Begegnung mit Emilie

Rouanet-Kummer. Gedicht *Hochkirch* (nicht überliefert), nach Adelbert von Chamissos *Salas y Gomez.*

1834 ThF besteht zu Ostern das Semester nicht, wiederholt die dritte Klasse. Hausaufsatz (erste »*Wanderung*«) zum frei gewählten Thema *Auf dem Schlachtfelde von Groß-Beeren.*

1835 Zu Ostern erfolgreicher Abschluss der dritten Klasse mit dem »Einjährigen«-Zeugnis.

1836 Zu Ostern erfolgreicher Abschluss der zweiten Klasse. Konfirmation in der französisch-reformierten Klosterkirche durch Prediger Auguste Fournier. Eintritt als Lehrling in die Apotheke »Zum weißen Schwan« in Berlin.

1837 Erste Gedichte.

1838 Louis Henri F. verkauft die Swinemünder Apotheke und erwirbt in Mühlberg an der Elbe die Altstädter Löwen-Apotheke. Geburt der Schwester Elisabeth Charlotte (Elise). 26. August: Louis Henri F. erwirbt die Apotheke im Oderbruchdorf Letschin.

1839 14. Dezember: ThFs Novelle *Geschwisterliebe* erscheint im *Berliner Figaro* in sechs Folgen (bis 21. Dezember).

1840 ThF besteht am 9. Januar die Apothekergehilfen-Prüfung. Wird Gehilfe in der Apotheke »Zum weißen Schwan«. Gedichte im *Berliner Figaro.* Mitglied im »Platen-Klub« und im »Lenau-Verein«. Beginn der Freundschaft mit Bernhard von Lepel und Julius Faucher. Gedichtsammlung *Erstes Grünes Buch* (für die Mutter). Im Herbst als Gehilfe nach Burg bei Magdeburg, fluchtartige Rückkehr nach Berlin. Epos *Burg*, Politsatire.

1841 Lebensgefährliche Erkrankung an Typhus. Erholungsaufenthalt bei den Eltern in Letschin. Anfang April als Gehilfe nach Leipzig, Apotheke »Zum weißen Adler«. Mitglied im »Herwegh-Klub«, verkehrt in der illegalen Organisation »Allgemeinheit«, Kontakt zur illegalen burschenschaftlichen Studentenverbindung »Kochei«. Freundschaft mit Max Müller, Wilhelm Wolfsohn, Hermann Jellinek. Gedichte in der liberalen *Eisenbahn.* Wanderungen zu den Leipziger Schlachtfeldern.

1842 Im Februar Krankheitsrückfall, Austritt aus der Apotheke »Zum weißen Adler«. 1. Juli: Eintritt in die Salomonis-Apotheke in Dresden. Korrespondent der *Eisenbahn* (Feuilletons, Theaterkritiken). ThF übersetzt die Gedichte des englischen Arbeiterdichters John Critchley Prince sowie Gedichte von Robert Nicolls und Ebenezer Elliotts.

1843 Zu Ostern Austritt aus der Salomonis-Apotheke. Rückkehr nach Leipzig mit dem Plan, freier Schriftsteller zu werden und die Redaktion der *Eisenbahn* zu übernehmen oder zu studieren (beides nicht verwirklicht). 30. Juli: in Berlin erster Besuch des literarischen Sonntagsvereins »Tunnel über der Spree«. Rückkehr zu den Eltern nach Letschin, ThF übersetzt Shakespeares *Hamlet* und den Roman *The money-lender* (1843) von Catherine Grace Gore unter dem Titel *Abedegno der Pfandleiher* (nicht überliefert). Gedichte im *Morgenblatt* (Cotta).

1844 Louis Henri F. attestiert seinem Sohn ThF eine übergebührliche Gehilfenzeit in der Letschiner Apotheke als Defektar (1. April 1843 bis 2. April 1844). Ab April absolviert ThF sein einjährig-freiwilliges Militärjahr im Kaiser-Franz-Garde-Grenadier-Regiment Nr. 2 in Berlin. Sein Vorgesetzter ist Bernhard von Lepel. ThF nimmt auf Einladung von Hermann Scherz aus Kränzlin an der ersten organisierten Gesellschaftsreise nach London teil (25. Mai bis 11. Juni). Am 29. September Aufnahme in den »Tunnel«.

1845 1. Januar: Bruder Rudolph Fontane, Wirtschaftsinspektor in Badingen b. Gransee, stirbt an Lungen- und Gehirnentzündung. ThF kehrt nach Beendigung des Militärjahrs nach Letschin zurück. 4. Juli: Gehilfe in der Berliner »Polnischen Apotheke« (Besitzer Julius Schacht). Beginn der Freundschaft mit Friedrich Witte. 8. Dezember: Verlobung mit Emilie Rouanet-Kummer.

1847 ThF besteht das Staatsexsamen (Prädikat »gut«) und erhält die Approbation als Apotheker erster Klasse. 1. Oktober: Eintritt als Provisor in die Jung'sche Apotheke »Zum schwarzen Adler« am Berliner Alexanderplatz. Gedichte *Der alte Zieten*, *Der alte Derffling*, *Der alte Dessauer*, *Seidlitz*, *Keith*, *Schwerin* (= Preußenlieder).

1848 18. März: ThF gerät in die Berliner revolutionären Barrikadenkämpfe. Kandidiert am 1. Mai als Wahlmann zur Wahl der Abgeordneten für die deutsche Nationalversammlung in Frankfurt/Main. 10. Mai: Wahlmann in der Nikolaikirche. Beiträger der Berliner demokratischen *Zeitungshalle* mit vier gezeichneten Artikeln (31. August bis zum 7. November). Ab 15. September: Leiter der Apotheke im Diakonissenkrankenhaus Bethanien. *Karl Stuart* (Dramenfragment). 10. November: Preußische Truppen unter dem Oberbefehl von General Wrangel besetzen den Gendarmenmarkt. Auflösung der Preußischen Nationalversammlung. ThF verurteilt die Konterrevolution vehement.

1849 ThF erfährt, dass er »zum zweiten Mal« Vater eines illegitimen Kindes geworden ist (die Mutter oder die Mütter bleiben unbekannt), er bezahlt die geforderte Summe anstandslos (vermutlich in Dresden). Bemüht sich um den Ankauf der Schüppel'schen Apotheke in Berlin. 30. September: Die Stelle in Bethanien wird anderweitig vergeben. ThF versucht sich als freier Schriftsteller, wird Korrespondent der *Dresdner Zeitung*.

1850 1. August: ThF wird Mitarbeiter im »Literarischen Cabinet«, Pressestelle des konservativ-reaktionären Ministeriums Manteuffel. 5. September: Schwester Jenny heiratet den Apotheker Hermann Sommerfeldt, der von Louis Henri F. die Letschiner Apotheke erwirbt. 16. Oktober: ThF und Emilie Rouanet-Kummer heiraten in der französisch-reformierten Klosterkirche in Berlin. Die Mutter Emilie F. trennt sich von ihrem Mann und zieht mit Tochter Elise nach Berlin, Köthener Straße 37 a. Erste Buchveröffentlichungen: *Männer und Helden* (= Preußenlieder), Romanzenzyklus *Von der schönen Rosamunde*. 23. Dezember: Das »Literarische Cabinet« wird aufgelöst, ThF verliert seine Stelle.

1851 Erster Gedichtband: *Gedichte*. 14. August: Geburt von Sohn George Emile. 31. Oktober: Eintritt in die »Centralstelle für Preßangelegenheiten«, der konservativ-reaktionären Nachfolgeeinrichtung des »Literarischen Cabinets«.

1852 ThF gibt die Anthologie *Deutsches Dichter-Album* heraus. Bernhard von Lepel führt ThF in den Salon von Mathilde von Rohr ein, Beginn einer lebenslangen Freundschaft. Unterstützt von der »Centralstelle für Preßangelegenheiten« geht ThF einen Sommer lang als Korrespondent nach London (23. April bis 25. September). 2. September: Geburt von Sohn Rudolph (stirbt am 15. September). Gründung des »Rütli« und der »Ellora«.

1853 Essay *Unsere lyrische und epische Poesie seit 1848* (anonym). 14. Oktober: Geburt von Sohn Peter Paul (stirbt am 6. April 1854).

1854 April: Die Mutter Emilie F. übersiedelt mit Tochter Elise nach Neuruppin ins Predigerwitwenhaus. Buchveröffentlichung: *Ein Sommer in London* (Dessau: Katz). ThF und Franz Kugler geben das belletristische Jahrbuch *Argo* (Dessau: Katz) heraus.

1855 ThF verfasst für die amtliche Pressestelle wöchentliche Pressespiegel, sogenannte »Englische Berichte«. 29. Mai: Geburt von Sohn Ulrich (stirbt am 8. Juni). ThF erhält den geheimen amtlichen Auftrag, in London eine deutsch-englische Korrespondenz einzurichten, die im Sinne der konservativen preußischen Regierung agieren soll. 10. September: ThF reist nach London.

1856 ThFs Ballade *Archibald Douglas* erscheint (unter dem Pseudonym Bornemann). Ende Januar: Emilie F. trifft mit Sohn George und Elise F. in London ein. Wohnung in Soho, dann in Kensington. Mit Ende des Krimkriegs (30. März, Friedensvertrag von Paris) wird ThF von der Aufgabe entbunden, eine deutsch-englische Korrespondenz zu etablieren. Er bleibt halbamtlicher Angestellter der »Centralstelle«, die sein Gehalt bezahlt, und untersteht gleichzeitig dem preußischen Gesandten Albrecht Graf von Bernstorff. Regelmäßiger freundschaftlicher Verkehr mit Julius Faucher (*Morning Star*), den Exil-Deutschen Max Schlesinger, Jakob Kaufmann, Lothar Bucher im Café Divan sowie mit dem Apotheker Julius Schweitzer von der *Pharmaceutical Society of Great Britain* am Bloomsbury Square. 18. Mai: Emilie F. tritt mit Sohn George und Elise F. früher als geplant die Heimreise an. 10. August: ThF besucht Max Müller in Oxford, anschließend Reise nach Stratford-upon-Avon, Shakespeares (vermutlicher) Geburtsort. Erster Plan der *Wanderungen*. 28. August bis 4. Oktober: Urlaub in Berlin. Rückreise nach London über Paris (14. bis 22. Oktober). 18. Oktober: aus Paris Korrespondenz in der *Kreuzzeitung*, deren Mitarbeiter ThF neuerdings ist. 3. November: Geburt von Sohn Theodor jun.

1857 28. März bis 1. Mai: Urlaub in Berlin. ThF besucht seinen Vater in Schiffmühle bei Freienwalde (17./18. April). Von London aus Reise nach Manchester zur großen »Art Treasures Exhibition« (28. Juni bis 9. Juli). ThF wird in London von Edgar Bauer im Auftrag der dänischen Regierung bespitzelt (13. Juli 1857 bis 30. Oktober 1858). Emilie F. übersiedelt am 27. Juli mit George und Theodor jun. nach London. Wohnung: 52 St Augustine's Road in Camden Town.

1858 ThF berichtet als akkreditierter Journalist über die Hochzeit (25. Januar) der britischen Kronprinzessin Victoria mit dem preußischen Kronprinzen Friedrich Wilhelm (dem späteren Kaiser Friedrich III.). Reise mit Bernhard von Lepel nach Schottland (9. bis 24. August). 5. Oktober: Sturz des Ministeriums Manteuffel. 2. Dezember: ThF ersucht um seine vorzeitige Entlassung als Londoner amtlicher Presseagent, was am 24. Dezember gewährt wird, samt Abgangsentschädigung in der Höhe eines Jahresgehalts.

1859 Zu Beginn des Jahres: Rückkehr der Familie nach Berlin. Sohn George bleibt bis September in der Obhut der Familie Merington. Auf Vermittlung von Paul Heyse reist ThF nach München, um sich um die Stelle als königlicher Bibliothekar zu bemühen. Juli: Wiedereintritt in die »Centralstelle für Preßangelegenheiten« unter der liberalen Regierung (Neue Ära). Vertrauenskorrespondent unter Max Duncker, dem neuen Leiter der »Centralstelle«. Beginn der *Wanderungen* mit einer Reise nach Neuruppin und Umgebung (18. bis 23. Juli). 31. August: Erstes *Wanderungen*-Feuilleton in der *Preußi-*

schen Zeitung (vier Folgen *In den Spreewald* bis 3. September). 21. Oktober: Ausschluss aus dem Kreis der Vertrauenskorrespondenten wegen angeblicher »Indiskretion« zur deutschen Frage und Entlassung aus der »Centralstelle« auf Ende des Jahres. Wohnung: Tempelhofer Straße 51.

1860 21. März: Geburt von Tochter Martha. 22. Mai: Nach »schwerem Leiden« Tod von Bruder Max Fontane. 1. Juni: ThF tritt in die Redaktion der konservativen *Neuen Preußischen Zeitung* (= *Kreuzzeitung*) ein, als »unechter Korrespondent« zuständig für die Berichterstattung aus England (»Englischer Artikel«). Er zeichnet zumeist unter der Sigle *†*, ab 1864 unter p* oder P*. Nachmittags ist er frei für sein *Wanderungen*-Projekt. 16./17. Juni: Erste gemeinsame Recherchereise mit Verleger Wilhelm Hertz. Buchpublikationen: *Aus England. Studien u. Briefe über Londoner Theater, Kunst u. Presse* (Stuttgart: Ebnert & Seubert); *Jenseit des Tweed* (Berlin: Springer), *Balladen* (Berlin: Hertz, 1861).

1861 2. Januar: Tod von König Friedrich Wilhelm IV., Wilhelm I. besteigt den Thron. Allgemeine Amnestie der politischen Flüchtlinge von 1848. 24. Februar: ThF unterzeichnet den Verlagsvertrag mit Wilhelm Hertz für einen Einzelband *Wanderungen*. 2./3. März: Besuch beim Vater in Schiffmühle. 18. Oktober: Selbstkrönungszeremonie von Wilhelm I. in Königsberg. Ende der Neuen Ära.

1862 11. März: Vorzeitige Auflösung des preußischen Abgeordnetenhauses wegen Streit um das Armeebudget. ThF kandidiert erfolglos als Wahlmann für die Partei der Altkonservativen. 23. September: Das preußische Abgeordnetenhaus verwirft erneut die beantragten Ausgaben für die Heeresreform. König Wilhelm I. beruft Otto von Bismarck als Ministerpräsidenten. ThF wird Beiträger der Lexika *Männer der Zeit* und *Frauen der Zeit*. Erste Entwürfe im Notizbuch zum Roman *Vor dem Sturm*. Wohnung ab Oktober: Alte Jakobstraße 171. Buchpublikation: *Wanderungen durch die Mark Brandenburg (= Die Grafschaft Ruppin)*, 1. Auflage (Berlin: Hertz).

1863 Ende August Reise nach Swinemünde und Heringsdorf. Hermann Sommerfeldt erwirbt in Berlin die Luisenstädtische Apotheke, Köpenicker Straße 119, und zieht mit Jenny und den Kindern in die Hauptstadt. ThF bezieht mit seiner Familie die Wohnung Hirschelstraße 14 (im April 1868 umbenannt in Königgrätzer Straße 25). Anfang November erscheint der *Wanderungen*-Band *Das Oderland* (Berlin: Hertz).

1864 5. Februar: Geburt von Sohn Friedrich. 18. April: preußischer Sieg bei Düppel. 12. Mai: ThFs Gedicht *Der Tag von Düppel* erscheint in der *Kreuzzeitung*. 19. Mai: Aufbruch Richtung Hamburg mit Dr. Heffter, um für die *Kreuzzeitung* vom deutsch-dänischen Kriegsschauplatz zu berichten (bis 27. Mai). ThF erhält den bezahlten Auftrag, für den Verlag Rudolf von Deckers die »Geschichte des Feldzugs« gegen Dänemark zu schreiben. September: ThF unternimmt eine Recherchereise über Kopenhagen, Helsingör, Jütland, Flensburg. 27./28. September: Besuch bei Theodor und Constanze Storm in Husum. Ende Oktober erscheint der *Wanderungen*-Band *Die Grafschaft Ruppin*, 2., vermehrte Auflage (Berlin: Hertz, 1865).

1865 13. August: Tod von Wilhelm Wolfsohn in Dresden. ThF unternimmt eine Erholungsreise an den Rhein und in die Schweiz (26. August bis 19./20. September), längerer Zwischenaufenthalt in Interlaken. Walter-Scott-Lektüre. 4. November: ThF unterzeichnet den Verlagsvertrag mit Wilhelm Hertz für *Vor dem Sturm* (unter dem Titel *Levin von Vitzewitz. Roman aus dem Winter 1812 auf 13*).

1866 *Der Schleswig-Holsteinsche Krieg im Jahre 1864* erscheint, illustriert von Ludwig Burger. 12. August: Aufbruch mit Hermann Scherz über Dresden zu den Kriegsschauplätzen in Böhmen. ThF trägt zum Schutz »die weiße Binde mit dem rothen Kreuz«. Nach der Rückkehr (24. August) Vertragsabschluss mit Rudolf von Decker zu einem zweiten Kriegsbuch, wiederum illustriert von Ludwig Burger.

1867 31. März: Sonntagsbesuch beim Vater in Schiffmühle. 5. bis 12. Mai (ca.): Erholungsaufenthalt bei der Mutter in Neuruppin. Reisen nach Thüringen und in die Altmark. 5. Oktober: Tod des Vaters in Schiffmühle. ThF erbt die Wanduhr aus dem Besitz des Großvaters Pierre Barthélemy Fontane. Ende Oktober erscheint *Das Oderland*, 2. verb. Aufl. (Berlin: Hertz, 1868). ThF wird der preußische Kronen-Orden 4. Klasse verliehen.

1868 Anfang Oktober: George F. beginnt seine militärische Ausbildung in Kassel.

1869 ThF besucht zu Ostern (31. März) seine kranke Mutter in Neuruppin. Anfang November erscheint der erste Halbband *Der deutsche Krieg von 1866* (Berlin: Decker, 1870). 13. Dezember: Tod der Mutter in Neuruppin. Beerdigung auf dem alten Kirchhof am 16. Dezember unter großer Anteilnahme der Stadt. ThF erbt 1000 Taler.

1870 Martha F. wird für ein Jahr in die Obhut der Familie Merington gegeben. 20. April: Emilie F. begleitet die Tochter nach London. ThF gibt ohne Rücksprache mit seiner Frau die Stelle bei der *Kreuzzeitung* auf. Eheauseinandersetzungen. 14. Juni: Emilie F. kehrt, mit den Umständen versöhnt, aus London zurück. ThF wird von der liberalen *Vossischen Zeitung* als Theaterkritiker der Königlichen Schauspiele verpflichtet. 19. Juli: Nach Bismarcks Emser Depesche erklärt Frankreich Preußen den Krieg. ThF erhält von Rudolf von Decker den Auftrag zu einem dritten Kriegsbuch. 19. August: erste Theaterkritik für die *Vossische Zeitung* zu Schillers *Wilhelm Tell*. ThF bricht am 29. September nach Frankreich auf, am 5. Oktober in Domrémy verhaftet und als vermeintlicher preußischer Spion in Kriegsgefangenschaft genommen. Internierung in der Festung auf der Île d'Oléron. Freilassung am 24. November dank Bismarcks Intervention. Am 5. Dezember ist ThF zurück in Berlin.

1871 Der zweite Halbband *Der deutsche Krieg von 1866* erscheint (Berlin: Decker). In der *Vossischen Zeitung* wird *Kriegsgefangen* vorabgedruckt (5. Januar bis 26. Februar). Buchveröffentlichung Ende Februar (Berlin: Decker). Erneute Reise durch das besetzte Nordfrankreich zu Recherchezwecken (9. April bis 16. Mai). Anfang Mai kehrt Martha F. aus London zurück. Essay über Walter Scott in *Der Salon*. Im Herbst tritt Theodor jun. ins Theologische Seminar der Französischen Kolonie ein (Wechsel aufs Französische Gymnasium 1875). Ende November erscheint *Aus den Tagen der Occupation. Eine Osterreise durch Nordfrankreich und Elsaß-Lothringen 1871* (Berlin: Decker), vorabgedruckt (teilw.) in der *Vossischen Zeitung*. ThF wird das Ritterkreuz des wendischen Kronen-Ordens verliehen.

1872 Essay über Willibald Alexis in *Der Salon*. 3. Oktober: Umzug in die Wohnung Potsdamer Straße 134 c im Haus der *Johanniter-Ordens-Balley Brandenburg* (ThFs bleibende Wohnadresse). Der erste Halbband von *Der Krieg gegen Frankreich 1870–1871* erscheint (Berlin: Decker, 1873). Der *Wanderungen*-Band *Havelland* (Berlin: Hertz, 1873) erscheint.

1873 Recherchereise ins Ruppin'sche für die 3. Auflage von *Die Grafschaft Ruppin* (16. bis 29. September). Von Neuruppin aus besucht ThF u. a. Gut Köpernitz, reist durch die Menzer Forst und an den Stechlinsee. Friedrich F. besucht ab Herbst das Französische Gymnasium.

1874 Italienreise mit Emilie (30. September bis 19. November) über Verona, Venedig, Florenz, Rom, Neapel bis Capri. Buchpublikation: *Gedichte*, 2. vermehrte Auflage (Berlin: Hertz, 1875).

1875 26. Januar: ThFs Schwester Elise heiratet in Bethanien den Kaufmann Hermann Weber. 2. Februar: In der Zeitschrift *Daheim* erscheint von Robert König der Essay *Theodor Fontane, der Sänger der Mark*. Im Sommer starke »Nervenabspannung«, ThF unternimmt zur Erholung eine Reise über die Schweiz nach Oberitalien (3. bis 23. August), ab München Weiterreise mit Emilie und Aufenthalt in Wien. Gemeinsame Rückkehr am 6. September. Theodor F. jun. studiert ab Herbst an der Berliner Universität Jura. Im Dezember beendet ThF den letzten Halbband zu *Der Krieg gegen Frankreich* (Berlin: Decker, 1875–1876). Die Einnahmequelle aus den Kriegsbüchern versiegt.

1876 Freund Richard Lucae, Direktor der Bauakademie, setzt sich für ThF ein und empfiehlt ihn der Königlichen Akademie der Künste als Ersten Sekretär. ThF wird am 12. oder 13. März als Beamter vereidigt. Am 28. Mai reicht er ohne Absprache mit seiner Frau die Kündigung ein. Emilie F. ist »ganz und gar gebrochen«. Die formelle Entlassung erfolgt am 31. Oktober. Ab Herbst besucht Martha F. das Königliche Lehrerinnen-Seminar. ThF nimmt die Arbeit an seinem Roman *Vor dem Sturm* wieder auf und versteht sich von nun an als freier Schriftsteller. Er bleibt Theaterkritiker der *Vossischen Zeitung*. Ende Oktober erscheint der letzte Teilband von *Der Krieg gegen Frankreich*.

1877 George F. avanciert zum Premierleutnant und wird in die Kadettenanstalt Schloss Oranienstein versetzt, wo er »als außerordentlicher Geschichtslehrer« wirkt.

1878 Anfang April besteht Martha F. ihr Lehrerinnenexamen mit »gut«. Ende September erkrankt sie lebensgefährlich an Typhus. Anfang November erscheint *Vor dem Sturm. Roman aus dem Winter 1812 auf 13* (Berlin: Hertz; Vorabdruck: *Daheim*). ThF begreift sich von nun an als Erzähler. Konzeption des »Jetzt-Romans« *Allerlei Glück* (bleibt Fragment). 13. Dezember: Theodor F. jun. besteht sein juristisches Referandarexamen mit »gut«.

1879 Juli und August: Sommerfrische mit der Familie in Wernigerode. 1. Oktober: Theodor F. jun. absolviert sein einjährig-freiwilliges Militärjahr, George F. wird als Militärlehrer an die neue Kadettenanstalt Lichterfelde versetzt. ThF konzipiert die Novelle *Sidonie von Borcke* (bleibt Fragment).

1880 Sommerfrische in Wernigerode. 1. August: Martha F. wird Hauslehrerin bei der Familie von Mandel in Klein-Dammer, Neumark. August: Theodor F. jun. besteht sein juristisches Staatsexamen. Anfang November erscheint ThFs Novelle *Grete Minde* (Berlin: Hertz, 1880; Vorabdruck: *Nord und Süd*).

1881 Friedrich F. verlässt das Französische Gymnasium nach der Mittleren Reife und beginnt eine Buchhändlerlehre. Mitte Oktober erscheint die Erzählung *Ellernklipp* (Berlin: Hertz; Vorabdruck: *Westermann's Illustrierte Deutsche Monatshefte*). Ende November erscheint *Spreeland* (Berlin: Hertz, 1882), der letzte Band der *Wanderungen*. ThF beschäftigen eine Vielzahl von Novellenstoffen (Fragment bleiben u. a. *Storch von Adebar*, *Oceane von Parceval*).

1882 Anfang März erscheint *L'Adultera* (Breslau: Schottländer; Vorabdruck: *Nord und Süd*). Glänzende Kritik von Paul Schlenther, entschiedene Zustimmung von Otto Brahm, ThFs jungem Kritikerkollegen bei der *Vossischen Zeitung*. ThF erlebt seinen literarischen Durchbruch bei den jungen Wortführern des literarischen Realismus. Ende November erscheint die Erzählung *Schach von Wuthenow* (Leipzig: Friedrich, 1883; Vorabdruck: *Vossische Zeitung*). Plan zum historischen Roman *Die Likedeeler*.

1883 8. April: In der *Vossischen Zeitung* erscheint ThFs Rezension *Gottfried Keller. Ein literarischer Essay von O. Brahm*. 7. bis 30. Juni: Aufenthalt in Thale im Harz (allein). 18. Juli bis 30. August: Aufenthalt auf der Insel Norderney.

1884 22. Januar: Paul Schlenther, Paul Meyer, Hans Hertz (Sohn von Wilhelm Hertz) initiieren die Gesellschaft der »Zwanglosen«, deren Einzelmitglieder sich entschieden für den Erzähler ThF aussprechen. Martha F. wird von der durch Europa reisenden Amerikanerin Mrs. Dooley als Erzieherin ihrer Tochter engagiert. Theodor F. jun. besteht sein Assessorexamen und tritt Ende April eine Stelle bei der Korpsintendantur Münster an. 18. Juli bis 1. September: ThF und Emilie halten sich im schlesischen Krummhübel auf. Begegnung mit Amtsgerichtsrat Georg Friedlaender aus Schmiedeberg. Beginn einer großen Korrespondenz. Mitte Oktober: Martha F. wird Lehrerin an einer privaten Berliner Mädchenschule. Friedrich F. beendet seine Buchhändlerlehre und nimmt in Jena seine erste Stelle an. Mitte Oktober erscheint *Graf Petöfy* (Dresden: Steffens; Vorabdruck: *Deutsche Romanbibliothek* zu *Über Land und Meer*).

1885 Mitte März erscheint ThFs Biografie *Christian Friedrich Scherenberg und das literarische Berlin von 1840 bis 1860* (Berlin: Hertz). Ende März gibt Martha F. ihre Lehrerinnenstelle wegen Krankheit auf. 29. April bis 13. Mai: ThF mit Tochter Martha in Hankels Ablage. George F. wird zum Hauptmann befördert. Friedrich F. wechselt als Buchhändler nach Oldenburg. 1. Juni bis 18. September: ThF mit Emilie in Krummhübel. Neue Balladen entstehen, vermutlich auch *John Maynard*. Anfang November wird in Berlin das 200-jährige Bestehen der Französischen Kolonie gefeiert. ThF liefert den Prolog *Zur Feier des 200jährigen Bestehens der Französischen Kolonie (1. November 1885)* sowie Texte zu lebenden Bildern aus der Hugenottenzeit unter dem Titel *Zur 200-Jahrfeier des Edikts von Potsdam am 29. Oktober 1885*. Sohn Theodor jun. verfasst das Festspiel. Alle Fontanes nehmen teil. Mitte November erscheint *Unterm Birnbaum* (Berlin: Müller-Grote; Vorabdruck: *Gartenlaube*). Am 8. Dezember erscheint in der *Vossischen Zeitung* ThFs Gedicht *Auf der Treppe von Sanssouci. 7./8. Dezember (zu Menzels 70. Geburtstag)*. 24. Dezember: George F. verlobt sich in Berlin mit Martha Robert (Heirat: 12. Juni 1886).

1886 7. März: Theodor F. jun. verlobt sich in Münster mit Martha Soldmann (Heirat: 5. Oktober). ThF verbringt den Sommer mit Frau und Tochter in Krummhübel (15. Juni bis 7. September). Friedrich F. präsentiert den Eltern Pläne zu einem eigenen Verlag und stößt auf entschiedene Ablehnung.

1887 Im April erscheint der Roman *Cécile* (Berlin: Dominik; Vorabdruck: *Universum*). 21. Juli: Geburt von Otto F. in Münster, dem ersten Enkel von ThF und Emilie F. Vorabdruck von *Irrungen, Wirrungen* in der *Vossischen Zeitung* (24. Juli bis 23. August 1887). Der Roman macht im Bürgertum Skandal. 24. September: Sohn George F. stirbt an einem akuten Blinddarmdurchbruch. Beerdigung am 27. September auf dem Lichterfelder Friedhof.

1888 Anfang Februar erscheint *Irrungen, Wirrungen* als Buch (Leipzig: Steffens). ThF und seine Familie sind zur Sommerfrische in Krummhübel/Brotbaude (16. Juli bis 1. September). 1. Oktober: Friedrich F. gründet in Berlin seinen eigenen Verlag. Mitte Oktober: Der Zusatzband *Fünf Schlösser. Altes u. Neues aus der Mark Brandenburg* (Berlin: Hertz, 1889) erscheint.

1889 März: Otto Brahm gründet den Verein *Freie Bühne*, dem ThF und Emilie F. beitreten. Im Sommer reist das Ehepaar F. zur Kur nach Kissingen (27. Juni bis 4. August). Anfang September: Der junge Gerhart Hauptmann schickt ThF sein erstes Stück *Vor Sonnenaufgang*, ThF setzt sich dafür ein, dass die *Freie Bühne* es spielt. 20. Oktober: ThF wohnt im Lessingtheater der Uraufführung von Hauptmanns *Vor Sonnenaufgang* bei. Er verhilft mit seiner Kritik in der *Vossischen Zeitung* (22. Oktober) dem jungen Dichter zum literarischen Durchbruch. Anfang November erscheint der Band *Gedichte*, 3., vermehrte Auflage (Berlin: Hertz), darin u. a. neu *Meine Gräber, Die Brück' am Tay, John Maynard, Herr Ribbeck auf Ribbeck im Havelland.* Am 30. Dezember wird ThF 70 Jahre alt und gibt sein Kritikeramt für die Königlichen Schauspiele auf. Die *Vossische Zeitung* anerkennt seine Kritikertätigkeit mit einer jährlichen Pension von 1500 Mark. Konzeption zu *Das Ländchen Friesack und die Bredows* (bleibt Fragment).

1890 4. Januar: Festbankett zu ThFs 70. Geburtstag im Englischen Haus, das der »Presseclub«, die »Literarische Gesellschaft« und die *Vossische Zeitung* im Verein mit den Freunden des »Rütli« zu seinen Ehren veranstalten. ThF bespricht alle Aufführungen der *Freien Bühne* und unterstützt ihre Bestrebungen im Sinne der Erneuerung der Literatur und der Schauspielkunst. April: Im Verlag F. Fontane & Co. erscheint ThFs Roman *Stine* (Vorabdruck: *Deutschland*). 16. Juni bis 16. Juli: Kuraufenthalt mit Emilie in Kissingen. 4. August bis 22. September: Aufenthalt mit der Familie in Krummhübel/Brotbaude. Ende November erscheint *Quitt* (Berlin: Hertz, 1891; Vorabdruck: *Gartenlaube*). Die erste Gesamtausgabe der Romane und Novellen, geplant in 12 Bänden, beginnt zu erscheinen (Berlin: Dominik, 1891).

1891 Theodor F. jun. wird ans Kriegsministerium berufen und übersiedelt Ende März mit seiner Familie nach Berlin. 19. April: ThF und Klaus Groth werden mit dem »Schiller-Preis« ausgezeichnet. ThF erhält 3000 Mark Preisgeld. Der Verlag F. Fontane & Co. erwirbt die Rechte für die Gesamtausgabe in 12 Bänden (5. Juni), ab Band 10 erscheinen ThFs *Gesammelte Romane und Novellen* im Verlag des Sohnes. *Unwiederbringlich* erscheint (Berlin: Hertz; Vorabdruck: *Deutsche Rundschau*). 3. bis 30. Juni: Ehepaar F. weilt in Kissingen zur Kur. 6. August: ThF begibt sich nach Wyk auf Föhr (bis 28. August). Erste Niederschrift von *Mathilde Möhring* (der Roman bleibt unvollendet).

1892 7. Februar: Ehepaar F. unterzeichnet sein gemeinsames Testament. ThF setzt eine Nachlasskommission ein, die »unbeschränkt« entscheiden soll, was mit den nachgelassenen unveröffentlichten Manuskripten geschieht. Bei Publikationsvorhaben soll der Verlag F. Fontane bevorzugt berücksichtigt werden. Mitglieder der Nachlasskommission sind: die Tochter Martha F., der Germanist Paul Schlenther, der Jurist Paul Meyer. Mitte März erkranken ThF und Emilie F. an der Influenza. Anfang April: ThF vergiftet sich versehentlich mit Morphium, zunehmende psychische und körperliche Verschlechterung seines Zustands während des Aufenthalts in der Villa Gottschalk bei Schmiedeberg (ab 21. Mai). Schwere Krise. Mitte September Rückkehr nach Berlin. Anfang Oktober unterzieht sich ThF einer »galvanischen Kur«. Mitte Oktober plötzlicher Stimmungswechsel. Niederschrift der *Kinderjahre*. Ende Oktober erscheint *Frau Jenny Treibel oder »Wo sich Herz zum Herzen find't«* (Berlin: F. Fontane & Co., 1893; Vorabdruck: *Deutsche Rundschau*). Ab jetzt begreift sich ThF als Autor des F.-Fontane-Verlages.

1893 31. Juli: Friedrich Witte stirbt an Magenkrebs. Er hinterlässt Martha F. ein Erbe von 12000 Mark. 16. August: ThF und Emilie F. fahren zur Kur nach Karlsbad. Ein Notruf von Friedrich F. ruft die Eltern zurück (9. September). ThF findet die Tochter Martha in Angstzuständen und »halb wie verhungert«. Ende November erscheint *Meine Kinderjahre. Autobiographischer Roman* (Berlin: F. Fontane & Co., 1894; kein Vorabdruck).

1894 Im März erscheint *Von vor und nach der Reise. Plaudereien und kleine Geschichten* (Berlin: F. Fontane & Co.). April: Theodor F. jun. wird nach Hannover versetzt. Im Spätsommer weilen ThF und Emilie zur Kur in Karlsbad (15. August bis 12. September). Im Herbst übernimmt Otto Brahm die Leitung des Deutschen Theaters. 8. November: Die Berliner Universität verleiht dem Dichter Theodor Fontane die Ehrendoktorwürde. Zum 75. Geburtstag gewährt das Kultusministerium ThF eine Ehrenpension.

1895 Im Spätsommer weilen ThF und Emilie zur Kur in Karlsbad (14. August bis 15. September). 15. Oktober: Freitod von Hans Hertz. ThF unterbricht die Arbeit an seinem historischen Roman *Die Likedeeler*. Mitte Oktober erscheint der Roman *Effi Briest* (Berlin: F. Fontane & Co., 1896). ThF erlebt sein Erscheinen als einen ersten wirklichen Bucherfolg. Ende November: Beginn der Arbeit am Roman *Der Stechlin*. Theodor F. jun. erleidet einen psychischen Zusammenbruch (vermutlich Depression).

1896 Ende Mai bis 20. Juni halten sich ThF und Emilie in Karlsbad auf. Die Zeit vom 20. August bis 15. September verbringen sie in Begleitung von Tochter Martha in Waren an der Müritz. Anfang November erscheint der Roman *Die Poggenpuhls* (Berlin: F. Fontane & Co.; Vorabdruck *Vom Fels zum Meer*).

1897 Am 20. März heiratet Friedrich F. ohne Begeisterung seiner Eltern die junge Frieda Lehmann. Vom 9. Juni bis 17. Juli weilen ThF und Emilie in Begleitung von Tochter Martha in Augusta-Bad bei Neubrandenburg. Am 14. August fahren ThF und Emilie zur Kur nach Karlsbad (bis 11. September). Oktober: Beginn des Vorabdrucks von *Der Stechlin* in *Über Land und Meer* (bis Februar 1898).

1898 Im Januar verloben sich Martha F. und K. E. O. Fritsch, Herausgeber der *Deutschen Bauzeitung*, in Stille. Paul Schlenther geht als Burgtheaterdirektor nach Wien. 18. Mai: Aufenthalt mit Emilie und Martha auf dem Weißen Hirsch bei Dresden (bis 28. Juni). 6. Juni: Friedrich und Frieda F. lassen sich scheiden. Anfang Juni erscheint *Von Zwanzig bis Dreißig. Autobiographisches von Theodor Fontane* (Berlin: F. Fontane & Co; Vorabdruck einzelner Kapitel in *Pan, Deutsche Rundschau, Cosmopolis, Vossische Zeitung*). Die Fortsetzung der Autobiografie, *Kritische Jahre – Kritikerjahre*, bleibt Fragment. Am 30. Juli stirbt Bismarck. Am 3. August erscheint auf der Frontseite der *Vossischen Zeitung* ThFs neues Gedicht *Wo Bismarck liegen soll*. Vom 12. August bis 10. September weilen »die drei Fontanes« in Karlsbad, dann reisen Vater und Tochter zurück nach Berlin, Emilie F. begibt sich zur Nachkur zu ihrer Freundin Johanna Treutler nach Blasewitz bei Dresden. ThF nimmt sein Romanprojekt *Die Likedeeler* wieder auf und arbeitet parallel dazu an seinem märkischen Kapitel *Die Bredows*. 16. September: offizielle Verlobungsfeier von Martha F. und K. E. O. Fritsch in der Wohnung Potsdamer Straße 134 c, an der auch Paula und Paul Schlenther teilnehmen. 19. September: zweite Feier im »Cercle intime«. Am Abend des 20. September, »9 Uhr«, stirbt Theodor Fontane unerwartet »an einem Herzschlage«. Am 24. September, dem elften Todestag von Sohn George, wird der Dichter und Schriftsteller unter großer Anteilnahme auf dem französischen Friedhof in der Liesenstraße beigesetzt. Am 16. Oktober veranstaltet die *Freie Bühne* eine Fontane-Gedenkfeier, Otto Brahm hält die Ansprache. Am 17. Oktober erscheint *Der Stechlin* (Berlin: F. Fontane & Co., 1899), auf dessen Erscheinen ThF mit Spannung gewartet hatte. Am 21. Oktober wird das Testament eröffnet. Der literarische Nachlass bleibt vorerst im Besitz von Emilie F.

1899 Martha F. und K. E. O. Fritsch heiraten am 4. Januar und beziehen die Beletage-Wohnung Elßholzstraße 10. Emilie F. hat ihre Wohnung aufgegeben und wohnt benachbart in der Elßholzstraße 17 bei Sohn Friedrich F.

1901 Am 5. Juni stirbt Wilhelm Hertz. Die Rechte an den *Wanderungen* gehen an den Verlag Cotta über, der den Verlag Wilhelm Hertz erwirbt.

1902 Am 18. Februar stirbt nach kurzer Krankheit Emilie Fontane. Sie wird an der Seite ihres Mannes beigesetzt. Im März übergeben die Erben unter anderen Fontaneana den Schreibtisch samt den darin liegenden veröffentlichten Manuskripten dem Märkischen Museum. Der unveröffentlichte Nachlass wird dem Verlag F. Fontane & Co. in sichere Verwahrung gegeben. Am 7. August heiratet Friedrich F. die Witwe Dina Toerpisch.

1904 ThFs Schwester Jenny Sommerfeldt stirbt. Martha Fritsch-Fontane zeichnet als Herausgeberin des Bandes *Rouanet: Von Toulouse bis Beeskow* (F. Fontane & Co.).

1905 Paul Schlenther gibt die *Causerien über Theater* heraus und betreut die neue und erweiterte Auflage der *Gesammelten Romane und Novellen* (Berlin: F. Fontane & Co.). K. E. O. Fritsch zeichnet als Herausgeber der zweibändigen Ausgabe *Theodor Fontanes Briefe an seine Familie* (Berlin: F. Fontane & Co.). Friedrich F. beginnt die Rechte für einzelne Fontane-Romane an den S. Fischer Verlag zu vergeben.

1908 Joseph Ettlinger gibt *Theodor Fontane. Aus dem Nachlass* (Berlin: F. Fontane & Co.) heraus. Der Band enthält den unvollendeten Roman *Mathilde Möhring* in einer Fassung mit starken Eingriffen des Herausgebers. Am 8. Juni wird in Neuruppin das Fontane-Denkmal von Max Wiese eingeweiht. In der Reihe »Fischers Romanbibliothek zeitgenössischer Romane« beginnen Fontanes Romane in Einzelbänden zu erscheinen, zuerst *L'Adultera*.

1910 Am 7. Mai wird das Fontane-Denkmal von Max Klein im Berliner Tiergarten eingeweiht. Otto Pniower und Paul Schlenther geben zwei Bände *Briefe Theodor Fontanes. Zweite Sammlung [An seine Freunde]* (Berlin: F. Fontane & Co.) heraus.

1912 Am 28. November stirbt Otto Brahm.

1914 Friedrich F. veröffentlicht unter dem Titel *Feldpostbriefe 1870–1871* die Briefe seines verstorbenen Bruders George Fontane an die Eltern (Berlin: F. Fontane & Co.).

1915 Paul Schlenther zeichnet als Herausgeber einer fünfbändigen Proasauswahl von Werken Fontanes im S. Fischer Verlag.

1916 Am 30. April stirbt Paul Schlenther.

1917 Am 10. Januar stirbt Martha Fritsch-Fontane nach einem Sturz aus dem Fenster ihrer Warener Villa. Das Kirchenbuch verzeichnet als Todesursache »Nervenleiden«. Nach allem, was wir heute wissen können, war es Freitod.

1918 Die Rechte am erzählerischen Werk Fontanes gehen auf den Verlag S. Fischer über. Friedrich F. zieht mit seiner Familie nach Neuruppin, betreut hier den Nachlass seines Vaters und öffnet ihn ersten Forschungsarbeiten.

1923 Am 14. Juli stirbt Fontanes Schwester Elise Weber-Fontane.

1928 Der Verlag F. Fontane & Co. wird aus dem Firmenregister gelöscht.

1929 Am 20. September endet die Schutzfrist für Fontanes Werke.

1933 Am 22. Mai stirbt Theodor Fontane jun. in Berlin. 8. Juli: Der *Ruppiner Stürmer* publiziert den als Vortrag konzipierten Aufsatz von Friedrich F. über *Theodor Fontane und die Judenfrage* (der Vortrag wurde nicht gehalten). Nach gescheiterten Verhandlungen mit der Berliner Staatsbibliothek wird der Dichternachlass am 9. Oktober bei Hellmut Meyer & Ernst in Berlin versteigert.

1935 Der Fontane'sche Restnachlass wird am 18. Dezember an die Brandenburgische Provinzialverwaltung verkauft. Gründung des Theodor-Fontane-Archivs.

1937 Friedrich F. gibt die dritte Briefsammlung heraus unter dem Titel *Theodor Fontane. Heiteres Darüberstehen. Familienbriefe. Neue Folge* (Berlin: Grote).

1941 Am 22. September stirbt Friedrich Fontane in Neuruppin.

1943 Die vierte Briefsammlung *Theodor Fontane. Briefe an die Freunde. Letzte Auslese* erscheint in zwei Bänden, herausgegeben von Friedrich Fontane (†) und Hermann Fricke. Ein großer Teil der Auflage wird vor der Auslieferung durch Kriegseinwirkung vernichtet.

1945 Ein erheblicher Teil der Dokumente im Theodor-Fontane-Archiv (Potsdam) und im Märkischen Museum (Berlin) ist durch Kriegseinwirkung während des Zweiten Weltkriegs verstreut oder zerstört worden. Die Folgen zeigen sich in der Fontane-Forschung bis heute.

1954 Fontanes *Briefe an Friedlaender* (Heidelberg: Quelle & Meyer) erscheinen in einer ersten kritischen Briefediton von Kurt Schreinert.

1959 Beginn der Werkausgabe: *Theodor Fontane: Sämtliche Werke*. Bd. 1–24 und Supplement. München: Nymphenburger Verlagshandlung (bis 1975).

1965 Das Theodor-Fontane-Archiv, Potsdam, gründet die Halbjahresschrift *Fontane Blätter*.

1968 150. Geburtstag von Theodor Fontane. Im wissenschaftlichen Austausch verstärkte Fontane-Rezeption. Kritische Monografien, Werk- und Briefausgaben erscheinen in verschiedenen Verlagen, sowohl in Ost- wie in Westdeutschland.

1989 Seit der »Wende« wachsendes Interesse an Leben und Werk Theodor Fontanes.

1990 15. Dezember: Gründung der internationalen Theodor Fontane Gesellschaft in Potsdam, neu Mitherausgeberin der *Fontane Blätter*.

1994 Beginn der Werkausgabe: *Theodor Fontane: Große Brandenburger Ausgabe*. Begründet u. hrsg. von Gotthard Erler. Seit 2014 fortgeführt von Gabriele Radecke und Heinrich Detering (erscheint noch). Berlin: Aufbau-Verlag.

1997 Abschluss der Werkausgabe: *Theodor Fontane: Werke, Schriften, Briefe*. Hrsg. von Walter Keitel u. Helmuth Nürnberger. 1969–1997. München: Carl Hanser Verlag. Einzelne Bände der Ausgabe erschienen seit 1961 zuerst unter dem Gesamttitel »Sämtliche Werke«.

2006 Die dreibändige *Theodor-Fontane-Bibliographie* (Berlin: De Gruyter) erscheint.

2010 Die fünfbändige *Theodor-Fontane-Chronik* (Berlin: De Gruyter) erscheint.

2019 30. Dezember: 200. Geburtstag von Theodor Fontane.

Literatur

Archivalische Quellen und private Nachlässe

AHR	Archiv der Hansestadt Rostock
BLHA	Brandenburgisches Landeshauptarchiv, Potsdam
DLA	Deutsches Literaturarchiv, Marbach am Neckar
GStA PK	Geheimes Staatsarchiv Preußischer Kulturbesitz, Berlin-Dahlem
HABW	Herzog August Bibliothek, Wolfenbüttel
SBB – PK	Staatsbibliothek zu Berlin – Preußischer Kulturbesitz
SMB	Stiftung Stadtmuseum Berlin [ehem. Märkisches Museum]
TFA	Theodor-Fontane-Archiv, Potsdam
UBB	Universitätsbibliothek der Humboldt-Universität, Berlin
SAW	Stadtarchiv Wuppertal

NL Fritsch	Nachlass Fritsch, Privatbesitz
NL Stockhausen	Nachlass Stockhausen, Privatbesitz
NL Witte	Nachlass Witte, Privatbesitz

Zeitschriften und Zeitungen

FBl	*Fontane Blätter*
NPZ	*Neue Preußische (Kreuz-)Zeitung* (= *Kreuzzeitung*)
NZZ	*Neue Zürcher Zeitung*
VZ	*Vossische Zeitung*

Nachschlagewerke der Fontane-Forschung

HBV *Die Briefe Theodor Fontanes. Verzeichnis u. Register.* Hrsg. von Charlotte Jolles u. Walter Müller-Seidel. Bearbeitet von Rainer Bachmann, Walter Hettche u. Jutta Neuendorff-Fürstenau. München: Hanser 1987.

Berbig/Hartz *Theodor Fontane im literarischen Leben. Zeitungen und Zeitschriften, Verlage und Vereine.* Dargestellt von Roland Berbig unter Mitarbeit von Bettina Hartz. Berlin, New York: de Gruyter 2000.

F-Bibliographie Wolfgang Rasch: *Theodor Fontane Bibliographie. Werk und Forschung.* In Verbindung mit der Humboldt-Universität zu Berlin u. dem Theodor-Fontane-Archiv Potsdam hrsg. von Ernst Osterkamp u. Hanna Delf von Wolzogen. Bd. 1–3. Berlin, New York: de Gruyter 2006.

F-Chronik Roland Berbig: *Theodor Fontane Chronik*. Projektmitarbeit 1999–2004: Josefine Kitzbichler. Bd. 1–5. Berlin, New York: De Gruyter 2010.
F-Handbuch *Fontane-Handbuch*. Hrsg. von Christian Grawe u. Helmuth Nürnberger. Stuttgart: Kröner 2000.
F-Lexikon Helmuth Nürnberger und Dietmar Storch: *Fontane-Lexikon. Namen – Stoffe – Zeitgeschichte*. München: Hanser 2007.
F-Vermisste Bestände Manfred Horlitz: *Vermisste Bestände des Theodor-Fontane-Archivs. Eine Dokumentation*. Potsdam 1999.
F-Vorfahren Manfred Horlitz: *Theodor Fontanes Vorfahren. Neu erschlossene Dokumente – überraschende Entdeckungen*. Berlin: Stapp Verlag 2009.
Tunnel-Archiv Archiv des »Tunnels über der Spree«. Internetseite, online unter: http://allegro.ub.hu-berlin.de/tunnel.

Werkausgaben

HFA *Theodor Fontane: Werke, Schriften, Briefe*. Hrsg. von Walter Keitel und Helmuth Nürnberger. München 1961/1969–1997 (HFA, Hanser-Fontane-Ausgabe).
Abt. I: Bde. 1–7. *Romane, Erzählungen, Gedichte, Erzählungen und Prosafragmente* (3. durchgesehene und ergänzte Auflage 1995).
Abt. II: Bde. 1–3. *Wanderungen durch die Mark Brandenburg.*
Abt. III: Bde. 1–5. *Erinnerungen. Ausgewählte Schriften und Kritiken.*
Abt. IV: Bde. 1–5. *Briefe*. Hrsg. von Otto Drude, Helmuth Nürnberger, Gerhard Krause.
Bd. 1: 1833–1860. München 1976.
Bd. 2: 1860–1878. München 1979.
Bd. 3: 1879–1889. München 1980.
Bd. 4: 1890–1898. München 1982.
Bd. 5/I: *Register*. Hrsg. von Helmuth Nürnberger, bearb. von Walter Hettche. München 1988.
Bd. 5/II: *Kommentar*. Hrsg. von Walter Hettche, Christian Klug, Helmuth Nürnberger und Bernhard Zand. München 1994.
AFA-Autobiogr. Schriften *Theodor Fontane: Autobiographische Schriften*. Bde. I–III/2. Hrsg. von Gotthard Erler, Peter Goldammer u. Joachim Krueger. Berlin, Weimar: Aufbau-Verlag 1982. 1: *Meine Kinderjahre*. 2: *Von Zwanzig bis Dreißig*. 3/1: *Christian Friedrich Scherenberg. – Tunnel-Protokolle und Jahresberichte. – Autobiographische Aufzeichnungen und Dokumente*. 3/2: *Anmerkungen zu Band 3/1. – Register für die Bände I–III/1. – Zeittafel.*
AFA-Erz. Werk *Theodor Fontane. Romane und Erzählungen*. Bde. 1–8. Hrsg. von Peter Goldammer, Gotthard Erler, Anita Golz und Jürgen Jahn. Berlin, Weimar: Aufbau-Verlag 1984 (AFA, Aufbau-Fontane-Ausgabe).
Diederichs-Krieg 1864 *Theodor Fontane: Der Schleswig-Holsteinsche Krieg im Jahre 1864*. Illustriert von Ludwig Burger. Mit 4 Porträts, 9 Karten und 56 Abbildungen im Text. Düsseldorf, Köln: Diederichs 1978 [Reprint der Ausgabe Berlin: Decker 1866].
Diederichs-Krieg 1866 *Theodor Fontane: Der deutsche Krieg von 1866*. Illustriert von Ludwig

Burger. Mit 17 Porträts, 19 Gefechtsbildern, 383 Abbildungen und 65 Plänen sowie einem Register. 2 Bde. Düsseldorf, Köln: Diederichs 1979 [Reprint der Erstausgabe Berlin: Decker 1870, 1871].

F-Fragmente *Theodor Fontane: Fragmente. Erzählungen, Impressionen, Essays.* 2 Bde. Im Auftrag des Theodor-Fontane-Archivs hrsg. von Christine Hehle und Hanna Delf von Wolzogen. Bd. 1: *Texte.* Bd. 2: *Kommentar.* Berlin, Boston: De Gruyter 2016.

F-Geschichten-Buch *Theodor Fontane: Theodor Fontane hat es aus geschrieben gans allein …: Fontanes erstes »Geschichten-Buch«.* Hrsg. von Helmuth und Elisabeth Nürnberger. Staatsbibliothek zu Berlin – Preußischer Kulturbesitz (SBB – PK). – Faksimileausgabe nach der Handschrift. Nachlass Fontane 11, SBB – PK. Wiesbaden 1995 (Beiträge aus der Staatsbibliothek zu Berlin – Preußischer Kulturbesitz. Bd. 2). Jahresgabe der Theodor Fontane Gesellschaft e. V. 1995.

F-Reisebriefe Böhmen *Theodor Fontane: Reisebriefe vom Kriegsschauplatz Böhmen 1866.* Hrsg. von Christian Andree. Frankfurt am Main: Propyläen 1973.

F-Reisebriefe Jütland *Theodor Fontane: Reisebriefe aus Jütland [1864]*, in: *Theodor Fontane: Im Paris des Nordens. Impressionen aus Dänemark.* Hrsg. von Gotthard Erler. Berlin: Aufbau 2003, S. 7–39.

F-Unechte Korr. *Theodor Fontane: Unechte Korrespondenzen 1860–1870.* Hrsg. von Heide Streiter-Buscher. 2 Bde. Bd. 1: *Unechte Korrespondenzen* 1860–1865. Bd. 2: *Unechte Korrespondenzen 1866–1870.* Berlin, New York: de Gruyter 1996.

F-Wanderungen *Theodor Fontane: Wanderungen durch England und Schottland.* 2 Bde. Hrsg. von Hans-Heinrich Reuter. Berlin: Verlag der Nation 1980.

F-Zwei Post-Stationen *Theodor Fontane: Zwei Post-Stationen. Faksimile der Handschrift.* Hrsg. von Jochen Meyer. Marbach am Neckar: Deutsche Schillergesellschaft 1991.

GBA *Theodor Fontane. Große Brandenburger Ausgabe* (GBA). Begründet und hrsg. von Gotthard Erler. Seit 2014 fortgeführt von Gabriele Radecke und Heinrich Detering. Berlin: Aufbau-Verlag 1994– [erscheint noch].

GBA-Autobiogr. Werk *Theodor Fontane: Das autobiographische Werk.* Hrsg. von Gabriele Radecke und Heinrich Detering. Berlin: Aufbau-Verlag 2014– [erscheint noch].

GBA-Autobiogr. Werk, Bd. 3 *Theodor Fontane: Von Zwanzig bis Dreißig.* Bd. 3. Hrsg. von Wolfgang Rasch in Zusammenarbeit mit der Theodor Fontane-Arbeitsstelle, Universität Göttingen. Berlin: Aufbau-Verlag 2014. Mit erweitertem Anhang: http://www.uni-goettingen.de/de/490 500.html#erg.

GBA-Erz. Werk *Theodor Fontane: Das erzählerische Werk.* Hrsg. in Zusammenarbeit mit dem Theodor-Fontane-Archiv Potsdam. Editorische Betreuung: Christine Hehle. Bd. 1–20. Berlin: Aufbau-Verlag 1997–2011.

GBA-Gedichte *Theodor Fontane: Gedichte.* Bde. 1–3. Hrsg. von Joachim Krueger und Anita Golz. 2., durchges. und erweiterte Aufl. Berlin: Aufbau-Verlag 1995.

GBA-Reiselit. Werk, Bd. 2: *Theodor Fontane: Jenseit des Tweed. Bilder und Briefe aus Schottland.* Hrsg. von Maren Ermisch in Zusammenarbeit mit der Theodor Fontane-Arbeitsstelle, Universität Göttingen. Berlin: Aufbau-Verlag 2017.

GBA-Tagebücher *Theodor Fontane: Tage- und Reisetagebücher.* Bd. 1–3. Berlin: Aufbau-Verlag 1994–2012. Bd. 1: *Tagebücher. 1852, 1855–1858.* Hrsg. von Charlotte Jolles unter Mitarbeit von Rudolf Muhs (1994). Bd. 2: *Tagebücher. 1866, 1882, 1884–1898*. Hrsg. von Gotthard Erler unter Mitarbeit von Therese Erler (1994). Bd. 3: *Die Reisetagebücher*. Hrsg. von Gotthard Erler und Christine Hehle (2012).

GBA-Wanderungen *Theodor Fontane: Wanderungen durch die Mark Brandenburg*. Bde. 1–8. Hrsg. von Gotthard Erler und Rudolf Mingau (Bde. 1–5) u. unter Mitarbeit von Therese Erler (Bde. 5–7). Berlin: Aufbau-Verlag 1994–1997. 1: *Die Grafschaft Ruppin*. 2: *Das Oderland*. 3: *Havelland*. 4: *Spreeland*. 5: *Fünf Schlösser*. 6: *Dörfer und Flecken im Lande Ruppin*. 7: *Das Ländchen Friesack und die Bredows*. 8: *Personenregister, Geographisches Register*. Bearb. von Rita Reuter.

Manesse-Krieg 1870/71 *Theodor Fontane. Der Krieg gegen Frankreich 1870–1871*. Mit einem Vorwort von Gordon A. Craig. Bd. 1–4. Bd. 1: *Der Krieg gegen das Kaiserreich. Bis Gravelotte, 18. August 1870*. Mit 32 Plänen der Originalausgabe im Verlag Decker, Berlin 1873–1876, und 20 Porträts nach Stichen der Zeit. Bd. 2: *Der Krieg gegen das Kaiserreich. Von Gravelotte bis zur Kapitulation von Metz. 19. August bis 27. Oktober 1870*. Mit 35 Plänen der Originalausgabe im Verlag Decker, Berlin 1873–1876, und 22 Porträts nach Stichen der Zeit. Bd. 3: *Der Krieg gegen die Republik. In und vor Paris bis zum 24. Dezember*. Mit 44 Plänen der Originalausgabe im Verlag Decker, Berlin 1873–1876, und 20 Porträts nach Stichen der Zeit. Bd. 4: *Der Krieg gegen die Republik. Orléans bis zum Einzuge in Berlin*. Mit 104 Plänen der Originalausgabe im Verlag Decker, Berlin 1873–1876, und 32 Porträts nach Stichen der Zeit. Zürich: Manesse Verlag 1985.

NFA *Theodor Fontane. Sämtliche Werke*. Bd. 1–24 und Supplement. Hrsg. von Edgar Gross, Kurt Schreinert, Rainer Bachmann, Charlotte Jolles, Jutta Neuendorff-Fürstenau, Peter Bamböck. München: Nymphenburger Verlagshandlung 1959–1975 (NFA, Nymphenburger-Fontane-Ausgabe).

Briefe

FBra *Theodor Fontane: Drei Briefe an Otto Brahm*. Hrsg. und kommentiert von Joachim Krueger, in: FBl 40/1985, S. 127–130.

FBrock *Theodor Fontane: Unveröffentlichte Briefe an den Verlag Brockhaus*. Hrsg. von Christa Schultze, in: FBl 15/1972, S. 457–464.

FDeck *Theodor Fontane: Briefe an den Verleger Rudolf von Decker*. Mit sämtlichen Briefen an den Illustrator Ludwig Burger und zahlreichen weiteren Dokumenten. Hrsg. von Walter Hettche. Heidelberg: Decker 1988.

FEgg *Theodor Fontane und Friedrich Eggers. Der Briefwechsel. Mit Fontanes Briefen an Karl Eggers und der Korrespondenz von Friedrich Eggers mit Emilie Fontane*. Hrsg. von Roland Berbig. Schriften der Theodor Fontane Gesellschaft, Bd. 2. Berlin, New York: de Gruyter 1997.

FEng *»Dutzende von Briefen hat Theodor Fontane mir geschrieben …«. Neuentdeckte Briefe Fontanes an Eduard Engel*. Hrsg. von Charlotte Jolles, in: *Jahrbuch der Deutschen Schillergesellschaft*, Bd. 28. Stuttgart 1984, S. 1–59.

FFrFo2 *»… möge die Firma grünen und blühn«. Theodor Fontane: Briefe an den Sohn Friedrich*. Hrsg. von Gabriele Radecke, in: FBl 64/1997, S. 10–63.

FFrFr *Theodor Fontane. Briefe an K. E. O. Fritsch und Anna Fritsch-Köhne. 1882–1898.* Erstmals veröffentlicht und mit einem Nachwort versehen von Regina Dieterle. Mit 12 Lithographien von Willi-Peter Hummel. Berlin: Tabor Presse 2006. Vgl. auch: *Theodor Fontanes Briefe an Anna Fritsch-Köhne und K. E. O. Fritsch mit Briefen von Martha und Emilie Fontane. Martha Fritsch-Fontane zum 150. Geburtstag am 21. März 2010.* Hrsg. von Regina Dieterle, in: *FBl* 89/2010, S. 18–68.

FFried1 *Theodor Fontane: Briefe an Georg Friedlaender.* Hrsg. und erläutert von Kurt Schreinert. Heidelberg: Quelle & Meyer 1954.

FFried2 *Theodor Fontane: Briefe an Georg Friedlaender.* Aufgrund der Edition von Kurt Schreinert und der Handschriften neu hrsg. und mit einem Nachwort versehen von Walter Hettche. Mit einem Essay von Thomas Mann. Frankfurt am Main, Leipzig: Insel Verlag 1994.

FHer *Theodor Fontane. Briefe an Wilhelm und Hans Hertz (1859–1898).* Hrsg. von Kurt Schreinert. Vollendet und mit einer Einführung versehen von Gerhard Hay. Stuttgart: Klett 1972.

FHey2 *Der Briefwechsel zwischen Theodor Fontane und Paul Heyse.* Hrsg. von Gotthard Erler. Berlin, Weimar: Aufbau-Verlag 1972.

FKlet *Theodor Fontane: Briefe an Hermann Kletke.* In Verbindung mit dem Deutschen Literaturarchiv Marbach am Neckar hrsg. von Helmuth Nürnberger. München: Hanser 1969.

FLep2 *Theodor Fontane – Bernhard von Lepel. Der Briefwechsel. Kritische Ausgabe.* Bd. 1–2. Hrsg. von Gabriele Radecke. Schriften der Theodor Fontane Gesellschaft, Bd. 5.1 und 5.2. Berlin, New York: de Gruyter 2006.

FMer *Die Fontanes und die Merckels. Ein Familienbriefwechsel 1850–1870.* Bd. 1–2 [Bd. 1: *30. Juli 1850 – 15. März 1858.* Bd. 2: *18. März 1858 – 15. Juli 1870*]. Mit Dokumenten und Zeugnissen. Hrsg. von Gotthard Erler. Berlin, Weimar: Aufbau-Verlag 1987.

FMF *Theodor Fontane und Martha Fontane. Ein Familienbriefnetz.* Hrsg. von Regina Dieterle. Schriften der Theodor Fontane Gesellschaft, Bd. 4. Berlin, New York: de Gruyter 2002.

FProp *Theodor Fontane.* Bd. 1–4. Hrsg. von Kurt Schreinert. Zu Ende geführt und mit einem Nachwort versehen von Charlotte Jolles. Erste wort- und buchstabengetreue Edition nach den Handschriften. Berlin: Propyläen Verlag 1968–1971.

FRiß *Vom Wesen einer Schriftstellerpersönlichkeit. Theodor Fontane und Franz Xaver Riß.* Mit acht unbekannten Briefen Fontanes. Hrsg. von Nina Rodenhauser, in: FBl 102/2016, S. 8–21.

FSchle *Unveröffentlichte und wenig bekannte Briefe Theodor Fontanes an Paul und Paula Schlenther.* Hrsg. von Frederick Betz und Hans Ester, in: FBl 57/1994, S. 7–47.

FSt3 *Theodor Storm – Theodor Fontane. Kritische Ausgabe.* Hrsg. von Gabriele Radecke. Storm-Briefwechsel, Bd. 19. Berlin: E. Schmidt 2011.

FWolf2 *Theodor Fontanes Briefwechsel mit Wilhelm Wolfsohn.* Hrsg. von Christa Schultze. Berlin, Weimar: Aufbau-Verlag 1988.

FWolf3 *Theodor Fontane und Wilhelm Wolfsohn – eine interkulturelle Beziehung. Briefe, Dokumente, Reflexionen.* Hrsg. von Hanna Delf von Wolzogen und Itta Shedletzky. Bearbeitet von Hanna Delf von Wolzogen, Christine Hehle und Ingolf Schwan. Schriftenreihe wissenschaftliche Abhandlungen des Leo Baeck Instituts, Bd. 71. Tübingen: Mohr Siebeck 2006.

GBA-FEF *Emilie und Theodor Fontane. Der Ehebriefwechsel. 1844–1898.* Bd. 1–3. Hrsg. von Gotthard Erler unter Mitarbeit von Therese Erler. Berlin: Aufbau-Verlag 1998.

Notizbücher

F-Notizbücher *Theodor Fontane: Notizbücher. Handschriften: SBB – PK, Fontane-Nachlass. Edition: Digitale genetisch-kritische und kommentierte Edition.* Hrsg. von Gabriele Radecke. Göttingen 2015– [erscheint noch] (https://fontane-nb.dariah.eu/index.html).

Nachlass

Machner, Bettina: *Potsdamer Straße 134 c. Der Dichternachlaß*, in: *Fontane und sein Jahrhundert.* Hrsg. von der Stiftung Stadtmuseum Berlin. Berlin 1998, S. 251–260.

Biografisches

[Anon.:] *Ein anonymer Brief an den »Theaterfremdling« Th. F.*, in: *FBl* 19/1974, S. 238.

Beintmann, Cord: *Theodor Fontane.* München 1998.

Berg-Ehlers, Luise: *»Um neun ist alles aus.« Nachrufe und Gedenkartikel für Theodor Fontane in deutschen Zeitungen*, in: *FBl* 65–66/1998, S. 366–417.

Berliner Börsenkurier: Was sich Berlin erzählt: Enthüllung des Fontane-Denkmals. 7. Mai 1910.

Drude, Otto: *Fontane und sein Berlin: Personen, Häuser, Straßen.* Frankfurt am Main 1998.

Eh, Karl: *Gedanken zu einem Portrait des jungen Theodor Fontane*, in: *FBl* 60/1995, S. 169–179.

Fontane, Friedrich: *Wie Theodor Fontane umzog. Aus unveröffentlichten Manuskripten*, in: *VZ* vom 6. August 1922. Wiederabgedruckt in: Wolfgang Rasch und Christine Hehle (Hrsg.): *»Erschrecken Sie nicht, ich bin es selbst«*, S. 75–79.

Fontane, Friedrich: *Potsdamer Straße 134 c*, in: *Brandenburgische Jahrbücher.* Bd. 9. *Theodor Fontane zum Gedächtnis.* Bearbeitet von Hermann Fricke. Potsdam u. Berlin 1938, S. 63–68. Wiederabgedruckt in: Wolfgang Rasch und Christine Hehle (Hrsg.): *»Erschrecken Sie nicht, ich bin es selbst«*, S. 80–86.

Fontane, Friedrich: *Fontane und Hauptmann. Erinnerungen*, in: *VZ* vom 10. September 1922. Wiederabgedruckt in: Wolfgang Rasch und Christine Hehle (Hrsg.): *»Erschrecken Sie nicht, ich bin es selbst«*, S. 168–171.

Fontane, Friedrich: *Wie mein Vater starb*, in: *Deutsche Allgemeine Zeitung* vom 28. April 1929. Wiederabgedruckt in: Wolfgang Rasch und Christine Hehle (Hrsg.): *»Erschrecken Sie nicht, ich bin es selbst«*, S. 265–269.

Die Fontane-Sammlung Christian Andree. Hrsg. von der Kulturstiftung der Länder in Verbindung mit dem Theodor-Fontane-Archiv. Potsdam: UNZE 1998.

Gill, Manfred: *Theodor Fontanes Aufenthalte in Letschin*, in: *FBl* 22/1975, S. 430–438.
Goldammer, Peter: *Fontane-Autographe aus dem Archiv des Verlages F. A. Brockhaus*, in: *FBl* 61/1996, S. 27–39.
Gravenkamp, Horst: *»Um zu sterben muß sich Herr F. erst eine andere Krankheit anschaffen«. Theodor Fontane als Patient*. Göttingen 2004.
Hädecke, Wolfgang: *Theodor Fontane. Biographie*. München 1998.
Horlitz, Manfred: *Über Fontanes jüngeren Bruder Johann Rudolph (1821–1845)*, in: *Mitteilungen der Theodor Fontane Gesellschaft* 46/2014, S. 64–67.
Kleine, Joachim: *Die Hankels auf Hankels Ablage. Wo Fontane in der Sommerfrische war.* Zeuthen 1999.
Klünner, Hans-Werner: *Fontanes Berliner Wohnstätten*, in: *Theodor Fontane: »Wie man in Berlin so lebt«. Beobachtungen und Betrachtungen aus der Hauptstadt*. Hrsg. von Gotthard Erler. Berlin 2000, S. 189–221.
Krauss, Edith: *Theodor Fontane: Meine Gräber. Biographische Spurensuche in Berlin-Lichterfelde*, in: *FBl* 78/2004, S. 152–168.
Leister, Werner (Hrsg.): *Das große Theodor Fontane Buch*. München: Piper 1980.
Machner, Bettina: *Theodor Fontane. Stationen eines Lebens*. Berlin: Stapp Verlag 2012.
Möller, Klaus-Peter: *Die Verlagsverträge im Fontane-Archiv (1. Teil)*, in: *FBl* 68/1999, S. 29–72.
Möller, Klaus-Peter: *»Sehr gute Kenntniße der Chemie Pharmacie Botanik und Latinität«. Fontanes Zeugnisse aus seiner Ausbildungszeit zum Apotheker als biographische Quellen*, in: *FBl* 73/2002, S. 8–41.
Möller, *Klaus-Peter: Fontanes Testament*, in: *FBl* 77/2004, S. 16–36.
Nürnberger, Helmuth: *Der frühe Fontane. Politik – Poesie – Geschichte 1840 bis 1860*. Hamburg 1967.
Nürnberger, Helmuth: *Fontanes Welt*. Berlin: Siedler Verlag 1997.
Ohff, Heinz: *Theodor Fontane. Leben und Werk*. München 1995.
Rasch, Wolfgang, und Christine Hehle (Hrsg.): *»Erschrecken Sie nicht, ich bin es selbst«. Erinnerungen an Theodor Fontane*. Berlin 2003.
Reuter, Hans-Heinrich: *Fontane*. 2 Bde. Berlin: Verlag der Nation 1968; 1995.
Schlenther, Paul: *Theodor Fontane. Nachruf*, in: *Neue Freie Presse* (Wien), 27. September 1898.
Schlenther, Paul: Einleitung zu: *Theodor Fontane: Gesammelte Werke*. Eine Auswahl in fünf Bänden. Bd. 1–5. Berlin: S. Fischer 1915, S. XVII–LXXII.
Strange, Sigrid, und Marga van Tankeren: *Letschiner Chronik*. Bd. III. Letschin: Heimatverein Letschin e. V. 2007. Kapitel: Die Letschiner Apotheke, S. 190–193.
Weber, Elise geb. Fontane: *Fontane als Ehemann*, in: Wolfgang Rasch und Christine Hehle (Hrsg.): *»Erschrecken Sie nicht, ich bin es selbst«*, S. 250–257.
Wörffel, Udo: *Theodor Fontane im Riesengebirge*. Husum: Verlag der Nation 2000.
Ziegler, Edda, und Gotthard Erler: *Theodor Fontane. Lebensraum und Phantasiewelt. Eine Biographie*. Berlin: Aufbau-Verlag 1996.

Zeugnisse und Briefe der Familie

Bellin, Karen: *Zwei Original-Briefe Louis Henri Fontanes. Mosaiksteine zum »Bild des Vaters« Fontanes*, in: *FBl* 34/1982, S. 147–153.

Bellin, Rudolf: *Fontanestätten in Neuruppin*, in: *FBl* 15/1972, S. 474–492.

Denk, Ernst-Otto, Helmut Otto und Volker Panecke: *Louis Henri Fontane. Leben und Schicksal eines Dichtervaters.* Werneuchen: Findling Verlag 2017.

Dieterle, Regina: *Die Tochter. Das Leben der Martha Fontane.* München: Hanser 2006.

Dietz, Hartmut: *Theodor Fontane junior. Die Jahre in Münster.* Münster 2009.

Erler, Gotthard: *»Das Herz bleibt immer jung«. Emilie Fontane. Biographie.* Berlin: Aufbau-Verlag 2002.

Fontane, Emilie geb. Rouanet Kummer: *»Jugendnovelle«. Autobiographische Skizze*, in: Gotthard Erler: *»Das Herz bleibt immer jung«. Emilie Fontane*, S. 373–384.

Fontane, Friedericke Charlotte: *Wie man in Berlin zu Zeit der Königin Luise kochte. Ein gastronomischer Beitrag nach den im Jahre 1795 niedergeschriebenen Aufzeichnungen von F. C. Fontane geb. Werner.* Reprint. Berlin 1997.

Fontane, Friedrich: *Theodor Fontanes Großvater. Ahnengeschichtliche Plauderei aus Alt-Berlin, nach ungedruckten Handschriften, mit Bildern.* Vortrag vom 5. März 1937. Typoskript C5 A/33, Archiv der Landesgeschichtlichen Vereinigung für die Mark Brandenburg. Teilabdruck in *FBl* 26/1977, S. 150–158.

Fontane, George: Feldpostbriefe 1870–1871. Hrsg. von Friedrich Fontane. Berlin: F. Fontane 1914.

Fontane, George: Mein liebes Ludchen. Briefe an die Schriftstellerin Ludovica Hesekiel. 1869–1886. Hrsg. von Heide Streiter-Buscher. Berlin 2014.

Fontane, Theodor jun.: *Beziehungen zu meinem Vater*, in: *FBl* 19/1974, S. 253–264.

Forster, Ursula von: *»THEO«. Aus dem Leben ihres Großvaters Th. Fontane jun. berichtet eine Enkelin*, in: *FBl* 32/1981, S. 691–705.

Fricke, Hermann: *Emilie Fontane.* Rathenow 1937.

Nürnberger, Helmuth (Hrsg.): *Georg Hett (1892–1956) und Thea Zimmermann-de Terra (1901–1939), zwei Enkel Theodor Fontanes, in: Jahrbuch für Brandenburgische Landesgeschichte*, Bd. 46, 1995, S. 144–158.

Rouanet, Jean Pierre Barthélemy: Von Toulouse bis Beeskow. Lebenserinnerungen. Hrsg. von Martha Fritsch-Fontane [in Zusammenarbeit mit K. E. O. Fritsch]. Berlin: F. Fontane 1904. Neu hrsg. von Gotthard Erler. Berlin: Aufbau-Taschenbuch 2000.

Wirth-Stockhausen, Julia (Hrsg.): *Unbekannte Briefe von Emilie Fontane* (Teil 1), in: *Deutsche Rundschau*, April 1956, S. 398–407.

Wirth-Stockhausen, Julia (Hrsg.): *Unbekannte Briefe von Emilie Fontane* (Teil 2), in: *Deutsche Rundschau*, Mai 1956, S. 648–653.

Zeugnisse und Briefe der Freunde und Bekannten

Beta, Heinrich: *Ein deutscher Freihandelsapostel [Julius Faucher]*, in: *Die Gartenlaube* 17/1863, S. 266–270.

Betz, Friedrich: *Die Zwanglose Gesellschaft zu Berlin. Ein Freundeskreis um Theodor Fontane*, in: Gerhard Küchler und Werner Vogel (Hrsg.): *Jahrbuch für brandenburgische Landesgeschichte*, Bd. 27. Berlin 1976, S. 86–104.

Erler, Gotthard (Hrsg.): *Fontane und Hauptmann*, in: *FBl* 6/1972, S. 393–402.

Golz, Anita, und Gotthard Erler: *Die Fontanes und die Schlenthers. Neue Dokumente*, in: *FBl*, 34/1982, S. 129–147.

Haman, Manfred: *Dr. Friedrich Witte (1829–1893) ein Rostocker Apotheker und Politiker*, in: *Beiträge zur Geschichte der Pharmazie*, Nr. 3. Berlin 1959, S. 5–25.

Hauptmann, Gerhart: *Mein höchster Protektor*, in: Wolfgang Rasch und Christine Hehle (Hrsg.): *»Erschrecken Sie nicht, ich bin es selbst«*, S. 172–176.

Hettche, Walter: *Von Flußkrokodilen, Eidechsen und Nashörnern. Anmerkungen zu Fontanes Aufenthalt in München 1859*, in: *FBl* 50/1990, S. 85–96.

Hofmann, Renate (Hrsg): *Johannes Brahms im Briefwechsel mit Julius Stockhausen*. Tutzing 1993.

Hoyer, Renate: *Paula Conrad-Schlenther*. Berlin 1971.

Hoyer, Renate: *Theodor Fontane und Paula Conrad*, in: *FBl* 22/1975, S. 454–479.

Jolles, Charlotte: *Friedrich Max Müller und Theodor Fontane. Begegnung zweier Lebenswege*, in: *FBl* 31/1980, S. 554–572.

Jürgens, Birgit: *Friedrich Witte. 1829–1893. Mecklenburger und Weltbürger*. Norddeutscher Hochschulschriften Verlag Rostock: Rostock o. J.

Klopfer, Johannes Heinrich (Hrsg.): *Blätter der Erinnerung. Ludwig August Neubert, Bürger und Besitzer der Hofapotheke zum Weißen Adler, Leipzig, Hainstrasse Nr. 9*. Gesammelt von seinem Enkel Johannes Heinrich Klopfer, Herzoglicher Forstmeister i. R. und Hofrat. o. O. u. D. 29 Seiten. Privatdruck.

Krueger, Joachim: *Zu den Beziehungen zwischen Theodor Fontane und Fanny Lewald. Mit unbekannten Dokumenten*, in: *FBl* 31/1980, S. 615–628.

Lauterbach, Irene R.: *Friedrich Witte (1829–1893). Apotheker, pharmazeutischer Unternehmer und Reichstagsabgeordneter, unter Berücksichtigung seiner Tagebücher*. Veröffentlichungen zur Pharmaziegeschichte. Bd. 9. Stuttgart: Wissenschaftliche Verlagsgesellschaft 2011.

Lazarus, Nahida: *In einer Oktobernacht des Jahres 1870. Kriegsgefangen*, in: Wolfgang Rasch und Christine Hehle (Hrsg.): *»Erschrecken Sie nicht, ich bin es selbst«*, S. 87–94.

Merckel, Henriette von: *Erinnerungen an die Familie Fontane (1865–1888)*, in: FMer, Bd. 2, S. 251–264.

Meyer, Paul: *Erinnerungen an Theodor Fontane*, in: Wolfgang Rasch und Christine Hehle (Hrsg.): *»Erschrecken Sie nicht, ich bin es selbst«*, S. 230–249.

Missfeldt, Jochen: *Du graue Stadt am Meer. Der Dichter Theodor Storm in seinem Jahrhundert. Biographie*. München: Hanser 2013.

Muhs, Rudolf: *Max Schlesinger und Jakob Kaufmann. Gegenspieler und Freunde Fontanes*, in:

Peter Alter und Rudolf Muhs (Hrsg.): *Exilanten und andere Deutsche in Fontanes London*, S. 292–326.
Müller, F. Max: *Auld Lang Syne*. London 1898.
Müller, F. Max: *Autobiography. A Fragment*. London and Bombay 1901.
Müller, F. Max: *The life and letters of the Right Honourable Friedrich Max Müller edited by his wife in two volumes*. London, New York, Bombay 1902.
Osborne, John: *Briefe Césaire Mathieus an Emilie und Theodor Fontane 1870–1871*, in: *FBl* 53/1992, S. 5–11.
Pistor, Gunther: *Die Fontanes und die Wittes*, in: *FBl* 42/1986, S. 391–397.
Rieger, Günter: *Das Fontane-Haus in Neuruppin*. Karwe: Edition Rieger 1998.
Schacht-Mengel, Gertrud: *Meine Erinnerungen an Theodor Fontane*, in: Wolfgang Rasch und Christine Hehle (Hrsg.): *»Erschrecken Sie nicht, ich bin es selbst«*, S. 258–264
Schilfert, Sabine: *Fontane als Zögling der Berlinischen Gewerbschule*, in: *FBl* 42/1986, S. 415–425.
Schlenther, Paul: *Theodor Fontane im Tiergarten. Zur Enthüllung seines Denkmals*, in: *Berliner Tageblatt* vom 6. Mai 1910, Abendausgabe.
Schultze, Christa: *Fontane und Wolfsohn. Unbekannte Materialien*, in: *FBl* 11/1970, S. 151–171.
Schultze, Christa: *Fontanes »Herwegh-Klub« und die studentische Progreßbewegung 1841/42 in Leipzig*, in: *FBl* 13/1971, S. 327–339.
Stürzbecher, M.: *Emanuel Mendel (1839–1907)*, in: *Der Nervenarzt* 60/1989) S. 764–765.
Wirth-Stockhausen, Julia: *Julius Stockhausen. Der Sänger des deutschen Liedes*. Frankfurt am Main 1927.
Witte, Friedrich Carl: *Lebenserinnerungen*. 3 Bde. Privatdruck. Rostock 1938.
Wolzogen, Ernst von: *Reden vor und nach dem Käse*, in: Wolfgang Rasch und Christine Hehle (Hrsg.): *»Erschrecken Sie nicht, ich bin es selbst«*, S. 150–153.
Zobeltitz, Fedor von: *Der 70. Geburtstag*, in: Wolfgang Rasch und Christine Hehle (Hrsg.): *»Erschrecken Sie nicht, ich bin es selbst«*, S. 147–149.

Abhandlungen

Achilles, Bernd: *Theodor Fontane: Der Krieg gegen Frankreich 1870/71. Medizinhistorische Aspekte eines Kriegsberichtes*. Köln 2002.
Alter, Peter, und Rudolf Muhs (Hrsg.): *Exilanten und andere Deutsche in Fontanes London*. Stuttgart 1996.
Amrein, Ursula, und Regina Dieterle (Hrsg.): *Gottfried Keller und Theodor Fontane. Vom Realismus zur Moderne*. Schriften der Theodor Fontane Gesellschaft, Bd. 6. Berlin, New York: De Gruyter 2008.
Anderson, Paul Irving: *Ehrgeiz und Trauer. Fontanes offiziöse Agitation 1859 und ihre Wiederkehr in Unwiederbringlich*. Stuttgart: Steiner 2002.
Attwood, Kenneth: *Fontane und das Preußentum*. Berlin 1970.
Aust, Hugo: *Theodor Fontane: »Die Poggenpuhls«. Zu Gehalt und Funktion einer Romanform*, in: Hugo Aust: *Fontane aus heutiger Sicht*. München 1980, S. 214–238.

Aust, Hugo: *Theodor Fontane. Ein Studienbuch*. Tübingen, Basel 1998.

Aust, Hugo, Barbara Dölemeyer und Hubertus Fischer (Hrsg.): *Fontane, Kleist und Hölderlin. Literarisch-historische Begegnungen zwischen Hessen-Homburg und Preußen-Brandenburg*. Fontaneana, Bd. 2. Würzburg: Königshausen & Neumannn 2005.

Bance, Alan, Helen Chambers, Charlotte Jolles (Hrsg.): *Theodor Fontane. The London Symposium*. Stuttgart 1995.

Barker, Peter: *Edgar Bauer, Refugee Journalist and Police Informer*, in: Peter Alter und Rudolf Muhs (Hrsg.): *Exilanten und andere Deutsche in Fontanes London*. Stuttgart 1996, S. 370–384.

Becker, Sabina, und Sascha Kiefer: *»Weiber weiblich, Männer männlich«? Zum Geschlechterdiskurs in Theodor Fontanes Romanen*. Tübingen 2005.

Behrend, Fritz: *Der Tunnel über der Spree. I. Kinder- und Flegeljahre 1827–1840*. Berlin 1919.

Berbig, Roland (Hrsg.): *Theodorus victor. Theodor Fontane, der Schriftsteller des 19. am Ende des 20. Jahrhunderts. Eine Sammlung von Beiträgen* [Ringvorlesung an der Humboldt Universität Berlin, SS 1998]. Frankfurt am Main 2000.

Berbig, Roland: *»1819 war ein gesegnetes Jahr«. Die Theodor-Fontane-Chronik: mit einem Seitenblick auf die »Gottfried Keller-Einträge«*, in: Ursula Amrein und Regina Dieterle (Hrsg.): *Gottfried Keller und Theodor Fontane. Vom Realismus zur Moderne*, S. 147–164.

Berbig, Roland (Hrsg.): *Fontane als Biograph. Schriften der Theodor Fontane Gesellschaft*, Bd. 7. Berlin, New York: De Gruyter 2010.

Blumenberg, Hans: *Gerade noch Klassiker. Glossen zu Fontane*. München, Wien 1998.

Bosse, Katrin: *Dreimal Hamlet. Die kulturellen Kontexte in den Übersetzungen von Shakespeares Hamlet bei Theodor Fontane, Erich Fried und Frank Günther*. Saarbrücken 2008.

de Bruyn, Günter: *Mein Liebling Marwitz. Oder: Die meisten Zitate sind falsch*, in: Heinz Ludwig Arnold (Hrsg.): *Theodor Fontane*. München: edition text + kritik, 1989, S. 11–29.

Budjuhn, Horst: *Fontane nannte sie »Effi Briest«. Das Leben der Elisabeth von Ardenne*. Berlin 1985.

Cartellieri, Claus: *Theodor Fontane in Schottland*. Dobbertin: Privatdruck 2013.

Chambers, Helen: *Theodor Fontanes Erzählwerk im Spiegel der Kritik. 120 Jahre Fontane-Rezeption*. Würzburg 2003.

Cusack, Andrew, und Michael White (Hrsg.): *Der Fontane-Ton. Stil im Werk Theodor Fontanes*. Schriften der Theodor Fontane Gesellschaft, Bd. 13. Berlin, New York: De Gruyter 2018.

Craig, Gordon A.: *Über Fontane*. München 1997.

Delf von Wolzogen, Hanna, und Helmuth Nürnberger (Hrsg.): *Theodor Fontane. Am Ende des Jahrhunderts*. 3 Bde. Würzburg: Königshausen & Neumann 2000.

Delf von Wolzogen, Hanna, und Andreas Köstler (Hrsg.): *Fontanes Briefe im Kontext*. Fontaneana, Bd. 16. Würzburg: Königshausen & Neumann 2019.

Desel, Jochen: *»Landfremde waren wir, nicht Herzens-Fremde«. Fontane und die Hugenotten*, in: Hugo Aust, Barbara Dölemeyer und Hubertus Fischer (Hrsg.): *Fontane, Kleist und Hölderlin. Literarisch-historische Begegnungen zwischen Hessen-Homburg und Preußen-Brandenburg*, S. 45–58.

Dieterle, Regina: *Im Banne des Vaters. Die Fontane'sche Familientragödie*, in: Roland Berbig (Hrsg.): *Theodorus victor*, S. 203–220.

Dieterle, Regina: *Fontane und Böcklin. Eine Recherche*, in: Hanna Delf von Wolzogen und Helmuth Nürnberger (Hrsg.): *Theodor Fontane. Am Ende des Jahrhunderts.* Bd. 1. S. 269–283.

Dieterle, Regina: *Lydia Escher. Theodor Fontane und die Zürcher Tragödie.* Zürich 2006.

Dieterle, Regina: *»ein Werk von so eminenter Bedeutung«. Der junge Otto Brahm und sein literaturkritisches Engagement für Keller und Fontane*, in: Ursula Amrein und Regina Dieterle (Hrsg.): *Gottfried Keller und Theodor Fontane. Vom Realismus zur Moderne*, S. 165–180.

Dieterle, Regina: *Fontane im Gebirge*, in: Irmela von der Lühe, Joachim Wolsche-Bulmann (Hrsg.): *Landschaft – Gärten – Literaturen. Festschrift für Hubertus Fischer.* München 2013, S. 411–424.

Dieterle, Regina: *Wenn Texte wandern: Von Tietz zu Fontane*, in: Ritchie Robertson and Michael White (Ed.): *Fontane and Cultural Mediation. Translation and Reception in Nineteenth-Century German Literature*, S. 7–22.

Dieterle, Regina: *Fontanes Methode des Überschreibens. Wenn einer kommt und mit Texten spielt*, in: Andrew Cusack und Michael White (Hrsg.): *Der Fontane-Ton. Stil im Werk Theodor Fontanes* [im Druck].

Dieterle, Regina: *»Liebe Mutter« – Briefbotschaften eines Dreizehnjährigen. Zu Theodor Fontanes frühesten Korrespondenzen*, in: Hanna Delf von Wolzogen und Andreas Köstler (Hrsg.): *Fontanes Briefe im Kontext* [im Druck].

Erhardt, Walter: *Das journalistische Werk: Die Wanderungen durch die Mark Brandenburg*, in: *Fontane-Handbuch*, S. 818–850.

Fischer, Hubertus: *»Mit Gott für König und Vaterland!« Zum politischen Fontane der Jahre 1861–1863*, in: *FBl* 58/1994, S. 62–88.

Fischer, Hubertus: *»so ziemlich meine schlechteste Lebenszeit«. Unveröffentlichte Briefe von und an Theodor Fontane aus der Akademiezeit*, in: *FBl* 63/1997, S. 26–47.

Fischer, Hubertus: *Theodor Fontane, Der »Tunnel«, Die Revolution.* Berlin 1848/49. Berlin: Stapp Verlag 2009.

Fischer, Hubertus: *Fontanes »Achtzehnter März«. Neues zu einem alten Thema*, in: ders.: *Theodor Fontane, Der »Tunnel«, Die Revolution. Berlin 1848/49*, S. 17–38.

Fischer, Hubertus: *»Männer und Helden«. Fontanes biographische Artikel für Carl B. Lorck*, in: Roland Berbig (Hrsg.): *Fontane als Biograph*, S. 187–204.

Fischer, Hubertus: *Fontanes Kriege. Facetten und Formen*, in: Galili Shahar (Hrsg.): *Deutsche Offiziere. Militarismus und die Akteure der Gewalt*, in: *Tel Aviver Jahrbuch für deutsche Geschichte* 44/2016, S. 63–88.

Fleischer, Michael: *»Kommen Sie, Cohn«. Fontane und die »Judenfrage«.* Berlin 1998.

Fontane im literarischen Leben seiner Zeit. Beiträge zur Theodor-Fontane-Konferenz vom 17. bis 20. Juni 1986 in Potsdam. Mit einem Vorwort von Otfried Keiler. Berlin 1987.

Fontane und sein Jahrhundert. Hrsg. von der Stiftung Stadtmuseum Berlin [Katalog der Ausstellung vom 11. Sept. 1998 bis 17. Januar 1999]. Berlin: Henschel Verlag 1998.

Gebauer, Fritz: *»Welch ein Schauspiel! Aber ach! ein Schauspiel nur«! Lothar Bucher und England*, in: Peter Alter und Rudolf Muhs (Hrsg.): *Exilanten und andere Deutsche in Fontanes London*, S. 273–291.

Goldammer, Peter: *Fontane-Autograph aus dem Archiv des Verlages F. A. Brockhaus*, in: *FBl* 61/1996, S. 27–38.

Grawe, Christian (Hrsg.): *Fontanes Novellen und Romane. Interpretationen.* Stuttgart 1991.

Grawe, Christian: *Warum Fontane kein Barbarossa-Epos schrieb und andere Vermutungen über den mittleren Fontane*, in: *FBl* 58/1994, S. 270–295.

Hehle, Christine: *»… es ist nicht nötig, daß die Stechline weiterleben, aber es lebe der Stechlin.« Der Schluß von Fontanes letztem Roman im Spiegel der Handschriften*, in: *Die Fontane-Sammlung Christian Andree*, S. 21–35.

Hettche, Walter: Berlin, *Die Mark und die Welt. Zu einigen Orten in »Vor dem Sturm«*, in: *FBl*, 49/1990, S. 24–32.

Hettche, Walter: *Die Handschriften zu Theodor Fontanes »Vor dem Sturm«. Erste Ergebnisse ihrer Auswertung*, in: *FBl* 58/1994, S. 193–212.

Hölscher, Horst: *Fontane und München*. Karwe: Edition Rieger 2016.

Horch, Hans Otto: *Fontane, die Juden und der Antisemitismus*, in: *Fontane-Handbuch*, S. 281–305.

Huder, Walther: *Theodor Fontane und die preußische Akademie der Künste. Ein Dossier aus Briefen und Dokumenten des Jahres 1876*. Berlin 1971.

Jäckel, Günter: *Fontane und der Deutsch-Französische Krieg 1870/71*, in: *FBl* 10/1970, S. 93–115.

Jolles, Charlotte: *Fontane und die Politik. Ein Beitrag zur Wesensbestimmung Theodor Fontanes*. Diss. Berlin: 1936. Erstdruck mit Textredaktion u. Nachwort von Gotthard Erler. Berlin, Weimar: Aufbau-Verlag 1983.

Jolles, Charlotte: *Konfidentenberichte Edgar Bauers über den »Preußischen Agenten Fontane«. Eine überraschende Entdeckung*, in: *FBl* 50/1990, S. 112–120.

Jolles, Charlotte: *Theodor Fontane*. 4., überarb. und erw. Auflage. Stuttgart, Weimar 1993.

Keisch, Claude, Peter-Klaus Schuster und Moritz Wullen (Hrsg.): *Fontane und die bildende Kunst*. Katalog. Berlin 1998.

Kobel, Erwin: *Theodor Fontane – Ein Kierkegaard-Leser?*, in: Wilfried Barner, Walter Müller-Seidel, Ulrich Ott (Hrsg.): *Jahrbuch der Deutschen Schillergesellschaft*. Bd. 36. Stuttgart 1992, S. 255–287.

Lehmann, Jörn: Schloss Liebenberg. Ein historischer Streifzug. Karwe: Edition Rieger 2015.

Machner, Bettina: *Auf der Suche. Vom Apotheker zum Staatsdiener. Vom Tunnelianer zum freien Schriftsteller*, in: *Fontane und sein Jahrhundert*, S. 43–52.

Masanetz, Michael: *»Politik und Poeterey«. Der junge Fontane in Leipzig und Dresden*, in: Charlotte Müller-Reisener (Hrsg.): *Im Blickfeld. Theodor Fontane und seine Zeit*, S. 66–88.

Matt, Peter von: *Wetterleuchten der Moderne. Krisenzeichen des bürgerlichen Erzählens bei Keller und Fontane*, in: Ursula Amrein und Regina Dieterle (Hrsg.): *Gottfried Keller und Theodor Fontane. Vom Realismus zur Moderne*, S. 19–30.

Möller, Klaus-Peter: *Die erste Ausfahrt der Argo. Rekonstruktion eines Verlagsprojekts. Mit zwei Briefen Theodor Fontanes an den Gebr. Katz Verlag in Dessau*, in: *FBl* 82/2006, S. 34–57.

Müller-Reisener, Charlotte (Hrsg.): *Im Blickfeld. Theodor Fontane und seine Zeit*. Flensburg: Baltica-Verlag 2008.

Muhs, Rudolf: *Massentourismus und Individualerlebnis. Fontane als Teilnehmer der ersten Pauschalreise von Deutschland nach London 1844*, in: Alan Bance, Helen Chambers, Charlotte Jolles (Hrsg.): *Theodor Fontane. The London Symposium*, S. 159–193.

Muhs, Rudolf: *Fontanes »Englische Berichte«*, 1854/55, in: *FBl* 63/1997, S. 121–123.

Muhs, Rudolf: *»Unechte Korrespondenzen«, aber alles echter Fontane? Zur Edition von Heide Streiter-Buscher*, in: *FBl* 64/1997, S. 200–220.

Muhs, Rudolf: *»Die Lilie der Legende«. Ein unbekanntes Huldigungsgedicht Theodor Fontanes an Königin Elisabeth von Preußen*, in: *Berliner Hefte zur Geschichte des literarischen Lebens*. Berlin. Nr. 2, 1998, S. 65–74.

Neuhaus, Stefan: *Fontane und der Tunnel unter der Themse*, in: *FBl* 1993/56, S. 63–79.

Nürnberger, Helmuth: *Fontane*. Reinbek bei Hamburg 2004.

Osborne, John: *Das journalistische Werk, Kapitel »Die Kriegsbücher«*, in: *Fontane-Handbuch*, S. 850–864.

Plett, Bettina: *Die Kunst der Allusion. Formen literarischer Anspielungen in den Romanen Theodor Fontanes*. Köln, Wien 1986.

Petersen, Julius: *Fontanes Altersroman*, in: *Euphorion* 29/1928, S. 1–74.

Preisendanz, Wolfgang (Hrsg.): *Theodor Fontane*. Darmstadt 1985.

Radecke, Gabriele: *Notizbuch-Editionen. Zum philologischen Konzept der genetisch-kritischen und kommentierten Hybrid-Ausgabe von Theodor Fontanes Notizbüchern*, in: *editio* 27/2013, S. 149–172.

Rasch, Wolfgang, und Christine Hehle (Hrsg.): *»Erschrecken Sie nicht, ich bin es selbst.« Erinnerungen an Theodor Fontane*. Berlin 2003.

Rasch, Wolfgang: *Zeitungstiger, Bücherfresser. Die Bibliothek Fontanes als Fragment und Aufgabe betrachtet*, in: *Imprimatur. Ein Jahrbuch für Bücherfreunde*. Neue Folge XIX (2005). Hrsg. von Ute Schneider im Auftrag der Gesellschaft der Bibliophilen. München 2005, S. 103–144.

Rössig, Anike: *Juden und andere Tunnelianer. Gesellschaft und Literatur im Berliner Sonntagsverein*. Heidelberg: Universitätsverlag Winter 2008.

Robertson, Ritchie, and Michael White (Ed.): *Fontane and Cultural Mediation. Translation and Reception in Nineteenth-Century German Literature. Essays in Honour of Helen Chambers*. Germanic Literatures 8. Oxford: Legenda 2015.

Sagave, Pierre-Paul: *Theodor Fontane: Schach von Wuthenow*. Vollständiger Text der Erzählung. Dokumentation: Pierre-Paul Sagave. Ullstein Buch Nr. 5023. Dichtung und Wirklichkeit. 23. Frankfurt am Main, Berlin: Ullstein 1966.

Sagave, Pierre-Paul: *»Schach von Wuthenow« als politischer Roman*, in: Hans-Erich Teitge und Joachim Schobeß (Hrsg.): *Fontanes Realismus. Wissenschaftliche Konferenz zum 150. Geburtstag Theodor Fontanes in Potsdam*. Berlin: Akademie-Verlag 1972, S. 87–94.

Scheffel, Michael: Auto(r)reflexionen in Theodor Fontanes »Die Poggenpuhls«, in: *FBl* 65–66/1998, S. 346–363.

Scheffel, Michael: *Die Literaturkritik im 20. Jahrhundert und der aktuelle Forschungsstand*, in: *Fontane-Handbuch*, S. 927–964.

Schlenther, Paul: *»Frau Jenny Treibel« (1892)*, Rezension, in: *VZ* vom 27. November 1892, wiederabgedruckt in: Hans Ester: *Mehr als eine Anzeige*, in: *FBl* 47/1989, S. 64–70.

Schott, Sigmund: *Aus Theodor Fontanes Lebenserinnerungen.* Rezension, in: *NZZ* vom 12. und 13. August 1898.

Storch, Dietmar: *Theodor Fontane: Zeuge seines Jahrhunderts*, in: *Fontane-Handbuch*, S. 103–191.

Streiter-Buscher, Heide: »*… und dann wieder jahrelang unechter Korrespondent«. Der Kreuzzeitungsredakteur Theodor Fontane*, in: *FBl* 58/1994, S. 89–105.

Streiter-Buscher, Heide: *Autobiographische Spiegelungen im »Stechlin«*, in: *FBl* 65–66/1998, S. 318–345.

Thunecke, Jörg: *»Von dem, was er sozialpolitisch war, habe ich keinen Schimmer«. Londoner »Kulturbilder« in den Schriften Theodor Fontanes und Julius Fauchers*, in: Peter Alter und Rudolf Muhs (Hrsg.): *Exilanten und andere Deutsche in Fontanes London*, S. 340–369.

von der Lühe, Irmela, und Joachim Wolsche-Bulmann (Hrsg.): *Landschaft – Gärten – Literaturen. Festschrift für Hubertus Fischer.* München 2013.

Wruck, Peter: *Die »wunden Punkte« in Fontanes Biographie und ihre autobiographische Euphemisierung*, in: *FBl* 65–66/1998, S. 61–71.

Wülfing, Wulf: *Fontane und die »Eisenbahn«. Zu Fontanes »literarischen Beziehungen« im vormärzlichen Leipzig*, in: Berbig/Hartz, S. 40–66.

Wülfing, Wulf: *Der Tunnel über der Spree im Revolutionsjahr 1848*, in: *FBl* 50/1990, S. 46–96.

Wülfing, Wulf, Karin Bruns und Rolf Parr (Hrsg.): *Handbuch literarisch-kultureller Vereine, Gruppen und Bünde 1825–1933.* Repertorien zur Deutschen Literaturgeschichte. Bd. 18. Stuttgart, Weimar: Metzler, 1998.

Wülfing, Wulf: *Herwegh-Klub [Leipzig]*, in: Wulf Wülfing, Karin Bruns, Rolf Parr (Hrsg.): *Handbuch literarisch-kultureller Vereine, Gruppen und Bünde 1825–1933*, S. 202–207.

Zuberbühler, Rolf: *Theodor Fontane. Der Stechlin. Fontanes politischer Altersroman im Lichte der »Vossischen Zeitung« und weiterer zeitgenössischer Publizistik.* Berlin 2012.

Zur Epoche: Zeitgenössische Dokumente, Geschichte, Literatur- und Kulturgeschichte

Allgemeine Encyclopädie für Kaufleute und Fabrikanten so wie für Geschäftsleute überhaupt. Leipzig: Otto Wigand 1838.

Amrein, Ursula (Hrsg.): *Gottfried-Keller-Handbuch. Leben – Werk – Wirkung.* Stuttgart: J. B. Metzler 2016.

Andermatt, Michael: *»Der grüne Heinrich« (1854/55, 1879/80)*, in: Ursula Amrein (Hrsg.): *Gottfried-Keller-Handbuch*, S. 16–39.

Arnim, Bettina von: *Dies Buch gehört dem König.* 1. Auflage 1843. Im Anhang: Erfahrungen eines jungen Schweizers im Vogtland, S. 533–597. Berlin: Arnim's Verlag 1852.

Bauer, Edgar: *Konfidentenberichte über die europäische Emigration in London 1852–1861.* Hrsg. und eingeführt von Erik Gamby. Schriften aus dem Karl Marx-Haus Trier, Bd. 38. Trier 1989.

Beck, Roland: *»Roulez tambours, pour couvrir la frontière«. Royalistischer Putsch in Neuenburg vor 150 Jahren*, in: *NZZ* vom 29. August 2006, S. 13.
Begemann, Heinrich: *Die Lehrer der Lateinischen Schule zu Neuruppin. 1477–1817*. Beilage zum Jahresbericht des Friedrich-Wilhelms-Gymnasiums zu Neuruppin. Ostern 1914. Neuruppin: E. Buchbinder (H. Duske) 1914.
Bei der Wieden, Brage: *Mensch und Schwan. Kulturhistorische Perspektiven zur Wahrnehmung von Tieren*. Edition Kulturwissenschaft, Bd. 52. Bielefeld: transcript Verlag 2014.
Beneke, Sabine, und Hans Ottomeyer (Hrsg.): *Zuwanderungsland Deutschland. Die Hugenotten*. Ausstellungskatalog. Berlin: Deutsches Historisches Museum 2005.
Berliner Adressbücher, 1799–1899.
Berlin und die Berliner. Leute. Dinge. Sitten. Winke. Karlsruhe 1905.
Bisky, Jens: *Unser König. Friedrich der Große und seine Zeit – ein Lesebuch*. Berlin: Rowohlt 2011.
Black's Picturesque Tourist of Scotland. Edinburgh 1842.
Blasius, Dirk: *Epoche – sozialgeschichtlicher Abriß*, in: Horst Albert Glaser (Hrsg.): *Deutsche Literatur. Eine Sozialgeschichte*. 10 Bde. Bd. 6: Bernd Witte (Hrsg.): Vormärz: Biedermeier, Junges Deutschland, Demokraten 1815–1848, S. 14–31.
Bohl, Hans-Werner, u. Karsten Schröder: *Rostock. Ein verlorenes Stadtbild*. Gudensberg-Gleichen: Wartberg Verlag 1993.
Brahm, Otto: *Gottfried Keller. Ein literarischer Essay*, in: *Deutsche Rundschau*, Dezemberheft 1880.
Brahm, Otto: *Gottfried Keller. Persönliche Erinnerungen*, in: *Freie Bühne für modernes Leben*. 1. Jg., Heft 26, 30. Juli 1890, S. 681 ff. [Der Artikel ist wiederabgedruckt in: Paul Schlenther (Hrsg.): *Otto Brahm. Kritische Schriften*. Bd. 2: *Literarische Persönlichkeiten aus dem neunzehnten Jahrhundert*. Berlin: S. Fischer Verlag 1915, S. 135–232].
Braun, Linda: *Zur Durchsetzung der Allgemeinen Wehrpflicht in Preußen (1792–1859)*. Dissertationsprojekt. Universität Potsdam. 2009, S. 147–153.
de Bruyn, Günter: *Preußens Luise. Vom Entstehen und Vergehen einer Legende*. Berlin: Siedler 2001.
de Bruyn, Günter: *Unter den Linden*. Berlin 2002.
Budde, Gunilla-Friederike: *Auf dem Weg ins Bürgerleben: Kindheit und Erziehung in deutschen und englischen Bürgerfamilien 1840–1914*. Göttingen 1994.
Bügner, Thorsten, und Gerhard Wagner: *Die Alten und die Jungen im Deutschen Kaiserreich. Literatursoziologische Anmerkungen zum Verhältnis der Generationen 1871–1918*, in: *Zeitschrift für Soziologie*, Jg. 20, Heft 3, Juni 1991, S. 177–190.
Carl, Horst, und Ute Planert (Hrsg.): *Militärische Erinnerungskulturen vom 14. bis 19. Jahrhundert*. Göttingen: V&R unipress 2012.
Clark, Christopher: *Preußen. Aufstieg und Niedergang. 1600–1947*. München: Deutsche Verlags-Anstalt 2007.
Cramer, Johannes et al. (Hrsg.): *Karl Friedrich Schinkel. Führer zu seinen Bauten*. Band I: Berlin und Potsdam. Berlin: Deutscher Kunstverlag 2008.
Crankshaw, Edward: *Bismarck. Biographie*. Erstausgabe 1981. Neuausgabe München 1990.
Cullen, Michael S.: *Der Reichstag: Parlament, Denkmal, Symbol*. Berlin 1995.

Damen-Conversations-Lexikon, Bd. 9, hrsg. in 10 Bänden von Karl Herloßsohn. 1834–1838. Leipzig 1837.

Das Tal der Schlösser und Gärten. Das Hirschberger Tal in Schlesien – ein gemeinsames Kulturerbe. Katalog. Berlin und Jelenia Góra 2002.

Die Akte Johannes Schlaf. Hrsg. von Ludwig Bäte. Aus dem Archiv der Deutschen Schillerstiftung. 10/1966, S. 5–50 [google books].

Düwell, Kurt: *Kaiser Wilhelm II.*, in: Wilhelm Treue (Hrsg.): *Drei deutsche Kaiser*, S. 133–173.

Einladung zu den Schul=Feierlichkeiten des Königlichen Friedrich=Wilhelms=Gymnasiums von Direktor Ranke. Feier vom 27. September 1861. Druck von A. W. Hayn. Berlin 1861, S. 28 [google books].

Elon, Amos: *Zu einer anderen Zeit. Porträt der jüdisch-deutschen Epoche 1743–1933.* München, Wien 2003 (e 2002).

Engel, Helmut: *Berlin auf dem Weg zur Moderne.* Berlin 1997.

Frenzel, Karl: *Berliner Chronik. Die Theater. Berlin, 15. April 1875*, in: *Deutsche Rundschau* (hrsg. von Julius Rodenberg), I/8, S. 290 f.

Friedlaender, Georg: *Im Hörnerschlitten auf die Prinz Heinrich=Baude*, in: *VZ* vom 25. Februar 1891, Morgenausgabe.

Fritsch, Karl Emil Otto: *Der Kirchenbau des Protestantismus von der Reformation bis zur Gegenwart.* Berlin 1893.

Füssel, Marian: *Auf der Suche nach Erinnerung. Zur Intermedialität des Schlachtengedenkens an den Siebenjährigen Krieg im 18. und 19. Jahrhundert*, in: Horst Carl und Ute Planert (Hrsg.): *Militärische Erinnerungskulturen vom 14. bis 19. Jahrhundert*, S. 185–210.

Glaser, Horst Albert (Hrsg.): *Deutsche Literatur. Eine Sozialgeschichte.* 10 Bde. Bd. 6: Bernd Witte (Hrsg.): *Vormärz: Biedermeier, Junges Deutschland, Demokraten 1815–1848.* Reinbek b. Hamburg: Rowohlt 1987.

Gottwald, Kathrin: *Historisches: Auf Staatskosten zum Lusthaus umgebaut. Wie Prinz Heinrich den Apollo-Tempel vor dem Abriss rettete und ein Major ihn einmauerte*, in: *Märkische Allgemeine*, 18. Juni 2011.

Greiling, Werner: *Napoleon der Große? Das Napoleonbild im Ereignisraum Weimar–Jena*, in: Andreas Klinger und Hans-Werner Hahn (Hrsg.): *Das Jahr 1806 im europäischen Kontext. Balance, Hegemonie und politische Kulturen.* Köln: Böhlau 2008, 329–348.

Grün, Anastasius: *Spaziergänge eines Wiener Poeten. 1831.* Hamburg: Verlag Hoffmann und Campe 1832.

Hagemann, Alfred P.: *Schloss Schönhausen zur Zeit des Rokoko. Königin Elisabeth Christine und ihre Sommerresidenz*, in: *Schönhausen. Rokoko und Kalter Krieg. Die bewegte Geschichte eines Schlosses und seines Gartens.* Hrsg. von der Generaldirektion der Stiftung Preußische Schlösser und Gärten Berlin-Brandenburg. Redaktionell betreut von Alfred P. Hagemann, Detlef Fuchs und Alexandra Schmöger. Berlin 2009, S. 40–54.

Hagen, Karl Gottfried: *Lehrbuch der Apothekerkunst.* Königsberg, Leipzig: 1786 (u. spätere Auflagen).

Harndt, Ewald: *Französisch im Berliner Jargon.* Berlin 2003.

Hasenkamp, Hugo von: *General Graf Bülow von Dennewitz in den Feldzügen von 1813 und 1814* [militärhistorische Studie eines preußischen Armeeangehörigen]. Leipzig: Brockhaus 1843.

Holtei, Karl von: *Vierzig Jahre.* Bd. 3. Berlin: Buchhandlung des Berliner Lesekabinetts 1844.

Jensen, Gotthard B.: *Schreibgeräte, unter besonderer Berücksichtigung von Schülerschreibgeräten. Historische Entwicklung und kulturethologische Verlaufsformen dieser Entwicklung (aufgezeigt an Kielfeder, Schiefergriffel und -tafel, Bleistift, Stahlfeder mit Halter und Füllfederhalter).* Phil. Diss. Erlangen-Nürnberg 2004.

Keisch, Claude und Marie Ursula Riemann-Reyher (Hrsg.): *Adolph Menzel 1815–1905. Das Labyrinth der Wirklichkeit.* Ausstellungskatalog. Berlin 1997.

Keller, Gottfried: Gesammelte Briefe in vier Bänden. Hrsg. von Carl Helbling. Bern 1950–1954 (Bd. 3., aufgeteilt in 3.1. und 3.2.).

Kerr, Alfred: *Wo liegt Berlin? Briefe aus der Reichshauptstadt 1895–1900.* Hrsg. von Günther Rühle. Berlin 1997.

Kind, Richard: *Das Seebad zu Swinemünde.* Stettin: 1828.

Kirchberger, Ulrike: *Aspekte deutsch-britischer Expansion: die Überseeinteressen der deutschen Migranten in Großbritannien in der Mitte des 19. Jahrhunderts.* Stuttgart: Steiner 1999.

Klöden, Karl Friedrich: *Beiträge zur mineralogischen und geognostischen Kenntniß der Mark Brandenburg. Programm zur Prüfung der Zöglinge der Gewerbschule Ostern 1829.* 2. Stück. Berlin: Dietericische Buchdruckerei 1829.

Klöden, Karl Friedrich: *Beiträge zur mineralogischen und geognostischen Kenntniß der Mark Brandenburg. Programm zur Prüfung der Zöglinge der Gewerbschule. 31. März 1832.* 5. Stück. Berlin: Naucksche Buchdruckerei 1832.

Klöden, *Karl Friedrich: Beiträge zur mineralogischen und geognostischen Kenntniß der Mark Brandenburg. Fortgesetzte Nachrichten über den Zustand der Gewerbschule,* 7. Stück. Berlin: 1834.

Klöden, Karl Friedrich: *Beiträge zur mineralogischen und geognostischen Kenntniß der Mark Brandenburg. Fortgesetzte Nachrichten über den Zustand der Gewerbschule,* 8. Stück. Berlin: 1835.

Klöden, Karl Friedrich: *Fortgesetzte Nachrichten über den Zustand der Gewerbschule. Mit Jahresbericht: »Programm zur Prüfung der Zöglinge der Gewerbschule« zum Schuljahr 1835/36.* 9. Stück, Berlin: 1836.

Klöden, Karl Friedrich: *Beiträge zur mineralogischen und geognostischen Kenntniß der Mark Brandenburg. Fortgesetzte Nachrichten über den Zustand der Gewerbschule,* 10. Stück. Berlin: 1837.

Klöden, Karl Friedrich: *Nachricht an das Publikum über den Zweck und die Einrichtungen der hiesigen städtischen Gewerbschule.* Berlin: Naucksche Buchdruckerei 1830.

Koch, Robert: *Über den augenblicklichen Stand der bakteriologischen Choleradiagnose, in: Zeitschrift Hygiene* 14, S. 319, 1893; vgl. auch Robert Koch: *Gesammelte Werke,* Leipzig 1912, Bd. 2, Teil 1, S. 167 f.

Kocka, Jürgen (Hrsg.): *Bürgertum im 19. Jahrhundert. Deutschland im europäischen Vergleich.* 3 Bde. München 1988.

Köhler, Hans Joachim: *Blickkontakte mit Robert Schumann – Begegnungen im heutigen Leipzig.* Leipzig 2014.

Köpernitzer Ansichten. Geschichte(n) und Bilder aus Köpernitz und Umgebung. Köpernitz und sein Gutshaus. Förderverein Kulturgutshaus Köpernitz e. V., 1. Heft.

Korrespondenz-Bericht aus London (anfangs Januar 1859, I.): […] Preisgekrönte deutsche Knaben in den Londoner Schulen, in: *Magazin für die Literatur des Auslandes.* Hrsg. von Joseph Lehmann. 28. Jg., Nr. 9, Donnerstag, 20. Januar 1859. S. 34. Verlagsort: Berlin und Leipzig [google books].

Kühn, Dieter: *Clara Schumann, Klavier.* Frankfurt am Main 1998.

Kunze, Hagen: *Lobgesang: Mendelssohn in Leipzig.* Berlin 2009.

Lehmkugel, Frank: *Wege jüdischer Apotheker.* Frankfurt am Mai 1999.

Lehrs, Max: *Karl Stauffer-Bern 1859–1891. Verzeichnis seiner Radierungen und Stiche.* Dresden 1907.

Licht, Hugo: *Architektur Berlins. Sammlung hervorragender Bauausführungen der letzten Jahre.* Berlin 1882. Reprint 1998.

Litzmann, Berthold (Hrsg.): *Clara Schumann. Ein Künstlerleben: nach Tagebüchern und Briefen.* 3 Bde. Leipzig 1903–1912.

Lorck, Carl B. (Hrsg.): *Männer der Zeit. Biographisches Lexikon der Gegenwart.* Mit Supplement: *Frauen der Zeit.* Leipzig: Verlag Carl B. Lorck 1862.

Macaulay, Thomas Babington: *The History of England from the Accession of James the Second.* 10 Bde. Leipzig: Tauchnitz 1849–1861.

Martino, Alberto: *Die deutschen Leihbibliotheken: Geschichte einer literarischen Institution (1756–1914).* Mit einem zusammen mit Georg Jäger erstellten Verzeichnis der erhaltenen Leihbibliothekskataloge. Wiesbaden: Harrassowitz 1990.

Matt, Peter von: *Das Kalb vor der Gotthardpost. Zur Literatur und Politik der Schweiz.* München: Hanser 2012.

Meier, Brigitte: *Neuruppin 1700–1830. Sozialgeschichte einer kurmärkischen Handwerker- und Garnisonstadt.* Berlin: Akademie Verlag 1993.

Meier, Brigitte: *Fontanestadt Neuruppin. Eine Stadtgeschichte in Daten.* Karwe: Edition Rieger 2003.

Mendelssohn, Peter de: *S. Fischer und sein Verlag.* Frankfurt am Main 1970.

Metzler, Gabriele: *Großbritannien – Weltmacht in Europa. Handelspolitik im Wandel des europäischen Staatensystems 1856 bis 1871.* Berlin: Akademie-Verlag 1997.

Mieck, Ilja: *Von der Reformzeit zur Revolution (1806–1847)*, in: Wolfgang Ribbe (Hrsg.): *Geschichte Berlins.* Bd. 1. Berlin: Berliner Wissenschafts-Verlag 2002, S. 407–602.

Minstrelsy of the Scottish Border: Consisting of Historical and Romantic Ballads, Collected in the Southern Counties of Scotland; with a Few of Modern Date, Founded upon Local Tradition. In three Volumes. Hrsg. von Walter Scott. Bd. 1–3. 2. Auflage. Edinburgh: Ballantyne, London: Longman and Rees 1803.

Moisy, Sigrid von: *Paul Heyse. Münchner Dichterfürst im bürgerlichen Zeitalter.* Katalog zur Ausstellung in der Bayerischen Staatsbibliothek. München 1981.

Mommsen, Wilhelm: *Otto von Bismarck, mit Selbstzeugnissen und Bilddokumenten.* Reinbek bei Hamburg: Rowohlt 1997.

Montez, Lola: *Lectures of Lola Montez Including Her Autobiography.* New York, Juni 1858.

Nationalgalerie Berlin. Das XIX. Jahrhundert. Katalog der ausgestellten Werke. Leipzig 2001.

Ochaim, Brygida, und Claudia Balk: *Variété-Tänzerinnen um 1900. Vom Sinnenrausch zur Tanzmoderne.* Frankfurt am Main, Basel 1998.
Orth, E.: *Zum Begräbnis von Wilhelm Rose am 12. April 1867.* Rede von E. Orth, Prediger der Friedrich-Werderschen Kirche, in: [o. A.], *Zur Erinnerung an Wilhelm Rose.* Berlin: J. F. Starcke 1867 [google books].
Pallat, Ludwig: *Richard Schöne. Generaldirektor der Königlichen Museen zu Berlin [vordem Kunstreferent des Kultusministeriums]. Ein Beitrag zur Geschichte der preußischen Kunstverwaltung 1872–1905.* Berlin 1959.
Portmann, Robert: *Ein Gang durch Arnsdorf*, in: *Der kleine Lomnitztalbote* Nr. 50, Januar 1954.
Prochownik, Edda: *Da kiekste, wa!? Berlinisch – eine Sprache mit Humor.* Berlinische Reminiszenzen 4. Berlin 2000.
Quehl, Ryno: *Aus Dänemark. Bornholm und die Bornholmer. Dr. Sören Kierkegaard: Wider die dänische Staatskirche; mit einem Hinblick auf Preußen.* Verlag der Deckerschen Geheimen Ober- und Hofdruckerei. Berlin 1856.
Rasch, Wolfgang (Hrsg.): *Karl Gutzkow. Erinnerungen, Berichte und Urteile seiner Zeitgenossen.* Berlin, New York: De Gruyter 2011.
Reich-Ranicki, Marcel: *Der Fall Heine.* Stuttgart 1997.
Reinhard, Friedhelm: *Apotheken in Berlin. Von den Anfängen bis zur Niederlassungsfreiheit 1957.* Hrsg. vom Berliner Apotheker-Verein anläßlich seines 275jährigen Jubiläums. Eschborn: Govi-Verlag 1998.
Ribbe, Wolfgang, und Hansjürgen Rosenbauer (Hrsg.): *Preußen. Chronik eines deutschen Staates.* Berlin: Nicolaische Verlagsbuchhandlung 2000.
Ribbe, Wolfgang (Hrsg.): *Geschichte Berlins.* Bd. 1. Berlin: Berliner Wissenschafts-Verlag 2002.
Richarz, Monika: *Der Eintritt der Juden in die akademischen Berufe: jüdische Studenten und Akademiker in Deutschland 1678–1848.* Mit einem Geleitwort von Adolf Leschnitzer. Leo Baeck Institute. Tübingen: Mohr 1974.
Richter, Friedrich: *Geschichte des deutschen Freiheitskrieges vom Jahre 1813 bis zum Jahre 1815.* 4 Bände. Berlin 1840–1843 [mit Subskribenten-Verzeichnis].
Richthofen, Emil Karl Heinrich: *Die Medicinal-Einrichtungen des Königlich Preußischen Heeres. Zweiter Theil, Absatz V. Verzeichnis der Dispensir=Anstalten, in denen junge Pharmaceuten als einjährige Freiwillige zur Ableistung ihrer Militair=Dienstpflicht zugelassen werden können.* Potsdam 1937.
Riedel, Lisa: *Schinkel in Neuruppin.* Karwe: Edition Rieger 1993.
Rose, Wilhelm: Aus der Schweiz. Hrsg. von Wolfgang Rasch, in: FBl 74/2002, S. 28–47.
Rose, Wilhelm: *Ausflug nach Graubünden*, in: *Verhandlungen der Gesellschaft für Erdkunde.* N. F. IV. 1847, S. 165–200.
Schäbitz. Michael: *Juden in Sachsen – Jüdische Sachsen? Emanzipation, Akkulturation und Integration 1700–1914.* Schriften zur Erforschung der Geschichte der Juden e. V. und des Arye Maimon-Instituts für Geschichte der Juden. Hrsg. von Alfred Haverkamp et al. Bd. 18. Hannover: Verlag Hahnsche Buchhandlung 2006.
Schoeps, Hans-Joachim: *Preußen. Geschichte eines Staates.* Hildesheim, Zürich: Olms 2001.
Schultze, Johannes: *Geschichte der Stadt Neuruppin.* Berlin: Stapp Verlag 1995.

Schwartz, Wilhelm, und Heinrich Begemann: *Annalen des Friedrich-Wilhelms-Gymnasiums zu Neuruppin*. Berlin: Weidmannsche Buchhandlung 1915.

Schwenk, Herbert: *Lexikon der Berliner Stadtentwicklung*. Berlin 2002.

Seymour, Bruce: *Lola Montez. Eine Biographie* (1996). Aus dem Amerikanischen von Renate Sandner. Düsseldorf, Zürich 1998.

Sprengel, Peter: *Geschichte der deutschsprachigen Literatur 1870–1900. Von der Reichsgründung bis zur Jahrhundertwende*. München 2004.

Springer, Robert: *Berlin. Ein Führer durch die Stadt und ihre Umgebung*. Leipzig 1861.

Stolz, Gerhard: *Das deutsch-dänische Schicksalsjahr 1864. Ereignisse und Entwicklungen*. Husum 2010.

Supprian, Karl: *Zur Geschichte der Königlichen Augusta-Schule und des königlichen Lehrerinnen-Seminars. Festschrift zur Feier des fünfzigjährigen Bestehens der Anstalt am 29. April 1882*.

Tagebuch des Deutsch-Französischen Krieges 1870, Eintrag vom 22. November 1870, S. 3368 [google books].

Tissot, Victor: *Reise in das Milliardenreich*. Teil I und II. Bern 1875.

Tissot, Victor: *Reportagen aus Bismarcks Reich. Berichte eines reisenden Franzosen 1874–1876*. Hrsg. und übersetzt von Erich Pohl. Berlin 1989.

Treue, Wilhelm (Hrsg.): *Drei deutsche Kaiser*. Freiburg, Würzburg 1987.

Varnhagen von Ense, Karl August: *Darstellung des Jahres 1848 (geschrieben im Herbst 1848)*, in: Konrad Feilchenfeldt (Hrsg.): *Karl August Varnhagen von Ense. Tageblätter*, 5 Bde. Frankfurt am Main 1994, Bd. 4: *Biographien, Aufsätze, Skizzen, Fragmente*, S. 685–734.

Vehse, Eduard: *Über die gesellige Stellung* und die *geistige Bildung* der *Frauen* in *England, Amerika, Frankreich* und *vornehmlich* in *Deutschland*. Dresden: Verlag Walther *1842*.

Velder, Christian (Hrsg.): *300 Jahre Französisches Gymnasium Berlin*. Berlin 1989.

Wackernagel, Philipp (Hrsg.): *Auswahl deutscher Gedichte für höhere Schulen von Dr. K. E. P. Wackernagel, Oberlehrer der städtischen Gewerbeschule zu Berlin*. 503 Seiten. Berlin: Verlag von Duncker und Humblot 1832.

Warnecke, Heinz: *Barrikadenstandorte 1848. Ein Beitrag zur Berliner Heimatkunde. Topographie der deutschen Hauptstadt*. Hrsg. von Hans-Jürgen Mende. Berlin: Edition Luisenstadt 1999.

Weigel, Alexander: *Das Deutsche Theater. Eine Geschichte in Bildern*. Berlin 1999.

Wernli, Martina: F*ederführend. Der Gänsekiel im Mittelalter*, in: *Deutsche Vierteljahresschrift für Literaturwissenschaft und Geistesgeschichte*, Bd. 91, 3/2017, S. 223–254.

Wilmsen, Friedrich Philipp: *Der Brandenburgische Kinderfreund: Ein Lesebuch für Volksschulen*. Berlin: Deckersche Geheime Hofbuchdruckerei, 15., unveränderte Aufl., 1825.

Winkle, Stefan: *Geißeln der Menschheit. Kulturgeschichte der Seuchen*. Zürich: Artemis & Winkler 1997.

Wippermann, Wolfgang: *Preußen. Kleine Geschichte eines großen Mythos*. Freiburg im Breisgau: Herder 2011.

Wirth, Irmgard: *Berlin 1650–1914. Von der Zeit des Großen Kurfürsten bis zum Ersten Weltkrieg*. Hamburg 1979.

Wirth, Irmgard: *Berliner Malerei im 19. Jahrhundert*. Berlin 1990.

Wisniewski, Claudia: *Kleines Wörterbuch des Kostüms und der Mode.* Stuttgart 1999.

Wolff, Adolf: *Berliner Revolutions-Chronik. Darstellung der Berliner Bewegung im Jahre 1848 nach politischen, socialen und literarischen Beziehungen.* Bd. 1. Berlin: Verlag von Gustav Hempel 1851 [google books].

Wolff, Adolf: *Berliner Revolutions-Chronik. Darstellung der Berliner Bewegung im Jahre 1848 nach politischen, socialen und literarischen Beziehungen.* Bd. 2. Berlin: Verlag von Gustav Hempel 1852 [google books].

Wysling, Hans (Hrsg.): *Gottfried Keller 1819–1890.* Zürich, München: Artemis Verlag 1990.

Zadow, Mario Alexander: *Karl Friedrich Schinkel. Leben und Werk.* Berlin: Rembrandt Verlag 1980.

Zedlitz, Leopold von: *Neues Preußisches Adelslexikon.* Leipzig: Gebrüder Reichenbach 1836.

Zschokke, Heinrich: *Florette, Oder: Die erste Liebe Heinrich IV.*, in: ders., *Novellen und Dichtungen*, siebter Teil, dritte Auflage. Verlag Sauerländer. Aarau 1836, S. 477–503.

Zug der Zeit – Zeit der Züge. Deutsche Eisenbahn 1835–1985. Hrsg. Eisenbahnjahr Ausstellungsgesellschaft. 2 Bde. Berlin 1985.

Internetquellen

Allgemeiner Deutscher Arbeiterverein (ADAV): https://www.dhm.de/lemo/kapitel/kaiserreich/innenpolitik/adav / [Stand: Juni 2018].

Ansprache an die Urwähler der Bezirke 74a, 74b, 74c vom 26. April 1848: http://digital.zlb.de/viewer/cms/81/ Sammlung1848, Flugblätter [Stand: Juni 2018].

Der Dresdner Maiaufstand von 1848/49: http://digital.slub-dresden.de/werkansicht/dlf/72052/38/0/ [Stand: Juni 2018].

Euhausen, Klaus: *Fontane starb in Badingen*, in: *Familienforschung in Badingen* (Oberhavel), http://www.euhausen-klaus.de/badingen_fontane.htm [Stand: Juni 2018].

Friedhof der Märzgefallenen: http://www.friedhof-der-maerzgefallenen.de/start [Stand: Juni 2018].

Keller, Stefan: *Preußens Perle. Preußen gegen die Schweiz*, in: *Die Zeit-online Geschichte*, 29. April 2011, S. 1–7: http://www.zeit.de/2011/18/Neuenburg. [Stand: Juni 2018].

Kladderadatsch: Humoristisch-satyrisches Wochenblatt, Ausgabe vom 27. April 1862, S. 76: http://digi.ub.uni-heidelberg.de/diglit/kla1862/0076 [Stand: Juni 2018].

Lassalle, Ferdinand an Hans von Bülow, Berlin 21. Februar 1864, zitiert nach Anm. 1 zum Brief von Karl Alexi an Ferdinand Lassalle, Neuruppin, 2. August 1864, S. 357: http://www.historische-kommission-muenchen-editionen.de/lassalle/anzeige/seite.php?id=L-005-0339/ [Stand: Juni 2018].

Marx, Jenny, an Friedrich Engels [London, zwischen dem 11. und 13. August 1857]: http://www.dearchiv.de/php/dok.php?archiv=mew&brett=MEWO29&fn=644.29&menu=mewinh.

Music & History. A Chronical View of Western Music History in the Context of World Events, http://www.musicandhistory.com/events?date_range=0&end_day=1&end_month=January&end_year=&start_day=6&start_month=December&start_year=1841.

Radecke, Gabriele: *»Heimisch werde ich mich hier niemals fühlen«. Theodor Storm in Potsdam*: http://www.literaturport.de/literatouren/brandenburg/literatour/gabriele-radecke-heimisch-werde-ich-mich-hier-niemals-fuehlen-theodor-storm-in-potsdam/ [Stand: Juni 2018].

Schumann, Robert: http://www.schumann-portal.com/berlin.html [Stand: Juni 2018].

VZ (Extrablatt) vom 28. Februar 1848: http://zefys.staatsbibliothek-berlin.de/ [Stand: Juni 2018].

Zedler, Johann Heinrich: *Großes vollständiges Universal-Lexikon*. 1706–1751. Neuauflage: Granz 1961–1986, 9. Bd., S. 403 f (Eintrag »Feder=Kiele«). Auch unter: https://www.zedler-lexikon.de/ [Stand Juni: 2018].

Nachweis der Zitate und Quellen

Theodor Fontanes Werke sind mit Band und Seitenzahl nachgewiesen nach der Ausgabe der Hanser Klassiker: *Theodor Fontane: Werke, Schriften, Briefe*. Hrsg. von Walter Keitel und Helmuth Nürnberger. München 1961–1997 (HFA). Als weitere Referenzausgabe wird die *Große Brandenburger Ausgabe* (GBA) herangezogen und im Zitatnachweis gegebenenfalls auf sie verwiesen. Fontanes Notizbuch-Aufzeichnungen werden nach der Handschrift im Besitz der Staatsbibliothek zu Berlin – Preußischer Kulturbesitz (SBB – PK) bzw. nach der Online-Edition (F-Notizbücher) zitiert, die Korrespondenzen, die echten wie die unechten, nach den Zeitungs- und Journalerstdrucken bzw. nach der Edition der HFA, der Nymphenburger Fontane-Ausgabe (NFA) oder der Ausgabe bei De Gruyter. Die Nachweise für die Kriegsbücher folgen den Nachdrucken bei Diederichs und Manesse. Briefzitate werden jeweils mit Absender/in, Adressat/in, Datum und Hinweis auf die Quelle nachgewiesen (vgl. das Literatur- und Abkürzungsverzeichnis). Abgekürzt werden Theodor Fontane (ThF), Emilie Fontane geb. Rouanet-Kummer (EF), George Fontane (GF), Theodor Fontane jun. (ThF jun.), Martha Fontane (MF) und Friedrich Fontane (FF). – Die zitierten Stellen wurden bei handschriftlichen Quellen in der vorgefundenen Rechtschreibung und Zeichensetzung belassen, Anpassungen nach den Editonsprinzipien in FMF, S. XII f. vorgenommen, mit Ausnahme der besonderen Hervorhebung von Wörtern und Textpassagen in lateinischer Schreibschrift. Hier sei auf die jeweilige kritische Edition verwiesen. Die Schreibweisen in den gedruckten Quellen wurden moderat modernisiert. Das Taler-Zeichen wurde aufgelöst in »Taler«. Der Schreibduktus wurde nicht berührt. In eckige Klammern gesetzte Textstellen sind Ergänzungen der Autorin.

11 *Es war Weihnachten*: ThF, *Vor dem Sturm*, HFA I/3, S. 7; GBA-Erz. Werk, Bd. 1, S. 7. – *Reitwein*: vgl. *Vor dem Sturm*, GBA-Erz. Werk, Bd. 1, S. 467 (Anm. zu S. 7).

12 *rezensiert*: [Anon.], *Vor dem Sturm. Stille vor dem Sturm* von George Hesekiel. Drei Bände, in: NPZ. Berlin. Nr. 276, 25. November 1862, Beilage; F-Bibliographie, Nr. 2552. – *Material*: vgl. Kapitel *»Material« zu einem großen Roman – erste Entwürfe zu »Vor dem Sturm«*, in diesem Buch S. 445 ff. – *Psychographie*: ThF an EF, 14. Mai 1884, HFA IV/3, S. 319; GBA-FEF, Bd. 3, S. 382. – *Louis Henri Fontane*: vgl. F-Vorfahren, S. 215.

15 *Haus Lindenstraße 90*: vgl. ebd., S. 142. – *königlich-preußischen Hofstaat*: vgl. Adreß=Kalender der Königlich Preußischen Haupt= und Residenz=Städte Berlin und Potsdam. Berlin: Unger 1805, S. 22.

16 *Materialwarenladen*: ThF, *Frau Jenny Treibel*, HFA I/4, S. 298; GBA-Erz. Werk, Bd. 14, S. 6. – *Charles Henri Guillaume*: vgl. F-Vorfahren, S. 215. – *gehörte zu denen*: vgl. ebd., S. 111 u. 114. – *Kabinettsrats Lombard*: vgl. Nürnberger 1997, *Fontanes Welt*, S. 41.

17 *erster Kammerdiener*: F-Vorfahren, S. 121. – *kein übles Aussehen*: ebd., S. 121.

18 *Farbskizze*: vgl. ebd., S. 119. – *Dienstag*: Friedrich Fontane [Aufzeichnungen], S. 153.

19 *äußerst geschwächten Seh-Nerven*: Friedrich Fontane [Aufzeichnungen], S. 153. – *Grundbucheinträge*: vgl. F-Vorfahren, S. 142 ff. – *ihm die Gnade zu gewähren*: ebd., S. 123. – *Mit Vergnügen*: ebd., S. 124.

20 *1. drei- bis vierhundert Morgen*: ThF, *Wanderungen. Das Oderland*, HFA II/1, S. 665; GBA-Wanderungen, Bd. 2, S. 128. – *Thaer nahm an*: ebd.

21 *Der Fruchtwechsel*: ThF, *Vor dem Sturm*, HFA I/3, S. 370; GBA-Erz. Werk, Bd. 2, S. 90. *Dispensation*: F-Vorfahren, S. 125. – *Ich kann hier*: ebd., S. 126.

22 *Erinnerungen*: Friedrich Fontane [*Aufzeichnungen*], S. 156–158. – *Sonne von Austerlitz*: vgl. ThF, *Vor dem Sturm*, HFA I/3, S. 315; GBA-Erz. Werk, Bd. 2, S. 23.

23 *für Napoleon*: vgl. ThF, *Meine Kinderjahre*, HFA III/4, S. 91; AFA-Autobiogr. Schriften, Bd. 1, S. 93.

24 *Diarium*: vgl. F-Vermisste Bestände, S. 181. – *vermissten Beständen*: vgl. F-Vorfahren, S. 129. – *der ganz traurige Vorfall*: ThF an Mathilde von Rohr, 11. August 1878, HFA IV/2, S. 612. – *zwingend wissen*: ebd. – *Lebenserinnerungen*: vgl. F-Chronik, Eintrag vom 11. August 1878. – *Eine Novelle*: ThF an Hermann Kletke, 5. Oktober 1878, FKlet, S. 57.

25 *Ich bekenne … ante portas*: ThF, *Schach von Wuthenow*, HFA I/1, S. 564. – *Einverleibung*: ebd. sowie S. 956 (Zur Entstehung). – *Die Welt*: ebd., S. 572.

26 *Prinz Louis*: ThF, *Prinz Louis Ferdinand*, HFA I/6, S. 226; GBA-Gedichte, Bd. 1, S. 204.

27 *Der König*: Ribbe/Rosenbauer, *Preußen*, S. 124. – *le brave*: vgl. ThF, *Meine Kinderjahre*, HFA III/4, S. 91 f.; AFA-Autobiogr. Schriften, Bd. 1, S. 94. – *Pierre Vafflard*: Füssel, *Auf der Suche nach Erinnerung*, S. 191.

28 *Beschlagnahmung*: Ribbe/Rosenbauer, S. 124.

29 *[A]m 24. Januar 1807*: F-Vorfahren, S. 128. – *Freiherr vom Stein*: vgl. Clark, *Preußen*, S. 353 ff.

30 *Handel und Gewerbe*: vgl. F-Vorfahren, S. 128. – *meine Hin- und Rückreise*: zitiert nach F-Vorfahren, S. 129. – *Sommerresidenz*: vgl. Hagemann et al., *Schloss Schönhausen*, S. 40 ff.

31 *Julie von Voß*: ThF, *Spreeland, Julie von Voß*, HFA II/2, S. 617–626.

32 *Urzelle*: vgl. ThF an Wilhelm Hertz, 12. Juli 1860, FHer, S. 14. – *Kapitel*: ThF, *Spreeland, Julie von Voß*, HFA II/2, S. 617–626. – *[w]ie in Familien*: ebd., S. 626.

33 *keine Thüre … eigen sind*: zitiert nach F-Vorfahren, S. 130 f. – *[D]enn, wer garantirt*: ebd., S. 131. – *Zeichnen und Pastell-Mahlen*: Pierre Barthélemy Fontane an König Friedrich Wilhelm II., 1. Juni 1791, zitiert nach F-Vorfahren, S. 118.

34 *Examen*: zitiert nach ebd., S. 131. – *Es waren harte*: ThF, *Meine Kinderjahre*, HFA III/4, S. 11; AFA-Autobiogr. Schriften, Bd. 1, S. 5.

35 *Die Ärzte*: zitiert nach de Bruyn, *Preußens Luise*, S. 48.

36 *Immobilienankäufe*: vgl. F-Vorfahren, S. 142 f.

37 *größte damalige Katastrophe*: vgl. Clark, *Preußen*, S. 411 f. – *29. Bulletin der Grande Armée*: ebd. – *Jusqu' au 6 novembre*: Napoleon I., 29. Bulletin.

38 *Wut und Verachtung*: vgl. Clark, *Preußen*, S. 413. – *Nun, was gibt es*: ThF, *Vor dem Sturm*, HFA I/3, S. 33; GBA-Erz. Werk, Bd. 1, S. 38. – *Hochverrat*: vgl. Clark, *Preußen*, S. 414–416. – *mit abgewandtem Sinn*: ThF, *Vor dem Sturm*, HFA I/3, S. 236: GBA-Erz. Werk, Bd. 1, S. 282.

39 *Le Vigan … Magdeburg*: vgl. F-Vorfahren, S. 41.

40 *Seidenhandelsfirma Humbert & Labry*: vgl. ebd., S. 77 f. – *Bataille verloren*: Ribbe/Rosen-

bauer, *Preußen*, S. 124. – *Erbteil*: vgl. F-Vorfahren, S. 81. – *Die Witwe*: ThF, *Meine Kinderjahre*, HFA III/4, S. 16; AFA-Autobiogr. Schriften, Bd. 1, S. 11.

41 *Gelegenheit zur Auszeichnung*: zitiert nach Thümmler, *Generalstab*. – *Kein junger Mann*: Ordre von Friedrich Wilhelm III. zu den freiweilligen Jägern.

42 *An Mein Volk!*: Ribbe/Rosenbauer, *Preußen*, S. 136. – *Über die nun folgende Kriegszeit ... eine Büchse*: ThF, *Meine Kinderjahre*, HFA III/4, S. 13; AFA-Autobiogr. Schriften, Bd. 1, S. 7 f. – *durch die nordöstlichen Tore*: ThF, *Vor dem Sturm*, HFA I/3, S. 438; GBA-Erz. Werk, Bd. 2, S. 170.

43 *Er mag neue Armeen*: ebd., HFA I/3, S. 439; GBA-Erz. Werk, Bd. 2, S. 171. – *Lewin, unpolitisch*: ebd. – *Anfang April*: ThF, *Meine Kinderjahre*, HFA III/4, S. 13 f.; AFA-Autobiogr. Schriften, Bd. 1, S. 8.

44 *zwischen seinem Kleide*: zitiert nach Bisky, *Unser König*, S. 264. – *Etui und Kugel*: ThF, *Das Oderland*, HFA II/1, S. 679; GBA-Wanderungen 2, S. 141. – *halb mit Gewalt*: ebd., HFA II/1, S. 681.

45 *Es war um die neunte Stunde*: von Hasenkamp, *General Graf Bülow von Dennewitz*, 1843.

46 *Hauptmann von Kesteloot*: Zedlitz, Eintrag »Kesteloot«.

47 *Büchse*: ThF, *Meine Kinderjahre*, HFA III/4, S. 13; AFA-Autobiogr. Schriften, Bd. 1, S. 8. – *Der Schlacht*: ebd., S. 14; ebd., S. 9.

48 *Nach dem Waffenstillstande*: ThF, *Meine Kinderjahre*, ebd. – *Am 11.XII.13*: zitiert nach F-Vorfahren, S. 134.

49 *aus frühesten Kindheitserzählungen*: ThF, *Mein Erstling*, HFA III/4, S. 1030 f. – *konditionieren ... zu melden*: ThF, *Meine Kinderjahre*, HFA III/4, S. 14 f.; AFA-Autobiogr. Schriften, Bd. 1, S. 9.

50 *Inschrift*: Clark, *Preußen*, S. 441 f. – *Turnbewegung*: ebd., S. 444. – *trotz guter Beziehungen*: vgl. F-Vorfahren, S. 134–141. – *Berliner Bauakademie*: Cramer, *Karl Friedrich Schinkel*, S. 10. – *ein überaus reizender*: ThF, *Von Zwanzig bis Dreißig*, HFA III/4, S. 271, GBA-Autobiogr. Werk, Bd. 3, S. 110.

51 *die doppelte Summe*: vgl. F-Vorfahren, S. 149. – *Eines Tages ... Dache*: ThF, *Meine Kinderjahre*, HFA III/4, S. 17; AFA-Autobiogr. Schriften, Bd. 1, S. 12. – *Pflegetochter*: Friedrich Fontane 1937, Typoskript. – *wie ein Kind*: Holtei, *Vierzig Jahre*, Bd. 3, S. 130 f.

52 *Mit ihrem ersten Verlobten*: ThF, *Meine Kinderjahre*, HFA III/4, S. 17; AFA-Autobiogr. Schriften, Bd. 1, S. 12. – *von ihrem Taufpaten*: vgl. F-Vorfahren, S. 81. – *Lisette Lionnet*: vgl. *Berliner Adressbücher*, Eintrag 1818/19. – *ihr Mann verstorben*: vgl. Dorothea von Chamisso: *Ein wiederentdecktes Bild von Adelbert von Chamisso*, S. 185. – *1818 auch Louise Rogée*: vgl. Eintrag »Holtei, Louise von«, in: *Allgemeine Deutsche Biographie*, Bd. 13/1881, S. 6. – *ein Liebling ... Heimat ein*: ThF, *Meine Kinderjahre*, HFA III/4, S. 16–17; AFA-Autobiogr. Schriften, Bd. 1, S. 11–12. – *Der Verlobung meines Vaters*: ThF, *Meine Kinderjahre*, HFA III/4, S. 17.

54 *An einem der letzten*: ebd., S. 10; ebd., S. 4. – *4 Personen*: Omnibusliste 1818/19, 1. April 1819, Kreisarchiv Neuruppin, Sign. I-50–9/3. – *7750 rt Courant*: F-Vorfahren, S. 156 f. – *Hypotheken*: vgl. ebd., S. 156. – *fünf Prozent*: vgl. ebd., S. 148 sowie 157.

55 *bei jedem Handwechsel*: vgl. Rieger, *Das Fontane-Haus in Neuruppin*, S. 6. – *klassizistischer Neubau*: vgl. ebd., S. 4 ff.

56 *Vasen*: Bellin, *Fontanestätten*, S. 475. – *8 Personen*: Omnibusliste 1819/1820, Kreisarchiv Neuruppin, Sign. I-50–9/3. – *ehelich*: Evangelisch-reformiertes Kirchenbuch Neuruppin, Abb. in: Machner, *Theodor Fontane. Stationen eines Lebens*, S. 11. – *Es war für meine Mutter*: ThF, *Meine Kinderjahre*, HFA III/4, S. 21; AFA-Autobiograph. Schriften I, S. 16. – *Kabinetssekretair Fontane … Fontane*: vgl. F-Chronik, Eintrag vom 27. Januar 1820; sowie Omnibusliste 1819/1820, Eintrag vom 30. Januar 1820, Kreisarchiv Neuruppin. Sign. I-50–9/3. – *jederzeit im Hause … werden könne*: zitiert nach Rieger, *Das Fontanehaus in Neuruppin*, S. 17.

58 *wann er zuerst geliebt*: ThF an MF, 28. August 1889, HFA IV/3, S. 718; FMF, S. 365. – *an jenes Ministerium geschrieben*: Louis Henri Fontane an das Königliche Ministerium der Geistlichen-, Unterrichts- und Medicinal-Angelegenheiten, 6. Juli 1820, Karen Bellin, *Zwei Original-Briefe*, S. 148 f. – *den Herrn Apotheker Fontane*: Karen Bellin, ebd., S. 150–151. – *Unglauben*: Schultze, *Geschichte der Stadt Neuruppin*, S. 155. – *Kasinogesellschaft*: ebd., S. 159. – *Teehaus*: Gottwald, *Auf Staatskosten zum Lusthaus umgebaut*, in: *Märkische Allgemeine*, 18. Juni 2011.

59 *Und im Klub*: ThF, *Irrungen, Wirrungen*, HFA I/2, S. 339. – *150 Points*: ebd., HFA I/2, S. 359. – *Sieh … mein Geld losgeworden*: ThF, *Meine Kinderjahre*, HFA III/4, S. 160 f.; AFA-Autobiogr. Schriften, Bd. 1, S. 169 f. – *Whist en trois*: ThF, *Meine Kinderjahre*, HFA III/4, S. 22; AFA-Autobiogr. Schriften, Bd. 1, S. 17. – *10 000 Taler … Rittergutsbesitzer*: ebd.

60 *an Apotheker August Wittke jun.*: Rieger, *Das Fontane-Haus*, S. 6. – *siebentes Jahr … Geschichten vor*: ThF, *Meine Kinderjahre*, HFA III/4, S. 24; AFA-Autobiogr. Schriften, Bd. 1, S. 19; vgl. auch Rudolf Bellin, S. 479. – *Der Glücksspieler*: vgl. Wilmsen, *Der Brandenburgische Kinderfreund*, 1825.

62 *eine der ältesten Städte … erblicken*: ThF, *Geschwisterliebe*, HFA I/7, S. 123 u. 128. – *Einwohnerzahl*: Schultze, *Geschichte der Stadt Neuruppin*, S. 161. – *Regiment*: ebd., S. 169. – *Kühnschen Bilderbogen*: ebd., S. 171; sowie Meier, *Fontanestadt Neuruppin*, S. 21.

63 *Lange, breite Straßen … leer*: ThF, *Die Grafschaft Ruppin*, HFA II/1, S. 55: GBA-Wanderungen, Bd. 1, S. 52.

64 *wie gern*: Karl Friedrich Schinkel an den Magistrat von Neuruppin, 8. August 1829, zitiert nach Riedel, *Schinkel in Neuruppin*, S. 21.

65 *Ich habe*: ThF, *Die Grafschaft Ruppin*, HFA II/1, S. 108 f.: GBA-Wanderungen, Bd. 1, S. 105. – *das allerflüchtigst Wahrgenommene*: ebd., S. 111; ebd., S. 108. – *Unter allen*: ebd., S. 107; ebd., S. 104. – *während des Interimsjahres*: ThF, *Meine Kinderjahre*, HFA III/4, S. 26; AFA-Autobiogr. Schriften, Bd. 1, S. 22. – *in der Nähe … Schlächterhaus*: ebd., S. 23 f.; ebd., S. 18 f.

66 *das Abendrot*: ThF, *Meine Kinderjahre*, HFA III/4, S. 26 f.; AFA-Autobiogr. Schriften, Bd. 1, S. 22. – *Eine tiefe Sehnsucht*: ThF, *Havelland*, Eingangsgedicht, HFA II/2, S. 10; GBA-Wanderungen, Bd. 3, S. 7.

67 *das Haus*: F-Vorfahren, S. 149. – *Gegen acht … Vater galt*: ThF, *Meine Kinderjahre*, HFA III/4, S. 27 f.; AFA-Autobiogr. Schriften, Bd. 1, S. 23. – *Nach langen Leiden*: F-Vorfahren, S. 147.

68 *Im allgemeinen*: ThF, *Meine Kinderjahre*, HFA III/4, S. 95; AFA-Autobiogr. Schriften, Bd. 1, S. 98 – *meine Kinderjahre … Dienst getan*: ThF, GBA-Tagebücher, Bd. 2, S. 258.

69 *Swinemünde. Knaben-Erinnerungen*: vgl. ThF, AFA-Autobiogr. Schriften, Bd. 1, S. 194. – *ein Knabenleben*: ThF an Julius Rodenberg, 3. Juli 1893, HFA IV/4, S. 263.

70 *Tagebuchaufzeichnungen*: ThF, *Meine Kinderjahre*, HFA III/4, S. 67; AFA-Autobiogr. Schriften, Bd. 1, S. 66. – *Ich habe noch*: ebd., S. 90; ebd., S. 93. – *All das ist*: ebd., S. 45; ebd., S. 42. – *lasse ich mich*: ThF an Anna Fritsch-Köhne, 31. Dezember 1893, in: FFrFr, S. 51. – *Meine ganze Produktion*: ThF an EF, 14. Mai 1884, HFA IV/3, S. 319; GBA-FEF, Bd. 3, S. 382.

72 *Er war, wie oft … zurückbleibe*: ThF, *Meine Kinderjahre*, HFA III/4, S. 82; AFA-Autobiogr. Schriften, Bd. 1, S. 82 f. – *diese Geschichten*: ebd., S. 121; ebd., S. 126. – *Der Eindruck*: ebd., S. 1096 f. (Anm.); ebd., S. 194. – *Ich kenne*: ebd., S. 97; ebd., S. 100. – *Losreißung*: ebd., S. 95; ebd., S. 98. – *300 Juden … ›Beides‹*: ThF, *Meine Kinderjahre*, AFA-Autobiogr. Schriften, Bd. 1, S. 206.

73 *unredliche[r] Konkurrenz*: vgl. ebd., Anm. zu S. 66. – *Ein reiches Material*: ThF, *Meine Kinderjahre*, HFA III/4, S. 115; AFA-Autobiogr. Schriften, Bd. 1, S. 119 f. – *Auction*: *Ruppinischer Anzeiger*, Nr. 21, 23. 5. 1827, eingesehen im Kreisarchiv Neuruppin, Okt. 2016.

74 *Es wird wohl teurer*: ThF, *Mathilde Möhring*, HFA I/4, S. 646. – *Den geehrten Bewohnern*: zitiert nach AFA-Autobiogr. Schriften, Bd. 1, S. 232. – *auf drei Tage … Sie auch*: ThF, *Meine Kinderjahre*, HFA III/4, S. 30 ff.; AFA-Autobiogr. Schriften, Bd. 1, S. 26 ff.

76 *die anmuthigsten*: Damen-Conversations-Lexikon, Bd. 9 [o. O.] 1837, S. 488. – *[M]eine Mutter*: ThF, *Meine Kinderjahre*, HFA III/4, S. 61; AFA-Autobiogr. Schriften, Bd. 1, S. 60. – *Dieses Gefühl*: Kind, *Das Seebad Swinemünde*, S. 21. – *Schwimmen*: ThF, *Meine Kinderjahre*, HFA III/4, S. 146; AFA-Autobiogr. Schriften, Bd. 1, S. 153. – *Wer die Ostseebäder*: ebd., S. 145; ebd., S. 152 f.

77 *englischen Dampfbagger … hintereinander*: ebd., S. 52; ebd., S. 50 f. – *Bernstein*: ThF, *Meine Kinderjahre*, vgl. AFA-Autobiogr. Schriften, Bd. 1, S. 195 (Anm.).

78 *Riesendach*: ThF, *Meine Kinderjahre*, HFA III/4, S. 37; AFA-Autobiogr. Schriften, Bd. 1, S. 34. – *ein schweres Rad*: ebd., S. 36; ebd., S. 32. – *ehe die Franzosen*: ebd., S. 36; ebd., S. 33. – *klein und eng*: ebd., S. 38; ebd., S. 34. – *meist in Pastell … ähnliches*: ebd., S. 46; ebd., S. 44. – *Frédéric le Grand … alten Zieten*: ebd., S. 49; ebd., S. 47.

79 *Amethystnadel*: ebd., S. 47; ebd., S. 44. – *Ackerwirtschaft … Obstarten*: ebd., S. 40 f.; ebd., S. 37 f. – *Reine-Clauden-*: ThF, *Meine Kinderjahre*, AFA-Autobiogr. Schriften, Bd. 1, gestrichene Version, S. 202. – *Salons … Giebelstube*: ThF, *Meine Kinderjahre*, HFA III/4, S. 43 f.; AFA-Autobiogr. Schriften, Bd. 1, S. 40 f.

80 *das Laboratorium …*: ebd., S. 39; ebd., S. 35 f.

81 *beim Glockenläuten*: ebd., S. 61; ebd., S. 60. – *eine Uferstraße*: ebd., S. 51; ebd., S. 49. – *Gesellschaftshaus*: ebd., S. 54; ebd., S. 53. – *Sieh, mein Sohn*: ebd., S. 49; ebd., S. 47. – *so' n Lütting*: ebd., S. 34; ebd., S. 30.

82 *klang schlimm … sein Geschick einmischte*: ebd., S. 96–100; ebd., S. 99 ff.

84 *eingescharrt*: ebd., S. 101; ebd., S. 104.

85 *[D]ie beste Deckung*: ThF, *Meine Kinderjahre*, HFA III/4, S. 80; AFA-Autobiogr. Schriften, Bd. 1, S. 80. – *Streitaxt*: ebd., S. 81; ebd., S. 82. – *Sie war unglaublich*: ebd. – *feine Dinge … Geschirr*: ebd., S. 68; ebd., S. 67. – *[G]utes Aussehen … anerkennen konnte*: ebd., S. 122; ebd., S. 127 f.

86 *Professor der Geschichte*: ThF an Theodor Storm, 14. Februar 1854, HFA IV/1, S. 375; FSt3, S. 56. – *phantastisches Kind*: ThF, *Meine Kinderjahre*, HFA III/4, S. 38; AFA-Autobiogr. Schriften, Bd. 1, S. 35. – *schmerzen mich*: ebd., S. 135; ebd., S. 141. – *Ich war einfach*: ebd., S. 164; ebd., S. 173. – *Du bist*: ebd., S. 108; ebd., S. 112.

87 *Was mich anging*: ebd., S. 81; ebd., S. 81. – *mit seinem schönen*: ebd., S. 174; ebd., S. 185. – *Don Juan*: ebd., S. 82; ebd., S. 82. – *wiegte sich*: ThF, *Meine Kinderjahre*, HFA III/4, S. 47; AFA-Autobiogr. Schriften, Bd. 1, S. 45. – *Neigungen*: ebd., S. 40; ebd., S. 37.

88 *Passion*: ebd., S. 91; ebd., S. 94. – *Rang- und Ordensverhältnisse ... Gefühl*: ebd., S. 91; ebd., S. 93. – *Ich war*: ebd., S. 92; ebd., S. 94. – *Abgott*: ebd., S. 134; ebd., S. 141. – *am Strand ... mitspielten*: ebd., S. 83; ebd., S. 84.

89 *wir Kinder*: ebd., S. 104 ff.; ebd., S. 108 ff. – *mein Bruder*: ebd., S. 97; ebd., S. 100. – *es gab Eierpunsch*: ebd., S. 108; ebd., S. 112.

90 *[w]ie in Familien*: ThF, *Spreeland, Julie von Voß*, HF II/2, S. 626. – *alte Krause ... Selbstgefühl*: ThF, *Meine Kinderjahre*, HFA III/4, S. 71 ff.; AFA-Autobiogr. Schriften, Bd. 1, S. 70 ff. – *Kupfer- und Stahlstich ... einstudiert hatte*: ebd., S. 74–77; ebd., S. 74–78.

91 *Gedichten und Briefen*: ThF, GBA-Gedichte, Bd. 2, S. 179 ff.; ThF an Bernhard von Lepel, 21. August 181, HFA IV/2, S. 181; FLep2, Bd. 1, S. 272; ThF an MF, 28. August 1889, HFA IV/3, S. 718 f.; FMF, S. 365 f. – *hinter den Sauerkrauttonnen*: ThF, *Frau Jenny Treibel*, HFA I/4, S. 365; GBA-Erz. Werk, Bd. 14, S. 87.

92 *zahllose Jungens ... Tafel*: ThF, *Meine Kinderjahre*, HFA III/4, S. 117; AFA-Autobiogr. Schriften, Bd. 1, S. 122.

93 *sokratische Methode*: ebd., S. 121; ebd., S. 127. – *Knirps ... Journalen*: ebd., S. 121; ebd., S. 126. – *weil es ein französischer ... für mich ab*: ebd., S. 86; ebd., S. 87. – *größte[m] Einfluß*: ThF, *[Was soll ich lesen]*, 1889, HFA III/1, S. 571.

94 *Bibelkapitel ... Eleusische Fest*: ThF, *Meine Kinderjahre*, HFA III/4, S. 130 f.; AFA-Autobiogr. Schriften, Bd. 1, S. 136. – *gegen 30*: ThF, *Meine Kinderjahre*, HFA III/4, S. 126; AFA-Autobiogr. Schriften, Bd. 1, S. 131.

95 *Das Geschichten Buch ... Fontane*: F-Geschichten-Buch, S. 88. – *Conrad der 3te.*: ebd., S. 26 f. bzw. S. 52 [Transkription].

96 *Schellers Lexikon*: ThF, *Meine Kinderjahre*, HFA III/4, S. 173; AFA-Autobiogr. Schriften, Bd. 1, S. 183. – *durch Jahre hin ... Papparbeit*: ebd., S. 139; ebd., S. 146. – *Stubenwinkel*: ebd., S. 140; ebd., S. 146.

97 *Mein Vater hing ... Turnerische*: ebd., S. 139; ebd., S. 145 f. – *Ich habe diese Passion*: ThF, *Meine Kinderjahre*, AFA-Autobiogr. Schriften, Bd. 1, S. 205 (Anm. zu S. 85). – *Heuloche ... Geringschätzung*: ThF, *Meine Kinderjahre*, HFA III/4, S. 141; AFA-Autobiogr. Schriften, Bd. 1, S. 147 f. – *Dich trägt dein Glück ... Engel*: ebd., S. 143 f.; ebd., S. 149 f.

98 *die Vorderhälfte*: ebd., S. 142; ebd., S. 149. – *selig*: ebd., S. 144; ebd., S. 151. – *weibliche Schönheit ... weiß ich nicht*: ebd., S. 63; ebd., S. 62. – *drei junge[n] Damen*: ebd., S. 63; ebd., S. 62 f. – *Südspanien ... Fremdartiges eigen*: ebd., S. 62; ebd., S. 61. – *viele Jahre später ... jüngster Sohn*: ebd., S. 63; ebd., S. 62.

99 *war Silvester und Ressourcenball*: ebd., S. 173; ebd., S. 183.

100 *in die Welt ... geboren*: ebd., S. 176; ebd., S. 186 f. – *ein neuer schlimmerer*: ebd., S. 113; ebd., S. 117.

101 *ein Bataillon*: ebd., S. 114; ebd., S. 118. – *Cholerapandemie*: vgl. Winkle, *Geißeln der Menschheit*, S. 165 ff. – *1831 hatte Neuruppin … anzugliedern*: vgl. Meier, *Fontanestadt Neuruppin*, S. 21. – *Seit 1826 … zurückgegangen*: vgl. Begemann, *Die Lehrer der Lateinischen Schule zu Neuruppin*, S. 88 f.

102 *Wichtige Schulgelder*: vgl. Schwartz/Begemann, *Annalen des Friedrich-Wilhelms-Gymnasiums zu Neuruppin*, S. 144. – *Rheinprovinzen*: vgl. Meier, *Neuruppin 1700–1830*, S. 203 f. – *nach dem großen … Sonnentag*: ThF, *Meine Kinderjahre*, HFA III/4, S. 176; AFA-Autobiogr. Schriften, Bd. 1, S. 187. – *6. März 1832*: vgl. Begemann, *Die Lehrer der Lateinischen Schule zu Neuruppin*, S. 86, Anm. 1. – *Kolossalfigur … überschwenglich*: Schwartz/Begemann, *Annalen des Friedrich-Wilhelms-Gymnasiums zu Neuruppin*, S. 23; sowie ThF, *Die Grafschaft Ruppin, »Civibus aevi futuri«*, HFA II/2, S. 192. – *Abitur*: vgl. Schwartz/Begemann, *Annalen des Friedrich-Wilhelms-Gymnasiums zu Neuruppin*, S. 140 f. – *zu Ostern*: vgl. ebd., S. 28.

103 *Nun, mi fili … Tabaksresten*: ThF, *Meine Kinderjahre*, HFA III/4, S. 177; AFA-Autobiogr. Schriften, Bd. 1, S. 187. – *guter Leute Kind*: ebd., S. 176; ebd., S. 186.

104 *Sohn Karl*: vgl. Schwartz/Begemann, S. 163. – *Sokratischer Lehrart*: Begemann, *Die Lehrer der Lateinischen Schule zu Neuruppin*, S. 77.

105 *gehörte mithin zum Aufsichtsgremium*: vgl. Begemann, S. 97. – *Mathematik unterrichtet*: vgl. Rudolf Bellin, *Fontanestätten in Neuruppin*, S. 482. – *eine ganze Galerie*: ThF, *Grafschaft Ruppin: Wilhelm Gentz*, HFA II/1, S. 144; GBA-Wanderungen, Bd. 1, S. 141. – *auch bei Tisch*: ThF, *Von Zwanzig bis Dreißig*, HFA III/4, S. 275; GBA-Autobiogr. Werk, Bd. 3, S. 116. – *Ephorus … Unterricht*: Begemann, S. 96. – *Schuljahre*: ThF an Julius Rodenberg, 30. Oktober 1892, HFA IV/4, S. 226 f. – *das Gymnasium*: ThF, Kurzbiografie von 1884, AFA-Autobiogr. Schriften III/1, S. 436.

106 *Kernfach war Latein*: vgl. Schwartz/Begemann, S. 28. – *sechs ordentliche Lehrstellen*: vgl. Schwartz/Begemann, S. 30 ff. – *oder richtiger … Löwenkopf*: ThF, *Grafschaft Ruppin, »Civibus aevi futuri«*, HFA II/1, S. 191 f.; GBA-Wanderungen, Bd. 1, S. 191 f.

107 *Wohl war das Gymnasium … zu können*: ebd., S. 190 f.; ebd., S. 190 f. – *Als ich … einpauken ließen*: ThF an Theodor Storm, 14. Februar 1854, HFA IV/1, S. 375; FSt3, S. 56. – *Primaner*: Schwartz/Begemann, 1915, S. 28.

108 *Erinnerungen*: vgl. ThF, *Grafschaft Ruppin, Wilhelm Gentz*, HFA II/1, S. 143 ff.; GBA-Wanderungen, Bd. 1, S. 140 ff.

109 *Hügel … im Märchen*: ThF, *Schach von Wuthenow, 14. In Wuthenow am See*, HFA I/I, S. 640. – *einmal, zehnmal … Wonne gewesen*: ebd., S. 644 f.

110 *Ist ein Boot da*: ebd., S. 645 f. – *Lieber Vater … traurig machte*: ThF, *Meine Kinderjahre*, HFA III/4, S. 128 f.; AFA–Autobiograph. Schriften, Bd. 1, S. 134.

111 *Junge von 13*: ThF an Hermann Pantenius, 14. August 1893, HFA IV/4, S. 274. – *Kühnschen Lithografenpresse*: vgl. Meier, *Fontanestadt Neuruppin*, S. 21. – *An Madame Fontane*: ThF an die Mutter Emilie Fontane geb. Labry, 20. Juni [1833]. Nach der Handschrift, SBB – PK, Nachlass Fontane; vgl. auch HFA IV/1, S. 7; sowie FProp, Bd. I, S. 13. – *Antoinette Guticke*: vgl. F-Vorfahren, S. 207. – *Liebe Mutter … Theodor Fontane*: ThF an die Mutter Emilie Fontane geb. Labry, 20. Juni [1833]. Nach der Handschrift, SBB – PK, Nachlass Fontane; vgl. auch HFA IV/1, S. 7; sowie FProp, Bd. I, S. 13.

112 *Kolbe*: vgl. Schwartz/Begemann, S. 165. – *ein wenig zu schlendern*: vgl. Dieterle, »*Liebe Mutter«. Briefbotschaften eines Dreizehnjährigen* (2019). – *Französischen Kolonie*: vgl. ThF, *Die Märker und die Berliner*, HFA II/3, S. 649–662, besonders S. 651 f.

113 *Familie Schinkel*: vgl. Zadow, *Karl Friedrich Schinkel*, S. 7.

114 *Hustenglas*: ThF, *Von Zwanzig bis Dreißig*, HFA III/4, S. 275; GBA-Autobiogr. Werk, Bd. 3, S. 116. – *Onkel August*: ebd., S. 275; ebd., S. 116. – *Und es könnte*: ThF an Bernhard von Lepel, 5. Oktober 1849, HFA IV/1, S. 86 f.; FLep2, Bd. 1, S. 164. – *kam ich nach Berlin*: ThF, *Von Zwanzig bis Dreißig*, HFA III/4, S. 275; GBA-Autobiogr. Werk, Bd. 3, S. 115.

115 *Charles Louis Fontane*: vgl. F-Vorfahren, S. 164 f. – *Charlotte Friedericke Fontane*: vgl. ebd., S. 149. – *vorzügliche Dame*: ThF, *Meine Kinderjahre*, HFA III/4, S. 27; AFA-Autobiogr. Schriften, Bd. 1, S. 23. – *deliziöse*: Charlotte Friedericke Fontane, *Kochrezepte*, S. VI.

116 *Malermagazin*: Eintrag im *Berliner Adressbuch* von 1833. – *Burgstraße 18*: vgl. Eintrag im *Berliner Adressbuch* von 1829 bis 1835. – *mit Vornamen Rosa*: F-Vorfahren, S. 150 ff. sowie S. 25. – *an derselben Adresse*: vgl. ebd., S. 75. – *Putzmacherinnen*: Eintrag im *Berliner Adressbuch* von 1833 sowie F-Vorfahren, S. 203. – *Theodor Heinrich Fontane … III.*: Schilfert, *Fontane als Zögling*, S. 419. – *wird Apotheker*: Klöden, 9. Stück, 1836, o. A. – *Wiederholt muss ich*: Klöden, 9. Stück, 1836, o. A. – *Viele würden daher*: Klöden, 8. Stück, 1835, o. A.

118 *Abiturprüfung*: vgl. Schilfert, S. 418. – *Zeugnis der Reife … Militairdienst*: Klöden, 1830, S. 21.

119 *Laterne*: ThF, *Von Zwanzig bis Dreißig*, HFA III/4, S. 277; GBA-Autobiogr. Werk, Bd. 3, S. 118.

120 *Pensionsöde*: ThF, *Mein Erstling*, HFA III/4, S. 1030 f. – *in den unteren Klassen … 15 Thaler*: Klöden, 1830, S. 19 f. – *In beiden Fremdsprachen*: vgl. Klöden, 9. Stück, 1836, o. A.

121 *Die Hauptabschnitte*: Klöden, 8. Stück, 1835, o. A. – *Friedrich Wilhelm Krause*: Klöden, 10. Stück, 1837, o. A.

122 *das Klöden'sche Curriculum*: vgl. Johann Wolfgang Goethe an Carl Friedrich Zelter, 28. April 1829, in: JWG, *Sämtliche Werke*, Münchner Ausgabe Bd. 20/2, S. 1222.

123 *Formenlehre deutscher Gedichte*: Klöden, 9. Stück, 1836, o. A. – *Die Geschichte des Erstlingswerks*: vgl. Karl Emil Franzos (Hrsg.), *Die Geschichte des Erstlingswerks*, S. 1 ff.; HFA III/4, S. 1029–1031. – *Missverständnis:* Franzos (Hrsg.), S. XV. – *mit dem frühesten Bild*: vgl. Franzos, Abb. nach der Kreidezeichnung von Kersting, Dresden 1842.

124 *Es ist schwer … das ist richtig*: ThF, *Mein Erstling*, HFA III/4, S. 1029 ff.

126 *Unter den Linden 4a*: vgl. Eintrag im *Berliner Adressbuch* von 1833. – *Reformzeit … Agitation*: vgl. Blasius, *Epoche – sozialgeschichtlicher Abriß*, S. 20 ff.

127 *Rechtsanwälte, Notare*: vgl. Clark, *Preußen*, S. 468 f. – *der Deutsche Zollverein*: Schoeps, *Preußen*, S. 157.

128 *Tante Pinchen … in Gesellschaft*: ThF, *Von Zwanzig bis Dreißig*, HFA III/4, S. 277; GBA-Autobiogr. Werk, Bd. 3, S. 118. – *das scherzhafte Kleid*: ThF, *Vor dem Sturm, Auf dem Windmühlenberge*, HFA I/3, S. 312; GBA-Erz. Werk, Bd. 2, S. 20. – *ein reizendes Leben … Spitzentuch gehüllt*: ThF, *Von Zwanzig bis Dreißig*, HFA III/4, S. 275 ff.; GBA-Autobiogr. Werk, Bd. 3, S. 116 ff.

130 *Verfertiger geographischer Reliefs*: Eintrag im *Berliner Adressbuch* von 1826 u. 1828. – *angenommener Panker*: EF, »*Jugendnovelle*«, S. 378. – *Rosenthaler Straße 44 … Commissionsrath*: vgl. Eintrag im *Berliner Adressbuch* von 1835. – *Hamburger Straße 30*: vgl. Eintrag im *Berliner Adressbuch* von 1836.

131 *Trockenwohner*: ThF, *Von Zwanzig bis Dreißig*, HFA III/4, S. 280; GBA-Autobiogr. Werk, Bd. 3, S. 121.

132 *jüngeren oder älteren … Beifalls erhielte*: EF, »*Jungendnovelle*«, S. 379 ff. – *die kleine Tragödin*: ThF, *Von Zwanzig bis Dreißig*, HFA III/4, S. 474; GBA-Autobiogr. Werk, Bd. 3, S. 357.

133 *Pierre Barthélemy Rouanet*: vgl. Jean Pierre Barthélemy Rouanet, *Von Toulouse bis Beeskow. Lebens-Erinnerungen*, S. 7 ff. – *Er kam zur Garde*: vgl. ThF, *Von Zwanzig bis Dreißig*, HFA III/4, S. 468 f.; GBA-Autobiogr. Werk, Bd. 3, S. 351 f.

134 *Brühl bey Cölln*: F-Chronik, Eintrag vom 23. November 1824. – *nahmhafte[n] Summe*: EF, »*Jugendnovelle*«, S. 373. – *wie wild*: vgl. ThF, *Von Zwanzig bis Dreißig*, HFA III/4, S. 469.; GBA-Autobiogr. Werk, Bd. 3, S. 352. – *religiöse Unterweisung*: vgl. Klöden, 1830, S. 7. – *Gemäß Curriculum*: Klöden, 9. Stück, 1836, Abschnitt »Zweite Klasse«, »Religion«, o. A. – *Katechumen-Unterricht*: Klöden, 1830, S. 12.

135 *Temple in der Klosterstraße … Längsachteck*: Beneke/Ottomeyer, *Die Hugenotten*, S. 33.

136 *keine Spur … reformiert*: ThF, *Meine Kinderjahre*, HFA III/4, S. 19; AFA-Autobiogr. Schriften, Bd. 1, S. 13. – *[D]as protestantische Wort … Remise*: ebd., S. 33 f.; ebd., S. 30.

137 *Herr Prediger Fournier*: Klöden, 2. Stück, 1829, S. 112. – *Es verband*: vgl. Auguste Fournier an ThF, 9. Januar 1851, TFA. – *Henri Théodore Fontane*: zitiert nach Desel, »*Landfremde waren wir, nicht Herzens-Fremde*«, S. 49. – *mit seinem Bruder Rudolph*: vgl. F-Chronik, Eintrag vom 20. Mai 1833. – *ganz allein … großer Liebe*: EF, »*Jugendnovelle*«, S. 382.

138 *jungen Leuten … doch wenig*: ThF, *Die Märker und die Berliner*, HFA II/3, S. 652. – *Programm der Prüfung … Schulwesens*: Klöden, 8. Stück, 1835, o. A.

139 *freiwilligen einjährigen*: Klöden, 1830, S. 20 f. – *wird Apotheker*: Klöden, 9. Stück, Abschnitt »Als Schüler der zweiten Klasse sind abgegangen«, o. A. – *Hr. Apotheker Fontane*: *Sundine*. Neu=Vorpommersches Unterhaltungsblatt nebst Literatur- und Intelligenz=Blatt für Neu=Vorpommern und Rügen. Jahrgang 1836, Eintrag »Vom 19. – 22. August in Stralsund angekommene Fremde«. – *Kurellasches Brustpulver*: ThF, *Von Zwanzig bis Dreißig*, HFA III/4, S. 191; GBA-Autobiogr. Werk, Bd. 3, S. 14.

140 *Begeisterung*: Orth, *Zum Begräbnis von Wilhelm Rose*, S. 7. – *Ostern 1836*: ThF, *Von Zwanzig bis Dreißig*, HFA III/4, S. 182; GBA-Autobiogr. Werk, Bd. 3, S. 3. – *In der Wilhelm Roseschen*: Vorabdruck in *Pan*, 1. Jg., 1. Heft, Berlin, April/Mai 1895.

141 *Magie*: vgl. ThF, *Meine Kinderjahre*, HFA III/4, S. 39; AFA-Autobiogr. Schriften, Bd. 1, S. 35; Goethe, *Faust I, Nacht*. – *mehrere Jahre Chemie*: ThF, unveröffentlichte Selbstbiografie, verfasst für das Brockhaus-Lexikon von 1883, 13. Auflage. Die Redaktion hat einen stark gekürzten Text veröffentlicht, ohne den oben zitierten Satz, vgl. Goldammer, S. 30. – *Umbau … Schinkel* (o. A.), *Zur Erinnerung an Wilhelm Rose*, S. 12.

142 *Fremdenbuch*: ebd., S. 14. – *das Annähen … möchte ich bezweifeln*: ThF, *Von Zwanzig bis Dreißig*, HFA III/4, S. 188 f.; GBA-Autobiogr. Werk, Bd. 3, S. 11, vgl. aber Wilhelm Rose: *Aus der Schweiz*. Hrsg. von Wolfgang Rasch, in: FBl 74/2002, S. 36.

143 *entschiedener Anhänger*: [o. A.], *Erinnerungen an Wilhelm Rose*, S. 14.

144 *Hauptfigur Dr. Heinrich Brose*: vgl. Julius Petersen, Anm. in *Von Zwanzig bis Dreißig*, GBA-Autobiogr. Werk, Bd. 3, im erweiterten Anhang. – *Wilhelm Roseschen Vorlage*: vgl. F-Chronik, Eintrag von 1840, L: »Reisewerke Roses«. – *Ausflug nach Graubünden*: vgl. Wilhelm Rose, *Ausflug nach Graubünden*, 1847, S. 165–200, hier S. 165. – *ein wenig lieblos … Potenz*: ThF, *Von Zwanzig bis Dreißig*, HFA III/4, S. 189; GBA-Autobiogr. Werk, Bd. 3, S. 12. – *eine furchtbare Semmelpampe*: ebd., S. 187; ebd., S. 9. – *Bourgeois*: ebd., S. 186; ebd., S. 8. – *die ganze Zeit*: ebd., S. 188; ebd., S. 9. – *vornehmen Berliner Welt … Lippenpomade*: ebd., S. 191; ebd., S. 14. – *Theodor Fontane aus Swinemünde*: zitiert nach Möller, *Fontanes Zeugnisse*, S. 21. – *20 Jahr alt … nichts entgegen stehe*: ebd., S. 23. – *alte Wilhelm Rose … Vierteljahr*: ThF, *Von Zwanzig bis Dreißig*, HFA III/4, S. 182; GBA-Autobiogr. Werk, Bd. 3, S. 3.

146 *und siehe das*: ebd., S. 183; ebd., S. 5. – *Lyriker … Balladier*: ebd., S. 183; ebd., S. 4. – *Seine ersten Gedichte*: vgl. HFA I/6, S. 595 ff.; GBA-Gedichte, Bd. 2, S. 507 ff. – *Der kranke Baum*: ThF, *Der kranke Baum*, HFA I/6, S. 659; GBA-Gedichte, Bd. 2, S. 7.

147 *die Balladen Schillers*: vgl. Th.F., *Die Besten Bücher*, Nr. 6, NFA XXI/1, S. 497 ff. – *Auswahl deutscher Gedichte*: vgl. Wackernagel, *Auswahl deutscher Gedichte für höhere Schulen*. – *Salas y Gomez*: ThF an Theodor Storm, 14. Februar 1854, HFA IV/1, S. 375; FSt3, S. 57.

148 *das herrliche Gedicht*: Wackernagel, *Auswahl deutscher Gedichte für höhere Schulen*, Vorrede, S. III–XIV, hier S. VIII.

149 *Der Kastanienbaum*: ThF, *Der Kastanienbaum*, HFA I/6, S. 596; GBA-Gedichte, Bd. 2, S. 181.

150 *Alexis, Gutzkow*: vgl. Berbig/Hartz, *Theodor Fontane im literarischen Leben*, S. 10. – *Leib- und Magenblatt*: ThF, *Von Zwanzig bis Dreißig*, HFA III/4, S. 183; GBA-Autobiogr. Werk, Bd. 3, S. 4. – *Gutzkows ›Telegraph‹ … Elle gemessen werden*: ebd., S. 192 f.; ebd., S. 15 f. – *von Professorenfamilien*: ebd., S. 192.

151 *An der Ecke der Schönhauser-*: ebd., S. 284 f.; ebd., S. 126 f.

152 *Allwöchentlich hatte ich … zu haben*: ebd., S. 186; ebd., S. 7 f.

153 *und lugte … beherberge*: ebd., S. 284; ebd., S. 126. – *verhältnismäßig viel im Theater … Wilhelm Tell*: ThF an Paul Schlenther, 29. März 1889, F-Freundesbriefe II, S. 184. – *jungen … Professorenfrauen*: ThF, *Von Zwanzig bis Dreißig*, HFA III/4, S. 189; GBA-Autobiogr. Werk, Bd. 3, S. 11. – *Gerstenzucker … Pillenschachteln*: zitiert nach Erler, *Das Herz bleibt immer jung. Emilie Fontane*, S. 382. – *Berlin zählte … Wien etwa vierzig*: vgl. Blasius, *[Vormärz:] Epoche – sozialgeschichtlicher Abriß*, S. 35.

154 *Besonderheit der Leihbibliotheken … Übersetzungfabriken*: ebd., S. 39 ff. – *englische Bücher … Übersetzungsfabriken*: Glaser, Bd. 6, S. 42. – *Buch- oder Kunsthändler*: zitiert nach Martino, *Die deutsche Leihbibliothek*, S. 164.

155 *Arbeiten von Gutzkow*: vgl. F-Chronik, Eintrag von 1835, S. 24. – *Telegraph für Deutschland*: vgl. ebd., Eintrag von 1840, S. 35. – *Coopers Roman »Der Spion«*: vgl. F-Chronik, von 1836, S. 26. – *Einer Liste von Büchern*: ThF, *Die Besten Bücher*, Nr. 3, NFA XXI/1, S. 497 ff. – *großen Essay über Alexis*: ThF, *Wilibald Alexis*, in: *Der Salon für Literatur, Kunst und Gesellschaft* 1872/10; vgl. F-Bibliographie, Eintrag Nr. 3288; HFA III/1,

S. 407–462. – *Viewegsche Leihbibliothek*: vgl. *Berliner Adressbuch* von 1838. – *A. W. Krolowsky … geneigte Erinnerung*: *Berliner Adressbuch* von 1838, Anzeigenteil »Geschäfts= Empfehlungen«.

156 *Berlin ist groß … in der Tasche*: ThF an Wilhelm Wolfsohn, Anfang August 1846, HFA IV/1, S. 30; FWolf3, S. 25. – *in dem großen Vorderzimmer*: ThF an Bernhard von Lepel, 21. August 1851, HFA IV/1, S. 181; FLep2, Bd. 1, S. 272.

157 *Anno 37 kam Minna*: ThF an MF, 28. August 1889, HFA IV/3, S. 718; FMF, S. 365 f. – *Erbherrn auf Badingen … wissenschaftlichen Neigungen*: zitiert nach *Allgemeine Deutsche Biographie*, Eintrag »Gustav von Klöden«, Bd. 1906/51, S. 235–237, hier S. 236.

158 *Wiedersehen mit einer alten Liebe*: ThF an Karl Zöllner, 11. Dezember 1879, HFA IV/3, S. 54. – *Minna sieht noch aus*: ThF an Elise Weber geb. Fontane, 23. Dezember 1879, HFA IV/3, 54; FProp, Bd. 2, S. 336. – *Jugendliebe … heiratete*: ThF an Friedrich Stephany, 28. Februar 1888, unveröffentlicht, zitiert nach Nürnberger, *Fontanes Welt*, S. 62. – *v. Kloeden M, geb. Krause*: Eintrag im *Berliner Adressbuch* von 1889, S. 562.

159 *Emilie als Dienstmädchen*: ThF an Bertha Kinne. *Zum Polterabend November 1839*, GBA-Gedichte, Bd. 3, S. 7–8.

160 *Für mich gedichtet*: zitiert nach GBA-Gedichte, Bd. 3, S. 447 (Handschrift im TFA).

161 *Altstädter Löwen-Apotheke*: vgl. F-Chronik, Eintrag zu 1837, S. 29 (hier irrtümlich Adler-Apotheke). – *Amt Mühlberg … Elbzoll*: *Allgemeine Encyclopädie für Kaufleute und Fabrikanten*, 1838, S. 319.

163 *eine ganz ungeschäftliche Natur*: ThF, *Meine Kinderjahre*, HFA III/4, S. 22; AFA-Autobiogr. Schriften, Bd. 1, S. 17. – *um an den … alten Herrn … äußersten Ende*: ebd., S. 73; ebd., S. 73.

164 *In dieser bevorzugten Stellung*: ebd., S. 21; ebd., S. 16. – *Hr. Theodor Fontane … abwesend*: Taufregister der Altstätter Frauenkirche in Mühlberg an der Elbe, 1838. – *Lachkrampf*: ThF an die Mutter Emilie Fontane geb. Labry, 29. Mai 1869, HFA IV/2, S. 233; FProp, Bd. 1, S. 72.

165 *ihre glückliche Lage*: Verkaufsanzeige von »L. Fontane« in: VZ, Nr. 164, 2. Beilage, Dienstag, 18. Juli 1848. – *Fontane, Apotheker*: Subskribenten-Verzeichnis zu Richter, *Geschichte des deutschen Freiheitskrieges*. – *Geschichte des deutschen Freiheitskrieges*: Friedrich Richter, *Geschichte des deutschen Freiheitskrieges vom Jahre 1813 bis zum Jahre 1815*. 4 Bände. Berlin, 1840–1843.

166 *Approbation zum Apotheker*: zitiert nach Möller, *Fontanes Zeugnisse*, S. 37. – *nach vollständiger Beendigung*: zitiert nach Gill, *Theodor Fontanes Aufenthalte in Letschin*, S. 433.

167 *Realkonzession in Letschin*: Auskunft von Manfred Horlitz vom 23. Februar 2011: gemäß Grundbuch von Letschin, Amt Wollup, Bd. IV, Blatt Nr. 146, Apotheke, Haus Nr. 217. – *nur lose mit der civilisierten Welt*: ThF an Wilhelm Wolfsohn, 10. November 1847, HFA IV/1, S. 35; FWolf3, S. 28. – *glückliche Lage*: Verkaufsanzeige von »L. Fontane« in: VZ, Nr. 164, 2. Beilage, Dienstag, 18. Juli 1848.

168 *von der Apotheke zu Mühlberg*: zitiert nach Strenge/Tankeren, *Die Letschiner Apotheke [Kaufkontrakt]*, S. 190. – *stattlichen Fachwerkhaus*: ebd. – *Das Grundstück*: vgl. Gill, *Theodor Fontanes Aufenthalte in Letschin*, S. 431. – *Frontdienst … ausgedacht hatte*: ThF,

Von Zwanzig bis Dreißig, HFA III/4, S. 196 f.; GBA-Autobiogr. Werk, Bd. 3, S. 20 f. – *Dichtung … »Du hast recht gethan«*: ebd., S. 197; ebd., S. 21.

169 *an Heinrich Zschokke*: vgl. ebd. – *ich bin Märker*: ThF an Maximilian Harden, 17. Dezember 1889, HFA IV/3, S. 742.

170 *mein Vater*: ThF, *Kinderjahre*, HFA III/4, S. 19; AFA-Autobiogr. Schriften, Bd. I, S. 13. – *Wildfang … Springinsfeld*: Zschokke, *Florette*, S. 478.

171 *Rose am Pfeil*: ebd., S. 482. – *Stündchen am Brunnen*: ebd., S. 502. – *des schönen Mädchens … Quelle*: ebd., S. 503. – *Der Schmerz des jungen Fürsten*: ebd., S. 503. – *einem kleinen Epos*: ThF, *Von Zwanzig bis Dreißig*, HFA III/4, S. 200; GBA-Autobiogr. Werk, Bd. 3, S. 24, sowie ThF an Theodor Storm, 14. Februar 1854, HFA IV/1, S. 375; FSt3, S. 57. – *Denn mit dem Sommer 1840 … Begeisterung*: ThF, *Von Zwanzig bis Dreißig*, HFA III/4, S. 184; S. GBA-Autobiogr. Werk, Bd. 3, S. 5 f.

172 *Glatz oder Kosel … zu anzüglich*: ebd., S. 198; ebd., S. 22. – *Die Frau Oberförsterin*: ThF, *Von Zwanzig bis Dreißig*, GBA-Autobiogr. Werk, Bd. 3, S. 547 (Anm. zu S. 21); sowie F-Fragemente, Bd. 1, S. 291 f.

173 *verschollen*: vgl. GBA-Gedichte, Bd. 2, S. 571. – *aufgelistet unter … Vermisste Bestände*: vgl. F-Vermisste Bestände, S. 34. – *Berlin zählte um 1840*: vgl. Mieck, *Von der Reformzeit zur Revolution* (1806–1847), S. 480 ff. – *Geburtenüberschuss*: vgl. Ribbe, *Geschichte Berlins*, S. 482. – *seit fünf Generationen in Berlin*: vgl. F-Vorfahren, S. 73 und S. 222; sowie Nürnberger, *Fontanes Welt*, S. 44–45. – *Die nichtpreußischen Zuwanderer*: vgl. Mieck, *Von der Reformzeit zur Revolution* (1806–1847), S. 483.

174 *Berlin als preußische Residenzstadt*: vgl. ebd., S. 488. – *Schwindelexistenzen*: ebd., S. 487. – *Religionszugehörigkeit der Berliner*: ebd., S. 493.

175 *Bürger jüdischer Herkunft … Integration*: vgl. ebd., S. 492. – *Gutzkows Telegraph*: vgl. A. W., *Dr. Philippson, über die Juden und ihre Bestrebungen*, in: *Telegraph für Deutschland*, Nr. 81, Mai 1838, S. 641–644. – *Angriffe auf das Judenthum*: Dürre, *Erinnerungen und Anregungen* [o. A.].

176 *[v]or dem Hamburger Thor*: Arnim, *Dies Buch gehört dem König*: *Erfahrungen eines jungen Schweizers im Vogtland*, S. 536. – *Fritz Esselbach*: Klöden, *Fortgesetzte Nachrichten über den Zustand der Gewerbeschule*, 10. Stück 1837: Schulabgänger der ersten Klasse Ostern 1837 [o. A.]. – *hieß … nicht Fritz Esselbach*: vgl. ThF, *Von Zwanzig bis Dreißig*, GBA-Autobiogr. Werk, Bd. 3, S. 549 (Anm. zu S. 24). – *Meine Bekanntschaft mit ihm*: ThF, *Von Zwanzig bis Dreißig*, HFA III/4, S. 200; GBA-Autobiogr. Werk, Bd. 3, S. 24. – *Der Freund studierte*: ThF, *Von Zwanzig bis Dreißig*, GBA-Autobiogr. Werk, Bd. 3, S. 549 f. (Anm. zu S. 24). – *Weißt Du [Theodor]«*: ThF, *Von Zwanzig bis Dreißig*, HFA III/4, S. 201 f.

177 *Amor- und Psyche-Gruppe … begleitet war*: ebd., S. 202; ebd., S. 26. – *Wir, Fritz Esselbach und ich*: ebd., S. 203; ebd., S. 28. – *sechs oder acht*: ebd., S. 204; ebd., S. 29.

178 *Schilfliedern … bis diesen Tag*: ebd., 207 f.; ebd., S. 33. – *Platen-Klub … Nebenbuhler*: ebd., S. 228; ebd., S. 57 sowie Anm. im erweiterten Anhang. – *Es gelang mir*: vgl. ThF, *Von Zwanzig bis Dreißig*, GBA-Autobiogr. Werk, Bd. 3, S. 579 (Anm. zu S. 57); sowie F-Lep2, Bd. 2, Nachwort, S. 856. Quelle: Bernhard von Lepel an Ignaz Hub, 9. Januar 1870. – *in Lepels Kasernenstube*: ThF, *Von Zwanzig bis Dreißig*, GBA-Autobiogr. Werk, Bd. 3, S. 581

(Anm. zu S. 59). – *Don Juan … nobilitiert wurde*: ThF, *Von Zwanzig bis Dreißig*, HFA III/4, S. 229; GBA-Autobiogr. Werk, Bd. 3, S. 58. – *Maler Flans, ein entfernter Vetter meiner Mutter*: ThF, *Von Zwanzig bis Dreißig*, GBA-Autobiogr. Werk, Bd. 3, Anm. im erweiterten Anhang zu S. 58.

179 *Flans junior … alles hier erzählen*: ebd. – *Theologen*: ThF, *Von Zwanzig bis Dreißig*, HFA III/4, S. 229; GBA-Autobiogr. Werk, Bd. 3, S. 58. – *im ehelichen Schlafzimmer*: ThF, *Von Zwanzig bis Dreißig*, HFA III/4, S. 229; GBA-Autobiogr. Werk, Bd. 3, S. 581 (Anm. zu S. 59); bzw. ThF an Henriette von Merckel, 20. September 1857, FMer, Bd. 1, S. 152. – *Der Orden wurde 1933 … versteigert*: ThF, *Von Zwanzig bis Dreißig*, HFA III/4, S. 229; GBA-Autobiogr. Werk, Bd. 3, S. 580 f. (Anm. zu S. 59). – *Friedrich Wilhelm Bossart*: ThF, *Von Zwanzig bis Dreißig*, HFA III/4, S. 234; GBA-Autobiogr. Werk, Bd. 3, S. 581 f. (Anm. zu S. 64). – *Mein im Hinterhause gelegenes Zimmer*: ThF, *Von Zwanzig bis Dreißig*, HFA III/4, S. 194; GBA-Autobiogr. Werk, Bd. 3, S. 17.

180 *Im Herbste 1840*: ThF, *Von Zwanzig bis Dreißig*, HFA III/4, S. 235; GBA-Autobiogr. Werk, Bd. 3, S. 69. – *Denn die Labrys … nach Berlin gekommen*: vgl. F-Vorfahren, S. 41 u. S. 203. – *Dr. Kanneberg … Kegelpartie*: ThF, *Von Zwanzig bis Dreißig*, HFA III/4, S. 235; GBA-Autobiogr. Werk, Bd. 3, S. 69.

181 *Aus den dumpfen Siechenstuben*: Grün, *Spaziergänge* [Anfangszeilen], S. 3. – *Seht! Satyriker ward endlich*: ThF, *Burg, 9. Epilog*, HFA I/6, S. 675 (u. Anm. S. 1193); GBA-Gedichte, Bd. 2, S. 224–242, hier S. 241. – *Unter meinen Manuskripten … verschollen*: ThF, *Von Zwanzig bis Dreißig*, HFA III/4, S. 236; GBA-Autobiogr. Werk, Bd. 3, S. 70; sowie F-Vermisste Bestände, S. 34.

182 *von denen die ältere … Pathos*: ThF, *Von Zwanzig bis Dreißig*, HFA III/4, S. 236; GBA-Autobiogr. Werk, Bd. 3, S. 70. – *Chambre garnie*: ebd. – *auf den Tisch zuschritt … schwer krank*: ebd., S. 237; ebd., S. 71.

183 *Keller … in Todesgefahr geschwebt*: Wysling, *Gottfried Keller*, S. 77. – *Vielmehr durch einen … ein Fiducit zu mir haben*: ThF, *Von Zwanzig bis Dreißig*, HFA III/4, S. 237; GBA-Autobiogr. Werk, Bd. 3, S. 71. – *Ich habe oft*: ThF, *Ich habe oft, wenn mich geblendet*, HFA I/6, S. 397; GBA-Gedichte, Bd. 2, S. 218.

184 *So vergingen sieben Wochen*: ThF, *Von Zwanzig bis Dreißig*, HFA III/4, S. 237; GBA-Autobiogr. Werk, Bd. 3, S. 72. – *Von Zeit zu Zeit*: ThF, *Zwei Post-Stationen*, in: F-Zwei Post-Stationen, entstanden um 1845, erzählte Zeit um 1840, S. 26.

185 *allgemeine Wehrpflicht*: vgl. Braun, *Zur Durchsetzung der Allgemeinen Wehrpflicht in Preußen (1792–1859)*, S. 147 ff. – *Wer ein solches [Einjährigen-]Zeugnis erhalten hat*: Klöden, *Nachricht an das Publikum über den Zweck und die Einrichtung der hiesigen städtischen Gewerbeschule*, 1830, § 13: *Einjähriger Militairdienst*, S. 21. – *Gelenkrheumatismus*: ThF, *Von Zwanzig bis Dreißig*, HFA III/4, S. 268; GBA-Autobiogr. Werk, Bd. 3, S. 107.

186 *Herr Fontane … mein Haus zurücktritt*: zitiert nach Möller, *Fontanes Zeugnisse*, S. 27. – *sechs, sieben Wochen*: ThF, *Von Zwanzig bis Dreißig*, HFA III/4, S. 268; GBA-Autobiogr. Werk, Bd. 3, S. 107. – *vier Betten*: ThF, *Von Zwanzig bis Dreißig*, HFA III/4, S. 239; GBA-Autobiogr. Werk, Bd. 3, S. 74. – *Typhusbrutstätte*: ThF, *Von Zwanzig bis Dreißig*, HFA III/4, S. 270; GBA-Autobiogr. Werk, Bd. 3, S. 109.

187 *für jetzt … Rückfällen*: F-Chronik, Eintrag vom 13. Mai 1842, S. 53. – *Wilhelm Krause … Malaga*: vgl. ThF, *Meine Kinderjahre*, HFA III/4, S. 124 (Fußnote von ThF); AFA-Autobiogr. Schriften, Bd. I, S. 129 f. – *Herr Theodor Fontane … Lobes*: zitiert nach Möller, *Fontanes Zeugnisse*, S. 29. – *Zwei Semester Pharmazie*: vgl. Gill, *Theodor Fontanes Aufenthalte in Letschin*, S. 433. – *als Schriftsteller zu etablieren … Geschichte*: ThF, *Von Zwanzig bis Dreißig*, HFA III/4, S. 291; GBA-Autobiogr. Werk, Bd. 3, S. 134.

188 *Latein und Griechisch … Hamlet*: ThF, *Von Zwanzig bis Dreißig*, HFA III/4, S. 291; GBA-Autobiogr. Werk, Bd. 3, S. 135. – *Inhaber dieses Zeugnißes … Besitzer der hiesigen Apotheke*: zitiert nach Möller, *Fontanes Zeugnisse*, S. 30–33.

189 *in der Polnischen Apotheke*: vgl. Reinhard, *Apotheken in Berlin*, S. 54; sowie ThF, *Von Zwanzig bis Dreißig*, HFA III/4, S. 465 u. S. 1208 (Anm. zu S. 465). – *Herr Theodor Fontane … Führung*: zitiert nach Möller, *Fontanes Zeugnisse*, S. 35. – *analytische Chemie … errichtet hatte*: ThF, *Von Zwanzig bis Dreißig*, HFA III/4, S. 478; GBA-Autobiogr. Werk, Bd. 3, S. 363. – *Schüler vom Professor Sonnenschein*: ebd., S. 478; ebd., S. 363.

190 *Privatim … äußeren Apparats*: ebd., S. 483; ebd., S. 368 f. – *Will dir was sagen … Botanik-Professor*: ebd., S. 483 f.; ebd., S. 369 sowie S. 809 (Anm. zu S. 369). – *vorzüglich gut … in Frack … Botanik-Professor*: ebd.; GBA-Autobiogr. Werk, Bd. 3, S. 809 (Anm.). – *Da der Candidat der Pharmacie*: zitiert nach Möller, *Fontanes Zeugnisse*, S. 37.

191 *Besitzer … Ferdinand Jung*: vgl. ThF, *Von Zwanzig bis Dreißig*, HFA III/4, S. 485 (sowie S. 1208, Anm. zu S. 485). – *ein glänzend fundiertes Geschäft*: ThF, *Von Zwanzig bis Dreißig*, HFA III/4, S. 485; GBA-Autobiogr. Werk, Bd. 3, S. 373. – *Lebensverhältnisse … verheerend*: vgl. Arnim, *Dies Buch gehört dem König*: *Erfahrungen eines jungen Schweizers im Vogtland*, S. 536. – *Sie treffen … Gott sei Dank*: ThF an EF, 23. Juni 1883, HFA IV/3, S. 261; GBA-FEF, Bd. 3, S. 327. – *[d]azu viel Proletariat … Lampenbrennmaterial*: ThF, *Von Zwanzig bis Dreißig*, HFA III/4, S. 483; GBA-Autobiogr. Werk, Bd. 3, S. 373.

192 *In zwei Jahren hoff ich*: ThF an Wilhelm Wolfsohn, 10. November 1847, HFA IV/1, S. 39; FWolf3, S. 30. – *Zwei Drittel der Reise*: ThF, *Von Zwanzig bis Dreißig*, HFA III/4, S. 237 f.; GBA-Autobiogr. Werk, Bd. 3, S. 72.

193 *abends ¾ 6*: ThF, *Von Zwanzig bis Dreißig*, GBA-Autobiogr. Werk, Bd. 3, S. 587 (Anm. zu S. 72), nach Masanetz, *Der junge Fontane*, S. 69. – *Das Neubertsche Haus*: ThF, *Von Zwanzig bis Dreißig*, HFA III/4, S. 238; GBA-Autobiogr. Werk, Bd. 3, S. 72 f.

194 *Reuter … eleganter Herr*: ebd., S. 243; ebd., S. 79. – *Konzerte in der preußischen Residenz*: NZfM, Bd. XII, Nr. 18, S. 70. Schumann-Portal. – *Dr. Reuter … Mittagessen*: Robert Schumann-Itinerar.

195 *Ammenfahrt*: vgl. Köhler, *Blickkontakte mit Robert Schumann*, S. 30.

196 *Verleger Robert Binder … Wohnung*: ThF, *Von Zwanzig bis Dreißig*, GBA-Autobiogr. Werk, Bd. 3, S. 594 (Anm. zu S. 87 zu Binders Wohnadresse). – *Gewandhaus … Thomaskirche … Stadttheater*: vgl. Kunze, *Lobgesang. Mendelssohn in Leipzig*. Jahresbilanz für die Saison 1837/38, S. 48 f.

197 *6. Dezember 1841*: vgl. Music & History. A Chronical View of Western Music History in the Context of World Events, 1841. – *hat irgend ein Publikum*: Robert Schumann, *Tagebuch*. – *Um sechs rüsteten wir uns*: ThF, *Von Zwanzig bis Dreißig*, HFA III/4, S. 242 f.; GBA-Autobiogr. Werk, Bd. 3, S. 78.

198 *Zu so früher Stunde*: ebd., S. 243; ebd., S. 78. – *wo's so viel Arbeit gab*: ebd., S. 248; ebd., S. 84. – *Shakespeare's Strumpf*: ebd., S. 249; ebd., S. 86, vgl. auch: [Anon., ThF], *Shakespeare's Strumpf. (Von einem Verehrer alter Dichter-Garderobe)*, in: *Leipziger Tageblatt*. Leipzig. Nr. 314, 10. November 1841, F-Bibliographie, Nr. 1525; sowie HFA I/6, S. 683; GBA-Gedichte, Bd. 1, S. 362. – *Schiller-Weste*: ThF, *Von Zwanzig bis Dreißig*, HFA III/4, S. 249; GBA-Autobiogr. Werk, Bd. 3, S. 86. – *Mitarbeiter … Eisenbahn:* vgl. F-Bibliographie, Nr. 1517 ff.

199 *Du hast mein Polen*: ThF, *Der Verbannte*, in: *Die Eisenbahn*, 10. Oktober 1841, F-Bibliographie, Nr. 1521; HFA I/6, S. 901; GBA-Gedichte, Bd. 2, S. 31. – *Dank allen Rütlimännern*: ThF, *Mönch und Ritter*, in: *Die Eisenbahn*, 21. September 1841, F-Bibliographie, Nr. 1517; HFA I/6, S. 898; GBA-Gedichte, Bd. 2, S. 25. – *[a]uf Leipzigs Schlachtgefilden*: ThF, *In der Markkleeberger Schenke*, in: *Die Eisenbahn*, 9. Oktober 1841, F-Bibliographie, Nr. 1519; HFA I/6, S. 681; GBA-Gedichte, Bd. 2, S. 28. – *Daheim hat schon … mit dem Sohn hinab*: ThF, *Das Gespensterschiff*, in: *Die Eisenbahn*, 26. Oktober 1841, F-Bibliographie, Nr. 1523; HFA I/6, S. 647 f.; GBA-Gedichte, Bd. 2, S. 36 ff.

200 *Berliner Jungen … een haben*: ThF, *Berliner Republikaner*, in: *Die Eisenbahn*, 21. Dezember 1841, F-Bibliographie, Nr. 1532; HFA I/6, S. 760; hier zitiert nach GBA-Gedichte, Bd. 2, S. 50 f. Die Originalhandschrift (Sign. H 63) bewahrt das TFA auf.

201 *die Hefte der Jahrgänge 1841*: vgl. ThF, *Von Zwanzig bis Dreißig*, HFA III/4, S. 247; GBA-Autobiogr. Werk, Bd. 3, S. 83 sowie S. 592 (Anm. zu S. 83). – *fünf Nummern fehlen*: vgl. Wülfing, *Fontane und die »Eisenbahn«*, S. 64, nach einem Vermerk von Friedrich Fontane. – *was die Zeit bewegt*: zitiert nach Berbig/Hartz, S. 106. – *Dampf und Eisenbahnen*: zitiert nach Wülfing, *Fontane und die »Eisenbahn«*, S. 47, Formulierung aus dem Jahr 1836 von Ferdinand Gustav Kühne, Redakteur der *Zeitung für die elegante Welt*. – *Herwegh, beinahe alles*: ThF, *Die Besten Bücher*, Nr. 17, NFA XXI/1, S. 497 ff.

202 *Geehrter Herr! … Froebel*: zitiert nach GBA-Gedichte, Bd. 2, S. 575, hier nach Abschrift im TFA. – *Wir kriegten unsre Manuskripte zurück*: ThF, *Von Zwanzig bis Dreißig*, HFA III/4, S. 267; GBA-Autobiogr. Werk, Bd. 3, S. 106. – *Verse Berliner Republikaner:* ThF hat sie nicht in seinen ersten Gedichtband (1851) aufgenommen, wie Hans-Heinrich Reuter seinerzeit gemeint hat, vgl. Reuter, *Fontane*, Bd. 1, S. 156. – *Robert Blum … Wilhelm Wolfsohn*: Berbig/Hartz, S. 107.

203 *unbedeutend*: ThF, *Von Zwanzig bis Dreißig*, HFA III/4, S. 251; GBA-Autobiogr. Werk, Bd. 3, S. 88. – *zerschlug*: ebd., S. 252; ebd., S. 88. – *Kochei*: vgl. Wülfing, *Der Herwegh-Klub [Leipzig]*, S. 202 ff. – *Einmal kamen die Hallenser*: ThF, *Von Zwanzig bis Dreißig*, HFA III/4, S. 252 f.; GBA-Autobiogr. Werk, Bd. 3, S. 89.

204 *zu den Verfolgten hätte gehören können*: vgl. ThF, *Von Zwanzig bis Dreißig*, GBA-Autobiogr. Werk, Bd. 3, S. 593–602 (Anm. zu S. 85–92); sowie Christa Schultze, *Fontanes Herwegh-Klub*, S. 327–339; Wulf Wülfing, *Herwegh-Klub [Leipzig]*, S. 202–207; Berbig/Hartz, S. 413–415. – *Hermann Schauenburg … Max Müller*: ThF, *Von Zwanzig bis Dreißig*, HFA III/4, S. 327 f.; GBA-Autobiogr. Werk, Bd. 3, S. 95. – *Ausflüge machen*: ebd., S. 246; ebd., S. 82. – *Schlachtfeldwanderungen … mitgesiegt*: ebd., S. 248; ebd., S. 84.

205 *Historischen Grund und Boden*: ebd., S. 246; ebd., S. 82. – *In der Markkleeberger Schenke*: vgl. ebd., S. 247; ebd., S. 82; sowie GBA-Gedichte, Bd. 2, S. 510 (Anm. S. 28). ThF hat *In*

der Markkleeberger Schenke nicht in seinen ersten Gedichtband (1851) aufgenommen, wie Hans-Heinrich Reuter seinerzeit gemeint hat, vgl. Reuter, *Fontane*, Bd. 1, S. 156. – *mein Freund Ney*: ThF, *Meine Kinderjahre*, HFA III/4, S. 154.

206 *Forstmann … nicht behagte*: Klopfer (Hrsg.), *Blätter der Erinnerung. Ludwig August Neubert*, S. 2. – Ich danke Monika Stoye, Leipzig, für die Vermittlung der *Blätter*. – *freien Tagen … so harmlos wie ein Kind*: ThF, *Von Zwanzig bis Dreißig*, HFA III/4, S. 255; GBA-Autobiogr. Werk, Bd. 3, S. 93.

207 *Die Wittwe eines Freiheitskämpfers:* vgl. [Anon.]: *Die Wittwe eines Freiheitskämpfers. [Zum 9. November]*, in: *Die Gartenlaube*, Nr. 45/1874, S. 726–730.

208 *röter […] als sein Bart*: ThF an Wilhelm Wolfsohn, 3. Mai 1850, HFA IV/1, S. 120; FWolf3, S. 61. – *ein gebrochener Mann*: ThF, *Von Zwanzig bis Dreißig*, HFA III/4, S. 257; GBA-Autobiogr. Werk, Bd. 3, S. 95. – *Ich gedenke auszuhalten*: ThF an Unbekannt (Georg Günther) [Ende November 1849], HFA IV/1, S. 99. Nach hs im TFA gedruckt, die Original-Handschrift ist nicht mehr nachgewiesen. – *von Anfang an herzlich zugetan*: ThF, *Von Zwanzig bis Dreißig*, HFA III/4, S. 262. – *Pseudonym Dessauer*: ThF, *Von Zwanzig bis Dreißig*, GBA-Autobiogr. Werk, Bd. 3, S. 608 (Anm. zu S. 100); sowie Jolles, *Friedrich Max Müller und Theodor Fontane*, S. 570, Anm. 9.

209 *erst drei Jahre später*: ThF, *Von Zwanzig bis Dreißig*, HFA III/4, S. 262; GBA-Autobiogr. Werk, Bd. 3, S. 100. – *weil er der Sohn*: ebd. – *Musical Recollections*: Müller, *Auld Lang Syne*, S. 1–33. – *Literary Recollections* : Müller, *Auld Lang Syne*, S. 34–178. – *Germany certainly lost*: Müller, *Autobiography*, S. 115, vgl. zudem Jolles, *Friedrich Max Müller und Theodor Fontane*, S. 555 f. u. Anm. 5. – *dass er dereinst Musiker würde*: vgl. Müller, *Autobiography*, S. 108 f.

210 *trat Max Müller … in Mendelssohns Chor ein*: Müller, *Auld Lang Syne*, S. 3 und S. 22. – *seine neusten Kompositionen*: ebd., S. 3. – *I was destined*: ebd. – *There was much deafness*: ebd., S. 12. – *Ah, Felix, now we can pack up*: ebd., S. 15.

211 *im dritten Stock eines Hauses*: Jolles, *Friedrich Max Müller und Theodor Fontane*, S. 554, bzw. Müller, *Auld Lang Syne*, S. 52. – *Mutter und Schwester … gastfreundlich*: Müller, *The life and letters*, S. 16. – *Herwegh-Klub*: vgl. Max Müller an ThF, Dezember 1842, zitiert nach Christa Schultze, *Fontane und Wolfsohn*, S. 151 ff. – *Die eigentlich große Nummer … Eichhörnchens*: ThF, *Von Zwanzig bis Dreißig*, HFA III/4, S. 161 u. S. 163; GBA-Autobiogr. Werk, Bd. 3, S. 99 u. S. 101. – *Musterschüler*: ebd., S. 261 f.; ebd., S. 99 f. – *Sanskritdichtung … Was anfliegt*: ebd., S. 263; ebd., S. 101. – *Es ist ein Glück*: ThF, *Von Zwanzig bis Dreißig*, HFA III/4, S. 263; GBA-Autobiogr. Werk, Bd. 3, S. 101. – *Friedrich Max Müller*: Hans-Wolf Jäger, *Müller, Friedrich Max*, in: Neue Deutsche Biographie 18 (1997), S. 322–323.

212 *He might have been another Heine*: Müller, *Auld Lang Syne*, S. 53; vgl. auch Müller, *Der Leipziger »Herwegh-Klub«*, in: Hehle/Rasch, *»Erschrecken Sie nicht, ich bin es selbst«*, S. 14–16 (nach der deutschen Übersetzung von 1901). – *a Jew of the name of Wolfsohn*: Müller, *Auld Lang Syne*, S. 53. – *Hätte nicht sein kluger, interessanter Kopf*: ThF, *Von Zwanzig bis Dreißig*, HFA III/4, S. 259; GBA-Autobiogr. Werk, Bd. 3, S. 96. – *Es ließ sich an ihm*: ThF, *Von Zwanzig bis Dreißig*, GBA-Autobiogr. Werk, Bd. 3, S. 604 (Anm. zu S. 96). – *Er hatte zudem … allerhand ediert*: ThF, *Von Zwanzig bis Dreißig*, HFA III/4, S. 259; GBA-Autobiogr. Werk, Bd. 3, S. 96.

213 *Diese Verheiratung*: ebd., S. 260 f.; ebd., S. 98 f. – *das Eheversprechen*: ThF, *Von Zwanzig bis Dreißig*, GBA-Autobiogr. Werk, Bd. 3, S. 607 (Anm. zu S. 98).

214 *nach der sächsischen Residenzstadt Dresden*: vgl. FWolf3, *Wilhelm Wolfsohn – Lebensweg*, S. 443–449. – *im bürgerlichen Literatur- und Kulturleben*: vgl. Schäbitz, *Juden in Sachsen – Jüdische Sachsen?*, S. 246. – *Rußland, wenn er uns Vortrag hielt … lernst es doch nicht*: ThF, *Von Zwanzig bis Dreißig*, HFA III/4, S. 259; GBA-Autobiogr. Werk, Bd. 3, S. 97.

215 *Sind Sie von 3 Uhr Nachmittag an*: ThF an Wilhelm Wolfsohn [November 1841/Januar 1842], S. 3. – *Goldschwefel*: ebd. – *allerjüngste deutsche Dichter*: ThF, *Von Zwanzig bis Dreißig*, HFA III/4, S. 260; GBA-Autobiogr. Werk, Bd. 3, S. 97. – *Großfürstin Helene*: ebd.

216 *Bester Herr Dr! … entsetzliche Weise*: Hermann Jellinek, Max Müller u. Theodor Fontane an Wilhelm Wolfsohn [Ende Juli/Anfang Juli 1843], FWolf3, S. 7 f. – *Wir waren in diesem Leipziger Rütli*: ThF an Moritz Lazarus, 5. Januar 1897, HFA IV/4, S. 627.

217 *Bin ich's denn wirklich? … Hause schritt*: zitiert nach FWolf 2, S. 191 f. – *Bonorand und Kintschy*: ThF, *Von Zwanzig bis Dreißig*, HFA III/4, S. 289; GBA-Autobiogr. Werk, Bd. 3, S. 131. – *meiner speziellen Heimat*: [Anon…]: *Aus dem Oderbruch. – Juni 1842*, in: *Die Eisenbahn*, Nr. 75, 25.06.1842, S. 300; NFA 19, S. 7–9, hier S. 7, vgl. F-Bibliographie, Nr. 1541. – *Wäre meines Bleibens*: ebd., S. 9.

218 *zwei schöne junge Männer*: ThF, *Von Zwanzig bis Dreißig*, HFA III/4, S. 289; GBA-Autobiogr. Werk, Bd. 3, S. 133. – *mächtigen rotblonden Sappeurbart … wenig zu bedeuten*: ebd., S. 290; ebd., S. 133.

220 *Ich verbrachte da ein glückliches Jahr*: ThF, *Von Zwanzig bis Dreißig*, HFA III/4, S. 289; GBA-Autobiogr. Werk, Bd. 3, S. 132. – *Aufgehorcht hat die Forschung*: vgl. HBV, Brief 49/1. Erstdruck 1960. Original-Handschrift im TFA. – *Wir haben lang genug geliebt*: Georg Herwegh, *Lied vom Hasse* (1841). – *Lieber Wolfsohn! … mondelang*: ThF an Wilhelm Wolfsohn [Anfang Juli 1842], HFA IV/1, S. 7–9 (gekürzte Fassung); zitiert wird nach FWolf3, S. 3–5.

222 *Demimondegesellschaft … rumgeschnüffelt*: ThF an Friedrich Stephany, 16. Juli 1887, HFA IV/3, S. 553. – *unter einer Fahne zu kämpfen*: [Anon.], *Dresden, im September [1842]*, in: *Die Eisenbahn*. F-Bibliographie, Nr. 1543; NFA, XIX, S. 11. – *an konstitutionellem Sinn*: ebd., S. 11. – *Nicht mal Fackeln!*: ebd., S. 12.

223 *Wie haben nicht Herweghs Lieder gewirkt*: [Anon.], *Dresden, 3. Oktober 1842*, in: *Die Eisenbahn*. F-Bibliographie, Nr. 1544; NFA, XIX, S. 16 f. – *In diesem Augenblicke*: [Anon.], *Dresden, 12. Oktober 1842*, in: *Die Eisenbahn*. F-Bibliographie, Nr. 1545; NFA XIX, S. 21. – *und eine Freudenträne*: ebd., S. 23. – *als Berliner Theaterkritiker*: vgl. ThF, Besprechung »Shakespeare – Hamlet« vom 14. Februar 1877, HFA II/2, S. 271 ff. – *Theodor Döring*: vgl. auch ThF, Besprechung »Schiller – Räuber« vom 7. Januar 1873, HFA II/2, S. 109 ff. – *Ist das ein Künstler!*: [Anon.], *Dresden, 4. November 1842*, in: *Die Eisenbahn*. F-Bibliographie, Nr. 1548.; NFA, XIX, S. 34. – *so ziemlich am Schnürchen*: ebd., S. 28.

224 *Bildungsmöglichkeiten der Frauen*: vgl. Vehse, *Über die gesellige Stellung und die geistige Bildung der Frauen*, Dresden 1842. – *der Himmel wolle mich*: [Anon.], *Correspondenz.*

Dresden, den 20. November 1842, in: *Die Eisenbahn*. F-Bibliographie, Nr. 1552; NFA, XIX, S. 38. – *Emanzipationssucht*: ebd., S. 39. – *geschärften Ehescheidungsgesetze ... Rosenketten sind*: ebd., S. 39.

226 *Schon im Oktober*: ThF, *Von Zwanzig bis Dreißig*, HFA III/4, 291; GBA-Autobiogr. Werk, Bd. 3, S. 135. – *wie Quellen belegen*: vgl. F-Chronik, Eintrag vom * 14. August 1843.

227 *Büchelchen*: ThF, *Von Zwanzig bis Dreißig*, HFA III/4, S. 484; GBA-Autobiogr. Werk, Bd. 3, S. 369. – *Schließlich die kurze Anzeige*: ThF an Wilhelm Wolfsohn, 29. Februar 1844, HFA IV/1, S. 14; FWolf3, S. 19. – *Dispensir=Anstalt ... Dispensir=Anstalten*: vgl. Richthofen, *Die Medicinal-Einrichtungen des Königlich Preußischen Heeres*. – *Coblenz*: vgl. F-Chronik, Eintrag zum 1. Oktober 1843. – *Die Kaserne seines Bataillons*: Klünner, *Fontanes Berliner Wohnstätten*, S. 194.

228 *preußische Pickelhaube*: Clark, *Preußen*, S. 500 ff. – *im Rückblick nicht gut*: vgl. ThF, *Von Zwanzig bis Dreißig*, HFA III/4, S. 293; GBA-Autobiogr. Werk, Bd. 3, S. 140. – *Es krankt, seit des Gefreiten*: ThF, HFA I/6, S. 748 f.; GBA-Gedichte, Bd. 2, S. 356.

229 *einexerziert ... Wachen*: ThF, *Von Zwanzig bis Dreißig*, HFA III/4, S. 294; GBA-Autobiogr. Werk, Bd. 3, S. 140. – *Königswache*: ThF, *Erste Reise nach England* (1844), HFA III/3/II, S. 771. – *Schloßwache*: ThF, *Von Zwanzig bis Dreißig*, HFA III/4, S. 310; GBA-Autobiogr. Werk, Bd. 3, S. 160. – *Bitte, Freiwilliger ... als Kind jener Zeit*: ThF, *Von Zwanzig bis Dreißig*, HFA III/4, S. 296; GBA-Autobiogr. Werk, Bd. 3, S. 143 f. – *puella publica*: ebd., S. 280; ebd., S. 122 und Anm.

230 *Pulvermühlewache*: ebd., S. 310; ebd., S. 160. – *Verhaltensregeln*: vgl. GBA-Gedichte, Bd. 2, S. 582. – *in einem Eckhause ... Prinzessinnen-Palais hinzogen*: ThF, *Von Zwanzig bis Dreißig*, HFA III/4, S. 262; GBA-Autobiogr. Werk, Bd. 3, S. 100. – *Müller, ich muß Dir ... Gedicht darauf gemacht*: ebd., S. 263; ebd., S. 101. – *Er, transzendent*: zitiert nach Jolles, *F. Max Müller*; vgl. auch F-Chronik, Eintrag vom 27. April 1844. – *Theist*: ThF, *Die Reise nach England* (1844), HFA III/3/II, S. 798.

231 *Abends Fontane*: zitiert nach Jolles, *Max Müller*, S. 560; vgl. auch F-Chronik, Eintrag vom 3. Juli 1844. – *Abends blieb und schlief ich*: ebd.; vgl. auch F-Chronik, Eintrag vom 1. August 1844. – *Gast bei Bettina von Armin ... bei Fontane vorbeischaute*: vgl. Jolles, *Max Müller*, Tagebucheintrag von Sonntag, 12. Mai 1844, S. 559. – *Nach dem blieb ich [bei Fanny Hensel]*: zitiert nach Jolles, *Max Müller*, Tagebucheintrag von Sonntag, 12. Mai 1844, S. 559. – *als fingierter Kranker*: ebd.

232 *sehr fidel ... eben zurückgekommen war*: Max Müller an seine Mutter, 25. Oktober 1844 [Poststempel], zitiert nach Jolles, *Max Müller*, S. 560; vgl. auch F-Chronik, Eintrag vom * 24. Oktober 1844 – *ein recht guter Kerl*: ebd., S. 559. – *Mittag kam Fontane aus London*: Max Müller, Tagebucheintrag vom 11. Juni 1844, zitiert nach Jolles, *Max Müller*, S. 559. – *Die Handschrift ist überliefert*: vgl. ThF, *Die Reise nach England* (1844), Hs im Besitz der Staatsbibliothek zu Berlin – Preußischer Kulturbesitz. Erstmals veröffentlicht 1938 von Friedrich Fontane (Hrsg.) in: *Bilderbuch aus England*, S. 1–41 (Teildruck); erster vollständiger Abdruck 1963 in NFA XVII, S. 455–471, mit Anm.; vgl. auch HFA III/3/II, S. 771–816 u. Anm.; sowie Hans-Heinrich Reuter (Hrsg.), *Wanderungen durch England und Schottland*, Bd. 1, S. 50 ff.

233 *Lustfahrt nach London*: vgl. Muhs, *Massentourismus und Individualerlebnis*, S. 159. – *Die*

Fahrkosten samt Verpflegung: ebd., S. 159. – *Ich komme aus Letschin … meine Hand*: ThF, *Die Reise nach England 1844*, HFA III/3/II, S. 772.

234 *Köthen*: ebd., S. 774. – *Courier … sitzen bleiben*: ebd., S. 775 f. – *etwa hundert Personen*: vgl. Muhs, *Massentourismus und Individualerlebnis*, S. 167. – *Meine republikanische Gesinnung*: ThF, *Die Reise nach England 1844*, HFA III/3/II, S. 777. – *sonderbar … das City-Pflaster*: ebd., S. 780 f.; vgl. auch Neuhaus, *Fontane und der Tunnel unter der Themse*, S. 63–79.

235 *Aus dem Gesagten … nach England bereit bin*: ThF, *Die Reise nach England 1844*, HFA III/3/II, S. 811. – *Briefmappe*: ebd., S. 776. – *Brief an Euch*: ebd., S. 814.

236 *dritter Klasse … ist überaus bequem*: ebd. – *poussieren … Eine Liebschaft haben*: vgl. z. B. ThF an Friedrich Witte, 3. Januar 1851, HFA IV/1, S. 142 sowie *Duden – Das Herkunftswörterbuch*, Eintrag »poussieren«. – *ihr Mann habe … »Ochse!«*: ThF, *Die Reise nach England 1844*, HFA III/3/II, S. 815 f.

238 *absolute Gegenteil*: ThF, *Meine Kinderjahre*, HFA III/4, S. 82. – *König Otto von Griechenland*: ThF, *Die Reise nach England 1844*, HFA III/3/II, S. 815. – *ein prächtiger Kerl*: ebd., S. 772.

239 *so waren es jetzt 130*: vgl. Fritz Behrend, *Der Tunnel über der Spree. I.*, hier: *Statuten des Tunnels von 1828*, S. 118–120, *Statuten vom 8. April 1835*, S. 120–142. – *Die Tendenz des Vereins*: ebd., S. 121.

240 *Gartensaal des Hotel de Saxe*: ebd., S. 24. – *Café Belvedère*: ThF, *Von Zwanzig bis Dreißig*, HFA III/4, S. 321; GBA-Autobiogr. Werk, Bd. 3, S. 175. – *Der blinde König … Herweghianer*: vgl. F-Chronik, Eintrag vom Sonntag, 30. Juli 1843; sowie HFA I/6, S. 732 f.; GBA-Gedichte, Bd. 2, S. 279 f.

241 *als Mitglied aufnahm*: vgl. Machner, *Auf der Suche. Vom Apotheker zum Staatsdiener. Vom Tunnelianer zum freien Schriftsteller*, S. 43–52, besonders S. 43–48. – *Der Totengräber … ziemlich*: vgl. HFA I/6, S. 1251, nach F-Chronik, Eintrag vom 28. April 1844 erhielt F. sogar ein »schlecht«; s. *Der Totengräber*, HFA I/6, S. 744 f.; GBA-Gedichte, Bd. 2, S. 336 f. – *Unser Friede … sehr gut*: vgl. F-Chronik, Eintrag vom 31. März 1844; sowie HFA I/6, S. 740 f.; GBA-Gedichte, Bd. 1, S. 232 f. – *Assessoren, Professoren*: ThF, *Von Zwanzig bis Dreißig*, HFA III/4, S. 315; GBA-Autobiogr. Werk, Bd. 3, S. 168. – *Offiziere*: ebd., S. 316; ebd., S. 169. – *Dichter, Berufsschriftsteller*: ebd., S. 317; ebd., S. 170. – *Am 29. September 1844*: vgl. F-Chronik, Eintrag vom 29. September und 17. November 1844.

242 *ausführlichen Vereinsprotokollen*: vgl. Tunnel-Archiv. – *Hundert »Tunnel«-Protokolle*: vgl. AFA-Autobiogr. Schriften III/1, S. 179–344. – *eine Biografie*: vgl. ThF, *Christian Friedrich Scherenberg und das literarische Berlin von 1840 bis 1860* (Berlin: Hertz 1885); HFA III/1, S. 579–733.

243 *im großen Kapitel*: ThF, *Von Zwanzig bis Dreißig*, HFA III/4, S. 314–464; GBA-Autobiogr. Werk, Bd. 3, S. 165–343. – *Wenn's im Tower Nacht geworden … sehr gut!*: vgl. F-Chronik, Eintrag vom 15. Dezember 1844; HFA I/6, S. 157 f.; GBA-Gedichte, Bd. 1, S. 149 f., hier: statt »bebt« »weht« (vgl. Anm. zu S. 149 f.).

244 *2. Grünes Buch*: vgl. F-Chronik, Fußnote zum Eintrag von *1845*. – *eine Sammlung von über hundert Gedichten*: vgl. F-Chronik, Eintrag von 1845. – *Lungen- und Gehirn-Entzündung*: Eintrag im Kirchenbuch Badingen (Gestorbene und Begrabene, Nr. 2/1845),

Evangelisches Pfarramt Mildenberg, Zehdenick sowie Euhausen, *Fontane starb in Badingen*; u. Horlitz, *Über Fontanes jüngeren Bruder Rudolf*, S. 66. – *Domäne Badingen*: vgl. Lehmann, *Schloss Liebenberg*, S. 13 ff.

245 *Im Norden der Grafschaft Ruppin*: ThF, *Der Stechlin*, 1. Kapitel, HFA I/5, S. 7; GBA-Erz. Werk, Bd. 17, S. 5. – *Herr Rudolph F[o]ntane*: zitiert nach Euhausen, *Fontane starb in Badingen*. Quelle: Kirchenbuch Badingen (Gestorbene und Begrabene, Nr. 2/1845), Evangelisches Pfarramt Mildenberg, Zehdenick.

246 *erzählt im Kapitel*: vgl. ThF, *Der Stechlin*, 40.–46. Kapitel, HFA I/5, S. 354–388; GBA-Erz. Werk, Bd. 17, S. 421–462. – *Ich kenn einen Jäger*: ThF, *Ein Jäger*, HFA I/6, S. 312; GBA-Gedichte, Bd. 1, S. 12. – *sehr gut*: F-Chronik, Eintrag vom 12. Januar 1845. – *vom 1 Januar*: zitiert nach Möller, *Fontanes Zeugnisse*, S. 33.

247 *Liebes Lischen, weißt du was*: ThF, *Geburtstagscarmen für Lischen*, HFA I/6, S. 431; GBA-Gedichte, Bd. 3, S. 11.

248 *Versetzt nach Prima*: Abgangszeugnis von Friedrich Witte vom Rostocker Gymnasium vom 15. März 1845, AHR, Sign. 1.4.24. Nr. 1, zitiert nach Lauterbach, *Friedrich Witte*, S. 13, vgl. auch Hamann, *Dr. Friedrich Witte*, S. 8. – *Hirsch-Apotheke*: vgl. Bohl/Schröder, *Rostock. Ein verlorenes Stadtbild*, S. 21.

249 *Wettersee … Wenersee*: 19. Juni u. 19. Juli 1845, vgl. F-Bibliographie, Nr. 1560 u. 1561. – *Lorenzo di Medici*: vgl. F-Chronik, Eintrag vom 20. Oktober 1850. – *J. J. Engel*: vgl. F-Chronik, Eintrag vom 11. Januar 1852.

250 *in der Polnischen Apotheke*: vgl. Hamann, S. 8. – *bei Dr. med Carl Natorp*: vgl. Friedrich Wittes Gehilfenschein vom 1. Oktober 1848, AHR, Nachlass Witte, nach Lauterbach, *Friedrich Witte*, S. 14. – *seine Militärangelegenheiten*: Freilassungs-Schein vom Militär-District Güstrow für Friedrich Martin Witte, Apotheker, vom 9. Juli 1850, AHR, Nachlass Witte, nach Lauterbach, *Friedrich Witte*, S. 16. – *sein letztes Gehilfenjahr*: vgl. Friedrich Wittes Abgangszeugnis von Apotheker Dr. J. P. J. Mohnheim, Aachen, 29. September 1851, AHR, Nachlass Witte, nach Lauterbach, *Friedrich Witte*, S. 17. – *Magdeburgischen Refugiéfamilie … Esprit*: ThF, *Von Zwanzig bis Dreißig*, HFA III/4, S. 465; GBA-Autobiogr. Werk, Bd. 3, S. 347. – *ja, nun ist es wohl … verlobt*: ThF, *Von Zwanzig bis Dreißig*, HFA III/4, S. 467; GBA-Autobiogr. Werk, Bd. 3, S. 350.

251 *wie der alte Fontane … erzählt*: vgl. ebd., S. 474; ebd., S. 357 f. – *was daraus werden würde*: ebd., S. 474; ebd., S. 358.

252 *ein geheimnisvoller Moritz Erfurt*: vgl. Erler, *Das Herz bleibt immer jung*, S. 52. – *Rosenstock … von Lenau*: zitiert nach Erler, *Das Herz bleibt immer jung*, S. 34 und S. 47. – *Einladung einer gewissen Sophie Melgunow*: vgl. ThF an Wilhelm Wolfsohn, 15. November 1849, HFA IV/1, S. 97; FWolf3, S. 44. – *verrückten Ansichten*: ThF, *Die Reise nach England 1844*, HFA III/3/II, S. 772.

253 *das schmale Werk des englischen Arbeiterdichters*: vgl. F-Chronik, 1. Juli 1842, S. 54, sowie HFA I/6, S. 918 ff.; GBA-Gedichte, Bd. 2, S. 55 ff. – *Unterhaltungsroman von Catherine Grace Gore*: vgl. Nürnberger, *Fontanes Welt*, Kapitel *Abedegno der Pfandleiher*, S. 93–95. – *stille, konzentrierte Arbeit*: vgl. auch Bosse, *Dreimal Hamlet*.

254 *Es wird nirgends so viel übersetzt*: ThF, *Übersetzungskunst*, NFA 21/2, S. 464. – *volle Kenntnis der Sprache*: ebd., S. 464 f. – *Alle Dichternaturen*: ebd., S. 465. – *Strophen aus*

Lord Byrons Gesängen: vgl. GBA-Gedichte, Bd. 2, Gedichte aus dem Nachlass, »Tagebuch 25. Mai bis 10. Juni 1844« [1. Englandreise], S. 343 ff. – *Sommernachtstraum ... Manuskript verschollen*: vgl. Bosse, *Dreimal Hamlet*, S. 14 (ohne Quellenangabe). – *Das handschriftliche Manuskript seiner Hamlet-Übersetzung*: vgl. GBA-Gedichte, Bd. 3, S. 564 f. – *den »Hamlet« innerlich mitsprach*: vgl. [Anon.], *Dresden, den 4. November 1842*, NFA XIX, S. 28. – *Klarheit und lyrische Kraft*: vgl. auch Hermann Conrad in der Zeitschrift *Das literarische Echo*, Oktober 1899, nach GBA-Gedichte, Bd. 3, S. 564.

255 *Shakespeare ... Hamlet*: ThF, *Die Besten Bücher*, 1889, NFA XXI, 1, Nr. 19, S. 497. – *In erster Linie: Shakespeare*: ThF an James Morris, 16. April 1896, HFA IV/4, S. 554. – *Als ich [sonntags] um 4 Uhr*: ThF, *Sitzungsprotokolle und Jahresberichte des Tunnels über der Spree: XIX. [Jahrgang], 21. [Sitzung], Berlin, 3. Mai 1846*, AFA III/1, S. 182.

256 *lieber trug er ... seine Späne*: vgl. HFA I/6, S. 1252 ff. – *Die arme Else*: vgl. HFA I/6, S. 1252; sowie GBA-Gedichte, Bd. 1, S. 160 f. – *Beifall*: vgl. HFA I/6, S. 1251 ff., »Tunnel«-Lesungen: Chronologisches Verzeichnis der im »Tunnel über der Spree« vorgetragenen Balladen und Gedichte Fontanes, hier S. 1252. – *unter den Anwesenden*: vgl. F-Chronik, Eintrag vom 9. August 1846. – *An Seidlitz*: GBA-Gedichte, Bd. 2, S. 626 (Anm. zu S. 384). – *EUROPAS UNTERGANG*: GBA-Gedichte, Bd. 2, S. 384.

257 *An B. v. L. schildern*: GBA-Gedichte, Bd. 2, S. 626 (Anm. zu S. 384). – *gemeinsam Tenzonen ... schrieb*: vgl. FLep2, Bd. 2, S. 1335. – *hat mich weniger angesprochen*: Bernhard von Lepel an ThF, 7. Juni 1847, FLep2, Bd. 1, S. 53. – *Schloss Eger*: vgl. HFA I/6, S. 202 und Anm. sowie S. 1253 (»Tunnel«-Lesung vom 30. September 1849, »sehr gut«). – *Es ist das einzige*: ThF, *Von Zwanzig bis Dreißig*, HFA III/4, S. 528 f.; GBA-Autobiogr. Werk, Bd. 3, S. 425. – *Wie ist es mit Deinem Barbarossa?*: Bernhard von Lepel an ThF, 19. September 1848, FLep2, Bd. 1, S. 82. – *ihm contre coeur ging*: vgl. ThF an Friedrich Witte, 19. März 1851, HFA IV/1, S. 162. – *ein Barbarossa-Epos*: vgl. Grawe, *Warum Fontane kein Barbarossa-Epos schrieb*, S. 270–295, bes. bis S. 283. – *und da ich über die Anlage*: ThF an Bernhard von Lepel, 17. November 1848, HFA IV/1, S. 50; FLep2, Bd. 1, S. 97 f.

258 *die englische Revoloution*: ebd., S. 51; ebd., S. 98. – *Springstange*: ebd.; ebd. – *Bravo! ... zusammen arbeiteten*: Bernhard von Lepel an ThF, 20. November 1848, FLep2, Bd. 1, S. 103 – *Warum mußt Du denn*: ebd., S. 106. – *fünffüßig[e] Jamben*: ThF an Wilhelm Wolfsohn, 10. November 1847, HFA IV/1, S. 38; FWolf3, S. 30. – *vorbrüllen*: ThF an Bernhard von Lepel, 19. Juni 1849, FLep2, Bd. 1, S. 134. – *wie's wirkt*: ThF an Bernhard von Lepel, 5. Juli 1849, HFA IV/1, S. 72; FLep2, Bd. 1, S. 137. – *»Tunnel«-Sitzung*: vgl. F-Chronik, »Tunnel«-Sitzung vom 21. Oktober 1849. – *mal da mal dort ... nach meinem Sinne handeln würde*: ThF an Bernhard von Lepel, 16. August 1849, HFA IV/1, S. 81 f.; FLep2, Bd. 1, S. 155.

259 *Nur Orelli öffnete ... Epilepsie-Befallene*: ThF an Bernhard von Lepel, 24. Oktober 1849, HFA IV/1, S. 92; FLep2, Bd. 1, S. 169. – *Überliefert sind nur Entwürfe*: vgl. HFA I/6, S. 831–850; GBA-Gedichte, Bd. 3, S. 571 (Anm. zu »Karl Stuart«). – *Vollendung des Trauerspiels ... Antwort*: vgl. F-Chronik, Eintrag vom 14. April 1860 u. 22. Dezember 1869.

260 *Der letzte Liepewinkler*: vgl. HFA I/6, S. 851–858; GBA-Gedichte, Bd. 3, S. 399–406. – *Falstaff ... Feigling aus Instinkt*: ebd., S. 851; ebd., S. 399. – *Wohnung in der Zimmerstraße 2*: vgl. F-Chronik, Eintrag vom 19. Oktober 1849.

261 *Cüstriner Bücherfrau*: vgl. ThF an Wilhelm Wolfsohn, 10. November 1847, HFA IV/1, S. 36; FWolf3, S. 28. – *Vom Berliner Straßenexceß*: Bernhard von Lepel an ThF, 22./23. April 1847, FLep2, Bd. 1, S. 40. – *Mitte künft. Woche*: Bernhard von Lepel an ThF, 11. Mai 1847, FLep2, Bd. 1, S. 46. – *Was hat man nun*: Bernhard von Lepel an ThF, 23. September 1847, FLep2, Bd. 1, S. 68.

262 *Meine Aufgabe beim Niederschreiben*: ThF an Hermann Hauff, 18. Mai 1847, HFA IV/1, S. 34. – *Und Schill?*: vgl. ThF, Projekt eines historischen Romans über Ferdinand von Schill, 1854, GBA-Erz. Werk, *Vor dem Sturm*, Bd. 1, S. 390 (Entstehung).

263 *Vorstehenden ›alten Ziethen‹*: ThF an EF, Ende April 1847, GBA-FEF, Bd. 1, S. 5. – *Schandkneipe … Jünglingen*: ThF an Wilhelm Wolfsohn, 10. Januar 1848, HFA IV/1, S. 49; FWolf3, S. 33.

264 *las er nichts vor*: vgl. F-Chronik vom 22. November 1847 bis 2. Dezember 1847. – *liebenswürdigen Melgunoffs*: ThF an Wilhelm Wolfsohn, 10. November 1847, HFA IV/1, S. 39; FWolf3, S. 31. – *schöne Russin*: Bernhard von Lepel an ThF, vor dem 16. Februar 1849, FLep2, Bd. 1, S. 114. – *verärgerten Emilie … schwärmten*: EF an Wilhelm Wolfsohn, 14. April 1850, FWolf3, S. 60. – *die Anerkennung der Anwesenden*: zitiert nach FWolf2, S. 35 (VZ vom 12. Februar 1848). – *am Sonntag … vielleicht ein*: Bernhard von Lepel an ThF, 14. Februar 1848, FLep2, Bd. 1, S. 70. – *diese Wendung … Gewaltsamkeit*: zitiert nach Clark, *Preußen*, S. 537. Quelle: VZ (Extrablatt), 28. Februar 1848. – *Wer ein frisches Blatt*: zitiert nach Clark, *Preußen*, S. 536. Quelle: Karl August Varnhagen von Ense, *Darstellung des Jahres 1848* (geschrieben im Herbst 1848), S. 724.

265 *Demonstrationen in Mannheim … Hessen*: Clark, *Preußen*, S. 536 f. – *Tribüne*: Rasch, *Karl Gutzkow*, S. 239. Quelle: Rudolf von Gottschall (1902). – *Capitalisten und Wucherer*: zitiert nach Clark, *Preußen*, S. 537. – *40 000 scharfe Patronen*: Warnecke, *Barrikadenstandorte 1848*, S. 82.

266 *das Kaiser-Franz-Garde-Grenadier-Regiment Nr. 2*: vgl. Wolff, *Berliner Revolutions-Chronik*, S. 162 u. S. 181. – *Allgemeine Abwesenheit*: zitiert nach Wülfing, *Der Tunnel über der Spree im Revolutionsjahr 1848*, S. 49 (Tunnel-Protokoll vom 19. März 1848). – *die Menschen wie verstört … fieberhaften Erregung*: ThF, *Von Zwanzig bis Dreißig*, HFA III/4, S. 491 ff.; GBA-Autobiogr. Werk, Bd. 3, S. 380 ff.

267 *Kleinlaut zog ich mich*: ThF, *Von Zwanzig bis Dreißig*, HFA III/4, S. 494; GBA-Autobiogr. Werk, Bd. 3, S. 384. – *In dem hohen … Zimmer … zwei schwere Stunden … gegen acht Uhr*: ebd.; ebd., S. 386.

268 *auch wieder das Kaiser-Franz-Regiment*: vgl. Warnecke, *Barrikadenstandorte 1848*, S. 68. – *Auflehnungen, ich muß es wiederholen*: ThF, *Von Zwanzig bis Dreißig*, HFA III/4, S. 507; GBA-Autobiogr. Werk, Bd. 3, S. 398 f. – *Am Nachmittage [19. März] wurd' es ganz still*: ThF, *Von Zwanzig bis Dreißig*, HFA III/4, S. 508; GBA-Autobiogr. Werk, Bd. 3, S. 400.

269 *sonderbar, es sieht hier*: ebd., S. 509; ebd., S. 402. – *Puhlmanns … Ich weiß nicht …*: ebd., S. 510; ebd., S. 403.

270 *Trauerzug nach Friedrichshain*: vgl. auch *Friedhof der Märzgefallenen*. – *Aus den Händen*: zitiert nach FWolf2, S. 37; sowie ebd. Hinweis auf Wilhelm Wolfsohns Korrespondentenbericht nach Moskau vom 14. Februar 1849.

271 *Deutsche, Franzosen … verbrüdert*: zitiert nach Warnecke, *Barrikadenstandorte 1848*, S. 88. Quelle: Adolf Glasbrenner. – *die unedle Art und Weise … Standesvorurtheile*: Bernhard von Lepel an ThF, 1. Juni 1848, FLep2, Bd. 1, S. 79.

272 *kluge, hübsche Apothekersgattinnen*: vgl. Bernhard von Lepel an ThF, 5. Mai 1848, 1. Juni 1848, FLep2, Bd. 1, S. 74 f. – *das brave, treue Soldatenvolk*: Bernhard von Lepel an ThF, 20. April 1848, ebd., S. 73. – *Da du noch eine alte Anhänglichkeit*: Bernhard von Lepel an ThF, Schleswig, 1. Juni 1848, ebd., S. 79. – *auch auf der Barrikade*: Bernhard von Lepel an ThF, 20. April 1848, ebd., S. 73. – *verwundete … Richard Löwenstein*: Bernhard von Lepel an ThF, 5. Mai 1848, ebd., S. 77. – *fliegenden studentischen Corps*: FEgg, S. 13–19 (Einleitung), S. 451 (Vita). – *Satirezeitschrift Kladderadatsch*: vgl. Anzeige in der VZ vom 6. Mai 1848, S. 20. – *für die Vereinbarung der preußischen Staats=Verfassung*: VZ vom 5. Mai 1848, Nr. 104, Freitag, S. 1.

273 *Zur Urwahl zugelassen*: vgl. Fischer, *Fontanes »Achtzehnter März«*, S. 19 sowie Clark, *Preußen*, S. 547. – *Nur solche Männer*: Flugblatt, Berlin, 26. April 1848, *Ansprache an die Urwähler der Bezirke 74a, 74b, 74c vom 26. April 1848*, zlb-Sammlung 1848, Flugblätter.

274 *Apoth. Fontane … Rosenberg*: zitiert nach Wolff, *Berliner Revolutions-Chronik*, Bd. 2, 1852, S. 416; vgl. auch Fischer, *Fontanes »Achtzehnter März«*, S. 19. – *Voigt … Kosky*: zitiert nach Wolff, *Berliner Revolutions-Chronik*, Bd. 2, 1852, S. 414. – *Dir. Klöden*: zitiert nach ebd., S. 412 und 414. – *Kaufmann Fontane*: zitiert nach ebd., S. 412, vgl. auch Fischer, *Fontanes »Achzehnter März«*, S. 19. – *die preußische Nationalversammlung*: vgl. Fischer, *Fontanes »Achtzehnter März«*, S. 19; sowie Wolff, *Berliner Revolutions-Chronik*, Bd. 2, 1852, S. 412 (»Verzeichniß der Wahlmänner zur Wahl der Abgeordneten für die Vereinbarung der Preußischen Staatsverfassung«). – *Sämmtliche Wahlmänner der Stadt Berlin*: VZ vom 3. Mai 1848, S. 3. – *im Concertsaale des Schauspielhauses*: Wolff, *Berliner Revolutions-Chronik*, Bd. 2, 1852, S. 417.

275 *um neun Uhr in der Nikolaikirche*: vgl. VZ vom 9. Mai 1848, S. 1. – *Minister Camphausen … Professor Schmidt*: VZ vom 11. Mai 1848, S. 1. – *liberale und linksliberale Männer gewählt*: vgl. Clark, *Preußen*, S. 547. – *In den Zelten*: vgl. VZ vom 16. Mai 1848, S. 2.

276 *Liebe zum Volk*: ThF an Bernhard von Lepel, 22. November 1848, HFA IV/1, S. 58; FLep2, Bd. 1, S. 110. – *Dein Lepel könnte Dir die Studie sein*: zitiert nach Krueger, *Zu den Beziehungen zwischen Theodor Fontane und Fanny Lewald*, S. 617.

277 *vier Artikel unter seinem vollen Namen*: vgl. F-Bibliographie, Nr. 1573, Nr. 1575, Nr. 1576, Nr. 1578 sowie Berbig/Hartz, S. 20 ff. Die Aufsätze sind wiederabgedruckt in HFA III/1, S. 9–16. – *Opfer*: vgl. Th[eodor] Fontane, *Preußens Zukunft*, in: *Zeitungs=Halle* vom 31. August 1848, S. 2; HFA III/1, S. 10.

278 *Denk Dir dazu die Schwester Fontanes*: zitiert nach Krueger, *Zu den Beziehungen zwischen Theodor Fontane und Fanny Lewald*, S. 617. – *Ein Sonnenstrahl des Glücks*: ThF an Bernhard von Lepel, 17. September 1848, HFA IV/1, S. 41; FLep2, Bd. 1, S. 81.

279 *die öffentliche Ruhe*: zitiert nach FLep2, Bd. 2, Anm. (»der Wrangelsche Armeebefehl«) zum Brief von ThF an Bernhard von Lepel, 21. September 1848, S. 952. – *geradezu die Contre-Revoloution … sehr ernsthafte Seite*: ThF an Bernhard von Lepel, 21. September 1848, HFA IV/1, S. 42; FLep2, Bd. 1, S. 83. – *Geldverlegenheiten*: ebd. – *die Linke*: Bernhard von Lepel an ThF, 22. September 1848; FLep2, Bd. 1, S. 85. – *Wühler … Heide ge-*

worden: Bernhard von Lepel an ThF, 24. September 1848, ebd., S. 87. – *Gardemänner … Hofpartei*: ThF an Bernhard von Lepel, 24. September 1848, HFA IV/1, S. 43 f.; FLep2, Bd. 1, S. 88.

280 *wie ein Jurist*: ThF, *Von Zwanzig bis Dreißig*, HFA III/4, S. 504; GBA-Autobiogr. Werk, Bd. 3, S. 396.

281 *Die Wahlmänner im K. Schauspielhaus*: vgl. ThF, *Von Zwanzig bis Dreißig*, GBA-Autobiogr. Werk, Bd. 3, S. 511 (Überlieferung). – *Nachspiel … Geplauder*: ThF, *Von Zwanzig bis Dreißig*, HFA III/4, S. 514 ff.; GBA-Autobiogr. Werk, Bd. 3, S. 408 f.

282 *Die hiesige mir gehörige Apotheke*: VZ vom Dienstag, 18. Juli 1848, Nr. 164, 2. Beilage, S. 69. – *am Folgetag erschien:* VZ vom Mittwoch, 19. Juli 1848, Nr. 165, 2. Beilage, S. 57. – *Denke Dir: ›Enthüllungen N II‹ … Ueberraschungen nicht wären!*: ThF an Bernhard von Lepel, 1. März 1849, HFA IVI/1, S. 62 f.; FLep2, Bd. 1, S. 117 [zitiert nach dieser Ausgabe]. Zur »Besoffenheit« vgl. auch ThF an Bernhard von Lepel, 6. November 1851, HFA IV/1, S. 196; FLep2, Bd. 1, S. 306 f.

283 *Mein lieber Lepel … Dank zurück*: ThF an Bernhard von Lepel, 13. März 1849, HFA IV/1, S. 63; FLep2, Bd. 1, S. 119. – *Habe Dank für die … 3 Läppchen*: ThF an Bernhard von Lepel, 18. April 1849, HFA IV/1, S. 69; FLep2, Bd. 1, S. 127.

284 *Rechtsprechung*: vgl. Kocka, *Bürgertum*, Bd. 1, S. 452 ff. – *Ich habe seit 4 Wochen keine Zeile geschrieben*: ThF an Bernhard von Lepel, 7. April 1849, HFA IV/1, S. 66; FLep2, Bd. 1, S. 123. – *die Liebe eines Weibes*: ebd.; ebd. – *fürs liebe Geld … ein wenig umthun*: ebd., S. 66 f.; ebd. S. 123 f.

285 *Barrikadenkämpfer zu verfolgen*: vgl. *Der Dresdner Maiaufstand von 1848/49*. – *Es scheint mein Schicksal*: [Anon.], *Reisebriefe vom Kriegsschauplatz. I. Dresden*, in: Berliner Fremden- und Anzeigenblatt, Nr. 299, 19. September 1866 (F-Bibliographie, Nr. 2875); wiederabgedruckt in F-Reisebriefe, S. 7.

286 *In spätestens 8 Wochen*: ThF an Bernhard von Lepel, 14. Mai 1849, HFA IV/1, S. 70; FLep2, Bd. 1, S. 130, sowie Bernhard von Lepel an ThF, 17. Mai 1849, ebd., S. 131 ff. – *Papa … mit ins Complott*: ThF an Bernhard von Lepel, [8. Juli 1849], HFA IV/1, S. 73; FLep2, Bd. 1, S. 138. – *Ja, meine lieber Lepel … Esel*: ThF an Bernhard von Lepel, Bethanien, 17. Juli 1849, HFA IV/1, S. 79; FLep2, Bd. 1, S. 148. – *Was die Schüppel'sche Geschichte betrifft*: Bernhard von Lepel an ThF, 3. August 1849, FLep2, Bd. 1, S. 151. – *Geschäftsführer einer Apotheke*: ThF an Bernhard von Lepel, 5. Oktober 1849, HFA IV/1, S. 85; FLep2, Bd. 1, S. 163. – *bei reiflicher Überlegung … für den Dichter*: zitiert nach Krueger, *Zu den Beziehungen zwischen Theodor Fontane und Fanny Lewald*, S. 619.

287 *Und es könnte alles anders sein!*: ThF an Bernhard von Lepel, Berlin, 5. Oktober 1849, HFA IV/1, S. 86; FLep2, Bd. 1, S. 164.

288 *Eisenbahn*: ThF an Wilhelm Wolfsohn, 10. November 1849, HFA IV/1, S. 95; FWolf3, S. 37. – *Eisenbahnschaffner*: vgl. *Berliner Adressbuch*-Eintrag von 1849, Louisenstraße 12. – *dringend*: vgl. ThF an Bernhard von Lepel, 11. Februar 1850, HFA IV/1, S. 111; FLep2, Bd. 1, S. 189.

289 *Einladung mit einem Pump*: ThF an Bernhard von Lepel, Bethanien, 19. Juni 1849, FLep2, Bd. 1, S. 133.

291 *Ich muß ihr Erscheinen abwarten*: ThF an Wilhelm Wolfsohn, Berlin, 15. Dezember

1849, HFA IV/1, S. 101; FWolf3, S. 55 [hier die Angabe: o. D., [Poststempel: Berlin 17.12. (1849)].

292 *bereits die persönliche Bekanntschaft*: Bernhard von Lepel an ThF, 3. Januar 1850, FLep2, Bd. 1, S. 174. – *Du ziehst dann in meine Nähe*: ThF an Wilhelm Wolfsohn, 9. Januar 1850, HFA IV/1, S. 103; FWolf3, S. 57. – *M. Katz grüße freundlichst*: ThF an Wilhelm Wolfsohn, Berlin, 12. Januar 1850, HFA IV/1, S. 104; FWolf3, S. 58. – *Gedichte von »Fontane«*: vgl. ThF an Bernhard von Lepel, 5. Oktober 1848, HFA IV/1, S. 86; FLep2, S. 164.

293 *Das Liebste wäre mir*: ThF an Bernhard von Lepel, 15. Januar 1850, HFA IV/1, S. 109 f.; FLep2, S. 185. – *Leider geht es ihm nicht gut … wie ein unnützes Möbel*: EF an Wilhelm Wolfsohn, 14. April 1850, FWolf3, S. 288. – *Briefentwürfe*: vgl. F-Chronik, Eintrag vom 18. April 1850. – *Das kleine Epos … psychologisch richtig*: ThF an Gustav Schwab, 18. April 1850 – abgeschickt nach dem 30. April, HFA IV/1, S. 114 ff.

295 *Ein Ball in Paris*: ThF, *Ein Ball in Paris*, HFA I/6, S. 257 ff.; GBA-Gedichte, Bd. 1, S. 233 ff. – *Zögern vor mir selbst … Nöhl*: ThF an Gustav Schwab, 18. April 1850 – abgeschickt nach dem 30. April, HFA IV/1, S. 118; vgl. zudem Grimms Wörterbuch, Eintrag »nöhlen, nölen«: zaudern, zögern, Zeit vertrödeln.

296 *Küterbütern … Gewöhnliches*: ThF an Bernhard von Lepel, 28. Juli 1850, FLep2, Bd. 1, S. 215. – *nach Kiel dampfen … Altona mit mir*: ThF an Bernhard von Lepel, 1. August 1850, HFA IV/1, S. 128; FLep2, Bd. 1, S. 215. – *literärischen Kabinet*: ThF an Bernhard von Lepel, 4. August 1850, HFA IV/1, S. 130; FLep2, Bd. 1, S. 216.

297 *unter Ausschluß eines einzigen*: ThF, *Von Zwanzig bis Dreißig*, HFA III/4, S. 536; GBA-Autobiogr. Werk, Bd. 3, S. 436. – *Wenn man in einem dicken Buche*: ebd., S. 536 f; ebd., S. 436. – *eitel und pfiffig … als meine eigne*: ebd., S. 537; ebd., S. 437.

298 *im Hafen … stürmischer See*: ebd., S. 539; ebd., S. 439. – *Berliner Kaufmann G. Wagner*: vgl. ThF, *Von Zwanzig bis Dreißig*, GBA-Autobiogr. Werk, Bd. 3, S. 862 (Anm. zu S. 436). – *aus dem »Tunnel« austreten wollte*: vgl. Bernhard von Lepel an ThF, 29. Dezember 1857, FLep2, Bd. 1, S. 484. – *Daß Fugger 'raus ist*: ThF an Bernhard von Lepel, 4. März 1858, HFA IV/1, S. 617; FLep2, Bd. 1, S. 491 f. [zitiert nach dieser Ausgabe]. – *durch einige besänftigende Worte … schaden können*: Bernhard von Lepel an ThF, 8. März 1858, FLep2, Bd. 1, S. 498 f. – *in der Briefhandschrift*: vgl. FLep2, Bd. 2, Entstehungsvarianten zu S. 491 (Bd. 1), Zeile 39 u. 40.

299 *Wer aber war G. Wagner*: vgl. Rössig, *Juden und andere Tunnelianer*, S. 158. – *zeitweilig Bibliothekar*: vgl. Tunnel-Archiv, Stichwort »Wagner, G.«. – *Fugger … auf den eisernen Fonds fluchen*: zitiert nach Rössig, *Juden und andere Tunnelianer*, S. 197. Quelle: Tunnelprotokoll, Sitzung vom 2. April 1843. – *jüdischer Herkunft*: vgl. Rössig, *Juden und andere Tunnelianer*, S. 124 ff. – *Trennung, eventuell Ehescheidung*: vgl. ThF, *Meine Kinderjahre*, HFA III/4, S. 122 f.; AFA-Autobiogr. Schriften I, S. 128.

300 *sehr hübsch … Wohnung … nicht minder*: ThF an die Mutter Emilie Fontane geb. Labry, 20. September 1850, HFA IV/1, S. 131. – *Fontane, Apotheker=Ww.*: vgl. Eintrag im *Berliner Adressbuch*, 1851 bis 1854. – *in der Königgrätzer Straße*: ThF, *Effi Briest*, 32. Kapitel, HFA I/4, S. 258; GBA-Erz. Werk, Bd. 15, S. 306.

302 *mit der erweiterten Teilnahme*: Otto von Manteuffel an Gustav Adolf Rochus von Rochow, 3. Juli 1851, zitiert nach Clark, *Preußen*, S. 582.

303 *Deutsche Reform*: vgl. Berbig/Hartz, S. 40. – *mit Vorsicht … Reactionair vom reinsten Wasser*: ThF an Bernhard von Lepel, 8. April 1850, HFA IV/1, S. 113; FLep2, Bd. 1, S. 193.

304 *Die Zeit zum Beispiel*: vgl. Berbig/Hartz, S. 54. – *ihre Nachfolgezeitung*: ebd., S. 57. – *Die Preußische [Adler-] Zeitung*: ebd., S. 46. – *Vor allen wünsch' ich Dir*: Briefzitat im Brief von ThF an Bernhard von Lepel, Berlin, 7. Januar 1851 (Brief vom 28. Dezember 1850/ Datum erschlossen); HFA IV/1, S. 144; FLep2, Bd. 1, S. 227 [zitiert nach dieser Ausgabe]. – *zu Gunsten armer Poeten*: ThF an Friedrich Wilhelm IV., König von Preußen, 13. März 1851, HFA IV/1, S. 154.

305 *bei einem Thomas Solly*: vgl. F-Chronik, Eintrag von Herbst 1851. – *Ich habe mich heut der Reaction … verkauft*: ThF an Bernhard von Lepel, 31. Oktober 1851, HFA IV/1, S. 194 (datiert: [30. Oktober 1851]); FLep2, Bd. 1, S. 302 (datiert: [31. Oktober 1851], zitiert wird nach dieser Ausgabe); vgl. auch die Anm., Bd. 2, S. 1079, zu ThFs Gedicht *An Otto von Manteuffel. Zum 8. November 1851* u. seine Wiederentdeckung durch Rudolf Muhs, »*Die Lilie der Legende*«, S. 73 f. – *Ich kann Dir auf Wort versichern*: ThF an Bernhard von Lepel, Berlin, 3. November 1851, HFA IV/1, S. 195; FLep2, Bd. 1, S. 302. – *dreißig Silberlinge*: vgl. Matthäus, 14–16. – *Schreibtafel her*: vgl. ThF, *Hamlet-Übersetzung*, GBA-Gedichte, Bd. 3, S. 306. – *Weil es anonym erschien*: vgl. Muhs, »*Die Lilie der Legende*«, S. 73 f.; sowie F-Bibliographie, Nr. 8114.

306 *der schlecht und gut drauf los handelt … gespielt*: ThF an Bernhard von Lepel, 6. November 1851, HFA IV/1, S. 196; FLep2, Bd. 1, S. 307. – *Manteuffel … mit dem guten König Heinrich … verglichen*: vgl. auch Muhs, »*Die Lilie der Legende*«, S. 71 – *Dem König Heinrich*: ThF, *[Ohne Titel; Huldigungsgedicht für Otto von Manteuffel]*, Abdruck bei Muhs, »*Die Lilie der Legende*«, S. 73 f., hier S. 74. – *Danziger Dampfboot*: vgl. F-Bibliographie, Nr. 1664 u. a. – *Londoner Berichterstatter … Correspondent*: ThF an Ryno Quehl, 18. Februar 1852, HFA IV/1, S. 203 f. – *nicht abgeneigt … nachfolgen kann*: Ryno Quehl an ThF, 22. Februar 1852 [Entwurf], GStA PK, I. HA. Rep. 77 A, Nr. 45, Bl. 11; vgl. auch F-Chronik, Eintrag vom 22. Februar 1852.

307 *Die Bedingungen*: ThF an Ryno Quehl, 23. Februar 1852, HFA IV/1, S. 204. – *Perle in dem Schutt der Feuilletons*: Henriette von Merckel an EF, Berlin [etwa August 1852], FMer, Bd. 1, S. 4. – *Aussicht auf und über den Square*: GBA-Tagebücher, Bd. 1, Eintrag vom 1. Juni 1852, S. 23. – *3 Treppen hoch … 1 Rthr. 5 Sgr*: GBA-Tagebücher, Bd. 1, Eintrag vom 26. Mai 1852, S. 18 f.

308 *A LITERARY GENTLEMAN*: ThF, *Inserat*; das Inserat war dem Brief an EF vom 1. Juli 1852 beigegeben, vgl. GBA-FEF, Bd. 1, S. 95. – *viele Deutsche in London*: vgl. Kirchberger, *Aspekte deutsch-britischer Expansion*, S. 40. – *Reisezuschuss … nicht ausreichte*: vgl. F-Chronik, Eintrag vom 4. April 1852. – *M[ister] Theodore Fontane … in this country*: ThF, *Inserat*, 1, Tavistock Square, London, August, 1852; wiederabgedruckt in: GBA-FEF, Bd. 1, S. 129.

309 *Erwerbsquellen*: ThF an den Vater Louis Henri Fontane (mit dem Londoner Tagebuch für diesen), 1. Juli 1852, GBA-Tagebücher, Bd. 1, S. 3 f. – *ein ganz raffinirter Geschäftsmann*: ThF an EF [6. August 1852], HFA IV/1, S. 293; GBA-FEF, Bd. 1, S. 115. – *Londoner Tagebuch*: ThF, *[Tagebuch für den Vater Louis Henri Fontane]*, 15. April bis 30. Juni 1852, GBA-Tagebücher, Bd. 1, S. 5–39. – *Briefwechsel mit Emilie*: ThF-EF-Ehebriefwechsel,

6. April bis 21. September 1852, GBA-FEF, Bd. 1, S. 13–152. – *Vater, Mutter, Lepel, Max und Witte*: ThF an EF, 14. Juni 1852, HFA IV/1, S. 266; GBA-FEF, Bd. 1, S. 65. – *Rudolph*: vgl. Eintrag von ThF in der Familienbibel: Geburt von Rudolph am 31. August 1852, DLA; F-Chronik, Eintrag vom 31. August 1852; sowie EF an ThF, 16. September 1852, GBA-FEF, Bd. 1, S. 149. – *Abend und Nachtdienst*: ThF an Immanuel Hegel, 28. Oktober 1853, HFA IV/4, S. 366. – *Deutsche Allgemeine Zeitung*: vgl. Berbig/Hartz, S. 28–30.

310 *nenne aber nicht*: ThF an Wilhelm Wolfsohn, 22. November 1850, HFA IV/1, S. 138; FWolf3, S. 68. – *zahlte Brockhaus das Honorar*: vgl. Schultze, *Theodor Fontane: Unveröffentlichte Briefe an den Verlag Brockhaus*, S. 457 ff.; sowie Berbig/Hartz, S. 28–30. – *tüchtige kritische Talente … erleichtern wolltet*: Friedrich Zarncke an Friedrich Eggers, 28. September 1852, zitiert nach Berbig/Hartz, S. 131. – *»[Schlimmer] …steht es mit Fontane*: ebd. – *Lenau-Lesungen seines Freundes Lepel*: vgl. FLep2, Bd 2, S. 1121 [Abdruck der Kurzkritik vom 22. März 1853], Anm. zu ThF an Bernhard von Lepel, 20. März 1853; F-Bibliographie, Nr. 1828. – *für das Werk … Theodor Storm*: vgl. FSt3, S. 156–163 [Abdruck der Kritik]; F-Bibliographie, Nr. 1853.

311 *Rütli … Ellora-Feste*: vgl. Berbig/Hartz, S. 423; sowie F-Chronik, Eintrag vom November 1852 u. 9. Dezember 1852.

312 *Herr Fontane … unentbehrlich*: Attest von Dr. Friedrich Robert Wilms, Krankenhaus Bethanien, 3. Juni 1853, GStA PK, I. HA. Rep. 77 A, Nr. 45, Bl. 18 [bisher unveröffentlicht]; vgl. auch F-Chronik, Eintrag vom 5. Juni 1853, vgl. zudem ThF an Ryno Quehl, 5. Juni 1853, GStA PK, I. HA. Rep. 77 A, Nr. 45, Bl. 17 [bisher unveröffentlicht]. – *selbst Gottfried Keller*: vgl. Wysling, *Gottfried Keller*, S. 181. Keller lebte von April 1850 bis November 1855 in Berlin, Mohrenstrasse 6 und 58 bzw. Bauhof 2. – *Fontane liegt schwer krank*: Gottfried Keller an Christian Schad, 29. Juni 1853, zitiert nach F-Chronik, Eintrag vom 29. Juni 1853. – *Fontane erneut Vater*: vgl. F-Chronik, Eintrag vom 14. Oktober 1853.

313 *Alltagslitteraten*: Wilhelm von Merckel an Otto von Manteuffel, 26. Oktober 1853, zitiert nach FMer, Bd. 2, S. 267–269, hier S. 268. – *eine Cabinetsordre … betrachtet hätte*: ThF an Immanuel Hegel, 8. Oktober 1853, HFA IV/1, S. 366 ff.

314 *Fontane bewarb sich*: vgl. ThF an die Königliche Centralstelle für Preßangelegenheiten, 7. Dezember 1853, HFA IV/1, S. 371.

315 *er könne bleiben*: Immanuel Hegel an ThF, 16. Dezember 1853, vgl. F-Chronik, Eintrag vom 16. Dezember 1853. – *Herr Theodor Fontane leidet*: Attest von Dr. Johann Heinrich Albert Koblanck vom 9. Juni 1854, GStA PK Sign. I. HA Rep. 77 A, Nr. 45, Bl. 35 [bisher unveröffentlicht]; vgl. F-Chronik, Eintrag vom 9. Juni 1854. – *wo mir die Bäume ins Fenster wachsen … Vogelgezwitscher*: ThF an Paul Heyse, 18. Juni 1854, HFA IV/1, S. 383. – *Theodor Mommsen geht*: ThF an Theodor Storm, 20. Juni 1854, FSt3, S. 80, vgl. dort die Transkription nach h (Abschrift) im TFA und die Hinweise auf leichte Textverluste, die in der Ausgabe nach editorischen Prinzipien ergänzt wurden.

316 *um einem Rufe*: zitiert nach FSt3, S. 341 (Anm. zum Brief vom 20. Juni 1853). – *Anfangs wollt ich fast verzagen*: Heinrich Heine, *Buch der Lieder: Junge Leiden*, Abschnitt *Lieder*, Nr. 8 (1826), vertont von Robert Schumann, *Liederkreis*, op. 24, Nr. 8 (1840). – *Argo … Katz in Dessau*: vgl. F-Chronik, Eintrag vom Juni 1854 und Sommer 1854; sowie Möller, *Die erste Ausfahrt der Argo*, S. 34–57.

317 *Ich hab' es getragen sieben Jahr*: ThF, *Der Verbannte*, d. i. *Archibald Douglas*, im »Tunnel« vorgelesen am 3. Dezember 1854, HFA I/6, S. 9 ff.; GBA-Gedichte, Bd. 1, S. 110 ff. – *notierte Fontane am 16. Dezember 1854*: vgl. GBA-Tagebücher, Bd. 1, S. 366; sowie Exzerpte für die Jahre 1854–1855, S. 357–362. – ThFs Tagebuch von 1854, bis zum Zweiten Weltkrieg im Besitz des TFA, ist verschollen, es existieren jedoch Exzerpte. – *die englischen Blätter zu lesen*: vgl. Muhs, *Fontanes »Englische Berichte« 1854/1855*, S. 121. – *Für Dr. Metzel Artikel*: GBA-Tagebücher, Bd. 1, Tagebucheintrag vom 20. Mai 1855 (Exzerpt), S. 360.

318 *Die Frage, ob Preußen*: [*Preußen und die Krimkrise. – Österreichs Antrag auf Mobilmachung beim Bundestag*], in: *Westfälische Zeitung*, 24. Januar 1855, zitiert nach Kopie im TFA; vgl. F-Bibliographie, Nr. 1922. – *gegen die innerdeutsche … Presse*: vgl. F-Bibliographie, Korrespondenzen für die *Westfälische Zeitung* zwischen 21. Januar und 25. August 1855. – *Siebenmonatskind*: ThF an Theodor Storm, 16. Juni 1855, HFA IV/1, S. 404.; FSt3, S. 100. – *In Reinschrift 151 Blatt*: vgl. GStA PK, I. HA, Rep. 77, Tit. 627, Nr. 5. – *an den Innenminister Ferdinand von Westphalen*: vgl. Muhs, *Fontanes »Englische Berichte« 1854/1855*, S. 121 f.

319 *Max Schlesinger*: vgl. weiterführend: Muhs, *Max Schlesinger und Jakob Kaufmann*, S. 292–326. – *die englische Übersetzung erschienen*: Max Schlesinger, *Saunterings in and about London*, Edition by Otto Wenckstern, London 1853. – *freigesprochen*: vgl. Muhs, *Max Schlesinger und Jakob Kaufmann*, S. 304 ff.

320 *Dr. Julius Faucher*: vgl. Victor Böhmert, *Julius Faucher*, in: *Illustrirte Zeitung* vom 20. Juli 1878, Nr. 1829, S. 60 (Nachruf); sowie ThFs Charakterisierung seines Freundes in *Von Zwanzig bis Dreißig*, HFA II/4, S. 206 ff.; GBA-Autobiogr. Werk, Bd. 3, S. 31 ff. – *einen geeigneten Mann zu finden*: vgl. Jolles, *Fontane und die Politik*, S. 100; sowie F-Lexikon, Eintrag »Julius Faucher«, S. 134; u. weiterführend Thunecke, *»Von dem, was er sozialpolitisch war, habe ich keinen Schimmer«*, S. 340–369. – *Lothar Bucher*: vgl. F-Lexikon, Eintrag »Lothar Bucher«, S. 77 f.; u. weiterführend Gebauer, *»Welch ein Schauspiel! Aber ach! ein Schauspiel nur«!*, S. 273–291. – *für das allgemeine Stimm- und Wahlrecht*: vgl. Gebauer, *»Welch ein Schauspiel! Aber ach! ein Schauspiel nur«!*, S. 281 u. 289. – *angeschafft*: GBA-Tagebücher, Bd. 1, Eintrag vom 20. Februar 1855 (Exzerpt), S. 359.

321 *Ihr auf dem Festlande*: zitiert nach Jolles, *Fontane und die Politik*, S. 105. Quelle: Instruktion Metzels vom 5. September 1855. – *Als der geeignetste*: zitiert nach ebd., S. 102. Quelle: Akten des Staatsministeriums, »Centralstelle für Preßangelegenheiten«, Vol. I. Ausw. Presse, Nr. 28. – *300 Rthr … d. 29. August 55*: ThFs Quittierung, GStA PK Sign. I. HA Rep. 77 A, Literarisches Büro, Nr. 147, Bl. 32. – *Namentlich wird … manifestiren*: Ludwig Metzel an ThF, 5. September 1855, GStA PK Sign. I. HA Rep. 77 A, Literarisches Büro, Nr. 45, Bl. 39–43; vgl. F-Chronik, Eintrag vom 5. September 1855.

322 *Ueber Preußen nichts*: Geheimes Staatsarchiv Preußischer Kulturbesitz, 1. HA, Rep. 77 Ministerium des Innern, Tit. 627, Nr. 5, II. Abtheilung, Acta betr. den aus der Zentral-Stelle für PreßAngelegenheiten im StaatsMinisterium von Zeit zu Zeit hier eingegangenen Nachrichten über die Haltung der englischen Zeitungen, Berichtsperiode 5. bis 12. August 1855, Doppelblatt 149–151, hier 151 Verso. – *1500 Taler bewilligt*: vgl. F-Chronik, Eintrag vom 19. Oktober 1855. – *Ich kann es nicht bedauern*: ThF an Ludwig

Metzel, 17. Oktober 1855, zitiert nach F-Chronik, Eintrag vom 17. Oktober 1855. Quelle: GStA PK Sign. I. HA Rep. 77 A Literarisches Büro, Nr. 147, Bl. 85 f.

323 *Trutz-Bucher … zu diesem Studium*: ThF an Ludwig Metzel, 15. Oktober 1855, HFA IV/1, S. 434 ff. – *das Vorhaben … nicht so schnell auf*: vgl. Jolles, *Fontane und die Politik*, Kapitel *Die deutsch-englische Correspondenz*, S. 104–114, sowie Briefwechsel zwischen Ludwig Metzel und ThF vom 11. September 1855 bis 31. Mai 1856, ebd., S. 195–228.

324 *General Post Office*: vgl. ThF an Ludwig Metzel, 29. Oktober 1855, HFA IV/1, S. 442. – *Probekorrespondenz*: vgl. Jolles, *Fontane und die Politik*, S. 176 (Anm. 166); sowie GBA-Tagebücher, Bd. 1, S. 407 f.; zudem Muhs, *Max Schlesinger und Jakob Kaufmann*, S. 305. – *mit über 2000 Talern*: vgl. ThF an EF, 27. Oktober 1855, GBA-FEF, Bd. 1, S. 196. – *in die private finanzielle Verantwortung*: vgl. auch Jolles, *Fontane und die Politik*, S. 106. – *Die in London von den Herren Fontane*: zitiert nach F-Chronik, Eintrag vom 15. September 1855. – *es war unmöglich! … ein Esel*: ThF an Ludwig Metzel, 23. Oktober 1855, HFA IV/1, S. 439. – *Jakob Kauffmann zum Beispiel*: vgl. Muhs, *Max Schlesinger und Jakob Kaufmann*, S. 293 ff.

325 *Sehr geehrter Herr Doctor … die Sache beseitigen*: ThF an Ludwig Metzel, 11. Dezember 1855, HFA IV/1, S. 460 ff.

327 *Die Times hat eine telegraphische Depesche*: GBA-Tagbücher, Bd. 1, S. 93; vgl. zudem Henriette von Merckel an EF, 14. März 1856, FMer, Bd. 1, S. 58 ff.

328 *Einer der bürgerlichen … Räte*: ThF, *Irrungen, Wirrungen*, 14. Kapitel, HFA I/ 2, S. 405. – *Und was habe ich speziell*: ebd. – *Allabendlich wie Sol … kein Sterbenswort zu hören*: ThF an Ludwig Metzel, 29. Oktober 1855, HFA IV/1, S. 442 f.

329 *Emilie, Lischen, George*: GBA-Tagbücher, Bd. 1, Eintrag vom 25. Januar 1856, S. 80. – *Frühstück en famille … zugegen*: ebd., Eintrag vom 26. Januar 1856, S. 80. – *durch Oxford-Street*: ebd., Eintrag vom 30. Januar 1856, S. 81.

330 *Mäusejagd*: ebd., Eintrag vom 11. Februar 1856, S. 83. – *Katharine's Wharf … schlafen gelegt*: ebd., Eintrag vom 18. Mai 1856, S. 120.

331 *Du miethest sofort … von Dir selber abhängig machen*: ThF an EF, 5. Juni 1856, GBA-FEF, Bd. 1, S. 303. – *eine reizend[e] Mansarden-Wohnung … 96 [Taler]*: EF an ThF, 29. Juni 1856, GBA-FEF, Bd. 1, S. 322. – *Ich wünsche recht sehr*: ThF an EF, 5. Juli 1856, HFA IV/1, S. 512; GBA-FEF, Bd. 1, S. 330 (zitiert nach dieser Ausgabe).

332 *Ich kann diesmal Wein wie Wasser … halb geschenkt*: EF an ThF, 7. Juli 1856, GBA-FEF, Bd. 1, S. 333 ff. – *Meine Mutter weint*: ThF an Bernhard von Lepel, 15. Januar 1850, HFA IV/1, S. 109; FLep2, Bd. 1, S. 185. – *ein anständiges Jahresgehalt*: vgl. ThF an EF, 19. Juli 1856, HFA IV/1, S. 516; GBA-FEF, Bd. 1, S. 347. – *bei Hamscher in Küstrin*: GBA-Tagebücher, Bd. 1, Eintrag vom 28. Februar 1856, S. 86.

333 *Albert Graf von Bernstorff*: vgl. ThF (71.) über Graf von Bernstorff, in: Lorck, *Männer der Zeit*, Sp. 199–202. 1862; F-Bibliographie, Nr. 4429.

334 *en famille*: GBA-Tagebücher, Bd. 1, Eintrag vom 7. Februar 1856, S. 82. – *Zaungast*: ThF an MF, 4. August 1883, HFA IV/3, S. 277; FMF, S. 261. – *Die nur schmale Front … die Schönheit*: VZ vom 22. Mai 1856, Nr. 117, zitiert nach GBA-Tagebücher, Bd. 1, S. 447 f. (Anmerk. zum Eintrag vom 19. Mai 1856); in F-Bibliographie nicht verzeichnet, dort unter Nr. 1975 hingegen der mit * gezeichnete Artikel *Diner im Preußischen Gesandt-*

schaftshotel unter demselben Datum in der *Kreuzzeitung* mit der Bemerkung »Fontanes Verfasserschaft ist unsicher«.

335 *London, 8. Mai:* Notiz unter Sigle in NPZ, Nr. 109, 11. Mai 1856; F-Bibliographie, Nr. 1974. – *Daran, daß ich anfange*: ThF an EF, 2. August 1856, HFA IV/1, S. 519; GBA-FEF, Bd. 1, S. 373. – *bestandpunktet*: GBA-Tagebücher, Bd. 1, Eintrag vom 5. November 1856, S. 193.

336 *Wenn Sie gelegentlich*: zitiert nach F-Chronik, Eintrag vom 8. Juli 1856. – *zu viel Vertraulichkeiten … die Dinge schildern*: Ludwig Metzel an ThF, 8. Juli 1856, zitiert nach F-Chronik, Eintrag vom 8. Juli 1856. – *um 65 Taler*: vgl. F-Chronik, Eintrag vom * 7. Juli 1856*. – *gegenüber der Post*: Ludwig Metzel an ThF, 31. Mai 1856, zitiert nach F-Chronik, Eintrag vom 31. Mai 1856.

337 *Max Müller seine Einladung*: vgl. GBA-Tagebücher, Bd. 1, Eintrag vom 15. Juli 1856, S. 141. – *zum ersten Mal bei Simpson*: GBA-Tagebücher, Bd. 1, Eintrag vom 9. Oktober 1855, S. 54. – *einen Ausflug nach Oxford*: ebd., Eintrag vom 7. August 1856, S. 153. – *Um 2 Uhr nach Oxford*: ebd., Eintrag vom 10. August 1856, S. 154.

338 *Adelheid Müller geb. von Basedow*: vgl. ThF an EF, 9. August 1856, GBA-FEF, Bd. 1, S. 376. – *Geburtstagsgedicht für George*: vgl. GBA-Tagebücher, Bd. 1, Eintrag vom 11. August 1856, S. 155 f. – *Dinner … Abendspatziergang*: ebd., S. 155.

339 *Ruine, Epheu*: ebd., Eintrag vom 12. August 1856, S. 158. – *Poeten-Kirche … Holborn Hill*: vgl. ThF, *Rede am Shakespeare-Fest*, Rede für den »Tunnel« am 19. April 1864, HFA III/I, S. 195–204, hier S. 198. Das Manuskript (43 Blätter, einseitig beschrieben) ist im Besitz der Staatsbibliothek zu Berlin. – *Diese Unterschrift*: ebd., S. 199.

340 *hübsche, alte Stadt*: GBA-Tagebücher, Bd. 1, Eintrag vom 13. August 1856 (von EFs Hand), S. 158. – *nach seinen Notizen oder … Diktat*: vgl. die Ausführungen »Zu dieser Ausgabe«, GBA-Tagebücher, Bd. 1, S. 367 f. – *Stratford upon Avon*: GBA-Tagebücher, Bd. 1, Eintrag vom 13. August 1856, S. 159.

341 *erreichte um Mitternacht seine … Wohnung*: vgl. ThF an EF, 14. August 1856, HFA IV/1, S. 527; GBA-FEF, Bd. 1, S. 382. – *Shakespeare's Birth Place*: vgl. die Abbildung in GBA-FEF, Bd. 1, zu ThFs Brief an EF, 14. August 1856, S. 383. – *Von Oxford ist es … Mann zugleich!*: ThF an EF, 14. August 1856, HFA IV/1, S. 527 f.; GBA-FEF, Bd. 1, S. 384. – *ein ganz raffinirter Geschäftsmann*: ThF an EF [6. August 1852], HFA IV/1, S. 293.

342 *hübschen Artikel über ›Oxford‹*: GBA-Tagebücher, Bd. 1, Eintrag vom 31. Juli 1856, S. 150. Gemeint ist ein Artikel von Lothar Bucher über »Oxford« in: *National-Zeitung*, Nr. 349, 9. Juli 1856; vgl. F-Chronik, Eintrag vom 31. Juli 1856. – *Warwick, Kenilworth*: ThF an EF, 28. Oktober 1856, GBA-FEF, Bd. 1, S. 422. – *Schottlandreise … träumte*: vgl. auch EF an ThF, Brief vom 16. August 1856, GBA-FEF, Bd. 1, S. 385. – *National-Zeitung … ruhig schlafen legen*: GBA-Tagebücher, Bd. 1, Eintrag vom 18. u. 19. August 1856 (von EFs Hand), S. 160 f.

343 *alphabethisch zu ordnen*: vgl. die Listen zum *Wanderungen*-Projekt im TFA.

344 *Um Mitternacht Abfahrt … Schirm*: GBA-Tagebücher, Bd. 1, Eintrag vom 29. August 1856, S. 166. – *langsam u. langweilig … poussierbar*: ebd., 30. August 1856; sowie ThF, *Die Reise nach England 1844*, HF III/3/II, S. 815. – *Zum Minister-Präsidenten*: GBA-Tagebücher, Bd. 1, Eintrag vom 6. September 1856, S. 167. – *Büreau*: ebd., Eintrag vom 11. Sep-

tember 1856, S. 168. – *Den ganzen Tag Familie*: ebd., Eintrag vom 31. August 1856, S. 166.

345 *Commerzienrath Krause*: ebd., Eintrag vom 9. u. 12. September 1856, S. 168. – *Mit Georgechen zu Eggers*: ebd., Eintrag vom 4. September 1856, S. 167. – *Briefe an Mutter und Vater*: vgl. ebd., Eintrag vom 4. September 1856, S. 167. Die Briefe sind im HBV nicht verzeichnet. – *zu Tisch*: GBA-Tagebücher, Bd. 1, Eintrag vom 7. September 1856, S. 168. – *mit Max in die Kunstausstellung … Sehr hübsch*: ebd., Eintrag vom 8. September 1856. S. 168.

346 *Um 4 Uhr auf*: ebd., Eintrag vom 17. September 1856, S. 170. – *der erste Balladendichter Deutschlands*: EF an ThF, Louis Henri Fontane zitierend, 2. Juli 1852, GBA-FEF, Bd. 1, S. 92. – *Um 2 Uhr von Schiffsmühle abgereist*: GBA-Tagebücher, Bd. 1, Eintrag vom 18. September 1856. – *Liebenswürdiger Empfang*: ebd., Eintrag vom 18. September 1856, S. 170. – *Geplaudert mit Schwester*: ebd., Eintrag vom 19. September 1856, S. 170.

347 *Nachmittag's mit George*: ebd., Eintrag vom 25. September 1856, S. 172. – *Ich kann mir's länger nicht verhehlen*: GBA-Gedichte, Bd. 2 [Gedichte aus dem Nachlass], S. 419 u. Anm. Erstdruck 1920.

348 *Bluthochzeit*: ThF, *Ein Ball in Paris*, HFA I/6, S. 261; GBA-Gedichte, Bd. 1, S. 237.

349 *aus Paris erste Korrespondenzen*: vgl. GBA-Tagebücher, Bd. 1, Eintrag vom 26. September 1856, S. 172. – **†* Paris, 15. Oktober*: Korrespondenz von ThF unter Sigle in NPZ, Nr. 245 vom 18. Oktober 1856; F-Bibliographie, Nr. 2000. Abgedruckt in GBA-Tagebücher, Bd. 1, S. 180 f.; in redigierter Form wiederabgedruckt in HFA III/3, S. 138 f. – *Deinen Aufsatz in der N. Pr.*: EF an ThF, 19. Oktober 1856, GBA-FEF, Bd. 1, S. 412 f. – *Der Loyalitäts-Ueberfluß*: ThF an EF, 25. Oktober 1856, ebd., S. 418.

350 *einmal in einer Kreuzzeitungs-Versammlung … konservativ*: ThF, *Von Zwanzig bis Dreißig*, S. 419; GBA-Autobiogr. Werk, Bd. 3, S. 291. – *logierte aber an einer feinen Adresse*: vgl. GBA-Tagebücher, Bd. 1, Eintrag vom 22. Oktober 1856, S. 188. – *Wie mir es immer geht … schwärmen können*: ThF an den Vater Louis Henri Fontane, 19./20. Oktober 1856, HFA IV/1, S. 536 ff. – *trotz aller seiner Schwächen*: ThF an EF, 25. Februar 1857, HFA IV/1, S. 564; GBA-FEF, Bd. 2, S. 25. – *Mein lieber, guter Papa … Theodor*: ThF an seinen Vater Louis Henri Fontane, 19./20. Oktober 1856, HFA IV/1, S. 536 u. 538.

352 *schreibe Deinen Roman*: ThF an EF, 18. August 1874, GBA-FEF, Bd. 3, S. 17. – *Die Kreuz-Zeitung erhälst Du*: ThF an den Vater, Paris, 19./20. Oktober 1856, HFA IV/1, S. 540. – *[v]iel schöne Weiber*: GBA-Tagebücher, Bd. 1, Eintrag vom 18. Oktober 1856, S. 185. – *Hier notierte er sich alles*: vgl. ebd., Eintrag vom 17. Oktober 1856, S. 183 f. – *Glocke das Signal gab*: ebd., S. 183. – *Nach dem Montmartre gefahren*: ebd., S. 184. – *In Heine's ›Reisebilder‹ gelesen*: GBA-Tagebücher, Bd. 1, Eintrag vom 24. Februar 1857, S. 224. – *Herzensbedürfniß*: ThF an Theodor Storm, 22. Mai 1868, HFA IV/2, S. 206.

353 *keck-phantastische[n] Ton*: ThF, Theaterkritik zu E. Geibel, *Brunhild*, VZ vom 7. Juni 1872, zitiert nach F-Chronik; F-Bibliographie, Nr. 3279; NFA 22/1, S. 166. – *Neuenburger Putsch*: vgl. Keller, *Preußens Perle*, S. 1–7; sowie Beck, *»Roulez tambours …«*, S. 13. – *seine Einbestellung zum Ministerpräsidenten*: vgl. GBA-Tagebücher, Bd. 1, Eintrag vom 6. September 1856, S. 167. – *Zum Kaffe nach Bethanien*: ebd., Eintrag vom 1. Oktober 1856, S. 174.

355 *Die Times … in der Neuenburger Frage*: Korrespondenz von ThF unter der Sigle *†*, *Die*

»Times« und die Neuenburger Frage, in NPZ vom 2. November 1856, Nr. 258; F-Bibliographie, Nr. 2002; der Artikel ist wiederabgedruckt in HFA III/1, S. 785 f. (Anm.). – *Die Frage liegt nicht*: ebd., S. 786. – *mit wenig erbaulichem Inhalt*: GBA-Tagebücher, Bd. 1, Eintrag vom 3. November 1856, S. 192. – *»Neufchateler Frage« bestandpunkten*: vgl. ebd., Eintrag vom 5. November 1856, S. 193. – *£ 75 am 4. November*: vgl. ebd., Eintrag vom 4. November 1856, S. 192. – *Berlin, 12. Dezember*: vgl. F-Bibliographie, Nr. 2011; sowie GBA-Tagebücher, Bd. 1, S. 504 (Anm. zum Eintrag vom 14. Dezember 1856).

356 *Wenn der Krieg mit den Nachkommen Winkelrieds*: ThF an Henriette von Merckel, 27. Dezember 1856, HFA IV/1, S. 548; FMer, Bd. 1, S. 106. – *Chaos*: ThF an Henriette und Wilhelm von Merckel, 3. Januar 1857, HFA IV/1, S. 553. – *im Morning Chronicle die preußische Seite*: vgl. F-Chronik, Einträge vom 3. Januar bis 31. März 1857.

357 *Ich habe sehr viel zu tun*: ThF an EF, 8. Januar 1857, HFA IV/1, S. 556; GBA-FEF, Bd. 1, S. 474. – *Das Motiv des Krieges*: zitiert nach Beck, *»Roulez tambours ...«*, S. 13. – *sich alle Mächte von uns abwenden ... Opfer bringen*: ThF an EF, 8. Januar 1857, HFA IV/1, S. 556 f.; GBA-FEF, Bd. 1, S. 474. – *Der Kriegsspektakel ... Teufelszeug getrieben:* Gottfried Keller an Ludmilla Assing, im Februar 1857, Keller, *Gesammelte Briefe*, Bd. 2, S. 53.

358 *Dazu Husten, Halsweh*: vgl. ThF an EF, 20. Januar 1857, GBA-FEF, Bd. 1, S. 487. – *Engländer ... allerliebst*: EF an ThF, 10. November 1856, ebd., S. 431. – *Kinderkriegen und Wirtschaft-führen*: ThF an EF, 20. November 1856, ebd., S. 438. – *Max ... verlobt*: vgl. ThF an EF, 3. Dezember 1856, ebd., S. 463. – *Locken*: EF an ThF, 23. November 1856, ebd., S. 445.

359 *machte »r–«*: EF an ThF, 10. Januar 1857, ebd., S. 476. – *ein Skandal ... bekümmert*: ThF an EF, 25. Februar 1857, HFA IV/1, S. 564; GBA-FEF, Bd. 2, S. 25. – *Mutter grüßt Dich*: EF an ThF, Berlin, 24. Januar 1857, GBA-FEF, Bd. 1, S. 490. – *Zwei oder drei Jahre*: vgl. ThF an EF, 10. März 1857, ebd., Bd. 2, S. 30. – *Wiedersehn; alles wohl*: GBA-Tagebücher, Bd. 1, Eintrag vom 28. März 1857, S. 235.

360 *Früh 5½ Uhr nach dem Bahnhof*: GBA-Tagebücher, Bd. 1, Eintrag vom 17. April 1857, S. 239. – *Im Postwagen*: ebd., Eintrag vom 18. April 1857, S. 240.

361 *Geschichte ... Alltagsleben*: vgl. die Auswahl in HFA III/1, S. 124–194. – *Shakespeare auf der modernen englischen Bühne:* vgl. F-Bibliographie, Nr. 1969 u. 2066.

362 *Publikumsmagnet*: vgl. F-Wanderungen, Bd. 2, S. 580. – *Kugler hat die leise Hoffnung*: EF an ThF, 12. Februar 1857, GBA-FEF, Bd. 1, S. 511. – *Wenn Du Kugler siehst*: ThF an EF, London, 18. Februar 1857, ebd., Bd. 2, S. 17 f.

363 *Für einen 14 tägigen Aufenthalt*: ThF an Friedrich Eggers, 20. Februar 1857, FEgg, S. 194. – *Lese- und Schreibzimmer ... beschäftigt*: F-England, *Aus Manchester. Dritter Brief: Ein Wolkenbruch [...]*, S. 112; F-Wanderungen, Bd. 2, S. 361. – *British Portrait Gallery*: vgl. ThF, *Die Gallerie englischer Portraits,* zwei Briefe in: *Die Zeit*, 26. und 29. Juli 1857; F-Bibliographie, Nr. 2197. – *Paintings by Modern Masters*: vgl. ThF, *Neue Meister und ihre Bilder*, neun Briefe in: *Die Zeit*, 30. Juli bis 7. November 1857; F-Bibliographie, Nr. 2109 ff. – *Von der Anna Bulen*: ThF, *Die Gallerie englischer Portraits,* in: *Die Zeit*, 26. September 1857; F-Bibliographie, Nr. 2107; zitiert nach F-England, S. 124.

364 *Kunstfex*: ThF, *Effi Briest*, 5. Kapitel, HFA I/4, S. 37; GBA-Erz. Werk, Bd. 15, S. 41. – *Atelierdurchrennereien*: ThF an Friedrich Eggers, 9. April 1852, HFA IV/1, S. 216; FEgg, S. 80.

365 *Den Aufsatz über die Prä-Raphaëliten*: GBA-Tagebücher, Bd. 1, Eintrag vom 28. Oktober

1857, S. 283; der Aufsatz erschien am 4. November 1857 in der *Zeit*, vgl. F-Bibliographie, Nr. 2125. – *großen realistischen Schule*: F-England, *Zehnter Brief: Die Prä=Raphaëliten*, S. 187 f.; vgl. auch HFA II/3/1, S. 507 ff. – *in den Schaufenstern*: ThF, *Aus Manchester, Zehnter Brief: Die Präraffaëliten*, HFA III/3/1, S. 511. – *Sie haben die Natur … Poeten*: F-England, *Zehnter Brief: Die Prä=Raphaëliten*, S. 193; HFA III/3/1, S. 513 f.

366 *im Fall Ardenne*: vgl. Budjuhn, *Fontane nannte sie »Effi Briest«*. – *im Fall Stauffer-Bern*: vgl. Dieterle, *Lydia Escher. Theodor Fontane und die Zürcher Tragödie*. – *der Berliner Edgar Bauer*: vgl. Barker, *Edgar Bauer, Refugee Journalist and Police Informer*, S. 371. – *Konfidentenberichte*: vgl. Bauer, *Konfidentenberichte über die europäische Emigration in London 1852–1861*.

367 *gingen in Kopie weiter*: vgl. Jolles, *Konfidentenberichte Edgar Bauers über den »Preußischen Agenten Fontane«*, S. 114.

368 *Polizeirat Wilhelm Stieber*: vgl. Bauer, *Konfidentenberichte*, Einführung, S. XI. – *So weit ich Fontane kenne*: Edgar Bauer, London, 13. Juli 1857, in: Bauer, *Konfidentenberichte*, S. 232 f.

369 *Edgar Bauer'sche Buch … absetzen*: GBA-Tagebücher, Bd. 1, Eintrag vom Juni 1857, S. 253. – *Clown*: Jenny Marx an Friedrich Engels, [zwischen 11. u. 13.] August 1857. – *eingestürzten Haus*: ThF unter Signum *†*, *London, 13. Mai. Der Häuser-Einsturz in Tottenham-Court-Road*, in: NPZ, 16. Mai 1857; F-Bibliographie, Nr. 2070. – *mit Furcht … solche Baracke*: EF an ThF, 20. Mai 1857, FEF-GBA, Bd. 2, S. 59.

370 *Nach Häusern hab ich mich umgesehn*: ThF an EF, 20. Mai 1857, ebd., S. 60 f. – *[W]o ist denn das kleine Häuschen*: EF an ThF, 25. Mai 1857, ebd., S. 68. – *Das kommt davon*: ThF an EF, 6. Juni 1857, ebd., S. 77. – *Mein Gemüth ist nicht unzärtlich*: ThF an EF, 10. Juni 1857, ebd., S. 79. – *huller di buller*: ThF an EF, 15. Juni 1857, ebd., S. 83. – *1980 [Taler] [Jahres-]Gehalt*: ThF an EF, 8. Juli 1857, ebd., S. 95. – *die niedlichen Häuschen … in London*: ThF an EF, 8. Juli 1857, ebd., S. 94.

371 *Plättbrett … Familienleben*: EF an ThF, 13. Juli 1857, ebd., S. 97. – *Nöhl, Nöhl, was verlieren wir*: Wilhelm Lübke an ThF, Nachschrift im Brief von EF an ThF, 22. Juni 1857, ebd., S. 90. – *so hübsch … für uns geziemt*: ThF an Wilhelm von Merckel, 23. August 1857, HFA IV/1, S. 581 f.; FMer, Bd. 1, S. 140 f.

372 *das englische Reihenhaus*: ThF, *Ein Sommer in London*, Kapitel: *Straßen, Häuser, Brücken und Paläste*, HFA III/3/I, S. 28–33, besonders S. 29. – *Die englischen drawing-rooms … gestatteten*: ThF an Wilhelm von Merckel, 23. August 1857, HFA IV/1, S. 583; FMer, Bd. 1, S. 142. – *Nur die beiden drawing-rooms … Rütli*: ThF an Henriette von Merckel, 20. September 1857, S. 591; FMer, Bd. 1, S. 151 f. [mit Randnotizen].

374 *Unser Lieber und Getreuer*: ThF, *Von Zwanzig bis Dreißig*, HFA III/4, S. 230; GBA-Autobiogr. Werke, Bd. 3, S. 59. – *vor 17 Jahren*: ThF an Henriette von Merckel, 20. September 1857, S. 591; FMer, Bd. 1, S. 152. – *trafen sie sich … regelmäßig*: vgl. dazu ThF, *Von Zwanzig bis Dreißig*, HFA III/4, S. 206 ff.; GBA-Autobiogr. Werke, Bd. 3, S. 31 ff. – *Mit Emilie in die Stadt*: GBA-Tagebücher, Bd. 1, Eintrag vom 21. September 1857, S. 273. – *Denn es ist eine Sitte*: Bauer, *Konfindentenberichte,* Konfidentenbericht vom 7. November 1852, S. 43. – *Tochter Lucie*: vgl. Beta, *Ein deutscher Freihandelsapostel*, S. 266 f. – *Faucher ein zärtlicher Vater*: GBA-Tagebücher, Bd. 1, Eintrag vom 7. Juni 1857, S. 253.

375 *Schreckensweg*: ebd., Eintrag vom 17. November 1857, S. 287. – *als nächster Agnat*: Wilhelm von Merckel an ThF, 22. November 1857, FMer, Bd. 1, S. 191. – *ob der Prinz oder sein jüngerer Bruder Karl*: vgl. ThF an Wilhelm von Merckel, 1. Dezember 1857, HFA IV/1, S. 598; FMer, Bd. 1, S. 194. – *Poet ... ein Stück Geschichte*: ebd., S. 599; ebd., S. 195. – *als einen Trumpf*: ebd., S. 598; ebd., S. 193 f. – *Die dänische Frage*: vgl. Bauer, *Konfidentenberichte*, Konfidentenberichte vom 30. September 1857, S. 271 f., 3. Dezember 1857, S. 286, sowie 5. Dezember 1857, S. 287.

376 *Regierungs-Schweinehund*: ThF an EF, 10. März 1857, HFA IV/1, S. 565 f.; GBA-FEF, Bd. 2, S. 29. – *Babel-Klub*: vgl. ThF, *Von Zwanzig bis Dreißig*, HFA III/4, S. 217; GBA-Autobiogr. Werke, Bd. 3, S. 44. – *In den Babel-Club*: GBA-Tagebücher, Bd. 1, Eintrag vom 17. Dezember 1857, S. 295. – *Th. Fontane ... von Bernstorff*: Bauer, *Konfidentenberichte*, Konfidentenbericht vom 10. März 1858, S. 322. – *über Gottfried Kinkel*: vgl. ThF [gez.: *†*], *Die Camberwell-Deutschen und Gottfried Kinkel. London, im November*, in: NPZ, 6. Dezember 1857; F-Bibliographie, Nr. 2131; sowie GBA-Tagebücher, Bd. 1, S. 582 (Anm. zum Eintrag vom 28. Novemer 1857). – *the revival of the german literature*: GBA-Tagebücher, Bd. 1, Eintrag vom 26. November 1857, S. 289. – *Unsere lyrische und epische Poesie*: vgl. ThF [anonym], *Unsere lyrische und epische Poesie seit 1848*, in: *Deutsche Annalen zur Kenntniß der Gegenwart und Erinnerung an die Vergangenheit*, Leipzig 1853, S. 353–377; F-Bibliographie, Nr. 1913; HFA III/1, S. 236–260.

377 *[l]ebhafte ... Debatte ... nach Haus*: GBA-Tagebücher, Bd. 1, Eintrag vom 26. November 1857, S. 289. – *mit Rücksicht*: ThF an Tuiscon Beutner, 27. Dezember 1857, HFA IV/1, S. 603. – *Edgar Bauer*: ebd., S. 604. – *von Papa ... tanzen Menuette*: GBA-Tagebücher, Bd. 1, Eintrag vom 30. Dezember 1857, S. 298.

378 *Fest-Berichterstattung*: ebd., Eintrag vom 1. Januar 1858, S. 298. – *konservative*: vgl. ebd., S. 528 (Anm. zum Eintrag vom 27. Februar 1857); sowie Berbig/Hartz, S. 54. – *Die Leute sind*: ThF an EF, 18. März 1857, HFA IV/1, S. 569; GBA-FEF, Bd. 2, S. 37.

379 *verschlampe seine Aufträge ... bestbezahlter freier Mitarbeiter*: vgl. Berbig/Hartz, S. 55. – *Alle kleineren Berichte ... »ThF« gezeichnet*: vgl. F-Bibliographie, Nr. 2139 ff.

380 *An Direktor Metzel*: GBA-Tagebücher, Bd. 1, Eintrag vom 14. Januar 1858, S. 302. – *zur Post*: ebd., 16. Januar 1858, S. 302.

381 *Es war gegen halb zwölf ... über den Hohenzollern stehen*: Th[eodor] F[ontane], *Die Soiree in Prussia House*, in: *Die Zeit*. Berlin. Nr. 46, 28. Januar 1858 (im TFA vorhanden); F-Bibliographie, Nr. 2154.

384 *Die beiden Feuilletons*: vgl. Th[eodor] F[ontane], *Die »Kolonnade« von St. James am Vermählungstage*, in: *Die Zeit*. Berlin. Nr. 48, 29. Januar 1858; F-Bibliographie, Nr. 2155 (im TFA vorhanden); sowie Th[eodor] F[ontane], *Der Abend des Vermählungstages*, in: *Die Zeit*. Berlin. Nr. 50, 30. Januar 1858; F-Bibliographie, Nr. 2156 (im TFA vorhanden). – *Wir haben Ihre Hochzeitsrapports ... preußisch*: Wilhelm von Merckel an ThF, 30. Januar 1858, FMer, Bd. 1, S. 264 f. – *Um 11 nach Carlton House Terrace*: ThF, GBA-Tagebücher, Bd. 1, Eintrag vom 23. Januar 1858, S. 305. – *Den Grafen gesprochen*: ebd., 6. Februar 1858, S. 307 f.

385 *174 Taler*: vgl. Berbig/Hartz, S. 55. – *Huldigungsgedicht*: [Anon.], *Willkommen! (Zur Begrüßung Ihrer königlichen Hoheit der Prinzessin Friedrich Wilhelm)*, in: *Die Zeit*. Ber-

lin. Nr. 64, 8. Februar 1858; F-Bibliographie, Nr. 2159 (im TFA vorhanden). – *Prinz von Preußen*: vgl. Wilhelm von Merckel, *Zur Preußischen Regentschaftsfrage*, in: FMer, Bd. 2, S. 337–341, hier S. 337. – *An demselben Tage*: ThF an Wilhelm von Merckel, 1. März 1858, FMer, Bd. 1, S. 289. – *[W]ackelt Manteuffel … ganz gleichgültig*: ebd., S. 289 f.

386 *Provisorium … Reorganisation*: Wilhelm von Merckel an ThF, 10. März, 1858, ebd., S. 293 ff. – *Ihr Point de vue*: ebd., S. 296. – *Lauenburger … aus Berlin empfängt*: ThF an Wilhelm von Merckel, 10. Januar 1858; FMer, Bd. 1, S. 243. – *Brief von Merckel … Wer war Kugler?*: ThF, GBA-Tagebücher, Bd. 1, Eintrag vom 20. März 1858, S. 315.

387 *Die ganze Bude daheim*: ThF, ebd., Eintrag vom 6. April 1858, S. 318. – *frei nach dem Englischen*: F-Balladen, S. 152 f.; Entstehung im April 1858. – *Denkst Du verschwundener Tage*: ThF, *Denkst du verschwundener Tage, Marie? (Nach dem Englischen)*, HFA I/6, S. 158 f.; GBA-Gedichte, Bd. 1, S. 161 f.

388 *Krankheitsanfälle*: ThF an Henriette von Merckel, 30. April 1858, FMer, Bd. 2, S. 41. – *Reise (auf dem Plan)*: GBA-Tagebücher, Bd. 1, Eintrag vom 19. Juni 1856, S. 130. – *durch Briefe*: ThF an Bernhard von Lepel, 21. Juli 1858, HFA IV/1, S. 624; FLep2, Bd. 1, S. 512. – *250 bis 300 rth*: Bernhard von Lepel an ThF, 28. Juli 1858, FLep2, Bd. 1, S. 514.

389 *Faucher malte*: vgl. GBA-Tagebücher, Bd. 1, Eintrag vom 3. Mai 1858, S. 323. – *Johann Jacob Loewenthal*: vgl. ebd., Eintrag vom 17. Juni 1858, S. 332. – *mit [Max] Schlesinger … Julius I.*: ebd., Eintrag vom 12. März bzw. vom 17. Juni 1858, S. 313 und S. 332.

390 *Lola Montez aufzusuchen*: ebd., Eintrag vom 17. Juni 1858, S. 332. – *Die berühmte Lola Montez*: vgl. Seymour, *Lola Montez*, S. 463 f. – *ihr erstes Buch*: vgl. Montez, *Lectures of Lola Montez including her Autobiography*, Juni 1858. – *beautyfying for ever*: vgl. ThF, *Der Stechlin*, 27. Kapitel, HFA I/5, S. 257; GBA-Erz. Werk, Bd. 17, S. 305. – *Die ›Press‹ bringt unsren Artikel nicht*: GBA-Tagebücher, Bd. 1, Eintrag vom 19. Juni 1858, S. 332. – *Warum? das Gemüth*: ebd., Eintrag vom 21. Juni 1858, S. 333. – *Fontanes Artikel*: vgl. ebd., Eintrag vom 26. Juni 1858, S. 334. Der Artikel *The state of affairs in Prussia*, erschienen in der offenbar konservativen Wochenzeitung *The [Constitutional] Press*, ist der Forschung bisher nicht bekannt geworden und wird auch in der F-Bibliographie nicht aufgeführt. Nach Auskunft der British Library im April 2016 scheint die Zeitungsnummer nicht überliefert zu sein.

391 *Kings Croß-Station*: GBA-Tagebücher, Bd. 1, Eintrag vom 9. August 1858, S. 342. – *Steinhäuser Edinburghs*: vgl. ThF, *Jenseit des Tweed*, Kapitel *Von London bis Edinburg*, HFA III/3/I, S. 187; GBA-Reiselit. Werk, Bd. 2, S. 7. – *Thomas Babington Macaulay*: vgl. Macaulay, *The History of England from the accession of James the second*, 1849 ff. – *one of the finest in the city*: zitiert nach Cartellieri, *Theodor Fontane in Schottland*, S. 6.

392 *am Tag ihrer Ankunft Briefe*: die Briefe sind nicht überliefert, vgl. F-Chronik, Eintrag vom 10. August 1858. – *mit schönen großen Damen*: ThF, *Meine Kinderjahre*, HFA III/4, S. 173; AFA-Autobiogr. Schriften, Bd. 1, S. 183. – *in seinen Reisefeuilletons über Schottland*: vgl. F-Jenseit des Tweed, 1860. – *Ein jüngerer Sohn der Frau Beda*: ThF, *Meine Kinderjahre*, 6. Kapitel, HFA III/4, S. 63; AFA-Autobiogr. Schriften, Bd. 1, S. 62. – *Holyrood mit seinem Turmzimmer*: vgl. *Black's Picturesque Tourist of Scotland.* Edinburgh 1842, S. 30.

393 *nicht ohne Grund das Sterbelied*: ThF, *Jenseit des Tweed*, 12. Kapitel, *Floddenfield*, HFA III/3/1, S. 271; GBA-Reiselit. Werk, Bd. 2, S. 106. – *I've heard … abgemäht*: Scott, *Min-*

strelsy, Bd. 1, S. 274 f.; u. ThF, *Die Blumen des Waldes*, in: *Jenseit des Tweed*, 12. Kapitel, *Floddenfield*, HFA III/3/1, S. 272; GBA-Reiselit. Werk, Bd. 2, S. 106 f. (u. Anm.).

394 *Zu Roß, wir reiten*: ThF, *Archibald Douglas*, entstanden 1854, HFA I/6, S. 12; GBA-Gedichte, Bd. 1, S. 113. – *kostbare[n] Blick*: GBA-Tagebücher, Bd. 1, Eintrag vom 13. August 1858, S. 343. – *Es war am Tag von Bannockburn*: Moritz Graf von Strachwitz, *Das Herz des Douglas*, von ihm vorgetragen im »Tunnel« am 2. Dezember 1843, vgl. GBA-Reiselit. Werk, Bd. 2, S. 374 (Anm. zu S. 61).

395 *Hôtel Royal*: vgl. GBA-Tagebücher, Bd. 1, Eintrag vom 13. August 1858, S. 343. – *By coach von Stirling*: ebd., Eintrag vom 14. August 1858, S. 343. – *in Goldschnitt*: vgl. ThF, *Jenseit des Tweed*, Kapitel *Die Trossachs und »Lady of the Lake«*, HFA III/3/I, S. 289; GBA-Reiselit. Werk, Bd. 2, S. 127. – *By coach von Perth*: GBA-Tagebücher, Bd. 1, S. 343. – *James Macpherson*: vgl. auch ThF, *Jenseit des Tweed*, Kapitel *Von Perth nach Inverness*, HFA III/3/I, S. 308 ff.; GBA-Reiselit. Werk, Bd. 2, S. 149 ff.

396 *Stop, the wheel burns!*: vgl. ebd., S. 319; ebd., S. 162. – *Inverneß (Macbeth) Castle*: GBA-Tagebücher, Bd. 1, Eintrag vom 17. August 1858, S. 343. – *Blick in den Reiseführer*: *Black's Picturesque Tourist of Scotland*, Kapitel *Inverness*, 1842, S. 385. – *Jakobitenlieder*: vgl HFA I/6, S. 12 ff.; GBA-Gedichte, Bd. 1, S. 321 f.

397 *Staffa! Staffa*: vgl. ThF, *Jenseit des Tweed*, Kapitel *Staffa*, HFA III/3/I, S. 349 ff.; GBA-Reiselit. Werk, Bd. 2, S. 198 ff. – *Felix Mendelssohn*: vgl. Konzert-Ouvertüre *Die Hebriden oder Die Fingalshöhle*, op. 26, 1829, von Felix Mendelssohn Bartholdy. – *Turner*: vgl. das Gemälde *Staffa, Fingal's Cave*, 1831/32, von J.W.M Turner. – *an der Südspitze*: GBA-Tagebücher, Bd. 1, Eintrag vom 20. August 1858, S. 344. – *in good spirits*: vgl. ThF, *Jenseit des Tweed*, Kapitel *Von Oban bis zum Loch Lomond*, HFA III/3/I, S. 369; GBA-Reiselit. Werk, Bd. 2, S. 220. – *Von Balloch den Loch Lomond hinauf*: GBA-Tagebücher, Bd. 1, Eintrag vom 21. August 1858, S. 344. – *Dort steht die Hütte*: vgl. ThF, *Jenseit des Tweed*, Kapitel *Von Oban bis zum Loch Lomond*, HFA III/3/I, S. 369; GBA-Reiselit. Werk, Bd. 2, S. 220. – *You are a poet*: vgl. ebd., S. 370; ebd., S. 222. – *Canongate, Highstreet*: GBA-Tagebücher, Bd. 1, Eintrag vom 22. August 1858, S. 344.

398 *North-Queens-Ferry … Salutation-Inn*: vgl. ThF, *Jenseit des Tweed*, Kapitel *Lochleven-Castle*, HFA III/3/I, S. 373 ff.; GBA-Reiselit. Werk, Bd. 2, S. 225 ff.

399 *Marsch von Granton Pier … verplaudert*: GBA-Tagebücher, Bd. 1, Eintrag vom 23. August 1858, S. 344. – *Früh nach Melrose*: ebd., Eintrag vom 24. August 1858, S. 345. – *Auf der Karte von Schottland*: ebd., Eintrag vom 3. August 1856, S. 151. – *Die zwei Raben … ich und du!*: ThF, *Die zwei Raben*, übersetzt am 9. August 1855, Erstdruck in ThF, *Balladen*, 1861, HFA I/6, S. 130; GBA-Gedichte, Bd. 1, S. 317.

400 *Feuilleton Abbotsford*: ThF, *Abbotsford*, vgl. F-Bibliographie, Nr. 2320; sowie ThF, *Jenseit des Tweed*, Kapitel *Abbotsford*, HFA III/3/I, S. 389 ff.; GBA-Reiselit. Werk, Bd. 2, S. 244 ff. – *Ankunft in London*: GBA-Tagebücher, Bd. 1, Eintrag vom 25. August 1858, S. 345. – *Dr. Faucher und Frau … Weltbürgers*: ebd., Eintrag vom 1. September 1858, S. 346, u. Eintrag vom 13. September 1858, S. 348.

401 *General-Consulats und Agenten-Pläne*: ebd., Eintrag vom 7. September 1858, S. 347. – *Fortsetzung der Confusions-Pläne*: ebd., Eintrag vom 8. September 1858, S. 347. – *Kopenhagen*: vgl. Wilhelm von Merckel an ThF, 10. März 1858, FMer, Bd. 1, S. 295. – *Honolulu*:

vgl. ThF an Friedrich Eggers, 17. November 1858, FEgg, S. 217. – *mokierte sich über Faucher*: vgl. ThF an Friedrich Eggers, 17. November 1858, FEgg, S. 217 f. – *Regentschaftsfrage*: GBA-Tagebücher, Bd. 1, Eintrag vom 24. September 1858, S. 350. – *Ich liebe nämlich das Land … als ich erwarte*: ThF an Wilhelm von Merckel, 20. September 1858, HFA IV/1, S. 626 ff.; FMer, Bd. 2, S. 120 ff.

402 *Arnold Ruge, Edgar Bauer*: ebd., S. 627; ebd., S. 120. – *Besser wäre es*: vgl. Henriette von Merckel an EF, 1. Oktober 1858, FMer, Bd. 2, S. 125 ff. – *ruhig auf diesem meinem Posten … nicht zu sagen*: ThF an Henriette von Merckel, 5. Oktober 1858, FMer, Bd. 2, S. 131 f. – *als Lehrer, Artikelschreiber … Stundengeber*: ThF an die Mutter Emilie Fontane geb. Labry, 6. November 1858, HFA IV/1, S. 633; FProp, Bd. 1, S. 46.

403 *traten Artikel 56 und 58 … nicht in Kraft*: vgl. dazu Wilhelm von Merckel, *Zur preußischen Regentschaftsfrage*, FMer, Bd 2, S. 337 ff. – *Eine reife Frucht*: Wilhelm von Merckel an ThF, 12. Oktober 1858, FMer, Bd. 2, S. 139. – *moderat liberalen Wende*: vgl. ebd., S. 140. – *Manteuffel ist ein … durchgesägter Baum*: ThF an Wilhelm von Merckel, 25. Oktober 1858, ebd., S. 147.

404 *Die Abgeordnetenwahlen*: Wilhelm von Merckel an ThF, 13. November 1858, ebd., S. 156. – *Sie werden vielleicht in den Zeitungen*: ebd., S. 157. – *ein merkwürdiger Eiertanz*: vgl. die Korrespondenz zwischen ThF und Friedrich Eggers vom 14. November 1858 bis 8. März 1859, FEgg, S. 211–240. – *Jasmund trat an seine Stelle*: vgl. ThF an Friedrich Eggers, 18. November 1858, FEgg, S. 218. – *abwarten*: ThF an Wilhelm von Merckel, 20. November 1858, FMer, Bd. 2, S. 158. – *mit Manier*: ThF an Wilhelm von Merckel, 2. Dezember 1858, ebd., S. 159. – *Die Sache bei Lichte betrachtet*: ThF an Bernhard von Lepel, London, 1. Dezember 1858, HFA IV/1, S. 635; FLep2, Bd. 1, S. 527. – *sein Entlassungsgesuch*: vgl. ThF an Rudolf von Auerswald, 2. Dezember 1858, HFA IV/1, S. 637–639.

405 *Schriftsteller Herrn Th: Fontane … enthoben betrachten*: Julius von Jasmund an ThF, 24. Dezember 1858, GStA PK Sign. I. HA Rep. 77 A Literarisches Büro, Nr. 45, Bl. 74; vgl. F-Chronik, Eintrag vom 24. Dezember 1858. – *meine Frau kann hier*: ThF an Wilhelm von Merckel, 29. Dezember 1858, FMer, Bd. 2, S. 176.

406 *7½ Uhr … Grausamer!*: ThF an EF, 17. Januar 1859, HFA IV/1, S. 642; GBA-FEF, Bd. 2, S. 105. – *gemütlichen Abend*: ThF an EF, 21. Januar 1859, GBA-FEF, Bd. 2, S. 109.

407 *Rock … Metzel einst herrschte*: ThF an EF, 19. Januar 1859, HFA IV/1, S. 643; GBA-FEF, Bd. 2, S. 106. – *Sopha*: ThF an EF, 21. Januar 1859, GBA-FEF, Bd. 2, S. 108. – *Mitarbeiter des Feuilleton[s]*: ThF an EF, 19. Januar 1859, HFA IV/1, S. 643; GBA-FEF, Bd. 2, S. 107. – *Faucher hat hier keine Chance … von dir hören*: ThF an EF, 19. Januar 1859, ebd., S 644; ebd., S. 107.

408 *Preußische Zeitung*: vgl. Berbig/Hartz, S. 57. – *vierteilige Artikelserie*: vgl. F-Bibliographie, Nr. 2192 (12. bis 15. April 1859). – *Spreewald*: vgl. F-Bibliographie, Nr. 2266 (31. August bis 3. September 1859). – *Vorschuss von 100 Talern*: vgl. F-Chronik, Eintrag vom 27. Januar 1859. – *sein Interim*: vgl. dazu FEgg, Einleitung, S. 41–46. – *Die Meringtons*: vgl. Dieterle, *Die Tochter*, S. 57. – *Die jungen Kinkel's*: *Korrespondenz-Bericht aus London […] Preisgekrönte deutsche Knaben in den Londoner Schulen*, in: *Magazin für die Literatur des Auslandes*, 20. Januar 1859, S. 34.

409 *in Heyses vornehmen Kreisen*: vgl. Hettche, *Von Flußkrokodilen, Eidechsen und Nas-*

hörnern. Anmerkungen zu Fontanes Aufenthalt in München 1859, in: FBl 50/1990, S. 88. – *Ich mache hier Bälle … mit*: EF an ThF, 2. März 1859, GBA-FEF, Bd. 2, S. 132. – *Gretchen*: vgl. EF an ThF, 5. März 1859, GBA-FEF, Bd. 2, S. 137. – *alle Welt spricht hier von Krieg*: ThF an seine Mutter Emilie Fontane geb. Labry (bestimmt für EF), 3. März 1859, HFA IV/1, S. 656; FProp, Bd. 1, S. 49 f.

410 *sehr glücklich … Haltung Preußens*: ThF an EF, München, 19. März 1859; HFA IV/1, S. 661 f.; GBA-FEF, Bd. 2, S. 160. – *10 Uhr abends*: ThF an Wilhelm von Merckel, 26. März 1859, FMer, Bd. 2, S. 197. – *durch die schöne Grimm[ai]sche Gasse … zu bringen*: ThF an EF, 30. März 1859, HFA IV/1, S. 666; GBA-FEF, Bd. 2, S. 166.

411 *alte Schulden zurückzahlte*: vgl. Bernhard von Lepel an ThF, 19. April 1859, FLep2, Bd. 1, S. 533. – *letzte Rate der Londoner Abfindung*: vgl. ThF an Julius von Jasmund, 6. April 1859; vgl. auch F-Chronik, Eintrag vom 6. April 1859. – *eine ziemliche Aufregung*: vgl. F-Chronik, Eintrag vom 28. April 1859. – *Ich kenne einen gewissen … Diplomaten*: Paul Heyse an ThF, 3. Mai 1859, FHey2, S. 62. – *zwischen Train, Magazin-Inspektor*: ThF an Paul Heyse, 2. Mai 1859, FHey2, S. 61.

412 *Es spricht sich in allem … den Krieg gewollt*: ThF an Paul Heyse, 13. Mai 1859, FHey2, S. 64. – *In Preußen gab es Stimmen*: vgl. Metzler, *Großbritannien – Weltmacht in Europa*, S. 111. – *von Schleinitz … an … Bernstorff*: Alexander von Schleinitz an Albrecht von Bernstorff, 26. Mai 1859; zitiert nach Metzler, *Großbritannien – Weltmacht in Europa*, S. 111 (u. Anm. 16).

413 *Conferenz*: GBA-Tagebücher, Bd. 2, 28. Juli 1859 (Exzerpt), S. 272. – *bestandpunktet*: vgl. GBA-Tagebücher, Bd. 1, Eintrag vom 5. November 1856, S. 193. – *Seine politischen Korrespondenzen*: vgl. Anderson, *Ehrgeiz und Trauer*, S. 88.

414 *Stettiner Adresse … veröffentlicht*: vgl. ebd., S. 53. – *offene Antwort … Berlin, 21. August*: zitiert nach den auszugsweisen Korrespondenzen, abgedruckt in: Anderson, *Ehrgeiz und Trauer*, S. 124; vgl. zudem F-Bibliographie, Nr. 2280.

415 *Verletzung des Amtsgeheimnisses*: zitiert nach F-Chronik, Eintrag vom 7. September 1859. – *Herrn v. Bardeleben*: GBA-Tagebücher, Bd. 2, Eintrag vom 14. September 1859 (Exzerpt), S. 272. – *von dem Literaten Fontane … Artikel*: Personalakte Fontane, GStA PK Sign. I. HA Rep. 77 A, Literarisches Büro, Nr. 45, Bl. 87–88, erstmals abgedruckt in: Anderson, *Ehrgeiz und Trauer*, S. 66.

416 *Sonnabend … Tempelhofer Straße 51*: ThF an Max Duncker, 29. Oktober 1859, HFA IV/1, S. 683. – *Etwa 100 bis 200 Taler*: vgl. F-Chronik, Einträge von Juli bis Dezember 1859 nach dem Haushaltsbuch von EF. – *Plan*: vgl. GBA-Tagebücher, Bd. 1, Eintrag vom 19. August 1856 (von EFs Hand), S. 161. – *Ruppin*: ebd., Bd. 2, Eintrag vom 18. Juli 1859 (Exzerpt), S. 272. – *das Predigerwittwenhaus*: ThF an die Mutter Emilie Fontane geb. Labry, 1. Januar 1860, HFA IV/1, S. 692; FProp, Bd. 1, S. 54.

417 *In den Spreewald*: vgl. oben: F-Bibliographie, Nr. 2266 (31. August bis 3. September 1859). – *Visitenkarten*: ThF an EF, 20. September 1859, GBA-FEF, Bd. 2, S. 175. – *schottischen Reisefeuilletons*: vgl. F-Bibliographie, Nr. 2193 ff. – *Märkischen Bilder*: vgl. ebd., Nr. 2296 ff. – *Miß Martha*: ThF an die Schwester Elise Fontane, 30. August 1859, FProp, Bd. 2, S. 281. – *schottische Lieder*: zitiert nach den Materialien von Roland Berbig, Wochenzettel von Friedrich Eggers vom 11. April 1863.

418 *An einem Montagmorgen war's*: ThF, *Jakobitenlieder*, Nr. 5, HFA I/6, S. 15; GBA-Gedichte, Bd. 1, S. 324. – *Teltower Rübchen*: vgl. ThF an EF, 14. September 1859, HFA IV/1, S. 680; GBA-FEF, Bd. 2, S. 172.

419 *glückliche Entbindung*: ThF an Karl Zöllner und die Ellora, 22. März 1860, NL Fritsch; zitiert nach Dieterle, *Die Tochter*, S. 22. – *Vivat die Kleene*: die Ellora an Familie Fontane, 22. März 1860, ebd. – *Herzblatt … Liebling*: EF an Bertha Kummer, 22. November 1860, TFA; zitiert nach Dieterle, *Die Tochter*, S. 26. – *einen Vertreter besorgen*: vgl. ThF an die Schwester Elise Fontane, 30. August 1859, FProp, Bd. 2, S. 281. – *Die Krankheit unsres armen Max*: ThF an die Mutter Emilie Fontane geb. Labry, 26. Oktober 1859, HFA IV/1, S. 682; FProp, Bd. 1, S. 52. – *zu ihrer Erholung zu Jenny … Entbindung*: EF an Bertha Kummer, 19. April 1860, TFA.

420 *Den am 22. d. M. [Mai 1860]*: zitiert nach einem Zeitungsausschnitt in der Sammlung des TFA (Angabe der Zeitung und des Datums sind nicht überliefert). – *Haushälterin Louise Papke*: vgl. ThF an die Mutter Emilie Fontane geb. Labry [Fragment, 1864], FProp, Bd. 1, S. 66. – *Meine liebe, gute Mama … Dein / Theodor*: ThF an die Mutter Emilie Fontane geb. Labry, 28. Mai 1860, HFA IV/1, S. 705 f.; FProp, Bd. 1, S. 55 f.

421 *Maxchens Frau … und meiner Kinder*: EF an Bertha Kummer, 22. November 1860, TFA.

422 *fragte Fontane seinen alten Freund Wilhelm Wolfsohn*: vgl. ThF an Wilhelm Wolfsohn, 28. November 1859, HFA IV/1, S. 685 f.; FWolf3, S. 121. – *Tageserwerb*: ThF an Paul Heyse, 7. Dezember 1859, HFA IV/1, S. 686. – *Märkischen Bilder*: vgl. wie oben F-Bibliographie, Nr. 2296 ff. – *unechte Korrespondenzen*: vgl. F-Unechte Korr., Bd. 1, S. 23. – *täglich drei Stunden … China*: GBA-Tagebücher, Bd. 2, Eintrag vom 30. Mai 1860 (Exzerpt); sowie F-Unechte Korr., Bd. 1, S. 31 ff.

423 *Matinée*: vgl. in diesem Buch, S. 335 bzw. F-Bibliographie, Nr. 1974. – *Loyalitäts-Überfluss*: vgl. in diesem Buch S. 348 ff. bzw. ThF an EF, 25. Oktober 1856, S. 418. – *genau gegenüber der Kreuz-Ztgn*: vgl. in diesem Buch S. 406 bzw. ThF an EF, 17. Januar 1859, HFA IV/1, S. 642; GBA-FEF, S. 105. – *die journalistischen Verfahren*: vgl. Berbig/Hartz, *Fontanes Beziehungen zu Zeitungen (Auswahl)*, S. 1–7; F-Unechte Korr., Bd. 1, Einführung, S. 1–67; F-Handbuch, *Das journalistische Werk*, S. 788–888 mit Hinweis auf weiterführende Literatur; sowie Dieterle, *Wenn Texte wandern*, S. 7–22.

424 *Die verhältnismäßig junge Zeitung*: vgl. Fischer, *»Mit Gott für König und Vaterland!«. Zum politischen Fontane der Jahre 1861 bis 1863* (1. Teil), S. 63. – *Comité der konservativen Rechten*: Berbig/Hartz, S. 67. – *Vorwärts mit Gott für König und Vaterland!*: vgl. F-Unechte Korr., Bd. 1, Einführung, S. 50. – *Das Abonnement*: vgl. Berbig/Hartz, S. 67.

425 *Café Tietz … Kirchliche Fragen*: GBA-Tagebücher, Bd. 1, Eintrag vom 15. April 1857, S. 239; sowie F-Chronik, Eintrag vom selben Datum. – *aufrichtig conservativer*: ThF an Paul Heyse, 28. Juni 1860, HFA IV/1, S. 709. – *wackre[n] Reaktionär*: ThF an Wilhelm Wolfsohn, 8. Dezember 1859, FWolf3, S. 126. – *Papiersteuer … Calais*: vgl. F-Unechte Korr., Bd. 1, S. 72 ff.

426 *Schlesingers lithografierte Blätter*: vgl. F-Unechte Korr., Bd. 1, Einführung, S. 40 ff. – *er sei einer jener Pastoren oder Lehrer*: vgl. Berbig/Hartz, S. 68.

427 *Ich hatte zehn Jahre lang*: ThF, *Von Zwanzig bis Dreißig*, HFA III/4, S. 418. – *Balladen*: vgl. F-Balladen, 278 Seiten.

428 *Nachtquartier*: ThF an Wilhelm Hertz, 14. Juni 1860, HFA I/4, Bd. 1, S. 708; FHer, S. 12. – *der Sohn eines großen Dichters*: vgl. FHer, Einführung, S. 376. – *»i. e. p. m.«, (»ille est pater meus«)*: vgl. FHer, Einführung, S. 376; sowie Drude, *Fontane und sein Berlin*, S. 157 ff. – *»bekannt und berühmt«*: Ich danke Claudia Späh Müller, Altphilologin, Zürich, für die Deutungshilfe. – *Rothe Apotheke*: vgl. Reinhard, *Apotheken in Berlin*, S. 73.

429 *Fontanes erstes Dichten inspiriert*: vgl. in diesem Buch, S. 147 (Lemma: *Salas y Gomez*); bzw. F-Chronik, Eintrag *1834*. – *seinen ersten Verlagsvertrag mit Wilhelm Hertz*: vgl. Möller, *Die Verlagsverträge im Fontane-Archiv* (1. Teil), S. 37 f. – *der erste Balladendichter Deutschlands*: vgl. in diesem Buch, S. 346 (Lemma: *der erste Balladendichter Deutschlands*) bzw. EF an ThF, Louis Henri Fontane zitierend, 2. Juli 1852, GBA-FEF, Bd. 1, S. 92.

430 *sardinische Schmutzwirtschaft … Politik*: vgl. F-Bibliographie, Nr. 2413: *†* London, 4. März: *Lord Normanby über die sardinische Wirtschaft*, in: *NPZ* vom 9. März 1861; wiederabgedruckt in F-Unechte Korr., Bd. 1, S. 115–117, hier S. 117. – *Meine liebe, gute Mama … Dein Theodor*: ThF an die Mutter Emilie Fontane geb. Labry, Berlin, 7. März 1861, S. 26 f.

432 *d. h. im höchsten Grade nerven-angegriffen*: ThF an Wilhelm Hertz, 12. März 1861, FHer, S. 29. – *Streit wegen … Louise Papke*: vgl. in diesem Buch, S. 420 (Lemma: *Haushälterin Luise Papke*) bzw. ThF an die Mutter Emilie Fontane geb. Labry [Fragment, 1864], FProp, Bd. 1, S. 66. – *Acten des Königl. Kreis-Gerichts zu Wriezen*: vgl. »Acten des Königl. Kreis-Gerichts zu Wriezen über das Codicill des Apothekers Louis Henri Fontane zu Schiffmühle«, Nr. 90/1861, 23. Februar 1861, BLHA. – *über dasjenige gerichtlich zu bestimmen*: Louis Henri Fontane an Kreisrichter Haeckel, 23. Februar 1861, BLHA; vgl. auch den Abdruck der Akten in: Denk/Otto/Panecke, *Louis Henri Fontane*, S. 80–99. – *an der gesetzlichen Erbfolge … acht Thaler*: Codicill des Apothekers Louis Henri Fontane zu Schiffmühle vom 23. Februar 1861, BLHA; Denk/Otto/Panecke, *Louis Henri Fontane*, S. 93 ff.

433 *Schülerstipendium*: *Einladung zu den Schul=Feierlichkeiten des Königlichen Friedrich=Wilhelms=Gymnasiums*, S. 28.

434 *5 Sgr. von dem Gymnasiasten Fontane*: ebd., S. 28. – *Leopold von Ledebur*: vgl. Fischer, *»Mit Gott für König und Vaterland!«* (1. Teil), S. 72 f.; sowie Dieterle, *Die Tochter*, S. 20. – *mit 4 alten Urwählern … gestürmt*: ThF an Wilhelm Hertz, 16. April 1862, FHer, S. 75.

435 *Nur mit größter Anstrengung*: *Kladderadatsch*, 27. April 1862, S. 76. – *glänzender Sieg der Demokraten*: GBA-Tagebücher, Bd. 2, Eintrag vom 28. April 1862 (Exzerpt). Vgl. Fischer, *»Mit Gott für König und Vaterland!«* (1. Teil), S. 75. – *fantôme fontane*: vgl. Fischer, *»Mit Gott für König und Vaterland!«* (1. Teil), S. 65 f. – *die Wagen voll jubelnder Wahlmänner*: ThF an Mathilde von Rohr, 7. Mai 1862, FProp, Bd. 3, S. 30. – *Von insgesamt 352 Mandaten*: vgl. Schröder, *Landtag von Preußen, 1862*.

436 *Nach der Amnestie*: F-Notizbücher, Notizbuch A12 (»Arbeitsnotizen«), Eintrag »Julius Faucher«, paginierte S. 23. – *Faucher als Kandidat*: F-Notizbücher, Notizbuch E6 (»Tages-Notizen«), 30. u. 31. Dezember 1861, paginierte S. 24. – *Faucher … zum Abgeordneten gewählt*: ebd., 10. Januar 1862, paginierte S. 25. – *Faucher hat hier keine Chance*: vgl. in diesem Buch, S. 407 (Lemma: *Faucher hat hier keine Chance … von dir hören*); bzw.

ThF an EF, 19. Januar 1859, HFA IV/1, S. 644; GBA-FEF, Bd. 1, S. 107. – *Er construirt neue Reiche*: F-Notizbücher, Notizbuch A12 (»Arbeitsnotizen«), Eintrag »Julius Faucher«, paginierte S. 23a ff. – Transkription mithilfe der Göttinger Fontane-Arbeitsstelle. – *Graf von Bernstorff … Außenminister*: vgl. Lorck, *Männer der Zeit*, Supplement, S. 135.

438 *Und so kam die Stunde Bismarcks*: vgl. u. a. Clark, *Preußen*, Kapitel *Bismarck*, S. 592 ff. – *den typischen Junkerssohn*: vgl. Clark, *Preußen*, S. 593.

439 *Als Fontane … nach Schönhausen kam*: vgl. Drude, *Fontane und sein Berlin*, S. 17.

440 *Herr v. Bismarck … was er will?*: vgl. »Herr v. Bismarck« * [London, 4. Oktober], NPZ vom 7. Oktober 1862, in: F-Unechte Korr., Bd. 1, S. 1076 f.; F-Bibliographie, Nr. 2537.

441 *Preußens Grenzen*: zitiert nach Mommsen, *Otto von Bismarck*, S. 50. – *Pressmaschinerie*: vgl. F-Unechte Korr., Einführung, S. 44. – *Norddeutsche Allgemeine Zeitung*: vgl. Crankshaw, *Bismarck*, S. 187.

442 *kleinere biographische Artikel*: Wilhelm Wolfsohn an ThF, 7. Dezember 1859, FWolf3, S. 124. – *kleinere biographische Artikel … herbeiführen helfen*: Lorck, *Männer der Zeit*, Vorbemerkung, S. V. Leipzig im Mai 1862 – *Die Forschung ordnet ihm derzeit vierzig … Artikel …*: vgl. Fischer, *Männer der Zeit*, S. 187.

443 *Wie aus einer Korrespondenz Fontanes hervorgeht*: vgl. ThF an Wilhelm Hertz, 9. Juli 1861, HFA IV/2, S. 40; FHer, S. 39. – *Nur inoffiziell hatte es geheißen*: vgl. F-Chronik, Eintrag vom 12. Mai 1861. – *kleinen Dienst*: ThF an Wilhelm Hertz, 9. Juli 1861, HFA IV/2, S. 40; FHer, S. 40. – *seit dem August 1861*: Lorck, *Männer der Zeit*, S. 135. – *Reactionspartei … zum Gesandten in Paris ernannt wurde*: Lorck, *Männer der Zeit*, Zweite Serie, S. 570 f.

444 *mit den Malern, bildenden Künstlern und Architekten*: vgl. Fischer, *»Männer der Zeit«*, S. 197 ff. – *Mindestens fünf davon hat Fontane beigesteuert*: ebd. – *Catherine Gore*: vgl. in diesem Buch, S. 253 (Lemma: *Unterhaltungsroman von Catherine Grace Gore*).

445 *zu Ball*: vgl. F-Chronik, Eintrag vom 8. März 1849. – *eine kleine Korrespondenz*: ThF an Lina Fuhr, 18. August 1860 und 25. August 1860, HFA IV/2, S. 7 f. – *[a]ls Louise (Kabale und Liebe)*: Lorck, *Männer der Zeit*. Supplement: *Frauen der Zeit*, S. 43, Ziffer-Sigle 22. – *für manche Kapitel seiner Wanderungen*: vgl. Erler (Hrsg.), ThF, *Kahlebutz und Krautentochter. Märkische Porträts*. – *In einem Notizbuch aus jener Zeit*: F-Notizbücher, Notizbuch A12; vgl. auch GBA-Autobiogr. Werk, Bd. 3, *Von Zwanzig bis Dreißig*, S. 561 (Anm. zu S. 35).

446 *Die Zeit von Weihnachtsheilig-Abend 1812*: F-Notizbücher, Notizbuch A12, paginierte S. 142; GBA-Erz. Werk, *Vor dem Sturm*, Bd. 1, Anhang, S. 430. – *(Lokalität: gemischte Züge, Wuthenow, Kränzlin etc.)*: ebd. – *gemischte Züge*: vgl. dazu Hettche, *Berlin, die Mark und die Welt*, S. 24 ff.

447 *Eine halbe Meile entfernt ein andres Dorf … Meta ab*: F-Notizbücher, Notizbuch A12, paginierte S. 142 ff.; GBA-Erz. Werk, *Vor dem Sturm*, Bd. 1, Anhang, S. 432 ff.

448 *um 1862*: vgl. GBA-Erz. Werk, *Vor dem Sturm*, Bd. 1, Anhang, S. 430. – *Im Sommer*: ebd., S. 393. – *Geht übrigens alles gut*: ThF an EF, 17. Juni 1862, GBA-FEF, Bd. 2, S. 213 f.

450 *Arbeite nicht zu viel*: EF an ThF, 20. Juni 1862, GBA-FEF, Bd. 2, S. 218. – *Fontane rezensierte das Werk*: [Anon.] *Vor dem Sturm. Stille vor dem Sturm, von George Hesekiel.* Drei Bände, in: NPZ vom 25. November 1862; F-Bibliographie, Nr. 2552.

451 *Tier- und Maschinenausstellung … des engsten Zirkels*: ThF an EF, 12. Juli 1863, GBA-FEF, Bd. 2, S. 255 ff. – *es ist der Sinn für das Allgemeine*: ThF an EF, 12. Juli 1863, GBA-FEF, Bd. 2, S. 256.

452 *Honorar gemäß Vertrag vom 28. Mai 1863*: vgl. F-Chronik, Eintrag vom 28. Mai 1863. – *in der Kreuzzeitung seine Besprechung*: vgl. F-Bibliographie, Nr. 2600 u. 2604.

453 *Dampfschiff*: ThF an Bernhard von Lepel [vor dem 22. August 1863], FLep2, Bd. 1, S. 537.

454 *Meine liebe gute Frau … das Herz doch beschlichen*: ThF an EF, Heringsdorf, 24. August 1863, HFA IV/2, S. 102 ff.; GBA-FEF, Bd. 2, S. 259 ff. – *Seit Michaelis haben wir*: EF an Bertha Kummer, 22. Dezember 1863, TFA. – *Hier ließ sich wunderbar arbeiten*: vgl. Machner, *Potsdamer Straße 134 c*, S. 252 u. 256.

455 *ein neues Pianino*: vgl. F-Chronik, Eintrag vom 7. Oktober 1863. – *Sehr glücklich macht mich … 14 Tage*: EF an Bertha Kummer, 22. Dezember 1863, TFA.

456 *Saßen all auf dem Verdecke*: ThF, *Das Oderland*, HFA II/1, S. 550.

457 *Die Schleswig-Holsteinsche Frage*: F-Unechte Korr., Bd. 2, S. 1091; F-Bibliographie, Nr. 2610.

458 *Der Einmarsch in Schleswig*: F-Unechte Korr., Bd. 2, S. 1097. NPZ (=*Kreuzzeitung*) vom 30. Januar 1864, datiert als Korrespondenz: * London, 27. Januar [1864]; F-Bibliographie, Nr. 2629. – *Loyalitäts-Überfluß*: vgl. in diesem Buch das Kapitel *»Der Loyalitäts-Überfluß … ist nicht von mir« oder Paris im Oktober 1856*, S. 348 ff. – *Es war dasselbe Erkennungszeichen*: vgl. Diederichs-Krieg 1864, S. 34 und 55. – *in fast allen Schlachten*: ebd., S. 4. – *Großgörschen*: ebd., S. 43. – *an der Spitze der Garden in Berlin*: ebd., S. 45. – *preußische Nationalversammlung aufgelöst*: vgl. Clark, *Preußen*, S. 551. – *historisch gewordenen Tagen … Humor*: Diederichs-Krieg 1864, S. 45.

459 *Wrangeliana … Orthograph*: F-Notizbücher, Notizbuch E6, paginierte S. 29, notiert um 1862. – *seine Wahl zum Oberfeldherrn … glückliche Hand*: Diederichs-Krieg 1864, S. 45. – vgl. ThF, *Der Schleswig-Holsteinsche Krieg im Jahre 1864*. Reprint, S. 45 – *zwei sehr lang[e] Arbeiten … Chorin*: ThF an Friedrich Wilhelm Holtze, 3. Februar 1864, F-Chronik, Eintrag vom 3. Februar 1864. – *Beistand*: EF an Bertha Kummer [16. Februar 1864], TFA. – *Zöllners wohnten in der … Victoriastraße*: vgl. Eintrag im *Berliner Adressbuch* (1864: Schöneberger Ufer 22; 1865: Victoriastraße 29a). – *Hochverehrte Frau, / Theuerste Chevalière*: ThF an Emilie Zöllner, 5. Februar 1864, FProp, Bd. 4, S. 10. – *ein gesundes, starkes Kind … doch sehr betrübt*: EF an Bertha Kummer [16. Februar 1864], TFA.

460 *in das Sundewitt*: Diederichs-Krieg 1864, S. 109. – *Rolf Krake … gebrochen war*: ebd., S. 121. – *die erste Parallele … erfolgte der Sturm*: ebd., S. 110. – *Am Abend meine Shakespeare-Festrede*: zitiert nach F-Chronik, Eintrag vom 13. April 1864.

461 *die Tapfersten … Geschütze*: Diederichs-Krieg 1864, S. 260 f.

462 *Der Tag von Düppel*: ThF, *Der Tag von Düppel*, HFA I/6, S. 234 ff.; GBA-Gedichte, Bd. 1, S. 210 ff. – *Kein Wort von Wrangel*: vgl. Clark, *Preußen*, S. 603. – *Und durch die Lande*: ThF, *Der Tag von Düppel*, HFA I/6, S. 236 f.; GBA-Gedichte, Bd. 1, S. 212. – *Ich reise in etwa 10 bis 12 Tagen*: ThF an Wilhelm Hertz [11. oder 12. Mai 1864], FHer, S. 112. – *Schriftsteller … zwischen 5 und 6 heran*: ThF an Wilhelm Hertz, 16. Mai 1864, Pfingstmontag, FHer, S. 112 f.

463 *Hertz kam seinem Autor … entgegen*: vgl. ThF an Wilhelm Hertz, 7. Juni 1864, FHer, S. 114. – *ein Auge für ›Lokalität‹ … militärische Dinge*: ThF, *Aus dem Sundewitt. 1. Von Flensburg bis Düppel*, in: *Wochenblatt der Johanniter-Ordens-Balley Brandenburg* vom 15. Juni 1864; F-Bibliographie, Nr. 2664; HFA III/3/1, S. 630. – *Mal wieder nach Hamburg*: F-Notizbücher, Notizbuch D1, paginierte S. 1; GBA-Tagebücher, Bd. 3, S. 3. – *deutsche und schleswig holsteinsche Fahnen … Muhls Hôtel*: GBA-Tagebücher, Bd. 3, S. 3 f.

464 *Reise nach Schleswig=Holstein und Düppel vom 19. Mai bis 27. Mai 1864*: F-Notizbücher, Notizbuch D1. – *voll von Militair*: GBA-Tagebücher, Bd. 3, S. 5. – *Auf allen Plätzen starke Trupps … in den Lüften*: ebd., S. 7.

465 *3 ½ … Cappeln … Jungfrauen*: ebd., S. 14. – *Bismarck … den alten Wrangel absetzen lassen*: vgl. Diederichs-Krieg 1864, S. 42 f. – *eine Skizze hinwarf*: vgl. Notizbuch D1, paginierte S. 19; vgl. Abb. GBA-Tagebücher, Bd. 3, S. 12. – *Kein Prinz da*: GBA-Tagebücher, Bd. 3, S. 15 f. – *toller Marsch … ein Recht dazu habe*: ebd., S. 16. – *mit lauter Offizieren … Reisekostüm*: ebd., S. 17.

466 *gegen 3 Uhr … allzutheuer*: ebd., S. 18. – *Lageskizze vom Übergang … bei Missunde*: vgl. Notizbuch D1, paginierte S. 42 ff.; vgl. die Abb. GBA-Tagebücher, Bd. 3, S. 20. – *Fährkrug von Missunde … Stube*: GBA-Tagebücher, Bd. 3, S. 19. – *2 Söhne vom Grafen Hardenberg … vom 18. Regiment*: ebd., S. 21 (und Anm. S. 420). – *Johanniter-Lazareth … Gräfin Anna Stolberg*: vgl. Diederichs-Krieg 1864, S. 252.

467 *In den Parallelen … Hamburger-Nachrichten*: GBA-Tagebücher, Bd. 3, S. 26. – *das Wichtigste … elektrischen Drahts*: Diederichs-Krieg 1864, S. 181. – *Und wenn sich 10 000 Preußen*: GBA-Tagebücher, Bd. 3, S. 26.

468 *Das Wirtshaus in Broacker*: ebd., S. 28. – *Ständehaus … Klopstocks Grab in Ottensen*: ebd., S. 29. – *Aus dem Sundewitt*: vgl. in diesem Buch, S. 463 (Lemma: *ein Auge für ›Lokalität‹ … militärische Dinge*), Artikel vom 15. u. 29. Juni 1864; F-Bibliographie, Nr. 2664; HFA III/3/1, S. 630–650. – *sämmtliche Staaten Europa's*: *Wochenblatt der Johanniter-Ordens-Balley Brandenburg*, 15. Juni 1864, S. 158.

469 *Unter dem neuen Oberbefehlshaber*: vgl. Diederichs-Krieg 1864, S. 309. – *Waffenstillstand … Friedensverhandlungen*: vgl. Stolz, *Das deutsch-dänische Schicksalsjahr 1864*, S. 203. – *Karl Friedrich Schinkel-Kapitel*: vgl. F-Chronik, Sommer 1864 bis 1. August 1864; sowie F-Bibliographie, Nr. 2710: Vorabdruck in: *Morgenblatt für gebildete Leser*, 4. und 11. November 1864. – *Lassalle … zum Präsidenten … gewählt*: vgl. Allgemeiner Deutscher Arbeiterverein (ADAV). – *Bismarck … spalten*: vgl. Crankshaw, *Bismarck*, S. 187.

470 *Arbeiterstandes*: vgl. Lassalle, *Über den besonderen Zusammenhang der gegenwärtigen Geschichtsperiode mit der Idee des Arbeiterstandes (Arbeiterprogramm)*; F-Chronik, Eintrag vom 4. April 1863. – *Unser Chevalier hat die Verfolgung von Lassalle*: zitiert nach F-Chronik, Eintrag vom 4. April 1863. – *Karten zum Prozess*: vgl. F-Chronik, Eintrag vom 19. April 1863. – *Lassalle ist auf Hochverrath verhaftet*: ThF an Bernhard von Lepel, 23. November 1863, FLep2, Bd. 1, S. 575. – *gewaltsame Änderung … Staatsverfassung*: vgl. Anm. 1 zum Brief von Ferdinand Lassalle an Hans von Bülow, Berlin 21. Februar 1864. – *durch den gesetzlich … erlaubten Eintritt*: Lassalle, *Ansprache an die Arbeiter Berlins*, 14. Oktober 1863, S. 27 f.

471 *Bellevuestraße Nr. 13 … Geisteselite zusammenfand*: ThF, *Christian Friedrich Scherenberg und das literarische Berlin 1840 bis 1860*, 20. Kapitel: *Neue Huldigungen und Erfolge. Freundschaft mit Ferdinand Lassalle*, HFA III/1, S. 701 f. – *gesellschaftsstürzenden Sozialdemokraten*: ebd., S. 703. – *Lassalle lag krank … weiter, weiter*: ebd., S. 702 f.

472 *mit Oberlehrer Alexi … beerbt*: GBA-Tagebücher, Bd. 2, Eintrag von [Ostern] 1869, S. 33. – *dürfe sich 100 Bücher … auswählen*: zitiert nach Anm. 1 zum Brief von Karl Alexi an Ferdinand Lassalle, Neuruppin, 2. August 1864, S. 357. – *Er galt als Schulreformer*: vgl. Schwartz/Begemann, *Annalen des Friedrich-Wilhelms-Gymnasiums*, Eintrag zu Karl Alexi, S. 121. – *Bismarck ist übermütig*: Karl Alexi an Ferdinand Lassalle, Neuruppin, 2. August 1864, S. 357. – *Ihr Verhältniß*: ThF, *Christian Friedrich Scherenberg und das literarische Berlin 1840 bis 1860*, 20. Kapitel: *Neue Huldigungen und Erfolge. Freundschaft mit Ferdinand Lassalle*, HFA III/1, S. 703. – *Antifürst*: ebd., S. 701.

473 *politischen Roman*: ThF an Carl Robert Lessing, 8. Juni 1896, HFA IV/4, S. 562. – *Fühlung*: ThF, *Der Stechlin*, 41. Kapitel, HFA I/5, S. 368; GBA-Erz. Werk, Bd. 17, S. 438. – *die Kastanien hatten … abgeblüht*: ThF, *Irrungen, Wirrungen*, 6. Kapitel, HFA I/2, S. 346. – *ob die Särge*: ThF an Mathilde von Rohr, 21. August 1864, FProp, Bd. 3, S. 50. – *eine seiner Lieblingswendungen*: vgl. ThF an Wilhelm Hertz, 3. Mai 1860, HFA IV/1, S. 703; FHer, S. 10. – *Hier geht es leidlich*: ThF an Mathilde von Rohr, 5. August 1864, FProp, Bd. 3, S. 49.

474 *einen Roman vom Winter 1812.1813*: F-Chronik, Eintrag vom 7. August 1864, zitiert nach einem Aktenvermerk von Wilhelm Hertz. – *Nöhl … illustrirt werden*: F-Chronik, Eintrag zum 13. August 1864, zitiert nach den »Wochenzetteln« von Friedrich Eggers. – *Ihr todtmüder Th: Fontane*: ThF an Wilhelm Hertz, Berlin, 24. August 1864, FHer, S. 115. – *gute Kinder … nie Veranlassung gebe*: ThF an seine Mutter Emilie Fontane geb. Labry, 3. März 1864, HFA IV/2, S. 121 f. – *Friedrich-Wilhelm-Straße Nr. 256*: vgl. Bellin, *Fontanestätten in Neuruppin*, S. 484.

475 *Wagen … zu fahren*: ThF an Wilhelm Hertz [Neuruppin, 6. September 1864], FHer, S. 117. – *Von Ruppin nach Neustadt*: F-Notizbücher, Notizbuch D2, paginierte S. 3. – *Eine Bauersfrau von 50 Jahr … Ach Je!*: F-Notizbücher (s. dort die Korrekturverzeichnungen), Notizbuch D2, paginierte S. 3 f.

476 *Gespräche im Coupé … unfrei*: ebd., paginierte S. 4 f. – *Lübeck … 8 ½ Uhr Morgens*: GBA-Tagebücher, Bd. 3, S. 30; Notizbuch D2, paginierte S. 7 f. – *Lassalles Duelltod … Schlagzeilen*: vgl. NZZ vom 10. September 1864 sowie vom 11. September 1864 (Erwiderung von Georg Herwegh). – *eine bunte, muntere, malerische Stadt … von Deinem / Theodor*: ThF an EF, Kopenhagen, [10.] September 1864, HFA IV/2, S. 132 f.; GBA-FEF, Bd. 2, S. 266.

477 *Konsul Quehl … geplaudert bis nach 11*: GBA-Tagebücher, Bd. 3, S. 33, Notizbuch D2. – *Einkäufe mit Frau Quehl*: ebd., S. 43. – *Dr. Sören Kierkegaard*: vgl. Quehl, *Aus Dänemark*. Kapitel *Dr. Sören Kierkegaard: Wider die dänische Staatskirche*, S. 279–280.

478 *zwischen … Fontane und … Kierkegaard*: vgl. Kobel, *Theodor Fontane – Ein Kierkegaard-Leser?*, S. 255–287. – *Linlithgow*: GBA-Tagebücher, Bd. 3, S. 33. – *Um 9 zum Helsingör Dampfschiff … ausgegossen*: ebd., S. 35. – *eine Stelle zum Dichten … die Schildwache verbot*: ebd., S. 36.

479 *Rasch Hôtel*: ebd., S. 54.

480 *Was wahr ist*: ebd., S. 49 f. – *Race … [N]ordgermanische[n]*: ebd., S. 49. – *viele Heimwehseufzer*: F-Reisebriefe Jütland [Aalborg, 16. September 1864], S. 10; F-Bibliographie, Nr. 2692. – *24. Regiment … am stärksten im Feuer*: Diederichs-Krieg 1864, S. 342. – *Rückfahrt über Düppel … Pulverkammern*: GBA-Tagebücher, Bd. 3, S. 57; Notizbuch D3.

481 *Geehrter Freund … vertagen*: ThF an Theodor Storm, 25. September 1864, HFA IV/2, S. 133 f.; FSt3, S. 123 f. – *Lieber Fontane … aber Landvogt*: Theodor Storm an ThF, 26. September 1864, FSt3, S. 124 f. – *über zehn Jahre her*: vgl. F-Chronik, Eintrag vom 1. Januar 1853. – *reger Austausch*: vgl. Radecke, *»Heimisch werde ich mich hier niemals fühlen«. Theodor Storm in Potsdam*, literaturport.de. – *jeder die Dichtungen des andern*: vgl. Radecke, FSt3, *Rezensionen und Essays*, S. 148–163; sowie ThF über Storm in *Von Zwanzig bis Dreißig*, HFA III/4, Kapitel *Theodor Storm*, S. 356–378; GBA-Autobiogr. Werk, Bd. 3, S. 216–242. – *Husumer Deich … Londonbrücke*: vgl. F-Chronik; Eintrag von * 1862*, S. 1162. – *Lob … für die Novelle »Auf der Universität«*: ThF an Theodor Storm, 13. Dezember 1862, HFA IV/2, S. 88; FSt3, S. 120 f.

482 *die friesische See*: vgl. Diederichs-Krieg 1864, S. 364 ff. – *unter preußischem Zivilkommissariat*: vgl. Missfeldt, *Die graue Stadt am Meer*, S. 262. – *Landvogt Storm unterstand*: vgl. ebd., S. 265 f. – *holsteinsche Austern … erwartet … ins Hôtel*: GBA-Tagebücher, Bd. 3, S. 57.

483 *eine große Freude … um den Hals geredet*: Theodor Storm an Ludwig Pietsch, 9. Oktober 1864, zitiert nach Missfeldt, *Die graue Stadt am Meer*, S. 271. – *Hol Sie der Teufel!*: Theodor Storm an ThF, 19. Dezember 1864, FSt3, S. 125. – *Capwein*: vgl. auch F-Reisebriefe Böhmen [1866], S. 16. – *Ob du reisen sollst … Th. F.*: ThF, *Die Grafschaft Ruppin*, HFA II/2, S. 12 u. 14; GBA-Wanderungen, Bd. 1, S. 5 u. 7. – *Theodor Storm in Husum*: ThF an Wilhelm Hertz [Dezember 1864 oder Januar, Februar 1865], HFA IV/2, S. 135; FHer, S. 122.

484 *So geschieht denn wieder*: ThF, *Zum 14. November 1864 (An Emilie)*, HFA I/6, S. 875; GBA-Gedichte, Bd. 3, S. 170. – *Ich danke Dir … Mantel bekommen*: GF an Bertha Kummer [21. November 1864], TFA. – *Der Kalbsbraten*: ThF jun. an Bertha Kummer [21. November 1864], TFA. – *zahlreichen Reunions*: F-Chronik, Eintrag vom * 11. Dezember 1864*. – *der Zipfel … Bedeutung erhält*: Theodor Storm an ThF, 19. Dezember 1864, FSt3, S. 126.

485 *Wer kommt? … es war gut*: ThF, *Einzug (7. Dezember 1864)*, HFA I/6, S. 238 ff.; GBA-Gedichte, Bd. 1, S. 217 ff. – *bis Ende August 1865*: vgl. ThF an Wilhelm Hertz, 21. Mai 1865, HFA IV/2, S. 140; FHer, S. 122.

486 *Existenz sichern*: vgl. F-Chronik, Eintrag vom April 1864. – *Honorar von 500 Talern*: ThF an Rudolph von Decker, 21. Oktober 1864, FDeck, S. 22. – *Teltower Rübchen*: vgl. ThF an EF, 14. September 1859, S. 680; GBA-FEF, Bd. 2, S. 172. – *Constanze Storm*: vgl. ThF an Theodor Storm, 31. Mai 1865, HFA IV/2, S. 141; FSt3, S. 129 f. – *Koblanck will … Regeneration*: EF an Bertha Kummer [10. Juli 1865], TFA. – *Verleger Hertz gebeten*: ThF an Wilhelm Hertz, Dezember 1864 oder Januar, Februar 1865, HFA IV/2, S. 135; FHer, S. 121. – *In Dresden starb*: Anzeige in der VZ, 17. August 1865, 1. Beilage, S. 4, zitiert nach FWolf3, S. 134. – *Aus den Blättern*: ThF an Emilie Wolfsohn geb. Gey, 19. August 1865, zitiert nach ebd., S. 134.

487 *Karl Baedekers Handbuch*: F-Chronik, Eintrag vom 26. August 1865. – *zu Esel über die Wolkenburg … Kölnerin*: GBA-Tagebücher, Bd. 3, S. 66; Notizbuch C1. – *Mäßiges Diner … Walter Scotts*: ebd., S. 67.

488 *ausgezeichnet … durchs Blut*: ebd., S. 69 f. – *Pension Moser / à Montreux*: F-Notizbücher, Notizbuch C1, eingelegte Hotelkarte. – *nach Basel*: GBA-Tagebücher, Bd. 3, S. 83. – *Abgang von Bern … nach Neuhaus*: F-Notizbücher, Notizbuch C1, nicht paginiert, letzte Seite. – *Schweizer-Reise fehlt*: F-Notizbücher, Vermerk auf Titeletikette des Notizbuchs C1.

489 *mit Pferd und drei Trägern*: ThF an EF, 28. August 1874, HFA IV/2, S. 470; GBA-FEF, Bd. 3, S. 22. – *Scotts Roman Waverly*: vgl. F-Chronik, Eintrag vom September 1865; vgl. zudem ThF an Hermann Pantenius, 14. August 1893, HFA IV/4, S. 272. – *ängstlich-pedantischer … Tante Pine*: ThF an EF, 19. Oktober 1869, HFA IV/2, S. 253; GBA-FEF, Bd. 2, S. 411. – *in dem lieblichsten … vereist in's Tal*: ThF, *L'Adultera*, 18. Kapitel, HFA I/2, S. 110; GBA-Erz. Werk, Bd. 4, S. 128. – *welche Welt!*: ThF, *Cécile*, 13. Kapitel, HFA I/2, S. 210; GBA-Erz. Werk, Bd. 9, S. 87.

490 *Vortrag … drucken ließ*: vgl. F-Chronik, Eintrag vom 30. November 1865 (Vortrag *Denkmäler in der Schweiz*, gehalten im Conservativen Verein der Lucas-Gemeinde zu Berlin); Aufsatz *Denkmäler in der Schweiz*, in: *Wochenblatt der Johannniter-Ordens-Balley Brandenburg*, 11. April 1866, vgl. F-Bibliographie, Nr. 2850. – *in Bürglen … Umrahmung bilden*: ThF, *Denkmäler in der Schweiz*, HFA III/3/I, S. 728–736, hier S. 733 f.

491 *Morgen kommt Nöhl*: Richard Lucae an Anna Witte, 16. September 1865, HABW/Nachlass Schreinert. – *die Leute sagen … die Tage in Interlaken*: ThF an Henriette von Merckel, 25. September 1865, HFA IV/2, S. 145; FMer, Bd 2, S. 228.

492 *die Alpen sinken*: ebd. – *aus Ratzeburg*: vgl. Unechte-Korr., Bd. 1, S. 555; F-Bibliographie, Nr. 2799 f. – *umstritten geblieben*: vgl. Muhs, *»Unechte Korrespondenzen«, aber alles echter Fontane?*, S. 204. – *Wenn es denn ohne Krieg*: vgl. weiterführend: Storch, *Theodor Fontane: Zeuge seines Jahrhunderts*, Kapitel *Einigungskriege*, S. 139–145.

493 *zu spät*: George Hesekiel an ThF, 14. April 1866, zitiert nach F-Chronik, Eintrag vom 14. April 1866. – *Absatz*: ThF an A. V. Schultz, 2. November 1865, FDeck, S. 35. – *goldene Medaille … Erlass des Kultusministers*: vgl. F-Chronik, Eintrag vom 21. April 1866 f. – *Fontanes erstes Kriegsbuch*: vgl. weiterführend: Osborne, *Das journalistische Werk*, Kapitel *Die Kriegsbücher*, S. 850 ff. – *Oberlichtsaale des Königlichen Akademiegebäudes*: vgl. ThF [Anon.], *Das Krönungsbild*, NPZ vom 3. Januar 1866; F-Bibliographie, Nr. 2826; NFA 23/1, S. 336–340, hier S. 336; sowie NFA 23/2 (Anm.); vgl. auch Keisch et al., *Fontane und die bildende Kunst*, S. 205 f. – *auf dem Gebiete realistischer Kunst … Staatsfeierlichkeiten*: ebd., NFA 23/1, S. 339. – *Verlagsvertrag*: Möller, *Die Verlagsverträge im Fontane-Archiv (1. Teil)*, S. 42; F-Chronik, Eintrag vom 4. November 1865.

494 *Sie dürfen nicht glauben … Herzenssache*: ThF an Wilhelm Hertz, 11. August 1866, FHer, S. 133. – *heraufziehend[e] Kriegsgewölk*: ThF an Wilhelm Hertz, 19. März 1866, HFA IV/2, S. 156; FHer, S. 129. – *künstlerische[r] Attaché … Krieg*: ThF an Henriette von Merckel, 7. Mai 1866, HFA IV/2, S. 159; FMer, Bd. 2, S. 230. – *Wie Du auf Bismarck zürnst*: EF an Bertha Kummer [10. Juni 1866], TFA. – *Auf die Redaktion*: GBA-Tagebücher, Bd. 2, Eintrag vom 14. Juni 1866, S. 8.

495 *Ohne Zögern besetzte Preußen*: vgl. Diederichs-Krieg 1866, Bd. 1, S. 74, sowie Clark, *Preußen*, S. 611 ff. – *ein überaus schwieriger*: EF an Bertha Kummer [10. Juni 1866], TFA. – *am Jahrestage von Fehrbellin*: Diederichs-Krieg 1866, Bd. 1, S. 84. – *ein Notizbuch*: F-Notizbücher, Notizbuch D5. – *Sichrow, 27. Juni*: ebd., paginierte S. 1 ff. – *stotterte*: vgl. ThF an Wilhelm Hertz [17. Juni 1866], HFA IV/2, S. 163; FHer, S. 131. – *Prolog*: vgl. GBA-Tagebücher, Bd. 2, Einzeldruck, eingeklebt im Tagebuch von 1866, S. 13 ff. – *Jetzt-roman … Allerlei Glück*: vgl. F-Fragmente, Bd. 1, S. 103–173, u. Bd. 2, S. 68. – *wieder Vorbereitungen … zuträglich findet*: EF an Bertha Kummer [6. August 1866], TFA. – *Münchengrätz … Königgrätz*: GBA-Tagebücher, Bd. 2, Eintrag von 1866, S. 17.

496 *Nichts für ungut! … Theodor*: ThF an Bertha Kummer, Nachschrift im Brief von EF an Bertha Kummer, 6. August 1866, TFA. – *Es scheint mein Schicksal*: GBA-Tagebücher, Bd. 3, Eintrag vom 16. August [1866], S. 87 f.; Notizbuch D4. – *Ihr Abdruck begann*: vgl. F-Bibliographie, Nr. 2875.

497 *die weiße Binde*: GBA-Tagebücher, Bd. 3, S. 87, Eintrag vom 16. August [1866]; Notizbuch D4; sowie F-Reisebriefe Böhmen, S. 7. – *Die 24er, die in Dresden lagen*: F-Reisebriefe Böhmen, S. 12. – *eine kleine maliciöse Widmung*: ThF an Hans von Rohr, * 6. November 1866, zitiert nach F-Chronik, Eintrag vom selben Tag. – *Dieses Buch*: ThF, *An Emilie (Mit den »Reisebriefen vom Kriegsschauplatz«)*, HFA I/6, S. 414; GBA-Gedichte, Bd. 3, S. 181. – *Rum-Lied*: ThF, *An Emilie. Rum-Lied (Mit einer Flasche Rum zum 14. November 1866)*, HFA I/6, S. 414 f.; GBA-Gedichte, Bd. 3, S. 180 f.

498 *Mit der Zeit*: ThF an Mathilde von Rohr, 18. Januar 1867, FProp, Bd. 3, S. 66. – *Titel Hofrat*: vgl. Drude, *Fontane und sein Berlin*, S. 163. – *ein schiefgewickelter, oder ins Apothekerhafte*: ThF an Karl Zöllner, 15. Juli 1866, HFA IV/2, S. 165; FProp, Bd. 4, S. 13. – *Der alte Papa*: EF an Bertha Kummer, 17. März 1866, TFA. – *Ich bin krank*: ThF an Mathilde von Rohr, 6. April 1867, FProp, Bd. 3, S. 67. – *seinen letzten Besuch beim Vater*: vgl. ThF, *Meine Kinderjahre*, 16. Kapitel: *Vierzig Jahre später (Ein Intermezzo)*, HFA III/4, S. 151–162; AFA-Autobiogr. Schriften I, S. 159–171. – *Sonntagsbesuch*: vgl. F-Chronik, Eintrag vom 31. März 1867.

499 *Läuterungsprozess*: vgl. ThF [Anon.], *Unsere lyrische und epische Poesie seit 1848*, HFA III/1, S. 236–260, hier S. 241. – *comme philosophe*: ThF, *Meine Kinderjahre*, 16. Kapitel: *Vierzig Jahre später (Ein Intermezzo)*, HFA III/4, S. 151; AFA-Autobiogr. Schriften I, S. 159. – *alter Lehr-Prinzipal Wilhelm Rose*: GBA-Tagebücher, Bd. 2, Eintrag von 1867, S. 20. – *Mama Triepcke*: ebd. – *kleine Erbschaft*: vgl. EF an ThF, 5. Mai 1867, GBA-FEF, Bd. 2, S. 271. – *eine ganze Woche lang*: vgl. F-Chronik, Eintrag vom 5. bis 12. Mai 1867. – *wo Preußen an der Westfront*: vgl. Diederichs-Krieg 1866, Bd. 2, S. 105 ff. – *im Notizbuch*: vgl. GBA-Tagebücher, Bd. 3, S. 105–109; Notizbuch A18. – *[M]ein guter Mann*: EF an Mathilde von Rohr, 14. Oktober 1867, zitiert nach Erler, *Das Herz bleibt immer jung*, S. 390.

500 *Jenny … Max Sommerfeldt*: GBA-Tagebücher, Bd. 2, Eintrag von 1867, S. 30. – *sehr gefaßt*: EF an Mathilde von Rohr, 14. Oktober 1867, zitiert nach Erler, *Das Herz bleibt immer jung*, S. 390. – *Herz- vielleicht auch ein Lungenschlag … die Erde leicht*: GBA-Tagebücher, Bd. 2, Eintrag von 1867, S. 30. – *8. Oktober 1867 … Bergmann*: Testamentsakte von Louis Henri Fontane, Testamentseröffnung vom 8. Oktober 1867, Freienwalde, BLHA. –

Unser lieber Papa: EF an Mathilde von Rohr, 14. Oktober 1867, zitiert nach Erler, *Das Herz bleibt immer jung*, S. 390 f.

501 *Berlin, d. 29. Oktober 1867 ... Th. Fontane*: ThF an Hermann Sommerfeldt, 29. Oktober 1867, HFA IV/2, S. 191 f.

502 *Preußen dominierte den Norddeutschen Bund*: vgl. Clark, *Preußen*, S. 619 ff.

503 *einen anständigen Titel*: ThF an Mathilde von Rohr, 7. Mai 1868, HFA IV/2, S. 197; FProp, Bd. 3, S. 74. – *Soldat werden zu lassen*: GBA-Tagebücher, Bd. 2, Eintrag von 1868, S. 31. – *Klavierlehrerdasein brotlos*: vgl. ThF an die Mutter Emilie Fontane geb. Labry, 3. April 1868, HFA IV/2, S. 197; FProp, Bd. 1, S. 70. – *Meine liebe, gute Mama ... Husten*: ThF an die Mutter Emilie Fontane geb. Labry, 20. September 1868, HFA IV/2, S. 215; FProp, Bd. 1, S. 70. – *um Ostern reise ich zu Mama*: GBA-Tagebücher, Bd. 2, Eintrag von 1869, S. 33. – *Rückreise mit Oberlehrer Alexi*: ebd.

504 *auf dem Hügelkirchhof*: ebd., S. 35. – *um zu sehn wie's steht*: ebd., S. 34. – *Scheringer ... Erleichterung*: ThF an die Mutter Emilie Fontane geb. Labry, 20. September 1869, HFA IV/2, S. 238; FProp, Bd. 1, S. 74. – *irgendwelche Schwierigkeiten in Kassel*: vgl. GF an Ludovica Hesekiel, 2. Juli 1869, GF, *Mein liebes Luchen*, S. 85, Anm. 16. – *im deutschen Krieg eine gewisse Rolle gespielt*: vgl. F-Chronik, Eintrag vom * 21. November 1867*. – *George schrieb jetzt Briefe nach Hause*: GFs Briefe an die Eltern sind in der Handschrift nicht überliefert, vgl. aber GFs *Feldpostbriefe 1870–1871*, die FF 1914 herausgab. – *eine bemerkenswerthe literarische Begabung*: ThF an EF, 7. Oktober 1869, HFA IV/4, S. 245; GBA-FEF, Bd. 2, S. 402 f. – *sehr glücklich*: GF an Ludovica Hesekiel, 11. Oktober, 1869, GF, *Mein liebes Luchen*, S. 92. – *Meine liebe Frau ... klarem Spiel*: ThF an EF, 7. Oktober 1869, HFA IV/2, S. 245 f.; GBA-FEF, Bd. 2, S. 404. – *Offizier a. D. ... Kopfrheumatimus*: ThF an EF, 19. Oktober 1869, ebd., S. 254; ebd., S. 411.

505 *Wenn denn 'mal gestorben sein muß ... Bismarck*: ThF an EF, 24. November 1869, ebd., S. 266 ff.; ebd., S. 420 f. – *Abrechnung mit den Verlegern*: vgl. F-Bibliographie, Nr. 3091: ThF [Anon.], *Buchhandel und Zeitungen*, NPZ vom 27. November 1869; NFA 21/1, 481 f. – *3 ½ beste Lebensjahre*: ThF an EF, 29. November 1869, HFA IV/2, S. 275; GBA-FEF, Bd. 2, S. 428. – *Entkräftung ... die Tochter*: Kirchenbuch eingesehen am 17. Februar 2010 bei Pfarrer Rein, Neuruppin. Ich danke Vreni Traber für die Mithilfe. – *Am 13. Dezember starb meine ... Mama*: GBA-Tagebücher, Bd. 2, Eintrag von 1869, S. 35.

506 *Theodor Fontane ... geringer[en] Betrag*: Testamentsakte von Emilie Fontane geb. Labry; Brief mit Unterschriften vom 17. Dezember 1869, BLHA; vgl. auch den Abdruck der Akten in: Denk/Otto/Panecke, *Louis Henri Fontane*, S. 102–111. – *ächter englischer spongecake*: ThF an Elise Fontane, 9. Januar 1870, FProp, Bd. 2, S. 302.

507 *Liebling Martha reist nach London*: vgl. weiterführend Dieterle, *Die Tochter*. – *bis aufs Messer*: ThF an Elise Fontane, 30. Oktober 1868, HFA IV/2, S. 223; FProp, Bd. 2, S. 300. – *Wir haben von Frau Merington*: EF an Mathilde von Rohr, 1. Februar 1870, zitiert nach Dieterle, *Die Tochter*, S. 50. – *Coiffuren*: ThF an Mathilde von Rohr, 15. April 1870, HFA IV/2, S. 294; FProp, Bd. 3, S. 89. – *Springhas[e] (Martha)*: ThF an Wilhelm Hertz, 26. April 1870, HFA IV/2, S. 299; FHer, S. 140. – *Am frühen Morgen des 20. April 1870*: vgl. GBA-Tagebücher, Bd. 2, S. 36. – *so passirten wir die Riesenstadt*: EF an ThF, 22. April 1870, GBA-FEF, Bd. 2, S. 445. – *über Trafalgar Square*: ebd.

508 *Englischstunden … Klavierstunden*: EF an ThF, 27. April 1870, ebd., S. 453 ff. – *Daß Mete so einschlägt*: ThF an EF, 6. Mai 1870, ebd., S. 463. – *wie ein Stern*: ThF an EF, 4. Juni 1862, ebd., S. 200. – *[d]ie Unfreiheit, die Dürre*: ThF an Mathilde von Rohr, 13. Mai 1870, HFA IV/2, S. 311; FProp, Bd. 3, S. 92. – *Geliebte Frau … Recht gethan*: ThF an EF, 11. Mai 1870, HFA IV/2, S. 306; GBA-FEF, Bd. 2, S. 475 [zitiert nach dieser Ausgabe].

509 *eine recht emanzipierte Ehe*: vgl. EF an ThF, 27. April 1870, ebd., S. 454 f. – *1000 Thalern … meinen Roman schreiben*: ThF an EF, 11. Mai 1870, HFA IV/2, S. 309; GBA-FEF, Bd. 2, S. 478 [zitiert nach dieser Ausgabe].

510 *Liebster Theodor … unerträglichen Ehe*: EF an ThF, 14. Mai 1870, GBA-FEF, Bd. 2, S. 478 f. – *[Wo] liegt denn … Dein Theo*: ThF an EF, 16. Mai 1870, HFA IV/2, S. 312 f.; GBA-FEF, Bd. 2, S. 480 f.

511 *Greenwich*: vgl. EF an ThF, 19. Mai 1870, GBA-FEF, Bd. 2, S. 482. – *von unserer Mama … Zinsen […] mitzunehmen*: EF an ThF, London, 14. Mai 1870, ebd., S. 479. – *[G]ieb Deiner lieben Mama*: ThF an MF, 21. Mai 1870, HFA IV/2, S. 313; FMF, S. 38.

512 *von Cambridge*: EF an ThF, 26. Mai 1870, GBA-FEF, Bd. 2, S. 490. – *[D]er Abschied*: EF an ThF, 10. Juni 1870, ebd., S. 502. – *Die Genies*: H. v. Merckel, *Erinnerungen an die Familie Fontane*, 22. Mai 1870, S. 260. – *[D]ie Geschichte muß*: ThF an Ludwig Burger, 27. Juni 1870, FDeck, S. 155.

513 *in Anerkennung*: Friedrich Albrecht Graf zu Eulenburg an ThF, 30. April 1870, zitiert nach F-Chronik, Eintrag vom 30. April 1870. – *Ersatz für die 300 Taler*: vgl. ThF an Wilhelm Hertz, 24. März 1870, HFA IV/2, S. 292; FHer, S. 139. – *Jahreseinkommen von über 1800 Talern*: vgl. ThF an Karl Zöllner, 25. März 1870, HFA IV/2, S. 292 f. – *In Wiesbaden, in Homburg*: Manesse-Krieg 1870/71, Bd. 1, 1. Kapitel: *Ems*, S. [3]. – *Nichts fröhlicher*: ebd., S. 4. – *die Mobilmachungsorder*: GF an ThF, 16. Juli 1870, GF, *Feldpostbriefe 1870–1871*, S. 5.

514 *Lebensmittel*: GF an ThF, 21. Juli 1870, ebd., S. 7. – *Na, wir werden diesen Pflaumenschmeißern*: GF an ThF, 22. Juli 1870, ebd., S. 8. – *ein Dutzend Romankapitel*: ThF an Mathilde von Rohr, 26. Juni 1870, HFA IV/2, S. 322; FProp, Bd. 3, S. 95.

515 *Es erging mir wie Ihnen*: ThF an Rudolf von Decker, 8. August 1870, FDeck, S. 156. – *Es war der Todestag der Königin … Freiheit*: Manesse-Krieg 1870/71, Bd. 1, S. 59. – *Erfreuen wir uns*: ThF an Mathilde von Rohr, 26. August 1870, HFA IV/2, S. 330; FProp, Bd. 3, S. 102. – *Honorar 50 T[aler]*: ThF an Rudolf von Decker, 8. August 1870, FDeck, S. 156.

516 *Kriegsschauplatz 1870*: F-Notizbücher, Notizbuch D6; vgl. GBA-Tagebücher, Bd. 3, S. 141–164. – *voulez-vous porter*: F-Notizbücher, Notizbuch D6, paginierte S. 66 (Doppelseite). – *Einer Situation, wie der gegenwärtigen*: ThF, Königliche Schauspiele [*Wilhelm Tell* von Schiller, Aufführung vom 17. August 1870], VZ vom 19. August 1870, F-Bibliographie, Nr. 3128; HFA, III/2, S. 5. – *Es kann der Frömmste nicht*: ebd. – *die Tausenden Gefallenen*: Manesse-Krieg 1870/71, Bd. 1, Kapitel *Das Totenfeld vom 16. und 18. August*, S. 482–488. – *Die Blumen des Landes sind abgemäht*: ebd.

517 *schwarze Tasche … Umhänge-Tasche*: ThF an [Lüdicke?], Besançon, 26. Oktober 1870, HFA IV/2, S. 346. – *In diese Tasche packte er*: vgl. F-Notizbücher, Notizbuch D6 (»Kriegsschauplatz 1870«), paginierte S. 67 (Doppelseite). – *etwa am 6. Oktober vor Paris*: ThF an Mathilde von Rohr, 25. September 1870, FProp, Bd. 3, S. 103.

518 *God be blessed for it*: ThF an EF [29. September 1870], Poststempel 1. Oktober 1870; GBA-FEF, Bd. 2, S. 513. – *lehrreich, interessant*: ThF an EF, 1. Oktober 1870 (im Zug zwischen Luneville und Nancy), GBA-FEF, Bd. 2, S. 514. – *Wackeltisch*: ThF an EF, 2. Oktober 1870, HFA IV/2, S. 333; GBA-FEF, Bd. 2, S. 516. – *in Reserve*: GF an ThF u. EF, 17. August 1870, GF, *Feldpostbriefe 1870–1871*, S. 16. – *die Granaten*: ebd.

519 *in den poetischen Kreis*: ThF an EF, 4. Oktober 1870, HFA IV/2, S. 336; GBA-FEF, Bd. 2, S. 519. – *Der Ausflug nach Vaucouleurs*: GBA-Tagebücher, Bd. 3, S. 158, Notizbuch D6. – *Früh 7 Uhr*: ebd. – *eine wohlgemeinte, aber schwache Arbeit*: ThF, *Kriegsgefangen*, 1. Kapitel, *Domrémy*, HFA III/4, S. 547.

520 *Vous êtes médecin?*: ThF, *Kriegsgefangen*, 2. Kapitel, *Neufchateau*, HFA III/4, S. 552. – *Ich war wie vom Donner getroffen*: ebd. – *Uhr und Geld*: ebd. – *Trinkflasche*: ThF an [Lüdicke?], Besançon, 26. Oktober 1870, HFA IV/2, S. 346. – *Mr. le General*: GBA-Tagebücher, Bd. 3, S. 158; Notizbuch D6. – *Hier war das Todtschießen nah*: GBA-Tagebücher, Bd. 2, 1870, S. 38. – *für die Dauer des Krieges*: ThF an EF, 24. Oktober 1870, HFA IV/2, S. 343; GBA-FEF, Bd. 2, S. 528. – *Das Bastion am Meer*: GBA-Tagebücher, Bd. 3, S. 160; Notizbuch D6.

521 *Lieblingsstellen*: ThF, *Kriegsgefangen*, 15. Kapitel, *»Sentinelle, prenez garde à vous«*, HFA III/4, S. 668 ff. – *Je suis libre*: GBA-Tagebücher, Bd. 3, S. 162; Notizbuch D6. – *an dessen Begräbnis er teilnahm*: vgl. ThF, *Kriegsgefangen*, 13. Kapitel, *Begräbnis*, HFA III/4, S. 662–664.

522 *épidémie de tiphoïde*: Kirchenbuch von Le Château vom 17. November 1870 bis 26. März 1871. Ich danke Michel Garnier (Lokalhistoriker von Le Château) für seine Hilfe vor Ort. Vgl. auch ThF, *Kriegsgefangen*, 14. Kapitel, *Sturm im Wasserglas*, HFA III/4, S. 664 ff. – *Empfang eines Briefes*: GBA-Tagebücher, Bd. 3, S. 163; Notizbuch D6. – *Briefe von Meringtons*: ebd. – *französische Zeilen*: ThF an EF, 28. Oktober 1870, GBA-FEF, Bd. 2, S. 533. – *George bis dahin heil*: ebd., S. 534. – *An Wangenheims wiederholt meinen Dank*: ThF an EF, 18. November 1870, HFA IV/2, S. 361; GBA-FEF, Bd. 2, S. 548. – *Gruß und Kuss euch allen*: ThF an EF, 4. Oktober 1870, HFA IV/2, S. 338; GBA-FEF, Bd. 2, S. 521.

523 *Je suis convaincu*: ThF an EF, 14./16. Oktober 1870, ebd., S. 339; ebd., S. 524. – *Lazarus schrieb an*: vgl. Nahida Lazarus, *In einer Oktobernacht des Jahres 1870*, S. 87–94. – *erfolgreich … die Wangenheims*: vgl. Osborne, *Briefe Césaire Mathieus an Emilie und Theodor Fontane 1870–1871*, S. 5–11; sowie Drude, *Fontane und sein Berlin*, S. 337. – *Mein Herr! … v. Bismarck*: Otto von Bismarck an Eliu B. Washburne [29. Oktober 1870], FDeck, S. 164 und Anm. 1; Original in französischer Sprache. – *zur Sicherung*: vgl. Otto von Bismarck an Elihu B. Washburne [23. Januar 1871], FDeck, S. 182.

524 *Theodor Fontane … fruchtlos*: zitiert nach *Wiener Fremdenblatt* vom 28. Oktober 1870. – *der Berliner Schriftsteller Fontane*: Tagebuch des Deutsch-Französischen Krieges 1870, Eintrag vom 22. November 1870, S. 3368. – *Ein Telegramm aus Genf*: *Berliner Gerichts-Zeitung* vom 6. Dezember 1870. – *Der Schriftsteller Th. Fontane*: Tagebuch des Deutsch-Französischen Krieges 1870, Eintrag vom 5. Dezember 1870, S. 3730. – *ein Gesamtbericht*: *Berliner Gerichts-Zeitung* vom 13. Dezember 1870, 18. Jahrgang. Vgl. auch ThF an Kriegsminister Graf Albrecht von Roon, 20. Dezember 1870, HFA IV/2, S. 368.

525 *in der Kreuzzeitung*: vgl. GF an EF, 8. Dezember 1870, GF, *Feldpostbriefe 1870–1871*, S. 45 (mit Hinweis auf die NPZ vom 6. Dezember 1870). – *Papa … Unglück gehabt*: GF an ThF, 18. Dezember 1870, GF, *Feldpostbriefe 1870–1871*, S. 53. – *Bismarck aber kümmerte sich*: vgl. dazu EF an Rudolf von Decker, 18. November 1870, FDeck, S. 168. – *Forderung, im Austausch*: Otto von Bismarck an Eliuh B. Washburne [23. Januar 1871], FDeck, S. 182. – *So Bismarck*: vgl. auch Jäckel, *Fontane und der Deutsch-Französische Krieg 1870/71*, S. 93 ff.; sowie die Anm. in HFA IV/2, S. 349.

526 *Waffenstillstand*: vgl. Manesse-Krieg 1870/71, Bd. 4, S. 779. – *kein Schuss*: GF an ThF, 2. Februar 1871, GF, *Feldpostbriefe 1870–1871*, S. 70. – *bei Orléans durch eine Kugel*: GBA-Tagebücher, Bd. 2, Eintrag von 1870, S. 38. – *Rhinoceros*: GBA-Tagebücher, Bd. 2, Eintrag von 1871, S. 71. – *Ich muß Dir, lieber Vater*: GF an ThF, 2. Februar 1871, GF, *Feldpostbriefe 1870–1871*, S. 71. – *monatlich 100 Taler Vorschuss*: vgl. ThF an Rudolf von Decker, 1. Januar 1871, FDeck, S. 180 f. – *Das Büchermachen*: ThF an EF, 12. April 1871, GBA-FEF, Bd. 2, S. 558.

528 *Rebstock … Prag*: GBA-Tagebücher, Bd. 3, Eintrag vom 10. April 1871, S. 166. – *Die Sache ist also abgemacht*: ThF an Hermann Kletke, Berlin, 4. April 1871, FKlet, S. 30.

529 *Introduktion*: F-Notizbücher, Notizbuch D7, paginierte S. 56–59. – *fatale Conversation*: GBA-Tagebücher, Bd. 3, Eintrag vom 13. April 1871 [Crespy], S. 181; Notizbuch D7.

530 *Ich bin im allgemeinen*: ThF, *Aus den Tagen der Okkupation*, Kapitel *Ein Schreck*, HFA III/4, S. 721. – *Um 3 in Mouy*: GBA-Tagebücher, Bd. 3, Eintrag vom 14. April 1871, S. 183; Notizbuch D7. – *doch ganz eigentümlich*: ThF, *Aus den Tagen der Okkupation*, Kapitel *Ein Wiedersehn*, HFA III/4, S. 725. – *Als ich eben mein Stück Windsorsoap*: ebd.

531 *Ankunft in Rouen*: GBA-Tagebücher, Bd. 3, Eintrag vom 26. April 1871, S. 214; Notizbuch D8. – *von den zwei hübschen Französinnen*: vgl. ThF, *Aus den Tagen der Okkupation*, Kapitel *Dieppe*, HFA III/4, S. 829 f. – *in aller Glorie seines Standes*: ebd., S. 831 f. – *Diesen Luxus … eine Lücke*: ThF, *Aus den Tagen der Okkupation*, Kapitel *Dieppe*, HFA III/4, S. 833 f.

532 *indiskret*: vgl. GBA-Tagebücher, Bd. 3, Eintrag vom 28. April 1871 [Amiens], S. 225; Notizbuch D8. – *Ritt um Sedan*: GBA-Tagebücher, Bd. 3, Eintrag vom 1. Mai 1871, S. 239; Notizbuch D9. – *[D]ie Umreitung … war vollständig*: GBA-Tagebücher, Bd. 3, Eintrag vom 2. Mai, S. 245 f.; Notizbuch D9. – *Oberst … 4 Uhr*: ThF, *Aus den Tagen der Okkupation*, Kapitel *Ein Ritt*, HFA III/4, S. 884–890, hier S. 884. – *Mit meinem Fuchs ließ sich reden*: ebd.

533 *Tortenform … Back-Gerätschaften*: ebd., S. 886. – *Parodie … Selbstpersiflage*: vgl. auch Fischer, *Fontanes Kriege*, S. 73 f. – *ma petite chère en Angleterre*: ThF an EF, 14. Oktober 1870, HFA IV/2, S. 339; GBA-FEF, Bd. 2., S. 524. – *5 Milliarden Francs*: Manesse-Krieg 1870/71, Bd. 4, S. 787 ff. – *Kaserne in Magdeburg*: vgl. GF an ThF, 21. Juni 1871, GF, *Feldpostbriefe 1870–1871*, S. 100 ff. – *Fridericianismus*: ThF an Rudolf von Decker, 13. Juni 1871, FDeck, S. 190. – *die Verse*: ThF, *Einzug (16. Juni 1871)*, Erstdruck im *Fremdenblatt* Deckers, 16. Juni 1871, Nachdruck in VZ vom 20. Juni 1871; F-Bibliographie, Nr. 3180 u. 3181; HFA I/6, S. 244 f.; GBA-Gedichte, Bd. 1, S. 221 f. – *Konzediere, es war gut*: ThF, *Einzug (16. Juni 1871)*, HFA I/6, S. 245; GBA-Gedichte, Bd. 1, S. 222. – *da Majestät*: EF an Mathilde von Rohr, 28. Juni 1871, zitiert nach Dieterle, *Die Tochter*, S. 80.

534 *Kaiserzeiten*: ThF an Hermann Kletke, 20. Januar 1871, HFA IV/2, S. 370. – *Mitte August [1871]*: GBA-Tagebücher, Bd. 2, Eintrag von 1871, S. 39. – *auf diese Villa zuschritt*: GBA-Tagebücher, Bd. 3, Eintrag vom 26./27. April 1871, S. 217. – *Mut und Genie*: ThF, *Aus den Tagen der Okkupation*, Kapitel *Puits*, HFA III/3, S. 845. – *Artikel Fontanes*: vgl. ThF, *Walter Scott*, in: *Der Salon für Literatur, Kunst und Gesellschaft*. Leipzig. Bd. 8, Heft 11 [August 1871], S. 606–618; F-Bibliographie, Nr. 3193; HFA III/1, S. 385–404. – *Auch diese Arbeit*: GBA-Tagebücher, Bd. 2, Eintrag von 1871, S. 39.

535 *Ich weiß nicht*: ThF an Mathilde von Rohr, 30. März 1872, FProp, Bd. 3, S. 124.

536 *Guten Tag, Faucher … ruiniren uns*: ThF, *Von Zwanzig bis Dreißig*, HFA III/4, S. 227 f.; GBA-Autobiogr. Werk, Bd. 3, S. 57. – *Wohnungsnöthen*: ThF an Mathilde von Rohr, 30. März 1872, FProp, Bd. 3, S. 124. – *seine feste Adresse*: vgl. *Berliner Adressbuch* 1871 bis 1876. – *den alten Prinzen Carl von Preußen … in den Orient*: vgl. F-Chronik, Eintrag vom 30. November 1869.

537 *sieben Fuß*: ThF an Clara Stockhausen, 27. Dezember 1878, HFA IV/2, S. 645. – *75 Stufen*: ThF, *Meine Reiselust (früher und jetzt)*, HFA I/6, S. 343; GBA-Gedichte, Bd. 2, S. 474. – *Drei Treppen hoch …*: ThF, *Die Drei-Treppen-Hoch-Leute*, HFA I/7, S. 489, F-Fragmente, Bd. 1, *Drei Treppen hoch*, S. 410. – *Licht und Luft*: vgl. Friedrich Fontane, *Wie Theodor Fontane umzog*, S. 78. – *Weihnachten … sehr lange*: GBA-Tagebücher, Bd. 2, Eintrag von 1872, S. 43. – *Essay über Willibald Alexis*: ThF, *Willibald Alexis*, in: *Der Salon für Literatur, Kunst und Gesellschaft*, Hefte Juli/August/September 1872; F-Bibliographie, Nr. 3288; HFA III/1, S. 407–462. – *Ketzin, Ketzür*: ThF, *Havelland*, Eingangsgedicht, HFA II/2, S. 11; GBA-Wanderungen, Bd. 3, S. 8.

538 *Sie haben einen guten Mann begraben*: ThF, nach dem Gedicht von Matthias Claudius *Bei dem Grabe meines Vaters* (1773), FEgg, S. 376. – *Herr Hertz theilt mir mit*: GBA-Tagebücher, Bd. 2, Eintrag von 1872, S. 43. – *literarisch ordentlich … gehen*: ThF an Wilhelm Hertz, 18. Dezember 1872, FHer, S. 154. – *Jahres-Einnahmen*: ThF an Wilhelm Hertz, 13. Januar 1873, FHer, S. 155. – *beim Erscheinen*: ThF an Wilhelm Hertz, ebd., S. 156, Nachzettel. – *daß es nicht geht … schreiben*: ThF an Wilhelm Hertz, 14. Januar 1873, FHer, S. 156 f. – *400 Taler*: vgl. Anm. zu ThF an Wilhelm Hertz, 12. Oktober 1873, FHer, S. 220. – *aufs Neue in Ruppin … verlieben*: vgl. in diesem Buch, S. 462; bzw. ThF an Wilhelm Hertz, 16. Mai 1864, FHer, S. 112 f.

539 *fünfteiligen Artikelserie*: vgl. F-Bibliographie, Nr. 3361: ThF [Anon.], *Das Regiment Nr. 24. (Großherzog von Mecklenburg-Schwerin)*, 10. September bis 5. November 1873. – *bis zur Auflösung der Armee*: ThF, *Die Grafschaft Ruppin*, 3. Auflage, HFA II/1, S. 204; GBA-Wanderungen, Bd. 1, S. 205 sowie S. 261.

540 *Eine Republik herstellen wollen*: ThF, *Die Grafschaft Ruppin*, 3. Auflage, Kapitel *Regiment Mecklenburg-Schwerin*, HFA II/1, S. 250; GBA-Wanderungen, Bd. 1, S. 251. – *Am Freitag Regen*: ThF an EF, 23. September 1873, HFA IV/2, S. 437; GBA-FEF, Bd. 3, S. 10. – *Am 19. September 1873*: ThF, *Die Grafschaft Ruppin*, 3. Auflage, Kapitel *Regiment Mecklenburg-Schwerin*, GBA-Wanderungen, Bd. 1, S. 261. – *Gentzrode, Coepernitz*: GBA-Tagebücher, Bd. 2, Eintrag von 1873, S. 49. – *Die nächsten Tage*: ThF an EF, 23. September 1873, HFA IV/2, S. 439; GBA-FEF, Bd. 3, S. 11. – *im Hause des Herrn Schuhmachermeisters Pahl*: ThF an Wilhelm Hertz, 24. September 1873, FHer, S. 158. – *1. Rup-*

pin … 4. Havelland: ThF an Wilhelm Hertz, 24. September 1873, ebd., S. 158. – *Wenn nur vier Bände*: Wilhelm Hertz an ThF, 25. September 1873, ebd., S. 473.

541 *beständiges Hin- und Herfahren*: ThF an Wilhelm Hertz, 30. September 1873, ebd., S. 158. – *die Greueltaten hinter der Front*: vgl. ThF, *Die Grafschaft Ruppin* (ab der 3. Auflage von 1873), Kapitel *Krentzlin (Kränzlin)*, HFA II/1, S. 479 ff.; GBA-Wanderungen, Bd. 1, S. 496 ff.

542 *Prinzessin Goldhaar*: ThF, *Die Grafschaft Ruppin*, Kapitel *Graf und Gräfin La Roche Aymon*, HFA II/1, S. 311–319; GBA-Wanderungen, Bd. 1, S. 216–325, hier S. 318. – *Rivalin*: ebd., S. 317; ebd., S. 322. – *ergeben*: vgl. F-Notizbücher, Notizbuch A2, paginierte S. 37. – *Ihre Lieblingskatze*: ThF, *Die Grafschaft Ruppin*, Kapitel *Graf und Gräfin La Roche Aymon*, HFA II/1, S. 319; GBA-Wanderungen, Bd. 1, S. 325.

543 *vom Kakadu an*: ebd. – *einen neubarocken Schlosscharakter*: vgl. *Köpernitzer Ansichten*, S. 5 f. – *Rasch listete er auf*: vgl. F-Notizbücher, Notizbuch A2, paginierte S. 36. – *Köpernitz, auf dem die Gräfin*: ThF, *Die Grafschaft Ruppin*, Kapitel *Köpernitz*, HFA II/1, S. 320–322, hier S. 320. – *Der stimmungsvolle Anfang*: vgl. weiterführend Erhardt, *Das journalistische Werk: Wanderungen durch die Mark Brandenburg*, S. 818–850.

544 *Eine Italienreise*: vgl. FLep2, Bd. 2, S. 859 ff. – *Eine Reise nach Italien*: ThF an Wilhelm Wolfsohn, 7. Juli 1853, HFA IV/1, S. 349; FWolf3, S. 105. – *Könnt' ich nach Italien*: ThF an Bernhard von Lepel, 31. Juli 1853, HFA IV/1, S. 353; FLep2, Bd. 1, S. 374. – *denke an eine italienische Reise*: ThF an Theodor Storm, 14. August 1853, HFA IV/1, S. 359; FSt3, S. 30. – *Italien, das immer auf Kunst*: ThF an Henriette von Merckel, 30. April 1858, FMer, Bd. 2, S. 41. – *LP II nach Rom*: ThF an Paul Lindau, Berlin, 15. September 1874, HFA IV/2, S. 473.

545 *Am 28. oder 29. September*: ThF an EF, 26. August 1874, HFA IV/2, S. 469; GBA-FEF, Bd. 3, S. 21. – *von Herzen*: ThF an EF, Berlin, 28. August 1874, ebd., S. 469; ebd., S. 22. – *Zartheiten*: vgl. ThF an EF, Berlin, 2. September 1874, ebd., S. 471; ebd., S. 23. – *Baedeker für Italien*: vgl. F-Chronik, Eintrag vom 30. September 1874. – *Pietsch empfiehlt … Venedig*: F-Notizbücher, Notizbuch C8, paginierte S. 74. – *Flaniert durch die Stadt*: GBA-Tagebücher, Bd. 3, S. 299; Notizbuch C8.

546 *solche Aechtheit der Trödelerscheinung*: GBA-Tagebücher, Bd. 3, S. 337; Notizbuch C9 von EF. – *In einer Gondel*: GBA-Tagebücher, Bd. 3, S. 304; Notizbuch C8. – *Sogleich … in eine Gondel*: GBA-Tagebücher, Bd. 3, S. 339; Notizbuch C9 von EF. – *Poste restante Briefe*: GBA-Tagebücher, Bd. 3, S. 320; Notizbuch C8. – *Briefe von der Post*: GBA-Tagebücher, Bd. 3, S. 342; Notizbuch C9 von EF. – *Theo brachte mir*: GBA-Tagebücher, Bd. 3, S. 342 f.; ebd. – *Thee. Geplaudert*: GBA-Tagebücher, Bd. 3, S. 321; Notizbuch C8.

547 *Theo flaniert*: GBA-Tagebücher, Bd. 3, S. 346; Notizbuch C9 von EF. – *Thee im Hôtel … Theo ganz krank!*: ebd., S. 346. – *Theo immer noch*: ebd., S. 348. – *Theo wieder sehr unwohl … wohler*: ebd., S. 349. – *an diese gesegnete Erdenstelle*: ThF an Karl und Emilie Zöllner, 10. November 1874, HFA IV/2, S. 488. – *Quanto costa un ventaglio?*: F-Notizbücher, Notizbuch C 10, paginierte S. 3.

548 *Mich allein in einen Laden gewagt*: GBA-Tagebücher, Bd. 3, S. 344, Eintrag vom 14. Oktober 1874; Notizbuch C9 von EF. – *Konvolut … vermisst*: vgl. F-Vermisste Bestände, S. 96; sowie NFA, Anm. zu 23/2, S. 419 ff. – *eine Abschrift*: vgl. NFA, Anm. zu 23/2,

S. 419 ff., in Teilen publiziert, vgl. HFA III/3/II, S. 945 ff. – *Ein letzter Tag in Italien*: ThF, *Ein letzter Tag in Italien*, in: VZ vom 3. Januar 1875; F-Bibliographie, Nr. 3443. – *Santa Maria Novella*: vgl. ThF, *Ein letzter Tag in Italien*, in: ThF, *Eine Sehnsucht im Herzen*, S. 86–96. – *Er kostete mehr Zeit*: GBA-Tagebücher, Bd. 2, Eintrag von 1874, S. 55. – *von Gustav Freytag*: vgl. GBA-Tagebücher, Bd. 2, Eintrag von 1875, S. 56; –†–, *»Die Ahnen« von Gustav Freytag*, in: VZ vom 21. Februar 1875; F-Bibliographie, Nr. 3449. – *Die Frage muß lauten … glatt*: ThF an EF, Berlin, 18. August 1874, GBA-FEF, Bd. 3, S. 17. – *den Vorzug*: ebd., S. 18. – *Fontanes neue Bücher*: vgl. F-Chronik, Einträge *September 1874* (Ruppin) u. Oktober 1874 (Gedichte).

549 *Daheim … christlich-konservativ*: vgl. Berbig/Hartz, S. 200–205. – *Fontanes autobiografischer Skizze*: Entwurf im Besitz der Universitätsbibliothek zu Berlin. – *Theodor Fontane, der Sänger*: R[obert] K[önig], *Theodor Fontane, der Sänger der Mark*, in: *Daheim* vom 6. Februar 1875, S. 300–303; F-Bibliographie, Nr. 5813. – *aufs ›Christlich-Germanische hin‹*: GBA-Tagebücher, Bd. 2, Eintrag von 1877, S. 65. – *die ganze Freundschaft nickte … Garnison*: König, *Theodor Fontane, der Sänger der Mark*, S. 300; AFA-Autobiogr. Schriften III/1, S. 430.

550 *freundschaftlicher*: in AFA-Autobiogr. Schriften III/1, S. 431, irrtümlich »freundlicher« statt »freundschaftlicher«, vgl. Entwurf. – *Die Bekanntschaften … hinwiesen*: König, *Theodor Fontane, der Sänger der Mark*, S. 301; AFA-Autobiogr. Schriften III/1, S. 431.

551 *vortreffliches Werk*: König, *Theodor Fontane, der Sänger der Mark*, S. 302. – *um ungehinderter*: König, *Theodor Fontane, der Sänger der Mark*, S. 302; AFA-Autobiogr. Schriften III/1, S. 432. – *das leibhaftige Ebenbild … Heere*: König, *Theodor Fontane, der Sänger der Mark*, S. 302. – *die Krone der Fontaneschen Dichtungen*: ebd., S. 303.

552 *eine rein literarische Biografie*: vgl. auch Wruck, *Die »wunden Punkte« in Fontanes Biographie und ihre autobiographische Euphemisierung*, S. 61 ff. – *Im Februar und März*: GBA-Tagebücher, Bd. 2, Eintrag von 1875, S. 56. – *Ob die Berliner Bühne*: zitiert nach Drude, *Fontane und sein Berlin*, S. 177; Lorck, *Männer der Zeit*, S. 382 (II). – *Theaterfremdling*: vgl. den anonymen Brief an den »Theaterfremdling« Th. F., wiederabgedruckt in: FBl 19/1974, S. 238.

553 *Mein Credo … klassischer Stücke*: Frenzel, *Berliner Chronik. Theater*, 15. April 1875, S. 290.

554 *Es war nämlich … das Scheusal wieder*: ThF, *Parkettplatz Nr. 23*. Aus dem Nachlass gedruckt, geplanter dritter Teil der Autobiografie; HFA III/4, S. 1034. – *auf der äußersten Rechten … ganz Kritiker*: Schlenther, Vorwort zu *Causerien über Theater*, S. IV. – *unwillkommene Sachen*: ThF, *Parkettplatz Nr. 23*, HFA III/4, S. 1036. – *Qual*: Schlenther, Vorwort zu *Causerien über Theater*, S. IV. – *Der Maßstab seiner Kritik*: vgl. NFA 22/1, *Kabale und Liebe*, S. 404 f., *Minna von Barnhelm*, S. 406 f. – *In Scene gesetzt*: vgl. F-Bibliographie, Nr. 3457.

555 *englischen Namen*: vgl. F-Chronik, Eintrag vom 16. März 1875; NFA 22/3, S. 237 f. – *Zwei Theaterabende*: vgl. NFA 22/1, *Spielt nicht mit dem Feuer*, S. 412 ff., *Die Grille*, S. 414 ff. – *Theaterkritiken zu sammeln*: vgl. Schlenther, Vorwort zu *Causerien über Theater*, S. V.; die Mappe befand sich im Nachlass, ist aber nicht überliefert; vgl. Nachwort von Edgar Groß, NFA 22/3, S. 263. – *Kurz und gut … verlorene Liebesmüh*: Th. F.: *Königliche Schau-*

spiele. Mittwoch, den 17. März [1875], zum ersten Male: Die Modelle des Sheridan, Schauspiel in 4 Akten von Hugo Bürger. In Scene gesetzt vom Direktor Hein, in: *Königlich privilegirte Berlinische Zeitung von Staats- und gelehrten Sachen* (= VZ). Berlin. Nr. 66, 19. März 1875, 3. Beilage; F-Bibliographie, Nr. 3457; HFA III/2, S. 204 ff.

556 *Vielleicht schließt*: ThF, Hugo Bürger: *Der Frauen-Advokat*, VZ vom 26. Mai 1875; F-Bibliographie, Nr. 3467; HFA III/2, S. 221. – *Aus welchem Grunde … total zerrieben*: Hugo Lubliner an Theodor Fontane, 2. März 1883, NFA 22/3, S. 240. – *Sie sind zu reizbar … vergessen hätte*: ThF an Hugo Lubliner, 21. März 1883, HFA IV/3, S. 236. – *Einmal begegnete ich … ›Ich muß da hinüber …‹*: F-Fragmente, Bd. 1, S. 421.

557 *Theodor Fontane*: vgl. F-Bibliographie, Nr. 3181: Theodor Fontane: *Einzug (16. Juni 1871)*, VZ vom 20. Juni 1871. – *So geschehen*: vgl. F-Bibliographie, Nr. 3234: ThF [Anon.], *Aus den Tagen der Occupation. Eine Osterreise durch Nordfrankreich und Elsaß-Lothringen*, von Th. Fontane. VZ vom 23. Dezember 1871.

558 *künstlerisch zu bewältigen*: vgl. F-Bibliographie, Nr. 8853: L. P. [Ludwig Pietsch]: Rezension zu *Der Krieg gegen Frankreich 1870–71* (1. Bd., 2. Halbband), in: VZ vom 21. Juni 1874 (Sonntags-Beilage). – *aber ganz contre coeur*: ThF an Mathilde von Rohr, 20. April 1875, Berlin, HFA IV/2, S. 496; FProp, Bd. 3, S. 161. – *weil ich … beständig nachschlagen … Tremmen*: ThF an Mathilde von Rohr, 5. Januar 1872, HFA IV/2, S. 396; FProp, Bd. 3, S. 114. – *Verzeichnis der Bücher*: vgl. Diederichs-Krieg 1866, Bd. 2, S. 337. – *Genfer Konvention*: vgl. weiterführend Achilles, *Theodor Fontane: Der Krieg gegen Frankreich 1870/71. Medizinhistorische Aspekte eines Kriegsberichtes.*

559 *ah, da liegt's*: ThF an Otto Baumann, 3. September 1872, HFA IV/2, S. 413. – *Sehr hübsch machte es sich*: vgl. Manuskriptseite von ThF zu *Der Krieg gegen die Republik*, Orléans, 6. Dezember 1870, Stadtmuseum Berlin, Manesse-Krieg 1870/71, Bd. 4, S. 113; sowie Abb. in diesem Buch S. 527. – *mit Pietsch … Schwierigkeiten gehabt*: vgl. ThF an Ludwig Pietsch, 21. Februar 1874, HFA IV/2, S. 454 f.; sowie Dieterle, *Fontanes Methode des Überschreibens* (2018). – *Dann weg ›mit's Milletär‹*: ThF an Karl Eggers, 10. Juli 1975, HFA IV/2, S. 499. – *eine vollständige Nervenabspannung … Sommerkrankheit*: EF an Clara Stockhausen, 8. August 1875, zitiert nach Erler, *Das Herz bleibt immer jung*, S. 208.

560 *Kunstfex*: ThF, *Effi Briest*, 5. Kapitel, HFA I/4, S. 37; GBA-Erz. Werk, Bd. 15, S. 41. – *dampfte er ab*: EF an Clara Stockhausen, 8. August 1875, zitiert nach Erler, *Das Herz bleibt immer jung*, S. 208. – *Drachen in einer Felsenschlucht*: vgl. Dieterle, *Fontane und Böcklin*, S. 272 f. – *nach Splügen*: vgl. Dieterle, *Fontane im Gebirge*, S. 411 ff.

561 *nach München*: vgl. Hölscher, *Fontane und München*, S. 40 ff. – *8 ½ Uhr früh*: GBA-Tagebücher, Bd. 3, S. 397; Notizbuch C13. – *nahezu beendet*: GBA-Tagebücher, Bd. 2, Eintrag von 1875, S. 57. – *Darf ich Sie, à Konto*: ThF an Otto Baumann, 22. Juli 1875, FDeck, S. 232. – *eine kümmerliche Jahres-Einnahme*: ThF an Wilhelm Hertz, 14. Juli 1875, FHer, S. 179. – *Hülfskonstruktionen*: ThF, *Effi Briest*, 35. Kapitel, HFA I/4, S. 289; GBA-Erz. Werk, Bd. 15, S. 342. – *erster ständiger Sekretär*: vgl. Fischer, *»so ziemlich meine schlechteste Lebenszeit«*, S. 28.

562 *Der Kaiser … das Kultusministerium*: vgl. Pallat, *Richard Schöne*, S. 67; zitiert nach Fischer, *»so ziemlich meine schlechteste Lebenszeit«*, S. 29. – *Stelle eines I. Sektretairs … sagte ›ja‹*: GBA-Tagebücher, Bd. 2, Eintrag von 1876, S. 58.

563 *Rückzugslinie*: ThF an Karl Zöllner, Berlin, [Ende Januar 1876], HFA IV/2, S.518. – *Lucae focht die Sache […] durch*: GBA-Tagebücher, Bd. 2, Eintrag von 1876, S.58. – *das Vertrauen schenken … wollen*: ThF an Richard Schöne [nicht Friedrich Hitzig], Berlin, 30. Januar 1876, HFA IV/2, S.517; vgl. Fischer, *»so ziemlich meine schlechteste Lebenszeit«*, Anm. 23, S.45. – *als Sekretair der Akademie … herauszuärgern*: ThF an Karl Zöllner, Berlin [Ende Januar 1876], HFA IV/2, S.518. – *ihm fehle die wissenschaftliche Qualifikation*: vgl. F-Chronik, Eintrag vom 25. Februar 1876.

564 *die Verwaltungsgeschäfte der Akademie*: zitiert nach Fischer, *»so ziemlich meine schlechteste Lebenszeit«*, S.27. – *Zum Direktor … Anton von Werner*: ebd., S.26. – *Visitenmachen in Sturm*: ThF an Friedrich Wilhelm Holtze, [13.] März 1876, zitiert nach F-Chronik, Eintrag vom * 13. März 1876. – *Der Senat zerfällt*: ThF an Carl Robert Lessing, [21.] März 1876, HFA IV/2, S.519; Fischer, *»so ziemlich meine schlechteste Lebenszeit«*, S.31.

565 *in seiner Rolle als Vorgesetzter*: ebd., S.33. – *Ich finde es in all und jeder Beziehung*: ThF an Carl Robert Lessing, Berlin, [2. Hälfte Mai] 1876, HFA IV/2, S.520 (Briefentwurf). – *Es dient sich schlecht*: ThF an Adalbert Falk, [27.] Mai 1876, HFA IV/2, S.522. – *sehr unglücklich*: ThF an Johanna Treutler, Juni 1876, HFA IV/2, S.525. – *in der krankhaften Aufregung*: EF an Moritz Lazarus, 7. Juni 1876, zitiert nach F-Chronik, Eintrag vom selben Datum. – *Stubenkameraden*: ThF an MF, Berlin, 17. Juni 1876, HFA IV/2, S.529; FMF, S.45.

566 *Was denkt sich … auf Seiten der Mutter*: Anna Witte an Richard Lucae, 9. Juni 1876, HABW, Nachlass Schreinert. – *verhältnismäßig wenig … ohne Noth*: ThF an Mathilde von Rohr, 17. Juni 1876, HFA IV/2, S.528; FProp, Bd. 3, S.163. – *Nervosität … Beängstigung*: ThF an MF, 17. Juni 1876, HFA IV/2, S.530; FMF, S.45. – *sein Schreiben an den Kaiser*: vgl. ThF an Kaiser Wilhelm I., 19. Juni 1876, HFA IV/2, S.532. – *halbe[r] Imbecile*: ThF an Mathilde von Rohr, 1. November 1876, HFA IV/2, S.546; FProp, Bd. 3, S.170. – *seine gut geführten Protokolle*: vgl. Huder, *Theodor Fontane und die preußische Akademie der Künste*, S.21–81. – *ein poetisches Kind*: ThF an EF, 31. Juli 1876, HFA IV/2, S.537; GBA-FEF, Bd. 3, S.63.

567 *als außerordentlicher Geschichtslehrer*: EF an Clara Stockhausen, 1. Oktober 1878, DLA. – *Patenonkel Hermann Scherz*: vgl. ThF an ThF jun., 31. März 1882, SBB – PK/TFA. – *Schulgeld von 32 Talern*: vgl. Supprian, *Zur Geschichte der Königlichen Augusta-Schule*, S.50. – *Mete muss immer beschäftigt sein*: ThF an Clara Stockhausen, 10. September 1878, HFA IV/2, S.620; FMF, S.59. – *Martha trat bei Stockhausens ein*: GBA-Tagebücher, Bd. 2, Eintrag von 1876, S.63.

569 *Krimskrams*: vgl. ThF an EF, 12. Juli 1863, GBA-FEF, Bd. 2, S.256. – *Ja, der Roman! … drückt*: ThF an Mathilde von Rohr, 1. November 1876, HFA IV/2, S.547; FProp, Bd. 3, S.171. – *Er ist glücklich … aus dem Wege*: EF an Mathilde von Rohr, 10. November 1876, TFA. – *Theo jun. dachte*: ThF jun., *Beziehungen zu meinem Vater*, S.253 ff. – *Sänger der Mark*: vgl. König, *Theodor Fontane, der Sänger der Mark*, s. in diesem Buch S. 548 ff. (Kapitel *Eine autobiografische Skizze*). – *1000 Taler*: vgl. ThF an EF, 15. August 1876, GBA-FEF, Bd. 3, S.72.

570 *Jahresgehalt von 2800 Talern*: ebd. – *Zwölf Jahre habe ich … auch so gehn*: ThF an Mathilde von Rohr, 30. November 1876, HFA IV/2, S.549 f.; FProp, Bd. 3, S.174 f.

571 *Produktion … Fluddrigkeiten*: GBA-Tagebücher, Bd. 2, Eintrag von 1877, S. 65. – *gekürzten Fassung*: vgl. ThF, *Vor dem Sturm*, GBA-Erz. Werk, Bd. 1, Anhang, S. 465 f. – *Theuerster Pietsch*: ThF an Ludwig Pietsch, 6. November 1878, HFA IV/2, S. 629.

572 *Zola*: ThF an Hermann Kletke, 6. November 1878, HFA IV/2, S. 630; FKlet, S. 50. – *Scott, W. Alexis*: ThF an Ludovica Hesekiel, 6. November 1878, HFA IV/2, S. 631. – *eine der wertesten Bereicherungen*: Ludwig Pietsch, in: VZ, 22. November 1878, Nr. 275; vgl. AFA-Erz. Werk, Bd. 2, *Vor dem Sturm*, Anm. S. 365. – *eine glückliche Stunde*: ThF an Ludwig Pietsch, 22. November 1878, HFA IV/2, S. 634. – *Hier, von den Freunden*: EF an Clara Stockhausen, 1. Dezember 1878, Wirth-Stockhausen, *Unbekannte Briefe von Emilie Fontane I*, S. 405. – *nicht spannend*: ThF an Ludovica Hesekiel, 28. Mai 1878, HFA IV/2, S. 572. – *An Fontanes … zu schreiben!*: Julius Rodenberg, Tagebucheintrag vom 27. Dezember 1878, zitiert nach AFA-Erz. Werk, Bd. 2, *Vor dem Sturm*, Anm. S. 371 f.

573 *und zum letzten Mal in diesem Buche*: ThF, *Vor dem Sturm*, 27. Kapitel, »*Und eine Prinzessin kommt ins Haus*«, HFA I/3, S. 707 f.; GBA-Erz. Werk, Bd. 2, S. 493 [zitiert nach dieser Ausgabe]. – *Mein lieber Sohn*: vgl. ThF, *Meine Kinderjahre*, HFA III/4, S. 13 f.; AFA-Autobiogr. Schriften, Bd. 1, S. 8. – *Bonsoir Messieurs*: ThF, *Einzug (16. Juni 1871)*, HFA I/6, S. 246; GBA-Gedichte, Bd. 1, S. 222. – *Quellen jetzt unerschöpflich*: vgl. Dieterle, *Fontanes Methode des Überschreibens* (2018).

574 *Erst jetzt, in meinen allerreifsten Jahren*: ThF an Eduard Hallberger, 19. November 1878, HFA IV/2, S. 633 u. Anm. – *Wilhelm Lübke … Rezension*: vgl. Berbig/Hartz, S. 244–249, hier S. 247. – *gemischte Züge*: F-Notizbücher, Notizbuch A12, paginierte S. 142; vgl. in diesem Buch S. 445 (Kapitel »*Material*« *zu einem großen Roman*). – *Seit gestern Abend*: ThF an Clara Stockhausen, 10. September 1878, HFA IV/2, S. 619; FMF, S. 58.

575 *Gesamtumfang siebzig Seiten*: vgl. F-Bibliographie, Nr. 3683.

576 *In die Gruppe der »Märkischen Geschichten …«*: vgl. F-Fragmente, Bd. 1, S. 17–34, Bd. 2, Anm., S. 15. – *ein paar mal […] ziemlich scharf … königlich*: ThF an Gustav Karpeles, 30. Juni 1879, HFA IV/3, S. 35. – *wüst gelebt*: F-Fragmente, Bd. 1, S. 24. – *ältre Maria Stuart*: ThF an Gustav Karpeles, 30. Juni 1879, HFA IV/3, S. 35. – *mit Fontane zu korrespondieren*: vgl. HFA IV/5/II, S. 470 f. – *Zeitroman [»Allerlei Glück«]*: vgl. F-Fragmente, Bd. 2, S. 68 f. – *vielerlei Glück*: ThF an Gustav Karpeles, 3. April 1879, HFA IV/3, S. 19.

577 *Das Ganze: der Roman meines Lebens … fertig wird*: ebd.; vgl. zudem F-Fragmente, Bd. 1, S. 103–173, Bd. 2, S. 64–94. – *so viel Stoffe*: ThF an Gustav Karpeles, 30. Juni 1879, HFA IV/3, S. 35. – *Ich gehe jetzt an die Correktur*: ThF an Gustav Karpeles, 15. Januar 1880, ebd., S. 61. – *ich bin krank*: ThF an Gustav Karpeles, 9. März 1881, zitiert nach F-Chronik vom selben Datum.

578 *Ich bilde mir nämlich … ein*: ThF an Gustav Karpeles, 3. März 1881, HFA IV/3, S. 120. – *Ruppsack*: GBA-Tagebücher, Bd. 2, Eintrag vom 8. Juni 1881, S. 123 f. – *dicke Schwanenfeder*: ThF, *Ellernklipp*, 1. Kapitel *Hilde kommt in des Heidereiters Haus*, HFA I/1, S. 104. – *der handliche Gänsekiel*: vgl. Wernli, *Federführend. Der Gänsekiel im Mittelalter*, S. 223 ff. Ich danke Martina Wernli für die Gespräche zu den Schreibfedern, für Literaturhinweise und für den Einblick in ihre Habilitiationsschrift (in Arbeit) zur Geschichte des Gänsekiels. – *Der Gänsekiel*: vgl. Zedler, *Großes vollständiges Universal-Lexikon*, Eintrag »Feder=Kiele«.

579 *L'Adultera*: vgl. ThF, *L'Adultera*, 17. Kapitel, *Della Salute*, HFA I/2, S. 106 ff.; GBA-Erz. Werk, Bd. 4, S. 122. – *Cécile*: ThF, *Cécile*, 17. Kapitel, HFA I/2, S. 247; GBA-Erz. Werk, Bd. 9, S. 132. – *Frau Jenny Treibel*: ThF, *Frau Jenny Treibel*, 13. Kapitel, HFA I/4, S. 439; GBA-Erz. Werk, Bd. 14, S. 176. – *Effi Briest*: ThF, *Effi Briest*, 22. Kapitel, HFA I/4, S. 189; GBA-Erz. Werk, Bd. 15, S. 223. – *die vor einer Küchenlampe ... Taube sein konnte*: ThF, *Die Poggenpuhls*, 5. Kapitel, HFA I/4, S. 503; GBA-Erz. Werk, Bd. 16, S. 33.

580 *immer in Hast*: ThF an EF, London, 11. September 1855, HFA IV/1, S. 417; GBA-FEF, Bd. 1, S. 165. – *Bonner Firma Soennecken*: vgl. Jensen, *Schreibgeräte*, S. 190 ff. – *Gesegnet sei die Sönnecken'sche Stahlfeder*: ThF an Wilhelm Hertz, Berlin, 10. November 1876, FHer, S. 184. – *die goldene Feder*: ThF an Bernhard von Lepel, Berlin, 31. Dezember 1875, HFA IV/2, S. 516; FLep2, Bd. 1, S. 615. – *Pappkästchen mit präparierten Gänsefedern*: Vermerk im Inventarbuch des Märkischen Museums von 1902, Nr. 14 274. Auskunft von Bettina Machner vom 1. November 2017, Stadtmuseum Berlin; vgl. zudem die Abb. der Inventarseite in Machner, *Potsdamer Straße 134 c. Der Dichternachlaß*, S. 255. – *Carl Breitbach 1883*: vgl. die Abb. in Machner, *Theodor Fontane*, S. 68 (Carl Breitbach: Porträt Theodor Fontane, 1883). – *Modell gesessen*: vgl. F-Chronik, März/April 1883; sowie EF an ThF, 19. Juni 1883, GBA-FEF, Bd. 3, S. 320. – *der Erscheinung Theodor Fontanes ... Feder in der Hand*: Ludwig Pietsch, zitiert nach HFA IV/5/II, S. 899. – *für den Fotografen*: vgl. die Abb. in diesem Buch, S. 691, sowie in Machner, *Theodor Fontane*, S. 77.

581 *Heute bei etwas mehr Muße*: ThF an Georg Friedlaender, 17. Juni 1887, HFA IV/3, S. 541; FFried2, S. 105. – *Neben Königin Victoria*: vgl. Bei der Wieden, *Mensch und Schwan*, S. 61. – *mit Federn von Havelschwänen*: vgl. ThF, *Havelland*, Kapitel *Die Havelschwäne*, HFA II/2, S. 184–190; GBA-Wanderungen, Bd. 3, S. 191–198. Das Kapitel entstand nach der Methode des Überschreibens, der zugrunde liegende Text stammt von Louis Schneider. Vgl. de Bruyn, *Mein Liebling Marwitz. Oder: Die meisten Zitate sind falsch*, S. 29. – *wie seine Notizbücher*: vgl. Radecke, *Notizbuch-Editionen*, S. 156. – *Tinte*: F-Notizbücher, Notizbuch A10, 1872, paginierte S. 2v (unter 6.). – *Federhalter*: F-Notizbücher, Notizbuch A2, 1873, paginierte S. 74r. – *Federn etc.*: ebd., paginierte S. 76 (unter 4.). – *Bleistift ... Blaustifte und Rotstifte*: vgl. Radecke, *Notizbuch-Editionen*, S. 156.

582 *Ich bedurfte dieses Apparats*: ThF an Julius Großer, 4. April 1880, HFA IV/3, S. 73. – *Julklapp ... kaum ihre Schuld*: ThF, *L'Adultera*, 22. Kapitel, *Versöhnt*, HFA I/2, S 139 f.; GBA-Erz. Werk, Bd. 4, S. 162 f. – *Die Meyer*: F-Notizbücher, Notizbuch B2, paginierte S. 48v.

583 *Entwürfe zum 9. Kapitel*: vgl. ThF, *L'Adultera*, GBA-Erz. Werk, Bd. 4, Anhang, S. 192 f. – *Im Januar [1880] beendigte ich*: GBA-Tagebücher, Bd. 2, Eintrag von 1880, S. 73. – *Das Ereignis Ravené*: Lucius von Ballhausen, *Bismarck-Erinnerungen*, S. 58 f., zitiert nach GBA-Erz. Werk, Bd. 4, *L'Adultera*, Anhang, S. 168.

584 *Die Presseberichte ... Katalog*: vgl. Emil Dominik, *Die Geschichte des Hauses Ravené*, in: VZ vom 1. Juni 1879, vgl. GBA-Erz. Werk, Bd. 4, *L'Adultera*, Anhang, S. 171. – *in Venedig gesehen*: vgl. ThF an Julius Großer, 4. April 1880, HFA IV/3, S. 73 u. Anm.; sowie ThF an Joseph Viktor Widmann, 27. April 1894, HFA IV/4, S. 346 f. – *kalt*: F-Notizbücher, Notizbuch C8, paginierte S. 40v. – *über sechzig*: ThF, *L'Adultera*, 4. Kapitel, *Der engere Zirkel*, HFA I/2, S. 23; GBA-Erz. Werk, Bd. 4, S. 23. – *kolossal überschätzt*: ThF, *L' Adul-*

tera, 6. Kapitel, *Auf dem Heimwege*, HFA I/2, S. 40; GBA-Erz. Werk, Bd. 4, S. 44. – *übertaxiere*: ThF, *L'Adultera*, 22. Kapitel, *Versöhnt*, HFA I/2, S 139; GBA-Erz. Werk, Bd. 4, S. 161 f.

585 *Berliner Gesellschaftsroman*: vgl. ThF, *L'Adultera*, GBA-Erz. Werk, Bd. 4, Anhang, S. 173–177. – *Emilie Fontane ... die Abschrift*: vgl. ebd., S. 202 f. – *Nord und Süd*: vgl. Berbig/Hartz, S. 234–242. – *Wilhelm Hertz ... abgelehnt*: vgl. F-Chronik, Eintrag vom April 1880. – *was Charakterzeichnung*: MF an EF, 31. August 1880, FMF, S. 79 f. – *Abgesehen von der ›Hauptstadt‹ ... Erzähler unserer Zeit*: Eduard Engel, 12. Februar 1881, zitiert nach GBA-Erz. Werk, Bd. 4, *L'Adultera*, Anhang, S. 184 f.

586 *Was soll die lange Abhandlung*: MF an EF, [10. März] 1881, FMF, S. 147. – *Ich habe vor Freude ... verloren*: MF an EF, 21. März 1881, FMF, S. 153. – *Vertrag mit Salo Schottlaender*: vgl. Möller, *Die Verlagsverträge im Fontane-Archiv (1. Teil)*, S. 46. – *im Aufbau der Fabel*: Fritz Mauthner, *Berliner Tageblatt*, 14. April 1882. – *der promovierte Germanist*: vgl. weiterführend Otto-Brahm-Archiv. – *Hochgeehrter Herr Doktor*: ThF an Otto Brahm, 23. Juni 1882, HFA IV/3, S. 193. – *ein selbstständiges Ich*; vgl. Betz/Ester (Hg.), *Unveröffentlichte und wenig bekannte Briefe Theodor Fontanes an Paul und Paula Schlenther*, S. 7 ff.

587 *Fontane [...] gibt sich nicht gern*: Paul Schlenther über *L'Adultera*, zitiert nach GBA-Erz. Werk, Bd. 4, *L'Adultera*, Anhang, S. 187.

588 *eines gewissen Gottfried Keller*: ThF an Bernhard von Lepel, 20. April 1853, FLep2, Bd. 1, S. 366. – *Anbei mit dem besten Dank*: ThF an Ludwig Pietsch, 19. Oktober 1872, HFA IV/2, S. 413. – *erste Fassung des »Grünen Heinrich«*: vgl. Andermatt, *»Der grüne Heinrich« (1854/55, 1879/80)*, S. 16 ff. – *Shakespeare der Novelle*: vgl. Amrein (Hrsg.), *Gottfried-Keller-Handbuch*, S. 11; sowie Peter von Matt, *Wetterleuchten der Moderne*, S. 22. – *mit den »Sieben Legenden«*: vgl. die unveröffentlichte Kritik von ThF zu *Sieben Legenden*, HFA III/1, S. 497. – *Alle diese Erzählungen ... angreifbar*: ThF, *Gottfried Keller: »Die Leute von Seldwyla« (1874)*, NFA 21/1, S. 256–258, hier S. 256. – *besonders die beiden letzteren ... herauskorrigiert werden*: ebd., S. 258. – *Gottfried Keller ... Märchenerzähler*: ebd., S. 256.

589 *Kritik über die »Züricher Novellen« ... unpubliziert*: ThF, *Gottfried Kellers »Züricher Novellen«*, NFA 21/1, S. 259–260, hier S. 259. – *Im ganzen hab' ich den Eindruck*: ebd. – *Orden der Erzähler*: ThF an Eduard Hallberger, 19. November 1878, HFA IV/2, S. 633 u. Anm. – *[I]ch bin entzückt*: MF an EF, 5. Juni 1882, FMF, S. 233. – *Launen ... zu hüten*: GBA-Tagebücher, Bd. 2, Eintrag vom 23. Mai 1881, S. 119. – *Otto Brahm*: vgl. *Gottfried-Keller-Handbuch*, S. 364. – *Schriftsteller ersten Ranges*: vgl. Brahm, *Gottfried Keller. Persönliche Erinnerungen*, S. 681. – *wie zum Kritiker geboren ... sprechen hört*: ThF an Otto Brahm, 29. Oktober 1882, HFA IV/3, S. 212.

590 *öffentlich Stellung zu nehmen*: vgl. Dieterle, *»ein Werk von so eminenter Bedeutung«*, S. 165 ff. – *trefflich, durchaus zutreffend ... Rebenart auch*: ThF, *Otto Brahm. Gottfried Keller. Ein literarischer Essay*, HFA III/1, S. 499–508; vgl. dagegen C. F. Meyer an Gottfried Keller, 16. Februar 1883, in: Helbling (Hrsg.), *Gottfried Keller: Gesammelte Briefe*, Bd. 3/1, S. 335. – *Habe sehr bedauert ... nicht besonders glücklich*: ThF an Otto Brahm, 11. April 1883, zitiert nach NFA 21/2, S. 643 (Anm.).

591 *zu Stauffer-Bern*: vgl. Dieterle, *Lydia Escher*, S. 57 ff. – *keiner kann alles*: zitiert nach Berbig, *»1819 war ein gesegnetes Jahr«*, S. 153. – *Besten Bücher*: vgl. NFA 21/1, S. 499 (»Die Besten Bücher«, Umfrage von 1889). – *Dieser Otto Brahm*: Gottfried Keller an Marie Frisch, 13. August 1882, *Keller, Gesammelte Briefe*, Bd. 2, S. 289. – *Vorurteile gegenüber Juden nach 1879*: vgl. Horch, *Fontane, die Juden und der Antisemitismus*, S. 281 ff.

592 *Heinrich Heine*: vgl. Reich-Ranicki, *Der Fall Heine*, S. 103. – *Apotheker jüdischen Glaubens*: vgl. Lehmkugel, *Wege jüdischer Apotheker*, S. 19 u. S. 24. – *Als Otto Abrahamson*: vgl. Dieterle, *»ein Werk von so eminenter Bedeutung«*, S. 168.

593 *abfällig bis zur Infamie*: vgl. die Studie von Michael Fleischer, *»Kommen Sie, Cohn«. Fontane und die »Judenfrage«* (Berlin 1998). – *Angegriffenheit und starker Nervenpleite*: ThF an Otto Brahm [zur Methoden-Kritik], 11. April 1883, zitiert nach NFA 21/2, S. 644; HFA IV/3, S. 240 f. – *Papa ist etwas unsicherer Stimmung*: MF an Lise Mengel-Witte, 3. September 1898, FMF, S. 505 f. – *verjüdelte Menschheit*: ThF an MF, Kissingen, 25. Juni 1891, HFA IV/4, S. 130; FMF, S. 410. – *Massenjudenschaft*: ThF an MF, Karlsbad, 30. August 1895, HFA IV/4, S. 476; FMF, S. 472. – *Und dabei darf man nicht mal*: ThF an MF, 14. Juli 1896, HFA IV/4, S. 578; FMF, S. 489. – *was Sie vielleicht nicht erwarten*: ThF an Julius Großer, 17. Juli 1879, zitiert nach F-Fragmente, Bd. 2, S. 353. – *als Fragment überliefert*: ThF, *Adel und Judenthum in der Berliner Gesellschaft*, F-Fragmente, Bd. 1, S. 422 f.

594 *der Adel wurde arm … vielfach doch*: ebd., S. 422 f.

595 *die Forschung in jüngster Zeit*: Literatur zu »Fontanes Verhältnis zum Judentum«, s. auch F-Bibliographie, S. 1394–1400. – *in subtiler Figurenrede*: vgl. Walter Hettche, FFried2, S. 445–458, hier S. 448.

596 *Häuserjuden*: vgl. F-Chronik, 6. April 1872 (»Rütli« bei ThF). – *»Zwangloser Freitag«*: vgl. Betz, *Die Zwanglose Gesellschaft zu Berlin*, S. 88; sowie Berbig/Hartz, S. 459 ff. – *Schwäne … gerupft*: vgl. ThF, *Havelland*, Kapitel *Die Havelschwäne*, wie oben: HFA II/2, S. 184–190; GBA-Wanderungen, Bd. 3, S. 191–198.

597 *Sommerpartie nach Pichelswerder*: GBA-Tagebücher, Bd. 2, Eintrag vom Juni 1884, S. 216 f. – *Feuer, Leidenschaft*: ThF, Theaterkritik vom 26. Mai 1880, HFA III/2, S. 1069; sowie Dieterle, *Die Tochter*, S. 165 f.

598 *Schlusswort*: ThF, Schlusswort von *Spreeland*, HFA II/2, S. 868–877, datiert: Berlin, 14. November 1881; GBA-Wanderungen, Bd. 4, S. 437–447. – *Tourist*: ebd., S. 868; ebd., S. 437. – *Es war wie Dauerlauf*: ebd., S. 877; ebd., S. 446. – *Es konnte Thale im Harz sein*: vgl. F-Chronik, Eintrag vom 6. Juli 1872. – *Wenig später sollte das Werk*: vgl. F-Chronik, Eintrag vom 26. Juni 1884 und * 18. März* 1885. – *Graf Petöfy*: vgl. ThF an Eduard Hallberger, 19. November 1878, HFA IV/2, S. 633 u. Anm.

599 *Liebesschilderungen*: EF an ThF, 14. Juni 1883, GBA-FEF, Bd. 3, S. 311 u. Anm. – *Daß ich […] den Stormschen ›Bibber‹*: ThF an EF, 15. Juni 1883, HFA IV/3, S. 256; GBA-FEF, Bd. 3, S. 311. – *vom ersten Augenblick an*: ebd. – *Ich muß die letzten drei Juni-Wochen … Thatsache*: ThF an Emilie Zöllner, 5. Juni 1884, HFA IV/3, S. 324.

600 *abgespannt*: ThF an EF, 19. Juli 1884, GBA-FEF, Bd. 3, S. 429. – *Schwerins, Grävenitzens*: ThF an EF, 21. Juli 1884, HFA IV/3, S. 342; GBA-FEF, Bd. 3, S. 430. – *Imbecile*: ThF an EF, 24. Juli 1884, GBA-FEF, Bd. 3, S. 432. – *Juden sind wenige hier*: ThF an EF, ebd. – *ich ordne, gruppire*: ThF an EF, ebd., S. 433. – *ich genire mich*: ThF an EF, 26. Juli 1884, HFA

IV/3, S. 344; GBA-FEF, Bd. 3, S. 434. – *Alles hapert*: ThF an EF, 29. Juli 1884, GBA-FEF, Bd. 3, S. 438.

601 *Wie lebe ich denn*: ThF an EF, 9. August 1884, HFA IV/3, S. 349; GBA-FEF, Bd. 3, S. 441. – *auf halbe Bogen … dauern*: ThF an EF, 8. August 1884, GBA-FEF, Bd. 3, S. 440. – *Mama kam hier … Blätter*: ThF an MF, 18. August 1884, HFA IV/3, S. 352; FMF, S. 274 [zitiert nach dieser Ausgabe]. – *Luft ist kein leerer Wahn*: ThF, *Cécile*, HFA I/2, S. 185; GBA-Erz. Werk, Bd. 9, S. 58. – *Es würde Dir rührend sein*: Nachschrift von EF in ThF an MF, 18. August 1884, FMF, S. 276.

602 *Erfüllen sich unsere Wünsche*: ThF an Georg-Friedlaender, 18. August 1884, FFried2, S. 9. – *dank der Tochter Elisabeth*: vgl. FFried1, Vorwort von Kurt Schreinert, S. IX f. – *Emilie Fontane … vernichtet*: vgl. F-Lexikon, S. 156. – *Einer der Gründe … nicht tolerierte*: vgl. Dieterle, *Die Tochter*, S. 228 ff. u. S. 329 f. – *Alle Klüngel sind schlimm*: ThF an Georg Friedlaender, 8. Juli 1895, HFA IV/4, S. 460. – *Amtsrichter Dr. Georg Friedlaender*: vgl. FFried1, Einleitung von Kurt Schreinert, S. XIII ff.

603 *zum Protestantismus übergetreten*: vgl. FFried1, S. XII; sowie Richarz, *Der Eintritt der Juden in die akademischen Berufe*, S. 162. – *Ein Freund von mir*: ThF an Wolfgang Paulsen, 12. Mai 1898, HFA IV/4, S. 714.

604 *Am 1. oder 2. September reisten wir ab*: GBA-Tagebücher, Bd. 2, Eintrag von August/September 1884, S. 219. – *aktuellen Stoff*: ThF, *Die Brück' am Tay*, erschienen am 10. Januar 1880 in der Zeitschrift *Die Gegenwart*, vgl. HFA I/6, S. 285 ff.; GBA-Gedichte, Bd. 1, S. 153 ff.

605 *John Maynard*: ThF, *John Maynard*, HFA I/6, S. 287 ff.; GBA-Gedichte, Bd. 1, S. 155. – *Das Gespensterschiff*: vgl. HFA I/6, S. 646 ff.; GBA-Gedichte, Bd. 1, S. 36 ff. u. Anm.

606 *'Twas on Lake Erie's broad expanse*: zitiert nach HFA I/6, Anm. S. 1069. – *Seit anderthalb Wochen*: ThF an ThF jun., 4. Juni 1885, HFA IV/3, S. 291 f.

607 *John Maynard … Berliner Bunte Mappe*: vgl. F-Bibliographie, Nr. 4514. – *in seine Gedichtbände*: vgl. F-Bibliographie, Nr. 383 (1889), Nr. 384 (1892), Nr. 385 (1898). – *auf den Rückseiten des Manuskripts »Die Poggenpuhls«*: Manuskript im Besitz des Stadtmuseums Berlin.

608 *Never mind, I do*: vgl. Dieterle, *Die Tochter*, S. 214–217. – *Mädchenschule von Auguste Leyde*: ebd., S. 217 f. – *ihren eigenen … Umgang*: EF an Clara Stockhausen, 2. März 1885, DLA. – *die drei Fontanes*: vgl. ThF, EF, MF an Friedrich Carl Witte und Laura Roth, Telegramm vom 7. Juni 1892, NL; sowie Dieterle, *Die Tochter*, S. 139. – *Das geistige Zusammenleben mit ihnen*: EF an Clara Stockhausen, 2. März 1885, DLA. – *Nerven … Milz*: EF an Clara Stockhausen, 14. April 1885, DLA. – *Niedergeschlagenheit, Gleichgültigkeit*: ThF an Mathilde von Rohr, 24. April 1885, HFA IV/3, S. 381.

609 *Heilkraft*: ThF an Anna Fritsch, 4. Mai 1885, FFrFr, S. 22. – *Hoffentlich bewährt*: ThF an MF, 26. Mai 1885, FMF, S. 282. – *als Vorabdruck*: vgl. F-Bibliographie, Nr. 3986. – *Berlin oder nicht Berlin … in mir*: ThF an MF, 13. August 1885, HFA IV/3, S. 410 f.; FMF, S. 290.

610 *je schöner die Räume*: MF an EF und ThF, 10. Oktober 1880, FMF, S. 91 f. – *Am 17. Mai früh … Familientragödie*: GBA-Tagebücher, Bd. 2, S. 227.

611 *bei so viel Talent … konfuse Durcheinander*: ThF an Mathilde von Rohr, 23. Mai 1885, HFA IV/3, S. 387. – *In der Würdigung*: vgl. VZ vom 7. Juni 1885, wiederabgedruckt in

FLep2, Bd. 1, S. 717–722. – *Alle schönen Männer sind schwach*: ThF, *Irrungen, Wirrungen*, 5. Kapitel, HFA I/2, S. 345. – *Prolog*: ThF, *Prolog zur Feier des zweihundertjährigen Bestehens der Französischen Kolonie (1. November 1885)*, HFA I/6, S. 535; GBA-Gedichte, Bd. 1, S. 249 ff. – *die alte Seminar-Geldfrage*: ThF an ThF jun., 30. Mai [1885], SBB – PK/TFA; vgl. auch GBA-Tagebücher, Bd. 2, S. 406 (Anm.).

612 *Korps-Intendantur ... Schulzesche Hofbuchhandlung*: GBA-Tagebücher, Bd. 2, S. 226. – *Theo als Dichter ... Katholizismusbekämpfung*: ebd., S. 229. – *die Colonistentöchter waren schön*: ThF an Georg Friedlaender, 8. November 1885, HFA IV/3, S. 434. – *Am 24. Dezember 1885 feierte das Paar*: vgl. GBA-Tagebücher, Bd. 2, S. 231. – *sehr glücklich*: ThF an Georg Friedlaender, 6. Januar 1886, HFA IV/3, S. 445. – *eine hübsche Martha kennengelernt*: vgl. Dietz, *Theodor Fontane junior*, S. 88.

613 *Carl Soldmann ... Emma geb. Ploetz*: vgl. ebd., S. 107 u. S. 126. – *Es ist ein sehr liebes Mädchen*: ThF an Mathilde von Rohr, 9. Januar 1886, HFA IV/3, S. 446 f. – *Deine Braut*: ThF an ThF jun., 15. März 1886, HFA IV/3, S. 460 f. – *Wir sind nur noch Empfang*: ThF an Unbekannt [Paul Schlenther?], 6. Juni 1886, SAW. – *Trauzeugen*: vgl. Dietz, *Theodor Fontane junior*, S. 99–106. – *Papa ›Theodor‹ ... bester Theil*: EF an Clara Stockhausen, 23. März 1886, Privatbesitz. – *An Georges Hochzeit*: ThF an EF, 19. Juli 1886, HFA IV/3, S. 480; GBA-FEF, Bd. 3, S. 472.

614 *Meine liebe Marthe, warte*: vgl. Dieterle, *Die Tochter*, S. 223, vgl. auch ThF, *Vor dem Sturm*, HFA I/3, S. 315 f.; GBA-Erz. Werk, Bd. 2, S. 23 f. – *Um die Männer*: MF an EF, 31. August 1880, FMF, S. 80. – *Mutter zu sein*: vgl. Dieterle, *Die Tochter*, S. 261 (Englischer Fragebogen). – *Schriftstellerin zu werden*: vgl. ebd., S. 204–206. – *Keithstraße*: vgl. ThF an Anna Fritsch-Köhne, 31. Dezember 1893, FFrFr, S. 51 u. 86 (Nachwort); sowie *Berliner Adressbuch* von 1886 bis 1898 (»Keithstr. 20 III«). – *Du könntest dir solchen Plan gönnen*: ThF an FF, 12. Juli 1886, nach Typoskript-Original, TFA. – *weil Du [...] einen aparten ... Namen führst*: ThF an FF, 26. Juli 1886, nach Typoskript-Original, TFA.

615 *Nichts von Radau*: ThF an Eduard Engel, 21. April 1884, Jolles, *»Dutzende von Briefen hat Theodor Fontane mir geschrieben ...«*, S. 44 f. – *seine Tante Pine*: vgl. F-Chronik, Einträge vom 5. und 6. Mai 1884; sowie vom 15. September 1882. – *dicke en bloo*: zitiert nach Wörffel, *Theodor Fontane im Riesengebirge*, S. 96. – *Klein-Otto ... Eltern*: GBA-Tagebücher, Bd. 2, S. 240. – *Gideon ist besser als Botho*: vgl. F-Bibliographie, Nr. 4060; ThF, *Irrungen Wirrungen*, 26. Kapitel, HFA I/2, S. 475. – *Wird denn die gräßliche Hurengeschichte*: zitiert nach HFA IV/5/II, S. 636 (Anm.). – *rückhaltlos für den ›Alten‹*: ThF an Paul Schlenther, 14. September 1887, HFA I/2, S. 918. bzw. HFA IV/3, S. 561 f.

616 *Wir stecken ja ... ›gute Sitte‹ beizubringen*: ThF an ThF jun., 8. September 1887, HFA IV/3, S. 917. – *inmitten von Feldern*: vgl. ThF, *Der alte Wilhelm* (1892), HFA I/7, S. 107. – *Der Junge bestaunte*: vgl. Wörffel, *Theodor Fontane im Riesengebirge*, S. 107 f. – *eine Tour ins schlesische Gebirge*: vgl. ThF an FF, 16. September 1887, HFA IV/3, S. 563. – *Lear mit Cordelia*: ThF an Paul Schlenther, 20. September 1887, ebd., S. 565. – *Ehestreitigkeiten*: ThF an EF, 22. Juli 1887, GBA-FEF, Bd. 3, S. 493.

617 *George Fontane starb*: vgl. ThF an ThF jun., 24. September 1887, HFA IV/3, S. 566 f. – *eine schwere Blinddarmentzündung*: Stabsärztliches Attest zum Tod von George Fontane, TFA. – *schrie vor wahnsinnigen Schmerzen*: GBA-Tagebücher, Bd. 2, S. 239. –

Exzellenzen und Generäle: GBA-Tagebücher, Bd. 2, Eintrag von 1887, S. 240; vgl. auch FF an Fritz Schmidt, 7. Januar 1937, in: Krauss, *Theodor Fontane: Meine Gräber*, S. 159. – *von ihrem George*: EF an ThF jun., 1. November 1887, FMF, S. 301. – *Fips*: ThF, *Frau Jenny Treibel*, 6. Kapitel, HFA I/4, S. 355 f.; GBA-Erz. Werk, Bd. 14, S. 75.

618 *Vertrag mit Friedrich Wilhelm Steffens*: vgl. Möller, *Die Verlagsverträge im Fontane-Archiv (1. Teil)*, S. 50 f. – *mit einem Kranz … nach 2 Stunden*: ThF an ThF jun., 26. Dezember 1887, SBB – PK/TFA. – *Weihnacht und Sylvester*: GBA-Tagebücher, Bd. 2, Eintrag von 1887 [1. Oktober bis 31. Dezember], S. 240. – *Landpartie mit Nachtquartier*: ThF an Paul Schlenther, 4. Juni 1888, HFA IV/3, S. 609 f. – *Die Zeitungen schweigen*: GBA-Tagebücher, Bd. 2, Eintrag von 1888 [1. Januar bis 3. März], S. 241 f. – *Paul Schlenther schrieb in der Vossischen*: vgl. F-Bibliographie, Nr. 9832.

619 *konservativ … in seiner realistischen Kunst*: Otto Brahm: *Theodor Fontanes Berliner Romane. Irrungen und Wirrungen*, in: *Frankfurter Zeitung*. Frankfurt a. M. Nr. 111, 20.04.1888; F-Bibliographie, Nr. 9835; zitiert nach ThF, *Irrungen, Wirrungen*. Roman mit einem Nachwort von Otto Brahm. Zürich: Diogenes Verlag 1998, S. 211–218. – *Der kleine Brahm*: ThF an ThF jun., 8. Mai 1888, HFA IV/3, S. 603. – *Eben kommt Mama aus dem Reichstag*: ThF an MF, 9. März 1888, FMF, S. 305.

620 *Es ist nun wieder wie immer*: ThF an MF, 15. Juni 1888, HFA IV/3, S. 611; FMF, S. 317. – *ganz modern, quick*: ThF an Eduard Engel, 18. April 1887, zitiert nach Berbig/Hartz, S. 403. – *Du gleichst einem*: ThF an FF, 30. August 1888, FFrFo2, S. 10 f.

621 *Geschäftsbriefe*: ThF an MF, 19. April 1889, HFA IV/3, S. 682; FMF, S. 334. – *Es wäre ja fürchterlich*: ThF an FF, 27. Januar 1891, HFA IV/4, S. 93. – *Wenn du meine ›Stine‹ verlegst*: ThF an FF, 20. August 1888, zitiert nach Berbig/Hartz, S. 375.

622 *Ich war gestern Abend*: Tagebucheintrag von Friedrich Witte, 18. Dezember 1888, AHR, Nachlass Witte. – *Etwa im Oktober*: GBA-Tagebücher, Bd. 2, Eintrag von 1888 [1. September bis 31. Dezember], S. 246. – *still … vor der Rampe erschien*: zitiert nach de Mendelssohn, *S. Fischer und sein Verlag*, S. 77. – *alle Perücken wackelten*: zitiert nach ebd.

623 *Denn so groß das menschliche Herz ist*: ThF, *Noch einmal Ibsen und seine »Gespenster«*, VZ vom 13. Januar 1887; F-Bibliographie, Nr. 4037; NFA 22/2, S. 690–694 (694); vgl. auch ThF an Georg Friedlaender, 12. Januar 1887, FFried2, S. 93. – *innerhalb der protestantischen Welt*: ThF, *Noch einmal Ibsen und seine »Gespenster«*, NFA 22/2, S. 692 f. – *Kunst und Technik*: ebd., S. 691. – *unabhängig von dem Betrieb*: zitiert nach Sprengel, *Geschichte der deutschsprachigen Literatur 1870–1900. Von der Reichsgründung bis zur Jahrhundertwende*, S. 431. – *Zu den bald 900 Mitgliedern*: vgl. Drude, *Fontane und sein Berlin*, S. 119. – *Berliner Polizeibehörde*: Weigel, *Das Deutsche Theater*, S. 34.

624 *an Theodor Fontane sein erstes Bühnenstück*: vgl. FF, *Fontane und Hauptmann*, S. 168 f. – *konsequentesten Realisten*: Gerhart Hauptmann, 8. Juli 1889 zu *Vor Sonnenaufgang*, zitiert nach Hauptmann, *Vor Sonnaufgang*, tb ullstein, S. 5. – *entschlossen, das Werk zu bringen*: Paul Schlenther, zitiert nach de Mendelssohn, *S. Fischer und sein Verlag*, S. 98. – *als Direkteur der ›Freien Bühne‹ … Th. Fontane*: ThF an Gerhart Hauptmann, 12. September 1889, HFA IV/3, S. 723 f.

625 *Ich habe … etwas derartiges*: Gerhart Hauptmann an ThF, 12. September 1889, zitiert nach FF, *Fontane und Hauptmann*, S. 169 f. – *ganz und gar … Frage der Zeit ansehn*:

ThF an Gerhart Hauptmann, 13. September 1889, HFA IV/3, S. 724 f. – *Schon gestern Abend*: ThF an MF, 14. September 1889, HFA IV/3, S. 725 f.; FMF, S. 371 f. – *Am 16. September*: vgl. de Mendelssohn, *S. Fischer und sein Verlag*, S. 98. – *Über Hauptmanns Drama*: ThF, 2. Theaterkritik zu Hauptmanns *Vor Sonnenaufgang*, VZ vom 22. Oktober 1889; F-Bibliographie, Nr. 4178; HFA III/2, S. 824.

626 *Ich persönlich ... bekenne mich*: ThF, *Freie Bühne. Die Freie Bühne schloß gestern mit Gerhart Hauptmanns »Das Friedensfest«*, VZ vom 2. Juni 1890; F-Bibliographie, Nr. 4205; NFA 22/1, S. 743. – *Übermorgen will Gerhart Hauptmann*: ThF an Georg Friedlaender, 10. Januar 1892, HFA IV/4, S. 173. – *zum bekannten Löffel Suppe*: MF an Gerhart Hauptmann, 26. November 1896, FMF, S. 492. – *An einem Montagmorgen war's*: ThF, *Jakobitenlieder*, Nr. 5, HFA I/6, S. 12 ff.; GBA-Gedichte, Bd. 1. S. 324 ff. – *eine Liebeserklärung*: vgl. Hauptmann, *Mein höchster Protektor*, S. 176.

627 *der Extrakt des literarischen [...] Berlin*: Ludwig Pietsch, *Die Fontane-Feier*, VZ vom 7. Januar 1890, vgl. F-Chronik, Eintrag vom selben Datum. – *etwas so Totes ... Graus*: Th[eodor] F[ontane]: *Königliche Schauspiele. Donnerstag, den 31. Oktober zum ersten Male: Der Name, Schauspiel in 4 Akten von Hugo Lubliner*, in: *Königlich privilegirte Berlinische Zeitung von Staats- und gelehrten Sachen* (=VZ). Berlin. Nr. 512, 1.11.1889, Abendausgabe, Beilage; F-Bibliographie, Nr. 4182; NFA 22/2, S. 655; HFA II/2, S. 825 (Vornotiz), S. 826–829 (Besprechung). – *Deutsche Rundschau*: vgl. Berbig/Hartz S. 227.

628 *auf ein Honorar verzichtete*: vgl. FHer, Anm. zum Brief von ThF an Wilhelm Hertz, 30. September 1888, S. 536 (Zitat). – *das Neue passenden Orts*: ThF an Wilhelm Hertz, 28. Dezember 1888, FHer, S. 308. – *Würd es mir fehlen*: ThF, *Würd es mir fehlen, würd ich's vermissen*, HFA I/6, S. 340; GBA-Gedichte, Bd. 1, S. 27. – *Lebenswege*: ThF, *Lebenswege*, HFA I/6, S. 330; ebd., S. 28.

629 *Ausgang*: ThF, *Ausgang*, HFA I/6, S. 351; ebd., S. 39.

630 *Meine Gräber*: ThF, *Meine Gräber*, HFA I/6, S. 351; ebd., S. 40. – *Still bleibt das Grab*: vgl. auch ThF an ThF jun., 25. September 1888, SPK – PK/TFA. – *Fritz Katzfuß*: ThF, *Fritz Katzfuß*, HFA I/6, S. 364; GBA-Gedichte, Bd. 1, S. 53. – *Die Brück' am Tay*: ThF, *Die Brück' am Tay*, HFA I/6, S. 285; ebd., S. 153. – *John Maynard*: ThF, *John Maynard*, HFA I/6, S. 287; ebd., S. 155. – *Märkischen Reime*: ThF, *Märkische Reime*, HFA I/6, S. 250; ebd., S. 212. – *Herr von Ribbeck*: ThF, *Herr von Ribbeck auf Ribbeck im Havelland*, HFA I/6, S. 255; GBA-Gedichte, Bd. 1, S. 229. – *Exklusivrecht an Kellers Gesamtwerk*: vgl. *Gottfried-Keller-Handbuch*, S. 334 f. – *Fontanes Wünsche*: ThF an Wilhelm Hertz, 6. Juni 1889 (Beilage), FHer, S. 313 u. Anm. – *für das telephonisch*: ThF an Wilhelm Hertz, 19. September 1889, FHer, S. 317. – *Alles, was ich geschrieben*: ThF an Wilhelm Hertz, 9. November 1889, ebd., S. 319 f.

631 *Das vielleicht beste*: ThF an ThF jun., 5. Dezember 1889, SBB – PK/ TFA. – *So spendet Segen*: ThF, *Herr von Ribbeck auf Ribbeck im Havelland*, wie oben HFA I/6, S. 255; GBA-Gedichte, Bd. 1, S. 229. – *brüllte wie ein Stier*: von Wolzogen, *Reden vor und nach dem Käse*, S. 151 ff.

632 *Die Alten*: Zobeltitz, *Der 70. Geburtstag*, S. 149. – *nach fünfzigjähriger fast pennsylvanischer Absperrung*: ThF an Adolf Kröner, 16. Januar 1890, HFA IV/4, S. 15. – *Das moderne Berlin*: ThF an Heinrich Jacobi, 23. Januar 1890, ebd., S. 18. – *das Feuilleton*: ThF,

Auf der Suche, in: *Freie Bühne*, 1890/Heft 14, 7. Mai 1890 [zitiert nach diesem Druck]; GBA-Erz. Werk, Bd. 19 (*Von vor und nach der Reise*); Anm. S. 224–229. Buchversion abweichend vom Erstdruck.

633 *Reklameschriftsteller*: vgl. ThF an MF, 1. September 1889, FMF, S. 367. – *Das literar. Leben des Winters*: ThF an Georg Friedlaender, 29. April 1890, FFried2, S. 169. – *In den nächsten Tagen*: ThF an Georg Friedlaender, 29. April 1890, ebd., S. 170.

634 *Honorar: 3000 Mark*: vgl. Möller, *Die Verlagsverträge im Fontane-Archiv (1. Teil)*, S. 51 f. – *vollständig mit Papa gebrochen*: MF an ThF jun., 15. Januar 1890, FMF, S. 375. – *Intendantur-Rath Th. Fontane*: vgl. Möller, *Die Verlagsverträge im Fontane-Archiv (1. Teil)*, S. 54 f. – *Deutschland*: vgl. dazu ThF an Fritz Mauthner, 3. September 1889, zitiert nach GBA-Erz. Werk, Bd. 11 (*Stine*), S. 133. – *Gesamtausgabe des erzählerischen Werkes*: vgl. Möller, *Die Verlagsverträge im Fontane-Archiv (1. Teil)*, S. 56 f. – *Friedel findet zwei neue Kompagnons*: GBA-Tagebücher, Bd. 2, S. 256. – *Von Bismarck reden wir erst wieder*: ThF an Georg Friedlaender, 29. April 1890, FFried2, S. 168. – *Es ist ein Glück*: ThF an Georg Friedlaender, 1. Mai 1890, ebd., S. 168.

635 *Staatsschiff*: zitiert nach Düwell, *Kaiser Wilhelm II.*, S. 137. – *Zukunft … gerechter*: vgl. ThF, Freie Bühne. *Die Freie Bühne schloß gestern mit Gerhart Hauptmanns »Das Friedensfest«*, VZ, Nr. 250, 2.6.1890, Abendausgabe, Beilage; F-Bibliographie, Nr. 4205; NFA 22/1, S. 743. – *dies Testament*: zitiert nach Möller, *Fontanes Testament*, S. 16 ff.

636 *verbrennen!*: Meyer, *Erinnerungen an Theodor Fontane*, S. 242. – *Das machte ihn stutzig*: ebd., S. 242 f. – *unbeschränkt entscheiden*: zitiert nach Möller, *Fontanes Testament*, S. 25 f. – *Körperlich geht es noch*: ThF an August von Heyden, 2. März 1892, HFA IV/4, S. 184. – *Ich bin in ziemlich freudloser Stimmung*: ThF an Georg Friedlaender, 4. April 1892, FFried2, S. 236 f. – *Gerade vor 14 Tagen*: ThF an Georg Friedlaender, 22. April 1892, FFried2, S. 237.

637 *Brom nämlich drückt herab*: ThF an Georg Friedlaender, ebd. – *Schlesien … Heilwunder*: ThF an Anna Fritsch-Köhne, 18. Mai 1892, FFrFr, S. 42. – *Ich will nun mein lieber Theo*: EF an ThF jun., 3. Juni 1892, FMF, S. 424 f. – *hochgradige Neurasthenie*: EF an FF, 28. Juni 1892, FMF, S. 426. – *um zu Sterben*: EF an FF, 7. Juli 1892, zitiert nach Gravenkamp, *»Um zu sterben muß sich Herr F. erst eine andere Krankheit anschaffen«*, S. 20.

638 *Theodor Fontane … Großstadt*: zitiert nach ebd., S. 18 f.; F-Bibliographie, Nr. 5908. – *entscheidungsunfähig*: vgl. EF an FF, 21. Juli 1892, FMF, S. 428 f. – *Besten Dank. Mehr kann ich nicht sagen*: ThF an Otto Brahm, Poststempel »Schmiedeberg 27.7.92«, FBra, S. 130. – *Gehirn-Anämie*: ThF an Karl Zöllner, 8. August 1892, HFA IV/4, S. 202. – *elektrische Behandlung*: ThF an MF, 1. September, HFA IV/4, S. 433; FMF, S. 433. – *einen auf 85 Jahre berechneten Corpus*: ThF an Karl Zöllner, 8. August 1892, Prop 4, S. 114. – *harte Nuß … sein kann*: ThF an Friedrich Stephany, 8. August 1892, HFA IV/4, S. 203. – *Ich habe ja noch Arbeiten liegen*: ThF an FF, 11. August 1892, ebd., S. 204. – *Quängelpeter u. Egoist*: ThF an Karl Zöllner, 8. August 1892, HFA IV/4, S. 202; Prop 4, S. 114. – *die galvanische Kur*: EF an Georg Friedlaender, 15. September 1892, FFried2, S. 251.

639 *die Nerven meines Mannes*: EF an Georg Friedlaender, 15. September 1892, ebd., S. 251 f. – *darunter der kleine Brahm*: ThF an Georg Friedlaender, 19. September 1892, ebd., S. 252. – *mit Kopfkühlung … das reine Lotto*: ThF an Georg Friedlaender, 26. September

1892, ebd., S. 256. – *Heute, nach einer schlaflosen Nacht*: ThF an Georg Friedlaender, 1. Oktober 1892, HFA IV/4, S. 219; FFried2, S. 259. – *Von mir ist nicht viel*: ThF an Georg Friedlaender, 14. Oktober 1892, ebd., S. 222; ebd., S. 262. – *Wenn ich nicht die ganze traurige Geschichte*: Tagebucheintrag von Friedrich Witte, 15. Oktober 1892, AHR, Nachlass Witte.

640 *Ich nehme seit vier Tagen*: ThF an Georg Friedlaender, 17. Oktober 1892, HFA IV/4, S. 223; FFried2, S. 264. – *Den ganzen Tag über turkle ich*: ThF an MF, 29. August 1892, HFA IV/4, S. 208; FMF, S. 432. – *turkelte*: ThF an Georg Friedlaender, 21. September 1892, HFA IV/4, S. 215; FFried2, S. 253. – *Am Abend war ich lange bei Fontanes*: Tagebucheintrag von Friedrich Witte, 22. Oktober 1892, AHR, Nachlass Witte. – *Aus meinem Leben … Bruchstücke*: ThF an Julius Rodenberg, 30. Oktober 1892, HFA IV/4, S. 226 f. – *seit 8 oder 10 Tagen … Kinderjahre*: ThF an Georg Friedlaender, 1. November 1892, HFA IV/4, S. 227; FFried2, S. 266. – *Dich trägt dein Glück*: ThF, *Meine Kinderjahre*, 4. Kapitel, HFA III/4, S. 42; AFA-Autobiogr. Schriften, Bd. 1, S. 39.

641 *sehr glücklich*: ThF an Georg Friedlaender, 1. November 1892, HFA IV/4, S. 227; FFried2, S. 266. – *1892 war ein recht bitteres Jahr*: GBA-Tagebücher, Bd. 2, S. 257. – *Mein Zustand*: ebd., S. 258. – *Wenn ich trotzdem*: ThF, *Meine Kinderjahre*, Vorwort, HFA III/4, S. 9; AFA-Autobiogr. Schriften, Bd. 1, S. 3.

642 *Denn wie er zuletzt war*: ThF, *Meine Kinderjahre*, 16. Kapitel, ebd., S. 151; ebd., S. 159. – *Das Poetische […] hat immer recht*: ThF, *Frau Jenny Treibel oder »Wo sich Herz zum Herzen find't«*, 7. Kapitel, HFA I/4, S. 360; GBA-Erz. Werk, Bd. 14, S. 80. – *Wie die ersten Wintermonate vergingen*: GBA-Tagebücher, Bd. 2, S. 257. – *Zweck der Geschichte*: ThF an ThF jun., 9. Mai 1888, HFA IV/3, S. 601. – *Ich schließe … kolossal*: ThF an ThF jun., 9. Mai 1888, ebd.

643 *zu Anfang des 15. Jahrhunderts … Störtebecker und ich*: ThF, *Meine Kinderjahre*, 17. Kapitel, HFA III/4, S. 166; AFA-Autobiogr. Schriften, Bd. 1, S. 176. – *phantastische und groteske Tragödie*: ThF an Hans Hertz, 16. März 1895, zitiert nach HFA I/7, S. 776. – *Enthauptung*: ThF an Friedrich Stephany, 1. August 1887, zitiert nach HFA I/7, S. 776. – *Der Stoff*: ThF an Hans Hertz, 16. März 1895, zitiert nach HFA I/7, S. 777. – *Vertrag … unterzeichnet*: 29. Februar 1892, vgl. Möller, *Die Verlagsverträge im Fontane-Archiv (1. Teil)*, S. 58 f. – *Honorar: 2250 Mark*: ebd.

644 *gute Kritiken*: vgl. ThF, *Frau Jenny Treibel*, GBA-Erz. Werk, Bd. 14, Anhang, S. 242–255. – *Prachtgestalten des Romans*: Rezension »Frau Jenny Treibel« von Paul Schlenther, VZ vom 27.11.1892; F-Bibliographie, Nr. 10 050; wiederabgedruckt in Ester, *Mehr als eine Anzeige*, S. 64–70, hier S. 65. – *Fontanes eigene Tochter Martha*: Schlenther, Einleitung zu ThF, *Gesammelte Werke*, Bd. 1, S. XLIX. – *such an ugly old fellow*: ThF, *Frau Jenny Treibel*, 3. Kapitel, HFA I/4, S. 328; GBA-Erz. Werk, Bd. 14, S. 37. – *300 000 Abonnenten*: ThF an die Redaktion der *Gartenlaube*, 15. November 1889, HFA IV/3, S. 737.

645 *bestechend*: vgl. ThF an Adolf Kröner, 28. Juli 1890, HFA IV/4, S. 55. – *Effi Briest*: ebd. – *Auch dieser zweite Entwurf*: vgl. ThF, *Effi Briest*, GBA-Erz. Werk, Bd. 15, Anhang, S. 392–406. – *Methode der »gemischten Züge«*: vgl. F-Notizbücher, Notizbuch A12, paginierte S. 142, sowie in diesem Buch S. 445 ff. (Kapitel »*Material zu einem großen Roman*«). – *»Betty von Ottersund«, »Betty von Pervenitz«*: vgl. ThF, *Effi Briest*, GBA-Erz. Werk,

Bd. 14, Anhang, S. 394. – *»Effi Briest« … für mein Gefühl sehr hübsch*: ThF an Julius Rodenberg, 9. November 1893, HFA IV/4, S. 307. – *Roman ›Effi Briest‹ … erkrankte*: GBA-Tagebücher, Bd. 2, S. 257. – *zwischen den Dünen*: ThF, *Meine Kinderjahre*, 17. Kapitel, HFA III/4, S. 166; AFA-Autobiogr. Schriften, Bd. 1, S. 175 f. – *zwischen den beiden vordersten Dünenreihen*: ThF, *Effi Briest*, 28. Kapitel, HFA I/4, S. 241; GBA-Erz. Werk, Bd. 14, S. 285.

646 *Zeitschriftenvorabdruck*: vgl. F-Bibliographie, Nr. 4223, Vorabdruck *Effi Briest*, Oktober 1894 bis März 1895. – *Ja, die arme Effi!*: ThF an Hans Hertz, 2. März 1895, HFA IV/4, S. 430; FHer, S. 356 f.

647 *Ich bin […] gegen todtschießen*: ThF an eine unbekannte Dame, 12. Juni 1895, HFA IV/4, S. 454 f. – *8000 Mark*: vgl. Möller, *Die Verlagsverträge im Fontane-Archiv (1. Teil)*, S. 63 f. – *Im Herbst erscheint ›Effi Briest‹ … die Ansprache*: GBA-Tagebücher, Bd. 2, S. 263. – *Welche Eigenschaft schätzen Sie*: ThF, *[Eintragungen in ein ›Torturbüchlein‹]*, [Berlin, 10. März 1891], AFA-Autobiogr. Schriften, Bd. 3/1, S. 438 f., u. Anm. Bd. 3/2, S. 181.

648 *Der künftige Biograph*: ThF an ThF jun., 31. März 1882, SBB – PK/TFA. – *Brockhaus*: ThF an EF, 7. August 1876, GBA-FEF, Bd. 3, S. 66; vgl. Eintrag »Fontane« in: Brockhaus' Conversations-Lexikon, 12. Auflage, 1877, und 13. Auflage, 1883. Vgl. auch Goldammer, *Fontane-Autographe aus dem Archiv des Verlages F. A. Brockhaus*, S. 30 ff. – *Es hat mal biographisch Ausführlicheres*: ThF an Maximilian Harden, 7. November 1889, HFA IV/3, S. 732 f.; vgl. auch ThF an Franz Riß, 17. Dezember 1893, FRiß, S. 15.

649 *Der »Apotheker« … getilgt*: vgl. Brockhaus, 1877, 12. Auflage, Eintrag »Fontane«, Brockhaus, 1883, 13. Auflage, Eintrag »Fontane«. Wiederabgedruckt in FBl 81/1996, S. 31, sowie Brockhaus 1892, 14. Auflage. – *Einem jungen Literaten*: vgl. Franz Riß, *Theodor Fontane*, in: *Neue Litterarische Blätter*. 4. Jg., Nr. 9, Braunschweig, Juni 1896, S. 252–255 (Teil I), und Nr. 10, Juli 1896, S. 291–294 (Teil II). – *Plauder- und Bummelstils … rein gar nichts sind*: ThF an Franz Riß, 28. Juni 1896, FRiß, S. 19. – *Portraitist und Causeur … ewigen Plauderns*: ThF an Franz Riß, 27. Juli 1896, ebd., S. 20.

650 *im Verlag von Wilhelm Hertz*: vgl. Jakob Baechtold, *Gottfried Keller's Leben. Seine Briefe und Tagebücher*; *Gottfried-Keller-Handbuch*, S. 354 ff. – *mich interessirt alles*: ThF an Wilhelm Hertz, 11. Juni 1894, HFA IV/4, S. 366 ff.; FHer, S. 353 ff. – *das Interessanteste*: ThF an Georg Friedlaender, 5. Dezember 1884, HFA IV/3, S. 365. – *Gearbeitet, Abendspatziergang*: ThF an ThF jun., 31. März 1882, SBB – PK/TFA.

651 *Er ist der nachsichtigste*: EF an MF in einer Nachschrift von ThF an MF, 21. August 1893, FMF, S. 443. – *Schwindel, Angst, Blase*: MF an Anna Witte, 10. April 1893, Privatbesitz. – *Wir haben bis jetzt fleißig*: ebd. – *Mendels Pillen*: ThF an MF, 9. Juli 1893, FMF, S. 436; GBA-Tagebücher, Bd. 2, Eintrag von 1894, S. 260. – *Friedrich Witte … gestorben*: vgl. Dieterle, *Die Tochter*, S. 282 ff.

652 *Silberne Kanne … versammelt sind*: ThF an MF, 17. August 1893, HFA IV/4, S. 275; FMF, S. 439 f. – *Stunden von 4 bis 6*: ThF an MF, 25. August 1893, ebd., S. 286; ebd., S. 450. – *Excellenz … auszuwetzen*: ThF an MF, 4. September 1893, HFA IV/4, S. 280 f.; FMF, S. 454.

653 *Mama […] wollte gleich mit*: ThF an MF, 12. September 1893, FMF, S. 455. – *Salomon*

war salomonisch: ThF an Karl Zöllner, 2. Oktober 1893, HFA IV/4, S. 297. – *Nerven-Pleite*: ThF an MF, 16. Januar 1881, HFA IV/3, S. 117; FMF, S. 119. – *Nerven-Depression*: ThF an Georg Friedlaender, 10. Mai 1886, HFA IV/3, S. 470. – *Depression*: ThF an Priorin Ida Baptista [Ida von Wangenheim], Ende Februar 1890, HFA IV/4, S. 30. – *wie die Ärzte bestätigten*: vgl. Dieterle, *Die Tochter*, S. 331 ff. sowie S. 336. – *12 000 Mark hinterlassen*: ebd., S. 283 sowie S. 349 f. – *unterstützte hilfsbedürftige Schriftsteller*: vgl. F-Chronik, Einträge vom 14. Juli 1855 u. 26. Juli 1855 bzw. 29. Dezember 1870.

654 *Erstunterzeichner eines Unterstützungsgesuchs*: vgl. auch ThF, Holz/Schlaf – *Die Familie Selicke*, HFA III/2, S. 845 ff. – *die literarische Richtung*: zitiert nach *Die Akte Johannes Schlaf*, S. 11. – *die Gesuchsteller*: Paul Schlenther, Theodor Fontane, Friedrich Spielhagen, Ernst von Wildenbruch, Erich Schmidt an den Vorstand der Deutschen Schiller-Stiftung, Berlin im Februar 1894, *Akte Johannes Schlaf*, S. 13. – *Ob mit Erfolg*: vgl. F-Chronik, Eintrag Anfang 1893 [gemeint ist vermutlich 1894]. – *Der ›Rütli‹ versammelt sich spärlich*: GBA-Tagebücher, Bd. 2, Eintrag von Ende 1893, S. 260. – *beinahe 1000 Rütlisitzungen*: ThF an Moritz Lazarus, 14. September 1894, HFA IV/4, S. 384. – *Mit Moritz Lazarus aber brach Fontane*: vgl. ThF an Georg Friedlaender, 5. April 1897, HFA IV/4, S. 645.

655 *Fontanes waren bezaubernd*: Anna Fritsch-Köhne an die Stieftochter Annie Scheller-Fritsch, 4. Juni 1894, Privatbesitz. – *Das Reichstagsgebäude sähe ich sehr gern*: ThF an K. E. O. Fritsch, 27. November 1894, FFrFr, S. 60.

656 *Sie spricht kein Wort*: VZ vom 6. März 1895. Ich danke Rolf Zuberbühler für die Zeitungsrecherche. – *Vorgestern habe ich mit Fritsch*: ThF an MF, 1. April 1895, HFA IV/4, S. 440; FMF, S. 465. – *2-Mark-Ausgabe*: vgl. F-Bibliographie, Nr. 10 451 u. 10 461b. – *allabendlichen Thiergarten=Rennereien*: ThF an K. E. O. Fritsch, 21. Januar 1883, FFrFr, S. 13. – *Dich trägt dein Glück*: ThF, *Meine Kinderjahre*, 4. Kapitel, HFA III/4, S. 42. – *auf dem Strom des Unbewußten*: ThF an Anna Fritsch-Köhne, 31. 12. 1893, FFrFr, S. 51.

657 *Die erste Niederschrift*: vgl. ThF, *Die Poggenpuhls*, GBA-Erz. Werk, Bd. 16, Anhang, S. 146. – *Ich mache mich nun an die Korrektur*: GBA-Tagebücher, Bd. 2, Eintrag von 1894, S. 261 f. – *wurden abgelehnt*: GBA-Tagebücher, Bd. 2, Eintrag von 1895, S. 263. – *allherbstlich Theodor Fontane ... 17 Minuten*: Georg Friedlaender, *Im Hörnerschlitten auf die Prinz Heinrich=Baude*, VZ vom 25. Februar 1891, Morgenausgabe. Ich danke Ulf Korn für die Kopie des Artikels. – *Heute früh ... gemacht haben*: ThF an Georg Friedlaender, 25. Februar 1891, HFA IV/4, S. 101; FFried2, S. 198.

658 *Adamsdorf*: ThF, *Die Poggenpuhls*, 6. Kapitel, HFA I/4, S. 512; GBA-Erz. Werk, Bd. 16, S. 44. – *eine Partie nach der Heinrichsbaude*: ThF, *Die Poggenpuhls*, 10. Kapitel, ebd., S. 540; ebd., S. 77. – *Hörnerschlittenfahrten*: ThF, *Die Poggenpuhls*, 10. Kapitel, ebd., S. 543; ebd., S. 81. – *Mitte November 1894 ... fertig*: vgl. ThF, *Die Poggenpuhls*, GBA-Erz. Werk, Bd. 16, Anhang, S. 146. – *die jüngere Forschung*: vgl. Aust, *Theodor Fontane: »Die Poggenpuhls«*, S. 224; ThF, *Die Poggenpuhls*, GBA-Erz. Werk, Bd. 16, Anhang, S. 125 ff.

659 *Schmiedeberg*: ThF, *Die Poggenpuhls*, 10. Kapitel, HFA I/4, S. 539 f. *Erläuterung von Fontanes künstlerischem Verfahren*: vgl. Scheffel, *Auto(r)reflexionen in Theodor Fontanes »Die Poggenpuhls«*, S. 346 ff. – *Abwechselnd fuhr man bis Schreiberhau ... Abrahams Grab*: ThF, *Die Poggenpuhls*, 12. Kapitel, HFA I/4, S. 556; GBA-Erz. Werk, Bd. 16, S. 97. –

die Aufgabe ganz neu zu lösen: ThF, ebd., 10. Kapitel, HFA I/4, S. 544; GBA-Erz. Werk, Bd. 16, S. 82.

660 *Onkel Eberhard … Bundeslade*: ThF, *Die Poggenpuhls*, 12. Kapitel, HFA IV/4, S. 556 f.; GBA-Erz. Werk, Bd. 16, S. 97 f. – *Handschrift um die Zeit von 1890*: vgl. F-Fragmente, Bd. 2, S. 364. – *Es wird so viel nach Gesetzen … Fahrt erhöhn*: ThF, *Die Kunst des Erzählens*, in: F-Fragmente, Bd. 1, S. 429.

661 *Ölbild »Überfall von Hochkirch«*: vgl. in diesem Buch S. 147 u. 360 (Kapitel *Stippvisite in Berlin mit kleiner Fahrt ins Oderbruch*).

662 *Gott … es sitzt nich und sitzt nich*: ThF, *Die Poggenpuhls*, 2. Kapitel, HFA IV/4, S. 487; GBA-Erz. Werk, Bd. 16, S. 15. – *Heilborn, der das Werk … besprochen*: vgl. Ernst Heilborn: *Bei Fontane's Poggenpuhls*, in: *Die Nation*, 16. Januar 1897; F-Bibliographie, Nr. 10 461. – *Herzlichen Dank*: ThF an Ernst Heilborn, 16. Januar 1897, HFA IV/4, S. 629. – *Kommerzienrat … Treutler*: vgl. ThF, *Die Poggenpuhls*, GBA-Erz. Werk, Bd. 16, Anhang, S. 180. – *Amtsgerichtsrat und seine Frau*: ThF, *Die Poggenpuhls*, 10. Kapitel, HFA IV/4, S. 540 f.; GBA-Erz. Werk, Bd. 16, S. 78. – *Menzel*: ThF, *Die Poggenpuhls*, 11. Kapitel, ebd., S. 548; ebd., S. 87. – *Paula Conrad und Paul Schlenther*: ThF, *Die Poggenpuhls*, 7. Kapitel, ebd., S. 524; ebd., S. 58. – *zwei Tugenden*: ThF an Paul Schlenther, 4. November 1896, HFA IV/4, S. 607.

663 *dicht an der Potsdamerstraße*: ThF an Heinrich Joseph Horwitz, 6. November 1896, HFA IV/4, S. 607. – *An den ›Poggenpuhls‹ habe ich*: ThF an Georg Friedlaender, 4. Januar 1897, FFried2, S. 413. – *einen Fortschritt*: ThF an ThF jun., 11. April 1890, SBB – PK/TFA. – *Friedrich Wilhelmstr. 10 III*: Eintrag im *Berliner Adressbuch* von 1892. – *Otto, wenn ich in die Hinterstube gehe*: ThF an ThF jun., 18. Juni 1894, SBB – PK/TFA.

664 *Theaterrevolution*: vgl. Weigel, *Das Deutsche Theater*, S. 54 ff. – *vorprogrammiert*: vgl. HFA IV/5/II, S. 871 f.; Anm. zu ThF an Otto Brahm, 27. September 1894, HFA IV/4, S. 386. – *Ranglisten … Armee-Corps*: ThF an ThF jun., 2. Juli 1894, SBB – PK/TFA. – *Vormittags Arbeit*: ThF an ThF jun., 12. August 1894, ebd. – *Friedel, in Frack*: ThF an ThF jun., 24. November 1894, ebd. – *Herrn Intendanturrath Fontane*: ThF an ThF jun., 24. November 1894, ebd. – *Zwei, drei Tage später*: ThF an ThF jun., 1. Dezember 1894, SBB – PK/TFA.

665 *Friedel … Nummer-1-Verleger*: ThF an ThF jun., 6. Mai 1895, HFA IV/4, S. 448. – *Deine Unterleibszustände*: ThF an ThF jun., 22. September 1895, SBB – PK/TFA. – *Genieße Effi mit Maß*: ThF an ThF jun., 18. Oktober 1895, ebd.

666 *Es stimmt uns sehr traurig*: EF an ThF jun., 25. Dezember 1895, ebd. – *Der Kranke hat sein Recht*: ThF an MF, 13. August 1885, FMF, S. 290. – *Mein lieber alter Theo … ich bin Praktiker*: ThF an ThF jun., 25. Dezember 1895, HFA IV/4, S. 514–516.

668 *Er [Theo] ist Programm=Mensch … noch über*: ThF an MF, 10. Juni 1896, HFA IV/4, S. 564, FMF, S. 484 f. – *Wenn er jeden Tag*: ThF an Marie Sternheim, 11. Juli 1896, HFA IV/4, S. 576 f. – *Die beiden Söhne*: ThF an Marie Sternheim, 18. August 1896, ebd., S. 585. – *Schweiz, Italien, Paris*: ThF an ThF jun., 29. August 1898, ebd., S. 743.

669 *wenn dies gelten soll*: ThF an Anna Fritsch, 18. Oktober 1895, FFrFr, S. 68. – *Du hast Recht*: ThF an MF, 11. Juli 1896, HFA IV/4, S. 575. – *Bei uns sieht es nicht schön aus … Menzelfest gehen*: MF an Anna Witte, 8. Dezember 1895, Privatbesitz.

670 *bei der grünen Lampe*: vgl. MF an EF, 1. März 1881, FMF, S. 142. – *Es brechen fast der Bühnen Stützen*: F-Chronik, Eintrag vom 7. Dezember 1895. – *sein Menzel-Aufsatz*: ThF, *Adolf Menzel, zu seinem 80. Geburtstag*, F-Bibliographie, Nr. 4229; NFA 23/1, S. 516–519. – *im Gedicht*: vgl. ThF, *Auf der Treppe von Sanssouci. 7./8. Dezember 1885 (zu Menzels 70. Geburtstag)*, HFA I/6, S. 262–264; GBA-Gedichte, Bd. 1, S. 250–253.

671 *Vorarbeiten oder Fragmente*: vgl. Hehle, *»… es ist nicht nötig, daß die Stechline weiterleben, aber es lebe der Stechlin«*, S. 21. – *wissenschaftliche Studie*: vgl. Petersen, *Fontanes Altersroman*, S. 1–74. – *seit Ende des Zweiten Weltkriegs verschollen*: vgl. ThF, *Der Stechlin*, GBA-Erz. Werk, Bd. 17, Anhang, S. 526. – *An diesem Stechlin-Roman arbeite ich*: GBA-Tagebuch, Bd. 2, Eintrag von 1896, S. 265. – *das so verschlossene Manuskriptpaket*: vgl. Jolles, *Theodor Fontane*, S. 91; GBA-Erz. Werk, Bd. 17, *Der Stechlin*, Anhang, S. 488 f. – *nicht ermüdender Schaffenskraft*: vgl. ThF, *Der Stechlin*, HFA I/5, Variantenverzeichnis, S. 500–534. – *Waldgegend … aber*: vgl. ThF, *Der Stechlin*, ebd., S. 500–534, hier S. 501 f.

672 *großen, noch dazu politischen (!!) Roman*: vgl. ThF an Ernst Heilborn, 12. Mai 1897, HFA IV/4, S. 649. – *Schriften und Büchern*: ThF an Hans Hertz, 16. März 1895, HFA IV/4, S. 433 f.; FHer, S. 357 f. – *Störtebekerlied*: ThF an Hans Hertz, 4. April 1895, ebd., S. 433 f.; ebd., S. 360. – *Quelle*: vgl. Streiter-Buscher, *Autobiographische Spiegelungen im »Stechlin«*, S. 318 ff. – *Greif nur hinein*: ThF, *Unsere lyrische und epische Poesie seit 1848*, HFA III/1, S. 237. Erstdruck 1853; F-Bibliographie, Nr. 1913.

673 *Einerseits auf einem altmodischen märkischen Gut*: ThF an Adolf Hermann, Mai/Juni 1897 [Entwurf], HFA IV/4, S. 420 f.

674 *Zeit von Oktober 1895 bis September 1896*: Für die Hilfe beim Datieren des erzählten Zeitgeschehens danke ich Rolf Zuberbühler (März 2018); vgl. auch Zuberbühler, *Theodor Fontane. Der Stechlin. Fontanes politischer Altersroman im Lichte der »Vossischen Zeitung« und weiterer zeitgenössischer Publizistik*, 2012. – *das große Haus mit den vier Ecktürmen*: ThF, *Der Stechlin*, 20. Kapitel, HFA I/5, S. 194; GBA-Erz. Werk, Bd. 17, S. 228. – *heirate heimisch*: *Der Stechlin*, 16. Kapitel, ebd., S. 162; ebd., S. 190.

675 *Kladderadatsch*: ThF, *Der Stechlin*, 19. Kapitel; ebd., S. 180; ebd., S. 212. – *Globsowern … Feilenhauer Torgelow*: ThF, *Der Stechlin*, 19. u. 20. Kapitel, ebd., S. 189 u. 202; ebd., S. 222 u. S. 238.; vgl. dazu ThF an Carl Robert Lessing, 8. Juni 1896, HFA IV/4, S. 561 (zur Neukonzeption des Politischen wegen der Wahl von Carl Robert Lessings Sohn in den Reichstag als Abgeordneter der Fortschrittspartei). – *Bismarck … Friedrichsruh*: ThF, *Der Stechlin*, 1. Kapitel, HFA I/5, S. 11; GBA-Erz. Werk, Bd. 17, S. 10. – *Ruppiner Winkel*: vgl. ThF, *Der Stechlin*, HFA I/5, Zur Entstehung, S. 404 ff. – *Er hat genau das … vornehme Beziehungen*: ThF, *Der Stechlin*, 13. Kapitel, HFA I/5, S. 135 f.; GBA-Erz. Werk, Bd. 17, S. 158 f.

676 *Wie still er daliegt, der Stechlin*: ThF, *Die Grafschaft Ruppin*, Kapitel *Die Menzer Forst und der Große Stechlin*, HFA II/1, S. 338–344, hier S. 341; GBA-Wanderungen, Bd. 1, S. 349. – *einen richtigen Revolutionär*: ThF, *Der Stechlin*, 5. Kapitel, HFA I/5, S. 54; GBA-Erz. Werk, Bd. 17, S. 62. – *Und ich verwette mich … petrefakt*: ThF, *Der Stechlin*, 31. Kapitel, ebd., S. 284; ebd., S. 336.

677 *Vossischen Zeitung*: vgl. Zuberbühler, *Theodor Fontane. Der Stechlin. Fontanes politischer Altersroman im Lichte der »Vossischen Zeitung« und weiterer zeitgenössischer Pu-*

blizistik, 2012. – *in jenen Novembertagen*: vgl. ebd., S. 20. – *im Mai 1895 ein Gesetzesentwurf debattiert*: vgl. ThF an ThF jun., 23. Februar 1895, HFA IV/4, S. 425. – *gegen die Umsturzvorlage*: vgl. Zuberbühler, *Theodor Fontane. Der Stechlin*, S. 46 f. – *der Wahrheit ins Gesicht … Gesellschaftsordnung*: VZ vom 2. März 1895, zitiert nach Zuberbühler, ebd., S. 46.

678 *wieder einmal die Sache des deutschen Journalismus*: VZ vom 13. Mai 1895, zitiert nach Zuberbühler, ebd., S. 51. – *nicht für [das] Umsturzgesetz*: ThF an Anna Fritsch-Köhne, 5. Mai 1895, FFrFr, S. 62. – *Und so dachten alle*: vgl. Dieterle, *Die Tochter*, S. 286 f. – *überaus witzige Politsatire*: ThF, *Die preußische Idee* [Ende 1894/95], F-Fragmente, Bd. 1, S. 340–346. – *Und ohne Hohenzollern kein Deutschland*: ebd., S. 346. – *Die Menschheit fängt nicht beim Baron an … zusammen*: ThF an MF, 22. August 1895, HFA IV/4, S. 473; FMF, S. 470.

679 *Diese verrotteten u. vermoderten Adligen*: EF an Paula Schlenther-Conrad, Donnerstag [September 1895], Golz/Erler, *Die Fontanes und die Schlenthers*, S. 136. – *Ostelbiern*: ThF, *Der Stechlin*, 41. Kapitel, HFA I/5, S. 366; GBA-Erz. Werk, Bd. 17, S. 435. – *Bei meinen Lieblingen, den Junkern*: ThF an Moritz Neckar, 29. Oktober 1895, HFA IV/4, S. 495. – *Im Winter habe ich*: ThF an Carl Robert Lessing, 8. Juni 1896, HFA IV/4, S. 562. – *Finde mich ganz darin zurecht*: ThF, *Der Stechlin*, 4. Kapitel, HFA I/5, S. 42 f.; GBA-Erz. Werk, Bd. 17, S. 47 f.

680 *Aber wohin denn, Doktor?*: ThF, *Der Stechlin*, 37. Kapitel, ebd., S. 318; ebd., S. 47 f. – *Ganz so wie einst Fontane*: vgl. Dieterle, *Fontane und Böcklin*, S. 269–283.

681 *Wir hatten rechte Sorge um Papa*: EF an ThF jun., Berlin, 22. Dezember 188[7], FMF, S. 303. – *kein Alter, freilich auch kein Neuer … ein Kind*: ThF, *Der Stechlin*, 43. Kapitel, HFA I/5, S. 377; GBA-Erz. Werk, Bd. 17, S. 448 f. – *es ist nicht nötig*: vgl. auch Hehle, *»… es ist nicht nötig, daß die Stechline weiterleben, aber es lebe der Stechlin«*, S. 21–35, besonders S. 30 ff. – *zu einem glücklichen Ende zu bringen*: vgl. auch ThF, *Was ich wollte, was ich wurde*, GBA-Gedichte, Bd. 2, S. 492 f.

682 *An das Leben, an mich*: zitiert von EF im Brief an Anna Fritsch-Köhne, 21. November 1894, FFrFr (FBl 89/2010), S. 41; sowie GBA-Gedichte, Bd. 3, S. 274; vgl. auch Elise Weber geb. Fontane, *Fontane als Ehemann*, S. 250. – *Ostern 1836 […] als Lehrling*: ThF, *Aus meinem Leben. Erstes Kapitel. Berlin* 1840 (In der Roseschen Apotheke), in: *Pan*, Heft 1, April/Mai 1895, S. 22–27, hier S. 22; F-Bibliographie, Nr. 4225. – *von Max Liebermann*: vgl. F-Chronik, Eintrag vom * 19. März 1896*. – *ließ mich mit fortreißen*: ThF, *Der achtzehnte März*, in: *Cosmopolis*, Oktober 1896; F-Bibliographie, Nr. 4238.

683 *bei denen der Klavierspieler … verloren*: ThF, *Der Stechlin*, 41. Kapitel, HFA I/5, S. 368; GBA-Erz. Werk, Bd. 17, S. 437 f.

684 *Dresden, ca. 1843*: vgl. ThF, *Von Zwanzig bis Dreißig. Autobiographisches*, 1898 (Erstausgabe); F-Bibliographie, Nr. 442. – *Als ich zwei dicke Bände herausgab*: ThF, *Als ich zwei dicke Bände herausgab*, HFA I/6, S. 329; GBA-Gedichte, Bd. 2, S. 495 und Anm. [zitiert nach dieser Ausgabe]. – *scharf geschäftlich*: ThF an FF, 14. Juni 1898, FFrFo2, S. 37. – *Von der ersten Auflage*: vgl. Möller, *Die Verlagsverträge im Fontane-Archiv (1. Teil)*, S. 67. – *Sohn Theo erhielt*: vgl. ThF an FF, 14. Juni 1898, FFrFo2, S. 37. – *daß Heyse zu kurz gekommen*: ThF an FF, 21. Juni 1898, HFA IV/4, S. 729 f.

685 *Sohn, er hieß Georg*: vgl. Nürnberger, *Georg Hett (1892–1956) und Thea Zimmermann-de Terra (1901–1939), zwei Enkel Theodor Fontanes*, S. 144 ff.; F-Bibliographie, Nr. 6144; Dieterle, *Die Tochter*, S. 322 f. – *sexuelle Problem*: ThF an MF, 24. April 1891, HFA IV/4, S. 117; FMF, S. 405. – *Das Wort Nietzsche's*: ThF an MF, 30. August 1895, ebd., S. 476; ebd., S. 472. – *Theuerster Fritsch*: ThF an K. E. O. Fritsch, 15. Juni 1898, FFrFr, S. 78.

686 *Anna Fritsch ... gestorben*: vgl. ThF an K. E. O. Fritsch, 19. November 1897, FFrFr (FBl 89/2010), S. 49. – *einverstanden*: ThF an FF, 16. Juni 1898, HFA IV/4, S. 728. – *nur noch 36 Pulsschläge*: ThF an Georg Friedlaender, 15. März 1898, ebd., S. 704. – *Ich z. B. habe 34 Pulsschläge*: ThF an Karl Eggers, 22. Juli 1898, ebd., S. 736. – *Papa sitzt u. weint*: MF an Anna Witte, 31. Juli 1898, FMF, S. 563.

687 *Gestern früh ... Geschenk*: ThF an Ernst Heilborn, 4. August 1898, HFA IV/4, S. 738. – *Waldgrund in Epheu ... Bismarck irgendwo*: ThF, *Wo Bismarck liegen soll*, HFA I/6, S. 249 f; GBA-Gedichte, Bd. 2, S. 97. – *auch in der überregionalen Presse*: vgl. F-Bibliographie, Nr. 10 757–10 808. – *unbestritten zu den ersten*: Sigmund Schott, *Aus Theodor Fontanes Lebenserinnerungen*, NZZ, 12. August 1898 (Teil 1/2); F-Bibliographie, Nr. 10 772.

688 *hinreißende Wärme, mit der er von seiner Frau spricht*: Sigmund Schott, *Aus Theodor Fontanes Lebenserinnerungen*, NZZ vom 3. August 1898 (Teil 2/2). Schott zitiert im Folgenden aus *Von Zwanzig bis Dreißig*: *Fritz, Fritz, die Brücke kommt*, 2. Kapitel, *»Rat Kummer«. Des alten Rouanet Enkelin*; HFA III/3, S. 476. – *Gottfried Keller ... Gefallen an einander gefunden*: Schott, *Aus Theodor Fontanes Lebenserinnerungen*, NZZ vom 3. August 1898 (Teil 2/2).

689 *Seien Sie, hochgeehrter Herr*: ThF an Sigmund Schott, 17. August 1898, HFA IV/4, S. 741. – *ganz kaduck*: ThF an Erich Sello, 23. August 1898, ebd., S. 741. – *kannibalische Hitze*: ThF an Georg Friedlaender, 29. August 1898, FFried2, S. 436; HFA IV/4, S. 743. – *Schlappheit*: MF an Lise Mengel-Witte, 3. September 1898, FMF, S. 505 f.

690 *die erste Auflage so gut wie verkauft*: vgl. Möller, *Die Verlagsverträge im Fontane-Archiv (1. Teil)*, S. 65. – *Es ist das Buch, das ich für mich geschrieben*: F-Chronik, 20. September 1898, zitiert nach: Friedrich Fontane, *Wie mein Vater starb*, S. 266. – *ein besserer Tropfen kam ... Seele der Unterhaltung*: Paul Schlenther, *Theodor Fontane. 1819–1898*, in: *Neue Freie Presse* vom 27. Setpember 1898; F-Bibliographie, Nr. 5962. – *Das Zauberfest ...*: ThF an EF, 17. September 1898, HFA IV/4, S. 753; GBA-FEF, Bd. 3, S. 552.

692 *nicht in die neuste Ausgabe ... aufgenommen*: ThF, *Gedichte*, 5. Auflage; F-Chronik, Eintrag vom * 9. Dezember 1897*. – *Das Kulinarische*: Theodor Fontane jun., *Lebenserinnerungen*, zitiert nach Dieterle, *Die Tochter*, S. 299. – *Unsere zweite Gesellschaft ...*: ThF an EF, 20. September 1898, HFA IV/4, S. 758; GBA-FEF, Bd. 3, S. 554. – *34 Pulsschläge*: MF an Paul Heyse, 26. September 1898, FMF, S. 510.

Bildnachweis

28: Napoleons Einzug in Berlin am 27. Oktober 1806. Gemälde von Charles Meynier, 1810. Foto: akg-images

31: Schloss Schönhausen, von Carl Benjamin Schwarz, 1787. SPSG Berlin-Brandenburg/Foto: Daniel Lindner

46: Die Schlacht bei Großgörschen (Lützen) am 2. Mai 1813. Mit freundlicher Genehmigung aus der Sammlung Markus Stein (Napoleon Online)

61: Neuruppin, Friedrich-Wilhelm-Straße. Fotografie einer Zeichnung (von Masch) aus der Zeit um 1840/50. Museum Neuruppin

77: Das Obere Bollwerk in Swinemünde, um 1835. Stahlstich von Friedrich Rosmäsler, 1884; 13,20 cm x 19,00 cm, Inv.-Nr.: VII 60/1100 w. © Stadtmuseum Berlin

142: A. W., Apotheke »Zum weißen Schwan« (Rose'sche Apotheke), Spandauer Straße/Ecke Heidereutergasse, Berlin, ca. 1820. Aquarellierte Lithografie; 15,90 cm x 12,40 cm, Inv.-Nr.: VII 60/1090 w. © Stadtmuseum Berlin, Reproduktion: Michael Setzpfandt, Berlin

152: Deutscher Dom und Königliches Schauspielhaus am Gendarmenmarkt, Berlin, 1845. Kreidelithografie von Ludwig Eduard Lütke (1801–1850). Foto: akg-images

193: Leipzig, um 1840. Stahlstich von Johann Poppel nach Ludwig Rohbock (Darmstadt: Gustav Lange, 1862)

218: Neumarkt mit Salomonis-Apotheke und Hotel de Saxe, Dresden, um 1850. Lithografie von Robert Geißler, 1873 (Dresden: Edgar Pierson 1873)

219: Theodor Fontane, Kreidezeichnung von Friedrich Georg Kersting, Dresden, um 1843. Stadtmuseum Berlin, Privatbesitz, mit freundlicher Genehmigung

251: Emilie Rouanet-Kummer, verh. Fontane, Pastellbild von Th. Hillwig, 1848. Stadtmuseum Berlin, Privatbesitz, mit freundlicher Genehmigung

270: Die Aufbahrung der Märzgefallenen zu Berlin 1848 vor dem Deutschen Dom, unvollendetes Ölgemälde von Adolph von Menzel, 1848. Hamburg, Hamburger Kunsthalle, Inv.-Nr. 1270. © bpk/Hamburger Kunsthalle/Elke Walford

291: Die erste Eisenbahnbrücke in Dresden. Stahlstich, um 1850. © bpk

300: *Berliner Adressbuch*-Eintrag von Theodor Fontane und seiner Mutter Emilie Fontane geb. Labry, 1851. Quelle: *Berliner Adressbuch* von 1851

313: Julius Gottheil, Neu-Ruppin, Neuruppin, 1858. Stahlstich; 27,50 cm x 37,00 cm, Inv.-Nr.: VII 60/1208 w. © Stadtmuseum Berlin

314: Gutshaus Kränzlin, um 1850. Lithografie von Th. Albert. Quelle: Ausstellungskatalog *Theodor Fontane, Zum 150. Geburtstag*, Berlin 1969, S. 43

323: Kristallpalast in London, Ausstellungsgebäude der ersten Weltausstellung, 1851. Stahlstich

333: Frankfurt an der Oder, um 1850. Stahlstich von J. Gottheil. Quelle: Brandenburgisches Album, https://prlbr.de/2010/06/brandenburgisches-album/frankfurt-a-o-vom-schaefferey-berge.jpg

356: General Post Office St. Martin's Le Grand in London, vor 1856. Stahlstich von Thomas Shepherd

362: Gemäldesaal der *Art Treasures Exhibition*, Manchester, 1857. Fotografie von Richard Fenton. Quelle: Ausstellungskatalog, Manchester 1857

380: *Die Zeit* vom 8. Februar 1858 mit Fontanes Gedicht *Willkommen! (Zur Begrüßung Ihrer königlichen Hoheit der Prinzessin Friedrich Wilhelm).* Quelle: *Die Zeit*, Nr. 64, 8. Februar 1858, Morgenausgabe, nach: Berbig/Hartz, S. 51 (s. Literaturverzeichnis)

398: Walter-Scott-Denkmal an der Princes Street in Edinburgh, Foto um 1847. Foto © Royal Scottish Academy, Edinburgh

430: Freienwalde, um 1855. Zeichnung Julius Gottheil, Stahlstich Johann Gabriel Friedrich Poppel und Georg Michael Kurz. Quelle: https://prlbr.de/2010/06/brandenburgisches-album/

437: Karikatur *Nur mit der größten Anstrengung gehen aus der Wahlurne einige feudale Wahlmänner hervor, Kladderadatsch* vom 27. April 1862 (Fontane, vierte Figur von rechts). Quelle: *Kladderadatsch*, Berlin, Nr. 19, 27. April 1862, S. 76

446: Fontanes Notizbuch »Arbeits-Notizen« mit ersten Entwürfen zum Roman *Vor dem Sturm*, 1862. © Berliner Staatsbibliothek – Preußischer Kulturbesitz, Notizbuch A 12 / Foto © bpk

461: Deutsch-dänischer Krieg: Erstürmung der Düppeler Schanzen bei Sonderburg (Dänemark) durch preußische Truppen am 18. April 1864. Fotografie. Foto: akg-images

490: Interlaken, um 1865. Aquatinta, Privatbesitz, mit freundlicher Genehmigung

492: Theodor Fontane mit Halstuch und Hut, Karikatur von August von Heyden, eingeklebt im Tagebuch Fontanes unter dem 8. Januar 1866. © Theodor-Fontane-Archiv, Potsdam

501: Wanduhr der Familie Fontane. Museum Neuruppin/Foto: wph

509: Theodor Fontane, um 1870. Privatbesitz, mit freundlicher Genehmigung

510: Die Fontane-Kinder: George Fontane: © Staatsarchiv Coburg, Nachlass 13 (Hesekiel), Nr. 22/5a (MF). Martha Fontane: © Staatsarchiv Coburg, Nachlass 13 (Hesekiel), Nr. 22/4d (MF). Friedrich und Theodor Fontane jun.: Foto © bpk

511: *Neue Preußische (Kreuz-)Zeitung* vom 15. Mai 1870, mit Fontanes letztem Abschnitt von *Der Schwielowsee und seine Umgebung.* Quelle: *Neue Preußische (Kreuz-)Zeitung* Nr. 112, 15. Mai 1870, nach: Berbig/Hartz, S. 61

521: Zitadelle von Oléron, nach 1870. Fotografie.

527: Theodor Fontane, Manuskriptseite aus *Der Krieg gegen Frankreich* zum deutschen Truppeneinzug in Orléans am 6. Dezember 1870, in: *Vor dem Sturm*, Kapitel *Kastalia*, 3. Band, 7. Kapitel, Blatt 26 (Verso), Berlin, 1877, Handschrift; 33,10 cm x 20,60 cm, Inv.-Nr.: V 67/870,3,07,26. © Stadtmuseum Berlin

536: Berlin, Potsdamer Straße 134 c III – die Wohnung der Fontanes in der dritten Etage, rechts (vier Fenster). Theodor-Fontane-Archiv, Potsdam

541: Fontanes Notizbuch-Skizze zu Gut Köpernitz, Herbst 1873. © Berliner Staatsbibliothek – Preußischer Kulturbesitz, Notizbuch A 2 / Foto © bpk

560: Fontanes Reiseplan für die Schweiz und Oberitalien, August 1875. Privatbesitz, mit freundlicher Genehmigung

562: Königliches Akademiegebäude Unter den Linden (rechts), Berlin, 1856. Leopold Ahrendts, Unter den Linden mit Reiterstandbild Friedrichs II., links angeschnitten das Alte Palais, rechts das Gebäude der Preußischen Akademie der Künste, Berlin, 1856, Salzpapier; 16,50 cm x 21,50 cm, Inv.-Nr.: IV 69/246 V. © Stadtmuseum Berlin

568: Theodor Fontane, Manuskriptseite aus dem Roman *Vor dem Sturm*, Kapitel *Kastalia*. Theodor Fontane. *Vor dem Sturm*, Kapitel Kastalia, 3. Band, 7. Kapitel, Blatt 26 (recto), Berlin, 1877, Handschrift; 33,10 cm x 20,60 cm, Inv.-Nr.: V 67/870,3,07,26. © Stadtmuseum Berlin

583: Unter den Linden, Café Bauer und Kaiserhallen, 1886. F. Albert Schwartz (Fotografisches Atelier), Südseite der Straße Unter den Linden an der Friedrichstraße, Berlin, 1886, FotoTechniken; 16,50 cm x 21,00 cm, Inv.-Nr.: IV 87/61 V. © Stadtmuseum Berlin

610: *Die Gartenlaube*, Nr. 33, September 1885, mit der ersten Folge von Fontanes Kriminalroman *Unterm Birnbaum*. Quelle: *Die Gartenlaube*, Nr. 33, September 1885. URL: https://de.wikisource.org/wiki/Seite:Die_Gartenlaube_(1885)_533.jpg

631: Altes Gutshaus Ribbeck, vor 1893. Stich von Theodor Hennicke nach einer Originalaufnahme. Foto: akg-images

633: *Freie Bühne für modernes Leben* vom 7. Mai 1890, mit Fontanes Feuilleton *Auf der Suche*. Quelle: *Freie Bühne für modernes Leben*, Jg. 1, H. 14, nach: Berbig/Hartz, S. 286

641: Theodor Fontane, *Meine Kinderjahre*. Banderole für das Manuskript *Meine Kinderjahre*, Handschrift, Papier, Inv. Nr.: V 67/862 B. © Stadtmuseum Berlin, Reproduktion: Oliver Ziebe, Berlin

652: Grandhotel und Café Pupp (rechts) in Karlsbad, um 1890. Photochrom. Foto: akg-images

658: Theodor Fontane am Schreibtisch sitzend. Berlin, 1894. Zander & Labisch, FotoTechniken, 16,50 cm x 22,50 cm, Inv.-Nr.: XI 25 057. © Stadtmuseum Berlin

670: *Über Land und Meer* vom Oktober 1897, mit Fontanes Roman *Der Stechlin*, erste Folge. Quelle: *Über Land und Meer*, Jg. 40, Bd. 79, Nr. 1, Oktober 1897, nach: Berbig/Hartz, S. 243

673: Deutscher Reichstag, Berlin, um 1900. Lithografie von Albrecht Kurz (1858–1928). Foto: akg-images

688: *Vossische Zeitung* vom 3. August 1898, Abendausgabe, mit Fontanes Gedicht *Wo Bismarck liegen soll*. Quelle: *Vossische Zeitung*, Nr. 358, 3. August 1898, Abendausgabe, nach: Berbig/Hartz, S. 71

691: Theodor Fontane mit Schwanenfeder, 1895. © SZ Photo/Süddeutsche Zeitung Photo

Personenregister

Abel, Carl (geb. 1827) 425
Adalbert von Preußen (1811–1873) 382–384
Adler, Dr. 194
Ahlwardt, Hermann (1846–1914) 594
Albert, Prinz von Sachsen-Coburg-Gotha (1819–1861) 362
Alberts, Maurice (gest. 1876) 335
Albrecht, Prinz von Preußen (1809–1872) 382 f.
Alexander I., Zar von Russland (1777–1825) 46
Alexi, Karl (1840–1888) 472, 504
Alexis, Willibald (1798–1871) 150, 155, 537, 572 f.
Alger, Horatio (1832–1899) 606
Alison, Archibald (1792–1867) 392
Anne Boleyn, Königin von England (1501/07–1536) 243, 363 f.
Anzengruber, Ludwig (1839–1889) 625
Ardenne, Armand Léon Freiherr von (1846–1919) 366
Arnim, Bettina von (1785–1859) 231
Aschinger (Sommelier) 488
Assing, Ludmilla (1821–1880) 471
Atkins, Miss 611
Auerbach, Berthold (1812–1882) 214
Auerswald, Rudolf von (1795–1866) 404 f.
Auguste Viktoria von Schleswig-Holstein-Sonderburg-Augustenburg (1858–1921) 620
Augustin (Apotheker) 54
Avenarius, Eduard (1809–1885) 310

Bach, Johann Sebastian (1685–1750) 192, 195–197, 209
Baechtold, Jakob (1848–1897) 650
Baedeker, Karl (1801–1859) 487
Bakunin, Michail Alexandrowitsch (1814–1876) 285, 539
Balzac, Honoré de (1799–1850) 304
Bardeleben, Alfred Richard von (1821–1896) 413, 415
Barth, C. (Kupferstecher) 148
Barth, Heinrich (1821–1865) 382 f.
Basedow, Johann Bernhard (1724–1790) 439
Bauer, Bruno (1809–1882) 366, 439
Bauer, Caroline (1807–1878) 223
Bauer, Edgar (1820–1886) 366–370, 374–377, 402, 439
Bebel, August (1840–1913) 677, 683
Becker, Karl Friedrich (1777–1806) 96
Beda, A.W. 392, 394, 401
Beda, Frau 98 f.
Beda, Ottilie (Tochter von A.W. und Frau Beda) 98
Beda (Rektor) 92
Beethoven, Ludwig van (1770–1827) 21, 195, 209 f., 617
Begas, Reinhold (1831–1911) 564
Bellermann, Ludwig (1836–1915) 448
Below, von (Offizier) 272
Bergmann (Kreisrichter) 500
Bernstorff, Albrecht Graf von (1809–1873) 333–335, 337, 353, 355, 360, 368, 375 f., 378 f., 381, 383 f., 386 f., 390, 412 f., 436 f., 440 f., 443 f.
Bernstorff, Anna Gräfin von (1821–1893) 381, 383
Beta (Bettziech), Heinrich (1813–1876) 368 f., 436
Bethmann-Hollweg, Moritz August von (1795–1877) 404
Betsy (Hausmädchen) 373, 405
Beutner, Tuiscon (1816–1882) 349 f., 355, 377, 422, 425, 427, 477, 508
Bientz, Frau geb. von Hymmen 101, 104

Bientz, Johann Leberecht (um 1770–1834) 56, 103–105, 114, 137
Bientz, Karl 104
Bietz (Hausbesitzer) 129
Binder, Anna 225
Binder, Karl Robert (1808–1870) 196, 198, 201–203, 225, 294
Birch-Pfeiffer, Charlotte (1800–1868) 555
Bismarck, Otto von (1815–1898) 143, 424, 438–444, 455, 462, 465, 468–470, 472, 492, 494, 498 f., 502, 505, 513, 523–525, 536, 583 f., 612, 619 f., 629, 634, 675 f., 683, 686 f.
Bleibtreu, Georg (1828–1892) 471
Blomberg, Hugo von (1820–1871) 550
Blücher, Gebhard Leberecht von (1742–1819) 461
Blum, Jenny 207 f.
Blum, Robert (1807–1848) 202 f., 206–208, 216, 275, 280, 319, 439, 549
Boccaccio, Giovanni (1313–1375) 242
Böcklin, Arnold (1827–1901) 560, 680
Bodelschwingh, Karl von (1800–1873) 258, 265
Bolívar, Simón (1783–1830) 90
Bonheur, Rosa (1822–1899) 352
Bopp, Franz (1791–1867) 211
Borcke, Sidonia von (1548–1620) 576
Bormann, Karl (1802–1882) 311, 416
Bossart, Friedrich Wilhelm (= Egbert Hanisch) 179
Bosse, George (geb. 1797) 134
Braestrup, Cosmus (1789–1870) 366
Brahm, Otto (1856–1912) 512, 556, 585–587, 589–592, 596, 618 f., 622–626, 632, 636, 638 f., 650, 655, 663 f., 685
Brahms, Johannes (1833–1897) 677
Bramigk (Bekannter) 231
Brandes, Georg (1842–1927) 478
Brasch (Bauinspektor) 61
Bredow (Maurermeister) 274
Breitbach, Carl (1833–1904) 580
Brockhaus, Heinrich (1804–1874) 309 f.
Brown, Kate 611
Bruck, Dr. 274
Bucher, Lothar (1817–1892) 320 f., 323, 342, 389, 436
Büchner, Georg (1813–1837) 182
Bülow, Heinrich Dietrich von (1757–1807) 25
Bunsen, Christian Karl Josias Freiherr von (1791–1860) 307, 334, 337
Bunsen, Georg von (1824–1896) 307
Burckhardt, Jacob (1818–1897) 545
Bürger, Hugo (= Hugo Lubliner) (1846–1911) 554–556, 627
Burger, Ludwig (1825–1884) 474, 493 f., 496, 512
Burns, Robert (1759–1796) 209, 387, 391, 396, 400, 417
Byron, George Gordon Noel, gen. Lord Byron (1788–1824) 254, 439

Calvin, Johannes (1509–1564) 135, 137
Camphausen, Gottfried Ludolf von (1803–1890) 275 f., 289, 474
Caprivi, Georg Leo Graf von (1831–1899) 635, 652
Cardigan, James Thomas, Earl of (1797–1868) 383
Chamisso, Adelbert von (1781–1838) 17, 147–150, 155, 169, 196, 223, 376, 428, f.
Charlotte, Prinzessin von Preußen (1798–1860) 22
Charlotte, Prinzessin von Württemberg, Großfürstin Helene von Russland (1807–1873) 215
Chassé (General) 72
Chatrian, Alexandre (1826–1890) 517
Cicero, Marcus Tullius (106–43 v. Chr.) 294
Claudius, Matthias (1740–1815) 538
Codrington, Edward (1770–1851) 90
Cooper, James Fenimore (1789–1851) 154 f.
Corinth, Lovis (1858–1925) 596
Cotta, Georg von (1796–1836) 154, 249, 293, 295
Crémieux, Isaac Adolphe (1796–1880) 523 f.
Cromwell, Oliver (1599–1658) 258, 363

Fichte, Johann Gottlieb (1762–1814) 91, 447, 449
Fink (Prediger) 245
Fischer, Anna (geb. 1866) 638
Fischer, Samuel (1859–1934) 622 f., 665
Flans (Maler) 178 f.
Flaubert, Gustave (1821–1880) 352
Flotte, Baron de la 521
Foerster, Friedrich 471
Follen, August Adolf Ludwig (1794–1855) 201
Fontane, Anna Maria geb. Reimann 18 f., 22, 29
Fontane, Carl Johann Rudolph (Bruder Fontanes) (1821–1845) 57, 83, 89, 91, 95, 97 f., 101, 111, 137, 161, 163, 184, 226, 244–246, 248, 252, 420, 456, 541, 643
Fontane, Charles Henri Guillaume (1794–1846) 16, 18 f., 34 f., 50, 52, 67, 71, 113, 115
Fontane, Charlotte Friedericke geb. Werner 30, 67 f., 115, 167
Fontane, Elise (gen. Lise, Schwester Fontanes) (1838–1923) 99, 164, 184, 226, 247, 252, 299–301, 315, 329 f., 332, 347, 358 f., 406, 409, 416, 420 f., 431 f., 474, 500, 504–506, 522, 539 f., 542
Fontane, Emilie geb. Labry (Fontanes Mutter) (1798–1869) 11 f., 39 f., 48, 51 f., 55 f., 60, 67, 73 f., 79, 85, 100, 112 f., 130, 163, 167, 300, 347, 505
Fontane, Emilie geb. Rouanet-Kummer (Fontanes Frau) (1824–1902) 130–132, 134, 137, 153, 158–160, 180, 183, 220, 228, 244, 250–252, 257, 263 f., 276, 284, 286, 288 f., 291, 293, 297, 302, 305, 307, 309, 311 f., 318, 321 f., 328–332, 336, 338–341, 344, 347, 349, 357–360, 362, 367, 369–371, 373 f., 377–380, 384, 387, 392, 401, 405–411, 418–421, 423, 434 f., 449–456, 459, 476 f., 480, 483, 486 f., 489, 494–500, 504 f., 507–511, 513 f., 518, 522 f., 526, 533, 535, 540, 544–548, 558 f., 561, 565 f., 569, 571 f., 575, 585, 589, 597, 599–602, 604, 608, 610, 613, 618, 623, 635–639, 643, 651 f., 655, 664, 666, 671, 679, 681 f., 686, 688–690, 692
Fontane, Ferdinand Auguste (Onkel August) (1801–1870) 18 f., 50, 111 f., 114–116, 119 f., 128–130, 132, 159, 176, 178, 186, 189, 194, 217, 250, 274, 286
Fontane, Friedrich (gen. Friedel, Sohn Fontanes) (1864–1941) 459, 484, 514, 522, 565 f., 597, 600 f., 608, 612, 614, 618, 620–622, 634–636, 638, 653, 664 f., 668, 682, 684 f., 690, 692
Fontane, George (Sohn Fontanes) (1851–1887) 305, 309, 315, 322, 328–331, 338, 345, 347, 358, 371, 373 f., 377, 401, 408, 411, 418, 421, 433 f., 438, 450, 455, 484, 500, 503 f., 508, 513 f., 517–519, 522, 524–526, 529 f., 533, 546, 565–567, 569, 597, 600 f., 608, 612 f., 615–618, 642
Fontane, Gertrud Martha Theodora (Tochter von Theodor Fontane jun.) (1889–1968) 663
Fontane, Gustav Friedrich Maximilian (gen. Max, Bruder Fontanes) (1826–1860) 73, 89, 97, 104, 106, 161, 163, 184, 226, 248–250, 263, 299, 309, 332, 345 f., 358 f., 419–421, 456, 506
Fontane, Hans Ulrich (Sohn Fontanes) (29.5.–9.6.1855) 318
Fontane, Hermine geb. Mencke 332, 419, 421
Fontane, Louise Sophie geb. Deubel (Frau von Pierre Barthélemy Fontane) 16
Fontane, Louis Henri (Fontanes Vater) (1796–1867) 11 f., 15 f., 18 f., 22 f., 26 f., 30, 32, 34–38, 40 f., 43–50, 54–60, 65, 67, 73–76, 79, 81, 83 f., 87 f., 94, 98, 100, 112–114, 117, 120, 139, 161 f., 165, 167 f., 184, 188 f., 226, 233, 245, 269, 282, 298, 300, 304, 419, 431–433, 438, 458, 498, 500, 502, 506, 602
Fontane, Marianne 506
Fontane, Marie Louise 16, 18
Fontane, Martha Edwina Georgina Frieda Anna (Tochter von Theodor Fontane jun.) (1896–1966) 667

Friedrich Wilhelm IV., König von Preußen (1795–1861) 22, 194, 228, 258, 265, 354, 358, 375 f., 403, 414
Fritsch, Anna (1858–1897) 614, 637, 655, 657, 678, 686
Fritsch, Anna, gen. Annie (1872–1945) 690
Fritsch, Karl Emil Otto (1838–1915) 614, 655 f., 685 f., 689 f.
Fröbel, Julius (1805–1893) 201 f., 207, 275, 277
Froböse (Sekretär) 321, 331
Frommann, Friedrich Johannes (1797–1886) 597
Fuhr, Lina 444 f.
Fuller, Luther 605

Gainsborough, Thomas (1727–1788) 364
Ganz, Eduard 335
Garibaldi, Giuseppe (1807–1882) 257, 430 f., 683
Gaudy, Franz von (1800–1840) 148
Geibel, Emanuel (1815–1884) 148, 294, 409
Gentz, Alexander (1825–1888) 540, 542
Gentz, Madame 101
Gentz, Wilhelm (1822–1890) 63, 108, 549
Georg IV., August Friedrich, König von Großbritannien und Irland (1762–1830) 380
Gerber (Lehrer) 60
Gerecke, Mathilde, gen. Tilla 418, 455, 486, 569
Gerlach, Ernst Ludwig von (1795–1877) 310, 424
Gerlach, Leopold von (1790–1861) 281
Gey, August 215
Glaßbrenner, Adolf (1810–1876) 202
Glover, William (gest. 1870) 335, 344, 355
Goethe, Johann Wolfgang von (1749–1832) 52, 110, 122, 148, 193, 395, 439, 521, 544, 553, 617, 672, 689
Gogol, Nikolai Wassiljewitsch (1809–1852) 214 f.
Goltz, Heinrich Leopold Graf von der 40
Gore, Catherine Grace (1799–1861) 253, 444 f.
Goßler, Gustav von (1838–1902) 631
Gough, J. B. 605
Graun, Carl Heinrich (1704–1759) 145
Gray, Effie (1828–1897) 366
Grillparzer, Franz (1791–1872) 553
Grimm, Jacob (1785–1863) 281
Groeben, Karl von der 357
Großer, Julius (1844–1901) 593
Grün, Anastasius (1806–1876) 181, 202
Gruner, Justus von 415
Grünwald (Hotelier) 545
Gruppe, Otto Friedrich (1804–1876) 292, 561 f.
Gubitz, Friedrich Wilhelm (1786–1870) 512
Günther, Johann Georg (1808–1872) 203 f., 206–208, 216, 549
Guticke, Antoinette geb. Labry (1804–1858) 111
Guticke, Charles (1794–1835) 111
Gutzkow, Karl (1811–1878) 126, 150 f., 155, 175, 182, 239, 265

Hagen, Karl Gottfried (1749–1829) 151
Hagn, Charlotte von (1809–1891) 444
Hahn-Hahn, Ida Gräfin von (1805–1880) 156
Hahr (Küster) 81, 98
Hallberger, Eduard (1822–1880) 574 f.
Halm, Peter 682
Hamilton, James 408
Händel, Georg Friedrich (1685–1759) 145
Hardegg, Frau von 611
Hardenberg, Carl Adolph Christian Graf von (1794–1866) 466
Hardenberg, Karl August Fürst von (1750–1822) 34, 50
Härtel, Raimund (1810–1888) 239
Hauer, Heinrich 22
Haugwitz, Christian Graf von (1752–1832) 26
Hauptmann, Gerhart (1862–1946) 587, 622, 624–627, 664, 677
Hayn, Adolf 288
Hebbel, Friedrich (1813–1863) 553
Heffter, Ernst Woldemar 463, 465–468, 479, 531

Erwähnte Mitglieder des »Tunnels über der Spree«

Hugo von Blomberg (Maler Müller), Karl Bormann (Metastasio), Ludwig Burger (Callot), Friedrich Eggers (Anakreon), Karl Eggers (Barkhusen), Max Fontane (Lorenzo di Medici), Theodor Fontane (Lafontaine), Heinrich von Friedberg (Canning), Franz von Gaudy (Ziethen), Emanuel Geibel (Bertran de Born), Werner Hahn (Cartesius), George Hesekiel (Claudius), Paul Heyse (Hölty II), Franz Kugler (Lessing), Moritz Lazarus (Leibniz), Bernhard von Lepel (Schenkendorf), Adolf Löwenstein (Hufeland), Rudolf Löwenstein (Spinoza), Wilhelm Lübke (Irus), Richard Lucae (Schlüter), Adolph Menzel (P. P. Rubens), Wilhelm von Merckel (Immermann), Heinrich von Mühler (Cocceji), Heinrich von Orelli (Zschokke), Christian Friedrich Scherenberg (Cook), Louis Schneider (Campe der Caraïbe), Theodor Storm (Tannhäuser), Moritz Graf von Strachwitz (Goetz von Berlichingen), G. Wagner (Fugger), Friedrich Witte (Engel), Karl Zöllner (Chevalier)

Mitglieder des »Rütli« und der »Ellora«

Hugo von Blomberg, Karl Bormann, Friedrich Eggers (Friede), Karl Eggers, Theodor Fontane (Nöhl, Nöl, Noel), August von Heyden, Paul Heyse, Franz Kugler, Moritz Lazarus, Bernhard von Lepel, Wilhelm Lübke, Richard Lucae (Dick), Adolph Menzel, Wilhelm von Merckel, Otto Roquette, Theodor Storm, Karl Zöllner (zur «Ellora» gehören auch die Ehefrauen, so Emilie Fontane als »Elloramutter«).

Ortsregister

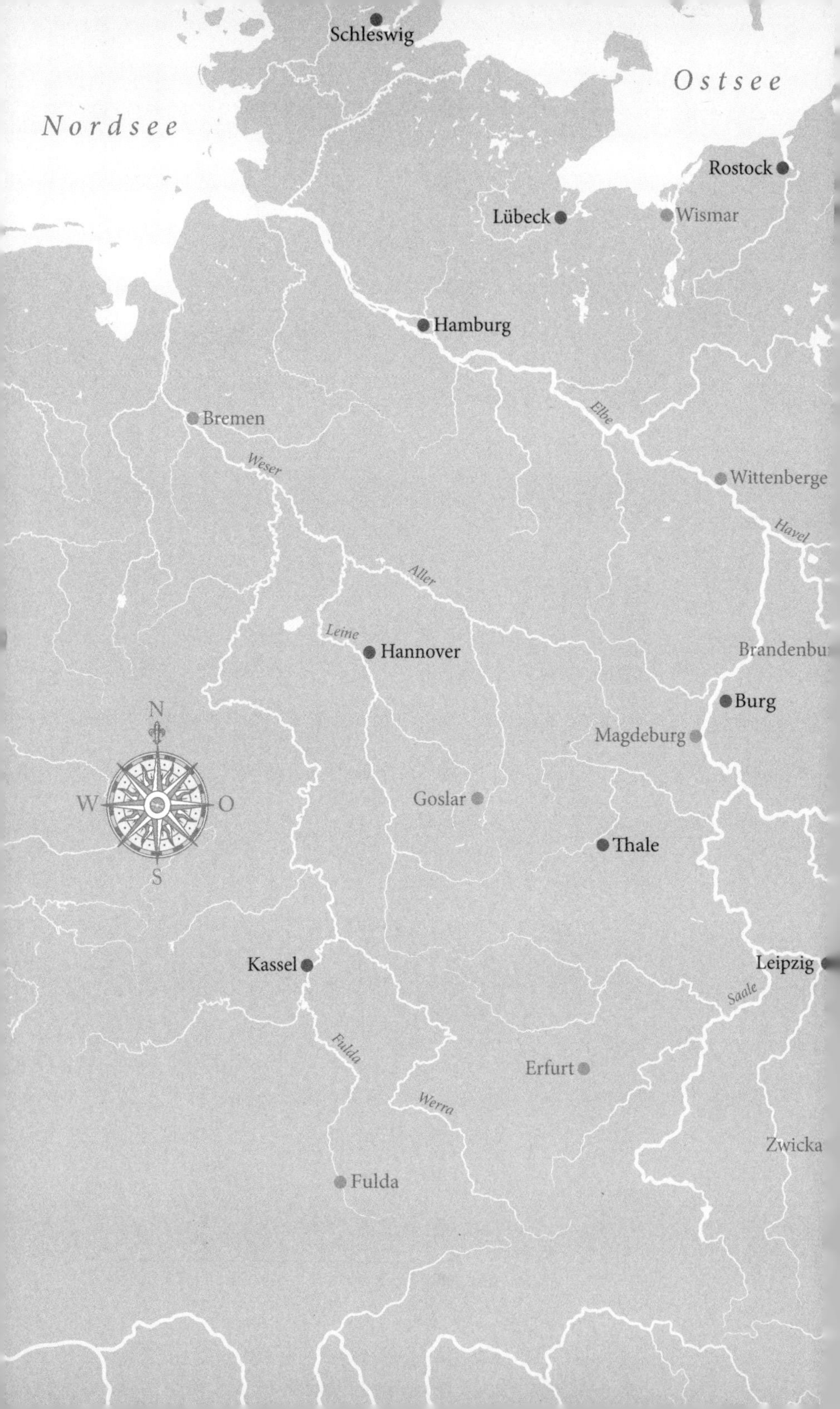

Schleswig
Ostsee
Nordsee
Rostock
Lübeck
Wismar
Hamburg
Elbe
Bremen
Weser
Wittenberge
Havel
Aller
Leine
Hannover
Brandenbu
Burg
Magdeburg
N
W
O
S
Goslar
Thale
Kassel
Leipzig
Saale
Fulda
Werra
Erfurt
Zwicka
Fulda